刑事法律适用与案例指导丛书

总主编　胡云腾

破坏社会主义市场经济秩序罪案件法律适用与案例指导

本册｜主　编　刘振会

人民法院出版社

图书在版编目（CIP）数据

破坏社会主义市场经济秩序罪案件法律适用与案例指导 / 刘振会主编. -- 北京：人民法院出版社，2023.11
（刑事法律适用与案例指导丛书 / 胡云腾总主编）
ISBN 978-7-5109-3959-4

Ⅰ. ①破… Ⅱ. ①刘… Ⅲ. ①破坏社会经济秩序罪—审判—案例—中国 Ⅳ. ①D924.365

中国国家版本馆CIP数据核字（2023）第202978号

破坏社会主义市场经济秩序罪案件法律适用与案例指导
刘振会　主编

策划编辑	韦钦平　郭继良
责任编辑	陈　思
执行编辑	赵　爽
封面设计	尹苗苗
出版发行	人民法院出版社
地　　址	北京市东城区东交民巷27号（100745）
电　　话	（010）67550596（责任编辑）　67550558（发行部查询） 　　　　　65223677（读者服务部）
客服QQ	2092078039
网　　址	http://www.courtbook.com.cn
E - mail	courtpress@sohu.com
印　　刷	三河市国英印务有限公司
经　　销	新华书店
开　　本	787毫米×1092毫米　1/16
字　　数	860千字
印　　张	35.5
版　　次	2023年11月第1版　2023年11月第1次印刷
书　　号	ISBN 978-7-5109-3959-4
定　　价	128.00元

版权所有　侵权必究

刑事法律适用与案例指导丛书
编辑委员会

总主编：胡云腾

成　员（按姓氏笔画）：

丁学君　王晓东　卢祖新　毕晓红　吕　俊

陈学勇　欧阳南平　胡红军　段　凰　袁登明

徐建新　黄祥青　梁　健　董国权　程庆颐

靳　岩

编辑部

主　任：韦钦平　郭继良

副主任：姜　峤　李安尼

成　员（按姓氏笔画）：

马梅元　王雅琦　王　婷　尹立霞　田　夏　冯喜恒

巩　雪　刘晓宁　刘琳妍　许　浩　杜东安　李长坤

李　瑞　吴伦基　沈洁雯　张　艺　张文波　张亚男

张　伟　张　怡　张树民　陈　思　罗羽净　周利航

周岸紊　赵芳慧　赵　爽　赵雪莹　祝柏多　高荣超

高　晖

破坏社会主义市场经济秩序罪
案件法律适用与案例指导
编委会

主　编：刘振会
成　员：张树民　马梅元　张耀伟　王小巧

出版说明

人民法院的刑事审判工作是党领导人民规制犯罪和治理社会的重要渠道和有效手段，发挥着保障人权，惩罚犯罪，维护社会公平正义，保障社会安定团结的重要职能。在全面建设社会主义现代化国家的新征程上，刑事审判要深入贯彻落实习近平法治思想，全面贯彻党的二十大精神，落实总体国家安全观，紧紧围绕"公正与效率"主题着力提升刑事案件审判水平，充分发挥审判职能作用，更好服务推进中国式现代化，助推以新安全格局保障新发展格局。

司法实践的复杂性与不断发展变化性导致实务中出现的大量问题总是超越立法时的设计。面对层出不穷的各类实务问题，唯有不断加强法律适用研究才能妥当处置。而法律适用研究不单单是法教义学的使命和主题，通过刑事政策的居高引领，强调政治效果、法律效果和社会效果的高度统一也是应有之义。因此，本丛书的出发点和目的地就是试图从妥当处置实务问题的角度出发，通过法律适用问题的研究，回应法律实务之需，为法律实务工作者提供必备的工具助手和法律智囊。

本套丛书以习近平法治思想为指导，其内容涵盖刑法总则，危害公共安全，破坏社会主义市场经济秩序，金融犯罪，侵犯公民人身权利、民主权利，侵犯财产，妨害社会管理秩序，毒品犯罪，贪污贿赂、渎职，刑事诉讼十个专题。在最高人民法院有关领导和专家的指导帮助下，丛书编写汇聚了北京市高级人民法院、黑龙江省高级人民法院、上海市高级人民法院、江苏省高级人民法院、浙江省高级人民法院、山东省高级人民法院、云南省高级人民法院、天津市第一中级人民法院、上海市第一中级人民法院、重庆市第五中级人民法院刑事审判庭的集体智慧。丛书立足刑事审判业务前沿，从司法实务中具体的疑难问题出发，结合刑事法理论认真进行法律适用研究，提炼问题、分析问题并最终解决问题，以期在刑事案件的侦查、公诉、辩护和审判中对读者能有所裨益。质言之，丛书具有如下三大特点：

（一）全面性、系统性

本套丛书定位为全面系统梳理整个刑事法律实务内容的大型实务工具书，其全面性系统性表现在：一是从各类犯罪构成要件、审判态势、审判原则、审判理念到审判所涉及的法律法规、司法解释、刑事审判政策等审判依据的全面系统梳理阐述；二是从最高人民法院、最高人民检察院指导性案例、公报案例，到近10年来刑事审判参考案例、最高人民法院公布的典型案例、人民法院案例选案例、地方法院新型疑难典型案例的全面归纳整理；三是对审判实践中的重点、疑难新型问题全面系统梳理提炼。以上三点亦是本丛书中各类犯罪各章、节的组成部分，内容由总到分，由点及面，层层递进，步步深入，观照每一节内容的系统性和完整性，从而保障了丛书的全面性系统性。

（二）针对性、实用性

本套丛书着眼于刑事审判实践中的重点、疑难新型问题，具有极强的针对性。实务中问题的筛选范围时间跨度长达10年，不仅收录了审判实践前沿问题，亦收录了司法解释明确，但实践中存在理解不一致、不准确的问题，采用一问一案或多案解读的模式，详细阐明事理法理情理，鲜活生动，深入透彻。同时，对于类案审判实务中较难把握的审判价值取向、刑事政策等类案裁判规则集中进行了阐释分析。丛书收录近2000个问题，多达1800余个案例，涉及约300个罪名，力求在目录和案例标题中呈现每一个细致的问题，以便检索，增强实用性和便捷性。

（三）权威性、准确性

本套丛书以最高人民法院司法裁判资源为基础，精选案例、提炼观点，由审判实践一线的专家型、学者型法官及审判业务骨干参与编写，并由最高人民法院专家型法官把关，观点来源权威。选取地方法院案例时要求在裁判观点上与最高人民法院的案例观点保持一致，而且各观点之间要在法律适用上保持统一性，避免前后矛盾、裁判依据不统一等问题。准确性主要体现在两方面：一是法律法规、司法解释等审判依据的有效性、规范性，确保适用的是最新的立法和司法解释；二是案例和问题提炼精准。

需要说明的是各类案例在内容编写时，考虑篇幅的问题，对部分内容进行了适当删减和修改。

囿于编写者和编辑水平能力有限，丛书在内容上难免挂一漏万，不当与错误之处，敬请读者批评指正。

编者
2023年10月

前　言

受人民法院出版社的邀请，山东法院承担了刑事审判指导丛书——破坏社会主义市场经济秩序卷的编写任务，倍感责任重大，使命光荣。为此，我们从山东两级法院精心选择了5位调研写作能力强的同志组成本卷编写小组，5位同志中1位是法学博士、全国审判业务专家，4位是法学（法律）硕士，理论功底扎实，实践经验丰富。其中，王小巧负责第一章生产、销售伪劣商品罪；张耀伟负责第四章涉税刑事犯罪；张树民负责第七章组织、领导传销活动罪；马梅元负责第二章走私罪、第三章妨害对公司、企业的管理秩序罪、第五章侵犯知识产权犯罪、第六章合同诈骗罪、第八章非法经营罪，全书由主编刘振会审改统稿并审定。

破坏社会主义市场经济秩序卷分为八章，每章又分为三节，采用"罪名概述＋审判依据＋疑难新型问题"的编写模式为大家全面呈现该卷的丰富内容，其中在审判实践运用中的问题及指导案例为本书的主要部分。

破坏社会主义市场经济秩序卷八章共包含审判实践运用中的问题100余个，这些问题均是实践中遇到的较为典型的问题，对于刑事审判实践的指导具有很强的针对性。从这些问题的分布来看，第五章侵犯知识产权犯罪、第八章非法经营罪涉及的实务问题较多；第四章涉税刑事犯罪、第七章组织、领导传销活动罪、第二章走私罪涉及实务问题相对较少；其他各章涉及的实务问题分布则相对平均。其中的案例绝大部分来源于最高人民法院发布的指导性案例、最高人民法院公报案例、刑事审判参考案例、人民法院案例选案例、等权威案例，也有少部分地方指导性案例，其裁判观点得到最高人民法院的认可，故也被选入本书，总体而言，本书选用的案例均具有较强的指导性。在案例之外，对有些问题，我们还采用实务专论的形式进行解答分析，实务专论也大多是采用最高人民法院在对法律、司法解释等编写的理解与适用中对该问题的权威论述，同样具有较强的指导性。

我们编写本书的目的是要为全国刑事审判提供一套以司法实务问题为导向的指导书籍，力求反映问题全面、参考资料翔实、观点正确权威、翻阅使用便捷。为此，我们多次修改，精益求精。本书的编写得到了最高人民法院、人民法院出版社的大力支持，编辑对于本书的编写进行了精心指导、梳理及审核，大大提升了书稿质量；本书编写过程中，有关专家学者和山东省高级人民法院给予了大力支持，在此一并表示诚挚的感谢！

当然，由于经济犯罪日趋复杂，理论快速发展，能力水平毕竟有限等原因，本书难免还存在不妥乃至乖谬之处，在此，恳请法学法律界同仁不吝批评指正。

本书编写组

2023 年 10 月

目录

第一章 生产、销售伪劣商品罪

第一节 生产、销售伪劣商品罪概述 / 001
一、生产、销售伪劣商品罪概念及构成要件 / 001
二、生产、销售伪劣商品案件审理情况 / 003
三、生产、销售伪劣商品案件热点、难点问题 / 004
四、生产、销售伪劣商品案件审理思路及原则 / 005

第二节 生产、销售伪劣商品罪审判依据 / 005
一、法律 / 007
二、司法解释 / 009
三、刑事政策文件 / 020

第三节 生产、销售伪劣商品罪审判实践中的疑难新型问题 / 022

问题1. 为非法牟利给待宰生猪打药注水构成生产、销售伪劣产品罪 / 022

问题2. 利用疫情销售"三无"口罩的罪名适用和"伪劣产品"标准的认定 / 023

问题3. 疫情防控期间以"三无"产品冒充"KN95"口罩进行销售行为的认定 / 026

问题4. 用工业甲醛清洗净水设备致桶装饮用水含有甲醛成分，构成生产、销售有毒、有害食品罪 / 029

问题5. 在食品加工中使用"口水油"并销售的，应认定为生产、销售有毒、有害食品罪 / 031

问题6. 生产、销售有毒、有害食品罪与相关罪名的辨析及办理生产、销售有毒、有害食品犯罪案件时对行为人主观"明知"的认定 / 034

问题7. 关于"新型地沟油"的司法认定与法律适用 / 037

问题8. 用针管灌装生理盐水假冒九价人乳头瘤病毒疫苗销售，构成生产、销售假药罪 / 043

问题9. "黑作坊"将中药和西药混合研磨成粉冒充纯中药销售，构成生产、销售假药罪 / 044

问题 10. 生产、销售假药罪，行为人主观上有无生产、销售假药的故意，在审理时，被告人供述不是唯一依据 / 045

问题 11. 联系制作假药销售网站的行为是否构成生产、销售假药罪的共犯 / 048

问题 12. 无证生产、销售不符合食品安全标准的鹌鹑蛋致百余人食源性疾病，构成生产、销售不符合安全标准的食品罪 / 051

问题 13. 在生产、销售的食品中超限量加入食品添加剂并造成严重后果的行为如何定性 / 052

第二章　走私罪

第一节　走私罪概述 / 055

一、走私罪概念及构成要件 / 055

二、走私罪案件热点、难点问题 / 058

三、走私罪案件审理思路及原则 / 058

第二节　走私罪审判依据 / 060

一、法律 / 061

二、司法解释 / 062

三、刑事政策文件 / 068

第三节　走私罪审判实践中的疑难新型问题 / 074

问题 1. 具有走私的故意，但对走私的具体对象认识不明确如何定罪处罚 / 074

问题 2. 如何定性走私年代久远且与人类活动无关的古脊椎动物化石的行为 / 080

问题 3. 如何认定行为人对夹藏物品是否具有走私的故意以及对走私对象中夹藏的物品确实不明知的，是否适用相关规范性文件中根据实际走私对象定罪处罚的规定 / 082

问题 4. 在刑事案件中如何审查电子数据的证据资格以及如何认定走私共同犯罪中主、从犯 / 086

问题 5. 冒用远洋渔业项目确认的船舶名义，将自捕水产品作为不征税货物报关入境的行为如何定性 / 089

问题 6. 携带贵金属纪念币入境的行为如何定性 / 093

问题 7. 关于走私国家禁止进出口的货物、物品罪的罪数问题 / 096

问题 8. 关于走私旧机动车、切割车、旧机电产品的定罪处罚标准 / 097

问题 9. 如何认定利用购买的加工贸易登记手册、特定减免税批文等涉税单证进口货物行为的性质 / 101

问题 10. 在走私的普通货物、物品或者废物中隐藏国家禁止进出口的物品的行为如何定罪 / 103

问题 11. 在代理转口贸易中未如实报关的行为，是否构成走私普通货物、物品罪 / 103

问题 12. 假借单位名义走私的处理 / 106

问题 13. 关联公司共同走私犯罪的处理 / 107

第三章　妨害对公司、企业的管理秩序罪

第一节　妨害对公司、企业的管理秩序罪概述 / 110

一、妨害对公司、企业的管理秩序罪概念及构成要件 / 110

二、妨害对公司、企业的管理秩序案件热点、难点问题 / 121

三、妨害对公司、企业的管理秩序案件审理思路及原则 / 131

第二节　妨害对公司、企业的管理秩序罪审判依据 / 136

一、法律 / 137

二、司法解释 / 140

三、刑事政策文件 / 140

第三节　妨害对公司、企业的管理秩序罪审判实践中的疑难新型问题 / 142

问题 1. 如何区分虚假出资罪与虚报注册资本罪 / 142

问题 2. 依法负有披露义务的公司、企业对依法应当披露的重要信息不按规定披露的，对直接负责的主管人员如何处理以及上市公司直接负责的主管人员违规向不具有清偿能力的控股股东提供担保的行为如何定性 / 147

问题 3. 如何认定国家出资企业中工作人员的主体身份 / 150

问题 4. 在国有建设用地使用权挂牌出让过程中串通竞买的行为应如何定性 / 153

问题 5. 如何认定行政管理职权转委托情形下受托方的滥用职权及收受财物行为 / 157

问题 6. 如何认定"受委派从事公务" / 163

问题 7. 被告人在缓刑考验期内与行贿人达成贿赂合意，在缓刑执行期满后收取财物的，能否认定"在缓刑考验期内犯新罪" / 167

问题 8. 如何区分非法经营同类营业罪和贪污罪 / 171

问题 9. 未实施对抗监管部门监督检查的"隐匿"行为是否构成隐匿会计凭证、会计账簿、财务会计报告罪 / 175

问题 10. 实行注册资本认缴登记制的公司及相关人员刑事责任的认定 / 178

第四章 涉税刑事犯罪

第一节 涉税刑事犯罪概述 / 180

　　一、涉税刑事犯罪概念及构成要件 / 180

　　二、涉税刑事犯罪案件审理情况 / 182

　　三、涉税刑事犯罪案件热点、难点问题 / 183

　　四、涉税刑事犯罪案件审理思路及原则 / 185

第二节 涉税刑事犯罪审判依据 / 186

　　一、法律 / 186

　　二、司法解释 / 188

　　三、刑事政策文件 / 193

第三节 涉税刑事犯罪审判实践中的疑难新型问题 / 195

　　问题1．依法成立的一人公司能否成为单位犯罪主体 / 195

　　问题2．不以骗取税款为目的的虚开运输发票的行为不构成虚开用于抵扣税款发票罪，但在特定情况下构成逃税罪 / 201

　　问题3．"代开型"虚开增值税专用发票可从虚开行为和骗取税款两个方面进行分析，综合判断三方主体是否构成虚开增值税专用发票罪 / 206

　　问题4．查实虚开的进项数额大于销项数额的情况下，以其中销项计算犯罪数额 / 211

　　问题5．虚开的目的、是否造成国家税收的流失不影响虚开发票罪的成立 / 215

第五章 侵犯知识产权犯罪

第一节 侵犯知识产权犯罪概述 / 217

　　一、侵犯知识产权犯罪概念 / 217

　　二、侵犯知识产权犯罪案件审理情况 / 217

　　三、侵犯知识产权犯罪案件热点、难点问题 / 219

　　四、侵犯知识产权犯罪案件审理思路及原则 / 220

第二节 侵犯知识产权犯罪审判依据 / 222

　　一、法律 / 223

　　二、司法解释 / 224

　　三、刑事政策文件 / 231

第三节　侵犯知识产权犯罪审判实践中的疑难新型问题 / 235

　　问题 1. 假冒注册商标犯罪的非法经营数额、违法所得数额如何认定 / 235

　　问题 2. 行为人以营利为目的，未经著作权人许可复制发行著作权人所有的计算机软件，获取巨大非法利益，构成侵犯著作权罪 / 237

　　问题 3. 侵犯著作权罪中，非法复制发行计算机软件行为如何认定 / 239

　　问题 4. 侵害注册商标专用权应如何判定 / 243

　　问题 5. 恶意串通，违反保密义务，获取、使用企业的技术信息和经营信息等商业秘密的，是否构成侵害商业秘密罪 / 246

　　问题 6. 自诉案件中如何认定侵犯商业秘密罪的主要构成要件 / 247

　　问题 7. 如何认定假冒注册商标罪中的同一种商品 / 252

　　问题 8. 如何计算假冒注册商标的商品的货值金额 / 255

　　问题 9. "售假公司"能否成为单位犯罪的主体 / 258

　　问题 10. 如何区分销售假冒注册商标的商品罪与销售伪劣产品罪，以及如何认定"以假卖假"尚未销售情形下假冒注册商标商品的销售金额、非法经营数额和犯罪停止形态 / 261

　　问题 11. 将回收的空旧酒瓶、包装物与购买的假冒注册商标标识进行组装的行为，如何定性 / 264

　　问题 12. 贩卖普通侵权盗版光碟的行为应如何定罪处罚 / 267

　　问题 13. 销售他人享有专有出版权的图书是否构成侵犯著作权罪 / 270

　　问题 14. 关于假冒注册商标罪"相同的商标"如何认定 / 273

　　问题 15. 假冒注册商标罪与生产、销售伪劣产品罪应如何界定 / 275

　　问题 16. 假冒专利罪的司法认定 / 277

　　问题 17. 侵犯著作权罪的司法认定 / 284

　　问题 18. 试论"以假充真"和"以假卖假"行为在定罪和销售金额认定上如何区分 / 287

　　问题 19. 假冒注册商标后又销售该假冒商品，但销售价格无法查清的，如何认定非法经营数额 / 291

　　问题 20. 复制部分实质性相同的计算机程序文件并加入自行编写的脚本文件形成新的外挂程序后运用的行为是否属于刑法意义上的"复制发行"以及仅销售"复制"侵权软件衍生的游戏金币的，如何认定犯罪数额 / 293

　　问题 21. 如何理解和把握侵犯商业秘密刑事案件中"重大损失"的计算依据方法及对象 / 298

　　问题 22. 擅自外购同种商品并加贴假冒注册商标用以履行合同中指定品牌产品交付义务的刑法定性 / 305

　　问题 23. 假冒注册商标罪的从犯与销售非法制造的注册商标标识罪的单独犯罪的认定 / 308

问题 24. 销售假冒注册商标的商品罪的未遂与自首认定 / 311

问题 25. 对于侵犯著作权罪中"复制发行"行为应如何理解 / 316

问题 26. 制作、销售网络游戏外挂程序是否应以侵犯著作权定罪量刑 / 321

问题 27. 因使用涉密技术信息而导致信息公开，或者导致该信息处于公众想得知就能够得知的状态是否构成"不为公众所知悉" / 324

第六章　合同诈骗罪

第一节　合同诈骗罪概述 / 331

一、合同诈骗罪概念及构成要件 / 331

二、合同诈骗罪案件审理情况 / 331

三、合同诈骗罪案件热点、难点问题 / 333

四、合同诈骗罪案件审理思路及原则 / 334

第二节　合同诈骗罪审判依据 / 338

一、法律 / 338

二、司法解释 / 338

三、刑事政策文件 / 340

第三节　合同诈骗罪审判实践中的疑难新型问题 / 341

问题 1. 以非法占有为目的，采取签订合同，出具欠条等方法，收受对方当事人给付的货物、预付款后逃匿的，是否属于合同诈骗罪 / 341

问题 2. 伪造购销合同，通过与金融机构签订承兑合同，将获取的银行资金用于偿还其他个人债务，后因合同到期无力偿还银行债务而逃匿，致使反担保人遭受巨额财产损失的行为，如何定性 / 342

问题 3. 如何认定合同诈骗犯罪中行为人具有非法占有目的 / 345

问题 4. 通过网络交易平台诱骗二手车卖家过户车辆并出具收款凭据的行为如何定性 / 348

问题 5. 通过支付预付款获得他人房产后以抵押方式向第三人借款的，既有欺骗卖房人的行为，也有欺骗抵押权人的行为，应当如何认定被害人 / 353

问题 6. 如何准确对一房二卖的行为进行刑民界分 / 356

问题 7. 承运过程中承运人将承运货物暗中调包的行为如何定性 / 362

问题 8. 挂靠轮船公司的个体船主，在履行承运合同过程中采用以次充好的方式骗取收货方收货并向货主足额支付货款及运费的，该行为如何定性 / 365

问题 9. 以公司代理人的身份，通过骗取方式将收取的公司货款据为己有，是构成诈骗罪、职务侵占罪还是挪用资金罪 / 368

问题 10. 如何理解和把握一人公司单位犯罪主体的认定 / 371

问题 11. 如何把握合同诈骗案件的具体证明标准 / 375

问题 12. "网络关键词"诈骗犯罪中签订合同行为对案件性质的影响 / 378

问题 13. "电商代运营"诈骗案件的法律适用 / 381

问题 14. 以非法占有为目的，夸大收益并虚构买家诱骗客户签订合同的行为构成合同诈骗罪 / 387

问题 15. 民间借贷案件中被告人主观非法占有目的如何认定 / 390

问题 16. 诈骗类犯罪行为中非法占有目的如何认定 / 395

第七章　组织、领导传销活动罪

第一节　组织、领导传销活动罪概述 / 403

一、组织、领导传销活动罪概念及构成要件 / 403

二、组织、领导传销活动罪案件审理情况 / 403

二、组织、领导传销活动罪案件热点、难点问题 / 405

三、组织、领导传销活动罪案件审理思路及原则 / 406

第二节　组织、领导传销活动罪审判依据 / 410

一、法律 / 410

二、刑事政策文件 / 411

第三节　组织、领导传销活动罪审判实践中的疑难新型问题 / 413

问题 1. 如何认定组织、领导传销活动罪 / 413

问题 2. 在传销案件中如何认定组织、领导传销活动主体及罪名如何适用 / 416

问题 3. 组织、领导传销活动尚未达到组织、领导传销活动罪立案追诉标准，但经营数额或者违法所得数额达到非法经营罪立案追诉标准的，能否以非法经营罪定罪处罚 / 418

问题 4. 非法传销过程中，携传销款潜逃的行为如何定性 / 422

问题 5. 利用传销性质组织实施网络交友诈骗的犯罪数额如何认定 / 423

第八章　非法经营罪

第一节　非法经营罪概述 / 427

一、非法经营罪概念及构成要件 / 427

二、非法经营罪案件审理情况 / 429

三、非法经营罪案件热点、难点问题 / 431

四、非法经营罪案件审理思路及原则 / 432

第二节 非法经营罪审判依据 / 436

一、法律 / 437

二、司法解释 / 437

三、刑事政策性文件 / 451

第三节 非法经营罪审判实践中的疑难新型问题 / 466

问题1. 虽然违反行政管理有关规定,但尚未严重扰乱市场秩序的经营行为,不应当认定为非法经营罪 / 466

问题2. 利用"外挂"软件"代练升级"从事非法经营活动,情节严重的,如何认定罪名 / 467

问题3. 非法经营药品犯罪案件中情节特别严重如何认定 / 470

问题4. 擅自设立金融机构罪、非法经营罪的认定 / 473

问题5. 未经许可从事非法经营行为,但审理期间相关行政审批项目被取消的,如何定性 / 477

问题6. 利用POS终端机非法套现的行为定性以及非法经营犯罪数额的认定 / 481

问题7. 未经许可经营现货黄金延期交收业务的行为如何定性 / 486

问题8. 未经许可在城区违法搭建商铺并以招商为名收取租金的行为如何定性 / 489

问题9. 不具备证券从业资格的公司与具备资格的公司合作开展证券咨询业务,是否构成非法经营罪 / 492

问题10. 挂靠具有经营资质的企业从事药品经营且不建立真实购销记录的,如何定性 / 495

问题11. 以现货投资名义非法代理境外黄金合约买卖的行为,如何定性 / 498

问题12. 非法生产、经营国家管制的第二类精神药品盐酸曲马多,应如何定性 / 502

问题13. 如何认定刑法中的"国家规定",经营有偿讨债业务宜否认定为刑法第二百二十五条第四项规定的"其他严重扰乱市场秩序的非法经营行为" / 507

问题14. 收购他人骗领的大量购物卡并出售获利的行为能否构成掩饰、隐瞒犯罪所得罪 / 511

问题15. 未取得道路运输经营许可擅自从事长途大巴客运经营的行为如何定性 / 514

问题16. 未取得道路运输经营许可集合社会车辆对不特定的旅客招揽生意、拉客,从事出租汽车经营的行为如何定性 / 518

问题17. 未经许可生产摩托车以及以燃油助力车名义销售摩托车的行为如何定性 / 522

问题18. 非法出版物未经装订以及无法查明定价或者销售价格的情况下,如何认定册数和经营数额 / 526

问题19. 特殊情况下减轻处罚的理解与适用 / 529

问题20. 未经许可经营原油期货业务，并向客户提供反向提示操作的行为如何定性 / 533

问题21. 如何认定和把握开采、加工、销售稀土矿产品的行为是否构成非法经营罪 / 537

问题22. 无证经营烟花爆竹的行为如何认定 / 542

编后记 / 545

第一章
生产、销售伪劣商品罪

第一节 生产、销售伪劣商品罪概述

一、生产、销售伪劣商品罪概念及构成要件

生产、销售伪劣商品罪包括：生产、销售伪劣产品罪；生产、销售、提供假药罪；生产、销售、提供劣药罪；妨害药品管理罪；生产、销售不符合安全标准的食品罪；生产、销售有毒、有害食品罪；生产、销售不符合标准的医用器材罪；生产、销售不符合安全标准的产品罪；生产、销售伪劣农药、兽药、化肥、种子罪；生产、销售不符合卫生标准的化妆品罪。

（一）生产、销售伪劣产品罪

是指生产者、销售者在产品中掺杂、掺假，以假充真，以次充好或者以不合格产品冒充合格产品，销售金额较大的行为。本罪侵犯的客体是消费者的合法权益和产品质量管理制度。客观方面表现为在产品中掺杂、掺假，以假充真，以次充好或者以不合格产品冒充合格产品，销售金额在5万元以上。犯罪主体为一般主体。主观方面必须是故意，并且一般具有牟利目的。

（二）生产、销售、提供假药罪

是指自然人或者单位故意生产、销售假药，以及药品使用单位的人员明知是假药而提供给他人使用的行为。本罪的基本犯是抽象的危险犯。本罪侵犯的客体是复杂客体，既侵害了国家对药品的管理制度，又侵犯了不特定多数人身体健康、生命安全。客观方面表现为生产者、销售者、提供者违反国家的药品管理法律、法规，生产、销售、提供假药的行为。本罪的主体为一般主体。主观方面只能由故意构成。

（三）生产、销售、提供劣药罪

是指生产、销售劣药，以及药品使用单位的人员明知是劣药而提供给他人使用，对人体健康造成严重危害的行为。本罪侵犯的客体是国家的药品管理制度和公民的健康权利。犯罪对象仅限于劣药。客观方面是生产、销售、提供劣药，对人体健康造成严重危害或者后果特别严重。本罪的主体是一般主体。主观方面只能由故意构成。

（四）妨害药品管理罪

是指违反药品管理法规，有下列情形之一，足以严重危害人体健康的行为：（1）生产、销售国务院药品监督管理部门禁止使用的药品的；（2）未取得药品相关批准证明文件生产、进口药品或者明知是上述药品而销售的；（3）药品申请注册中提供虚假的证明、数据、资料、样品或者采取其他欺骗手段的；（4）编造生产、检验记录的。本罪是《刑法修正案（十一）》增设。本罪侵犯的客体是药品管理制度和人身健康安全。客观方面表现为违反药品管理法规特定情形，足以严重危害人体健康的行为，本罪是危险犯。犯罪主体是一般主体。主观方面是故意。

（五）生产、销售不符合安全标准的食品罪

是指生产、销售不符合食品安全标准的食品，足以造成严重食物中毒事故或者其他严重食源性疾病的行为。本罪侵犯的客体是国家食品安全管理制度和消费者的健康权利。犯罪对象是不符合安全标准的食品。客观方面表现为违反国家食品安全管理法规，生产、销售不符合安全标准的食品，足以造成严重食物中毒事故或者其他严重食源性疾病的行为。犯罪主体为一般主体。主观方面只能由故意构成。

（六）生产、销售有毒、有害食品罪

是指在生产、销售的食品中掺入有毒、有害的非食品原料，或者销售明知掺有有毒、有害的非食品原料的食品的行为。本罪侵犯的是复杂客体，既侵犯了国家食品安全的管理制度，又危及不特定多数人的身体健康和生命安全。客观方面表现为在生产、销售的食品中掺入有毒、有害的非食品原料或者销售明知掺有有毒、有害的非食品原料的食品的行为。犯罪主体为一般主体。主观方面只能由故意构成，过失不构成本罪。

（七）生产、销售不符合标准的医用器材罪

是指生产不符合保障人体健康的国家标准、行业标准的医疗器械、医用卫生材料，或者销售明知是不符合保障人体健康的国家标准、行业标准的医疗器械、医用卫生材料，足以危害人体健康的行为。本罪侵犯的客体是国家对医疗器械、医用卫生材料的管理制度和人民群众的生命、健康安全。客观方面表现为生产、销售不符合标准的医疗器械、医用卫生材料，足以严重危害人体健康的行为。犯罪主体为一般主体。主观方面由故意构成。

（八）生产、销售不符合安全标准的产品罪

是指生产不符合保障人身、财产安全的国家标准、行业标准的电器、压力容器、易燃易爆产品或者其他不符合保障人身、财产安全的国家标准、行业标准的产品，或者销售明知是以上不符合保障人身、财产安全的国家标准、行业标准的产品，造成严重后果的行为。本罪侵犯的是复杂客体，即国家对生产、销售电器、压力容器、易燃易爆产品等的安全监督管理制度和公民的健康权、生命权。客观方面表现为生产或者销售不符合保障人身、财产安全的国家标准、行业标准的电器、压力容器、易燃易爆产品或者不符合保障人身、财产安全的国家标准、行业标准的产品，并且造成严重后果的行为。犯罪主体为一般主体，主观方面由故意构成。

（九）生产、销售伪劣农药、兽药、化肥、种子罪

是指生产假农药、假兽药、假化肥，销售明知是假的或者失去使用效能的农药、兽药、化肥、种子，或者生产者、销售者以不合格的农药、兽药、化肥、种子冒充合格的农药、兽药、化肥、种子，使生产遭受较大损失的行为。本罪侵犯的客体是国家对农用生产资料质量的监督管理制度和农业生产。犯罪对象仅限于农药、兽药、化肥、种子。客观方面表现为行为人生产假农药、兽药、化肥、种子，或者以不合格的农药、兽药、化肥、种子冒充合格的农药、兽药、化肥、种子，使生产遭受较大损失的行为。犯罪主体为一般主体。主观方面只能由故意构成。

（十）生产、销售不符合卫生标准的化妆品罪

是指生产不符合卫生标准的化妆品，或者销售明知是不符合卫生标准的化妆品，造成严重后果的行为。本罪侵犯的是复杂客体，即国家对化妆品的卫生监督管理制度和公民的健康权。客观方面表现为生产、销售不符合卫生标准的化妆品，并造成严重后果的行为。犯罪主体为一般主体。主观方面由故意构成。

二、生产、销售伪劣商品案件审理情况

近年来，生产、销售伪劣商品案件出现持续高发，出现了不少新类型，主要呈现下特点：

1. 罪名多集中于食品、药品案件。通过对近三年审理案件罪名分析，罪名多集中于生产、销售伪劣产品罪，生产、销售有毒、有害食品罪，生产、销售假药罪，生产不符合安全标准食品罪等。

2. 涉食品类多为在食品中添加违法成分类案件，涉药品类多为美容产品注射剂、减肥产品及部分违法销售的药品，该类犯罪行为受众广，涉及面广，危害性大，极易影响社会稳定。

3. 犯罪类型多样化，审理难度加大。借助于互联网、自媒体等技术，犯罪分子隐蔽性较强，导致取证难度加大。犯罪金额差别较大。由于不同案件涉及的产品类型不同，由此导致的不同罪名之间涉及的犯罪金额相差较大，量刑不能保证均衡。

4. 刑事处罚手段不够严厉，缓刑、轻刑适用率较高，导致再犯可能性较大；禁止令使用率较低，罚金适用率为100%。

5. 行刑衔接不够顺畅，社会治理广度、维度和力度有待进一步增强，在发挥检察机关公益诉讼职能作用的基础上，积极发动多机构、多部门系统治理，最大限度维护消费者合法权益。

三、生产、销售伪劣商品案件热点、难点问题

（一）罪与非罪的认定

在本章罪名中，当事人实施的行为已经违反法律行政法规的规定，但是危害严重性未达到需要用刑法进行调整的程度，对行为的定性需要结合证据进行综合认定。例如在生产、销售伪劣产品罪中，对于"以次充好"行为的认定，是审判实务中较难认定的行为。《最高人民法院关于审理生产、销售伪劣商品刑事案件有关鉴定问题的通知》提出"对于提起公诉的生产、销售伪劣产品、假冒商标、非法经营等严重破坏社会主义市场经济秩序的犯罪案件，所涉生产、销售的产品是否属于'以假充真''以次充好''以不合格产品冒充合格产品'难以确定的，应当根据《最高人民法院、最高人民检察院关于办理生产、销售伪劣商品刑事案件具体应用法律若干问题的解释》（以下简称生产、销售伪劣商品解释）第一条第五款的规定，由公诉机关委托法律、行政法规规定的产品质量检验机构进行鉴定"。涉案产品是否属于刑法意义上"以次充好"，需有效鉴定意见予以证实。在案证据无法证实生产、销售的涉案产品系伪劣产品的情形下，对当事人的行为不宜认定为构成犯罪。同时关于刑法意义上的以次充好，应当严格予以限制，在能够以民事、行政等其他手段予以规制的前提下，应遵循刑法谦抑性的原则予以限定。

（二）此罪与彼罪的区分

生产、销售伪劣产品罪与生产、销售有毒、有害食品罪，非法经营罪之间如何区分，需要根据审理查明的案件事实依法区分。生产、销售伪劣产品，同时构成侵犯知识产权、诈骗、合同诈骗、非法经营等犯罪的，属于想象竞合，依照处罚较重的犯罪处罚。犯本罪，又以暴力、威胁方法抗拒查处，构成妨害公务等罪的，依照数罪并罚的规定处罚。生产、销售不符合卫生标准的食品，无证据证明足以造成严重食物中毒事故或者其他严重食源性疾病，不构成生产、销售不符合安全标准的食品罪但构成生产、销售伪劣产品罪等其他犯罪的，依照该其他犯罪定罪处罚。生产、销售有毒、有害食品罪与生产、销售不符合卫生标准的食品罪之间是特别关系，要特别注意。同时对于生产、销售本节所列特定产品不构成各该条的犯罪，但是销售金额在5万元以上的，依照生产、销售伪劣产品罪定罪处罚，但因生产、销售假药罪和生产、销售有毒、有害食品罪系抽象危险犯，故对该两罪名不适用上述规定。例如，在保健食品中非法添加有毒、有害非食品原料的，一般应以生产、销售有毒、有害食品罪定罪处罚；但以保健食品冒充药品进行销售的，则以销售假药罪定罪处罚；同时构成其他犯罪的，依照处罚较重的规定定罪量刑。

（三）对被告人主观"明知"的认定

对被告人"明知"的认定，应当着重审查其是否履行了法律法规规定的义务，并将义务履行情况作为判定是否"明知"的重要依据。同时，结合犯罪嫌疑人、被告人及同案犯供述和辩解，证人证言、物证、书证、勘验、检查笔录等证据，从其认识能力、产品质量、进货渠道及价格、销售渠道及价格等主、客观因素予以综合判断。

（四）对尚未销售或销售金额没有达到 5 万元情况的认定

在案件审理过程中，对于上述情况认定为犯罪未遂还是不构成犯罪，实践中认识不一。对于案件中既有销售完成行为，又有尚未销售行为的，尚未销售部分的金额是否一并计入全案的销售金额，也是值得探讨的问题。

（五）财产刑如何准确适用

要依法加大对生产、销售伪劣商品犯罪财产刑的判处力度，在追缴犯罪违法所得的同时，一般按照生产、销售金额的几倍标准判处罚金，审判实践中标准不一。

四、生产、销售伪劣商品案件审理思路及原则

1. 坚持罪刑法定原则。随着犯罪类型逐渐多样化、新型化等特点，这就要求我们加强理论学习，及时更新法律及司法解释，同时，全面把握对犯罪事实和证据的认定标准，严格遵守法律程序，确保审理案件要适用法律正确。严格证据认定标准，加大刑法处罚力度的同时也要遵循刑法谦抑性原则，能用行政处罚等行政法律法规规制的行为，不应用刑法加以处罚。

2. 全面贯彻宽严相济的刑事政策，对于涉及食品、药品类案件，坚持从严从重打击，准确区分共同犯罪的主从犯。综合考虑案件事实、情节以及被告人的认罪悔罪表现，严格控制缓刑、免予刑事处罚的适用。经审理认为犯罪事实轻微，不需要追究刑事责任或免予刑事处罚的案件，根据案件不同情况，需要由行政主管部门给与行政处罚的，人民法院应及时移送。

3. 对认罪认罚案件，要认真审查犯罪事实和证据，不能因为认罪认罚降低证据认定标准，同时对于一审认罪认罚从宽又上诉的案件，加强与检察机关的沟通联系，切实推动认罪认罚从宽制度的适用。

4. 准确适用禁止令、从业禁止。对于危害食品安全犯罪的被告人决定适用缓刑的，人民法院应当同时宣告禁止令；对于判处有期徒刑以上刑罚的危害食品安全犯罪被告人，法院可以根据查明的案件事实，判处其三到五年的从业禁止。

5. 人民法院应当加强与行政执法部门的协调配合，推动危害食品安全犯罪被告人信息库的建设，做好行政执法与刑事司法之间的衔接。

6. 加强对生产、销售伪劣商品犯罪线索的移送，并出具司法建议，加大对生产销售伪劣商品产业链条的打击力度。

7. 加强法治宣传工作，不能知假买假，切实提高人民群众的法治意识、维权意识。

第二节　生产、销售伪劣商品罪审判依据

生产销售伪劣商品罪包括十个具体罪名，分别为生产、销售伪劣产品罪；生产、销售、提供假药罪；生产、销售、提供劣药罪；妨害药品管理罪；生产、销售不符合安全标准的食品罪；生产、销售有毒、有害食品罪；生产、销售不符合标准的医用器材罪；

生产、销售不符合安全标准的产品罪;生产、销售伪劣农药、兽药、化肥、种子罪;生产、销售不符合卫生标准的化妆品罪。

1. 生产、销售伪劣产品罪,是 1997 年刑法新增罪名,从《全国人民代表大会常务委员会关于惩治生产、销售伪劣商品犯罪的决定》(以下简称生产、销售伪劣商品决定)第一条的规定吸收而来。《最高人民法院、最高人民检察院关于办理生产、销售伪劣商品刑事案件具体应用法律若干问题的解释》(法释〔2001〕10 号,自 2001 年 4 月 10 日起施行)(以下简称生产、销售伪劣商品解释)对该罪的客观方面表现形式作出了具体规定。

2. 生产、销售、提供假药罪历经多次变革。1979 年刑法对制造、贩卖假药罪作了规定,生产、销售假药罪是从《生产、销售伪劣商品决定》第二条的规定吸收而来。2011 年《刑法修正案(八)》对 1997 年刑法第一百四十一条进行第一次修改,删除了"足以严重危害人体健康"才构成犯罪的要求,在第二档、第三档法定刑前分别增加了"有其他严重情节""有其他特别严重情节"的规定,并将倍比罚金刑修改为无限额罚金刑。2020 年《刑法修正案(十一)》对 1997 年刑法第一百四十一条进行第二次修改,将假药的定义删除;同时增设了"药品使用单位的人员明知是假药而提供给他人使用的,依照前款的规定处罚"的规定。《最高人民法院、最高人民检察院关于办理危害药品安全刑事案件适用法律若干问题的解释》对该罪名的适用作出具体规定。

3. 生产、销售、提供劣药罪罪名由 1997 年刑法新增的生产、销售劣药罪沿革而来,从生产、销售伪劣商品决定第二条第二款的规定吸收而来。2020 年《刑法修正案(十一)》对 1997 年刑法第一百四十二条进行第二次修改,将第一款中倍比罚金刑修改为无限额罚金刑。将原第二款劣药的定义删除;同时增设了"药品使用单位的人员明知是劣药而提供给他人使用的,依照前款的规定处罚"的规定。《最高人民法院、最高人民检察院关于办理危害药品安全刑事案件适用法律若干问题的解释》对该罪名的适用亦作出了具体规定。

4. 妨害药品管理罪,该罪名为 2020 年《刑法修正案(十一)》增设新罪名,列为 1997 年刑法第一百四十二条之一。

5. 生产、销售不符合安全标准的食品罪,是 1997 年刑法新增罪名,从生产、销售伪劣商品决定第三条第一款的规定吸收而来。2011 年《刑法修正案(八)》对 1997 年刑法第一百四十三条该罪名法律条款进行修改,将原文中"不符合卫生标准的食品"修改为"不符合食品安全标准的食品",将"食源性病患"修改为"食源性疾病",将"销售金额百分之五十以上二倍以下罚金"修改为无限额罚金,取消了基本犯"单处罚金"的规定,增设了"有其他严重情节"的处罚。《最高人民法院、最高人民检察院关于办理危害食品安全刑事案件适用法律若干问题的解释》对该罪名的适用作出了具体规定。

6. 生产、销售有毒、有害食品罪,是 1997 年刑法新增罪名,从生产、销售伪劣商品决定第三条第二款的规定吸收而来。2011 年《刑法修正案(八)》对 1997 年刑法第一百四十四条该罪名法律条款进行修改,将原文中"造成严重食物中毒事故或者其他严重食源性病患,对人体健康造成严重危害"修改为"对人体健康造成严重危害或者有其他严重情节",将"销售金额百分之五十以上二倍以下罚金"修改为无限额罚金,取消了基本犯中的拘役刑以及单处罚金的规定,将"对人体健康造成特别严重危害"修改为"有其他特别严重情节"。《最高人民法院、最高人民检察院关于办理危害食品安全刑事案件适用法律若干问题的解释》对该罪名的适用亦作出了具体规定。《最高人民法院、最高人民检察院关于办理非法生产、销售、使用禁止在饲料和动物饮用水中使用的药品等刑事案件具体应用法律若干问题的解释》对非法生产、销售、使用盐酸克伦特罗等犯罪活动定性问题作出了具体规定。

7. 生产、销售不符合标准的医用器材罪，是 1997 年刑法新增罪名，从生产、销售伪劣商品决定第四条的规定吸收而来。2002 年《刑法修正案（四）》对 1997 年刑法第一百四十五条该罪名法律条款进行修改，将本罪的犯罪形态从结果犯修改为危险犯，并在法定刑上作了相应的调整。

8. 生产、销售不符合安全标准的产品罪，是 1997 年刑法新增罪名，从生产、销售伪劣商品决定第五条的规定吸收而来。《最高人民法院、最高人民检察院关于办理危害食品安全刑事案件适用法律若干问题的解释》对该罪名的适用作出了具体规定。

9. 生产、销售伪劣农药、兽药、化肥、种子罪，是 1997 年刑法新增罪名，从生产、销售伪劣商品决定第六条的规定吸收而来。生产、销售伪劣商品解释对该罪名的适用作出了具体规定。

10. 生产、销售不符合卫生标准的化妆品罪，是 1997 年刑法新增罪名，从生产、销售伪劣商品决定第七条的规定吸收而来。

2008 年 6 月 25 日《最高人民检察院、公安部关于公安机关管辖的刑事案件立案追诉标准的规定（一）》[以下简称立案追诉标准（一）] 对 1997 年刑法第一百四十、一百四十二、一百四十五、一百四十六、一百四十七、一百四十八条所涉罪名的立案追诉条件作出具体规定。2017 年 4 月 27 日《最高人民检察院、公安部关于公安机关管辖的刑事案件立案追诉标准的规定（一）的补充规定》[以下简称立案追诉标准（一）补充规定] 引流规定对 1997 年刑法第一百四十一、一百四十三、一百四十四条所涉罪名的立案追诉条件作出具体规定。

一、法律

《中华人民共和国刑法》（2020 年 12 月 26 日修正）

第一百四十条　【生产、销售伪劣产品罪】生产者、销售者在产品中掺杂、掺假，以假充真，以次充好或者以不合格产品冒充合格产品，销售金额五万元以上不满二十万元的，处二年以下有期徒刑或者拘役，并处或者单处销售金额百分之五十以上二倍以下罚金；销售金额二十万元以上不满五十万元的，处二年以上七年以下有期徒刑，并处销售金额百分之五十以上二倍以下罚金；销售金额五十万元以上不满二百万元的，处七年以上有期徒刑，并处销售金额百分之五十以上二倍以下罚金；销售金额二百万元以上的，处十五年有期徒刑或者无期徒刑，并处销售金额百分之五十以上二倍以下罚金或者没收财产。

第一百四十一条　【生产、销售、提供假药罪】生产、销售假药的，处三年以下有期徒刑或者拘役，并处罚金；对人体健康造成严重危害或者有其他严重情节的，处三年以上十年以下有期徒刑，并处罚金；致人死亡或者有其他特别严重情节的，处十年以上有期徒刑、无期徒刑或者死刑，并处罚金或者没收财产。

药品使用单位的人员明知是假药而提供给他人使用的，依照前款的规定处罚。

第一百四十二条　【生产、销售、提供劣药罪】生产、销售劣药，对人体健康造成严重危害的，处三年以上十年以下有期徒刑，并处罚金；后果特别严重的，处十年以上有期徒刑或者无期徒刑，并处罚金或者没收财产。

药品使用单位的人员明知是劣药而提供给他人使用的，依照前款的规定处罚。

第一百四十二条之一　【妨害药品管理罪】违反药品管理法规，有下列情形之一，足以严重危害人体健康的，处三年以下有期徒刑或者拘役，并处或者单处罚金；对人体健康造成严重危害或者有其他严重情节的，处三年以上七年以下有期徒刑，并处罚金：

（一）生产、销售国务院药品监督管理部门禁止使用的药品的；

（二）未取得药品相关批准证明文件生产、进口药品或者明知是上述药品而销售的；

（三）药品申请注册中提供虚假的证明、数据、资料、样品或者采取其他欺骗手段的；

（四）编造生产、检验记录的。

有前款行为，同时又构成本法第一百四十一条、第一百四十二条规定之罪或者其他犯罪的，依照处罚较重的规定定罪处罚。

第一百四十三条　【生产、销售不符合安全标准的食品罪】生产、销售不符合食品安全标准的食品，足以造成严重食物中毒事故或者其他严重食源性疾病的，处三年以下有期徒刑或者拘役，并处罚金；对人体健康造成严重危害或者有其他严重情节的，处三年以上七年以下有期徒刑，并处罚金；后果特别严重的，处七年以上有期徒刑或者无期徒刑，并处罚金或者没收财产。

第一百四十四条　【生产、销售有毒、有害食品罪】在生产、销售的食品中掺入有毒、有害的非食品原料的，或者销售明知掺有有毒、有害的非食品原料的食品的，处五年以下有期徒刑，并处罚金；对人体健康造成严重危害或者有其他严重情节的，处五年以上十年以下有期徒刑，并处罚金；致人死亡或者有其他特别严重情节的，依照本法第一百四十一条的规定处罚。

第一百四十五条　【生产、销售不符合标准的医用器材罪】生产不符合保障人体健康的国家标准、行业标准的医疗器械、医用卫生材料，或者销售明知是不符合保障人体健康的国家标准、行业标准的医疗器械、医用卫生材料，足以严重危害人体健康的，处三年以下有期徒刑或者拘役，并处销售金额百分之五十以上二倍以下罚金；对人体健康造成严重危害的，处三年以上十年以下有期徒刑，并处销售金额百分之五十以上二倍以下罚金；后果特别严重的，处十年以上有期徒刑或者无期徒刑，并处销售金额百分之五十以上二倍以下罚金或者没收财产。

第一百四十六条　【生产、销售不符合安全标准的产品罪】生产不符合保障人身、财产安全的国家标准、行业标准的电器、压力容器、易燃易爆产品或者其他不符合保障人身、财产安全的国家标准、行业标准的产品，或者销售明知是以上不符合保障人身、财产安全的国家标准、行业标准的产品，造成严重后果的，处五年以下有期徒刑，并处销售金额百分之五十以上二倍以下罚金；后果特别严重的，处五年以上有期徒刑，并处销售金额百分之五十以上二倍以下罚金。

第一百四十七条　【生产、销售伪劣农药、兽药、化肥、种子罪】生产假农药、假兽药、假化肥，销售明知是假的或者失去使用效能的农药、兽药、化肥、种子，或者生产者、销售者以不合格的农药、兽药、化肥、种子冒充合格的农药、兽药、化肥、种子，使生产遭受较大损失的，处三年以下有期徒刑或者拘役，并处或者单处销售金额百分之五十以上二倍以下罚金；使生产遭受重大损失的，处三年以上七年以下有期徒刑，并处销售金额百分之五十以上二倍以下罚金；使生产遭受特别重大损失的，处七年以上有期徒刑或者无期徒刑，并处销售金额百分之五十以上二倍以下罚金或者没收财产。

第一百四十八条　【生产、销售不符合卫生标准的化妆品罪】生产不符合卫生标准的化妆品，或者销售明知是不符合卫生标准的化妆品，造成严重后果的，处三年以下有期徒刑或者拘役，并处或者单处销售金额百分之五十以上二倍以下罚金。

第一百四十九条　【对生产、销售伪劣商品行为的法条适用】生产、销售本节第一百四十一条至第一百四十八条所列产品，不构成各该条规定的犯罪，但是销售金额在五万元以上的，依照本节第一百四十条的规定定罪处罚。

生产、销售本节第一百四十一条至第一百四十八条所列产品，构成各该条规定的犯罪，同时又构成本节第一百四十条规定之罪的，依照处罚较重的规定定罪处罚。

第一百五十条　【单位犯本节规定之罪的处理】单位犯本节第一百四十条至第一百四十八条规定之罪的，对单位判处罚金，并对其直接负责的主管人员和其他直接责任人员，依照各该条的规定处罚。

二、司法解释

1. 《最高人民法院、最高人民检察院关于办理生产、销售伪劣商品刑事案件具体应用法律若干问题的解释》（2001年4月9日　法释〔2001〕10号）

为依法惩治生产、销售伪劣商品犯罪活动，根据刑法有关规定，现就办理这类案件具体应用法律的若干问题解释如下：

第一条　刑法第一百四十条规定的"在产品中掺杂、掺假"，是指在产品中掺入杂质或者异物，致使产品质量不符合国家法律、法规或者产品明示质量标准规定的质量要求，降低、失去应有使用性能的行为。

刑法第一百四十条规定的"以假充真"，是指以不具有某种使用性能的产品冒充具有该种使用性能的产品的行为。

刑法第一百四十条规定的"以次充好"，是指以低等级、低档次产品冒充高等级、高档次产品，或者以残次、废旧零配件组合、拼装后冒充正品或者新产品的行为。

刑法第一百四十条规定的"不合格产品"，是指不符合《中华人民共和国产品质量法》第二十六条第二款规定的质量要求的产品。

对本条规定的上述行为难以确定的，应当委托法律、行政法规规定的产品质量检验机构进行鉴定。

第二条　刑法第一百四十条、第一百四十九条规定的"销售金额"，是指生产者、销售者出售伪劣产品后所得和应得的全部违法收入。

伪劣产品尚未销售，货值金额达到刑法第一百四十条规定的销售金额3倍以上的，以生产、销售伪劣产品罪（未遂）定罪处罚。

货值金额以违法生产、销售的伪劣产品的标价计算；没有标价的，按照同类合格产品的市场中间价格计算。货值金额难以确定的，按照国家计划委员会、最高人民法院、最高人民检察院、公安部1997年4月22日联合发布的《扣押、追缴、没收物品估价管理办法》的规定，委托指定的估价机构确定。

多次实施生产、销售伪劣产品行为，未经处理的，伪劣产品的销售金额或者货值金额累计计算。

第三条 经省级以上药品监督管理部门设置或者确定的药品检验机构鉴定，生产、销售的假药具有下列情形之一的，应认定为刑法第一百四十一条规定的"足以严重危害人体健康"：

（一）含有超标准的有毒有害物质的；

（二）不含所标明的有效成分，可能贻误诊治的；

（三）所标明的适应症或者功能主治超出规定范围，可能造成贻误诊治的；

（四）缺乏所标明的急救必需的有效成分的。

生产、销售的假药被使用后，造成轻伤、重伤或者其他严重后果的，应认定为"对人体健康造成严重危害"。

生产、销售的假药被使用后，致人严重残疾、3人以上重伤、10人以上轻伤或者造成其他特别严重后果的，应认定为"对人体健康造成特别严重危害"。

第四条 经省级以上卫生行政部门确定的机构鉴定，食品中含有可能导致严重食物中毒事故或者其他严重食源性疾患的超标准的有害细菌或者其他污染物的，应认定为刑法第一百四十三条规定的"足以造成严重食物中毒事故或者其他严重食源性疾患"。

生产、销售不符合卫生标准的食品被食用后，造成轻伤、重伤或者其他严重后果的，应认定为"对人体健康造成严重危害"。

生产、销售不符合卫生标准的食品被食用后，致人死亡、严重残疾、3人以上重伤、10人以上轻伤或者造成其他特别严重后果的，应认定为"后果特别严重"。

第五条 生产、销售的有毒、有害食品被食用后，造成轻伤、重伤或者其他严重后果的，应认定为刑法第一百四十四条规定的"对人体健康造成严重危害"。

生产、销售的有毒、有害食品被食用后，致人严重残疾、3人以上重伤、10人以上轻伤或者造成其他特别严重后果的，应认定为"对人体健康造成特别严重危害"。

第六条 生产、销售不符合标准的医疗器械、医用卫生材料，致人轻伤或者其他严重后果的，应认定为刑法第一百四十五条规定的"对人体健康造成严重危害"。

生产、销售不符合标准的医疗器械、医用卫生材料，造成感染病毒性肝炎等难以治愈的疾病、1人以上重伤、3人以上轻伤或者其他严重后果的，应认定为"后果特别严重"。

生产、销售不符合标准的医疗器械、医用卫生材料，致人死亡、严重残疾、感染艾滋病、3人以上重伤、10人以上轻伤或者造成其他特别严重后果的，应认定为"情节特别恶劣"。

医疗机构或者个人，知道或者应当知道是不符合保障人体健康的国家标准、行业标准的医疗器械、医用卫生材料而购买、使用，对人体健康造成严重危害的，以销售不符合标准的医用器材罪定罪处罚。

没有国家标准、行业标准的医疗器械，注册产品标准可视为"保障人体健康的行业标准"。

第七条 刑法第一百四十七条规定的生产、销售伪劣农药、兽药、化肥、种子罪中"使生产遭受较大损失"，一般以2万元为起点；"重大损失"，一般以10万元为起点；"特别重大损失"，一般以50万元为起点。

第八条 国家机关工作人员徇私舞弊,对生产、销售伪劣商品犯罪不履行法律规定的查处职责,具有下列情形之一的,属于刑法第四百一十四条规定的"情节严重":

(一) 放纵生产、销售假药或者有毒、有害食品犯罪行为的;

(二) 放纵依法可能判处 2 年有期徒刑以上刑罚的生产、销售伪劣商品犯罪行为的;

(三) 对 3 个以上有生产、销售伪劣商品犯罪行为的单位或者个人不履行追究职责的;

(四) 致使国家和人民利益遭受重大损失或者造成恶劣影响的。

第九条 知道或者应当知道他人实施生产、销售伪劣商品犯罪,而为其提供贷款、资金、账号、发票、证明、许可证件,或者提供生产、经营场所或者运输、仓储、保管、邮寄等便利条件,或者提供制假生产技术的,以生产、销售伪劣商品犯罪的共犯论处。

第十条 实施生产、销售伪劣商品犯罪,同时构成侵犯知识产权、非法经营等其他犯罪的,依照处罚较重的规定定罪处罚。

第十一条 实施刑法第一百四十条至第一百四十八条规定的犯罪,又以暴力、威胁方法抗拒查处,构成其他犯罪的,依照数罪并罚的规定处罚。

第十二条 国家机关工作人员参与生产、销售伪劣商品犯罪的,从重处罚。

2.《最高人民法院、最高人民检察院关于办理危害食品安全刑事案件适用法律若干问题的解释》(2021 年 12 月 30 日 法释〔2021〕24 号)

为依法惩治危害食品安全犯罪,保障人民群众身体健康、生命安全,根据《中华人民共和国刑法》《中华人民共和国刑事诉讼法》的有关规定,对办理此类刑事案件适用法律的若干问题解释如下:

第一条 生产、销售不符合食品安全标准的食品,具有下列情形之一的,应当认定为刑法第一百四十三条规定的"足以造成严重食物中毒事故或者其他严重食源性疾病":

(一) 含有严重超出标准限量的致病性微生物、农药残留、兽药残留、生物毒素、重金属等污染物质以及其他严重危害人体健康的物质的;

(二) 属于病死、死因不明或者检验检疫不合格的畜、禽、兽、水产动物肉类及其制品的;

(三) 属于国家为防控疾病等特殊需要明令禁止生产、销售的;

(四) 特殊医学用途配方食品、专供婴幼儿的主辅食品营养成分严重不符合食品安全标准的;

(五) 其他足以造成严重食物中毒事故或者严重食源性疾病的情形。

第二条 生产、销售不符合食品安全标准的食品,具有下列情形之一的,应当认定为刑法第一百四十三条规定的"对人体健康造成严重危害":

(一) 造成轻伤以上伤害的;

(二) 造成轻度残疾或者中度残疾的;

(三) 造成器官组织损伤导致一般功能障碍或者严重功能障碍的;

(四) 造成十人以上严重食物中毒或者其他严重食源性疾病的;

(五) 其他对人体健康造成严重危害的情形。

第三条 生产、销售不符合食品安全标准的食品,具有下列情形之一的,应当认定为刑法第一百四十三条规定的"其他严重情节":

（一）生产、销售金额二十万元以上的；

（二）生产、销售金额十万元以上不满二十万元，不符合食品安全标准的食品数量较大或者生产、销售持续时间六个月以上的；

（三）生产、销售金额十万元以上不满二十万元，属于特殊医学用途配方食品、专供婴幼儿的主辅食品的；

（四）生产、销售金额十万元以上不满二十万元，且在中小学校园、托幼机构、养老机构及周边面向未成年人、老年人销售的；

（五）生产、销售金额十万元以上不满二十万元，曾因危害食品安全犯罪受过刑事处罚或者二年内因危害食品安全违法行为受过行政处罚的；

（六）其他情节严重的情形。

第四条 生产、销售不符合食品安全标准的食品，具有下列情形之一的，应当认定为刑法第一百四十三条规定的"后果特别严重"：

（一）致人死亡的；

（二）造成重度残疾以上的；

（三）造成三人以上重伤、中度残疾或者器官组织损伤导致严重功能障碍的；

（四）造成十人以上轻伤、五人以上轻度残疾或者器官组织损伤导致一般功能障碍的；

（五）造成三十人以上严重食物中毒或者其他严重食源性疾病的；

（六）其他特别严重的后果。

第五条 在食品生产、销售、运输、贮存等过程中，违反食品安全标准，超限量或者超范围滥用食品添加剂，足以造成严重食物中毒事故或者其他严重食源性疾病的，依照刑法第一百四十三条的规定以生产、销售不符合安全标准的食品罪定罪处罚。

在食用农产品种植、养殖、销售、运输、贮存等过程中，违反食品安全标准，超限量或者超范围滥用添加剂、农药、兽药等，足以造成严重食物中毒事故或者其他严重食源性疾病的，适用前款的规定定罪处罚。

第六条 生产、销售有毒、有害食品，具有本解释第二条规定情形之一的，应当认定为刑法第一百四十四条规定的"对人体健康造成严重危害"。

第七条 生产、销售有毒、有害食品，具有下列情形之一的，应当认定为刑法第一百四十四条规定的"其他严重情节"：

（一）生产、销售金额二十万元以上不满五十万元的；

（二）生产、销售金额十万元以上不满二十万元，有毒、有害食品数量较大或者生产、销售持续时间六个月以上的；

（三）生产、销售金额十万元以上不满二十万元，属于特殊医学用途配方食品、专供婴幼儿的主辅食品的；

（四）生产、销售金额十万元以上不满二十万元，且在中小学校园、托幼机构、养老机构及周边面向未成年人、老年人销售的；

（五）生产、销售金额十万元以上不满二十万元，曾因危害食品安全犯罪受过刑事处罚或者二年内因危害食品安全违法行为受过行政处罚的；

（六）有毒、有害的非食品原料毒害性强或者含量高的；

（七）其他情节严重的情形。

第八条 生产、销售有毒、有害食品，生产、销售金额五十万元以上，或者具有本解释第四条第二项至第六项规定的情形之一的，应当认定为刑法第一百四十四条规定的"其他特别严重情节"。

第九条 下列物质应当认定为刑法第一百四十四条规定的"有毒、有害的非食品原料"：

（一）因危害人体健康，被法律、法规禁止在食品生产经营活动中添加、使用的物质；

（二）因危害人体健康，被国务院有关部门列入《食品中可能违法添加的非食用物质名单》《保健食品中可能非法添加的物质名单》和国务院有关部门公告的禁用农药、《食品动物中禁止使用的药品及其他化合物清单》等名单上的物质；

（三）其他有毒、有害的物质。

第十条 刑法第一百四十四条规定的"明知"，应当综合行为人的认知能力、食品质量、进货或者销售的渠道及价格等主、客观因素进行认定。

具有下列情形之一的，可以认定为刑法第一百四十四条规定的"明知"，但存在相反证据并经查证属实的除外：

（一）长期从事相关食品、食用农产品生产、种植、养殖、销售、运输、贮存行业，不依法履行保障食品安全义务的；

（二）没有合法有效的购货凭证，且不能提供或者拒不提供销售的相关食品来源的；

（三）以明显低于市场价格进货或者销售且无合理原因的；

（四）在有关部门发出禁令或者食品安全预警的情况下继续销售的；

（五）因实施危害食品安全行为受过行政处罚或者刑事处罚，又实施同种行为的；

（六）其他足以认定行为人明知的情形。

第十一条 在食品生产、销售、运输、贮存等过程中，掺入有毒、有害的非食品原料，或者使用有毒、有害的非食品原料生产食品的，依照刑法第一百四十四条的规定以生产、销售有毒、有害食品罪定罪处罚。

在食用农产品种植、养殖、销售、运输、贮存等过程中，使用禁用农药、食品动物中禁止使用的药品及其他化合物等有毒、有害的非食品原料，适用前款的规定定罪处罚。

在保健食品或者其他食品中非法添加国家禁用药物等有毒、有害的非食品原料的，适用第一款的规定定罪处罚。

第十二条 在食品生产、销售、运输、贮存等过程中，使用不符合食品安全标准的食品包装材料、容器、洗涤剂、消毒剂，或者用于食品生产经营的工具、设备等，造成食品被污染，符合刑法第一百四十三条、第一百四十四条规定的，以生产、销售不符合安全标准的食品罪或者生产、销售有毒、有害食品罪定罪处罚。

第十三条 生产、销售不符合食品安全标准的食品，有毒、有害食品，符合刑法第一百四十三条、第一百四十四条规定的，以生产、销售不符合安全标准的食品罪或者生产、销售有毒、有害食品罪定罪处罚。同时构成其他犯罪的，依照处罚较重的规定定罪处罚。

生产、销售不符合食品安全标准的食品，无证据证明足以造成严重食物中毒事故或者其他严重食源性疾病，不构成生产、销售不符合安全标准的食品罪，但构成生产、销售伪劣产品罪，妨害动植物防疫、检疫罪等其他犯罪的，依照该其他犯罪定罪处罚。

第十四条 明知他人生产、销售不符合食品安全标准的食品，有毒、有害食品，具有下列情形之一的，以生产、销售不符合安全标准的食品罪或者生产、销售有毒、有害食品罪的共犯论处：

（一）提供资金、贷款、账号、发票、证明、许可证件的；

（二）提供生产、经营场所或者运输、贮存、保管、邮寄、销售渠道等便利条件的；

（三）提供生产技术或者食品原料、食品添加剂、食品相关产品或者有毒、有害的非食品原料的；

（四）提供广告宣传的；

（五）提供其他帮助行为的。

第十五条 生产、销售不符合食品安全标准的食品添加剂，用于食品的包装材料、容器、洗涤剂、消毒剂，或者用于食品生产经营的工具、设备等，符合刑法第一百四十条规定的，以生产、销售伪劣产品罪定罪处罚。

生产、销售用超过保质期的食品原料、超过保质期的食品、回收食品作为原料的食品，或者以更改生产日期、保质期、改换包装等方式销售超过保质期的食品、回收食品，适用前款的规定定罪处罚。

实施前两款行为，同时构成生产、销售不符合安全标准的食品罪，生产、销售不符合安全标准的产品罪等其他犯罪的，依照处罚较重的规定定罪处罚。

第十六条 以提供给他人生产、销售食品为目的，违反国家规定，生产、销售国家禁止用于食品生产、销售的非食品原料，情节严重的，依照刑法第二百二十五条的规定以非法经营罪定罪处罚。

以提供给他人生产、销售食用农产品为目的，违反国家规定，生产、销售国家禁用农药、食品动物中禁止使用的药品及其他化合物等有毒、有害的非食品原料，或者生产、销售添加上述有毒、有害的非食品原料的农药、兽药、饲料、饲料添加剂、饲料原料，情节严重的，依照前款的规定定罪处罚。

第十七条 违反国家规定，私设生猪屠宰厂（场），从事生猪屠宰、销售等经营活动，情节严重的，依照刑法第二百二十五条的规定以非法经营罪定罪处罚。

在畜禽屠宰相关环节，对畜禽使用食品动物中禁止使用的药品及其他化合物等有毒、有害的非食品原料，依照刑法第一百四十四条的规定以生产、销售有毒、有害食品罪定罪处罚；对畜禽注水或者注入其他物质，足以造成严重食物中毒事故或者其他严重食源性疾病的，依照刑法第一百四十三条的规定以生产、销售不符合安全标准的食品罪定罪处罚；虽不足以造成严重食物中毒事故或者其他严重食源性疾病，但符合刑法第一百四十条规定的，以生产、销售伪劣产品罪定罪处罚。

第十八条 实施本解释规定的非法经营行为，非法经营数额在十万元以上，或者违法所得数额在五万元以上的，应当认定为刑法第二百二十五条规定的"情节严重"；非法经营数额在五十万元以上，或者违法所得数额在二十五万元以上的，应当认定为刑法第二百二十五条规定的"情节特别严重"。

实施本解释规定的非法经营行为，同时构成生产、销售伪劣产品罪，生产、销售不符合安全标准的食品罪，生产、销售有毒、有害食品罪，生产、销售伪劣农药、兽药罪等其他犯罪的，依照处罚较重的规定定罪处罚。

第十九条 违反国家规定，利用广告对保健食品或者其他食品作虚假宣传，符合刑法第二百二十二条规定的，以虚假广告罪定罪处罚；以非法占有为目的，利用销售保健食品或者其他食品诈骗财物，符合刑法第二百六十六条规定的，以诈骗罪定罪处罚。同时构成生产、销售伪劣产品罪等其他犯罪的，依照处罚较重的规定定罪处罚。

第二十条 负有食品安全监督管理职责的国家机关工作人员，滥用职权或者玩忽职守，构成食品监管渎职罪，同时构成徇私舞弊不移交刑事案件罪、商检徇私舞弊罪、动植物检疫徇私舞弊罪、放纵制售伪劣商品犯罪行为罪等其他渎职犯罪的，依照处罚较重的规定定罪处罚。

负有食品安全监督管理职责的国家机关工作人员滥用职权或者玩忽职守，不构成食品监管渎职罪，但构成前款规定的其他渎职犯罪的，依照该其他犯罪定罪处罚。

负有食品安全监督管理职责的国家机关工作人员与他人共谋，利用其职务行为帮助他人实施危害食品安全犯罪行为，同时构成渎职犯罪和危害食品安全犯罪共犯的，依照处罚较重的规定定罪从重处罚。

第二十一条 犯生产、销售不符合安全标准的食品罪，生产、销售有毒、有害食品罪，一般应当依法判处生产、销售金额二倍以上的罚金。

共同犯罪的，对各共同犯罪人合计判处的罚金一般应当在生产、销售金额的二倍以上。

第二十二条 对实施本解释规定之犯罪的犯罪分子，应当依照刑法规定的条件，严格适用缓刑、免予刑事处罚。对于依法适用缓刑的，可以根据犯罪情况，同时宣告禁止令。

对于被不起诉或者免予刑事处罚的行为人，需要给予行政处罚、政务处分或者其他处分的，依法移送有关主管机关处理。

第二十三条 单位实施本解释规定的犯罪的，对单位判处罚金，并对直接负责的主管人员和其他直接责任人员，依照本解释规定的定罪量刑标准处罚。

第二十四条 "足以造成严重食物中毒事故或者其他严重食源性疾病""有毒、有害的非食品原料"等专门性问题难以确定的，司法机关可以依据鉴定意见、检验报告、地市级以上相关行政主管部门组织出具的书面意见，结合其他证据作出认定。必要时，专门性问题由省级以上相关行政主管部门组织出具书面意见。

第二十五条 本解释所称"二年内"，以第一次违法行为受到行政处罚的生效之日与又实施相应行为之日的时间间隔计算确定。

第二十六条 本解释自2022年1月1日起施行。本解释公布实施后，《最高人民法院、最高人民检察院关于办理危害食品安全刑事案件适用法律若干问题的解释》（法释〔2013〕12号）同时废止；之前发布的司法解释与本解释不一致的，以本解释为准。

3.《最高人民法院、最高人民检察院关于办理危害药品安全刑事案件适用法律若干问题的解释》（2022年3月3日　高检发释字〔2022〕1号）

为依法惩治危害药品安全犯罪，保障人民群众生命健康，维护药品管理秩序，根据《中华人民共和国刑法》《中华人民共和国刑事诉讼法》及《中华人民共和国药品管理法》等有关规定，现就办理此类刑事案件适用法律的若干问题解释如下：

第一条 生产、销售、提供假药，具有下列情形之一的，应当酌情从重处罚：

（一）涉案药品以孕产妇、儿童或者危重病人为主要使用对象的；

（二）涉案药品属于麻醉药品、精神药品、医疗用毒性药品、放射性药品、生物制品，或者以药品类易制毒化学品冒充其他药品的；

（三）涉案药品属于注射剂药品、急救药品的；

（四）涉案药品系用于应对自然灾害、事故灾难、公共卫生事件、社会安全事件等突发事件的；

（五）药品使用单位及其工作人员生产、销售假药的；

（六）其他应当酌情从重处罚的情形。

第二条 生产、销售、提供假药，具有下列情形之一的，应当认定为刑法第一百四十一条规定的"对人体健康造成严重危害"：

（一）造成轻伤或者重伤的；

（二）造成轻度残疾或者中度残疾的；

（三）造成器官组织损伤导致一般功能障碍或者严重功能障碍的；

（四）其他对人体健康造成严重危害的情形。

第三条 生产、销售、提供假药，具有下列情形之一的，应当认定为刑法第一百四十一条规定的"其他严重情节"：

（一）引发较大突发公共卫生事件的；

（二）生产、销售、提供假药的金额二十万元以上不满五十万元的；

（三）生产、销售、提供假药的金额十万元以上不满二十万元，并具有本解释第一条规定情形之一的；

（四）根据生产、销售、提供的时间、数量、假药种类、对人体健康危害程度等，应当认定为情节严重的。

第四条 生产、销售、提供假药，具有下列情形之一的，应当认定为刑法第一百四十一条规定的"其他特别严重情节"：

（一）致人重度残疾以上的；

（二）造成三人以上重伤、中度残疾或者器官组织损伤导致严重功能障碍的；

（三）造成五人以上轻度残疾或者器官组织损伤导致一般功能障碍的；

（四）造成十人以上轻伤的；

（五）引发重大、特别重大突发公共卫生事件的；

（六）生产、销售、提供假药的金额五十万元以上的；

（七）生产、销售、提供假药的金额二十万元以上不满五十万元，并具有本解释第一条规定情形之一的；

（八）根据生产、销售、提供的时间、数量、假药种类、对人体健康危害程度等，应当认定为情节特别严重的。

第五条 生产、销售、提供劣药，具有本解释第一条规定情形之一的，应当酌情从重处罚。

生产、销售、提供劣药，具有本解释第二条规定情形之一的，应当认定为刑法第一百四十二条规定的"对人体健康造成严重危害"。

生产、销售、提供劣药，致人死亡，或者具有本解释第四条第一项至第五项规定情形之一的，应当认定为刑法第一百四十二条规定的"后果特别严重"。

第六条 以生产、销售、提供假药、劣药为目的，合成、精制、提取、储存、加工炮制药品原料，或者在将药品原料、辅料、包装材料制成成品过程中，进行配料、混合、制剂、储存、包装的，应当认定为刑法第一百四十一条、第一百四十二条规定的"生产"。

药品使用单位及其工作人员明知是假药、劣药而有偿提供给他人使用的，应当认定为刑法第一百四十一条、第一百四十二条规定的"销售"；无偿提供给他人使用的，应当认定为刑法第一百四十一条、第一百四十二条规定的"提供"。

第七条 实施妨害药品管理的行为，具有下列情形之一的，应当认定为刑法第一百四十二条之一规定的"足以严重危害人体健康"：

（一）生产、销售国务院药品监督管理部门禁止使用的药品，综合生产、销售的时间、数量、禁止使用原因等情节，认为具有严重危害人体健康的现实危险的；

（二）未取得药品相关批准证明文件生产药品或者明知是上述药品而销售，涉案药品属于本解释第一条第一项至第三项规定情形的；

（三）未取得药品相关批准证明文件生产药品或者明知是上述药品而销售，涉案药品的适应症、功能主治或者成分不明的；

（四）未取得药品相关批准证明文件生产药品或者明知是上述药品而销售，涉案药品没有国家药品标准，且无核准的药品质量标准，但检出化学药成分的；

（五）未取得药品相关批准证明文件进口药品或者明知是上述药品而销售，涉案药品在境外也未合法上市的；

（六）在药物非临床研究或者药物临床试验过程中故意使用虚假试验用药品，或者瞒报与药物临床试验用药品相关的严重不良事件的；

（七）故意损毁原始药物非临床研究数据或者药物临床试验数据，或者编造受试动物信息、受试者信息、主要试验过程记录、研究数据、检测数据等药物非临床研究数据或者药物临床试验数据，影响药品的安全性、有效性和质量可控性的；

（八）编造生产、检验记录，影响药品的安全性、有效性和质量可控性的；

（九）其他足以严重危害人体健康的情形。

对于涉案药品是否在境外合法上市，应当根据境外药品监督管理部门或者权利人的证明等证据，结合犯罪嫌疑人、被告人及其辩护人提供的证据材料综合审查，依法作出认定。

对于"足以严重危害人体健康"难以确定的，根据地市级以上药品监督管理部门出具的认定意见，结合其他证据作出认定。

第八条 实施妨害药品管理的行为，具有本解释第二条规定情形之一的，应当认定为刑法第一百四十二条之一规定的"对人体健康造成严重危害"。

实施妨害药品管理的行为，足以严重危害人体健康，并具有下列情形之一的，应当认定为刑法第一百四十二条之一规定的"有其他严重情节"：

（一）生产、销售国务院药品监督管理部门禁止使用的药品，生产、销售的金额五十万元以上的；

（二）未取得药品相关批准证明文件生产、进口药品或者明知是上述药品而销售，生产、销售的金额五十万元以上的；

（三）药品申请注册中提供虚假的证明、数据、资料、样品或者采取其他欺骗手段，造成严重后果的；

（四）编造生产、检验记录，造成严重后果的；
（五）造成恶劣社会影响或者具有其他严重情节的情形。

实施刑法第一百四十二条之一规定的行为，同时又构成生产、销售、提供假药罪、生产、销售、提供劣药罪或者其他犯罪的，依照处罚较重的规定定罪处罚。

第九条 明知他人实施危害药品安全犯罪，而有下列情形之一的，以共同犯罪论处：
（一）提供资金、贷款、账号、发票、证明、许可证件的；
（二）提供生产、经营场所、设备或者运输、储存、保管、邮寄、销售渠道等便利条件的；
（三）提供生产技术或者原料、辅料、包装材料、标签、说明书的；
（四）提供虚假药物非临床研究报告、药物临床试验报告及相关材料的；
（五）提供广告宣传的；
（六）提供其他帮助的。

第十条 办理生产、销售、提供假药、生产、销售、提供劣药、妨害药品管理等刑事案件，应当结合行为人的从业经历、认知能力、药品质量、进货渠道和价格、销售渠道和价格以及生产、销售方式等事实综合判断认定行为人的主观故意。具有下列情形之一的，可以认定行为人有实施相关犯罪的主观故意，但有证据证明确实不具有故意的除外：
（一）药品价格明显异于市场价格的；
（二）向不具有资质的生产者、销售者购买药品，且不能提供合法有效的来历证明的；
（三）逃避、抗拒监督检查的；
（四）转移、隐匿、销毁涉案药品、进销货记录的；
（五）曾因实施危害药品安全违法犯罪行为受过处罚，又实施同类行为的；
（六）其他足以认定行为人主观故意的情形。

第十一条 以提供给他人生产、销售、提供药品为目的，违反国家规定，生产、销售不符合药用要求的原料、辅料，符合刑法第一百四十条规定的，以生产、销售伪劣产品罪从重处罚；同时构成其他犯罪的，依照处罚较重的规定定罪处罚。

第十二条 广告主、广告经营者、广告发布者违反国家规定，利用广告对药品作虚假宣传，情节严重的，依照刑法第二百二十二条的规定，以虚假广告罪定罪处罚。

第十三条 明知系利用医保骗保购买的药品而非法收购、销售，金额五万元以上的，应当依照刑法第三百一十二条的规定，以掩饰、隐瞒犯罪所得罪定罪处罚；指使、教唆、授意他人利用医保骗保购买药品，进而非法收购、销售，符合刑法第二百六十六条规定的，以诈骗罪定罪处罚。

对于利用医保骗保购买药品的行为人是否追究刑事责任，应当综合骗取医保基金的数额、手段、认罪悔罪态度等案件具体情节，依法妥当决定。利用医保骗保购买药品的行为人是否被追究刑事责任，不影响对非法收购、销售有关药品的行为人定罪处罚。

对于第一款规定的主观明知，应当根据药品标志、收购渠道、价格、规模及药品追溯信息等综合认定。

第十四条 负有药品安全监督管理职责的国家机关工作人员，滥用职权或者玩忽职守，构成药品监管渎职罪，同时构成商检徇私舞弊罪、商检失职罪等其他渎职犯罪的，依照处罚较重的规定定罪处罚。

负有药品安全监督管理职责的国家机关工作人员滥用职权或者玩忽职守,不构成药品监管渎职罪,但构成前款规定的其他渎职犯罪的,依照该其他犯罪定罪处罚。

负有药品安全监督管理职责的国家机关工作人员与他人共谋,利用其职务便利帮助他人实施危害药品安全犯罪行为,同时构成渎职犯罪和危害药品安全犯罪共犯的,依照处罚较重的规定定罪从重处罚。

第十五条 对于犯生产、销售、提供假药罪、生产、销售、提供劣药罪、妨害药品管理罪的,应当结合被告人的犯罪数额、违法所得,综合考虑被告人缴纳罚金的能力,依法判处罚金。罚金一般应当在生产、销售、提供的药品金额二倍以上;共同犯罪的,对各共同犯罪人合计判处的罚金一般应当在生产、销售、提供的药品金额二倍以上。

第十六条 对于犯生产、销售、提供假药罪、生产、销售、提供劣药罪、妨害药品管理罪的,应当依照刑法规定的条件,严格缓刑、免予刑事处罚的适用。对于被判处刑罚的,可以根据犯罪情况和预防再犯罪的需要,依法宣告职业禁止或者禁止令。《中华人民共和国药品管理法》等法律、行政法规另有规定的,从其规定。

对于被不起诉或者免予刑事处罚的行为人,需要给予行政处罚、政务处分或者其他处分的,依法移送有关主管机关处理。

第十七条 单位犯生产、销售、提供假药罪、生产、销售、提供劣药罪、妨害药品管理罪的,对单位判处罚金,并对直接负责的主管人员和其他直接责任人员,依照本解释规定的自然人犯罪的定罪量刑标准处罚。

单位犯罪的,对被告单位及其直接负责的主管人员、其他直接责任人员合计判处的罚金一般应当在生产、销售、提供的药品金额二倍以上。

第十八条 根据民间传统配方私自加工药品或者销售上述药品,数量不大,且未造成他人伤害后果或者延误诊治的,或者不以营利为目的实施带有自救、互助性质的生产、进口、销售药品的行为,不应当认定为犯罪。

对于是否属于民间传统配方难以确定的,根据地市级以上药品监督管理部门或者有关部门出具的认定意见,结合其他证据作出认定。

第十九条 刑法第一百四十一条、第一百四十二条规定的"假药""劣药",依照《中华人民共和国药品管理法》的规定认定。

对于《中华人民共和国药品管理法》第九十八条第二款第二项、第四项及第三款第三项至第六项规定的假药、劣药,能够根据现场查获的原料、包装,结合犯罪嫌疑人、被告人供述等证据材料作出判断的,可以由地市级以上药品监督管理部门出具认定意见。对于依据《中华人民共和国药品管理法》第九十八条第二款、第三款的其他规定认定假药、劣药,或者是否属于第九十八条第二款第二项、第三款第六项规定的假药、劣药存在争议的,应当由省级以上药品监督管理部门设置或者确定的药品检验机构进行检验,出具质量检验结论。司法机关根据认定意见、检验结论,结合其他证据作出认定。

第二十条 对于生产、提供药品的金额,以药品的货值金额计算;销售药品的金额,以所得和可得的全部违法收入计算。

第二十一条 本解释自 2022 年 3 月 6 日起施行。本解释公布施行后,《最高人民法院、最高人民检察院关于办理危害药品安全刑事案件适用法律若干问题的解释》(法释〔2014〕14 号)、《最高人民法院、最高人民检察院关于办理药品、医疗器械注册申请材料造假刑事案件适用法律若干问题的解释》（法释〔2017〕15 号）同时废止。

4.《最高人民法院、最高人民检察院关于办理非法生产、销售、使用禁止在饲料和动物饮用水中使用的药品等刑事案件具体应用法律若干问题的解释》（2022 年 8 月 16 日 法释〔2002〕26 号）

为依法惩治非法生产、销售、使用盐酸克仑特罗（Clenbuterol Hydrochloride，俗称"瘦肉精"）等禁止在饲料和动物饮用水中使用的药品等犯罪活动，维护社会主义市场经济秩序，保护公民身体健康，根据刑法有关规定，现就办理这类刑事案件具体应用法律的若干问题解释如下：

第一条 未取得药品生产、经营许可证件和批准文号，非法生产、销售盐酸克仑特罗等禁止在饲料和动物饮用水中使用的药品，扰乱药品市场秩序，情节严重的，依照刑法第二百二十五条第（一）项的规定，以非法经营罪追究刑事责任。

第二条 在生产、销售的饲料中添加盐酸克仑特罗等禁止在饲料和动物饮用水中使用的药品，或者销售明知是添加有该类药品的饲料，情节严重的，依照刑法第二百二十五条第（四）项的规定，以非法经营罪追究刑事责任。

第三条 使用盐酸克仑特罗等禁止在饲料和动物饮用水中使用的药品或者含有该类药品的饲料养殖供人食用的动物，或者销售明知是使用该类药品或者含有该类药品的饲料养殖的供人食用的动物的，依照刑法第一百四十四条的规定，以生产、销售有毒、有害食品罪追究刑事责任。

第四条 明知是使用盐酸克仑特罗等禁止在饲料和动物饮用水中使用的药品或者含有该类药品的饲料养殖的供人食用的动物，而提供屠宰等加工服务，或者销售其制品的，依照刑法第一百四十四条的规定，以生产、销售有毒、有害食品罪追究刑事责任。

第五条 实施本解释规定的行为，同时触犯刑法规定的两种以上犯罪的，依照处罚较重的规定追究刑事责任。

第六条 禁止在饲料和动物饮用水中使用的药品，依照国家有关部门公告的禁止在饲料和动物饮用水中使用的药物品种目录确定。

三、刑事政策文件

1.《最高人民法院关于审理生产、销售伪劣商品刑事案件有关鉴定问题的通知》（2001 年 5 月 21 日 法〔2001〕70 号）

各省、自治区、直辖市高级人民法院，解放军军事法院，新疆维吾尔自治区高级人民法院生产建设兵团分院：

自全国开展整顿和规范市场经济秩序工作以来，各地人民法院陆续受理了一批生产、销售伪劣产品、假冒商标和非法经营等严重破坏社会主义市场经济秩序的犯罪案件。此类案件中涉及的生产、销售的产品，有的纯属伪劣产品，有的则只是侵犯知识产权的非伪劣产品。由于涉案产品是否"以假充真""以次充好""以不合格产品冒充合格产品"，直接影响到对被告人的定罪及处刑，为准确适用刑法和《最高人民法院、最高人民检察院关于办理生产、销售伪劣商品刑事案件具体应用法律若干问题的解释》（以下简称解释），严惩假冒伪劣商品犯罪，不放纵和轻纵犯罪分子，现就审理生产、销售伪劣商品、假冒商标和非法经营等严重破坏社会主义市场经济秩序的犯罪案件中可能涉及的假冒伪劣商品的有关鉴定问题通知如下：

一、对于提起公诉的生产、销售伪劣产品、假冒商标、非法经营等严重破坏社会主义市场经济秩序的犯罪案件，所涉生产、销售的产品是否属于"以假充真"、"以次充好"、"以不合格产品冒充合格产品"难以确定的，应当根据解释第一条第五款的规定，由公诉机关委托法律、行政法规规定的产品质量检验机构进行鉴定。

二、根据解释第三条和第四条的规定，人民法院受理的生产、销售假药犯罪案件和生产、销售不符合卫生标准的食品犯罪案件，均需有"省级以上药品监督管理部门设置或者确定的药品检验机构"和"省级以上卫生行政部门确定的机构"出具的鉴定结论。[1]

三、经鉴定确系伪劣商品，被告人的行为既构成生产、销售伪劣产品罪，又构成生产、销售假药罪或者生产、销售不符合卫生标准的食品罪[2]，或者同时构成侵犯知识产权、非法经营等其他犯罪的，根据刑法第一百四十九条第二款和解释第十条的规定，应当依照处罚较重的规定定罪处罚。

2.《最高人民法院、最高人民检察院、公安部关于依法严惩"地沟油"犯罪活动的通知》（2012年1月9日　公通字〔2012〕1号）

各省、自治区、直辖市高级人民法院、人民检察院、公安厅（局），解放军军事法院、军事检察院，新疆维吾尔自治区高级人民法院生产建设兵团分院，新疆生产建设兵团人民检察院、公安局：

为依法严惩"地沟油"犯罪活动，切实保障人民群众的生命健康安全，根据刑法和有关司法解释的规定，现就有关事项通知如下：

一、依法严惩"地沟油"犯罪，切实维护人民群众食品安全

"地沟油"犯罪，是指用餐厨垃圾、废弃油脂、各类肉及肉制品加工废弃物等非食品原料，生产、加工"食用油"，以及明知是利用"地沟油"生产、加工的油脂而作为食用油销售的行为。"地沟油"犯罪严重危害人民群众身体健康和生命安全，严重影响国家形象，损害党和政府的公信力。各级公安机关、检察机关、人民法院要认真贯彻《刑法修正案（八）》对危害食品安全犯罪从严打击的精神，依法严惩"地沟油"犯罪，坚决打击"地沟油"进入食用领域的各种犯罪行为，坚决保护人民群众切身利益。对于涉及多地区的"地沟油"犯罪案件，各地公安机关、检察机关、人民法院要在案件管辖、调查取证等方面通力合作，形成打击合力，切实维护人民群众食品安全。

二、准确理解法律规定，严格区分犯罪界限

（一）对于利用"地沟油"生产"食用油"的，依照刑法第144条生产有毒、有害食品罪的规定追究刑事责任。

（二）明知是利用"地沟油"生产的"食用油"而予以销售的，依照刑法第144条销售有毒、有害食品罪的规定追究刑事责任。认定是否"明知"，应当结合犯罪嫌疑人、被告人的认知能力，犯罪嫌疑人、被告人及其同案人的供述和辩解，证人证言，产品质量，进货渠道及进货价格、销售渠道及销售价格等主、客观因素予以综合判断。

（三）对于利用"地沟油"生产的"食用油"，已经销售出去没有实物，但是有证据

---

[1] 本条已被新司法解释第十九条所更正。
[2] 罪名已更改为生产、销售不符合安全标准的食品罪。

证明系已被查实生产、销售有毒、有害食品犯罪事实的上线提供的,依照刑法第 144 条销售有毒、有害食品罪的规定追究刑事责任。

(四)虽无法查明"食用油"是否系利用"地沟油"生产、加工,但犯罪嫌疑人、被告人明知该"食用油"来源可疑而予以销售的,应分别情形处理:经鉴定,检出有毒、有害成分的,依照刑法第 144 条销售有毒、有害食品罪的规定追究刑事责任;属于不符合安全标准的食品的,依照刑法第 143 条销售不符合安全标准的食品罪追究刑事责任;属于以假充真、以次充好、以不合格产品冒充合格产品或者假冒注册商标,构成犯罪的,依照刑法第 140 条销售伪劣产品罪或者第 213 条假冒注册商标罪、第 214 条销售假冒注册商标的商品罪追究刑事责任。

(五)知道或应当知道他人实施以上第(一)、(二)、(三)款犯罪行为,而为其掏捞、加工、贩运"地沟油",或者提供贷款、资金、账号、发票、证明、许可证件,或者提供技术、生产、经营场所、运输、仓储、保管等便利条件的,依照本条第(一)、(二)、(三)款犯罪的共犯论处。

(六)对违反有关规定,掏捞、加工、贩运"地沟油",没有证据证明用于生产"食用油"的,交由行政部门处理。

(七)对于国家工作人员在食用油安全监管和查处"地沟油"违法犯罪活动中滥用职权、玩忽职守、徇私枉法,构成犯罪的,依照刑法有关规定追究刑事责任。

三、准确把握宽严相济刑事政策在食品安全领域的适用

在对"地沟油"犯罪定罪量刑时,要充分考虑犯罪数额、犯罪分子主观恶性及其犯罪手段、犯罪行为对人民群众生命安全和身体健康的危害、对市场经济秩序的破坏程度、恶劣影响等。对于具有累犯、前科、共同犯罪的主犯、集团犯罪的首要分子等情节,以及犯罪数额巨大、情节恶劣、危害严重,群众反映强烈,给国家和人民利益造成重大损失的犯罪分子,依法严惩,罪当判处死刑的,要坚决依法判处死刑。对在同一条生产销售链上的犯罪分子,要在法定刑幅度内体现严惩源头犯罪的精神,确保生产环节与销售环节量刑的整体平衡。对于明知是"地沟油"而非法销售的公司、企业,要依法从严追究有关单位和直接责任人员的责任。对于具有自首、立功、从犯等法定情节的犯罪分子,可以依法从宽处理。要严格把握适用缓刑、免予刑事处罚的条件。对依法必须适用缓刑的,一般同时宣告禁止令,禁止其在缓刑考验期内从事与食品生产、销售等有关的活动。

第三节 生产、销售伪劣商品罪审判实践中的疑难新型问题

问题 1. 为非法牟利给待宰生猪打药注水构成生产、销售伪劣产品罪

【典型案例】 张某等生产、销售伪劣产品案[①]

一、简要案情

被告人张某系辽宁省沈阳市某肉业有限公司实际经营者。2017 年 8 月,张某经人介

---

① 最高人民法院、最高人民检察院联合发布危害食品安全典型案例(2021 年 12 月 31 日)。

绍结识被告人蒋某某,蒋某某称可通过给屠宰厂内待宰生猪打药注水,达到增加生猪出肉率的目的。张某为谋取非法利益,同意雇用蒋某某等人给其屠宰厂的待宰生猪打药注水,并约定每注水一头生猪向蒋某某支付报酬8元。2017年8月至2018年5月,蒋某某先后雇用被告人高某某等10余人到张某经营的肉业公司,通过给待宰生猪注射兽用肾上腺素和阿托品后再注水的方式达到非法获利目的,共计给5.5万余头待宰生猪打药注水。经审计鉴定,打药注水后的生猪及其肉制品销售金额达8250万余元。

二、裁判结果

辽宁省锦州市中级人民法院审理认为,被告人张某雇用他人给待宰生猪打药注水,使被打药注水的猪肉产品存在危及人身安全的食品安全风险,属于生产、销售不合格产品,其行为已构成生产、销售伪劣产品罪。张某销售金额达200万元以上,应处十五年有期徒刑或者无期徒刑,并处销售金额百分之五十以上二倍以下罚金或者没收财产。据此,以生产、销售伪劣产品罪判处被告人张某有期徒刑十五年,并处罚金人民币四千二百万元;其他被告人被判处有期徒刑七年至十五年不等刑期,并处罚金。

三、典型意义

当前,一些不法分子为了牟取非法利益,在生猪屠宰前给生猪注水的违法犯罪频发,导致大量注水肉流向百姓餐桌。更为恶劣的是,不法分子在注水的同时为了增强注水效果还同时给生猪打药。司法实践中,不法分子为了逃避打击,不断更新换代药物配方,目前常见多发的是使用肾上腺素和阿托品等允许使用的兽药,生猪注药后往往检测不出药物残留,导致对此类违法犯罪行为因取证难、鉴定难、定性难,影响了惩治效果。对此,《最高人民法院关于办理食品安全刑事案例适用法律若干问题的解释》第十七条第二款区分屠宰相关环节打药注水的不同情况,作出明确规定。对于给生猪等畜禽注入禁用药物的,以生产、销售有毒、有害食品罪定罪处罚;对于注入肾上腺素和阿托品等非禁用药物的,足以造成严重食物中毒事故或者其他严重食源性疾病的,以生产、销售不符合安全标准的食品罪定罪处罚;虽不足以造成严重食物中毒事故或者其他严重食源性疾病,但销售金额在五万元以上的,以生产、销售伪劣产品罪定罪处罚。本案中,被告人张某雇用人员向生猪注入肾上腺素和阿托品等非禁用药物,虽不能检测出药物残留,也应以生产、销售伪劣产品罪定罪处罚。

问题2. 利用疫情销售"三无"口罩的罪名适用和"伪劣产品"标准的认定

【刑事审判参考案例】方某某销售伪劣产品案①

一、基本案情

仙居县人民法院经公开审理查明:在新型冠状病毒疫情防控期间,市场急需大量口罩用于疫情防控,为谋取利益,被告人方某某于2020年1月底至2月初,从江苏省苏州市相城区如元路128号批量采购白色二层、三层口罩,在明知该类口罩属于"三无"劣质产品的情况下,仍以非医用口罩的名义向下线柯某某、蒋某某(均另案处理)等人及

---

① 张文波撰稿,王晓东审编:《方某某销售伪劣产品案——利用疫情销售"三无"口罩的罪名适用和"伪劣产品"标准的认定(第1315号)》,载中华人民共和国最高人民法院刑事审判第一、二、三、四、五庭主办:《刑事审判参考》总第121集,法律出版社2020年版,第9~14页。

其他不特定人员进行销售。其间，方某某共销售该类口罩25万余只，销售金额达24万元左右，非法获利7万余元。经鉴定，方某某销售的白色二层、三层口罩的过滤效率均不符合标准要求，系不合格产品。案发后，方某某采用返回货款共计1.63万元的方式向部分买家召回了部分口罩，该部分口罩已由仙居县市场监督管理局扣押。到案后其还退缴了部分违法所得。

仙居县人民法院认为，被告人方某某在新型冠状病毒疫情期间，明知是"三无"劣质口罩仍然予以销售，且销售数量达到25万余只，销售金额达24万余元，社会危害性大。依照《中华人民共和国刑法》第一百四十条、第六十七条第三款、第六十一条、第六十二条、第六十四条，《中华人民共和国刑事诉讼法》第十五条之规定，判决如下：

1. 被告人方某某犯销售伪劣产品罪，判处有期徒刑二年八个月，并处罚金人民币三十五万元。

2. 依法追缴被告人方某某违法所得人民币五万三千七百元，上缴国库，其中已退缴的五千元由扣押机关仙居县公安局上缴国库。

3. 扣押在案的口罩，依法予以没收，由扣押机关仙居县市场监督管理局依法处理。

一审宣判后，被告人方某某未提出上诉，检察机关未提出抗诉。判决已发生法律效力。

二、主要问题

（一）疫情防控期间，以出售非医用口罩的名义销售"三无"口罩的行为应当如何认定？

（二）如何判断"三无"口罩是否属于销售伪劣产品罪中的"伪劣产品"？

三、裁判理由

（一）疫情防控期间，以出售非医用口罩的名义销售"三无"劣质口罩的，应认定为销售伪劣产品罪

本案被告人方某某在疫情防控期间，明知是"三无"劣质口罩仍然予以销售，关于其行为应当如何定性，有以下两种意见：

第一种意见认为，被告人方某某的行为构成销售伪劣产品罪。理由是：方某某销售的"三无"口罩，系以不合格产品冒充合格产品，其行为符合刑法第一百四十条生产、销售伪劣产品罪的构成要件，故应认定为销售伪劣产品罪。

第二种意见认为，被告人方某某的行为构成诈骗罪。理由是：方某某以非法占有为目的，明知其销售的口罩属于"三无"劣质产品，采用虚构事实、隐瞒真相的方式致使被害人陷入错误认识而交付财物，实质上是以销售之名行诈骗之实，其行为符合诈骗罪的构成要件。

我们同意第一种意见，被告人方某某的行为构成销售伪劣产品罪。根据刑法第一百四十条之规定，销售伪劣产品罪的客观表现形式为"掺杂掺假、以假充真、以次充好、以不合格冒充合格"，其行为存在一定的假冒、欺骗成分，与诈骗罪的虚构事实、隐瞒真相、欺骗他人等手段存在一定交叉，因而实践中较容易混淆。要对二者进行准确区分，应当注意从以下几点入手：

1. 考察交易是否实际完成

在销售伪劣产品罪中，销售伪劣产品的行为人隐瞒或者虚构产品的真实质量，只是为了引诱对方与其订立合同并进行交易，但客观上确实发生了交易行为，本质上仍属于货物买卖关系，只是交付的货物质量不符合标准；而在诈骗犯罪中，行为人隐瞒真相或

者虚构事实的目的在于直接占有对方财物,并没有真实的交易意图,因此通常不会交付货物甚至没有标的物存在,也不排除进行部分交易的可能,本质上没有完成全部交易,只是以"交易"或部分"交易"为名虚构骗局、诱人上当,进而骗取他人财物。本案中,尽管被告人方某某销售的口罩起不到应有防护作用,但其仍然交付了口罩,存在真实的交易,区别于以销售为名,但实际并不发货或部分发货进而骗取他人财物的情形。

2. 判断实际交付的财物与对方所支付财物价值差距是否较大

在诈骗罪中,也有行为人实际或部分交付财物的情形,但可能是以交付少量财物骗取对方信任后进而诈骗更多财物或者交付的财物与真实产品质量或规格相去甚远甚至毫无关联,在成本上可以忽略不计或价值不大,如以玻璃冒充钻石、以普通石头冒充玉石进行销售。而在销售伪劣产品罪中,行为人主观上具有履行合同的意图,尽管其所交付的产品价值通常低于真实、合格的产品,但也并非毫无价值,而是含有一定成本,即行为人谋取的是伪劣产品与真实产品的差价,追求的是非法利润,而不是为了骗取对方钱款。本案中,被告人方某某所销售的口罩虽系不合格产品,但亦有成本,且售卖平均价格不到一元,与合格非医用口罩的市场价格差距不大,区别于以销售为名,但商品与真实产品相去甚远或毫无价值、骗取他人财物的情形。

3. 从二者的侵犯客体进行区分、把握

诈骗罪所侵犯的客体是公私财物所有权,而销售伪劣产品罪所侵犯的客体是国家产品质量管理制度和市场秩序。当时,全国人民正齐心协力、众志成城地打一场疫情防控阻击战,而个别无良商家却见利忘义,违法违规销售疫情防控用品,虽然消费者的财物在一定程度上也是有损失的,但更严重的危害后果是损害了广大消费者的合法利益,对使用者的身心健康造成不良影响,严重扰乱了市场秩序,妨碍了疫情防控工作的开展。因此,从犯罪客体的角度进行区分,本案中被告人方某某的行为也更符合销售伪劣产品罪。

(二)销售伪劣产品罪之"伪劣产品"的认定标准

本案中,公诉机关指控被告人方某某销售的口罩属于"三无"产品。所谓"三无"产品,指的是不符合产品质量法第二十七条规定,无产品质量检验合格证明、无产品名称、生产厂厂名和厂址以及无产品规格、等级、所含主要成分的名称和含量等标识的产品。而根据产品质量法的规定,合格产品应当满足以下质量要求:(1)不存在危及人身、财产安全的不合理的危险,有保障人体健康和人身、财产安全的国家标准、行业标准的,应当符合该标准;(2)具备产品应当具备的使用性能,但对产品存在使用性能的瑕疵作出说明的除外;(3)符合在产品或者其包装上注明采用的产品标准,符合以产品说明、实物样品等方式表明的质量状况,即具有生产者、销售者所许诺的性能。可见,"三无"产品并不必然等同于销售伪劣产品罪中的"伪劣产品"。在判断被告人销售的货物是否属于"伪劣产品"时,应当严格按照罪刑法定原则的要求,结合相关法律和司法解释的规定进行认定。

刑法第一百四十条对于销售伪劣产品罪的表现形式规定了四种情形,即"掺杂、掺假,以假充真、以次充好,以不合格产品冒充合格产品"。根据《最高人民法院、最高人民检察院关于办理生产、销售伪劣商品刑事案件具体应用法律若干问题的解释》(以下简称解释)第一条规定,在产品中"掺杂、掺假",是指在产品中掺入杂质或者异物,致使产品质量不符合国家法律、法规或者产品明示质量标准规定的质量要求,降低、失去应有使用性能的行为;"以假充真",是指以不具有某种使用性能的产品冒充具有该种使用性能的产品的行为;"以次充好",是指以低等级、低档次产品冒充高等级、高档次产品,或者以残次、废旧零配件组合、拼装后冒充正品或者新产品的行为;而"不合格产品",是指不符合产品质量法第二十六条第二款规定的质量要求的产品。产品是否合格,有时可以通过外观、生活常识或直接验证使用效果等方式进行判断,解释第一条第五款同时规定,对是否为"不合格产品"等难以确定的,应当委托法律、行政法规规定的产品质量检验机构进行鉴定。

本案中,被告人方某某销售的是非医用的一次性口罩,鉴于一次性口罩的使用功能主要在于隔离、过滤等,而其效果难以通过肉眼或者生活经验辨别,故需要委托专门的产品质量检验机构,参照相应的产品检验、检测标准进行判断。

目前,关于口罩的鉴定标准分为医用口罩和非医用口罩两类。其中医用口罩按照产品标准、防护程度的不同,可分为医用防护口罩、医用外科口罩、一次性医用口罩三种,对此应当分别适用 GB 19083—2010《医用防护口罩技术要求》、YY 0469—2004《医用外科口罩技术要求》、YY/T 0969—2013《一次性使用医用口罩》。而非医用口罩的执行标准有两种,一是国家标准化管理委员会公布的 GB/T 32610—2016《日常防护型口罩技术规范》,二是原国家质量监督检验和检疫局与国家标准化管理委员会公布的 GB 2626—2006《呼吸防护用品自吸过滤式防颗粒物呼吸器》。其中,GB/T 32610—2016 适合于普通人群在日常生活中空气污染环境下过滤颗粒物所佩戴的防护型口罩,不适用于缺氧环境、水下作业、逃生、消防、医用及工业防尘等特殊行业用呼吸防护用品,也不适用于婴幼儿、儿童呼吸防护用品。GB 2626—2006 适用于防护各类颗粒物的自吸过滤式呼吸防护用品,不适用于防护有害气体和蒸气的呼吸防护用品以及水下作业、逃生、消防用呼吸防护用品。两个标准的不同点是 GB 2626—2006 可以用于工业防尘,而 GB/T 32610—2016 不可以用于工业防尘。

本案中,被告人方某某批量采购、销售的口罩,经浙江省轻工业品质量检验研究院检验、鉴定,涉案的一次性白色两层耳戴式口罩的过滤效率不符合 GB 2626—2006、GB/T 32610—2016 国家标准的要求,达不到一般非医用口罩的正常使用标准,属于产品质量法第二十六条第二款规定的"不合格产品",应当依法认定为"伪劣产品"。方某某的行为属于刑法第一百四十条销售伪劣产品罪中规定的"以不合格产品冒充合格产品"。

综上,人民法院根据被告人方某某的行为性质、犯罪事实、情节和对社会的危害程度,依法认定其构成销售伪劣产品罪是准确的。

问题3. 疫情防控期间以"三无"产品冒充"KN95"口罩进行销售行为的认定

【刑事审判参考案例】王某某、陈某销售伪劣产品案[①]

一、基本案情

哈尔滨市南岗区人民法院经审理查明:被告人王某某、陈某原系夫妻关系。2020 年 1

[①] 王卓、胡天鹰、张文波撰稿,韩维中审编:《王某某、陈某销售伪劣产品案——疫情防控期间以"三无"产品冒充"KN95"口罩进行销售行为的认定(第1316号)》,载中华人民共和国最高人民法院刑事审判第一、二、三、四、五庭主办:《刑事审判参考》总第121集,法律出版社2020年版,第15~20页。

月28日至1月31日,二人明知在郝某某(另案处理)处以每只5元的价格购买的口罩无产品合格证、无产品说明书、无标识的情况下,仍通过微信以"KN95"口罩对外销售。其间,吴某某、张某某(均另案处理)通过微信联系到王某某购买口罩,王某某以每只10元的价格向二人销售共计9800只,通过对方微信转账和汇款的方式收取货款98000元。被告人陈某按照王某某提供的销售信息,于2020年1月29日、1月31日在哈尔滨市南岗区复旦路275号的顺丰速递分三次向黑龙江省黑河市北安市、嫩江县邮寄口罩共计8300只,在哈尔滨市南岗区复旦路和哈尔滨大街交叉口将1500只口罩交给张某某、吴某某指定的接货人。经浙江省轻工业品质量检验研究院鉴定,该口罩过滤效率不符合标准要求,为不合格产品。案发后,公安机关将涉案的9800只口罩查获扣押。2020年2月3日,侦查人员在王某某、陈某家中将二人抓获。

南岗区人民法院认为,被告人王某某、陈某销售不合格产品,销售金额98000元,其行为已构成销售伪劣产品罪,应依法惩处。两被告人系共同犯罪,且均系主犯。王某某、陈某为谋取非法利益,无视国家法律,在全国性预防、控制突发传染病疫情期间,利用群众对口罩迫切需求的心理,向医药公司销售过滤效率不符合标准的不合格口罩,主观恶性及社会危害性较大,且影响恶劣,应从重处罚。王某某、陈某能够如实供述自己的罪行,愿意接受处罚,可酌情对其从轻处罚。综上,根据王某某、陈某的犯罪事实、性质、情节和对社会的危害程度,依照《中华人民共和国刑法》第一百四十条、第五十二条、第五十三条、第六十四条、第二十五条第一款、第二十六条第一款、第六十七条第三款、第六十一条,《中华人民共和国刑事诉讼法》第二百零一条之规定,以销售伪劣产品罪,分别判处被告人王某某、陈某有期徒刑一年二个月,并处罚金人民币十万元。

二、主要问题

疫情防控期间,对明知是"三无"产品仍冒充"KN95"口罩对外销售的行为,应认定为销售不符合标准的医用器材罪还是销售伪劣产品罪?

三、裁判理由

本案中被告人王某某、陈某在疫情防控期间,明知是"三无"劣质口罩仍然以"KN95"口罩对外销售,关于其行为应当如何定性,有以下两种意见:

第一种意见认为,被告人王某某、陈某的行为构成销售不符合标准的医用器材罪。理由是:"KN95"口罩系国家卫生健康委员会(以下简称国家卫健委)在疫情防控期间推荐使用口罩,王某某、陈某故意销售不符合保障人体健康的国家标准、行业标准的"三无"劣质口罩,由于上述口罩不具备应有的过滤效果,可能会产生危及消费者人体健康的严重后果,故两被告人的行为应认定为销售不符合标准的医用器材罪。

第二种意见认为,被告人王某某、陈某的行为构成销售伪劣产品罪。理由是:王某某、陈某销售的"三无"口罩,系以不合格产品冒充合格产品,其行为符合刑法第一百四十条生产、销售伪劣产品罪的构成要件,故应认定为销售伪劣产品罪。

我们同意第二种意见,被告人王某某、陈某的行为构成销售伪劣产品罪。

根据刑法有关规定,销售者"在产品中掺杂、掺假,以假充真,以次充好或者以不合格产品冒充合格产品"的行为,构成销售伪劣产品罪;而"生产不符合保障人体健康的国家标准、行业标准的医疗器械、医用卫生材料,或者销售明知是不符合保障人体健康的国家标准、行业标准的医疗器械、医用卫生材料,足以严重危害人体健康的",构成销售不符合标准的医用器材罪。具体而言,二者的主要区别包括:

一是侵犯客体不同。销售伪劣产品罪主要侵犯了国家对产品质量的管理制度和消费者的合法权益。其中,国家对产品质量的管理制度是指国家通过法律、行政法规等规范产品生产的标准,产品出厂或销售过程中的质量监督检查内容,生产者、销售者的产品质量责任和义务、损害赔偿、法律责任等制度;而医用器材安全关乎人民生命健康,销售不符合标准的医用器材罪不仅侵犯了国家医疗用品管理制度,而且对公民的生命权、健康权构成严重威胁。因此,销售伪劣产品罪和销售不符合标准的医用器材罪是一般与特殊的关系,即后者除了威胁最普通、最基础的国家产品质量保障制度之外,还会直接威胁国家医用器材的安全保障制度。而从立法层面来看,危害一般产品的质量就可以引起刑法的制裁,而危害医疗器械、医用口罩等医疗物资的质量安全则会引起刑法更为强烈的制裁。

二是犯罪对象不同。所谓伪劣产品,主要包括两类产品:一类是以假充真,即冒用商标、模仿外观,引发消费者误解;另一类是伪造劣质,即在安全标准、性能指标、成分含量、实用价值等质量方面以及生产经营主体资质上未能达到应有要求。因此,销售伪劣产品罪所囊括的范围较为广泛,主要包括除刑法另有规定的药品、食品、医用器材、涉及人身和财产安全的电器等产品以及农药、兽药、化肥、种子、化妆品等以外的产品。而所谓医用器材,则主要是指直接或者间接用于人体的仪器、设备、器具、体外诊断试剂及校准物、材料以及其他类似或者相关的物品。因此,销售不符合标准的医用器材罪的犯罪对象仅限于不符合国家标准、行业标准的医疗器械、医用卫生材料。

三是构成犯罪的标准不同。1997年刑法在1993年《全国人民代表大会常务委员会关于惩治生产、销售伪劣商品犯罪的决定》的基础上,专门规定了生产、销售不符合标准的医用器材罪。随后,2001年最高人民法院、最高人民检察院(以下简称"两高")联合发布了《关于办理生产、销售伪劣商品刑事案件具体应用法律若干问题的解释》,其中第六条对刑法第一百四十五条规定的"对人体健康造成严重危害""后果特别严重""情节特别恶劣"作了具体详细的规定。2002年,《刑法修正案(四)》对刑法第一百四十五条作了修改,将本罪由结果犯改为危险犯,即只要"足以严重危害人体健康",就构成本罪。其中,刑法规范意义中的"足以严重危害人体健康",是指行为人实施的生产、销售不合标准的医用器材行为,客观上具有对这些医用器材的使用者、消费者的人体健康造成严重危害的危险,这种危险的性质是现实的、直接的,但这种危险尚未转化为实际的危害后果。而对于销售伪劣产品罪而言,该罪是较为典型的结果犯,即要求销售金额达到5万元以上才构成本罪。依据刑法第一百四十九条的规定,销售不符合健康标准的医疗器械、医用卫生材料,但不具有严重危及人体健康危害的,不构成销售不符合标准的医用器材罪,若其销售金额在5万元以上的,既构成销售伪劣产品罪,同时又构成销售不符合标准的医用器材罪时,依照处罚较重的规定定罪处罚。

四是犯罪的客观方面不同。销售伪劣产品罪的表现形式,主要有"掺杂、掺假,以假充真、以次充好,以不合格产品冒充合格产品"等四种情形。对于是否为"不合格产品"难以确定的,应当委托法律、行政法规规定的产品质量检验机构进行鉴定。因此,《最高人民法院、最高人民检察院、公安部、司法部关于依法惩治妨害新型冠状病毒感染肺炎疫情防控违法犯罪的意见》(以下简称疫情意见)明确规定,在疫情防控期间,生产、销售伪劣的防治、防护产品、物资,符合刑法第一百四十条规定的,以生产、销售伪劣产品罪定罪处罚;而销售不符合标准的医用器材罪要求行为人明知是不符合保障人体健康的国家标准、行业标准的医疗器械、医用卫生材料，但仍以医用器械、医用材料的名义对外销售的。在判断其主观明知方面，可结合其供述、购买产品时的价格、名称、种类以及向购买者展示的产品及其证明文件等证据予以认定。因此，疫情意见明确规定，在疫情防控期间，生产不符合保障人体健康的国家标准、行业标准的医用口罩、护目镜、防护服等医用器材，或者销售明知是不符合标准的医用器材，足以严重危害人体健康的，依照刑法第一百四十五条的规定，以生产、销售不符合标准的医用器材罪定罪处罚。

最后，2020年1月31日国家卫健委发布《新型冠状病毒感染不同风险人群防护指南》和《预防新型冠状病毒感染的肺炎口罩使用指南》，推荐使用一次性使用医用口罩、医用外科口罩、KN95/N95及以上颗粒物防护口罩、医用防护口罩四种口罩。其中，一次性使用医用口罩、医用外科口罩、医用防护口罩均已列入国家药监局发布的《医疗器械分类目录公告》（2017年第104号），故销售不符合标准的一次性使用医用口罩、医用外科口罩、医用防护口罩的，根据案件具体情况可构成销售不符合标准的医用器材罪。但销售不符合标准的KN95/N95及以上颗粒物防护口罩，能否构成此罪尚存在一定争议。

"N95"是美国疾病控制与预防中心下属的职业安全与健康研究所（NIOSH）制定的标准，并非特定的产品名称。只要符合N95标准，并且通过NIOSH审查的产品就可以称为N95型口罩。KN95口罩则是我国对于颗粒物具有过滤效率的口罩的统称，其颗粒物过滤效率与N95口罩基本一致。目前，医务人员特别是直接参与救治新型冠状病毒肺炎的医护人员所使用的医用防护口罩，就属于N95口罩中的一种，但并不是所有的N95口罩都是医用防护口罩。市场中有部分N95、KN95口罩执行的是原国家质量监督检验和检疫局、国家标准化管理委员会公布的呼吸防护用品标准GB 2626—2006，该标准不属于医用标准的范畴。因此，只有医用防护口罩、外科口罩、医用口罩（一次性使用医用口罩），才属于销售不符合标准的医用器材犯罪中的医用器材。对于N95或者KN95的口罩，应针对案件证据情况具体分析。如假冒的N95或者KN95的口罩从执行标准等方面确属于医用产品的，可根据案件具体情况认定构成生产、销售不符合标准的医用器材罪。反之，如无明确标示或标注为防尘口罩的，则可能构成生产、销售伪劣产品罪。

综上，本案中两被告人在出售口罩前虽声称系KN95口罩，但给被害人发送该批口罩的证明文书上所标示的口罩类型，系特种劳动保护用品而非医用防护口罩，且涉案口罩从外观、包装上均看不出医用等字样，亦无执行标准等情况，经鉴定过滤效率亦不符合标准要求，为不合格产品。

因此，人民法院根据被告人王某某、陈某的行为性质、犯罪事实、情节和对社会的危害程度，依法认定两被告人构成销售伪劣产品罪是准确的。

问题4. 用工业甲醛清洗净水设备致桶装饮用水含有甲醛成分，构成生产、销售有毒、有害食品罪

【典型案例】 张某某生产、销售有毒、有害食品案①

一、简要案情

2014年起，被告人张某某在未取得食品生产许可证的情况下，在山东省日照市经济

---

① 最高人民法院、最高人民检察院联合发布危害食品安全典型案例（2021年12月31日）。

技术开发区一封闭院落内，用购进的两套净水设备生产桶装饮用水（纯净水）并对外销售。2015年3月6日，日照经济技术开发区市场监督管理局在执法检查时发现，张某某未取得食品生产许可证而生产、销售桶装饮用水，且所生产的桶装饮用水经检测菌落总数超标，遂对张某某作出行政处罚。此后，张某某仍继续非法生产、销售桶装饮用水。因其中一套净水设备不带杀菌消毒功能，张某某遂在生产过程中使用工业甲醛对净水设备进行清洗杀菌。2017年3月4日，日照经济技术开发区市场监督管理局根据群众举报，与市公安局日照经济技术开发区分局对张某某经营的水厂进行联合执法检查，在生产车间内提取1个甲醛溶液瓶。经鉴定，该甲醛溶液瓶内液体检出甲醛成分，含量为264350mg/L；该水厂水井内的原水未检出甲醛成分；抽检的两种桶装饮用水中甲醛含量分别为0.05mg/L和0.08mg/L。

二、裁判结果

山东省日照经济技术开发区人民法院审理认为，被告人张某某为谋取非法利益，未按规定取得食品生产许可即擅自生产、销售桶装饮用水，且在生产过程中用不符合食品安全标准的消毒剂清洗净水设备造成桶装饮用水掺入有毒、有害的非食品原料，其行为已构成生产、销售有毒、有害食品罪。鉴于本案未对人体健康造成严重危害后果，也不具有其他严重情节，应对张某某处五年以下有期徒刑，并处罚金。据此，以生产、销售有毒、有害食品罪判处被告人张某某有期徒刑二年，并处罚金人民币五万元。

三、典型意义

随着人们生活水平的提高，桶装饮用水走进千家万户，成为人们日常生活的必需品，因此桶装饮用水的质量直接关系到老百姓的健康安全。目前，因桶装饮用水市场高度分散，各种自产自销的小品牌充斥市场，且行业门槛和违法成本低，导致桶装饮用水质量良莠不齐。本案就是违法生产桶装饮用水乱象的一个缩影。工业甲醛俗称福尔马林，属于国务院卫生行政部门公布的《食品中可能违法添加的非食用物质名单》上的物质，被明令禁止用于食品生产，属于有毒、有害的非食品原料。被告人在未取得食品生产经营许可证的情况下违法生产桶装饮用水，并使用工业甲醛作为消毒剂清洗净水设备，造成桶装饮用水中掺入甲醛成分。为惩治此类使用不符合食品安全标准的洗涤剂、消毒剂造成食品被污染的危害行为，《最高人民法院、最高人民检察院关于办理危害药品安全刑事案件适用法律若干问题的解释》第十二条明确规定，在食品生产、销售、运输、贮存等过程中，使用不符合食品安全标准的食品包装材料、容器、洗涤剂、消毒剂，或者用于食品生产经营的工具、设备等，造成食品被污染，符合刑法第一百四十三条、第一百四十四条规定的，以生产、销售不符合安全标准的食品罪或者生产、销售有毒、有害食品罪定罪处罚。鉴于本案桶装饮用水中掺入有毒、有害的非食品原料，故以生产、销售有毒、有害食品罪定罪处罚。

问题 5. 在食品加工中使用"口水油"并销售的,应认定为生产、销售有毒、有害食品罪

【刑事审判参考案例】邓某某、符某某生产、销售有毒、有害食品案①

一、基本案情

温州市瓯海区人民法院经审理查明:2015 年 5 月 1 日始,被告人邓某某、符某某在温州市瓯海区郭溪街道梅屿村温瞿东路共同经营一家"老四川火锅店",并于同年 6 月 24 日依法登记为温州市瓯海郭溪符某某火锅店,符某某为该店的负责人。邓某某、符某某在经营该火锅店的过程中,为节约成本,将顾客吃剩的火锅汤料回收后过滤到水桶内,再放在锅里进行熬制,将回收的废弃油再供顾客食用,进行循环销售从中牟利。2016 年 11 月 30 日 20 时许,该火锅店被执法人员查获,现场缴获已回收尚未熬制的火锅汤料油水 9.865 公斤。

温州市瓯海区人民法院认为,被告人邓某某、符某某违反食品安全管理法规,在加工食品中掺入非食品原料并进行出售,其行为均已构成生产、销售有毒、有害食品罪,公诉机关指控的罪名成立。邓某某、符某某在归案后均能如实供述自己的罪行,结合具体案情,予以不同程度的从轻处罚。依照《中华人民共和国刑法》第一百四十四条、第二十五条第一款、第六十七条第三款、第六十四条之规定,判决如下:

被告人邓某某犯生产、销售有毒、有害食品罪,判处有期徒刑九个月,并处罚金人民币一万元。

被告人符某某犯生产、销售有毒、有害食品罪,判处有期徒刑七个月,并处罚金人民币一万元。

一审判决后,两被告人均未提出上诉,检察机关亦未抗诉。判决已发生法律效力。

二、主要问题

将火锅店顾客吃剩的火锅底料通过加工分离出剩油,再制作火锅底油的行为应如何定性?

三、裁判理由

近年来,四川、重庆等地的一些火锅店被媒体曝出使用"老油"制售火锅底料,所谓"老油"就是回收火锅店顾客吃剩的火锅底料,过滤再加工之后分离出来的剩油,被人们形象地称为"口水油"。这一行业潜规则被曝光后,在四川、重庆火锅行业内引发餐桌食品安全风暴,为此重庆火锅协会、四川省饭店与餐饮娱乐行业协会均组织会员单位作出承诺"推行一次性锅底油"。本案在审理过程中,对于被告人邓某某、符某某将火锅店顾客吃剩的火锅底料通过加工分离出剩油,再制作火锅底油的行为应如何处理,存在两种不同观点:

第一种观点认为,涉案的"口水油"与"地沟油"有别,经过高温烧煮后没有实质危害性,不属于废弃油脂,本案没有证据证实涉案的火锅汤料含有有毒、有害物质,故两被告人的行为不构成生产、销售有毒、有害食品罪。如果两被告人的行为足以造成严

---

① 张川撰稿,陆建红审编:《邓某某、符某某生产、销售有毒、有害食品案——在食品加工中使用"口水油"并销售的,应认定为生产、销售有毒、有害食品罪——(第 1335 号)》,载中华人民共和国最高人民法院刑事审判第一、二、三、四、五庭主办:《刑事审判参考》总第 122 集,法律出版社 2020 年版,第 11~16 页。

重食物中毒或者其他严重食源性疾病，可以构成生产、销售不符合安全标准的食品罪。

第二种观点认为，"口水油"中积聚大量的有毒有害物质，属于废弃食用油脂，能够认定为有毒、有害的非食品原料，使用"口水油"加工食品并用于出售，构成生产、销售有毒、有害食品罪。

我们同意第二种观点，具体理由如下：

（一）使用"口水油"会对人体健康造成严重危害

本案在审理中，两被告人辩解他们的做法是"四川老油"的传统做法。在此，有必要厘清传统"四川老油"、"地沟油"与上述被查出的"口油水"之间的区别与联系。传统"四川老油"不同于"口水油"，"老油"与"老汤（卤）"的做法类似，取自第一锅油，当第二次熬油时倒入保存的第一锅油，同时重新添加新油和新的调料进行熬制，熬好后再取出一定量予以保存，如此重复使用，使得"老油"内积聚的芳香物质越来越多，通过"老油"熬煮食物主料能够更加美味。这里"老油"的回收保存和重复使用仅限于厨房的加工制作阶段，没有掺入食物主料，更没有进入食用环节，与本案被查处的"口水油"明显不同。另外，关于"地沟油"与"口水油"的区分，大众理解的"地沟油"是指下水道污水中的油脂漂浮物、混杂着各种餐厨垃圾的泔水（潲水）中的油脂漂浮物以及劣质肉（含肉制品、下脚料）中的油脂等，而本案中被查处的"口水油"主要是指对剩余食物底料中的油脂进行回收和重复使用的油脂，没有与污水、垃圾、洗涤剂等物混杂，与狭义上的"地沟油"有别。但使用"口水油"同样具有严重危害，具体如下：（1）一些常见的诸如甲肝病毒、乙肝病毒、结核杆菌等传染性病菌均可以通过唾液传播，携带上述病菌的人食用后的食物底料中同样有可能残存上述病菌，再经提炼加工后反复使用这样的食物底料，存在交叉污染、感染他人的可能；（2）火锅店收集的剩余食物底料中的油水通常需要放置一段时间后才能重新熬煮，由于油水中除油脂外，还混合有水、各种食物主料（调料）残余、唾液酶等其他物质，很容易发生水解和氧化并导致油脂酸败、细菌（病菌）滋生，如空气中普遍存在的含毒性的黄曲霉菌等的滋生；（3）油脂经过多次加热使用后，在高温条件下会发生反式异构化、过氧化、热裂解等多种反应，油脂中的营养成分被破坏，有害的反式脂肪酸会增加，同时还会产生多种慢性致癌物质。另外，像黄曲霉菌等耐热性细菌即便经过高温处理，也难以有效去除。上述三种原因使得油脂中有毒、有害物质不断积聚，最终危害人体健康。以"口水油"制售火锅底料的商家对外打着传统"四川老油"的旗号，以增加食物美味度为噱头，实质上是出于减少经营成本、谋取高额利润的考量而枉顾国家法纪和消费者的身体健康，商家在高额利润的驱使下无限制地重复回收和使用经他人食用后的剩余火锅底料中的油脂，油脂中积聚的有毒、有害物质的数量巨大，"口水油"的危害性也就不言自明了。

（二）"口水油"属于有毒、有害的非食品原料

"口水油"属于废弃食用油脂。前述第一种观点认为，"口水油"没有混杂污水和垃圾，来自经他人食用后的剩余食物底料，不属于废弃食用油脂，这种观点与事实不符。

首先，"口水油"不符合人们的正常卫生生活习惯。经营食品的商家应当向消费者提供符合卫生要求的、未经污染未经食用的食物（含原料、辅料），这符合社会大众正常的、一般的消费心理要求，在观念上群众无法接受食用沾染过他人"口水"的食物。他人食用后的剩余食物底料应当废弃，不能重复回收和使用，这符合社会大众的普遍性认知。

其次,"口水油"不符合有关食品安全的法律法规标准。食品安全法第三十四条规定,禁止生产经营用非食品原料生产的食品……或者用回收食品作为原料生产的食品。《餐饮业和集体用餐配送单位卫生规范》第十四条规定,不得将回收后的食品(包括辅料)经烹调加工后再次供应。根据上述规定,即便没有混杂污水和垃圾,他人食用后的剩余食物底料也应禁止用于加工食品或再次供应。何况火锅店从餐桌上收集的剩余食物底料未经严格检查和分拣,还带有食物残渣(壳、骨、刺等)和其他非食品残留物(如烟头、纸巾、牙签等),故对他人食用后的剩余食物底料应认定为餐厨废弃物,上述底料中的油脂属于废弃食用油脂。根据原国家卫生计生委发布的《食品中可能违法添加的非食用物质名单》(第三批)的规定,废弃食用油脂属于非食用物质名单。

最后,有关司法解释对废弃油脂的性质也有专门解释。根据《最高人民法院、最高人民检察院关于办理危害食品安全刑事案件适用法律若干问题的解释》第九条、第二十条的规定,国务院有关部门公布的《食品中可能违法添加的非食用物质名单》上的物质应当认定为"有毒、有害的非食品原料",使用有毒、有害的非食品原料加工食品的,依照刑法第一百四十四条的规定以生产、销售有毒、有害食品罪定罪处罚。最高人民法院、最高人民检察院、公安部发布的《关于依法严惩"地沟油"犯罪的通知》中亦规定,废弃油脂属于非食品原料,用废弃油脂生产加工的食用油属于"地沟油"等。

由此可见,"口水油"作为废弃食用油脂,属于国家卫生主管机关明令禁止使用的非食用物质,属于刑法概念中的有毒、有害的非食品原料,使用"口水油"这一非食品原料加工食品并用于出售,构成生产、销售有毒、有害食品罪。

需要说明的是,"口水油"犯罪是继"地沟油"犯罪之后出现的新型危害食品安全的犯罪类型,是"地沟油"犯罪的变种。鉴于食品检验的有限性及依法从严打击食品安全犯罪的需要,目前在司法实践中不宜以证据材料中缺少对"口水油"是否含有有毒、有害物质的鉴定意见便认为证据不足,不将"口水油"认定为有毒、有害的非食品原料。鉴定意见虽然直观且客观,具有较高的信服度,但不能仅以此为标准,而应本着主客观相统一的原则,结合"口水油"具有实质危害性、回收和使用"口水油"的行政违法性以及法律和司法解释的相关规定,依法对"口水油"犯罪判处刑罚。

本案中,被告人邓某某和符某某夫妇在经营"老四川火锅店"期间,被公安机关查获回收的火锅汤料一桶,虽然卷中没有对涉案火锅汤料是否含有有毒、有害物质进行鉴定,但结合两被告人关于回收提取剩余火锅汤料中的"口水油"以及使用"口水油"烧煮食物用于出售的供述、"口水油"系有害人体健康的物质等情况,可以依照刑法及相关司法解释的规定,直接认定两被告人为追求非法利益,违反食品安全管理法规和餐饮业卫生规范,使用有毒、有害的非食品原料("口水油")加工(烧煮)食品并出售的事实,鉴于生产、销售有毒、有害食品罪属于行为犯,只要实施该行为,无论有无造成危害后果,均已构罪,故对两被告人均应追究刑事责任。

综上所述,原审法院考虑两被告人仅在自己火锅店内自制自用"口水油"的行为与专门回收、加工、对外销售废弃食用油脂的行为有别、店内经营的规模较小以及被告人邓某某在制售"口水油"中所起作用较大等情况,以生产、销售有毒、有害食品罪判处被告人邓某某有期徒刑九个月并处罚金人民币一万元,判处被告人符某某有期徒刑七个月并处罚金人民币一万元,是适当的。

问题 6. 生产、销售有毒、有害食品罪与相关罪名的辨析及办理生产、销售有毒、有害食品犯罪案件时对行为人主观"明知"的认定

【刑事审判参考案例】王某某等生产、销售有毒、有害食品案[①]

一、基本案情

奉贤区人民法院经公开审理查明：

2008年10月，因受"三鹿事件"影响，熊猫乳品公司的销售客户福建晋江公司将1300余件熊猫牌特级和三级全脂甜炼乳退回熊猫乳品公司。被告人王某某、洪某某、陈某某为减少本公司的经济损失，在明知退回的熊猫牌全脂甜炼乳存在三聚氰胺超标的情况下，仍于2008年12月30日召开由三名被告人和公司生产技术部负责人荣某某、朱某某、潘某某参加的会议，决定将上述退回的熊猫牌全脂甜炼乳按比例添加回炉生产炼奶酱，并于2009年2月起批量生产。截至2009年4月23日案发，熊猫乳品公司采用上述方式生产的炼奶酱合计6520余罐，价值人民币（以下币种均为人民币）36万余元，其中已销售3280余罐，价值20余万元。

案发后，经上海出入境检验检疫局动植物与食品检验检疫技术中心、上海市质量监督检验技术研究院对福建晋江公司退回的熊猫牌全脂甜炼乳以及使用该甜炼乳回炉生产的炼奶酱进行抽样检测，所检产品三聚氰胺含量超标，其中最高值为34.1mg/kg（国家临时管理限量值为2.5mg/kg）。已销售的涉案炼奶酱召回率约94%。

奉贤区人民法院经审理认为，三名被告人明知三聚氰胺系有毒、有害的非食品原料，为减少公司的经济损失，仍将三聚氰胺含量超标的甜炼乳掺入原料用于生产炼奶酱，且部分产品已销售，其行为符合单位生产、销售有毒、有害食品犯罪的构成要件，被告人王某某、洪某某系单位犯罪中直接负责的主管人员，被告人陈某某系直接责任人员，依法均应追究刑事责任。公诉机关指控的罪名成立。依照刑法相关条款之规定，判决如下：被告人王某某犯生产、销售有毒、有害食品罪，判处有期徒刑五年，并处罚金人民币四十万元；被告人洪某某犯生产、销售有毒、有害食品罪，判处有期徒刑四年六个月，并处罚金人民币三十万元；被告人陈某某犯生产、销售有毒、有害食品罪，判处有期徒刑三年，并处罚金人民币二十万元；查获的三聚氰胺含量超标的熊猫牌甜炼乳及炼奶酱予以没收。

一审宣判以后，被告人王某某、洪某某均提出上诉。二审法院认为，上诉人王某某、洪某某承担单位犯罪直接负责的主管人员的刑事责任准确无误；原审三名被告人严重背离了从业者的职业道德与行业规则，具有明显的主观故意，且王、洪认罪的酌定量刑情节尚不足以成为二审对上诉人王某某、洪某某从轻处罚的理由。二审法院遂作出驳回王某某、洪某某的上诉，维持原判的裁定。

[①] 钱东君、褚玉兰、李晓杰撰稿：《王某某等生产、销售有毒、有害食品案——生产、销售有毒、有害食品罪与相关罪名的辨析及办理生产、销售有毒、有害食品犯罪案件时对行为人主观"明知"的认定（第715号）》，载中华人民共和国最高人民法院刑事审判第一、二、三、四、五庭主办：《刑事审判参考》2011年第4集（总第81集），法律出版社2012年版，第1~8页。

二、主要问题

1. 生产、销售有毒、有害食品罪与以危险方法危害公共安全罪，生产、销售不符合卫生标准的食品罪［《刑法修正案（八）》颁布前罪名］，生产、销售伪劣产品罪如何区别认定？

2. 本案在公诉机关没有追诉犯罪单位的情况下，对个人如何处罚？

3. 生产、销售有毒、有害食品犯罪案件中，在被告人拒不承认"明知"的情况下如何认定"明知"？

三、裁判理由

（一）本案所涉罪名之间的辨析

1. 以危险方法危害公共安全罪与生产、销售有毒、有害食品罪［《刑法修正案（八）》颁布前罪名］的辨析。以危险方法危害公共安全罪与生产、销售有毒、有害食品罪多有交叉，难以准确认定。在司法实践中，两者的关系通常被认为是一般与特殊的关系，在具体认定时一般是根据特别法优于普通法的原则，以生产、销售有毒、有害食品罪定罪。从二罪的罪状规定分析，二罪均对不特定多数人的生命、健康造成损害，即在客体上均危及公共安全，且二罪对这一客体的危害不需要附加任何条件、不受任何具体案情的影响，因而二罪属于法条竞合而非想象竞合关系，其本质区别在于具体行为方式不同。

当一行为构成生产、销售有毒、有害食品罪时，一般亦可构成以危险方法危害公共安全罪，此时根据法条竞合时特别法优于普通法的原则，以生产、销售有毒、有害食品罪论处。生产、销售有毒、有害食品罪的行为方式是在生产、销售的食品中掺入有毒、有害的非食品原料，要求犯罪对象必须是掺入有毒、有害的非食品原料的食品。如果有毒、有害的非食品原料掺入的对象不是食品，或者销售的是有毒、有害的非食品原料本身，则应认定为以危险方法危害公共安全罪。例如，"三鹿奶粉"案件的主犯明知三聚氰胺是化工产品，不能食用，一旦食用必然会危害人体健康和生命安全，仍以三聚氰胺和麦芽糊精为原料，研制出三聚氰胺的混合物（"蛋白粉"）。此行为的本质是直接生产、销售有毒、有害的非食品原料，不属于食品安全法所规定的食品或食品原料，且没有在食品中掺入、投放的过程，因而不能认定为生产、销售有毒、有害食品罪。由于该行为完全符合以危险方法危害公共安全罪，可以适用一般法条认定为以危险方法危害公共安全罪。① 由上分析可知，准确区别二罪必须把握两个方面的内容：一是添加的物质是食品或食品原料，还是有毒、有害的非食品原料；二是是否在生产、销售过程中存在掺入、添加行为。

2. 生产、销售有毒、有害食品罪与生产、销售不符合卫生标准的食品罪［《刑法修正案（八）》颁布前罪名］的辨析。有观点认为，本案应当认定为生产、销售不符合卫生标准的食品罪。但一审法院认为，生产有毒、有害食品罪与生产、销售不符合卫生标准的食品罪的区别主要有三点：一是犯罪手段不同。前者是在生产、销售的食品中掺入有毒、有害的非食品原料，后者是生产、销售的食品不符合卫生标准。如果掺入的物质有毒害性，但其本身是食品原料，其毒害性仅是由于该食品原料污染或腐败变质引起，应按照生产、销售不符合卫生标准的食品罪论处。二是对危害结果的要求不同。前者是行为犯，

---

① 张军主编：《刑法修正案（八）条文及配套司法解释的理解与适用》，人民法院出版社2011年版，第205页。

实施该犯罪行为即构成犯罪；后者是危险犯，只有存在足以造成严重食物中毒事故或者其他严重食源性疾病的才构成犯罪。三是犯罪对象不同。前者的犯罪对象仅限于有毒、有害食品；后者的犯罪对象范围较为广泛，包括食品卫生法禁止生产经营的一切不符合卫生标准的食品。我们认为，实践中区分两罪的关键主要在于两点：一是毒源不同。前者的"毒害"来自于食品中的非食品原料的毒性，而后者的"毒害"来源食品原料本身。非食品原料或受到污染而有毒性，或本身含有毒性，由于毒害量大（超过国家有关标准）而对人体有害。食品原料的毒性主要是受到污染或变质腐败等造成。二是掺入的方式不同。前者的"毒害"是故意掺入，是行为人积极的作用；而后者的"毒害"是由生产、销售中受到污染或变质而引起，是行为人消极的不作为。如果没有故意掺入行为，尽管食品受到有毒、有害非食品原料的污染，也不能认定为生产、销售有毒、有害食品罪。2008年9月13日，国家食品质量监督检测中心明确，三聚氰胺属于化工原料，是不允许添加到食品中的。因此，本案应认定为生产、销售有毒、有害食品罪。

1. 在未追诉犯罪单位的情况下能否对相关责任人进行刑事处罚。有观点认为，本案应当将熊猫乳业公司作为被告一并处理，并对单位判处罚金，对于法院未处理犯罪单位的做法不能理解。本案并没有将犯罪单位列为被告并进行处罚，原因是该公司在追诉前受到工商局的行政处罚被吊销营业执照，根据2002年7月《最高人民检察院关于涉嫌犯罪单位被撤销、注销、吊销营业执照或者宣告破产的应如何进行追诉问题的批复》的规定，"涉嫌犯罪的单位被撤销、注销、吊销营业执照或者宣告破产的，应当根据刑法关于单位犯罪的相关规定，对实施犯罪行为的该单位直接负责的主管人员和其他直接责任人员追究刑事责任，对该单位不再追诉"。另外，依据2001年1月《全国法院审理金融犯罪案件工作座谈会纪要》的规定，对被起诉的自然人可以依法按单位犯罪中的直接负责的主管人员或者其他直接责任人员追究刑事责任。

上诉人王某某上诉称，认定其为直接负责的主管人员不当。二审法院认为，"直接负责的主管人员"主要包括两种情况：一是决策者，是单位犯罪意图、犯罪计划、犯罪阴谋的创制者；二是对单位所作所为负有不可推卸的责任的领导或决策人员。根据现有证据可以证实，王某某作为公司法定代表人及常务副总经理，决定同意收回福建晋江公司退回的熊猫牌全脂甜炼乳，在明知退回的产品中部分批次三聚氰胺含量超标的情况下，仍在公司会议上提出将回收的炼乳按比例添加回炉生产炼奶酱，并在形成决议后实施生产，因此，上诉人王某某应当承担单位犯罪直接负责的主管人员的刑事责任。

需要提出的是，我国刑法对于单位犯罪采用了双罚制。对单位判处罚金是其承担刑事责任的形式之一，对相关责任人员判处刑罚是单位承担刑事责任的形式之二。单位本身并不具有意识和意志，单位犯罪是由具体的自然人组成的单位决策机构按照单位决策程序共同决定，或者由单位的主要负责人以单位的名义作出决定。相关责任人受到刑罚并非基于自然人犯罪或自然人与单位共同犯罪，而是自然人作为单位犯罪意志过错责任的承担者，代单位接受其本身无法承担之具有人身性质的刑事责任。因此，在目前的立法框架下，对于被吊销营业执照等的单位犯罪，可以追究直接负责的主管人员和其他直接责任人员的刑事责任。

2. 生产、销售有毒、有害食品犯罪案件中"明知"的认定。在认定生产、销售有毒、有害食品罪的主观要件时，必须把握"明知"的要件。刑法第一百四十四条规定："在生产、销售的食品中掺入有毒、有害的非食品原料的，或者销售明知掺有有毒、有害的非食品原料的食品的，处五年以下有期徒刑，并处罚金……"刑法虽然只对销售行为规定了明知要件，但这不意味着生产行为不需要明知要件。本案被告人及其辩护人对本案犯罪故意中是否"明知"提出异议，一审认为刑法第一百四十四条规定的"明知"和刑法第十四条规定的"明知"应当有所区别。总则中的"明知"是对犯罪故意成立的总的要求，或者说是所有故意犯罪的一般构成要素，其内容是"自己的行为会发生危害社会的结果"。而分则中的"明知"，其内容则较为特定。现行刑法分则中约有27个刑法条文含有"明知"的规定，包括第一百三十八条、第三百七十条这样的过失犯罪条文。由此而论，分则中"明知"不能局限于犯罪故意的认定，还涉及定罪量刑标准等问题。因此，本案中"明知"的认定不应当仅仅指"是否明知召回的乳制品三聚氰胺是否超标"，还包括是否明知召回乳制品在未经合理处理和严密检测的情况下就对外销售，将会导致危害他人生命健康等危害结果。

实践中，在被告人拒不如实供述的情况下，"明知"的认定较为复杂。本案一审法院对行为人主观要素的认定，注重了从以下五个方面的把握：一是买卖双方的成交价格；二是货物来源渠道是否正当；三是行为人对食品的认识程度；四是是否在有关部门禁止或发出安全预警的情况下继续生产、销售；五是根据行为人的年龄、经历、学识、职业、职务、职责、素质等方面。上述五个方面应当综合考虑。本案上诉人及其辩护人曾辩称，"事先并不明知退回的熊猫乳品中三聚氰胺含量超标，指控证据不够充分"。经过庭审查明的事实和证据，在2008年9月发生的"三鹿奶粉"案件中，熊猫乳品公司因生产的婴幼儿配方奶粉三聚氰胺含量严重超标而被全国通报，因此被停产整顿，并成立了一个由王某某任组长、陈某某为副组长、洪某某为成员的清理领导小组，负责召回清理工作。身为公司高层管理人员的王某某、洪某某对当时福建晋江公司退回的熊猫牌全脂甜炼乳中三聚氰胺含量是否超标以及如何处理主持过集体商议和决策，且是在采取回炉鉴定、抽样调查之后再决定对外销售的，因此，应当认定王某某等人明知三聚氰胺含量超标的存在。王某某等人的辩解不仅有悖常理，而且与查明的事实不符，故不予采信。

综上所述，一审、二审法院认定本案构成生产、销售有毒、有害食品罪，定罪准确，量刑适当。

问题7. 关于"新型地沟油"的司法认定与法律适用

【刑事案例参考案例】 张某某、郑某某生产、销售有毒、有害食品，李某某、何某某生产有毒、有害食品，王某某等销售有毒、有害食品案[①]

【关键词】
生产、销售有毒、有害食品罪　"地沟油"　有毒、有害食品

---

① 王丽萍、刘世界撰稿：《张某某、郑某某生产、销售有毒、有害食品，李某某、何某某生产有毒、有害食品，王某某等销售有毒、有害食品案——"新型地沟油"的司法认定与法律适用（第1004号）》，载中华人民共和国最高人民法院刑事审判第一、二、三、四、五庭主办：《刑事审判参考》2014年第4集（总第99集），法律出版社2015年版，第9～19页。

一、基本案情

台州市黄岩区人民法院经公开审理查明：

1999年6月，被告人张某某、郑某某开始生产食用猪油。2006年11月28日，中华人民共和国国家质量监督检验检疫总局、中国国家标准化管理委员会联合发布的《食用猪油》国家标准（GB/T 8937—2006）明确规定炼制食用猪油的脂肪组织不包含淋巴结。《食用猪油》国家标准于2007年3月1日正式实施。

张某某、郑某某明知食用猪油不能含有淋巴，仍先后从浙江黄岩食品有限公司、浙江诚远食品有限公司购入含有淋巴的花油、含有伤肉的膘肉碎及"肚下塌"等猪肉加工废弃物并用于炼制食用猪油。2007年3月至2010年7月，浙江黄岩食品有限公司城区分公司经理王俊洪（另案处理）明知张某某、郑某某从事炼制"食用油"，仍向其销售含有淋巴的花油等猪肉加工废弃物。张某某、郑某某利用上述原料在台州市黄岩区澄江街道仙浦汪村的家中炼制"食用油"360余桶，计18余吨，销售金额共计人民币（以下币种同）10余万元。2010年7月至2012年3月，浙江诚远食品有限公司副产品销售负责人李某某明知张某某、郑某某从事炼制"食用油"，仍向其销售含有淋巴的花油、膘肉碎、"肚下塌"等猪肉加工废弃物，张某某、郑某某利用上述原料在台州市黄岩区澄江街道仙浦汪村的家中、西城街道霓桥村出租房、东城街道上前村工业区租房等地炼制"食用油"1026余桶，计51.3余吨，销售金额47万余元。其中，2011年11月至12月和2012年3月，被告人何某某受张某某雇用以含有淋巴的花油等猪肉加工废弃物炼制"食用油"135余桶，计6.75余吨，销售金额6.75万余元。

被告人张某某、郑某某利用含有淋巴的花油、膘肉碎、"肚下塌"等猪肉加工废弃物共生产"食用油"69.3余吨，销售金额57万余元，张某某将生产的"食用油"销售给顺青面馆等餐馆，部分销售情况如下：

1. 2009年4月至2012年3月，张某某先后以每桶300元至500元不等的价格向被告人王某某销售其生产的"食用油"70余桶，计3.5余吨。王某某明知购入的是利用花油、膘肉碎、"肚下塌"等猪肉加工废弃物生产的"食用油"，仍在台州市黄岩区西城街道岙岸村顺青面馆使用该"食用油"烹制食物，销售给顾客食用。

2. 2009年8月至2012年2月，张某某先后以每桶300余元至500余元不等的价格向被告人吴某某销售其生产的"食用油"20余桶，计1余吨。吴某某明知购入的是利用花油、膘肉碎、"肚下塌"等猪肉加工废弃物生产的"食用油"，仍在台州市黄岩区新前街道后洋黄村小吃店使用该"食用油"烹制食物，销售给顾客食用。

3. 2009年8月至2012年2月，张某某先后以每桶400元至500余元不等的价格向被告人蒋某某销售其生产的"食用油"15桶，计0.75余吨。蒋某某明知购入的是利用花油、膘肉碎、"肚下塌"等猪肉加工废弃物生产的"食用油"，仍先后在台州市黄岩区澄江街道葛村、新前街道前洋村早餐店使用该"食用油"烹制食物，销售给顾客食用。

4. 2011年6月至2012年2月，张某某以每桶520元的价格向被告人林某某销售其生产的"食用油"15余桶，计0.75余吨。林某某明知购入的是利用花油、膘肉碎、"肚下塌"等猪肉加工废弃物生产的"食用油"，仍在台州市黄岩区西城街道横河村早餐店使用该"食用油"烹制食物，销售给顾客食用。

5. 2011年4月至2012年3月，张某某先后以每桶400余元至500余元不等的价格向被告人应某某销售其生产的"食用油"12桶，计0.6吨。应某某明知购入的是利用花油、膘肉碎、"肚下塌"等猪肉加工废弃物生产的"食用油",仍在台州市黄岩区北城街道大桥路397号包子铺使用该"食用油"烹制食物,销售给顾客食用。

6. 2011年4月至2012年3月,张某某先后以每桶450余元至490元不等的价格向台州市黄岩区西城街道大桥路黎明快餐店店主犯罪嫌疑人符某某(另案处理)销售其生产的"食用油"10余桶,计0.5余吨。

另查明,2012年3月29日,张某某、郑某某在台州市黄岩区澄江街道仙浦汪村二区37号其家中被公安机关抓获。同日,何某某在台州市黄岩区北城街道妙儿桥村大桥路397号其家门口被公安机关抓获。同年4月17日,李某某、王某某先后经公安机关通知到案。同年6月7日,应某某主动到公安机关投案,并如实供述自己的犯罪事实。同年6月19日,蒋某某、吴某某先后主动到公安机关投案,并如实供述自己的犯罪事实。同年6月21日,林某某主动到公安机关投案,并如实供述自己的犯罪事实。

2012年5月21日,李某某协助公安机关抓获涉嫌故意伤害的犯罪嫌疑人一名。

台州市黄岩区人民法院认为,被告人张某某、郑某某使用猪肉加工废弃物等非食品原料生产"食用油",销售金额57万余元,情节特别严重,其行为均构成生产、销售有毒、有害食品罪。被告人李某某明知他人生产"食用油",仍为其提供猪肉加工废弃物等非食品原料,其间供他人生产"食用油"销售金额47万余元,情节严重;被告人何某某明知他人使用猪肉加工废弃物等非食品原料生产"食用油",仍为其提供劳务,帮助炼制油脂,其间供他人生产"食用油"销售金额6.75万余元;被告人李某某、何某某的行为均构成生产有毒、有害食品罪;被告人王某某、吴某某、蒋某某、林某某、应某某明知是利用猪肉加工废弃物等非食品原料生产的"食用油"仍予以销售供人食用,其行为均构成销售有毒、有害食品罪。公诉机关指控的罪名成立。张某某的辩护人的相关辩护意见,不予采纳。吴某某、蒋某某、林某某、应某某均有自首情节,李某某、郑某某、何某某均系从犯,李某某又有立功表现,对郑某某、李某某均可以减轻处罚,对何某某、吴某某、蒋某某、林某某、应某某均可以从轻处罚。据此,依照《中华人民共和国刑法》第一百四十四条、第二十五条第一款、第二十七条、第六十七条第一款、第三款、第六十八条、第五十二条、第六十四条以及《最高人民法院、最高人民检察院关于办理危害食品安全刑事案件适用法律若干问题的解释》第六条第一项、第七条、第十七条之规定,台州市黄岩区人民法院判决如下:

1. 被告人张某某犯生产、销售有毒、有害食品罪,判处有期徒刑十年,并处罚金人民币一百二十万元。

2. 被告人郑某某犯生产、销售有毒、有害食品罪,判处有期徒刑四年,并处罚金人民币八十万元。

3. 被告人李某某犯生产有毒、有害食品罪,判处有期徒刑二年三个月,并处罚金人民币六十万元。

4. 被告人何某某犯生产有毒、有害食品罪,判处有期徒刑一年六个月,并处罚金人民币十万元。

5. 被告人王某某犯销售有毒、有害食品罪,判处有期徒刑一年六个月,并处罚金人民币七万元。

6. 被告人吴某某犯销售有毒、有害食品罪,判处有期徒刑十个月零二十日,并处罚金人民币二万元。

7. 被告人蒋某某犯销售有毒、有害食品罪，判处有期徒刑十个月零二十日，并处罚金人民币二万元。

8. 被告人林某某犯销售有毒、有害食品罪，判处有期徒刑十个月零二十日，并处罚金人民币二万元。

9. 被告人应某某犯销售有毒、有害食品罪，判处有期徒刑十个月零二十日，并处罚金人民币二万元。

10. 扣押在案的被告人张某某、郑某某、李某某的违法所得，赃物食用猪油，作案工具轻型货车、铁锅等，均予以没收，由原侦查机关台州市公安局黄岩分局上缴国库。

11. 被告人张某某、郑某某、李某某、何某某、王某某、吴某某、蒋某某、林某某、应某某尚未退缴的违法所得，由原侦查机关台州市公安局黄岩分局继续追缴，上缴国库。

一审宣判后，被告人张某某、郑某某、李某某不服，分别提出上诉，后张某某、郑某某撤回上诉。台州市中级人民法院裁定准许张某某、郑某某撤回上诉；驳回李某某上诉，维持原判。

二、主要问题

1. 利用含有淋巴的花油、含有伤肉的膘肉碎、"肚下塌"等肉制品加工废弃物生产、加工的"食用油"是否应当认定为"新型地沟油"？

2. 关于"地沟油"的检测报告是否是司法机关认定"有毒、有害食品"的前提？

3. 明知他人生产、加工"猪油"供人食用仍向其提供肉制品加工废弃物的行为如何定性？

4. 对跨越《刑法修正案（八）》施行日期的连续"地沟油"犯罪，是否应当适用《刑法修正案（八）》？

三、裁判理由

根据最高人民法院、最高人民检察院、公安部联合下发的《关于依法严惩"地沟油"犯罪活动的通知》（公通字〔2012〕1号，以下简称《地沟油通知》）的精神，"地沟油"犯罪，是指用餐厨垃圾、废弃油脂、各类肉及肉制品加工废弃物等非食品原料，生产、加工"食用油"，以及明知是利用"地沟油"生产、加工的油脂而作为食用油销售的行为。其中，"地沟油"来自社会公众的通俗称谓。

"地沟油"犯罪严重危害人民群众身体健康和生命安全，严重影响国家形象，损害党和政府的公信力。本案的特殊之处在于，首先，张某某生产、加工"食用油"的原料系含有淋巴的花油、含有伤肉的膘肉碎、"肚下塌"等，并非普通民众认知的传统"地沟油"原料，如餐厨垃圾、废弃油脂，且检测报告也显示张某某生产、加工的"食用油"有关理化指标合格，并未检出有毒、有害成分，对张某某的行为能否认定为"地沟油"犯罪？其次，浙江诚远食品有限公司将检验检疫合格的生猪屠宰后，李某某作为副产品销售负责人，明知张某某生产、加工"食用油"，仍将含有淋巴的花油、含有伤肉的膘肉碎、"肚下塌"等销售给张某某作为原料，对李某某的行为能否与张某某一并定罪处罚？另外，被告人张某某的行为跨越《刑法修正案（八）》施行日期，《刑法修正案（八）》对其施行前的行为是否有溯及力，也是本案值得深入分析的问题。

（一）利用含有淋巴的花油、含有伤肉的膘肉碎、"肚下塌"等肉制品加工废弃物生产、加工的"食用油"，应当视为"新型地沟油"

有观点认为，现有法律规范，无论是刑事法、行政法还是行业文件，均没有对"肉制品加工废弃物"进行定义，也没有对其范畴进行明确界定，将含有淋巴的花油、含有伤肉的膘肉碎、"肚下塌"等认定为猪肉加工废弃物，从而作为"地沟油"犯罪处理无法律依据，有违罪刑法定原则。

何谓"废弃物"？顾名思义，即失去原有使用价值而抛弃不用的东西，"废弃物"不是法律概念，其范畴亦不需要法律明确界定，凭日常生活常识分辨即可。同时，"废弃物"是一个相对的概念。如废纸相对于居民家庭来说属于废弃物，而相对于废品收购站而言则可变废为宝。从逆向思维考虑，含有大量淋巴的花油、含有伤肉的膘肉碎及"肚下塌"等相对于食品公司来说，在市场上销售无人购买，即已不具备应有的食用价值，属肉制品加工废弃物无疑，不能因被告人张某某可用其来炼制劣质猪油而否认其肉制品加工废弃物的性质。张某某利用含有淋巴的花油、含有伤肉的膘肉碎、"肚下塌"等猪肉加工废弃物生产、加工"食用油"，根据《地沟油通知》的规定，应当作为"地沟油"犯罪追究其刑事责任。

（二）对"地沟油"的检测报告不应是司法机关认定"有毒、有害食品"的唯一依据

有观点认为，被告人张某某炼制"食用油"的原料虽然有问题，但检测报告显示"食用油"的各项理化指标均合格，没有检出有毒、有害成分，达到了食用标准，不宜认定为有毒、有害食品。

我们认为，刑法第一百四十四条规定的"掺入"的行为不仅限于指向产品本身，还可能针对产品的原料、半成品等，甚至还可以指向食品添加剂本身，即在食品添加剂内掺入有毒、有害物质。而所谓"有毒、有害的非食品原料"，是指对人体具有生理毒性，食用后会引起不良反应，损害机体健康的不能食用的原料。①

淋巴结是猪屠宰后检疫的一个重要指标，相关资料表明，它是机体外周的免疫器官和防御结构，具有吞噬异物和各种微生物的功能，并产生免疫应答。当机体某组织或者器官受到病原微生物侵害时，很快被局部淋巴结阻截，并发生相应的变化，使淋巴结体积增大或缩小，色泽呈现出红、黑、青等。故淋巴结含有大量的病原微生物，如一些细菌、病毒等，甚至会有3,4-苯并芘等致癌物质，且本身没有什么营养。因此，完全摘除淋巴结的花油虽可食用，但其中含有的淋巴应当属于有毒、有害的非食品原料。张某某利用含有淋巴的花油、含有伤肉的膘肉碎、"肚下塌"等猪肉加工废弃物生产、加工食用油，应当认定为掺入有毒、有害非食品原料。

《食用动物油脂卫生标准》明确要求："本标准适用于以经兽医卫生检验认可的生猪、牛、羊的板油、肉膘、网膜或附着于内脏器官的纯脂肪组织，单一或多种混合炼制成的食用猪油、羊油、牛油。"《食用猪油》国家标准明确要求："健康猪经屠宰后，取其新鲜、洁净和完好的脂肪组织炼制而成的油脂。所用的脂肪组织不包含骨、碎皮、头皮、耳朵、尾巴、脏器、甲状腺、肾上腺、淋巴结、气管、粗血管、沉渣、压榨料及其他类似物，应尽可能不含肌肉组织和血管。"张某某利用含有明令禁止使用的有毒、有害非食品原料的猪肉加工废弃物生产、加工食用油，对涉案食用油无须由鉴定机构出具鉴定意见，即便检测报告有关理化指标合格，也可以生产、销售有毒、有害食品罪追究其刑事责任。

---

① 参见高铭暄、马克昌主编：《刑法学》，北京大学出版社、高等教育出版社2005年版，第419页。

针对"地沟油"案件，直到当前也没有形成一种公认的、行之有效的鉴定方法，因此，惩治危害食品安全的犯罪，尚不能完全依赖于鉴定机构的鉴定，对"地沟油"的鉴定意见不应是司法机关认定"有毒、有害食品"的唯一依据。实践中，应当结合技术标准和法学标准对"有毒、有害食品"进行判定。对此，浙江省高级人民法院、浙江省人民检察院、浙江省公安厅联合发布的《关于办理危害食品、药品安全犯罪案件适用法律若干问题的会议纪要》明确了专门的认定原则，即"对于有确实、充分的证据证实行为人在食品中掺入国家行业主管机关明令禁止使用的非食用物质的，对涉案食品不需由鉴定机构出具鉴定意见"。

（三）李某某明知张某某生产、加工"猪油"供人食用仍向其提供肉制品加工废弃物作为原料，生猪屠宰行为的合法性不影响李某某共犯地位的认定

本案没有将浙江诚远食品有限公司列为被告单位并进行处罚，原因是被告人李某某的行为不成立单位犯罪。单位本身的意志是由具体的自然人组成的单位决策机构按照单位决策程序共同决定而产生的，或者由单位的主要负责人以单位的名义作出决定。浙江诚远食品有限公司的副产品销售业务由被告人李某某负责，但副产品的销售对象是随机的，并非由单位决策机构按照单位决策程序共同决定，也不是由单位的主要负责人以单位的名义作出决定。尤其需要指出的是，单位决策机构对张某某购买副产品的最终用途更是无从知晓。因此，李某某虽负有不可推卸的责任，但对浙江诚远食品有限公司不应作为犯罪单位处理。

有观点认为，李某某虽然明知被告人张某某生产猪油供人食用，但其提供的花油、膘肉碎、"肚下塌"均属于检验检疫合格的生猪产品，已完全尽到生猪屠宰者的义务，摘除花油中的正常淋巴属于猪油生产者的义务，不能因猪油生产者未尽到注意义务而将罪责施加于生猪屠宰者身上。

摘除花油中的正常淋巴的确不是生猪屠宰企业的义务，李某某作为浙江诚远食品有限公司副产品销售负责人如将含有淋巴的花油、膘肉碎、"肚下塌"进行销毁、掩埋等无害化处理，即使不摘除花油中的正常淋巴，无人会否认生猪屠宰行为的合法性，其行为亦不构成犯罪。然而，其明知张某某生产猪油供人食用仍向张某某提供这些原料，其行为就发生了质的变化，即使正常淋巴结不属于生猪屠宰企业的摘除范围，也不影响李某某共犯地位的认定。对此，最高人民法院、最高人民检察院于2013年联合出台的《关于办理危害食品安全刑事案件适用法律若干问题的解释》（以下简称食品安全解释，现已废止）明确规定：明知他人生产、销售有毒、有害食品，提供生产技术或者食品原料、食品添加剂、食品相关产品的，以生产、销售有毒、有害食品罪的共犯论处。

（四）张某某生产、加工"食用油"的行为虽然跨越《刑法修正案（八）》施行日期，但也应当适用《刑法修正案（八）》的规定

《刑法修正案（八）》将1997年刑法第一百四十四条原条文中"造成严重食物中毒事故或者其他严重食源性疾患，对人体健康造成严重危害"修改为"对人体健康造成严重危害或者有其他严重情节"，将"对人体健康造成特别严重危害"修改为"有其他特别严重情节"，将"销售金额百分之五十以上二倍以下罚金"修改为无限额罚金，并取消了基本犯"单处罚金"的规定。其中，《刑法修正案（八）》关于生产、销售有毒、有害食品罪情节加重犯的规定对本案的量刑具有直接影响。而食品安全解释则对该情节加重犯的认定明确了标准。根据食品安全解释第七条的规定，生产、销售有毒、有害食品，生产、

销售金额 50 万元以上，应当认定为刑法第一百四十四条规定的"致人死亡或者有其他特别严重情节"。

《刑法修正案（八）》于 2011 年 5 月 1 日施行，被告人张某某的行为跨越《刑法修正案（八）》施行日期。虽然张某某销售总金额 50 万元以上，但《刑法修正案（八）》施行后的销售金额仅 20 余万元，《刑法修正案（八）》对其施行前的行为有无溯及力直接关系到能否认定张某某"有其他特别严重情节"的认定，并最终决定是否应当对其适用"十年以上有期徒刑、无期徒刑或者死刑"这一法定刑幅度。

有观点认为，依照"从旧兼从轻原则"，《刑法修正案（八）》对其施行前的行为无溯及力，而食品安全解释系在张某某犯罪行为实施完毕以后才发布，更无溯及力，故不能认定张某某"有其他特别严重情节"。

我们认为，张某某的行为虽然跨越《刑法修正案（八）》施行日期，但其行为是一个不间断的行为过程，并一直持续至 2012 年 3 月，应当视为一个整体行为看待，不能割裂开来分析定性。最高人民检察院 1998 年 12 月 2 日下发的《关于对跨越修订刑法施行日期的继续犯罪、连续犯罪以及其他同种数罪应如何具体适用刑法问题的批复》明确规定："对于开始于 1997 年 9 月 30 日以前，连续到 1997 年 10 月 1 日以后的连续犯罪，或者在 1997 年 10 月 1 日前后分别实施的同种类数罪，其中罪名、构成要件、情节以及法定刑均没有变化的，应当适用修订刑法，一并进行追诉；罪名、构成要件、情节以及法定刑已经变化的，也应当适用修订刑法，一并进行追诉，但是修订刑法比原刑法所规定的构成要件和情节较为严格，或者法定刑较重的，在提起公诉时应当提出酌情从轻处理意见。"参照这一规定精神，《刑法修正案（八）》对其施行前张某某的行为具有溯及力。而食品安全解释虽然发布时间较晚，但其作为对刑法的细化解释，其具体内容系刑法原文应有之义，参照最高人民法院、最高人民检察院 2001 年 12 月 16 日联合下发的《关于适用刑事司法解释时间效力问题的规定》，其效力适用于法律的施行期间，对于其实施前发生的行为尚未处理或者正在处理的案件，依照其规定办理。因此，对张某某的行为应当依照生产、销售有毒、有害食品罪"情节特别严重"的法定刑幅度追究刑事责任，同时，可以酌情从轻处罚。

综上，将被告人张某某、李某某的行为认定为"地沟油"犯罪有其内在的必然性和正当性，一、二审法院将张某某、李某某的行为分别定性为生产、销售有毒、有害食品罪和生产有毒、有害食品罪，并对《刑法修正案（八）》施行前被告人张某某的行为适用《刑法修正案（八）》进行处罚是正确的。

问题 8. 用针管灌装生理盐水假冒九价人乳头瘤病毒疫苗销售，构成生产、销售假药罪

【典型案例】牛某某等生产、销售假药案[①]

一、简要案情

2018 年上半年，被告人牛某某在得知九价人乳头瘤病毒疫苗（以下简称九价疫苗）畅销之后，遂寻找与正品类似的包装、耗材及相关工艺，准备生产假冒产品。2018 年 7

[①] 最高人民法院发布药品安全典型案例（2022 年 4 月 28 日）。

月至10月,牛某某通过他人先后购买针管、推杆、皮塞、针头等物品共计4万余套,并订制假冒九价疫苗所需的包装盒、说明书、标签等物品共计4.1万余套。其间,牛某某与被告人张某某在山东省单县以向针管内灌装生理盐水的方式生产假冒九价疫苗,再通过商标粘贴、托盘塑封等工艺,共生产假冒九价疫苗2.3万支。牛某某、张某某通过多个医美类微信群等渠道,对外销售上述假冒九价疫苗9004支,销售金额达120余万元。经苏州市药品检验检测研究中心检验,抽样送检的假冒九价疫苗内,所含液体成分与生理盐水基本一致。

二、裁判结果

法院经审理认为,被告人牛某某、张某某共同生产、销售假疫苗的行为均已构成生产、销售假药罪。牛某某、张某某生产、销售金额达120余万元,具有"其他特别严重情节"。生产、销售的假药属于注射剂疫苗,应当酌情从重处罚。在共同犯罪中,牛某某系主犯,张某某系从犯,对张某某予以从轻处罚。两被告人均认罪认罚。据此,以生产、销售假药罪判处被告人牛某某有期徒刑十五年,并处罚金人民币一百五十万元;判处被告人张某某有期徒刑十三年,并处罚金人民币一百万元。

三、典型意义

疫苗是为预防、控制疾病的发生、流行,用于人体免疫接种的预防性的生物制品,属于国家实行特殊管理的药品。疫苗包括免疫规划疫苗和非免疫规划疫苗,人乳头瘤病毒疫苗属于非免疫规划疫苗,由居民自愿接种,目前市面上有三种,包括二价、四价和九价,其中九价疫苗是可预防人乳头瘤病毒种类最多的疫苗,最佳接种年龄为16岁至26岁。本案中,两被告人以针管灌装生理盐水的方式生产、销售假冒九价人乳头瘤病毒疫苗,属于《中华人民共和国药品管理法》规定的"以非药品冒充药品"的情形,应认定为假药。此类犯罪不仅使消费者支付高价却无法得到相应的免疫效果,部分消费者还因此错过了最佳接种年龄和时机,社会危害严重,应依法严惩。对广大消费者而言,要到正规医疗机构接种疫苗,以确保疫苗接种的安全性和有效性。

问题9. "黑作坊"将中药和西药混合研磨成粉冒充纯中药销售,构成生产、销售假药罪

【典型案例】高某等生产、销售假药案①

一、基本案情

2018年至2020年9月,被告人高某为获取非法利益,在未取得药品生产许可证、药品经营许可证的情况下,在广东省普宁市南亨里其住所内,用中药材首乌、甘草、大茴和西药溴己新、土霉素片、复方甘草片、磷酸氢钙咀嚼片、醋酸泼尼松、马来酸氯苯那敏等按照一定比例混合研磨成粉,并雇用被告人李某将药粉分包、包装为成品。高某使用"特效咳喘灵"的假药名,编造该药粉为"祖传秘方""纯中药成分",主治咳嗽、肺结核、哮喘、支气管炎,并以每包25元至40元的价格对外销售,销售金额共计186万余元。李某还从高某处低价购买上述假药并加价销售给被告人黄某等人。经江苏省淮安市市场监督管理局认定,涉案药品为假药。

---

① 最高人民法院发布药品安全典型案例(2022年4月28日)。

二、裁判结果

法院经审理认为,被告人高某等人生产、销售假药的行为构成生产、销售假药罪。高某生产、销售金额达186万元,具有"其他特别严重情节"。据此,以生产、销售假药罪判处被告人高某有期徒刑十年九个月,并处罚金人民币三百七十二万元。其余被告人分别被判处一年六个月至十年三个月有期徒刑,并处罚金。

三、典型意义

近年来,一些不法分子利用公众对中药的信任,打着"祖传秘方""纯中药成分"的幌子,私自配制中药,有的还在中药中混入西药成分,冒充纯中药对外销售,不仅影响疾病的治疗效果,还给用药安全和人体健康带来重大隐患。《中华人民共和国药品管理法》规定,"以非药品冒充药品或者以他种药品冒充此种药品"的为假药。本案中,被告人高某在中药中掺入了多种西药并冒充纯中药销售,属于"以他种药品冒充此种药品"的情形,经地市级药品监督管理部门认定为假药,故以生产、销售假药罪定罪处罚。本案也提醒广大消费者,不要迷信"祖传秘方"等虚假宣传,应当通过正规渠道采购药品,保障用药安全。

问题10. 生产、销售假药罪,行为人主观上有无生产、销售假药的故意,在审理时,被告人供述不是唯一依据

【最高人民法院公报案例】江苏省南通市人民检察院诉申某某生产、销售假药,赵某某等销售假药案①

[裁判摘要]

《中华人民共和国刑法》第一百四十一条规定了生产、销售假药罪。行为人主观上有无生产、销售假药的故意,是认定生产、销售假药罪成立与否的主观要件,在审理时,被告人供述是重要但不是唯一的依据。对于行为人主观故意的判断,可以根据涉案药品交易的销售渠道是否正规、销售价格是否合理、药品包装是否完整、药品本身是否存在明显瑕疵,结合行为人的职业、文化程度等因素,进行全面分析。

江苏省南通市中级人民法院一审查明:被告人申某某于2007年3月至12月,在安徽省亳州市等地先后从单某等人处购进假冒上海莱士血液制品股份有限公司生产的人血白蛋白和假冒福尔生物制药有限公司生产的人用狂犬病疫苗,分别以人民币15—25元/瓶、5元/人份不等的价格销售给被告人赵某某10克装假人血白蛋白812瓶、假人用狂犬病疫苗185人份。此外,申某某还伙同其女婿刘某在家中加工假冒福尔生物制药有限公司生产的人用狂犬病疫苗140人份,并将其中的100人份以人民币3.5元/人份的价格销售给赵某某。申某某销售假药的金额合计人民币17665元。

2007年3月至12月,被告人赵某某从被告人申某某处购得假人血白蛋白和假人用狂犬病疫苗后,多次在安徽省亳州市通过汽车托运等手段将假药运往南通如皋等地,分别以人民币26—38元/瓶和8—10元/人份不等的价格销售给被告人高某假人血白蛋白792瓶、假人用狂犬病疫苗265人份;分别以人民币60元/瓶和40元/人份的价格销售给郝某某假人血白蛋白20瓶、假人用狂犬病疫苗20人份。赵某某销售假药金额合计人民币

---

① 《最高人民法院公报》2010年第12期(总第160期)。

25860 元。

2007 年 3 月至 12 月，被告人高某向被告人赵某某购得人血白蛋白和人用狂犬病疫苗后，分别以人民币 180—190 元/瓶和 90 元/人份的价格销售给被告人佘某某假人血白蛋白 499 瓶、假人用狂犬病疫苗 25 人份；以人民币 170—260 元/瓶不等的价格销售给刘某假人血白蛋白 293 瓶；以人民币 100 元/人份的价格销售给肖正兰假人用狂犬病疫苗 1 人份；以人民币 50—70 元/人份的价格销售给申某某假人用狂犬病疫苗 160 人份。高某销售金额合计人民币 145900 元。上述假药被销售到江苏泰州、南通地区。其中申某某在泰兴将假人用狂犬病疫苗销售给杨某、沈某某、叶某某、叶某 1 等人。2007 年 9 月 3 日，被害人赵某某被狗咬伤后由叶某 1 给其注射了涉案假人用狂犬病疫苗。2008 年 1 月 20 日，被害人赵某某因狂犬病发作死亡。

被告人高某归案后检举揭发郝某某销售假药的犯罪事实，经查证属实。一审法院审理期间，被害人赵某某家属叶某 2、叶某 3 等人向一审法院提起附带民事诉讼，要求被告人申某某、赵某某、高某赔偿其经济损失。后被害人家属与赵某某、高某达成庭外和解协议，附带民事诉讼原告人叶某 3 等人撤回附带民事诉讼。

2007 年 9 月至 12 月，被告人佘某某将向被告人高某购进的假人血白蛋白和人用狂犬病疫苗，分别以人民币 255—265 元/瓶、110 元/人份的价格销售给李某某假人血白蛋白 499 瓶、假人用狂犬病疫苗 10 人份，并将假人用狂犬病疫苗以人民币 180—230 元/人份的价格在其如皋市丁堰镇凤山社区医疗服务站给陆某某、冒某某等人注射使用。佘某某销售假药金额合计人民币 129205 元。李某某等人将其购得的上述假人血白蛋白在南通地区销售给冒某 1、陆某某、张某某、宋某、陈某某、王某某（均另案处理）等人，并被上述人员逐层对外销售。被害人季某某、邱某某、袁某某、陆某 1、刘某某、王某某等人因重病住院治疗，分别于 2008 年 1 月 12 日、1 月 9 日、1 月 7 日、1 月 14 日、1 月 13 日和 1 月 9 日从上述个体售假者处私下购得涉案人血白蛋白并进行输注，后出现发热、畏寒甚至休克等不良反应。经南通市公安局物证鉴定所鉴定，被害人季某某、邱某某、袁某某、王某某、刘某某在使用假人血白蛋白后导致感染性休克，被害人陆某某在使用假人血白蛋白后导致感染、肝功能明显损害，各被害人使用含有细菌的假人血白蛋白与造成的损伤结果之间具有直接因果关系，季某某、邱某某、袁某某、王某某、刘某某构成重伤，陆某某构成轻伤。

经中国药品生物制品检定所和江苏省药品检验所检验，涉案人血白蛋白未检出蛋白质，涉案人用狂犬病疫苗中不含狂犬病病毒抗原。经中国疾病预防控制中心病毒预防控制所检测，被害人赵某某的脑组织中狂犬病毒抗原、狂犬病毒核衣壳蛋白基因均为阳性。经法医鉴定，赵某某系患狂犬病死亡。经广东省微生物分析检测中心检测，涉案假冒 10 克装人血白蛋白中含有表皮葡萄球菌和短小芽孢杆菌。

上述事实，有经庭审举证、质证的被告人申某某、赵某某、高某、佘某某的供述，证人证言，书证，扣押的物证，鉴定结论等证据证实，足以认定。

一审认为：关于被告人申某某、赵某某、高某、佘某某是否具有销售假药的主观故意。被告人申某某、赵某某、高某均对明知系假人血白蛋白和假人用狂犬病疫苗而销售的基本事实供认不讳，可以证明三名被告人具有销售假药的主观故意。

被告人佘某某虽然陈述其不知道被告人高某销售的药品是假药，但是，佘某某在侦查阶段的供述证实，在首次向高某购进人血白蛋白时就知道所购价格与市场价格差距很大，且高某也曾告知过药品有改装情况，知道药品质量存在问题，对病患起不了任何作用。从高某处购得人血白蛋白和人用狂犬病疫苗没有质保书和发票，知道这些药是假的。从供述的内容结合佘某某的职业看，作为一名执业医师，佘某某明知国家关于个人不得经营人血白蛋白和人用狂犬病疫苗等药品以及销售该类药品时应提供《生物制品批签发合格证》和发票等有效证明等强制性管理规定，但其为牟取非法利益而仍然购进假人血白蛋白后销售给李某某，甚至在得知药品包装质量较差、同一盒药中出现不同批号和日期被退货后，仍然继续购进，足以证实其主观上明知所购进的人血白蛋白系假药。此外，佘某某在侦查阶段对其所销售的人用狂犬病疫苗系假药亦供认不讳，且其供述还证实自己在为患者注射人用狂犬病疫苗过程中，选择病情较轻的病患者使用，能够认定其明知所销售的人用狂犬病疫苗系假药的心理状态。

关于四被告人销售假药行为与造成病患者伤亡结果之间是否存在因果关系。首先，四被告人的供述、下线销售人员及相关证人证言、被害人陈述、法院刑事判决书等证据证实的假药销售时间、上下线人员的转手环节以及假药的品牌和批号等事实，能够排他性地认定致本案被害人伤亡的假药系四被告人所销售。其次，从各被害人使用假药后的临床反应及死亡原因来看，与使用涉案假药之间具有因果关系。中国疾病预防控制中心病毒预防控制所检测结论和江苏省泰州市公安局刑事科学技术室出具的《法医学尸体检验鉴定书》证实赵某某系患狂犬病死亡，而相关证据又能够证实被害人赵某某系因注射涉案假人用狂犬病疫苗而未能有效防止狂犬病发作，其死亡结果与使用假药之间具有刑法上因果关系。江苏省南通市公安局物证鉴定所出具的《法医学人体损伤检验意见书》和《鉴定结论书》，证实患者季某某、邱某某、袁某某、王某某、刘某某、陆某某六名被害人均因输注含细菌的假人血白蛋白致感染性休克及肝功能明显损害，二者之间具有直接因果关系，且分别致季某某、邱某某、袁某某、王某某、刘某某重伤陆某某轻伤。

此外，各被告人及其辩护人均提出了本案购销渠道不唯一的辩解及辩护意见。关于这个问题，根据本案查明的事实，从2007年下半年起至案发，以本案各被告人为供货源头，李某某、郝某某、刘某、申某某等为下线销售人员，形成了相对固定的假人血白蛋白和假人用狂犬病疫苗销售网络，且赵某某供认申某某为其唯一供货者，高某供认赵某某为其唯一上线，佘某某供认高某为其唯一进货渠道。证人李某某、申某某、陆卫华及其他下线销售人员的证言也都证实在南通、泰州地区销售流通的假人血白蛋白和假人用狂犬病疫苗均来源于四被告人。从销售假药的品牌、批号和销售时间等事实综合分析，四被告人供述及其下线销售人员的证言亦均证实造成被害人伤亡的药品为假冒上海产莱士牌10克装人血白蛋白和假冒北京福尔博牌人用狂犬病疫苗，与侦查机关查获的涉案假药一致。此外，被告人高某、佘某某供述其销售假人血白蛋白的数量，与其下线销售人员的证言相互印证。虽然申某某在庭审中对指控其销售假人血白蛋白的数量提出异议，赵某某也辩解记不清楚销售数量，但鉴于有证据证实申某某、赵某某及高某供销关系具有唯一性，且赵某某亦供称其向申某某所购的人血白蛋白全部销售给高某，与高某向赵某某共购买了假人血白蛋白792瓶、赵某某销售给郝某某20瓶的供述能够印证。综上，购销假药渠道的单一性和相互印证的上述证据，可以认定公诉机关指控四被告人生产、销售假药的数量是准确的。

综上，被告人申某某生产、销售假药，被告人赵某某、高某销售假药，致人死亡并对人体健康造成特别严重危害以及被告人佘某某销售假药对人体健康造成特别严重危害的行为，分别构成生产、销售假药罪和销售假药罪。被告人申某某、赵某某、高某销售假药造成一人死亡、五人重伤、一人轻伤，所犯罪行特别严重。鉴于被告人申某某当庭认罪，对其酌情从轻处罚。被告人赵某某认罪态度较好，当庭认罪，并积极赔偿有关被害人家属损失，亦可酌情从轻处罚。被告人高某到案后有检举他人犯罪行为，经查证属实，系立功，可依法从轻处罚。高某在庭审中认罪态度较好、案发后能积极赔偿部分被害人家属经济损失，取得被害人家属谅解，可依法酌情从轻处罚。被告人佘某某当庭认罪，对其酌情从轻处罚。对相关被告人及其辩护人关于高某有立功表现，可从轻处罚；赵某某、高某认罪态度较好，案发后积极赔偿部分被害人家属经济损失，可酌情从轻处罚；各被告人当庭认罪，可酌情从轻处罚的辩解和辩护意见予以采纳。

据此，南通市中级人民法院依照《中华人民共和国刑法》第一百四十一条、第五十五条第一款、第五十六条第一款、第六十四条、第六十八条第一款和《最高人民法院、最高人民检察院关于办理生产、销售伪劣商品刑事案件具体应用法律若干问题的解释》第三条、《最高人民法院、最高人民检察院关于办理生产、销售假药、劣药刑事案件具体应用法律若干问题的解释》第一条第一款第二项、第二条第二款之规定，于 2009 年 7 月 2 日判决：

一、被告人申某某犯生产、销售假药罪，判处死刑，缓期二年执行，剥夺政治权利终身，并处没收个人全部财产。被告人赵某某犯销售假药罪，判处无期徒刑，剥夺政治权利终身，并处没收个人全部财产。被告人高某犯销售假药罪，判处有期徒刑十五年，剥夺政治权利三年，并处罚金人民币 200000 元。被告人佘某某犯销售假药罪，判处有期徒刑十四年，剥夺政治权利二年，并处罚金人民币 150000 元；

二、责令被告人申某某退出违法所得人民币 17665 元，被告人赵某某退出违法所得人民币 25860 元，被告人高某退出违法所得人民币 145900 元，被告人佘某某退出违法所得人民币 129205 元，予以没收，上缴国库。

一审被告人赵某某不服一审判决，向江苏省高级人民法院提出上诉，请求依法改判。

江苏省高级人民法院二审裁定：驳回上诉，维持原判。

问题 11. 联系制作假药销售网站的行为是否构成生产、销售假药罪的共犯

【刑事审判参考案例】 杨某某销售假药案[①]

一、基本案情

渑池县人民法院经公开审理查明：2008 年 6 月，被告人杨某 1 在河南省渑池县城关镇一里河村注册成立渑池县立康生物技术有限公司（以下简称立康公司）。2010 年至 2012 年，立康公司使用豫卫食新字（2008）第 0247 号的食品批准文号，采用私自在生产的中药中添加治疗糖尿病的格列苯脲、苯乙双瓜等西药的方法，大量生产胰复康、消糖康、百草清糖等黄精苦瓜胶囊系列产品，并利用网络虚假宣传药品疗效，在全国范围内招聘代理商，将生产的假药通过物流快递等方式销往 20 多个省的代理商及糖尿病患者，

[①] 司明灯、芦山、王建锋撰稿，罗国良审编：《杨某某销售假药案——联系制作假药销售网站的行为是否构成生产、销售假药罪的共犯（第 1074 号）》，载中华人民共和国最高人民法院刑事审判第一、二、三、四、五庭主办：《刑事审判参考》总第 103 集，法律出版社 2016 年版，第 12~16 页。

通过银行转账、汇款等方式结算货款，销售金额达人民币1834753元。公司经营期间，杨某1指挥生产、销售假药，负责提供生产假药的配方；被告人杨某2按照杨某1提供的假药配方配置原料进行生产；被告人马某某帮助照看门市，协助销售假药；被告人杨某某联系制作销售宣传网站。

另查明，河南省卫生厅协查情况复函证实，该厅从未批准过豫卫食新字（2008）第0247号批文，该批文系虚假批准文号。

渑池县人民法院认为，被告人杨某1、杨某某、杨某2、马某某违反国家药品管理法律规定，生产、销售假药，销售范围广，销售金额达183万余元，其中杨某1的行为已构成生产、销售假药罪；杨某某的行为已构成销售假药罪；杨某2的行为已构成生产假药罪；马某某的行为已构成生产假药罪。在共同犯罪中，杨某1指挥生产、销售假药，系主犯；杨某某明知杨某1生产、销售假药仍负责联系制作销售宣传网站，帮助销售假药，杨某2明知杨某1生产假药仍帮助配制生产，马某某明知杨某1生产、销售假药仍协助销售，均系从犯，依法应对杨某某从轻处罚，对杨某2、马某某减轻处罚。各被告人均有坦白情节，均依法可以从轻处罚。据此，依照《中华人民共和国刑法》第一百四十一条，第二十五条第一款，第二十六条第一款、第四款，第二十七条，第五十二条，第五十三条，第六十四条，第六十七条第三款之规定，判决如下：被告人杨某1犯生产、销售假药罪，判处有期徒刑八年，并处罚金人民币十万元；被告人杨某某犯销售假药罪，判处有期徒刑三年六个月，并处罚金人民币五万元；被告人杨某2犯生产假药罪，判处有期徒刑二年六个月，并处罚金人民币二万元；被告人马某某犯销售假药罪，判处有期徒刑二年六个月，并处罚金人民币二万元。

一审宣判后，被告人杨某某提出上诉。理由如下：其帮助立康公司建立宣传网站并无过错，不存在违法犯罪事实；其没有参与过立康公司的生产、经营活动；原判对其量刑不当。

三门峡市中级人民法院经审理认为，被告人杨某某明知杨某1在药品中非法添加西药成分仍负责联系制作销售宣传网站，帮助销售假药，其行为已构成销售假药罪，原判根据犯罪事实及其在共同犯罪中的地位、作用，已予从轻处罚、量刑并无不当，故其上诉理由不能成立，不予采纳。原判认定的事实清楚，证据确实、充分，定罪准确，量刑适当，审判程序合法。据此，三门峡市中级人民法院裁定驳回杨某某的上诉，维持原判。

二、主要问题

联系制作假药销售网站的行为是否构成生产、销售假药罪的共犯？

三、裁判理由

本案犯罪行为发生于2010年至2012年，依据行为时的司法解释，即《最高人民法院、最高人民检察院关于办理生产、销售假药、劣药刑事案件具体应用法律若干问题的解释》（2009年5月13日发布，现已废止）第五条第四项的规定，知道或者应当知道他人生产、销售假药、劣药，仍提供广告等宣传的，以生产、销售假药罪或者生产、销售劣药罪等犯罪的共犯论处。2014年出台的《最高人民法院、最高人民检察院关于办理危害药品安全刑事案件若干问题的解释》（2014年11月3日发布，现已废止）第八条第四项亦规定，明知他人生产、销售假药、劣药，仍提供广告宣传等帮助行为的，以共同犯罪论处。

依据上述司法解释的规定，从"主观明知"和"行为表现"两个方面判断，被告人杨某某联系制作假药销售网站的行为，应当认定为销售假药罪的共同犯罪。具体分析如下：

（一）"主观明知"的认定

生产、销售假药罪中的"主观明知"，既包括有证据证明行为人知道生产、销售的是假药，也包括有证据证明行为人应当知道生产、销售的是假药。司法实践中，生产、销售假药的行为人往往以不明知生产、销售的药品系假药为由，意图逃避法律惩处。因此，准确判断行为人是否具有主观明知，是审理该类案件的常见难题。特别是对于销售者主观认识的判断更加困难，因为单纯的销售者没有亲自参与商品生产的过程，确有可能不辨真伪或者被蒙骗。

在司法实践中，如果行为人辩称主观上不明知生产、销售的系假药，就需要结合行为人具体实施的行为以及涉案各环节其他行为人的供述、相关证人证言和鉴定意见等证据进行全面分析，综合认定。具体可从以下方面入手进行分析：（1）对药品生产、经营资格准入制度的认知；（2）自身对药品真假的鉴别能力和资质的认知；（3）行为人在制售假药过程中违法追逐暴利的思想和行为表现；（4）销售环节行为人对药品真实性的怀疑或者应当引起的怀疑；（5）行为人涉足药品行业的时间和对药品常识及假药危害的知晓；（6）违法制售假药过程中各行为人供述及相关证人证言对犯罪事实的相互印证；（7）行为人的年龄、文化程度、职业、阅历等方面综合情况。

本案中，法院重点调查核实了以下证据：（1）同案被告人关于被告人杨某某参与销售假药行为的供述。同案被告人杨某1、杨某2、马某某的供述证实，杨某某负责假药的宣传联系工作，对非法添加西药成分的事情是知道的，并曾提出反对添加西药成分的主张。（2）销售网站的制作情况。宣传网页及相关证人证言证实，为实现宣传企业和产品展销的目的，杨某某联系他人制作了宣传网站，网站所需图片和药品批文是由杨某某提供给制作人，网站宣传联系人署名为杨某某。（3）杨某某的知识背景和从业经历。杨某某系高中学历，在北京注册有北京御华康生科技有限责任公司。其父亲杨某1曾是渑池县城关医院医生，长期从事糖尿病的药品研究。杨某某对于药品常识、管制制度及假药危害是有一定认知的。（4）本案属于家庭成员共同犯罪的案件。杨某某的父亲杨某1指挥生产、销售假药，负责提供生产假药的配方；杨某某的姐姐杨某2按照杨某1提供的假药配方配置原料进行生产；杨某某的母亲马某某帮助照看门市，协助销售假药；杨某某负责联系制作销售宣传网站。据此，法院依法认定杨某某对销售假药行为在主观上是明知的。

（二）"行为表现"的认定

一切有偿提供假药的行为，都是销售假药的行为。销售的方式既可能是公开的，也可能是秘密的，可以直接交付，也可以间接交付。

本案中，在杨某1等人的授意下，被告人杨某某明知杨某1等人制作假药，仍然联系制作企业宣传网站，应当认定为借助互联网为销售假药提供广告宣传的行为。主要理由如下：一是杨某某联系制作宣传网站的目的是宣传和展销立康公司所生产的假药；二是从网站的内容方面来看，该网站除提供了大量关于立康公司"药品"功效的文字说明和实物图片等宣传内容外，还提供了联系人、联系电话、QQ号等多种联系方式；三是从营销结果方面来看，一些消费者正是通过该网站了解立康公司的"药品"，并最终购买了该"药品"。

综上，被告人杨某某主观上明知立康公司生产的黄精苦瓜胶囊等产品系假药，仍负责联系制作销售宣传网站，帮助销售假药，与杨某1等人构成销售假药罪的共同犯罪。一、二审法院对杨某某行为的定性是准确的。

问题12. 无证生产、销售不符合食品安全标准的鹌鹑蛋致百余人食源性疾病，构成生产、销售不符合安全标准的食品罪

【典型案例】张某生产、销售不符合安全标准的食品案①

一、简要案情

2019年6月，被告人张某在未取得食品经营许可证、食品生产加工小作坊登记证等相关证件的情况下，租赁内蒙古自治区杭锦后旗陕坝镇某小区车库加工鹌鹑蛋，并通过流动摊点对外销售。因张某在生产、贮存、销售鹌鹑蛋的各个环节均不符合食品安全标准，导致食用该鹌鹑蛋的123人出现不同程度的食源性疾病，其中被害人周某某被鉴定为轻伤二级。经检测，张某生产、销售的熏鹌鹑蛋、无壳鹌鹑蛋、带壳鹌鹑蛋中大肠菌群、沙门氏菌检验结果均不符合食品安全国家标准。根据流行性病学调查、杭锦后旗医院采集粪便检验结论、杭锦后旗市场监督管理局事件调查和检验结论，认定此次事件为食用鹌鹑蛋引起的聚集性食源性疾病事件。

二、裁判结果

内蒙古自治区杭锦后旗人民法院审理认为，被告人张某违反食品安全管理法律法规，生产、销售不符合食品安全标准的食品，致使123人引发不同程度的食源性疾病，其行为构成生产、销售不符合安全标准的食品罪。张某的行为造成1人轻伤二级，应认定为"对人体健康造成严重危害"，处三年以上七年以下有期徒刑，并处罚金。张某经公安机关传唤到案后如实供述犯罪事实，构成自首，并积极赔偿被害人经济损失取得谅解。据此，以生产、销售不符合安全标准的食品罪判决被告人张某有期徒刑四年，并处罚金人民币五千元。

三、典型意义

食品"三小行业"，即小作坊、小摊贩和小餐饮，在我国食品供应体系中发挥着重要的作用，以其多样的品种供给和灵活的经营模式，为人们提供了丰富便利的饮食服务。但与此同时，由于行业门槛低、流动性强、摊点分散、部分从业人员法律意识淡漠等原因，给执法监管造成较大难度，导致食品"三小行业"成为我国食品安全问题的重灾区。特别是大街小巷随处可见推车售卖的流动摊贩，无证经营情况突出，食品安全状况令人担忧。本案被告人即属于无证经营的流动摊贩，其生产、贮存、销售食品的各个环节都不符合食品安全标准，造成一百余人食源性疾病，其中1人轻伤二级的严重后果，应依法予以惩处。

---

① 最高人民法院、最高人民检察院联合发布危害食品安全典型案例（2021年12月31日）。

问题 13. 在生产、销售的食品中超限量加入食品添加剂并造成严重后果的行为如何定性

【刑事审判参考案例】田某某、谭某某生产、销售不符合安全标准的食品案[①]

一、基本案情

红花岗区人民法院经公开审理查明：被告人田某某系摆设流动烧烤摊的小贩，经常在被告人谭某某开设的调味品店内购买调味品。2014 年 9 月，田某某在谭某某店内购买调味品时，谭某某向其推荐亚硝酸钠，称此调料可以增色，并建议田某某在烧烤中使用此调料，田某某遂向谭某某购买了一包亚硝酸钠。2014 年 10 月 4 日，田某某在腌制烧烤备用的鸡腿时将购得的亚硝酸钠取出部分用水稀释后加入腌制的鸡腿中，并于次日将腌制过的鸡腿进行烧烤后出售。被害人马某某等 8 人食用后，先后出现中毒症状并被送往医院救治。马某某经遵义医学院附属医院抢救无效于 2014 年 10 月 31 日死亡，经法医学鉴定，马某某系亚硝酸盐中毒致多器官损害死亡。经贵州省疾病预防控制中心检验，田某某自行腌制并烤制的鸡腿中，亚硝酸盐含量达 85.2mg/kg；经相关医院确诊，马某某等 8 名食用者均为亚硝酸盐中毒。案发后，田某某、谭某某的亲属均赔偿了马某某亲属的经济损失，马某某的亲属对谭某某表示谅解并请求法院对其从轻处罚。

红花岗区人民法院认为，被告人田某某违反国家食品安全管理法规，违反食品安全标准，超限量滥用食品添加剂亚硝酸钠，造成一人死亡、多人中毒的严重后果，其行为构成生产、销售不符合安全标准的食品罪；被告人谭某某明知田某某生产、销售不符合安全标准的食品而向其推荐和提供食品添加剂亚硝酸钠，与田某某构成生产、销售不符合安全标准的食品罪的共犯，其行为亦构成生产、销售不符合安全标准的食品罪。公诉机关指控罪名有误，予以变更。在共同犯罪中，田某某购买亚硝酸钠后不按使用说明、不计后果，超限量添加到腌制的鸡腿中，经烧烤后向市民出售，造成被害人马某某食用后经医治无效死亡及多人食用后中毒的特别严重后果，系本案主犯；谭某某向田某某推荐并销售明令禁止在餐饮行业使用的食品添加剂亚硝酸钠，在共同犯罪中起辅助作用，系本案从犯。鉴于田某某到案后如实供述犯罪事实，并自愿认罪，案发后其亲属已向被害人亲属支付了赔偿款的事实，量刑时依法对其从轻处罚。鉴于谭某某案发后能主动到案，并如实供述犯罪事实，系自首，结合其系本案从犯，其亲属已对被害人亲属进行了赔偿，被害人亲属已对其表示谅解的事实，对其适用缓刑没有再犯罪的危险，对其所居住的社区也没有重大不良影响，量刑时依法对其减轻处罚并适用缓刑。依照《中华人民共和国刑法》第一百四十三条、第七十二条等规定，判决如下：

1. 被告人田某某犯生产、销售不符合安全标准的食品罪，判处有期徒刑八年，并处罚金人民币一万元。

2. 被告人谭某某犯生产、销售不符合安全标准的食品罪，判处有期徒刑三年，缓刑三年，并处罚金人民币五千元。

3. 禁止被告人谭某某在缓刑考验期间从事食品添加剂的经营活动。

[①] 万亿撰稿，陆建红审编：《田某某、谭某某生产、销售不符合安全标准的食品案——在生产、销售的食品中超限量加入食品添加剂并造成严重后果的行为如何定性（第 1205 号）》，载中华人民共和国最高人民法院刑事审判第一、二、三、四、五庭主办：《刑事审判参考》总第 111 集，法律出版社 2018 年版，第 1~6 页。

宣判后,被告人田某某、谭某某未提出上诉,检察机关亦未提起抗诉,该判决已发生法律效力。

二、主要问题

在生产、销售的食品中超限量加入食品添加剂并造成严重后果的行为如何定性?

三、裁判理由

在本案审理过程中,对被告人田某某的行为如何定性,存在两种意见:第一种意见认为,卫生部、国家食品药品监督管理局在2012年5月28日下发了2012年第10号公告,明令禁止餐饮服务单位采购、贮存、使用食品添加剂亚硝酸盐(亚硝酸钠、亚硝酸钾),被告人田某某在生产、销售的食品中添加亚硝酸钠的行为应构成生产、销售有毒、有害食品罪;第二种意见认为,田某某违反国家食品安全管理法律法规,违反食品安全标准,超限量滥用食品添加剂亚硝酸钠的行为构成生产、销售不符合安全标准的食品罪。

我们赞同第二种意见,理由如下:

(一)两罪区分的关键在于行为人在食品中加入的添加剂是否属于禁止作为食品添加剂使用的有毒、有害物质

生产、销售有毒、有害食品罪,是指在生产、销售的食品中掺入有毒、有害的非食品原料,或者销售明知掺有有毒、有害的非食品原料的食品的行为。生产、销售不符合安全标准的食品罪,是指生产、销售不符合食品安全标准的食品,足以造成严重食物中毒事故或者其他严重食源性疾病的行为。两罪均系危害食品安全的犯罪,在司法实践中容易混淆。

我们认为,两罪在犯罪客体、主体方面有相同或者相似之处,但存在本质区别:(1)犯罪客观方面不同。生产、销售有毒、有害食品罪往食品中掺入的必须是有毒、有害的非食品原料;而生产、销售不符合安全标准的食品罪在食品中掺入的原料也可能有毒有害,但其本身是食品原料。两罪在客观方面属于包含关系,即后罪包含前罪,凡是有毒、有害的食品,必然属于不符合安全标准的食品,但是不符合安全标准的食品,不一定是有毒、有害的食品。(2)构成犯罪的条件不同。前罪是行为犯,行为人只要实施刑法第一百四十四条所规定的行为就构成犯罪;而后罪是危险犯,只有"足以造成严重食物中毒事故或者其他严重食源性疾病"的,才构成本罪。

因此,两罪区分的关键在于,行为人往食品中掺入的是否属于"有毒、有害的非食品原料",只有行为人往食品中掺入的是有毒、有害的非食品原料,才可以构成生产、销售有毒、有害食品罪;否则,不能构成生产、销售有毒、有害食品罪,如果"足以造成严重食物中毒事故或者其他严重食源性疾病",可以构成生产、销售不符合安全标准的食品罪。

(二)被告人田某某的行为不构成生产、销售有毒、有害食品罪

本案中,被告人田某某在其售卖的鸡腿中加入了亚硝酸钠,从而造成食用者一人死亡、多人中毒的严重后果,田某某的行为构成何罪,关键在于判断亚硝酸钠是否属于"有毒、有害的非食品原料"。根据解释的规定,下列物质应当认定为"有毒、有害的非食品原料":(1)法律、法规禁止在食品生产经营活动中添加、使用的物质;(2)国务院有关部门公布的《食品中可能违法添加的非食用物质名单》《保健食品中可能非法添加的物质名单》上的物质;(3)国务院有关部门公告禁止使用的农药、兽药以及其他有毒、有害物质;(4)其他危害人体健康的物质。

亚硝酸钠不属于前述法律、法规禁止在食品生产经营活动中添加、使用的物质，也不是《食品中可能违法添加的非食用物质名单》上的物质，故亚硝酸钠不属于刑法第一百四十四条所规定的"有毒、有害的非食品原料"。虽然卫生部、国家食品药品监督管理局于 2012 年 5 月 28 日下发的 2012 年第 10 号公告明令禁止餐饮服务单位采购、贮存、使用食品添加剂亚硝酸盐（亚硝酸钠、亚硝酸钾），但亚硝酸钠本身的属性仍属于食品添加剂，这在国家有关食品添加剂的标准中是明确的。

根据《食品安全国家标准 食品添加剂使用标准》（GB 2760—2014）的规定，亚硝酸钠属于国家允许使用的食品添加剂。根据食品安全法和《食品安全国家标准 食品添加剂使用标准》（GB 2760—2014）的规定，食品添加剂是为改善食品品质和色、香、味，以及为防腐、保鲜和加工工艺的需要而加入食品中的人工合成或者天然物质。食品安全法明确规定，食品安全标准是强制执行的标准，食品、食品添加剂、食品相关产品中的致病性微生物、农药残留、兽药残留、生物毒素、重金属等污染物质以及其他危害人体健康物质的限量规定均属于食品安全标准的内容。《食品安全国家标准 食品添加剂使用标准》（GB 2760—2014）规定了食品添加剂的使用原则、允许使用的食品添加剂品种、使用范围以及最大使用量或残留量。在生产、销售的食品中加入的食品添加剂超出该标准允许使用的品种，或者在生产、销售的食品中加入的食品添加剂超过了使用范围或使用限量，就应认定为不符合食品安全标准的食品。不在该标准所列食品添加剂品种范围之内的，属于禁止作为食品添加剂使用的物质，若在食品中添加的物质不在标准所列品种范围之内，又含有有毒、有害物质，则应认定为生产、销售有毒、有害食品。

本案中，根据相关规定，田某某在食品中添加的亚硝酸钠不属于"有毒、有害的非食品原料"，故田某某的行为不能构成生产、销售有毒、有害食品罪。

（三）被告人田某某的行为构成生产、销售不符合安全标准的食品罪

如前所述，在生产、销售的食品中加入国家允许使用的食品添加剂，但超出允许使用的范围或超过允许的最大使用量或残留量，有危害食品安全的现实风险或造成严重后果的，构成生产、销售不符合安全标准的食品罪。根据《食品安全国家标准 食品添加剂使用标准》（GB 2760—2014），亚硝酸钠的确属于国家允许使用的食品添加剂，在用于熏、烧、烤肉类时，其最大使用量为 0.15g/kg，残留量要求≤30mg/kg。本案中，被告人田某某所销售的鸡腿中的亚硝酸钠含量达到了 85.2mg/kg，属于显著超过限量使用食品添加剂，且造成一人死亡、多人中毒住院治疗的特别严重后果，其行为符合刑法第一百四十三条关于生产、销售不符合安全标准的食品罪的构成要件。

根据解释的规定，田某某的行为导致人员死亡，应认定为刑法第一百四十三条规定的"后果特别严重"，处七年以上有期徒刑或者无期徒刑，并处罚金或者没收财产。被告人谭某某长期经营食品调味品，对于亚硝酸钠的使用方法与限量较为清楚，其在明知田某某生产、销售不符合安全标准的食品的情况下，向田某某推荐和提供食品添加剂亚硝酸钠，根据解释之规定，谭某某构成生产、销售不符合安全标准的食品罪的共犯。因谭某某系自首，其亲属已对被害人亲属进行了赔偿，且被害人亲属也对其表示谅解，具有法定、酌定从轻处罚情节，依法可适用缓刑，但应同时判令禁止其在缓刑考验期内从事与食品相关的经营活动。

综上，一审法院对被告人田某某、谭某某依法以生产、销售不符合安全标准的食品罪分别定罪处罚，是适当的。

第二章 走私罪

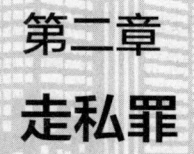

第一节 走私罪概述

一、走私罪概念及构成要件

走私罪，是指个人或者单位故意违反海关法规，逃避海关监管，通过各种方式运送违禁品进出口或者偷逃关税，情节严重的行为。其具体罪名有：走私武器、弹药罪；走私核材料罪；走私假币罪；走私文物罪；走私贵重金属罪；走私珍贵动物、珍贵动物制品罪；走私珍稀植物、珍稀植物制品罪；走私淫秽物品罪；走私普通货物、物品罪；走私废物罪。

（一）走私普通货物、物品罪

走私普通货物、物品罪，是指违反海关法规，走私刑法第一百五十一条、第一百五十二条、第三百四十七条规定以外的货物、物品，偷逃应缴税额较大，或者一年内曾因走私被给予二次行政处罚后又走私的行为。

1. 犯罪构成

构成要件的内容为，违反海关法规，走私"普通"货物、物品，偷逃应缴税额较大，或者一年内曾因走私被给予二次行政处罚后又走私的行为。本罪行为对象包括应当缴纳关税的货物、物品，以及特殊情况下的特定免税货物、物品。

2. 走私行为

（1）未经国务院或国务院授权的部门批准，不经过设立海关的地点，非法运输、携带国家禁止或限制进出口的货物、物品或者依法应当缴纳关税的货物、物品进出国（边）境的。

（2）虽然通过设立海关的地点进出国（边）境，但采取隐匿、伪装、假报等欺骗手段，逃避海关监管、检查，非法盗运、偷带或者非法邮寄国家禁止或限制进出口的货物、物品或者依法应当缴纳关税的货物、物品的。

（3）未经国务院批准或者海关许可并补缴关税，擅自将批准进口的来料加工、来件配装、补偿贸易的原材料、零部件、制成品、设备等保税货物或者海关监管的其他货物、进境的海外运输工具等，非法在境内销售牟利的。

其中的"保税货物"，是指经海关批准，未办理纳税手续进境，在境内储存、加工、装配后应予复运出境的货物，包括通过加工贸易、补偿贸易等方式进口的货物，以及在保税仓库、保税工厂、保税区或者免税商店内等储存、加工、寄售的货物。

"销售牟利"，是指为了牟取非法利益而擅自销售海关监管的保税货物、特定减免税货物等海关监管的其他货物。该种行为是否构成犯罪，应当根据偷逃的应缴税额是否达到刑法第一百五十三条及相关司法解释规定的数额标准予以认定。实际获利与否或者获利多少并不影响其定罪。但是，在货物由于质量等问题不可能复运出境的情况下，行为人为避免损失而擅自在境内销售的，不应认定为犯罪。

（4）假借捐赠名义进口货物、物品，或者未经海关许可并补缴关税，擅自将减税、免税进口捐赠货物、物品或者其他特定减税、免税进口用于特定企业、特定地区、特定用途的货物、物品，非法在境内销售牟利的。

（5）直接向走私人非法收购国家禁止进口物品的，或者直接向走私人非法收购走私进口的其他货物、物品，数额较大的。"直接向走私人非法收购走私进口的货物、物品"，是指明知是走私行为人而向其非法收购走私进口的货物、物品。对这类走私行为应按正犯处罚，而不是按帮助犯处罚。

（6）在内海、领海、界河、界湖运输、收购、贩卖国家禁止进出口物品的，或者运输、收购、贩卖国家限制进出口货物、物品，数额较大，没有合法证明的。"内海"包括内河的入海口水域。

（7）与走私罪犯通谋，为其提供贷款、资金、账号、发票、证明，或者为其提供运输、保管、邮寄或者其他方便的。

3. 责任形式

责任形式为故意，故意的认识因素的具体内容，因走私行为的具体方式以及走私对象的不同而有所区别。行为人是否具有走私罪的故意，常常是司法实践难以认定的问题。根据立案标准以及《最高人民法院、最高人民检察院、海关总署关于办理走私刑事案件适用法律若干问题的意见》，具有下列情形之一的，可以认定或者推定行为人具有走私故意：

（1）逃避海关监管，运输、携带、邮寄国家禁止进出境的货物、物品的；

（2）用特制的设备或者运输工具走私货物、物品的；

（3）未经海关同意，在非设关的码头、海（河）岸、陆路边境等地点，运输（驳载）、收购或者贩卖非法进出境货物、物品的；

（4）提供虚假的合同、发票、证明等商业单证委托他人办理通关手续的；

（5）以明显低于货物正常进（出）口的应缴税额委托他人代理进（出）口业务的；

（6）曾因同一种走私行为受过刑事处罚或者行政处罚的；

（7）其他有证据证明的情形。行为人误以为是普通货物、物品而走私，但客观上走私了其他禁止进出口的货物、物品的，属于抽象的事实认识错误，只能认定为走私普通货物、物品罪。

4. 犯罪认定

在走私的货物、物品中藏匿刑法第一百五十一条、第一百五十二条、第三百四十七条、第三百五十条规定的货物、物品（以明知为前提），构成犯罪的，以实际走私的货物、物品定罪处罚（不明知实际走私的货物、物品的，按抽象的事实认识错误处理）；构成数罪的，实行数罪并罚。在一次走私活动中，既走私普通货物、物品，又走私武器、弹药等物品的，应当认定行为人实施了数行为（不属于想象竞合犯），实行数罪并罚。

根据《最高人民法院、最高人民检察院关于办理走私刑事案件适用法律若干问题的解释》的规定，实施走私犯罪，具有下列情形之一的，应当认定为犯罪既遂：（1）在海关监管现场被查获的；（2）以虚假申报方式走私，申报行为实施完毕的；（3）以保税货物或者特定减税、免税进口的货物、物品为对象走私，在境内销售的，或者申请核销行为实施完毕的。

（二）走私禁止进口或出口的物品犯罪

本部分共九个罪名（第一百五十一条、第一百五十二条）。兜底罪名是走私国家禁止进出口的货物、物品罪。八个具体罪名是：走私武器、弹药罪，走私核材料罪，走私假币罪，走私文物罪，走私贵重金属罪，走私珍贵动物、珍贵动物制品罪，走私淫秽物品罪，走私废物罪。

1. 共同特征总结

（1）走私方向。这九个罪，六个罪是双向禁止，禁止进出口。三个罪是单向禁止。走私文物罪与走私贵重金属罪：只禁止出口，不禁止进口，这两个罪的走私方向是出口。走私废物罪：只禁止入境，不禁止出境，该罪的走私方向是进口。

（2）单位犯罪：所有的走私犯罪都可由单位构成，包括这里的九个罪名，也包括走私普通货物、物品罪和妨害社会管理秩序罪中的走私毒品犯罪。

（3）《刑法修正案（九）》废除了走私武器、弹药罪，走私核材料罪，走私假币罪的死刑，但走私毒品罪还有死刑。

2. 走私武器、弹药罪

（1）弹头、弹壳。根据司法解释：第一，走私能够使用的弹头、弹壳，认定走私弹药罪。第二，走私报废或者无法组装使用的弹头、弹壳，但不属于废物的，认定走私普通货物、物品罪。第三，走私被鉴定为废物的弹头、弹壳，认定走私废物罪。

（2）仿真枪问题。第一，如果不是国家禁止进出口的货物，则认定走私普通货物、物品罪。第二，如果是国家禁止进出口的货物，则认定走私国家禁止进出口的货物、物品罪。第三，如果鉴定为枪支，则认定走私武器罪。

（3）走私武器、弹药的行为，虽然也属于运输、邮寄弹药，但不再认定非法买卖、运输、邮寄、储存枪支、弹药罪。但是，走私武器、弹药进境后又买卖的，构成走私武器、弹药罪和非法买卖枪支、弹药罪的，由于是两个行为侵犯两个法益，应数罪并罚。

3. 走私假币罪

（1）走私假币罪的假币，是指正在流通的货币，包括人民币、境外货币。

（2）走私假币的行为虽然也属于运输假币，但不再认定运输假币罪。也不再认定为购买假币罪。但是，走私假币进境后，又出售的，构成走私假币罪和出售假币罪，由于是两个行为侵犯两个法益，应数罪并罚。

4. 走私淫秽物品罪

（1）牟利目的。走私淫秽物品罪的成立，要求具有牟利或者传播的目的，但是否实现这种目的，在所不问。制作、复制、出版、贩卖、传播淫秽物品牟利罪（刑法第三百六十三条），要求具有牟利目的。传播淫秽物品罪（刑法第三百六十四条）不要求具有牟利目的。

（2）罪数。走私淫秽物品进境后，贩卖、传播牟利的，构成走私淫秽物品罪和贩卖、传播淫秽物品牟利罪，由于是两个行为侵犯两个法益，应数罪并罚。

5. 走私国家禁止进出口的货物、物品罪

（1）走私珍稀植物及其制品，定走私国家禁止进出口的货物、物品罪。走私珍贵动物及其制品，定走私珍贵动物、珍贵动物制品罪。

（2）根据司法解释，本罪的国家禁止进出口的货物、物品，包括国家限制进出口的货物、物品。这是一种扩大解释。

二、走私罪案件热点、难点问题

（一）走私犯罪的故意内容及定罪

1. 如果行为人对于走私的对象其内容是不明确的，主观上存在"概括的故意"，即无论走私什么都在行为人的故意范围之内，则以实际走私对象追究行为人的刑事责任。

2. 但行为人主观上已经有了明确的走私具体对象的故意，实际走私对象与行为人的主观故意不一致的，应按认识错误处理。

第一，行为人具有犯轻罪的故意但是却造成了重罪的结果的情形，如行为人误以为是普通货物、物品而走私，结果却走私了淫秽物品或者文物。成立走私普通货物、物品罪。

第二，行为人具有犯重罪的故意，但是却造成了轻罪的结果的情形，如行为人误以为是核材料而走私，结果却走私了普通货物、物品，成立走私普通货物、物品罪。行为人主观上虽然具有走私核材料的故意，但是客观上却没有产生核材料被走私的结果，连走私核材料的客观危险性都不具备，所以，不能仅仅根据其主观意图就认定行为人的行为构成走私核材料罪。

（二）走私罪中的罪数问题

1. 走私过程中，以暴力、威胁方法抗拒缉私的，与妨害公务罪数罪并罚。
2. 武装掩护走私的，以走私罪从重处罚——刑法第一百五十七条第一款。

（三）走私淫秽物品罪需以牟利或传播为目的

走私淫秽物品罪需以牟利或传播为目的——自己观赏不构成犯罪，之所以对走私淫秽物品罪要求以牟利或传播为目的，主要在于，此类目的会导致淫秽物品的扩散。

三、走私罪案件审理思路及原则

宽严相济刑事政策是近年来刑事司法的重要话题。宽严相济刑事政策既需要体现在司法理念上，更应该研究如何将这一刑事政策体现到具体案件审理过程中。在走私犯罪案件的审理过程中，我们同样需要认真研究如何贯彻落实这一刑事政策。各级法院、检察院和海关缉私部门要认真贯彻落实党的十六届三中全会和中央政法工作会议提出的实施宽严相济刑事司法政策的要求，充分认识实施宽严相济刑事司法政策对构建社会主义和谐社会的重大意义，正确理解和把握实施宽严相济刑事司法政策的基本含义和要求。法院、检察院、海关缉私部门应进一步加强部门之间的配合，建立、健全经常性的协调沟通机制，共同研究在办理走私犯罪案件中贯彻宽严相济刑事司法政策的具体意见和措施，及时协调解决贯彻宽严相济刑事司法政策中出现的问题，力求达到法律效果与社会效果相统一。

1. 走私特殊物品追究刑事责任是否有数量与情节的限制

刑法第一百五十一条规定，走私武器、弹药、核材料或者伪造的货币的，处七年以上有期徒刑，并处罚金或者没收财产；情节较轻的，处三年以上有期徒刑，并处罚金。仅从条文上看，似乎走私武器、弹药、核材料或者假币，无论数额多少、情节轻重，都应该追究刑事责任。但是，这种理解并没有很好地把握刑法精神。理解刑法条文，既要注重具体条文，注重刑法分则中关于具体罪名的具体规定，更要从整体上把握刑法精神，切忌机械地对某一具体条文做简单的理解。刑法分则中具体条文的理解，不应脱离刑法总则的基本精神。刑法一百五十一条的理解，应结合刑法第十三条"但书"的规定，即"情节显著轻微危害不大的，不认为是犯罪"，对于刑法第一百五十一条，显然不能理解为一旦实施该条规定的行为，无论数额多少、情节轻重，均要追究刑事责任。因为在走私武器、弹药、核材料或者假币，数额非常少、情节非常轻微的情形下，可能就属于刑法第十三条"但书"的规定，不应追究其刑事责任。有关司法解释对走私武器、弹药、核材料和假币的数量和情节作出规定，也正是体现了这一精神。

2. 走私犯罪中的一般参与人员的处理

走私犯罪，存在大量的共同犯罪。在处理走私犯罪中，要充分考虑行为人在犯罪中的地位与作用，根据罪刑相适应原则判处相应的刑罚。对于走私犯罪集团或者共同犯罪中的首要分子，要坚决予以打击，但对走私犯罪中的一般参与人员，要抛弃"宁严勿宽"的思想，避免酌定从轻情节不予重视，敢于根据法律从宽处罚，符合缓刑或者免除处罚条件的要大胆适用缓刑或者免除处罚。在案件审理中，确实存在某些案件酌定量刑情节没有得到应有的重视，案件质量需要进一步提高的问题。在审判实践中，不少法官往往比较注重自首、立功、累犯等法定量刑情节，而对酌定情节的地位和作用缺乏足够重视，导致某些具有酌定从轻情节的被告人没有得到从轻处罚。最高法院在给湖北高院的一个批复（《最高人民法院关于审理单位犯罪案件对其直接负责的主管人员和其他直接责任人员是否区分主犯、从犯问题的批复》）中规定："在审理单位故意犯罪案件时，对其直接负责的主管人员和其他直接责任人员，可不区分主犯、从犯，按照其在单位犯罪中所起的作用判处刑罚。"《全国法院审理金融犯罪案件工作座谈会纪要》认为："直接负责的主管人员，是在单位实施的犯罪中起决定、批准、授意、纵容、指挥等作用的人员，一般是单位的主管负责人，包括法定代表人。其他直接责任人员，是在单位犯罪中具体实施犯罪并起较大作用的人员，既可以是单位的经营管理人员，也可以是单位的职工，包括聘任、雇用的人员。应当注意的是，在单位犯罪中，对于受单位领导指派或奉命而参与实施了一定犯罪行为的人员，一般不宜作为直接责任人员追究刑事责任。对单位犯罪中的直接负责的主管人员和其他直接责任人员，应根据其在单位犯罪中的地位、作用和犯罪情节，分别处以相应的刑罚，主管人员与直接责任人员，在个案中，不是当然的主、从犯关系，有的案件，主管人员与直接责任人员在实施犯罪行为的主从关系不明显的，可不分主、从犯。但具体案件可以分清主、从犯，且不分清主、从犯，在同一法定刑档次、幅度内量刑无法做到罪刑相适应的，应当分清主、从犯，依法处罚。"这些规定都为我们审理走私犯罪案件过程正确对共同犯罪定罪处罚，贯彻宽严相济刑事政策提供了法律。如近年来海关查获的从非洲某些国家走私象牙进入我国的案件，由于象牙在非洲这些国家买卖是非常普遍的，而且被告人多数并非专门从事走私犯罪，而是在非洲打工，回国时顺便在当地市场买了象牙，而且是以比较便宜的价格购买，尽管被告人走私牟利的意图比较明显，但考虑到此类案件的被告人多为外出打工人员，一般都是初犯、偶犯，再犯的可能性也比较低，因此，对此类案件也不宜重判，应该用好法律规定的从轻、减轻或者免除处罚的情节，如果根据具体案件确实需要通过刑法第六十三条第二款按照特别减轻途径对被告人减轻处罚的，也要通过这一途径减轻处罚。

第二节　走私罪审判依据

走私罪，是指个人或者单位故意违反海关法规，逃避海关监管，通过各种方式运送违禁品进出口或者偷逃关税，情节严重的行为。走私罪位于刑法分则第三章破坏社会主义市场经济秩序罪中的第二节，共有 10 个罪名，涵盖刑法第一百五十一至一百五十七条，具体为：走私武器、弹药罪；走私核材料罪；走私假币罪；走私文物罪；走私贵重金属罪；走私珍贵动物、珍贵动物制品罪；走私珍稀植物、珍稀植物制品罪；走私淫秽物品罪；走私普通货物、物品罪；走私固体废物罪。最高人民法院于 2000 年制定《关于审理走私刑事案件具体应用法律若干问题的解释》（法释〔2000〕30 号）（已废止）、2006 年制定《关于审理走私刑事案件具体应用法律若干问题的解释（二）》（已废止）。2014 年，最高人民法院、最高人民检察院出台《关于办理走私刑事案件适用法律若干问题的解释》对走私犯罪的具体罪名涉及的"情节轻重、数额标准"的认定等问题作出进一步明确规定。针对各具体罪名，全国人民代表大全常务委员会、最高人民法院、最高人民检察院、公安部曾分别出台《全国人民代表大全常务委员会关于〈中华人民共和国刑法〉有关文物的规定适用于具有科学价值的古脊椎动物化石、古人类化石的解释》《最高人民法院关于审理骗购外汇、非法买卖外汇刑事案件具体应用法律若干问题的解释》《最高人民法院、最高人民检察院关于办理妨害文物管理等刑事案件适用法律若干问题的解释》《立案追诉标准（一）》《立案追诉标准（二）》《最高人民法院、最高人民检察院关于涉以压缩气体为动力的枪支、气枪铅弹刑事案件定罪量刑问题的批复》《最高人民法院关于审理走私、非法经营、非法使用兴奋剂刑事案件适用法律若干问题的解释》等司法解释、司法文件。

一、法律

《中华人民共和国刑法》（2020年12月26日修正）

第一百五十一条 走私武器、弹药、核材料或者伪造的货币的，处七年以上有期徒刑，并处罚金或者没收财产；情节特别严重的，处无期徒刑，并处没收财产；情节较轻的，处三年以上七年以下有期徒刑，并处罚金。

走私国家禁止出口的文物、黄金、白银和其他贵重金属或者国家禁止进出口的珍贵动物及其制品的，处五年以上十年以下有期徒刑，并处罚金；情节特别严重的，处十年以上有期徒刑或者无期徒刑，并处没收财产；情节较轻的，处五年以下有期徒刑，并处罚金。

走私珍稀植物及其制品等国家禁止进出口的其他货物、物品的，处五年以下有期徒刑或者拘役，并处或者单处罚金；情节严重的，处五年以上有期徒刑，并处罚金。

单位犯本条规定之罪的，对单位判处罚金，并对其直接负责的主管人员和其他直接责任人员，依照本条各款的规定处罚。

第一百五十二条 【走私淫秽物品罪】以牟利或者传播为目的，走私淫秽的影片、录像带、录音带、图片、书刊或者其他淫秽物品的，处三年以上十年以下有期徒刑，并处罚金；情节严重的，处十年以上有期徒刑或者无期徒刑，并处罚金或者没收财产；情节较轻的，处三年以下有期徒刑、拘役或者管制，并处罚金。

【走私废物罪】逃避海关监管将境外固体废物、液态废物和气态废物运输进境，情节严重的，处五年以下有期徒刑，并处或者单处罚金；情节特别严重的，处五年以上有期徒刑，并处罚金。

单位犯前两款罪的，对单位判处罚金，并对其直接负责的主管人员和其他直接责任人员，依照前两款的规定处罚。

第一百五十三条 【走私普通货物、物品罪】走私本法第一百五十一条、第一百五十二条、第三百四十七条规定以外的货物、物品的，根据情节轻重，分别依照下列规定处罚：

（一）走私货物、物品偷逃应缴税额较大或者一年内曾因走私被给予二次行政处罚后又走私的，处三年以下有期徒刑或者拘役，并处偷逃应缴税额一倍以上五倍以下罚金。

（二）走私货物、物品偷逃应缴税额巨大或者有其他严重情节的，处三年以上十年以下有期徒刑，并处偷逃应缴税额一倍以上五倍以下罚金。

（三）走私货物、物品偷逃应缴税额特别巨大或者有其他特别严重情节的，处十年以上有期徒刑或者无期徒刑，并处偷逃应缴税额一倍以上五倍以下罚金或者没收财产。

单位犯前款罪的，对单位判处罚金，并对其直接负责的主管人员和其他直接责任人员，处三年以下有期徒刑或者拘役；情节严重的，处三年以上十年以下有期徒刑；情节特别严重的，处十年以上有期徒刑。

对多次走私未经处理的，按照累计走私货物、物品的偷逃应缴税额处罚。

第一百五十四条 【走私保税货物和特定减免税货物犯罪】下列走私行为，根据本节规定构成犯罪的，依照本法第一百五十三条的规定定罪处罚：

（一）未经海关许可并且未补缴应缴税额，擅自将批准进口的来料加工、来件装配、

补偿贸易的原材料、零件、制成品、设备等保税货物,在境内销售牟利的;

(二)未经海关许可并且未补缴应缴税额,擅自将特定减税、免税进口的货物、物品,在境内销售牟利的。

第一百五十五条 【以走私罪论处的间接走私行为】下列行为,以走私罪论处,依照本节的有关规定处罚:

(一)直接向走私人非法收购国家禁止进口物品的,或者直接向走私人非法收购走私进口的其他货物、物品,数额较大的;

(二)在内海、领海、界河、界湖运输、收购、贩卖国家禁止进出口物品的,或者运输、收购、贩卖国家限制进出口货物、物品,数额较大,没有合法证明的。

第一百五十六条 【走私罪共犯】与走私罪犯通谋,为其提供贷款、资金、帐号、发票、证明,或者为其提供运输、保管、邮寄或者其他方便的,以走私罪的共犯论处。

第一百五十七条 【武装掩护走私、抗拒缉私的处罚规定】武装掩护走私的,依照本法第一百五十一条第一款的规定从重处罚。

以暴力、威胁方法抗拒缉私的,以走私罪和本法第二百七十七条规定的阻碍国家机关工作人员依法执行职务罪,依照数罪并罚的规定处罚。

二、司法解释

1.《最高人民法院、最高人民检察院关于办理走私刑事案件适用法律若干问题的解释》(2014 年 8 月 12 日　法释〔2014〕10 号)

为依法惩治走私犯罪活动,根据刑法有关规定,现就办理走私刑事案件适用法律的若干问题解释如下:

第一条 走私武器、弹药,具有下列情形之一的,可以认定为刑法第一百五十一条第一款规定的"情节较轻":

(一)走私以压缩气体等非火药为动力发射枪弹的枪支二支以上不满五支的;

(二)走私气枪铅弹五百发以上不满二千五百发,或者其他子弹十发以上不满五十发的;

(三)未达到上述数量标准,但属于犯罪集团的首要分子,使用特种车辆从事走私活动,或者走私的武器、弹药被用于实施犯罪等情形的;

(四)走私各种口径在六十毫米以下常规炮弹、手榴弹或者枪榴弹等分别或者合计不满五枚的。

具有下列情形之一的,依照刑法第一百五十一条第一款的规定处七年以上有期徒刑,并处罚金或者没收财产:

(一)走私以火药为动力发射枪弹的枪支一支,或者以压缩气体等非火药为动力发射枪弹的枪支五支以上不满十支的;

(二)走私第一款第二项规定的弹药,数量在该项规定的最高数量以上不满最高数量五倍的;

(三)走私各种口径在六十毫米以下常规炮弹、手榴弹或者枪榴弹等分别或者合计达到五枚以上不满十枚,或者各种口径超过六十毫米以上常规炮弹合计不满五枚的;

(四)达到第一款第一、二、四项规定的数量标准,且属于犯罪集团的首要分子,使用特种车辆从事走私活动，或者走私的武器、弹药被用于实施犯罪等情形的。

具有下列情形之一的，应当认定为刑法第一百五十一条第一款规定的"情节特别严重"：

（一）走私第二款第一项规定的枪支，数量超过该项规定的数量标准的；

（二）走私第一款第二项规定的弹药，数量在该项规定的最高数量标准五倍以上的；

（三）走私第二款第三项规定的弹药，数量超过该项规定的数量标准，或者走私具有巨大杀伤力的非常规炮弹一枚以上的；

（四）达到第二款第一项至第三项规定的数量标准，且属于犯罪集团的首要分子，使用特种车辆从事走私活动，或者走私的武器、弹药被用于实施犯罪等情形的。

走私其他武器、弹药，构成犯罪的，参照本条各款规定的标准处罚。

第二条 刑法第一百五十一条第一款规定的"武器、弹药"的种类，参照《中华人民共和国进口税则》及《中华人民共和国禁止进出境物品表》的有关规定确定。

第三条 走私枪支散件，构成犯罪的，依照刑法第一百五十一条第一款的规定，以走私武器罪定罪处罚。成套枪支散件以相应数量的枪支计，非成套枪支散件以每三十件为一套枪支散件计。

第四条 走私各种弹药的弹头、弹壳，构成犯罪的，依照刑法第一百五十一条第一款的规定，以走私弹药罪定罪处罚。具体的定罪量刑标准，按照本解释第一条规定的数量标准的五倍执行。

走私报废或者无法组装并使用的各种弹药的弹头、弹壳，构成犯罪的，依照刑法第一百五十三条的规定，以走私普通货物、物品罪定罪处罚；属于废物的，依照刑法第一百五十二条第二款的规定，以走私废物罪定罪处罚。

弹头、弹壳是否属于前款规定的"报废或者无法组装并使用"或者"废物"，由国家有关技术部门进行鉴定。

第五条 走私国家禁止或者限制进出口的仿真枪、管制刀具，构成犯罪的，依照刑法第一百五十一条第三款的规定，以走私国家禁止进出口的货物、物品罪定罪处罚。具体的定罪量刑标准，适用本解释第十一条第一款第六、七项和第二款的规定。

走私的仿真枪经鉴定为枪支，构成犯罪的，依照刑法第一百五十一条第一款的规定，以走私武器罪定罪处罚。不以牟利或者从事违法犯罪活动为目的，且无其他严重情节的，可以依法从轻处罚；情节轻微不需要判处刑罚的，可以免予刑事处罚。

第六条 走私伪造的货币，数额在二千元以上不满二万元，或者数量在二百张（枚）以上不满二千张（枚）的，可以认定为刑法第一百五十一条第一款规定的"情节较轻"。

具有下列情形之一的，依照刑法第一百五十一条第一款的规定处七年以上有期徒刑，并处罚金或者没收财产：

（一）走私数额在二万元以上不满二十万元，或者数量在二千张（枚）以上不满二万张（枚）的；

（二）走私数额或者数量达到第一款规定的标准，且具有走私的伪造货币流入市场等情节的。

具有下列情形之一的，应当认定为刑法第一百五十一条第一款规定的"情节特别严重"：

（一）走私数额在二十万元以上，或者数量在二万张（枚）以上的；

（二）走私数额或者数量达到第二款第一项规定的标准，且属于犯罪集团的首要分子，使用特种车辆从事走私活动，或者走私的伪造货币流入市场等情形的。

第七条 刑法第一百五十一条第一款规定的"货币"，包括正在流通的人民币和境外货币。伪造的境外货币数额，折合成人民币计算。

第八条 走私国家禁止出口的三级文物二件以下的，可以认定为刑法第一百五十一条第二款规定的"情节较轻"。

具有下列情形之一的，依照刑法第一百五十一条第二款的规定处五年以上十年以下有期徒刑，并处罚金：

（一）走私国家禁止出口的二级文物不满三件，或者三级文物三件以上不满九件的；

（二）走私国家禁止出口的三级文物不满三件，且具有造成文物严重毁损或者无法追回等情节的。

具有下列情形之一的，应当认定为刑法第一百五十一条第二款规定的"情节特别严重"：

（一）走私国家禁止出口的一级文物一件以上，或者二级文物三件以上，或者三级文物九件以上的；

（二）走私国家禁止出口的文物达到第二款第一项规定的数量标准，且属于犯罪集团的首要分子，使用特种车辆从事走私活动，或者造成文物严重毁损、无法追回等情形的。

第九条 走私国家一、二级保护动物未达到本解释附表中（一）规定的数量标准，或者走私珍贵动物制品数额不满二十万元的，可以认定为刑法第一百五十一条第二款规定的"情节较轻"。

具有下列情形之一的，依照刑法第一百五十一条第二款的规定处五年以上十年以下有期徒刑，并处罚金：

（一）走私国家一、二级保护动物达到本解释附表中（一）规定的数量标准的；

（二）走私珍贵动物制品数额在二十万元以上不满一百万元的；

（三）走私国家一、二级保护动物未达到本解释附表中（一）规定的数量标准，但具有造成该珍贵动物死亡或者无法追回等情节的。

具有下列情形之一的，应当认定为刑法第一百五十一条第二款规定的"情节特别严重"：

（一）走私国家一、二级保护动物达到本解释附表中（二）规定的数量标准的；

（二）走私珍贵动物制品数额在一百万元以上的；

（三）走私国家一、二级保护动物达到本解释附表中（一）规定的数量标准，且属于犯罪集团的首要分子，使用特种车辆从事走私活动，或者造成该珍贵动物死亡、无法追回等情形的。

不以牟利为目的，为留作纪念而走私珍贵动物制品进境，数额不满十万元的，可以免予刑事处罚；情节显著轻微的，不作为犯罪处理。

第十条 刑法第一百五十一条第二款规定的"珍贵动物"，包括列入《国家重点保护野生动物名录》中的国家一、二级保护野生动物，《濒危野生动植物种国际贸易公约》附录Ⅰ、附录Ⅱ中的野生动物，以及驯养繁殖的上述动物。

走私本解释附表中未规定的珍贵动物的，参照附表中规定的同属或者同科动物的数量标准执行。

走私本解释附表中未规定珍贵动物的制品的,按照《最高人民法院、最高人民检察院、国家林业局、公安部、海关总署关于破坏野生动物资源刑事案件中涉及的 CITES 附录Ⅰ和附录Ⅱ所列陆生野生动物制品价值核定问题的通知》(林濒发〔2012〕239 号)的有关规定核定价值。

第十一条 走私国家禁止进出口的货物、物品,具有下列情形之一的,依照刑法第一百五十一条第三款的规定处五年以下有期徒刑或者拘役,并处或者单处罚金:

(一)走私国家一级保护野生植物五株以上不满二十五株,国家二级保护野生植物十株以上不满五十株,或者珍稀植物、珍稀植物制品数额在二十万元以上不满一百万元的;

(二)走私重点保护古生物化石或者未命名的古生物化石不满十件,或者一般保护古生物化石十件以上不满五十件的;

(三)走私禁止进出口的有毒物质一吨以上不满五吨,或者数额在二万元以上不满十万元的;

(四)走私来自境外疫区的动植物及其产品五吨以上不满二十五吨,或者数额在五万元以上不满二十五万元的;

(五)走私木炭、硅砂等妨害环境、资源保护的货物、物品十吨以上不满五十吨,或者数额在十万元以上不满五十万元的;

(六)走私旧机动车、切割车、旧机电产品或者其他禁止进出口的货物、物品二十吨以上不满一百吨,或者数额在二十万元以上不满一百万元的;

(七)数量或者数额未达到本款第一项至第六项规定的标准,但属于犯罪集团的首要分子,使用特种车辆从事走私活动,造成环境严重污染,或者引起甲类传染病传播、重大动植物疫情等情形的。

具有下列情形之一的,应当认定为刑法第一百五十一条第三款规定的"情节严重":

(一)走私数量或者数额超过前款第一项至第六项规定的标准的;

(二)达到前款第一项至第六项规定的标准,且属于犯罪集团的首要分子,使用特种车辆从事走私活动,造成环境严重污染,或者引起甲类传染病传播、重大动植物疫情等情形的。

第十二条 刑法第一百五十一条第三款规定的"珍稀植物",包括列入《国家重点保护野生植物名录》《国家重点保护野生药材物种名录》《国家珍贵树种名录》中的国家一、二级保护野生植物、国家重点保护的野生药材、珍贵树木,《濒危野生动植物种国际贸易公约》附录Ⅰ、附录Ⅱ中的野生植物,以及人工培育的上述植物。

本解释规定的"古生物化石",按照《古生物化石保护条例》的规定予以认定。走私具有科学价值的古脊椎动物化石、古人类化石,构成犯罪的,依照刑法第一百五十一条第二款的规定,以走私文物罪定罪处罚。

第十三条 以牟利或者传播为目的,走私淫秽物品,达到下列数量之一的,可以认定为刑法第一百五十二条第一款规定的"情节较轻":

(一)走私淫秽录像带、影碟五十盘(张)以上不满一百盘(张)的;

(二)走私淫秽录音带、音碟一百盘(张)以上不满二百盘(张)的;

(三)走私淫秽扑克、书刊、画册一百副(册)以上不满二百副(册)的;

(四)走私淫秽照片、画片五百张以上不满一千张的;

(五)走私其他淫秽物品相当于上述数量的。

走私淫秽物品在前款规定的最高数量以上不满最高数量五倍的，依照刑法第一百五十二条第一款的规定处三年以上十年以下有期徒刑，并处罚金。

走私淫秽物品在第一款规定的最高数量五倍以上，或者在第一款规定的最高数量以上不满五倍，但属于犯罪集团的首要分子，使用特种车辆从事走私活动等情形的，应当认定为刑法第一百五十二条第一款规定的"情节严重"。

第十四条 走私国家禁止进口的废物或者国家限制进口的可用作原料的废物，具有下列情形之一的，应当认定为刑法第一百五十二条第二款规定的"情节严重"：

（一）走私国家禁止进口的危险性固体废物、液态废物分别或者合计达到一吨以上不满五吨的；

（二）走私国家禁止进口的非危险性固体废物、液态废物分别或者合计达到五吨以上不满二十五吨的；

（三）走私国家限制进口的可用作原料的固体废物、液态废物分别或者合计达到二十吨以上不满一百吨的；

（四）未达到上述数量标准，但属于犯罪集团的首要分子，使用特种车辆从事走私活动，或者造成环境严重污染等情形的。

具有下列情形之一的，应当认定为刑法第一百五十二条第二款规定的"情节特别严重"：

（一）走私数量超过前款规定的标准的；

（二）达到前款规定的标准，且属于犯罪集团的首要分子，使用特种车辆从事走私活动，或者造成环境严重污染等情形的；

（三）未达到前款规定的标准，但造成环境严重污染且后果特别严重的。

走私置于容器中的气态废物，构成犯罪的，参照前两款规定的标准处罚。

第十五条 国家限制进口的可用作原料的废物的具体种类，参照国家有关部门的规定确定。

第十六条 走私普通货物、物品，偷逃应缴税额在十万元以上不满五十万元的，应当认定为刑法第一百五十三条第一款规定的"偷逃应缴税额较大"；偷逃应缴税额在五十万元以上不满二百五十万元的，应当认定为"偷逃应缴税额巨大"；偷逃应缴税额在二百五十万元以上的，应当认定为"偷逃应缴税额特别巨大"。

走私普通货物、物品，具有下列情形之一，偷逃应缴税额在三十万元以上不满五十万元的，应当认定为刑法第一百五十三条第一款规定的"其他严重情节"；偷逃应缴税额在一百五十万元以上不满二百五十万元的，应当认定为"其他特别严重情节"：

（一）犯罪集团的首要分子；

（二）使用特种车辆从事走私活动的；

（三）为实施走私犯罪，向国家机关工作人员行贿的；

（四）教唆、利用未成年人、孕妇等特殊人群走私的；

（五）聚众阻挠缉私的。

第十七条 刑法第一百五十三条第一款规定的"一年内曾因走私被给予二次行政处罚后又走私"中的"一年内"，以因走私第一次受到行政处罚的生效之日与"又走私"行为实施之日的时间间隔计算确定；"被给予二次行政处罚"的走私行为，包括走私普通货物、物品以及其他货物、物品；"又走私"行为仅指走私普通货物、物品。

第十八条 刑法第一百五十三条规定的"应缴税额",包括进出口货物、物品应当缴纳的进出口关税和进口环节海关代征税的税额。应缴税额以走私行为实施时的税则、税率、汇率和完税价格计算;多次走私的,以每次走私行为实施时的税则、税率、汇率和完税价格逐票计算;走私行为实施时间不能确定的,以案发时的税则、税率、汇率和完税价格计算。

刑法第一百五十三条第三款规定的"多次走私未经处理",包括未经行政处理和刑事处理。

第十九条 刑法第一百五十四条规定的"保税货物",是指经海关批准,未办理纳税手续进境,在境内储存、加工、装配后应予复运出境的货物,包括通过加工贸易、补偿贸易等方式进口的货物,以及在保税仓库、保税工厂、保税区或者免税商店内等储存、加工、寄售的货物。

第二十条 直接向走私人非法收购走私进口的货物、物品,在内海、领海、界河、界湖运输、收购、贩卖国家禁止进出口的物品,或者没有合法证明,在内海、领海、界河、界湖运输、收购、贩卖国家限制进出口的货物、物品,构成犯罪的,应当按照走私货物、物品的种类,分别依照刑法第一百五十一条、第一百五十二条、第一百五十三条、第三百四十七条、第三百五十条的规定定罪处罚。

刑法第一百五十五条第二项规定的"内海",包括内河的入海口水域。

第二十一条 未经许可进出口国家限制进出口的货物、物品,构成犯罪的,应当依照刑法第一百五十一条、第一百五十二条的规定,以走私国家禁止进出口的货物、物品罪等罪名定罪处罚;偷逃应缴税额,同时又构成走私普通货物、物品罪的,依照处罚较重的规定定罪处罚。

取得许可,但超过许可数量进出口国家限制进出口的货物、物品,构成犯罪的,依照刑法第一百五十三条的规定,以走私普通货物、物品罪定罪处罚。

租用、借用或者使用购买的他人许可证,进出口国家限制进出口的货物、物品的,适用本条第一款的规定定罪处罚。

第二十二条 在走私的货物、物品中藏匿刑法第一百五十一条、第一百五十二条、第三百四十七条、第三百五十条规定的货物、物品,构成犯罪的,以实际走私的货物、物品定罪处罚;构成数罪的,实行数罪并罚。

第二十三条 实施走私犯罪,具有下列情形之一的,应当认定为犯罪既遂:

(一)在海关监管现场被查获的;

(二)以虚假申报方式走私,申报行为实施完毕的;

(三)以保税货物或者特定减税、免税进口的货物、物品为对象走私,在境内销售的,或者申请核销行为实施完毕的。

第二十四条 单位犯刑法第一百五十一条、第一百五十二条规定之罪,依照本解释规定的标准定罪处罚。

单位犯走私普通货物、物品罪,偷逃应缴税额在二十万元以上不满一百万元的,应当依照刑法第一百五十三条第二款的规定,对单位判处罚金,并对其直接负责的主管人员和其他直接责任人员,处三年以下有期徒刑或者拘役;偷逃应缴税额在一百万元以上不满五百万元的,应当认定为"情节严重";偷逃应缴税额在五百万元以上的,应当认定为"情节特别严重"。

第二十五条 本解释发布实施后,《最高人民法院关于审理走私刑事案件具体应用法律若干问题的解释》(法释〔2000〕30号)、《最高人民法院关于审理走私刑事案件具体应用法律若干问题的解释(二)》(法释〔2006〕9号)同时废止。之前发布的司法解释与本解释不一致的,以本解释为准。

三、刑事政策文件

《最高人民法院、最高人民检察院 海关总署关于印发〈办理走私刑事案件适用法律若干问题的意见〉的通知》(2002年7月8日 法〔2002〕139号)

各省、自治区、直辖市高级人民法院、人民检察院,解放军军事法院、军事检察院,新疆维吾尔自治区高级人民法院生产建设兵团分院、生产建设兵团人民检察院,广东分署,天津、上海特派办,各直属海关:

现将《最高人民法院、最高人民检察院、海关总署关于办理走私刑事案件适用法律若干问题的意见》印发给你们,请认真组织学习、参照执行。

最高人民法院、最高人民检察院、海关总署关于办理走私刑事案件适用法律若干问题的意见

为研究解决近年来公安、司法机关在办理走私刑事案件中遇到的新情况、新问题,最高人民法院、最高人民检察院、海关总署共同开展了调查研究,根据修订后的刑法及有关司法解释的规定,在总结侦查、批捕、起诉、审判工作经验的基础上,就办理走私刑事案件的程序、证据以及法律适用等问题提出如下意见:

一、关于走私犯罪案件的管辖问题

根据刑事诉讼法的规定,走私犯罪案件由犯罪地的走私犯罪侦查机关立案侦查。走私犯罪案件复杂,环节多,其犯罪地可能涉及多个犯罪行为发生地,包括货物、物品的进口(境)地、出口(境)地、报关地、核销地等。如果发生刑法第一百五十四条、第一百五十五条规定的走私犯罪行为的,走私货物、物品的销售地、运输地、收购地和贩卖地均属于犯罪行为的发生地。对有多个走私犯罪行为发生地的,由最初受理的走私犯罪侦查机关或者由主要犯罪地的走私犯罪侦查机关管辖。对管辖有争议的,由共同的上级走私犯罪侦查机关指定管辖。

对发生在海(水)上的走私犯罪案件由该辖区的走私犯罪侦查机关管辖,但对走私船舶有跨辖区连续追缉情形的,由缉获走私船舶的走私犯罪侦查机关管辖。

人民检察院受理走私犯罪侦查机关提请批准逮捕、移送审查起诉的走私犯罪案件,人民法院审理人民检察院提起公诉的走私犯罪案件,按照《最高人民法院、最高人民检察院、公安部、司法部、海关总署关于走私犯罪侦查机关办理走私犯罪案件适用刑事诉讼程序若干问题的通知》(署侦〔1998〕742号)的有关规定执行。

二、关于电子数据证据的收集、保全问题

走私犯罪侦查机关对于能够证明走私犯罪案件真实情况的电子邮件、电子合同、电子账册、单位内部的电子信息资料等电子数据应当作为刑事证据予以收集、保全。

侦查人员应当对提取、复制电子数据的过程制作有关文字说明,记明案由、对象、内容,提取、复制的时间、地点,电子数据的规格、类别、文件格式等,并由提取、复制电子数据的制作人、电子数据的持有人和能够证明提取、复制过程的见证人签名或者盖章，附所提取、复制的电子数据一并随案移送。

电子数据的持有人不在案或者拒绝签字的，侦查人员应当记明情况；有条件的可将提取、复制有关电子数据的过程拍照或者录像。

三、关于办理走私普通货物、物品刑事案件偷逃应缴税额的核定问题

在办理走私普通货物、物品刑事案件中，对走私行为人涉嫌偷逃应缴税额的核定，应当由走私犯罪案件管辖地的海关出具《涉嫌走私的货物、物品偷逃税款海关核定证明书》（以下简称《核定证明书》）。海关出具的《核定证明书》，经走私犯罪侦查机关、人民检察院、人民法院审查确认，可以作为办案的依据和定罪量刑的证据。

走私犯罪侦查机关、人民检察院和人民法院对《核定证明书》提出异议或者因核定偷逃税额的事实发生变化，认为需要补充核定或者重新核定的，可以要求原出具《核定证明书》的海关补充核定或者重新核定。

走私犯罪嫌疑人、被告人或者辩护人对《核定证明书》有异议，向走私犯罪侦查机关、人民检察院或者人民法院提出重新核定申请的，经走私犯罪侦查机关、人民检察院或者人民法院同意，可以重新核定。

重新核定应当另行指派专人进行。

四、关于走私犯罪嫌疑人的逮捕条件

对走私犯罪嫌疑人提请逮捕和审查批准逮捕，应当依照刑事诉讼法第六十条规定的逮捕条件来办理。一般按照下列标准掌握：

（一）有证据证明有走私犯罪事实

1. 有证据证明发生了走私犯罪事实

有证据证明发生了走私犯罪事实，须同时满足下列两项条件：

（1）有证据证明发生了违反国家法律、法规，逃避海关监管的行为；

（2）查扣的或者有证据证明的走私货物、物品的数量、价值或者偷逃税额达到刑法及相关司法解释规定的起刑点。

2. 有证据证明走私犯罪事实系犯罪嫌疑人实施的

有下列情形之一，可认为走私犯罪事实系犯罪嫌疑人实施的：

（1）现场查获犯罪嫌疑人实施走私犯罪的；

（2）视听资料显示犯罪嫌疑人实施走私犯罪的；

（3）犯罪嫌疑人供认的；

（4）有证人证言指证的；

（5）有同案的犯罪嫌疑人供述的；

（6）其他证据能够证明犯罪嫌疑人实施走私犯罪的。

3. 证明犯罪嫌疑人实施走私犯罪行为的证据已经查证属实的

符合下列证据规格要求之一，属于证明犯罪嫌疑人实施走私犯罪行为的证据已经查证属实的：

（1）现场查获犯罪嫌疑人实施犯罪，有现场勘查笔录、留置盘问记录、海关扣留查问笔录或者海关查验（检查）记录等证据证实的；

（2）犯罪嫌疑人的供述有其他证据能够印证的；

（3）证人证言能够相互印证的；

（4）证人证言或者同案犯供述能够与其他证据相互印证的；

（5）证明犯罪嫌疑人实施走私犯罪的其他证据已经查证属实的。

（二）可能判处有期徒刑以上的刑罚

是指根据刑法第一百五十一条、第一百五十二条、第一百五十三条、第三百四十七条、第三百五十条等规定和《最高人民法院关于审理走私刑事案件具体应用法律若干问题的解释》等有关司法解释的规定，结合已查明的走私犯罪事实，对走私犯罪嫌疑人可能判处有期徒刑以上的刑罚。

（三）采取取保候审、监视居住等方法，尚不足以防止发生社会危险性而有逮捕必要的

主要是指：走私犯罪嫌疑人可能逃跑、自杀、串供、干扰证人作证以及伪造、毁灭证据等妨碍刑事诉讼活动的正常进行的，或者存在行凶报复、继续作案可能的。

五、关于走私犯罪嫌疑人、被告人主观故意的认定问题

行为人明知自己的行为违反国家法律法规，逃避海关监管，偷逃进出境货物、物品的应缴税额，或者逃避国家有关进出境的禁止性管理，并且希望或者放任危害结果发生的，应认定为具有走私的主观故意。

走私主观故意中的"明知"是指行为人知道或者应当知道所从事的行为是走私行为。具有下列情形之一的，可以认定为"明知"，但有证据证明确属被蒙骗的除外：

（一）逃避海关监管，运输、携带、邮寄国家禁止进出境的货物、物品的；

（二）用特制的设备或者运输工具走私货物、物品的；

（三）未经海关同意，在非设关的码头、海（河）岸、陆路边境等地点，运输（驳载）、收购或者贩卖非法进出境货物、物品的；

（四）提供虚假的合同、发票、证明等商业单证委托他人办理通关手续的；

（五）以明显低于货物正常进（出）口的应缴税额委托他人代理进（出）口业务的；

（六）曾因同一种走私行为受过刑事处罚或者行政处罚的；

（七）其他有证据证明的情形。

六、关于行为人对其走私的具体对象不明确的案件的处理问题

走私犯罪嫌疑人主观上具有走私犯罪故意，但对其走私的具体对象不明确的，不影响走私犯罪构成，应当根据实际的走私对象定罪处罚。但是，确有证据证明行为人因受蒙骗而对走私对象发生认识错误的，可以从轻处罚。

七、关于走私珍贵动物制品行为的处罚问题

走私珍贵动物制品的，应当根据刑法第一百五十一条第二、四、五款和《最高人民法院关于审理走私刑事案件具体应用法律若干问题的解释》（以下简称解释）第四条的有关规定予以处罚，但同时具有下列情形，情节较轻的，一般不以犯罪论处：

（一）珍贵动物制品购买地允许交易；

（二）入境人员为留作纪念或者作为礼品而携带珍贵动物制品进境，不具有牟利目的的。

同时具有上述两种情形，达到解释第四条第三款规定的量刑标准的，一般处5年以下有期徒刑，并处罚金；达到解释第四条第四款规定的量刑标准的，一般处5年以上有期徒刑，并处罚金。

八、关于走私旧汽车、切割车等货物、物品的行为的定罪问题

走私刑法第一百五十一条、第一百五十二条、第三百四十七条、第三百五十条规定

的货物、物品以外的，已被国家明令禁止进出口的货物、物品，例如旧汽车、切割车、侵犯知识产权的货物、来自疫区的动植物及其产品等，应当依照刑法第一百五十三条的规定，以走私普通货物、物品罪追究刑事责任。

九、关于利用购买的加工贸易登记手册、特定减免税批文等涉税单证进口货物行为的定性处理问题

加工贸易登记手册、特定减免税批文等涉税单证是海关根据国家法律、法规以及有关政策性规定，给予特定企业用于保税货物经营管理和减免税优惠待遇的凭证。利用购买的加工贸易登记手册、特定减免税批文等涉税单证进口货物，实质是将一般贸易货物伪报为加工贸易保税货物或者特定减免税货物进口，以达到偷逃应缴税款的目的，应当适用刑法第一百五十三条以走私普通货物、物品罪定罪处罚。如果行为人与走私分子通谋出售上述涉税单证，或者在出卖批文后又以提供印章、向海关伪报保税货物、特定减免税货物等方式帮助买方办理进口通关手续的，对卖方依照刑法第一百五十六条以走私罪共犯定罪处罚。买卖上述涉税单证情节严重尚未进口货物的，依照刑法第二百八十条的规定定罪处罚。

十、关于在加工贸易活动中骗取海关核销行为的认定问题

在加工贸易经营活动中，以假出口、假结转或者利用虚假单证等方式骗取海关核销，致使保税货物、物品脱离海关监管，造成国家税款流失，情节严重的，依照刑法第一百五十三条的规定，以走私普通货物、物品罪追究刑事责任。但有证据证明因不可抗力原因导致保税货物脱离海关监管，经营人无法办理正常手续而骗取海关核销的，不认定为走私犯罪。

十一、关于伪报价格走私犯罪案件中实际成交价格的认定问题

走私犯罪案件中的伪报价格行为，是指犯罪嫌疑人、被告人在进出口货物、物品时，向海关申报进口或者出口的货物、物品的价格低于或者高于进出口货物的实际成交价格。

对实际成交价格的认定，在无法提取真、伪两套合同、发票等单证的情况下，可以根据犯罪嫌疑人、被告人的付汇渠道、资金流向、会计账册、境内外收发货人的真实交易方式，以及其他能够证明进出口货物实际成交价格的证据材料综合认定。

十二、关于出售走私货物已缴纳的增值税应否从走私偷逃应缴税额中扣除的问题

走私犯罪嫌疑人为出售走私货物而开具增值税专用发票并缴纳增值税，是其走私行为既遂后在流通领域获取违法所得的一种手段，属于非法开具增值税专用发票。对走私犯罪嫌疑人因出售走私货物而实际缴纳走私货物增值税的，在核定走私货物偷逃应缴税额时，不应当将其已缴纳的增值税额从其走私偷逃应缴税额中扣除。

十三、关于刑法第一百五十四条规定的"销售牟利"的理解问题

刑法第一百五十四条第（一）、（二）项规定的"销售牟利"，是指行为人主观上为了牟取非法利益而擅自销售海关监管的保税货物、特定减免税货物。该种行为是否构成犯罪，应当根据偷逃的应缴税额是否达到刑法第一百五十三条及相关司法解释规定的数额标准予以认定。实际获利与否或者获利多少并不影响其定罪。

十四、关于海上走私犯罪案件如何追究运输人的刑事责任问题

对刑法第一百五十五条第（二）项规定的实施海上走私犯罪行为的运输人、收购人或者贩卖人应当追究刑事责任。对运输人，一般追究运输工具的负责人或者主要责任人的刑事责任，但对于事先通谋的、集资走私的、或者使用特殊的走私运输工具从事走私

犯罪活动的，可以追究其他参与人员的刑事责任。

十五、关于刑法第一百五十六条规定的"与走私罪犯通谋"的理解问题

通谋是指犯罪行为人之间事先或者事中形成的共同的走私故意。下列情形可以认定为通谋：

（一）对明知他人从事走私活动而同意为其提供贷款、资金、账号、发票、证明、海关单证，提供运输、保管、邮寄或者其他方便的；

（二）多次为同一走私犯罪分子的走私行为提供前项帮助的。

十六、关于放纵走私罪的认定问题

依照刑法第四百一十一条的规定，负有特定监管义务的海关工作人员徇私舞弊，利用职权，放任、纵容走私犯罪行为，情节严重的，构成放纵走私罪。放纵走私行为，一般是消极的不作为。如果海关工作人员与走私分子通谋，在放纵走私过程中以积极的行为配合走私分子逃避海关监管或者在放纵走私之后分得赃款的，应以共同走私犯罪追究刑事责任。

海关工作人员收受贿赂又放纵走私的，应以受贿罪和放纵走私罪数罪并罚。

十七、关于单位走私犯罪案件诉讼代表人的确定及其相关问题

单位走私犯罪案件的诉讼代表人，应当是单位的法定代表人或者主要负责人。单位的法定代表人或者主要负责人被依法追究刑事责任或者因其他原因无法参与刑事诉讼的，人民检察院应当另行确定被告单位的其他负责人作为诉讼代表人参加诉讼。

接到出庭通知的被告单位的诉讼代表人应当出庭应诉。拒不出庭的，人民法院在必要的时候，可以拘传到庭。

对直接负责的主管人员和其他直接责任人员均无法归案的单位走私犯罪案件，只要单位走私犯罪的事实清楚、证据确实充分，且能够确定诉讼代表人代表单位参与刑事诉讼活动的，可以先行追究该单位的刑事责任。

被告单位没有合适人选作为诉讼代表人出庭的，因不具备追究该单位刑事责任的诉讼条件，可按照单位犯罪的条款先行追究单位犯罪中直接负责的主管人员或者其他直接责任人员的刑事责任。人民法院在对单位犯罪中直接负责的主管人员或者直接责任人员进行判决时，对于扣押、冻结的走私货物、物品、违法所得以及属于犯罪单位所有的走私犯罪工具，应当一并判决予以追缴、没收。

十八、关于单位走私犯罪及其直接负责的主管人员和直接责任人员的认定问题

具备下列特征的，可以认定为单位走私犯罪：（1）以单位的名义实施走私犯罪，即由单位集体研究决定，或者由单位的负责人或者被授权的其他人员决定、同意；（2）为单位谋取不正当利益或者违法所得大部分归单位所有。

依照《最高人民法院关于审理单位犯罪案件具体应用法律有关问题的解释》第二条的规定，个人为进行违法犯罪活动而设立的公司、企业、事业单位实施犯罪的，或者个人设立公司、企业、事业单位后，以实施犯罪为主要活动的，不以单位犯罪论处。单位是否以实施犯罪为主要活动，应根据单位实施走私行为的次数、频度、持续时间、单位进行合法经营的状况等因素综合考虑认定。

根据单位人员在单位走私犯罪活动中所发挥的不同作用，对其直接负责的主管人员和其他直接责任人员，可以确定为一人或者数人。对于受单位领导指派而积极参与实施走私犯罪行为的人员，如果其行为在走私犯罪的主要环节起重要作用的，可以认定为单

位犯罪的直接责任人员。

十九、关于单位走私犯罪后发生分立、合并或者其他资产重组情形以及单位被依法注销、宣告破产等情况下，如何追究刑事责任的问题

单位走私犯罪后，单位发生分立、合并或者其他资产重组等情况的，只要承受该单位权利义务的单位存在，应当追究单位走私犯罪的刑事责任。走私单位发生分立、合并或者其他资产重组后，原单位名称发生更改的，仍以原单位（名称）作为被告单位。承受原单位权利义务的单位法定代表人或者负责人为诉讼代表人。

单位走私犯罪后，发生分立、合并或者其他资产重组情形，以及被依法注销、宣告破产等情况的，无论承受该单位权利义务的单位是否存在，均应追究原单位直接负责的主管人员和其他直接责任人员的刑事责任。

人民法院对原走私单位判处罚金的，应当将承受原单位权利义务的单位作为被执行人。罚金超出新单位所承受的财产的，可在执行中予以减除。

二十、关于单位与个人共同走私普通货物、物品案件的处理问题

单位和个人（不包括单位直接负责的主管人员和其他直接责任人员）共同走私的，单位和个人均应对共同走私所偷逃应缴税额负责。

对单位和个人共同走私偷逃应缴税额为5万元以上不满25万元的，应当根据其在案件中所起的作用，区分不同情况做出处理。单位起主要作用的，对单位和个人均不追究刑事责任，由海关予以行政处理；个人起主要作用的，对个人依照刑法有关规定追究刑事责任，对单位由海关予以行政处理。无法认定单位或个人起主要作用的，对个人和单位分别按个人犯罪和单位犯罪的标准处理。

单位和个人共同走私偷逃应缴税额超过25万元且能区分主、从犯的，应当按照刑法关于主、从犯的有关规定，对从犯从轻、减轻处罚或者免除处罚。

二十一、关于单位走私犯罪案件自首的认定问题

在办理单位走私犯罪案件中，对单位集体决定自首的，或者单位直接负责的主管人员自首的，应当认定单位自首。认定单位自首后，如实交代主要犯罪事实的单位负责的其他主管人员和其他直接责任人员，可视为自首，但对拒不交代主要犯罪事实或逃避法律追究的人员，不以自首论。

二十二、关于共同走私犯罪案件如何判处罚金刑问题

审理共同走私犯罪案件时，对各共同犯罪人判处罚金的总额应掌握在共同走私行为偷逃应缴税额的1倍以上5倍以下。

二十三、关于走私货物、物品，走私违法所得以及走私犯罪工具的处理问题

在办理走私犯罪案件过程中，对发现的走私货物、物品、走私违法所得以及属于走私犯罪分子所有的犯罪工具，走私犯罪侦查机关应当及时追缴，依法予以查扣、冻结。在移送审查起诉时应当将扣押物品文件清单、冻结存款证明文件等材料随案移送，对于扣押的危险品或者鲜活、易腐、易失效、易贬值等不宜长期保存的货物、物品，已经依法先行变卖、拍卖的，应当随案移送变卖、拍卖物品清单以及原物的照片或者录像资料；人民检察院在提起公诉时应当将上述扣押物品文件清单、冻结存款证明和变卖、拍卖物品清单一并移送；人民法院在判决走私罪案件时，应当对随案清单、证明文件中载明的款、物审查确认并依法判决予以追缴、没收；海关根据人民法院的判决和海关法的有关规定予以处理，上缴中央国库。

二十四、关于走私货物、物品无法扣押或者不便扣押情况下走私违法所得的追缴问题

在办理走私普通货物、物品犯罪案件中，对于走私货物、物品因流入国内市场或者投入使用，致使走私货物、物品无法扣押或者不便扣押的，应当按照走私货物、物品的进出口完税价格认定违法所得予以追缴；走私货物、物品实际销售价格高于进出口完税价格的，应当按照实际销售价格认定违法所得予以追缴。

第三节 走私罪审判实践中的疑难新型问题

问题1. 具有走私的故意，但对走私的具体对象认识不明确如何定罪处罚

【刑事审判参考案例】岑某某等走私珍贵动物、马某某非法收购珍贵野生动物、赵某某等非法运输珍贵野生动物案[①]

一、基本案情

宁波市中级人民法院经公开审理查明：2007年间，被告人岑某某为牟取非法利益，勾结境外人员"阿某某"，预谋将产于我国宁夏、甘肃的国家二级重点保护动物猎隼走私出境。经他人介绍，岑某某结识了在上海国际机场股份有限公司安检护卫分公司从事安检工作的被告人吴某，经商定，由吴某负责为走私猎隼联系订舱、报关以及机场安检时给予放行，岑某某许诺以走私出境猎隼每只人民币（以下均为人民币）3000~4000元的价格作为回报。接着，吴某联系了上海嘉华国际货物运输代理有限公司从事货运代理的被告人张某及同事钱某某，密谋走私，并商定由张某负责猎隼出口办理订舱、报关事宜，钱某某负责在机场当班安检时予以放行。同年10月，岑某某在浙江省杭甬高速上虞出口路段接到由"阿某某"委托他人从宁夏、甘肃收购、运送来的12只猎隼后，直接转运至上海浦东国际机场附近，交给前来接应的吴某。之后，吴某将该12只猎隼交由张某办理订舱，并以虚假品名向海关申报出口，钱某某则按事先约定，利用当班安检之机，将伪报品名的该12只猎隼予以放行，走私出境。

2008年9月至10月，岑某某租用了浙江省慈溪市浒山镇金山新村某房屋作为其走私犯罪中转站，并纠集被告人俞某某帮助接运猎隼。其间，岑某某伙同俞某某先后两次在浙江上虞接到由"阿某某"委托他人从宁夏、甘肃收购、运送来的40只猎隼后，再将猎隼运到其租房内进行喂养、重新包装。之后，岑某某、俞某某租用车辆将上述猎隼运至上海浦东国际机场附近，交给前来接应的吴某。然后由张某办理订舱，并以"玻璃制高脚酒杯"为品名，向海关申报出口。由于钱某某不再负责此航线的安检工作，吴某、钱某某指使其同事朱某某利用当班安检之机，先后两次将上述40只猎隼予以放行，走私出

---

① 万仁赞撰稿，徐静审编：《岑某某等走私珍贵动物、马某某非法收购珍贵野生动物、赵某某等非法运输珍贵野生动物案——具有走私的故意，但对走私的具体对象认识不明确如何定罪处罚（第616号）》，载中华人民共和国最高人民法院刑事审判第一、二、三、四、五庭主办：《刑事审判参考》2010年第2集（总第73集），法律出版社2010年版，第52~64页。

境，运往卡塔尔。

2008年9月间，被告人马某某受"阿某某"委托，在宁夏、甘肃等地以每只300～2000元不等的价格收购了30只猎隼，并应"阿某某"要求，于10月中旬将该30只猎隼交给被告人赵某某负责运往浙江。为方便运输，马某某、赵某某将猎隼的翅膀用胶带纸粘住装入纸箱。赵某某又雇用了个体运输户丁某某为其运输猎隼，伙同丁某某一起驾车将该30只猎隼于10月23日运抵浙江上虞，交给前来接应的岑某某、俞某某。10月24日凌晨，岑某某、俞某某将重新包装过的该30只猎隼运至上海浦东国际机场附近又交给吴某。此后，由张某办理订舱，并以"玻璃制高脚酒杯"为品名，向海关申报。吴某、钱某某指使朱某某利用当班安检之机，将该30只猎隼予以放行，欲运往卡塔尔，当日被海关开箱检验时查获。

综上，岑某某、吴某、张某、钱某某均参与走私猎隼82只，朱某某、俞某某参与走私猎隼70只，马某某非法收购猎隼30只，赵某某、丁某某非法运输猎隼30只。岑某某因此从"阿某某"处收取320000余元，其中240000余元支付给吴某，最终获利70000余元。吴某等人将该240000余元除用于订舱、报关等费用外，余下款项予以瓜分，吴某分得40000余元，钱某某分得30000余元，张某分得20000余元，朱某某得款2000元。马某某从"阿某某"处得款100000余元，除去收购猎隼的费用以及代"阿某某"将运费30000元支付给赵某某外，获利10000余元。赵某某支付给丁某某运费14000元，获利19000元。丁某某获利14000元。俞某某从岑某某处获利2000元。

归案后，被告人吴某协助侦查机关抓获了同案被告人钱某某。

宁波市中级人民法院认为，被告人岑某某为牟取非法利益，勾结境外人员，与被告人吴某合谋，经被告人张某以伪报品名的方式向海关申报出口，并通过被告人钱某某、朱某某在机场安检时违法放行，违反海关法规，逃避海关监管以及逃避国家有关进出境的禁止性管理，将国家二级重点保护动物猎隼走私出境，被告人俞某某明知岑某某走私猎隼出境而积极予以协助，其行为均已构成走私珍贵动物罪。被告人马某某为非法牟利，无视国法，非法收购猎隼，其行为已构成非法收购珍贵野生动物罪。被告人赵某某、丁某某，违反国家法律规定，非法运输猎隼，其行为均已构成非法运输珍贵野生动物罪。被告人岑某某、吴某、张某、钱某某、俞某某、朱某某走私珍贵野生动物，被告人马某某非法收购珍贵野生动物，被告人赵某某、丁某某非法运输珍贵野生动物，均系情节特别严重，应依法惩处。被告人岑某某、吴某、张某、钱某某在走私猎隼的共同犯罪中起主要作用，均系主犯。其中被告人岑某某直接勾结境外人员，走私猎隼82只，致使52只珍贵动物猎隼流失海外，国家的动物资源遭到严重破坏，犯罪后果特别严重，社会危害性极大，依法应予严惩。被告人吴某与岑某某合谋走私，在共同犯罪中的地位作用与岑某相当，论罪亦应判处极刑，但鉴于其归案后有协助侦查机关抓获同案被告人的重大立功表现以及认罪态度好等情节，依法予以从轻处罚。被告人张某负责订舱、报关，被告人钱某某负责安检放行，且均与吴某分享非法利益，依法亦应严惩。被告人俞某某协助岑某某走私猎隼，被告人朱某某系受人指使参与犯罪，在共同犯罪中起次要、辅助作用，均系从犯，依法予以减轻处罚。依照《中华人民共和国刑法》第一百五十一条第二款、第四款，第三百四十一条第一款，第二十五条第一款，第二十六条第一款，第二十七条，第五十七条第一款，第六十八条第一款，第二十三条，第六十四条以及《最高人民法院关于审理走私刑事案件具体应用法律若干问题的解释》第四条之规定，判决：一、被告人岑某某犯走私珍贵动物罪，判处死刑，剥夺政治权利终身，并处没收个人全部财产；二、被告人吴某犯走私珍贵动物罪，判处无期徒刑，剥夺政治权利终身，并处没收个人全部财产；三、被告人张某犯走私珍贵动物罪，判处无期徒刑，剥夺政治权利终身，并处没收财产人民币五万元；四、被告人钱某某犯走私珍贵动物罪，判处无期徒刑，剥夺政治权利终身，并处没收财产人民币五万元；五、被告人俞某某犯走私珍贵动物罪，判处有期徒刑十四年，并处罚金人民币五千元；六、被告人马某某犯非法收购珍贵野生动物罪，判处有期徒刑十三年，并处罚金人民币一万元；七、被告人赵某某犯非法运输珍贵野生动物罪，判处有期徒刑十三年，并处罚金人民币一万元；八、被告人丁某某犯非法运输珍贵野生动物罪，判处有期徒刑十二年，并处罚金人民币一万元；九、被告人朱某某犯走私珍贵动物罪，判处有期徒刑十年，并处罚金人民币五千元；十、上述九被告人的犯罪所得予以追缴。

一审宣判后，被告人岑某某、吴某、钱某某、俞某某、丁某某等提出上诉。

浙江省高级人民法院经公开审理查明的犯罪事实与一审相同，浙江省高级人民法院认为，被告人岑某某为牟取非法利益，勾结境外人员，与被告人吴某合谋，经被告人张某以伪报品名的方式向海关申报出口，并通过被告人钱某某、朱某某在机场安检时违法放行，违反海关法规，逃避海关监管以及逃避国家有关进出境的禁止性管理，将国家二级重点保护动物猎隼走私出境，被告人俞某某明知岑某某走私猎隼出境而积极予以协助，其行为均已构成走私珍贵动物罪，情节特别严重，依法应予严惩。被告人马某某为非法牟利，非法收购猎隼，其行为已构成非法收购珍贵野生动物罪，情节特别严重，依法应予严惩。被告人赵某某、丁某某，违反国家法律规定，非法运输猎隼，其行为均已构成非法运输珍贵野生动物罪，情节特别严重，依法应予严惩。被告人岑某某、吴某、张某、钱某某系主犯，应依法惩处。被告人俞某某、朱某某系从犯，可减轻处罚。被告人吴某有重大立功表现，可从轻处罚。鉴于被告人岑某某能如实供述罪行及本案30只猎隼在机场被悉数查获，岑尚不属走私团伙最核心人员等具体情节，对其判处死刑，可不立即执行。被告人吴某、钱某某、俞某某、丁某某及其辩护人均提出原判量刑过重，要求改判的理由不足，不予采纳。但对被告人岑某某的量刑，依法予以改判。依照刑事诉讼法和刑法的相关规定，判决：一、驳回被告人吴某、钱某某、俞某某、丁某某的上诉；二、撤销浙江省宁波市中级人民法院［2009］浙甬刑一初字第27号刑事判决中对被告人岑某某的量刑部分，维持其余部分；三、被告人岑某某犯走私珍贵动物罪，判处死刑，缓期二年执行，剥夺政治权利终身，并处没收个人全部财产。

二、主要问题

1. 如何认定走私犯罪的主观故意？

2. 主观上虽有走私犯罪的故意，但不明知走私对象系国家二级重点保护动物猎隼，能否认定为走私珍贵动物罪？

3. 如何认定共同走私犯罪？

三、裁判理由

（一）根据客观行为及行为人本身的情况可推定其具有走私的主观故意

司法实践中，走私犯罪案件大都是在海关查获了走私物品的情况下立案的，因此认定行为人客观上具有走私行为比较容易，而如何判断行为人主观上具有走私的故意，往往成为认定走私犯罪的关键。在办案中我们发现，很多被告人均辩称不知道其行为违反了海关行政法律法规，没有走私的故意，那么如何判断行为人主观上具有走私的故意呢？

认定主观故意的方法有两种，一种是直接的证明方法，另一种是间接的推定方法。直接证明是指直接证明行为人具有走私的故意，如行为人承认自己有走私的主观故意，或者证人证明行为人曾向其提到要走私，或者有书证、录音录像资料等说明行为人的主观故意。间接的推定方法是指通过与主观故意相关的因素来证明主观故意的存在。2002年7月8日最高人民法院、最高人民检察院、海关总署联合发布的《关于办理走私刑事案件适用法律若干问题的意见》（以下简称意见）第五条第一款对于走私主观故意的认定采纳了推定的方法。该条第一款规定："行为人明知自己的行为违反国家法律法规，逃避海关监管，偷逃进出境货物、物品的应缴税额，或者逃避国家有关进出境的禁止性管理，并且希望或者放任危害后果发生的，应认定为具有走私的主观故意。"据此，如果行为人明知其行为违反了相关法律法规，明知其行为是逃避海关监管、偷逃税款或逃避禁止性管理的行为，而仍决意实施，并对由此造成的危害后果持希望或放任的态度，就推定其主观上具有走私的故意。

那么如何判断行为人主观上"明知"呢？意见第五条第二款规定"走私主观故意中的'明知'是指行为人知道或者应当知道所从事的行为是走私行为"，并以列举的方式规定了六种"明知"的情形。当然这六种情形不能穷尽司法实践中的复杂情况，我们在办案中还应当具体分析案情，从行为人本身的情况，如实践经验、业务技术水平、智力水平、专业知识、生活习惯等以及行为的时间、地点、环境、行为手段、行为对象等综合判断其是否"明知"。如果行为人曾因走私被行政处罚或者刑事处罚过，本次又因走私被抓，行为人说他不知道是走私的辩解就不能成立，又如行为人是一名报关员，却说自己不知道相关海关法规的辩解也是不能成立的。

具体到本案，被告人岑某某等人预谋、分工、实施了一系列不正常的订舱、报关、安检等行为，从这些行为完全可分析得出岑某某、吴某、张某、钱某某、朱某某等人具有走私的故意。首先，岑某某等人明知欲出口的系动物，却以"玻璃制高脚酒杯"等虚假品名向海关申报出口，违反了海关法第二十四条关于"进口货物的收货人、出口货物的发货人应当向海关如实申报，交验进出口许可证件和有关单证。国家限制进出口的货物，没有进出口许可证的，不予放行"的规定，由此可以得出岑某某等人具有逃避海关监管的故意。其次，被告人岑某某等明知欲出口的系动物，却没有依法向相关机关报检，违反了我国进出境动植物检疫法第二条关于进出境的动植物、动植物产品等，均须依法实施检疫的规定，也违反了相关监管部门关于进出境的动植物及其产品，进出口单位或其代理人在办理海关手续前必须向动植物检疫机关报检，由动植物检疫机关依法检疫并签发放行通知单，然后海关凭放行通知单予以验放的要求，由此可以得出岑某某等人具有逃避国家有关进出境的禁止性管理的故意。再次，被告人吴某、钱某某、朱某某等人身为机场货运安检员，与被告人岑某某等人内外勾结，明知系伪报品名的动物，却利用当班安检之机违法放行，致使国家禁止出境的走私对象顺利出境，由此得出该几名被告人具有逃避国家有关进出境的禁止性管理的故意。综上，本案中被告人岑某某、吴某、张某、钱某某、朱某某等人或身为熟知货物进出境业务的专业人员，或身为国际机场的货运安检人员，为获取高额报酬，伪报货物品名、逃避动植物检疫、利用机场货运当班安检之机违法放行，逃避海关监管，以及逃避国家有关进出境的禁止性管理，并且希望或者放任危害后果发生，应认定具有走私的主观故意。

1. 行为人具有走私的故意，但对走私的具体对象认识不明确，应以实际的走私对象定罪处罚，确有证据证明受蒙骗的除外。行为人对走私的具体对象认识不明确，是指行为人具有走私的主观故意，但没有证据证明其对所查获的走私货物、物品的性质达到"明知"的认识程度。对此情况如何处理，司法实践中存在两种观点。

第一种观点认为，特定的走私犯罪如走私假币罪、走私毒品罪等的成立，不仅要求行为人主观上具有一般的走私故意，还要求行为人对特定货物达到"明知"的认识程度。理由是：走私罪是一个类罪名，包括走私普通货物（物品）罪、走私假币罪、走私毒品罪等多种具体犯罪，各种具体犯罪的认定必须符合具体的犯罪构成，因此在认定犯罪故意时，必须要求行为人对具体的犯罪对象达到"明知"的认识程度。

第二种观点认为，行为人主观上具有走私的犯罪故意，但对走私的具体对象认识不明确的，可称为"概括的主观故意"，此种故意支配下的走私行为应当以实际走私对象来定罪。理由有二：一是行为人主观上具有走私的犯罪故意，虽然尚无证据证明其对走私的具体对象有明确的认识，但这种实际对象已经涵盖在行为人所能认识到的对象范围之内。也即，行为人虽然不明确知道其走私的具体对象是什么，但是对走私对象可能是什么有一个模糊认识的范围，而实际的走私对象就在这个模糊认识范围之内，行为人对此范围之内所有的走私对象都是持容忍态度的，实施其中任何一类走私犯罪都不违背其意志。如行为人对于其实际走私的对象是甲还是乙并不明确，但无论是甲还是乙都在其认识之中；无论是甲还是乙，行为人都会去实施走私行为，所以，根据实际走私的物品认定为相应的走私犯罪，符合主客观相一致的原则。二是根据实际走私对象定罪处罚，便于司法操作，有利于打击走私犯罪。如果有证据证明行为人对走私对象没有明确的认识就不按实际走私的对象定罪，那么在许多场合意味着"按照所误解的走私对象定罪"，通常认定为走私普通货物（物品）罪，而走私普通货物（物品）罪是以偷逃应缴税额的大小作为定罪量刑标准的，而实际的走私对象往往无法认定偷逃应缴税额，这就导致许多案件无法对被告人定罪处罚，实际等于放纵了犯罪。

我们同意第二种观点，意见第六条的规定也体现了这种观点："走私犯罪嫌疑人主观上具有走私犯罪故意，但对其走私的具体对象不明确的，不影响走私犯罪构成，应当根据实际的走私对象定罪处罚。但是，确有证据证明行为人因受蒙骗而对走私对象发生认识错误的，可以从轻处罚。"具体到本案中，相关证据足以认定被告人岑某某、吴某、张某、钱某某、俞某某、朱某某主观上具有走私的犯罪故意，又有鉴定报告证实他们走私的确系国家二级重点保护动物猎隼，就能够认定各被告人的行为构成走私珍贵动物罪。虽然有的被告人称他们不知道走私对象"鸟"就是国家明令禁止出口的二级重点保护动物猎隼，但因各被告人已认识到走私对象是"鸟""信鸽""鹰"等一类动物，因此他们对走私对象有一个模糊的认识范围，而实际走私对象"猎隼"并没有超出各被告人的这个认识范围，无论走私对象是不是"猎隼"都不会影响各被告人实施走私行为的意志，各被告人对走私"猎隼"在主观上持容忍态度，故对走私的具体对象认识不明确，并不影响对他们以走私珍贵动物罪定罪处罚。当然，其中被告人朱某某经查确实在主观上存在部分受蒙骗而对走私对象发生错误认识的情节，依法对其可以从轻处罚。

2. 共同走私犯罪要求各行为人具有走私的故意和意思联络。根据我国刑法有关共同犯罪的规定，成立走私共同犯罪要求行为人之间具有走私的共同故意，并相互配合、共同实施了走私行为，在司法实践中，共同的走私行为属于外在表现，往往容易判断，而是否具有走私的共同故意就成为认定走私共同犯罪的关键。走私的共同故意包括两方面的内容：（1）各行为人均明知系共同走私行为，明知走私行为具有危害社会的结果，并希望或者放任危害结果的发生；（2）各行为人主观上具有意思联络，都认识到自己不是在孤立地实施犯罪，而是在和他人一起共同犯罪。

具体到本案，如前所述，被告人岑某某、吴某、张某、钱某某、朱某某等主观上具有走私的故意，岑某某先与吴某协商好走私的方法、分工，再由吴某联系张某负责猎隼的出口办理订舱、报关事宜，吴某又联系钱某某、朱某某负责在机场当班安检时予以放行，上述五人事先分工明确，互相之间具有明显的意思联络，都认识到自己是与他人共同实施走私犯罪，故上述五人成立走私的共同犯罪。被告人俞某某明知岑某某要走私猎隼出境而积极予以协助，帮助岑某某将猎隼运到租房内进行喂养、重新包装，又帮助岑某某租用车辆将猎隼运至机场交给前来接应的吴某，据此亦可认定与岑某某等共同走私犯罪。而其余几名被告人马某某、赵某某、丁某某等与岑某某、吴某等人没有走私的意思联络，他们只是为境外人员"阿某某"收购、运输猎隼，他们把货交给岑某某后，并不知道岑某某、吴某等人将如何处置这些猎隼以及是否走私出境，他们在主观上没有走私犯罪的故意，故认定被告人马某某、赵某某、丁某某的行为构成非法收购、运输珍贵野生动物罪，而不以走私珍贵动物罪之共犯论处是恰当的。

综上，本案是一起由境内外人员相互勾结，无视我国野生动物保护法，违反海关法规，逃避国家出入境监管，收购、运输、走私"一条龙"运送国家二级重点保护动物猎隼出境的重大恶性案件。野生动物是自然环境中极为重要的组成部分，是人类不可缺少的赖以生存和发展的重要自然环境，保护野生动物的重要意义不仅在于维持生态平衡，为人类保持一个和谐的自然环境，也是保护人类自身生存和经济发展不可缺少的资源。国家二级重点保护的野生动物数量稀少、分布地域狭窄，若不采取保护措施将有灭绝危险，但被告人岑某某、吴某等在高额非法利益的驱使下，收购、运输、走私猎隼出境，以供境外有关国家的贵族、富豪作为宠物玩乐享用。为方便运输、走私，本案被告人采取了将猎隼眼皮缝上、用胶带纸粘住翅膀等摧残动物的手段，且在运输、走私途中，生存环境恶劣，猎隼死亡的概率相当高。岑某某、吴某等人的犯罪行为致使珍贵野生动物流失海外，国家的动物资源遭到严重破坏，给国家、民族的利益造成严重的损害，属于我国刑法严厉打击的犯罪行为。根据我国刑法及相关司法解释的规定，走私隼科动物10只以上的，属于情节特别严重，处无期徒刑或者死刑，并处没收财产；非法收购、运输隼科动物10只以上的，属于情节特别严重，处十年以上有期徒刑，并处罚金或者没收财产。一审法院对岑某某以外的其他各被告人依法作出严厉而公正的判决，二审法院考虑到被告人岑某某归案后认罪态度尚好及岑某某不属于走私团伙最核心人员等情节，对其改判死刑缓期两年执行。

问题2. 如何定性走私年代久远且与人类活动无关的古脊椎动物化石的行为

【刑事审判参考案例】朱某某走私国家禁止出口的物品案①

一、基本案情

珠海市中级人民法院经公开审理查明：2008年7月，被告人朱某某开始在辽宁省朝阳市做化石生意。朱某某委托林某某（另案处理）在珠海市接收其通过快递公司发来的化石后，由林某某将化石再托运到澳门交给买家。从2008年9月至2009年7月，朱某某和林某某多次通过上述方式将化石走私到澳门。2009年7月初，一位香港买家找到朱某某欲购买一块鸟类化石，双方商定价格为人民币11000元。同月14日，朱某某以假名通过朝阳市申通快递公司将该块鸟类化石托运至珠海市。同月16日，林某某依约在珠海市接收该块鸟类化石后，即前往珠海市夏湾南晖发装修材料经营部，以"陈生"的名义准备将化石用"精品"的名称托运到澳门，后被查获。同年8月19日，朱某某在辽宁省朝阳市被抓获。经鉴定，该件鸟类化石属于距今6700万年至2.3亿年前的白垩纪鸟类化石。

珠海市中级人民法院认为，被告人朱某某逃避海关监管，走私珍稀古生物化石出境，其行为构成走私国家禁止出口的物品罪。公诉机关指控的犯罪事实清楚，证据确实、充分，但指控的罪名不当，应予以纠正。依照《中华人民共和国刑法》第一百五十一条第三款、第六十四条之规定，判决如下：

被告人朱某某犯走私国家禁止出口的物品罪，判处有期徒刑三年，并处罚金人民币三万元；扣押在案的古生物化石拼块一件，予以没收。

宣判后，被告人朱某某不服，提出上诉。

广东省高级人民法院经审理认为，上诉人朱某某违反国家古生物化石管理的有关规定，逃避海关监管，走私珍稀古生物化石出境，其行为构成走私国家禁止出口的物品罪。原审判决认定的事实清楚，证据确实、充分，定罪准确，量刑适当，审判程序合法。依照《中华人民共和国刑事诉讼法》第一百八十九条第一项之规定，裁定驳回上诉，维持原判。

二、主要问题

走私年代久远且与人类活动无关的古脊椎动物化石的行为，如何定性？

三、裁判理由

（一）本案所涉的白垩纪古脊椎鸟类化石属于国家禁止出口的物品

根据《关于加强古生物化石保护的通知》②（1999年4月9日国土资源部发布）的规定，古生物化石是人类史前地质历史时期赋存于地层中的生物遗体和活动遗迹，包括植物、无脊椎动物、脊椎动物等化石及其遗迹化石。古生物化石是重要的地质遗迹，它有别于文物，是我国宝贵的、不可再生的自然遗产，具有极高的科学研究价值。凡是在中华人民共和国境内及管辖海域发现的古生物化石都属于国家所有，国土资源部对全国古生物化石实行统一监督管理。未经许可，禁止任何单位和个人私自发掘、销售、出境重

---

① 李晓琦撰稿，李燕明审编：《朱某某走私国家禁止出口的物品案——走私年代久远且与人类活动无关的古脊椎动物化石的行为如何定性（第744号）》，载中华人民共和国最高人民法院刑事审判第一、二、三、四、五庭主办：《刑事审判参考》2012年第1集（总第84集），法律出版社2012年版，第1~4页。

② 关于古生物化石保护的最新法规为《古生物化石保护条例》（2010年9月5日），条例公布于本案发生之后。

要古生物化石。确因科学研究等特殊情况,需要对重要古生物化石进行发掘和国际合作需要出境的,必须制定挖掘计划及出境名单和数量,送经国土资源部审核批准后方可出境。《古生物化石管理办法》(2002年11月29日国土资源部发布)对此作了重申规定。以上相关规定表明,白垩纪古脊椎鸟类化石属于国家禁止出口的管制物品。

(二)关于走私白垩纪古脊椎鸟类化石的法律适用问题

首先,2005年全国人民代表大会常务委员会发布的《关于〈中华人民共和国刑法〉有关文物的规定适用于具有科学价值的古脊椎动物化石、古人类化石的解释》(以下简称解释)规定:"刑法有关文物的规定,适用于具有科学价值的古脊椎动物化石、古人类化石。"这里对古脊椎动物化石没有具体分类。1982年施行的文物保护法(历经1991年、2002年、2007年修正)第二条第三款规定:"具有科学价值的古脊椎动物化石和古人类化石同文物一样受国家保护。"而《古人类化石和古脊椎动物化石保护管理办法》(以下简称管理办法,2006年8月7日文化部公布)第二条规定:"本办法所称古人类化石和古脊椎动物化石,是指古猿化石、古人类化石及其与人类活动有关的第四纪古脊椎动物化石。"可见,管理办法对"古脊椎动物化石"作了限制性解释,即其并非指所有古脊椎动物化石。管理办法根据文物的一般意义即"与人类活动密切相关"的基本属性进行解释,把作为"文物"保护的化石限定在与人类活动有关的第四纪古脊椎动物化石。管理办法是根据文物保护法专门针对古人类化石和古脊椎动物化石而出台的部门规章,因此,在行政违法前提的认定上应以管理办法的规定为准。确定了这一前提,解释中的古脊椎动物化石也应进行限制性解释,即仅指"与人类活动有关的第四纪古脊椎动物化石",对于时间久远而与人类活动无关的古脊椎动物化石,不适用国家有关文物管理保护的规定。与人类活动有关的第四纪约开始于248万年前,而本案所涉化石是距今6700万年至2.3亿年前期间的白垩纪鸟类化石,显然距离第四纪时期久远,与人类活动无关。所以,本案所涉化石不属于刑法规定的"文物",不能适用走私文物罪的相关条款定罪处罚。公诉机关就朱某某犯走私文物罪的指控及其法律适用不当,应予纠正。

其次,《刑法修正案(七)》将刑法第一百五十一条第三款修改为:"走私珍稀植物及其制品等国家禁止进出口的其他货物、物品的,处五年以下有期徒刑或者拘役,并处或者单处罚金;情节严重的,处五年以上有期徒刑,并处罚金。"在没有对走私化石行为规定独立罪名的情况下,本案所涉化石经鉴定为珍稀古生物化石,为国家禁止出口的物品,故应适用《刑法修正案(七)》该条款对朱某某的行为定罪处罚。

综上,被告人朱某某走私白垩纪古脊椎鸟类化石的行为,应当定性为走私国家禁止出口的物品罪。

问题 3. 如何认定行为人对夹藏物品是否具有走私的故意以及对走私对象中夹藏的物品确实不明知的,是否适用相关规范性文件中根据实际走私对象定罪处罚的规定

【刑事审判参考案例】应某某、陆某走私废物、走私普通货物案①

一、基本案情

上海市第一中级人民法院经审理查明的事实与起诉书指控的事实基本一致。另查明:被告人应某某、陆某并非走私物品货源的组织者,也非货主、收货人,而系受货主委托办理废旧电子产品进境通关手续及运输的中介,并按照废旧电子产品进口数量计算报酬;所夹藏物品分散在各集装箱。2011年4月2日,应某某、陆某被抓获,如实供述了犯罪事实;上海海关缉私部门追缴赃款300万元。

上海市第一中级人民法院认为,被告人应某某、陆某为牟取非法利益,违反海关法规,逃避海关监管,明知是国家禁止进口的固体废物仍采用伪报品名方式将380余吨固体废物走私入境,其行为构成走私废物罪,且属于情节特别严重,应当判处五年以上有期徒刑,并处罚金。两被告人虽非涉案固体废物的货主,但共同负责完成涉案固体废物的通关和运输事宜,在共同走私犯罪中起主要作用,依法不能认定为从犯。应某某在被判处有期徒刑两年的刑罚执行完毕后五年内又犯应当判处有期徒刑以上刑罚之新罪,依法应当认定为累犯。两被告人到案后均能如实供述犯罪事实,依法应当认定具有坦白情节。鉴于涉案走私货物均被扣押,尚未造成实际危害,且相关赃款均已被追缴,并结合两被告人的实际走私情况,依法对应某某从重处罚,对陆某从轻处罚。公诉机关起诉指控两被告人的行为构成走私废物罪的罪名成立,应予支持。鉴于应某某、陆某并非货源组织者,也非货主、收货人,其所收取报酬与夹藏物品所获利益并不挂钩,加上本案夹藏物品密度大,单一物品所占体积小,且分散在各集装箱,所占空间在整个集装箱比例相当小,不易察觉,两被告人未及时发现夹藏物品符合常理,故依法认定两被告人不具有走私普通货物的故意,辩护人所提两被告人的行为不构成走私普通货物罪和具有坦白情节等辩护意见于法有据,应予采纳。据此,依照《中华人民共和国刑法》第一百五十二条第二款、第二十五条第一款、第五十六条、第六十四条、第六十五条第一款、第六十七条第三款和《最高人民法院关于审理走私刑事案件具体应用法律若干问题的解释(二)》第七条之规定,上海市第一中级人民法院判决如下:

1. 被告人应某某犯走私废物罪,判处有期徒刑十年,剥夺政治权利三年,并处罚金十万元。

2. 被告人陆某犯走私废物罪,判处有期徒刑九年,剥夺政治权利二年,并处罚金十万元。

3. 追缴到的赃款和扣押的走私货物均予以没收。

一审宣判后,被告人应某某、陆某未提出上诉,检察机关也未提出抗诉,判决已发生法律效力。

---

① 胡洪春撰稿,叶晓颖审编:《应某某、陆某走私废物、走私普通货物案——在走私犯罪案件中,如何认定行为人对夹藏物品是否具有走私的故意以及对走私对象中夹藏的物品确实不明知的,是否适用相关规范性文件中根据实际走私对象定罪处罚的规定(第840号)》,载中华人民共和国最高人民法院刑事审判第一、二、三、四、五庭主办:《刑事审判参考》2013年第2集(总第91集),法律出版社2014年版,第1~8页。

二、主要问题

1. 在走私犯罪案件中，如何认定行为人对夹藏物品是否具有走私的故意？

2. 对走私对象中夹藏物品确实不明知的，是否适用相关规范性文件中根据实际走私对象定罪处罚的规定？

三、裁判理由

本案在审理过程中，对被告人应某某、陆某的行为是以走私废物罪一罪论处还是以走私废物罪和走私普通货物罪并罚，存在不同意见。一种意见认为，应当以走私废物罪一罪论处。应某某、陆某确实对走私废物中夹带的普通货物不明知，如果以走私普通货物罪论处，则有客观定罪之嫌。另一种意见认为，应某某、陆某构成走私废物罪和走私普通货物罪，应当实行两罪并罚。相关规范性文件对此类情形已有明确规定，应当按照相关规范性文件的规定定罪处罚。

我们赞同以走私废物罪一罪论处的意见。具体理由如下：

（一）在走私犯罪案件中，应当根据相关合同约定、夹藏物品归属主体及所占体积、行为人所收报酬等情况综合认定行为人对夹藏物品是否具有走私的故意

本案中，公诉机关认定被告人应某某、陆某对夹藏的进口胶带、轴承等普通货物具有走私的故意，并构成走私普通货物罪。而应某某、陆某及其辩护人均提出应某某、陆某不明知废旧物品中夹藏普通货物。走私犯罪在主观特征上必须是行为人具有走私的故意，即行为人至少必须对所夹藏物品主观上明知。因此，对于应某某、陆某对夹藏物品是否明知，是认定其行为是否符合走私普通货物罪主观特征的关键。

我们认为，在走私犯罪案件中，行为人的主观故意内容，不能简单以走私过程中查获的物品种类进行认定，而应当根据相关合同约定、夹藏物品的归属主体及所占体积、行为人所收报酬等情况综合认定行为人对夹藏物品是否具有走私的故意。

本案审理过程中，侦查机关和公诉机关未查获到有关被告人应某某、陆某为废旧电子产品代办通关手续的书面合同，但两被告人关于不明知夹藏物品的口供完全一致，且综合以下事实足以认定两被告人对夹藏物品不具有走私的故意：（1）从夹藏物品归属主体分析。应某某、陆某并非货源组织者，也非货主、收货人，仅为货主负责废旧电子产品的通关业务和运输，其对本案查获的进口胶带、轴承等物品不知情，并不违背常理。（2）从夹藏物品所占空间分析。两被告人共走私废旧电子产品380余吨。虽然本案查获的轴承、缝纫机等货物达20多吨，但该类货物密度大，单一物品所占体积较小，又分散在各集装箱，所占空间在整个集装箱比例相当小，不易让人发现，故两被告人在走私废物过程中未发现夹藏物品亦符合常理。（3）从行为报酬标准分析。两被告人均是按照废旧电子产品进境的数量向货主收取报酬，而与走私夹藏物品所获利益不挂钩。这是认定两被告人对夹藏物品不具有走私故意最有说服力的证据。

（二）对走私对象中夹藏物品确实不明知的，不应按照实际走私的对象定罪处罚，即对夹藏物品不构成走私犯罪

1. 相关规范性文件关于"应当根据实际的走私对象定罪处罚"的规定仅适用于概括故意情形。对于走私犯罪嫌疑人主观认识与具体走私对象出现不同的情形应如何处理，长期以来是司法实践中比较有争议的问题。为此，最高人民法院、最高人民检察院、海关总署2002年联合印发的《关于办理走私刑事案件适用法律若干问题的意见》（以下简称意见）第六条规定："走私犯罪嫌疑人主观上具有走私犯罪故意，但对其走私的具体对

象不明确的，不影响走私犯罪构成，应当根据实际的走私对象定罪处罚……"最高人民法院于 2006 年出台的《关于审理走私刑事案件具体应用法律若干问题的解释（二）》（以下简称解释二）对此作了进一步明确，在第五条中规定："对在走私的普通货物、物品或者废物中藏匿刑法第一百五十一条、第一百五十二条、第三百四十七条、第三百五十条规定的货物、物品，构成犯罪的，以实际走私的货物、物品定罪处罚；构成数罪的，实行数罪并罚。"从字面上分析，意见和解释二似乎明确了这样一个原则，即在具体案件中如果出现走私犯罪嫌疑人的主观认识与具体走私对象不同的情形，一律"以实际走私的货物、物品定罪处罚；构成数罪的，实行数罪并罚"。意见公布后，特别是解释二出台后，不少法院在办理走私犯罪案件时基本上是按照这一原则处理的。

然而，从定罪原理分析，对于主观认识与实际犯罪对象不同的情形，一律以实际犯罪对象定罪，违背了主客观相统一原则，也与刑法第十四条关于故意犯罪的规定不符。如李某仅具有走私普通货物的故意，但某市海关缉私局在其走私的货物中查出 10 支枪支、10 箱弹药。从多方证据分析，行为人走私的目的仅是偷逃关税，对走私枪支、弹药明显持反对之态。事实上，李某既未有枪支、弹药的使用计划，也未有为牟利而联系卖家买家的举动。如果以实际查出的走私对象定性，即以走私普通货物罪与走私武器、弹药罪并罚，则李某至少被判处无期徒刑乃至死刑。但显而易见，这种做法实际陷入了客观归罪失之偏颇，违背了故意犯罪的定罪原理，处罚后果也明显罪刑失衡。从这一案例反映的问题分析，对意见、解释二所确定的"以实际走私的货物、物品定罪处罚；构成数罪的，实行数罪并罚"的理解，不能仅仅停留在字面，而应当建立在定罪原理基础上，结合文件起草的背景，全面理解把握和准确适用。

我们认为，意见、解释二所确定的"以实际走私的货物、物品定罪处罚"仅适用于有走私的概括故意的犯罪情形：一是意识上，行为人没有走私具体对象的意思；二是意志上，行为人对实际走私对象不反对，有没有都无所谓。如果行为人对走私犯罪对象的认识非常明确，并在此基础上形成了确定的故意，并对其他走私对象明确反对，即如最终在走私货物中发现其他走私物品，也不能适用该规定。如果认真分析解释二第五条中"藏匿"这一用词，就不难发现，起草者有意通过"藏匿"这一表述将本条的行为进行限定。与"夹带"不同，"藏匿"必须是一种有意识的隐藏行为，行为人主观上必须在隐藏之时对所隐藏之物具有或者应当具有一定的认识，即对所隐藏之物主观上明知。如果对走私的普通货物、物品或者废物中查出的其他走私对象不明知，则不能适用解释二第五条的规定；同理，也不能适用意见第六条的规定。

2. 不具有走私的概括故意，对走私对象中夹带的其他货物确实不明知的，根据主客观相统一原则，就夹带的货物部分不应认定行为人走私犯罪。当代刑法的主流认识既反对主观归罪，也反对客观归罪，绝大多数国家的司法实践都明确将主客观相统一原则作为定罪的基本原则。根据主客观相统一原则，认定行为人构成犯罪，除了要求行为人客观上实施了具有严重社会危害的行为，还要求行为人主观上对所实施的危害行为具有一定的罪过。无论是故意的罪过，还是过失的罪过，根据刑法第十四条、第十五条的规定，必须体现的一个共性就是行为人对所实施的危害行为具有一定认识或者应当具有一定认识。如果这个前提不存在，行为人就不存在故意、过失的罪过，根据主客观相统一原则，也就不构成犯罪。

走私犯罪是故意犯罪，走私行为人必须对走私对象具有故意的罪过，行为人主观上必须知道或者应当知道其跨境运输或者携带货物是逃避海关监管的行为。在概括的故意走私犯罪中，行为人虽然不确定具体的走私对象，但对所走私的整体对象有一个概括性的认识，即都属于逃避海关监管的对象范围，如果在其走私的对象中发现其他物品的，也不违背其意志；在非概括的故意犯罪中，行为人主观上必须知道或者应当知道其跨境运输或者携带具体物品是逃避海关监管的行为。如果在其走私的对象中发现其他物品的，则违背其意志。

基于上述分析，在具体案件中，如果行为人具有走私的概括故意，对其以实际走私的物品定罪处罚并无不妥；但是，如果行为人不具有走私的概括故意，对其以实际走私的物品定罪处罚则违背了主客观相统一原则。

本案在案证据证实，应某某、陆某主观上具有走私二手废旧电子产品入境的明确故意，亦即两被告人主观上明确知道其帮助走私的对象是废旧电子产品，两被告人自始至终都不知道也无法知道走私的货物中含有其他普通货物，即在案证据无法证实两被告人对走私对象中含有普通货物主观上具有放任态度，由此证实两被告人不具有走私的概括故意。在确定应某某、陆某缺乏走私普通货物主观故意的前提下，仅凭其走私的废旧电子产品中混有普通货物，认定应某某、陆某构成走私普通货物罪与走私废物罪两个罪名，显然属于客观归罪。

值得说明的是，作为本案所涉物品货主，其主观罪过不同于两被告人，其主观上明知废旧电子产品中夹藏有普通货物，客观上实施了将普通货物藏匿于废旧电子产品中的行为，按照主客观相统一原则，应当以走私废物罪与走私普通货物罪数罪并罚。而应某某、陆某并非货主，在案证据无法证实两被告人与货主具有共谋的故意，故两被告人不应对走私的废物中所夹带的普通货物承担相应的刑事责任。

基于上述分析，虽然应某某、陆某主观上不明知废物中夹带有普通货物，其行为不再另行构成走私普通货物罪，但是两被告人实施走私的行为客观上使20余吨的普通货物顺利入境，这种关联后果虽然不影响罪质，但完全置之不予评价，与没有此种关联后果的情形不予区别，也不合理。据此，我们认为，可以将本案夹带的普通货物作为走私废物罪的量刑情节，酌情从重处罚，以体现罪责刑相适应原则。

综上，上海市第一中级人民法院对被告人应某某、陆某以走私废物罪一罪论处，定罪准确，量刑适当。

问题 4. 在刑事案件中如何审查电子数据的证据资格以及如何认定走私共同犯罪中主、从犯

【刑事审判参考案例】广州顺亨汽车配件贸易有限公司等走私普通货物案①

一、基本案情

广州市中级人民法院经公开审理查明：

2007 年至 2009 年 3 月间，被告单位广州顺亨公司为谋取不法利益，经总经理被告人李某 1 决定，指使该公司职员被告人李某 1 具体操作和联系，将被告单位广州顺泰昌公司、广州宏璟公司以及香港鸿益贸易公司、广州鸿星汽配经营部委托该公司包税进口的汽车配件和其自购的进口汽车配件，以明显低于正常报关进口应缴税款的价格，转委托被告单位深圳创竞达公司、深圳天芝柏公司、广州瀚盛公司及广东新联公司等公司包税进口，从中赚取包税差价。经海关关税部门核定，广州顺亨公司（李某 1、李某 1）走私进口汽车配件 277 个货柜，偷逃应缴税额人民币（以下币种同）108094245.41 元。

被告单位广州顺泰昌公司、广州宏璟公司及香港鸿益贸易公司、广州鸿星汽配经营部为降低进口汽车配件成本，少缴进口关税，在明知被告单位广州顺亨公司伙同其他单位采用低报价格、伪报品名和藏匿等手段走私进口汽车配件的情况下，经各自的负责人被告人庄某某、许某 1、张某某、许某 2 决定，将其单位或者个人自购或其他客户委托其进口的汽车配件，以明显低于正常报关进口应缴税款的价格委托被告单位广州顺亨公司包税进口。香港鸿益贸易公司为减少中间环节，经张某某决定和经手，还将部分进口汽车配件以明显低于正常报关进口应缴税款的价格直接委托被告单位深圳创竞达公司、深圳天芝柏公司等单位包税进口。香港鸿益贸易公司还利用其在香港的鸿益货场，为广州顺亨公司、广州顺泰昌公司等单位或者个人从美国、新加坡等国家和地区购买和运输至香港或者在香港直接购买的进口汽车配件进行集装箱拼装、压缩、再包装、藏匿等，为将上述货物从香港走私入境提供便利。经海关关税部门核定，张某某（香港鸿益贸易公司）参与走私进口汽车配件 167 个货柜，偷逃应缴税额 62198632.32 元；广州顺泰昌公司（庄某某）走私进口汽车配件 61 个货柜，偷逃应缴税额 17231714.75 元；广州宏璟公司（许某 1）走私进口汽车配件 19 个货柜，偷逃应缴税额 5681951.26 元；许某 2（广州市鸿星汽配经营部）走私进口汽车配件 10 个货柜，偷逃应缴税额 1899900.35 元。

被告单位深圳创竞达公司、深圳天芝柏公司及广东新联公司（另案处理）为获得非法利益，由其各自的负责人被告人陈某 1、陈某 4（另案处理）、黄某 1 决定，深圳天芝柏公司利用深圳市佳立维电子有限公司、深圳市合德贸易有限公司、深圳市鼎江投资有限公司（原名深圳市渝江投资有限公司）等公司的名义，深圳创竞达公司利用深圳市明智创业贸易有限公司、深圳市永德金工贸有限公司、广州海函机电设备有限公司等公司的名义，由职员被告人李某 2、陈某 2、陈某 3 等人具体操作，修改进口货物的真实价格、数量和品名等，制作虚假的报关资料，委托报关公司采用低报价格、伪报品名和藏匿等手

---

① 崔小军、许媛媛撰稿：《广州顺亨汽车配件贸易有限公司等走私普通货物案——在刑事案件中如何审查电子数据的证据资格以及如何认定走私共同犯罪中主、从犯（第 873 号）》，载中华人民共和国最高人民法院刑事审判第一、二、三、四、五庭主办：《刑事审判参考》2013 年第 4 集（总第 93 集），法律出版社 2014 年版，第 1~6、9~11 页。

段，将被告单位广州顺亨公司、香港鸿益贸易公司等单位委托其包税进口的汽车配件走私进境。经海关关税部门核定，深圳创竞达公司（陈某1）走私进口汽车配件170个货柜，偷逃应缴税额67742309.98元，其中李某2参与走私进口汽车配件103个货柜，偷逃应缴税额42314922.95元，陈某2参与走私进口汽车配件15个货柜，偷逃应缴税额6108170.53元；深圳天芝柏公司走私进口汽车配件116个货柜，偷逃应缴税额46842717.47元，其中陈某3参与走私进口汽车配件100个货柜，偷逃应缴税额40763473.06元；广东新联公司（黄某1）走私进口汽车配件31个货柜，偷逃应缴税额11515840.05元。

被告单位广州瀚盛公司、广州鸿桂源公司为谋取不法利益，分别由被告人苏某、施某某决定和操作，以明显低于正常报关进口应缴税款的价格，将被告单位广州顺亨公司及杭州新德通公司、杭州红马公司、杭州鑫亚新公司、广州钜安公司、广州运德公司、广州市越秀区立德汽配商行、杨宇公司、黎仕能等客户委托其包税进口的汽车配件，转委托珠海新盈基公司包税进口，从中赚取包税差价。经海关关税部门核定，广州瀚盛公司（苏某）走私进口汽车配件95个货柜，偷逃应缴税额21019877.85元；广州鸿桂源公司（施某某）走私进口汽车配件65个货柜，偷逃应缴税额19008236.17元。

珠海新盈基公司为获得非法利益，由其负责人黄某3（另案处理）决定，指使公司财务人员被告人劳某某、业务员被告人唐某某、周某某、王某修改进口货物的真实价格、数量和品名等，制作虚假的报关资料，收取包税费用等，委托报关公司采用低报价格、伪报品名和夹藏等手段，将被告单位广州瀚盛公司、广州鸿桂源公司、被告人黄某2委托其包税进口的汽车配件走私进境。经海关关税部门核定，珠海新盈基公司（劳某某、唐某某、周某某、王某）走私进口汽车配件179个货柜，偷逃应缴税额45831362.37元；黄某2走私进口汽车配件18个货柜，偷逃应缴税额人民币3296828.91元。

二、裁判理由

广东省广州市中级人民法院认为，被告单位广州顺亨公司、深圳创竞达公司、深圳天芝柏公司、广州瀚盛公司、广州鸿桂源公司、广州顺泰昌公司、广州宏璟公司，被告人张某某、黄某2、许某2违反国家法律，逃避海关监管，走私普通货物进境，偷逃应缴税额特别巨大，其行为均构成走私普通货物罪。被告人李某1、陈某1、黄某1、苏某、施某某、庄某某、许某1是犯罪单位的直接负责的主管人员，被告人劳某某、李某1、陈某2、李某2、陈某3、唐某某、周某某、王某是犯罪单位的其他直接责任人员，其行为均构成走私普通货物罪，且犯罪情节特别严重。被告单位广州顺亨公司、深圳创竞达公司、深圳天芝柏公司，被告人李某1、张某某、陈某1、黄某1在共同犯罪中起主要作用，是主犯，依法应当按照其所参与的全部犯罪处罚。被告单位广州瀚盛公司、广州鸿桂源公司、广州顺泰昌公司、广州宏璟公司，被告人苏某、施某某、庄某某、许某1、黄某2、许某2、李某1、劳某某、陈某2、李某2、陈某3、唐某某、周某某、王某在共同犯罪中所处地位和作用次要，是从犯，依法减轻处罚。依照《中华人民共和国刑法》第一百五十三条第一款第三项、第二款、第三款，第三十条，第三十一条，第二十五条，第二十六条第四款，第二十七条，第六十五条第一款，第六十八条，第五十二条，第五十三条，第六十四条之规定，判决如下：

1. 被告单位广州顺亨汽车配件贸易有限公司犯走私普通货物罪，判处罚金人民币一亿一千万元。

（其他被告单位判罚情况略）

2. 被告人李某1犯走私普通货物罪，判处有期徒刑十四年。

3. 被告人张某某犯走私普通货物罪，判处有期徒刑十二年，并处罚金人民币六千三百万元。

（其他被告人判罚情况略）

4. 查封和扣押的本案各被告单位和被告人的违法所得、作案工具，均依法予以没收，上缴国库；继续追缴本案各被告单位和被告人的违法所得，依法予以没收，上缴国库。

一审宣判后，被告单位广州鸿桂源公司，被告人李某1、张某某、黄某1、苏某、施某某、陈某1、庄某某、黄某2、劳某某不服，均提起上诉。

广东省高级人民法院经审理认为，一审判决认定的事实清楚，证据确实、充分，定罪准确，量刑适当，审判程序合法，遂裁定驳回上诉，维持原判。

关于走私共同犯罪中主、从犯的认定

本案走私犯罪的环节较多，涉及7个被告单位、18名被告人，各被告单位和被告人在共同犯罪中的地位、作用各异，因此，如何准确界定共同走私犯罪中主、从犯，也是本案争议较为集中的问题。

我们认为，可以从两个层面对本案的主、从犯认定问题予以辨析：一是被告单位之间主、从犯的认定；二是单位内部责任人员主、从犯的认定。

1. 被告单位之间主、从犯的认定

主、从犯可以根据各个环节被告单位对走私犯罪所起的作用大小，结合各单位的分工特点，进行认定。具体把握以下几项原则：

第一，对主动四处揽货、组织包税进口货物并压缩拼柜、藏匿货物、制作虚假报关单据、联系报关行采用伪报低报的手段走私货物的，一律认定为主犯，依法按照其参与的全部犯罪处罚。此类单位无论从提起犯意、组织策划还是非法获利等方面分析，都处于决定性的地位，既是组织犯又是实行犯，应当认定为主犯。

第二，对那些为贪便宜、节省生意成本，在支付包税费后就放任其他单位采取任何形式通关、只关心本单位货物的参与走私的货主单位，按照其在共同犯罪中所起的作用和所处的地位，可以认定为从犯，结合其认罪态度和退赃情节，依法可以减轻处罚。此类被告单位一般都是为了节省开支而被专业揽货走私集团开出的较为低廉的"包税"费用所吸引，对走私行为的实施、完成的责任均从属于第一类揽货走私者。

第三，对单纯揽货者，或者既是揽货者又是部分货主的，只要没有参与制作虚假报关单据、拆柜拼柜藏匿、伪报低报通关的，按照其在共同犯罪中的作用和地位，也可认定为从犯，并结合其认罪态度和退赃情节，依法减轻处罚。此类被告单位对走私行为没有话语权，地位、作用相对次要，可以认定为从犯。

本案中，被告单位广州顺亨公司、深圳创竞达公司、深圳天芝柏公司在共同犯罪中起主要作用，是主犯，依法应当按照其所参与的全部犯罪处罚。被告单位广州瀚盛公司、广州鸿桂源公司、广州顺泰昌公司、广州宏璟公司，在共同犯罪中起次要作用，是从犯，依法减轻处罚。

2. 单位主要负责人及单位内部一般员工主、从犯的认定

第一，单位主要负责人主、从犯的认定。对于此类人员，原则比照所在单位在共同犯罪中的地位和作用追究相关责任。同时，虽然所在单位被认定为从犯，但个人在共同犯罪中地位较高或者所起实际作用较大的，也可以按照主犯追究刑事责任；同理，虽然

所在单位被认定为主犯,但个人在共同犯罪中地位较低或者所起作用确实较小的,也可以按照从犯追究刑事责任。本案中,作为主犯单位被告单位广州顺亨公司、深圳创竞达公司的主要负责人李某1、陈某1依法应当追究主犯责任;张某某、黄某1虽然所在单位不是主犯,但其在共同犯罪中起主要作用,依法可以认定为主犯;苏某、施某某、许某1、许某2系从犯单位负责人,且在共同犯罪中所起作用不大,故依法可以认定为从犯。

第二,单位内部一般员工主、从犯的认定。对协助犯罪单位进行走私犯罪活动的单位普通员工,对走私普通货物没有决策权,只领取固定工资,不参与非法利益分配的,按照宽严相济的刑事政策,均可以认定为从犯,且从宽量刑的幅度一般大于单位负责人被认定为从犯的情形。此类行为人作为单位员工虽然客观上参与了单位犯罪,但其只是按照在单位中的身份履行职责,对单位犯罪的决策、实施没有明显推动、促进作用,与单位犯罪的决策者、实施者的责任悬殊,应当加以区别对待。本案中,庄某某、黄某2、李某1、劳某某、陈某2、李某2、陈某3、唐某某、周某某、王某系走私单位的普通员工,在共同犯罪中所处地位和作用次要,应当认定为从犯,故法院依法予以减轻处罚。

问题5. 冒用远洋渔业项目确认的船舶名义,将自捕水产品作为不征税货物报关入境的行为如何定性

【刑事审判参考案例】 舟山市某远洋渔业有限公司、李某某走私普通货物案①

一、基本案情

舟山市中级人民法院经审理查明:2008年5月,被告单位从中国水产烟台海洋渔业公司购买报废鱿钓船"烟渔608",当时该船获得农业部远洋渔业项目确认的免税指标,有效期至2009年3月31日。2009年4月至2010年2月,时任舟山某公司法定代表人兼总经理的被告人李某某在"烟渔608"船未能继续取得农业部远洋渔业项目确认的情况下,仍决定让"烟渔608"船在秘鲁外的公海进行远洋鱿钓作业,并冒用舟山某公司所属的已获得农业部远洋渔业项目确认的"舟东远822"船、"新世纪五十三号"船的名义,将"烟渔608"船在秘鲁外的公海先后10次钓得的鱿鱼共计509.617吨向舟山海关申报并免税进口。经鉴定,509.617吨鱿鱼计税价格为3231659.87元,海关核定偷逃税款合计858328.8元。

舟山市中级人民法院认为,经依法批准的国内远洋渔业企业运回在公海捕捞的水产品,属于海关监管的进口货物。被告单位舟山某公司违反海关法规,冒用远洋自捕水产品免税资格,逃避海关监管,走私进口货物,偷逃税款计人民币85万余元,被告人李某某作为单位直接负责的主管人员,被告单位及被告人的行为均构成走私普通货物罪。公诉机关指控的罪名成立。根据本案走私犯罪的具体事实、社会危害程度以及李某某到案后能如实供述等情节,可予从轻处罚。依照《中华人民共和国刑法》第一百五十三条、第三十条、第三十一条、第七十二条、第七十三条及《最高人民法院、最高人民检察院

---

① 董凯友、高光辉撰稿,马岩审编:《舟山市某远洋渔业有限公司、李某某走私普通货物案——冒用远洋渔业项目确认的船舶名义,将自捕水产品作为不征税货物报关入境的行为如何定性(第1119号)》,载中华人民共和国最高人民法院刑事审判第一、二、三、四、五庭主办:《刑事审判参考》总第105集,法律出版社2016年版,第25~31页。

关于办理走私刑事案件适用法律若干问题的解释》第二十四条第二款之规定,判决如下:

1. 被告单位舟山某公司犯走私普通货物罪,判处罚金人民币九十万元。
2. 被告人李某某犯走私普通货物罪,判处有期徒刑一年,缓刑一年。

一审宣判后,被告单位和被告人均未提出上诉,检察院亦未提出抗诉,该判决已经发生法律效力。

二、主要问题

远洋渔业企业在农业部审批的远洋渔业项目期满后,继续捕捞并将自捕水产品运回,冒用已获得农业部远洋渔业项目确认的船舶名义申报免税入境,是否构成走私普通货物罪?

三、裁判理由

本案在审理过程中,对被告单位和被告人的行为如何定性形成两种意见:一种意见认为,被告单位明知"烟渔608"船的远洋渔业项目确认已过期,仍违反海关法规,冒用其他船舶的远洋自捕水产品免税资格,逃避海关监管,走私进口货物,被告单位和被告人均构成走私普通货物罪。另一种意见则认为,本案系无证捕捞的自捕水产品违规进境,对于该行为属行政违法还是走私犯罪,以及对偷逃税额的计算都有一定的争议。根据其行为的违法性和实际危害,作为行政违法行为予以处罚足以起到惩戒作用,且本案在业界尚无先例,备受行业内外关注,作为犯罪处理可能影响企业正常运行和行业稳定,也不利于我国远洋渔业的发展。

我们赞同前一种意见,本案被告单位构成走私普通货物罪,被告人作为被告单位直接负责的主管人员,其行为亦构成走私普通货物罪。具体理由如下:

(一)无证捕捞的行政违法属性不对后续走私普通货物犯罪行为的定性产生影响

对这一问题可以从两个层面来分析:一是关于不具有农业部远洋渔业项目审批确认的船舶在公海捕捞作业行为的性质。2003年农业部制定的《远洋渔业管理规定》第四条规定:"农业部对远洋渔业实行项目审批管理和企业资格认定制度,并依法对远洋渔业船舶和船员进行监督管理。"第十六条第一款规定:"农业部对远洋渔业企业资格实行年审换证制度,对远洋渔业项目实行年审确认制度。"此外,该文件还对远洋渔业项目执行过程中的作业国家(地区)或海域、作业类型、入渔方式或渔船数量(包括更换渔船)作了规定,如需要变更的,应当按照规定的程序事先报农业部批准。对未经农业部批准擅自从事远洋渔业生产,或未取得《公海渔业捕捞许可证》从事公海捕捞生产的,则由省级以上人民政府渔业行政主管部门或其所属的渔政渔港监督管理机构根据《中华人民共和国渔业法》和有关法律、法规予以处罚。其中,《中华人民共和国渔业法》第四十二条规定:"违反捕捞许可证关于作业类型、场所、时限和渔具数量的规定进行捕捞的,没收渔获物和违法所得,可以并处五万元以下的罚款;情节严重的,并可以没收渔具,吊销捕捞许可证。"

根据《农业部关于确认2008年度第三批远洋渔业项目的通知》,中国水产烟台海洋渔业公司的"烟渔601~608"船在该次确认的项目之内,截止日期为2009年3月31日。2009年4月至2010年2月,时任被告单位法定代表人兼总经理的被告人李某某在"烟渔608"船未能继续取得农业部远洋渔业确认的情况下,仍决定让"烟渔608"船在秘鲁外的公海进行远洋鱿钓作业,违反了《中华人民共和国渔业法》和《远洋渔业管理规定》的规定,行政部门可依法对其作出相应处罚。可见,不具有农业部远洋渔业项目审批确认的船舶在公海作业系非法的捕捞行为，属于行政法规规制的范畴，尚不被刑事法律所调整。

二是冒名报关入境的非法自捕水产品亦应被课税。远洋渔业企业将违法捕捞的水产品报关入境是否具有缴纳关税的义务？根据《中华人民共和国渔业法》的规定，被告单位舟山某公司的船舶在公海内非法捕捞，应由行政部门对其处以没收渔获物和违法所得，可以并处罚款的行政处罚，即被告单位运回的自捕水产品应被没收，在此情形下，该自捕水产品入关不存在纳税的问题。2000年海关总署、农业部联合制定的《远洋渔业企业运回自捕水产品不征税的暂行管理办法》（以下简称暂行管理办法）第四条规定："农业部将获得'农业部远洋渔业企业资格证书'的企业名单、远洋渔业企业生产区域、船名船号和主要捕捞品种等情况送海关总署备案，并由海关总署通知有关直属海关。"本案中，舟山某公司明知"烟渔608"船已不再具有农业部远洋渔业项目确认的免税指标，冒用其所有的已获得农业部远洋渔业项目确认的"舟东远822"船、"新世纪五十三号"船的免税指标，将"烟渔608"船的自捕水产品向海关申报并免税进口。虽然该自捕水产品应被行政部门罚没，但就海关征管环节而言，被告单位用伪报的行为使这批"非法自捕水产品"取得了形式上的入境资格，且享受了不征税的优惠政策。由于该自捕水产品实际来源于已不再具有农业部远洋渔业项目确认资格的"烟渔608"船后，则不再享有免税优惠，根据原产地规则，应对其按照普通货物征收进口关税和进口环节增值税。

至于该自捕水产品实质上的应然归属，则不对海关的征税行为产生认定及合法性上的障碍。从司法实践来看，基于两个相互牵连的违法行为，有的按前行为处理，有的按后行为处理，有的对前后两个行为都作出处理，如何处理应通过立法或司法解释加以指引。但对本案如何适用法律却没有明确的指引规定，这是造成本案在法律适用上困惑的直接原因。例如，远洋渔业企业利用其自捕水产品免税资格将从公海上收购的水产品报关免税入境的，以及将自捕水产品免税资格出卖给他人获取利益的行为，应明确作为走私犯罪行为打击，但本案的情形却并非如此。需要指出的是，被告单位的行政违法行为在未被行政机关发现并加以处罚的情况下，又冒名将非法捕捞的水产品用形式合法的手段报关入境，达到偷逃税款目的的行为，使后者独立构成走私普通货物罪，该非法自捕水产品仅是被告单位实施犯罪的物质载体，后者的构罪不受前者行政违法行为的影响。行政机关可对被告单位在公海上的违法捕捞行为另行处理。

（二）被告单位违反海关法规，冒用远洋自捕水产品免税资格，逃避海关监管，侵害了海关监管秩序

《暂行管理办法》明确规定："我国远洋渔业企业在公海或按照有关协议规定，在国外海域捕获并运回国内销售的自捕水产品（及其加工制品），视同国内产品不征收进口关税和进口环节增值税"；"远洋渔业企业必须经农业部批准，获得'农业部远洋渔业企业资格证书'方能享受国家上述政策"。同时，《远洋渔业管理规定》中也规定了农业部对远洋渔业实行项目审批管理和企业资格认定制度。可见，远洋渔业企业享受运回自捕水产品不征税政策的必要条件之一是捕捞水产品的渔船须经农业部远洋项目批准。对此，要求企业必须向企业所在地直属海关备案，且在办理自捕水产品不征税手续时，必须向海关提供农业部批准从事远洋捕捞生产的有效批件。不是批件审批确认的船舶，不能享受不征税政策。2006年海关总署关税征管司作出的《关于远洋渔业自捕水产品运回有关问题的批复》重申了上述条件，并要求海关重点审查审核申报材料记载的有关内容与农

业部批准的有关远洋渔船船号、生产海域和生产品种等内容是否一致。2013年农业部渔业局作出的《对远洋渔业企业自捕水产品政策解释的复函》亦是对《暂行管理办法》的重申，而非扩大解释。该文件明确规定，远洋渔业企业享受远洋渔业自捕水产品不征收关税和进口环节增值税政策须符合一定的条件和程序：一是享受政策的企业应具有农业部远洋渔业企业资格，运回的水产品必须是经农业部批准项目的远洋渔船自捕的水产品；二是符合上述条件的企业运回自捕水产品前，须按《暂行管理办法》第五条规定的程序申报并取得海关签发的《进口货物免税证明》，并经海关对项目企业申报的不征税产品进行原产地查验、确认无误后方可办理不征税验放手续。不符合上述条件和程序的入境水产品不得享受远洋渔业自捕水产品不征收关税和进口环节增值税政策。对于违反上述条件和程序或利用国家政策非法运回水产品的企业和个人，2007年农业部、外交部、公安部、海关总署联合制定的《关于加强对赴境外作业渔船监督管理的通知》要求根据有关法律法规，严格追究其责任。

本案中，被告单位舟山某公司使用的"烟渔608"船经农业部2008年度第三批远洋渔业项目确认，有效期至2009年3月31日，案发时段已经过期，故其自捕水产品属于普通货物，入境不再享受不征税政策，应适用原产地规则照章征收进口关税和进口环节增值税。该公司办理报关手续时，没有按照相关规定如实填报生产渔船是"烟渔608"船，而是故意填报该公司已获得农业部2009年度第二批远洋渔业项目确认的"舟东远822"船、"新世纪五十三号"船，属于逃避海关监管的伪报行为，具有走私普通货物的主观目的。《中华人民共和国海关法》规定："进口货物自进境起到办结海关手续止，出口货物自向海关申报起到出境止，过境、转运和通运货物自进境起到出境止，应当接受海关监管"；"进口货物的收货人、出口货物的发货人应当向海关如实申报，交验进出口许可证件和有关单证"。所以，舟山某公司的伪报行为客观上侵害了海关监管秩序。

（二）被告单位偷逃应缴税额已达走私普通货物罪的定罪标准

目前，国家对远洋渔业企业自捕水产品实行免税政策，已取消了定额管理的制度，对自捕水产品如何缴纳关税没有明确规定。关于被告单位伪报偷逃的应缴税款数额的核定问题，根据《中华人民共和国海关计核涉嫌走私的货物、物品偷逃税款暂行办法》第十七条第四项的规定，以国内有资质的价格鉴证机构评估的涉嫌走私货物的国内市场批发价格减去进口关税和其他进口环节税以及进口后的利润和费用后的价格，其中进口后的各项费用和利润综合计算为计税价格的20%，来确定涉嫌走私的货物的计税价格。舟山海关缉私分局委托舟山市价格认定中心对秘鲁及附近海域冻鱿鱼的国内市场批发价格进行鉴定，舟山市价格认定中心依委托方提供的相关资料，进行市场调查核实，根据国家有关鉴定的规章和标准，按照涉案物品价格鉴定的程序和原则，确定本案涉案物品的价格，舟山海关据此核定被告单位偷逃进口关税及进口环节增值税共计858328.8元。在没有相同或相似参考值的情况下，运用此方法核定关税损失，就本案来说也是可行和适当的，且程序合法，对鉴定结果应予采信。

根据2014年最高人民法院、最高人民检察院联合制定的《关于办理走私刑事案件适用法律若干问题的解释》第二十四条第二款"单位犯走私普通货物、物品罪，偷逃应缴税额在二十万元以上不满一百万元的，应当依照刑法第一百五十三条第二款的规定，对单位判处罚金，并对其直接负责的主管人员和其他直接责任人员，处三年以下有期徒刑或者拘役"的规定，本案达到了单位犯走私普通货物罪的入罪标准，被告人李某某作为单位直接负责的主管人员,其行为亦构成走私普通货物罪。

最后,需要指出的是,海洋渔业资源是人类社会的宝贵财富,沿海地区捕捞业是传统产业,国家对发展远洋渔业捕捞,给予造船补贴、燃油补贴等优惠政策,既涉及渔民的基本生计,对促进经济社会发展、增加渔民就业和收入具有重要意义,又涉及远洋渔业产业的长远发展,有利于改善渔业产业结构、拓展渔业发展空间、提高产业综合实力和国际竞争力。因此,规范远洋渔业捕捞行为十分必要。国家为鼓励远洋渔业发展,出台远洋渔业企业运回自捕水产品不征税政策,与加强监管不存在矛盾。相关职能部门通过审批渔业企业、船舶、作业海域、捕捞水产品种类,控制不征税范围,保护和合理利用海洋渔业资源,促进远洋渔业的持续、健康发展,并对不符合规定条件的入境自捕水产品照章征税,进行总量控制,以实现满足国内需求与促进远洋渔业科学发展的平衡。本案被告单位和被告人的行为侵犯了海关监管秩序,亦对远洋渔业的长远发展不利,应依法惩处。浙江省舟山市中级人民法院的判决兼顾了司法公正和裁判的社会效果,在对违法犯罪者依法定罪的同时,也在量刑上考虑到了对远洋渔业企业发展的支持。

问题6. 携带贵金属纪念币入境的行为如何定性

【刑事审判参考案例】 携带贵金属纪念币入境的行为如何定性①

一、基本案情

深圳市中级人民法院经审理查明:3012年2月18日,被告人吕某某从香港经罗湖口岸入境,被海关抽查。海关工作人员经检查,在吕某某随身携带的行李内发现有10枚未向海关申报入境的纪念银币。经中国检验认证集团深圳有限公司鉴定,该10枚银币均为2012版中国壬辰(龙)纪念币,每枚重1千克,面额300元。经深圳市价格认证中心鉴定,涉案银币单价人民币38000元。经深圳海关审单处计核,10枚银币共计偷逃税款人民币64600元。

案件审理过程中,深圳市人民检察院以法律规定发生变化为由,决定撤回对被告人吕某某的起诉。深圳市中级人民法院认为,深圳市人民检察院要求撤回对被告人吕某某起诉的理由符合法律规定,裁定准许广东省深圳市人民检察院撤回对吕某某的起诉。

二、主要问题

1. 携带贵金属纪念币入境的行为应如何定性?
2. 走私关税为零的普通货物、物品的行为是否构成走私罪?
3. 如何计算被告人的偷逃税款额?

三、裁判理由

(一)携带贵金属纪念币入境的行为应如何定性

司法实践中,对于走私纪念币的行为应如何定性争议较大。争议的焦点在于如何认定纪念币的属性,根据每种属性认定,会出现罪与非罪的不同定性结果。

第一种观点认为,纪念币属于法定货币,但不属于限制进出口货物、物品。《中华人

---

① 吴南、廖丽红、郑思思、徐燕撰稿,逄锦温审编:《吕某某走私普通物品案——携带贵金属纪念币入境的行为如何定性(第1199号)》,载中华人民共和国最高人民法院刑事审判第一、二、三、四、五庭主办:《刑事审判参考》总第110集,法律出版社2018年版,第39~44页。

民共和国人民币管理条例》明确规定，中华人民共和国的法定货币是人民币；纪念币是具有特定主题的限量发行的人民币，包括普通纪念币和贵金属纪念币。根据海关总署令第 43 号发布的《中华人民共和国禁止、限制进出境物品表》，国家货币属于限制进出境的物品，但相关法规规定的"人民币限额"系指流通人民币限额，贵金属纪念币不属于限制进出口的货物、物品，故携带法定货币中的贵金属纪念币入境的行为不构成犯罪。

第二种观点认为，纪念币属于贵重金属。贵重金属是指金银以及与金银同等重要的其他金属。《中华人民共和国金银管理条例》规定，金银包括金银铸币。经鉴定，涉案纪念币含银 99.9%，物理性质是贵重金属。但被告人系携带银币入境，而非出境，其行为不构成走私贵重金属罪。

第三种观点认为，纪念币属于商品，可以成为走私普通货物、物品罪的对象。

我们同意第三种观点。在我国，贵金属纪念币是指具有特定主题的限量发行的国家法定货币，它由金、银、铂、钯等贵金属或其合成金制作而成。《中华人民共和国人民币管理条例》第十八条规定："中国人民银行可以根据需要发行纪念币。纪念币是具有特定主题的限量发行的人民币，包括普通纪念币和贵金属纪念币。"因此，贵金属纪念币作为国家货币具有法定性。但是，贵金属纪念币又不同于流通人民币，可以买卖，1997 年 9 月 5 日《中国人民银行、国家工商行政管理局关于贯彻落实〈国务院办公厅关于禁止非法买卖人民币的通知〉的通知》第三条规定，"贵金属纪念币自发行之日起即可上市经营"。因此，贵金属纪念币具有双重属性：既有货币属性，也有商品属性，具有价值和使用价值；其价值是设计、雕刻、铸造、发行等无差别的人类劳动，使用价值是满足人们收藏、纪念、投资等需求。作为人民币的一个特殊种类，贵金属纪念币还演变成了一种艺术品、收藏品和投资品，其面额只是象征法定货币的符号，不反映其真实价值，其实际价值远高于币面价值。故可以将贵金属纪念币区别于普通的人民币，作为走私普通货物、物品罪的对象。

走私普通货物、物品罪是选择性罪名。根据《中华人民共和国海关法》的规定，进出口"货物"与进出境"物品"的区别包括两个方面：一是实质要件，即货物在进出境环节或进出境目的上属于贸易性质，物品在进出境环节或进出境目的上属于非贸性质；二是形式要件，即货物应当签有合同或协议，物品则不存在合同或协议。根据上述区别，本案所涉贵金属纪念币应属于物品。行为人如果逃避海关监管，携带纪念币入境，偷逃应缴税额较大的，其行为构成走私普通物品罪。

（二）走私关税为零的普通货物、物品的行为能否构成走私罪

将涉案纪念币作为普通物品对待，有两种属性：一是作为收藏品；二是作为贵金属制品，根据海关《进出口税则商品及品目注释》的规定，分别可归入"硬币""贵金属或包贵金属的其他制品""收藏品"这三种品目的税则来计算偷逃税款。但不论归入上述三种税则中的哪一种，根据相关的海关规定，进口贵金属纪念币需缴纳的关税均为零。

根据我国一般的刑法理论，走私罪侵犯的客体是对外贸易管制，即通过对进出口货物的监督、管理与控制，防止偷逃关税及阻止或限制不该进出口的物资进出口，故走私罪是与关税的征收及许可证制度紧密联系在一起的，在关税为零的情况下，能否将在进出口时偷逃其他税款的行为认定为走私罪呢？对此我们持肯定态度。理由如下：

1. 依照《最高人民法院、最高人民检察院关于办理走私刑事案件适用法律若干问题的解释》（以下简称解释）第十八条的规定，"应缴税额"包括进出口货物、物品应当缴

纳的进出口关税和进口环节海关代征税的税额。故海关征收关税以外的代征税款也属于海关的监管职责，走私对象包括有关税的货物、物品和无关税但在进口环节由海关代征税款的货物、物品。随着我国对外贸易的发展，现在有很多货物、物品的关税均已取消，如果对于走私关税为零的货物一概不作为犯罪处理，将会对海关的监管工作和我国正常的经济秩序带来严重的不利影响。

2. 世界上许多国家均把在出入境环节偷逃普通税款的行为认定为走私行为，在我国的司法实践中，也已有很多将此类行为认定为走私罪的案例。

3. 从世界对外贸易发展的趋势来看，国与国之间货物、物品进出口的关税会越来越低，很多货物的关税都有可能取消，一个国家往往会通过关税以外的方式（如在这个环节征收较高的流转税）来控制物品的进出口，在这种贸易发展的大背景下，将在进口环节偷逃税款（即使偷逃的税款中关税为零）的行为认定为走私，符合走私认定观念转变、发展的大方向。

（三）如何计算被告人的偷逃税款额

偷逃税款额的计算涉及两个变量：一是货物、物品的价格；二是货物、物品的税率，而税率又与货物、物品归入哪个税则有关，所以我们首先需要解决的是本案纪念币的税则问题。经分析后我们认为，本案纪念币应归入"硬币"税则，理由如下：

虽然本案纪念币具有收藏价值，但海关《进出口税则商品及品目注释》品目97.05明确了收藏品的定义，即"具有动物学、植物学、矿物学、解剖学、历史学、考古学、古生物学、人种学或钱币学意义的收集品及珍藏品"。涉案银币作为近年发行的一种纪念币，如要归入上述收藏品品目，也只可能是"具有钱币学意义的收集品及珍藏品"这一类。而"具有钱币学意义的收集品及珍藏品"指的是"报验时为成套或零散的硬币、不再作为法定货币使用的钞票（品目49.07所列货品除外）及纪念币"；"对于零散的硬币或纪念币，每批货物通常只有少量几个某种硬币或纪念币的样品。这些样品只有明显作为收集成套使用才能归入本品目"。本案中，被告人吕某某携带的纪念币为2012年中国壬辰（龙）年金银纪念币套币（共15款）中的同一款纪念币10枚，显然不是作为收集成套使用，不符合海关《进出口税则商品及品目注释》中收藏品的定义。

从海关《进出口税则商品及品目注释》规定的"硬币（包括贵金属硬币）"和"贵金属或包贵金属的其他制品"两个税则的条款内容来看，纪念币似可纳入其中任何一个税则，但考虑到"硬币"税则中明确提到了贵金属硬币，按照特别优于一般的理论，将纪念币归入"硬币"税则应是更为妥当的做法。故本案侦查机关对涉案纪念币引用"硬币"的税则号列并无不妥。涉案纪念币的关税为零，但海关代征的增值税税率为17%。

关于涉案纪念币价格的确定问题。本案纪念币价格的确定存在以下几种情况：一是将其作为银制品作价，涉案纪念币每枚重1000克，10枚共重10000克，按案发时每克7.1元左右的银价计算，涉案纪念币的总价值在71000元左右；二是按照纪念币的面额作价，每枚300元，10枚3000元；三是按照纪念币的市场价格计算。我们认为，第三种确定方式较为客观、合理。这主要是考虑本案中的纪念币体现更多的是一种商品属性，那么就应该以纪念币的市场价格来作为计核偷逃税款的基础。市场价格更能反映纪念币的真实价值，行为人走私贵金属纪念币的目的在于追求纪念币的市场价值，而不在于追求其金属的价值或标注的面额价值，所以这样的认定罚当其罪，更能体现罪刑相适应原则。此外，《中华人民共和国海关计核涉嫌走私的货物、物品偷逃税款暂行办法》第十九条规定，涉嫌走私进口的黄金、白银和其他贵重金属及其制品、珠宝制品以及其他有价值的收藏品，应当按国家定价或者国家有关鉴定部门确定的价值核定其计税价格。本案中，涉案银币由深圳市价格认证中心作出认定，每枚单价人民币38000元。深圳海关以价格认证中心出具的价值认定意见为基础确定涉案纪念币的计税价格为380000元，按照增值税17%的税率计算出被告人偷逃税款为64600元并无不妥。

上述偷逃税款数额虽然已经达到了原司法解释中关于走私普通货物、物品罪的追诉标准，但在案件审理过程中，解释于2014年9月10日起施行，该新解释将走私偷逃应缴税额的入罪数额标准由原来的5万元提高到10万元。在司法解释相关规定发生变化的情况下，根据《最高人民法院、最高人民检察院关于适用刑事司法解释时间效力问题的规定》第三条"对于新的司法解释实施前发生的行为，行为时已有相关司法解释，依照行为时的司法解释办理，但适用新的司法解释对犯罪嫌疑人、被告人有利的，适用新的司法解释"的规定，故对本案吕某某的走私行为应适用新的司法解释，其偷逃税额未达追诉标准，不构成犯罪。公诉机关以法律规定发生变化为由，决定撤回对被告人吕某某的起诉，符合法律规定，一审法院作出准许撤回起诉的刑事裁定是正确的。

问题7. 关于走私国家禁止进出口的货物、物品罪的罪数问题

【实务专论】①

司法实践中，对于行为人在走私国家禁止进出口的货物、物品的过程中，同时又走私普通货物、物品等其他走私犯罪对象的情形，应当如何定罪处罚，是按照想象竞合犯从一重罪处断，还是数罪并罚，是一个争议比较大的问题。一种观点认为，如果走私犯罪分子一次性既走私国家禁止进出口的货物、物品，又走私普通货物、物品，则属于一行为触犯数罪名，成立想象数罪，应当按照其中一个重罪定罪处罚，不实行数罪并罚。②第二种观点认为，走私犯罪分子一次性既走私国家禁止进出口的货物、物品，又走私普通货物、物品等其他走私犯罪对象的情形，是认定为想象竞合犯从一重处断，还是数罪并罚，关键在于将该走私行为认定为一个行为还是数个行为。持从一重处断观点的人，明显是将该走私行为认定为一个行为。而就走私犯罪而言，认定行为人实施的走私犯罪行为的个数，应当以刑法分则条文所规定的走私犯罪的构成要件作为标准。鉴于刑法分则根据走私对象的不同，规定了多个具体的走私犯罪罪名，每一个具体的走私犯罪罪名又对应着一个独立的犯罪构成，那么，对于"同时走私"或者"一次性走私"的评价标准，就由原来概括的走私罪的一个犯罪构成拟制出的一个法律行为为标准，转变为以现有的多个具体走私犯罪的犯罪构成拟制出的多个法律行为为标准，且不同走私犯罪的具体犯罪构成之间不发生任何的包容关系或者交叉关系。因此，上述走私情形属于多个走私行为的集合，不是传统的想象竞合犯，不适用从一重罪处断原则，应当根据行为所触犯的全部走私犯罪罪名，实行数罪并罚。③我们赞成第二种观点。以被告人庄某某、石某

---

① 南英主编：《〈最高人民法院、最高人民检察院关于办理走私刑事案件适用法律若干问题的解释〉理解与适用》，中国法制出版社2016年版，第186~188页。
② 参见刘士心：《想象竞合犯概念与类型再研究》，载《国家检察官学院学报》2003年第2期，第3~9页。
③ 参见冼艳贞：《论走私普通货物、物品罪的罪数形态》，载《中山大学学报论丛》2006年第9期，第30~32页。

某等走私国家禁止进出口的货物、走私普通货物案为例说明如下：

2010年11月10日，被告人庄某某、石某某受陈某某（另案处理）雇请，庄某某担任"和某号"铁质货船船长，石玉益担任该船轮机长，后庄启富又雇请被告人宋某某、陈某某、黄某某、杨某某为该船船员。上述六名被告人预谋驾驶"和某号"货船到香港走私冻品。2010年11月10日10时许，庄某某、石某某、宋某某、陈某某、黄某某、杨某某从惠东港口出发，当日17时许抵达香港长沙湾润发码头。在装运完冻品后，六被告人于当日22时30分驾驶"和某号"货船从香港润发码头出发，准备前往广西铁山港非设关地海边卸货。同年11月11日凌晨0时40分，深圳海关缉私局海上缉私处四中队在担杆岛以东深圳海域发现"和某号"货船，并通过鸣笛警告、喊话等方式要求该船停船接受检查。"和某号"货船拒不停船，缉私民警在鸣枪警告后，于凌晨1时40分在外伶仃岛以南海域强行登船并查获该船。深圳海关缉私局现场查获无合法证明的冻牛百叶、冻牛蹄筋、冻鸡爪等冻品，共计543066.08千克。经中国检验认证集团深圳有限公司检验，涉案冻品为冻鸡肫、冻牛蹄筋、冻鸡全翅、冻牛百叶、冻金钱肚、冻牛鞭、冻皱胃、冻鸡爪，产地分别为巴西、阿根廷、美国、澳大利亚、加拿大、爱尔兰或者不详，部分属于国家禁止进口商品，部分属于国家限制进口商品。其中，属于国家禁止进口的冻品共计148992.68千克；其余冻品经抽样检验符合我国国家标准之鲜（冻）畜肉卫生标准GB2707-2005理化指标，经深圳海关审单处计核，偷逃应缴税额为人民币925931.19元。

法院审理认为，被告人庄某某、石某某、宋某某、陈某某、黄某某、杨某某无视国家法律，逃避海关监管，驾驶货船到香港装载无合法证明的国家禁止进出口的冻品148吨以及国家限制进口的冻品，并采取绕关走私方式将上述冻品运输入境，其中国家限制进口的冻品偷逃应缴税款数额特别巨大，被告人的行为均已构成走私国家禁止进出口的货物罪、走私普通货物罪，依法应当数罪并罚。我们认为，法院的裁判意见是正确的。

问题8. 关于走私旧机动车、切割车、旧机电产品的定罪处罚标准

【实务专论】[①]

与走私来自境外疫区的动植物及其产品行为的定罪依据的演变过程相似，对于走私旧机动车、切割车、旧机电产品行为的定性，在《刑法修正案（七）》施行之前，亦系依据《最高人民法院、最高人民检察院、海关总署关于办理走私刑事案件适用法律若干问题的意见》第八条的规定，以走私普通货物、物品罪追究刑事责任；《刑法修正案（七）》施行以后，才依据刑法第一百五十一条第三款的规定，以走私国家禁止进出口的货物、物品罪追究刑事责任。

在《最高人民法院、最高人民检察院关于办理走私刑事案件适用法律若干问题的解释》（以下简称解释）的起草过程中，对于走私旧机动车、切割车、旧机电产品的行为，是以走私对象的台数、套数作为定罪量刑的标准，还是以走私对象的重量、价值作为定罪量刑的标准，存在争议。有意见认为，应当将走私旧机动车、切割车、旧机电产品的台数作为定罪量刑的标准，理由是：在实际工作当中，经常出现未查获现货、仅以书证

[①] 南英主编：《〈最高人民法院、最高人民检察院关于办理走私刑事案件适用法律若干问题的解释〉理解与适用》，中国法制出版社2016年版，第172~177页。

认定行为人走私旧机动车、切割车、旧机电产品的案件。在此类案件中，无法也不可能对涉案的旧机动车、切割车、旧机电产品进行称重，如果以走私的旧机动车、切割车、旧机电产品的重量作为定罪量刑的标准，则可能造成无法追究行为人的刑事责任从而放纵犯罪的后果。并且，旧机动车、切割车、旧机电产品的价值在实践中也比较难评估，将旧机动车、切割车、旧机电产品的重量或者价值作为定罪量刑标准，实际操作起来难度较大，而将旧机动车、切割车、旧机电产品的台数作为定罪量刑标准，则较为直观，也易于实际执法中掌握。经研究，我们认为，将走私旧机动车、切割车、旧机电产品的台数作为定罪量刑标准，存在以下不妥之处：第一，对于旧机动车而言，虽然可以将走私的台数作为定罪量刑的标准，但是不同品牌、型号、年代的旧机动车之间的价值也是不尽相同的，有的甚至价值相差巨大，如果单纯地以走私旧机动车的台数作为定罪量刑标准的话，很可能会导致个案之间出现量刑不平衡的情况。第二，对于切割车、旧机电产品而言，由于其被查获时往往处于零散状态，通常无法准确地计算其件数、台数、套数，故以重量或者价值作为走私此类货物、物品的定罪量刑标准更为准确。基于以上考虑，解释采取重量与价值并用的方式将走私旧机动车、切割车、旧机电产品的入罪标准规定为"走私旧机动车、切割车、旧机电产品二十吨以上不满一百吨，或者数额在二十万元以上不满一百万元"。

需要注意的是，在实践中，走私旧机动车、切割车、旧机电产品的行为方式多种多样，有采取伪报货物品名方式通关走私的，有绕关走私的，有通过欺骗手段骗取海关进口批文进而实施走私行为的，对于上述复杂多样的走私行为方式，应当剥茧抽丝，准确认定其行为性质。以被告人刘某某走私国家禁止进出口的货物案为例说明如下：

2006年年初，海南捷龙汽车机电设备贸易有限公司（以下简称捷龙公司）的法定代表人卢1、股东卢2（均已判刑）得知国家有关禁止进口二手机动车、但允许外籍常驻人员进境机动车辆自用的相关规定后，二人经商量决定，以捷龙公司的名义，利用非居民长期旅客中的常驻人员可以申请进境自用机动车辆的规定，采取伪造常驻人员身份资料或者伪造常驻人员身份资格，向海关申请进口自用机动车辆的方式，骗取海关允许进口批文，将国家禁止以贸易方式进口的旧机动车走私进境后销售牟利。随后，二人在捷龙公司宣布该决定，并进行了分工，卢1负责管理捷龙公司、在网上或者去香港选定并订购二手车辆、联系香港车行并接受寄回的汽车资料，再由卢2转交给被告人刘某某及罗某、黄某1（均已判刑）等人骗取海关允许进口批文、协调报关公司办理二手车报关事宜；卢2配合卢1管理捷龙公司，安排刘某某、罗某、黄某1等人骗取海关允许进口批文；梁某某（已判刑）负责二手车辆资料归档，刘某某（已判刑）负责二手车辆上牌，所有人均负责二手车辆的销售业务。

刘某某及卢2、罗某、黄某1等人骗取海关进口批文的流程为：卢2将捷龙公司准备走私的机动车辆的相关信息通知刘某某、罗某、黄某1等人，刘某某、罗某、黄某1雇请境外人员并将确定的境外人员姓名告诉卢2，卢2以该外籍人员名义伪造进口合同、发票、装箱单、提单等单证，同时刘某某、罗某、黄某1等人以向海南省内一些外资企业支付一定酬金为条件，让这些外资企业为其所雇请的境外人员出具就业聘书并提供《企业法人营业执照》《进出口货物收发货人报关注册登记证书》，由刘某某、罗某、黄某1、蔡某等人办理境外人员《就业证》、《居住证明》。刘某某、罗某、黄某1等人以所雇请的境外人员名义填写《进出境自用物品申请表》，连同上述材料，提交给海关骗取海关进口批文。在骗得海关进口批文后，刘某某、罗某、黄某1等人将批文交给卢2，卢2按每个批文2万元至5万元的价格向刘某某、罗某、黄某1等人支付报酬。自2006年至2010年7月20日案发，捷龙公司通过刘某某等人伪造常驻人员相关身份资料，先后从海关骗取旧机动车的进口批文54份，并且实际走私入境旧机动车54台，捷龙公司将其中23台旧机动车在国内销售，销售金额共计人民币1216万余元，其余31台旧机动车尚未销售。

本案中，被告人系利用了我国允许外籍常驻人员申请进境自用机动车辆的规定，通过伪造外籍常驻人员身份的方式，从海关骗取旧机动车辆的进口批文，进而走私大量旧机动车入境。一审法院判决认定，被告人刘某某伙同他人故意违反国家禁止进口旧机动车的规定，通过伪造常驻人员身份资料、谎报常驻人员身份的手段欺骗海关，将国家禁止进口的旧机动车走私入境，其行为已构成走私国家禁止进出口的货物、物品罪。宣判后，刘某某提出上诉，辩解其办理的54宗进口机动车批文中所涉及的外籍人员身份资料都是真实的，没有谎报外籍人员身份。二审法院经审理，认为刘某某找到的外籍人员，虽然外籍身份都是真实的，但并不是常驻在海口并在相关外贸企业工作的员工，刘某某利用这些外籍人员的身份资料，寻找挂靠的外贸企业，虚构这些外籍人员系外贸企业员工的事实，骗取海关的旧机动车进口批文，进而走私大量旧机动车入境，其行为已构成走私国家禁止进出口的货物、物品罪，一审判决对于被告人的定罪准确。我们认为，二审法院的裁判意见是妥当的。

在走私国家禁止进出口的旧机动车、切割车、旧机电产品犯罪中，对于未实施走私的实行行为，而是负责旧机动车、切割车、旧机电产品走私入境后的转运、销售等环节的犯罪分子，应当如何认定其行为的性质，尤其是在走私的旧机动车、切割车、旧机电产品在入境到达国内港口时即被海关查获，上述负责在境内转运、销售的犯罪分子已没有机会实施其所负责环节的实行行为的情形中，如何对其定罪处罚，是司法实践中需要特别加以注意的一个问题。以被告人陈某1、黄某2走私切割汽车案为例说明如下：

2006年7月，福建籍香港人俞某某、黄某3（均另案处理）分别找到被告人陈某1和黄某2，以给付一定好处费为条件，要求陈某1负责把其二人组织走私入境后的切割汽车进行过吊和转运，黄某2负责发货和收取货款，陈某1和黄某2均表示同意。俞某某和黄某3还分别为陈某1和黄某2购买了手机和手机卡，要求陈某1在接收和转运切割汽车时以"张某"的化名与他人联系。为了方便走私，陈某1在东莞市找了一个堆放集装箱的货场。同年7月31日，俞某某、黄某3利用"聚春"号货轮将从境外组织的14个集装箱切割汽车走私进境并运至海口港后，俞某某让海南儋州市机械工业公司经理林某委托林克新以国内运输的名义办理了上述14个集装箱的进港、卸货手续。后林某又让海南儋州市机械工业公司职员刘恒志到海口港办理提货并将集装箱装车，又委托王某某、陈某2等人将装有切割汽车的14个集装箱运往东莞市交给"张某"（即陈某1），陈某1接到上述集装箱后，在事先找好的货场将集装箱里的切割汽车过吊并装载至事先准备好的车辆中，并通知黄某2。黄某2接到陈某1的电话后，指使运输车司机将上述切割汽车分别运至中山市、东莞市等地交给"张老板""中山张""中山达"等人，同时收取购车款并转交给俞某某。同年8月中旬，黄某3、俞某某等人再次利用"聚春"号货轮从境外组织了14个集装箱的切割汽车准备走私进境，并通知陈某1、黄某2做好接货准备。同年8月18日，当"聚春"号货轮将上述14个集装箱运至海口港时被海口海关缉私局查扣。经检查，集装箱内共藏有164辆非国产的切割汽车，且切割汽车没有任何合法进口证明。经估价,上述切割汽车的价值共计人民币450万元。海口海关出具《核税证明书》,核定上述切割汽车偷逃应缴税款人民币1486013.04元。

本案发生在《刑法修正案(七)》施行之前,法院的一、二审裁判亦在《刑法修正案(七)》施行之前作出,故一、二审法院认定被告人陈某1、黄某2的行为构成走私普通货物罪,系当时的情况使然。本案中,陈某1负责将他人组织走私入境后的切割汽车进行过吊和转运,黄某2负责将上述切割汽车发货给购买者并收取货款,二人负责实施的行为均发生在切割汽车被走私入境以后,也就是说,二人均未实施走私切割汽车入境这一环节的实行行为。那么,对于被告人陈某1、黄某2的行为应当如何评价呢?一审法院认为,俞某某、黄某3二人在走私切割汽车之前,已经明确告知陈某1和黄某2其二人走私的对象是切割汽车,即陈某1、黄某2在明知俞某某、黄某3走私切割汽车的情况下,仍然积极配合俞某某和黄某3的走私行为,陈某1租赁了场地用于堆放走私入境的集装箱和切割汽车,并且实施了切割汽车走私入境以后的过吊、转运等行为,黄某2实施了切割汽车走私入境以后的销售、发货及收取购车款等行为。根据《走私意见》第十五条的规定,与走私罪犯通谋中的"通谋",是指"犯罪行为人之间事先或者事中形成的共同的走私故意"。可以认定为通谋的情形包括:第一,对明知他人从事走私活动而同意为其提供贷款、资金、账号、发票、证明、海关单证,提供运输、保管、邮寄或者其他方便的;第二,多次为同一走私犯罪分子的走私行为提供前项帮助的。根据上述规定,可以认定陈某1、黄某2二人系在俞某某、黄某3实施走私犯罪行为之前,就已经与俞某某、黄某3通谋,具有共同的走私犯罪故意,二人的行为均系走私行为,构成走私犯罪。

宣判后,陈某1、黄某2对于一审法院认定其二人参与2006年7月31日第一笔走私切割汽车行为的事实构成犯罪,没有异议;但是,陈某1提出,认定其参与2006年8月中旬第二笔走私犯罪的事实不清,证据不足,俞某某和黄某3走私第二批切割汽车时,并没有通知其接货,其没有实际参与走私第二批切割汽车的犯罪行为。

二审法院经审理查明,陈某1在参与了俞某某和黄某3的第一次走私切割汽车犯罪以后,先后通过电话联系、赴香港面谈等方式与俞某某共谋第二次走私切割汽车事宜,并着手为第二次走私切割汽车的犯罪行为积极准备集装箱托架,俞某某亦已经向陈某1汇款人民币8万元用于购买集装箱托架。虽然,俞某某和黄某3组织走私的第二批切割汽车,在入境后即被海关依法扣押,没有运至广东省东莞市交给陈某1过吊和转运,但是,整个走私犯罪行为已经实施完毕,且在陈某1与俞某某等人的共谋和犯意的范围之内,陈某1作为俞某某、黄某3第二次走私切割汽车犯罪的共犯,应当对第二次走私犯罪行为承担刑事责任。故裁定驳回上诉,维持原判。我们认为,一、二审法院的裁判意见是正确的。

问题 9. 如何认定利用购买的加工贸易登记手册、特定减免税批文等涉税单证进口货物行为的性质

【实务专论】①

加工贸易登记手册、特定减免税批文等涉税单证是海关根据国家法律法规以及有关政策性规定，给予特定企业用于保税货物经营管理和减免税优惠待遇的凭证。利用购买的加工贸易登记手册、特定减免税批文等涉税单证进口货物，实质是将一般贸易货物伪报为加工贸易保税货物或者特定减免税货物进口，以达到偷逃应缴税款的目的，应当适用刑法第一百五十三条以走私普通货物、物品罪定罪处罚。如果行为人与走私分子通谋出售上述涉税单证，或者在出卖批文后又以提供印章、向海关伪报保税货物、特定减免税货物等方式帮助买方办理进口通关手续的，对卖方依照刑法第一百五十六条以走私罪共犯定罪处罚。买卖上述涉税单证情节严重尚未进口货物的，依照刑法第二百八十条的规定定罪处罚。有一种观点认为，买卖进口货物减免税批文等涉税单证的，应当一律以走私普通货物、物品罪认定，因为此种减免税批文的唯一用途就是走私。这种意见似乎欠妥，因为买卖进口货物减免税批文等涉税单证的人尽管主观上认识到这些单证的最终用途是走私，但其与走私行为的实行者缺乏直接联系（通常是尚未发生实际的走私行为即案发），一律论为走私罪的共犯不符合共同犯罪的一般理论。该问题在《最高人民法院、最高人民检察院、海关总署关于办理走私刑事案件适用法律若干问题的意见》第九条已经予以明确。以厦门国贸集团股份有限公司等走私普通货物案为例说明如下：

1995 年下半年，被告单位厦门国贸集团股份有限公司（以下简称国贸公司）原材料部向公司提出使用减免税批文进口钢材并予以销售牟利的经营方式，公司同意后，时任原材料部业务员的被告人黄某某积极联系货源、购买减免税批文并草拟进口合同和盈亏核算表，而后报原材料部副经理被告人郑某1审核（被告人黄某某于1996年底升任原材料部副经理后，主要分管钢材业务，业务员草拟进口合同和盈亏核算表后，由其负责审核），经公司副总经理被告人江某某签批后，于1995年底至1998年间，先后与境外企业签订了20单购买钢材的进口合同，并使用本公司自行申请或购买的减免税批文向海关申报进口了钢材119549.074吨，而后在未经海关许可并且未补缴应缴税额的情况下，由被告人黄某某负责将所进钢材全部销售给王某1、王某2、郑某2等个体商贩及非减免税批文单位，偷逃应缴税额为人民币7373.361176万元。被告人郑某1作为原材料部负责人审核了部分进口合同，并亲自参与购买减免税批文和销售钢材；被告人江某某同意原材料部的上述经营方式，签批进口合同，并同意从销售钢材的款项中支付购买减免税批文的费用；被告人苏某某作为被告单位的法定代表人对原材料部倒卖减免税钢材的行为不持异议，并还亲自到厦门市邮电局联系转让减免税批文。1995年至1998年间，时任国贸公司金属部副经理的被告人曾某某审核了业务员草拟的3份进口钢材合同及盈亏核算表，经被告人江某某审批后，对外签订合同，并使用国贸公司的减免税批文向海关申报进口了钢材3706.66吨，而后在未经海关许可并且未补缴应缴税额的情况下，被告人曾某某负责将该批钢材销售给个体商贩及非减免税批文单位，偷逃应缴税额人民币282.012844万元。

---

① 南英主编：《〈最高人民法院、最高人民检察院关于办理走私刑事案件适用法律若干问题的解释〉理解与适用》，中国法制出版社2016年版，第274～277页。

另，被告单位及各被告人在犯罪事实尚未被司法机关发觉前，经教育主动、如实供述了自己的罪行。综上，被告单位国贸公司为了增加贸易总量、获取经营利润，违反有关法律、法规规定，由下属原材料部和金属部使用本公司自行申请或向其他单位购买的减免税批文《特定区域进口自用物资额度证明》或《进口货物征免税证明》向厦门海关申报进口钢材，而后，在未经海关许可并且未补缴应缴税额的情况下，擅自将进口的123255.734 吨减免税钢材在国内销售牟利，偷逃应缴税额人民币 7655.37484 万元。

厦门市中级人民法院经审理认为，被告单位国贸公司无视国家法律、法规规定，使用购买的减免税批文进口钢材 123255.734 吨，在未经海关许可并且未补缴应缴税额的情况下，擅自在国内予以销售牟利，偷逃应缴税额人民币 7655.37484 万元，其行为已构成走私普通货物罪。被告人苏某某作为被告单位的法定代表人，被告人江某某作为被告单位分管进口业务的副总经理，同意并参与本单位的走私行为，均属单位走私犯罪中直接负责的主管人员；被告人郑某1、黄某某均参与进口、销售 20 个合同的钢材计 119549.074 吨，偷逃应缴税额人民币 7373.361996 万元，被告人曾某某参与进口、销售 3 个合同的钢材计 3706.66 吨，偷逃应缴税额人民币 282.012844 万元，均属单位走私犯罪中的其他直接责任人员，五被告人的行为均已构成走私普通货物罪，情节特别严重。鉴于被告单位国贸公司能够认真自查本单位的走私犯罪行为，依法可从轻处罚。鉴于各被告人在案发前均能如实向司法机关交代自己的犯罪行为，系自首，且是为单位利益犯罪，个人未从中牟取私利，主观恶性不大等情节，依法可减轻处罚并适用缓刑。因此，该院判决：（1）被告单位厦门国贸集团股份有限公司犯走私普通货物罪，判处罚金人民币 4000 万元。（2）被告人苏某某、江某某犯走私普通货物罪，均判处有期徒刑 3 年，缓刑 3 年。（3）被告人郑某1、黄某某犯走私普通货物罪，均判处有期徒刑 2 年，缓刑 2 年。（4）被告人曾某某犯走私普通货物罪，判处有期徒刑 1 年，缓刑 1 年。宣判后，被告单位及各被告人均未提出上诉，检察机关也未提出抗诉，判决发生法律效力。

本案中，被告单位和各被告人使用购买的减免税批文进口货物，实质上是将一般贸易货物伪报为特定减免税货物，应当适用刑法第一百五十三条以走私普通货物罪定罪处罚。厦门市中级人民法院的判决是正确的。这里需要注意的是，如何认定买卖减免税批文的单位或者个人行为的性质？根据《最高人民法院、最高人民检察院、海关总署关于办理走私刑事案件适用法律若干问题的意见》第九条的规定，如果行为人与走私分子通谋出售减免税批文，或者在出卖批文后又以提供印章、向海关伪报特定减免税货物等方式帮助买方办理进口通关手续，对卖方应当依照刑法第一百五十六条以走私罪共犯定罪处罚。本案中，相关单位出售批文时主观上清楚地认识到购买批文单位将持批文进口货物，客观上也实施了出具相关文件帮助货物报关进口的行为，故其实质上构成走私共犯。因公诉机关未并案起诉出售批文单位，本着不告不理原则，法院未认定出售批文单位为共犯，也未追究其刑事责任。

问题 10. 在走私的普通货物、物品或者废物中隐藏国家禁止进出口的物品的行为如何定罪

【实务专论】①

根据《最高人民法院、最高人民检察院关于办理走私刑事案件适用法律若干问题的解释》第二十二条的规定，在走私的货物、物品中藏匿刑法第一百五十一条、第一百五十二条、第三百四十七条、第三百五十条规定的货物、物品，构成犯罪的，以实际走私的货物、物品定罪处罚；构成数罪的，实行数罪并罚。

例如，行为人在不设海关的区域偷运冷藏海产品入境，被缉私人员截获，并被查出海产品中藏匿着海洛因。此类案件，通常不难认定行为人实施了在海产品中藏匿海洛因的行为，或者明知海产品中藏有海洛因而予以偷运入境。在此前提下，应当对行为人以走私毒品罪定罪处罚，如果其偷运海产品入境偷逃关税的数额已经达到定罪标准，则应当以走私毒品罪和走私普通货物、物品罪实行数罪并罚。

但是，在上述设例中，如果行为人系受货主雇佣而偷运海产品入境，案发后辩称其不清楚所运输物品的具体性质。这种情况下，如何对其行为进行定性？这里首先需要解决一个事实判断问题，即在行为人具有走私故意的前提下，可能对于行为人的心理状态存在两种认定结果：一是行为人具有概括的走私犯罪故意，但对其走私的具体对象不明确，即查获的任何物品都不超出其主观认识范围；二是行为人具有走私的主观故意，但因受到他人（如货主）蒙骗而误以为其所偷运入境的货物仅为海产品，没有认识到该海产品中藏匿着海洛因。我们认为，在第一种情形下，行为人对具体的犯罪对象没有建立明确的认识，不影响走私犯罪构成，应当根据实际的走私对象定罪处罚，即按照走私毒品罪处罚或者认定走私毒品罪和走私普通货物、物品罪实行数罪并罚。在第二种情形下，对于行为人的行为只能按走私普通货物、物品罪处罚，不能按走私毒品罪处罚。这是因为，构成特定的走私犯罪，如走私毒品罪等，行为人主观上仅有一般的走私故意还不够，必须对特定货物（如毒品）具有"明知"的认识。

问题 11. 在代理转口贸易中未如实报关的行为，是否构成走私普通货物、物品罪

【实务专论】②

走私普通货物、物品罪在客观上表现为逃避海关监管，偷逃税款，造成国家税收损失的行为。走私普通货物、物品行为不同于走私国家禁止出口的文物、黄金、白银等贵重金属和国家禁止进出口的珍贵动、植物及其制品及淫秽物品等其他违禁品的走私行为，其社会危害性不仅表现在违反国家海关监管制度方面，更主要是表现在偷逃关税，给国家税收造成损失。实践中，有的贸易公司为进行转口贸易，将普通货物暂时转运进境，其行为在表面上虽采用了不如实报关的手段逃避海关监管，但由于在客观上没有偷逃税

---

① 南英主编：《〈最高人民法院、最高人民检察院关于办理走私刑事案件适用法律若干问题的解释〉理解与适用》，中国法制出版社 2016 年版，第 281~282 页。

② 南英主编：《〈最高人民法院、最高人民检察院关于办理走私刑事案件适用法律若干问题的解释〉理解与适用》，中国法制出版社 2016 年版，第 284~287 页。

款，亦不会给国家造成关税损失。因此，此种行为不应以走私普通货物、物品罪论处。

鉴于本问题的复杂性，这里以被告单位中海贸经济贸易开发公司、被告人宋某某被控走私普通货物案为例进行说明。①

中油管道物资装备总公司（以下称管道公司）向美国劳雷工业公司（以下称劳雷公司）订购8套"气动管线夹"，货物价值为42.7万美元，用于该公司在苏丹援建石油管道工程建设项目，在1998年5月10日前运抵苏丹。后管道公司委托被告单位中海贸经济贸易开发公司（以下称中海贸公司）办理该批货物由美国经中国再运至苏丹的转口手续，并于1998年2月6日与该公司第九经营部经理宋某某签订了委托代理合同。当日，被告人宋某某（系中海贸经济贸易开发公司进出口部经理）又代表中海贸公司与劳雷公司签订了购货合同。合同约定：劳雷公司货运时间为1998年3月23日前，中海贸公司在交付日30日前开具信用证。中海贸公司因经济纠纷致账户被查封冻结，管道公司即于同年2月23日将货款人民币355万元（折合42.7万美元）汇入由宋某某任法定代表人的北京海明洋科贸中心（以下简称海明洋公司）账内。三天后，该款转至中国农业银行北京分行国际结算部，用于开具信用证。后劳雷公司因故推迟至4月上旬交货，宋某某遂于同年3月19日向中国农业银行申请将信用证交货时间由3月23日变更为4月5日。期间，宋某某在中国海外贸易总公司低报货物价值，办理了价值6.4万美元的机电产品进口审批手续，后又模仿劳雷公司经理签字，伪造了货物价值为6.4万美元的供货合同及发票，并委托华捷国际货运代理有限公司办理报关手续，由该公司负责在北京提货并运至天津新港后再转口到苏丹。在办理报关过程中，宋某某使用海明洋公司的资金，按6.4万美元的货物价值缴纳了进口关税、代扣增值税共计人民币24万余元。同年4月3日，北京海关查验货物发现货值不符，即将货物扣留。北京海关对此批货物已于同年6月8日放行，运至苏丹。

此案，北京市人民检察院第二分院以被告单位中海贸经济贸易开发公司、被告人宋某某犯走私普通货物罪向北京市第二中级人民法院提起公诉。被告人宋某某辩称，其虚假报关属实，但没有走私动机，此宗货物本可以办理转口，免缴税款，因时间紧，故采取先进口后出口的办法，当时认为先缴税，以后可以退税，所以少缴税款也无关紧要。其辩护人要求法院对被告人从轻处罚（未作无罪辩护）。

北京市第二中级人民法院经审理认为，被告人宋某某在为中油管道物资装备总公司代理转口业务过程中，虽擅自采用低报货物价值的违法手段，但现有证据不能证明被告单位中海贸公司的法定代表人及其他主要领导参与预谋、指使或允许宋某某使用违法手段为单位谋取利益，认定被告单位具有走私普通货物的主观故意和客观行为均证据不足，公诉机关指控被告单位犯走私普通货物罪不能成立。宋某某不如实报关的行为属违法行为，但依海关有关规定，货物转口并不产生税赋，且宋某某垫缴的24万元税款在货物出口后不产生退税，公诉机关出示的证据材料亦不能证实宋某某不如实报关的违法行为可获取非法利益，故指控宋某某具有走私犯罪的主观故意并造成偷逃税款77万余元的危害结果均证据不足。据此，该院判决被告单位中海贸经济贸易开发公司和被告人宋某某无罪。

---

① 参见最高人民法院刑事审判第一庭、第二庭编：《刑事审判参考》总第35集，法律出版社2004年版，第1页。

宣判后，北京市人民检察院第二分院以中海贸公司及宋某某在代理进口货物时，采取虚假手段偷逃应缴税额数额巨大，构成走私普通货物罪，向北京市高级人民法院提出抗诉。北京市人民检察院的出庭意见认为：被告单位中海贸公司及被告人宋某某在代理进口货物时，采取虚假手段偷逃应缴税额数额巨大，依法应当判决构成走私普通货物罪。原审判决采信矛盾的证据以及片面采信证据认定原审被告人及被告单位无罪，是错误的。被告单位中海贸公司、被告人宋某某犯走私普通货物罪的事实清楚，证据确实、充分，足以认定。北京市人民检察院第二分院抗诉成立，应予支持。建议二审法院依法认定宋某某犯走私普通货物罪并处以刑罚。

北京市高级人民法院经审理认为：被告人宋某某在为中油管道物资装备总公司代理转口业务过程中，擅自采取低报货物价值的违法手段，但现有证据不能证明被告单位中海贸经济贸易开发公司的法定代表人及其他主要领导参与预谋，指使或允许宋某某使用违法手段为单位谋取利益。被告人宋某某在为他人代理转口业务过程中，低报货物价值，不如实报关的行为属违法行为，依海关有关规定，货物转口对国家不产生税赋，宋某某缴纳的税款按有关规定不产生退税，抗诉机关提供的证据亦不能证实宋某某不如实报关的违法行为可获取非法利益。原审法院根据本案具体情节，对被告单位中海贸经济贸易开发公司和被告人宋某某所作的无罪判决，适用法律正确，审判程序合法，应予维持。故依法裁定驳回抗诉，维持原判。

本案争议的关键问题是，被告单位和被告人的行为是否偷逃了关税，即是否造成国家税款的损失。海关法第五十九条规定，经海关批准暂时进口或者暂时出口的货物，以及特准进口的保税货物，在货物收发货人向海关缴纳相当于税款的保证金或者提供担保后，准予暂时免纳关税。《进出口关税条例》第三十条规定，经海关核准暂时进境或暂时出境并在6个月内复运出境或者复运进境的货样、展览品、施工机械、工程车辆、工程船舶、供安装设备时使用的仪器和工具、电视或者电影摄制器械、盛装货物的容器以及剧团服装道具，在货物收发货人向海关缴纳相当于税款的保证金或者提供担保后，准予暂时免纳关税。可见，为转口而暂时进口仪器、工具等货物，可以申请海关免纳关税，货物收发货人对海关不承担税赋，亦不存在出口退税问题。根据1993年4月1日海关总署发布的《海关法行政处罚实施细则》第九条、第十一条的规定，逃避海关监管，运输、携带、邮寄货物、物品进出境，但有关货物、物品不属于国家禁止进出境的物品、国家限制进出口或者依法应当缴纳关税的货物、物品的；不按照规定期限将暂行进出口货物复运出境或者复运进境、擅自留在境内或者境外的；不按照规定期限将过境、转运、通运货物运输出境，擅自留在境内的行为，属于违反海关监管规定的行为，不属走私行为，应处以货物、物品等值以下或者应缴税款两倍以下的罚款。可见，对于逃避海关监管，运输、携带、邮寄依法不应当缴纳关税的货物、物品、运输暂行进出口货物、过境、转运、通运货物进境的行为不属于走私行为。

本案中，北京海关向法院出具的证明材料指出，宋某某在报关过程中低报货物价值的行为属于进口货物后又出口至境外使用，实际并未产生进口税赋，未对国家税收造成实际损失，且如按一般贸易货物进口，出口时，海关亦无任何退税方面的规定。同时，宋某某代理管道公司向劳雷公司购买货物，用于管道公司在苏丹援建石油管道工程建设项目，在代理转口贸易过程中，与劳雷公司约定货运时间为1998年3月23日前。此后，劳雷公司因故将交货时间推迟至4月上旬，但该货物要求1998年5月10日前运抵苏丹。

为此，宋某某以办理转口手续时间紧、资金不足为由，低报货物价值，不如实报关，其主观意图是将暂行进口的货物复运出境，及时交货，其行为手段虽违反了海关监管规定，但依海关有关规定，其缴纳的税款按有关规定不产生退税，现有证据亦不能证实其违法行为可获取非法利益，且未对国家税收造成实际损失。因此，宋某某的违法行为不属走私行为，不构成走私普通货物罪。

问题12. 假借单位名义走私的处理

【实务专论】①

实践中存在以单位名义实施走私犯罪，但违法所得由行为人个人所有，单位未从中获取利益的情形。此种情形仅有单位犯罪的形式特征，但无成立单位犯罪所要求的代表单位意志、犯罪所得归单位所有的实质内容，故应以自然人犯罪处理。对此，《最高人民法院关于审理单位犯罪案件具体应用法律有关问题的解释》第三条作了明确规定："盗用单位名义实施犯罪，违法所得由实施犯罪的个人私分的，依照刑法有关自然人犯罪的规定定罪处罚。"下面以被告人卢某某走私普通货物案为例作一简要说明。

1998年7月，潘某某（已判刑）找到时任力大公司报关员的被告人卢某某，要求以每吨人民币60元的价格购买力大公司的保税胶水进口额度，卢表示同意，并先后于同年的8月1日和12月18日，将其公司C51928300085号和C51928300124号《海关登记手册》及报关单证交给潘某某，潘某某又将手册通过原南海市百祥鞋材厂报关员陈某某（已判刑）转卖给万丰服务处业务员卢某（已判刑）用于伪报进料加工贸易方式走私进口胶水30000公斤和27000公斤，完税价格人民币566352元，偷逃应缴税额人民币261938元。

在本案中，被告人卢某某的辩护人提出卢某某的行为属于单位犯罪。卢某某供称，其从1996年下半年开始在力大公司任报关员，公司的海关登记手册由其保管。1998年下半年，潘某某向其提出以每吨60元的价格购买其公司的胶水进口额度，其经考虑后同意了，于是就提供了其保管的C51928300139和C51928300124号海关登记手册给潘某某，潘某某用这二本手册给他人进口保税胶水57吨，并按约定付给其现金。上述行为公司不知情。法院同时查明，卢某某提供给他人的报关单证上所盖的公章，未经厂负责人同意，系利用其是单位报关员的便利偷盖，且非法所得归其个人占有，并据此认为其行为属个人行为，应以自然人走私犯罪处理。

法院的处理意见无疑是正确的，本案也是一个较为典型的假借单位名义实施的自然人犯罪案例。是否假借单位名义，关键在于两点：一是单位是否知情；二是犯罪所得归属。对于单位不知情且犯罪所得由行为人私自占有的，通常即可认定为自然人犯罪。

此外，实践中还有一种相对复杂的情形，即：单位集体或者主要负责人研究决定走私，但走私犯罪所得归决定人员或者参与人员所有。对此，我们认为需要区别情况分别处理：一是决定人员一开始就有占有犯罪所得的主观目的的，以自然人犯罪处理；二是决定人员在走私犯罪完成之后实施将犯罪所得非法占有行为的，一般应以单位走私犯罪

---

① 南英主编：《〈最高人民法院、最高人民检察院关于办理走私刑事案件适用法律若干问题的解释〉理解与适用》，中国法制出版社2016年版，第398~399页。

与个人职务侵占类犯罪（包括贪污和职务侵占罪）数罪并罚。

问题 13. 关联公司共同走私犯罪的处理

【实务专论】①

关联公司走私在实践中的情况较为复杂，主要表现为三种情形：一是总公司与不具有法人资格的分公司或者内设部门共同走私；二是母公司与子公司共同走私；三是同一被告人设立的多个具有法人资格的公司共同走私。第一种情形的处理在前面已有论述，下面仅讨论后两种情形。

1. 母公司与子公司共同走私犯罪的处理

母公司与子公司是一组相对应的法律概念。母公司是指拥有另一公司一定比例以上的股份或通过协议方式能够对另一公司进行实际控制的公司。子公司是指一定比例以上的股份被另一公司所拥有或通过协议方式受到另一公司实际控制的公司。子公司受母公司的实际控制，母公司、子公司各为独立的法人。基于这种特殊的控制关系，子公司受母公司指使实施走私犯罪的应如何处理，实践中存在不同看法，以被告单位长沙新三昌公司、被告人具某某、洪某某走私普通货物案为例说明如下：

被告单位长沙新三昌公司系 2001 年由 NBT 公司和韩国三昌企业株式会社共同投资（NBT 公司占股 82.4%）在湖南省长沙经济技术开发区星沙工业园设立的外资公司，法定代表人金某某。被告人具某某于 2001 年开始担任该公司的副总经理，2002 年 9 月该公司总经理回国后，其开始负责公司的全面工作，履行总经理职责。该公司主要生产经营钢带的焊接、加工业务，生产和销售所需的不锈钢带、镍钢带及三金属带（其中镍钢带、三金属带又名冷扎合金钢带）等生产原材料和成品主要从 NBT 公司等公司进口。

NBT 公司在来中国投资设立长沙新三昌公司之前，就得知在中国，合金钢有几种不同的名称，中国对不同名称的合金钢征收不同税率的关税，特别是中国除对韩国的浦项综合制铁株式会社等 6 家公司实行优惠的低关税外，对韩国其他公司所生产的不锈钢则要征收 57% 的反倾销税，而对冷轧合金钢则不征收反倾销税。为了降低成本、尽可能地追求最大限度的盈利，NBT 公司就指示长沙新三昌公司，让其将所进口的 NBT 公司生产的不锈钢伪报成冷轧合金钢，向中国海关报关进口。2003 年 1 月至 2003 年 5 月，在 NBT 公司的直接指挥和授意下，长沙新三昌公司在上海海关报关进口不锈钢等生产原料时，先后 6 次将 NBT 公司生产的不锈钢带 84259 公斤（关税税率为 10%、增值税税率为 17%、另有反倾销税 57% 等）伪报为冷轧合金钢带（关税税率仅为 3%、增值税税率为 17%）进口，以逃避海关监管、偷逃应缴税款。经长沙海关关税部门核算，长沙新三昌公司共偷逃应缴税额人民币 1157053.47 元。

在本案中，被告单位长沙新三昌公司的辩护人提出，由于走私犯意系 NBT 公司提出，走私行为的很大一部分也由 NBT 公司实施，且走私的收益由 NBT 公司获得，本案两个自然人被告也没有从中获取任何属于个人的好处。因此，被告单位长沙新三昌公司在本案共同犯罪中处于从犯的地位，请求法庭认定被告单位长沙新三昌公司为从犯。被告人具

---

① 南英主编：《〈最高人民法院、最高人民检察院关于办理走私刑事案件适用法律若干问题的解释〉理解与适用》，中国法制出版社 2016 年版，第 419～423 页。

某某的辩护人提出，本案系 NBT 公司直接指挥和授意长沙新三昌公司偷逃关税，属于两个法人单位共同犯罪，在共同犯罪的过程中，NBT 公司是主犯，长沙新三昌公司是从犯。法院判决认为，被告单位长沙新三昌公司副总经理具某某、管理部部长洪某某在其控股公司 NBT 公司的直接指挥下，为给公司谋取非法利益，逃避海关监管，将应缴纳反倾销税的韩国产不锈钢伪报成不需要缴纳反倾销税的韩国产冷轧合金钢从中国海关报关进口，偷逃应缴税额多达人民币 1157053.47 元，其行为已构成走私普通货物罪。被告单位长沙新三昌公司收到 NBT 公司内容不真实的装箱单、提单、发票等单证后，被告人具某某虽提出了异议，但仍按 NBT 公司的指示指使被告人洪某某制作内容不实的合同向中国有关部门申请办理钢带进口许可证，以冷轧合金钢带的名义在上海海关报关进口不锈钢带，偷逃应缴关税。该事实表明在本案走私普通货物犯罪过程中，被告单位长沙新三昌公司在本案中起主要作用，系主犯，被告单位长沙新三昌公司、被告人具某某、洪某某的辩护人提出的被告单位长沙新三昌公司系从犯的辩护意见不予采纳。

我们认为，法院的判决意见是妥当的。但是，本案仅起诉长沙新三昌公司而未起诉对于走私犯罪起着决定作用的 NBT 公司存在明显不足。被告单位、被告人的辩护人所提 NBT 公司与长沙新三昌公司构成共同犯罪，均应依法追究刑事责任的辩护意见是可以成立的。不同于前述分公司对于总公司的非独立隶属关系，子公司与母公司在法律上均为独立法人，子公司依法独立承担责任，故通常应对母公司与子公司以共同犯罪一并追究刑事责任，而在追究总公司单位犯罪的情况下，可不再追究分公司单位犯罪的刑事责任。实践中，另有一些公司为了规避法律，将内设机构注册为具有独立法人资格的子公司，但子公司在经营上和财务上均未实际独立，总公司有权决定子公司的具体经营活动，有权调拨、使用子公司的资金。这种情况下如果总公司决定实施走私犯罪，子公司具体负责实施，且子公司未参与分配犯罪所得的，一般可以仅追究总公司单位犯罪的刑事责任，因为这种子公司仅有其名而无其实，实际上类似于分公司。需要指出的是，是否追究"子公司"单位犯罪的刑事责任，不影响"子公司"中直接责任人员的刑事责任追究。

2. 同一股东设立多个公司分别实施单位走私犯罪的处理

公司具有独立于出资人的法律人格，因此，对一人所设多个公司共同犯罪通常应对公司以共同犯罪一并追究刑事责任，实践中没有不同意见。存在分歧的是，对于单位共同走私犯罪直接负有管理责任的该出资人应如何计算定罪处罚？以胡某等走私普通货物案为例说明如下：

2003 年年底，胡某、赵某在广东注册成立了甲公司。2004 年初，二人又在上海注册成立了乙公司。经查，2003 年至 2004 年间，甲乙两公司在经营过程中，经胡某、赵某决定，均实施了走私进口汽车配件的行为。其中甲公司偷逃税款 11 万余元，乙公司偷逃税款 19 万余元。①

在本案的处理当中，存在两种不同意见。第一种意见认为，甲公司和乙公司都是合法注册成立的单位，具有独立承担刑事责任的能力，因此上述单位是两个独立的犯罪主体，由于其偷逃的数额均没有达到法定的数额，因而两家公司均不构成犯罪。第二种意见认为，这些名称不同且合法成立的数个单位密切关联，不具有相互独立性。刑法上的

---

① 参见贺卫、胡春健、于爽、朱峰：《单位走私犯罪法律适用若干问题探讨》，载《政治与法律》第 2009 第 4 期，第 152 页。

单位是否具有独立性，应当以有无独立的意志与行为为标准，不能单纯以工商部门登记注册或有权机关批准成立的文件为依据。刑法上的单位本身没有独立的意志，其实施犯罪行为必须通过自然人来实施，也就是单位意志必须由自然人的意志来体现。因此，认定单位是否构成犯罪，也就是看由自然人组成的单位是否具有犯罪的主观故意，并在该故意的支配下，以单位名义具体实施了走私行为。在同一自然人组成的单位意志下实施犯罪，就类似于对单个自然人实施的复数犯罪行为进行定罪量刑。本案中，胡某和赵某既是广东公司的股东，又是上海公司的股东，两个公司均在两人的意志支配下，实施走私犯罪行为，应当认定为一个走私犯罪行为，因此对两公司的走私行为应当进行累积计算，其数额已经达到 25 万元的标准，应认定为走私普通货物罪。否则，在实质上的一个单位意志行为体以形式上的数个单位名义实施犯罪的情况下，就可能导致放纵犯罪。该意见进一步提出，将数额累加之后，应当将胡某、赵某作为两个单位直接负责的主管人员列为被告人，并适用单位犯罪的条款追究刑事责任，单位不列为被告。①

我们认为，上述两种意见均有合理之处，但均失于偏颇。首先，应尊重犯罪单位之间的独立性，不能将单位与出资人混为一谈。实际上，第二种意见存在内在的矛盾，对于被告人定罪以单位构成犯罪为前提，同时又认为单位不得列为被告。既然认为可以把甲乙两单位视为一个单位，并据此认为本案数额已经达到《最高人民法院、最高人民检察院、海关总署关于办理走私刑事案件适用法律若干问题的意见》[以下简称走私解释（一）] 规定的单位走私普通货物、物品罪 25 万元的入罪门槛，那么，对甲乙两单位追究刑事责任也应无逻辑障碍。其次，应当注意到犯罪单位之间的关联性，在关联单位分别构成犯罪的前提下，对不同单位中直接责任人员的数额可以累加计算。依照第一种意见，不同的犯罪单位属于不同的犯罪主体，而直接责任人员的定罪处罚完全依附于单位犯罪，直接责任人员的定罪处罚将只能依照较重的单位犯罪进行处罚。该意见因必然导致直接责任人员的部分犯罪事实不能依法追究刑事责任而明显不妥。我们认为，在关联单位分别均已构成单位犯罪的情况下，可以考虑对各犯罪单位依照该单位自身的走私犯罪事实追究刑事责任，而对不同单位犯罪均负有直接责任的人员，可以在司法上拟制一个"单位"，要求其对不同单位的犯罪数额一并承担刑事责任，即累计走私数额，适用单位犯罪的规定处罚。该处理意见既兼顾到了单位的独立性和单位仅对自身行为承担责任的司法原则，同时也注意到了此种情形中直接责任人员作为刑罚主体的相对独立性，有利于最大程度地实现罪刑相一致的原则要求。

综上，我们认为，因甲、乙两公司均不构成犯罪，本案既不能对单位追究刑事责任，也不宜以单位犯罪追究被告人胡某、赵某的刑事责任。但是，假定甲、乙两公司当时分别偷逃了 40 万元的税款，则均已构成单位犯罪，那么对甲、乙两公司应适用刑法第一百五十三条第二款的处罚规定，依法判处三年有期徒刑以下的刑罚[按照走私解释（一）确定的数额标准]，而被告人胡某、赵某的单位走私数额则可合并认定为 80 万元，适用刑法第一百五十三条第二款的处罚规定认定为"情节严重"，在 3 年以上 10 年以下有期徒刑的范围内判处刑罚。

---

① 参见贺卫、胡春健、于爽、朱峰：《单位走私犯罪法律适用若干问题探讨》，载《政治与法律》第 2009 第 4 期，第 152 页。

第三章
妨害对公司、企业的管理秩序罪

第一节 妨害对公司、企业的管理秩序罪概述

一、妨害对公司、企业的管理秩序罪概念及构成要件

妨害对公司、企业的管理秩序罪，是指公司、企业违反公司法、企业法或者其他法律、法规的规定，妨害国家对公司、企业的管理制度和管理活动，侵犯公司、企业及其投资者和债权人的合法权益，破坏社会主义市场经济秩序，情节严重的行为。

本节主要罪名概况：

（一）虚报注册资本罪的概念和构成要件

虚报注册资本罪，是指在申请公司登记过程中，使用虚假证明文件或者采取其他欺诈手段虚报注册资本，欺骗公司登记主管部门，取得公司登记，虚报注册资本数额巨大、后果严重或者有其他严重情节的行为。

本罪是从《全国人民代表大会常务委员会关于惩治违反公司法的犯罪的决定》第1条的规定，吸收改为刑法的具体规定的。

虚报注册资本罪的构成要件是：

1. 本罪侵犯的客体是国家对公司的登记管理制度。本罪原适用于所有虚假出资的公司，但公司注册资本登记制度改革以后，虚报注册资本罪不再适用于实行注册资本认缴登记制的公司。

2. 客观方面表现为使用虚假证明文件或者采取其他欺诈手段虚报注册资本，欺骗公司登记主管部门，取得公司登记，虚报注册资本数额巨大、后果严重或者有其他严重情节的行为。

3. 犯罪主体为申请公司登记的个人或者单位。申请公司登记的个人，在有限责任公司中是指由全体股东指定的代表或者共同委托的代理人；在股份有限公司中，是指股份有限公司的董事长。申请公司登记的单位，是指申请设立有限责任公司和股份有限公司

的机构或者部门。

4. 主观方面由故意构成，而且只能是直接故意。间接故意和过失不构成本罪。

(二) 虚假出资、抽逃出资罪的概念和构成要件

虚假出资、抽逃出资罪，是指公司发起人、股东违反公司法的规定未交付货币、实物或者未转移财产权，虚假出资，或者在公司成立后又抽逃其出资，数额巨大、后果严重或者有其他严重情节的行为。

虚假出资、抽逃出资罪的构成要件是：

1. 本罪侵犯的客体是国家对公司的管理制度。

2. 客观方面表现为违反公司法的规定，未交付货币、实物或者未转移财产权，虚假出资，或者在公司成立后又抽逃出资，数额巨大、后果严重或者有其他严重情节的行为。

3. 犯罪主体为特殊主体。即公司的发起人或者股东，包括单位。

4. 主观方面由故意构成，过失不构成本罪。

(三) 欺诈发行证券罪的概念和构成要件

欺诈发行证券罪，是指在招股说明书、认股书、公司、企业债券募集办法等发行文件中隐瞒重要事实或者编造重大虚假内容，发行股票或者公司、企业债券、存托凭证或者国务院依法认定的其他证券，数额巨大、后果严重或者有其他严重情节的行为。

欺诈发行证券罪的构成要件是：

1. 本罪侵犯的客体是国家关于股票、债券等证券发行管理制度。犯罪对象是股票和公司、企业债券、存托凭证或者国务院依法认定的其他证券。根据公司法的有关规定，股份有限公司的股份采取股票的形式。

2. 客观方面表现为在招股说明书、认股书、公司、企业债券募集办法等发行文件中隐瞒重要事实或者编造重大虚假内容，发行股票或者公司、企业债券、存托凭证或者国务院依法认定的其他证券，数额巨大、后果严重或者有其他严重情节的行为。

"在招股说明书、认股书、公司、企业债券募集办法等发行文件中隐瞒重要事实或者编造重大虚假内容"，是指违反公司法、证券法和有关法律、法规规定，制作的招股说明书、认股书、公司、企业债券募集办法等发行文件的内容全部都是虚构的，或者对其中重要的事项和部分内容作虚假的陈述或者记载，或者对某些重要事实进行夸大或者隐瞒，或者故意遗漏有关重要事项等行为。"发行股票或者公司、企业债券、存托凭证或者国务院依法认定的其他证券"，是指已经实际发行了股票、债券等证券行为。如果没有实际发行股票、债券等证券，则不构成犯罪。"数额巨大"，应当以发行股票、债券等证券的面值金额计算。"后果严重"，是指造成了投资者或者其他债权人的重大经济损失，严重影响了债权人、投资人的生产、经营活动等情形。"其他严重情节"，是指除数额巨大和后果严重以外的其他扰乱金融和社会管理秩序的其他情节。

3. 犯罪主体为特殊主体，即法律规定有权发行股票、债券等证券的单位和个人，以及组织、指使实施本罪的控股股东、实际控制人。

4. 主观方面由故意构成，并以募集资金为目的。过失不构成本罪。

(四）违规披露、不披露重要信息罪的概念和构成要件

违规披露、不披露重要信息罪，是指依法负有披露义务的公司、企业向股东和社会公众提供虚假的或者隐瞒重要事实的财务会计报告，或者对依法应当披露的其他重要信息不按照规定披露，严重损害股东或者其他人利益，或者有其他严重情节的行为。

违规披露、不披露重要信息罪的构成要件是：

1. 本罪侵犯的客体是公司的信息披露制度。信息披露作为规制证券市场的一项重要法律制度，自产生以来，在保护投资者，保证证券市场高效运营，促进国民经济健康发展方面起到了巨大的推动作用，成为政府干预证券市场，进行宏观调控的重要工具。如果公司、企业披露的财会报告以及其他重要信息有虚假记载、误导性陈述或者重大遗漏，或者该披露的不披露，不仅会使社会公众作出错误判断，从而导致其利益受损，甚至可能影响社会稳定；也会在一定程度上妨害国家经济决策的正确制定，影响国民经济的良性发展。因此，世界各国的证券法毫无例外地确立了信息披露制度。依法负有信息披露义务的公司、企业信息公布的不对称性、信息获取的高成本性、不完全性等这些证券市场的内在缺陷，加之投资者行为的差异，会加剧证券价格对其基础价值的背离，导致"泡沫经济"，而"泡沫"的破灭终将使社会生产力遭到严重破坏。可见，信息披露制度的存在有其深厚的社会经济背景，是建立公平有序证券市场的内在要求。

2. 客观方面表现为向股东和社会公众提供虚假的或者隐瞒重要事实的财务会计报告，或者对依法应当披露的其他重要信息不按照规定披露，严重损害股东或者其他人利益，或者有其他严重情节的行为。"股东"，是指公司的出资人，既包括有限责任公司的股东，也包括股份有限公司的股东。"社会公众"，是指除股东以外的社会上的其他公民。"虚假的或者隐瞒重要事实的财务会计报告"，是指在财务会计报告中伪造、虚构并不存在的事实，如捏造某笔大宗交易或者隐匿、瞒报应该如实反映的重要事实，如隐瞒公司亏损状况，以此欺骗股东或者社会公众的行为。"依法应当披露的其他重要信息"，是指在依法发行股票、公司、企业债券以及发售基金份额时依法应当公告的招股说明书、债券募集办法、财务会计报告以及基金招募说明书、基金合同、基金托管协议等；在证券、基金份额上市交易前依法应当公告的上市公告书及有关信息，如公司的实际控制人、基金资产净值、基金份额净值等；以及证券、基金份额上市交易后依法应当持续披露的年度报告、中期报告、临时报告以及其他依法应当披露的重要信息。依法应当披露的其他重要信息的具体范围，应当依照公司法、证券法、证券投资基金法、银行业监督管理法等法律、行政法规的有关规定，以及国务院证券管理机构的有关规定作出认定。"不按照规定披露"，是指对依法应当披露的信息进行虚假记载，在信息披露中故意有重大遗漏、误导性陈述或者其他法律禁止的内容（如对证券投资业绩进行预测等）。"严重损害股东或者其他人利益"，主要是指使股东和社会公众的经济利益遭受严重损失。"其他严重情节"，是指多次进行虚假信息披露，多次对重要信息不予披露，对多项依法应当披露的重要信息进行虚假披露或者不予披露，因不依法披露信息造成严重后果等情形。

3. 犯罪主体为特殊主体，即依法负有信息披露义务的公司、企业，以及公司、企业的控股股东和实际控制人。

4. 主观方面出于故意。如果是因为过失导致财会报告失真的，不构成本罪。

（五）妨害清算罪的概念和构成要件

妨害清算罪，是指公司、企业进行清算时，隐匿财产，对资产负债表或者财产清单作虚伪记载，或者在未清偿债务前分配公司、企业财产，严重损害债权人或者其他人利益的行为。

妨害清算罪的构成要件是：

1. 本罪侵犯的客体是国家对公司的破产清算制度。公司、企业清算是公司、企业因解散、分立、合并或者破产，依照法律规定清理公司、企业的债权、债务的活动。由于清算活动与公司、企业、股东及其他债权人、债务人有着直接的经济利益关系，因此，清算活动必须严格依照法定程序和条件进行。

2. 客观方面表现为在公司、企业进行清算时，隐匿财产，对资产负债表或者财产清单作虚伪记载，或者在未清偿债务前分配公司、企业财产，严重损害债权人或者其他人利益的行为。"隐匿财产"，是指将公司、企业的财产予以转移、隐藏的行为。这里的财产既包括资金，也包括工具、设备等各种财物。"对资产负债表或者财产清单作虚伪记载"，是指公司、企业在制作资产负债表或者财产清单时，故意采取隐瞒或者欺骗等方法，对资产负债表或者财产清单进行虚报，以达到逃避公司、企业债务的目的。"在未清偿债务前分配公司、企业财产"，是指在清算过程中，违反法律规定，在清偿债务前，将公司、企业的财产予以分配。

3. 犯罪主体为特殊主体，即只有进行清算的公司、企业才能构成本罪的主体。

4. 主观方面由故意构成，过失不构成本罪。

（六）隐匿、故意销毁会计凭证、会计账簿、财务会计报告罪的概念和构成要件

隐匿、故意销毁会计凭证、会计账簿、财务会计报告罪，是指隐匿或者故意销毁依法应当保存的会计凭证、会计账簿、财务会计报告，情节严重的行为。

隐匿、故意销毁会计凭证、会计账簿、财务会计报告罪的构成要件是：

1. 本罪侵犯的客体是会计管理制度。犯罪对象是会计凭证、会计账簿、财务会计报告。依照会计法的规定，会计凭证、会计账簿、财务会计报告和其他会计资料，必须符合国家统一的会计制度的规定。任何单位和个人不得伪造、变造会计凭证、会计账簿及其他会计资料，不得提供虚假的财务会计报告。

2. 客观方面表现为隐匿或者故意销毁依法应当保存的会计凭证、会计账簿、财务会计报告，情节严重的行为。"隐匿"，包括转移、藏匿等行为。"故意销毁"，包括损坏、毁灭等行为。"会计凭证"，包括原始凭证和记账凭证。"会计账簿"，包括总账、明细账、日记账和其他辅助性账簿。会计账簿登记，必须以经过审核的会计凭证为依据，并符合有关法律、行政法规和国家统一的会计制度的规定。"财务会计报告"，由会计报表、会计报表附注和财务情况说明书组成。财务会计报告应当根据经过审核的会计账簿记录和有关资料编制，并符合会计法和国家统一的会计制度关于财务会计报告的编制要求、提供对象和提供期限的规定。

3. 犯罪主体为一般主体，包括自然人和单位。会计凭证、会计账簿、财务会计报告是会计核算的主要依据，但本罪的主体并不仅仅局限于财务会计工作人员。2002年1月14日，全国人大常委会法制工作委员会在《关于对"隐匿、销毁会计凭证、会计账簿、

财务会计报告构成犯罪的主体范围"问题的答复意见》中明确指出，根据全国人大常委会1999年12月25日《刑法修正案》第一条的规定，任何单位和个人在办理会计事务时对依法应当保存的会计凭证、会计账簿、财务会计报告，进行隐匿、销毁，情节严重，构成犯罪的，应依法追究刑事责任。

4. 主观方面由故意构成。司法实践中，行为人往往出于掩盖贪污、走私、偷税、骗取出口退税等犯罪行为，通过隐匿或者故意销毁会计凭证、会计账簿、财务会计报告等手段，毁灭罪证，以逃避刑法处罚。但不论出于何种目的，均不影响本罪的成立。

按照法律规定，隐匿、故意销毁会计凭证、会计账簿、财务会计报告的行为，除需具备以上构成要件外，还必须达到"情节严重"的程度，才构成犯罪。按照《最高人民检察院、公安部关于公安机关管辖的刑事案件立案追诉标准的规定（二）》[以下简称立案追诉标准（二）]第8条的规定，隐匿或者故意销毁依法应当保存的会计凭证、会计账簿、财务会计报告，涉嫌下列情形之一的，应予立案追诉：（1）隐匿、故意销毁的会计凭证、会计账簿、财务会计报告涉及金额在50万元以上的；（2）依法应当向监察机关、司法机关、行政机关、有关主管部门等提供而隐匿、故意销毁或者拒不交出会计凭证、会计账簿、财务会计报告的；（3）其他情节严重的情形。

（七）虚假破产罪的概念和构成要件

虚假破产罪，是指公司、企业通过隐匿财产、承担虚构的债务或者以其他方法转移、处分财产，实施虚假破产，严重损害债权人或者其他人利益的行为。

虚假破产罪的构成要件是：

1. 本罪侵犯的客体是公司、企业的破产管理制度

刑法第一百六十二条规定了妨害清算罪，对公司、企业在进行清算时，隐匿财产、对资产负债表或者财产清单作虚假记载或者在未清偿债务前分配公司、企业财产，侵害债权人或者其他人利益的行为，规定了刑事处罚。

2. 客观方面表现为公司、企业通过隐匿财产、承担虚构的债务或者以其他方法转移、处分财产，实施虚假破产，严重损害债权人或者其他人利益的行为

"隐匿财产"，是指将公司的财产隐藏，或者对公司、企业的财产清单和资产负债表作虚假记载，或者采用少报、低报的手段，故意隐瞒、缩小公司、企业财产的实际数额。"承担虚构的债务"，是指夸大公司、企业的负债状况，目的是造成公司资不抵债的假象。"以其他方法转移、处分财产"，是指在未清偿债务之前，将公司、企业财产无偿转让、以明显不合理的低价转让财产或者以明显高于市场的价格受让财产、对原来没有财产担保的债务提供财产担保、放弃债权、对公司财产非法进行分配等情形。根据企业破产法第三十三条第二项的规定，承认不真实债务的，也属实施虚假破产的行为之一。"实施虚假破产"，是虚假破产罪的核心构成要件。虚假破产实际上是一种破产诈欺行为，属于诈骗犯罪范畴。如果公司、企业虽有隐匿财产、承担虚构债务等逃避债务的行为，但并未实施虚假破产行为，且主观上也无实施虚假破产打算的，依法不构成犯罪。对公司、企业欠债不还的行为，可通过民事诉讼程序解决。

3. 犯罪主体为特殊主体，即实施虚假破产的公司、企业

4. 主观方面由故意构成，通常具有逃债的目的

过失不构成本罪。根据法律规定，虚假破产的行为，除需具备以上构成要件外，还

必须达到"严重损害债权人或者其他人利益"的程度，才构成犯罪。"严重损害债权人的利益"，是指通过虚假破产意图逃避偿还债权人的债务数额巨大等情形；"严重损害其他人的利益"，是指搞虚假破产造成公司、企业拖欠的职工工资、社会保险费和国家的税款得不到清偿，或者使公司、企业的其他股东的合法权益受到损害等情形。

（八）非国家工作人员受贿罪的概念和构成要件

非国家工作人员受贿罪，是指公司、企业或者其他单位的工作人员利用职务上的便利，索取他人财物或者非法收受他人财物，为他人谋取利益，数额较大的行为。

非国家工作人员受贿罪的构成要件是：

1. 本罪侵犯的客体公司、企业、其他单位的正常管理活动和职务行为的廉洁性、不可收买性

犯罪对象为索取或者非法收受他人的"财物"。"财物"包括货币、物品和财产性利益。财产性利益包括可以折算为货币的物质利益如房屋装修、债务免除等，以及需要支付货币的其他利益如会员服务、旅游等。后者的犯罪数额，以实际支付或者应当支付的数额计算。

2. 客观方面表现为利用职务上的便利，索取他人财物或者非法收受他人财物，为他人谋取利益，数额较大的行为

"利用职务上的便利"，是指公司、企业或者其他单位的工作人员利用自己或者与自己隶属、制约关系的单位其他人员主管、负责、承办单位某项事务的便利条件。"索取他人财物"，是行为人直接、公开或者通过暗示主动向他人索要财物。"非法收受他人财物"，是指行为人接受他人主动给予的财物。需要注意的是，与国家工作人员构成的"受贿罪"不同，不管是"索取他人财物"还是"非法收受他人财物"，构成"非国家工作人员受贿罪"都需要具备"为他人谋取利益"的要件。"为他人谋取利益"，既包括正当的利益，也包括不正当的利益。"为他人谋取利益"包括承诺、实施和实现三个阶段的行为，只要具备其中任何一项行为，即具备为他人谋取利益的要件。

3. 犯罪主体为公司、企业或者其他单位的工作人员

1997年刑法规定的非国家工作人员受贿罪的犯罪主体仅限于"公司、企业的工作人员"，后经过《刑法修正案（六）》将主体扩大到"其他单位的工作人员"。按照《最高人民法院、最高人民检察院关于办理商业贿赂刑事案件适用法律若干问题的意见》（以下简称办理商业贿赂刑事案件意见），"其他单位"，既包括事业单位、社会团体、村民委员会、居民委员会、村民小组等常设性的组织，也包括为组织体育赛事、文艺演出或者其他正当活动而成立的组委会、筹委会、工程承包队等非常设性的组织。其他单位不包括从事非正当活动的组织，也不包括个体工商户。"其他单位的工作人员"，主要是指医院、医疗机构、学校及其他教育机构、科研院所、出版社、报社、印刷厂、社会团体，以及村委会、居委会等单位中的非国家工作人员。依法组建的评标委员会、竞争性谈判采购中的谈判小组、询价采购中的询价小组的组成人员，在招标、政府采购等事项的评标或者采购活动中，索取他人财物或者非法收受他人财物，为他人谋取利益，数额较大的，以非国家工作人员受贿罪定罪处罚。此外，国有公司、企业以及其他国有单位中的非国家工作人员也属于该罪中规定的"公司、企业或者其他单位的工作人员"。

4. 主观方面由故意构成。过失不构成本罪

依照法律规定，索取或者非法收受他人财物的行为，除需具备以上构成要件外，还必须达到"数额较大"的程度，才构成犯罪。按照《最高人民法院、最高人民检察院关于办理贪污贿赂刑事案件适用法律若干问题的解释》（以下简称办理贪污贿赂刑事案件解释）第十一条规定，非国家工作人员受贿罪中的"数额较大"按照该解释关于受贿罪"数额较大"标准的2倍执行，即受贿6万元，才予以追诉。

（九）对非国家工作人员行贿罪的概念和构成要件

对非国家工作人员行贿罪，是指为谋取不正当利益，给予公司、企业或者其他单位的工作人员以财物，数额较大的行为。

对非国家工作人员行贿罪的构成要件是：

1. 本罪侵犯的客体是公司、企业或者其他单位的正常管理活动和社会主义公平竞争的交易秩序。

2. 客观方面表现为给予公司、企业或者其他单位的工作人员以数额较大的财物的行为。"财物"包括金钱和实物，也包括非财产性利益，如提供房屋装修、含有金额的会员卡、代币卡（券）、旅游费用等。具体数额以实际支付的资费为准。

3. 犯罪主体为一般主体，自然人和单位均可构成本罪的主体。

4. 主观方面由故意构成，且必须具有为自己（本单位）或者他人谋取不正当利益的目的。"谋取不正当利益"，是指谋取违反法律、法规、规章或者政策规定的利益，或者要求对方提供违反法律、法规、规章、政策或者行业规范的规定提供帮助或者方便条件。

（十）对外国公职人员、国际公共组织官员行贿罪的概念和构成要件

对外国公职人员、国际公共组织官员行贿罪，是指为谋取不正当商业利益，给予外国公职人员或者国际公共组织官员以财物的行为。

对外国公职人员、国际公共组织官员行贿罪的构成要件是：

1. 本罪侵犯的客体是公平竞争的社会主义市场经济秩序

2. 客观方面表现为给予外国公职人员或者国际公共组织官员以财物的行为

根据《联合国反腐败公约》第2条第2项的规定，"公职人员"系指外国无论是经任命还是经选举而担任立法、行政、行政管理或者司法职务的任何人员，以及为外国，包括为公共机构或者公营企业行使公共职能的任何人员。外国不仅限于"国家"，还包括从国家到地方的各级政府及其各下属部门，有时也包括任何有组织的外国地区或实体，比如自治领土或独立关税地区。根据《联合国反腐败公约》第2条第3项的规定，"国际公共组织官员"系指国际公务员或者经此种组织授权代表该组织行事的任何人员。国际公共组织官员主要包括两类：一是受国际组织聘用的国际公务员；二是虽没有受国际组织聘用，但受国际组织授权代表该组织行事的人员。

3. 犯罪主体为一般主体

自然人和单位均可以构成本罪，而且无论是具有中国国籍的自然人或者单位，还是外国国籍的自然人或者单位，只要其实施对外国公职人员、国际公共组织官员行贿之行为，又在我国刑事管辖的范围内，均可以成为本罪的主体。

4. 主观方面表现为故意,并且必须具有为谋取不正当商业利益的目的。谋取正当商业利益的,不构成本罪

按照办理商业贿赂刑事案件意见,"谋取不正当利益",是指行贿人谋取违反法律、法规、规章或者政策规定的利益,或者要求对方违反法律、法规、规章、政策、行业规范的规定提供帮助或者方便条件。

（十一）非法经营同类营业罪的概念和构成要件

非法经营同类营业罪,是指国有公司、企业的董事、经理利用职务便利,自己经营或者为他人经营与其所任职公司、企业同类的营业,获取非法利益,数额巨大的行为。

非法经营同类营业罪的构成要件是:

1. 本罪侵犯的客体是国有公司、企业的利益

2. 客观方面表现为利用职务便利,自己经营或者为他人经营与其所任职公司、企业同类的营业,获取非法利益,数额巨大的行为

"利用职务便利",是指行为人利用自己在国有公司、企业任董事,经理掌管材料、物资、市场、销售等便利条件。"自己经营",主要是指以私人名义另行注册公司或者以亲友名义注册公司;"为他人经营"主要是指在他人经办的公司、企业中入股进行经营的行为。"经营与其所任职公司、企业同类的营业",是指从事与其任职的国有公司、企业同种类的业务。行为人利用其在国有公司、企业任职所获得的经营方面的信息或者其他优势,使得自己经营的公司获利,损害国有公司、企业的利益。数额巨大,"是指通过上述手段,转移利润或者转嫁损失,获取了大量利润,国有公司、企业由此造成重大损失。"

3. 犯罪主体为特殊主体,即只有国有公司、企业的董事、经理才能构成本罪

4. 主观方面由故意构成,并且必须具有获取非法利益的目的,过失不构成本罪

依照法律规定,非法经营同类营业的行为,除需具备以上构成要件外,所获取的非法利益,必须达到"数额巨大"的程度,才构成犯罪。

（十二）为亲友非法牟利罪的概念和构成要件

为亲友非法牟利罪,是指国有公司、企业、事业单位的工作人员,利用职务便利,实施法定的背职经营,使国家利益遭受重大损失的行为。

为亲友非法牟利罪的构成要件是:

1. 本罪侵犯的客体是国家对国有公司、企业的监督管理制度和国有公司、企业、事业单位工作人员职务的廉洁性的监督。国有公司、企业、事业单位对国有资产负有经营、管理、保值增值的责任。如果这些单位的工作人员背职经营,势必干扰国家对国有公司、企业、事业单位的监督、管理,导致国有资产的流失。

2. 客观方面表现为利用职务便利,损公肥私,实施法定的背职经营的行为。背职经营的行为有以下三种:（1）将本单位的盈利业务交由自己的亲友进行经营,指行为人利用自己决定、参与经贸项目、购销往来的工作便利,根据掌握的市场行情,将可以盈利的业务项目交给自己的亲友经营;（2）以明显高于市场的价格向自己的亲友经营管理的单位采购商品或者以明显低于市场的价格向自己的亲友经营管理的单位销售商品;（3）向自己的亲友经营管理的单位采购不合格商品。背职经营的行为,必须使国家利益

遭受重大损失的，才能构成本罪。所谓使国家利益遭受重大损失，主要是指行为人转移国有公司、企业、事业单位的利润或者转嫁自己亲友经营的损失，数额巨大等情形。行为人只要实施了背职经营中的一种行为，就构成本罪；实施了两种以上行为的，仍为一罪，不实行并罚，量刑时可作参考。

3. 犯罪主体为特殊主体，即只有国有公司、企业、事业单位的工作人员才能构成本罪的主体；不具有上述身份的人，不能构成本罪的主体。

4. 主观方面由故意构成，过失不构成本罪。依照法律规定，为亲友非法牟利的行为，除需具备以上构成要件外，还必须是"使国家利益遭受重大损失的"，才构成犯罪。

（十三）签订、履行合同失职被骗罪概念和构成要件

签订、履行合同失职被骗罪，是指国有公司、企业、事业单位直接负责的主管人员，在签订、履行合同过程中，因严重不负责任被诈骗，致使国家利益遭受重大损失的行为。

签订、履行合同失职被骗罪的构成要件是：

1. 本罪侵犯的客体是国有公司、企业、事业单位的正常经营活动。

2. 客观方面表现为国有公司、企业、事业单位直接负责的主管人员，在签订、履行合同过程中，因严重不负责任被诈骗，致使国家利益遭受重大损失的行为。"严重不负责任"，是指行为人盲目轻信对方，不认真审查对方的合同主体资格、资信情况、履约能力、货源、合同标的的数量、质量等情况，导致被骗。在签订、履行合同过程中，因严重不负责任被诈骗的行为，只有致使国家利益遭受重大损失的，才构成本罪。这种损失应当是指数额巨大的财物被骗无法追回或者导致停产、濒临破产等情形。

3. 犯罪主体为特殊主体，即只有国有公司、企业、事业单位直接负责的主管人员才能构成本罪。《最高人民法院、最高人民检察院关于办理国家出资企业中职务犯罪案件具体应用法律若干问题的意见》（以下简称办理国家出资企业职务犯罪案件意见）第四条第一款规定："国家出资企业中的国家工作人员在公司、企业改制或者国有资产处置过程中严重不负责任或者滥用职权，致使国家利益遭受重大损失的，依照刑法第一百六十八条的规定，以国有公司、企业人员失职罪或者国有公司、企业人员滥用职权罪定罪处罚。"参照该规定精神，"国有公司、企业、事业单位"直接负责的主管人员，主要是指在国家出资企业（不限于国有独资公司、企业）中能够被认定为国家工作人员的直接负责的主管人员。所谓直接负责的主管人员，是指对签订、履行合同起领导、决策、指挥作用的单位有关负责人。

4. 主观方面由过失构成，故意不构成本罪。

（十四）国有公司、企业、事业单位人员失职罪的概念和构成要件

国有公司、企业、事业单位人员失职罪，是指国有公司、企业的工作人员，由于严重不负责任，造成国有公司、企业破产或者严重损失，致使国家利益遭受重大损失，或者国有事业单位的工作人员，由于严重不负责任，致使国家利益遭受重大损失的行为。

国有公司、企业、事业单位人员失职罪的构成要件是：

1. 侵犯的客体是国家对国有公司、企业、事业单位的资产管理制度。

2. 客观方面表现为国有公司、企业的工作人员，由于严重不负责任，造成国有公司、企业破产或者严重损失，致使国家利益遭受重大损失，或者国有事业单位的工作人员，

由于严重不负责任，致使国家利益遭受重大损失的行为。

3. 犯罪主体为特殊主体，即国有公司、企业、事业单位的工作人员。非国有公司、企业、事业单位的工作人员不构成本罪。办理国家出资企业职务犯罪案件意见第四条第一款规定："国家出资企业中的国家工作人员在公司、企业改制或者国有资产处置过程中严重不负责任或者滥用职权，致使国家利益遭受重大损失的，依照刑法第一百六十八条的规定，以国有公司、企业人员失职罪或者国有公司、企业人员滥用职权罪定罪处罚。"据此，国家出资企业中的国家工作人员均属本罪主体，而不以国有独资公司、企业的工作人员为限。

4. 主观方面由过失构成。

（十五）国有公司、企业、事业单位人员滥用职权罪的概念和构成要件

国有公司、企业、事业单位人员滥用职权罪，是指国有公司、企业的工作人员，因滥用职权，造成国有公司、企业破产或者严重损失，致使国家利益遭受重大损失，或者国有事业单位的工作人员，因滥用职权致使国家利益遭受重大损失的行为。

国有公司、企业、事业单位人员滥用职权罪的构成要件是：

1. 本罪侵犯的客体是国家对国有公司、企业、事业单位的资产管理制度。国有公司、企业、事业单位在我国国民经济和社会发展中占有举足轻重的地位，国有经济的不断发展、壮大，为国家经济建设、社会进步和人民群众生活水平的提高做出了巨大贡献。但是一个时期以来，一些国有公司、企业、事业单位中国家工作人员因滥用职权而导致国有资产大量流失，造成一些国有企业生产经营困难、出现亏损，甚至破产，严重影响经济发展和社会政治稳定。

2. 客观方面表现为国有公司、企业的工作人员因滥用职权，造成国有公司、企业破产或者严重损失，致使国家利益遭受重大损失，或者国有事业单位的工作人员因滥用职权，致使国家利益遭受重大损失的行为。"滥用职权"，是指行为人超越职权或者不正当行使职权。"职权"，是指国有公司、企业、事业单位的工作人员在其职务范围内处理公务的职责和权力。按照法律规定，滥用职权的行为，必须造成国有公司、企业破产或者国有公司、企业、事业单位严重损失，致使国家利益遭受重大损失，且破产或者损失结果的发生与滥用职权的行为之间必须存在刑法上的直接因果关系，才能构成本罪。

3. 犯罪主体为特殊主体，即国有公司、企业、事业单位的工作人员。根据相关司法解释，国家出资企业中的国家工作人员亦属于本罪主体。非国有公司、企业、事业单位的工作人员不构成本罪。

4. 主观方面一般由过失构成，但也不排除故意。这是因为：（1）根据刑法第十四条、第十五条的规定，在我国，判断罪过的形式是故意还是过失，应当以行为人对其所实施的行为会发生危害社会的结果所持的心理态度为标准。在我国的刑事立法中，结果犯一般都是过失犯罪。滥用职权行为本身往往是故意的，但对于危害社会结果的发生，即行为造成的严重后果，则往往持过失的心理态度。因此，《刑法修正案》规定，不论是严重不负责任还是滥用职权，都必须"造成国有公司、企业破产或者严重损失，致使国家利益遭受重大损失的"，才构成犯罪。（2）从处刑上看，国有公司、企业、事业单位人员失职罪与国有公司、企业、事业单位人员滥用职权罪均处三年以下有期徒刑，致使国家利益遭受特别重大损失的，处三年以上七年以下有期徒刑。滥用职权一般表现为积极的作

为，与严重不负责任的不作为相比，主观恶性更大，如果一为故意犯罪，一为过失犯罪，而处刑完全一样，显然违反了罪刑相适应的原则。

（十六）徇私舞弊低价折股、出售国有资产罪的概念和构成要件

徇私舞弊低价折股、出售国有资产罪，是指国有公司、企业或者其上级主管部门直接负责的主管人员，徇私舞弊，将国有资产低价折股或者低价出售，致使国家利益遭受重大损失的行为。

徇私舞弊低价折股、出售国有资产罪的构成要件是：

1. 本罪侵犯的客体是国家对国有资产的管理制度。

2. 客观方面表现为国有公司、企业或者其上级主管部门直接负责的主管人员，徇私舞弊，将国有资产低价折股或者低价出售，致使国家利益遭受重大损失的行为。

3. 犯罪主体为特殊主体，即只有国有公司、企业或者其上级主管部门直接负责的主管人员才能构成本罪。办理国家出资企业职务犯罪案件意见第四条第二款规定："国家出资企业中的国家工作人员在公司、企业改制或者国有资产处置过程中徇私舞弊，将国有资产低价折股或者低价出售给其本人未持有股份的公司、企业或者其他个人，致使国家利益遭受重大损失的，依照刑法第一百六十九条的规定，以徇私舞弊低价折股、出售国有资产罪定罪处罚。"据此，国家出资企业中的国家工作人员均属本罪主体，而不以国有独资公司、企业的工作人员为限。

4. 主观方面由故意构成，过失不构成本罪。

（十七）背信损害上市公司利益罪的概念和构成要件

背信损害上市公司利益罪，是指上市公司的董事、监事、高级管理人员违背对公司的忠实义务，利用职务便利，操纵上市公司进行不正当、不公平的关联交易等，致使上市公司利益遭受重大损失的行为。

背信损害上市公司利益罪的构成要件是：

1. 本罪侵犯的客体是上市公司及其股东的合法权益和管理秩序。近年来，一些上市公司的董事、监事、高级管理人员不但不遵守对其公司的忠实义务，反而利用自身职务便利，以无偿占有或者明显不公平的条件，操纵公司进行不正当的关联交易等非法手段，肆意侵占上市公司资产；还有一些上市公司的控股股东或者实际控制人，指使上市公司董事、监事、高级管理人员实施上述行为。"掏空"上市公司，是中国经济体制转轨和证券市场建设发展过程中较为特殊的现象。刑法修正将其纳入刑事打击范围，提高违法行为人违法成本，非常必要。

2. 客观方面表现为上市公司的董事、监事、高级管理人员违背对公司的忠实义务，利用职务便利，操纵上市公司从事下列行为之一，或者上市公司的控股股东、实际控制人，指使上市公司董事、监事、高级管理人员实施下列行为之一，致使上市公司利益遭受重大损失的：（1）无偿向其他单位或者个人提供资金、商品、服务或者其他资产的；（2）以明显不公平的条件，提供或者接受资金、商品、服务或者其他资产的；（3）向明显不具有清偿能力的单位或者个人提供资金、商品、服务或者其他资产的；（4）为明显不具有清偿能力的单位或者个人提供担保，或者无正当理由为其他单位或者个人提供担保的；（5）无正当理由放弃债权、承担债务的；（6）采用其他方式损害上市公司利益的。

3. 犯罪主体为特殊主体，仅限上市公司的董事、监事、高级管理人员、控股股东或者实际控制人。因此，这些特殊主体有一个共同的特点，就是对上市公司具有控制权或者重大影响力。上市公司的控股股东或者实际控制人是单位的，也可以构成本罪。依照公司法第一百二十条的规定，"上市公司"，是指其股票在证券交易所上市交易的股份有限公司。依照公司法第二百一十六条的规定，"高级管理人员"，是指公司的经理、副经理、财务负责人，以及上市公司董事会秘书和公司章程规定的其他人员。"控股股东"，是指其出资额占有限责任公司资本总额50%以上或者其持有的股份占股份有限公司股本总额50%以上的股东；出资额或者持有股份的比例虽然不足50%，但依其出资额或者持有的股份所享有的表决权已足以对股东会、股东大会的决议产生重大影响的股东。"实际控制人"，是指虽不是公司的股东，但通过投资关系、协议或者其他安排，能够实际支配公司行为的人。

4. 主观方面出于故意，过失不构成本罪。

二、妨害对公司、企业的管理秩序案件热点、难点问题

（一）虚报注册资本罪的司法认定

1. 虚报注册资本实行行为的认定

虚报注册资本是指行为人在申请公司登记时，使用虚假的证明文件或者采取其他欺诈手段夸大注册资本的数额，欺骗公司登记主管机关，取得公司登记的行为。行为人一般采用虚假的数额进行资本的注册登记，形式包括无资本而谎称有资本或者申报登记注册的资本数额多于其实有的资本。

在公司注册资本实行完全认缴制的情况下，由于法定缴纳出资期限不复存在，股东可以通过公司章程约定任意出资期限，实践中甚至已经出现了100年出资期限的案例。由于首次缴纳出资金额和期间的任意性，虚假出资的实行行为较之以往出现了较大变化。首先，实缴制下，超过法定出资期限，实缴注册资本不足法定注册资本最低限额有可能构成虚报注册资本，但是认缴制下，因为当事人可以在约定的任意时限内缴纳出资，未实际缴纳的行为成为一种合法合理的行为；其次，认缴制下股东仍然有出资并保证资本真实的义务，注册资本的真实就是认缴的真实，而以未得到股东实际认缴的资本额进行注册登记就是虚报资本，认缴资本制下的虚报不再是缴纳行为的虚假而是承诺认缴行为的虚假。譬如公司注册时，公司全体股东认缴的出资额为100万，而在进行公司注册时却将注册资本注册登记为200万，此时会出现100万认缴出资并无直接对应的股东。当公司财产不足以清偿全部债务时，尚未缴纳的出资应当作为公司偿债的资金来源，但是虚报的100万债务成为无头之债。

对于注册资本实缴制的公司，虚报注册资本的行为仍然表现为未实际缴纳资本，此时的真假表现为实际缴纳与否。目前，我国仍然实行注册资本实缴制的公司类型如下：第一，公司法第八十条规定的以募集方式设立的股份有限公司，注册资本为在公司登记机关登记的实收股本总额。这种公司形式也取消了最低注册资本的限制，但是需要在发行股份的股款缴足后，经依法设立的验资机构验资并出具证明。第二，法律、行政法规以及国务院对注册资本最低限额另有规定的，如商业银行法第十三条规定的商业银行最低注册资本的限制、证券法第一百二十七条规定的证券公司最低注册资本的限制等，这

些公司不仅仍有最低注册资本的限制，而且需要实际缴纳出资并验资。所以无论是实行注册资本实缴登记制的公司，还是实行没有最低注册资本限制的认缴制的公司，都会发生虚报注册资本的行为，只是二者的表现形态不同。注册资本实缴登记的公司虚报注册资本的行为并未发生变化，仍然是超过法定出资期限，实缴注册资本不足法定注册资本最低限额的行为；无最低注册资本限制的认缴制的公司虚报注册资本的行为则表现为承诺认缴行为的虚假。

2. 虚报注册资本罪的限缩适用

立案追诉标准（二）规定了虚报注册资本罪的具体追责标准，以便于明确该罪的适用范围。但是公司法修改后，虚报注册资本的实行行为已经较之以往大为限缩，该规定的适用范围亦应随之而限缩。

注册资本实缴制的公司在符合立案追诉标准的情形下，当然构成虚报注册资本罪，本文不再赘述。认缴制下，即便公司的股东延期缴纳或拒不缴纳其已经认缴的出资，也不构成虚假出资的行为。按照体系解释的方法，根据破产法第三十五条、《最高人民法院关于适用〈中华人民共和国公司法〉若干问题的规定（三）》第十三条第二款的规定，公司破产或者不足以清偿到期债务的，股东负有的仅是补足出资或者在未出资本息范围内承担补充赔偿责任，再结合全国人大关于刑法第一百五十八条的立法解释，该不缴或延缴行为不再承担刑事责任。但是认缴制下还有另外一种情形，即公司虚报承诺认缴的出资，该行为在符合立案追诉标准的情况下，仍然构成虚报注册资本罪。全国人大关于虚报注册资本罪的立法解释大大限缩了虚报注册资本罪的适用范围，是对注册资本认缴制下虚报注册资本的一种误读，应当对该立法解释加以完善，将认缴制下虚报认缴注册资本的行为纳入刑法规制范围。

（二）虚假出庭罪与相关罪名区分

1. 虚假出资罪与抽逃出资罪之区分

出资是公司发起人、股东最基本、最重要的义务，也是其取得股权的事实和法律依据。义务与权利是相对应的，发起人和股东享有股权的前提是履行了出资义务，否则将会受到相应惩罚。虚假出资是指公司发起人、股东违反公司法规定，未交付应当交付的出资额（含货币、实物）或者未办理出资额中的财产权转移手续的行为。虚假出资的关键在于假冒已缴足所应认缴的资本而并非认缴资本未缴足，即无代价或无对等价而取得股份，是一种不真实的转移行为或明显的欺诈行为。这种虚假出资的具体表现形式主要有未交付货币或实物、未转移财产权或者对财产权高估作价。以货币缴纳出资的发起人或股东未将足额货币按期存入公司在银行开设的账户或提供伪造、变造的金融票证，以实物等非货币形式出资的发起人或股东未转移财产权或者提交产权转移的虚假文件、对财产权高估作价或者将已作债务担保或没有支配权的实物作为自己的出资等。这种虚假出资具体可分为完全不履行、未完全履行和不适当履行等情形。抽逃出资是指公司的发起人或股东在公司成立后，违反公司法的规定又从公司注册资本中抽回自己出资额的全部或部分的行为。抽逃出资的表现形式为行为人将已存入银行的出资款取走、将股款支走、将已支付的实物取回或者将已转入到公司名下的财产权又转移出去；行为人以银行贷款或向其他企业拆借来的资金当作自己的出资，待公司成立后又归还他人；行为人采取隐瞒、藏匿的方法把公司财产转移到自己或亲友等转移人能够控制的领域，使公司失去对于该项财产或资金的控制，同时行为人继续持有公司股份；或者公司在没有盈利或者不符合法定分配利润的情况下强行以分配利润的名义抽走公司部分或全部出资。深究之，抽逃出资的前提是公司发起人或股东已经实际出资，否则没有出资或虚假出资的人根本无"资"可"抽"，如未实际出资的情况下抽资将构成职务侵占罪。这里的"实际出资"必须是一种合法与合理的出资。

既然抽逃出资是在公司成立之后，那么这里需明确公司法上公司成立和公司设立的区别，公司设立是指创办公司过程中一系列法律行为的总称。它有两个特征：一是设立作为一个期间存续，在这个时间过程中设立人必然会与其他相关主体产生一系列的法律关系，这就包括设立人之间、设立人与会计师事务所、设立人与第三人等。二是设立活动主要包括订立出资协议、缴纳出资、制定公司章程、组建公司机构、办理公司登记等一系列的法律行为。公司设立是公司成立的前提和准备阶段，而公司成立则是公司设立成功后的法律事实状态。公司成立是指公司根据公司法等相关法律规定实施设立行为以及完成申请设立登记的程序，经主管机关核准登记，发营业执照，取得法人资格的一种状态。公司设立与公司成立之间的区别：一是时间不同：前者必然于后者之前实施；二是性质不同：前者是一种事实状态，后者是一种合法状态即公司设立是一种兼具民事和行政双重性质的法律行为；三是法律主体和法律关系不同：设立人之间的合伙合同关系和设立人与第三人之间的关系，后者为公司股东间的关系、公司法人与股东间的关系以及公司和第三人之间的关系。另外，还需注意区分抽逃出资与公司发起人或股东向公司的合法借款行为、出资人合法转让股权行为、出资人依法撤回出资行为以及公司的合法减资行为。因而从上述虚假出资和抽逃出资的定义和特征中可以总结出虚假出资罪与抽逃出资罪的四点区别：第一，时间节点不同：前者一般发生在申请公司登记前或登记后约定的股份缴纳期间内（一般是两年），发生在公司成立之前；后者必然发生在公司成立之后。第二，表现形式不同：前者是没有出资或者没有按约定全额出资；后者是按照约定已经出资，但在公司成立后又将出资额全部或部分转移出去。第三，侵害法益不同：前者侵犯的法益是公司登记制度和其他股东的合法权益；后者侵犯的是其他股东权益和公司未来债权人的合法债权。第四，动机和目的不同：虚假出资行为人的目的是通过虚假出资骗取公司股份，动机往往是以最小出资额达到公司登记注册资本的最低要求；抽逃出资行为人的目的是将出资抽回挪作它用而并非拥有公司生产经营，动机往往是为了逃避债务或者诈骗。

这里有一个重要问题需厘清，即公司发起人或股东在公司注册登记时用贷款或者借款来作为货币出资额是构成虚假出资罪还是抽逃出资罪？持肯定说观点学者认为，虽然公司法未作明确规定，从公司注册资本规定最低限额和时间的立场来看是为了公司债务提供担保，股东若以贷款或借款用作出资额，将会使公司债权人的合法权益维护处于虚置状态，这有违公司资本的应有之义。但持否定说观点的学者则认为，公司法并没有明确规定股东现金出资不能来自于贷款或借款，股东的贷款或借款虽然属于个人贷款或借款，但货币属于种类物而非特定物，股东对贷款或借款具有所有权，只要出资形式符合公司法并已经真实转移，就可以作为注册资本的组成部分，并不影响部分出资成为公司债务担保。因而，以合营一方名义借贷现金而后投入公司的，并不构成虚假出资罪。对于上述两种观点笔者倾向于第二种观点，的确，基于货币的种类属性，无论是借款还是贷款都不能否定公司发起人或股东对资金占有或所有的真实性与合法性，这也包括资金在公司登记后被立刻转移也不能否认，即不能认为是一种虚假出资行为，只能认定为抽逃出资行为。例如，从银行贷款100万元，在公司成立后抽出50万元先偿还贷款的行为不能认定为虚假出资，而是属于抽逃资金，应以抽逃出资罪论处。

2. 虚报注册资本罪与虚假出资罪之区分

虚报注册资本是指申请公司登记使用虚假证明文件或采取其他欺诈手段虚报注册资本，欺骗公司登记主管部门，取得公司登记，虚报注册资本数额巨大、后果严重或有其他严重情节的行为。这里需要把握行为人的主观心态即行为人明知实缴的出资额或实收的股本总额低于公司法所要求的注册资本额，仍然采取隐瞒事实或虚构事实的方式以骗取公司登记主管部门的形式性审核，进而取得公司登记的主观心理状态。虚假出资是指公司发起人、股东违反公司法规定，未交付应当交付的出资额（含货币、实物）或者未办理出资额中的财产权转移手续的行为。虚假出资的关键在于假冒已缴足所应认缴的资本而并非认缴资本未缴足，即无代价或无对等价而取得股份，是一种不真实的转移行为或明显的欺诈行为。这种虚假的表现形式主要体现于未交付货币或实物、未转移财产权或者对财产权高估作价。

虚报注册资本罪与虚假出资罪主要有六点不同：第一，犯罪主体不同：前者是申请公司登记的自然人和单位，主要表现为申请设立公司登记的代表或者共同委托的代理人，实施的是代表公司的整体行为；后者是公司发起人、股东，实施的是个体行为。但二者有时存在交叉情形，尤其在设立"空壳公司"上表现的尤其明显。第二，侵犯法益不同：前者实质侵害的是未来债权人的合法利益以及公司登记制度；后者侵害的是公司、其他股东和未来债权人的利益以及公司出资制度。第三，客观行为不同：前者表现为使用虚假证明文件或者采取其他欺诈手段虚报注册资本，欺骗公司登记主管部门而取得公司登记许可；后者则表现为未交付货币、实物或者未转移财产权而取得公司股份权利。第四，行为发生时间不同：虚假出资行为一般发生在公司成立之前，但不排除公司成立后的存续期间，即通过发行新股或者增加新股东、原股东增加出资额以增加公司资本额过程中也可能存在虚假出资行为；但虚报注册资本是发生在公司成立之前，一旦公司注册成功，就不具备虚报注册资本的可能。第五，行为关系不同：前者发生于申请登记公司人与工商管理机关之间，是一种对外行为，欺骗的是公司登记管理机关；后者发生于公司发起人、股东个人与公司之间，是一种对内行为，欺骗的是其他发起人和股东。第六，侧重点不同：前者侧重于公司发起人或股东整体，公司虚报注册资本全体股东或发起人是知情的；后者侧重于公司发起人或者股东个体，一般情况下，个体虚假出资其他股东或发起人并不知情。例如，如果行为人虚假出资行为并未欺骗公司其他股东，而只是以虚假出资的方法实现虚报注册资本骗取公司登记的，其行为应以虚报注册资本罪定罪；如果行为人欺骗公司其他股东虚假出资，其他股东在不明真相的情况下申请公司登记并取得公司登记，尽管公司出资中有虚假成分，但因申请人不明知而不成立虚报注册资本罪，只应认定为虚假出资罪一罪。

2. 虚报注册资本罪与虚假出资罪之间法条竞合还是想象竞合辨析

实际上虚报注册资本罪与虚假出资罪并非能够截然分开，二罪都存在虚假出资问题、都有可能侵犯债权人的合法利益；另外，如果申请公司登记的人与虚假出资的股东系同一单位或个人则两罪的主体相同。基于此，对虚报注册资本罪与虚假出资罪之间的竞合是法条竞合还是想象竞合存在争议，由于这两种竞合各自所体现的处罚特性不同（想象竞合犯是择一重罪处罚，而法条竞合并非如此），因而必须厘清虚报注册资本罪和虚假出资罪的竞合关系。法条竞合是指行为人实施一个行为同时符合数个法条规定的犯罪构成，但从数个法条之间的逻辑关系来看，只能适用其中一个法条，当然排除适用其他法条的情况。陈兴良教授指出："法条竞合的法律本质是法条所规定的犯罪构成要件的竞合。每个犯罪都有独立的犯罪构成，但每个犯罪的构成又不是互相完全无关的，在许多情况下存在从属或者交叉的关系。"之所以出现这种情形主要在于犯罪行为表现的复杂性和叠加性，从而导致刑事立法的错综复杂。从外面上看似乎符合数个犯罪构成要件——即虽有想象竞合式的外观——但在规定的性质上则符合了一方面的构成要件就要排斥另一方面。德国学者克鲁格式认为，法条竞合所涉及的各构成要件之间存在同一、异质、包摄与交叉关系，但他认为异质和同一关系并无法条竞合关系，因而法条竞合仅存在包摄和交叉关系。而想象竞合是指一个罪名触犯了数个罪名的情况。这里"一个行为"并非是一个物理意义上的动作而是规范意义上的一个行为，即可以独立符合犯罪构成的一个行为，触犯数个罪名一般是指异种罪名而并非同种罪名。法条竞合和想象竞合的区别在于：法条竞合只侵害了一个法益，它的存在不取决于具体案情，而是两个条文之间客观存在竞合关系即这种竞合关系存在于犯罪发生之前，它们之间是一种静态关系，因而法条竞合是一个法律问题。而想象竞合只有根据具体的案情才可能出现，且客观上侵害两个以上的法益，因而想象竞合是一个事实问题。在掌握法条竞合和想象竞合区别时应把握如下原则："一行为违反了数条相互之间不能通过法条竞合排除的刑法规定，就构成想象竞合或者一罪。"直言之，当一行为触犯的两个法条之间存在罪名之间的从属或者交叉逻辑关系时为法条竞合，反之则为想象竞合。具体分析虚报注册资本罪与虚假出资罪，虚报和虚假都是一种欺骗手段，虚报注册资本骗取公司登记往往是虚假出资的一种后果，而虚假出资又往往是虚报注册资本的一种手段，不过都是为了将不充足的注册资本冒充为充足的注册资本以此换取验资机构出具的验资证明。但无论是否存在这种虚报与虚假的具体行为，都可以从法条上对比出这种资本的不真实性，只不过欺骗的对象存在差异，因而他们的行为方式存在交叉；但却无法做到符合一个行为触犯两个罪名的想象竞合犯的犯罪构成，因为二罪的目的、侵害法益、对象存在不同。由于"欺骗手段和注册资本"是两罪的核心关键词，因而当实施一个行为时，只能是非此即彼的排斥关系，而不可能是既彼也此的共存关系，这就排除了二罪是想象竞合犯的情形。可以说，两罪之间是一种交叉而非包容的法条竞合关系，交叉的法条竞合是指一个罪名的外延与另一个罪名的外延的一部分交叉。基于禁止行为重复评价这一基本原则，法条竞合的处罚原则往往坚持特别法优于普通法、重法优于轻法的原则进行定罪量刑，因而当虚报注册资本罪与虚假出资罪法条竞合时，应以虚假出资罪论处。

（三）欺诈发行证券罪的认定

欺诈发行证券罪作为证券类犯罪的基本类型，不可否认其具有鲜明的金融犯罪性质。该罪虽然规定在刑法分则第三章"破坏社会主义市场经济秩序罪"的"妨害对公司、企业的管理秩序罪"一节，但是，值得注意的是，刑法分则的章节安排是自1997年刑法确定以后沿用至今，不可避免地带有当年证券发行"核准制"乃至"审批制"时代的行政色彩，重视国家在证券发行中进行管理的秩序利益。从刑法分则的罪名体系来看，其他证券类犯罪的罪名如"擅自发行股票、公司、企业债券罪""内幕交易、泄露内幕信息罪""操纵证券、期货市场罪"等均位于第三章"破坏金融管理秩序罪"一节，从体系性解释的角度，应当认为本罪同属金融犯罪。

在金融市场由管制型金融走向监管型金融的大背景下，根据目的解释的要求，法益内容应当随着社会发展情势变迁而不断更新。注册制改革弱化了国家对公司、企业证券发行的审批和审核权力，放宽了市场准入条件。同理，国家"对公司、企业的管理秩序"也不再能够妥当地概括欺诈发行证券罪的不法本质。应当还原欺诈发行证券罪作为金融犯罪的性质。质言之，在本罪的法益界定上，必须承认其具有金融犯罪的面向。

不过，如果承认欺诈发行证券罪具有金融犯罪的面向，往往容易进一步陷入财产犯罪的窠臼。鉴于本罪的金融犯罪性质，以及发行手段的欺骗性，其与第三章第五节规定的"金融诈骗罪"亦有相似之处：行为人是通过欺诈的手段达到非法上市目的，使被害人陷于认识错误，并最终遭受了财产损失，似乎可以视为一种金融诈骗罪；而金融诈骗罪与合同诈骗罪、诈骗罪之间，传统上承认其具有法条竞合关系。因此，在理解欺诈发行证券罪的罪质时，往往容易套用财产犯罪的理论模式。这或许正是诸论者将"投资者的财产利益"作为本罪保护法益的内驱力。其实，欺诈发行证券罪虽然属于金融犯罪，但与金融诈骗罪、合同诈骗罪甚至普通诈骗罪存在重大区别。这主要体现为如下几点。

首先，在注册制下，发行人的"欺诈发行"手段所欺骗的对象，不是证券审查机关，而是投资者。且不论注册制下已经取消作为证券审查机关的"发审委"，即使行政机关仍然承担监管职责，由于在发行环节不对证券好坏进行实质审查，也无从成为被欺骗的对象。换言之，只要证券符合了基本的发行条件，就不可能存在对行政机关的欺骗。据此，本罪属于"三角诈骗"的观点首先应当被否定。实际上，"欺诈发行"手段所欺骗的对象仍然是投资者，当国家强制发行人披露证券信息时，如果发行信息存在隐瞒或虚构的情形，投资者难以获知上市公司和证券质量的真实情况，因而陷于认识错误，也就是所称的"被骗"。确定被欺骗的对象是投资者这一点，是展开后述分析的前提性条件。

其次，发行人的欺诈事项不直接指向与财产有关的实质事项，发行人通常不具有非法占有目的。由于被欺骗的对象是投资者，因此，即便套用财产犯罪模式加以分析，也必须从投资者所遭受的投资损失出发展开思考。问题在于，发行人的欺诈事项与财产损失并不具有直接关联性，或者说，并非直接指向财产的实质事项。例如，发行人在申请文件中虚构近三年的营业收入；通过虚增广告投入以抵消负债数额；隐瞒诉讼事项或控股股东最近三年存在贪污、贿赂刑事犯罪的情况，等等。这些事项虽与投资者的投资决策密切相关，影响投资者的未来价格预期，但与证券价格波动或投资的实际收益并不必然相关。诈骗罪传统上要求被害人必须对财产事项陷入了法益关系错误，才是诈骗罪中适格的"错误"，而投资者对公司发展前景、营业收入、股东个人情况等方面的错误显然并非法益关系错误。此外，发行人通常不具有非法占有目的，即使发行人通过欺诈手段发行证券，上市后如能正常盈利，仍可正常分红，对投资者不会造成财产损害。因此，发行人充其量仅具有非法筹集资金的目的，因而与非法吸收公众存款罪有相似之处。不过，上市公司通常属于具有资质的、符合发行条件的公司，从事实际的生产经营业务，虽有欺诈，仍然经过了正规的注册批准发行程序，这一点决定了"欺诈发行"也不可能成立非法吸收公众存款罪。

再次，"欺诈发行"的行为手段与投资者的财产损失之间不具有明晰的事实因果关系。这一点最为重要。从行为方式来看，本罪并不像诈骗罪那样，直接通过虚构与财产有关的事实，使得投资者自愿交付财物，从而遭受投资损失。一方面，投资者的未来预期收益本就是不可预测的随机性数值。投资者基于对上市公司盈利能力的信任购买股份进行投资，但股价受多种因素的影响，不仅仅取决于公司本身的运营情况，还有国际环境、国家调控政策、行业发展前景等一系列因素。即使公司如实披露了相关信息，经营状况良好、没有欺诈，也可能因股价暴跌而导致投资者的财产损失；反之，即使公司在上市过程中实施了欺诈，如果由于利好效应股价上涨，投资者反而能够获取意想不到的高收益。换言之，即使发行人对所有公司证券信息均如实披露，也不能作为投资者未来获取巨额收益的保证，充其量只能提供一种模糊的、不确定的收益预期。谁也无法保证投资者的资金一定能取得预期的回报，且确定不会遭受财产损失。这与古玩交易市场以及银行定期储蓄都有很大区别，后者即使具有一定的投资风险，但财产得失明显相对确定。从这个意义上来讲，"欺诈发行"的行为手段与投资者的财产损失之间的事实性因果关系（即"没有前者就没有后者"的条件关系）无法证明。另一方面，投资者虽然自愿进行了投资，但并不意味着其自愿交付了财产。投资者基于还本分红的预期交付财产，其在交付财产的时点，虽然认识到具有投资失败而血本无归的极高可能性，却并未确切认识到自己已经实际遭受了财产损失，处分意思的确定成为问题。这一特点也不符合诈骗罪中"自愿交付财产"的构成要件。

最后，本罪对数额等要素的具体规定也体现出超越个体财产犯罪的特征。例如，本罪的成立不以给投资者造成具体的财产损失为前提。即使投资者并未遭受财产损失，也不影响构成要件符合性。在立案追诉标准（二）中，并未将投资者的财产损失作为本罪立案标准。

基于上述分析，可以明确：欺诈发行证券罪不符合诈骗罪的基本构成要件，在实施欺诈行为、被害人陷入认识错误与被害人自愿交付财物、遭受财产损失之间缺少确定的、事实性的因果关系，因而与结构相似的诈骗罪之间存在根本性区别，不具有侵财犯罪的性质。由此，两罪也不可能具有法条竞合关系。那么，将投资者的财产利益作为本罪保护法益，其合理性便值得怀疑。对于非诈骗型的金融犯罪，则更是如此。对于欺诈发行证券罪而言，不仅要明确其作为金融犯罪的性质，而且要明确其财产犯罪性质。

（四）妨害清算罪与职务侵占罪的区别

1. 犯罪主体不同。本罪主体为正在进行清算的公司、企业，是单位犯罪，而职务侵占罪的主体是公司的人员，包括董事、监事、经理及一般工作人员均可成为犯罪主体，是自然人犯罪。

2. 犯罪的主观目的不同。本罪的目的是逃避公司、企业债务，而职务侵占罪的目的则是为了非法占有公司财产。

3. 侵犯的客体不同。本罪侵犯的是公司、企业清算制度和债权人及其他人的利益，而职务侵占罪所侵犯的客体是公司、企业财产权及股东的利益。

4. 客观方面不同。本罪表现为在公司、企业清算期间，隐匿财产、在资产负债表或财产清单上虚伪记载或者在未清偿债务前分配公司、企业财产，严重损害债权人及其他人利益的行为。职务侵占罪则表现为公司、企业或其他单位的人员，利用职务上的便利，将本单位财物非法占为己有，数额较大的行为。

（五）虚假破产罪与相关涉破产犯罪的区分

根据立法时间和法条排列顺序，妨害清算罪，隐匿、故意销毁会计凭证、会计账簿、财务会计报告罪，虚假破产罪分别规定在刑法第一百六十二条、第一百六十二条之一、第一百六十二条之二。此种条文排列，表明各个法条相互独立，属于不同的犯罪。又因它们与破产犯罪相关，最为接近，故作邻近排列。虽然三者量刑方面完全相同，均为"处5年以下有期徒刑或者拘役，并处或者单处2万元以上20万元以下罚金"，但在刑事司法实务中，应当以罪定刑，区分此罪与彼罪十分重要。

1. 虚假破产罪与妨害清算罪辨析

根据刑法第一百六十二条的规定，妨害清算罪是指公司、企业进行清算时，隐匿财产，对资产负债表或者财产清单作虚伪记载或者在未清偿债务前分配公司、企业财产，严重损害债权人或者其他人利益的行为。虚假破产罪与妨害清算罪的相同之处有：犯罪主体都是公司、企业；行为模式中均包括隐匿财产；都属于结果犯，需要严重损害债权人或他人利益；对单位均不处罚，处罚的是直接负责的主管人员和其他直接责任人员。

虚假破产罪与妨害清算罪的不同点在于：一是犯罪行为方式存在不同。虚假破产罪除隐匿财产外，还包括通过承担虚假债务或者以其他方式转移财产、处分财产，实施虚假破产。妨害清算罪则是公司、企业进行清算时，除隐匿财产外，还包括对资产负债表或者财产清单作虚伪记载或者在未清偿债务前分配公司、企业财产。二是犯罪时间限定不同，这也是二者最重要的区别。虚假破产罪主要规制进入破产程序之前的虚假破产行为，妨害清算罪发生在清算期间，一般认为，清算期间从清算组依法成立时起至剩余财产分配完毕之时止，即清算结束。

2. 虚假破产罪与隐匿、故意销毁会计凭证、会计账簿、财务会计报告罪辨析

一些企业主认为如果移交账簿，法院将会通过审计追查其违法违规行为，因此往往采取隐匿、故意销毁会计凭证、会计账簿、财务会计报告的手段，规避清算，以达到逃废债的目的。实践中，作为刑事诉讼前端的公安机关对于该罪理解较严，如认为在证明存在账册的同时，还必须证明有隐匿等行为。而事实上，隐匿更多属于一种消极的行为，是一种状态，区别于故意销毁等积极行为，比较难以证明。

虚假破产罪与隐匿、故意销毁会计凭证、会计账簿、财务会计报告罪的不同之处在于：一是发生时间段的不同，虚假破产罪针对进入破产程序之前的虚假破产行为，后者在公司、企业经营、清算或破产各个阶段均可发生；二是犯罪行为方式的不同，详见法条罪状表述；三是责任主体的不同，虚假破产罪只处罚行为人个人，实行"单罚制"，而后者若构成单位犯罪的，实行"双罚制"。

3. 关于犯罪竞合的处理

若行为人实施了虚假破产犯罪行为，且实行行为终了，没有延续到破产程序中，但在破产清算程序中又实施了隐匿财产、对资产负债表或者财产清单作虚伪记载等妨害清算行为，且分别符合虚假破产罪、妨害清算罪构成要件的，因在破产前后两个阶段实施，不存在牵连或者竞合关系，应当数罪并罚。如果妨害清算行为系虚假破产行为自然延续的，则以虚假破产罪定罪从重处罚。

此外，隐匿、故意销毁会计凭证、会计账簿、财务会计报告行为可能发生在清算过程中，也可能发生在虚假破产过程中。如果查明行为人隐匿、故意销毁会计凭证、会计

账簿、财务会计报告的目的是妨害清算或者虚假破产的，则前者是手段，后者是目的，属于牵连犯，从一重罪处断。又因它们的刑罚相同，故应当根据其目的犯罪即妨害清算罪或虚假破产罪定罪处罚。

（六）非国家工作人员受贿罪与职务侵占罪的区别

非国家工作人员受贿罪与职务侵占罪，都是公司、企业或者其他单位的工作人员利用职务便利实施的数额较大以上的贪利性犯罪，其主要区别在于：

一是从犯罪客体看，前者属于渎职型犯罪，侵犯的客体是非国有公司、企业或者单位的正常管理秩序和社会公平竞争的交易秩序，规定在破坏社会主义市场经济秩序罪中；后者属于财产型犯罪，侵犯的客体是非国有公司、企业或单位的财产所有权，规定在侵犯财产罪中。

二是从客观方面看，前者表现为以职务行为或者承诺职务行为为条件，索取他人财物或者非法收受他人财物为他人谋取利益，或者在经济往来中违反规定收受回扣、手续费归个人所有，本质上是一种职权与利益的交易行为；后者表现为利用自己主管、管理、经营、经手本单位财物的便利条件，采用侵吞、窃取、骗取等手段，将本单位财物化为自身私有的行为。

三是从主观故意的具体内容上看，前者不仅有利用职务便利非法占有他人财物的直接故意，还有为他人谋取利益的故意；后者只有非法占有本单位财物的故意，即意图在经济上取得占有、收益、处分等权利。

两罪的关键区别是犯罪对象不同。非国家工作人员受贿罪的犯罪对象是他人给付的财物、回扣以及手续费，获取的财物是第三方送予的，不属于本单位所有；而职务侵占罪以非法占有本单位财物为典型特征，犯罪对象既包括本单位所有的财物，也包括本单位依照法律规定或契约约定临时管理、使用或运输的他人财物。这里的财物既包括金钱和实物，也包括财产性利益等。因此，查明所获财物的性质和归属，对于准确区分两罪是至关重要的。

在实践中，两罪比较容易发生混淆的情形是在经济往来中收取回扣或手续费的情况。区分的要点是：这笔钱是对方给谁的？如果是给单位的，工作人员收取而不上交，就构成职务侵占；如果是给予工作人员本人的，则构成非国家工作人员受贿。

（七）为亲友非法牟利罪与贪污罪的关系

为亲友非法牟利罪和贪污罪的主体都可以是国有公司、企业、事业单位的工作人员，二者都是利用职务便利实施，当国有公司、企业、事业单位工作人员利用职务便利，与他人合谋侵占本单位财物时，就可能涉及为亲友非法牟利罪与贪污罪的界限。具体存在三种情况：其一，行为只构成为亲友非法牟利罪，不构成贪污罪；其二，行为只构成贪污罪，不构成为亲友非法牟利罪；其三，行为同时构成为亲友非法牟利罪和贪污罪。没有争议的是，当行为同时构成两罪时，属于想象竞合犯，应当选择处罚较重的罪名定罪处罚，但问题是如何判断行为是构成贪污罪还是为亲友非法牟利罪？对此问题，理论探讨不多，但司法实践中则经常遇到。实践中区别为亲友非法牟利罪与贪污罪，需要注意以下几方面问题。

第一，注意区别是否为盈利"业务"。只有将本单位的盈利"业务"交由亲友经营的，才构成为亲友非法牟利罪。盈利业务是指能为单位产生经济效益，获得利润的业务。这里的业务是指经营性事务，本单位赖以从该事务的经营过程中获得利润。因此，将本单位的基建工程承包给自己亲友施工建设的，不属于为亲友非法牟利。

第二，注意判断是否真正为"亲友经营管理的单位"。不论是高价购买商品，还是低价销售商品，相对方必须是亲友经营管理的单位。这里的经营管理既指对公司、企业的宏观决策、具体运营的支配等一般意义上的经营管理，也应扩大解释包括属亲友所有但不直接参与经营管理。但是，该公司、企业必须是在购买、销售、采购事项发生之前就已经存在并平稳运行的单位，而非为该购买、销售、采购事项而专门成立的公司、企业等单位。否则，该购买、销售、采购商品的行为就可能构成贪污罪，而非为亲友非法牟利罪。

第三，注意判断行为人是为亲友牟利还是借亲友之名为自己牟利。行为人向亲友经营管理的公司、企业高价购买或低价销售商品，既可能是为亲友牟利，也可能是借亲友经营管理的公司套取本单位财物非法占为己有。一般情况下，这可以从财物的最终流向进行判断。如果行为人与其亲友事先商定，欲借其经营管理的公司套取本单位财物归自己所有，仅给其亲友一些好处费，或将套取的财物按一定比例分配，都应认定为贪污。反之，行为人仅向自己亲友经营管理的公司高价购买或低价销售商品，其亲友无论是事前还是事后给予一定好处费，都应当以为亲友非法牟利罪定罪，当然，收取好处费的行为可能另外构成受贿罪。

（八）非法经营同类营业罪与相关罪名区分

1. 非法经营同类营业罪与贪污罪的界限

本罪与贪污罪的主体有重合之处，国有公司、企业的董事、经理都可以成为两罪的主体，客观方面都要求利用职务上的便利并获取一定数额的非法利益，主观方面均为直接故意。两罪的区别有：第一，客体不同，本罪侵犯的客体为国有公司、企业的正常管理秩序和利益，而贪污罪侵犯的客体为国家工作人员的职务廉洁性和公共财产的所有权。第二，客观方面不同，主要是两罪获取非法利益的手段及非法利益的性质明显不同，本罪获取非法利益的手段表现为自己经营或者为他人经营与其所任职公司、企业的同类营业，即所获取的非法利益是通过经营产生的，而非现存的已经属于公有的财物；而贪污罪获取非法利益的手段表现为侵吞、窃取、骗取或者其他手段，获取的是已经属于公有的财物。第三，主体范围不同，本罪主体为国有公司、企业的董事、经理，而贪污罪的主体为国家工作人员以及受国家机关、国有公司、企业、事业单位、人民团体委托管理、经营国有财产的人员，后罪的主体范围更加广泛。第四，主观目的不同，本罪的主观目的是通过非法经营同类营业获取非法利益，而贪污罪的主观目的是通过各种手段非法占有公共财物。

在司法实践中，本罪与贪污罪的界限，主要涉及如何区分非法经营同类营业行为与截留国有财产的贪污行为的问题。而非法经营同类营业行为有两种行为形态：一种是横向竞争行为，即行为人的经营行为与其任职国有公司、企业的经营行为在市场机会、市场价格等方面进行竞争。也就是国有公司、企业生产、销售或服务什么，国有公司、企业的董事、经理就兼职生产、销售或服务什么，然后利用职务便利将任职国有公司、企业的商业机会交给兼营公司、企业进行经营，或者以任职国有公司、企业的名义为兼营公司、企业谋取属于任职国有公司、企业的商业机会，获取非法利益。另一种是纵向竞争行为，即行为人的经营行为与其任职国有公司、企业的经营行为形成纵向关系的竞争。也就是国有公司、企业的董事、经理利用职务便利，将其任职国有公司、企业的购销业务的商业机会交给经营同类营业的兼营公司、企业经营，兼营公司、企业通过低进高出方式获取属于国有公司、企业的经营利润。由于纵向竞争关系的非法经营同类营业行为是通过获取购销差价来获取非法利益的，所以实践中将之称为获取购销差价的非法经营同类营业行为。

2. 非法经营同类营业罪与为亲友非法牟利罪的界限

本罪与为亲友非法牟利罪都属于妨害公司、企业管理秩序的犯罪，两罪有相似之处：犯罪客体都侵害了国有公司、企业的正常管理活动和利益，客观方面都利用了职务便利，主体都可以由国有公司、企业的董事、经理构成，主观方面均为直接故意。本罪与为亲友非法牟利罪存在以下区别。第一，客观方面不完全相同，虽然两罪都要求利用职务便利，但是本罪无论是为自己经营还是为他人经营，都必须有亲自经营行为，而后罪只要求主体提供职务便利即可，不要求亲自经营，具体经营行为由其亲友进行；本罪要求非法经营的是同类营业，而后罪没有这一方面的要求；本罪的非法经营行为一般具有长期性、规模性、交易经常性等特点，而不是一次性的买或者卖，而为亲友非法牟利罪，实践中大部分进行的是一种短期的购买、销售商品的行为，或者偶尔将盈利业务交给亲友进行经营。第二，追诉标准不同，本罪主体只有获取了数额巨大的非法利益才构成犯罪，不要求是否给国有公司、企业造成损害，而为亲友非法牟利犯罪以给国家利益造成重大损失为定罪条件，行为人或者其亲友是否获利不影响定罪。第三，利益归属不同，本罪由行为人获取非法利益，而后罪由行为人的亲友获取非法利益。第四，主观目的不同，本罪以获取非法利益为目的，而后罪以为亲友非法牟利为目的。第五，主体范围不同，本罪主体为国有公司、企业的董事、经理，为亲友非法牟利罪的主体为国有公司、企业、事业单位的工作人员，后罪的主体范围更加广泛。

三、妨害对公司、企业的管理秩序案件审理思路及原则

（一）认定虚报注册资本罪应当注意的问题

1. 划清罪与非罪的界限

构成本罪必须同时具备三个条件：（1）只适用于依照规定仍然实行注册资本实缴登记制的公司。（2）行为人使用虚假证明文件或者采取其他欺诈手段虚报注册资本，欺骗公司登记主管部门，"取得公司登记"。如果在申请登记过程中，受理申请的工商部门没有予以登记的，不构成本罪。（3）行为人具有"虚报注册资本数额巨大、后果严重或者有其他严重情节"。具体标准可以参照立案追诉标准（二）第三条规定处理。

2. 划清一罪与数罪的界限

如果行为人在虚报注册资本，取得公司登记后，又以虚报的注册资本作为资信保证进行其他犯罪活动的，例如进行贷款诈骗等，同时构成虚报注册资本罪和贷款诈骗等犯罪的，应当依法实行数罪并罚。

(二) 认定虚假出资、抽逃出资罪应当注意的问题

认定虚假出资、抽逃出资罪应当注意划清罪与非罪的界限。

首先，本罪只适用于依照规定仍然实行注册资本实缴登记制的公司。其次，公司发起人、股东实施了刑法规定的虚假出资、抽逃出资的行为，只有数额巨大、后果严重或者有其他严重情节的，才构成犯罪。具体标准可以参照立案追诉标准（二）第四条规定处理。同时，参照《最高人民检察院、公安部关于严格依法办理虚报注册资本和虚假出资抽逃出资刑事案件的通知》的精神，对实行注册资本实缴登记制的公司涉嫌虚假出资、抽逃出资犯罪的，办案机关依照刑法和前述立案追诉标准的相关规定追究刑事责任时，还应当认真研究行为性质和危害后果，确保执法办案的法律效果和社会效果。

(三) 认定欺诈发行证券罪应当注意的问题

认定欺诈发行证券罪应当注意划清罪与非罪的界限。

1. 行为人实施了在招股说明书、认股书、公司、企业债券募集办法等发行文件中隐瞒重要事实或者编造重大虚假内容的行为后，还必须实际发行了股票或者公司、企业债券、存托凭证或者国务院依法认定的其他证券。如果没有实施向社会发行股票、债券等证券的行为，不宜认定构成犯罪。

2. 构成本罪必须是欺诈发行股票、债券等证券，数额巨大、后果严重或者有其他严重情节的行为。如果数额不大、后果不严重或者没有其他严重情节的，也不构成犯罪，可以由行政监管部门视情节给予行政处罚。按照立案追诉标准（二）第五条的规定，在招股说明书、认股书、公司、企业债券募集办法等发行文件中隐瞒重要事实或者编造重大虚假内容，发行股票或者公司、企业债券、存托凭证或者国务院依法认定的其他证券，涉嫌下列情形之一的，应予立案追诉：(1) 非法募集资金金额在1000万元以上的；(2) 虚增或者虚减资产达到当期资产总额30%以上的；(3) 虚增或者虚减营业收入达到当期营业收入总额30%上的；(4) 虚增或者虚减利润达到当期利润总额30%以上的；(5) 隐瞒或者编造的重大诉讼、仲裁、担保、关联交易或者其他重大事项所涉及的数额或者连续12个月的累计数额达到最近一期披露的净资产50%以上的；(6) 造成投资者直接经济损失数额累计在100万元以上的；(7) 为欺诈发行证券而伪造、变造国家机关公文、有效证明文件或者相关凭证、单据的；(8) 为欺诈发行证券向负有金融监督管理职责的单位或者人员行贿的；(9) 募集的资金全部或者主要用于违法犯罪活动的；(10) 其他后果严重或者有其他严重情节的情形。

(四) 认定违规披露、不披露重要信息罪应当注意的问题

违规披露、不披露重要信息，只有"严重损害股东或者其他人利益，或者有其他严重情节的"，才构成犯罪。

按照立案追诉标准（二）第六条的规定，依法负有信息披露义务的公司、企业向股东和社会公众提供虚假的或者隐瞒重要事实的财务会计报告，或者对依法应当披露的其他重要信息不按照规定披露，并具有该条规定情形之一的，应予立案追诉。对于控股股东、实际控制人实施本罪的，不论是单位还是个人，原则上也应参照此标准执行，以体现从严惩处的立法精神。

（五）认定妨害清算罪应当注意的问题

认定妨害清算罪要注意划清罪与非罪的界限。

依照法律规定，妨害清算的行为，只有"严重损害债权人或者其他人利益的"，才构成犯罪。对于该行为，要按照立案追诉标准（二）第七条的规定追究。

（六）认定隐匿、故意销毁会计凭证、会计账簿、财务会计报告罪应当注意的问题

划清本罪与妨害清算罪的界限。

本罪与妨害清算罪同属于妨害对公司、企业的管理秩序犯罪，且本罪列为刑法第一百六十二条之一，表明两罪皆属于故意犯罪，而且在侵害客体上具有一致性。两罪的区别主要表现为三个方面：一是犯罪客观方面不同。前者表现为隐匿或者故意销毁依法应当保存的会计凭证、会计账簿、财务会计报告，情节严重的行为；后者表现为在公司、企业进行清算时，隐匿财产，对资产负债表或者财产清单作虚伪记载，或者在未清偿债务前分配公司、企业财产，严重损害债权人或其他人利益的行为。二是犯罪主体不同。前者的主体为一般主体，既包括自然人也包括单位，而后者的主体为特殊主体，即只有进行清算的公司、企业才能成为该罪的主体。三是犯罪对象不同。前者的对象是财务会计资料，包括会计凭证、会计账簿、会计报表和其他会计资料；后者的对象是公司、企业的财产。

（七）认定虚假破产罪应当注意的问题

认定虚假破产罪要注意划清本罪与妨害清算罪的界限。妨害清算罪主要是针对公司、企业进入清算程序以后妨害清算的犯罪行为，即公司、企业因解散、分立、合并或者破产，依照法律规定在清理公司、企业债权债务的活动期间发生的隐匿财产、对资产负债表或者财产清单做虚伪记载或者在未清偿债务前分配公司、企业财产等犯罪行为。本罪主要是针对公司、企业在进入破产程序之前，通过隐匿财产、承担虚构的债务，或者以其他方法转移、处分财产，实施虚假破产的犯罪行为。二者在行为上有相似之处，是否进入清算程序是区分两罪的关键。"实施虚假破产"的时间界限应当截至公司、企业提出破产申请之日，或者因为公司、企业资不抵债，由债权人提出破产申请之日。根据企业破产法的有关规定，从提出破产申请之日起，在此之前 1 年之内恶意处分公司、企业财产的行为无效。如果行为人实施本条规定行为，严重损害债权人或者其他人的利益的，就构成虚假破产罪。而"妨害清算罪"的时间界限是法院宣告破产或企业解散后的清算期间。如果行为人在实施虚假破产犯罪之后，又在清算期间有隐匿财产等行为的，构成妨害清算罪，应予以数罪并罚。

（八）认定非国家工作人受贿罪应当注意的问题

1. 划清贿赂与馈赠、人情往来的界限

按照办理商业贿赂刑事案件意见，两者的区分主要应当结合个案和以下因素全面分析，综合判断：（1）发生财物往来的背景，如双方是否存在亲友关系及历史上交往的情形和程度；（2）往来财物的价值；（3）财物往来的缘由、时机和方式，提供财物方对于接受方有无职务上的请托；（4）接受方是否利用职务上的便利为提供方谋取利益。

2. 注意"回扣""手续费"型非国家工作人员受贿罪的认定

按照刑法第一百六十三条第二款的规定，公司、企业或者其他单位的工作人员在经济往来中，利用职务上的便利，违反国家规定，收受各种名义的回扣、手续费，归个人所有的，应当以非国家工作人员受贿罪定罪处罚。"在经济往来中"，是指行为人在单位的经济业务往来中，而不是指个人在非公务经济交往中，如个人在单位8小时工作以外的私人经商活动中。"违反国家规定"，是指刑法第九十六条规定的违反全国人民代表大会及其常委会制定的法律和决定，国务院制定的行政法规、规定的行政措施、发布的决定和命令，比如反不正当竞争法、招投标法等。要注意区分"回扣""手续费"等与法律允许的"佣金""折扣"。在经营活动中，经营者在交易中给予折扣、佣金等属于比较常见的商业模式，但是这种商业模式也应该合法进行，按照法律规定应该以明示的方式给予、收受，并如实进入单位账目。因此，要注意对这种商业模式进行合法性的区分。违反国家规定，以账外暗中等方式给予、收受此类财物，就可能违法或者犯罪。如果行为人收受各种名义的"回扣""手续费"不入账，归个人所有，就构成非国家工作人员受贿罪。此外，索要、收受"回扣""手续费"也需要利用职务上的便利，方能构成非国家工作人员受贿罪。

3. 注意非国家工作人员和国家工作人员主体的区分认定

非国家工作人员受贿罪的主体通常是非国有单位的人员，但也并非都是如此。在我国的刑法体系中，对于贿赂行为，并非只要是国有单位的人员就构成刑法第三百八十五条规定的"受贿罪"，只要是非国有单位的人员就构成刑法一百六十三条规定的"非国家工作人员受贿罪"，还是要结合单位性质、行为人的身份和从事工作的性质（是否从事公务）来综合认定，典型的如办理商业贿赂刑事案件意见将学校、医疗机构的人员划分为国家工作人员和非国家工作人员。因此，需要在认定犯罪性质时谨慎对待。非国有公司、企业、单位中的国家工作人员也可能构成受贿罪。依照刑法第一百六十三条第三款的规定，国有公司、企业或者其他国有单位中从事公务的人员和国有公司、企业或者其他国有单位委派到非国有公司、企业以及其他单位从事公务的人员，如有受贿行为，按照受贿罪处理。依法组建的评标委员会、竞争性谈判采购中谈判小组、询价采购中询价小组中国家机关或者其他国有单位的代表，由于他们已经被刑法拟制为国家工作人员，如有受贿行为，应当依刑法第三百八十五条、第三百八十六条的规定，以受贿罪定罪处罚。

4. 正确认定和处理共犯

按照办理商业贿赂刑事案件意见的规定，非国家工作人员与国家工作人员通谋，共同收受他人财物，构成共同犯罪的，根据双方利用职务便利的具体情形，分别定罪追究刑事责任：（1）利用国家工作人员的职务便利为他人谋取利益的，以受贿罪追究刑事责任；（2）利用非国家工作人员的职务便利为他人谋取利益的，以非国家工作人员受贿罪追究刑事责任；（3）分别利用各自的职务便利为他人谋取利益的，按照主犯的犯罪性质追究刑事责任，分不清主从犯的，可以受贿罪追究刑事责任。

（九）认定对非国家工作人员行贿罪应当注意的问题

划清罪与非罪的界限。构成本罪必须同时具备两个条件：首先，行为人主观上必须是为了谋取"不正当利益"。如果行为人不是为了谋取不正当利益，而是希望公司、企业、其他单位的工作人员提高工作效率、加快办事进度等，则不构成本罪。其次，行贿的财物数额必须达到"数额较大"的标准，才构成本罪。如果数额较小，则属于一般违法行为，不构成犯罪。当前，根据有关司法解释，"数额较大"的标准为6万元以上。

（十）认定签订、履行合同失职被骗罪应当注意的问题

1. 划清罪与非罪的界限

本罪为结果犯，关键在于由于单位负责人对工作严重不负责任，导致被诈骗，是否造成国家利益遭受重大损失的结果。如果没有造成重大损失的，则属于一般违法行为，不构成犯罪。

2. 根据《全国人民代表大会常务委员会关于惩治骗购外汇、逃汇和非法买卖外汇犯罪的决定》第七条的规定，金融机构、从事对外贸易经营活动的公司、企业的工作人员严重不负责任，造成大量外汇被骗购或者逃汇，致使国家利益遭受重大损失的，应当依照刑法第一百六十七条规定的签订、履行合同失职被骗罪定罪处罚。

（十一）认定国有公司、企业、事业单位人员失职罪应当注意的问题

1. 参照《最高人民检察院研究室关于中国农业发展银行及其分支机构的工作人员法律适用问题的答复》，中国农业发展银行及其分支机构的工作人员严重不负责任或者滥用职权，构成犯罪的，应当依照刑法第一百六十八条的规定追究刑事责任。

2. 根据《最高人民法院、最高人民检察院关于办理渎职刑事案件适用法律若干问题的解释（一）》第七条的规定，依法或者受委托行使国家行政管理职权的公司、企业、事业单位的工作人员，在行使行政管理职权时滥用职权或者玩忽职守，构成犯罪的，应当依照《全国人民代表大会常务委员会关于〈中华人民共和国刑法〉第九章渎职罪主体适用问题的解释》的规定，适用渎职罪的规定追究刑事责任。

（十二）认定背信损害上市公司利益罪应当注意的问题

1. 划清罪与非罪的界限

（1）构成本罪，必须以"致使上市公司利益遭受重大损失"为条件。如果行为在客观上并未造成上述后果，不能以犯罪论处。例如，行为人虽有操纵上市公司向明显不具有清偿能力的单位提供担保的行为，但是，后来有关单位因经营得当，自己按期偿还了相关债务，未使上市公司的资产遭受实际损害的，就不能追究行为人的刑事责任。（2）不能仅看是否给上市公司的利益造成重大损失，还要结合构成本罪的前提条件——是否"违背对公司的忠实义务"，去综合分析、判断。如果上市公司的董事、监事、高级管理人员基于对市场判断的错误，虽然给上市公司利益造成损害，也不能追究行为人的刑事责任。（3）对于上市公司中并未实际参与某项损害公司利益的交易决策的董事、监事、高级管理人员，或者在决策中明确发表反对意见的人员，不能以犯罪论处；对于单纯附和有关决策意见的董事、股东等人员，除能证实与操纵者存在共同故意外，也不宜以犯罪论处。

按照立案追诉标准（二）第十三条的规定，上市公司的董事、监事、高级管理人员违背对公司的忠实义务，利用职务便利，操纵上市公司从事损害上市公司利益的行为，以及上市公司的控股股东或者实际控制人，指使上市公司董事、监事、高级管理人员实施损害上市公司利益的行为，具有规定的7种情形之一的，应以涉嫌背信损害上市公司利

益罪立案追诉。

2. 关联交易行为与本罪的关系

利用不正当关联交易侵占上市公司利益是我国上市公司目前面临的严重问题之一。但从公司运作角度讲，关联交易并非一无是处。我国法律、法规、规章和政策导向也并不禁止正当的关联交易。这样就有一个如何区分正当的关联交易与不正当关联交易之间的界限问题，这实际涉及如何准确把握罪与非罪的界限。由于具有关联关系的公司、企业与上市公司都是具有独立法人资格的市场主体，因此，判断一项关联交易是否正当，关键要看是否按照等价有偿的市场竞争原则进行，是否符合正常的或者公认的市场交易条件，以及在交易的决定过程中，上市公司的董事、监事、高级管理人员、控股股东和实际控制人是否利用了他们的控制权和重大影响力。虽然这种控制权和重大影响力的利用并不必然导致不正当关联交易的发生，但是，每一项侵害上市公司利益的关联交易背后，一定会发现非法利用对上市公司控制权和重大影响力的影子。因此，应当结合案件的具体情况具体分析，准确区分违法与犯罪。

第二节　妨害对公司、企业的管理秩序罪审判依据

自 1997 年刑法修订以来，先后通过了十一个刑法修正案，妨害公司、企业管理秩序犯罪的修改完善成为刑法修正案补充或调整的重要内容。妨害公司、企业管理秩序罪名体系的演变，充分体现了社会转型期法律发展的特点，反映了持续强化对国有公司、企业资产保护的现实需要。与此同时，在未来犯罪化的进程中，妨害公司、企业管理秩序犯罪严密化、一元化立法仍有待进一步完善。1997 年刑法在第一百六十二条规定了妨害清算罪，首次将公司、企业的清算行为纳入刑事规制的视野，对严重的妨害清算的行为进行犯罪化处理。2006 年《刑法修正案（六）》在刑法第一百六十二条之二增设虚假破产罪，对公司、企业通过隐匿财产、承担虚构的债务或者以其他方法转移、处分财产，实施虚假破产，严重损害债权人或者其他人利益的行为，予以刑事制裁。1999 年《刑法修正案》第一条在第一百六十二条之一增设隐匿、故意销毁会计凭证、会计账簿、财务会计报告罪，《刑法修正案（六）》第五条对第一百六十一条罪状进行修改，对依法应当披露的其他重要信息不按照规定披露的行为予以入罪处理，取消提供虚假财会报告罪罪名，设立了违规披露、不披露重要信息罪。上述努力，使得与虚假破产罪和妨害清算罪相关的牵连行为，能够予以刑事处罚，从而使得对破产相关行为的规制，更具有可操作性。《刑法修正案（六）》第九条在刑法第一百六十九条后增加一条，作为第一百六十九条之一，设立了上市公司高管人员背信罪，对上市公司的董事、监事、高级管理人员违背对公司的忠实义务，利用职务便利，操纵上市公司，致使上市公司利益遭受重大损失的行为，予以犯罪化处理。该条明确指出了"违反对公司忠实义务"作为背信损害上市公司利益罪的客观构成要件，这也是刑法首次对忠实义务进行明文规定。贪污贿赂犯罪因涉及公司、企业资产的保护，而与公司、企业管理秩序发生联系，并成为妨害公司、企业管理秩序的罪名结构中重要的一个部分。在严密公司企业人员职务犯罪罪名方面，刑法修正案修改或者补充了一系列犯罪规定。首先，扩大了商业贿赂犯罪主体的处罚范

围。一是《刑法修正案（六）》第七条、第八条，扩大第一百六十三条公司、企业人员行贿罪和第一百六十四条受贿罪的犯罪主体，将两罪的行为主体，从公司企业工作人员，扩展到"其他单位的工作人员"，罪名改为非国家工作人员受贿罪和对非国家工作人员行贿罪，扩大刑法对该类犯罪的打击半径。二是与对外开放相适应，充分考虑了我国涉外民商事交往中出现的腐败新动向，设立了对外国公职人员、国际公共组织官员行贿罪，客观上使得刑法的规定与《联合国反腐败公约》第 16 条的要求更为一致。《刑法修正案（八）》第二十九条，对刑法第一百六十四条再次进行了修改，增加了一款"为谋取不正当商业利益，给予外国公职人员或者国际公共组织官员以财物的，依照前款规定处罚。"2020 年，《刑法修正案（十一）》对妨害对公司、企业的管理秩序罪的进行了修正：欺诈发行存托凭证或者国务院依法认定的其他证券，亦被纳入刑法规制范围。发行人的控股股东、实际控制人组织、指使实施欺诈行为的，追究刑事责任。公司、企业的控股股东、实际控制人实施或者组织、指使实施提供虚假或者隐瞒重要事实的财务会计报告的，或者应披露而不按规定披露的其他重要信息的，追究刑事责任。非国家工作人员受贿罪有三个法定量刑幅度（之前为二档）：（1）三年以下有期徒刑或者拘役，并处罚金；（2）三年以上十年以下有期徒刑，并处罚金；（3）十年以上有期徒刑或者无期徒刑，并处罚金。

一、法律

《中华人民共和国刑法》（2020 年 12 月 26 日修正）

第一百五十八条 【虚报注册资本罪】申请公司登记使用虚假证明文件或者采取其他欺诈手段虚报注册资本，欺骗公司登记主管部门，取得公司登记，虚报注册资本数额巨大、后果严重或者有其他严重情节的，处三年以下有期徒刑或者拘役，并处或者单处虚报注册资本金额百分之一以上百分之五以下罚金。

单位犯前款罪的，对单位判处罚金，并对其直接负责的主管人员和其他直接责任人员，处三年以下有期徒刑或者拘役。

第一百五十九条 【虚假出资、抽逃出资罪】公司发起人、股东违反公司法的规定未交付货币、实物或者未转移财产权，虚假出资，或者在公司成立后又抽逃其出资，数额巨大、后果严重或者有其他严重情节的，处五年以下有期徒刑或者拘役，并处或者单处虚假出资金额或者抽逃出资金额百分之二以上百分之十以下罚金。

单位犯前款罪的，对单位判处罚金，并对其直接负责的主管人员和其他直接责任人员，处五年以下有期徒刑或者拘役。

第一百六十条 【欺诈发行证券罪】在招股说明书、认股书、公司、企业债券募集办法等发行文件中隐瞒重要事实或者编造重大虚假内容，发行股票或者公司、企业债券、存托凭证或者国务院依法认定的其他证券，数额巨大、后果严重或者有其他严重情节的，处五年以下有期徒刑或者拘役，并处或者单处罚金；数额特别巨大、后果特别严重或者有其他特别严重情节的，处五年以上有期徒刑，并处罚金。

控股股东、实际控制人组织、指使实施前款行为的，处五年以下有期徒刑或者拘役，并处或者单处非法募集资金金额百分之二十以上一倍以下罚金；数额特别巨大、后果特别严重或者有其他特别严重情节的，处五年以上有期徒刑，并处非法募集资金金额百分之二十以上一倍以下罚金。

单位犯前两款罪的，对单位判处非法募集资金金额百分之二十以上一倍以下罚金，并对其直接负责的主管人员和其他直接责任人员，依照第一款的规定处罚。

第一百六十一条 【违规披露、不披露重要信息罪】依法负有信息披露义务的公司、企业向股东和社会公众提供虚假的或者隐瞒重要事实的财务会计报告，或者对依法应当披露的其他重要信息不按照规定披露，严重损害股东或者其他人利益，或者有其他严重情节的，对其直接负责的主管人员和其他直接责任人员，处五年以下有期徒刑或者拘役，并处或者单处罚金；情节特别严重的，处五年以上十年以下有期徒刑，并处罚金。

前款规定的公司、企业的控股股东、实际控制人实施或者组织、指使实施前款行为的，或者隐瞒相关事项导致前款规定的情形发生的，依照前款的规定处罚。

犯前款罪的控股股东、实际控制人是单位的，对单位判处罚金，并对其直接负责的主管人员和其他直接责任人员，依照第一款的规定处罚。

第一百六十二条 【妨害清算罪】公司、企业进行清算时，隐匿财产，对资产负债表或者财产清单作虚伪记载或者在未清偿债务前分配公司、企业财产，严重损害债权人或者其他人利益的，对其直接负责的主管人员和其他直接责任人员，处五年以下有期徒刑或者拘役，并处或者单处二万元以上二十万元以下罚金。

第一百六十二条之一 【隐匿、故意销毁会计凭证、会计账簿、财务会计报告罪】隐匿或者故意销毁依法应当保存的会计凭证、会计账簿、财务会计报告，情节严重的，处五年以下有期徒刑或者拘役，并处或者单处二万元以上二十万元以下罚金。

单位犯前款罪的，对单位判处罚金，并对其直接负责的主管人员和其他直接责任人员，依照前款的规定处罚。

第一百六十二条之二 【虚假破产罪】公司、企业通过隐匿财产、承担虚构的债务或者以其他方法转移、处分财产，实施虚假破产，严重损害债权人或者其他人利益的，对其直接负责的主管人员和其他直接责任人员，处五年以下有期徒刑或者拘役，并处或者单处二万元以上二十万元以下罚金。

第一百六十三条 【非国家工作人员受贿罪】公司、企业或者其他单位的工作人员，利用职务上的便利，索取他人财物或者非法收受他人财物，为他人谋取利益，数额较大的，处三年以下有期徒刑或者拘役，并处罚金；数额巨大或者有其他严重情节的，处三年以上十年以下有期徒刑，并处罚金；数额特别巨大或者有其他特别严重情节的，处十年以上有期徒刑或者无期徒刑，并处罚金。

公司、企业或者其他单位的工作人员在经济往来中，利用职务上的便利，违反国家规定，收受各种名义的回扣、手续费，归个人所有的，依照前款的规定处罚。

国有公司、企业或者其他国有单位中从事公务的人员和国有公司、企业或者其他国有单位委派到非国有公司、企业以及其他单位从事公务的人员有前两款行为的，依照本法第三百八十五条、第三百八十六条的规定定罪处罚。

第一百六十四条 【对非国家工作人员行贿罪】为谋取不正当利益，给予公司、企业或者其他单位的工作人员以财物，数额较大的，处三年以下有期徒刑或者拘役，并处罚金；数额巨大的，处三年以上十年以下有期徒刑，并处罚金。

【对外国公职人员、国际公共组织官员行贿罪】为谋取不正当商业利益，给予外国公职人员或者国际公共组织官员以财物的，依照前款的规定处罚。

单位犯前两款罪的，对单位判处罚金，并对其直接负责的主管人员和其他直接责任人员，依照第一款的规定处罚。

行贿人在被追诉前主动交待行贿行为的，可以减轻处罚或者免除处罚。

第一百六十五条 【非法经营同类营业罪】国有公司、企业的董事、经理利用职务便利，自己经营或者为他人经营与其所任职公司、企业同类的营业，获取非法利益，数额巨大的，处三年以下有期徒刑或者拘役，并处或者单处罚金；数额特别巨大的，处三年以上七年以下有期徒刑，并处罚金。

第一百六十六条 【为亲友非法牟利罪】国有公司、企业、事业单位的工作人员，利用职务便利，有下列情形之一，使国家利益遭受重大损失的，处三年以下有期徒刑或者拘役，并处或者单处罚金；致使国家利益遭受特别重大损失的，处三年以上七年以下有期徒刑，并处罚金：

（一）将本单位的盈利业务交由自己的亲友进行经营的；

（二）以明显高于市场的价格向自己的亲友经营管理的单位采购商品或者以明显低于市场的价格向自己的亲友经营管理的单位销售商品的；

（三）向自己的亲友经营管理的单位采购不合格商品的。

第一百六十七条 【签订、履行合同失职被骗罪】国有公司、企业、事业单位直接负责的主管人员，在签订、履行合同过程中，因严重不负责任被诈骗，致使国家利益遭受重大损失的，处三年以下有期徒刑或者拘役；致使国家利益遭受特别重大损失的，处三年以上七年以下有期徒刑。

第一百六十八条 【国有公司、企业、事业单位人员失职罪】【国有公司、企业、事业单位人员滥用职权罪】国有公司、企业的工作人员，由于严重不负责任或者滥用职权，造成国有公司、企业破产或者严重损失，致使国家利益遭受重大损失的，处三年以下有期徒刑或者拘役；致使国家利益遭受特别重大损失的，处三年以上七年以下有期徒刑。

国有事业单位的工作人员有前款行为，致使国家利益遭受重大损失的，依照前款的规定处罚。

国有公司、企业、事业单位的工作人员，徇私舞弊，犯前两款罪的，依照第一款的规定从重处罚。

第一百六十九条 【徇私舞弊低价折股、出售国有资产罪】国有公司、企业或者其上级主管部门直接负责的主管人员，徇私舞弊，将国有资产低价折股或者低价出售，致使国家利益遭受重大损失的，处三年以下有期徒刑或者拘役；致使国家利益遭受特别重大损失的，处三年以上七年以下有期徒刑。

第一百六十九条之一 【背信损害上市公司利益罪】上市公司的董事、监事、高级管理人员违背对公司的忠实义务，利用职务便利，操纵上市公司从事下列行为之一，致使上市公司利益遭受重大损失的，处三年以下有期徒刑或者拘役，并处或者单处罚金；致使上市公司利益遭受特别重大损失的，处三年以上七年以下有期徒刑，并处罚金：

（一）无偿向其他单位或者个人提供资金、商品、服务或者其他资产的；

（二）以明显不公平的条件，提供或者接受资金、商品、服务或者其他资产的；

（三）向明显不具有清偿能力的单位或者个人提供资金、商品、服务或者其他资产的；

（四）为明显不具有清偿能力的单位或者个人提供担保，或者无正当理由为其他单位

或者个人提供担保的;

(五)无正当理由放弃债权、承担债务的;

(六)采用其他方式损害上市公司利益的。

上市公司的控股股东或者实际控制人,指使上市公司董事、监事、高级管理人员实施前款行为的,依照前款的规定处罚。

犯前款罪的上市公司的控股股东或者实际控制人是单位的,对单位判处罚金,并对其直接负责的主管人员和其他直接责任人员,依照第一款的规定处罚。

二、司法解释

《最高人民法院关于如何认定国有控股、参股股份有限公司中的国有公司、企业人员的解释》(2005年8月1日 法释〔2005〕10号)

为准确认定刑法分则第三章第三节中的国有公司、企业人员,现对国有控股、参股的股份有限公司中的国有公司、企业人员解释如下:

国有公司、企业委派到国有控股、参股公司从事公务的人员,以国有公司、企业人员论。

三、刑事政策文件

《最高人民法院、最高人民检察院印发〈关于办理商业贿赂刑事案件适用法律若干问题的意见〉的通知》(2008年11月20日 法发〔2008〕33号)

各省、自治区、直辖市高级人民法院、人民检察院,解放军军事法院、军事检察院,新疆维吾尔自治区高级人民法院生产建设兵团分院、新疆生产建设兵团人民检察院:

现将最高人民法院、最高人民检察院《关于办理商业贿赂刑事案件适用法律若干问题的意见》印发给你们,请认真贯彻执行。

最高人民法院、最高人民检察院关于办理商业贿赂刑事案件适用法律若干问题的意见

为依法惩治商业贿赂犯罪,根据刑法有关规定,结合办案工作实际,现就办理商业贿赂刑事案件适用法律的若干问题,提出如下意见:

一、商业贿赂犯罪涉及刑法规定的以下八种罪名:(1)非国家工作人员受贿罪(刑法第一百六十三条);(2)对非国家工作人员行贿罪(刑法第一百六十四条);(3)受贿罪(刑法第三百八十五条);(4)单位受贿罪(刑法第三百八十七条);(5)行贿罪(刑法第三百八十九条);(6)对单位行贿罪(刑法第三百九十一条);(7)介绍贿赂罪(刑法第三百九十二条);(8)单位行贿罪(刑法第三百九十三条)。

二、刑法第一百六十三条、第一百六十四条规定的"其他单位",既包括事业单位、社会团体、村民委员会、居民委员会、村民小组等常设性的组织,也包括为组织体育赛事、文艺演出或者其他正当活动而成立的组委会、筹委会、工程承包队等非常设性的组织。

三、刑法第一百六十三条、第一百六十四条规定的"公司、企业或者其他单位的工作人员",包括国有公司、企业以及其他国有单位中的非国家工作人员。

四、医疗机构中的国家工作人员，在药品、医疗器械、医用卫生材料等医药产品采购活动中，利用职务上的便利，索取销售方财物，或者非法收受销售方财物，为销售方谋取利益，构成犯罪的，依照刑法第三百八十五条的规定，以受贿罪定罪处罚。

医疗机构中的非国家工作人员，有前款行为，数额较大的，依照刑法第一百六十三条的规定，以非国家工作人员受贿罪定罪处罚。

医疗机构中的医务人员，利用开处方的职务便利，以各种名义非法收受药品、医疗器械、医用卫生材料等医药产品销售方财物，为医药产品销售方谋取利益，数额较大的，依照刑法第一百六十三条的规定，以非国家工作人员受贿罪定罪处罚。

五、学校及其他教育机构中的国家工作人员，在教材、教具、校服或者其他物品的采购等活动中，利用职务上的便利，索取销售方财物，或者非法收受销售方财物，为销售方谋取利益，构成犯罪的，依照刑法第三百八十五条的规定，以受贿罪定罪处罚。

学校及其他教育机构中的非国家工作人员，有前款行为，数额较大的，依照刑法第一百六十三条的规定，以非国家工作人员受贿罪定罪处罚。

学校及其他教育机构中的教师，利用教学活动的职务便利，以各种名义非法收受教材、教具、校服或者其他物品销售方财物，为教材、教具、校服或者其他物品销售方谋取利益，数额较大的，依照刑法第一百六十三条的规定，以非国家工作人员受贿罪定罪处罚。

六、依法组建的评标委员会、竞争性谈判采购中谈判小组、询价采购中询价小组的组成人员，在招标、政府采购等事项的评标或者采购活动中，索取他人财物或者非法收受他人财物，为他人谋取利益，数额较大的，依照刑法第一百六十三条的规定，以非国家工作人员受贿罪定罪处罚。

依法组建的评标委员会、竞争性谈判采购中谈判小组、询价采购中询价小组中国家机关或者其他国有单位的代表有前款行为的，依照刑法第三百八十五条的规定，以受贿罪定罪处罚。

七、商业贿赂中的财物，既包括金钱和实物，也包括可以用金钱计算数额的财产性利益，如提供房屋装修、含有金额的会员卡、代币卡（券）、旅游费用等。具体数额以实际支付的资费为准。

八、收受银行卡的，不论受贿人是否实际取出或者消费，卡内的存款数额一般应全额认定为受贿数额。使用银行卡透支的，如果由给予银行卡的一方承担还款责任，透支数额也应当认定为受贿数额。

九、在行贿犯罪中，"谋取不正当利益"，是指行贿人谋取违反法律、法规、规章或者政策规定的利益，或者要求对方违反法律、法规、规章、政策、行业规范的规定提供帮助或者方便条件。

在招标投标、政府采购等商业活动中，违背公平原则，给予相关人员财物以谋取竞争优势的，属于"谋取不正当利益"。

十、办理商业贿赂犯罪案件，要注意区分贿赂与馈赠的界限。主要应当结合以下因素全面分析、综合判断：（1）发生财物往来的背景，如双方是否存在亲友关系及历史上交往的情形和程度；（2）往来财物的价值；（3）财物往来的缘由、时机和方式，提供财物方对于接受方有无职务上的请托；（4）接受方是否利用职务上的便利为提供方谋取利益。

十一、非国家工作人员与国家工作人员通谋，共同收受他人财物，构成共同犯罪的，根据双方利用职务便利的具体情形分别定罪追究刑事责任：

（1）利用国家工作人员的职务便利为他人谋取利益的，以受贿罪追究刑事责任。

（2）利用非国家工作人员的职务便利为他人谋取利益的，以非国家工作人员受贿罪追究刑事责任。

（3）分别利用各自的职务便利为他人谋取利益的，按照主犯的犯罪性质追究刑事责任，不能分清主从犯的，可以受贿罪追究刑事责任。

第三节　妨害对公司、企业的管理秩序罪审判实践中的疑难新型问题

问题1. 如何区分虚假出资罪与虚报注册资本罪

【实务专论】[①]

【关键词】

虚假出资罪　虚报注册资本罪

虚假出资罪与虚报注册资本罪是妨害公司、企业管理秩序罪中的两个重要罪名。理论界和司法实务中对二者的关系和司法认定见仁见智，莫衷一是。二者都存在实际出资不足的问题，在市场交往中往往会对相对债权人的利益构成威胁。公司发起人在公司成立过程中未实际出资而骗取登记，造成债权人利益受损后果的，既存在虚假出资的行为，也存在虚报注册资本的行为，该情形下是否形成两个罪名的竞合？这些问题直接关系到法律的规范性适用，有必要对虚假出资罪与虚报注册资本罪之间的关系予以明确，划清两者的分界线，以在司法实践中正确认定二罪。

一、虚假出资罪与虚报注册资本罪的界限分歧

刑法第一百五十九条规定："公司发起人、股东违反公司法的规定未交付货币、实物或者未转移财产权，虚假出资，或者在公司成立后又抽逃其出资，数额巨大、后果严重或者有其他严重情节的，处五年以下有期徒刑或者拘役，并处或者单处虚假出资金额或者抽逃出资金额百分之二以上百分之十以下罚金。"第一百五十八条规定："申请公司登记使用虚假证明文件或者采取其他欺诈手段虚报注册资本，欺骗公司登记部门，取得公司登记，虚报注册资本数额巨大、后果严重或者有其他严重情节的，处三年以下有期徒刑或者拘役，并处或者单处虚报注册资本金额百分之一以上百分之五以下罚金。"

上述两罪的客体虽然都是公司、企业的管理秩序，主观方面都是故意，但虚假出资罪的客观方面表现为违反公司法的规定未交付货币、实物或者未转移财产权，虚假出资；而虚报注册资本罪的客观方面是使用虚假证明文件或者采取其他欺诈手段虚报注册资本，欺骗公司登记部门。前者的主体是公司发起人、股东，而后者的主体是一般主体。单从

[①] 肖晚祥、张果：《虚假出资罪与虚报注册资本罪的区分》，载中华人民共和国最高人民法院刑事审判第一、二、三、四、五庭主办：《刑事审判参考》2010年第5集（总第76集），法律出版社2011年版，第169～177页。

罪状描述上看，二者的构成要件相差很大，并无难以区分之处。

但是，在司法实践中，虚报注册资本的行为人往往也是公司的发起人、股东，而客观方面则表现为行为人虚假出资、采用虚假手段骗取公司登记。社会上大量存在的"空壳公司"即属于这种情况：既违反公司法的规定未交付货币、实物或者未转移财产权，又使用虚假证明文件或者采用其他欺诈手段虚报注册资本，欺骗公司登记部门，取得公司登记，数额巨大，造成相对债权人利益严重损失。事实上，行为人之所以要在公司登记过程中虚报注册资本，往往就是因为缺乏资金，因此，大多数虚报注册资本的行为本身就包含着虚假出资的行为。对于这种情况，究竟应当以虚报注册资本罪论处，还是应当以虚假出资罪论处？二者之间是否存在交叉竞合关系？应当采用怎样的原则处断？

立案追诉标准（二）第四条的规定在一定程度上也影响着虚报注册资本罪与虚假出资罪的界分。根据该条的规定，公司发起人、股东违反公司法的规定未交付货币、实物或者未转移财产权，虚假出资，涉嫌下列情形之一的，应予追诉：（1）虚假出资，给公司、股东、债权人造成的直接经济损失累计数额在10万至50万元以上的；（2）虽未达到上述数额标准，但具有下列情形之一的：①致使公司资不抵债或者无法正常经营的；②公司发起人、股东合谋虚假出资的……从该规定可以得到两个重要结论：第一，虚假出资罪侵害的对象既可以包括公司、股东，也可以包括相对债权人；第二，虚假出资罪可以由公司发起人、股东合谋进行。这两个结论使得虚假出资罪与虚报注册资本罪更加难以区分，因为公司发起人合谋以无报有、以少报多骗取公司登记、危害相对债权人的利益，正是虚报注册资本罪的特征所在。

试举一例说明：被告人甲、乙经事先预谋，在未实际出资的情况下，使用虚假验资报告、银行询证函等证明文件，虚构甲乙各出资人民币（以下币种均为人民币）150万元，骗取公司登记，成立注册资金为300万元的皮包公司。公司成立后，甲乙二人以该公司名义对外经营，造成合同相对方经济损失1200余万元。

关于这一案例，存在两种不同观点。一种观点认为，两名被告人的行为构成虚报注册资本罪。理由是：本案两被告人作为公司股东，经商议后在没有投入货币或实物的情况下使用虚假的证明文件骗取工商登记的行为，具有虚报注册资本的主观共同故意，侵犯了公司登记管理制度这一客体，行为符合虚报注册资本的客观要件，对二人的行为应当以虚报注册资本罪论处。

另一种观点则认为，两名被告人的行为构成虚假出资罪。理由是：虚报注册资本骗取公司登记往往是虚假出资的一种后果，而虚假出资又往往是虚报注册资本的一种手段，两者常常交织在一起。虚假出资与虚报注册资本都是为了骗取公司登记，两者的区别是：虚假出资是无中生有，是没有出资，其侵犯的客体是复杂客体，包括公司登记管理制度、其他发起人、股东和债权人的合法权益；而虚报注册资本是以少报多，其侵犯的客体是简单客体，即公司登记管理制度。本案中，两名被告人以虚假的验资证明虚报注册资本，欺骗公司登记主管部门，取得公司登记，构成虚报注册资本罪。同时，两名被告人作为公司股东，违反公司法有关规定，在出资时未交付任何货币、实物、未转移财产权的情况下，采用虚假证明文件虚假出资300万元，不仅直接侵犯公司登记管理制度，并且造成相关债权人巨大经济损失，又构成虚假出资罪，其属于交叉关系的法条竞合。根据刑法规定，一个行为同时符合数个法条规定的犯罪构成时，应按照重法优于轻法的原则定罪量刑。因此，对于二人的行为均应当以虚假出资罪定罪量刑。

总结两种观点，后者并不否认行为人的行为符合虚报注册资本罪的构成要件，只是认为其同时符合虚假出资罪的构成要件，应当以法条竞合关系从一重处断。前一种观点则未解释为什么行为人的行为不符合虚假出资罪的构成要件。

二、虚假出资罪与虚报注册资本罪的界分标准

我们认为，虚报注册资本罪与虚假出资罪不存在法条竞合关系，二者有着明确的界限。对虚假出资罪不应当仅仅从字面意思上进行理解，而应当结合规范的目的和法定刑的设置状况，从行为侵犯的具体客体着眼进行实质的理解。上述案例中两名被告人的行为构成虚报注册资本罪，而不符合虚假出资罪的构成要件。

（一）虚报注册资本罪与虚假出资罪所侵犯的实质法益（具体客体）差异

如果单从字面意思出发，将虚假出资罪理解为没有真实出资，将虚报注册资本罪理解为无中生有、骗取公司登记机关，则虚假出资只不过是虚报注册资本所必须的一部分：既然是无中生有虚报注册资本，那么就必然没有真实出资或者出资不足。因为存在这样的理解，所以上述第二种观点会认为"虚报注册资本骗取公司登记往往是虚假出资的一种后果，而虚假出资又往往是虚报注册资本的一种手段"。如果基于这样的理解，则虚报注册资本罪就足以涵盖虚假出资罪了。正因为这样，甚至有学者从立法论的角度主张两个罪名合二为一，只保留虚报注册资本罪。

但是，对虚假出资罪和虚报注册资本罪做这样的理解，无法解释二者在法定刑上的轻重关系。因为虚假出资罪只是没有实际出资（或足额出资），却未必虚报注册资本；而虚报注册资本罪则既没有实际出资（或足额出资），又虚报了注册资本。前者只是单一欺骗，而后者则是双重欺骗，从行为的危害程度上说，应当是前者轻于后者。但是，根据刑法第一百五十九条、第一百五十八条的规定，虚假出资罪处五年以下有期徒刑或者拘役，并处或者单处虚假出资金额或者抽逃出资金额百分之二以上百分之十以下罚金；而虚报注册资本罪处三年以下有期徒刑或者拘役，并处或者单处虚报注册资本金额百分之一以上百分之五以下罚金，显然前者重于后者。

对单一欺骗行为的处罚重于双重欺骗行为，这显然是说不通的，也违反了罪刑相适应的刑法基本原则。因此，对这两个罪名的关系做上述理解，是不正确的。

我们认为，对虚假出资罪的处罚之所以比虚报注册资本罪更加严重，是因为二者侵害了不同的实质法益（具体客体）。前者主要侵害了公司其他股东的利益（也有可能侵害未来债权人的利益），其侵害是现实的；而后者只是侵害了未来相对债权人的利益，其侵害只是可能的，而非现实的。

尽管二者的同类客体是一致的，都侵害了公司、企业的管理秩序，但是必须看到"公司、企业的管理秩序"背后有其实质法益的存在，没有实质法益的管理秩序是不值得刑法保护的。虚报注册资本罪侵害的实质法益是未来债权人的合法利益。在市场交易中，交易的相对方往往要根据公司在工商行政管理机关登记的注册资本额来判断该公司的资信状况和偿债能力，而虚报注册资本行为使公司的实际偿债能力与注册资本不符，从而使得未来债权人的利益处于不能清偿的危险之中，这就是虚报注册资本罪所侵害的"公司登记制度"背后的法益所在。但是，这样的侵害只是将相对债权人的利益置于危险之中，而非现实损害。理由是：第一，相对债权人在交往中还有机会通过其他途径识别该公司的实际清偿能力；第二，如果虚报注册资本的公司通过欺骗等非法手段来侵害债权人的利益，则还有诈骗罪、合同诈骗罪等其他罪名可以对其加以惩罚。因此，虚报注册

资本罪对未来债权人的侵害只是一种可能的侵害，其不法程度相对较轻。需要强调的是，虚报注册资本罪并不是以造成债权人利益损害为既遂条件。根据刑法的规定，虚报注册资本数额巨大、后果严重或者有其他严重情节的，构成虚报注册资本罪。造成债权人利益损害只是一个客观的处罚条件，而不是既遂标准，也不是必要的客观要件，因为数额巨大或者有其他严重情节的，也可以构成虚报注册资本罪。这就是说，虚报注册资本只要对债权人的利益形成威胁就宣告成立，无需造成现实损害。

虚假出资罪侵害的实质法益是公司、其他股东以及未来债权人的利益，其中主要是对公司和其他股东利益的现实侵害。首先，虚假出资是行为人欺骗其他股东的行为。假设行为人邀请其他两名投资人共同设立公司，许诺三方各出 500 万元，注册资金为 1500 万元，但实际上行为人自己并未出资，而只是运用其他两位投资人的 1000 万元进行经营。行为人在未实际出资的情况下却参与平均分配利润，并且可以随时处分其中三分之一的资产，实质是以欺骗手段制造出资假象来骗取公司股份，是一种不支付相应对价而取得公司股份的行为。因此，能够进行虚假出资的往往是公司的发起人或者实际操作公司成立的股东。其次，虚假出资还可能侵害未来债权人的利益，因为公司的实际出资状况也会影响到相对债权人对该公司资信状况和偿债能力的判断。其中，虚假出资罪对其他股东的利益侵害是现实的、迫近的、必然发生的，对未来债权人的利益侵害是可能的。由于虚假出资罪同时具备这双重危害，尤其是对公司、股东利益的现实危害，因此比虚报注册资本罪更为严重，应当受到更为严厉的处罚。

（二）虚报注册资本罪与虚假出资罪的客观要件差异

虚报注册资本罪与虚假出资罪侵犯的实质法益不同，所以其客观构成具有明显的区别。虚报注册资本罪的客观方面表现为没有其他受损失的股东，行为人或者一人（如一人公司），或者数人合谋，通过伪造出资证书等手段虚报注册资本，欺骗公司登记机关，骗取登记；虚假出资罪的客观方面则必须存在其他受损失的股东，或者公司发起人一人欺骗其他股东，或者多名股东合谋欺骗其他出资人，无论何种形式，无论是否最终虚报了注册资本，最关键的是"欺骗其他出资人"这一特征。

运用这一标准区分虚报注册资本罪和虚假出资罪，与相关规范性文件也不存在矛盾。如上文所述，根据立案追诉标准（二）第三条的规定，虚假出资罪侵害的对象既可以包括公司、股东，也可以包括相对债权人；虚假出资罪可以由公司发起人、股东合谋进行。这一解释与本文采用的区分标准并不冲突：第一，前文已经论证，公司的实际出资状况也会影响到相对债权人对该公司资信状况和偿债能力的判断，因此虚假出资罪可以构成对相对债权人利益的侵害；第二，虚假出资的行为可以由公司发起人、股东合谋进行（欺骗其他股东），但是不可能是全体股东合谋进行。比如，公司共有 10 名股东，其中的 3 名股东合谋虚假出资，则当然构成虚假出资罪。如果公司总共只有 4 名股东，4 名股东均合谋虚假出资，则当然不构成虚假出资罪，如果其虚报注册资本骗取登记的，则构成虚报注册资本罪。

关于虚假出资罪与虚报注册资本罪客观要件的差异，除了上文提到的标准之外，司法实践中还有一种较为流行的观点，认为虚报注册资本罪是属于股东的整体行为，而虚假出资罪只能是个体行为。其理由是：（1）虚假出资可以借由公司发起人或者股东个体实施，而虚报注册资本罪则只能是公司的全体股东，具体办理申请公司登记的人是拟设立公司的发起人、股东全体的代表或者代理人。（2）公司法对虚报注册资本与虚假出资进行行政处罚的对象不同。其中，虚报注册资本的处罚对象是公司，而虚假出资的处罚对象是公司的发起人、股东。(3) 虚报注册资本罪的法定刑规定明显低于虚假出资罪，实质一样的两个行为在法定刑的设定上轻重不同，其唯一的合理解释是虚报注册资本的行为属于拟设立公司的"单位"行为，规定单位犯罪中责任人员较自然人犯罪更轻的刑事责任，是我国通行的一个刑事立法例。这一解释有其合理之处，尤其是认为整体虚假出资（没有任何一方实际出资）的行为不可能构成虚假出资罪，这一观点与本文在结论上一致。但是，这一区分标准总体上是不准确的。理由是：第一，虚报注册资本罪完全有可能是个人行为，在一人公司或者"空壳公司"的场合下，一个人就可以完成虚报注册资本的行为，在一般的以少报多的公司登记行为中，行为人欺瞒其他投资人虚报注册资本也是常见的现象；第二，虚假出资罪可以由单位构成，也可以由大多数股东合谋进行；第三，虚报注册资本罪与虚假出资罪并不是"实质一样的两个行为"，如前文所论证的，是否具有侵害其他股东利益的现实性是二者的根本区分所在；第四，我国刑法中没有"拟设立公司的'单位'"这样的规定，也没有任何一个分则罪名具备这样的特征；第五，单位犯罪中责任人员的刑事责任相对于个人犯罪来说较轻，是因为其不是完全为个人谋利，主观恶性较轻，而虚报注册资本的主体（全体行为人）根本不具备这样的减轻理由。虚报注册资本罪的法定刑较轻，是因为其危害尚不具有现实性。

（三）既虚假出资又虚报注册资本的行为性质

依照上文的论证，在全体股东都没有实际出资的情况下，只可能成立虚报注册资本罪，而不可能同时构成虚假出资罪。只有在部分股东虚假出资、欺骗其他股东的情况下，才有可能成立虚假出资罪，两个罪名之间不存在法条竞合的关系。比如，甲某自己出资500万元，同时伪造了乙某出资500万元的证明材料，最终以1000万元的注册资本骗取登记，甲某自己掌控公司经营并享有全部利润的，应当只构成虚报注册资本罪，而不构成虚假出资罪。

但是，如果公司的发起人、部分股东在虚假出资的情况下，同时又实施了以少报多的虚报注册资本的行为，应当如何评价？比如，甲某与乙某约定各自投资500万元，总共筹资1000万元，由甲某负责注册登记公司并实际运营。甲某收到乙某的资金之后，伪造了自己的出资证明材料，最终登记注册资金为1000万元，骗取公司登记。在此情形下，甲某既虚假出资欺骗乙某，又虚报注册资本，骗取公司登记，应当说同时符合虚假出资罪和虚报注册资本罪的构成要件，应当如何处断？我们认为，这种情况属于一个行为（伪造自己的出资证明）同时触犯数个罪名，应当依照想象竞合犯的规定，从一重罪处断，即按照虚假出资罪论处。

问题2. 依法负有披露义务的公司、企业对依法应当披露的重要信息不按规定披露的，对直接负责的主管人员如何处理以及上市公司直接负责的主管人员违规向不具有清偿能力的控股股东提供担保的行为如何定性

【刑事审判参考案例】 于某某违规不披露重要信息案①

一、基本案情

扬州市邗江区人民法院经公开审理查明：江苏琼花高科技股份有限公司（以下简称江苏琼花），证券代码为002002，住所地为扬州市广陵区杭集镇曙光路，控股股东为琼花集团，实际控制人为被告人于某某。2006年11月至2008年11月间，时任江苏琼花法定代表人、董事长的于某某使用江苏琼花公章，以江苏琼花的名义，为明显不具有清偿能力的控股股东琼花集团等关联方提供24笔担保，担保金额共计人民币（以下币种同）16035万元，占江苏琼花2008年12月31日经审计的净资产的101.29%。其中，2007年11月1日至2008年10月31日连续12个月的担保累计金额为12005万元，占江苏琼花2008年12月31日经审计的净资产的75.83%。江苏琼花对上述担保事项未按规定履行临时公告披露义务，也未在2006年年报、2007年年报、2008年半年报中进行披露。截至2009年12月31日，琼花集团、于某某均通过以股抵债或者用减持股票款方式向债权人清偿了全部债务，江苏琼花的担保责任已经解除。

2009年6月24日，被告人于某某主动到公安机关投案，如实供述了全部犯罪事实。2010年3月18日公安机关对该案立案侦查。

扬州市邗江区人民法院认为，江苏琼花对依法应当披露的重要信息不按规定披露，情节严重，被告人于某某作为江苏琼花的直接主管人员，其行为构成违规不披露重要信息罪。于某某犯罪以后自动投案，如实供述自己的罪行，属于自首，依法可以从轻处罚，并可给予一定的考验期限。公诉机关指控于某某构成违规不披露重要信息罪的事实清楚，证据确实、充分，罪名成立。但指控于某某所犯背信损害上市公司利益罪必须以"致使上市公司利益遭受重大损失"为要件，于某某虽然有向明显不具有清偿能力的关联企业提供担保行为，但其违规担保的风险在公安机关立案前已全部化解，未给江苏琼花造成实际损失。因此，其行为不符合背信损害上市公司利益罪的构成特征，公诉机关指控于某某犯背信损害上市公司利益罪不能成立。据此，扬州市邗江区人民法院依据《中华人民共和国刑法》第一百六十一条，第六十七条第一款，第七十二条第一款、第三款，第七十三条第一款、第三款，第五十二条，第五十三条之规定，以被告人于某某犯违规不披露重要信息罪，判处拘役三个月，缓刑六个月，并处罚金人民币二十万元。

一审宣判后，被告人于某某在法定上诉期内未提出上诉，公诉机关亦未提出抗诉，判决已发生法律效力。

二、主要问题

1. 依法负有披露义务的公司、企业对依法应当披露的重要信息不按规定披露的，如

---

① 周庆琳、汤咏梅撰稿，王晓东审编：《于某某违规不披露重要信息案——依法负有披露义务的公司、企业对依法应当披露的重要信息不按规定披露的，对直接负责的主管人员如何处理以及上市公司直接负责的主管人员违规向不具有清偿能力的控股股东提供担保的行为，如何定性（第824号）》，载中华人民共和国最高人民法院刑事审判第一、二、三、四、五庭主办：《刑事审判参考》2013年第1集（总第90集），法律出版社2013年版，第1~6页。

何定性？

2. 上市公司直接负责的主管人员违规向不具有清偿能力的控股股东提供担保的行为，如何定性？

三、裁判理由

（一）依法负有披露义务的公司、企业对依法应当披露的重要信息不按规定披露的，对直接负责的主管人员以违规不披露重要信息罪论处

违规披露、不披露重要信息罪系根据《刑法修正案（六）》的规定，在刑法原第一百六十一条规定的提供虚假财会报告罪的基础上修改而来。

违规披露、不披露重要信息罪侵犯的客体是上市公司的信息披露制度和广大股东、投资人的利益。信息披露作为规制证券市场的一项重要法律制度，自产生以来，在保护投资者、保证证券市场高效运转、有效发挥证券市场的资源配置功能等方面起到了巨大的推动作用。由于现代公司制度下的上市公司所有权与经营权高度分离，广大投资者尤其是中小投资者与上市公司的董事、监事和高级管理人员之间存在严重的"信息不对称"现象，上市公司的董事、监事和高级管理人员可能利用实际控制公司的职权便利获取自身利益，而置公司利益于不顾，甚至损害公司及其股东利益。特别是近年来，随着我国证券市场规模的进一步发展，暴露的上市公司违规披露、不披露重要信息案件大量增多。这类案件往往涉案金额巨大，社会影响极大，给证券市场的信用基础带来极大的损害。在这一背景下，《刑法修正案（六）》对刑法原第一百六十一条作了重大修改。

《刑法修正案（六）》对刑法原第一百六十一条作了以下几处修改：一是扩大了披露范围，从原来的财务会计报告扩大到所有依法应当披露的重要信息；二是增加了"其他严重情节"的表述，将本罪从结果犯修改为情节犯，扩大了打击范围，增强了实践可操作性；三是由提供虚假财会报告罪这一罪名修改为违规披露、不披露重要信息罪。

违规披露、不披露重要信息罪要求行为人客观上必须实施"严重损害股东或者其他人利益"的行为或者有"其他严重情节"的行为。对于"严重损害""严重情节"的认定标准，目前尚无司法解释予以明确，实践中一般是参照适用立案追诉标准（二）的规定。立案追诉标准（二）对违规披露、不披露重要信息案规定了以下具体的立案追诉标准：（1）造成股东、债权人或者其他人直接经济损失累计数额在50万元以上的；（2）虚增或者虚减资产达到当期披露的资产总额30%以上；（3）虚增或者虚减利润达到当期披露的利润总额的30%以上；（4）未按照规定披露的重大诉讼、仲裁、担保、关联交易或者其他重大事项所涉及的数额或者连续12个月的累计数额占净资产50%以上；（5）致使公司发行的股票、公司债券或者国务院依法认定的其他证券被终止上市交易或者多次被暂停上市交易；（6）致使不符合发行条件的公司、企业骗取发行核准并上市交易；（7）在公司财务会计报告中将亏损披露为盈利，或者将盈利披露为亏损；（8）多次（3次以上）提供虚假的或者隐瞒重要事实的财务会计报告，或者多次对依法应当披露的其他重要信息不按照规定披露；（9）其他严重损害股东、债权人或者其他人利益，或者有其他严重情节的情形。由上述标准可知，违规披露、不披露重要信息罪的成立，并不要求对股东和社会公众的经济利益造成实际损失，情节达到一定严重程度亦可构成本罪。本案中，被告人于某某作为上市公司的法定代表人和董事长，对上市公司依法应当披露的担保信息未按规定披露，担保金额达1.6亿余元，担保金额已经超过公司净资产，其中连续12个月的担保累计金额占净资产的比例远远超过50%，而且连续3年对应当披露的重要

信息不按照规定披露。虽然本案违规不披露重要信息的行为具体给股东和社会公众造成多大的经济损失不好认定，但根据上述情节，认定其构成违规不披露重要信息罪没有任何问题。

值得注意的是，违规披露、不披露重要信息罪虽然是单位犯罪，但与一般的单位犯罪不同，本罪实行单罚制，仅对"直接负责的主管人员和其他直接责任人员"进行刑事处罚。立法上之所以采用单罚制，主要是基于本罪的犯罪主体公司、企业在部分案件中也是违规披露、不披露重要信息行为的被害人，在此情况下，如果再对公司、企业判处罚金，势必加重公司、企业的负担，更不利于保护股东或者其他投资者的合法权益。

（二）上市公司直接负责的主管人员违规向不具有清偿能力的控股股东提供担保，未造成实际损失的，不构成背信损害上市公司利益罪

背信损害上市公司利益罪，是《刑法修正案（六）》规定的新罪名。根据刑法第一百六十九条之一的规定，成立背信损害上市公司利益罪，必须是上市公司的董事、监事、高级管理人员违背对公司的忠实义务，客观上实施了利用职务便利，操纵上市公司，致使上市公司利益遭受重大损失的行为。

1. 从主体要件分析。构成本罪的主体必须是上市公司的董事、监事、高级管理人员、控股股东或者实际控制人。本案被告人于某某是上市公司江苏琼花的法定代表人、董事长，其主体身份适格。

2. 从客体要件分析。本罪侵犯的客体是公司董事、监事、高级管理人员职务的廉洁性和上市公司的经济利益。其中，行为人违背对公司的忠实义务是构成本罪最基本的特征之一。对于公司的董事、监事、高级管理人员而言，这里的"忠实义务"具体体现在：对公司事务应当忠诚尽力、忠实于公司；当其自身利益与公司利益相冲突时，应当以公司利益为重，不得将自身利益置于公司利益之上；必须为公司利益善意处理公司事务、处置其所掌握的公司资产，不得受关联企业支配"掏空"公司资产、损害公司利益。于某某未将公司利益始终放在第一位，且未为公司利益善意处置其所掌握的公司资产，应当认定其违背对公司的忠实义务。

3. 从客观要件分析。具体又包括行为要件特征和结果要件特征。

（1）行为要件特征。根据刑法第一百六十九条之一的规定，成立背信损害上市公司利益罪要求行为人必须实施了操纵上市公司的行为。刑法第一百六十九条之一明文列举了五项具体行为，其中，第四项为"为明显不具有清偿能力的单位或者个人提供担保，或者无正当理由为其他单位或者个人提供担保"。本案中，被告人于某某利用其担任江苏琼花法定代表人的职务便利，为明显不具有清偿能力的控股股东等关联企业提供担保，符合背信损害上市公司利益罪的行为要件特征。（2）结果要件特征。根据刑法规定，成立背信损害上市公司利益罪必须以"致使上市公司利益遭受重大损失"为要件。如果行为在客观上未给上市公司造成重大损失的，就不符合背信损害上市公司利益罪的客观要件特征。参照立案追诉标准（二）第十八条的规定，"致使上市公司利益遭受重大损失"一般是指致使上市公司直接经济损失数额在150万元以上或者致使公司发行的股票、公司债券或者国务院认定的其他证券被终止上市交易或者多次被暂停上市交易。从本案情况看，被告人于某某的背信行为，不存在致使公司发行的股票、公司债券或者国务院认定的其他证券被终止上市交易或者多次被暂停上市交易的情况。于某某虽然操纵上市公司向明显不具有清偿能力的关联企业提供担保，但是在公安机关立案前，琼花集团、于某

某均通过以股抵债或者用减持股票款方式向债权人清偿了全部债务，积极解除了江苏琼花的担保责任，从而未给江苏琼花造成直接经济损失。因此，于某某的行为不符合背信损害上市公司利益罪的结果要件特征，不构成背信损害上市公司利益罪。

综上，扬州市邗江区人民法院根据被告人于某某的犯罪情节、认罪悔罪表现，并结合自首情节，对公诉机关指控的背信损害上市公司利益罪不予支持，对于某某以违规不披露重要信息罪定罪处罚，定罪准确，量刑适当。

问题3. 如何认定国家出资企业中工作人员的主体身份

【刑事审判参考案例】王某某非国家工作人员受贿、挪用资金案[①]

一、基本案情

济南市历下区人民法院经公开审理查明：

（一）受贿事实

中建八局第一公司系国有企业，被告人王某某在任该公司西客站交通枢纽项目部商务经理期间，利用负责项目工程预、决算签发、审核的职务便利，为分包施工队谋取利益，分别于2011年9月、2012年4月、2013年2月三次收受施工队负责人李某某、郭某好处费共计人民币（以下币种同）27.6万元，据为己有。

（二）挪用公款事实

2011年9月14日，中建八局第一公司会计张某将公款22万元转入王某某个人农业银行账户，由王某某保管。同年11月10日，王某某利用保管该部分账外资金的职务便利，将其中147850.65元用于个人购买农业银行理财产品，进行盈利活动，同年12月12日归还，获利约700元。

济南市历下区人民法院认为，被告人王某某身为国有企业工作人员，利用职务便利，为他人谋取利益，收受他人财物；利用职务便利，挪用公款进行盈利活动，数额较大，其行为分别构成受贿罪和挪用公款罪。王某某到案后如实供述了挪用公款的犯罪事实，依法可以从轻处罚。王某某家属为其积极退缴全部受贿赃款，依法可以酌情从轻处罚。据此，依照《中华人民共和国刑法》的相关规定，历下区人民法院判决如下：

被告人王某某犯受贿罪，判处有期徒刑十年六个月；犯挪用公款罪，判处有期徒刑二年；决定执行有期徒刑十一年。扣押在案的赃款人民币二十七万六千元予以没收，上缴国库。

一审宣判后，被告人王某某不服，向济南市中级人民法院提起上诉。其主要上诉理由是：中建八局第一公司是中建八局公司的全资子公司，中建八局公司又是中国建筑股份有限公司（以下简称中建股份公司）的全资子公司，而中建股份公司2009年7月上市，从国有公司演变为国有资本控股公司，中建八局公司和中建八局第一公司也随之转变为非国有公司。因此，其身份不属于国家工作人员，不具备受贿罪、挪用公款罪的主体要件。

[①] 张威力、李洪川撰稿，逄锦温审编：《王某某非国家工作人员受贿、挪用资金案——如何认定国家出资企业中工作人员的主体身份（第1055号）》，载中华人民共和国最高人民法院刑事审判第一、二、三、四、五庭主办：《刑事审判参考》总第102集，法律出版社2016年版，第1~5页。

济南市中级人民法院经公开审理查明的上诉人王某某收受郭某、李某某等人27.6万元贿赂以及挪用本单位资金147850.65元的事实和证据与一审相同。

济南市中级人民法院另查明,2007年12月,经国务院国资委同意,中国建筑工程总公司(以下简称中建总公司)联合中国石油天然气集团公司、宝钢集团有限公司、中国中化集团公司作为发起人(以上均为国有股东,其中中建总公司持股94%),发起设立中建股份公司。随后,中建总公司决定将中建八局公司100%国有法人股权作为其出资的一部分投入中建股份公司,并与中建股份公司签订了股权转让协议,中建八局公司由此成为中建股份公司独家持股的独资有限公司。2009年7月,中建股份公司在上海证券交易所上市,从2009年至2013年,该公司国有股东持股比例均保持在60%以上。2009年12月,中建股份公司为中建八局公司增资9.65亿元。2010年12月,经中建股份公司同意,中建八局公司收购上诉人王某某所在单位中建八局第一公司49%的社会法人股及自然人股股权(另51%股权继续由中建八局公司持有)。2011年3月10日,中建八局第一公司工商登记注册变更为中建八局的独资有限公司。

济南市中级人民法院认为,上诉人王某某身为非国有公司的工作人员,利用职务上的便利,非法收受他人财物,为他人谋取利益,数额巨大;利用职务上的便利,挪用本单位资金归个人使用,进行营利活动,数额较大,其行为构成非国家工作人员受贿罪和挪用资金罪,依法应当数罪并罚。原审认定王某某的行为构成受贿罪和挪用公款罪有误,应当予以纠正。鉴于王某某受贿赃款已全部追回,归案后如实供述其挪用资金的事实,对其依法可以从轻处罚。据此,依照《中华人民共和国刑事诉讼法》第二百二十五条第一款第二项、《中华人民共和国刑法》第一百六十三条第一款、第二百七十二条第一款、第六十九条第一款、第六十七条第三款、第六十四条之规定,济南市中级人民法院改判如下:

上诉人王某某犯非国家工作人员受贿罪,判处有期徒刑六年;犯挪用资金罪,判处有期徒刑一年;决定执行有期徒刑六年六个月。

二、主要问题

如何认定国家出资企业中工作人员的主体身份?

三、裁判理由

本案被告人王某某的身份是否属于国家工作人员,应当综合以下两个问题进行分析认定:一是王某某所在单位是否属于刑法意义上的国有公司;二是如果其单位不属于国有公司,王某某是否属于《最高人民法院、最高人民检察院关于办理国家出资企业中职务犯罪具体应用法律若干问题的意见》(以下简称国家出资企业意见)第六条第二款所规定的国家工作人员类型。二审法院在查明有关事实的基础上,遵循上述思路,认定王某某不具有国家工作人员主体身份,并据此改判。具体理由如下:

(一)被告人所属公司出资股东的性质决定了该公司的性质是非国有公司,由此被告人不是国有公司中从事公务的人员

刑法意义上的国有公司仅指国家出资的国有独资公司,不包含国有资本控股公司、国有资本参股公司等其他类型的国家出资企业。刑法条文中含有"国有公司""非国有公司"的表述,但刑法条文没有对"国有公司""非国有公司"的内涵和外延作出明确规定,对其界定只能依据最高司法机关出台的规范性指导文件。从最高人民法院2001年发布的《关于在国有资本控股、参股的股份有限公司中从事管理工作的人员利用职务便利

非法占有本公司财物如何定罪问题的批复》、2003年发布的《全国法院审理经济犯罪案件工作座谈会纪要》、2005年出台的《关于如何认定国有控股、参股股份有限公司中的国有公司、企业人员的解释》等规定来看,刑法意义上的国有公司仅限于国有独资公司,这也是长期刑事司法实践中一贯掌握的标准。最高人民法院、最高人民检察院2010年联合出台的国家出资企业意见与上述规定一脉相承,在坚持国有公司、企业既定外延的基础上,仅对国家出资企业中"以国家工作人员论"的范围有所突破和扩大。

本案一审之所以认定被告人王某某所在的中建八局第一公司是国有公司,王某某的身份是国家工作人员,主要是基于该公司在诉讼阶段出具了一份证明:2010年前该公司的国有法人股占51%,社会法人股占10%,职工股占39%,2010年经上级同意改为国有企业,社会股和职工股资金全部退出。然而问题的关键是,能否仅凭该证明认定中建八局第一公司属于国有公司。我们认为,对公司性质的认定,不能仅凭公司的工商注册登记或者公司自身所做的说明,而应当严格依照国家出资企业意见第七条的规定,遵循"谁投资,谁拥有产权"的原则,从公司的实际出资情况进行认定。具体联系本案,从相关文件来看,2011年3月,中建八局第一公司变更为中建八局公司的全资子公司,中建八局公司是中建八局第一公司的唯一股东,因此中建八局公司的国有性质决定了中建八局第一公司的国有性质。然而,从股东实际出资情况来看,中建八局公司后改制为国有控股公司,即非国有公司,从而决定了中建八局第一公司属于国家出资企业,而不属于国有公司。这一过程大致可以划分为两个阶段:(1)中建八局公司原是国有公司中建总公司的全资子公司,2007年12月,该公司的股东即出资人变更为中建股份公司,此时,中建股份公司仍是国有公司,故中建八局公司也是国有公司。(2)2009年7月,中建股份公司在上海证券交易所上市,转变为国有控股公司,由此,中建八局公司因其股东不再是国有独资公司,其在性质上也就不再属于国有公司,而是转变为国有控股公司。相应地,中建八局第一公司的性质也应变为国有控股公司。基于上述分析,可以认定王某某的身份不属于国有公司中从事公务的人员。

(二)从被告人的任职程序和实际履行的职责来看,被告人不属于国家出资企业意见规定的"国家工作人员"

出资企业意见第六条将非国有独资的国家出资企业中的国家工作人员分为两种类型:第一种类型与刑法第九十三条第二款对应,属于"委派型"国家工作人员。本案中,被告人王某某所在公司及上级公司均为国有控股公司,故不属于国有公司委派到非国有公司任职的情形。第二种类型即"间接委派型"或者"代表型"国家工作人员。国家出资企业意见第六条第二款规定:"经国家出资企业中负有管理、监督国有资产职责的组织批准或者研究决定,代表其在国有控股、参股公司及其分支机构中从事组织、领导、监督、经营、管理工作的人员,应当认定为国家工作人员。"根据该规定,对于国家出资企业中的工作人员是否属于"国家工作人员"应当从以下两个方面进行认定:一是形式要件,即经国家出资企业中负有管理、监督国有资产职责的组织批准或者研究决定。这里的"组织"主要是指上级或者本级国家出资企业内部的党委、党政联席会。二是实质要件,即代表负有管理、监督国有资产职责的组织在国有控股、参股公司及其分支机构中从事组织、领导、监督、经营、管理工作,实质要件具有"代表性"和"公务性"两个特征。在判断层次上,对于形式要件、实质要件的判断分别属于形式判断和实质判断,首先要进行形式判断,形式判断是进行实质判断的重要前提和依据。

本案中，被告人王某某任职本公司西客站交通枢纽项目部商务经理是经本公司总经理办公会研究决定任命，并非经国家出资企业中负有管理、监督国有资产职责的组织批准或者研究决定任命。

综上，本案被告人王某某不是国家工作人员，其利用职务之便，为他人谋取利益，收受他人贿赂的行为以及挪用本单位资金的行为，不构成受贿罪和挪用公款罪，应当以非国家工作人员受贿罪和挪用资金罪论处。

问题4. 在国有建设用地使用权挂牌出让过程中串通竞买的行为应如何定性

【刑事审判参考案例】张某某、刘某某对非国家工作人员行贿案[①]

一、基本案情

濉溪县人民法院经公开审理查明：

2009年11月19日至30日，经濉溪县人民政府批准，濉溪县国土资源局挂牌出让濉国土挂（2009）023号地块国有建设用地使用权。安徽通和煤炭检测有限公司法定代表人杨某（另案处理，已判刑）借用淮北圣火房地产开发有限责任公司（以下简称圣火公司）名义申请参加该宗土地使用权挂牌出让竞买活动，山东日照利华房地产开发有限公司（以下简称日照利华公司）、淮北春盛公司（以下简称春盛公司）、淮北国利房地产开发有限公司。（以下简称国利公司）、淮北金沙纺织服装有限公司（以下简称金沙公司）均报名获得竞买资格。同年11月29日，杨某与无业人员被告人张某某商议，以承诺给付补偿金的方式，让其他竞买人放弃竞买。当日，张某某在淮北市"爵士岛"茶楼先后与其他竞买人商谈，春盛公司副经理马某中同意接受200万元退出；金沙公司法人代表邵某1、国利公司皇某某（其妻系该公司法人代表）均同意接受250万元退出。日照利华公司提出接受500万元退出，杨某向张某某表示最多给付450万元让日照利华公司退出。张某某即通过被告人刘某某与日照利华公司商谈，日照利华公司同意接受300万元退出竞买。此后，张某某仍告知杨某日照利华公司同意450万元退出。次日，在濉溪县国土局023号地块竞买现场，按照杨某的安排，日照利华公司、春盛公司均未举牌竞价，金沙公司邵某2以8100万元的价格举牌竞价一次，杨某以8200万元举牌竞价一次，杨某的朋友张某持国利公司皇某某的号牌以8300万元举牌竞价一次，杨某与皇某某又分别加价100万元各举牌一次，最终杨某以8600万元（保留底价8500万元）竞买成功。后张某某、刘某某伙同杨某共付给参与竞买的其他公司相关人员贿赂840万元。其间，张某某、刘某某采取多报支出等方式，侵吞违法所得共计355万元。案发后，刘某某向公安机关退缴违法所得130万元。

另查明：被告人张某某于2010年1月8日因本案被羁押于濉溪县看守所期间，多次实施或指使他人殴打同监室在押人员，组织同监室人员绝食，并于开庭前指使他人自杀、袭警，然后由其实施抢救、制止，以骗取立功，严重破坏监管秩序。

濉溪县人民法院认为，被告人张某某、刘某某伙同他人在国有建设用地使用权挂牌

[①] 张俊、黄浩撰稿，杜国强审编：《张某某、刘某某对非国家工作人员行贿案——在国有建设用地使用权挂牌出让过程中串通竞买的行为应如何定性（第1136号）》，载中华人民共和国最高人民法院刑事审判第一、二、三、四、五庭主办：《刑事审判参考》总第106集，法律出版社2017年版，第1~7页。

出让过程中，贿买参与竞买的其他公司的负责人放弃竞买，共计行贿 840 万元，数额巨大，其行为均已构成对非国家工作人员行贿罪。张某某、刘某某采取行贿方式串通竞买，使杨某以低价获得国有建设用地使用权，该行为不符合串通投标罪的犯罪构成要件；指控张某某构成诈骗罪的证据不足；张某某虽有破坏监管秩序的行为，但其不属于依法被关押的罪犯，故不构成破坏监管秩序罪。在共同行贿犯罪中，张某某参与预谋并积极实施，起主要作用，系主犯，应按照其参与的全部犯罪处罚；刘某某帮助联络、磋商，起次要作用，系从犯，且已退缴赃款，有悔罪表现，可从轻处罚。根据刘某某的犯罪情节及悔罪表现，没有再犯罪的危险，宣告缓刑对所居住社区没有重大不良影响，予以宣告缓刑。依照《中华人民共和国刑法》第一百六十四条第一款、第二十五条第一款、第二十六条第一款、第四款、第二十七条第一款、第二款、第六十四条、第七十二条第一款之规定，判决如下：

1. 被告人张某某犯对非国家工作人员行贿罪，判处有期徒刑六年，并处罚金人民币六百万元；

2. 被告人刘某某犯对非国家工作人员行贿罪，判处有期徒刑三年，缓刑四年，并处罚金人民币五十万元。

宣判后，被告人张某某以一审判决对其量刑过重为由，向淮北市中级人民法院提出上诉。其辩护人提出：本案属于单位犯罪，张某某在被追诉前主动交待了行贿行为，请求法院对其自由刑从轻处罚，对财产刑减轻处罚。

淮北市中级人民法院经依法审理，认为原判定罪准确，量刑适当，裁定驳回上诉，维持原判。

二、主要问题

在国有建设用地使用权挂牌出让过程中，通过贿赂指使参与竞买的其他人放弃竞买、串通报价，最终使请托人竞买成功的，应如何定性？

三、裁判理由

本案审理过程中，对被告人张某某、刘某某通过贿赂指使参与竞买的其他人放弃竞买、串通报价，使请托人杨某竞买成功的行为如何定性，存在不同意见：

第一种意见认为，两被告人的共同犯罪部分，仅构成串通投标罪一罪。理由是，挂牌出让系国土资源部《招标拍卖挂牌出让国有建设用地使用权规定》（以下简称规定）规定的国有建设用地出让的重要形式。虽然挂牌和招标在设置目的、运作形式等方面有很多不同点，在目前尚未出台相关法律对该制度予以规制的情况下，挂牌制度的操作也是参照招标进行的。本案中，被告人张某某、刘某某在国有建设用地使用权挂牌出让过程中，通过贿买参与竞买的其他公司的负责人的方法，指使其他公司负责人串通报价，放弃竞拍，使杨某以低价获得国有建设用地使用权，其行为均构成串通投标罪。两被告人受杨某指使向其他竞买人行贿，该行为属于前行为，是串通投标整体行为中的一部分，不应单独定罪。因此，两被告人的行为不构成对非国家工作人员行贿罪。

第二种意见认为，被告人张某某、刘某某受杨某之托，在国有建设用地使用权挂牌出让过程中，向参与竞买的其他公司的负责人行贿，数额特别巨大，指使其串通报价，放弃竞拍，使杨某以低价获得国有建设用地使用权，其行为同时构成对非国家工作人员行贿罪和串通投标罪。

第三种意见认为，对两被告人的共同犯罪部分应以对非国家工作人员行贿罪一罪定罪。从刑法规定来看，尚没有对挂牌竞买人相互串通，情节严重，追究刑事责任的规定，也无相关司法解释。本案中，两被告人为达到让几家竞买企业串通报价，从而使请托人杨某顺利竞买成功的目的，采取了行贿的手段，该手段行为显然触犯了刑法的规定，构成对非国家工作人员行贿罪。

我们同意第三种意见，即被告人张某某、刘某某的行为构成对非国家工作人员行贿罪。具体理由如下：

第一，挂牌竞买不能等同于招投标。招标与挂牌均系国有建设用地使用权出让的重要形式，国土资源部规定对此予以明确并加以区别，按照规定及《中华人民共和国招标投标法》的规定，招标的主要程序为：公开招标或邀请招标—投标（仅有一次竞买机会）—开标—评标—中标（发出中标通知书，招标人可否决所有投标）。招投标作为市场经济条件下一种常用的竞争方式，在我国建筑工程等领域普遍推行。规定第二条第四款规定，"挂牌出让国有建设用地使用权，是指出让人发布挂牌公告，按公告规定的期限将拟出让宗地的交易条件在指定的土地交易场所挂牌公布，接受竞买人的报价申请并更新挂牌价格，根据挂牌期限截止时的出价结果或者现场竞价结果确定国有建设用地使用权人的行为"，其主要程序为：出让人挂牌公告—竞买人挂牌报价—更新挂牌价（竞买人可反复更新报价，有多次竞买机会）—确定竞得人（签订成交确认书，出让人无权否决最高挂牌人）。挂牌制度脱胎于拍卖制度，但又不同于拍卖制度，该制度有一个挂牌报价、更新报价的前置程序，而且不必然进入公开竞买程序（该程序类似于拍卖程序）。目前，挂牌出让仅发生于建设用地流通领域，在适用范围、操作程序、出让人否决权等方面与招投标程序有显著的区别。因此，挂牌竞买与招投标无论是在字面上还是实质程序上均存在差别，不能等同。

第二，法律没有明文规定为犯罪的，不能类推定罪。刑法第二百二十三条的规定："投标人相互串通投标报价，损害招标人或其他投标人利益，情节严重的，处三年以下有期徒刑或者拘役，并处或者单处罚金。投标人与招标人串通投标，损害国家、集体、公民的合法利益的，依照前款的规定处罚。"从文义解释的角度，挂牌竞买显然不能等同于招投标。

有一种观点认为，可以忽略二者文义上的差别，从实质危害性相当的角度对串通投标罪中的招投标进行合目的的扩张解释。具体言之，该观点认为挂牌出让是在总结国有建设用地使用权拍卖和招投标实践基础上的创新，具备招投标的主要特点，同时融入了拍卖制度的某些有益成分；从危害性来看，串通竞买与串通投标均是采取串通方式消除或减少公平竞争，损害出让人或招标人利益，由串通者分享，故将挂牌出让过程中的串通竞买行为解释为串通投标，符合立法本意。

对此，我们持否定意见。刑法第二百二十三条的规定显然将串通投标罪限定在招投标领域。罪刑法定原则是刑法的基本原则，刑法的扩张解释的适用在部分条款中虽不可避免，但应该遵循基本的文义解释规则。换言之，对法律概念进行扩张解释不能远远超出概念的核心含义，解释结论要在一般公民的预测可能性范围之内。否则，抛开概念的基本语义，完全从处罚必要性的角度进行扩张解释，容易滑向类推适用的境地。挂牌出让固然与招投标有相似之处，但二者无论是在概念文义，还是适用范围、操作程序、出让人否决权等方面都存在显著差异，二者的差异性远大于相似性。尽管从实质上看，挂牌出让中的串通竞买行为也具有社会危害性，但在刑法明确将串通投标罪的犯罪主体界定为投标人、招标人的情况下，客观上已不存在将挂牌出让解释为招投标从而予以定罪的空间。

第三，数个关联行为存在牵连关系，但只有其中某一行为构成犯罪的，可以该行为触犯的罪名对被告人定罪处罚。本案中，两被告人实施了一系列的关联行为，其中包括：接受杨某的请托向其他竞买人行贿；指使其他竞买人放弃竞买或串通报价；直接占有请托人给付的部分行贿款项等。两被告人实施的上述系列行为，存在手段行为与目的行为间的牵连关系。两被告人指使其他竞买人放弃竞买或串通报价是目的行为，向其他竞买人行贿是手段行为，但鉴于目的行为不构成犯罪，而实施的行贿行为显然触犯了刑法的规定，已构成对非国家工作人员行贿罪，依法予以认定是正确的。

关于本案中诈骗罪的指控。杨某作为串通竞买的主谋和主要受益者，系本案对非国家工作人员行贿罪的共犯，根据审理查明的事实，被告人张某某受杨某之托与竞买人交涉、协商支付款项等事宜，在这一过程中向杨某虚报了部分支出，但总体尚在杨某授权的事项范围内，且杨某对张某某可能从中非法占有部分款项持听之任之的默认态度。张某某所实施的行为确有一定背信性质，但认定其故意捏造事实、隐瞒真相以达到非法占有目的的证据并非特别充足。故一、二审法院对公诉机关的指控未予支持。

关于被告人张某某在看守所羁押期间破坏监管秩序的行为，我们认为不构成破坏监管秩序罪，主要理由是：张某某不符合该罪的主体要件。刑法第三百一十五条明确规定破坏监管秩序罪的犯罪主体为罪犯；第三百一十六条脱逃罪的犯罪主体则规定为罪犯、被告人、犯罪嫌疑人。两相对比，显然可以得出罪犯即被生效法律文书确定为构成犯罪的人，而不包括犯罪嫌疑人、被告人。张某某在被羁押的看守所实施不服管教、绝食、指使他人自杀、袭警等行为时，尚未被确定为罪犯，属于未决犯，不属于依法被关押的罪犯。因此，张某某不符合破坏监管秩序罪的主体要件。

需要指出的是，本案的审理也反映出几个值得重视的法律完善问题：一是国有建设用地使用权挂牌出让、拍卖活动中串通竞买的行为与招投标过程中串通投标行为，均是采取串通方式消除或者减少公平竞争，从而损害出让人、拍卖人、招标人利益，破坏市场公平竞争秩序的行为，两者侵害的法益及社会危害性相当，但刑法仅对串通投标行为进行规制，对出让和拍卖活动中的串通竞买行为亟待完善相关法律规定。二是刑法所规定的对单位行贿罪中的"单位"仅限于国有单位，在当前经济往来中，作为市场主体的非国有单位既可能是商业行贿的主体，也完全可能成为商业受贿的主体，但类似本案，目前只能以对非国家工作人员行贿罪定罪处罚，回避了实践中存在的非国有单位受贿行为的法律评价。三是刑法将破坏监管秩序罪的主体限定为罪犯，但是，在看守所羁押的未决犯，完全可能实施类似本案被告人张某某破坏监管秩序的行为。且实践中，一些犯罪嫌疑人、被告人，特别是拟判处并复核死刑的被告人长期羁押，实施破坏看守所监管秩序的行为，具有相当严重的社会危害性，但刑事定罪依据不足，立法上确需引起重视并予以完善。

问题 5. 如何认定行政管理职权转委托情形下受托方的滥用职权及收受财物行为

【刑事审判参考案例】周某某、朱某某非国家工作人员受贿案①

一、基本案情

上海市黄浦区人民法院经审理查明：

上海南外滩集团房产前期开发有限公司（以下简称前期公司）系国有公司。2007年8月至2008年1月间，前期公司受上海市市政工程管理处委托，负责上海市西藏路道路改建工程2期一标段所涉周边房屋拆迁工作。周某某、朱某某分别受前期公司委托，担任该标段动迁项目总经理和经理。其间，周某某、朱某某二人在明知西藏南路265弄1号底层后客堂、西藏南路265弄1号底层中客堂、西藏南路277弄9号底层灶间及桃源路65号底层前客堂均处于空户状态，动迁安置补偿款应归上海南外滩房产（集团）有限公司（以下简称南房集团）所有的情况下，接受上海北门物业管理公司（以下简称北门物业）总经理陈某某、办公室负责人丁某某（均已另案处理）的请托，共同利用审批审核动迁安置费用等职务便利，按照陈某某、丁某某提供的涉案房屋虚假用户材料，违规审批内容虚假的拆迁安置签报、居民动迁安置用款申请表等相关材料，使陈某某、丁某某等人冒领涉案房屋的拆迁补偿款得以成功，导致国家财产计人民币1384130元（以下币种均为人民币）遭受损失。

周某某、朱某某利用上述职务便利，在违规审批之前分别收受陈某某、丁某某给予的"好处费"各10000元。事成之后，陈某某、丁某某又将198000元按周某某要求，转入朱某某个人账户，其中28000元被朱某某花用。

上海市黄浦区人民法院认为，周某某、朱某某系受国家机关委托从事公务的人员，在履行国家机关职权的过程中，滥用职权致使公共财产遭受重大损失，其行为构成滥用职权罪；被告人周某某、朱某某在行使上述职权过程中，利用职务上的便利，非法收受他人财物，为他人谋取利益，数额巨大，其行为构成受贿罪；周某某、朱某某均在判决宣告前一人犯数罪，应当数罪并罚。鉴于周某某、朱某某能如实供述且退赔了全部赃款，可依法分别从轻和酌情从宽处罚。据此，依照《中华人民共和国刑法》第三百九十七条、第三百八十五条第一款、第三百八十六条、第三百八十三条第一款第二项、第六十九条、第二十五条第一款、第六十七条第三款、第六十四条及《最高人民法院、最高人民检察院关于办理贪污贿赂刑事案件适用法律若干问题的解释》第二条之规定，以滥用职权罪判处被告人周某某有期徒刑一年六个月，以受贿罪判处周某某有期徒刑三年，并处罚金人民币二十万元，决定执行有期徒刑三年六个月，并处罚金人民币二十万元；以滥用职权罪判处被告人朱某某有期徒刑一年三个月，以受贿罪判处朱某某有期徒刑三年，并处罚金人民币二十二万元，决定执行有期徒刑三年三个月，并处罚金人民币二十二万元；违法所得予以追缴。

一审判决后，被告人周某某、朱某某均不服，向上海市第二中级人民法院提出上诉。

---

① 陈姣莹、朱婷婷、宋文健撰稿，刘晓虎审编：《周某某、朱某某非国家工作人员受贿案——如何认定行政管理职权转委托情形下受托方的滥用职权及收受财物行为（第1207号）》，载中华人民共和国最高人民法院刑事审判第一、二、三、四、五庭主办：《刑事审判参考》总第111集，法律出版社2018年版，第13~23页。

周某某上诉提出，其不具有国家工作人员身份，收受他人钱款的行为构成非国家工作人员受贿罪，且不构成滥用职权罪。周某某的辩护人进一步提出，周某某未接受国家机关委托，也未从事公务，故其不具有滥用职权罪的主体资格，周某某所在的上海更强房产服务有限公司（以下简称更强公司）与前期公司存在劳务委托关系，退一步说，周某某即使构成滥用职权罪也超过了追诉时效；周某某也不具有受贿犯罪的主体资格，未分得钱款，且具有自首情节，请求二审法院依法判决，并对其适用缓刑。

朱某某上诉提出，其按照正常程序办理，不符合滥用职权罪的主体身份，也未参与受贿。朱某某的辩护人进一步提出，朱某某为更强公司打工，原审认定的受贿19.8万元，系更强公司支付朱某某的劳务费，请求二审法院改判朱某某无罪。

上海市人民检察院第二分院认为，原审法院判决认定上诉人周某某、朱某某犯滥用职权罪、受贿罪正确。周某某不符合自首的条件。至于滥用职权罪是否已过追诉时效，应依法裁判。

上海市第二中级人民法院经审理确认了原判认定的事实，并进一步查明：2007年8月至2008年1月间，国有公司前期公司受上海市市政工程管理处委托，负责本市西藏路道路改建工程2期一标段所涉周边房屋拆迁工作。前期公司与周某某、朱某某所在的更强公司签订《委托实施拆迁劳务协议》《委托动拆迁劳务费结算协议》，委托更强公司以前期公司动迁二部的名义实施西藏路道路拆迁的具体工作，并支付劳务费用。后周某某、朱某某受前期公司负责人口头任命，分别以前期公司动迁二部总经理、经理的名义，具体负责动拆迁工作。黄浦区动迁指挥部将动迁款分成安置费和劳务费两部分下拨到前期公司，被动迁户的安置费根据周某某、朱某某提供的清册，二人在安置审批表上签字，由前期公司审核后直接支付到具体动迁户的专用存折里。其间，周某某、朱某某明知涉案房屋系空户状态，仍受他人请托，违规审批他人提供的虚假材料，使拆迁补偿款被冒领，致使公共财产遭受138万余元的损失。周某某、朱某某以此共同收受他人给予的"好处费"共计21.8万元。

上海市第二中级人民法院认为，周某某、朱某某作为公司、企业的工作人员，利用职务上的便利，非法收受他人财物，为他人谋取利益，数额较大，其行为均已构成非国家工作人员受贿罪。国有公司前期公司与非国有公司更强公司之间的委托关系仅存续于拆迁项目的运作中，周某某、朱某某属于受合同委托在特定时间段内从事特定事务，此后即无相关权限，周、朱二人仍系更强公司的工作人员，而非前期公司的工作人员，故二人不符合受贿罪的主体要件；周某某、朱某某工作职能的依据系前期公司与更强公司之间的委托协议及前期公司管理人员的口头委托，并非依法或受国家机关委托进行工作，故二人亦不符合滥用职权罪的主体要件。据此，依照《中华人民共和国刑事诉讼法》第二百二十五条第一款第二项、《中华人民共和国刑法》第一百六十三条第一款、第二十五条第一款、第六十七条第三款、第六十四条之规定，以非国家工作人员受贿罪，分别改判周某某、朱某某有期徒刑一年六个月。

二、主要问题

受国家机关委托行使行政管理职权的公司将相关职权再次委托给其他人员，相关人员的滥用职权行为和收受财物行为如何认定？

三、裁判理由

本案在审理中对于周某某、朱某某的主体身份认定及行为定性，存在以下三种观点：

第一种观点认为,周某某、朱某某二人可认定为国家机关工作人员,符合滥用职权罪和受贿罪的犯罪主体要求,应以滥用职权罪和受贿罪论处,但滥用职权罪已过追诉时效,故仅以受贿罪定罪处罚。根据2012年12月7日《最高人民法院、最高人民检察院关于办理渎职刑事案件适用法律若干问题的解释(一)》[以下简称渎职解释(一)]第七条的规定,依法或者受委托行使国家行政管理职权的公司、企业、事业单位的工作人员,在行使行政管理职权时滥用职权或者玩忽职守,构成犯罪的,适用渎职罪的规定追究刑事责任。周某某、朱某某接受前期公司的口头委托,对外以前期公司名义具体负责动拆迁的管理工作。本案涉及的西藏路道路改建工程2期一标段为市政工程,周某某、朱某某系受委托行使国家行政管理职权,即周某某、朱某某可视作国家机关工作人员,当然也能以国家工作人员论。周某某、朱某某在履行职务的过程中,利用职务上的便利,非法收受他人财物21.8万元,为他人谋取利益,数额巨大,其行为构成受贿罪。

第二种观点认为,周、朱二人作为国有公司、企业工作人应以国有公司、企业人员滥用职权罪和受贿罪定罪处罚,但国有公司、企业人员滥用职权罪已过追诉时效,故仅以受贿罪定罪处罚。此观点认为,周某某、朱某某可视作前期公司的工作人员,亦符合刑法第九十三条规定的国家工作人员的范围。周某某、朱某某接受前期公司季某某、邬某某的口头任命,对外以前期公司的名义从事拆迁工作,前期公司为周、朱办理上岗证等,劳务费的取得、发放由前期公司决定,发放流程为周某某制单上报前期公司后,从动迁指挥部下拨劳务费中直接支付,故二人可视作国有公司前期公司的工作人员,符合刑法第一百六十八条国有公司、企业人员滥用职权罪的主体要件。同时,根据刑法第九十三条第二款的规定,国有公司、企业、事业单位中从事公务的人员,以国家工作人员论,符合受贿罪的主体要件。

第三种观点认为,周、朱二人不属于国家机关工作人员,也不属于国家工作人员,不能成立滥用职权罪和受贿罪。二人作为从事劳务工作的公司、企业人员,在履行职务的过程中,收受他人贿赂,其行为构成非国家工作人员受贿罪。

我们同意第三种观点,理由如下:

(一)周某某、朱某某不属于国家机关工作人员,其行为不构成滥用职权罪

1. 滥用职权罪的主体界定

关于滥用职权罪,刑法第三百九十七条规定犯罪主体为国家机关工作人员。同时,2002年《全国人民代表大会常务委员会关于〈中华人民共和国刑法〉第九章渎职罪主体适用问题的解释》规定:"在依照法律、法规规定行使国家行政管理职权的组织中从事公务的人员,或者在受国家机关委托代表国家机关行使职权的组织中从事公务的人员,或者虽未列入国家机关人员编制但在国家机关中从事公务的人员,在代表国家机关行使职权时,有渎职行为,构成犯罪的,依照刑法关于渎职罪的规定追究刑事责任。"2012年渎职解释(一)第七条规定:"依法或者受委托行使国家行政管理职的公司、企业、事业单位的工作人员,在行使政管理职权时滥用职权或者玩忽职守,构成犯罪的,应当依照《全国人民代表大会常务委员会关于〈中华人民共和国刑法〉第九章渎职罪主体适用问题的解释》的规定,适用渎职罪的规定追究刑事责任。"根据上述立法解释和司法解释,可以将滥用职权罪的主体划分为以下几类:

(1)在国家机关中从事公务的人员。这类人员即传统意义的国家机关工作人员,主要包括在国家权力机关、行政机关、司法机关和军事机关中从事公务的人员。

（2）在依照法律、法规规定行使国家行政管理职权的组织中从事公务的人员。主要包括以下几种情况：一是某些法律、法规直接授权规定某些非国家机关的组织在某些领域行使国家行政管理职权、监督职权，如证监会、保监会；二是在机构改革中，有些国家机关被调整为事业单位，但仍然保留着某些行政管理的职能，如我国的知识产权局、气象局、地震局、科学院等单位；三是在一些非国家机关所设的具有国家机关性质的机构，如铁路、林业、油田等系统内设立的纪检、监察、审计以及公安司法机构等。

（3）在受国家机关委托代表国家机关行使职权的组织中从事公务的人员。国家机关按照一定程序将某些管理职权委托给非国家机关的组织代为行使，受委托组织对外以国家机关的名义行使国家管理职权，其行为的后果由委托的国家机关承担，对于在受委托行使职权的组织中从事公务的人员，应当视为国家机关工作人员。

（4）虽未列入国家机关人员编制但在国家机关中从事公务的人员。例如，对外代表各级人大或人大常委会履行职能的各级人大代表；各级人民法院的人民陪审员；在监狱行使监管、看守职责的合同制民警、武警战士等。这些人员本身并不属于国家机关工作人员，但当其代表国家机关行使管理职责时，依法可以成为渎职罪的主体。

虽然根据渎职解释（一）的规定，依法或者受委托行使国家行政管理职权的公司、企业、事业单位的工作人员可以构成渎职犯罪，但从司法解释文义来看，主体身份的认定要回归到2002年的立法解释，也就是说，公司、企业、事业单位的工作人员只有接受特定的委托主体（国家机关）的委托才有可能构成渎职罪。

综上，对于公司、企业工作人员而言，构成滥用职权罪的前提应是依法或受国家机关委托代表国家机关行使行政管理职权，所从事的公务需与国家机关职权内容紧密联系。

2. 本案不符合滥用职权罪的主体要件要求

在本案中，上海市市政工程管理处将房屋拆迁相关工作委托给前期公司，前期公司属于受国家机关委托代表国家机关行使职权的国有公司，市政工程管理处并未将相关职权直接委托给更强公司，更强公司系受前期公司转委托而行使管理职权。周、朱二人工作职能的依据系前期公司与更强公司之间的委托协议的规定及前期公司管理人员的口头委托，并非依法或受国家机关委托进行工作。故周、朱二人的职权资格并非直接来源于国家机关，不符合滥用职权罪主体身份的要求，其在履职中造成公共财产重大损失的行为，不构成滥用职权罪。

（二）周某某、朱某某不属于国家工作人员，其行为不构成受贿罪

1. 国家工作人员的范围界定

根据刑法理论通说，受贿罪的保护法益是国家工作人员职务行为的不可收买性，也可以说是国家工作人员职务行为与财物行为的不可交换性。因此，受贿罪是身份犯，行为主体为国家工作人员，其范围应根据刑法第九十三条的规定确定。刑法第九十三条规定："本法所称国家工作人员，是指国家机关中从事公务的人员。国有公司、企业、事业单位、人民团体中从事公务的人员和国家机关、国有公司、企业、事业单位委派到非国有公司、企业、事业单位、社会团体从事公务的人员，以及其他依照法律从事公务的人员，以国家工作人员论。"。

《全国人民代表大会常务委员会关于〈中华人民共和国刑法〉第九十三条第二款的解释》规定："村民委员会等村基层组织人员协助人民政府从事下列行政管理工作，属于刑法第九十三条第二款规定的'其他依照法律从事公务的人员'：（一）救灾、抢险、防汛、

优抚、扶贫、移民、救济款物的管理；（二）社会捐助公益事业款物的管理；（三）国有土地的经营和管理；（四）土地征用补偿费用的管理；（五）代征、代缴税款；（六）有关计划生育、户籍、征兵工作；（七）协助人民政府从事的其他行政管理工作。"

2003年11月13日最高人民法院发布的《全国法院审理经济犯罪案件工作座谈会纪要》（以下简称纪要）就贪污贿赂犯罪和渎职犯罪的主体中"其他依照法律从事公务的人员"的认定作了界定，认为刑法第九十三条第二款规定的"其他依照法律从事公务的人员"应当具有两个特征：一是在特定条件下行使国家管理职能；二是依照法律规定从事公务。具体包括：（1）依法履行职责的各级人民代表大会代表；（2）依法履行审判职责的人民陪审员；（3）协助乡镇人民政府、街道办事处从事行政管理工作的村民委员会、居民委员会等农村和城市基层组织人员；（4）其他由法律授权从事公务的人员。

可以看出，尽管全国人大常委会对刑法第九十三条规定的"其他依照法律从事公务的人员"作出了立法解释，但也只是对村民委员会等村基层组织人员协助政府从事行政管理工作时，明确其属于"其他依照法律从事公务的人员"。2003年最高人民法院纪要也只列出了四种情形，而且表述上仍都使用了"其他"字样，表明其范围并没有穷尽。司法实践中应注意参照纪要的精神准确认定"其他依照法律从事公务的人员"。

所谓从事公务，是指组织、领导、监督、管理社会公共事务和国家事务。根据我国现行刑法的规定，我国的公务活动包括以下几种：（1）各级国家权力、行政、司法机关以及军队中的事务，即单纯的国家事务；（2）国有事业单位、人民团体的事务，即国家参与管理的一部分社会性事务；（3）国有公司、企业等经营管理国有财产的事务。判断立法解释和纪要之外的主体是否属于国家工作人员时，最重要的是要看其是否是依照法律，在法律的授权下对包括国家事务、社会事务等在内的公共事务进行管理，如果管理的权限不是源于法律的规定而是来源于其他的行为（如委托），则行为人不能认定为国家工作人员。

2. 本案中周、朱二人不是国家工作人员

本案中，周某某、朱某某分别受前期公司委托，担任该标段动迁项目总经理和经理，没有直接接受国家机关的委托。因此，周、朱二人不是国家工作人员，不构成受贿罪。具体而言：（1）更强公司非国家机关，故二人不属于国家机关中从事公务的人员；（2）更强公司不具备国有性质，故二人不属于国有公司、企业中从事公务的人员；（3）周、朱二人也不是国有公司、企业委派到非国有公司、企业从事公务的人员。

需要指出的是，委托并不等同于委派。根据纪要的规定，"所谓委派，即委任、派遣，其形式多种多样，如任命、指派、提名、批准等"。"委派"要具有刑法效力，必须同时具备有效性、法定性、隶属性和内容特定性四个条件。所谓有效性，就是做出委派意思表示的主体必须是国家机关、国有公司、企业、事业单位而非私人委派，且其意思表示必须明确。同时，被委派人也必须作出明确的接受委派的意思表示。所谓法定性，就是委派单位必须在其法定的权限范围内作出委派的意思表示，不能越权委派。所谓隶属性，是指被委派人必须接受委派单位的领导、管理和监督，被委派人与委派单位之间的关系属于行政隶属关系而非平等委托关系。所谓内容特定性，即被委派人到被委派单位从事的工作限于领导、管理、监督的公务行为，而非诸如生产、服务等一般的劳务活动。

本案中，前期公司属国有公司，《委托实施拆迁劳务协议》等书证证实更强公司挂靠在前期公司拆迁管理部下,周、朱二人也只是接受了前期公司负责人的口头委托,这里的"挂靠""口头委托"并不等于"委派",故周、朱二人也非国有公司、企业委派到非国有公司、企业从事公务的人员;周、朱二人工作职能的依据系前期公司与更强公司之间的委托协议之规定及相关口头委托,并非依照法律从事公务。综上,周、朱二人不是刑法规定的国家工作人员。

3. 受贿罪的主体不包括受委托管理、经营国有财产的人员

根据刑法第三百八十二条第二款的规定,受国家机关、国有公司、企业、事业单位、人民团体委托管理、经营国有财产的人员,利用职务上的便利,侵吞、窃取、骗取或者以其他手段非法占有国有财物的,以贪污论。据此,肯定观点认为,受国家机关等国有单位委托管理、经营国有财产的人员,实际上属于"其他依照法律从事公务的人员",因而应以国家工作人员论,因此这类人员受贿的也应当按照受贿罪论处。否定观点认为,刑法第三百八十二条第二款规定是国有单位委托他人管理、经营国有财产,主要形式是承包、租赁等方式,这些人本身不是国家工作人员,只是说他们受委托管理、经营国有财产,有义务保证国有资产的安全,如果利用职务之便以各种手段占有国有资产的,应构成贪污罪;而受贿罪的主体是国家工作人员,不包括上述人员。这种争议本质上是第三百八十二条第二款究竟是法律拟制还是注意规定的问题。

我们认为,刑法第三百八十二条规定属于法律拟制,只能在贪污罪中适用,将受贿罪的主体范围等同于贪污罪的主体范围是不正确的。法律拟制具有相当性,只有拟制情形与被拟制情形在社会危害程度上具有相当性且能够建立起等值关系时,才能进行法律拟制。受委托管理、经营国有财产的人员之所以能构成贪污罪,是因为此类人员的贪污行为侵犯的客体与国家工作人员的贪污行为侵犯的客体具有等值关系,二者的社会危害具有相当性。此外,从刑法条文的前后设置上看,此规定也只能属于法律拟制。如果此规定属于注意规定,受委托管理、经营国有财产的人员本来就属于刑法第九十三条第二款规定的应当以国家工作人员论的其他依照法律从事公务的人员,那么刑法第三百八十二条第一款中的"国家工作人员"然就包含了这类主体,第二款关于这类主体利用职务上的便利非法占有国有财物以贪污论的专门规定就显得多此一举了。显然,刑法第三百八十二条第二款的规定表明,"受委托管理、经营国有财产的人员"并不包括在国家工作人员范围之内,这一款的规定自然也就不能类推适用于受贿罪的认定。

(三)周某某、朱某某不构成国有公司、企业人员滥用职权罪

我国刑法第三章第三节规定了妨害对公司、企业的管理秩序罪。根据刑法第一百六十八条第一款的规定,国有公司、企业的工作人员滥用职权,造成国有公司、企业破产或者严重损失,致使国家利益遭受重大损失的,构成国有公司、企业人员滥用职权罪。本罪的犯罪主体为特殊主体,即国有公司、企业工作人员。

在本案中,周某某、朱某某分别受前期公司委托,担任动迁项目总经理和经理,更强公司是依照平等主体间签订的委托合同的规定,以前期公司名义从事拆迁工作。双方委托关系仅存续于拆迁项目的运作中,在从事拆迁工作期间,周某某、朱某某仍然系更强公司的人员,而非前期公司的人员,因此二人不是国有公司、企业的工作人员,不构成国有公司、企业人员滥用职权罪。

(四)周某某、朱某某构成非国家工作人员受贿罪

我们认为,周、朱二人不符合滥用职权罪和受贿罪的主体要求,其行为均应以非国

家工作人员受贿罪论处。刑法第一百六十三条第一款规定，公司、企业或者其他单位的工作人员利用职务上的便利，索取他人财物或者非法收受他人财物，为他人谋取利益，数额较大的，处五年以下有期徒刑或者拘役；数额巨大的，处五年以上有期徒刑，可以并处没收财产。本案中，周、朱二人作为更强公司的工作人员，利用职务上的便利，非法收受他人财物，为他人谋取利益，数额较大，符合非国家工作人员受贿罪的犯罪构成。

至于是否与行贿人构成贪污罪的共同犯罪，根据在案证据，周、朱二人虽帮助行贿人违规取得拆迁款，但认定二人系贪污共犯的证据不足。故对周、朱二人，仅能以非国家工作人员受贿罪一罪论处。

综上，滥用职权罪的主体是国家机关工作人员，受贿罪的主体是国家工作人员，二者的范围都应当严格根据法律规定来界定，恪守罪刑法定的原则。渎职解释（一）规定的受委托情形，应当是根据法律规定的直接委托，而不包括转委托。本案中，受国有公司的委托管理相关事务的主体因为并非直接接受国家机关的委托而不属于国家机关工作人员和国家工作人员的范畴，不属于滥用职权罪和受贿罪的适格主体，故对被告人应以非国家工作人员受贿罪定罪处罚。

问题6. 如何认定"受委派从事公务"

【刑事审判参考案例】 朱某某非国家工作人员受贿案[①]

一、基本案情

湖北省松滋市人民法院经公开审理查明：

2006年，湖北省人民政府根据中央要求对农村信用社管理体制进行改革，全省农村信用社的管理由省人民政府负责，具体方式为组建湖北省农村信用社联合社（以下简称省联社），履行省政府对全省农村信用社的管理、指导、协调和服务职能。经湖北省银监局批准，2007年2月，湖北省天门市农村信用合作社联合社改制为股份合作制的社区性地方金融机构，即天门市信用合作联社（以下简称天门联社），由自然人股本金21106万元和法人股本金352万元构成注册资本，由社员代表大会选举理事组成理事会，由理事会聘任联社主任。根据中共湖北省委组织部、省联社党委相关文件，各市县联社理事长、副理事长、主任、副主任、监事长、党委书记、副书记、纪委书记、党委委员属省联社党委管理的干部，由省联社党委进行考察和任免。2009年12月，省联社党委明确被告人朱某某为天门联社党委委员，提名主任人选。2010年1月，天门联社理事会聘任朱某某为联社主任。2010年11月，省银监局核准朱某某天门联社主任的任职资格。

2010年7月至2011年1月，朱某某在担任天门联社主任、贷款审查委员会主任委员期间，利用职务上的便利，为天门双赢置业投资有限公司申请贷款提供帮助，伙同黄某（时与朱某某同居，另案处理）先后三次收受该公司法定代表人罗某某及其妻林某某所送人民币130万元及价值人民币1.14万元路易威登品牌女包一个。

另查明：2008年至2013年案发时，被告人朱某某的个人和家庭财产及支出总额为人

[①] 黄明刚、沈维琼撰稿，尚晓阳审编：《朱某某非国家工作人员受贿案——如何认定"受委派从事公务"（第1233号）》，载中华人民共和国最高人民法院刑事审判第一、二、三、四、五庭主办：《刑事审判参考》总第112集，法律出版社2018年版，第102~108页。

民币 603.6779 万元，而朱某某能说明来源的收入为 231.407112 万元，朱某某对于差额人民币 372.270788 万元的财产不能说明来源。

松滋市人民法院认为，被告人朱某某任职的单位性质为股份合作制企业，不属于国有单位，但综合分析朱某某的任职方式，省联社经省政府授权承担对全省农村信用社进行管理的职能，其对朱某某的人事任免在省政府授权的职能范围之内，朱某某符合"受委派从事公务"的特征，应以国家工作人员论。据此，于 2013 年 10 月 10 日作出判决：朱某某犯受贿罪，判处有期徒刑十一年，并处没收个人财产人民币一百万元；犯巨额财产来源不明罪，判处有期徒刑三年；决定执行有期徒刑十二年，并处没收个人财产人民币一百万元。

一审宣判后，被告人朱某某提出上诉，理由与一审时所提辩解相同。

湖北省荆州市中级人民法院经公开开庭审理查明的事实和证据与一审相同。关于被告人朱某某的主体身份，法院认为湖北省联社、天门联社均不属国有企业或国家出资企业，省联社党委不构成法定的"委派"主体，朱某某的职位不具有"从事公务"性质，因而朱某某的主体身份不能以国家工作人员论。一审判决认定受贿罪罪名不当，认定朱某某构成巨额财产来源不明罪有误。据此，于 2015 年 4 月 24 日判决撤销原审判决；以朱某某犯非国家工作人员受贿罪，判处其有期徒刑九年，并处没收财产人民币一百万元。

二、主要问题

如何认定刑法规定的"国家机关、国有公司、企业、事业单位委派到非国有公司、企业、事业单位、社会团体从事公务"的人员？

三、裁判理由

（一）天门联社和省联社均不属国有企业或国家出资企业

对于天门联社不属国有企业或国家出资企业，两审法院和控辩双方意见一致，因为天门联社注册资本中确实没有国有资产，联社股由自然人股和法人股组成，其中自然人股本金人民币 21106 万元，法人股人民币 352 万元，其决策、经营机构的产生方式是由社员代表大会选举理事，组成理事会，由理事会聘任主任。

对于天门联社的上级机构省联社是否具有国有性质，一审法院和二审法院存在分歧：一审法院认为，尽管省联社并无国有资本控股或者参股，但其代表省政府履行对全省信用社管理职责，具有明显行政管理性质，其管理权来源于省政府的授权，并代表省政府承担管理责任。省政府出于金融稳定的考虑，对于各信用社经营中产生金融风险和其他突发风险，势必会以某种形式介入并化解风险，国有资本有可能随时介入信用社的运作。就目前中国国情来说，农村信用社是以国有资本和国家信用为最终保障进行经营的，因此受省政府委托对全省农村信用社进行管理的省联社带有一定国有性质。公诉机关亦持此观点。二审法院则认为，湖北省联社注册资金全部由湖北省内的 90 家市县区农村信用社共同认购，共同以出资额为限对省联社承担责任，不具有任何国有性质。

我们同意二审法院的意见，理由是：（1）从省联社现有股权结构看，其不是国有企业或国家出资企业，而是自主经营、自负盈亏的独立法人，以对全省农村信用社提供有偿服务的收入和按规定收取的管理费作为省联社的费用来源，自担风险，自我约束。（2）从省联社职能看，受计划经济影响，地方政府及相关主管部门对农村信用社负有一定管理职责，如同政府对商业银行的管理职责和信用担保一样，但不能由此改变企业所有制性质，故公诉机关和一审法院以所谓"国有资金随时可能介入"否定该企业非国有性质的观点，不能成立。

（二）省联社党委不具有"委派"主体资格

公诉机关和一审法院认定本案成立"委派"，理由是：（1）从历史背景分析，农村信用社是由农民自愿入股组成的合作制金融机构，定位于服务"三农"。2005年，国务院决定对信用社进行改革，要求省级人民政府通过省级联社或其他形式的信用社省级管理机构实现对当地信用社的管理、指导、协调和服务；同时防范和处置信用社的金融风险。湖北省改革方案亦明确省联社为省委、省政府领导下的厅级金融机构，具体承担省政府对全省农村信用社的管理、指导、协调和服务职能。（2）省联社以企业的形式出现是因为其同时还具有办理系统内资金结算业务等服务功能，是特殊历史条件下的一种特殊的组织形式，虽然形式上是商业性金融机构，但实质上主要是受省政府委托履行行政管理职责的特殊组织。（3）由于省政府承担对信用社金融风险的防范和处置责任，因而有权力和责任加强对全省信用社的管理，统一组织有关部门防范和处置辖内信用社金融风险。基于省联社的特殊性质和肩负的职责，其对辖内信用社高级管理人员的管理采取了特殊的形式，将管理人员按级别和职责分属省委、省委组织部、省联社党委管理。被告人朱某某属于省联社党委管理的高级管理人员，其任职先由省联社党委提名，再按信用社章程进行选举，最终决定权在省联社。（4）虽然省联社行使对各市县信用社高级管理人员职务的任免权，与省联社章程中的规定存在一定冲突，但这恰恰说明在实际工作中，省联社并没有严格按照国务院和省政府文件规定放权，而是严格遵循"党管干部"的原则，基于权力的延续性和省政府的授权，代表政府行使人事任免权。综上，朱某某任职天门市信用社主任实质上是由省联社主导，可以视为省政府通过省联社行使委派权。

二审法院认为，根据刑法和有关司法解释规定，"委派"主体限于国有单位或者国家出资企业中特定组织，湖北省联社党委不符合这一要求，不具有"委派"的主体资格。

我们同意二审法院的意见，理由是：（1）《最高人民法院、最高人民检察院关于办理国家出资企业中职务犯罪案件具体应用法律若干问题的意见》（以下简称意见）对于如何认定"国家机关、国有公司、企业、事业单位委派到非国有公司、企业、事业单位、社会团体从事公务"（以下简称"受委派从事公务"）规定："经国家出资企业中负有管理、监督国有资产职责的组织批准或者研究决定，代表其在国有控股、参股公司及其分支机构中从事组织、领导、监督、经营、管理工作的人员，应当认定为国家工作人员。"据此，委派的主体应限于两类组织：一是刑法明确规定的"国家机关、国有公司、企业、事业单位"；二是上述意见中规定的"国家出资企业中负有管理、监督国有资产职责的组织"。从形式上看，湖北省联社不属于刑法规定的上述单位中的任何一种；省联社党委也不属于国家出资企业中的组织，本案并不具备认定"委派"的前提条件。（2）根据国务院、湖北省改革方案和湖北省联社章程，省联社的主要职能是对成员社提供协调关系、资金调剂、信息支持、风险处置等方面的有偿服务。省联社管理职责限于规范经营和防范风险等宏观方面，并不对全省众多成员社的经营管理负责，这有别于总公司对分公司的管理职能，而类似于人民银行对商业银行和其他金融机构的监督、管理。因而，省联社的管理权不应包括对高级管理人员实质意义上的任免权。朱某某任职之所以由省联社提名，一方面是基于银行业的特殊管理需要；另一方面是基于历史传统的习惯性延续。那种认为独立自主经营各市县区信用社的管理人员必须由政府主导任命的观点，也与国务院、湖北省人民政府的改革方案、省联社章程以及给企业经营自主权的改革方向相悖。

因而，本案没有充分事实依据表明省联社对于朱某某天门联社主任职务的任命具有主导权。（3）省联社是受国家机关委托对辖区内信用社进行管理的组织，由于省政府的委托授权，省联社代为行使了省政府的部分行政职权。然而，受国家机关委托代表国家行使职权的组织本身不能视为国家机关，也并不因为这种授权委托而改变其自身的法律性质。值得注意的是，省联社的工作人员如果在代为行使行政管理职权的过程中有职务犯罪行为，应当将其视为国家工作人员，但并不因此改变省联社作为企业法人的性质。正如村民委员会等基层组织人员在受政府委托协助政府从事救灾、抢险、防汛、优抚、扶贫、移民、救济款物的管理等工作时，以国家工作人员论，但并不因此改变村委会作为基层群众自治性组织的法律性质。

（三）被告人朱某某的行为不属于"从事公务"

公诉机关和一审法院认为，天门联社尽管没有国家出资，但从各级党委下发的文件看，市州县级信用社负责人具有一定行政职权，被告人朱某某受贿放贷的行为不仅具有经营性质，还具有一定从事公务的性质。二审法院则认为朱某某的职务行为不具有从事公务性质。

我们同意二审法院的意见，理由是：（1）所谓"从事公务"，是指代表国家机关、国有公司、企业、事业单位、人民团体等履行组织、领导、监督、管理等职责。公务主要表现为与职权相联系的公共事务以及监督、管理国有财产的职务活动。"从事公务"是认定国家工作人员的本质特征。公务具有国家代表性、职能性和管理性，三者缺一不可。对于受国家机关委派从事公务的，主要表现为管理公共事务或者经营管理国有资产；对于受国家出资企业委派的，主要是代表国有投资主体对国有资产行使监督管理权，使其保值增值，体现国有投资主体的意志。一般来说，委派主体属于国家机关或者以国有资本出资，是受委派者从事经营管理国有资产的前提，本案并不满足这一前提条件。（2）国家代表性是公务的本质特征，被告人朱某某的管理职位不具有国家意志性，因为朱某某并非代表国家机关、国有企业行使职权。农村信用社是独立经营、自负盈亏的以营利为宗旨的股份制企业，服务"三农"、防止金融风险等只是附带责任。任何企业在追求利润的同时都担负一定的社会责任，但不能将这种社会责任一律视为"与职权相联系的公共事务"。依照我国目前的金融管理体制，任何商业银行金融风险的防控和应急处置，最终均由人民银行、银监会等政府部门负责，都是国家信誉担保，但显然不能基于这种国家信誉担保一概认定这些金融机构的管理人员都在从事公务。（3）从产权结构和历史背景看，省联社的资本构成是由作为发起人的90家市县区信用社共同出资认购的，不存在国有资本成分，而天门联社与湖北省其他市县区联社一样，都是由集体所有制改制而成的股份制金融企业，同样不存在国有资本成分，因此认定朱某某代表国家担负经营、监督、管理国有资产，使其保值、增值的职责并无依据。从刑法第九十三条第二款的立法目的看，"受委派从事公务"人员作为国家工作人员认定主要是保护国有资产。受委派人员是否属于从事公务，与接受委派的公司是否包含国有资产具有直接关联。国有资产所在，即是受委派人员的公务所在。一般情况下，只有非国有公司中有国有资产，才存在委派；若无国有资产，既无委派必要，亦无委派可能。

综上，湖北省联社、天门联社均不属国有企业或国家出资企业；湖北省联社党委不构成法定的"委派"主体；被告人朱某某的职务不具有"从事公务"性质。因而朱某某不属国家工作人员，也不属刑法规定的"国家机关、国有公司、企业、事业单位委派到非国有公司、企业、事业单位、社会团体从事公务的人员"。二审法院以非国家工作人员受贿罪对被告人朱某某定罪处罚并撤销一审判决认定的巨额财产来源不明罪符合法律和法理，是正确的。

问题 7. 被告人在缓刑考验期内与行贿人达成贿赂合意，在缓刑执行期满后收取财物的，能否认定"在缓刑考验期内犯新罪"

【刑事审判参考案例】尹某、李某某非国家工作人员受贿案①

一、基本案情

重庆市北碚区人民法院公开审理查明：

2010年5月起，被告人尹某、李某某分别担任重庆红鼎实业发展有限责任公司（以下简称红鼎实业）总经理、副总经理职务。尹某全面负责公司的开发建设及日常运营管理，李某某负责公司的工程及合同预算。

2012年年初，红鼎实业在重庆市北碚区三溪口开发的红鼎高尔夫社区样板区一期2号地块项目需要安装中央空调，斯博瑞公司总经理程某某欲承接该空调工程，找到被告人李某某，李某某考察斯博瑞公司产品后与被告人尹某商定，将该空调工程交予斯博瑞公司承接，作为回报，程某某需支付合同标的30%即140万元好处费，具体由李某某出面向程某某索要。2012年2月，李某某与程某某见面，李某某允诺想办法将该工程确定给斯博瑞公司，并保证付款进度、验收支持，程某某为得到该空调工程及以后能继续承接红鼎实业的工程，表示同意支付140万元好处费，双方同时谈好程某某在拿到红鼎实业第一笔工程进度款后予以支付。同年2月29日，尹某、李某某通过变相执行招投标的形式，事先确定由斯博瑞公司中标。2012年3月28日，斯博瑞公司顺利与红鼎实业签订《红鼎高尔夫社区样板区一期2号地块中央空调工程合同》，合同总金额为5738900元。2013年年底，李某某与程某某再次见面，程某某以人工费、材料费上涨以及资金困难等为由，要求降低好处费，双方通过协商，确定好处费为90万元，李颐将此事向尹某汇报，尹某予以同意。之后，程某某答应2014年春节前支付60万元，先付50万元，延后再支付10万元，李文顾将此事向尹某汇报，尹某也表示同意。2014年1月26日，程某某安排其公司财务将50万元转入李某某提供的事先由尹某指定的署名张某的平安银行重庆渝北支行账户。同日，尹某从其招商银行重庆支行账户转账25万元到李某某妻子的招商银行大连分行星海支行账户。

2014年3月17日下午5时左右，被告人李某某与程某某在重庆市渝北区天来大酒店附近的"茶莊王"茶楼见面。程某某将装有10万元现金的纸袋交予李某某，李某某清点后离开茶馆，准备驱车时被公安民警当场抓获。同日，被告人尹某被公安机关拘传到案。

另查明：2009年6月4日，山东省枣庄市中级人民法院依法作出（2009）枣刑二初字第2号刑事判决书，判决被告人尹某犯受贿罪，判处有期徒刑三年，宣告缓刑四年。缓

---

① 李剑弢、邓海燕撰稿，韩维中审编：《尹某、李某某非国家工作人员受贿案——被告人在缓刑考验期内与行贿人达成贿赂合意，在缓刑执行期满后收取财物的，能否认定"在缓刑考验期内犯新罪"》（第1266号），载中华人民共和国最高人民法院刑事审判第一、二、三、四、五庭主办：《刑事审判参考》总第114集，法律出版社2019年版，第103~110页。

刑考验期为2009年6月4日至2013年6月3日。尹某因前罪于2007年12月1日被刑事拘留，同年12月14日被逮捕，2009年6月4日被释放。

重庆市北碚区人民法院认为，被告人尹某在缓刑考验期内索贿，与行贿人程某某对索贿、行贿的具体内容达成共识，属于事先有约定的事后受财，应当以实施索要行为的时间作为受贿的犯罪构成认定时间点，故尹某所犯非国家工作人员受贿罪的成立时间在其缓刑考验期内。同时，尹某和李某某收受10万元贿赂款是双方约定的索取财物行为的最终贯彻，并非基于警察或他人的引诱或欺骗，该行为并非"警察圈套"。尹某、李某某身为公司工作人员，利用职务上的便利，为他人谋取利益，共同索取他人财物共计人民币60万元，其行为均已构成非国家工作人员受贿罪。公诉机关指控的罪名成立，尹某在缓刑考验期内犯新罪，应当撤销缓刑，对新犯的罪作出判决，把前罪和后罪所判处的刑罚数罪并罚。依据《中华人民共和国刑法》第一百六十三条第一款、第七十七条第一款、第六十七条第三款、第六十一条、第六十四条、第五十九条之规定，判决如下：

1. 撤销山东省枣庄市中级人民法院（2009）枣刑二初字第2号刑事判决中对被告人尹某"宣告缓刑四年"的部分。

2. 被告人尹某犯非国家工作人员受贿罪，判处有期徒刑五年，并处没收财产人民币一万元，与前罪判处的有期徒刑三年并罚，决定执行有期徒刑六年六个月，并处没收财产人民币一万元。

3. 被告人李某某犯非国家工作人员受贿罪，判处有期徒刑五年，并处没收财产人民币一万元。

4. 对公安机关扣押在案的赃款人民币60万元依法予以追缴。

一审宣判后，尹某、李某某不服，均提出上诉。

尹某、李某某及其辩护人提出，受贿金额中有10万元系在公安机关的控制下交付，系警方以"警察圈套"的方式诱使犯罪，不应认定。尹某的辩护人同时提出，尹某在缓刑期间与李某某共谋索取他人财物的行为属犯意流露，不应受处罚，收受50万元实行行为是在缓刑考验期之后，系在缓刑期满后重新犯罪，故不应撤销缓刑。

重庆市第一中级人民法院经开庭审理查明的事实、证据与一审相同。

重庆市第一中级人民法院审理认为，上诉人尹某、李某某身为非国有公司的总经理和副总经理，利用职务上的便利，为他人谋取利益，共同索取他人财物共计60万元，数额较大，其行为均构成非国家工作人员受贿罪。尹某在缓刑考验期内与李某某共谋，由李某某向程某某索要工程好处费，且双方就贿赂金额和给付时间达成合意，该索要的行为属于已经着手实施的犯罪行为，并非犯意流露，该犯罪行为从李某某索要贿赂款起，到其收受贿赂款止，已经构成一个完整的、不可分割的犯罪整体，尹某在缓刑考验期内犯新罪，应当撤销缓刑，对新犯的罪作出判决，把前罪和后罪所判处的刑罚，实行数罪并罚。关于收受余下的10万元属"警察圈套"的意见，该索贿犯意的提出、商谈数额以及交易的实施均由其本人积极主动实施，并非在警察的引诱下完成，不属于"警察圈套"。鉴于最高司法机关对非国家机关工作人员受贿罪的犯罪数额已作出新的司法解释规定，尹某、李某某的犯罪数额属于较大，故对原判认定其犯罪数额属于巨大予以纠正。据此，依照《中华人民共和国刑法》第一百六十三条第一款、第七十七条第一款和第二款、第七十五条、第二十五条第一款、第六十九条第一款、第六十七条第三款、第六十一条、第六十四条、第五十九条之规定，改判：上诉人尹某犯非国家工作人员受贿罪，判处有期徒刑二年八个月，与前罪判处的有期徒刑三年并罚，决定执行有期徒刑四年；上诉人李某某犯非国家工作人员受贿罪，判处有期徒刑二年三个月。

二、主要问题

1. 被告人尹某在缓刑考验期内与行贿人就贿赂的有关事项达成合意，在缓刑执行期满后收受钱款的，能否认定为其在缓刑考验期内犯新罪并据此撤销缓刑，实行数罪并罚？

2. 被告人索贿被举报后，在警察布控的场所内收受贿赂并被现场抓获，该笔贿赂款应否计入受贿犯罪数额？

三、裁判理由

（一）被告人在缓刑考验期内与行贿人达成贿赂合意，在缓刑执行期满后收取财物的，可以认定"在缓刑考验期内犯新罪"

刑法第一百六十三条规定的非国家工作人员受贿罪，是指公司、企业或者其他单位的工作人员利用职务上的便利，索取他人财物或者非法收受他人财物，为他人谋取利益，数额较大的行为。鉴于非国家工作人员受贿罪与受贿罪除主体身份和侵犯法益种类不同外，其他的构成要件包括犯罪手段等均与受贿罪相同，故对该二罪合并为类罪予以讨论。

在司法实践中，非国家工作人员受贿罪和受贿罪有以下三种表现形式：第一，事先受贿，即在为行贿人谋取利益之前先行收受贿赂款，之后再利用职务便利为行贿人谋取利益；第二，受贿人收受贿赂款的时间与为行贿人谋取利益的时间同步，即收受贿赂的时间与为请托人谋取利益的时间差较短，基本处于同步状态；第三，行贿人与受贿人先约定好请托事项和贿赂款数额，受贿人收受贿赂款的时间晚于为行贿人谋取利益的时间点，该种情况没有明确的法律规定期限，有的受贿人在案发时尚未来得及收取贿赂款，有的受贿人甚至在退休后才收取贿赂款等。由于"为他人谋取利益"与"收受他人财物"之间可能存在分离，何种情况下成立犯罪，何种情况下尚不能构成，这在个案中就有了不同的认识。有的观点把受贿人实际收到贿赂款作为犯罪成立的必备要件，有的观点则认为受贿人为行贿人谋取利益并就贿赂达成合议即可构成等。这些观点争议的实质在于对非国家工作人员受贿罪和受贿罪的犯罪构成要件齐备的理解上存在分歧。故对此问题应在分析该二罪的罪质基础上来准确界定该二罪的犯罪构成要件。

我国理论界关于受贿罪的侵害法益（客体）通说观点为国家工作人员职务行为的廉洁性，同理，非国家工作人员受贿罪侵犯的法益则为公司、企业工作人员职务的廉洁性。从受贿罪和非国家工作人员受贿罪的法益分析，该二罪既然侵犯的法益为职务廉洁性，那么对该二罪就应以职务廉洁性是否现实性受到了侵害作为构罪标准进行分析判断。对于受贿犯罪，因利用职务便利为他人谋取利益行为和收受贿赂之间具有因果关联关系，所以不论事前受贿抑或事后受贿，凡是达成了明确的贿赂合意，并就此合意实施了行为，包括为行贿人实施了为他人谋取利益的行为和收受财物行为之一的，其职务廉洁性就受到了侵害，就应认定构成了该二罪，这也是该二罪的罪质构成要件的核心。至于是否现实地收到了贿赂款物只影响评价犯罪是否既遂，并不影响犯罪要件的齐备。即，典型的受贿犯罪是指受贿人收受了行贿人财物并为行贿人谋取了利益，但在非典型的受贿犯罪中，犯罪的构成要件齐备具体包括以下几种情况：第一，在索贿型犯罪中，凡是行为人索取到了他人财物，不论是否为他人谋取利益均构成犯罪，即使行为人和被索取贿赂的一方没有就谋取利益事项进行商谈和承诺也不影响犯罪的成立；第二，在主动行贿型犯罪中，行贿人和受贿人就行贿财物内容达成明确合意后，受贿人为行贿人谋取了利益，但尚未收取到财物，或者收到了财物但尚未为行贿人谋取利益的，均构成受贿罪或非国家工作人员受贿罪。实践中，在尚未收取到贿赂款时即案发的一般可认定为犯罪未遂，并不影响对其行为认定为犯罪的评价。

由以上分析可见，在司法实践中应注意区分受贿罪和非国家工作人员受贿罪的犯罪构成要件与犯罪事实组成要素的不同性质，不应将两者混为一谈。犯罪构成要件一般指的是认定构成罪的基本要件，一般包括适格的主体、犯意、实施行为以及是否有阻却事由等，犯罪要件齐备后就应认定构成犯罪，而在构成犯罪的前提下，一些犯罪行为的事实构成要素一般仅影响判断是否属于犯罪特殊形态及对行为人的刑罚裁量，如是否属于犯罪未遂、犯罪中止，是否有从轻、减轻情节等，并不影响对其犯罪成立与否的认定。例如，甲利用职务便利为他人谋取了利益并商定了受贿金额，在未收到贿赂款时即被举报并案发，甲构成受贿罪的时间应为其与行贿人达成贿赂合意并利用职务便利为行贿人谋取利益的时间，尚未收到财物仅评价为未遂，但并不影响甲在该时间点构成受贿罪。

具体到本案，被告人尹某与行贿人商谈并就收受贿赂的金额达成合意的时间是在其缓刑考验期内，其为行贿人利用职务便利谋取利益的行为时间也是在缓刑考验期内，虽然其收受贿赂款的时间是在其缓刑考验期满后，但其犯罪的成立时间点仍应认定是在缓刑考验期内，其事后收受索贿款的行为仅为贯彻其事先与行贿人达成的收买职务行为的合意，其为行贿人谋取利益的行为已经现实性地对职务廉洁性造成了侵害，故其行为已构成非国家工作人员受贿罪。在这里，被告人收受贿赂款的行为并非是衡量其行为是否构罪的要件，而是犯罪构成的事实要素之一，仅对评价其行为既遂未遂有意义。故本案一审、二审认定被告人尹某在缓刑考验期内犯罪，并据此撤销缓刑数罪并罚的处理是正确的。

（二）关于被告人在侦查人员的监控下收受10万元是否属于"侦查陷阱"的问题

本案中，被告人尹某、李某某上诉提出，受贿金额中有10万元系在公安机关的控制下交付，即以"警察圈套"的方式诱使犯罪，不应认定。

关于"侦查陷阱"或"警察圈套"的含义，一般是指侦查人员设置圈套，以实施某种行为有利可图为诱饵，暗示或诱使侦查对象暴露其犯罪意图并实施犯罪行为，待犯罪行为实施时或结果发生后，拘捕被诱惑者。[①] 侦查陷阱的基本特点是侦查人员主动、欺骗并且诱导人实施"犯罪行为"，而非行为人主动实施的犯罪行为，即，犯意的提起和行为的进展均是受侦查人员掌控并且诱惑、鼓动行为人实施。对于侦查陷阱，应视案件的不同情况判断是否构成犯罪和罪行轻重。2000年最高人民法院《全国法院审理毒品犯罪案件工作座谈会纪要》（以下简称纪要）曾规定，"犯意引诱"是指行为人本没有实施毒品犯罪的主观意图，而是在特情诱惑和促成下形成犯意，进而实施毒品犯罪。对这种情况的被告人，应当从轻处罚。但纪要仅明确了犯意引诱，没有对"侦查陷阱"或"警察圈套"进行进一步的区分规定，目前在司法实践中只有根据案件的具体情况结合刑法的基本理论对是否属于"侦查陷阱"进行分析判断并确定其罪责。

具体到本案，两被告人主动提出要求合同承包人需支付合同金额30%即140万元作为好处费，并要求对方在2014年春节前先支付50万元，延后再支付10万元，侦查人员是在两被告人准备接受贿赂款10万元时接到报案，布下监控并现场抓获了被告人，整个

---

① 龙宗智：《理论反对实践》，法律出版社2003年版，第186页。

行为过程中并没有侦查人员的引诱、鼓动或欺骗，故两被告人收受 10 万元贿赂款的行为过程不属于"警察圈套"或"侦查陷阱"，应属于侦查中的"控制下交付"。所谓"控制下交付"，2000 年通过的联合国《打击跨国有组织犯罪公约》中规定："控制下交付系指在主管当局知情并由其进行监测的情况下允许非法或可疑货物运出、通过或运入一国或多国的领土的一种做法，其目的在于侦查某项犯罪并辨认参与该项犯罪的人员。"[①]"控制下交付"的特点是"静观其变"，手段仅包括采用技术手段沿途监控、派遣线人或侦查人员贴靠进行监控，或从内部策反成员进行监控。但犯罪计划和机会都是对象自己创造的，"控制下交付"本身并没有"诱惑"的成分，而仅仅是对其本来过程进行掌握而已。可见，它与"侦查陷阱"或"侦查诱惑"的不同在于前者体现为对犯罪过程的"监控性"，不对犯罪进程有任何改变和介入，仅为防止犯罪结果的扩大和便利抓获犯罪嫌疑人与缴获赃物，对定罪量刑影响不大。后者则有"诱导性"，即包括促使行为人的犯意产生、促成犯罪行为的进行等，侦查人员对犯意的产生和犯罪行为的进行有较大促成作用，但在"侦查陷阱"情况下是否构成犯罪和量刑仍需结合个案情况具体分析。

在本案中，因为索贿犯意的提出、商谈数额以及交易的实施均由两被告人积极主动实施，并没有侦查人员的引诱、鼓动或欺骗，不属于"警察圈套"，侦查人员仅是在交付贿赂款时接到报案，进行布控并抓获被告人，抓获被告人时其行为已经完成。所以，被告人尹某和李某某的辩解意见不能成立，一审、二审判决、裁定的定性准确。

问题 8. 如何区分非法经营同类营业罪和贪污罪

【刑事审判参考案例】 祝某某等贪污案[②]

一、基本案情

被告人祝某某、杨某、王某某、及某某均系国有公司北京万商大厦管理人员。2004 年 2 月至 3 月间，四被告人和陈某某（另案处理）等人共同商定并出资，以祝某某亲属的名义成立了北京恒威佳信经贸有限公司（以下简称恒威佳信公司）。同年 3 月，北京中复电讯设备有限责任公司（以下简称中复电讯公司）有意承租万商大厦裙楼一层约 488 平方米原"鞋服城"项目用于经营。

时任北京万商大厦总经理的祝某某与时任副总经理的杨某，共同利用职务便利，由杨某代表北京万商大厦与中复电讯公司洽谈租赁万商大厦底商事宜，在双方商定租赁价格后，采用由恒威佳信公司同日先与北京万商大厦签订承租合同，再与中复电讯公司签订转租合同的手段，截留本应属于北京万商大厦的底商租赁款。

被告人及某某受祝某某指派负责管理恒威佳信公司，将所截留的房屋租金收入扣除各类税款等费用后不定期分配给上述被告人，2006 年 12 月该公司注销。2007 年 1 月，被告人王某某受祝某某指派，以自己与他人共同成立的北京瑞源通泰商贸有限责任公司（以下简称瑞源通泰公司）接替恒威佳信公司继续开展上述业务，并受祝某某指派管理瑞

---

① 陈光中主编：《21 世纪域外刑事诉讼立法最新发展》，中国政法大学出版社 2004 年版，第 2 页。
② 林辛建撰稿、叶晓颖审稿：《祝某某等贪污案——如何区分非法经营同类营业罪和贪污罪（第 1087 号）》，载中华人民共和国最高人民法院刑事审判第一、二、三、四、五庭主办：《刑事审判参考》总第 103 集，法律出版社 2016 年版，第 84~90 页。

源通泰公司所截留的房屋租赁款，不定期分配给上述被告人。

2004年5月至2010年10月间，四被告人利用恒威佳信公司和瑞源通泰公司截留万商大厦底商租赁差价款共计人民币（以下币种同）2122501.96元。其中，上述两家公司上缴国家的各类税款共计657584.19元。

2010年10月，祝某某因其他原因向单位领导承认了上述事实，后四被告人陆续向单位退缴了部分赃款。其中，祝某某退缴71500元，杨某退缴40000元，及某某退缴71500元，王某某退缴71500元；另被告人王某某将其管理的瑞源通泰公司账户内249301.96元上缴所在单位。在法院审理阶段，王某某亲属又退缴60000元，北京市石景山区人民法院依法冻结了瑞源通泰公司银行账户内资金人民币217532.45元。

2011年5月20日，四被告人被北京市人民检察院第一分院立案侦查，同年6月28日，杨某被逮捕；同年7月7日，祝某某、及某某、王某某被检察机关取保候审，2012年3月27日被逮捕。

二、裁判理由

北京市石景山区人民法院认为，被告人祝某某、杨某、王某某、及某某身为国有公司的工作人员，利用祝某某、杨某的职务便利，由及某某、王某某实际操作，采用先承租万商大厦底商后转租的手段，共同截留本应属于万商大厦的国有财产，四被告人的行为侵犯了国家工作人员的职务廉洁性以及国有财产的所有权，均构成贪污罪，依法均应予以惩处。祝某某系公司决策人、杨某系本案的提议者和具体实施者，在共同犯罪中起主要作用，均系主犯，依照各自在犯罪中的作用分别予以处罚；及某某、王某某受祝某某指使负责管理公司并分配赃款，在犯罪中起次要作用，均系从犯，分别依法予以减轻处罚。另考虑到四被告人退缴了部分违法所得，可酌情予以从轻处罚。

三、裁判结果

据此，根据本案犯罪的事实、性质、情节及对会的危害程度，依照《中华人民共和国刑法》[《刑法修正案（九）》实施前]第三百八十二条第一款，第三百八十三条第一款第一项，第九十三条第二款，第二十五条第一款，第二十六条第一款、第四款，第二十七条，第六十四条，第六十一条之规定，石景山区人民法院以贪污罪对被告人分别判处刑罚。

一审宣判后，祝某某、杨某、王某某、及某某均不服，向北京市第一中级人民法院提起上诉。北京市第一中级人民法院裁定驳回上诉，维持原判。

四、实务专论

本案审理过程中，对于祝某某、杨某、王某某、及某某四人行为的定性存在两种意见：一种意见认为，祝某某、杨某、王某某、及某某四人的行为构成非法经营同类营业罪；另一种意见认为，祝某某、杨某、王某某、及某某四人的行为构成贪污罪。

我们赞同后一种意见。上诉人祝某某、杨某、王某某、及某某身为国有公司的工作人员，利用职务上的便利，共同非法占有公共财产，其行为均构成贪污罪。

非法经营同类营业罪与贪污罪的主体有重合之处，国有公司、企业的董事、经理都可以成为两罪的主体，客观方面都要求利用职务上的便利并获取一定数额的非法利益，主观方面均为直接故意。在司法实践中，对于获取购销差价的非法经营同类营业行为与增设中间环节截留国有财产的贪污行为，由于两行为存在相似之处，区分起来有一定难度，争议较大。我们认为，虽然获取购销差价的非法经营同类营业行为与增设中间环节截留国有财产的贪污行为在增设中间环节、获取购销差价上具有共同性，但同时存在以下区别：

（一）对增设的中间环节是否客观存在要求不同

两种犯罪行为都人为地增设了中间环节，使国有公司、企业原本与业务单位的直接购销关系变成了有其他公司、企业参与的间接购销关系，这个中间环节不是因经营的客观需要而自然产生的，本来不应存在，属于行为人故意设置。但是对获取购销差价的非法经营同类营业行为而言，由于需要从事同类营业，故增设的中间环节通常是客观所需，且中间环节所涉及的公司、企业往往成立并从事同类或者类似的经营行为已有一定时日。而对增设中间环节截留国有财产的贪污行为而言，由于虚设的中间环节不是用于正常的经营活动，故增设的中间环节通常是为了截留国有资产的目的而虚构的。在经济活动中，尽管有时增设的中间环节涉及的公司、企业真实存在，但这些公司、企业往往是为了承揽相关业务而成立，并无从事同类或者类似经营行为的经历。本案中，虽然恒威佳信公司客观存在，但其是各被告人为了在万商大厦公司和中复电讯公司之间的租赁关系增设中间环节而突击成立。中复电讯公司之前一直与万商大厦公司接洽租赁万商大厦底商事宜，直到签订合同时，才得知必须与恒威佳信公司签订合同而不是直接与万商大厦签订合同，中复电讯公司从未接洽过恒威佳信公司。而恒威佳信公司与万商大厦公司签订承租万商大厦底商的合同，恒威佳信公司向中复电讯公司转租底商的合同，万商大厦出具的同意转租书面意见均在同一天时间内完成。恒威佳信公司此时刚刚成立，之前并无从事同类或者相似经营行为的经历。

（二）对增设的中间环节是否具有经营能力要求不同

如果增设的中间环节都是客观存在的，则要看增设的中间环节是否具有经营能力。一般而言，贪污罪中为截留国有财产而增设的中间环节的经营，往往是无经营投资、无经营场地和无经营人员，即属于"三无"经营；而非法经营同类营业罪中增设的中间环节的经营，是有投资、有经营场所、有经营人员的经营，即具有经营同类营业的完全能力。司法实践中，一些国有公司、企业的董事、经理为了截留国有财产而增设的中间环节系"三无"经营公司、企业，不具有经营能力，只是为变相贪污国有财产掩人耳目。本案中，恒威佳信公司成立之后，并不具备实体经营的特征。具体体现在：一是恒威佳信公司的注册资金仅50万元，而万商大厦底商出租给中复电讯公司第一年的租金就高达150万元。如果不能马上转租，恒威佳信公司并不具备承租万商大厦的经济实力。二是恒威佳信公司并不具备开展经营活动所需的最低限度的组织机构。该公司法定代表人仅是挂名，不参与公司管理，公司仅有一名会计负责管理公司收付租金、报税等工作，公司的股东基本上均为国家工作人员，平时也不参与公司经营。恒威佳信公司不具备开展实体经营的条件。三是从恒威佳信公司的经营情况来看，该公司成立后除了从事万商大厦底商出租的业务外，基本上从未开展其他经营业务。四是该公司虽然缴纳了65万余元的税款，但这是因为万商大厦底商出租收入而必然产生的成本，不能作为该公司曾进行实体经营活动的根据。

（三）对增设的中间环节是否进行了实际经营活动并承担一定的经营责任风险要求不同

如果增设的中间环节都客观存在且具有经营能力，则要看增设的中间环节是否进行了实际经营活动并承担一定的经营责任风险。有经营就有风险，就可能存在盈亏。如果增设的中间环节进行了实际经营活动并承担了一定的经营责任风险,则行为人所获取的购销差价系通过利用国有公司、企业让渡的商业机会所进行的经营所得,属于获取购销差价的非法经营同类营业行为。如果增设的中间环节没有进行实际经营活动,而是由国有公司、企业一手操办,或者进行了相关的经营活动,但只管盈利,而由国有公司、企业承担经营责任风险的,则此时行为人所获取的购销差价不是经营所得而是截留的国有财产,属于增设中间环节截留国有财产的贪污行为。本案中,在案证据不能证明恒威佳信公司介入中复电讯承租万商大厦底商业务承担了相应的经营风险。辩护人辩称恒威佳信公司介入中复电讯承租万商大厦底商业务承担了相应的经营风险,理由是:一是恒威佳信公司承租万商大厦的合同期限长达15年,租金总额2439万元,而中复电讯与恒威佳信公司的合同期限仅为8年,租金总额为1400万元。中复电讯与恒威佳信公司的合同履行终止以后,恒威佳信公司还要对万商大厦承担7年的承租合同义务,还有超过1000万元的巨额租金需要交付。二是如果中复电讯如不能如期缴付租金,则恒威佳信公司将立即面临对万商大厦的租金支付风险。三是涉案几名被告人年龄较大,其职务便利无法覆盖合同履行全过程,且万商大厦有可能改制成为民营企业,届时将只能按照市场规则与万商大厦打交道。但辩护人的上述意见,均是基于祝某某等人将严格受恒威佳信公司与中复电讯,恒威佳信公司与万商大厦所签订合同的约束的推断和假设。

从本案的事实分析,祝某某等人实际上并无严格受其所签订合同约束的意愿。2006年年底,在恒威佳信公司与万商大厦、恒威佳信与中复电讯合同正常履行的情况下,祝某某仅凭个人意愿就将恒威佳信公司注销,让王某某以瑞源通泰公司接下恒威佳信转租万商大厦底商的业务,并对中复电讯公司谎称恒威佳信公司改组更名为瑞源通泰公司,原租赁合同均以瑞源通泰公司继续履行。可见,祝某某等人并不认为恒威佳信公司严格受其与万商大厦、中复电讯签订合同的限制,恒威佳信公司不论是转租万商大厦底商,还是退出承租业务自行注销,均是由祝某某等人利用其职务便利行使职权所致,而非市场行为,其根本没有承担相应的经营风险。

此外,恒威佳信公司的成立、注销、由其他公司代为承接业务、减少股东等均极其随意,未经过正常、必要的程序,从中反映出祝某某等人只是将恒威佳信公司作为截留公款的工具,而非将恒威佳信公司视为真正的经营实体。而承接万商大厦底商转租的瑞源通泰公司也无实际的经营项目,账目混乱,对获取的转租款中的将近50万无法合理说明具体去向。

(四)对所获取的购销差价是否合理要求不同

如果增设的中间环节不仅客观存在、具有经营能力,而且进行了实际经营活动并承担了一定的经营责任风险,则要看所获取的购销差价是否合理。获取的购销差价合理的,属于获取购销差价的非法经营同类营业行为;不合理的,则为增设中间环节截留国有财产的贪污行为,因为此时的差价不再是经营行为的对价。当然,在法律没有明确规定的情况下,其合理范围需要司法人员根据经验具体把握。

一言以蔽之,区分获取购销差价的非法经营同类营业行为与增设中间环节截留国有财产的贪污行为的关键,在于行为人是采取何种方式取得非法利益的。如果行为人直接通过非法手段将国有公司、企业的财产转移到兼营公司、企业中,属于截留国有财产的贪污行为,构成贪污罪。如果行为人没有直接转移财产,而是利用职务便利将任职国有公司、企业的盈利性商业机会交由兼营公司、企业经营,获取数额巨大的非法利益的,则构成非法经营同类营业罪。因为国有公司、企业让渡给兼营公司、企业的是商业机会，商业机会本身并非财物，不能成为贪污罪的对象。而且兼营公司、企业所获取的非法利益，系利用让渡的商业机会所进行的经营所得，这种经营行为本身就存在一定的风险，并不意味着百分之百地获利，与采取非法手段将国有公司、企业的财产直接转移到兼营公司、企业中去的贪污行为方式不同。

综上，本案四被告人的行为实际上是将国有公司本可直接获得的房租收入转移给其个人成立的没有实际经营能力的公司，属于截留国有财产的贪污行为，构成贪污罪，北京市石景山区人民法院、北京市第一中级人民法院对四被告人的行为定性是正确的。

问题9. 未实施对抗监管部门监督检查的"隐匿"行为是否构成隐匿会计凭证、会计账簿、财务会计报告罪

【刑事审判参考案例】 林某、金某隐匿会计凭证、会计账簿、财务会计报告，非法持有枪支、弹药案——未实施对抗监管部门监督检查的"隐匿"行为是否构成隐匿会计凭证、会计账簿、财务会计报告罪[①]

一、基本案情

甘肃省兰州市城关区人民法院经公开审理查明：1991年7月10日，被告人林某成立台商独资企业兰州正林公司，并任董事长。1993年5月20日，兰州正林公司增加郭某某、陈某某、褚某某、石某某为股东。2007年8月23日，全体股东召开董事会，决定林某任期届满，由郭某某担任董事长，后林某不履行董事会决议，兰州正林公司向兰州市中级人民法院提起诉讼。2008年5月8日，兰州市中级人民法院作出民事判决，确认兰州正林公司2007年8月23日形成的"林某任期已满，经全体股东表决，决定由董事郭某某任董事长"的董事会决议为有效决议，林某应履行义务，移交相关手续，并向省工商局发出协助执行通知书。2009年2月28日，林某指派被告人金某召集兰州正林公司财务及相关人员，将该公司财务账册、凭证及各部门的统计报表等资料，雇佣车辆转移至郑州正林公司。经鉴定，被转移的会计凭证计37本526份，涉及金额计9942.840981万元。同年3月1日，兰州正林公司向公安机关报案，3月11日，林某、金某安排人员将上述资料拉往正林公司石家庄分公司，3月24日将资料重新运回郑州正林公司，次日兰州警方到达郑州，责令将上述资料运回兰州。案发后，有关资料被全部追回。公安机关对兰州正林公司搜查时还从相关场所查获了林某私藏的枪支、弹药。

兰州市城关区人民法院认为，隐匿会计凭证、会计账簿、财务会计报告罪属于行政犯，应当以行为人是否为了逃避有关监督检查部门依法实施的监督检查作为是否构成犯罪的判断标准。本案中，被告人林某为了争夺兰州正林公司的控制权，要求被告人金某将公司会计资料等运往与兰州正林公司有关联关系的郑州正林公司等处，不存在司法机关、行政机关或者有关主管部门进行监督检查或要求提供会计账册的情况。林某作为兰

[①] 郭慧、初立秀、宫伟宸撰稿，韩维中审编：《林某、金某隐匿会计凭证、会计账簿、财务会计报告，非法持有枪支、弹药案——未实施对抗监管部门监督检查的"隐匿"行为是否构成隐匿会计凭证、会计账簿、财务会计报告罪（第1206号）》，载中华人民共和国最高人民法院刑事审判第一、二、三、四、五庭主办：《刑事审判参考》总第111集，法律出版社2018年版，第7~12页。

州正林公司的法定出资人，有权委托金某处理公司事务，且转运会计资料的整个过程并未脱离兰州正林公司的控制。由于林某、金某没有逃避有关监督检查部门的主观故意，客观上没有实施隐匿的行为，故两被告人的行为不构成隐匿会计凭证、会计账簿、财务会计报告罪。被告人林某犯非法持有枪支、弹药罪，但公诉机关指控的涉案枪支、弹药数量有误，应予纠正。依据《中华人民共和国刑法》第一百二十八条第一款、第六十七条第一款、第七十二条、第六十四条、《中华人民共和国刑事诉讼法》第一百九十五条第二项之规定，以非法持有枪支、弹药罪，判处被告人林某有期徒刑一年，缓刑一年；被告人金某无罪。

一审宣判后，被告人林某、金某未提出上诉，检察机关未提出抗诉，判决已发生法律效力。

二、主要问题

未实施对抗监管部门监督检查的"隐匿"行为是否构成隐匿会计凭证、会计账簿、财务会计报告罪？

三、裁判理由

对于本案中被告人林某为争夺兰州正林公司控制权，要求被告人金某将公司会计资料等运往郑州关联公司等处的行为应如何定性，在审理过程中有两种不同意见：

第一种意见认为，两被告人的行为构成隐匿会计凭证、会计账簿、财务会计报告罪。理由是：被告人林某不履行兰州正林公司董事会关于其任期届满由他人接任董事长的决议，在兰州正林公司向法院提起诉讼并获胜后拒不配合履行，不移交公司财务资料，并在公司其他股东和管理层不知情的情况下，私自安排被告人金某将财务资料转运他处，后在公安机关干预下才将资料运回，有隐匿的主观故意和客观行为，两被告人的行为构成隐匿会计凭证、会计账簿、财务会计报告罪，林某为指使者，系主犯，金某系从犯。

第二种意见认为，两被告人的行为不构成隐匿会计凭证、会计账簿、财务会计报告罪。理由是：两被告人客观上没有实施隐匿的行为，主观上没有隐匿的故意，实质上也未造成社会危害。案发时，兰州正林公司的法定代表人虽已变更为郭某某，但公司登记备案材料显示林某仍然是公司唯一的法定出资人，应有权决定公司的内部事务，有权委托金某等人转运账册，且涉案的会计材料从兰州正林公司整理封存装车到运往郑州正林公司，再从郑州正林公司运回兰州正林公司，转运全程并未实质脱离兰州正林公司相关人员的控制，亦不存在监管部门进行监督检查或要求提供会计账册的情况。本案中，林某、金某指使他人转运会计资料的行为，是因公司内部股东之间为争夺公司控制权而引发，是为郭某某接手公司制造障碍，保障自己在公司利益的一种自救措施，被告人主观上并非为了掩盖违法犯罪的事实，缺乏隐匿会计材料以对抗监管的故意。

我们同意第二种意见，具体理由如下：

隐匿会计凭证、会计账簿、财务报告罪是1999年12月《中华人民共和国刑法修正案》增设的罪名，作为刑法第一百六十二条之一，规定："隐匿或者故意销毁依法应当保存的会计凭证、会计账簿、财务会计报告，情节严重的，处五年以下有期徒刑或者拘役，并处或者单处二万元以上二十万元以下罚金。单位犯前款罪的，对单位判处罚金，并对其直接负责的主管人员和其他直接责任人员，依照前款的规定处罚。"关于本罪的追诉标准，立案追诉标准（二）第八条规定："隐匿或者故意销毁依法应当保存的会计凭证、会计账簿、财务会计报告，涉嫌下列情形之一的，应予立案追诉：（一）隐匿、故意销毁的会计凭证、会计账簿、财务会计报告涉及金额在五十万元以上的；（二）依法应当向司法机关、行政机关、有关主管部门等提供而隐匿、故意销毁或者拒不交出会计凭证、会计账簿、财务会计报告的；（三）其他情节严重的情形。"本案会计凭证等涉及的金额高达9000余万元，远远超过了隐匿会计凭证、会计账簿、财务会计报告罪50万元的立案追诉标准。认定本案的关键在于，两被告人是否具有实施"隐匿"会计凭证、会计账簿、财务会计报告的主观故意和客观行为。

对于何为"隐匿"，刑法未作具体规定，目前也无司法解释涉及。从会计法规定的角度，可以窥见刑法设立该罪名的目的。会计法第三十五条规定："各单位必须依照有关法律、行政法规的规定，接受有关监督检查部门依法实施的监督检查，如实提供会计凭证、会计账簿、财务会计报告和其他会计资料以及有关情况，不得拒绝、隐匿、谎报。"也就是说，为了逃避有关监督检查部门依法实施的监督检查而实施的隐匿，才可能构成会计法意义上的"隐匿"。由于隐匿会计凭证、会计账簿、财务报告罪属于行政犯而非自然犯，刑法规定的该罪中的"隐匿"宜参照有关行政法来理解。会计法规定的隐匿会计凭证、会计账簿、财务报告的目的，应当成为评价某一隐匿行为是否能够进入刑事处罚领域的依据。因而，评价某一行为是否构成隐匿会计凭证、会计账簿、财务报告罪，首先需要判断行为人所实施的隐匿行为是否为了逃避有关监督检查部门依法实施的监督检查。

本案中，被告人林某之所以要求被告人金某安排公司人员将本公司的会计资料运往郑州关联公司，是因为公司内部股东之间正在争夺公司控制权，两被告人实施转运会计资料行为期间不存在司法机关、行政机关或有关主管部门进行监督、检查或要求提供会计账册的情况。实际上，涉案会计材料所运之地并非与兰州正林公司没有任何关系，而是与兰州正林公司有关联关系的郑州正林公司以及兰州正林公司的石家庄分公司等，恰恰也印证了其转运并非为了逃避主管部门的监督检查。换言之，本案两被告人不具有刑法意义上的隐匿会计凭证、会计账簿、财务报告所要求的主观故意。

从客观方面来看，两被告人安排实施转运会计凭证等资料的行为之时，兰州市中级人民法院民事判决〔（2007）兰法民三初字第97号〕已生效并确认兰州正林公司的董事长为郭某某。根据兰州市中级人民法院的该民事判决，林某在安排转运涉案材料时已非兰州正林公司董事长、法定代表人。但相关主管部门的登记备案材料显示，林某始终是正林公司唯一的法定出资人。也就是说，至案发林某都是兰州正林公司唯一、合法的控制人，应认为其有权决定兰州正林公司的内部事务，包括委托金某等人转运账册等，且本案涉案的会计材料整个转运过程也未脱离兰州正林公司的实际控制，不存在隐匿的客观事实。故不能认定被告人林某、金某实施了隐匿会计凭证、会计账簿、财务会计报告的行为。

综上，被告人林某、金某主观上没有为逃避有关主管部门的监督检查而隐匿会计凭证等资料的故意，客观上也没有实施隐匿的行为，故两被告人的行为不构成隐匿会计凭证、会计账簿、财务会计报告罪，原判的认定是正确的。

问题10. 实行注册资本认缴登记制的公司及相关人员刑事责任的认定

【人民法院案例选案例】 眉山市天姿娇服饰有限公司、张某某等虚报注册资本案——实行注册资本认缴登记制的公司及相关人员刑事责任的认定①

【关键词】
注册资本　认缴登记　虚报注册资本　无罪

【裁判要旨】
依法实行注册资本认缴登记制的公司及相关人员，在《全国人民代表大会常务委员会关于〈中华人民共和国刑法〉第一百五十八条、第一百五十九条的解释》出台前实施虚报注册资本的行为，尚未依照当时的法律定罪处罚的，不再追究相关单位和直接责任人的刑事责任。

一、基本案情

法院经审理查明：2012年10月，被告单位眉山市天姿娇服饰有限公司（以下简称天姿娇公司）决定将公司注册资金从100万元增值到1000万元，以此获取银行贷款。因公司无资金增值，被告人即公司法定代表人、执行董事张某某同被告人即公司总经理袁某某与被告人即眉山市东坡区鑫圆财务咨询事务所刘某某合谋，由刘某某帮忙借贷900万元骗取工商登记，事后天姿娇公司支付刘某某好处费4.5万元。2012年12月11日，被告人刘某某帮助天姿娇公司验资成功，于次日到眉山市东坡区工商局变更注册资金后，刘某某和天姿娇公司出纳立即到中国建设银行眉山分行将该公司的验资资金900万元抽走。

二、裁判结果

四川省眉山市东坡区人民法院于2013年12月26日作出（2014）眉东刑初字第13号刑事判决：一、被告单位眉山市天姿娇服饰有限公司犯虚报注册资本罪，判处罚金人民币40万元；二、被告人张某某犯虚报注册资本罪，判处有期徒刑二年，并处罚金人民币25万元；三、被告人袁某某犯虚报注册资本罪，判处有期徒刑一年八个月，缓刑二年，并处罚金人民币15万元；四、被告人刘某某犯虚报注册资本罪，判处有期徒刑一年六个月，缓刑二年，并处罚金人民币10万元；五、对被告人刘某某的犯罪所得4.5万元继续予以追缴，上缴国库。

宣判后，四川省眉山市东坡区人民检察院以原审适用法律错误并导致量刑不当为由提出抗诉。

被告人张某某以修改后的公司法已将注册资本实缴登记制改为认缴登记制，一审法院未充分考虑其自首情节及本案的实际危害性，对其量刑过重为由提出上诉。

四川省眉山市中级人民法院于2014年6月3日作出（2014）眉刑终字第17号刑事判决：一、撤销四川省眉山市东坡区人民法院（2014）眉东刑初字第13号刑事判决；二、原审被告单位眉山市天姿娇服饰有限公司无罪；三、上诉人（原审被告人）张某某无罪；四、原审被告人袁某某无罪；五、原审被告人刘某某无罪。

三、裁判理由

法院生效裁判认为：第十二届全国人民代表大会常务委员会在2014年4月24日通过了《全国人民代表大会常务委员会关于〈中华人民共和国刑法〉第一百五十八条、第一

---

① 《人民法院案例选》2016年第2辑，人民法院出版社2016年版。

百五十九条的解释》，明确了虚报注册资本罪的适用范围。根据该解释的规定，虚报注册资本罪只适用于依法实行注册资本实缴登记制的公司。而根据公司法第二十六条第二款之规定，本案的被告单位天姿娇公司属于注册资本认缴登记制的公司，因此不应再适用刑法第一百五十八条之规定，天姿娇公司不构成虚报注册资本罪；公司直接负责的主管人员被告人张某某、袁某某不构成虚报注册资本罪，之前认定的共同犯罪人原审被告人刘某某也不构成虚报注册资本罪。

四、案例注解

2014年4月24日第十二届全国人民代表大会常务委员会第八次会议通过《全国人民代表大会常务委员会关于〈中华人民共和国刑法〉第一百五十八条、第一百五十九条的解释》（以下简称解释），明确"刑法第一百五十八条、第一百五十九条的规定，只适用于依法实行注册资本实缴登记制的公司。"解释明确，实行注册资本认缴登记制的公司及相关人员实施的虚报注册资本的行为不再认为是犯罪。但由于实践中虚报注册资本的行为较为普遍，对于解释出台前实行注册资本认缴登记制的公司及相关人员实施的虚报注册资本行为，尤其是已经进入侦查、诉讼程序的如何处理，就成为值得研究的问题。

笔者认为，刑法第十二条规定确立的"从旧兼从轻"原则，其核心就是"有利于被告人"，该原则不仅适用于解决1979年刑法和1997年刑法之间的矛盾，也应当适用于解决刑法修正案及立法、司法解释出台前后之间的矛盾。也就是说，刑法第十二条规定中的"本法"不应当理解为仅指1997年刑法规定，而是历次刑法修正案及立法、司法解释颁布后的法律规定。因此，对于此类行为，应当根据刑法第十二条规定，解释施行以前，依照当时的法律已经作出的生效判决，继续有效；而解释施行以后尚未作出生效判决的，应当适用解释规定，不再作为犯罪处理。

本案中，眉山市东坡区人民检察院于2013年12月12日向法院提起公诉，眉山市东坡区人民法院于2013年12月26日作出一审判决。依照当时的刑法第一百五十八条规定，虚报注册资本罪的犯罪主体适用范围较宽，既适用于依法实行注册资本实缴登记制的公司，也适用于注册资本认缴登记制的公司。一审认定被告单位眉山市天姿娇服饰有限公司及被告人张某某、袁某某、刘某某的行为构成虚报注册资本罪正确，体现了罪刑法定原则。由于被告人上诉、公诉机关抗诉，直至解释施行后一审判决仍未生效，并且依照修订后虚报注册资本罪的规定，虚报注册资本罪的犯罪主体只适用于依法实行注册资本实缴登记制的公司，由于被告单位眉山市天姿娇服饰有限公司是实行注册资本认缴登记制的公司，不符合虚报注册资本罪的犯罪主体要件，被告单位眉山市天姿娇服饰有限公司及被告人张某某、袁某某、刘某某的行为就不构成虚报注册资本罪，二审根据从旧兼从轻的刑法原则，依法宣告其无罪正确。

该案系适用虚报注册资本罪修订后依法宣告无罪的典型案例，同时体现了罪刑法定原则和从旧兼从轻适用原则，对于实践中运用相关法律原则具有现实指导意义。

第四章

涉税刑事犯罪

第一节 涉税刑事犯罪概述

一、涉税刑事犯罪概念及构成要件

(一) 概念

涉税犯罪即危害税收征管犯罪,是指实施税务违法行为造成严重后果并且达到刑法规定幅度的,由行政违法变成刑事犯罪,将按照刑法追究刑事责任。关于涉税犯罪类型,一是按犯罪主体不同可以分为三类:(1)纳税主体(包括代扣代缴义务人)实施的犯罪,如逃税罪和抗税罪。(2)一般主体实施的犯罪,如伪造发票罪等。(3)税收征管人员实施的犯罪,如违法提供出口退税凭证罪。其中,纳税主体和一般主体实施的税收犯罪又可分为法人的税收犯罪和自然人的税收犯罪。二是按其侵害直接客体不同可以分为三类:(1)危害税收征收的犯罪。主要是以规避税收和骗税为主要特征的危害国家税收征管制度犯罪行为。(2)妨碍发票管理的犯罪。主要包括违反国家发票法规,危害国家税收征管制度的行为。(3)税收征管渎职犯罪。主要是指税务机关和其他机关的工作人员违反有关法律和行政法规的规定,侵犯国家税收征管制度,致使国家税收和其他国家利益遭受重大损失的行为。三是按行为手段不同可以分为:(1)欺骗型犯罪,如逃税罪、骗取出口退税罪、虚开增值税专用发票及其他发票罪。(2)暴力型犯罪,如抗税罪。(3)伪造型犯罪,如伪造增值税专用发票罪。(4)非法出售、购买型犯罪,如非法购买增值税专用发票罪。(5)利用职务型犯罪,如徇私舞弊不征、少征税款罪。据国家税务总局的有关资料统计显示,每年因涉税犯罪就给国家造成国税流失近 1000 亿元。特别是随着国家税收制度的改革,针对新税制的犯罪活动随之滋生,除了传统的偷税抗税以外,又出现了不少新的犯罪形式。

(二) 构成要件

1. 逃税罪:纳税人采取欺骗、隐瞒手段进行虚假纳税申报或者不申报,逃避缴纳税款，数额在 5 万元以上并且占各种应纳税总额 10% 以上，经税务机关依法下达追缴通知后，不补缴应纳税款、不缴纳滞纳金或者不接受行政处罚的，应当以逃税罪追究刑事责任。

2. 抗税罪：以暴力、威胁方法拒不缴纳税款，造成税务工作人员轻微伤以上的；以给税务工作人员及其亲友的生命、健康、财产等造成损害为威胁，抗拒缴纳税款的；聚众抗拒缴纳税款的；以其他暴力、威胁方法拒不缴纳税款的以上情形应当以抗税罪追究刑事责任。

3. 逃避追缴欠税罪：纳税人欠缴应纳税款，采取转移或者隐匿财产的手段，致使税务机关无法追缴欠缴的税款，数额在 1 万元以上的，应当以逃避追缴欠税罪追究刑事责任。

4. 骗取出口退税罪：应纳税人以假报出口或者其他欺骗手段，骗取国家出口退税款，数额在 5 万元以上的，应当以骗取出口退税罪追究刑事责任。

5. 虚开增值税专用发票罪、虚开用于骗取出口退税发票罪、虚开用于抵扣税款发票罪：虚开增值税专用发票如货物运输业增值税专用发票、增值税专用发票等或者虚开用于骗取出口退税发票、抵扣税款的其他发票如农产品销售发票等，虚开的税款数额在 10 万元以上或者致使国家税款被骗数额在 5 万元以上的，应当以虚开增值税专用发票、用于骗取出口退税发票、用于抵扣税款发票罪追究刑事责任。

6. 虚开发票罪：虚开上述增值税专用发票、用于骗取出口退税发票、用于抵扣税款发票以外的其他发票，即常见的建筑安装业发票、餐饮服务业发票等普通发票，虚开发票 100 份以上或者虚开金额累计在 40 万元以上的，虽未达到上述数额标准，但五年内因虚开发票行为受过行政处罚二次以上，又虚开发票的，应当以虚开发票罪追究刑事责任。

7. 伪造增值税专用发票罪、出售伪造的增值税专用发票罪：伪造增值税专用发票 25 份以上或者票面额累计在 10 万元以上的；出售伪造的增值税专用发票 25 份以上或者票面额累计在 10 万元以上的，应当以伪造增值税专用发票罪、出售伪造的增值税专用发票罪追究其刑事责任。

8. 非法出售增值税专用发票罪：非法出售经税务机关监制的增值税专用发票 25 份以上或者票面额累计在 10 万元以上的，应当以非法出售增值税专用发票罪追究刑事责任。

9. 非法购买增值税专用发票罪、购买伪造的增值税专用发票：非法购买增值税专用发票或者购买伪造的增值税专用发票 25 份以上或者票面额累计在 10 万元以上的；对于非法购买增值税专用发票或者购买伪造的增值税专用发票后又虚开的，按照虚开增值税专用发票罪的标准，即虚开税款数额在 1 万元以上或者致使国家税款被骗数额在 5000 元以上的；对于购买增值税专用发票或者购买伪造的增值税专用发票又出售的，分别按照出售伪造的增值税专用发票罪、非法出售增值税专用发票罪的标准，即出售增值税专用发票 25 份以上或者票面额累计在 10 万元以上的以上三种情形应当以非法购买增值税专用发票罪、购买伪造的增值税专用发票罪追究刑事责任。

10. 非法制造用于骗取出口退税发票罪、非法制造用于抵扣税款发票罪、出售非法制造的用于骗取出口退税、抵扣税款发票罪：伪造、擅自制造或者出售伪造、擅自制造的可以用于骗取出口退税、抵扣税款的非增值税专用发票，及制造或者出售具有出口退税、抵扣税款功能的假普通发票等，数量在 50 份以上或者票面额累计在 20 万元以上的，应当以非法制造用于骗取出口退税发票等罪追究刑事责任。

11. 非法制造发票罪、出售非法制造的发票罪：伪造、擅自制造或者出售伪造、擅自制造的不具有骗取出口退税、抵扣税款功能的普通发票，即制造或者出售一般的假普通发票如建安发票、普通货物销售发票等，数量在 100 份以上或者票面额累计在 40 万元以上的，应当以非法制造发票罪、出售非法制造的发票罪追究刑事责任。

12. 非法出售用于骗取出口退税发票罪、非法出售用于抵扣税款发票罪：非法出售可以用于骗取出口退税、抵扣税款的非增值税专用发票，即出售经税务机关监制的具有出口退税、抵扣税款功能的普通发票，数量在 50 份以上或者票面额累计在 20 万元以上的，应当以非法出售用于骗取出口退税发票等罪追究刑事责任。

13. 非法出售发票罪：非法出售普通发票，即出售经税务机关监制的一般普通发票如建筑安装发票、餐饮发票等，数量在 100 份以上或者票面额累计在 40 万元以上的，应当以非法出售发票罪追究刑事责任。

14. 持有伪造的发票罪：明知是伪造的发票而持有，即行为人实施或处于对明知是伪造的发票而非法支配、控制的事实或状态，如存放、占有、携带、藏有、把持等，无需处于行为人的物理性把持之下，即使伪造的发票与行动人的人身或住所分别，但根据事实，物品仍为行动人所把持，也视为持有。明知是伪造的发票而持有，具有下列情形之一的：（1）持有伪造的增值税专用发票（含增值税专用发票、货物运输业增值税专用发票、税控机动车销售统一发票）50 份以上或者票面额累计在 20 万元以上的；（2）持有伪造的可以用于骗取出口退税、抵扣税款的其他发票如农副产品收购发票等 100 份以上或者票面额累计在 40 万元以上的；（3）持有伪造的第 1 项、第 2 项规定以外的其他发票如建筑业、服务业、餐饮业发票等 200 份以上或者票面额累计在 80 万元以上的，以上情形应当以非法出售发票罪追究刑事责任。

二、涉税刑事犯罪案件审理情况

涉税案件是典型的行刑衔接案件，通常情况下，先由行政机关查处企业的涉税违法行为，如果在查处的过程中，行政机关发现企业的涉税违法行为达到法定情节，且需追究刑事责任，就会移送公安机关，将涉税行政违法案件转为涉税刑事犯罪案件。审理涉税犯罪案件，要认真掌握各具体危害税收征管犯罪的立法本意和基本原则，准确把握其犯罪构成要件，区分虚开增值税专用发票罪与虚开发票罪在入罪要件上的不同，注意虚开发票类犯罪与非法出售发票罪、逃税罪牵连犯罪问题等。同时，要与税务机关加强沟通，了解新型涉税犯罪行为方式是否行政可罚，注意查清涉税犯罪行为的税款损失数额，配合税务机关尽力追回税款损失。

虚开增值税专用发票是涉税刑事案件中最常见、罪责最重（法定最高刑为无期徒刑）的案件，该类案件呈现发案率高、涉案金额大、犯罪手段多样化、犯罪职业化的特点。有的涉案团伙控制多家空壳企业，在没有真实业务交易的情况下，对外向多个企业虚开增值税专用发票，赚取开票费；有的团伙控制多家虚假生产企业，通过伪造身份证件获取虚假农户信息，虚开农产品收购发票，同时在没有真实业务的情况下，为下游企业虚开增值税专用发票骗取留抵退税；有的企业取得虚开增值税专用发票后，采取虚假结汇等手段，骗取出口退税；有的企业采用只卖不开或多卖少开方式造成进项盈余，将盈余部分虚开发票给一些企业，从中收取手续费，给国家税款造成损失。

三、涉税刑事犯罪案件热点、难点问题

虚开增值税专用发票犯罪案件是企业合规经营中面临的重大风险之一，无罪辩护的比例极高，所以，此类案件的法律适用问题，特别是罪与非罪问题，在实践中较难把握。结合虚开增值税专用发票犯罪案件特点和司法认识实践发展，我们认为，是否存在虚开行为、真实货物交易情况以及骗取国家税款数额等是审查判断的重点。

早期审理虚开增值税专用发票犯罪案件，一般进行形式审查，开票方、受票方与实际货物交易主体不对应，发票数额与实际货物交易数额不一致，扰乱税收管理秩序，就认定为虚开犯罪。常见的虚开方式是：有的空壳公司，在自身没有真实交易的情况下，通过各种渠道非法获取进项发票或骗取国家税收优惠后，按照相应的进项额虚开销项发票赚取开票费，受票方在无实际货物交易的情况下，利用虚开发票抵扣税款，给国家税款造成损失；有的企业采用只卖不开或多卖少开方式造成进项盈余，将盈余部分虚开发票给一些企业，从中收取手续费，给国家税款造成损失。

随着市场经济发展，出现挂靠经营、代开发票等多种新经营模式。按照传统理解，这类行为都属于虚开犯罪，但是法律并未明确禁止挂靠经营，被挂靠方按照规定向受票方开具增值税专用发票，并缴纳相应税款，未造成国家税款损失，不具有刑法规定的社会危害性，以犯罪处罚会造成罪责刑不相适当。相关部门也已作出明确规定，《国家税务总局关于纳税人对外开具增值税专用发票有关问题的公告》明确规定，挂靠方以挂靠形式向受票方实际销售货物，被挂靠方向受票方开具增值税专用发票的，不属于虚开。最高人民法院研究室《〈关于如何认定以"挂靠"有关公司名义实施经营活动并让有关公司为自己虚开增值税专用发票行为的性质〉征求意见的复函》同时指出：行为人利用他人的名义从事经营活动，并以他人名义开具增值税专用发票的，即使行为人与该他人之间不存在挂靠关系，但如行为人进行了实际的经营活动，主观上并无骗取抵扣税款的故意，客观上也未造成国家增值税款损失的，不宜认定为刑法第二百零五条规定的虚开增值税专用发票。所以，挂靠代开、如实代开属于税法合规行为，不具有刑罚可罚性。

近年来，实践中各种形式的代开发票往往与真实货物交易相结合，是否属于前述规定的税法合规行为，需要具体审查判断，避免造成罪与非罪的困惑。

案例一：一煤炭经营公司经营煤炭，从无开票资格的个人处购煤之后销售给电厂，并向电厂开具销项增值税专用发票。为抵扣销项税款，该公司以支付开票费方式从其他公司获得进项增值税发票，并实际用于抵扣销项税款。那么问题是，该煤炭经营公司有真实煤炭交易，他让其他公司开具增值税发票的行为是否属于如实代开发票？

我们认为，该煤炭经营企业虽属于正常经营企业，有真实煤炭货物交易，但其从个人处以不开具进项发票的低价购进煤炭，在其购进煤炭交易中未向国家交纳增值税款，仅以支付开票费方式从第三方获取进项发票，用于抵扣其销售煤炭所应交纳的销项税。因为只有在真实交易环节交纳增值税，才有向国家税务机关申请抵扣税款的权利，该煤炭公司虽有真实交易，但没有交纳进项增值税，却让他人为自己虚开发票用于抵扣销项税，具有骗取国家税款的目的，造成国家税款损失，其行为属于虚开犯罪。所以实践中，正常经营企业在实际经济活动中，为寻求低价，购买不含进项增值税专用发票的货物，而对外销售货物时需要向下游公司开具销项增值税专用发票，为弥补进项不足、少交税款，谋取利益，在与开票公司没有真实交易情况下，通过支付开票费向他人非法购买增

值税专用发票予以进项抵扣，从而少交税款，造成国家税款损失，能够认定其以骗取税款为目的并造成国家税款损失，其行为构成虚开增值税专用发票罪。要厘清受票公司真实交易行为与虚开发票行为的界限，准确把握以支付开票费让他人为自己开具增值税专用发票、用于骗取抵扣国家税款的虚开行为本质。

案例二：某物流运输公司为个人运输车辆提供挂靠服务，主要是为挂靠车辆办理年审、保险等业务从而收取费用营利。该物流公司在日常经营中，以公司名义为挂靠车辆办理保险、加油等业务时获取大量增值税发票可以用于抵扣销项税，但其没有对外开具发票的销售业务，所以会存余大量进项发票，其便以收取开票费方式对外向没有交易关系的公司开具增值税专用发票，并用公司存余的进项发票进行抵扣，无需再交纳税款，其借此收取开票费获利。另A公司从B公司购买货物，由B公司联系个人运输车辆（非挂靠某物流公司车辆）将货物运输至A公司，A公司收货后直接向运输车辆司机支付了运费，但司机不能开具运费增值税专用发票。A公司为获取运输费用的增值税发票用于抵扣销项增值税款，向某物流公司支付开票费后获得增值税专用发票。某物流公司是否属于如实代开发票？

我们认为，A公司与B公司有真实货物交易、与货车司机有真实运输业务，但A公司与该物流公司无真实运输业务，只是以支付开票费方式从物流公司获取运输费用的增值税专用发票用于抵扣税款。该物流公司对受票方抵扣税款目的具有放任的故意，且实际造成国家税款损失，作为开票方，其行为构成虚开犯罪。所以针对开票公司以受票公司有真实交易、其属于合规代开发票抗辩时，关键要判断开票公司的开票行为有无相关联真实交易，其主观上有无骗取抵扣国家税款的目的，客观是否可能会造成国家税款损失，准确把握其为他人虚开增值税专用发票的本质。

案例三：王某个人从油品公司购买柴油对外销售，不需要对外开具销项增值税发票。某建筑材料公司负责人夏某与王某商议，王某从油品公司购柴油时，由王某将货款转至建筑材料公司，由建筑材料公司与油品公司签订合同并向油品公司支付货款，油品公司将柴油直接交由合同约定的王某，油品公司向建筑材料公司开具增值税专用发票，建筑材料公司按票面金额的3%支付王某报酬。建筑材料公司以该进项税发票抵扣公司销项税款。

我们认为：建筑材料公司构成虚开增值税专用发票犯罪。理由为：一是本案仅存在一个货物销售交易行为，王某支付货款购买货物，销货方收取货款销售货物，建筑材料公司仅是经手将王某货款转给销货方，建筑材料公司未实际提供货款资金购买货物、亦未向王某销售货物获取资金，不存在建筑材料公司购买货物后销售给王某的两个交易过程，所以，建筑材料公司在上述货物买卖过程中没有真实交易行为。二是建筑材料公司支出的资金为开票费，其未实际购买货物，仅是借王某购买货物之机，通过与王某共谋，以支付王某开票费和虚增交易环节的方式，使其成为名义上的购货方，通过欺骗手段非法获取销售方为其开具的增值税专用发票，本质上属于让他人为自己虚开增值税专用发票的行为方式。三是支付销货方货款时已经包含了货物销售的增值税税额，国家已对此发票项下货物征收了税款，没有造成国家税款损失。但该发票的真实交易双方是销货方和王某，王某以此发票抵扣销项税款，亦不会造成国家税款损失。建筑材料公司并非真实交易方，其未实际交纳增值税款，则不能抵扣公司销项税款，其以上述非法方式大量获取进项增值税专用发票，用于抵扣公司应交纳的销项税款，从而少交增值税，该公司具有骗取抵扣税款的主观故意，并实际造成国家税款损失的后果。四是销货方不知道王某与建筑材料公司共谋的内容，销货方实际销售货物、收取货款，并对外开具相应数额的增值税专用发票，从主客观相一致考量，销货方不构成虚开增值税专用发票罪，但其因受票方欺骗开具增值税专用发票，不影响对受票方的主客观方面判断和虚开行为性质的认定，从而出现分别认定开票方、受票方行为性质的新情形。综上，要坚持主客观相一致原则，透过现象认识本质，厘清其犯罪手段与行为本质，其基于非法获取进项增值税专用发票以骗取抵扣税款的主观目的，实施了支付开票费让他人为其虚开增值税专用发票的本质行为，其代为签订合同、转付货款仅是实现虚开发票目的的手段行为，并非真实的民事合同行为，其行为构成虚开增值税专用发票罪。该罪名本身保护的法益是国家的税款及国家和纳税人的利益，若行为人实施的虚开行为，使得国家的税款遭受了损失，则该行为就属于犯罪。

四、涉税刑事犯罪案件审理思路及原则

虚开增值税专用发票犯罪的认定应避免机械套用法条，要进行社会危害性的实质判断，坚持主客观相一致原则，查清是否具有骗取税款的故意和造成国家税款损失的后果，区分不同"虚开"行为，准确认定犯罪。对于实践中各种形式的代开发票是否属于前述规定的税法合规行为，需要具体审查判断，其中如实代开发票行为，因无开票资格而以挂靠等方式以其他公司名义代开发票，有实际货物交易，且实际交纳税款，故未骗取国家税款，无社会危害性，不违反行政法律法规，当然不构成犯罪。对于有些虚开行为，不具有骗取抵扣增值税税款目的，不能认定为虚开增值税专用发票罪，如果不符合行政法律法规，可以构成逃税罪、骗取贷款罪等其他犯罪。主要是：（1）为虚增营业额、扩大销售收入或者制造虚假繁荣，相互对开或环开增值税专用发票的行为；（2）在货物销售过程中，一般纳税人为夸大销售业绩，虚增货物的销售环节，虚开进项增值税专用发票和销项增值税专用发票，但依法缴纳增值税并未造成国家税款损失的行为；（3）为夸大企业经济实力，通过虚开进项增值税专用发票虚增企业的固定资产、但并未利用增值税专用发票抵扣税款，国家税款亦未受到损失的行为。对于没有真实交易而为他人开具发票或让他人为自己开具发票，骗取国家税款的行为，属于虚开犯罪。

逃税罪是典型行政处理先行的罪名。刑法第二百零一条第四款规定："有第一款行为，经税务机关依法下达追缴通知后，补缴应纳税款，缴纳滞纳金，已受行政处罚的，不予追究刑事责任；但是，五年内因逃避缴纳税款受过刑事处罚或者被税务机关给予二次以上行政处罚的除外。"所以，要准确把握逃税罪的处罚阻却事由。任何逃税案件，首先必须经过税务机关的处理。税务机关没有处理或者不处理的，司法机关不得直接追究行为人的刑事责任。税务机关要求行为人补缴应纳税款、缴纳滞纳金，只要行为人接受了税务机关的处理，予以及时补缴，就不应追究刑事责任，税务机关是否给予行政处罚不影响处罚阻却事由的成立，行为人不能因为税务机关存在处理缺陷而承担刑事责任。但书所规定的"二次以上行政处罚"中的"二次"，应指因逃税受到行政处罚后又逃税而再次被给予行政处罚，即已经受到二次行政处罚，第三次再逃税的，才否定处罚阻却事由的成立。

虚开发票罪的认定，有别于虚开增值税专用发票罪的认定。增值税专用发票不仅具有发票所具有的记载商品交易、提供或者接受服务的金额并作为会计核算凭证的功能，

而且兼具销货方纳税义务和购货方进项税额的合法证明作用,是购货方据以抵扣税款的证明,具有完税凭证的功能。因此,增值税专用发票的管理相对于普通发票而言,对国家税收征管的意义更大,刑法关于虚开增值税专用发票罪的法定刑设置亦较重,所以此罪要求行为人具有骗取国家税款的目的和造成国家税款损失的后果。而普通发票对于税收征管的意义小于增值税专用发票和用于骗取出口退税、抵扣税款发票,刑法关于虚开发票罪的法定刑最高刑为七年,并设置"情节严重"作为虚开发票罪的入罪要件之一,只有达到"情节严重"的程度,才可以作为犯罪处理,对于虚开数额较小的违法行为,可由税务机关依法给予行政处罚,所以,没有真实交易而实施虚开普通发票行为,即可构成虚开发票罪,不以具有骗取国家税款目的、造成国家税款损失为入罪条件。

第二节 涉税刑事犯罪审判依据

一、法律

《中华人民共和国刑法》(2020年12月26日修正)

第二百零一条 【逃税罪】纳税人采取欺骗、隐瞒手段进行虚假纳税申报或者不申报,逃避缴纳税款数额较大并且占应纳税额百分之十以上的,处三年以下有期徒刑或者拘役,并处罚金;数额巨大并且占应纳税额百分之三十以上的,处三年以上七年以下有期徒刑,并处罚金。

扣缴义务人采取前款所列手段,不缴或者少缴已扣、已收税款,数额较大的,依照前款的规定处罚。

对多次实施前两款行为,未经处理的,按照累计数额计算。

有第一款行为,经税务机关依法下达追缴通知后,补缴应纳税款,缴纳滞纳金,已受行政处罚的,不予追究刑事责任;但是,五年内因逃避缴纳税款受过刑事处罚或者被税务机关给予二次以上行政处罚的除外。

第二百零二条 【抗税罪】以暴力、威胁方法拒不缴纳税款的,处三年以下有期徒刑或者拘役,并处拒缴税款一倍以上五倍以下罚金;情节严重的,处三年以上七年以下有期徒刑,并处拒缴税款一倍以上五倍以下罚金。

第二百零三条 【逃避追缴欠税罪】纳税人欠缴应纳税款,采取转移或者隐匿财产的手段,致使税务机关无法追缴欠缴的税款,数额在一万元以上不满十万元的,处三年以下有期徒刑或者拘役,并处或者单处欠缴税款一倍以上五倍以下罚金;数额在十万元以上的,处三年以上七年以下有期徒刑,并处欠缴税款一倍以上五倍以下罚金。

第二百零四条 【骗取出口退税罪】以假报出口或者其他欺骗手段,骗取国家出口退税款,数额较大的,处五年以下有期徒刑或者拘役,并处骗取税款一倍以上五倍以下罚金;数额巨大或者有其他严重情节的,处五年以上十年以下有期徒刑,并处骗取税款一倍以上五倍以下罚金;数额特别巨大或者有其他特别严重情节的,处十年以上有期徒刑或者无期徒刑,并处骗取税款一倍以上五倍以下罚金或者没收财产。

纳税人缴纳税款后，采取前款规定的欺骗方法，骗取所缴纳的税款的，依照本法第二百零一条的规定定罪处罚；骗取税款超过所缴纳的税款部分，依照前款的规定处罚。

第二百零五条　【虚开增值税专用发票、用于骗取出口退税、抵扣税款发票罪】虚开增值税专用发票或者虚开用于骗取出口退税、抵扣税款的其他发票的，处三年以下有期徒刑或者拘役，并处二万元以上二十万元以下罚金；虚开的税款数额较大或者有其他严重情节的，处三年以上十年以下有期徒刑，并处五万元以上五十万元以下罚金；虚开的税款数额巨大或者有其他特别严重情节的，处十年以上有期徒刑或者无期徒刑，并处五万元以上五十万元以下罚金或者没收财产。

单位犯本条规定之罪的，对单位判处罚金，并对其直接负责的主管人员和其他直接责任人员，处三年以下有期徒刑或者拘役；虚开的税款数额较大或者有其他严重情节的，处三年以上十年以下有期徒刑；虚开的税款数额巨大或者有其他特别严重情节的，处十年以上有期徒刑或者无期徒刑。

虚开增值税专用发票或者虚开用于骗取出口退税、抵扣税款的其他发票，是指有为他人虚开、为自己虚开、让他人为自己虚开、介绍他人虚开行为之一的。

第二百零五条之一　【虚开发票罪】虚开本法第二百零五条规定以外的其他发票，情节严重的，处二年以下有期徒刑、拘役或者管制，并处罚金；情节特别严重的，处二年以上七年以下有期徒刑，并处罚金。

单位犯前款罪的，对单位判处罚金，并对其直接负责的主管人员和其他直接责任人员，依照前款的规定处罚。

第二百零六条　【伪造、出售伪造的增值税专用发票罪】伪造或者出售伪造的增值税专用发票的，处三年以下有期徒刑、拘役或者管制，并处二万元以上二十万元以下罚金；数量较大或者有其他严重情节的，处三年以上十年以下有期徒刑，并处五万元以上五十万元以下罚金；数量巨大或者有其他特别严重情节的，处十年以上有期徒刑或者无期徒刑，并处五万元以上五十万元以下罚金或者没收财产。

单位犯本条规定之罪的，对单位判处罚金，并对其直接负责的主管人员和其他直接责任人员，处三年以下有期徒刑、拘役或者管制；数量较大或者有其他严重情节的，处三年以上十年以下有期徒刑；数量巨大或者有其他特别严重情节的，处十年以上有期徒刑或者无期徒刑。

第二百零七条　【非法出售增值税专用发票罪】非法出售增值税专用发票的，处三年以下有期徒刑、拘役或者管制，并处二万元以上二十万元以下罚金；数量较大的，处三年以上十年以下有期徒刑，并处五万元以上五十万元以下罚金；数量巨大的，处十年以上有期徒刑或者无期徒刑，并处五万元以上五十万元以下罚金或者没收财产。

第二百零八条　【非法购买增值税专用发票、购买伪造的增值税专用发票罪】非法购买增值税专用发票或者购买伪造的增值税专用发票的，处五年以下有期徒刑或者拘役，并处或者单处二万元以上二十万元以下罚金。

非法购买增值税专用发票或者购买伪造的增值税专用发票又虚开或者出售的，分别依照本法第二百零五条、第二百零六条、第二百零七条的规定定罪处罚。

第二百零九条　【非法制造、出售非法制造的用于骗取出口退税、抵扣税款发票罪】伪造、擅自制造或者出售伪造、擅自制造的可以用于骗取出口退税、抵扣税款的其他发票的，处三年以下有期徒刑、拘役或者管制，并处二万元以上二十万元以下罚金；数量巨大的，处三年以上七年以下有期徒刑，并处五万元以上五十万元以下罚金；数量特别巨大的，处七年以上有期徒刑，并处五万元以上五十万元以下罚金或者没收财产。

【非法制造、出售非法制造的发票罪】伪造、擅自制造或者出售伪造、擅自制造的前款规定以外的其他发票的，处二年以下有期徒刑、拘役或者管制，并处或者单处一万元以上五万元以下罚金；情节严重的，处二年以上七年以下有期徒刑，并处五万元以上五十万元以下罚金。

【非法出售用于骗取出口退税、抵扣税款发票罪】非法出售可以用于骗取出口退税、抵扣税款的其他发票的，依照第一款的规定处罚。

【非法出售发票罪】非法出售第三款规定以外的其他发票的，依照第二款的规定处罚。

第二百一十条　【盗窃罪】盗窃增值税专用发票或者可以用于骗取出口退税、抵扣税款的其他发票的，依照本法第二百六十四条的规定定罪处罚。

【诈骗罪】使用欺骗手段骗取增值税专用发票或者可以用于骗取出口退税、抵扣税款的其他发票的，依照本法第二百六十六条的规定定罪处罚。

第二百一十条之一　【持有伪造的发票罪】明知是伪造的发票而持有，数量较大的，处二年以下有期徒刑、拘役或者管制，并处罚金；数量巨大的，处二年以上七年以下有期徒刑，并处罚金。

单位犯前款罪的，对单位判处罚金，并对其直接负责的主管人员和其他直接责任人员，依照前款的规定处罚。

第二百一十一条　【单位犯危害税收征管罪的处罚规定】单位犯本节第二百零一条、第二百零三条、第二百零四条、第二百零七条、第二百零八条、第二百零九条规定之罪的，对单位判处罚金，并对其直接负责的主管人员和其他直接责任人员，依照各该条的规定处罚。

第二百一十二条　【税收征缴优先原则】犯本节第二百零一条至第二百零五条规定之罪，被判处罚金、没收财产的，在执行前，应当先由税务机关追缴税款和所骗取的出口退税款。

二、司法解释

1. 《最高人民法院关于适用〈全国人民代表大会常务委员会关于惩治虚开、伪造和非法出售增值税专用发票犯罪的决定〉的若干问题的解释》（1996年10月17日　法发〔1996〕30号）

为正确执行《全国人民代表大会常务委员会关于惩治虚开、伪造和非法出售增值税专用发票犯罪的决定》（以下简称《决定》），依法惩治虚开、伪造和非法出售增值税专用发票和其他发票犯罪，现就适用《决定》的若干具体问题解释如下：

一、根据《决定》第一条规定，虚开增值税专用发票的，构成虚开增值税专用发票罪。[①]

具有下列行为之一的，属于"虚开增值税专用发票"：（1）没有货物购销或者没有提

[①] 根据《最高人民法院关于虚开增值税专用发票定罪量刑标准有关问题的通知》（2018年8月22日　法〔2018〕226号），该解释第一条不再执行。

供或接受应税劳务而为他人、为自己、让他人为自己、介绍他人开具增值税专用发票；（2）有货物购销或者提供或接受了应税劳务但为他人、为自己、让他人为自己、介绍他人开具数量或者金额不实的增值税专用发票；（3）进行了实际经营活动，但让他人为自己代开增值税专用发票。

虚开税款数额1万元以上的或者虚开增值税专用发票致使国家税款被骗取5000元以上的，应当依法定罪处罚。

虚开税款数额10万元以上的，属于"虚开的税款数额较大"。具有下列情形之一的，属于"有其他严重情节"：（1）因虚开增值税专用发票致使国家税款被骗取5万元以上的；（2）曾因虚开增值税专用发票受过刑事处罚的；（3）具有其他严重情节的。

虚开税款数额50万元以上的，属于"虚开的税款数额巨大"。具有下列情形之一的，属于"有其他特别严重情节"：（1）因虚开增值税专用发票致使国家税款被骗取30万元以上的；（2）虚开的税款数额接近巨大并有其他严重情节的；（3）具有其他特别严重情节的。

利用虚开的增值税专用发票实际抵扣税款或者骗取出口退税100万元以上的，属于"骗取国家税款数额特别巨大"；造成国家税款损失50万元以上并且在侦查终结前仍无法追回的，属于"给国家利益造成特别重大损失"。利用虚开的增值税专用发票骗取国家税款数额特别巨大、给国家利益造成特别重大损失，为"情节特别严重"的基本内容。

虚开增值税专用发票犯罪分子与骗取税款犯罪分子均应当对虚开的税款数额和实际骗取的国家税款数额承担刑事责任。

利用虚开的增值税专用发票抵扣税款或者骗取出口退税的，应当依照《决定》第一条的规定定罪处罚；以其他手段骗取国家税款的，仍应依照《全国人民代表大会常务委员会关于惩治偷税、抗税犯罪的补充规定》的有关规定定罪处罚。

二、根据《决定》第二条规定，伪造或者出售伪造的增值税专用发票的，构成伪造、出售伪造的增值税专用发票罪。

伪造或者出售伪造的增值税专用发票25份以上或者票面额（千元版以每份1000元，万元版以每份1万元计算，以此类推。下同）累计10万元以上的应当依法定罪处罚。

伪造或者出售伪造的增值税专用发票100份以上或者票面额累计50万元以上的，属于"数量较大"。具有下列情形之一的，属于"有其他严重情节"：（1）违法所得数额在1万元以上的；（2）伪造并出售伪造的增值税专用发票60份以上或者票面额累计30万元以上的；（3）造成严重后果或者具有其他严重情节的。

伪造或者出售伪造的增值税专用发票500份以上或者票面额累计250万元以上的，属于"数量巨大"。具有下列情形之一的，属于"有其他特别严重情节"：（1）违法所得数额在5万元以上的；（2）伪造并出售伪造的增值税专用发票300份以上或者票面额累计200万元以上的；（3）伪造或者出售伪造的增值税专用发票接近"数量巨大"并有其他严重情节的；（4）造成特别严重后果或者具有其他特别严重情节的。

伪造并出售伪造的增值税专用发票1000份以上或者票面额累计1000万元以上的，属于"伪造并出售伪造的增值税专用发票数量特别巨大"。具有下列情形之一的，属于"情节特别严重"：（1）违法所得数额在5万元以上的；（2）因伪造、出售伪造的增值税专用发票致使国家税款被骗取100万元以上的；（3）给国家税款造成实际损失50万元以上的；（4）具有其他特别严重情节的。对于伪造并出售伪造的增值税专用发票数量达到特别巨大，又具有特别严重情节，严重破坏经济秩序的，应当依照《决定》第二条第二款的规定处罚。

伪造并出售同一宗增值税专用发票的，数量或者票面额不重复计算。

变造增值税专用发票的，按照伪造增值税专用发票行为处理。

三、根据《决定》第三条规定，非法出售增值税专用发票的，构成非法出售增值税专用发票罪。

非法出售增值税专用发票案件的定罪量刑数量标准按照本解释第二条第二、三、四款的规定执行。

四、根据《决定》第四条规定，非法购买增值税专用发票或者购买伪造的增值税专用发票的，构成非法购买增值税专用发票、伪造的增值税专用发票罪。

非法购买增值税专用发票或者购买伪造的增值税专用发票 25 份以上或者票面额累计 10 万元以上的，应当依法定罪处罚。

非法购买真、伪两种增值税专用发票的，数量累计计算，不实行数罪并罚。

五、根据《决定》第五条规定，虚开用于骗取出口退税、抵扣税款的其他发票的，构成虚开专用发票罪，依照《决定》第一条的规定处罚。

"用于骗取出口退税、抵扣税款的其他发票"是指可以用于申请出口退税、抵扣税款的非增值税专用发票，如运输发票、废旧物品收购发票、农业产品收购发票等。

六、根据《决定》第六条规定，伪造、擅自制造或者出售伪造、擅自制造的可以用于骗取出口退税、抵扣税款的其他发票的，构成非法制造专用发票罪或出售非法制造的专用发票罪。

伪造、擅自制造或者出售伪造、擅自制造的可以用于骗取出口退税、抵扣税款的其他发票 50 份以上的，应当依法定罪处罚；伪造、擅自制造或者出售伪造、擅自制造的可以用于骗取出口退税、抵扣税款的其他发票 200 份以上的，属于"数量巨大"；伪造、擅自制造或者出售伪造、擅自制造的可以用于骗取出口退税、抵扣税款的其他发票 1000 份以上的，属于"数量特别巨大"。

七、盗窃增值税专用发票或者可以用于骗取出口退税、抵扣税款的其他发票 25 份以上，或者其他发票 50 份以上的；诈骗增值税专用发票或者可以用于骗取出口退税、抵扣税款的其他发票 50 份以上，或者其他发票 100 份以上的，依照刑法第一百五十一条的规定处罚。

盗窃增值税专用发票或者可以用于骗取出口退税、抵扣税款的其他发票 250 份以上，或者其他发票 500 份以上的；诈骗增值税专用发票或者可以用于骗取出口退税、抵扣税款的其他发票 500 份以上，或者其他发票 1000 份以上的，依照刑法第一百五十二条的规定处罚。

盗窃增值税专用发票或者其他发票情节特别严重的，依照《全国人民代表大会常务委员会关于严惩严重破坏经济的罪犯的决定》第一条第（一）项的规定处罚。

盗窃、诈骗增值税专用发票或者其他发票后，又实施《决定》规定的虚开、出售等犯罪的，按照其中的重罪定罪处罚，不实行数罪并罚。

2.《最高人民法院关于审理骗取出口退税刑事案件具体应用法律若干问题的解释》

（2002年9月17日　法释〔2002〕30号）

为依法惩治骗取出口退税犯罪活动，根据《中华人民共和国刑法》的有关规定，现就审理骗取出口退税刑事案件具体应用法律的若干问题解释如下：

第一条　刑法第二百零四条规定的"假报出口"，是指以虚构已税货物出口事实为目的，具有下列情形之一的行为：

（一）伪造或者签订虚假的买卖合同；

（二）以伪造、变造或者其他非法手段取得出口货物报关单、出口收汇核销单、出口货物专用缴款书等有关出口退税单据、凭证；

（三）虚开、伪造、非法购买增值税专用发票或者其他可以用于出口退税的发票；

（四）其他虚构已税货物出口事实的行为。

第二条　具有下列情形之一的，应当认定为刑法第二百零四条规定的"其他欺骗手段"：

（一）骗取出口货物退税资格的；

（二）将未纳税或者免税货物作为已税货物出口的；

（三）虽有货物出口，但虚构该出口货物的品名、数量、单价等要素，骗取未实际纳税部分出口退税款的；

（四）以其他手段骗取出口退税款的。

第三条　骗取国家出口退税款5万元以上的，为刑法第二百零四条规定的"数额较大"；骗取国家出口退税款50万元以上的，为刑法第二百零四条规定的"数额巨大"；骗取国家出口退税款250万元以上的，为刑法第二百零四条规定的"数额特别巨大"。

第四条　具有下列情形之一的，属于刑法第二百零四条规定的"其他严重情节"：

（一）造成国家税款损失30万元以上并且在第一审判决宣告前无法追回的；

（二）因骗取国家出口退税行为受过行政处罚，两年内又骗取国家出口退税款数额在30万元以上的；

（三）情节严重的其他情形。

第五条　具有下列情形之一的，属于刑法第二百零四条规定的"其他特别严重情节"：

（一）造成国家税款损失150万元以上并且在第一审判决宣告前无法追回的；

（二）因骗取国家出口退税行为受过行政处罚，两年内又骗取国家出口退税款数额在150万元以上的；

（三）情节特别严重的其他情形。

第六条　有进出口经营权的公司、企业，明知他人意欲骗取国家出口退税款，仍违反国家有关进出口经营的规定，允许他人自带客户、自带货源、自带汇票并自行报关，骗取国家出口退税款的，依照刑法第二百零四条第一款、第二百一十一条的规定定罪处罚。

第七条　实施骗取国家出口退税行为，没有实际取得出口退税款的，可以比照既遂犯从轻或者减轻处罚。

第八条　国家工作人员参与实施骗取出口退税犯罪活动的，依照刑法第二百零四条第一款的规定从重处罚。

第九条 实施骗取出口退税犯罪，同时构成虚开增值税专用发票罪等其他犯罪的，依照刑法处罚较重的规定定罪处罚。

3.《最高人民法院关于审理偷税抗税刑事案件具体应用法律若干问题的解释》（2002年11月4日　法释〔2002〕33号）

为依法惩处偷税、抗税犯罪活动，根据刑法的有关规定，现就审理偷税、抗税刑事案件具体应用法律的若干问题解释如下：

第一条 纳税人实施下列行为之一，不缴或者少缴应纳税款，偷税数额占应纳税额的百分之十以上且偷税数额在一万元以上的，依照刑法第二百零一条第一款的规定定罪处罚：

（一）伪造、变造、隐匿、擅自销毁帐簿、记帐凭证的；

（二）在帐簿上多列支出或者不列、少列收入；

（三）经税务机关通知申报而拒不申报纳税；

（四）进行虚假纳税申报；

（五）缴纳税款后，以假报出口或者其他欺骗手段，骗取所缴纳的税款。

扣缴义务人实施前款行为之一，不缴或者少缴已扣、已收税款，数额在一万元以上且占应缴税额百分之十以上的，依照刑法第二百零一条第一款的规定定罪处罚。扣缴义务人书面承诺代纳税人支付税款的，应当认定扣缴义务人"已扣、已收税款"。

实施本条第一款、第二款规定的行为，偷税数额在五万元以下，纳税人或者扣缴义务人在公安机关立案侦查以前已经足额补缴应纳税款和滞纳金，犯罪情节轻微，不需要判处刑罚的，可以免予刑事处罚。

第二条 纳税人伪造、变造、隐匿、擅自销毁用于记帐的发票等原始凭证的行为，应当认定为刑法第二百零一条第一款规定的伪造、变造、隐匿、擅自销毁记帐凭证的行为。

具有下列情形之一的，应当认定为刑法第二百零一条第一款规定的"经税务机关通知申报"：

（一）纳税人、扣缴义务人已经依法办理税务登记或者扣缴税款登记的；

（二）依法不需要办理税务登记的纳税人，经税务机关依法书面通知其申报的；

（三）尚未依法办理税务登记、扣缴税款登记的纳税人、扣缴义务人，经税务机关依法书面通知其申报的。

刑法第二百零一条第一款规定的"虚假的纳税申报"，是指纳税人或者扣缴义务人向税务机关报送虚假的纳税申报表、财务报表、代扣代缴、代收代缴税款报告表或者其他纳税申报资料，如提供虚假申请，编造减税、免税、抵税、先征收后退还税款等虚假资料等。

刑法第二百零一条第三款规定的"未经处理"，是指纳税人或者扣缴义务人在五年内多次实施偷税行为，但每次偷税数额均未达到刑法第二百零一条规定的构成犯罪的数额标准，且未受行政处罚的情形。纳税人、扣缴义务人因同一偷税犯罪行为受到行政处罚，又被移送起诉的，人民法院应当依法受理。依法定罪并判处罚金的，行政罚款折抵罚金。

第三条 偷税数额，是指在确定的纳税期间，不缴或者少缴各税种税款的总额。

偷税数额占应纳税额的百分比，是指一个纳税年度中的各税种偷税总额与该纳税年度应纳税总额的比例。不按纳税年度确定纳税期的其他纳税人，偷税数额占应纳税额的百分比，按照行为人最后一次偷税行为发生之日前一年中各税种偷税总额与该年纳税总额的比例确定。纳税义务存续期间不足一个纳税年度的，偷税数额占应纳税额的百分比，按照各税种偷税总额与实际发生纳税义务期间应当缴纳税款总额的比例确定。

偷税行为跨越若干个纳税年度，只要其中一个纳税年度的偷税数额及百分比达到刑法第二百零一条第一款规定的标准，即构成偷税罪。各纳税年度的偷税数额应当累计计算，偷税百分比应当按照最高的百分比确定。

第四条 两年内因偷税受过二次行政处罚，又偷税且数额在一万元以上的，应当以偷税罪定罪处罚。

第五条 实施抗税行为具有下列情形之一的，属于刑法第二百零二条规定的"情节严重"：

（一）聚众抗税的首要分子；
（二）抗税数额在十万元以上的；
（三）多次抗税的；
（四）故意伤害致人轻伤的；
（五）具有其他严重情节。

第六条 实施抗税行为致人重伤、死亡，构成故意伤害罪、故意杀人罪的，分别依照刑法第二百三十四条第二款、第二百三十二条的规定定罪处罚。

与纳税人或者扣缴义务人共同实施抗税行为的，以抗税罪的共犯依法处罚。

三、刑事政策文件

1.《最高人民法院关于对〈审计署关于咨询虚开增值税专用发票罪问题的函〉的复函》（2001年10月17日　法函〔2001〕66号）

国家审计署：

你署审函〔2001〕75号《审计署关于咨询虚开增值税专用发票罪问题的函》收悉。经研究，现提出以下意见供参考：

地方税务机关实施"高开低征"或者"开大征小"等违规开具增值税专用发票的行为，不属于刑法第二百零五条规定的虚开增值税专用发票的犯罪行为，造成国家税款重大损失的，对有关主管部门的国家机关工作人员，应当根据刑法有关渎职罪的规定追究刑事责任。

此复

2.《最高人民法院刑事审判第二庭关于航空运输代理机构虚开、销售虚假航空行程单的行为如何定性问题的复函》（2010年6月21日　〔2010〕刑二函字第82号）

公安部经济犯罪侦查局：

贵局公经财税〔2010〕116号《关于对航空运输代理机构销售虚假航空行程单的行为如何定性征求意见的函》收悉。经研究，函复如下：

航空票务代理机构购买非法印制的空白航空行程单并出售的，或者购买非法印制的空白航空行程单后，为他人虚开并收取手续费的，其行为符合刑法第二百零九条第二款的规定，构成犯罪的，可按照出售非法制造的发票罪追究相关机构和人员的刑事责任。

航空票务代理机构的主管人员或直接责任人员与他人相互勾结，为他人利用虚开的航空行程单贪污、侵占等犯罪行为提供帮助的，以相应犯罪的共犯论处。

航空票务代理机构购买非法印制的空白航空行程单后，在非法印制的航空行程单上按真实票价额填开后出具给乘机者的，或者应乘机者的要求，在非法印制的航空行程单上填开虚增的票价额后出具给乘机者的，属于使用不符合规定的发票的行为，可由税务机关予以行政处罚。

以上意见，供参考。

3.《最高人民法院研究室关于税收通用完税证和车辆购置税完税证是否属于发票和属于何种发票问题的回函》（2010年8月17日　法研〔2010〕140号）

公安部经济犯罪侦查局：

贵局公经财税〔2010〕102号《关于对两种完税证是否属于发票及属于何种发票问题征求意见的函》收悉。经研究，提供以下意见供参考：

完税证是税务机关或代征机关在收取税金时给纳税人开具的纳税证明，是证明纳税人缴纳税款情况的凭证。发票是指单位和个人在购销商品、提供或接受服务以及从事其他经营活动过程中，提供给对方的收付款的书面证明，是财务收支的法定凭证，是会计核算的原始依据。完税证与发票性质有所不同，完税证一般不能被认定为发票。

根据《全国人民代表大会常务委员会关于〈中华人民共和国刑法〉有关出口退税、抵扣税款的其他发票规定的解释》，如果完税证具有出口退税、抵扣税款功能，则属于刑法中规定的出口退税、抵扣税款的其他发票。据此，税收通用完税证和车辆购置税完税证在具有出口退税、抵扣税款功能时，属于刑法中规定的出口退税、抵扣税款的其他发票；否则，不属于一般意义上的发票。

对伪造税务机关征税专用章，非法制造税收通用完税证和车辆购置税完税证对外出售的，视情可以伪造国家机关印章罪论处；对非法购买上述两种伪造的完税证，逃避缴纳税款的，视情可以逃税罪论处。

4.《最高人民法院关于虚开增值税专用发票定罪量刑标准有关问题的通知》（2018年8月22日　法〔2018〕226号）

各省、自治区、直辖市高级人民法院，解放军军事法院，新疆维吾尔自治区高级人民法院生产建设兵团分院：

为正确适用刑法第二百零五条关于虚开增值税专用发票罪的有关规定，确保罪责刑相适应，现就有关问题通知如下：

一、自本通知下发之日起，人民法院在审判工作中不再参照执行《最高人民法院关于适用〈全国人民代表大会常务委员会关于惩治虚开、伪造和非法出售增值税专用发票犯罪的决定〉的若干问题的解释》（法发〔1996〕30号）第一条规定的虚开增值税专用发票罪的定罪量刑标准。

二、在新的司法解释颁行前，对虚开增值税专用发票刑事案件定罪量刑的数额标准，可以参照《最高人民法院关于审理骗取出口退税刑事案件具体应用法律若干问题的解释》（法释〔2002〕30号）第三条的规定执行，即虚开的税款数额在五万元以上的，以虚开增值税专用发票罪处三年以下有期徒刑或者拘役，并处二万元以上二十万元以下罚金；虚开的税款数额在五十万元以上的，认定为刑法第二百零五条规定的"数额较大"；虚开的税款数额在二百五十万元以上的，认定为刑法第二百零五条规定的"数额巨大"。

以上通知，请遵照执行。执行中发现的新情况、新问题，请及时报告我院。

第三节　涉税刑事犯罪审判实践中的疑难新型问题

问题1. 依法成立的一人公司能否成为单位犯罪主体

【刑事审判参考案例】上海新客派信息技术有限公司、王某某虚开增值税专用发票案[①]

一、基本案情

上海市徐汇区人民法院经审理查明：2008年1月8日，被告人王某某注册成立以其一人为股东的新客派公司，王某某系法定代表人。2008年9月23日、10月28日，王某某以支付开票费的方式，通过他人让英迈（中国）投资有限公司（以下简称英迈公司）先后为新客派公司虚开增值税专用发票各一份，价税合计分别为人民币（以下币种均为人民币）221000元、350000元，其中税款分别为32111.11元、50854.70元，并分别于开票当月向税务局申报抵扣，骗取税款共计82965.81元。2010年3月15日，王某某被传唤到案。案发后，被骗税款已全部追缴。

上海市徐汇区人民法院认为，被告单位新客派公司让他人为自己虚开增值税专用发票，致使国家税款被骗82000余元，被告人王某某系直接负责的主管人员，其与单位均构成虚开增值税专用发票罪，应予处罚，公诉机关指控的罪名成立。鉴于新客派公司、王某某自愿认罪，并已退回了全部税款，可以酌情从轻处罚。根据本案的事实、性质、情节、社会危害性及被告单位、被告人的认罪态度等，依照《中华人民共和国刑法》第二百零五条，第七十二条第一款，第七十三条第二款、第三款，第六十四条之规定，判决如下：

被告单位上海新客派信息技术有限公司犯虚开增值税专用发票罪，判处罚金三万元；被告人王某某犯虚开增值税专用发票罪，判处有期徒刑一年，缓刑一年。

一审判决后，被告单位、被告人没有上诉，检察机关亦没有抗诉，判决已经发生法律效力。

二、主要问题

依法成立的一人公司能否成为单位犯罪的主体？

三、裁判理由

2005年10月修订的公司法明确规定了一人公司的法人地位。随着一人公司民事主体地位的依法确立，一人公司大量出现在我国已成为一种客观经济现象，一人公司在经济

[①]《依法成立的一人公司能否成为单位犯罪主体》，载中华人民共和国最高人民法院刑事审判第一、二、三、四、五庭主办：《刑事审判参考》2011年第5集（总第82集），法律出版社2012年版，第1~14页。

领域犯罪的现象日益普遍。由于刑法在 1997 年修订时一人公司的法律地位还没有得到承认，当时对单位犯罪的立法是在否认一人公司的法人地位背景下出台的，因此，在公司法修订之前，理论界和实务界均否认一人公司单位犯罪的主体资格。随着一人公司法人地位的确立，理论界和实务界面临着一个新的现实的挑战，即一人公司实施的犯罪行为究竟是应当作为单位犯罪还是个人犯罪处理。对这一问题，目前理论界和实务界均存在不同观点：第一种意见认为，一人公司不能成为单位犯罪的主体；第二种意见认为，股东是法人的一人公司可以成为单位犯罪的主体，股东是自然人的一人公司不能成为单位犯罪的主体；第三种意见认为，依法成立的一人公司包括股东是法人的一人公司和股东是自然人的一人公司均可以成为单位犯罪的主体。

（一）否认一人公司单位犯罪主体适格的主要理由

1. 一人公司不具有单位意志的整体性特征。一人公司只有一个股东，一般情况下由一人兼任公司的董事、经理，控制公司的经营管理活动。公司的法人治理结构不完整，难以区分公司财产和股东个人财产。一人公司不像有多名股东的有限责任公司和股份有限公司，股东之间通过多数表决的方式形成公司的整体意志，且股东会、董事会、监事会互相监督、制约，从而使公司的整体意志有别于公司中任何一个人的单独意志。由于一人公司的股东一人控制着公司的经营活动，股东的意志无法受到监督、制约，公司的意志和股东的意志无法区分，公司成为股东的另一个自我，甚至成为股东实施违法犯罪行为的工具。因此，一人公司不具有单位意志的整体性特征。

2. 一人公司不具有利益归属的团体性特征。一人公司只有单一股东，公司的利益就是单一股东的个人利益，犯罪利益均为股东个人所得，利益归属不具有团体性特征。

3. 刑法和民法的判断标准存在差异。民法强调形式合理性，而刑法强调实质合理性。虽然公司法认可一人公司的法人地位，但鉴于实质上一人公司和股东个人在人格、意志、利益上均无法有效区分，一人公司在刑事领域里的单位地位并不必然形成。

4. 一般情况下，单位犯罪比自然人犯罪处罚要轻。如果认可一人公司可以成为单位犯罪的主体，就极有可能出现个人以单位为掩护实施犯罪以获取较轻处罚的情况，如此必然会导致对犯罪分子的轻纵。

（二）认可一人公司单位犯罪主体适格的主要理由

一人公司在依法成立的情况下，可以成为单位犯罪的主体，主要理由如下：

1. 一人公司作为单位犯罪主体具有法律依据。修订后的公司法明确赋予了一人公司法人地位。刑法第三十条规定："公司、企业、事业单位、机关、团体实施的危害社会的行为，法律规定为单位犯罪的，应当负刑事责任。"《最高人民法院关于审理单位犯罪案件具体应用法律有关问题的解释》规定，具有法人资格的独资、私营公司、企业可以成为单位犯罪的主体。虽然刑法修订和最高人民法院关于单位犯罪的司法解释出台的时间均在公司法承认一人公司的法人地位之前，但刑法和司法解释并没有排除一人公司单位犯罪的主体资格。从解释学的角度分析，法律文本一经颁布，即与制定法律文本的机关相对脱离而独立存在，即使立法者在立法时根本没有考虑到后来出现的某些情况，或者虽然考虑到了，但基于当时的实际情况排除对某一情形适用某一法条，但随着形势的变化，有必要对法律条文作扩大解释，只要法律条文没有明确的禁止性的规定，且这种对法律文本的解释能够被涵括在法律文本的文义范围之内，这种解释就是合法的。在社会形势已经发生变化的情况下，如果我们仍然抱着教条主义的态度，死守僵化过时的观点，则会严重阻碍法制的进步和发展。以盗窃罪为例，我国1979年制定刑法、1997年修改刑法时，基于当时社会经济发展状况，立法者根本没有考虑到虚拟财产问题。但随着网络产业、游戏产业成为一门新兴产业，虚拟财产成为一种新型财产，窃取虚拟财产的现象不断出现，业界要求刑法介入虚拟财产保护的呼声越来越高，虚拟财产能否成为盗窃罪的犯罪对象成为刑法理论界和实务界研究的重点课题。反观刑法关于盗窃罪的条文，刑法将盗窃罪的犯罪对象规定为"财物"，虚拟财产能否解释为"财物"决定其能否成为盗窃罪的犯罪对象。目前，理论界和实务界主流观点均认为，虚拟财产具有财物的特征，将其解释为盗窃罪中的"财物"没有超出盗窃罪条文的文义解释范围，因此，虚拟财产能够成为盗窃罪的犯罪对象。就单位犯罪而言，虽然1997年修订刑法时，从立法本意看，一人公司不能成为单位犯罪的主体，一人公司犯罪在司法实务中都是作为自然人犯罪处理，但从刑法及相关司法解释关于单位犯罪的具体规定看，其字面含义均能够将一人公司涵括进单位犯罪的主体范围之内。基于这一考虑，随着公司法的修改，一人公司法人地位的确立，就完全有必要承认一人公司的单位犯罪主体资格。

2. 承认一人公司单位犯罪主体资格符合经济社会发展大潮流。从经济学的角度分析，一人公司的出现及其得到越来越普遍的承认有其必然性和合理性，是经济发展对投资主体多元化、灵活性的必然选择，是鼓励投资、创新的必然要求。刑法作为部门法的保障及最后制裁手段，应当和部门法的立法宗旨及法律精神保持一致，否则就不能发挥刑法应有的功能和作用。既然公司法已经明确赋予了一人公司的法人地位，刑法应当与之相衔接。同时，承认一人公司单位犯罪的主体资格，也是我国刑法平等保护的要求。既然一人公司依法成立，并作为经济活动主体和其他公司、企业一样从事经营活动，就理应受到刑法的平等对待。否则，无法维持一个公平竞争的环境，不利于一人公司的经营发展，不利于鼓励投资和创新。

3. 一人公司成为单位犯罪主体符合刑法设立单位犯罪的目的要求。刑法设立单位犯罪的目的主要有以下几点：第一，贯彻罪责自负原则，对单位本身的犯罪行为进行否定性评价和制裁。单位基于自身的意志和利益实施的犯罪行为，应当由单位自己承担，如果单位实施了犯罪行为而不承担刑事责任，仅仅由自然人承担刑事责任显然有违罪责自负的原则。单位中直接负责的主管人员和直接责任人员之所以同时要承担刑事责任：一是因为这些自然人基于自己的自由意志作为单位的代表实施了犯罪行为，必须对自己的行为负责；二是自然人是作为单位整体的一部分承担责任，自然人承担刑事责任也是单位承担刑事责任的一种方式和体现。第二，通过对单位犯罪行为的否定性评价和制裁促使单位在业务活动中履行应有的注意义务，避免业务中的过失犯罪。同时，也告诫单位不得为了自身利益故意实施犯罪行为。第三，为了贯彻罪责刑相适应原则。单位犯罪一般发生在经济领域，单位经济活动的规模和自然人相比远为庞大，其犯罪数额一般也较自然人高。但单位犯罪的利益归属于单位，如果单位实施的犯罪行为完全按自然人犯罪定罪量刑，则处罚会过于严厉，不能达到罪责刑相适应。因此，刑法一般规定单位犯罪较自然人犯罪处罚要轻，或者入罪门槛要高。第四，为了平衡惩治犯罪与促进经济社会发展这一对矛盾统一体。刑法之所以对单位犯罪设置比自然人犯罪较轻的法定刑或者较高的入罪门槛，还有一个重要考量因素是单位的社会正向功能，即不管是国家机关、企业，还是事业单位、社会团体，从其成立的主观目的和客观效果看，主要是行使一定的社会管理和服务职能，承担一定的社会责任，促进社会的发展与进步。如公司、企业进行生产、经营，可以促进经济发展。同时，公司、企业雇佣一定数量的员工，可以解决一部分社会人员的就业。此外，公司、企业依法纳税，可以增加国家税收。刑法对单位犯罪的处罚，正是考虑到单位从事合法经营管理活动的常态性、从事犯罪活动的偶然性这一特征，如果对单位犯罪处罚过于苛严，给单位增添难以承受的负担，则会导致其社会正向功能的极大削弱甚至丧失。据此，刑法对单位犯罪的罪刑设置，需要在惩罚犯罪和促进经济社会发展二者之间取得一个比较合理的平衡。最高人民法院关于单位犯罪的司法解释把为了从事犯罪活动而成立的单位和成立以后主要从事犯罪活动的单位排除在单位犯罪之外，按自然人犯罪处理，也是基于上述考虑。即上述两类单位的社会正向功能极少或者根本不存在，而主要体现为社会负向功能（对社会的破坏功能），因此，对其犯罪行为进行罪刑设置时无须或者只须较少考虑实施刑事制裁所造成的经济或者管理上的负面影响。从以上单位犯罪设立的四个目的看，一人公司同样应当具有单位犯罪的主体资格：第一，一人公司实施的犯罪如果不认定为单位犯罪，有违罪责自负原则。第二，不利于促使一人公司履行自己的注意义务，减少犯罪行为的发生。第三，虽然一人公司只有一个股东，但并不意味着一人公司的规模就小于股东为二人以上的有限责任公司。相反，按照公司法的规定，一人公司的注册资本最低为 10 万元，而且必须一次性缴足；而二人以上的有限责任公司注册资金最低可为三万元，而且不必一次性缴足。如果将一人公司实施的犯罪行为全部按自然人犯罪处理，则不能做到罪责刑相适应。第四，一人公司也和其他公司、企业一样，履行社会管理和服务功能。对一人公司犯罪如果处罚过于苛严，不利于一人公司的经营与发展。

4. 对单位犯罪的解释应当符合时代发展的要求。1997 年刑法施行及最高人民法院关于单位犯罪的司法解释出台时，我国公司法还没有规定一人公司，没有承认一人公司的法人地位。随着公司法的修改，一人公司法律地位的确立，公司法理论的发展与完善，单位犯罪理论也有必要与时俱进，不断完善与发展。

第一，单位犯罪判断标准的理论基础——公司社团性理论的调整和发展决定了单位犯罪理论的发展与深化。我国单位犯罪理论尤其是单位犯罪的判断标准的理论，是以犯罪意志的整体性和利益归属的团体性作为单位犯罪的判断标准，是以公司社团性理论为基础的。但是公司社团性理论不是一成不变的，随着经济的发展，公司组织结构的变化，组成公司各要素的重要性的重新分配与排序，公司社团性理论及观念也有必要进行调整，这种调整必然深刻影响到单位犯罪的认定。按照传统公司法理论，公司是人合与资合的组织体，社团性是公司的本质特征。公司的社团性决定公司的股东必须为复数。但是，随着公司法立法及理论发展、研究的深入，人们发现，股东的复数性并非公司的社团性。如有学者认为，如果社团性以股东的复数性为基础，那么，基于公司股份自由流转性的特征，公司股份既可以集中于一个人之手，也可以随时流转到数个股东手中，所以一人公司具有潜在社团性特征。相反，复数股东的公司股份既有流转到多数股东之手的可能，也有集中到少数股东甚至一个股东之手的可能。可见，就股份的拥有者角度而言，股东为复数的公司在本质上也有成为一人公司的潜在属性，即这些公司也有丧失社团性属性的可能性。在不少公司法学者看来，公司的本质是其不同于其股东的独立的人格，即公司人格独立。而公司独立人格的实质是财产独立和意志独立。公司的社团性不绝对等于股东的复数性。① 一人公司只要严格依照公司法成立并依法经营，就能做到财产独立和意志独立，也即具有独立人格。因此，应当对公司的社团性作更深入的理解，尤其在刑法领域，更是如此。按照公司法的规定，股东的注册资金投入公司以后，股东即丧失其财产所有权，只具有资产收益、参与重大决策和选择管理者等权利，而公司取得对注册资金的法人财产权。公司的经营管理由公司董事会、经理层甚至公司职工等负责。所以，有学者认为，如果说传统公司社团性有一定合理性的话，那也是一种历史的合理性。它是一种植根于中世纪晚期商业公司与近代公司历史发展状态和水平土壤之中的理论。随着社会经济的不断发展，现代公司已呈现出与古典公司判若云泥的差别。在组成公司的诸要素中，物质性资本的重要性已大大降低，已失去了在古典公司中所具有的唯其独尊的地位。随着有限责任的确立，两权分离的公司发展实践以及社会经济由工业经济过渡到知识经济时代，公司经理人员、职工的劳动付出在公司财富创造过程中的作用大大加强，甚至在许多方面超过公司物质资本的作用，公司已由一个物质要素独重的集合体发展成一个各生产要素并重并协调发展的人的集合体。资本只限于物质资本的传统观念已不能适应新的形势的需要。许多学者均认为，资本应当包括人力资本和物质资本，因而应当明确人力资本所有者的公司"所有人"地位。基于此，公司团体意思必须包括职工的意思，公司治理结构中必须体现职工的意志与利益。所以，如果仅把社团性理解为"人的集合"的话，说公司是一个社团并没问题，只不过该社团并不仅仅是由公司股东组成的社团，而是由组成公司各要素的提供者，即公司股东、管理者、职工组成的社团，他们在公司中都是不可或缺的。公司是人的集合并不是指他们中某一类人的集合，而是他们共同组成成员的集合。在此背景下，应当将公司的社团性拓展至股东、管理者和职工之间。②

第二，从公司的运作机制看，投资者与经营者相分离的运作模式决定公司的股东身份在公司犯罪中不起决定作用，从而决定公司股东的多少对单位犯罪的认定没有决定性作用。

如前所述，按照公司法的规定，公司的经营管理主要由公司董事会、经理层甚至公司职工等负责，公司股东并不直接从事经营管理，公司犯罪实施的主体主要不是体现在公司的股东层面，而是在公司的管理者层面，如公司的董事、经理。即使公司的股东身份和管理者的身份产生竞合，如股东同时是公司的董事或者经理，作为公司犯罪行为的决策和实施的身份主体一般是公司的董事或者经理身份而不是股东身份，因为其实施犯罪的职务基础是体现其管理者身份的董事或者经理。所以，即使按照传统公司法理论对公司社团性的理解，这种社团性特征对公司犯罪主体的认定而言也不是必要条件。原来认定单位犯罪的一些标准，如犯罪意志的整体性和利益归属的团体性，应当符合时代发展的要求。不管是犯罪意志的整体性也好，还是利益归属的团体性也好，均以公司股东的复数性为基础，公司股东的单复数对此不起决定性作用。从公司股东的人数与管理者人数的对应关系看，二者之间也并不必然成正比例对应关系，一人公司的管理人员完全有可能超过二人以上股东公司的管理人员。从公司的规模而言，一人公司的规模也完

---

① 参见沈贵明：《模式、理念与规范——评新公司法对一人公司的规制》，载《法学》2006 年第 11 期。
② 参见孔令政：《传统公司社团性理论的反思——以公司历史发展为线索》，中国政法大学 2007 年硕士学位论文。另参见范建等：《公司法》，法律出版社 2006 年版，第 228~245 页。

全有可能超过二人以上股东的公司。事实上，公司法为了保证一人公司的财产独立和责任独立，对一人公司的规模作了比其他有限责任公司要严格的限制。所以，以公司股东人数的单复数为标准来认定公司犯罪意志的整体性进而认定是否构成单位犯罪，并不具有科学性。公司犯罪意志的整体性不一定要体现管理者和作出决策者人数的复数性，并不是只有经过管理层集体研究作出的决策才能视为单位的整体意志，一人作出的决策就不是公司的整体意志。如公司的总经理或者董事长一个人在其职权范围内为了公司的利益而作出实施犯罪的决策，犯罪的利益亦归属于公司。在这种情况下，决策者一人的意志也应当视为公司的整体意志，犯罪行为应当视为公司行为而不是自然人个人行为。所以，从本质上而言，单位犯罪意志的整体性与其说体现为决策人员的复数性，还不如说是体现为决策权限的法定性、程序性和决策者身份的独立性。如果这种决策是在法律及公司章程等文件规定的职权范围内依照一定程序作出的，且作出这种决策是为了公司的利益，则这种决策就应当视为独立于决策者自然人身份的公司管理者的决策，即应视为公司的决策而不是自然人个人的决策。

从利益归属的团体性分析，团体性也并不一定体现为股东的复数性。一方面，即使是一人公司，其管理者、职工一般不止一人。事实上，随着一人公司的发展壮大，并不排除职工几百人、上千人甚至上万人的一人公司的可能性。公司的利益与公司所有这些成员的利益息息相关。按照公司法的规定，公司的税后利润应当提取一部分作为公司法定公积金，在提取法定公积金之前还应当先弥补公司亏损，在提取法定公积金之后还可以提取任意公积金。另外，公司经营效益决定公司成员包括一般职工的工资、奖金等物质待遇，所以，公司犯罪的收益与公司所有成员的利益均密切相关。从这个意义上说，一人公司实施犯罪，也具有利益归属的团体性。另一方面，利益归属的团体性的本质不在于享受利益主体的复数性，而在于利益归属主体的独立性，即利益直接而完整地归公司所有的，这种利益就是公司的而不是自然人个人的利益，也就是公司作为一个由自然人组成的团体的利益。这种利益归属的直接性和完整性主要体现在公司作为一个整体首先概括地、全部地承受犯罪带来的利益，如犯罪所得的收益直接进入公司的账号，作为公司的收入予以记载，或者直接抵偿公司债务，用于公司的开支。至于公司承受这些利益后将利益进行再分配，甚至唯一的股东分得其中的绝大多数，这是公司对自己财产的处分，不影响利益初始归属的属性。所以，一人公司实施犯罪，只要犯罪所得是由公司支配而不是其中的自然人包括股东支配的，不影响公司利益归属的团体性特征。

第三，从最根本上来说，公司是否能够成为单位犯罪的主体，要从公司是否具有公司所应当具有的最本质的特征——公司人格独立来判断。具有独立人格的公司，就可以成为单位犯罪的主体；不具有独立人格的公司，就不能成为单位犯罪的主体，公司相关人员实施的犯罪只能按自然人犯罪处理。依法成立并严格按照公司法的规定从事经营活动的一人公司，具有独立的财产，能够独立承担责任，具有独立的意志，因而具有独立于股东自然人人格的公司人格，能够成为单位犯罪的主体。

（三）一人公司单位犯罪主体适格的具体条件

并不是所有的一人公司都可以成为单位犯罪的主体，从刑法的实质合理性标准来考察，只有依法成立，取得法人地位，具有独立人格的一人公司，才有可能成为单位犯罪的主体。

1. 一人公司必须严格依法成立。首先，一人公司必须依法成立，经过工商登记注册，取得法人地位。没有经过工商登记注册取得法人地位的一人公司不能成为单位犯罪的主体，构成犯罪的，按照自然人犯罪处理。其次，一人公司必须按照公司法而不是按照个人独资企业法注册登记。按照个人独资企业法成立的独资企业不能取得法人资格，投资者必须以其个人财产对企业债务承担无限责任，这种独资企业不能成为单位犯罪的主体。

2. 一人公司必须具有独立的人格。公司的独立人格主要体现在财产的独立和意志独立上。就一人公司而言：首先，一人公司必须达到公司法规定的最低注册资本数。按照公司法的规定，一人公司的注册资本最低必须达到 10 万元，而且必须一次性缴足。如果一人公司实施犯罪行为时注册资本没有到位，因而影响到责任的承担，则在这种情况下不能成为单位犯罪的主体。如果一人公司成立时虽然没有一次性缴足注册资本，但实施犯罪行为时注册资本已经缴足，则这种行为虽然违反了公司法，但只是一种行政违法行为，依照相关规定予以行政处罚就可以了，不影响公司单位犯罪的主体资格。其次，公司的财产必须和股东的财产能够分离，如果股东的财产和公司的财产混合，公司成为股东的另外一个自我，甚至成为股东实施不法行为乃至犯罪行为的一个工具。公司没有自己独立的人格，既没有自己的独立意志，也不能独立承担责任，故不可能成为单位犯罪的主体。按照公司法的规定，一人公司必须在每一会计年度终了时编制财务会计报告，并经会计师事务所审计。一人公司股东不能证明公司财产独立于股东自己财产的，应当对公司债务承担连带责任。在这种情况下，公司不能成为单位犯罪的主体，以公司名义实施的犯罪应当按照自然人犯罪处理。应当明确的是，公司的财产是否与股东的个人财产相分离，股东应当承担证明责任；如果股东不愿或者不能承担证明责任的，就要承担导致公司人格被否定的法律后果。

3. 一人公司必须具有公司法所要求的法人治理结构。比如，一人公司应当有自己的章程，股东行使公司法所规定的职权时必须以书面形式作出，并置于公司备案。鉴于一人公司只有一个股东，公司行为与股东个人行为容易发生竞合，故公司的经营行为应当以公司的名义进行。凡是以股东个人的名义进行的行为，均应当视为股东的个人行为，构成犯罪的，追究股东的自然人责任，而不能以单位犯罪处理。

4. 一人公司成立的目的必须是依法从事经营活动，且客观上确实从事了一定的合法经营活动。如果一人公司是以从事非法甚至犯罪活动为目的而成立，或者成立后主要是从事非法或犯罪活动的，不能成为单位犯罪的主体。

从本案来看，被告单位新客派公司系按照我国公司法关于一人公司的规定依法注册登记成立，具有独立的人格和法人治理结构，客观上也确实从事了一定的合法经营活动，故其实施的犯罪应当按照单位犯罪而不是个人犯罪处理。

问题 2. 不以骗取税款为目的的虚开运输发票的行为不构成虚开用于抵扣税款发票罪，但在特定情况下构成逃税罪

【人民法院案例选案例】 金某、袁某等人逃税案①

一、基本案情

湖南省长沙市人民检察院指控：2005 年 3 月，被告人金某注册成立长沙飞腾运输有限责任公司，2005 年 7 月取得自开票资格。2005 年 7 月至 2009 年 5 月，金某伙同该公司

---

① 《人民法院案例选》2013 年第 3 辑，人民法院出版社 2013 年版。

工作人员被告人袁某、袁某1为了牟取非法利益,以飞腾公司的名义、在没有任何真实的运输业务发生的情况下,采取按4.5%至6%收取开票费的方式,为何某、姚某某、李某某、陈某某、彭某某、肖某、袁某2等人虚开《公路、内河货物运输业统一发票》445份,虚开运输发票的总金额为35633146.09元,分别提供给:金杯电工股份有限公司、湖南远盛印刷材料有限责任公司、湖南祥龙贸易有限公司、湖南亿利达实业有限公司、长沙市环卫机械厂、长沙扬帆机电设备有限公司、湖南杨子冶金重型装备制造有限公司、湖南高程科技有限公司、湖南合昌机械制造有限公司等30家单位,上述单位已向税务机关申报抵扣税款共计1797890元。被告人袁某1参与向湖南鑫峰工贸有限公司代开运输发票4份,共计金额33.24万元,鑫峰公司已向税务机关申报抵扣税款23268元。湖南省长沙市人民检察院认为,被告人金某、袁某虚开用于抵扣税款的发票,数额巨大,情节特别严重,其行为触犯了《中华人民共和国刑法》第二百零五条第一款、第二款之规定,被告人袁某1虚开用于抵扣税款的发票,其行为触犯了《中华人民共和国刑法》第二百零五条第一款之规定,应当以虚开用于抵扣税款发票罪追究其刑事责任。

湖南省长沙市中级人民法院经审理查明:2005年1月20日,被告人金某注册成立长沙飞腾运输有限责任公司(以下简称飞腾公司),注册资本50万元,道路货物运输车辆5台,2005年7月,飞腾公司取得自开"运输业统一发票"资格。被告人袁某受聘担任该公司开票员,被告人袁某1受聘担任会计。被告人金某本人或指使袁某、袁某1以飞腾公司的名义按4.5%至6%收取开票费,为从事运输业务的姚某某、李某某、陈某某、袁某2等人代开《公路、内河货物运输业统一发票》(以下简称运输发票)445份,分别提供给长沙天力罐车制造有限公司(以下简称天力公司)、长沙市环卫机械厂(以下简称环卫厂)、湖南杨子冶金重型装备制造有限公司(以下简称杨子公司)、湖南祥龙贸易有限公司(以下简称祥龙公司)、湖南鑫峰工贸有限公司(以下简称鑫峰公司)等单位,代开运输发票的金额总计8761189.86元,上述单位已申报抵扣税款613281.12元。其中,被告人袁某1参与向鑫峰公司(鑫峰公司的运输业务由个体司机承担,需要运输发票登记做账)代开运输发票4份,金额共计33.24万元,鑫峰公司已申报抵扣税款23268元。金某、袁某、袁某1为他人代开发票后,以飞腾公司名义按规定缴纳了3.3%的营业税及附加。实际运输者由于未在税务机关开票,偷逃了3.3%的所得税。金某本人或指使袁某、袁某1开票致使他人偷逃应纳所得税289118.23元。占姚某某、李某某、陈某某、袁某2等人应缴税款的50%。

二、裁判结果

湖南省长沙市人民检察院以长检刑诉(2010)第55号起诉书指控被告人金某、袁某、袁某1犯虚开用于抵扣税款发票罪,于2010年5月12日向湖南省长沙市中级人民法院提起公诉。湖南省长沙市中级人民法院于2010年12月14日作出(2010)长中刑二初字第0080号刑事判决,湖南省长沙市人民检察院提出抗诉。湖南省高级人民法院于2012年3月21日作出(2011)湘高法刑二终字第84号刑事裁定,以部分事实不清为由撤销原判,发回重审。湖南省长沙市中级人民法院于2012年11月12日(2012)长中刑二重初字第0056号刑事判决:一、被告人金某犯逃税罪,判处有期徒刑四年,并处罚金人民币10万元;二、被告人袁某犯逃税罪,判处有期徒刑一年八个月,并处罚金人民币5万元;三、被告人袁某1犯逃税罪,免予刑事处罚;四、追缴犯罪所得,上缴国库。再审判决后,被告人未上诉,检察机关未抗诉,该判决发生法律效力。

三、裁判理由

法院生效判决认为：被告人金某本人或指使被告人袁某、袁某1利用飞腾公司的开票资格，在没有提供运输劳务的情况下，以飞腾公司名义为其他提供了运输劳务的从业者或发生了实际运输业务的单位代开运输发票，致使其他运输从业者逃避纳税义务，偷逃税款289118.23元，且占应纳税额的50%，被告人金某、袁某、袁某1的行为均已构成逃税罪。公诉机关指控被告人金某、袁某、袁某1的行为构成虚开用于抵扣税款发票罪的罪名不当。因为构成虚开用于抵扣税款发票罪，不但要有虚开的行为，还需要骗取税款的目的。被告人金某、袁某、袁某1为他人代开运输发票的行为属于虚开行为，但是，根据本案的证据，所能认定的事实是三名被告人在其他运输从业人员向有关单位提供了运输服务之后，为这些运输从业人员代开运输发票，并将3.3%的营业税、城市维护建设税以及教育费附加均已缴纳，其行为导致的后果是其他运输从业人员偷逃了3.3%的个人所得税，受票单位凭运输发票抵扣符合法律规定。因此，三名被告人并无骗取税款的目的，故对被告人金某等人应以逃税罪定罪处罚。

四、法院评论

该案例涉及到不以骗取税款为目的的虚开运输发票行为构成何种犯罪、虚开用于抵扣税款发票罪与逃税罪的犯罪竞合、区别及认定等问题。刑法第二百零一条第一款规定："纳税人采取欺骗、隐瞒手段进行虚假纳税申报或者不申报，逃避缴纳税款数额较大并且占应纳税额百分之十以上的，处三年以下有期徒刑或者拘役，并处罚金；数额巨大并且占应纳税额百分之三十以上的，处三年以上七年以下有期徒刑，并处罚金。"本案中，对于不以骗取税款为目的的虚开运输发票行为以逃税罪定罪处罚，充分体现了立法原意，对于准确适用刑法意义重大。

1. 关于虚开用于抵扣税款发票罪是否需要以骗取税款为目的

根据刑法第二百零五条的规定，虚开用于抵扣税款发票罪是违反国家发票管理法规，为他人虚开、为自己虚开、让他人为自己虚开、介绍他人虚开抵扣税款发票的行为。从刑法条文可见，刑法没有规定虚开用于抵扣税款发票罪需要以骗取税款为目的。而在理论上与司法实务中，虚开用于抵扣税款发票罪是否需要以骗取税款为目的存在截然相反的两种观点。一种观点认为，因为刑法条文没有规定虚开发票的目的，只要行为人实施了法定的虚开行为，即可构成本罪，本案中的检察机关即持此种观点；另一种观点认为，虽然刑法条文没有明确规定虚开发票的目的，但骗取税款是构成虚开用于抵扣税款发票罪的应有之义，如陈兴良教授指出："在一般虚开发票的案件中，行为人虽然实施了虚开行为但主观上没有抵扣税款的目的，其行为不构成虚开发票罪"，张明楷教授也认为，"如果虚开、代开增值税等发票的行为根本不具有骗取国家税款的可能性，则不宜认定为本罪……代开的发票有实际经营活动相对应，没有而且不可能骗取国家税款的，也不宜认定为本罪。"一般来讲，刑法中的涉税犯罪可以分为三种大的类型：一种是不向国家交钱的涉税犯罪，比如逃税罪、抗税罪、逃避追缴欠税罪等犯罪，这类犯罪以具备纳税义务为前提；另一种是不仅不向国家交钱，还从国家骗钱的涉税犯罪，比如骗取出口退税罪、虚开增值税专用发票、用于骗取出口退税、抵扣税款发票罪，这类犯罪不以行为人具备纳税义务为前提；第三种类型的涉税犯罪是为上述犯罪提供帮助的犯罪，如伪造、出售伪造的增值税专用发票罪、非法出售增值税专用发票、非法购买增值税专用发票、购买伪造的增值税专用发票罪等发票类犯罪。其中第二类涉税犯罪可能骗取到国家税款，对国家和社会潜在的危害最大，犯罪社会危害性最大，法益保护的要求也更加强烈，因而法定刑相应最重，最高刑可至死刑。骗取国家税款目的以外的虚开行为则不具有此种危害可能性，此种行为应排除在虚开发票犯罪之列。原因在于"这种犯罪的危害实质上并不在于形式上的虚开行为，而在于行为人通过虚开增值税专用发票抵扣税款以达到偷逃国家税款的目的，其主观恶性和可能造成的客观损害，都可以使得其社会危害性程度非常之大。因此，刑法虽然没有明确规定该罪的目的要件，但是偷骗税款的目的应当作为该罪成立的必要条件。"

具体到本案，现有证据证明大部分到飞腾公司开具运输发票的公司或个人具有实际运输业务，检察机关不能提供证明其他公司和个人是否具有实际运输业务，按照有利于被告的原则，法院认定，金某等人开具发票的对象均具有运输业务。被告人金某等人在自己本人和本单位没有提供运输劳务的情况下，以公司名义为其他提供了运输劳务的从业者或发生了实际运输业务的单位代开运输发票，属于有货虚开，而这些具有实际运输业务公司和个人本身具备纳税义务，其目的是偷逃3.3%的个人所得税，并非为了骗取国家税款。

2. 用于抵扣税款发票罪与逃税罪的区分及认定问题

虚开用于抵扣税款发票罪与逃税罪均属于刑法第三章破坏社会主义市场经济秩序罪中第六节危害税收征管类犯罪。两罪在犯罪构成要件等方面均有较大差异。就犯罪构成要件来看，两罪的犯罪客体不同，虚开用于抵扣税款发票罪侵犯的是复杂客体，包括国家税收发票管理秩序与国家税收利益，而逃税罪的犯罪客体是国家税收制度与国家税收利益；两罪的犯罪客观方面不同，前者是行为人实施了虚开可以用于抵扣税款的发票的行为，后者是行为人采取欺骗、隐瞒手段进行虚假纳税申报或者不申报，逃避税款的行为；犯罪主观故意不同，前者以骗取税款为目的，后者以偷逃税款为目的；犯罪主体不同，虚开用于抵扣税款发票罪的犯罪主体必须具有抵扣税款的资格，"非增值税纳税义务人，如营业税、所得税、城市建设维护税的纳税人不存在抵扣税款问题，其为自己虚开或者让他人为自己虚开可以用于抵扣税款的发票，不能以虚开抵扣税款发票罪定罪处罚；只有为增值税纳税人虚开或者介绍他人为增值税纳税人虚开可以用于抵扣税款发票的，才能以虚开抵扣税款发票定罪处罚"，逃税罪犯罪主体则是特殊主体，仅限于具有纳税义务或者扣缴税款义务的人（包括单位和自然人）。

虚开用于抵扣税款发票罪与逃税罪在理论上容易区分，但在司法实践中却常混淆。两罪混淆的一种情形是，虚开用于抵扣税款发票罪与逃税罪在特定的情况下发生犯罪竞合。如果行为人明知他人为了骗取国家税款而为他人虚开可以用于抵扣税款的发票或者行为人为了骗取国家税款而为自己虚开可以用于抵扣税款的发票，这时行为人一行为触犯两罪名，构成"牵连犯"，应从一重处断。另一种情形是，行为人形式上虚开可用于抵扣税款的发票，实质却不是为了抵扣税款，"在报账过程中，运输服务提供人以虚开形式开票抵顶运费的行为，这是典型的为了报账而虚开的行为。这两类虚开行为，由于实际已发生了服务活动，实质上不是虚开。对于这类形为虚开、实为实开的现象，由于未使国家税收利益受到侵害，就不应当认定为虚开用于抵扣税款发票犯罪"，对于此种情形，结合行为人的犯罪故意和实施的客观行为可以逃税罪定罪处罚。

本案中，被告人金某注册成立"飞腾公司"，取得自开"运输业统一发票"资格，为了赚取利差，将运输发票提供给其他具有运输业务的企业或个人，并将3.3%的营业税、城市维护建设税以及教育费附加均予缴纳，接受虚开发票的企业或个人因此实际偷逃了3.3%的个人所得税税款。被告人金某等人的行为已构成逃税罪，被告人金某、袁某所逃税的数额巨大并且占应纳税额30%以上，法定刑为三年以上七年以下有期徒刑，并处罚金。被告人袁某1逃税数额较大并且占应纳税额百分之十以上，法定刑为三年以下有期徒刑或者拘役，并处罚金。法院依据法定刑以及其他量刑情节量刑适当。

3. 关于本案逃税数额如何认定的问题

根据上述分析，本案应当以逃税罪定罪处罚，那么逃税数额是本案需要解决的问题。湖南省高级人民法院发回重审时指出，应由相关税务机关确定逃税的数额。在重审过程中，湖南省长沙市中级人民法院于2012年5月14日向长沙市国家税务局稽查局发出《关于核定被告人金某、袁某、袁某1逃税一案逃税数额的函》，请求长沙市国家税务局稽查局确定被告人金某、袁某、袁某1等人虚开发票导致的逃税数额，长沙市国家税务局稽查局未直接确定逃税的数额。

本案中，金某、袁某、袁某1出于间接放纵的故意，为其他个体运输经营户代开运输发票的行为，导致国家税款实际损失的数额就是本案的定罪数额。根据上述能查实的事实，金某、袁某为姚某某、李某某、袁某2、陈某某代开运输发票，金某、袁某1为鑫峰工贸公司代开运输发票，票面金额共计8762189.86元，按7%计算申报抵扣税款613281.11元，金某实际已经按票面金额的3.3%缴纳营业税款，而上述发票如果由被代开的单位应向税务机关缴税按6.6%计算，国家税款实际损失应该是票面金额的3.3%，金额289118.23元。袁某1经手代开运输发票金额332400元，申报抵扣税款23268元，致使国家税款实际损失10969.2元。一审（再审）法院根据刑法刑事诉讼法和《最高人民法院关于适用〈中华人民共和国刑事诉讼法〉的解释》第二百四十一条第二项的规定，改变起诉不当的罪名，直接核定逃税金额，以逃税罪判处被告人金某有期徒刑四年，并处罚金人民币十万元，是正确的。

4. 审理类似案例应注意的问题

（1）法院在审判时对该案适用刑期相对较轻的逃税罪，体现了"罪责刑相一致"的刑法基本原则，但并不意味着刑事政策上对涉税犯罪的从轻处理。近年来，涉税犯罪呈现智能化的倾向，涉税犯罪案发后获取证据难度加大、侦查难度加大，导致涉税案件犯罪"黑数"不断增加。涉税犯罪侵害了国家对税收的管理制度，导致国家财税收入的流失，影响了国家与社会财富的合理分配，对涉税犯罪保持一定的高压态势仍然是当前和今后一段时期对涉税犯罪司法适用的基本刑事政策。

（2）如果行为人明知他人为了骗取国家税款，而在他人没有实际运输业务的情况下，为他人虚开可以用于抵扣税款的运输发票或者为了骗取国家税款为自己虚开可以用于抵扣税款的运输发票，则应按照虚开用于抵扣税款发票罪定罪处罚。

（3）该案发生的直接原因在于运输个体到税务部门开具运输发票的税率高于具有自主开票权的运输企业开具运输发票的税率，由此导致一定的利差，如何调整税收制度与税收政策，从源头上防止此类犯罪的发生，应是治本之策。

问题3. "代开型"虚开增值税专用发票可从虚开行为和骗取税款两个方面进行分析,综合判断三方主体是否构成虚开增值税专用发票罪

【人民法院案例选案例】丁某某、段某某等虚开增值税专用发票案——"代开型"虚开增值税专用发票行为的认定①

一、基本案情

北京市昌平区人民检察院指控：

1. 2016年10月至12月，被告人丁某某在与被告人解某某所在的河北三伟纺织有限公司（以下简称三伟公司）没有真实货物交易的情况下，经被告人段某某等人介绍，以北京美虹卓盛纺织品有限公司（以下简称美虹公司）的名义为三伟公司虚开增值税专用发票40份，价税合计人民币425万元，税款617521.4元。后三伟公司将上述发票全部用于抵扣税款。2017年7月20日，该公司补缴税款及滞纳金共计680618.89元。段某为高阳县富伟面纱经销部（以下简称富伟公司）的实际经营者。

2. 2016年6月至7月，被告人丁某某在与天津盛宇达地毯有限公司（以下简称盛宇达公司）没有真实货物交易的情况下，经他人介绍，以美虹公司的名义为盛宇达公司虚开增值税专用发票10张，价税合计105万元，税款共计152564.1元。后盛宇达公司将上述发票全部用于抵扣税款。

3. 2016年11月至12月，被告人丁某某在与天津市全利源地毯有限公司（以下简称全利源公司）没有真实货物交易的情况下，经他人介绍，以美虹公司的名义为全利源公司虚开增值税专用发票11张，价税合计121万元，税款共计175812.01元。后全利源公司将上述发票全部用于抵扣税款。

被告人（上诉人）丁某某及其辩护人辩称：三伟公司与富伟公司之间具有真实交易，其为三伟公司开具增值税专用发票存在交易基础。本案计算犯罪数额时需考虑农产品增值税进项税额核定扣除的政策，计算税额时应首先使用17%的销项税减去13%的进项税，故仅有差额的4%为虚开税额。

被告人（上诉人）段某某及其辩护人辩称：本案中三伟公司与富伟公司之间具有真实交易，美虹公司代开增值税数额未超出上述真实交易数额，且富伟公司向三伟公司所供货物源于美虹公司，这种代开行为不属于刑事犯罪。富伟公司并无开票资格，段某某请求美虹公司代开具增值税专用发票仅为了完成自身开票义务，属无奈之举。

法院经审理查明：

1. 2016年10月至12月，被告人丁某某在与被告人解某某所在的三伟公司没有真实货物交易的情况下，经被告人段某某等人介绍，以美虹公司的名义为三伟公司虚开增值税专用发票40份，价税合计425万元，税款617521.4元。后三伟公司将上述发票全部用于抵扣税款。2017年7月20日，该公司补缴税款及滞纳金共计人民币680618.89元。

2. 2016年6月至7月，被告人丁某某在与盛宇达公司没有真实货物交易的情况下，经他人介绍，以美虹公司的名义为盛宇达公司虚开增值税专用发票10张，价税合计105万元，税款共计152564.1元。后盛宇达公司将上述发票全部用于抵扣税款。

3. 2016年11月至12月，被告人丁某某在与全利源公司没有真实货物交易的情况下，

---

① 《人民法院案例选》2020年第12辑，人民法院出版社2020年版。

经他人介绍，以美虹公司的名义为全利源公司虚开增值税专用发票 11 张，价税合计 121 万元，税款共计 175812.01 元。后全利源公司将上述发票全部用于抵扣税款。

二、裁判结果

北京市昌平区人民法院于 2019 年 2 月 28 日作出（2018）京 0114 刑初 342 号刑事判决：一、被告人丁某某犯虚开增值税专用发票罪，判处有期徒刑五年，罚金人民币 20 万元；二、被告人解某某犯虚开增值税专用发票罪，判处有期徒刑二年，罚金人民币 5 万元；三、被告人段某某犯虚开增值税专用发票罪，判处有期徒刑二年，罚金人民币 5 万元；四、在案扣押物品，依法予以没收。

宣判后，丁某某、段某某提出上诉。北京市第一中级人民法院于 2019 年 5 月 31 日作出（2019）京 01 刑终 275 号刑事判决：撤销解某某犯虚开增值税专用发票罪，判处有期徒刑二年，罚金人民币 5 万元的判项，改判解某某犯虚开增值税专用发票罪，判处有期徒刑二年，其余判项予以维持。

三、裁判理由

法院生效裁判认为：

1. 被告人丁某某、段某某、解某某的行为属于典型的虚开增值税专用发票行为。在案证据显示，美虹公司与富伟公司并无业务往来，甚至美虹公司本身亦无任何真实业务，三伟公司所购商品与美虹公司无关。即使美虹公司作为货源方向富伟公司的上游公司供货，丁某某、段某某、解某某的供述及在案证据均显示，美虹公司与三伟公司并未直接发生交易。在富伟公司与三伟公司的真实交易中，美虹公司作为与该交易无关的第三方，其为富伟公司代为开具增值税专用发票，即违反了《发票管理办法》《国家税务总局关于纳税人对外开具增值税专用发票有关问题的公告》等规定，属于典型的虚开增值税专用发票行为。

2. 一审认定虚开增值税发票税款数额并无不当。在认定骗取税款数额方面，根据增值税专用发票的属性，只有在纳税公司已经实际负担税款的前提下，才能在销售货物时使用增值税专用发票予以抵扣。本案中，三受票公司并未缴付上述税款，却通过让美虹公司代为开具增值税发票这一不正当途径取得抵扣凭证并实际抵扣，其实际抵扣的金额即为所骗取税款额。丁某某、段某某分别作为开票方、介绍人，对该数额共同承担责任。丁某某作为开票方，其运营公司及开具发票所承担的税负等费用，应认定为其犯罪成本，不应在犯罪中予以扣除。此外，美虹公司并无实际经营活动，无从适用农产品增值税进项税额核定扣除政策。综上，一审判决所认定的犯罪数额与涉案增值税专用发票上载明的税款数额、受票公司实际抵扣及造成国家税款损失的数额均一致，认定并无不当。

3. 被告人解某某所在公司为单位犯罪，不应对其个人判处罚金。本案中，解某某作为三伟公司的实际控制人购买发票并抵扣公司税款，应当定性为单位犯罪。依据刑法第二百零五条第二款之规定，对单位犯罪的直接责任人，只能判处自由刑，并无罚金。一审对解某某并罚了 5 万元罚金，该判项违反了刑法的规定，属适用法律错误、量刑不当，应予改判。

四、法院评论

2018 年、2019 年我国增值税制度改革力度空前，增值税税率不断降低。我国《增值税暂行条例》于 1993 年 11 月 26 日通过，自 1994 年 1 月 1 日起施行。2008 年、2016 年、2017 年经过修订，普通货物、劳务的增值税税率始终为 17%。自 2018 年 5 月 1 日执行的

《财政部、税务总局关于调整增值税税率的通知》（财税〔2018〕32号）规定，纳税人发生增值税应税销售行为或者进口货物，原适用17%和11%税率的，税率分别调整为16%、10%。2019年12月25日，《国务院关于减税降费工作情况的报告》再次降低增值税税率，制造业等行业增值税税率由16%降至13%。在改革之前，因我国增值税税率较高、一般纳税人和小规模纳税人在领购、使用增值税方面存在不平等情况，纳税人受利益驱动实施虚开增值税专用发票行为，导致国家税款大量损失，严重扰乱了市场经济秩序。本案是在增值税税率较高、相关制度尚未完善的背景下引发的违法犯罪行为。

本案核心的争议焦点问题为"代开型"虚开增值税专用发票行为，表面上具有真实交易，是否构成虚开增值税专用发票罪。司法实务和理论界普遍认为虚开增值税专用发票罪是非法定目的犯，行为人实施虚开行为，且具有骗取税款的目的，才构成虚开增值税专用发票罪。"代开型"增值税专用发票行为是指进行了实际经营活动，但让他人为自己代开增值税专用发票。"代开型"虚开增值税专用发票行为，具有三方主体，包括介绍开票方、受票方（买卖双方）和开票方，基本行为模式是买卖双方具有真实交易，卖方不具有开具增值税专用发票的资格，卖方介绍具有资格的第三方为买方开具增值税专用发票，开票方与受票方（买方）不具有真实交易。此种行为模式是否构成犯罪，一方面要判断此种行为模式中是否存在虚开行为，另一方面要结合行为模式判断三方主体是否具有骗取税款的目的，以综合判断行为的社会危害性。

（一）"代开型"虚开增值税专用发票行为的认定

"代开型"虚开增值税专用发票行为模式表面上具有真实交易与开具发票两个行为，从交易主体、交易内容、钱款流向分析，合法代开发票主体仅为国家税务机关，不属于合法的代开发票行为，亦不符合挂靠类开具发票形式，两行为系独立的行为，不具有必然关联性，且开具发票行为不存在真实交易，属于典型的虚开增值税专用发票行为。具体分析如下：

第一，按照《国家税务总局关于纳税人对外开具增值税专用发票有关问题的公告》（2014年第39号）的精神，开具增值税专用发票的行为必须符合三个要求：（1）纳税人向受票方纳税人销售了货物，或者提供了增值税应税劳务、应税服务；（2）纳税人向受票方纳税人收取了所销售货物、所提供应税劳务或者应税服务的款项，或者取得了索取销售款凭据；（3）纳税人按规定向受票方纳税人开具的增值税专用发票相关内容与所销售货物、所提供应税劳务或者应税服务相符，且该增值税专用发票是纳税人合法取得并以自己名义开具的。按照公告的精神，合法的开具增值税发票行为必备货物、劳务或服务流向、钱款流向、开具发票内容与真实交易具有一致性，发票来源合法且以开票人自己名义出具等要素。本案中，三伟公司向富伟公司购买棉纱，两者之间存在真实交易，只能由富伟公司向三伟公司开具增值税专用发票，内容、金额均应与实际相符，但最终开票方为美虹公司。此种开具发票模式显然不属于上述公告确定的合法开具增值税发票行为。

第二，从《发票管理办法》等行政法规上来看，"代开"本身不具有合法性。《发票管理办法》第二十四条第一项规定：任何单位和个人不得转借、转让、介绍他人转让发票。本案中，三伟公司向富伟公司购买棉纱，但介绍未参与真实交易的美虹公司为三伟公司开具发票，三伟公司介绍美虹公司转让发票、美虹公司转让发票的行为，均违反了《发票管理办法》。

第三，对于无开具增值税专用发票资质的企业，通过主管税务机关代开增值税专用发票为法定途径。根据国家税务总局关于印发的《税务机关代开增值税专用发票管理办法（试行）》《国家税务总局关于加强税务机关代开增值税专用发票管理问题的通知》等规定，已办理税务登记的小规模纳税人（包括个体经营者）以及国家税务总局确定的其他可予代开增值税专用发票的纳税人，提出代开增值税专用发票的申请，主管税务机关为其提供代开增值税专用发票的业务。本案中，段某某控制的富伟公司虽无开具增值税专用发票资格，但其可通过主管税务机关合法代开发票，段某某辩称其为完成交易中的开票义务而不得不找其他公司为三伟公司开票的辩解无法律依据。

第四，2018年12月4日，最高人民法院发布第二批人民法院保护产权和企业家合法权益典型案例，其中张某强虚开增值税专用发票案明确以其他单位名义对外签订销售合同，由该单位收取货款、开具增值税专用发票，不具有骗取国家税款目的，未造成国家税款损失，该行为不构成虚开增值税专用发票罪。通过分析判决书发现，其所指征的代开情形为：在挂靠前提下进行的代开并未造成国家税款损失，而且开票人和购销合同签订方是一致的，因此并不认定以骗取国家税款为目的，故不认定为犯罪。本案中，富伟公司与美虹公司并无挂靠关系，富伟公司并非以美虹公司的名义与三伟公司开展交易，一旦产品出现问题，相关责任与美虹公司亦无关系。虽然辩方辩称产品系由美虹公司实际供应，但事实上，从在案证据来看，美虹公司与富伟公司并无真实业务往来，因此，不能认定美虹公司与涉案真实交易有关联，其为富伟公司代开发票，已经违反发票相关法律规定。

综上，从行政法规、最高人民法院发布的相关案例看，合法开具增值税专用发票行为仅存在于真实交易双方，即便是挂靠代开发票行为，合同交易、开具发票的双方主体也应保持一致，挂靠方的相关责任均由开票方承担，对于无开具发票资质的交易主体可以通过主管税务机关开具发票。

本案中，段某某控制的富伟公司与解某某控制的三伟公司之间具有真实交易，富伟公司无开具增值税专用发票的资质，段某某介绍丁某某给解某某代开增值税发票的行为，表面上看符合"代开"发票的行为模式，但从真实交易和开具发票两个行为进行分析，发现两者之间不具有直接的关联性，均不符合合法开具增值税专用发票的行为要求。第一，从交易主体看，真实交易发生在段某某控制的富伟公司与解某某控制的三伟公司之间，开票行为发生在经段某某介绍的丁某某控制的美虹公司与三伟公司之间。第二，从交易内容看，真实交易的合同价款中不含税款部分，且段某某从上家购货的交易价格亦不含税款部分。第三，从资金流向上看，富伟公司和三伟公司之间的钱款流转，与美虹公司无关。故真实交易与开具发票行为的交易主体、交易内容、资金流向等均证明两个"交易"行为之间不具有关联性，系相互独立的行为，且后者并无实际货物交易，只有资金流和发票流，属于典型的虚开增值税专用发票行为。

（二）骗取国家税款的目的认定

《国家税务总局关于纳税人对外开具增值税专用发票有关问题的公告》《发票管理办法》等行政性规范文件虽规定了合法的开具增值税专用发票的行为模式，但违反上述规定仅仅是行政违法，是否具有刑事违法性需要进一步判断行为主体是否具有骗取国家税款的目的，只有同时具有虚开行为和骗取国家税款目的的，才构成刑法上的虚开增值税专用发票罪。对此，有司法实务专家将虚开行为与骗取税款目的一同进行判断，认为虚开增值税专用发票罪的"虚开"与日常生活中的"虚开"不同，必须从实质意义上对其进行解读，必须要有通过虚开骗取国家税款的目的。骗取国家税款的目的，主要存在两种情形：一是为了抵扣税款或骗取出口退税而虚开增值税专用发票的，主要是让他人为自己虚开；二是放任他人使用增值税专用发票，用于抵扣税款或骗取退税的，主要是明知他人虚开发票是用于抵扣税款或骗取退税，为他人开具或介绍第三方开具增值税专用发票。在"代开型"虚开增值税专用发票行为模式中，上述两种骗税目的均存在。具有真实交易的买卖双方中，卖方介绍第三人为买方开具发票，开票方与受票方不具有真实交易，卖方（介绍方）和开票方明知受票方的目的是抵扣税款且开票方与受票方不具有真实交易，两者均放任受票方使用增值税专用发票抵扣税款，属于上述第二种骗税目的，而受票方通过抵扣行为，骗取了国家税款，属于上述第一种骗取目的。三者均明知受票方抵扣税款的目的，均具有骗取国家税款的目的。在本案中，段某某控制的富伟公司和解某某控制的三伟公司具有真实交易，丁某某控制的美虹公司为与自己不具有真实交易的三伟公司开具增值税专用发票，且富伟公司与三伟公司的真实交易均不包含税款，能够认定三者均具有骗取国家税款的目的。

对于不具有骗取国家税款目的的虚开增值税专用发票行为，不构成虚开增值税专用发票罪，如果具有逃税目的的，可能构成逃税罪；仅是出于虚增营业额等目的的，未实际抵扣税款，不具有刑法法益侵害性的，要严格适用罪刑法定原则，将此种行为排除在刑法调整的范围之外，通过行政处罚予以调整。

（三）"代开型"虚开增值税专用发票行为的社会危害性

表面上"代开型"虚开增值税专用发票行为并不会造成税款流失，只是纳税主体发生了变化，但事实上，让他人代开而不去税务机关代开增值税发票，开票方、受票方（买方）、介绍方（卖方）均存在谋取不法利益。

第一，对于受票方而言，受票方（买方）与卖方具有真实交易，因卖方不直接为买方开具发票，买方实际支付的货款或服务款等价款数额均降低，其仅需要支付要求开票方开具发票的税点5%。根据2019年12月25日《国务院关于减税降费工作情况的报告》的内容，按照国务院常务会议部署，明确将制造业等行业16%的增值税税率降至13%，将交通运输业、建筑业等行业10%的增值税税率降至9%，相应调整部分货物服务出口退税率、购进农产品适用的扣除率等；进一步扩大进项税抵扣范围，将旅客运输服务纳入抵扣，并将纳税人取得不动产支付的进项税由分两年抵扣改为一次性全额抵扣；对主营业务为邮政、电信、现代服务和生活性服务业的纳税人，按进项税额加计10%抵减应纳税额（10月1日起又进一步将生活性服务业加计抵减比例提高到15%）。本文在此以13%税率论述。

第二，对于开票方而言，正常情况下开票方应向国家缴纳总货款或服务款13%的税额，因此开票方会在交易中要求受票方缴纳该税额，但其只收5%的税额远低于其需要实际缴纳的数额。现实中，开票方往往是不具有其他经营业务的空壳公司，并不会真实缴纳税款，在利用不正当途径获取5%税额的不法利益后会逃匿，客观上造成国家税款的损失。

第三，对于介绍方而言，为了出售自己的货物等，其并不必然会在税收方面有获利，但其在明知买方为了抵扣税款的情况下介绍开票方为买方开具发票，具有放任他人抵扣税款的目的。在本案中，受票方三伟公司将增值税专用发票进行了抵扣，税额从货款的

17%（案发当时税率）降低到5%，开票方美虹公司未实际缴纳增值税，介绍方富伟公司虽未直接获得税收利益，但其客观介绍开票的行为与上述开票方、受票方共同造成了国家税款的损失，三者的行为破坏了国家税收管理秩序，具有骗取国家税款的实害后果。结合三者骗取国家税款的主观目的，三者行为均构成虚开增值税专用发票罪。

问题4. 查实虚开的进项数额大于销项数额的情况下，以其中销项计算犯罪数额

【刑事案例参考案例】 姚某某等虚开增值税专用发票、用于抵扣税款发票案

【关键词】

虚开增值税专用发票　进项数罪　销项数额

一、基本案情

淄博市中级人民法院经公开审理查明：

2004年6~7月份，被告人姚某某、金某1共谋通过公司虚开增值税专用发票，并商定由金某1联系在北京的老乡金某2等人包销发票。事前被告人姚某某已于2004年4月从马宁东手中接管了淄博一水工贸有限公司，受经营范围所限，姚某某、金某1于2004年8月将其变更为淄博凌波商贸有限公司（以下简称凌波公司），增加了冶金原料、生铁等经营内容向外开票。由于开票量大，便找到被告人姜某某从淄博石尧百货有限公司，姜某某又介绍孙某某从淄博联润经贸有限公司（以下简称联润公司）虚开发票。淄博石尧百货有限公司同样由于受经营范围限制影响开票数量和金额，姜某某于2004年9月份将其变更为淄博石尧商贸有限公司（以下简称石尧公司），增加钢材、金属材料等经营项目。自2004年8月至12月，因为从石尧公司为姚某某、金某1向外开具的发票数量太大，姜某某怕出事，于2005年1月将公司注销。后来孙某某的联润公司不再与姚、金二人合作，姚某某、金某1于2004年11月又成立淄博仙子物资有限公司（以下简称仙子公司）继续虚开发票。2005年年初被告人姜某某又接手淄博盛能经贸有限公司（以下简称盛能公司），此后，姜、孙二人分别从盛能公司、联润公司直接向北京的金某2等人开票。四被告人开具的绝大部分发票销往北京及周边地区，受票单位涉及河北、辽宁等多家企业。北京接受发票一方根据四被告人开出的销项数额为其开具数额大致相当的伪造的海关代征增值税专用缴款书作为进项予以全部抵扣。

另外，姜某某自2003年至2004年7月31日为他人虚开增值税专用发票155份，价税合计4008059.39元，虚开税款582367.54元。姚某某自2003年至2004年7月31日从石尧公司虚开增值税专用发票77份，价税合计1180493.55元，虚开税款171524.68元。

具体事实如下：

（一）虚开用于抵扣税款发票犯罪事实

2004年7月31日至2005年6月24日，被告人姚某某、金某1、姜某某、孙某某明知凌波公司、仙子公司、石尧公司、盛能公司、联润公司没有进口海关代征增值税专用缴款书所列货物，以伪造的深圳文锦渡海关、上海崇明海关、天津海关的海关代征增值税专用缴款书321份，作为上述5个公司的增值税进项税款抵扣凭证，抵扣税款64104773.88元。其中姚某某、金某1为凌波公司、仙子公司、石尧公司、联润公司虚开海关代征增值税专用缴款书共计263份，抵扣税款金额共计52140162.66元；被告人姜某

某自 2004 年 8 月 25 日至 2004 年 12 月 27 日为石尧公司、自 2005 年 1 月 27 日至 2005 年 6 月 24 日为盛能公司虚开海关代征增值税专用缴款书共计 147 份，抵扣税款金额共计 30908293.50 元；被告人孙某某为联润公司虚开海关代征增值税专用缴款书 40 份，抵扣税款金额共计为 7843635.31 元。

（二）虚开增值税专用发票犯罪事实

2003 年 1 月 1 日至 2005 年 6 月 24 日，被告人姚某某、金某 1、姜某某、孙某某明知所控制的凌波公司、仙子公司、石尧公司、盛能公司、联润公司与受票单位无实际货物交易的情况下，以收取开票费为条件，向上海市、天津市、河北省、山西省、辽宁省、黑龙江省、江苏省、浙江省、安徽省、河南省、山东省及济南市、青岛市、烟台市、潍坊市、泰安市、威海市、莱芜市、滨州市、淄博市等 11 个省、直辖市的 99 个企业虚开增值税专用发票共计 2236 份，虚开价税合计 219585406.5 元，虚开税款 27078725.79 元，且税款被受票单位全部抵扣。其中，被告人姜某某为他人虚开或介绍虚开增值税专用发票 1525 份，虚开价税合计 144116442.89 元，虚开税款 17832147.75 元（自 2003 年至 2004 年 7 月 30 日为他人虚开增值税专用发票 155 份，价税合计 4008059.39 元，虚开税款 582367.54 元）。被告人姚某某为他人虚开或介绍虚开增值税专用发票 1131 份，虚开价税合计 115779208.65 元，虚开税款 13611620.46 元（自 2003 年至 2004 年 7 月 30 日从石尧公司虚开增值税专用发票 77 份，价税合计 1180493.55 元，虚开税款 171524.68 元）。被告人金某 1 为他人虚开或介绍虚开增值税专用发票 1002 份，虚开价税合计 111241267.6 元，虚开税款 12952261.55 元。被告人孙某某为他人虚开或介绍虚开增值税专用发票 352 份，虚开价税合计 38414274.45 元，虚开税款 4603607.46 元。

案发后，被告人孙某某主动投案自首。公安机关共追回税款 6739358.41 元。其中，涉及被告人姜某某 5188806.35 元，涉及被告人姚某某、金某 1 均为 3342970.84 元，涉及被告人孙某某 1462480.94 元。

另查明：自 2004 年 1 月 1 日至 2005 年 1 月 6 日，石尧公司向税务机关交纳增值税 83339.64 元；自 2004 年 4 月至 2005 年 4 月，联润公司交纳增值税 46103.59 元。

二、裁判结果

淄博市中级人民法院认为，被告人姚某某、金某 1、姜某某、孙某某在没有实际货物购销的情况下，为非法牟利，虚开伪造的海关代征增值税专用缴款书作为增值税进项税抵扣凭证，又虚开增值税专用发票，虚开税款数额特别巨大，其行为均已构成虚开增值税专用发票、用于抵扣税款发票罪。公诉机关指控的事实成立。《中华人民共和国刑法》第二百零五条属于选择性罪名，应根据被告人所实施的虚开增值税专用发票、用于抵扣税款发票数个行为，按照该罪名规定的排列顺序并列确定罪名，不实行数罪并罚。公诉机关指控的罪名不当，应予纠正。被告人姚某某、姜某某、孙某某的辩护人认为各自被告人只构成虚开增值税专用发票罪的意见不能成立。在共同犯罪中，被告人姚某某、金某 1、姜某某、孙某某积极参与，密切配合，分别利用各自的公司，大肆虚开增值税专用发票，并虚开伪造的海关代征增值税专用缴款书作为增值税进项税抵扣凭证掩盖其虚开销项发票的事实，骗取国家税款数额特别巨大，给国家利益造成特别重大损失，均为主犯，应依法严惩。其辩护人所持从犯的观点与查明的事实不符，不予采纳。被告人孙某某主动投案自首，对其可减轻处罚，采纳其辩护人相应的辩护观点。鉴于部分税款被追回，对被告人姚某某、金某 1、姜某某判处死刑，可不立即执行。据此，依照《中华人民共和国刑法》第二百零五条第一、二、四款、第二十五条第一款、第二十六条第一、四款、第六十七条第一款、第四十八条、第五十七条第一款、第六十四条之规定，作出如下判决：被告人姚某某犯虚开增值税专用发票、用于抵扣税款发票罪，判处死刑，缓期二年执行，剥夺政治权利终身，并处没收个人全部财产；被告人金某1犯虚开增值税专用发票、用于抵扣税款发票罪，判处死刑，缓期二年执行，剥夺政治权利终身，并处没收个人全部财产；被告人姜某某犯虚开增值税专用发票、用于抵扣税款发票罪，判处死刑，缓期二年执行，剥夺政治权利终身，并处没收个人全部财产；被告人孙某某犯虚开增值税专用发票、用于抵扣税款发票罪，判处有期徒刑十五年，并处罚金五十万元。

一审宣判后，被告人姚某某、金某1、姜某某不服，提出上诉。二审审理期间，三上诉人均申请撤回上诉。山东省高级人民法院裁定准予撤诉，并核准淄博中院以虚开增值税专用发票、用于抵扣税款发票罪判处被告人姚某某、金某1、姜某某死刑，缓期二年执行，剥夺政治权利，并处没收个人全部财产的刑事判决。

三、裁判理由

既有销项又有进项的虚开，计算犯罪数额时，主要考虑行为人是否具有缴纳税款的义务。因两项都是虚开，在没有任何购销活动的情况下，行为人没有向国家交税的义务，只有受票单位抵扣税款所造成的损失，犯罪数额只应计算销项所载明的虚开数额、受票方抵扣的税款数额及受票方接受销项进行抵扣所造成的损失数额。

四、法院评论

（一）关于本案所涉及虚开数额、骗税数额、损失数额的认定问题

本案各被告人在为他人虚开销项增值税专用发票以后，为了掩盖其向他人虚开的事实，以让他人为自己虚开伪造的海关代征增值税专用缴款书进行进项税抵扣。对这种既有销项又有进项虚开的情况，如何计算犯罪数额，存有不同认识。一种意见认为，刑法对于虚开增值税专用发票的有关规定，既包括为他人虚开增值税专用发票的行为，也包括让他人为自己虚开增值税专用发票的行为。因此，犯罪数额应把进项、销项所涉及的数额加起来计算。另一种意见认为，行为人向他人虚开大量销项增值税专用发票以后，为了掩盖其虚开的事实，又让他人为自己虚开进项增值税专用发票，因两项都是虚开，在没有任何购销活动的情况，行为人没有向国家交税的义务，所造成的损失只是受票单位抵扣税款所造成的损失。因此，犯罪数额只应计算销项所载明的虚开数额、受票方抵扣的税款数额及受票方接受销项进行抵扣所造成的损失数额。

是将销项、进项两项数额相加还是仅以其中销项计算犯罪数额，解决问题的关键在于行为人是否具有缴纳税款的义务。本案采用了第二种意见。因为虚开的增值税专用发票之所以会给国家利益造成损失，是因为受票单位利用了这些虚开的增值税专用发票去抵扣了自己正常业务中应缴纳的税款。刑法保护的重点法益即在此，由此导致无法追回的税款才是给国家利益造成的真正损失。此种情形下行为人虽然也向税务机关抵扣了税款，因其本来没有纳税义务，其抵扣的税款只是为掩盖虚开销项发票的事实，故犯罪数额只计算销项方面或者受票方的即可。

2004年7月31日至2005年6月24日，四被告人向他人虚开大量销项增值税专用发票以后，为了掩盖其虚开的事实，又让他人为自己虚开伪造的海关代征增值税专用缴款书进行进项税抵扣。一般情况下，被告人出于牟利的目的，其虚开的销项数额要大于进项数额，本案被告人亦供认对方按略少于其所开发票数额开具进项票。但由于受票单位

涉及全国很多地方，销项能查实的相对较少。在查实的进项数额大于销项数额的情形下，因为为他人虚开和让他人为自己虚开均为虚开之法定情形，故虚开数额以其中较大的进项数额为准，即被告人金某1虚开税款数额为52140162.66元；孙某某虚开税款数额7843635.31元。被告人姚某某、姜某某的虚开数额为2004年7月31日至2005年6月24日虚开进项税数额与2003年至2004年7月30日虚开增值税销项税款之和，即姚某某虚开税款数额52311687.34元；姜某某虚开税款数额31490661.04元。

因为被告人进项、销项均为虚开，在没有任何购销活动的情况下，行为人没有向国家交税的义务，被告人虚开的进项增值税专用发票虽然也向税务机关抵扣了税款，因其没有纳税义务，其抵扣税款只是为掩盖虚开销项发票的事实，国家在此环节上没有实际损失。因此，骗税数额只应计算销项被受票方抵扣的税款数额，即被告人姜某某虚开骗取税款17832147.75元，被告人姚某某虚开骗取税款13611620.46元，被告人金某1虚开骗取税款12952261.55元，被告人孙某某虚开骗取税款4603607.46元。

同理，受票单位用这些虚开的增值税专用发票抵扣税款，除去已追缴税款及被告人交纳的增值税税款，由此导致无法追回的税款即为给国家利益造成的损失数额，涉及被告人姜某某12486278.28元，被告人姚某某10185309.98元，被告人金某19525951.07元，被告人孙某某3095022.93元。

（二）关于利用虚开的海关代征增值税专用缴款书抵扣税款的行为定性问题

"海关代征增值税专用缴款书"能否认定为"出口退税、抵扣税款的其他发票"成为定性的关键。此前一直分歧较大。2005年12月29日全国人大常委会通过的《关于〈中华人民共和国刑法〉有关出口退税、抵扣税款的其他发票规定的解释》中明确：刑法规定的出口退税、抵扣税款的其他发票，是指除增值税专用发票以外的，具有出口退税、抵扣税款功能的收付款凭证或者完税凭证。该立法解释归纳了出口退税、抵扣税款的其他发票的共同特征，对"发票"的含义作了扩大，澄清了司法实践中模糊认识。利用海关代征增值税专用缴款书抵扣税款的行为，自然可以按照虚开用于抵扣税款发票罪论处。本案中的情形，符合立法解释，应按刑法第二百零五条的规定处理。

（三）关于既虚开增值税专用发票，又虚开用于抵扣税款的发票，应定一罪还是定数罪问题

公诉机关指控被告人构成虚开增值税专用发票罪和虚开用于抵扣税款的发票罪，要求数罪并罚。这涉及对刑法第二百零五条选择性罪名的理解和适用。所谓选择性罪名，大致包括三种情形：一是对象选择，即罪名中包括多种对象；二是行为选择，即罪名中包括多种行为；三是行为与对象同时选择，即罪名中包括多种行为与多种对象。在行为方式、对象相似，社会危害性程度相当的情况下，选择性罪名具有罪质相同、量刑幅度同一的特征。正是基于此，对数个行为的选择犯无需并罚，这是处理选择犯量刑问题的基本原则。《中华人民共和国刑法》第二百零五条属于对象选择性罪名，应根据被告人所实施的虚开增值税专用发票、用于抵扣税款发票数个行为，按照该罪名规定的排列顺序并列确定罪名，不实行数罪并罚。

问题 5. 虚开的目的、是否造成国家税收的流失不影响虚开发票罪的成立

【刑事审判参考案例】 潘某某虚开发票、拒不执行判决、裁定案——虚开发票罪的认定误区与本位回归

一、基本案情

法院经审理查明：

1. 虚开发票的事实。2015 年以来，被告人潘某某为达到增加成本减少账面利润的目的，在没有发生实际业务的情况下，找人虚开了宁波市顺通旅游公司旅游发票、宁波市江北区甬石石油公司化工原料发票、宁波江东星依诺网络科技有限公司网络设备及维护发票等 8 份普通发票，价税金额合计 5686890 元，并于 2015 年至 2016 年将其中 7 份入账正章公司，价税金额合计 5586890 元。

2. 拒不执行判决、裁定的事实。2011 年 11 月，海曙正章公司向浙商银行申请贷款，贷款期间为 2011 年 11 月至 2014 年 11 月，陈某某、宋某某、潘某某、赵某为最高额保证人。2013 年 11 月 14 日，浙商银行发放贷款 500 万元。借款到期后，海曙正章未归还贷款，陈某某代偿了借款本息。陈某某遂于 2015 年 7 月 30 日以海曙正章公司、潘某某、赵某为被告诉至海曙法院主张追偿。海曙法院于 2015 年 12 月作出（2015）甬海商初字第 980 号民事判决：一、海曙正章公司于该判决生效之日起 3 日内偿还原告陈某某代偿款 5246100.2 元；二、潘某某、赵某对其中的未履行部分各承担五分之一的清偿责任。海曙正章公司不服提起上诉，二审法院维持原判。该案于 2016 年 3 月 17 日生效，陈某某于 2016 年 3 月 24 日向海曙法院申请执行，海曙法院予以立案受理，并向潘某某发出执行通知书和财产申报令。2016 年 4 月 6 日，海曙法院发出限制消费令（其中第八项载明：不得支付高额保费购买保险理财产品）和执行决定书，限制潘某某高消费并将潘某某纳入失信被执行人名单。2016 年 7 月 25 日，潘某某在财产申报表上的收入、银行存款、现金、有价证券栏填了 3 个银行账户，债权、股权、投资权益、基金、知识产权等财产性权利栏填了其所持有的正章公司的股权，其余栏均为空白。执行过程中，海曙法院拍卖登记在潘某某名下的两辆小型轿车并扣划了潘某某、赵松的银行存款，共获执行款 33546 元。2017 年 2 月 21 日，海曙法院作出裁定对该执行案件终结本次执行程序。2016 年 10 月 13 日，海曙法院以潘某某有履行能力而拒不履行为由作出拘留决定书，决定对潘某某拘留 15 日。2018 年 6 月 14 日，海曙法院作出执行拘留通知书并将潘某某收拘。另查明，2009 年 11 月 11 日，被告人潘某某向太平人寿保险有限公司（以下简称太平保险）投保了盈盈 C-3456 险，交费期限 10 年，保险期间 15 年，保费年交 10 万元。2012 年 4 月 23 日，被告人潘某某向太平保险投保了"安享太平"计划 20，交费期限 15 年，保险期间 25 年，保费月交 490.5 元。2013 年 10 月 16 日，被告人潘某某向太平保险投保了"安享太平"计划 16，交费期限 15 年，保险期间 25 年，保费月交 294.3 元。2014 年 1 月 22 日，被告人潘某某向太平保险投保了"悦享太平"计划 20 万，交费期限 15 年，保险期间 25 年，保费月交 241.2 元。2011 年 1 月 25 日至 2018 年 1 月 9 日，共支付盈盈 C-3456 险保费 60 万元。2016 年 3 月 17 日以来，潘某某共支付保费 123198 元，其中 2018 年 1 月 9 日支付保费 10 万元。2018 年 12 月 19 日，海曙法院冻结了上述 4 份保单。2019 年 1 月，海曙法院扣划了上述保单的现金价值合计 258127.57 元。2019 年 11 月，被告人潘某某主动向海曙法院交付执行款 7 万元，并承诺自 2020 年 1 月起每季度支付 5 万元。

二、裁判结果

宁波高新技术产业开发区人民法院于 2020 年 7 月 21 日作出（2020）浙 0291 刑初 7 号刑事判决：被告人潘某某犯虚开发票罪，判处有期徒刑三年，并处罚金人民币 6 万元；犯拒不执行判决、裁定罪，判处有期徒刑六个月；数罪并罚，决定执行有期徒刑三年四个月，并处罚金人民币 6 万元。宣判后，潘某某提出上诉。浙江省宁波市中级人民法院于 2020 年 8 月 23 日作出（2020）浙 02 刑终 278 号刑事裁定：驳回上诉，维持原判。

三、裁判理由

《刑法修正案（八）》第三十三条规定，在刑法第二百零五条后增加一条，作为第二百零五条之一，即虚开发票罪。虚开发票罪是指为了牟取非法经济利益，违反国家发票管理规定，虚开普通发票，从刑法的规定来看，本罪的构成要件中并没有虚开目的的要求，也不存在非法定的目的犯的情形。因此，本罪的成立对虚开的目的在所不问。从立法背景来看，虚开普通发票的泛滥为逃税、骗税、财务造假、诈骗、侵占公私财产、贪污贿赂、挪用款物、洗钱等违法犯罪的发生提供了便利，严重扰乱市场经济秩序，败坏社会风气，具有严重的社会危害性。虚开发票行为不必然会造成国家税收的流失，但却必然会破坏发票管理秩序，本罪立法本意即是维护正常的发票管理秩序。本罪侵犯的客体是国家发票管理制度，而侵犯发票管理制度的行为有时也会导致国家税收的流失，但国家的税收利益属于随机客体。即使虚开普通发票行为没有造成国家税收损失，虚开发票的行为也侵害了国家发票管理制度，情节严重的，构成本罪。虚开发票罪被安排在刑法分则的第三章第六节是为了行文的系统性，并不能表明虚开发票罪与虚开增值税专用发票罪侵犯的客体、犯罪构成要件是相同的或者互补的。增值税专用发票与普通发票的差异在于是否有抵扣税款的功能，普通发票与税收之间并没有必然的联系，不应将造成国家税收损失作为虚开发票罪的构成要件。在实践中，虚开普通发票的目的是逃税，但也有多开交易金额的虚开行为，此行为并不会造成国家税收损失，甚至会增加国家税收，但该行为同样违反了国家发票管理法规。根据潘某某的供述和证人吴某某的证言，虚开发票的目的是提高往年成本减少利润，从而减少另一股东的分红款，潘某某虚开发票非法牟利的目的十分明显，其虚开发票的行为应被作为犯罪处理。

第五章
侵犯知识产权犯罪

第一节　侵犯知识产权犯罪概述

一、侵犯知识产权犯罪概念

侵犯知识产权罪是指违反知识产权保护法规，未经知识产权所有人许可，非法利用其知识产权，侵犯国家对知识产权的管理秩序和知识产权所有人的合法权益，违法所得数额较大或者情节严重的行为。中国对知识产权犯罪的规定过去仅分散见于商标法专利法以及全国人大常委会颁布的《关于惩治假冒注册商标犯罪的补充规定》和《关于惩治侵犯著作权的犯罪的决定》中，并没有将其认定为独立的犯罪类别。1997年3月14日，第八届全国人民代表大会第五次会议通过了修订的《中华人民共和国刑法》，经修订的《中华人民共和国刑法》将"侵犯知识产权罪"作为一个独立的犯罪类别规定于"破坏社会主义市场经济秩序罪"中，从而对侵犯知识产权的犯罪，第一次以刑法基本法的形式作出了规定，加大了对于此类犯罪的惩罚力度。侵犯知识产权罪包括：假冒注册商标罪、销售假冒注册商标的商品罪、非法制造或者销售非法制造注册商标标识罪；侵犯著作权罪、销售侵权复制品罪；假冒专利罪；侵犯商业秘密罪。知识产权是人类创造性劳动的智力成果，包括专利权、商标权、著作权等。

二、侵犯知识产权犯罪案件审理情况

1. 犯罪客体的认定

犯罪客体是刑法所保护而为犯罪行为所侵犯的权益。其中的权主要指权利，包括国家权利、法人等单位权利与公民个人的权利，其中的"益"指"利益"。就知识产权本身而言，无论是商标权、专利权还是著作权，其均属于一种无形产权。其客体与所有权的客体尽管性质相同，但是，其区别也是显而易见的。所有权的客体是一定的动产或不动产这种有形物体，而知识产权的客体是无形物体。作为所有权客体的动产或不动产，不仅存在于理念之中；而且作为一种物理现象也是客观存在的，因此其独占性是完整的，

即一个主体使用的时候,其他主体无法同时同样使用。知识产权作为一种无形产权,在客体存在于抽象的理念中,并不完全表现为物理现象上占有、使用等,当一个主体使用时,并不能同时必然排斥其他主体的使用。因此,知识产权极容易被侵犯,而且对侵权行为的发现也相对困难。由此可见,侵犯知识产权罪的犯罪客体与其他传统的侵犯财产犯罪尽管有相似之处,但其差异也是泾渭分明的,正是这种客体的差别,使得两类犯罪的犯罪构成、既遂与未遂的标准以及法定刑均有较大的出入。

但是,同样作为一种无形产权,同样是作为一种"诉讼中的物权",知识产权的各类下位权利的核心内容各具有自身特点。但是,在分析侵犯知识产权罪的客体时候,应以商标权、专利权和著作权等权利为核心;如果具体细化为财产权或人身权等,这实际上是分割了以上各种权利的完整性。因为,作为知识产权的各项权利,其本身就兼备了这种属性。当然,这并不意味着否定对各种权利不同侧重点的研究。恰恰相反,其对分析犯罪构成的其他要素以及量刑不无裨益。

通过对侵犯知识产权罪客体的分析,侵犯知识产权罪等法定犯罪,其违法性的刑事特征不仅是对刑事法的违背,更主要的是对知识产权法等上位法的违背。因此,在考察犯罪客体的时候,依据的标准不能或至少不能再以社会危害性和主观恶性的犯罪特征作为寻求客体的主要依据。恰恰相反,应将知识产权这一权利组合体作为同类的客体。考察具体犯罪的时候,商标权、专利权、著作权等权利实际上也是一类权利组合体。从知识产权法律意义上说,其包含了私权和公权、人身权和财产权等多项权利。这既是知识产权法独立于其他法律的根本依据,更是其犯罪客体区别于自然犯罪的特点。侵犯知识产权罪的犯罪客体是一类权利组合体:即既侵犯了知识产权权利人的人身权利,又侵犯了其财产权利;既侵犯了国家和社会的公权又侵犯了知识产权权利人的私权。

侵犯知识产权罪的客观要件表现为未经权利人同意,侵犯他人专有权利,违法所得数额较大或者情节严重的行为。其特征表现为:

首先,行为人之行为无权源,即其行为未经权利人同意或授权。根据我国专利法、商标法的有关规定,专利和注册商标可以通过合法的行使转让,权利人还可以同意第三人使用和享受该权利。

因此,专利权人和注册商标权人同意他人使用和享受该权利时,即使程序上不符合法律规定,也只是一般的违法行为,不成立犯罪。只有未经权利人同意,违背了权利人意愿的行为,才可能是犯罪。当然上述行为往往有例外限制,如存在著作权的限制或强制授权等,即使行为人之行为未获得权利人的同意也应视为有正当权源。

其次,行为主要侵犯了他人的专有权利,在某些场合下则可能表现为对行政法规范的侵犯和违反。犯罪行为基本表现形式上,只能是作为,即行为人采取了积极的动作而违反刑法的规定。侵犯知识产权罪只能由作为构成,不作为不可能构成侵犯知识产权罪。

最后,侵犯知识产权罪不属于行为犯,而是结果犯。其行为的社会危害性是从其危害结果和犯罪情节中表现出来。所以行为必须是违法所得数额较大、巨大或者有其他严重、特别严重情节。侵权行为未造成违法所得数额较大或者情节严重,就不构成犯罪。如"个人侵犯著作权犯罪违法所得 2 万元以上的属于违法所得数额较大,违法所得 10 万元以上的属于违法所得数额巨大"。

2. 犯罪主观方面的认定

侵犯知识产权罪的主观方面只能是故意,而不能由过失构成。这是因为:第一,从刑法理论上来说，侵犯知识产权罪可归入法定犯。法定犯作为一个社会现象，其本身并不一定蕴含着法律所禁止的性质，国家之所以认为这种行为是犯罪行为，完全是出于其某种行政政策的考虑和需要。法定犯由于其伦理道德上的可谴责性较弱，因而不宜对其主观罪过过于苛责，行为人只有在出于故意的情况下，才宜作为犯罪处理。过失行为则通常作为一般违法行为处理。这是刑法谦抑的价值取向的必然要求。第二，从刑事立法来说，考虑到刑事立法以惩罚故意为原则，过失为例外和犯罪故意一般不作规定、过失则明确规定的立法的原则，侵犯知识产权罪应属故意犯罪无疑。

侵犯知识产权罪的故意，从认识角度而言，其认识的内容包括：行为人必须对犯罪对象的性质有一定程度的认识，即明知是已注册的商标，明知是他人的专利及专利产品，明知是他人注册商标的标识；或者明知是假冒他人注册商标的商品以及明知是他人的著作权和专有技术，与此同时，行为人还必须对自身行为性质有一定程度的认知，如对假冒行为、销售行为、非法复制行为有着较为明确的认识。从本罪的意志因素而言，同样存在着希望或放任的因素：多数行为人表现为积极的追求，即追求违法所得利益，追求作品声誉、信誉等的丧失；同时，也不排除少数情况下，对他人作品、注册商标、专利等造成严重后果漠不关心、听之任之。也就是说，侵犯知识产权罪在大多数情况下是直接故意犯罪，少数情况下是间接故意犯罪。关于侵犯知识产权罪的犯罪目的内容，尤其是否以营利为目的，在理论上有不同观点。而且，在现行刑法的法条设置上，侵犯著作权罪、销售侵权复制品罪规定了"以营利为目的"为必备要件，而假冒注册商标罪、销售假冒注册商标的商品罪、非法制造、销售非法制造的注册商标标识罪、假冒专利罪、侵犯商业秘密罪则均没有规定"以营利为目的"作为成立犯罪的必备要件。在理论上，主要有以下两种观点：第一种观点认为，侵犯知识产权罪在主观上，必须是故意，且以营利为目的；以营利为目的是这类犯罪的共同主观特征，同时，也是构成犯罪的主观要件；第二种观点认为，现行刑法仅对侵犯著作权类犯罪规定了"以营利为目的"，而对其他侵犯知识产权罪则没有规定，实行差别待遇是没有根据的，并认为在世界上如日本、意大利、法国等国的刑法中均未将"以营利为目的"作为侵犯著作权类犯罪的主观要件侵犯知识产权罪，这些国家的立法经验是可以借鉴的。第一种观点把侵犯知识产权罪单纯地纳入贪利型犯罪，也是失之恰当的。如果以侵犯他人人身权利或其他复杂动机或目的而侵犯知识产权，并引起恶劣、严重后果等严重情节，而社会危害性严重的行为也应以犯罪论处。

三、侵犯知识产权犯罪案件热点、难点问题

行为人主观过失不构成侵犯知识产权罪。首先，应该是由侵犯知识产权犯罪本身的特征所决定的，从刑法理论上看，知识产权犯罪可归入行政犯，即是违反了经济、行政法规定情节严重的行为，如国家制定的商标法、专利法、反不当竞争法、著作权法等，行政犯由于其伦理道德上的可谴责性较弱，不宜对其主观犯意过于苛刻，行为人只有在故意的情况下，才宜作为犯罪对待，过失行为通常只作为一般违法行为处理；其次，知识产权犯罪之所以只能由故意构成而不能由过失构成，也是由刑法的规定所决定的，因为按照刑法规定，过失犯罪法律有规定的才负刑事责任，由此可见，侵犯知识产权犯罪是否可以由过失构成，理应以刑法规定为限。刑法没有明文规定，行为即使有社会危害性，也不能作为犯罪处理，最后，过失不构成犯罪，符合国际立法的原则。世界上除了

意大利以外，绝大多数国家和地区的法律均没有将过失列入犯罪之中，因此笔者认为，将过失纳入侵犯知识产权犯罪的主观方面不仅与刑法原理不符，也与罪刑法定原则相悖，同时也不符合世界有关侵犯知识产权犯罪刑事立法的发展趋势。

行为人不作为不构成侵犯知识产权罪。不作为不符合该罪的客观要件。不作为是与作为相对应的危害行为的一种表现方式，就是指行为人负有实施某种行为的特定法律义务，能够履行而不履行的危害行为。判断不作为犯罪应当具备如下三个条件：第一，行为人负有实施某种作为的特定法律义务，这是构成不作为的前提条件；第二，行为人有能力履行特定法律义务，这是不作为成立的重要条件；第三，行为人没有履行作为的特定法律义务，这是不作为成立的关键条件。需要强调的是违反非刑事法律明文规定的义务，并非都构成不作为的义务根据，只有经刑法认可或要求的，才能视其为作为的根据。换言之，在这种情况下，法律明文规定的义务，一方面要求其他法律法规有规定，同时要求刑法的认可，若只有其他法律法规的规定，而无刑法的认可或要求，行为人即使不履行这种义务，也不构成犯罪。比如婚姻法规定家庭成员之间有相互扶养的法定义务，同时刑法第二百六十一条规定家庭成员不履行扶养义务，情节严重的以遗弃罪追究刑事责任，这就是典型的不作为构成犯罪，另外逃税罪、侵占罪以及拒不履行法院生效判决裁定罪都属于不作为构成犯罪。

一是共同犯罪缺乏具体规定。调查发现，对共同犯罪人员定罪量刑存在分歧的原因主要在于对"犯罪情节较轻""情节显著轻微"的把握不一。我们认为，应坚持罪刑法定原则，不宜一概作共犯处理。

二是定罪量刑规则不同。侵犯商标权犯罪与生产、销售伪劣产品罪，非法经营罪交叉竞合。三罪交叉竞合情况集中于假烟、假酒、假药类案件，此类案件占侵犯商标权犯罪案件总数近三成。根据有关规定，以上罪名竞合时应择一重罪处罚。但从判决情况看，此类案件的定性仍有较大差异。对同一种犯罪行为适用不同罪名影响到法律的权威性与严肃性。此类案件案情各异，有的属于产品真伪问题、有的属于商标问题、有的属于经营资格问题。对此，我们建议将产品真伪鉴定作为前置程序，并根据鉴定结论准确梳理交叉竞合关系，正确区分典型构成与近似构成。

三是管辖设置不尽合理。调查显示，侵犯知识产权案件的管辖规则由于犯罪集团化、网络化等趋势，产生了诸多弊端，导致此类案件出现管辖缺位，立法与实践需要脱节，加之地方保护主义的存在，致使部分犯罪分子无法被追究刑事责任。对此，我们建议将主要犯罪地或犯罪后果最严重地原则作为管辖依据，具体可参照《最高人民法院关于审理商标民事纠纷案件适用法律若干问题的解释》的规定确定。

四、侵犯知识产权犯罪案件审理思路及原则

一是单位犯罪定罪存疑难。伴随着一人公司的增多，如何有效认定并追究单位刑事责任成为司法实践中的突出问题。因此，在加强取证判明行为人在单位中实际地位及经济利益归属的同时，我们认为，应依托单位诚信档案等信息平台，加强对单位法律行为的监督，避免符合单位犯罪构成要件的一人公司规避刑罚，扼制地下工厂的增长势头，防止借口工作人员个人侵权而掩饰单位犯罪的实质。

二是主观认定难以把握。第一，"明知"的认定标准不一致。对"明知"的推定，有人认为是对犯罪人认识因素的推定，也有人认为是对意志因素（犯罪故意）的推定。笔

者认为，只要推定事实要素存在，即可认定属于故意犯罪，除非有确实证据证明行为人确实出于疏忽大意而不知情。据此，认定理由应表述为三层意思：①对犯罪嫌疑人主观方面的考察不应完全依赖口供；②结合商品进货渠道、销售价格、会计账目、销售手段、经营史等开展全面调查取证；③基于犯罪嫌疑人的行业惯例及心智水平对是否"明知"加以司法推定。

第二，实务部门普遍反映，在假冒注册商标罪、销售假冒注册商标的商品罪中，很难界定侵权产品实际销售价格，进而也就难以认定"非法经营数额"。如无法查清，则按照《关于办理侵犯知识产权刑事案件具体应用法律若干问题的解释》（以下简称解释）第十二条以"被假冒注册商标商品的市场中间价格"计算（第十二条内容为本解释所称"非法经营数额"，是指行为人在实施侵犯知识产权行为过程中，制造、储存、运输、销售侵权产品的价值。已销售的侵权产品的价值，按照实际销售的价格计算。制造、储存、运输和未销售的侵权产品的价值，按照标价或者已经查清的侵权产品的实际销售平均价格计算。侵权产品没有标价或者无法查清其实际销售价格的，按照被侵权产品的市场中间价格计算）。

第三，对于侵犯著作权罪中"以营利为目的"的确认。可就出版社、制作人、网站等媒介的间接侵权责任加以认定，它们可能并未直接获利，但可根据解释第十一条第一款，认定其通过提高知名度、发行量或点击率从中间接获利，并基于此考察其是否具有间接故意。在无法追究行为人刑事责任时，追究媒介的责任，补偿权利人利益损失。

三是相关法条理解不一。如对于假冒注册商标罪中"相同的商标"的认定。其难点在于"相同"和"相似"或"类似"的区别。侵犯著作权罪中网络侵犯著作权案件较多。抽样调查显示，网络侵犯著作权案件有11件，占全部14起案件的78.57%。此类案件中如何理解"复制"与"发行"的争议最多。对于侵犯商业秘密罪"保密措施"的理解。在侵犯商业秘密罪中，达到何种程度可认为采取了合理的保密措施，尚无相关的法律规定。由于理解不同，致使类似的案件判决不一。因此，我们认为应通过完善立法加以规范，增强同一法律、不同法律之间的内在协调性。

四是调查取证比较困难。制假售假已不再局限于小作坊方式，而是趋于组织化、智能化，逐步形成了专业化分工及一条龙服务。制假售假隐蔽性强，由公开、半公开转入地下、半地下状态，给取证带来极大困难。实务部门普遍反映，在烟草类案件中，行政执法和司法活动仅起到"灭火"作用，"幕后黑手"往往无法查处。因证据原因只惩处从犯而无法惩处主犯的现象时有发生。同时，网络犯罪也给取证技术和时效提出了更高要求。实践中被害人（单位）证据保全愿望无法得到实现，使得电子证据短时间内被销毁，加大了取证难度。对此，我们认为，要完善调查取证和强化诉讼参与意识。探索在刑事诉讼中采用民事诉讼中的临时措施，包括采取相关措施停止涉嫌犯罪行为，查封、扣押、冻结行为人财产（财产保全）及证据保全，以有利于增强权利人参诉的积极性，加强固定证据的及时性与有效性。

第二节 侵犯知识产权犯罪审判依据

侵犯知识产权罪是指违反知识产权保护法规，未经知识产权所有人许可，非法利用其知识产权，侵犯国家对知识产权的管理秩序和知识产权所有人的合法权益，违法所得数额较大或者情节严重的行为。中国对知识产权犯罪的规定过去仅分散见于商标法、专利法以及全国人大常委会颁布的《关于惩治假冒注册商标犯罪的补充规定》和《关于惩治侵犯著作权的犯罪的决定》中，并没有将其认定为独立的犯罪类别。1997年3月14日，第八届全国人民代表大会第五次会议通过了修订的《中华人民共和国刑法》，经修订的《中华人民共和国刑法》将"侵犯知识产权罪"作为一个独立的犯罪类别规定于"破坏社会主义市场经济秩序罪"中，从而对侵犯知识产权的犯罪，第一次以刑法基本法的形式作出了规定，加大了对于此类犯罪的惩罚力度。《最高人民法院、最高人民检察院关于办理侵犯知识产权刑事案件具体应用法律若干问题的解释》（以下简称解释），解释共十七条。《最高人民法院、最高人民检察院关于办理侵犯知识产权刑事案件具体应用法律若干问题的解释（二）》[以下简称解释（二）] 法释〔2007〕6号（2007年4月4日最高人民法院审判委员会第1422次会议、最高人民检察院第十届检察委员会第75次会议通过，2007年4月5日施行），解释（二）共七条。《最高人民法院、最高人民检察院关于办理侵犯知识产权刑事案件具体应用法律若干问题的解释（三）》[以下简称解释（三）]，解释（三）共十二条，主要规定了三方面的内容：一是规定了侵犯商业秘密罪的定罪量刑标准，根据不同行为的社会危害程度，规定不同的损失计算方式，以统一法律适用标准；二是进一步明确假冒注册商标罪"相同商标"、侵犯著作权罪"未经著作权人许可"、侵犯商业秘密罪"不正当手段"等的具体认定，以统一司法实践认识；三是明确侵犯知识产权犯罪刑罚适用及宽严相济刑事政策把握等问题，规定从重处罚、不适用缓刑以及从轻处罚的情形，进一步规范量刑标准。

全国人大常委会于2020年12月26日通过的《刑法修正案（十一）》（以下简称修正案），是1997年刑法全面修订以来，对第三章第七节侵犯知识产权罪相关条款的首次修改。除第二百一十六条假冒专利罪未作调整外，本节其余七条全部被修改，并增加第二百一十九条之一。此次大幅度的集中修订，体现了我国持续加强的知识产权保护力度。现就相关条文的修改解读如下：（1）假冒服务商标入刑。将假冒服务商标行为纳入刑法规制是本次修改的一大亮点。是刑法全面修订23年来立法机关首次明确假冒服务商标行为可构成假冒注册商标罪。（2）提高相关犯罪的最高刑期。将假冒注册商标罪、销售假冒注册商标的商品罪、非法制造、销售非法制造的注册商标标识罪、侵犯著作权罪以及侵犯商业秘密罪的最高刑期从七年有期徒刑提高到十年，将销售侵权复制品罪的最高刑期从三年有期徒刑提高至五年。刑罚上限的提高，无疑拓展了实务中对相关犯罪依法从严惩处的空间，也加强了对潜在的侵权人的威慑。（3）完善侵犯著作权罪的相关规定。修正案对于侵犯著作权罪的修改体现了与著作权法的衔接，如将美术作品和视听作品列为刑法第二百一十七条第一项的"作品"，将表演者的权利纳入保护范围，以及将"通过信息网络向公众传播"这一侵权手段予以明确。

一、法律

《中华人民共和国刑法》（2020 年 12 月 26 日修正）

第二百一十三条　【假冒注册商标罪】未经注册商标所有人许可，在同一种商品、服务上使用与其注册商标相同的商标，情节严重的，处三年以下有期徒刑，并处或者单处罚金；情节特别严重的，处三年以上十年以下有期徒刑，并处罚金。

第二百一十四条　【销售假冒注册商标的商品罪】销售明知是假冒注册商标的商品，违法所得数额较大或者有其他严重情节的，处三年以下有期徒刑，并处或者单处罚金；违法所得数额巨大或者有其他特别严重情节的，处三年以上十年以下有期徒刑，并处罚金。

第二百一十五条　【非法制造、销售非法制造的注册商标标识罪】伪造、擅自制造他人注册商标标识或者销售伪造、擅自制造的注册商标标识，情节严重的，处三年以下有期徒刑，并处或者单处罚金；情节特别严重的，处三年以上十年以下有期徒刑，并处罚金。

第二百一十六条　【假冒专利罪】假冒他人专利，情节严重的，处三年以下有期徒刑或者拘役，并处或者单处罚金。

第二百一十七条　【侵犯著作权罪】以营利为目的，有下列侵犯著作权或者与著作权有关的权利的情形之一，违法所得数额较大或者有其他严重情节的，处三年以下有期徒刑，并处或者单处罚金；违法所得数额巨大或者有其他特别严重情节的，处三年以上十年以下有期徒刑，并处罚金：

（一）未经著作权人许可，复制发行、通过信息网络向公众传播其文字作品、音乐、美术、视听作品、计算机软件及法律、行政法规规定的其他作品的；

（二）出版他人享有专有出版权的图书的；

（三）未经录音录像制作者许可，复制发行、通过信息网络向公众传播其制作的录音录像的；

（四）未经表演者许可，复制发行录有其表演的录音录像制品，或者通过信息网络向公众传播其表演的；

（五）制作、出售假冒他人署名的美术作品的；

（六）未经著作权人或者与著作权有关的权利人许可，故意避开或者破坏权利人为其作品、录音录像制品等采取的保护著作权或者与著作权有关的权利的技术措施的。

第二百一十八条　【销售侵权复制品罪】以营利为目的，销售明知是本法第二百一十七条规定的侵权复制品，违法所得数额巨大或者有其他严重情节的，处五年以下有期徒刑，并处或者单处罚金。

第二百一十九条　【侵犯商业秘密罪】有下列侵犯商业秘密行为之一，情节严重的，处三年以下有期徒刑，并处或者单处罚金；情节特别严重的，处三年以上十年以下有期徒刑，并处罚金：

（一）以盗窃、贿赂、欺诈、胁迫、电子侵入或者其他不正当手段获取权利人的商业秘密的；

（二）披露、使用或者允许他人使用以前项手段获取的权利人的商业秘密的；

（三）违反保密义务或者违反权利人有关保守商业秘密的要求，披露、使用或者允许他人使用其所掌握的商业秘密的。

明知前款所列行为，获取、披露、使用或者允许他人使用该商业秘密的，以侵犯商业秘密论。

本条所称权利人，是指商业秘密的所有人和经商业秘密所有人许可的商业秘密使用人。

第二百一十九条之一 【为境外窃取、刺探、收买、非法提供商业秘密罪】为境外的机构、组织、人员窃取、刺探、收买、非法提供商业秘密的，处五年以下有期徒刑，并处或者单处罚金；情节严重的，处五年以上有期徒刑，并处罚金。

第二百二十条 【单位犯侵犯知识产权罪的处罚规定】单位犯本节第二百一十三条至第二百一十九条之一规定之罪的，对单位判处罚金，并对其直接负责的主管人员和其他直接责任人员，依照本节各该条的规定处罚。

二、司法解释

1.《最高人民法院关于审理非法出版物刑事案件具体应用法律若干问题的解释》
（1998年12月17日 法释〔1998〕30号）

为依法惩治非法出版物犯罪活动，根据刑法的有关规定，现对审理非法出版物刑事案件具体应用法律的若干问题解释如下：

第一条 明知出版物中载有煽动分裂国家、破坏国家统一或者煽动颠覆国家政权、推翻社会主义制度的内容，而予以出版、印刷、复制、发行、传播的，依照刑法第一百零三条第二款或者第一百零五条第二款的规定，以煽动分裂国家罪或者煽动颠覆国家政权罪定罪处罚。

第二条 以营利为目的，实施刑法第二百一十七条所列侵犯著作权行为之一，个人违法所得数额在5万元以上，单位违法所得数额在20万元以上的，属于"违法所得数额较大"；具有下列情形之一的，属于"有其他严重情节"：

（一）因侵犯著作权曾经两次以上被追究行政责任或者民事责任，两年内又实施刑法第二百一十七条所列侵犯著作权行为之一的；

（二）个人非法经营数额在20万元以上，单位非法经营数额在100万元以上的；

（三）造成其他严重后果的。

以营利为目的，实施刑法第二百一十七条所列侵犯著作权行为之一，个人违法所得数额在20万元以上，单位违法所得数额在100万元以上的，属于"违法所得数额巨大"；具有下列情形之一的，属于"有其他特别严重情节"：

（一）个人非法经营数额在100万元以上，单位非法经营数额在500万元以上的；

（二）造成其他特别严重后果的。

第三条 刑法第二百一十七条第（一）项中规定的"复制发行"，是指行为人以营利为目的，未经著作权人许可而实施的复制、发行或者既复制又发行其文字作品、音乐、电影、电视、录像作品、计算机软件及其他作品的行为。

第四条 以营利为目的，实施刑法第二百一十八条规定的行为，个人违法所得数额在10万元以上，单位违法所得数额在50万元以上的，依照刑法第二百一十八条的规定，以销售侵权复制品罪定罪处罚。

第五条 实施刑法第二百一十七条规定的侵犯著作权行为，又销售该侵权复制品，违法所得数额巨大的，只定侵犯著作权罪，不实行数罪并罚。

实施刑法第二百一十七条规定的侵犯著作权的犯罪行为，又明知是他人的侵权复制品而予以销售，构成犯罪的，应当实行数罪并罚。

第六条 在出版物中公然侮辱他人或者捏造事实诽谤他人，情节严重的，依照刑法第二百四十六条的规定，分别以侮辱罪或者诽谤罪定罪处罚。

第七条 出版刊载歧视、侮辱少数民族内容的作品，情节恶劣，造成严重后果的，依照刑法第二百五十条的规定，以出版歧视、侮辱少数民族作品罪定罪处罚。

第八条 以牟利为目的，实施刑法第三百六十三条第一款规定的行为，具有下列情形之一的，以制作、复制、出版、贩卖、传播淫秽物品牟利罪定罪处罚：

（一）制作、复制、出版淫秽影碟、软件、录像带 50 至 100 张（盒）以上，淫秽音碟、录音带 100 至 200 张（盒）以上，淫秽扑克、书刊、画册 100 至 200 副（册）以上，淫秽照片、画片 500 至 1000 张以上的；

（二）贩卖淫秽影碟、软件、录像带 100 至 200 张（盒）以上，淫秽音碟、录音带 200 至 400 张（盒）以上，淫秽扑克、书刊、画册 200 至 400 副（册）以上，淫秽照片、画片 1000 至 2000 张以上的；

（三）向他人传播淫秽物品达 200 至 500 人次以上，或者组织播放淫秽影、像达 10 至 20 场次以上的；

（四）制作、复制、出版、贩卖、传播淫秽物品，获利 5000 至 1 万元以上的。

以牟利为目的，实施刑法第三百六十三条第一款规定的行为，具有下列情形之一的，应当认定为制作、复制、出版、贩卖、传播淫秽物品牟利罪"情节严重"：

（一）制作、复制、出版淫秽影碟、软件、录像带 250 至 500 张（盒）以上，淫秽音碟、录音带 500 至 1000 张（盒）以上，淫秽扑克、书刊、画册 500 至 1000 副（册）以上，淫秽照片、画片 2500 至 5000 张以上的；

（二）贩卖淫秽影碟、软件、录像带 500 至 1000 张（盒）以上，淫秽音碟、录音带 1000 至 2000 张（盒）以上，淫秽扑克、书刊、画册 1000 至 2000 副（册）以上，淫秽照片、画片 5000 至 1 万张以上的；

（三）向他人传播淫秽物品达 1000 至 2000 人次以上，或者组织播放淫秽影、像达 50 至 100 场次以上的；

（四）制作、复制、出版、贩卖、传播淫秽物品，获利 3 万至 5 万元以上的。

以牟利为目的，实施刑法第三百六十三条第一款规定的行为，其数量（数额）达到前款规定的数量（数额）5 倍以上的，应当认定为制作、复制、出版、贩卖、传播淫秽物品牟利罪"情节特别严重"。

第九条 为他人提供书号、刊号、出版淫秽书刊的，依照刑法第三百六十三条第二款的规定，以为他人提供书号出版淫秽书刊罪定罪处罚。

为他人提供版号，出版淫秽音像制品的，依照前款规定定罪处罚。

明知他人用于出版淫秽书刊而提供书号、刊号的，依照刑法第三百六十三条第一款的规定，以出版淫秽物品牟利罪定罪处罚。

第十条 向他人传播淫秽的书刊、影片、音像、图片等出版物达 300 至 600 人次以上或者造成恶劣社会影响的，属于"情节严重"，依照刑法第三百六十四条第一款的规定，以传播淫秽物品罪定罪处罚。

组织播放淫秽的电影、录像等音像制品达 15 至 30 场次以上或者造成恶劣社会影响的，依照刑法第三百六十四条第二款的规定，以组织播放淫秽音像制品罪定罪处罚。

第十一条　违反国家规定，出版、印刷、复制、发行本解释第一条至第十条规定以外的其他严重危害社会秩序和扰乱市场秩序的非法出版物，情节严重的，依照刑法第二百二十五条第（三）项的规定，以非法经营罪定罪处罚。

第十二条　个人实施本解释第十一条规定的行为，具有下列情形之一的，属于非法经营行为"情节严重"：

（一）经营数额在 5 万元至 10 万元以上的；

（二）违法所得数额在 2 万元至 3 万元以上的；

（三）经营报纸 5000 份或者期刊 5000 本或者图书 2000 册或者音像制品、电子出版物 500 张（盒）以上的。

具有下列情形之一的，属于非法经营行为"情节特别严重"：

（一）经营数额在 15 万元至 30 万元以上的；

（二）违法所得数额在 5 万元至 10 万元以上的；

（三）经营报纸 15000 份或者期刊 15000 本或者图书 5000 册或者音像制品、电子出版物 1500 张（盒）以上的。

第十三条　单位实施本解释第十一条规定的行为，具有下列情形之一的，属于非法经营行为"情节严重"：

（一）经营数额在 15 万元至 30 万元以上的；

（二）违法所得数额在 5 万元至 10 万元以上的；

（三）经营报纸 15000 份或者期刊 15000 本或者图书 5000 册或者音像制品、电子出版物 1500 张（盒）以上的。

具有下列情形之一的，属于非法经营行为"情节特别严重"：

（一）经营数额在 50 万元至 100 万元以上的；

（二）违法所得数额在 15 万元至 30 万元以上的；

（三）经营报纸 5 万份或者期刊 5 万本或者图书 15000 册或者音像制品、电子出版物 5000 张（盒）以上的。

第十四条　实施本解释第十一条规定的行为，经营数额、违法所得数额或者经营数量接近非法经营行为"情节严重"、"情节特别严重"的数额、数量起点标准，并具有下列情形之一的，可以认定为非法经营行为"情节严重"、"情节特别严重"：

（一）两年内因出版、印刷、复制、发行非法出版物受过行政处罚两次以上的；

（二）因出版、印刷、复制、发行非法出版物造成恶劣社会影响或者其他严重后果的。

第十五条　非法从事出版物的出版、印刷、复制、发行业务，严重扰乱市场秩序，情节特别严重，构成犯罪的，可以依照刑法第二百二十五条第（三）项的规定，以非法经营罪定罪处罚。

第十六条　出版单位与他人事前通谋，向其出售、出租或者以其他形式转让该出版单位的名称、书号、刊号、版号，他人实施本解释第二条、第四条、第八条、第九条、

第十条、第十一条规定的行为，构成犯罪的，对该出版单位应当以共犯论处。

第十七条 本解释所称"经营数额"，是指以非法出版物的定价数额乘以行为人经营的非法出版物数量所得的数额。

本解释所称"违法所得数额"，是指获利数额。

非法出版物没有定价或者以境外货币定价的，其单价数额应当按照行为人实际出售的价格认定。

第十八条 各省、自治区、直辖市高级人民法院可以根据本地的情况和社会治安状况，在本解释第八条、第十条、第十二条、第十三条规定的有关数额、数量标准的幅度内，确定本地执行的具体标准，并报最高人民法院备案。

2. **《最高人民法院、最高人民检察院关于办理侵犯知识产权刑事案件具体应用法律若干问题的解释》**（2004年12月8日 法释〔2004〕19号）

为依法惩治侵犯知识产权犯罪活动，维护社会主义市场经济秩序，根据刑法有关规定，现就办理侵犯知识产权刑事案件具体应用法律的若干问题解释如下：

第一条 未经注册商标所有人许可，在同一种商品上使用与其注册商标相同的商标，具有下列情形之一的，属于刑法第二百一十三条规定的"情节严重"，应当以假冒注册商标罪判处三年以下有期徒刑或者拘役，并处或者单处罚金：

（一）非法经营数额在五万元以上或者违法所得数额在三万元以上的；

（二）假冒两种以上注册商标，非法经营数额在三万元以上或者违法所得数额在二万元以上的；

（三）其他情节严重的情形。

具有下列情形之一的，属于刑法第二百一十三条规定的"情节特别严重"，应当以假冒注册商标罪判处三年以上七年以下有期徒刑，并处罚金：

（一）非法经营数额在二十五万元以上或者违法所得数额在十五万元以上的；

（二）假冒两种以上注册商标，非法经营数额在十五万元以上或者违法所得数额在十万元以上的；

（三）其他情节特别严重的情形。

第二条 销售明知是假冒注册商标的商品，销售金额在五万元以上的，属于刑法第二百一十四条规定的"数额较大"，应当以销售假冒注册商标的商品罪判处三年以下有期徒刑或者拘役，并处或者单处罚金。

销售金额在二十五万元以上的，属于刑法第二百一十四条规定的"数额巨大"，应当以销售假冒注册商标的商品罪判处三年以上七年以下有期徒刑，并处罚金。

第三条 伪造、擅自制造他人注册商标标识或者销售伪造、擅自制造的注册商标标识，具有下列情形之一的，属于刑法第二百一十五条规定的"情节严重"，应当以非法制造、销售非法制造的注册商标标识罪判处三年以下有期徒刑、拘役或者管制，并处或者单处罚金：

（一）伪造、擅自制造或者销售伪造、擅自制造的注册商标标识数量在二万件以上，或者非法经营数额在五万元以上，或者违法所得数额在三万元以上的；

（二）伪造、擅自制造或者销售伪造、擅自制造两种以上注册商标标识数量在一万件以上，或者非法经营数额在三万元以上，或者违法所得数额在二万元以上的；

（三）其他情节严重的情形。

具有下列情形之一的，属于刑法第二百一十五条规定的"情节特别严重"，应当以非法制造、销售非法制造的注册商标标识罪判处三年以上七年以下有期徒刑，并处罚金：

（一）伪造、擅自制造或者销售伪造、擅自制造的注册商标标识数量在十万件以上，或者非法经营数额在二十五万元以上，或者违法所得数额在十五万元以上的；

（二）伪造、擅自制造或者销售伪造、擅自制造两种以上注册商标标识数量在五万件以上，或者非法经营数额在十五万元以上，或者违法所得数额在十万元以上的；

（三）其他情节特别严重的情形。

第四条 假冒他人专利，具有下列情形之一的，属于刑法第二百一十六条规定的"情节严重"，应当以假冒专利罪判处三年以下有期徒刑或者拘役，并处或者单处罚金：

（一）非法经营数额在二十万元以上或违法所得数额在十万元以上的；

（二）给专利权人造成直接经济损失五十万元以上的；

（三）假冒两项以上他人专利，非法经营数额在十万元以上或者违法所得数额在五万元以上的；

（四）其他情节严重的情形。

第五条 以营利为目的，实施刑法第二百一十七条所列侵犯著作权行为之一，违法所得数额在三万元以上的，属于"违法所得数额较大"；具有下列情形之一的，属于"有其他严重情节"，应当以侵犯著作权罪判处三年以下有期徒刑或者拘役，并处或者单处罚金：

（一）非法经营数额在五万元以上的；

（二）未经著作权人许可，复制发行其文字作品、音乐、电影、电视、录像作品、计算机软件及其他作品，复制品数量合计在一千张（份）以上的；

（三）其他严重情节的情形。

以营利为目的，实施刑法第二百一十七条所列侵犯著作权行为之一，违法所得数额在十五万元以上的，属于"违法所得数额巨大"；具有下列情形之一的，属于"有其他特别严重情节"，应当以侵犯著作权罪判处三年以上七年以下有期徒刑，并处罚金：

（一）非法经营数额在二十五万元以上的；

（二）未经著作权人许可，复制发行其文字作品、音乐、电影、电视、录像作品、计算机软件及其他作品，复制品数量合计在五千张（份）以上的；

（三）其他特别严重情节的情形。

第六条 以营利为目的，实施刑法第二百一十八条规定的行为，违法所得数额在十万元以上的，属于"违法所得数额巨大"，应当以销售侵权复制品罪判处三年以下有期徒刑或者拘役，并处或者单处罚金。

第七条 实施刑法第二百一十九条规定的行为之一，给商业秘密的权利人造成损失数额在五十万元以上的，属于"给商业秘密的权利人造成重大损失"，应当以侵犯商业秘密罪判处三年以下有期徒刑或者拘役，并处或者单处罚金。

给商业秘密的权利人造成损失数额在二百五十万元以上的，属于刑法第二百一十九条规定的"造成特别严重后果"，应当以侵犯商业秘密罪判处三年以上七年以下有期徒刑，并处罚金。

第八条 刑法第二百一十三条规定的"相同的商标"，是指与被假冒的注册商标完全相同，或者与被假冒的注册商标在视觉上基本无差别、足以对公众产生误导的商标。

刑法第二百一十三条规定的"使用"，是指将注册商标或者假冒的注册商标用于商品、商品包装或者容器以及产品说明书、商品交易文书，或者将注册商标或者假冒的注册商标用于广告宣传、展览以及其他商业活动等行为。

第九条 刑法第二百一十四条规定的"销售金额"，是指销售假冒注册商标的商品后所得和应得的全部违法收入。

具有下列情形之一的，应当认定为属于刑法第二百一十四条规定的"明知"：

（一）知道自己销售的商品上的注册商标被涂改、调换或者覆盖的；

（二）因销售假冒注册商标的商品受到过行政处罚或者承担过民事责任、又销售同一种假冒注册商标的商品的；

（三）伪造、涂改商标注册人授权文件或者知道该文件被伪造、涂改的；

（四）其他知道或者应当知道是假冒注册商标的商品的情形。

第十条 实施下列行为之一的，属于刑法第二百一十六条规定的"假冒他人专利"的行为：

（一）未经许可，在其制造或者销售的产品、产品的包装上标注他人专利号的；

（二）未经许可，在广告或者其他宣传材料中使用他人的专利号，使人将所涉及的技术误认为是他人专利技术的；

（三）未经许可，在合同中使用他人的专利号，使人将合同涉及的技术误认为是他人专利技术的；

（四）伪造或者变造他人的专利证书、专利文件或者专利申请文件的。

第十一条 以刊登收费广告等方式直接或者间接收取费用的情形，属于刑法第二百一十七条规定的"以营利为目的"。

刑法第二百一十七条规定的"未经著作权人许可"，是指没有得到著作权人授权或者伪造、涂改著作权人授权许可文件或者超出授权许可范围的情形。

通过信息网络向公众传播他人文字作品、音乐、电影、电视、录像作品、计算机软件及其他作品的行为，应当视为刑法第二百一十七条规定的"复制发行"。

第十二条 本解释所称"非法经营数额"，是指行为人在实施侵犯知识产权行为过程中，制造、储存、运输、销售侵权产品的价值。已销售的侵权产品的价值，按照实际销售的价格计算。制造、储存、运输和未销售的侵权产品的价值，按照标价或者已经查清的侵权产品的实际销售平均价格计算。侵权产品没有标价或者无法查清其实际销售价格的，按照被侵权产品的市场中间价格计算。

多次实施侵犯知识产权行为，未经行政处理或者刑事处罚的，非法经营数额、违法所得数额或者销售金额累计计算。

本解释第三条所规定的"件"，是指标有完整商标图样的一份标识。

第十三条 实施刑法第二百一十三条规定的假冒注册商标犯罪，又销售该假冒注册商标的商品，构成犯罪的，应当依照刑法第二百一十三条的规定，以假冒注册商标罪定罪处罚。

实施刑法第二百一十三条规定的假冒注册商标犯罪，又销售明知是他人的假冒注册商标的商品，构成犯罪的，应当实行数罪并罚。

第十四条 实施刑法第二百一十七条规定的侵犯著作权犯罪，又销售该侵权复制品，构成犯罪的,应当依照刑法第二百一十七条的规定,以侵犯著作权罪定罪处罚。

实施刑法第二百一十七条规定的侵犯著作权犯罪,又销售明知是他人的侵权复制品,构成犯罪的,应当实行数罪并罚。

第十五条 单位实施刑法第二百一十三条至第二百一十九条规定的行为,按照本解释规定的相应个人犯罪的定罪量刑标准的三倍定罪量刑。

第十六条 明知他人实施侵犯知识产权犯罪,而为其提供贷款、资金、账号、发票、证明、许可证件,或者提供生产、经营场所或者运输、储存、代理进出口等便利条件、帮助的,以侵犯知识产权犯罪的共犯论处。

第十七条 以前发布的有关侵犯知识产权犯罪的司法解释,与本解释相抵触的,自本解释施行后不再适用。

3.《最高人民法院、最高人民检察院关于办理侵犯著作权刑事案件中涉及录音录像制品有关问题的批复》(2005年10月13日 法释〔2005〕12号)

各省、自治区、直辖市高级人民法院、人民检察院,解放军军事法院、军事检察院,新疆维吾尔自治区高级人民法院生产建设兵团分院、新疆生产建设兵团人民检察院:

《最高人民法院、最高人民检察院关于办理侵犯知识产权刑事案件具体应用法律若干问题的解释》发布以后,部分高级人民法院、省级人民检察院就关于办理侵犯著作权刑事案件中涉及录音录像制品的有关问题提出请示。经研究,批复如下:

以营利为目的,未经录音录像制作者许可,复制发行其制作的录音录像制品的行为,复制品的数量标准分别适用《最高人民法院、最高人民检察院关于办理侵犯知识产权刑事案件具体应用法律若干问题的解释》第五条第一款第(二)项、第二款第(二)项的规定。

未经录音录像制作者许可,通过信息网络传播其制作的录音录像制品的行为,应当视为刑法第二百一十七条第(三)项规定的"复制发行"。

此复

4.《最高人民法院、最高人民检察院关于办理侵犯知识产权刑事案件具体应用法律若干问题的解释(二)》(2007年4月5日 法释〔2007〕6号)

为维护社会主义市场经济秩序,依法惩治侵犯知识产权犯罪活动,根据刑法、刑事诉讼法有关规定,现就办理侵犯知识产权刑事案件具体应用法律的若干问题解释如下:

第一条 以营利为目的,未经著作权人许可,复制发行其文字作品、音乐、电影、电视、录像作品、计算机软件及其他作品,复制品数量合计在五百张(份)以上的,属于刑法第二百一十七条规定的"有其他严重情节";复制品数量在二千五百张(份)以上的,属于刑法第二百一十七条规定的"有其他特别严重情节"。

第二条 刑法第二百一十七条侵犯著作权罪中的"复制发行",包括复制、发行或者既复制又发行的行为。

侵权产品的持有人通过广告、征订等方式推销侵权产品的,属于刑法第二百一十七条规定的"发行"。

非法出版、复制、发行他人作品,侵犯著作权构成犯罪的,按照侵犯著作权罪定罪处罚。

第三条 侵犯知识产权犯罪，符合刑法规定的缓刑条件的，依法适用缓刑。有下列情形之一的，一般不适用缓刑：

（一）因侵犯知识产权被刑事处罚或者行政处罚后，再次侵犯知识产权构成犯罪的；

（二）不具有悔罪表现的；

（三）拒不交出违法所得的；

（四）其他不宜适用缓刑的情形。

第四条 对于侵犯知识产权犯罪的，人民法院应当综合考虑犯罪的违法所得、非法经营数额、给权利人造成的损失、社会危害性等情节，依法判处罚金。罚金数额一般在违法所得的一倍以上五倍以下，或者按照非法经营数额的50%以上一倍以下确定。

第五条 被害人有证据证明的侵犯知识产权刑事案件，直接向人民法院起诉的，人民法院应当依法受理；严重危害社会秩序和国家利益的侵犯知识产权刑事案件，由人民检察院依法提起公诉。

第六条 单位实施刑法第二百一十三条至第二百一十九条规定的行为，按照《最高人民法院、最高人民检察院关于办理侵犯知识产权刑事案件具体应用法律若干问题的解释》和本解释规定的相应个人犯罪的定罪量刑标准定罪处罚。

第七条 以前发布的司法解释与本解释不一致的，以本解释为准。

三、刑事政策文件

1.《〈最高人民法院刑事审判第二庭关于集体商标是否属于我国刑法的保护范围问题的〉复函》（2009年4月10日 〔2009〕刑二函字第28号）

公安部经济犯罪侦查局：

贵局公经知产〔2009〕29号《关于就一起涉嫌假冒注册商标案征求意见的函》收悉。经研究，答复如下：

一、我国商标法第三条规定："经商标局核准注册的商标为注册商标，包括商品商标、服务商标和集体商标、证明商标；商标注册人享有商标专用权，受法律保护。"因此，刑法第二百一十三条至二百一十五条所规定的"注册商标"应当涵盖"集体商标"。

二、商标标识中注明了自己的注册商标的同时，又使用了他人注册为集体商标的地理名称，可以认定为刑法规定的"相同的商标"。根据贵局提供的材料，山西省清徐县×××醋业有限公司在其生产的食用醋的商标上用大号字体在显著位置上清晰地标明"镇江香（陈）醋"，说明其已经使用了与江苏省镇江市醋业协会所注册的"镇江香（陈）醋"集体商标相同的商标。而且，山西省清徐县×××醋业有限公司还在其商标标识上注明了江苏省镇江市丹阳市某香醋厂的厂名厂址和QS标志，也说明其实施假冒注册"镇江香（陈）醋"集体商标的行为。

综上，山西省清徐县×××醋业有限公司的行为涉嫌触犯刑法第二百一十三条至二百一十五条的规定。

以上意见，供参考。

2.《最高人民法院、最高人民检察院、公安部印发〈关于办理侵犯知识产权刑事案件适用法律若干问题的意见〉的通知》（2011年1月10日 法发〔2011〕3号）

各省、自治区、直辖市高级人民法院、人民检察院、公安厅（局），解放军军事法院、军事检察院，总政治部保卫部，新疆维吾尔自治区高级人民法院生产建设兵团分院，新疆生产建设兵团人民检察院、公安局：

为解决近年来公安机关、人民检察院、人民法院在办理侵犯知识产权刑事案件中遇到的新情况、新问题，依法惩治侵犯知识产权犯罪活动，维护社会主义市场经济秩序，最高人民法院、最高人民检察院、公安部在深入调查研究、广泛征求各方意见的基础上，制定了《关于办理侵犯知识产权刑事案件适用法律若干问题的意见》。现印发给你们，请认真组织学习，切实贯彻执行。执行中遇到的重要问题，请及时层报最高人民法院、最高人民检察院、公安部。

最高人民法院、最高人民检察院、公安部关于办理侵犯知识产权刑事案件适用法律若干问题的意见

为解决近年来公安机关、人民检察院、人民法院在办理侵犯知识产权刑事案件中遇到的新情况、新问题，依法惩治侵犯知识产权犯罪活动，维护社会主义市场经济秩序，根据刑法、刑事诉讼法及有关司法解释的规定，结合侦查、起诉、审判实践，制定本意见。

一、关于侵犯知识产权犯罪案件的管辖问题

侵犯知识产权犯罪案件由犯罪地公安机关立案侦查。必要时，可以由犯罪嫌疑人居住地公安机关立案侦查。侵犯知识产权犯罪案件的犯罪地，包括侵权产品制造地、储存地、运输地、销售地，传播侵权作品、销售侵权产品的网站服务器所在地、网络接入地、网站建立者或者管理者所在地，侵权作品上传者所在地，权利人受到实际侵害的犯罪结果发生地。对有多个侵犯知识产权犯罪地的，由最初受理的公安机关或者主要犯罪地公安机关管辖。多个侵犯知识产权犯罪地的公安机关对管辖有争议的，由共同的上级公安机关指定管辖，需要提请批准逮捕、移送审查起诉、提起公诉的，由该公安机关所在地的同级人民检察院、人民法院受理。

对于不同犯罪嫌疑人、犯罪团伙跨地区实施的涉及同一批侵权产品的制造、储存、运输、销售等侵犯知识产权犯罪行为，符合并案处理要求的，有关公安机关可以一并立案侦查，需要提请批准逮捕、移送审查起诉、提起公诉的，由该公安机关所在地的同级人民检察院、人民法院受理。

二、关于办理侵犯知识产权刑事案件中行政执法部门收集、调取证据的效力问题

行政执法部门依法收集、调取、制作的物证、书证、视听资料、检验报告、鉴定结论、勘验笔录、现场笔录，经公安机关、人民检察院审查，人民法院庭审质证确认，可以作为刑事证据使用。

行政执法部门制作的证人证言、当事人陈述等调查笔录，公安机关认为有必要作为刑事证据使用的，应当依法重新收集、制作。

三、关于办理侵犯知识产权刑事案件的抽样取证问题和委托鉴定问题

公安机关在办理侵犯知识产权刑事案件时，可以根据工作需要抽样取证，或者商请同级行政执法部门、有关检验机构协助抽样取证。法律、法规对抽样机构或者抽样方法有规定的，应当委托规定的机构并按照规定方法抽取样品。

公安机关、人民检察院、人民法院在办理侵犯知识产权刑事案件时，对于需要鉴定的事项，应当委托国家认可的有鉴定资质的鉴定机构进行鉴定。

公安机关、人民检察院、人民法院应当对鉴定结论进行审查，听取权利人、犯罪嫌疑人、被告人对鉴定结论的意见，可以要求鉴定机构作出相应说明。

四、关于侵犯知识产权犯罪自诉案件的证据收集问题

人民法院依法受理侵犯知识产权刑事自诉案件，对于当事人因客观原因不能取得的证据，在提起自诉时能够提供有关线索，申请人民法院调取的，人民法院应当依法调取。

五、关于刑法第二百一十三条规定的"同一种商品"的认定问题

名称相同的商品以及名称不同但指同一事物的商品，可以认定为"同一种商品"。"名称"是指国家工商行政管理总局商标局在商标注册工作中对商品使用的名称，通常即《商标注册用商品和服务国际分类》中规定的商品名称。"名称不同但指同一事物的商品"是指在功能、用途、主要原料、消费对象、销售渠道等方面相同或者基本相同，相关公众一般认为是同一种事物的商品。

认定"同一种商品"，应当在权利人注册商标核定使用的商品和行为人实际生产销售的商品之间进行比较。

六、关于刑法第二百一十三条规定的"与其注册商标相同的商标"的认定问题

具有下列情形之一，可以认定为"与其注册商标相同的商标"：

（一）改变注册商标的字体、字母大小写或者文字横竖排列，与注册商标之间仅有细微差别的；

（二）改变注册商标的文字、字母、数字等之间的间距，不影响体现注册商标显著特征的；

（三）改变注册商标颜色的；

（四）其他与注册商标在视觉上基本无差别、足以对公众产生误导的商标。

七、关于尚未附着或者尚未全部附着假冒注册商标标识的侵权产品价值是否计入非法经营数额的问题

在计算制造、储存、运输和未销售的假冒注册商标侵权产品价值时，对于已经制作完成但尚未附着（含加贴）或者尚未全部附着（含加贴）假冒注册商标标识的产品，如果有确实、充分证据证明该产品将假冒他人注册商标，其价值计入非法经营数额。

八、关于销售假冒注册商标的商品犯罪案件中尚未销售或者部分销售情形的定罪量刑问题

销售明知是假冒注册商标的商品，具有下列情形之一的，依照刑法第二百一十四条的规定，以销售假冒注册商标的商品罪（未遂）定罪处罚：

（一）假冒注册商标的商品尚未销售，货值金额在十五万元以上的；

（二）假冒注册商标的商品部分销售，已销售金额不满五万元，但与尚未销售的假冒注册商标的商品的货值金额合计在十五万元以上的。

假冒注册商标的商品尚未销售，货值金额分别达到十五万元以上不满二十五万元、二十五万元以上的，分别依照刑法第二百一十四条规定的各法定刑幅度定罪处罚。

销售金额和未销售货值金额分别达到不同的法定刑幅度或者均达到同一法定刑幅度的，在处罚较重的法定刑或者同一法定刑幅度内酌情从重处罚。

九、关于销售他人非法制造的注册商标标识犯罪案件中尚未销售或者部分销售情形的定罪问题

销售他人伪造、擅自制造的注册商标标识，具有下列情形之一的，依照刑法第二百

一十五条的规定，以销售非法制造的注册商标标识罪（未遂）定罪处罚：

（一）尚未销售他人伪造、擅自制造的注册商标标识数量在六万件以上的；

（二）尚未销售他人伪造、擅自制造的两种以上注册商标标识数量在三万件以上的；

（三）部分销售他人伪造、擅自制造的注册商标标识，已销售标识数量不满二万件，但与尚未销售标识数量合计在六万件以上的；

（四）部分销售他人伪造、擅自制造的两种以上注册商标标识，已销售标识数量不满一万件，但与尚未销售标识数量合计在三万件以上的。

十、关于侵犯著作权犯罪案件"以营利为目的"的认定问题

除销售外，具有下列情形之一的，可以认定为"以营利为目的"：

（一）以在他人作品中刊登收费广告、捆绑第三方作品等方式直接或者间接收取费用的；

（二）通过信息网络传播他人作品，或者利用他人上传的侵权作品，在网站或者网页上提供刊登收费广告服务，直接或者间接收取费用的；

（三）以会员制方式通过信息网络传播他人作品，收取会员注册费或者其他费用的；

（四）其他利用他人作品牟利的情形。

十一、关于侵犯著作权犯罪案件"未经著作权人许可"的认定问题

"未经著作权人许可"一般应当依据著作权人或者其授权的代理人、著作权集体管理组织、国家著作权行政管理部门指定的著作权认证机构出具的涉案作品版权认证文书，或者证明出版者、复制发行者伪造、涂改授权许可文件或者超出授权许可范围的证据，结合其他证据综合予以认定。

在涉案作品种类众多且权利人分散的案件中，上述证据确实难以一一取得，但有证据证明涉案复制品系非法出版、复制发行的，且出版者、复制发行者不能提供获得著作权人许可的相关证明材料的，可以认定为"未经著作权人许可"。但是，有证据证明权利人放弃权利、涉案作品的著作权不受我国著作权法保护，或者著作权保护期限已经届满的除外。

十二、关于刑法第二百一十七条规定的"发行"的认定及相关问题

"发行"，包括总发行、批发、零售、通过信息网络传播以及出租、展销等活动。

非法出版、复制、发行他人作品，侵犯著作权构成犯罪的，按照侵犯著作权罪定罪处罚，不认定为非法经营罪等其他犯罪。

十三、关于通过信息网络传播侵权作品行为的定罪处罚标准问题

以营利为目的，未经著作权人许可，通过信息网络向公众传播他人文字作品、音乐、电影、电视、美术、摄影、录像作品、录音录像制品、计算机软件及其他作品，具有下列情形之一的，属于刑法第二百一十七条规定的"其他严重情节"：

（一）非法经营数额在五万元以上的；

（二）传播他人作品的数量合计在五百件（部）以上的；

（三）传播他人作品的实际被点击数达到五万次以上的；

（四）以会员制方式传播他人作品，注册会员达到一千人以上的；

（五）数额或者数量虽未达到第（一）项至第（四）项规定标准，但分别达到其中两项以上标准一半以上的；

（六）其他严重情节的情形。

实施前款规定的行为，数额或者数量达到前款第（一）项至第（五）项规定标准五倍以上的，属于刑法第二百一十七条规定的"其他特别严重情节"。

十四、关于多次实施侵犯知识产权行为累计计算数额问题

依照《最高人民法院、最高人民检察院关于办理侵犯知识产权刑事案件具体应用法律若干问题的解释》第十二条第二款的规定，多次实施侵犯知识产权行为，未经行政处理或者刑事处罚的，非法经营数额、违法所得数额或者销售金额累计计算。

二年内多次实施侵犯知识产权违法行为，未经行政处理，累计数额构成犯罪的，应当依法定罪处罚。实施侵犯知识产权犯罪行为的追诉期限，适用刑法的有关规定，不受前述二年的限制。

十五、关于为他人实施侵犯知识产权犯罪提供原材料、机械设备等行为的定性问题

明知他人实施侵犯知识产权犯罪，而为其提供生产、制造侵权产品的主要原材料、辅助材料、半成品、包装材料、机械设备、标签标识、生产技术、配方等帮助，或者提供互联网接入、服务器托管、网络存储空间、通讯传输通道、代收费、费用结算等服务的，以侵犯知识产权犯罪的共犯论处。

十六、关于侵犯知识产权犯罪竞合的处理问题

行为人实施侵犯知识产权犯罪，同时构成生产、销售伪劣商品犯罪的，依照侵犯知识产权犯罪与生产、销售伪劣商品犯罪中处罚较重的规定定罪处罚。

第三节 侵犯知识产权犯罪审判实践中的疑难新型问题

问题1. 假冒注册商标犯罪的非法经营数额、违法所得数额如何认定

【最高人民法院指导性案例】郭某1、郭某2、孙某某假冒注册商标案①

【关键词】

刑事　假冒注册商标罪　非法经营数额　网络销售/刷信誉

一、裁判要点

假冒注册商标犯罪的非法经营数额、违法所得数额，应当综合被告人供述、证人证言、被害人陈述、网络销售电子数据、被告人银行账户往来记录、送货单、快递公司电脑系统记录、被告人等所作记账等证据认定。被告人辩解称网络销售记录存在刷信誉的不真实交易，但无证据证实的，对其辩解不予采纳。

二、相关法条

《中华人民共和国刑法》第二百一十三条

三、基本案情

公诉机关指控：2013年11月底至2014年6月期间，被告人郭某1为谋取非法利益，伙同被告人孙某某、郭某2在未经三星（中国）投资有限公司授权许可的情况下，从他人处批发假冒三星手机裸机及配件进行组装，利用其在淘宝网上开设的"三星数码专柜"

---

① 指导案例87号，2017年3月6日。

网店进行"正品行货"宣传,并以明显低于市场价格公开对外销售,共计销售假冒的三星手机 20000 余部,销售金额 2000 余万元,非法获利 200 余万元,应当以假冒注册商标罪追究其刑事责任。被告人郭某 1 在共同犯罪中起主要作用,系主犯。被告人郭某 2、孙某某在共同犯罪中起辅助作用,系从犯,应当从轻处罚。

被告人郭某 1、孙某某、郭某 2 及其辩护人对其未经"SAMSUNG"商标注册人授权许可,组装假冒的三星手机,并通过淘宝网店进行销售的犯罪事实无异议,但对非法经营额、非法获利提出异议,辩解称其淘宝网店存在请人刷信誉的行为,真实交易量只有 10000 多部。

法院经审理查明:"SAMSUNG"是三星电子株式会社在中国注册的商标,该商标有效期至 2021 年 7 月 27 日;三星(中国)投资有限公司是三星电子株式会社在中国投资设立,并经三星电子株式会社特别授权负责三星电子株式会社名下商标、专利、著作权等知识产权管理和法律事务的公司。2013 年 11 月,被告人郭某 1 通过网络中介购买店主为"汪亮"、账号为 play2011-1985 的淘宝店铺,并改名为"三星数码专柜",在未经三星(中国)投资公司授权许可的情况下,从深圳市华强北远望数码城、深圳福田区通天地手机市场批发假冒的三星 I8552 手机裸机及配件进行组装,并通过"三星数码专柜"在淘宝网上以"正品行货"进行宣传、销售。被告人郭某 2 负责该网店的客服工作及客服人员的管理,被告人孙某某负责假冒的三星 I8552 手机裸机及配件的进货、包装及联系快递公司发货。至 2014 年 6 月,该网店共计组装、销售假冒三星 I8552 手机 20000 余部,非法经营额 2000 余万元,非法获利 200 余万元。

四、裁判结果

江苏省宿迁市中级人民法院于 2015 年 9 月 8 日作出(2015)宿中知刑初字第 0004 号刑事判决,以被告人郭某 1 犯假冒注册商标罪,判处有期徒刑五年,并处罚金人民币 160 万元;被告人孙某某犯假冒注册商标罪,判处有期徒刑三年,缓刑五年,并处罚金人民币 20 万元。被告人郭某 2 犯假冒注册商标罪,判处有期徒刑三年,缓刑四年,并处罚金人民币 20 万元。宣判后,三名被告人均没有提出上诉,该判决已经生效。

五、裁判理由

法院生效裁判认为,被告人郭某 1、郭某 2、孙某某在未经"SAMSUNG"商标注册人授权许可的情况下,购进假冒"SAMSUNG"注册商标的手机机头及配件,组装假冒"SAMSUNG"注册商标的手机,并通过网店对外以"正品行货"销售,属于未经注册商标所有人许可在同一种商品上使用与其相同的商标的行为,非法经营数额达 2000 余万元,非法获利 200 余万元,属情节特别严重,其行为构成假冒注册商标罪。被告人郭某 1、郭某 2、孙某某虽然辩解称其网店售销记录存在刷信誉的情况,对公诉机关指控的非法经营数额、非法获利提出异议,但三名被告人在公安机关的多次供述,以及公安机关查获的送货单、支付宝向被告人郭某 2 银行账户付款记录、郭某 2 银行账户对外付款记录、"三星数码专柜"淘宝记录、快递公司电脑系统记录、公安机关现场扣押的笔记等证据之间能够互相印证,综合公诉机关提供的证据,可以认定公诉机关关于三名被告人共计销售假冒的三星 I8552 手机 20000 余部,销售金额 2000 余万元,非法获利 200 余万元的指控能够成立,三名被告人关于销售记录存在刷信誉行为的辩解无证据予以证实,不予采信。被告人郭某 1、郭某 2、孙某某,系共同犯罪,被告人郭某 1 起主要作用,是主犯;被告人郭某 2、孙某某在共同犯罪中起辅助作用,是从犯,依法可以从轻处罚。故依法作出上述判决。

问题2. 行为人以营利为目的，未经著作权人许可复制发行著作权人所有的计算机软件，获取巨大非法利益，构成侵犯著作权罪

【最高人民检察院公报案例】成都共软网络科技有限公司、孙某1、张某某、洪某、梁某某侵犯著作权案[①]

[案例要旨]

行为人以营利为目的，未经著作权人许可，复制发行其计算机软件，违法所得数额巨大、情节特别严重，其行为构成侵犯著作权罪。

被告单位成都共软网络科技有限公司，法定代表人孙某2。

被告单位成都共软网络科技有限公司，被告人洪某、张某某、梁某某、孙某1涉嫌侵犯著作权犯罪一案，因主要犯罪地和用于犯罪的主要计算机设备在江苏省苏州市虎丘区，故由江苏省苏州市公安局虎丘分局于2008年8月15日决定立案侦查，2008年11月17日对洪某、张某某、梁某某侦查终结，2009年3月16日对孙某1侦查终结。2008年11月18日和3月17日，苏州市公安局虎丘分局分别将案件移送苏州市虎丘区人民检察院审查起诉。苏州市虎丘区人民检察院受理该案后，经审查发现成都共软网络科技有限公司、孙某1、洪某、张某某、梁某某涉嫌侵犯著作权罪。在法定期限内苏州市虎丘区人民检察院告知了成都共软网络科技有限公司和孙某1、洪某、张某某、梁某某有权委托辩护人等诉讼权利，告知了被害单位微软公司有权委托诉讼代理人，讯问了孙某1、洪某、张某某、梁某某，审查了全部案卷材料。2009年5月27日，苏州市虎丘区人民检察院向苏州市虎丘区人民法院提起公诉。被告单位成都共软网络科技有限公司，被告人孙某1、洪某、张某某、梁某某犯罪事实如下：

2006年12月至2008年8月期间，四川网联互动广告有限公司（另案处理）和被告单位成都共软网络科技有限公司以营利为目的，由被告人孙某1指使被告人张某某和被告人洪某、梁某某合作，未经微软公司的许可，复制微软WindowsXP计算机软件后制作多款"番茄花园"版软件，并以修改浏览器主页、默认搜索页面、捆绑他公司软件等形式，在"番茄花园"版软件中分别加载百度时代网络技术（北京）有限公司、北京阿里巴巴信息技术有限公司、北京搜狗科技发展有限公司、网际快车信息技术有限公司等多家单位的商业插件，通过互联网在"番茄花园"网站、"热度"网站发布供公众下载，累计下载量达10多万次。百度时代网络技术（北京）有限公司、北京阿里巴巴信息技术有限公司、北京搜狗科技发展有限公司、网际快车信息技术有限公司支付四川网联互动广告有限公司和成都共软网络科技有限公司广告费共计人民币2977630.39元。

苏州市虎丘区人民检察院认为，被告单位成都共软网络科技有限公司，被告人孙某1、张某某伙同被告人洪某、梁某某共同以营利为目的，未经著作权人许可，复制发行其计算机软件，违法所得数额巨大、情节特别严重，其行为均已构成侵犯著作权罪。被告人张某某于2008年8月22日在律师陪同下，向成都市公安局高新技术产业开发区分局投案，并如实供述自己的罪行，系自首，可减轻处罚。

[①] 《最高人民检察院公报》2009年第5期（总第112期）。

2009年6月23日，苏州市虎丘区人民法院依法组成合议庭，公开审理本案。法院审理认为：

被告单位成都共软网络科技有限公司，被告人孙某1、张某某伙同被告人洪某、梁某某共同以营利为目的，未经著作权人许可，复制发行其计算机软件，违法所得数额巨大、情节特别严重，其行为均已构成侵犯著作权罪。对被告单位应当判处罚金，对各被告人应当判处三年以上七年以下有期徒刑，并处罚金。孙某1作为被告单位直接负责的主管人员、张某某作为被告单位直接责任人员，应当承担刑事责任。在共同犯罪中，成都共软网络科技有限公司，被告人孙某1、张某某、洪某均起主要作用，均系主犯，应按照其参与的全部犯罪处罚。梁某某受洪某指使复制、发行他人计算机软件，系从犯，应减轻处罚。被告人张某某犯罪以后主动投案，如实供述自己罪行，系自首，可减轻处罚。公诉机关指控的事实清楚，证据确实充分，罪名及提请对张某某减刑处罚的理由成立。

2009年8月20日，苏州市虎丘区人民法院依照《中华人民共和国刑法》第二百一十七条第一款第一项，第二百二十条，第二十五条第一款，第二十六条第一款、第四款，第六十四条及最高人民法院、最高人民检察院《关于办理侵犯知识产权刑事案件具体应用法律若干问题的解释》第五条第二款，最高人民法院、最高人民检察院《关于办理侵犯知识产权刑事案件具体应用法律若干问题的解释（二）》第一条之规定，作出如下判决：

一、被告单位成都共软网络科技有限公司犯侵犯著作权罪，判处罚金人民币8772861.27元，上缴国库。

二、被告人孙某1犯侵犯著作权罪，判处有期徒刑三年六个月，并处罚金人民币100万元，上缴国库。

三、被告人张某某犯侵犯著作权罪，判处有期徒刑二年，并处罚金人民币10万元，上缴国库。

四、被告人洪某犯侵犯著作权罪，判处有期徒刑三年六个月，并处罚金人民币100万元，上缴国库。

五、被告人梁某某犯侵犯著作权罪，判处有期徒刑二年，并处罚金人民币10万元，上缴国库。

六、被告单位成都共软网络科技有限公司的违法所得计2924287.09元，予以没收，上缴国库。

一审宣判后，被告人孙某1、洪某、张某某、梁某某和被告单位成都共软网络科技有限公司在法定期限内未上诉，检察机关没有提出抗诉，一审判决发生法律效力。

问题3. 侵犯著作权罪中，非法复制发行计算机软件行为如何认定

【最高人民法院公报案例】江苏省无锡市滨湖区人民检察院诉鞠某某、徐某某、华某侵犯著作权案①

[裁判摘要]

行为人通过非法手段获取他人享有著作权的计算机软件中的目标程序并与特定硬件产品相结合，用于生产同类侵权产品，在某些程序、代码方面虽有不同，但只要实现硬件产品功能的目标程序或功能性代码与他人享有著作权的计算机软件"实质相同"，即属于非法复制发行计算机软件的行为，应以侵犯著作权罪定罪处罚。

如果涉案侵权产品的价值主要在于实现其产品功能的软件程序，即软件著作权价值为其主要价值构成，应以产品整体销售价格作为非法经营数额的认定依据。

江苏省无锡市滨湖区人民检察院以被告人鞠某某、徐某某、华某犯侵犯著作权罪，向江苏省无锡市滨湖区人民法院提起公诉。

起诉书指控：被告人鞠某某在无锡市信捷科技电子有限公司（以下简称信捷公司）工作期间，未经公司许可擅自下载了该公司的OP系列人机监控软件V3.0等软件。后于2008年8月与被告人徐某某、华某合谋后，共同出资成立无锡市云川工控技术有限公司（以下简称云川工控公司），用其非法获取的上述OP系列人机监控软件生产与信捷公司同类的文本显示器以牟利。2008年12月至2010年10月间，鞠某某、徐某某、华某先后生产并向多家单位和个人销售了TD100型、TD307型等型号文本显示器共计2045台，销售金额计人民币448465元。2010年10月21日，三名被告人被抓获。2010年11月下旬，鞠某某、徐某某在被公安机关取保候审后，伙同孙某某又以无锡市云川电气技术有限公司（以下简称云川电气公司）的名义生产、销售上述文本显示器计114台，销售金额计人民币25200元。三名被告人结伙以营利为目的，未经著作权人许可，复制、发行他人计算机软件，情节特别严重，其行为触犯了《中华人民共和国刑法》第二百一十七条之规定，应当以侵犯著作权罪追究其刑事责任。鞠某某在共同犯罪中起主要作用，系主犯，徐某某、华某在共同犯罪中起次要作用，系从犯，应当从轻或者减轻处罚。

被告人华某对起诉书指控的事实不持异议。

被告人鞠某某、徐某某辩称：1. 上海市知识产权司法鉴定中心（以下简称鉴定中心）出具的司法鉴定意见书只是比较了文本显示器计算机芯片上的部分功能区而不是全部功能区，事实上其开发的下位机驱动程序与信捷公司的下位机驱动程序相似度约为1%，不构成实质相同。2. 其生产销售的文本显示器下位机软件与信捷公司生产的文本显示器下位机软件并不相同，该软件系借鉴了信捷公司文本显示器下位机软件的基础上自行开发而成，不构成对信捷公司软件的复制发表，不构成侵犯著作权罪。

被告人鞠某某的辩护人辩称：1. 鉴定中心出具的两份司法鉴定意见书违反法定鉴定程序，司法鉴定书对鉴定样本的形式和取得方式未作出相应说明，在程序上不符合规范；且鉴定未就整个软件作全面的比对，仅仅抽取其中的部分内容进行比对，依据此种鉴定方法作出的鉴定结论，不能作为定案的依据。故起诉书指控的事实不能成立，被告人鞠某某无罪。2. 本案非法经营数额的认定应当扣除文本显示器的自身成本。

---

① 《最高人民法院公报》2012年第1期（总第83期）。

被告人徐某某的辩护人辩称：司法鉴定书"实质相同"的结论即使成立，也不构成侵犯著作权犯罪，因为这里的"实质相同"不是刑法意义上的复制。徐某某是在对同类产品包括信捷公司的产品吸收借鉴的基础上对文本显示器的硬件进行的改进制作，其行为充其量属于修改或剽窃，不构成对计算机软件著作权的侵权犯罪。

江苏省无锡市滨湖区人民法院一审查明：

被告人鞠某某于2007年在信捷公司担任研发部硬件工程师期间，未经信捷公司许可，擅自下载、保存了包括由耐拓公司享有著作权并许可信捷公司使用的OP系列人机监控软件V3.0在内的部分软件。2008年8月，鞠某某提议并与被告人徐某某、华某合谋，共同出资成立云川工控公司，用其非法获取的上述OP系列人机监控软件V3.0生产与信捷公司同类的文本显示器以牟利，由鞠某某担任公司法定代表人并负责生产和销售，徐某某负责硬件支持，华某负责软件技术支持。随后，华某利用被告人鞠某某非法获取的OP系列人机监控软件V3.0，提取并整合了其中使用于信捷公司开发的OP320-A型文本显示器上的目标程序（即下位机.BIN文件），提供给鞠某某、徐某某用于生产TD100型、TD307型文本显示器。2008年12月至2010年10月间，鞠某某、徐某某购买了相应的CPU、电路板、外壳等元器件在本市新区长欣公寓59号201室组装，并将华某整合提取的上述目标程序烧写至上述文本显示器的CPU芯片内，生产TD100型、TD307型等型号文本显示器2045台，向多家单位和个人销售，销售金额计人民币448465元。2010年9月，原信捷公司员工孙某某（另案处理）加入云川工控公司，参与销售上述文本显示器。2010年10月21日，鞠某某、徐某某、华某被公安机关抓获。

被告人鞠某某、徐某某在取保候审期间，于2010年10月至2011年3月间，伙同孙某某继续在本市新区长欣公寓59号201室用上述方法生产上述文本显示器计114台并向多家单位销售，销售金额计人民币25200元。

上述事实，有证人李某（耐拓公司以及信捷公司的法定代表人）的报案笔录、计算机软件著作权登记证书以及软件授权使用协议、无锡市公安局滨湖分局（以下简称滨湖公安局）出具的扣押物品清单以及TD100型、TD307型文本显示器、WORK字样DVD光盘、电脑主机以及华某所持有的笔记本电脑的照片、云川工控公司、云川电气公司与相关客户签订的供需合同、付款凭证以及信用卡收款明细、证人王某1、王某2、许某某等人的证言、被告人鞠某某、徐某某、华某的供述、鉴定中心于2010年12月16日出具的上知司鉴字〔2010〕第1101号司法鉴定意见书、滨湖公安局出具的鉴定结论通知书等证据证实，足以认定。

本案一审的争议焦点是：被告人鞠某某、徐某某、华某的下位机驱动程序是否是对OP系列人机监控软件V3.0软件中下位机程序的复制。

江苏省无锡市滨湖区人民法院一审认为：

被告人鞠某某、徐某某、华某以营利为目的，未经著作权人许可，复制发行其计算机软件，情节特别严重，其行为已构成侵犯著作权罪。无锡市滨湖区人民检察院指控鞠某某、徐某某、华某犯侵犯著作权罪的事实清楚，证据确实、充分，指控的罪名成立。鞠某某、徐某某、华某侵犯著作权的犯罪行为发生在2011年4月30日以前，依照《中华人民共和国刑法》第十二条第一款之规定，应当适用2011年4月30日以前的《中华人民共和国刑法》。

对于被告人鞠某某、徐某某及其辩护人针对鉴定中心出具的司法鉴定意见书所提出的异议，法院评判如下：计算机软件是指计算机程序及有关文档。我国《计算机软件保护条例》第 3 条规定，计算机程序是指为了得到某种结果而可以由计算机等具有信息处理能力的装置执行的代码化指令序列，或者可被自动转换成代码化指令序列的符合化指令序列或者符号化语句序列。计算机程序包括源程序和目标程序。源程序是指用高级语言或汇编语言编写的程序，目标程序是指源程序经编译或解释加工以后，可以由计算机直接执行的程序。源程序与目标程序虽然表现形式不同，但实现的功能可以相同，两者可以通过一定的形式转换。而实现同一功能可转换的源程序和目标程序应当视为同一作品。现控方证据能够证实，鞠某某所谓自主开发的下位机驱动程序，实际上是在无锡耐拓软件有限公司享有著作权并许可信捷公司使用的 OP 系列人机监控软件 V3.0 下位机程序基础上进行少量改动而完成的，尽管二者在局部的功能和表现形式上有所不同，但二者的目标程序、源程序实质相同，可以确认该下位机驱动程序是对 OP 系列人机监控软件 V3.0 软件中下位机程序的复制。故两被告人及其辩护人对鉴定结论的实质要件所提出的异议，不能成立。另外，鉴定中心系根据委托人滨湖公安局提供的鉴材和样本进行的比对鉴定，而滨湖公安局提供的鉴材又系在鞠某某处查获的涉案文本显示器，其比对样本又为受害人信捷公司含有 OP 系列人机监控软件 V3.0 下位机程序的同类产品，且鞠某某、徐某某、华某又都在鉴定结论通知书上签字，未对鉴定结论提出异议，故辩护人对司法鉴定书的形式要件所提出的异议，法院亦不予支持。

被告人鞠某某、徐某某及其辩护人关于其下位机驱动程序系其自主开发的软件，故在其生产的文本显示器上使用该程序不构成复制他人著作权、不应认定为犯罪的意见，与司法鉴定部门所作出的鉴定结论和经法庭调查确认的事实不符，法院不予支持。

关于被告人鞠某某的辩护人提出的本案非法经营额的认定应当扣除文本显示器自身成本的意见，因本案被侵权的计算机软件的载体就是文本显示器，三名被告人正是通过在这一载体上复制享有著作权的计算机软件以牟取不当利益，故本案非法经营数额应为三名被告人生产、销售的文本显示器的实际销售金额，对上述辩护意见法院不予采纳。

被告人鞠某某在共同犯罪中起主要作用系主犯；被告人徐某某、华某在共同犯罪中起次要作用，系从犯，可减轻处罚。鞠某某、徐某某于 2010 年 11 月 26 日因本案被取保候审，在取保候审期间不思悔改，仍继续从事侵权文本显示器的生产、销售，主观恶性较深，社会危害性较大。华某虽未主动归案，但在公安机关侦查阶段如实供述了自己的罪行，依照《中华人民共和国刑法》第六十七条第三款的规定，可以从轻处罚。其在庭审中又自愿认罪，悔罪态度较好，可酌情予以从轻处罚。根据华某的犯罪情节和悔罪表现，对其适用缓刑不致再危害社会，可对其宣告缓刑。

据此，江苏省无锡市滨湖区人民法院依照 2011 年 4 月 30 日以前的《中华人民共和国刑法》第二百一十七条第（一）项、第二十五条第一款、第二十六条第一、四款、第二十七条、第五十二条、第五十三条、第六十四条、第七十二条、第七十三条第二款、第三款和《中华人民共和国刑法》第十二条第一款，第六十七条第三款以及最高人民法院、最高人民检察院《关于办理侵犯知识产权刑事案件具体应用法律若干问题的解释》第五条第二款、《关于办理侵犯知识产权刑事案件具体应用法律若干问题的解释二》第四条之规定，于 2011 年 6 月 7 日判决如下：

一、被告人鞠某某犯侵犯著作权罪，判处有期徒刑三年，并处罚金人民币十二万元。

二、被告人徐某某犯侵犯著作权罪，判处有期徒刑一年六个月，并处罚金人民币八万元。

三、被告人华某犯侵犯著作权罪，判处有期徒刑一年六个月，缓刑二年，并处罚金人民币五万元。

四、被告人鞠某某、徐某某、华某的违法所得予以追缴没收；查获并扣押在案的侵权文本显示器成品、原材料以及电脑主机、笔记本电脑等与犯罪有关物品，予以没收。

鞠某某、徐某某不服一审判决，向江苏省无锡市中级人民法院提出上诉，鞠某某称一审认定鞠某某等人侵犯了信捷公司的下位机程序著作权没有事实依据，所依据的上知司鉴字［2010］第1101号鉴定书在程序、内容、比对方法等方面存在错误，本案非法经营数额中应当扣除TD100型文本显示器的销售额以及硬件成本，请求二审改判其无罪或发回原审法院重审。徐某某称鉴定结论"实质相同"并非刑法意义上的"复制"，其行为仅应承担民事责任，请求二审改判其无罪或发回原审法院重审。

江苏省无锡市中级人民法院经二审，确认了一审查明的事实。

江苏省无锡市中级人民法院二审认为：

关于上诉人鞠某某提出的"一审认定鞠某某等人侵犯了信捷公司的下位机程序著作权没有事实依据，所依据的上知司鉴字［2010］第1101号鉴定书在程序、内容、比对方法等方面存在错误"以及上诉人徐某某及其辩护人提出"鉴定方法存在重大错误，涉案文本显示器目标程序与著作权登记证书载明的软件不相同"的上诉理由和辩护意见，经查：1.根据鞠某某、原审被告人华某所作的供述，其销售的文本显示器在出厂时没有上位机程序，仅有下位机程序。上位机程序一般由客户从网上下载，结合鉴定报告内容、文本显示器的功能特点以及上、下位程序的作用，可以认定作为检材提交鉴定的文本显示器无上位机程序，不存在鞠某某及其辩护人提出鉴定机构比对了上位机程序导致结论错误的情形，其提出CPU存储空间的问题亦与源代码比对问题之间无直接关联。同时，鞠某某及其辩护人所称的鉴定样材、检材的存储器构成及比对结果仅有其陈述及所谓的分析，无其他相关证据证实，不能推翻鉴定报告所作结论。2.耐拓公司作为OP系列人机监控软件V3.0的著作权人、信捷公司作为该软件的独占许可实施人，依照《计算机软件保护条例》第八条第一款第（三）项的规定，有权行使修改权对该软件进行增补、删节，或者改变指令、语句顺序等等，其中当然包括对软件的更新。耐拓公司、信捷公司对修改后的软件同样享有著作权，其提供的目标程序作为比对样本正确。耐拓公司的著作权登记证书可证明其对OP系列人机监控软件V3.0系列享有著作权，不等同于其仅就登记内容享有著作权，而且无证据证明甚至怀疑信捷公司提供的程序系按照鞠某某生产、销售文本显示器中的程序修改后提交鉴定。事实上，本案现有证据足以认定鞠某某利用不正当手段复制信捷公司文本显示器的软件程序。故对于其样材收集程序不合法的辩解和辩护意见法院不予采纳。3.上知司鉴字［2010］第1101号鉴定书在委托鉴定事项、鉴定材料、分析说明等方面对此次鉴定过程均有详细的说明，其后附件亦有检材文本显示器照片和样材目标程序。委托鉴定事项明确为"无锡市公安局滨湖分局提供的文本显示器与无锡市信捷科技电子有限公司OP320-A文本显示器的目标程序是否相同或实质相同"，而文本显示器中的下位机驱动程序就是目标程序，所谓"上位机程序"为应用程序，并非此次鉴定比对的对象，不存在上诉人鞠某某及其辩护人所主张的将下位机程序与上位机程序混合比对的情况。鉴定方法系通过鉴定机关将作为检材样材的两个目标程序分别反编译为汇编代码，提取其中以实现对机械设备进行监控信息处理功能的代码进行比较、分析，鉴定方法正确。综上，对于鞠某某及其辩护人、上诉人徐某某关于上知司鉴字

[2010] 第 1101 号鉴定书鉴定结论错误、鉴定程序违法，该鉴定书不能作为证据使用的辩解和辩护意见不予采纳，对其重新鉴定申请亦不予支持。

关于上诉人鞠某某及其辩护人提出"本案非法经营数额中应当扣除 TD100 型文本显示器的销售额以及硬件成本"的上诉理由和辩护意见，经查：关于 TD100 型文本显示器的销售额的问题：1. TD100 型、TD307 型文本显示器的下位机程序均系由华某通过整合、修改 OP320-A 文本显示器目标程序的手段获取，上诉人鞠某某、徐某某与原审被告人华某对此亦予以认可，该行为均已侵犯了涉案计算机软件著作权。2. 根据鞠某某、徐某某及原审被告人华某的供述，TD307 型系在 TD100 型基础上修改而成，TD100 型文本显示器下位机程序与信捷公司文本显示器下位机程序的相似度高于 TD307 型文本显示器下位机程序，故 TD100 型文本显示器的销售额亦应计入非法经营数额。关于硬件成本问题：1. 最高人民法院、最高人民检察院《关于办理侵犯知识产权刑事案件具体应用法律若干问题的解释》第十二条明确了"非法经营数额"是指行为人在实施侵犯知识产权行为过程中，制造、储存、运输、销售侵权产品的价值。已销售的侵权产品的价值，按照实际销售的价格计算；2. 涉案文本显示器的价值主要在于实现其产品功能的软件程序，而非硬件部分，涉案软件著作权价值为其主要价值构成，以产品整体销售价格作为非法经营数额的认定依据，具有合理性。所以，鞠某某及其辩护人所提出的该上诉理由和辩护意见缺乏事实和法律依据，法院不予采纳。

关于上诉人徐某某及其辩护人提出"鉴定结论'实质相同'并非刑法意义上的'复制'，其行为仅应承担民事责任"的上诉理由和辩护意见，经查：1. 本案鉴定结论确认涉案文本显示器的目标程序与信捷公司 OP320-A 文本显示器目标程序实质相同，系复制了实现产品功能、用途的最重要的源代码，两者虽然有一定的不同之处，但该行为仍为著作权法意义上的复制行为，且具有社会危害性；2. 即便将实质相同理解为部分复制，《计算机软件保护条例》第二十四条亦明确规定复制或者部分复制著作权人软件，触犯刑律，依照刑法关于侵犯著作权罪的规定，依法追究刑事责任。故法院对于徐某某及其辩护人所提出的该上诉理由及辩护意见不予采纳。

综上，原审判决认定上诉人鞠某某、徐某某、原审被告人华某犯侵犯著作权罪的事实清楚，证据确凿充分，适用法律正确，量刑适当，诉讼程序合法，应当予以维持。

据此，无锡市中级人民法院依照《中华人民共和国刑事诉讼法》第一百八十九条第（一）项之规定，于 2011 年 7 月 5 日裁定：

驳回上诉，维持原判。

本裁定为终审裁定。

问题 4. 侵害注册商标专用权应如何判定

【最高人民法院公报案例】 张某某与沧州田霸农机有限公司、朱某某侵害商标权纠纷案①

[裁判摘要]

在商标权共有的情况下，商标权的许可使用应遵循当事人意思自治原则，由共有人

---

① 《最高人民法院公报》2017 年第 4 期（总第 246 期）。

协商一致行使；不能协商一致，又无正当理由的，任何一方共有人不得阻止其他共有人以普通许可的方式许可他人使用该商标。

再审申请人张某某因与被申请人沧州田霸农机有限公司（以下简称田霸公司）、朱某某侵害商标权纠纷一案，不服河北省高级人民法院作出的（2015）冀民三终字第79号民事判决，向本院申请再审。本院依法组成合议庭对本案进行了审查，现已审查终结。

张某某申请再审称：（一）二审法院认定基本事实缺乏证据证明。1.张某某与朱某某于2009年4月共同成立沧州科丰农机有限公司（以下简称科丰公司），由于双方产生矛盾，公司无法继续经营，双方对科丰公司进行清算。在科丰公司清算纠纷中，经河北省河间市人民法院主持调解，张某某和朱某某达成了调解协议，法院出具了（2011）河民清字第1452号民事调解书。调解书中明确约定"田霸"商标归张某某和朱某某共同所有。在科丰公司清算之后，张某某才得知朱某某在科丰公司清算之前，在张某某毫不知情的情况下，利用其担任科丰公司法定代表人的职务便利，擅自将"田霸"商标转让给了朱某某成立的田霸公司。为此张某某就朱某某擅自转让商标行为向法院提起诉讼，要求确认转让行为无效。该案经沧州市中级人民法院、河北省高级人民法院和最高人民法院裁判，认定朱某某擅自转让"田霸"商标无效。由于朱某某未经商标权共有人的同意，擅自将"田霸"商标转让给田霸公司使用至今，侵害了张某某的合法权益。基于此，张某某提起本案诉讼，要求朱某某和田霸公司停止侵权行为，并赔偿损失，该请求应得到支持。2.一审、二审法院根据调解书第三条认定张某某不得向朱某某主张"协议约定之外的任何权利"，故对张某某的诉讼请求不予支持，实属主观臆断。（二）二审法院适用法律错误。作为商标权共有人，朱某某无权单独许可田霸公司使用"田霸"商标。如果商标权共有人可以随意许可他人使用其注册商标，容易造成被许可的商标的滥用，最终导致商标商誉价值损失殆尽，不利于保护其他商标权共有人的利益。因此，限制商标权共有人随意许可他人使用其商标，从长远看符合商标权共有人的共同利益。所以无论是张某某还是朱某某都无权单独许可他人使用"田霸"商标。退一步讲，即使商标权共有人有权单独许可他人使用其注册商标，也必须要经商标权人的许可，签订许可使用合同，并办理备案。本案中，张某某有理由相信田霸公司使用"田霸"商标的行为没有得到任何商标权人的许可，属于侵权行为，应当承担侵权责任。综上，张某某请求本院依法撤销一二审判决，再审本案，改判支持其一审诉讼请求。

被申请人朱某某和田霸公司提交意见称：（一）河北省河间市人民法院民事调解书明确载明朱某某支付给张某某的1800万元，包括科丰公司成立以来的所有经营收益，以及新成立的田霸公司至协议签订之日的全部经营收益。该调解书对科丰公司的财产和田霸公司的财产均做了分割，实际上把田霸公司也作为朱某某与张某某经营的公司来处理。（二）调解书第三条约定"张某某对朱某某的任何经营行为均表示谅解，并放弃本协议约定之外的任何权利，张某某承诺不再以任何方式追究朱某某的任何责任或以任何方式再向其提出任何主张"。既然张某某在调解书中已经承诺不再以任何方式追究朱某某的任何责任，张某某再主张朱某某和田霸公司商标侵权并赔偿损失，不能成立。（三）田霸公司使用"田霸"商标不属于侵权行为。朱某某作为"田霸"商标的共有人，有权使用该商标，朱某某所有的田霸公司当然也有权使用"田霸"商标。事实上，张某某设立的河北圣牛农业机械有限公司也使用"田霸"商标。综上，请求本院驳回张某某的再审申请。

本院认为，张某某在二审开庭时已经明确其诉讼主张为，在张某某与朱某某达成调解协议之后，田霸公司未经许可使用"田霸"商标构成侵权。因此，本案争议焦点问题为：（一）田霸公司的上述商标使用行为是否已经朱某某的许可；（二）田霸公司的上述商标使用行为是否侵害张某某的注册商标专用权。

（一）关于张某某主张田霸公司使用"田霸"商标未经许可并备案的问题

本院认为，法院生效裁判已经确认，朱某某擅自将"田霸"商标转让至田霸公司名下的行为无效，"田霸"商标由张某某和朱某某共同所有。田霸公司由朱某某设立，朱某某曾任田霸公司法定代表人；朱某某作为"田霸"商标的共有人在诉讼过程中也已经申明其许可田霸公司使用"田霸"商标，朱某某和田霸公司之间是否签订许可合同及备案并不能改变这一事实。而且，商标许可合同是否备案并不影响商标许可行为的效力，只是不能对抗善意第三人。因此，可以认定，田霸公司使用"田霸"商标，经过了商标权共有人朱某某的许可，张某某此项再审申请主张不能成立，本院不予支持。

（二）田霸公司的上述商标使用行为是否侵害张某某的注册商标专用权

如前所述，田霸公司使用"田霸"商标已经商标权共有人朱某某的许可，因此，本案关键问题在于作为"田霸"商标共有人之一的朱某某是否有权以普通许可的方式单独许可田霸公司使用该商标。

对于商标权共有，2001年修正的《中华人民共和国商标法》（以下简称商标法）第五条规定，两个以上的自然人、法人或者其他组织可以共同向商标局申请注册同一商标，共同享有和行使该商标专用权。除此之外，商标法对于商标权共有人权利行使的一般规则没有作出具体规定。本院认为，商标权作为一种私权，在商标权共有的情况下，其权利行使的规则应遵循意思自治原则，由共有人协商一致行使；不能协商一致，又无正当理由的，任何一方共有人不得阻止其他共有人以普通许可的方式许可他人使用该商标。理由在于：

首先，商标只有用于生产经营活动中，与商品或者服务结合起来，才能起到区分商品或者服务来源的作用，体现商标的真正价值。如果因为商标权共有人难以协商一致导致注册商标无法使用，不仅难以体现出注册商标的价值，有悖于商标法的立法本意，也难以保障共有人的共同利益。其次，商标权共有人单独以普通许可方式许可他人使用该商标，一般不会影响其他共有人利益，其他共有人可以自己使用或者以普通许可方式许可他人使用该商标，该种许可方式原则上应当允许。商标权共有人如果单独以排他许可或者独占许可的方式许可他人使用该商标，则对其他共有人的利益影响较大，原则上应禁止。再次，根据商标法的规定，许可人应当监督被许可人使用其注册商标的商品质量，被许可人应当保证使用该注册商标的商品质量。因此，从保证商品质量和商标商誉的角度，商标权共有人单独进行普通许可，对其他共有人的利益一般也不会产生重大影响。退一步而言，即便商标权共有人单独进行普通许可造成了该商标商誉的降低，损害到了其他共有人的利益，这也是商标权共有制度自身带来的风险。在商标权共有人对权利行使规则没有作出约定的情况下，共有人应对该风险有所预期。最后，要求商标权共有人全部同意才可进行普通许可，无疑会增加商标许可使用的成本，甚至导致一些有价值的商标因共有人不能达成一致而无法使用。综上，商标权共有人在没有对权利行使规则作出约定的情况下，一般可以单独以普通许可的方式许可他人使用该商标。

按照上述规则，本案中"田霸"商标共有人朱某某有权单独以普通许可方式许可田霸公司使用该商标，田霸公司使用该商标的行为不构成侵权。除此之外，结合本案的具体事实,同样可以得出上述结论。理由在于:首先,田霸公司与商标权共有人张某某和朱某某之间均有密切的联系,在双方达成的调解协议中,明确将朱某某设立的田霸公司至调解协议之前的经营收益纳入调解范围分配给张某某,并约定田霸公司归朱某某所有,张某某不再持有任何股份,田霸公司之后的所有经营收益,均归朱某某。也就是说,双方共同设立的科丰公司解散后,科丰公司的"田霸"商标归属双方共有,而调解协议也将田霸公司纳入到调解范围中,约定田霸公司归朱某某所有。可以认为,张某某在签订调解协议时,应当预期到在科丰公司解散的情况下,田霸公司在以后的经营活动中可能会继续使用"田霸"商标,但在调解协议中却并未作出禁止的约定。其次,本案现有证据仅显示朱某某许可田霸公司使用"田霸"商标,并无证据证明朱某某许可其他人使用该商标。本案中并不存在朱某某随意滥发许可的情况,也没有证据证明田霸公司的使用行为造成了该商标商誉的降低,从而损害到张某某的利益。最后,根据二审法院查明的事实,张某某为法定代表人的河北圣牛农业机械有限公司也在使用"田霸"商标。张某某在申请再审时提交了该公司的宣传页,证明该公司使用的是"德圣牛"商标。本院认为,即使可以确认该证据的真实性,但鉴于该宣传页上没有时间,不能排除河北圣牛农业机械有限公司曾经使用或者同时使用"田霸"商标的可能。因此,张某某提交的该份证据不能推翻二审法院的上述认定。综上,二审法院认定田霸公司在调解协议之后使用"田霸"商标的行为不构成侵权正确,张某某相关申请再审理由不能成立。

关于张某某主张一审、二审法院根据调解书第三条认定张某某不得向朱某某主张"协议约定之外的任何权利"的问题,该理由是一审法院认定朱某某和田霸公司不侵权的主要理由,二审法院对该理由已经进行纠正,本院对张某某的该主张不再评述。

综上,张某某的再审申请不符合《中华人民共和国民事诉讼法》第二百条规定的情形。依照《中华人民共和国民事诉讼法》第二百零四条第一款的规定,裁定如下

驳回张某某的再审申请。

问题5. 恶意串通,违反保密义务,获取、使用企业的技术信息和经营信息等商业秘密的,是否构成侵害商业秘密罪

【典型案例】彭某侵犯商业秘密罪案[①]

一、基本案情

贵阳某科技公司在研发、生产、销售反渗透膜过程中形成了相应的商业秘密,并制定保密制度,与员工签订保密协议,明确对商品供销渠道、客户名单、价格等经营秘密及配方、工艺流程、图纸等技术秘密进行保护。公司高管叶某掌握供销渠道、客户名单、价格等经营秘密;赵某作为工艺研究工程师,是技术秘密 PS 溶液及 LP/ULPPVA 配制配方、工艺参数及配制作业流程的编制人;宋某任电气工程师,掌握刮膜、复膜图纸等技术秘密。三人均与公司签有保密协议。被告人彭某为公司的供应商,在得知公司的生产技术在国内处于领先水平,三人与公司签有保密协议情况下,与三人串通共同成立公司,依靠三人掌握的公司技术、配制配方、工艺参数、配制作业流程及客户渠道等商业秘密生产相关产品,造成贵阳某科技公司375.468万元的经济损失。

---

① 最高人民法院发布7例保护产权和企业家典型案例(2018年1月30日)。

二、裁判结果

一审法院认定，被告人彭某伙同叶某等三人共同实施了侵犯他人商业秘密的行为，造成商业秘密的权利人重大经济损失，后果特别严重，其行为均已构成侵犯商业秘密罪。依照《中华人民共和国刑法》第二百一十九条、《最高人民法院、最高人民检察院关于办理侵犯知识产权刑事案件具体应用法律若干问题的解释》第七条第二款等规定，判决被告人彭某有期徒刑四年，并处罚金人民币2万元。彭某不服上诉，二审法院作出（2016）黔刑终593号裁定，驳回上诉，维持原判。

三、典型意义

保护商业秘密维护诚信经营公平竞争

商业秘密是企业的重要财产权利，关乎企业的竞争力，对企业的发展致关重要，甚至直接影响企业的生存发展。依法制裁侵犯商业秘密行为，是保护企业产权的重要方面，也是维护公平竞争，保障企业投资、创新、创业的重要措施。本案被告人恶意串通，违反保密义务，获取、使用企业的技术信息和经营信息等商业秘密，造成了权利人的重大损失，不仅构成民事侵权应当承担民事责任，而且因造成了严重后果，已经构成刑法规定的侵害商业秘密罪。人民法院依法判处被告人彭某有期徒刑四年，并处罚金，对侵害商业秘密的行为进行严厉惩处，通过刑事手段对商业秘密进行有力保护，有利于促进诚信经营，公平竞争，为企业经营发展营造良好的法治环境。

问题6. 自诉案件中如何认定侵犯商业秘密罪的主要构成要件

【刑事审判参考案例】杨某某、周某某侵犯商业秘密案①

一、基本案情

自诉人卡伯公司诉称，其产品H1800、D268、M203、D356、T600、Q586、D580、E508等的配方，是根据客户的特殊要求研制开发的，具有独特性能，为客户所特需；自诉人的客户资料、油漆报价、工程标书等经营信息，不能从公开渠道直接获取，不为公众所知悉，能给自诉人带来经济利益；自诉人对上述技术信息和经营信息采取了一系列保密措施，并订立了有关规章制度，具有保密性，属于商业秘密，应受法律保护。被告人杨某某、周某某违反保密规定窃取并使用自诉人的技术信息和经营信息，生产与自诉人同类的产品，并销售给自诉人的客户，非法获利人民币（以下均为人民币）103万元，使自诉人遭受巨大损失。两被告人的行为均已构成侵犯商业秘密罪，应依法追究刑事责任，并追缴二人的非法所得发还自诉人。

被告人杨某某、周某某对自诉人的指控均提出异议。杨某某辩称：其带走自诉人的有关资料是经自诉人同意的；与自诉人只签订了劳动合同，不知有保密措施；其行为未违反刑法。周某某辩称：其没有带走和盗取自诉人的任何资料；成立公司生产、销售涂料是其平时学习、改进和利用反向工程的结果；与自诉人只订有劳动合同，没有保密协议；其行为未违反刑法。

---

① 徐松青、张华撰稿、韩维中审编：《杨某某、周某某侵犯商业秘密案——自诉案件中如何认定侵犯商业秘密罪的主要构成要件（第609号）》，载中华人民共和国最高人民法院刑事审判第一、二、三、四、五庭主办：《刑事审判参考》2010年第2集（总第73集），法律出版社2010年版，第1~10页。

两被告人的辩护人均认为两被告人的行为不构成犯罪。理由包括：（1）自诉人不是涉嫌侵权的三种产品的商业秘密权利人，且三种产品的利润为496351.9元，未达到构成犯罪的50万元的立案标准；（2）审理商业秘密案件须先确定秘密点，将公知技术与非公知技术区分开，两被告人没有侵犯自诉人三种产品的七个秘密点；（3）自诉人没有明确其要求保护的商业秘密的范围，没有合格的保密措施，且未与被告人订立过任何离职后应保守秘密的书面或口头协议，被告人离开自诉人后没有任何保密义务；（4）侵犯商业秘密罪的损失范围应限于直接经济损失。

上海市嘉定区人民法院经不公开开庭审理查明：1995年4月，上海利进化工科技开发有限公司（以下简称利进公司）注册成立，经营范围为化工专业领域的技术开发、转让、化工产品及原料的批售、涂料生产等，周履洁任该公司技术主管。同年6月，该公司与上海中启实业公司合作开发生产环氧地坪油漆项目，代号H800。1996年，利进公司研制了一系列导电地坪材料，达到国家规定的二级抗静电地坪要求。同年9月，利进公司开始向上海美建钢结构有限公司（以下简称ABC公司）提供钢结构专用油漆（醇酸底漆）。后该产品经改进升级，编号为D268，是针对ABC公司生产特性而特别开发的，适应ABC公司的使用要求。

1998年8月，自诉人卡伯公司注册成立，经营范围为生产涂料、销售本公司自产产品等，利进公司的法定代表人周圣希推荐周履洁任自诉人的总经理。同年9月，利进公司将其技术、客户资料及相关的生产、经营资料授权给自诉人使用。同年12月3日，自诉人制定了《卡伯公司保密制度》。该制度规定：公司的一切有加密或保密标记的资料都属于保密资料；各类产品的生产技术、工艺操作规程、配方及有关市场信息、经营资料等都属于公司的保密资料范围，并在其油漆、涂料生产作业单上注明"保密资料"字样。1999年8月，自诉人与杨某某、周某某（二人1995年进入利进公司工作）分别签订了劳动合同，杨、周进入卡伯公司工作，分别担任销售部经理和技术部经理。该合同中卡伯公司明确规定员工应遵守公司的各项规章制度。自诉人对公司的保密资料设有专用电脑，对涉及原料明细及进出、历年来的客户名单资料、购销货物及产品经营方面的资料信息由总经理周履洁和杨某某等掌握；对涉及生产产品的基础技术配方及生产作业等资料信息由总经理周履洁和周某某掌握。每套数据设有密码锁定。2000年3月，周某某辞职离开自诉人。同年9月，杨某某、周某某商量以杨母张某、周妻赵某的名义注册成立上海侨世涂料有限公司（以下简称侨世公司），赵某任侨世公司法定代表人。同年10月，杨某某辞职离开自诉人。杨某某、周某某分别担任侨世公司销售部经理和技术部经理。同期，周某某、杨某某利用从自诉人处擅自带走的生产、销售等资料、信息，在侨世公司生产、销售与自诉人同类的产品（侨世公司生产、销售的涉嫌侵权的H800、D268、E508的代号编排有些和卡伯公司相同，有些在卡伯公司产品代号前加"1"，即把H800、D268、E508编排为H1800、D1268、E150.8）。

另查，2001年9月，杨某某与高某某签订投资协议书，共同投资成立台聚涂料（上海）有限公司（以下简称台聚公司），杨某某任台聚公司经理，周某某任台聚公司厂长。周某某、杨某某利用擅自从自诉人处带走的生产、销售等资料、信息，在台聚公司生产、销售与自诉人部分同类的产品。

2002年4月，公安机关接自诉人报案后，展开立案侦查，在侨世公司查获了大量油漆产品和有关自诉人的技术和经营信息资料。同月，公安机关委托中国上海测试中心催化剂行业测试点对卡伯公司和侨世公司、台聚公司生产的油漆产品进行成分分析，结果是 H800－491K（卡伯）和 H800－491Q（侨世）、D268－531K（卡伯）和 D268－531Q（侨世）、E508－100（卡伯）和 E1508－1100（台聚）、H800－129（卡伯）和 H1800－B05（台聚）、H800－481（卡伯）和 H1800－G03（台聚）等 11 组试样的基本组成一致，各组份的量有差异。同月，公安机关委托公信中南会计师事务所对侨世公司涉嫌侵权产品的获利情况进行审计，结论是自 2000 年 11 月至 2002 年 2 月，侨世公司销售涉嫌侵权的 H800、D268、E508（包括 H1800、D1268、E1508）三种产品的净利润为 78 万余元。同年 6 月，国家涂料质量监督检验中心出具证明：对涂料产品而言，其配方是一项技术；涂料的配方属企业技术秘密，该中心目前不能对相同名称的涂料配方作出鉴定。公安机关委托上海同诚会计师事务所、上海佳瑞会计师事务所对自诉人的年度利润等情况进行审计，结论是自诉人 2000 年度、2001 年度、2002 年度的利润分别为 298 万余元、53 万余元、225 万余元。2003 年 7 月，上海市嘉定区人民法院委托上海市科学技术委员会对自诉人主张的 H800、D268、E508 等产品的配方进行技术鉴定。同年 11 月，上海市科学技术委员会经综合分析、评议，结论是自诉人的 H800、D268、E508 三种产品的配方不属于公知技术（其他五种产品的配方因自诉人提供的技术资料不全等原因，未予鉴定）。

综上，自诉人因被告人杨某某、周某某侵犯其商业秘密而遭受的经济损失为 78 万余元。

上海市嘉定区人民法院认为，自诉人指控被告人杨某某、周某某犯侵犯商业秘密罪的基本事实清楚，基本证据确实、充分，指控罪名成立。但自诉人指控杨某某、周某某侵犯其 M203、D356、T600、Q586、D580 五种产品的商业秘密，因自诉人未能提供充分证据，对该指控不予支持。两被告人及其辩护人关于两被告人不构成侵犯商业秘密罪的辩解和辩护意见，与查明的事实不符，本院不予采纳。鉴于两被告人在审理阶段能主动退赔部分犯罪所得，在量刑时酌情予以考虑。依照《中华人民共和国刑法》第二百一十九条第一款第三项、第三款、第四款，第二十五条第一款，第三十七条，第六十四条之规定，于 2005 年 6 月 22 日判决如下：

1. 被告人杨某某犯侵犯商业秘密罪，免予刑事处罚；
2. 被告人周某某犯侵犯商业秘密罪，免予刑事处罚；
3. 责令被告人杨某某、周某某退赔违法所得人民币七十八万元（已在案三十万元），发还卡伯公司；
4. 在案犯罪工具予以没收。

一审宣判后，自诉人卡伯公司和被告人杨某某、周某某分别提出上诉。

二审审理期间，上诉人均提出撤诉申请。上海市第二中级人民法院依照《最高人民法院关于执行〈中华人民共和国刑事诉讼法〉若干问题的解释》第二百三十九条的规定，裁定准许。

二、主要问题

1. 如何认定本案自诉人所要求保护的技术信息的秘密性？
2. 如何认定本案被告人是否实施了侵犯商业秘密的行为？
3. 如何认定本案侵犯商业秘密造成的重大损失？

三、裁判理由

本案是上海法院首例适用刑事诉讼法规定的第三类自诉程序审理的侵犯商业秘密犯

罪案件。自诉人卡伯公司 2002 年 2 月 22 日向公安机关报案，称杨某某、周某某涉嫌犯侵犯商业秘密罪。公安机关立案侦查后，将该案移送检察机关审查起诉。检察机关认为该案情节显著轻微，危害不大，决定不予起诉。自诉人转而向法院提起自诉，法院最终作出上述判决。从自诉人报案到审判终结，诉讼过程几经周折，折射出一些被侵权企业在保护商业秘密方面维权道路的艰难。本案在实体和程序上均有不少法律问题值得探讨，这里主要分析其中相对突出的三个问题：一是如何认定自诉人所要求保护的技术信息的秘密性；二是如何认定被告人是否实施了侵犯商业秘密的行为；三是如何认定侵犯商业秘密造成的重大损失。

（一）关于本案技术信息秘密性的认定

刑法第二百一十九条规定，商业秘密是指不为公众所知悉，能为权利人带来经济利益，具有实用性并经权利人采取保密措施的技术信息和经营信息。本案自诉人所要求保护的技术信息和经营信息是否属于商业秘密，关键在于对秘密性的判定，即是否"不为公众所知悉"。自诉人的客户资料、油漆报价、工程标书等经营信息，显然不能从公开渠道直接获取，故不难认定具有秘密性。存在争议的是对技术信息秘密性的认定，鉴于这种认定涉及专业知识，一审法院受理本案后，依据刑事诉讼法第一百一十九条的规定，委托上海市科学技术委员会对自诉人卡伯公司主张的 H800、D268、M203、D356、T600、Q586、D580、E508 等配方进行是否为公知技术的鉴定。三名鉴定人分别对自诉人卡伯公司和被告人周某某、杨某某进行技术听证，并分别要求当事人提供用以鉴定的技术资料。被告人未提供有价值的技术资料，后经分析评议，鉴定人作出了自诉人的 H1800、D268、E508 三种配方属于不公知技术的鉴定结论。法院经审查认为，该鉴定结论由具有鉴定资质的专家出具，鉴定程序合法，鉴定过程客观，鉴定结论有效，应依法采信，从而确认自诉人要求保护的三种技术信息具有秘密性。

辩护人提出，对商业秘密的鉴定应当区分公知技术与非公知技术，否则没有证明效力。我们认为，对商业秘密区分公知技术与非公知技术是针对特定情形或者特定案件而言的，不具有普遍性。例如，甲公司掌握某项技术秘密，与乙公司联营合作后该技术秘密已公开，甲公司再要求保护该秘密中的产品配方和工艺，法院就应要求其将诉讼请求明确化，区分公知技术和非公知技术，否则可能侵犯公共利益。但本案的情形不同。自诉人的涂料配方除基础成分外，还有特殊的原料及配比。涂料助剂在涂料中具有特定性能，且每种助剂都有不同程度的副作用，会影响涂料的其他性能，故对助剂的选择、用量的确定都必须按照涂料产品的具体情况（如涂料性能、客户要求等）进行反复试验。同时，因各行各业对涂料的要求越来越高，功能性涂料发展迅猛，行业竞争十分激烈，助剂的使用更具重要意义。如何用好各种助剂往往成为涂料企业的技术关键。因此，对本案自诉人的涂料配方，应作为一个整体认定为商业秘密加以法律保护，不应区分公知技术和非公知技术。上海市科学技术委员会的技术鉴定结论也证实了这一点。

（二）关于被告人是否实施了侵犯商业秘密的行为

刑法第二百一十九条规定侵犯商业秘密有四种行为方式，其中该条第三项规定的侵犯商业秘密行为方式为：违反约定或者违反权利人有关保守商业秘密的要求，披露、使用或者允许他人使用其所掌握的商业秘密。这是一种违约型侵犯商业秘密的行为，以行为人与商业秘密权利人之间是否存在保守商业秘密的协议为前提。实践中，有时行为人掌握商业秘密本身是合法的，但由于其违反约定或者违反权利人有关保守商业秘密的要求，将自己因工作、职责掌握的商业秘密予以披露、使用，或者允许他人使用，从而构成侵权。本案被告人及其辩护人提出，被告人与自诉人之间没有保密协议，周某某还辩称其系通过反向工程掌握了该技术，不构成侵权。这种辩解和辩护意见不能成立。具体分析如下：

首先，自诉人对其技术信息和经营信息采取了保密措施，被告人违反了保密协议。对商业秘密采取保密措施，并不要求权利人采取的措施能做到万无一失，只要权利人采取了合理的保密措施，使负有保密义务以外的其他人不能轻易获得该秘密即可。关于措施是否合理，可以从以下几个角度考虑：（1）权利人是否明确了作为商业秘密保护的信息范围；（2）是否制定了相应的保密制度或以其他方法使他人知晓其掌握或接触的信息系应当保密的信息；（3）是否采取了一定的物理防范措施，除非通过不正当手段，他人轻易不能获得该信息。本案中，自诉人卡伯公司在1998年前已研制开发、生产销售各类油漆涂料，取得许可、授权，是生产、销售各类油漆涂料的权利人，并逐步形成了油漆生产技术和销售网络。该公司还制定了《保密制度》，在生产作业单上注明"保密资料"字样，并通过与员工签订《劳动合同》，明确了员工应遵守的各项规章制度。据此，应当认为，卡伯公司对其技术信息和经营信息采取了合理的保密措施。被告人周某某、杨某某在卡伯公司分别从事油漆涂料技术管理和经营管理，知悉该公司的商业秘密，在离开卡伯公司时擅自将自诉人的有关资料带走，且成立侨世公司后，利用上述资料生产和销售同类产品，违反了卡伯公司有关保守商业秘密的要求。周某某、杨某某到案后的历次供述与上述事实相符，且能相互印证，公安人员从卡伯公司的电脑中调取的《保密制度》也确认了相关事实，故应认为周某某、杨某某违反了卡伯公司的保密规定。

其次，被告人周某某并非通过反向工程获得自诉人的技术秘密。所谓反向工程，是指通过对终端产品的分析研究，找出该产品的原始配方或者生产工艺。反向工程是对商业秘密权的一种限制，一旦他人通过反向工程获得技术秘密，权利人则无权阻止他人披露和使用获得的技术信息。本案被告人周某某原是自诉人卡伯公司的技术部经理，仅高中文化，根据其履历反映，周不具备开发、研制涂料配方、改进生产工艺的能力。其辞职后，未经许可擅自将卡伯公司所有的意大利麦加油漆公司全套授权（原版）配方、内部色卡、客户资料、特种样品测试方法以及测试标准、产品底价、部分油漆报价单、原版产品检测报告、产品说明书、卡伯公司与客户的合同等技术资料带离卡伯公司，并伙同杨某某成立了分别由周妻赵某和杨母张某担任公司负责人的公司，生产销售同类产品。据此，可以认定周某某系以不正当手段而非反向工程获取了卡伯公司的技术秘密，属于侵犯商业秘密的行为。

（三）关于本案侵犯商业秘密造成重大损失的认定

侵犯商业秘密罪是结果犯，侵权行为给权利人造成重大损失是犯罪的构成要件。这种损失因商业秘密的种类、经济利用价值大小、新颖程度、使用状况、利用周期、市场竞争程度、市场前景、侵权时间长短、侵权方式的不同而有所区别。对于如何认定重大损失，刑法和有关办理侵犯知识产权刑事案件的两部司法解释均没有做出规定，实践中一般参照《反不正当竞争法》的有关规定来计算。该法第二十条规定：经营者违反本法规定，给被侵害的经营者造成损害的，应当承担损害赔偿责任，被侵害的经营者的损失难以计算的，赔偿额为侵权人在侵权期间因侵权所获得的利润，并应当承担被侵害的经营者因调查该经营者侵害其合法权益的不正当竞争行为所支付的合理费用。据此，计算侵犯商业秘密造成的重大损失可遵循以下原则：（1）对于能够计算权利人损失的，以权利人的实际损失数额作为被告人应当赔偿的损失数额；（2）权利人的损失数额难以计算的，以侵权人在侵权期间因侵犯商业秘密所获得的实际利润计算权利人的损失数额。

本案在计算损失数额时参照了上述原则，从自诉人所失和被告人所得两个方面综合认定自诉人的损失数额。上海市科学技术委员会专家对卡伯公司的相关产品作出的鉴定结论证实，卡伯公司的 H800、D268、E508 三种产品配方不属于公知技术。根据公信中南会计师事务所对侨世公司涉嫌侵权产品所产生的净利润出具的《审计报告》，2000 年 11 月至 2002 年 2 月，侨世公司销售 H800、D268、E508 三种产品的净利润为 78 万余元。根据上海同诚会计师事务所、上海佳瑞会计师事务所对卡伯公司利润情况等进行审计出具的《审计报告》，卡伯公司 2000 年度、2001 年度、2002 年度的利润分别为 298 万余元、53 万余元、225 万余元，即卡伯公司遭受两被告人侵权期间减少的利润大于两被告人侵权获得的净利润。鉴于对侵犯商业秘密造成重大损失尚无统一、确定的计算方法，根据有利于被告人的事实认定原则，法院确认被告人杨某某、周某某给自诉人造成的损失数额为 78 万余元。

问题 7. 如何认定假冒注册商标罪中的同一种商品

【刑事审判参考案例】孙某强等假冒注册商标案[①]

一、基本案情

北京市海淀区人民法院经审理查明：2007 年 6 月至 2008 年 1 月间，被告人孙某强在本市海淀区永丰屯租用房间后自建冷库，雇佣被告人钱某增、周某利用低价购买或自行生产的水饺、汤圆，灌装到标有"思念"牌商标的包装袋及包装箱中，假冒"思念"牌水饺、汤圆对外销售。2008 年 1 月 23 日，被告人孙某强、钱某增、周某被抓获归案，公安人员当场起获大量"思念"牌水饺、汤圆。郑州思念食品有限公司系"思念"牌注册商标的所有权人，该注册商标核定使用商品的范围为：饺子、元宵、馄饨、包子、春卷、方便米饭、八宝饭、粽子、馒头、冰淇凌（商品截止）。经依法鉴定，起获的"思念"牌水饺、汤圆系假冒"思念"牌注册商标的食品，货值金额为人民币（以下币种均为人民币）103480 元。

北京市海淀区人民法院认为，被告人孙某强、钱某增、周某未经注册商标所有人许可，在同一种商品上使用与其注册商标相同的商标，情节严重，其行为均构成假冒注册商标罪，应予惩处。同时，由于"思念"牌注册商标所核定使用的商品范围并不包括羊肉片，所以公诉机关指控中有关羊肉片的货值金额不应纳入假冒注册商标罪的犯罪数额，应予以纠正。关于被告人孙某强提出起获的散装水饺是准备假冒其他品牌出售以及起获的"思念"牌水饺含有正品的辩解，与其同案犯钱某增、周某关于永丰屯仓库一直作为假冒"思念"牌食品的制假窝点的供述明显相悖，且孙某强、钱某增二人的供述均能证明起获的散装水饺都是为了假冒"思念"牌食品而备用，这一事实亦可从现场起获的大

[①] 《孙某强等假冒注册商标案——如何认定假冒注册商标罪中的同一种商品（第 674 号）》，载中华人民共和国最高人民法院刑事审判第一、二、三、四、五庭主办：《刑事审判参考》2011 年第 1 集（总第 78 集），法律出版社 2011 年版，第 89~95 页。

量假冒"思念"牌的外包装予以印证,故对上述辩解不予采纳。关于被告人钱某增等人假冒"思念"牌注册商标食品的数量问题,除了现场起获的假冒该注册商标的食品外,根据被告人孙某强的供述与有关批发市场经销商的证言,能够证明大量由其假冒的"思念"牌注册商标的食品已经进入市场流通。由于公诉机关对于已销售的这部分假冒"思念"注册商标食品的数额没有予以指控,基于不告不理的原则,法院对此没有认定。但如上所述,对于孙某强等人假冒"思念"注册商标食品已大量流入市场的这一情况,供证吻合,而且食品安全问题关乎广大人民群众的身体健康与切身利益,因此其经营时间长、销售数量多、波及面广等具体情节,可作为从重处罚情节。被告人钱某增、周某系由孙某强雇佣进行犯罪活动的人员,在共同犯罪中起次要、辅助作用,属于从犯,结合此二人认罪态度较好,本院依法对此二人可从轻处罚。综合考量本案的证据情况,被告人钱某增在共同犯罪中所起的作用比被告人周某所起的作用更大,故在量刑时亦应有所区别。依照《中华人民共和国刑法》第二百一十三条,第二十五条第一款,第二十六条第一款、第四款,第二十七条,第五十三条之规定,判决如下:被告人孙某强犯假冒注册商标罪,判处有期徒刑二年六个月,罚金人民币五万元;被告人钱某增犯假冒注册商标罪,判处有期徒刑一年六个月,罚金人民币二万元;被告人周某犯假冒注册商标罪,判处有期徒刑一年三个月,罚金人民币一万元。

一审宣判后,被告人孙某强不服,向北京市第一中级人民法院提出上诉。

孙某强的上诉理由为:(1)原判将起获的部分散装水饺认定为假冒他人注册商标的商品,与事实不符;(2)原判依据被侵权单位提供的价格确定涉案商品的价值,导致认定犯罪数额过高,量刑过重。其辩护人提出:(1)孙某强经营假冒注册商标的商品的时间不长,销售范围有限,不应从重处罚;(2)在案扣押的部分散装水饺不是假冒注册商标的商品,其价值不应计入犯罪数额。综上,原判对孙某强量刑过重。

北京市第一中级人民法院经审理认为,原审判决认定孙某强、钱某增、周某犯假冒注册商标罪的事实清楚,证据确实、充分,定罪及适用法律正确,量刑适当,审判程序合法。据此,依照《中华人民共和国刑事诉讼法》第一百八十九条第一项之规定,北京市第一中级人民法院裁定驳回上诉,维持原判。

二、主要问题

1. 如何认定假冒注册商标罪中的同一种商品?

2. 对于已经制作完成但尚未附着或者加贴假冒注册商标标识的产品,其价值是否应当计入非法经营数额?

三、裁判理由

(一)未列入权利人注册商标核定使用范围内的商品,不应当被认定为假冒注册商标罪中的同一种商品

商标,是指商品生产者或者经营者为了把自己销售的商品在市场上同其他商品生产者或者经营者的商品区分开来而使用的专用标志。而注册商标,是指经商标局核准注册的商标。在我国,商品生产者和经营者有权在商品上使用注册商标并享有注册商标的专用权,未经注册的商标,不受法律保护。因此,假冒注册商标犯罪是对他人的注册商标专用权和国家的商标管理制度的侵犯。同时,我国相关法律及规定对注册商标专用权的保护范围也有着明确的限定。例如,商标法第三十七条规定:"注册商标的专用权,以核准注册的商标和核定使用的商品为限。"《商标使用许可合同备案办法》第十一条第五项

规定,许可使用的商品超出了该注册商标核定使用的商品范围的,商标局将对相关商标使用许可合同不予备案。假冒注册商标罪的社会危害性一方面在于,犯罪人未经注册商标权利人的许可便擅自在同种商品上附着或加贴注册商标后对外销售,通过这种"搭便车"的手段,犯罪人不但能降低自身经营成本,而且可以获取高额利润。另一方面的社会危害性在于犯罪行为直接导致注册商标权利人在同种商品销售市场上本应获得的市场份额被非法大量挤占,造成巨额经济损失。由此而论,假冒注册商标体现为在同种商品市场份额争夺中所产生的不正当竞争行为。

在本案中,公诉机关所指控的犯罪数额包括假冒"思念"牌水饺、汤圆、羊肉片的货值金额。但一审人民法院注意到,公诉机关向法庭出示的商标注册证以及核准商标转让证明证实郑州思念食品有限公司系"思念"牌注册商标的所有权人,该注册商标核定使用商品的范围为:饺子、元宵、馄饨、包子、春卷、方便米饭、八宝饭、粽子、馒头、冰淇凌(商品截止)。也就是说,行为人孙某强等人实际生产销售的商品包括:水饺、汤圆、羊肉片。毫无疑问,这三种商品都属于食品,属于食品类,但刑法相关条文规定的是"同一种商品",而并非"同一类商品"。《最高人民法院、最高人民检察院、公安部关于办理侵犯知识产权刑事案件适用法律若干问题的意见》(以下简称知产意见)第五条的规定,名称相同的商品以及名称不同但指同一事物的商品,可以认定为"同一种商品"。"名称",是指国家工商行政管理总局商标局在商标注册工作中对商品使用的名称,通常即《商标注册用商品和服务国际分类》中规定的商品名称。"名称不同但指同一事物的商品",是指在功能、用途、主要原料、消费对象、销售渠道等方面相同或者基本相同,相关公众一般认为是同一种事物的商品。在司法实践中,认定是否属于"同一种商品",应当在权利人注册商标核定使用的商品和行为人实际生产销售的商品之间进行比较。本案中,"水饺"与"饺子"仅一字之差,"水饺"体现出对"饺子"这种食品的烹饪方式,二者所指向的实际是同一种事物,应当认定为"同一种商品"。"汤圆"与"元宵"这两种食品在主要原料、功能、用途等方面基本是相同的,只是由于地域文化差异等因素而叫法不同,在社会公众看来,二者指向的实际也是同一种事物,也应当认定为"同一种商品"。而"羊肉片"这种商品并未被列入"思念"牌注册商标的商品核定使用范围,而"羊肉片"与"思念"牌注册商标核定使用范围内的商品相比较,不仅名称不同,而且在主要原料等方面也存在根本性的差异,社会公众不会认为"羊肉片"与核定使用范围内的任何一种商品指向的是同一种事物,当然不能认定为是"同一种商品",也就不会与权利人在同种商品领域产生竞争。可见,行为人虽然销售带有"思念"牌商标的"羊肉片",但这一行为尚未侵犯权利人的注册商标专用权以及我国的商标的管理制度。因而,公诉机关指控中所涉及的"羊肉片"的货值金额不应当计入犯罪数额。

(二)当言词证据与物证能够相互印证,证明尚未附着或加贴假冒注册商标标识的产品将附着或加贴相关商标标识的,应当将产品价值计入非法经营数额

本案公诉机关指控的数额不仅包括已经包装完毕并标有"思念"牌注册商标的箱装水饺,而且包括多达6520千克并放置在白色编织袋内尚未包装、装箱的散装水饺,这部分散装水饺的货值金额占到了整个指控金额的一半还多。行为人孙某强及其辩护人的主要辩护意见就是这部分散装水饺将会以其他商标品牌装箱对外销售,而不是以"思念"牌注册商标装箱对外销售。但是,一审法院注意到,被告人孙某强及同案犯钱某增、周某的供述以及大量证人的证言能够相互印证,并证实在公安机关查获的制假窝点一般都

是将大量购入的散装水饺装入白色编织袋存放，然后均是以"思念"牌水饺的外包装对外销售。知产意见第七条明文规定："在计算制造、储存、运输和未销售的假冒注册商标侵权产品价值时，对于已经制作完成但尚未附着（含加贴）或者尚未全部附着（含加贴）假冒注册商标标识的产品，如果有确实、充分证据证明该产品将假冒他人注册商标，其价值计入非法经营数额。"根据该条规定，本案的散装水饺属于侵权产品。不过，要认定这些散装水饺属于侵权产品，不但要审查本案的言词证据，还应该结合本案物证的审查来予以认定。在本案中，公安机关从孙某强的制假窝点内，不但起获了封口包装机、电子秤等作案工具，更为重要的是起获了数万个标有"思念"牌注册商标的水饺外包装袋及包装箱，这些物证强有力地印证了之前的言词证据，驳斥了孙某强的辩解。因此，一审法院在证据确实、充分的前提下，将散装水饺认定为侵权产品，并将散装水饺的价值计入非法经营数额，这一认定准确地反映了孙某强等人的犯罪行为所实际产生的社会危害性，做到了"不枉不纵"。在判定是否将尚未附着或加贴假冒注册商标标识的产品价值计入非法经营数额时，之所以要强调对物证的审查，从物证与言词证据相互印证的角度来确认相关事实是否已经达到了证据确实、充分的标准，是因为言词证据相对于物证而言，具有不稳定性、易变性。而假冒注册商标犯罪的特点，也决定了公安机关在抓获涉案被告人的同时，往往能起获大量制假工具、商标标识、外包装等重要物证。因此，法院在审理此类案件时，应当特别注意审查公安机关收集相关物证时所制作的起获经过、搜查笔录、清点记录、检查笔录、照片、录像，一方面是审查所起获物证的真实性以及与本案的关联性，另一方面则是审查公安机关取证过程的合法性。

问题 8. 如何计算假冒注册商标的商品的货值金额

【刑事审判参考案例】 王某 1 销售假冒注册商标的商品案[①]

一、基本案情

北京市海淀区人民法院经审理查明：2009 年 4 月 9 日，被告人王某 1 伙同他人销售假冒思科牌模块时被抓获。公安人员在王某 1 位于北京市海淀区知春东里的经营地、暂住地，以及海淀区知春里库房内，查获大量 H3C 牌模块、思科牌模块。经鉴定，上述产品均系假冒 H3C 牌和思科牌注册商标的产品，其中假冒思科牌注册商标的产品价值人民币（以下币种同）173124 元。

北京市海淀区人民法院认为，对于查获的假冒 H3C 牌模块的价值，公诉机关仅以被侵权单位杭州华三通信技术有限公司出具的价格证明作为价值认定依据，未提供价格认证中心的财产价格鉴定意见，缺乏客观性，故对指控的假冒 H3C 牌产品价值不予认可，并在犯罪数额中予以扣除。鉴于王某 1 具有未遂情节，且到案后如实供述犯罪事实，依法可以对其从轻处罚。据此，依照《中华人民共和国刑法》第二百一十四条、第二十三条、第六十七条第三款、第五十三条之规定，北京市海淀区人民法院以被告人王某 1 犯销售假冒注册商标的商品罪，判处有期徒刑一年，并处罚金人民币十万元。

[①] 杨立军撰稿，马岩审编：《王某 1 销售假冒注册商标的商品案——如何计算假冒注册商标的商品的货值金额（第 922 号）》，载中华人民共和国最高人民法院刑事审判第一、二、三、四、五庭主办：《刑事审判参考》2013 年第 6 集（总第 95 集），法律出版社 2014 年版，第 20～24 页。

一审宣判后，王某1未上诉。北京市海淀区人民检察院提出抗诉，北京市人民检察院第一分院支持抗诉。具体理由是：（1）一审判决将查获的假冒H3C牌模块的价值从犯罪数额中予以扣除，属于认定事实错误，采信证据有误。（2）查获的假冒H3C牌模块的实际销售价格，因出入库单在时间、数量上不能一一对应，且记载产品型号不规范、不一致，认定实际销售价格的证据未达到"确实、充分"的证明标准，属于"无法查清销售价格"的情形。根据最高人民法院、最高人民检察院2004年联合出台的《关于办理侵犯知识产权刑事案件具体应用法律若干问题的解释》（以下简称知产解释）第十二条的规定，应当依据"被侵权产品的市场中间价格"，即抗诉机关在二审期间补充调取的被侵权产品的价格鉴定意见认定上述模块的价值。

被告人王某1对原审判决无异议。其辩护人提出，检察机关在二审期间调取的价格鉴定意见系根据H3C牌模块真品价格作出，金额过高，与实际销售情况不符。

北京市第一中级人民法院经审理查明的事实、证据与一审法院基本相同。另查明，公安机关在王某1处查获的假冒H3C牌模块货值金额共计51880元。

北京市第一中级人民法院认为，被告人王某1销售明知是假冒注册商标的商品，销售金额数额较大，其行为构成销售假冒注册商标的商品罪，依法应当惩处。本案中，购销双方对于"知假卖假、知假买假"均有明确认识，假货的销售价格与真品有很大差距。因此，按照查获的假冒产品本身的价格计算犯罪数额，更能体现罪责刑相适应原则。一审中公诉机关仅依据被侵权单位出具的真品价格证明，认定查获的假冒H3C牌模块的犯罪金额，缺乏客观性。而一审法院仅以控方证据不足为由，对该项事实的犯罪数额不予认定，亦属不当。经查，查获的假冒H3C牌注册商标的产品货值金额大约为5.1万余元。对检察机关的抗诉意见和支持抗诉意见，部分予以采纳。原判对于部分事实认定有误，应予纠正。鉴于二审查明的数额仍在一审确定的量刑幅度内，一审判决不属于量刑畸轻，故予以维持。据此，依照《中华人民共和国刑事诉讼法》第二百二十五条第一款第一项之规定，北京市第一中级人民法院裁定驳回抗诉，维持原判。

二、主要问题

1. 有证据证明有实际销售情况的，如何判断实际销售价格是否无法查清？

2. 认定侵权产品的价值时，如何看待被侵权单位出具的正品价格证明以及中介机构作出的价格鉴定意见的证明力？

三、裁判理由

在销售假冒注册商标的商品犯罪案件中，犯罪数额是影响定罪量刑的重要因素。由于此类犯罪活动相对隐蔽、零散，交易程序很不规范，给实践中准确查明犯罪数额带来了诸多困难。如何合理运用在案证据，准确认定犯罪数额，是审理此类案件的关键。

（一）有证据证明存在实际销售行为的，应当根据有利于被告人的原则具体把握实际销售价格的证明标准，尽可能查明实际销售价格

知产解释第十二条规定："本解释所称'非法经营数额'，是指行为人在实施侵犯知识产权行为过程中，制造、储存、运输、销售侵权产品的价值。已销售的侵权产品的价值，按照实际销售的价格计算。制造、储存、运输和未销售的侵权产品的价值，按照标价或者已经查清的侵权产品的实际销售平均价格计算。侵权产品没有标价或者无法查清其实际销售价格的，按照被侵权产品的市场中间价格计算。"上述三种计算方法呈递进关系，只有按照前一种方法无法认定侵权产品的价格时，才适用后一种方法计算。由于计

算方法具体如何确定,加上侵犯知识产权案件中制造、销售、存储侵权产品的情形往往差异很大,在流通领域侵权产品比正品的价格往往低得多,因此使用知产解释第十二条规定的不同计算方法计算出的犯罪数额也会相差悬殊。要选取科学、合理的计算方法计算犯罪数额,关键是对知产解释第十二条规定的"无法查清实际销售价格"进行准确把握。如果控辩双方对实际销售价格能否查清有不同意见,法院对在案的证实相关交易细节的证据更应慎重对待。同时,考虑到实际销售价格这一计算标准对被告人更为有利,在判断有关实际销售价格的事实是否清楚,证据是否确实、充分时,应当根据案件实际情况具体认定,充分挖掘相关证据的证明价值。本案中,检察机关认为,认定实际销售假冒 H3C 牌模块价格的证据无法达到"确实、充分"的证明标准,属于知产解释规定的"无法查清实际销售价格"的情形,应当以相应正品的鉴定价格计算犯罪数额。检察机关认为,要查清实际销售价格,要求调取的出库单、购货清单在时间、数量上须一一对应,关于型号的记载也要与扣押清单的型号完全一致。我们认为,这种意见过于绝对,不符合知识产权犯罪取证难的实际情况,对证据审查提出了过高要求,也不利于保护被告人的权益。因此,在有证据证明存在实际销售行为的情况下,应当尽可能利用现有证据查明实际销售的平均价格,以准确评价被告人的罪行轻重。

本案中,查获的假冒 H3C 牌模块没有标价,但其实际销售平均价格根据侵权产品购买人的证言、相关单据、被告人王某 1 的供述等证据基本能够查清。证人王某 2 等侵权产品购买人的证言、王某 1 的供述均证实,王某 1 销售的假冒 H3C 牌各型号模块的价格在 100 元至 200 元之间。而公安人员在王某 1、购货人处查获的部分出库单、调取的购货清单中标注有假冒 H3C 牌模块的型号、价格。经比对,查获的 6 种型号 H3C 牌假模块中,有 5 种型号能够结合书证查明实际销售价格,只有 1 种型号的假模块无法查明销售价格,根据知产解释第十二条的规定,对该种假模块可以按照二审中补充调取的相应正品的鉴定价格计算犯罪数额。据此,二审法院认定查获的假冒 H3C 牌模块的货值金额共计 51880 元。

(二)认定侵权产品价值时,应当结合在案其他证据审慎判断被侵权单位出具的正品价格证明及价格鉴定意见的证明力

本案除了是否属于"无法查清实际销售价格"情形的问题外,还涉及对控方提交的相关价格证明的采信问题。一审期间,公诉机关以被侵权单位出具的正品价格证明所载价格作为"被侵权产品的市场中间价格"。我们认为,不能将被侵权单位提供的正品价格等同于"被侵权产品的市场中间价格"。主要理由在于:首先,被侵权单位作为利害关系方,其出具的价格证明如无相关证据佐证,作为认定犯罪数额的依据缺乏客观性。其次,对于何为市场中间价格,司法解释并未予以明确。而实际操作中,因产品销售存在多个环节,以出厂、批发或者零售环节的市场中间价格计算案值,结果必然存在一定差异,可见,应当根据行为人所处的具体销售环节来确定市场中间价格。一审检察机关仅以被侵权单位出具的价格证明来确定被侵权产品市场中间价格,既不客观,也不合理,一审法院未根据该证据认定相关犯罪数额是正确的。但是,一审法院未注意到该部分模块的实际销售价格根据相关证据基本能够查清,从而对指控的该部分犯罪数额不予认定,是不正确的,应予纠正。

与被侵权单位出具的正品价格证明相比,中介机构出具的价格鉴定意见无疑具有较高的公信力,其证明力明显高于前者。司法实践中,由于价格鉴定意见的出具比较便捷,

且鉴定结果往往能够得到法庭的支持,对于查获的侵权产品,侦查机关一般都交由价格鉴定机构出具价格鉴定意见,作为指控、认定犯罪数额的依据。但是,鉴定意见并不当然具有客观性、合理性,如果鉴定机构不负责任,其出具的鉴定意见也难以体现公平。特别是当鉴定机构出具的鉴定价格与被侵权单位提供的价格完全一致时,极易引发被告人、辩护人对鉴定意见客观性、公正性的质疑。因此,鉴定意见能否作为定案的根据,需要结合案件具体情况和其他证据审查判断。具体而言,应当调取证明被侵权单位实际销售情况的证据,如销售合同、销售单据、产品市场定价等,用以证实被侵权单位提供价格的真实性。必要时,应当对鉴定的程序、依据等情况进行审查。只有这样,才能准确认定犯罪数额,作出令人信服的判决。

问题9. "售假公司"能否成为单位犯罪的主体

【刑事审判参考案例】邱某1等销售假冒注册商标的商品案[①]

一、基本案情

广州市海珠区人民法院经公开审理查明:

被告人邱某1、邱某2于2009年3月至9月,租用广州市海珠区宝岗大道×××号中新大厦×××室、×××室、×××室作为上海易才数码技术有限公司、广州特亿网络科技有限公司的办公场所。被告人邱某1担任上海易才数码技术有限公司法定代表人、广州特亿网络科技有限公司总经理,负责全面工作;被告人邱某2担任广州特亿网络科技有限公司法定代表人,负责采购。两被告人以上述二公司的名义,通过互联网招聘网络技术人员和网络销售业务员,在互联网上设立LV、GUCCI:商品销售网站,通过互联网向外国客户销售假冒注册商标的LV、GUCCI商品,并通过易智付科技(北京)有限公司第三方支付平台、西联汇款的方式收取货款,至案发时止销售金额共计人民币(以下币种均为人民币)1923825.96元。同年9月16日,广州市公安局海珠区分局经济犯罪侦查大队和广州市工商行政管理局海珠分局根据LV商标代理人的举报,对上址进行联合执法检查时将被告人邱某1、邱某2抓获,并当场扣押涉案物品一批及假冒LV各式皮手袋92个、LV鞋5对、LV各式皮箱15个、LV各式皮带27条、LV各式钱包52只、GUCCI各式手袋33个、GUCCI鞋4对、GUCCI钱包17只、GUCCI各式皮带13条,共计商品258件。经鉴定,共计价值220096元。

广州市海珠区人民法院认为,被告人邱某1、邱某2无视国家法律,销售明知是假冒注册商标的商品,销售金额数额巨大,其行为均构成销售假冒注册商标的商品罪。依照《中华人民共和国刑法》第二百一十四条、第六十四条和《最高人民法院、最高人民检察院关于办理侵犯知识产权刑事案件具体应用法律若干问题的解释》第二条第二款、《最高人民法院、最高人民检察院关于办理侵犯知识产权刑事案件具体应用法律若干问题的解释(二)》第四条之规定,判决如下:被告人邱某1犯销售假冒注册商标的商品罪,判处有期徒刑四年,并处罚金二十万元;被告人邱某2犯销售假冒注册商标的商品罪,判处有

[①] 《邱某1等销售假冒注册商标的商品案——"售假公司"能否成为单位犯罪的主体(第676号)》,载中华人民共和国最高人民法院刑事审判第一、二、三、四、五庭主办:《刑事审判参考》2011年第1集(总第78集),法律出版社2011年版,第106~110页。

期徒刑三年六个月，并处罚金十五万元；扣押的作案工具、赃款、赃物（略）均予以没收或销毁。

一审宣判后，被告人邱某1以下述理由提出上诉，并提请法院对其从轻处罚：（1）其能坦白交代全部犯罪事实，认罪态度较好，且是初犯，主观恶性较小；（2）其在进行违法活动的同时也在进行其他合法经营活动，被查扣的账户中的存款并非全部是犯罪所得，不应全部没收。其辩护人提出的辩护意见是：上海易才数码技术有限公司、广州特亿网络科技有限公司销售假冒注册商标的商品的行为属于单位犯罪，依法应减轻对上诉人邱某1的处罚，并对其适用缓刑。

被告人邱某2上诉提出：（1）其在特亿公司仅有法定代表人之名，并不享有法定代表人的权益，其应被认定为从犯；（2）其是在邱某1从事一段时间的销售假冒注册商标的商品后才应邱某1之邀来广州的，不应以全部销售数额来认定其销售的数量。

广州市中级人民法院经审理认为，上诉人邱某1、邱某2销售明知是假冒注册商标的商品，销售金额数额巨大，其行为均已构成销售假冒注册商标的商品罪。原判决认定事实和适用法律正确，量刑适当，审判程序合法。上诉人及其辩护人所提的上诉理由经查均不能成立，本院不予采纳。依照《中华人民共和国刑事诉讼法》第一百八十九条第一项之规定，裁定驳回上诉，维持原判。

二、主要问题

1. "售假公司"能否成为单位犯罪的主体？
2. 被告人的行为是否构成想象竞合犯？

三、裁判理由

在本案审理过程中，争议的焦点集中于以下两个问题：一是本案能否认定为单位犯罪；二是被告人的行为是否构成销售假冒注册商标的商品罪与销售伪劣产品罪的想象竞合犯。这两个问题在侵犯知识产权的犯罪案件中均较为普遍，有必要分别予以探讨。

（一）专门的"售假公司"不能成为单位犯罪的主体

单位行为是否构成单位犯罪，必须以刑法明文规定为前提。只有法律规定单位应负刑事责任的行为才可能构成单位犯罪，同时，也只有合法成立的公司、企业、事业单位、机关、团体才能成为单位犯罪的主体。在司法实践中，存在以单位意志决定而实施犯罪，而刑法未明文规定单位可成为此类犯罪主体的情形，如单位实施贷款诈骗罪、盗窃罪等，这类犯罪自然不能以单位犯罪论处。根据我国刑法的规定，暴力犯罪、传统的自然犯罪、货币犯罪、部分金融诈骗罪均不存在单位犯罪一说。刑法第二百二十条明文规定了单位犯第二百一十三条至二百一十九条规定之罪的处罚措施，因此，侵犯知识产权的犯罪均可由单位构成。

然而，对于公司实施的违法犯罪行为，应区别对待，并非绝对认定为或不认定为单位犯罪。为了维护社会秩序和经济秩序，保护人民的财产权，避免股东利用公司作为实施违法犯罪活动的幌子，拿公司作为"挡箭牌"，以下几种情形通常不被认定为单位犯罪：（1）无法人资格的独资、合伙企业犯罪的；（2）个人以实施犯罪活动为主要目的而设立公司、企业、事业单位实施犯罪的；（3）单位设立后，以实施犯罪为主要活动的；（4）盗用单位名义实施犯罪，违法所得由个人私分的。对于此类犯罪一般不实行"双罚制"，而是依法追究直接负责的主管人员和其他直接责任人员的刑事责任。

在司法实践中，有些单位有正规的主营业务，但是在部分业务往来中没有按正常途径操作，或者是偶尔实施了不法行为，对于此类公司行为可以按单位犯罪来认定。但对于以实施犯罪为主要目的而设立单位或者单位设立后以实施犯罪为主要活动，即使是偶尔经营部分正当业务的，一般也不认定为单位犯罪。

具体到本案，被告人邱某1、邱某2以上海易才数码技术有限公司、广州特亿网络科技有限公司的名义招聘网络技术人员和网络销售业务员、在互联网上设立LV、GUCCI商品销售网站、通过互联网向外国客户销售假冒注册商标的LV、GUCCI商品，这些行为均是以公司合法形式掩盖非法目的的行为，是典型的公司设立后以实施犯罪为主要活动的行为，此类公司被俗称为"售假公司"。即使公司是合法成立，以公司的名义对外营业，且实施了部分合法的经营活动，也由于公司是以实施犯罪活动为主要业务，不能以单位犯罪论处。

（二）本案不构成销售假冒注册商标的商品罪与销售伪劣产品罪的想象竞合犯

在侵犯知识产权的犯罪中，行为人可能通过假冒他人注册商标制售伪劣产品，也可能通过制售假冒伪劣产品来假冒注册商标的商品，这种情形完全符合想象竞合犯的特征。如果行为人通过掺杂、掺假，以次充好，以假充真或者以不合格产品冒充合格产品的方式销售假冒注册商标的商品，行为人虽然只实施了一个行为，但同时触犯销售假冒注册商标的商品罪和销售伪劣产品罪。《最高人民法院、最高人民检察院关于办理生产、销售伪劣商品刑事案件具体应用法律若干问题的解释》第十条规定："实施生产、销售伪劣商品犯罪，同时构成侵犯知识产权、非法经营等其他犯罪的，依照处罚较重的规定定罪处罚。"这一规定为侵犯知识产权的犯罪的处罚原则提供了法律依据。

我们认为，本案不构成销售假冒注册商标的商品罪与销售伪劣产品罪的想象竞合关系，因为被告人的行为不构成销售伪劣产品罪。销售伪劣产品罪的行为方式包括四种：一是掺杂、掺假，即在所销售的产品中掺入杂质或者异物，降低或失去该产品应有的性能；二是以假充真，即以不具有某种使用性能的产品冒充具有该性能的产品；三是以次充好，即以低等级、低档次产品冒充高等级、高档次产品，或者以残次、废旧零配件组合、拼装后冒充正品或新产品；四是以不合格产品冒充合格产品。总之，这些行为的共同特点均是以谋取非法利益为目的，通过假冒的行为方式欺骗消费者，主观上具有欺骗的故意。因此，如果主观上不具有欺骗的故意，客观上未通过假冒的行为方式销售产品，则不构成销售伪劣产品罪。本案被告人邱某1、邱某2通过互联网销售假冒的名牌产品，其主观上不具有欺骗的故意，客观上没有掺杂、掺假，以假充真，以次充好或者以不合格产品冒充合格产品，而是"以假卖假"。消费者知道被告人销售的产品是假冒他人注册商标的产品，是"知假买假"。故被告人的行为不符合销售伪劣产品罪的行为特征，不构成销售伪劣产品罪，从而不构成销售假冒注册商标的商品罪与销售伪劣产品罪的想象竞合犯。

问题 10. 如何区分销售假冒注册商标的商品罪与销售伪劣产品罪，以及如何认定"以假卖假"尚未销售情形下假冒注册商标商品的销售金额、非法经营数额和犯罪停止形态①

【刑事审判参考案例】杨某某销售假冒注册商标的商品案②

一、基本案情

北京市朝阳区人民法院经公开审理查明：

被告人杨某某自 2007 年 5 月起，在北京市朝阳区秀水市场地下三层一仓库内等地，存放带有 LOUIS VUITTON、GUCCI、CHANEL 注册商标标识的男女式包，用于销售牟利。2009 年 8 月 9 日，公安人员从其仓库内起获各种型号带有 LOUIS VUITTON、GUCCI、CHANEL 注册商标标识的男女式包共计 8425 个，货值金额为人民币（以下币种均为人民币）766990 元。经鉴定，上述物品均为假冒注册商标的商品，现扣押在案。

北京市朝阳区人民法院认为，被告人杨某某法治观念淡薄，为牟利，销售明知是假冒注册商标的商品，货值金额数额巨大，其行为构成销售假冒注册商标的商品罪，依法应予惩处。在押的假冒商品，应予没收。北京市朝阳区人民检察院指控被告人杨某某犯销售假冒注册商标的商品罪的事实清楚，证据确实、充分，罪名成立。本案涉案物品尚未售出即被查获，系犯罪未遂，被告人杨某某案发后具有认罪悔罪表现，对其所犯罪行依法可以从轻处罚。综上，根据被告人杨某某的犯罪事实、性质、情节以及社会危害程度，依照《中华人民共和国刑法》第二百一十四条、第二十三条、第五十二条、第五十三条、第六十一条、第六十四条之规定，判决如下：被告人杨某某犯销售假冒注册商标的商品罪，判处有期徒刑三年六个月，罚金人民币一万元；在案之包 8425 个，予以没收。

一审宣判后，北京市朝阳区人民检察院未抗诉，被告人杨某某不服，提出上诉。

北京市第二中级人民法院经审理认为，一审判决认定的事实清楚，证据确实、充分，定罪及适用法律正确，量刑适当，审判程序合法，应予维持。依照《中华人民共和国刑事诉讼法》第一百八十九条第一项之规定，裁定驳回上诉，维持原判。

二、主要问题

1. 如何区分销售假冒注册商标的商品罪和销售伪劣产品罪？
2. 假冒注册商标的商品尚未销售出去，如何认定销售金额及犯罪停止形态？
3. 假冒注册商标的商品尚未销售出去，如何确定非法经营数额的计算依据？

三、裁判理由

（一）区分销售假冒注册商标的商品罪和销售伪劣产品罪，应根据行为人对消费者是否具有欺诈故意

在经济发展到一定阶段时，品牌效应对商品的销售会产生巨大的影响，甚至是决定性的因素。当前，我国消费者的消费能力空前增强，消费者崇尚品牌的心理也随之增强，

---

① 该案被最高人民法院作为保护知识产权典型案例发布。经最高人民法院选定，中央电视台《焦点访谈》制作了以本案为基础制作的保护知识产权专题片，已于 2011 年 1 月 18 日播出。

② 臧德胜撰稿，李燕明审编：《杨某某销售假冒注册商标的商品案——如何区分销售假冒注册商标的商品罪与销售伪劣产品罪，以及如何认定"以假卖假"尚未销售情形下假冒注册商标商品的销售金额、非法经营数额和犯罪停止形态（第 677 号）》，载中华人民共和国最高人民法院刑事审判第一、二、三、四、五庭主办：《刑事审判参考》2011 年第 1 集（总第 78 集），法律出版社 2011 年版，第 111～117 页。

一些知名品牌的商品日益受到消费者的青睐。这些知名品牌凝聚了经营者多年来的心血和汗水，且基本都经过注册成为注册商标，其商品往往价格高昂。在这种环境下，一个崇尚名牌又缺乏经济实力的消费者群体产生并不断扩大，这个群体的消费者图慕假冒商品的牌子，知假买假，以满足其消费高档商品的虚荣心。

销售假冒注册商标的商品行为是否构成销售伪劣产品罪，对案件的整体定性具有重大影响。在符合入罪标准的情况下，如果销售的假冒注册商标的商品同时属于伪劣产品，则一行为触犯二罪名，分别构成销售假冒注册商标的商品罪和销售伪劣产品罪，根据想象竞合犯"择一重罪处罚"的原则，按照销售伪劣产品罪论处。如果销售的假冒注册商标的商品不能认定为伪劣产品，则不能以销售伪劣产品罪论处，只能以销售假冒注册商标的商品罪论处。因此，要正确对案件定性，必须准确认定假冒注册商标的商品是否是伪劣产品的问题。

刑法第二百一十四条规定了销售假冒注册商标的商品罪，第一百四十条规定了销售伪劣产品罪。两罪的分别设立说明假冒注册商标的商品并非必然属于伪劣产品。"伪劣"一词并未出现在销售伪劣产品罪的罪状之中，而是有权解释机关在对罪名进行概括时，根据罪状提炼而来的。该罪的罪状认定了四种类型的伪劣产品，分别是"掺杂、掺假""以假充真""以次充好""以不合格冒充合格"。《最高人民法院、最高人民检察院关于办理生产、销售伪劣商品刑事案件具体应用法律若干问题的解释》（以下简称伪商解释）第一条第三款规定："刑法第一百四十条规定的'以次充好'，是指以低等级、低档次产品冒充高等级、高档次产品，或者以残次、废旧零配件组合、拼装后冒充正品或者新产品的行为。"由该规定可知，要认定为伪劣产品，必须有以低等级、低档次产品冒充高等级、高档次产品的行为，二者之间应达到足够的差距，且低等级、低档次产品应近似于残次品。销售伪劣产品的行为，必然影响消费者对产品的使用。行为人为了销售伪劣商品，在主观上必然有假冒、欺诈的故意。

而销售假冒注册商标的商品的行为则不同。品牌商品，特别是国际知名品牌，除价格高昂外，品质也出众。要想销售假冒注册商标的商品，如果品质太差，则有可能无人问津。一旦此类商品品质尚可，又假冒了知名品牌的商标，就有可能吸引部分崇尚名牌而又缺乏经济实力的消费者。由于品牌商品的正品价格往往非常高昂，对于那些崇尚品牌的消费者来说，相对低廉的价格使他们对于假冒商品心知肚明，知假买假。销售者甚至会告诉消费者此商品为假冒品，而不需要对消费者进行欺诈。

具体联系本案，杨某某所销售的包具有包的一般使用性能，没有证据证明包的质量低劣，或者不符合普通非品牌商品的质量标准。因此，虽然说其销售的包假冒了品牌，但不影响消费者对该包的使用，而且消费者往往是出于满足消费高档商品的虚荣心，知假买假，或者根据该商品的价格而对该商品为假冒心知肚明。因此，杨某某的行为应认定为销售假冒注册商标的商品罪。

（二）假冒注册商标的商品尚未销售，应以非法经营数额作为定案依据，犯罪停止形态应认定为未遂

销售假冒注册商标的商品是一种持续的行为，往往既有已经销售的部分，又有尚未销售的部分。由于购买者往往是知假买假，因此，报案或者配合司法机关取证的积极性并不高。司法机关对于销售者已经销售的商品金额往往难以查实，能够查实的，往往是其尚未销售的部分。严格地说，对于尚未销售部分根本无法计算"销售金额"。因为《最

高人民法院、最高人民检察院关于办理侵犯知识产权刑事案件具体应用法律若干问题的解释》（以下简称知产解释）将"销售金额"解释为"销售假冒注册商标的商品后所得和应得的全部违法收入"。一般认为，"所得"的违法收入指行为人出售假冒注册商标的商品后已经得到的违法收入；"应得"的违法收入指行为人已经出售假冒注册商标的商品后按照合同或者依照约定将要得到的违法收入。假冒注册商标的商品尚未销售即被查获，销售金额无法确定，但不能据此认为该种行为不能入罪。否则，将会使大量销售假冒注册商标的商品行为得不到应有的打击。行为人购进假冒注册商标的商品，目的在于销售牟利。在此情况下，应当根据非法经营数额，以销售假冒注册商标的商品罪论处。因为非法经营数额的高低决定了其销售金额的多少，可以反映出其对社会可能造成的危害的大小。

在确定以非法经营数额作为定罪量刑依据后，就需要解决犯罪形态问题。由于假冒注册商标的商品尚未销售即被查获，本罪的实质行为即"销售"行为尚未完成，也就没有完成刑法分则所规定的该罪的全部构成要件。销售行为未完成是因为被执法人员及时查获，属于行为人意志以外的原因，因此，假冒注册商标的商品尚未销售的犯罪停止形态，应当认定为未遂。另从行为的社会危害性角度分析，假冒注册商标的商品未实际销售出去，其危害后果必然小于该类商品已经销售出去流入社会的情形。不论是对商标权利人的侵害，还是对市场秩序的侵犯，都会因为产品未售出而减小，认定该犯罪行为为犯罪未遂更符合罪责刑相当原则。本罪的主要客观行为是"销售"而非刑法分则中其他罪名规定的"贩卖"或者"买卖"，所以不能把为了"卖出"而"买入"的行为作为其客观方面的实质行为，不能以"买入"行为作为判断构成要件是否齐备的临界点。如果因为行为人已经购进了假冒注册商标的商品，就认为其行为齐备了销售假冒注册商标的商品罪的基本构成要件，从而认定为犯罪既遂，或者因为行为人曾经实施过销售行为（虽然数额不能认定），就认定为犯罪既遂，既不符合刑法的基本理论，也难以做到罪责刑相当。2011年出台的《最高人民法院、最高人民检察院、公安部关于办理侵犯知识产权刑事案件适用法律若干问题的意见》对这类犯罪行为明确了以未遂形态处理的司法原则。

就本案而言，杨某某从2007年5月起即开始实施销售假冒注册商标的商品的行为，但是究竟其已经销售出去多少包则无法查清。能够查清的就是起获在案的待售包的价值，所以应以待售包的价值作为定案依据。判决认定的犯罪金额都属于尚未销售的，所以应认定为犯罪未遂。

（三）在以假卖假案件中，假冒注册商标的商品尚未销售的，非法经营数额应根据假冒注册商标的商品价值作为计算依据，而不能以被假冒的注册商标的商品价值作为计算依据

在假冒注册商标的商品已经销售的情况下，以其实际销售金额作为定案依据，实际销售金额以交易额计算，对此不会有争议。但是，在假冒注册商标的商品未销售的情况下，其非法经营数额如何计算成为司法实践中必须解决的问题。根据知产解释的规定，没有标价的，按照被侵权产品的市场中间价格计算。这一认定原则对于以假充真、销售伪而不劣的犯罪是可行的，因为从其犯罪的自然行为来看，消费者一般不会明知是假冒产品而购买，往往是当作被假冒的品牌产品购买的，支付的价格也往往与被假冒的品牌产品的价格相当，所以根据被侵权产品的价格计算是科学的。但对于以假卖假型销售行为，情况并非如此。通过销售者销售的场所、方式等因素，消费者一般明知是假名牌，属于知假买假，不会按照正品的价格支付。销售价格与正品价格会有很大差距，只有按

照假冒的商品本身的价格计算，才符合实际情况。如果按照正品即被假冒的商品的价格计算，则严重背离了客观实际。

本案被告人杨某某销售的包都是假冒国际知名品牌，如果按照正品的价格计算，则一个包就会价格数千元甚至数万元。在现实中，这些品牌的正品只有在大型商场或者专卖店才会有销售。杨某某的销售场所和销售方式决定了从其处购买包的人必然知道这些包是假冒名牌的，支付的价格相当低廉。所以，价格鉴定机构实事求是，根据这种假冒名牌包的市场价格来计算，8425 个包作价 76 万余元，均价不足百元。司法机关据此作为定案依据，能够准确评价杨某某犯罪行为的社会危害性，是符合实际的。综上，法院的判决是正确的。

问题 11. 将回收的空旧酒瓶、包装物与购买的假冒注册商标标识进行组装的行为，如何定性

【刑事审判参考案例】王某某非法制造注册商标标识案①

一、基本案情

宜兴市人民法院经审理查明：2009 年 8 月至 2010 年 3 月，被告人王某某从宜兴市部分酒店回收五粮液、剑南春、水井坊、茅台、老作坊等白酒的酒瓶、塑料盒及外包装，分类整理后存放于宜兴市环科园铜峰村东岳组某号和宜兴市环科园南岳村林业组某号其租住的房屋内，并向他人购买假冒的五粮液、剑南春等酒的注册商标标识，与回收的酒瓶及外包装进行组装后成套销售给他人或自己用于假冒上述名酒，以获取非法利益。2010 年 3 月 26 日和 4 月 6 日，宜兴市公安局先后 2 次在王某某的上述 2 套租住的房屋内查获未经合法授权而回收的附着有注册商标标识的五粮液、剑南春、水井坊、茅台酒瓶合计 5348 个，包装盒、袋、箱等合计 19418 个以及购买来的假冒注册商标标识 4593 个，且王某某利用上述物品已经组装了成套的水井坊包装 110 套（每套包括酒瓶、包装盒、手提袋各 6 个），五粮液包装 49 套（每套包括酒瓶、防伪标识各 1 个，6 套放在 1 个包装箱内）。

宜兴市人民法院认为，被告人王某某未经任何授权回收废酒瓶、包装盒、箱、袋等 24766 件，购买明知是假冒注册商标的标识 4593 件，并进行组装，情节严重，其行为构成非法制造注册商标标识罪，应予惩处。被告人王某某曾因犯非法制造注册商标标识罪而被判处刑罚，现又实施同类犯罪行为，应酌情从重处罚。关于辩护人提出的第一、二点辩护意见，法院认为，酒类商品商标和酒、酒瓶、包装盒、箱、袋等物密不可分，作为一个整体进入流通环节成为一种商品，体现其价值。而当酒瓶中的酒消耗后，酒瓶、包装盒、袋、箱等物均报废，就是应待处理的废品，不能再进入正常的流通环节，从而酒瓶、包装盒、袋、箱等商标标识也丧失了其存在的意义，变得无价值。但是，若将本应作为废品的酒瓶包装盒、袋、箱等物回收，在未经商标权人同意的情形下，使其重新进入流通环节，再次赋予其商标标识功能的行为应属非法制造，且属既遂。公诉机关还

---

① 范莉撰稿，叶晓颖审编：《王某某非法制造注册商标标识案——将回收的空旧酒瓶、包装物与购买的假冒注册商标标识进行组装的行为，如何定性（第 678 号）》，载中华人民共和国最高人民法院刑事审判第一、二、三、四、五庭主办：《刑事审判参考》2011 年第 1 集（总第 78 集），法律出版社 2011 年版，第 118~123 页。

指控涉案物品经评估价值人民币（以下币种均为人民币）203582.24元，因本案无法确定其非法经营数额，应当按照非法制造的商标标识数量定罪量刑，而不能按照鉴定价值进行定罪。对于辩护人提出的第一、二点辩护意见不予采纳。案发后，被告人王某某能如实供述犯罪事实，并在庭审中能自愿认罪，态度较好，可以从轻处罚，辩护人的第三点辩护意见予以采纳。依照《中华人民共和国刑法》第二百一十五条和《最高人民法院、最高人民检察院关于办理侵犯知识产权刑事案件具体应用法律若干问题的解释（二）》第三条之规定，作出如下判决：

被告人王某某犯非法制造注册商标标识罪，判处有期徒刑一年，并处罚金人民币二万元。

一审宣判后，被告人王某某未提出上诉，检察院未提起抗诉，本案已经生效。

二、主要问题

将回收的空旧酒瓶、包装物与购买的假冒注册商标标识进行组装的行为，如何定性？

三、裁判理由

本案定性的关键是王某某的行为是否属于"伪造"，进而其行为是否构成"非法制造注册商标标识罪"。我们认为，被告人王某某将回收的空旧酒瓶、包装物与购买的假冒注册商标标识进行组装的行为构成非法制造注册商标标识罪。

（一）从行为性质分析，被告人的行为属于"伪造"型制造注册商标标识行为

首先，带有商标的酒瓶、包装物属于商标标识。要对回收空旧酒瓶、包装物并与购买的假冒注册商标标识进行组装的行为进行准确定性，首先必须判断酒瓶、包装物是否属于商标标识。国家工商行政管理总局多次制定规范性文件对商标标识予以明确。如1988年9月国家工商行政管理局商标局《关于商标标识含义问题的复函》指出，商标标识一般是指独立于被标志商品的商标的物质表现形式。《商标印制管理办法》第十五条规定，商标标识是指与商品配套一同进入流通领域的带有商标的有形载体。1996年6月《关于收缴商标标识有关问题的答复》中又明确规定，商标标识指的是带有商标但独立于被标志商品的物品，如带有商标的标签、封签、包装物等。参照上述文件规定，本案中带有注册商标的空旧酒瓶、包装物应属注册商标标识。其次，将酒瓶、包装物与购买的假冒注册商标标识进行组装是侵犯注册商标标识的行为。虽然该行为并未对带有注册商标标识的空瓶本身实施任何行为，但因为假冒和侵犯他人注册商标（包括商标标识）行为的本质特征是，"利用他人注册商标声誉，以生产的商品冒充商标注册人的商品，使一般消费者对商品来源产生误认，具有不同程度的欺骗性"，故该行为仍侵犯了他人注册商标标识。本案被告人王某某回收上述商标标识，又购买假冒商标标识，将两者组装后成套用于假冒上述名酒，属于侵犯注册商标权人的商标标识的行为。再次，王某某的行为属于制造注册商标标识。制造即"用人工使原材料成为可供使用的物品"，其实质就是行为人用人工使原本各自独立的物品重新整合成能达到目标功能的物品。其整合的方法多种多样，如提炼分离、按比例混合、化学方法、冷热加工、组装等。本案中，王某某回收的空酒瓶、包装物及购买的假标识均为用于制造的原材料，其用人工将这些原材料组合拼装成为可供再次使用的附有注册商标标识的酒类商品包装，其组装行为应当属于制造行为。2002年《国家工商行政管理总局、国家商标局关于加工带有商标标识的包装物是否属于商标印制行为的批复》就类似物理组合行为的定性作了较为权威的确认，批复认为，北京新拓塑料包装制品公司在其生产的塑料瓶上套上他人印制的商标标识，经热

缩紧固，制成带有商标标识的饮料瓶行为，属于"制作带有商标的包装物"的商标印制行为。因此，虽然王某某实施的是简单的物理组合行为，但仍符合制造的本质特征，应当定性为"制造"。最后，真伪并存的组装拼凑行为在整体上应认定为伪造行为。《最高人民法院关于审理伪造货币等案件具体应用法律若干问题的解释（二）》第二条明确规定，同时采用伪造和变造手段制造真伪拼凑货币的行为，以伪造货币罪定罪处罚。参照该条规定，将空旧酒瓶、包装物与假冒注册商标标识进行组装的行为，也应认定为伪造注册商标标识行为，构成非法制造注册商标标识罪。

（二）从商标标识功能分析，被告人的行为侵犯了他人的注册商标专用权和国家的商标管理制度

国家工商行政管理总局制定的部门规章规定，商标标识是与商品配套一同进入流通领域的带有商标的有形载体。商标法亦有规定，注册商标的专用权，以核准注册的商标和核定使用的商品为限。由此表明：（1）注册商标标识不能单独流通，必须与国家核定使用的商品配套使用，不能成为商标权人以外的人交易的对象。（2）商标及其标识本质属性在于其识别性。商品耗尽后，商标标识亦同时失去意义。（3）商标标识即便被商标权人回收利用后，仍应与商品配套进入流通领域。本案中，各类酒品与酒瓶、包装物作为一个整体进入流通领域，共同体现其价值。理论上说，当酒被消耗后，酒瓶及包装物（包括其上的注册商标标识）均应被回收、销毁，不应再进入正常的流通环节，其商标标识也因商品的耗尽而失去意义和价值。被告人未征得注册商标权人的同意，对已经丧失区别商品来源等功能的商标标识进行回收整理，并使之重新进入流通领域，再次赋予商标标识功能，实质上侵犯了注册商标权人的专用权。该行为不仅使注册商标权人意图通过注册商标及其标识实现识别商品、标示商品质量、广告宣传等目的落空，还侵害了国家对注册商标的管理制度和秩序。

（三）从社会效果分析，将被告人的行为认定为非法制造注册商标标识罪，有利于打击侵犯知识产权的犯罪活动，切实保护知识产权权利人的合法权益

首先，将空旧酒瓶、包装物与假冒的注册商标标识组装行为的社会危害性大于超量印制注册商标标识行为，应当受到刑法规制。根据刑法第二百一十五条的规定，"擅自制造他人注册商标标识，情节严重"构成非法制造注册商标标识罪。既然经注册商标权人'准许但超越印制真实的商标标识的行为应当承担刑事责任，那么王某某未经注册商标权人准许而组装相当数量的假注册商标标识的行为，更应承担刑事责任。其次，随着社会的发展，知识产权在社会经济生活中日益凸显其重要性，公众也充分认识到作为工业产权的注册商标的经济价值。与此同时，侵犯知识产权犯罪的规模正日趋扩大，手段推陈出新。目前，制售假冒伪劣酒品行为层出不穷，"真瓶装假酒"现象尤为泛滥。将回收的空旧酒瓶、包装物与购买的假冒注册商标标识进行组装的行为，认定为非法制造注册商标标识，可以强化群众的商标保护意识，震慑日趋严重的制售假酒的犯罪行为，割断犯罪链，更好地维护知识产权市场管理秩序，为我国文化市场的发展提供切实的司法保障。

综上，法院认定被告人王某某的行为构成非法制造注册商标标识罪是正确的。

问题 12. 贩卖普通侵权盗版光碟的行为应如何定罪处罚

【刑事审判参考案例】凌某某侵犯著作权、贩卖淫秽物品牟利案[①]

一、基本案情

金牛区人民法院经公开审理查明：2008年9月10日9时许，四川省新闻出版局及金牛区文化局在成都市城隍庙金房电子市场A座×××号被告人凌某某租住的房间内，查获其用于贩卖的光碟12000余张，且凌某某属无照经营。经鉴定，其中有11240张属非法出版物，另有800张属于淫秽光碟。

金牛区人民法院认为，被告人凌某某以营利为目的，未经著作权人许可，发行其作品，情节特别严重，其行为构成侵犯著作权罪。被告人凌某某还以牟利为目的，贩卖淫秽制品，其行为构成贩卖淫秽物品牟利罪。依照《中华人民共和国刑法》第二百一十七条第一项、第三百六十三条第一款、第六十九条、第五十二条、第五十三条、第六十四条之规定：判决如下：被告人凌某某犯侵犯著作权罪，判处有期徒刑三年六个月，并处罚金人民币一万元；犯贩卖淫秽物品牟利罪，判处有期徒刑三年，并处罚金人民币三千元；决定执行有期徒刑五年，并处罚金人民币一万三千元；扣押在案的非法出版物及淫秽光碟予以没收。

一审宣判后，被告人凌某某未提出上诉，检察院亦未抗诉，判决已发生法律效力。

二、主要问题

1. 贩卖普通侵权盗版光碟的行为应如何定罪处罚？
2. 如何认定"未经著作权人许可"？

三、裁判理由

（一）被告人凌某某贩卖普通侵权盗版光碟的行为应当认定为侵犯著作权罪，不能认定为非法经营罪或者销售侵权复制品罪

本案在审理过程中对凌某某贩卖800张淫秽光碟的行为构成贩卖淫秽物品牟利罪没有分歧。对于其贩卖11240张普通盗版光碟的行为如何定性有三种不同的意见：第一种意见认为应定性为侵犯著作权罪；第二种意见认为应定性为销售侵权复制品罪；第三种意见认为应定性为非法经营罪。

我们认为，根据本案具体情况，对被告人凌某某贩卖11240张普通侵权盗版光碟的行为应当以侵犯著作权罪定罪处罚。主要理由如下：

1. 凌某某贩卖普通侵权盗版光碟的行为属于刑法第二百一十七条规定的"发行"的一种方式。根据刑法第二百一十七条的规定，侵犯著作权罪是指"以营利为目的，未经著作权人许可，复制发行其文字作品、音乐、电影、电视、录像作品、计算机软件及其他作品；出版他人享有专有出版权的图书；未经录音录像制作者许可，复制发行其制作的录音录像；制作、出售假冒他人署名的美术作品，违法所得数额较大或者有其他严重情节"的行为。对于本罪客观构成要件中的"复制发行"如何理解，司法实践中亟须明确。根据1998年出台的《最高人民法院关于审理非法出版物刑事案件具体应用法律若干

[①] 《凌某某侵犯著作权、贩卖淫秽物品牟利案——贩卖普通侵权盗版光碟的行为应如何定罪处罚（第679号）》，载中华人民共和国最高人民法院刑事审判第一、二、三、四、五庭主办：《刑事审判参考》2011年第1集（总第78集），法律出版社2011年版，第124~130页。

问题的解释》（以下简称出版解释）第三条的规定，刑法第二百一十七条第一项规定的"复制发行"，是指行为人以营利为目的，未经著作权人许可而实施的复制、发行或者既复制又发行的行为。该规定明确了复制行为与发行行为是否必须同时存在的问题，但并未明确如何理解"发行"的具体含义。

根据《中华人民共和国著作权法实施条例》第十条的规定，"发行权"是指以出售或者赠予方式向公众提供作品的原件或复制件的权利。中华人民共和国新闻出版总署第二十号令颁行的《出版物市场管理规定》第二条第三款规定："本规定所称'发行'，包括总发行、批发、零售以及出租、展销等活动。"2007年出台的《最高人民法院、最高人民检察院关于办理侵犯知识产权刑事案件具体应用法律若干问题的解释（二）》（以下简称知产解释（二））第二条第二款规定："侵权产品的持有人通过广告、征订等方式推销侵权产品的，属于刑法第二百一十七条规定的'发行'。"根据以上规定，应当认定销售侵权盗版光碟的行为也是发行的一种方式。

本案判决时，刑法和司法解释没有更加明确的规定，法院参照上述规定，认定批发、零售形式的销售行为是发行行为的方式之一，并依法认定凌某某贩卖普通侵权盗版光碟的行为属于刑法第二百一十七条规定的"发行"的一种方式是正确的。

2011年1月10日最高人民法院、最高人民检察院、公安部联合发布的《关于办理侵犯知识产权刑事案件适用法律若干问题的意见》（以下简称知产意见）第十二条第一款对刑法第二百一十七条规定的"发行"作了进一步明确。该款明确规定"发行"包括总发行、批发、零售、通过信息网络传播以及出租、展销等活动。这一规定为有效解决司法实践中对于如何认定刑法第二百一十七条规定的"发行"，在认识和处理上提供了法律依据。

2. 凌某某的行为符合侵犯著作权罪的定罪要件。首先，本案被告人的供述、证人证言、书证等证据充分证明凌某某以营利为目的实施了贩卖11000余张光碟的行为。对于这部分光碟，凌某某不能提供著作权人授权的证据，主观上明知该批光碟为盗版光碟，且行政执法机关的鉴定意见证明凌某某贩卖的该批光碟系非法出版物，因此应当认定该部分光碟是凌某某未经著作权人许可而发行的作品。其次，知产解释（二）第一条规定："以营利为目的，未经著作权人许可，复制发行其文字作品、音乐、电影、电视、录像作品、计算机软件及其他作品，复制品数量合计在五百张（份）以上的，属于刑法第二百一十七条规定的'有其他严重情节'；复制品数量在二千五百张（份）以上的，属于刑法第二百一十七条规定的'有其他特别严重情节'。"凌某某贩卖11000余张侵权盗版光碟，属于该解释规定的"有其他特别严重情节"。综上，法院认为，凌某某的行为符合侵犯著作权罪的构成要件，应当以侵犯著作权罪定罪处罚。

3. 贩卖普通侵权盗版光碟的行为不宜认定为非法经营罪。我们认为，凌某某销售侵权盗版光碟的行为同时具备非法经营的性质。非法经营罪的本质特征是违反国家有关许可经营的规定，不具备法定资格而非法从事某种经营活动或者滥用经营资格的经营行为。由于"侵权复制品"是违反国家有关保护知识产权法律、法规规定的产品，因此，销售侵权复制品的行为具有非法经营的性质，销售侵权复制品的行为属于非法经营行为的一种。然而并非所有的销售侵权复制品的行为，都认定为非法经营罪或者销售侵权复制品罪。出版解释第十一条规定："违反国家规定，出版、印刷、复制、发行本解释第一条至第十条规定以外的其他严重危害社会秩序和扰乱市场秩序的非法出版物，情节严重的，依照刑法第二百二十五条第三项①的规定，以非法经营罪定罪处罚。"这一规定明确了非法出版行为以非法经营罪处罚的前提是该非法出版物属于该解释第一至十条规定的具有反动性政治内容出版物、侵权复制品、淫秽物品等以外的其他严重危害社会秩序和扰乱市场秩序的非法出版物。2007年最高人民法院、最高人民检察院联合发布的知产解释（二）第二条第三款也明确规定："非法出版、复制发行他人作品，侵犯著作权构成犯罪的，按照侵犯著作权罪进行处罚。"2011年发布的知产意见第十二条第二款再次明确规定："非法出版、复制、发行他人作品，侵犯著作权构成犯罪的，按照侵犯著作权罪定罪处罚，不认定为非法经营罪等其他犯罪。"上述规定进一步明确了非法发行他人作品构成犯罪的，不再认定为非法经营罪或者销售侵权复制品罪，而应按照侵犯著作权罪进行定罪处罚。

（二）有证据证明涉案光碟系非法发行，发行者不能提供获得著作权人许可的相关证明材料的，可以认定为"未经著作权人许可"

在本案审理过程中，对于如何认定"未经著作权人许可"，存在两种意见：第一种意见认为，只有经过对著作权人或者其授权的代理人的调查取证，借助其陈述及相关书证，直接证明被告人没有取得授权，才能证明其行为构成"未经著作权人许可"。而本案中，侦查机关未一一查明涉案光碟的著作权人，当然也未收集到该光碟的著作权人未许可凌某某发行其作品的证据，虽然按常识判断，该批光碟应该是未经著作权人许可的侵权复制品，但从证据角度看，尚未达到确实充分的刑事证据标准，认定"未经著作权人许可"的证据尚不充分。第二种意见认为，目前侵权盗版现象日益猖獗，并呈组织化、专业化趋势，实践中查获的大量案件存在侵权产品品种多、数量大，被侵权人人数众多的情况。在"未经著作权人许可"的认定上，机械地遵循"逐一寻找权利人取证"原则，既不具备可操作性，也容易使办案机关陷入举证困境，造成司法资源的浪费。随着网络时代侵权盗版案件的增多，这样的证据要求愈发与现实办案实际相脱离。且这样的证据要求，无疑会导致大量的侵犯著作权犯罪行为不能受到应有的、恰当的刑事惩罚，不仅可能造成"侵犯著作权罪"的虚置，还可能使我国知识产权政策频频遭到指责，陷入被动。著作权法第五十二条规定，复制品的发行者不能证明其发行的复制品有合法来源的，应当承担法律责任。也就是说，行为人应当就其发行行为经过合法授权承担举证责任，这一特殊的认定规则是2001年著作权法修订时专门针对著作权保护的特点设立的。侵权嫌疑人不能提供著作权人的权利证明，即推定其侵犯著作权，该原则是目前国际上比较通行的做法。在我国，刑法渊源除了刑法典和单行刑法以外，还有"附属刑法"，即附带规定于民法、经济法、行政法等非刑事法律中的罪行规范。这些附属刑法虽然没有直接规定犯罪的构成要件和法定刑，但并不影响其法律效力的存在。著作权法第五十二条规定的法律责任即指第四十七条规定的责任，其中包括"依法追究刑事责任"，而刑法第二百一十七条和著作权法第四十七条都出现了"未经著作权人许可"的概念。这是一个专业性很强的概念，我们认为在刑事法律没有明确规定的情况下，对于如何认定"未经著作权人许可"可以参照著作权法的相关规定。在刑事审判中，对于有证据证明涉案复制品系非法复制发行，且复制发行者不能提供获得著作权人许可的相关证明材料的，可以认定为"未经著作权人许可"。本案由于涉案光碟品种多、数量大，权利人分散，确实难以一一取得著作权人或者其授权的代理人、著作权集体管理组织等出具的涉案光碟的版权认

---

① 现已修正为第四项——编者注。

证文书。但是，本案有被告人凌某某关于其明知所贩卖的系盗版光碟的供述、证人证言、行政执法机构出具的鉴定意见等证据证明涉案光碟系非法发行，且被告人凌某某也不能提供其得到了"著作权人许可"的证明材料。综合全案证据，可以认定凌某某"未经著作权人许可"。法院在本案判决时采纳了第二种意见。

我们认为，认定凌某某以营利为目的，未经著作权人许可，发行他人作品的行为构成侵犯著作权罪是正确的。知产意见第十一条规定："有证据证明涉案复制品系非法出版、复制发行的，且出版者、复制发行者不能提供获得著作权人许可的相关证明材料的，可以认定为'未经著作权人许可'。"这一规定明确了侵犯著作权罪中"未经著作权人许可"的司法认定标准，有利于司法实践中更加合法、高效地认定侵犯著作权罪"未经著作权人许可"这一要件，为加大知识产权刑事司法的保护力度，依法惩处侵犯知识产权的犯罪活动，有效遏制侵权盗版等侵犯知识产权犯罪活动提供有力的法律武器。

问题13. 销售他人享有专有出版权的图书是否构成侵犯著作权罪

【刑事审判参考案例】 张某等人侵犯著作权案[①]

一、基本案情

北京市朝阳区人民检察院以被告人张某、陈某、赵某某、王某某犯侵犯著作权罪，向北京市朝阳区人民法院提起公诉，后撤回对王某某的起诉。

北京市朝阳区人民法院经公开审理查明：

2007年10月，被告人张某购进盗版的《十七大报告辅导读本》2300本、《十七大报告》单行本1000本，其中销售给被告人陈某两种书籍各1000本，销售给被告人赵某某《十七大报告辅导读本》1300本。陈某将从张某处购买的上述书籍销售给赵某某《十七大报告辅导读本》200本，销售给王某某《十七大报告辅导读本》100本、《十七大报告》单行本100本，另卖给其他单位一部分。赵某某将从张某、陈某处购进的《十七大报告辅导读本》1500本，连同从他人处购买的此书卖给国家发改委2300本。公安机关从国家发改委收回《十七大报告辅导读本》1033本，其中1031本经鉴定为侵权复制品。

被告人王某某将从被告人陈某处购进的《十七大报告辅导读本》100本、《十七大报告》单行本100本，连同从他人处购进的《党章》等相关图书，向北京市劳教局等单位销售。公安机关从北京市劳教局等单位收回《十七大报告辅导读本》211本、《党章》369本。其中，579本经鉴定为侵权复制品。

北京市朝阳区人民法院认为，被告人王某某以营利为目的，未经著作权人许可，发行其文字作品，但行为尚未达到情节严重的程度，故依照《最高人民法院关于执行〈中华人民共和国刑事诉讼法〉若干问题的解释》第一百七十七条之规定，裁定准许北京市朝阳区人民检察院撤回对王某某的起诉。被告人张某、陈某、赵某某以营利为目的，未经著作权人许可，发行其文字作品，情节严重，均已构成侵犯著作权罪，均应依法惩处。北京市朝阳区人民检察院指控罪名成立。故依照《中华人民共和国刑法》第二百一十七

[①] 臧德胜、陈轶撰稿，韩维中审编：《张某等人侵犯著作权案——销售他人享有专有出版权的图书是否构成侵犯著作权罪（第680号）》，载中华人民共和国最高人民法院刑事审判第一、二、三、四、五庭主办：《刑事审判参考》2011年第1集（总第78集），法律出版社2011年版，第131~137页。

条第一项、第五十二条、第五十三条、第六十一条以及《最高人民法院、最高人民检察院关于办理知识产权刑事案件具体应用法律若干问题的解释（二）》[以下简称知产解释（二）]第一条之规定，判决如下：被告人张某犯侵犯著作权罪，判处有期徒刑一年六个月，并处罚金人民币一万五千元；被告人赵某某犯侵犯著作权罪，判处有期徒刑一年三个月，并处罚金人民币一万三千元；被告人陈某犯侵犯著作权罪，判处有期徒刑一年，并处罚金人民币一万元。

一审宣判后，被告人张某、陈某、赵某某、王某某均未上诉，检察机关亦未抗诉，判决发生法律效力。

二、主要问题

1. 销售他人享有专有出版权的图书，是否构成侵犯著作权罪？
2. 销售盗版《十七大报告辅导读本》的行为，是构成侵犯著作权罪还是销售侵权复制品罪？

三、裁判理由

（一）销售《十七大报告》单行本、《党章》等他人享有专有出版权的图书，不构成侵犯著作权罪

侵犯著作权罪，是指以营利为目的，违反著作权法的规定，侵犯他人著作权，违法所得数额较大或者有其他严重情节的行为。刑法第二百一十七条规定了四种可以构成该罪的情形：（1）未经著作权人许可，复制发行其文字作品、音乐、电影、电视、录像作品、计算机软件及其他作品；（2）出版他人享有专有出版权的图书；（3）未经录音录像制作者许可，复制发行其制作的录音录像；（4）制作、出售假冒他人署名的美术作品。

本案中，被告人擅自销售的图书有《党章》《十七大报告》单行本和盗版的《十七大报告辅导读本》。其中，《十七大报告辅导读本》的著作权归"本书编写组"，由人民出版社享有独家出版发行权，该书著作权人明确，故根据知产解释（二）的规定，四被告人在未经著作权人许可的情况下，以营利为目的发行该书，只要发行数量超过500本的定罪数量标准，即符合刑法第二百一十七条第一项情形下的"有其他严重情节"，可以按照侵犯著作权罪定罪处罚。

那么，四被告人擅自销售的《党章》或《十七大报告》单行本的数量是否应当计入其犯罪数额呢？这就涉及《党章》和《十七大报告》单行本的著作权归属问题。著作权法明确了该法的保护范围，并在第五条列举了不适用其保护的三类情形：（1）法律、法规、国家机关的决议、决定、命令和其他具有立法、行政、司法性质的文件，及其官方正式译文；（2）时事新闻；（3）历法、通用数表、通用表格和公式。显然，《党章》和《十七大报告》作为党中央发布的官方文献，由一定的组织和人员负责起草，经特定的组织程序决议通过，在全党范围内具有约束力，可视为"具有立法、行政、司法性质的文件"，属于上述第一类除外情形。换言之，《党章》和《十七大报告》都没有著作权人。为了规范《党章》和《十七大报告》的出版发行，相关机构授权人民出版社享有专有的出版权，其他任何组织和个人不得擅自出版。其他组织和个人的出版行为，侵犯人民出版社的专有出版权，按照刑法第二百一十七条第二项的规定，可能构成侵犯著作权罪。"出版"一词具有特定的含义，《著作权法实施细则》规定，出版是指"将作品编辑加工后，经过复制向公众发行"的行为，故单纯销售、贩卖他人享有专有出版权的图书的，不属于"出版"此类图书，也就不构成侵犯著作权罪，但可能构成其他犯罪。如果行为

人明知是他人侵犯出版权出版的此类刊物而予以销售，违法所得数额达到10万元以上的，可以按照销售侵权复制品罪论处。如果行为人明知是非法出版物而销售，达到2000册以上的，可以根据《最高人民法院关于审理非法出版物刑事案件具体应用法律若干问题的解释》第十一条、第十二条之规定，按照非法经营罪定罪处罚。在同时构成销售侵权复制品罪和非法经营罪的情况下，按照想象竞合犯的处理原则，择一重罪处罚。

本案中，四被告人对《十七大报告》单行本、《党章》等他人享有专有出版权的图书实施了销售行为，但没有实施出版行为，故不符合刑法第二百一十七条规定的四种侵犯著作权的情形，不能认定构成侵犯著作权罪。四人销售这两种出版物的非法所得不应计入其侵犯著作权行为的犯罪数额。相关鉴定机构认定查获的《党章》《十七大报告》单行本属于侵权复制品，所指的是侵犯了他人的专有出版权，而不是著作权。同时，本案被告人销售非法出版物的行为尚未达到非法经营罪的定罪标准，故也不能以非法经营罪论处。

（二）销售盗版《十七大报告辅导读本》的行为构成侵犯著作权罪，而非销售侵权复制品罪

本案四被告人销售的《十七大报告辅导读本》具有明确的著作权人，且经鉴定属于侵权复制品。对于四被告人的行为是否构成犯罪以及构成何种犯罪，审判过程中有两种不同意见：一种意见认为，被告人张某、陈某、赵某某未经著作权人许可，发行其文字作品，均在500册以上，其行为均构成侵犯著作权罪；被告人王某某销售侵权复制品不足500册，尚未达到情节严重的程度，不构成犯罪。另一种意见认为，四被告人仅销售侵权复制品，未实施侵犯著作权罪要求的复制发行或者出版行为，故性质上属于销售侵权复制品；如违法所得数额巨大，可以认定为销售侵权复制品罪；如违法所得达不到数额巨大标准，则不构成犯罪。

因侵犯著作权罪和销售侵权复制品罪的犯罪对象相同，故上述意见分歧的关键在于如何理解刑法第二百一十七条中的"发行"和第二百一十八条中的"销售"。对此，有意见认为，刑法第二百一十七条侵犯著作权罪中的"发行"指的是首次发行、出售，而第二百一十八条的销售是指发行之后的再次销售行为，是侵犯著作权犯罪后果的进一步延伸。我们认为，这种意见并不稳妥。主要理由在于：著作权法第十条对发行权作了明确界定，即以出售或者赠予方式向公众提供作品的原件或者复制件的权利。这表明，著作权法并未将发行限于第一次发行或总发行，销售本身就是著作权法意义上发行作品的一种重要方式。而刑法也没有对"发行"作出不同于著作权法的界定，故应当认为，刑法第二百一十七条中"发行"的含义与著作权法第十条中的"发行"是一致的，即无论是出版社第一次公开销售作品、复制品，还是他人购入作品、复制品之后再向公众销售，均属于"发行"。相关司法解释也体现了这种立场。知产解释（二）明确将刑法第二百一十七条中的"复制发行"解释为复制、发行或者既复制又发行的行为，并未要求复制与发行同时具备。最高人民法院、最高人民检察院、公安部2011年联合印发的《关于办理侵犯知识产权刑事案件适用法律若干问题的意见》对"发行"作了进一步解释，即包括总发行、批发、零售、通过信息网络传播以及出租、展销等活动。可见，现行司法解释等规范性指导文件延续了著作权法对"发行"的界定。据此，对于行为人销售了侵犯他人著作权的复制品的，可把该行为认定为侵犯著作权罪中的"发行"，由于侵犯著作权罪的定罪标准低于销售侵权复制品罪，故客观上会造成销售侵权复制品罪司法适用范围的

缩小。当然，如果行为人销售的是他人非法出版的《党章》《十七大报告》等没有著作权人的侵权复制品，在违法所得数额巨大的情况下，可以构成销售侵权复制品罪。

本案中，四被告人销售侵权复制品的违法所得均没有达到销售侵权复制品罪的定罪标准（人民币 10 万元），不能认定为该罪。前述关于本案定性的第二种意见不可取。下面进一步分析对本案四名被告人的定罪问题。第一，前文已述，四被告人擅自销售的《党章》或《十七大报告》单行本的数量不应当计入各自的犯罪数额，故被告人张某、陈某、赵某某、王某某的犯罪对象仅为盗版的《十七大报告辅导读本》，犯罪数量分别为 2300 本、1000 本、1500 本和 100 本。其中，张某、陈某、赵某某未经著作权人许可，发行其文字作品的数量均超过了 500 本的定罪标准，属于刑法第二百一十七条规定的"有其他严重情节"，已构成侵犯著作权罪。而王某某在未经著作权人许可的情况下，发行数量尚未达到 500 本的定罪标准，故从犯罪数额角度看，不应追究其刑事责任。第二，四被告人之间系买卖关系，相互之间缺乏共同犯罪的故意和行为，不属于共同犯罪，应分别对各自的行为负责，故被告人王某某仅应对其销售的 100 本盗版的《十七大报告辅导读本》负责，尚不构成犯罪，检察机关撤回对王某某的起诉是正确的。综上，被告人张某、陈某、赵某某的行为均构成侵犯著作权罪，被告人王某某的行为不构成犯罪。

问题14. 关于假冒注册商标罪"相同的商标"如何认定

【实务专论】

【关键词】

假冒注册商标罪　假冒专利罪　侵犯著作权罪　司法认定

二、对"相同的商标"的评判

2004 年 12 月《最高人民法院、最高人民检察院关于办理侵犯知识产权刑事案件具体应用法律若干问题的解释》第八条第一款规定："刑法第二百一十三条规定的相同的商标，是指与被假冒的注册商标完全相同，或者与被假冒的注册商标在视觉上基本无差别，足以对公众产生误导的商标。"

2011 年 1 月 10 日《最高人民法院、最高人民检察院、公安部关于办理侵犯知识产权刑事案件适用法律若干问题的意见》第六条规定："具有下列情形之一的，可认定为'与其注册商标相同的商标'：（一）改变注册商标的字体、字母大小写或者文字横竖排列，与注册商标之间仅有细微差别的；（二）改变注册商标的文字、字母、数字等之间的间距，不影响体现注册商标显著特征的；（三）改变注册商标颜色的；（四）其他与注册商标在视觉上基本无差别、足以对公众产生误导的商标。"

司法解释事实上是对刑法条文进行了相对灵活的解释，如果要求假冒注册商标罪中的两个商标必须是完全相同的商标，不能有任何的差别，就会严重影响该罪名的适用。因为在许多情况下，假冒者一般不可能假冒百分之百相同的商标，总会略作改动。所以，"两高"从打击犯罪的需要出发，对刑法条文进行一定的扩张解释，是合理的，也是必要的。按照解释的规定，所谓"相同的商标"，实际上包括两种情况，即"完全相同"的商标和"基本相同"的商标。完全相同的商标容易理解与界定，如何界定"基本相同"的商标，其与"相似"的商标有何区别，是司法实务中的一个难点。合理界定"基本相同"的商标，应当从注册商标的功能作用以及刑法设立假冒注册商标罪的基本目的出发。使用注册商标的目的一方面在于帮助生产者、销售者宣传商品、维护商品的声誉,另一方面在于使消费者根据自己的需要选购不同品牌的商品。刑法设置假冒注册商标罪的目的在于惩治严重侵犯注册商标专用权的行为。因此,对于"基本相同"的商标的理解,应当把握两个方面:一方面,要注意实现刑法保护商标专用权和消费者合法权益的目的;另一方面,也要控制刑法调整的范围,给民法调整商标侵权留下空间。按照解释的规定,所谓"基本相同"的商标,是指与被假冒的注册商标在视觉上基本无差别,足以对公众产生误导的商标。这里需要把握好以下几个关节点:

(一)评判主体

对于注册商标的评判主体,有相关公众和特定主体两种。相关公众,是指与注册商标的商品有关的一般消费者,他们在购买某种品牌的商品时一般都会作出其所购买的商品的注册商标与其先前所知的注册商标是否相同的判断,进而影响其购买的决策。特定主体,是指置身于现实市场之外具有高于一般认识主体的特殊技能或具备特别条件鉴别商标相同与否的人群,包括商标专业技术人员、商标行政审查人员、商标司法审查人员等。相关公众和特定主体由于本身具备的知识经验和认定商标的具体条件不同,因此,对商标相同与否的认识会存在差异,有时甚至是截然相反的。以相关公众作为判断商标是否相同的主体,是国际上的通行做法,"两高"的司法解释也作了同样规定。之所以如此,是因为作为相关公众的构成者的消费者的判断以及基于其判断的消费决策,对于注册商标所有人的经济利益形成有最直接根本的影响。注册商标制度的宗旨就是保护商标所有人的品牌在消费者中的信誉度和认可度。而商标专业技术人员、商标行政审查人员、商标司法审查人员等特殊主体对于商标的判断,只是与注册商标所有人的经济利益间接相关。关于相关公众的范围,按照保护工业产权巴黎联盟和世界知识产权组织大会1999年9月通过的《关于驰名商标保护规定的联合建议》的规定,至少应包括:(1)使用该商标的那些商品或服务的实际和潜在顾客;(2)使用该商标的那些商品或服务的销售渠道中所涉及的人员;(3)经营使用该商标的那些商品或服务的商业界。如果有相当的公众认定两种商标相同的,就应当认定是"相同的商标"。至于相当数量究竟应占相关公众的多大比例,各国规定并不一致。我们认为,外国的规定可以作为我们判断的一个参考,但我们没有必要硬性规定一个明确的比例;否则,只能增加司法认定的难度,增加追诉犯罪的成本。

(二)评判方法

对于"基本相同"是否足以造成误认的具体判断方法,可以结合以下五个方面进行:一是以普通消费者的知识经验为标准。理由如前述。二是以普通消费者的普遍注意为标准。作为一个普通消费者,其购买商品时,对于商标的观察一般情况下不会施加特别的注意力,只会施加一般的注意力。对于某一个商标,如果消费者施加特别的注意力,也许可以发现其和另外一个商标的不同之处,但一般消费者在购买商品时不会这么做。如果其只是施加普通的注意力,则可能将两个不完全相同的商标认定为相同的商标,在这种情况下,就应当认定两个商标是"相同的商标"。三是以隔离观察为标准。所谓隔离观察,是指将两个商标分别观察而非放在一起对比观察。因为就普通消费者而言,其购买商品时一般不会随身带着某一个其需要购买的商品的商标与欲购买的商品的商标进行对比,而是凭借其先前对某一个商标的记忆和印象与欲购买商品的商标进行大致的对比,这种对比只是一种大致的比较,而不是一种精确的比较。故对于是否相同的商标的观察方法，也应当是隔离观察法而不是对比观察法。即使将两个商标放在一起进行对比，消费者能够看出其不同之处，但如果分别放置进行观察，消费者不能作出区别的，就应当认定为"相同的商标"。四是以整体观察为标准。所谓整体观察，是指将两个商标视为一个整体进行观察，而不是将商标的各个组成要素分别进行观察。商标虽然是由文字或者图形的各个要素组成的，但消费者在购买商品时，记忆中或许会留下商标的某一个组成要素，但主要的是留下该商标的整体印象。如果两个商标在某个组成要素上存在差别，但作为一个整体足以使消费者误认为是相同的商标的，就应当认定为"相同的商标"。五是以商标主要部分观察为标准。有些商标存在主要部分和次要部分，如果商标的主要部分相同，只是在次要部分有一些细微差别，一般情况下消费者不会注意，从而容易误认为是两个相同的商标，则应当认定两个商标相同。相反，如果两个商标次要部分相同，但主要部分存在显著差别，则一般情况下消费者不会发生误认，故不能认定为"相同的商标"。

（三）"视觉上基本无差别"的判定

"视觉上基本无差别"的判定，关键在于"基本相同"和"近似"的区别问题，需要根据商标的不同组合特点进行具体分析。就文字商标而言，认定为"基本相同"的首要条件是两个商标的文字必须相同，文字不同的，即使在实践中确实会误导公众，也不得认定为两者基本相同，只能作为民事侵权处理，而不得作为犯罪处理。文字相同而字体不同的两个商标之间应当认定为两个商标基本相同，从而认定为相同的商标。因为就一般消费者而言，影响其判断的是文字的内容而不是文字的字体，文字内容相同而字体不同的，消费者一般很容易误认为相同的商标。就图形商标而言，对于两个图形商标之间基本相同与否的认定，图形的整体效果如何具有决定性的意义。如果图形整体结构只有细微差别，导致两个商标视觉效果相同，则两者视为基本相同。视觉效果相同是指直观的效果，而不是指经过两个商标之间仔细比较后的结论。就组合商标而言，如果图形为商标的显著部分且两个商标的图形完全相同，则文字部分只要近似，就可以认定两个商标基本相同。但如果两个商标的文字部分差别较大，则只能认为近似，而不能视为基本相同。在组合商标中无法区分显著部分和非显著部分的情况下，只要两个商标之间有任何一部分差别较大的，都不能认定为基本相同。①

问题 15. 假冒注册商标罪与生产、销售伪劣产品罪应如何界定

【实务专论】②

【关键词】

假冒注册商标罪　司法认定

四、假冒注册商标罪与生产、销售伪劣产品罪的关系界定

在司法实务中，如果行为人生产的产品既假冒了他人的注册商标，产品又属于伪劣

---

① 肖中华、涂龙科：《对假冒注册商标罪中"相同"的理解》，载《人民检察》2005年第9期（上）。
② 肖晚祥、孙争鸣：《关于假冒注册商标罪、假冒专利罪、侵犯著作权罪司法认定问题的研究》，载中华人民共和国最高人民法院刑事审判第一、二、三、四、五庭主办：《刑事审判参考》2011年第1集（总第78集），法律出版社2011年版，第166~203页。

产品，行为人的行为既构成假冒注册商标罪，又构成生产、销售伪劣产品罪，如何处理，存在分歧。这涉及对假冒注册商标罪和生产、销售伪劣产品罪的关系认定问题。对于这两个罪名之间的关系，理论界有多种不同说法。第一种观点认为，两罪之间是法条竞合关系，因为"假冒"即"伪"，故假冒他人注册商标的商品，必然同时是生产、销售伪劣产品罪中的"伪"商品，所以，假冒注册商标罪必然包含于生产、销售伪劣产品罪之中，两者构成法条竞合关系。第二种观点认为，这种情形符合想象竞合犯的特征，应当按照想象竞合犯"从一重罪处断"的原则处理。第三种观点认为，这种情形属于牵连犯，应当按照牵连犯的处罚原则处理。而对于具体的处理方法，又形成两种意见：一种意见认为，应当按照牵连犯的一般处罚原则从一重罪处罚。另一种意见认为，我国立法和司法解释在许多情况下将牵连犯按照数罪并罚原则处理，故对假冒注册商标罪和生产、销售伪劣产品罪的牵连犯，也应当按照数罪并罚的原则处理。第四种观点认为，在这种情况下行为人构成独立的两罪，应当数罪并罚。

我们认为，这种情况成立牵连犯。首先，在这种情况下，实际上存在两个相对独立的行为，即生产、销售伪劣产品的行为和假冒注册商标的行为。因为在一般情况下，造假者生产、销售伪劣产品并不以假冒他人的注册商标为必要要件，行为人生产了伪劣产品以后，完全可以不假冒他人的注册商标即可销售，故假冒他人注册商标的行为不是生产、销售伪劣产品罪的要件行为，从而具有独立的刑法评价的意义。同样，假冒他人注册商标也不必然需要生产、销售伪劣产品，假冒不伪劣的情况是经常存在的，故生产、销售伪劣产品的行为也不是假冒注册商标罪的要件行为，从而具有独立的刑法评价的意义。既然如此，如果行为人既生产了伪劣产品，又假冒他人注册商标将伪劣产品进行销售，则行为人实施了生产、销售伪劣产品罪和假冒注册商标罪两个不同的行为。在这种情况下，可以排除想象竞合犯存在的余地，因为想象竞合犯成立的前提条件是只存在一个危害行为，凡是存在两个危害行为的，就不可能是想象竞合犯。其次，这两个行为之间存在刑法上的牵连关系。所谓牵连关系，是指行为人实施的数个危害行为之间具有手段与目的或者原因与结果的内在联系，并相互依存形成一个有机的联系整体。这是牵连犯的本质特征。具体而言，生产、销售伪劣产品行为是目的行为，直接体现犯罪目的；而假冒注册商标行为是手段行为，是为了使伪劣产品的销售顺利实施或者谋取更大的非法利益而采取的手段，两者受一个共同的犯罪动机支配，即牟取暴利。

至于认为假冒注册商标罪和生产、销售伪劣产品罪之间是法条竞合的观点，是机械地、望文生义地理解了生产、销售伪劣产品罪的法条用语，想当然地认为既然是"假冒"的，就必然是"伪"劣的。我们对法律用语的理解，在许多情况下必须从规范意义上而不是通俗意义上进行。生产、销售伪劣产品罪中的"伪劣"二字，应当作为一个整体来理解，而不能分割理解。凡是"伪"的，必须同时是"劣"的，才能构成生产、销售伪劣产品罪；如果只伪不劣，则不构成生产、销售伪劣产品罪。具体而言，按照刑法第一百四十条和《最高人民法院、最高人民检察院关于办理生产、销售伪劣商品刑事案件具体应用法律若干问题的解释》的规定，所谓的伪劣产品，具体包括四种情况：一是掺杂、掺假产品，即产品中掺入杂质或者异物，致使产品质量不符合国家法律、法规或者产品明示质量标准规定的质量要求，降低、失去产品的应有使用性能。二是以假充真的产品，即以不具有某种使用性能的产品冒充具有该种使用性能的产品。三是以次充好的产品，即以低等级、低档次产品冒充高等级、高档次产品，或者以残次、废旧零配件组合、拼装后冒充正品或者新产品。四是不合格产品，即不符合《中华人民共和国产品质量法》第二十六条第二款规定的质量要求的产品。假冒注册商标的商品，虽然是假冒产品，但并不必然符合上述四种伪劣产品的条件之一，从而属于伪劣产品，故假冒注册商标罪和生产、销售伪劣产品罪之间并不存在法条竞合关系。

对于假冒注册商标罪和生产、销售伪劣产品罪之间的牵连犯，究竟是应当数罪并罚还是从一重罪处罚？按照《最高人民法院、最高人民检察院关于办理生产、销售伪劣商品刑事案件具体应用法律若干问题的解释》（以下简称伪劣商品刑事司法解释）第十条"实施生产、销售伪劣商品犯罪，同时构成侵犯知识产权、非法经营等其他犯罪的，依照处罚较重的规定定罪处罚"的规定，对于假冒注册商标罪和生产、销售伪劣产品罪之间的牵连犯，应当从一重罪处罚。

问题16. 假冒专利罪的司法认定

【实务专论】①

【关键词】

假冒专利罪　司法认定

刑法第二百一十六条对假冒专利罪采取空白罪状的表述方式，仅表述为："假冒他人专利，情节严重的，处三年以下有期徒刑或者拘役，并处或者单处罚金。"由于刑法对该罪的表述过于简单，导致理论界和司法实务中存在不少争议，有必要予以探讨和澄清。

一、假冒专利罪的客观行为

"假冒"专利行为作为假冒专利罪的实行行为，究竟应当如何界定？这在理论界有诸多不同的看法，综合而言具有代表性的观点有如下四种：

第一种观点将非法实施他人专利的行为视为假冒专利罪的实行行为。有人指出，"假冒他人专利行为，是指非法实施他人专利的行为，即未经专利权人许可，为生产经营目的制造、使用、销售、进口其专利产品，或者使用其专利方法以及使用、销售、进口依照该专利方法直接获得的产品，或者制造、销售、进口其外观设计专利产品"。②

第二种观点将假冒专利行为的本质界定为行为人假冒他人的专利，足以使公众误认为是他人的专利产品之行为。即"假冒他人专利，是指在自己的产品上加上他人的专利标记和专利号，或使其与专利产品相似，使公众误认为该产品是他人的专利产品"。③

第三种观点把假冒专利行为的本质界定为行为人将一项本不享有专利权的产品或方法冒充为专利产品或专利方法。

第四种观点认为，采用欺骗手段，在专利管理机关登记，冒名骗取专利权的行为，是假冒专利的行为之一。④

我们认为，正确界定假冒专利罪中的客观行为，必须准确区分专利民事侵权、专利

---

① 肖晚祥、孙争鸣：《关于假冒注册商标罪、假冒专利罪、侵犯著作权罪司法认定问题的研究》，载中华人民共和国最高人民法院刑事审判第一、二、三、四、五庭主办：《刑事审判参考》2011年第1集（总第78集），法律出版社2011年版，第166~203页。
② 高铭暄主编：《新编中国刑法学》，中国人民大学出版社1998年版，第658页。
③ 胡康生等主编：《〈中华人民共和国刑法〉释义》，中国方正出版社1998年版，第304~305页。
④ 马克昌、杨春洗、吕继贵主编：《刑法学全书》，上海科学技术文献出版社1993年版，第295页。

行政违法和专利犯罪，而这必须以《中华人民共和国专利法》（以下简称专利法和《中华人民共和国专利法实施细则》下简称专利法实施细则）等行政法规作为参考依据。2008年12月修正的专利法第六十条规定："未经专利权人许可，实施其专利，即侵犯其专利权，引起纠纷的，由当事人协商解决；不愿协商或者协商不成的，专利权人或者利害关系人可以向人民法院起诉，也可以请求管理专利工作的部门处理。管理专利工作的部门处理时，认定侵权行为成立的，可以责令侵权人立即停止侵权行为，当事人不服的，可以自收到处理通知之日起十五日内依照《中华人民共和国行政诉讼法》向人民法院起诉；侵权人期满不起诉又不停止侵权行为的，管理专利工作的部门可以申请人民法院强制执行。进行处理的管理专利工作的部门应当事人的请求，可以就侵犯专利权的赔偿数额进行调解；调解不成的，当事人可以依照《中华人民共和国民事诉讼法》向人民法院起诉。"第六十三条规定："假冒专利的，除依法承担民事责任外，由管理专利工作的部门责令改正并予公告，没收违法所得，可以并处违法所得四倍以下的罚款；没有违法所得的，可以处二十万元以下的罚款；构成犯罪的，依法追究刑事责任。"一般认为，专利法第六十条是"专利侵权"的规定，第六十三条是"假冒专利"的规定。第六十条对专利侵权只规定了民事和行政的救济途径，没有规定刑事制裁措施。而第六十三条对假冒专利行为规定了行政制裁和刑事制裁措施。假冒专利罪是典型的行政犯罪，认定是否构成犯罪，应当以相关的行政法规作为重要参考。既然专利法没有对专利侵权行为规定刑事制裁措施，则专利侵权行为不能作为假冒专利罪处理。而且，就字面解释的角度而言，既然刑法第二百一十六条规定的是"假冒他人专利"的，才构成假冒专利罪，除假冒专利以外的行为，如非法实施他人专利的专利侵权行为，就不符合刑法假冒专利罪的条文含义，因而不应当认为构成假冒专利罪。因为非法实施他人专利的行为，只是没有经过专利权人的授权，其实施的专利是真实的，不存在"假冒"的问题。另外，就行为的性质而言，假冒他人专利与非法实施他人专利是两种不同性质的侵权行为。非法实施他人专利是对专利实施权的侵犯，即未经权利人许可，为生产经营目的而制造、使用、销售其专利产品，或使用其专利方法的行为；而假冒专利则是对专利标记权的侵犯，即未经权利人许可，在非专利产品或包装上标明他人的专利标记或专利号。虽然总体上都属于专利侵权行为，但非法实施他人专利与假冒他人专利两者还是存在本质区别。非法实施他人专利是从专利技术角度侵犯他人专利权，是一种实质的侵害；而假冒他人专利主要是从专利标记权方面侵犯他人专利权，是一种形式侵害。从损害结果来看，非法实施他人专利的行为主要侵犯了专利权人的专利权，一般不对公众和消费者构成欺骗；而假冒他人专利不仅侵犯了专利权人的专利权，而且往往还对社会公众构成了欺骗。故从行为的社会危害性来说，假冒他人专利行为的社会危害性要大于非法实施他人专利的行为。而且，一般认为专利权主要体现为一种私权性质，如果仅仅是侵犯他人的专利实施权，而没有侵犯消费者权利，一般没有作为刑事犯罪处理的必要，被侵权人通过民事或者行政手段就足以获得救济。

究竟何种行为系"假冒专利的行为"，专利法第六十三条还是语焉不详。对此，可参考2010年1月的专利法实施细则，该《实施细则》第八十四条规定："下列行为属于专利法第六十三条规定的假冒专利的行为：

（一）在未被授予专利权的产品或者其包装上标注专利标识，专利权被宣告无效后或者终止后继续在产品或者其包装上标注专利标识，或者未经许可在产品或者产品包装上标注他人的专利号；

（二）销售第（一）项所述产品；

（三）在产品说明书等材料中将未被授予专利权的技术或者设计称为专利技术或者专利设计，将专利申请称为专利，或者未经许可使用他人的专利号，使公众将所涉及的技术或者设计误认为是专利技术或者专利设计；

（四）伪造或者变造专利证书、专利文件或者专利申请文件；

（五）其他使公众混淆，将未被授予专利权的技术或者设计误认为是专利技术或者专利设计的行为。

专利权终止前依法在专利产品、依照专利方法直接获得的产品或者其包装上标注专利标识，在专利权终止后许诺销售、销售该产品的，不属于假冒专利行为。

销售不知道是假冒专利的产品，并且能够证明该产品合法来源的，由管理专利工作的部门责令停止销售，但免除罚款的处罚。"

仔细分析一下，专利法实施细则第八十四条包括以下几种行为类型：

1. 假冒他人专利，使公众将不是他人的专利产品误认为是他人的专利产品。包括：（1）没取得专利权人的合法授权，在不是他人专利产品的产品或者包装上标注他人的专利号；（2）在产品说明书等材料中未经许可使用他人的专利号；（3）其他假冒他人专利的行为，如在产品广告或者交易合同等文书上使用他人专利号等。

2. 冒充专利行为。包括：（1）在未被授予专利权的产品或者其包装上标注专利标识；（2）专利权被宣告无效或者终止后继续在产品或者其包装上标注专利标识；（3）将专利申请称为专利；（4）其他冒充专利行为，如在产品广告或者交易合同等文书上使用并不存在的专利号。

3. 伪造或者变造专利证书、专利文件或者专利申请文件。包括：（1）伪造或者变造他人的专利证书、专利文件或者专利申请文件；（2）伪造根本不存在的专利证书、专利文件或者专利申请文件；（3）变造自己的专利证书、专利文件或者专利申请文件。

4. 销售假冒专利产品或者冒充专利产品的行为。

上述"假冒他人专利"和"冒充专利"的区别在于，"假冒他人专利"中的"专利"是实际存在的，但是专利不属于行为人，是他人的专利，行为人也没有取得使用他人专利号的合法授权。而"冒充专利"中的"专利"是根本不存在的，行为人是无中生有，将自己没有获得专利的产品谎称为专利产品。

那么，是不是专利法实施细则第八十四条所规定的所有假冒专利行为都可以认定为刑法第二百一十六条规定的"假冒他人专利"的行为类型，从而以假冒专利罪处理呢？我们认为不是。正确界定假冒专利罪中的"假冒"行为类型，还必须要区分刑法第二百一十六条和专利法第六十三条及专利法实施细则第八十四条之间细微的用词差别，以及参考专利法及专利法实施细则的修改过程。我国专利法于1984年制订后，经过了1992年、2000年、2008年三次修正。在2000年版的专利法中，第五十七条是关于专利侵权的规定，这和2008年版的专利法第六十条的规定是一致的。2000年版专利法第五十八条系假冒他人专利的规定，具体内容为："假冒他人专利的，除依法承担民事责任外，由管理专利工作的部门责令改正并予公告，没收违法所得，可以并处违法所得三倍以下的罚款，没有违法所得的，可以处五万元以下的罚款；构成犯罪的，依法追究刑事责任。"仔细比较2008年版专利法第六十三条和2000年版专利法第五十八条，发现前者除了处罚更为严厅以外，在行为的外延界定上也更为宽泛，即 2000 年版专利法第五十八条的表述是"假冒他人专利"，而 2008 年版专利法的表述是"假冒专利"，取消了"他人"一词。2000 年版专利法的"假冒"行为仅包括将他人的专利冒充自己的专利的行为，而不包括无中生有，虚构并不存在的专利的行为，即不包括"冒充专利"的行为。2000 年版专利法将假冒专利行为与冒充专利行为作了区分，将冒充专利行为规定在第五十九条，具体内容为："以非专利产品冒充专利产品、以非专利方法冒充专利方法的，由管理专利工作的部门责令改正并予公告，可以处五万元以下的罚款。"2008 年版专利法第六十三条规定的"假冒"行为既包括将他人的专利冒充自己的专利的行为，也包括无中生有，虚构并不存在的专利的行为。即 2008 年版专利法第六十三条将"假冒他人专利"和"冒充专利"进行了合并，统称"假冒专利"。当然，2008 年版专利法第六十三条的表述非常简单，2008 年版专利法实施细则第八十四条对"假冒专利"进行了详细界定。在 2000 年专利法修正后，2001 年颁布的专利法实施细则第八十四条和第八十五条分别对"假冒他人专利"对"冒充专利"作了细化规定。第八十四条规定："下列行为属于假冒他人专利的行为：（一）未经许可，在其制造或者销售的产品、产品的包装上标注他人的专利号；（二）未经许可，在广告或者其他宣传材料中使用他人的专利号，使人将所涉及的技术误认为是他人的专利技术；（三）未经许可，在合同中使用他人的专利号，使人将合同涉及的技术误认为是他人的专利技术；（四）伪造或者变造他人的专利证书、专利文件或者专利申请文件。"第八十五条规定："下列行为属于以非专利产品冒充专利产品、以非专利方法冒充专利方法的行为：（一）制造或者销售标有专利标记的非专利产品；（二）专利权被宣告无效后，继续在制造或者销售的产品上标注专利标记；（三）在广告或者其他宣传材料中将非专利技术称为专利技术；（四）在合同中将非专利技术称为专利技术；（五）伪造或者变造专利证书、专利文件或者专利申请文件。"2004 年 12 月《最高人民法院、最高人民检察院关于办理侵犯知识产权刑事案件具体应用法律若干问题的解释》第十条对刑法第二百一十六条"假冒他人专利"进行了界定，司法解释完全引用了 2001 年专利法实施细则第八十四条的规定："实施下列行为之一的，属于刑法第二百一十六条规定的'假冒他人专利'的行为：（一）未经许可，在其制造或者销售的产品、产品的包装上标注他人的专利号的；（二）未经许可，在广告或者其他宣传材料中使用他人的专利号，使人将所涉及的技术误认为是他人的专利技术的；（三）未经许可，在合同中使用他人的专利号，使人将合同涉及的技术误认为是他人的专利技术的；（四）伪造或者变造他人的专利证书、专利文件或者专利申请文件的。"司法解释没有将冒充专利行为界定为假冒专利罪的行为，而仅仅将假冒他人专利的行为界定为假冒专利罪的行为，这一司法解释目前是我们审理假冒专利案件的法律依据之一。司法解释这样规定，也是和刑法第二百一十六条的表述相一致的。

我们认为，尽管目前专利法和专利法实施细则已经对假冒专利的行为进行了修改，将假冒他人专利和冒充专利的行为统一规定为假冒专利行为，但是在刑法和相关司法解释没做修改的情况下，假冒专利罪的客观行为只包括假冒他人专利的行为，而不包括冒充专利的行为，如果将冒充专利的行为界定为假冒专利罪中的"假冒他人专利"的行为，就超出了刑法第二百一十六条条文所能涵括的最大意义范围，属于类推解释。因为冒充专利的行为是虚构根本不存在的"专利"，无"他人"可言，不存在假冒"他人"专利的情况。同时我们也认为，采用欺骗手段，在专利管理机关登记，冒名骗取专利权的行为，也不属于假冒专利罪中的"假冒"行为，理由与前相同，这种行为也不存在假冒"他人"专利的情况。故目前假冒专利罪中客观行为的界定，主要还是要以"两高"《关于办理侵犯知识产权刑事案件具体应用法律若干问题的解释》第十条作为依据。据此，可以将假冒专利罪中的客观行为归纳为以下两个特征：第一，假冒他人专利行为表现为非法使用他人的专利号或者伪造、变造他人的专利证书、有关专利文件。这个特征使之与专利侵权行为即非法实施他人专利行为相区别。前者行为针对他人的专利号、专利证书、有关专利文件，而后者行为针对专利权人的技术方案、新设计。第二，假冒他人专利行为表现为非法使用他人的有效专利号或者伪造、变造他人的有效专利证书、有关专利文件。这个特征使之与冒充专利行为相区别。前者行为针对客观存在的他人的有效专利号、专利证书、有关专利文件；而后者行为使用的专利号或者伪造的专利证书、专利文件根本不存在，或者专利号、专利证书、专利文件等的效力已经终止或者被宣布无效。

2010 年 1 月的专利法实施细则第八十四条规定，销售假冒专利产品或者冒充专利产品的行为，属于"假冒专利"行为，那么，明知是假冒他人的专利产品而予以销售，是否构成假冒专利罪呢？我们认为，对这种行为要具体分析。如果行为人和假冒专利人事先有预谋分工，即由对方实施假冒他人专利的行为，行为人随后对假冒他人的专利产品予以销售的，可以按照假冒专利罪的共犯处理。如果行为人事先没有通谋分工，只是明知是假冒他人的专利产品而予以销售的，对其进行行政处罚即可，不应当作为犯罪处理。

二、假冒专利罪的犯罪对象

根据刑法第二百一十六条的规定，假冒专利罪的犯罪对象是"他人的专利"，这里的"他人"是指享有专利权的人，即专利权人。既可以是自然人，也可以是单位；既可以是我国公民，也可以是外国人。这里有如下两个问题需要明确：

（一）假冒超过保护期限的专利的性质

在专利保护期限内，未经专利权人许可，以其他产品假冒专利权人的专利产品，以其他方法假冒专利权人的专利方法，情节严重的，构成假冒专利罪不存疑义。如果专利保护期限届满后，则上述行为是否还能以假冒专利罪予以追究呢？亦即假冒专利罪的犯罪对象是否包括不受专利法保护的无效专利呢？我们认为，在超过专利保护期限后，以其他产品冒充先前的"专利"产品，或者以其他方法冒充先前的"专利"方法的，已经不是假冒他人专利的行为，而是一种冒充专利的行为，在目前刑法没有修改的情况下，不能作为犯罪处理。

（二）关于假冒外国专利的问题

专利严格受地域限制，除非在我国申请并获得专利，外国人在他国获得的专利在我国不受保护。但是，这并不意味着，对于他人的外国专利可以随意假冒。那么，假冒他人外国专利的行为，应当如何处理呢？对此，我国有学者指出，"未使用外国人在他国获得的专利，却冒用其专利的名义，是一种扰乱市场秩序、侵犯国家专利制度的行为，也是一种违反诚信原则、侵犯消费者合法权益和外国专利权人商誉的行为……因此，无论从哪个角度看，假冒外国专利的行为都是为法律所禁止的行为。当假冒外国专利的行为达到情节严重的程度时便构成假冒专利罪"。[①] 我们认为，这一观点值得商榷。除时间性

---

① 周详、邴长策：《专利犯罪研究》，载唐广良主编：《知识产权研究》（第 11 卷），中国方正出版社 1999 年版，第 152~153 页。

外，地域性也是专利权的特征之一。专利只有依一定地域内的法律才得以产生，也只能在它所依法产生的那个地域范围内有效。因而未在我国申请而取得专利权的外国专利，虽然可以受到他国法律的保护，但在我国，却并不属于受专利法保护的有效权利，当然也就不能成为假冒专利罪的对象。此外，由于假冒他人外国专利是用自己的产品假冒他人在外国已经取得专利的专利产品，或者将自己的非专利方法假冒他人在外国已经取得专利权的专利方法，并不符合将非专利产品冒充受我国专利法保护的专利产品，或者将非专利方法冒充受专利法保护的专利方法的冒充专利行为的特征，故对假冒他人外国专利的行为，既不能以假冒专利罪论处，也不能按照冒充专利行为处理。实际上，假冒他人外国专利的行为，是利用专利权的地域特征规避法律的行为，这一行为尽管没有违反专利法的规定，却违反了诚实信用的原则，扰乱了公平竞争的市场经济秩序，是一种带有欺诈性质的不正当竞争行为。对于此类行为，应当依照《反不正当竞争法》的规定，予以相应的经济或者行政制裁。

三、假冒专利罪的罪数认定

（一）行为人在生产、销售的伪劣产品上假冒他人专利的处理

第一种观点认为，这种情形成立牵连犯，应当根据从一重罪处断原则定一罪。如果行为人的基本行为是假冒他人专利，旨在利用假冒他人专利牟利，而不是旨在以利用伪劣产品为手段牟利，只是技术水平低而制造出的产品质量不合格，而且也没有因为产品质量不合格而造成消费者人身财产的重大危害，那么假冒专利是重行为，应定假冒专利罪。如果行为人同时又想通过制造销售伪劣产品牟利，而且因为伪劣产品造成消费者人身财产的重大危害，那么，生产、销售伪劣产品的行为是重行为，应按生产、销售伪劣产品罪处理。① 第二种观点认为，上述情形属于吸收犯。这种观点认为，行为人在这种情况下确实实施了两个行为，即一个是假冒他人专利行为，另一个是生产、销售伪劣产品的行为，表面上这两个行为似乎存在牵连关系，但是这种牵连关系是偶然发生的，在司法实践中不具有普遍适用性，不符合刑法上牵连关系的特征，因而这种情形不能以牵连犯认定。实际上，上述情形下的假冒专利行为与生产、销售伪劣产品行为是处于犯罪发展不同阶段的、前后相继的两个行为，故当上述两个行为分别达到犯罪界限时，就属于理论上的吸收犯，应当按照重行为吸收轻行为的原则，以生产、销售伪劣产品罪处罚。至于假冒专利行为，则被生产、销售伪劣产品行为所吸收，不再单独论罪。第三种观点认为，在这种情形下，行为人实施了生产、销售伪劣产品和假冒专利两个行为，侵犯了两个法益，符合两个犯罪的犯罪构成，无论定哪一罪，都会遗漏对行为所侵犯的法益的刑法评价，故定一罪不妥，应当数罪并罚。②

我们认为，在这种情况下行为人成立牵连犯，而不成立吸收犯。第二种观点承认生产、销售伪劣产品行为和假冒专利行为之间存在牵连关系，但又认为这种牵连关系只是偶然发生的，不具有普遍性，故不是刑法意义上的牵连关系。这种观点是值得商榷的。认定两个行为之间是否具有刑法上的牵连关系，评价的标准不是这两种行为发生的频率或者概率，而是应当从两种行为之间是否具有内在联系出发。因为现实生活中发生的犯罪行为是形形色色的，而且犯罪手段也在不断翻新，发生变化，我们无法统计哪些行为

---

① 党建军主编：《侵犯知识产权罪》，中国人民公安大学出版社2003年版，第82页。
② 陈洪兵、薛向东、安文录：《假冒专利罪疑难问题探讨》，载《西南政法大学学报》2004年第5期。

是常发的，哪些行为是偶发的，故以行为发生的概率或者频率作为判断是否具有牵连关系的标准和依据，既没有可行性，也不合理。因为这样处理，就会把一些刚刚发生的，而且以后可能经常发生的确实具有牵连关系的行为排除在牵连犯之外，而在经过一段时间后，这种情况发生得多了，具有普遍性了，又将其认定为牵连犯，这显然是不合理的。故认定是否构成牵连犯，必须从具体个案出发，考察两个行为之间是否具有目的行为和手段行为，或者原因行为和结果行为之间的内在牵连关系，如果具有这种牵连关系，即使是偶然发生的，也成立牵连犯。第一种观点承认这种情况下成立牵连犯，其结论是正确的，但其论证的理由存在一定缺陷。我们认为，在这种情况下，不管行为人主观心态如何，生产、销售伪劣产品行为都是目的行为，假冒专利行为都是手段行为。即使行为人旨在利用假冒他人专利牟利，只是技术水平低而制造出的产品质量不合格，在这种情况下，生产、销售伪劣产品的行为还是目的行为。因为在任何情况下，行为人的根本目的还是希望制造出产品，并将制造出的产品销售出去，以谋取经济利益，则生产、销售伪劣产品行为的深层次或者说终极目的还是为了牟利，而不能说只有假冒专利行为才是为了牟利。相反，从前面分析的假冒专利罪的行为特征可以看出，假冒专利行为只是行为人实现其他先行行为如生产行为目的的手段而已，根本目的还是要从其他方面去寻找。第三种观点没有论述这种情况下两个行为之间是否具有牵连关系，而是从罪刑是否相当、是否罚当其罪的角度出发，认为在这种情况下应当数罪并罚。根据这种观点，要么取消牵连犯，要么对牵连犯一律数罪并罚。我们认为，成立牵连犯的一个前提就是存在两个行为，侵犯了两个法益，符合两个犯罪的犯罪构成，之所以在有些情况下要按一罪处理，是因为这两个行为之间存在牵连关系，和完全没有关联的两个行为相比，体现行为人的主观恶性要小，行为的总体社会危害性要轻，故第三种观点也不足取。

对于牵连犯，司法解释既有从一重罪处罚的，也有数罪并罚的，按照《伪劣商品刑事司法解释》第十条关于"实施生产、销售伪劣商品犯罪，同时构成侵犯知识产权、非法经营等其他犯罪的，依照处罚较重的规定定罪处罚"的规定，应当从一重罪处罚。比较假冒专利罪和生产、销售伪劣产品罪的法定刑和追诉标准，生产、销售伪劣产品罪的最低档法定刑为二年以下有期徒刑或者拘役，并处或者单处罚金，最高法定刑为无期徒刑。而假冒专利罪只有一个量刑档次，即三年以下有期徒刑或者拘役，并处或者单处罚金。而按照刑法第一百四十条的规定，生产、销售伪劣产品，销售金额在五万元以上不满二十万元的，在二年以下有期徒刑、拘役、单处罚金档次量刑；销售金额二十万元以上不满五十万元的，在二年以上七年以下档次量刑。故在一般情况下，生产、销售伪劣产品罪的量刑要重于以假冒专利罪的量刑，故一般情况下要定生产、销售伪劣产品罪。

那么，有没有可能某一个行为按假冒专利罪处罚比按生产、销售伪劣产品罪处罚量刑更重呢？这种情况也不能绝对排除。《伪劣商品刑事司法解释》第二条规定："伪劣产品尚未销售，货值金额达到刑法第一百四十条规定的销售金额三倍以上的，以生产、销售伪劣产品罪（未遂）定罪处罚。"而假冒专利罪是行为犯，不以假冒专利产品实际销售出去为既遂的条件。如果行为人假冒两项以上专利，且产品尚未销售，则在这种情况下，行为人非法经营额10万元（货值金额可以作为非法经营额）就构成假冒专利罪的既遂，而货值金额15万元才构成生产伪劣产品罪的未遂，故以假冒专利罪处罚完全可能更重，则在这种情况下，应当以假冒专利罪处罚。

（二）行为人既假冒他人专利又假冒他人注册商标的处理

一种观点认为，如果行为人假冒的注册商标与假冒的专利，其权利人是同一的，应当按想象竞合犯的处理原则，择一重罪定罪处罚。如果行为人假冒甲的注册商标同时又假冒乙的专利，则对行为人应以假冒注册商标罪和假冒专利罪实行数罪并罚。① 另一种观点认为，应一律依照数罪并罚的原则进行并罚。② 我们认为，在这种情况下，行为人在主观上存在两个独立的罪过，即假冒他人注册商标的罪过和假冒他人专利的罪过，客观上也实施了两个独立的行为，即假冒他人专利的行为和假冒他人注册商标的行为，完全符合两个独立的犯罪构成，故不成立想象竞合犯。在两个行为之间也不存在目的行为和手段行为、原因行为和结果行为之间的牵连关系，故应当以假冒专利罪和假冒注册商标罪数罪并罚。

问题 17. 侵犯著作权罪的司法认定

【实务专论】③

【关键词】

侵犯著作权罪　司法认定

刑法第二百一十七条规定，以营利为目的，有下列侵犯著作权情形之一，违法所得数额较大或者有其他严重情节的，构成侵犯著作权罪：（1）未经著作权人许可，复制发行其文字作品、音乐、电影、电视、录像作品、计算机软件及其他作品的；（2）出版他人享有专有出版权的图书的；（3）未经录音录像制作者许可，复制发行其制作的录音录像的；（4）制作、出售假冒他人署名的美术作品的。实务中以下问题值得探讨与明确：

一、"未经著作权人许可"的界定

"未经著作权人许可"是构成侵犯著作权罪的前提条件，故必须对此进行准确的界定。按照 2004 年 12 月《最高人民法院、最高人民检察院关于办理侵犯知识产权刑事案件具体应用法律若干问题的解释》（以下简称知识产权司法解释）第十一条第二款规定，"未经著作权人许可"，是指没有得到著作权人授权或者伪造、涂改著作权人授权许可文件或者超出授权许可范围的情形。根据著作权法的规定，"未经著作权人许可"而复制著作权人作品的，大致有以下六种情形：（1）符合著作权法第二十二条规定权利限制的十二种情况，可以不经著作权人许可，不支付报酬而使用，这是对作品的合理使用。著作权法第二十二条规定，在下列情况下使用作品，可以不经著作权人许可，不向其支付报酬，但应当指明作者姓名、作品名称，并且不得侵犯著作权人依照本法享有的其他权利：①为个人学习、研究或者欣赏，使用他人已经发表的作品；②为介绍、评论某一作品或者说明某一问题，在作品中适当引用他人已经发表的作品；③为报道时事新闻，在报纸、期刊、广播电台、电视台等媒体中不可避免地再现或者引用已经发表的作品；④报纸、

---

① 肖中华：《侵犯知识产权罪认定若干问题研究》，载顾肖荣主编：《经济刑法》，上海人民出版社 2003 年版，第 198 页。
② 陈洪兵、薛向东、安文录：《假冒专利罪疑难问题探讨》，载《西南政法大学学报》2004 年第 5 期。
③ 肖晚祥、孙争鸣：《关于假冒注册商标罪、假冒专利罪、侵犯著作权罪司法认定问题的研究》，载中华人民共和国最高人民法院刑事审判第一、二、三、四、五庭主办：《刑事审判参考》2011 年第 1 集（总第 78 集），法律出版社 2011 年版，第 166～203 页。

期刊、广播电台、电视台等媒体刊登或者播放其他报纸、期刊、广播电台、电视台等媒体已经发表的关于政治、经济、宗教问题的时事性文章,但作者声明不许刊登、播放的除外;⑤报纸、期刊、广播电台、电视台等媒体刊登或者播放在公众集会上发表的讲话,但作者声明不许刊登、播放的除外;⑥为学校课堂教学或者科学研究,翻译或者少量复制已经发表的作品,供教学或科研人员使用,但不得出版发行;⑦国家机关为执行公务在合理范围内使用已经发表的作品;⑧图书馆、档案馆、纪念馆、博物馆、美术馆等为陈列或者保存版本的需要,复制本馆收藏的作品;⑨免费表演已经发表的作品,该表演未向公众收取费用,也未向表演者支付报酬;⑩对设置或者陈列在室外公共场所的艺术作品进行临摹、绘画、摄影、录像;⑪将中国公民、法人或者其他组织已经发表的以汉语言文字创作的作品翻译成少数民族语言文字作品在国内出版发行;⑫将已经发表的作品改成盲文出版。(2)根据法律的直接规定,以特定的方式使用已发表的作品,可以不经著作权人许可,但应当按照规定支付报酬,这是对作品的法定许可使用。如著作权法第二十三条规定:"为实施九年制义务教育和国家教育规划而编写出版教科书,除作者事先声明不许使用的外,可以不经著作权人许可,在教科书中汇编已经发表的作品片段或者短小的文字作品、音乐作品或者单幅的美术作品、摄影作品,但应当按照规定支付报酬,指明作者姓名、作品名称,并且不得侵犯著作权人依照本法享有的其他权利。前款规定适用于对出版者、表演者、录音录像制作者、广播电台、电视台的权利的限制。"第四十四条规定:"广播电台、电视台播放已经出版的录音制品,可以不经著作权人许可,但应当支付报酬。当事人另有约定的除外。具体办法由国务院规定。"(3)根据伯尔尼公约和世界版权公约关于强制许可的规定,由著作权主管机关颁发强制许可证授权许可使用作品的,是对作品的强制许可使用。(4)在著作权许可使用合同期限内,未经著作权人批准,擅自增加使用数量、改变使用方式等而使用的。(5)著作权许可合同期满后,原使用人没经著作权人许可,再次使用作品的。(6)不存在上述任何法定、约定条件的情况下,未经著作权人许可使用作品的。

对于上述六种情况中的前三种情况,不构成侵犯著作权罪是毫无疑问的。对于第六种情况,属于侵犯著作权罪中的"未经著作权人许可",也不存在争议。有争议的是第四、五种情况,是否属于侵犯著作权罪中的"未经著作权人许可"。有观点认为,第四种情况实际上是版权合同下的合同纠纷问题,属于知识产权领域的民事违约侵权,不属于刑事犯罪的范畴。而对于第五种情况,著作权法第三十二条第三款也做了规定:"图书出版者重印、再版作品的,应当通知著作权人,并支付报酬……"在这种侵权情况下,当事人的主观恶性明显小于第六种情形,而且著作权法已经对此种情形做了规定,著作权人完全可以依照合同的相关约定,通过民事方式获得救济,故此种情形也不宜认定为侵犯著作权罪中的"未经著作权人许可",以犯罪处理。[①]

我们认为,第四、五种情况如果情节达到相当的程度,可以认定为侵犯著作权罪中的"未经著作权人许可",构成侵犯著作权罪。就第四种情况来说,行为人的行为是超出授权许可范围的情形。按照2004年"两高"知识产权司法解释,"超出授权许可范围"而使用著作权人的作品属于"未经著作权人许可"。就第五种情况而言,著作权合同期满以后,著作权人就不得再使用著作权人的作品。著作权合同期满后,其法律效果与没有

---

① 于同志:《侵犯著作权罪认定的两个问题》,载《人民法院报》2008年1月9日第6版。

签订著作权合同等同，行为人使用著作权人的作品，应当视为没有任何根据地使用著作权人的作品，如果达到相当的程度，可以作为犯罪处理。但是，第四、五种情况作为犯罪处理不是必然的，只有在行为人的行为达到相当严重的程度时，才能作为犯罪处理。而且，即使行为人的行为已经达到了可以作为犯罪处理的程度，也不一定非要作为犯罪处理，还有作为民事侵权处理的余地。因为包括侵犯著作权罪在内的所有侵犯知识产权犯罪，既可以公诉，也可以由被害人提起自诉，如果被害人不作为刑事自诉案件向法院提起自诉，而是选择向法院提起民事诉讼，通过民事手段救济自己被侵犯的权利，则意味着被害人放弃刑事自诉的权利。对于被害人的这种程序选择权，司法机关应当予以充分尊重，除非行为人的行为已经严重侵犯了公共利益，否则司法机关不应当干预，硬要将案件作为刑事案件处理。而且，这两种情况与不存在任何法定、约定条件的情况下，未经著作权人许可使用作品的行为相比，主观恶性要小，故定罪的把握要更严一些。

需要注意的是，根据 2011 年 1 月《最高人民法院、最高人民检察院、公安部关于办理侵犯知识产权刑事案件适用法律若干问题的意见》第十一条的规定，"未经著作权人许可"一般应当依据著作权人或者其授权的代理人、著作权集体管理组织、国家著作权行政管理部门指定的著作权认证机构出具的涉案作品版权认证文书，或者证明出版者、复制发行者伪造、涂改授权许可文件或者超出授权许可范围的证据，结合其他证据综合予以认定。在涉案作品种类众多且权利人分散的案件中，如果前述证据确实难以一一取得，但有证据证明涉案复制品系非法出版、复制发行的，且出版者、复制发行者不能提供获得著作权人许可的相关证明材料的，可以认定为"未经著作权人许可"。但是，有证据证明权利人放弃权利、涉案作品的著作权不受我国著作权法保护，或者著作权保护期限已经届满的除外。

二、侵犯著作权罪的犯罪对象问题

侵犯著作权罪的犯罪对象是侵权产品，在一般情况下，侵权产品比较容易界定。但在某些特殊情况下，侵权产品究竟是指产品的整体还是其中的一部分难以界定，需要仔细斟酌。如被告单位厦门威尔富自动设备有限公司、被告人李文星侵犯著作权案。2004 年年初，被告单位厦门威尔富自动设备有限公司（以下简称威尔富公司）在其总经理李文星的操作下，未经授权，从被害单位 ASM 公司生产的 AB510 型焊接机中提取操控软件（计算机软件著作权登记号为 2000SR1812），在进行表面修改后非法复制、应用于威尔富公司生产的 BW-18 和 BW-28 型焊线机上，并将上述焊线机销售给南京德塑实业有限公司等企业牟利。经评估，焊线机上的操控软件的市场中间价格为 41700 元。至案发，威尔富公司累计复制发行操控软件 80 份，非法经营额共计 333 万余元。某法院经审理认为，被告单位威尔富公司以营利为目的，未经著作权人 ASM 公司许可，复制发行其计算机软件 80 份，非法经营额为人民币 333.6 万元，情节特别严重，其行为构成侵犯著作权罪。被告人李文星系直接负责的主管人员，亦构成侵犯著作权罪。依法判处威尔富公司罚金人民币 170 万元，被告人李某星有期徒刑 3 年，缓刑 4 年，并处罚金人民币 10 万元。

该案中，威尔富公司涉案的焊线机较为特殊，其操控软件并非简单地安装在硬件上即可运行，而是先有硬件参数，再安装操控软件，并要经过长时间的调试才能运行使用，故该焊线机是一种硬件与软件紧密结合的复合体。基于该产品的特殊性，对于本案侵权产品的认定存在较大分歧。第一种观点认为，焊线机的硬件部分是操控软件的载体，且焊线机的硬件设备与操控软件是一个不可分割的整体，只有两者结合才能形成一个完整的产品,故侵权产品应为焊线机,而不是操控软件。第二种观点认为,焊线机是由硬件和软件两部分构成的复合体,硬件部分的研制、生产和销售并不违法,侵权的只是软件部分,故侵权产品应为操控软件。

我们认为,对于侵权产品究竟是产品的整体还是某一部分,应当从产品中涉嫌侵权的某一部分是否具有相对独立性来判断。如果具有相对独立性,则应当认定产品的某一部分为侵权产品;如果没有相对独立性,无法和产品的整体进行区分,则应当认定产品的整体为侵权产品。本案中,操控软件相对于焊线机而言,是一个独立的产品,这从ASM公司将操控软件运用在"焊接机"上,而威尔富公司将操控软件运用在"焊线机"上这一事实可以作出判断,故应当认定操控软件而不是焊线机为侵权产品,相关犯罪数额的计算也应当以操控软件为标准进行。

问题18. 试论"以假充真"和"以假卖假"行为在定罪和销售金额认定上如何区分

【实务专论】[①]

【关键词】

以假充真 以假卖假 销售金额 认定

近年来,随着市场竞争的日益激烈,高端品牌的设计和质感一方面不断提升了市场的消费品位,但另一方面,高端品牌又促使了无休止的消费攀比心理,加剧了消费群体两极分化的严重性,诱发了一个新的崇尚名牌而又缺乏经济实力的消费群体的产生。为迎合这类新产生的消费群体的心理,一些不法商贩生产了大量的假冒名牌商标的商品,"以假卖假"。而这类新产生的消费群体"知假买假",以满足其消费品牌商品的虚荣心。尽管我国有关生产、销售伪劣商品和侵犯知识产权犯罪的立法、司法解释及指导性文件越来越完善,但是面对这种新类型的"以假卖假"型犯罪,仍然留有空白,特别反映在"以假卖假"行为的定性和销售金额的认定等问题上。有鉴于此,笔者拟对"以假充真"和"以假卖假"两类行为在定罪和销售金额认定上的区分试作探讨,以期抛砖引玉。

一、"以假充真"和"以假卖假"行为在定罪上应当如何区分

司法实践中,销售假冒注册商标的商品行为,根据行为人是否具有欺骗消费者的故意,可以分为两大情形:一是"以假充真"情形;二是"以假卖假"情形。根据所售产品是否合格,每一种大的情形又可细分为两种情形。具体如下:

第一种情形是以假充真,销售伪且劣的商品。即行为人以真品价格对外销售假冒注册商标的商品,该商品不具有产品说明所示的使用性能,属于劣质产品。

第二种情形是以假充真,销售伪而不劣的商品。即行为人以真品价格对外销售假冒注册商标的商品,但该商品具有产品说明所示的使用性能,不属于劣质产品。

第三种情形是以假卖假,销售伪而不劣的商品。即行为人以远低于真品的价格对外销售假冒注册商标的商品,购买者知假买假,且该商品具有产品基本使用性能,不属于

[①] 刘晓虎:《试论"以假充真"和"以假卖假"行为在定罪和销售金额认定上的区分》,载中华人民共和国最高人民法院刑事审判第一、二、三、四、五庭主办:《刑事审判参考》2011年第1集(总第78集),法律出版社2011年版,第204~213页。

劣质产品。

第四种情形是以假卖假，销售伪且劣的商品。即行为人以远低于真品的价格对外销售假冒注册商标的商品，购买者知假买假，但该商品不具有产品基本的使用性能，属于劣质产品。

鉴于第一种情形的定性，理论界和实务界基本无争议，下文仅对第二、三、四种情形进行简略分析。

（一）"以假充真，伪而不劣"情形

伪劣产品有狭义和广义之分。狭义的伪劣产品仅指"伪且劣"的产品；而广义的伪劣产品，还包括假冒他人品牌但本身质量合格的产品，即所谓的"伪而不劣"的产品。根据《最高人民法院、最高人民检察院关于办理生产、销售伪劣商品刑事案件具体应用法律若干问题的解释》（以下简称伪商解释）第一条对"以假充真""以次充好""不合格产品"的解释，构成生产、销售伪劣产品罪，行为人必须要有以不具有某种使用性能的产品冒充具有该种使用性能的产品，或者以低等级、低档次产品冒充高等级、高档次产品的行为，二者之间应达到足够的差距，且低等级、低档次产品应近似于残次品。可见，刑法第一百四十条生产、销售伪劣产品罪中的"伪劣产品"指的是"伪且劣"产品，"伪而不劣"产品不在本罪对象之内。

据此，"以假充真，伪而不劣"的情形，在定罪上仅构成销售假冒注册商标的商品罪，不能构成销售伪劣产品罪。

（二）"以假卖假、伪而不劣"情形

以假充真、以次充好或者以不合格产品冒充合格产品的行为，在主观上的共性，即是行为人必须有欺骗消费者的故意。行为人以远低于真品的价格对外销售假冒注册商标的商品，即在某个侧面表明行为人没有欺骗消费者的故意。消费者在购买时，完全知道其所要购买的是假冒他人注册商标的商品，是"知假买假"行为，根本不存在认识错误。因此，该类行为不符合销售伪劣产品罪的构成特征，在定罪上仅构成销售假冒注册商标的商品罪。

（三）"以假卖假、伪且劣"情形

此处的"假"是针对注册商标的商品而言，而"劣"则是相对于具有基本使用性能的合格产品而言，与第一种"以假充真伪且劣"情形中的"劣"不同，后者是相对于注册商标的商品使用性能而言的。在以假卖假案件中，行为人虽然没有冒充注册商标商品的故意，但将无基本使用性能的残次品或废品冒充具有基本使用性能的合格产品，本质上仍属于"以不合格产品冒充合格产品"的行为，应认定为销售伪劣产品的行为。因此，这种情形虽然是"以假卖假"，但在定罪上仍既构成销售假冒注册商标的商品罪，又构成销售伪劣产品罪，并依照处罚较重的规定定罪处罚。

值得强调的是，在该类案件中，产品质量检验机构在出具产品质量是否合格的鉴定结论时，应当同时提供出具鉴定结论的参数依据或理由。司法机关根据案件事实和鉴定结论的参数依据或理由进行综合审查。如"不合格产品"的鉴定结论是针对产品内在质量而言的，则可认定该"不合格产品"系劣质产品；如鉴定结论仅是针对产品外在包装而言的，则一般不能认为该"不合格产品"系劣质产品。

二、"以假充真"和"以假卖假"行为在"销售金额"认定上应当区分

目前，为"销售金额"的概念和认定提供法律依据的有两个司法解释：一是伪商解

释；二是《最高人民法院、最高人民检察院关于办理知识产权刑事案件具体应用法律若干问题的解释》（以下简称知产解释）。在这两个司法解释出台之时，"以假卖假"现象还不够类型化，在司法实践中反映也不突出，所以两个解释文件并未区分"以假充真"和"以假卖假"两种情形，而是为销售金额的认定明确了一个比较统一的递进式标准。

（一）两个解释文件所明确的销售金额认定标准大同小异

在销售金额的认定问题上，两个解释文件大同小异，在总体上均区分了两类情形：一是有标价或者能够查清实际销售价格；二是无标价或者不能查清实际销售价格。

1. 有标价或者能够查清实际销售价格

（1）完全销售的情形

伪商解释虽未对完全销售的情形明确认定标准，但借助其对"销售金额"的界定，即"出售伪劣产品后所得和应得的全部违法收入"，完全可以推知，完全销售情形中伪劣产品的销售金额是按照产品实际销售的价格计算。而知产解释对完全销售情形中销售金额的认定明确了专门标准，即已销售的侵权产品的价值，按照实际销售的价格计算。可见，对于完全销售的情形，伪商解释和知产解释在销售金额的认定标准上是完全一致的。

（2）部分销售的情形

知产解释对部分销售情形中如何认定销售金额，作了明确规定。根据规定，制造、储存、运输和未销售的侵权产品的价值，按照标价或者已经查清的侵权产品的实际销售平均价格计算。由该规定可知，对于未销售部分，既可以按照标价，也可以按照已经查清的侵权产品的实际销售平均价格计算非法经营数额。但是究竟在何种情况下按照标价，何种情况下按照已经查清的侵权产品的实际销售平均价格，知产解释并未明确。

与知产解释不同，伪商解释仅明确了未销售情形中货值金额的认定标准，并未规定未销售部分的货值金额可以按照已经查清的销售产品的实际销售价格予以计算。因此，对于销售伪劣产品的犯罪行为，其未销售部分的货值金额，根据规定仅能按照违法生产、销售的伪劣产品的标价计算，不能按照已经查清的销售产品的实际销售价格予以认定。这是因为在生产、销售伪劣产品案件中，定罪量刑的倾向性思路是，销售金额和未销售货值金额分别达到不同的法定刑幅度或者均达到同一法定刑幅度的；在处罚较重的法定刑幅度内酌情从重处罚。这一思路后来在2009年出台的《最高人民法院、最高人民检察院关于办理非法生产、销售烟草专卖品等刑事案件具体应用法律若干问题的解释》中被正式确认。基于这一分析，在部分销售情形中，可以认为，对未销售部分的货值金额，按照标价计算；对已销售部分的销售金额，按照已经查清的销售产品的实际销售价格计算。

（3）均未销售的情形

对于此类情形，伪商解释与知产解释的规定是基本一致的，即按照侵权产品、伪劣产品的标价认定销售金额。

2. 无标价或者不能查清实际销售价格

根据伪商解释的规定，此类情形的货值金额是按照同类合格产品的市场中间价格计算。货值金额难以确定的，按照国家计划委员会、最高人民法院、最高人民检察院、公安部于1997年4月22日联合发布的《扣押、追缴、没收物品估价管理办法》的规定，委托指定的估价机构确定。而根据知产解释的规定，此类情形的非法经营数额是按照被侵权产品的市场中间价格计算。伪商解释和知产解释的不同之处，在于伪商解释补充规定了"货值金额难以确定"的认定办法。这是因为在销售伪劣商品案件中，存在无法按照同类合格产品的市场中间价格计算的情况；而在侵犯知识产权案件中，不存在无法按照被侵权产品的市场中间价格计算的情况，所以知产解释未像伪商解释那样对"货值金额难以确定"的情形作出规定。

(二) 对两个解释文件中销售金额认定标准的反思

"销售金额"是刑法第一百四十条、第二百一十四条采用的规范术语，伪商解释和知产解释对这一规范术语的概念作了进一步界定。伪商解释第二条规定，"销售金额"是指生产者、销售者出售伪劣产品后所得和应得的全部违法收入。知产解释第九条规定，"销售金额"是指销售假冒注册商标的商品后所得和应得的全部违法收入。可见，伪商解释和知产解释对"销售金额"的界定在"售后所得和应得的全部违法收入"这一点上是完全一致的。

从严格意义上讲，"销售金额"仅存在于已销售的情形。然而，如若坚持这一严格解释，则必然导致许多生产、销售伪劣产品和销售假冒注册商标的商品的严重犯罪行为都得不到有效的认定。因此，为了弥补这一立法漏洞，伪商解释援引了产品质量法中"货值金额"的概念，而知产解释则借用了"非法经营数额"的概念，并将"非法经营数额"限定为实施侵犯知识产权行为过程中制造、储存、运输、销售侵权产品的价值。

从系统解释的角度把握，不管两个解释文件援引何种概念表述未销售情形的产品、商品价值，最终适用刑法条文时都必须将所要表达的内容对接到"销售金额"的概念上来，即与"销售金额"概念所表达的内容在本质上是基本一致的，否则定罪处罚就成为"无本之木""无源之水"。在这一理念指导下，基于两个解释文件对"销售金额"的定义，我们认为，具体案件中货值金额、非法经营数额的认定必须以大致接近产品销售后所得和应得的全部违法收入为要求。这一要求应成为货值金额、非法经营数额认定的一条基本原则。

从这一基本原则出发，不妨对两个解释文件所明确的销售金额认定标准做一番审视：

1. 对于完全销售的情形，两个解释文件明确的销售金额认定标准是按照实际销售的价格计算，这与两个解释文件对"销售金额"的定义是完全一致的，即按照实际销售价格计算出的数额与产品销售后所得和应得的全部违法收入数额是完全等值的。

2. 对于部分销售的情形，知产解释明确的是按照标价或者按照已经查清的侵权产品的实际销售平均价格计算非法经营数额。在"以假充真"型案件中，按照这一标准计算出的非法经营数额与销售金额应当比较接近。但在有些打折促销案件中，产品的实际销售价格往往远低于标价，由于上述标准并未具体明确究竟是标价优先还是已经查清的侵权产品的实际销售平均价格优先，所以在具体计算非法经营数额时可能会背离实情，从而违背上述货值金额、非法经营数额认定的基本原则。伪商解释对未销售部分货值金额的认定仅采用了标价标准，按照上述思路推理，以该标准计算出的结果更可能违背上述基本原则。不过，由于伪商解释对已销售部分和未销售部分的产品采取的是"先分别计算、分别定罪处罚，后从一重处"的原则，所以单一标价标准不会在整体的定罪量刑上带来多大的影响。

3. 对于均未销售的情形，两个解释文件均明确了单一的标价标准。单一标价标准是否符合上述基本原则的要求，取决于标价与实际价格的接近程度。如接近，则符合上述基本原则的要求；如不接近，则不符合基本原则的要求。在"以假充真"型案件中，标价可能会成为行为人以假充真的手段之一（因为品牌商品的标价比较正式），因而以标价认定货值金额的合理性成分相对较多一点。但是，在"以假卖假"型案件中，标价往往不够正式，特别是在打折促销的案件中，标价与实际销售价格往往相去甚远，因此非法经营数额与销售金额在实质内容上不对接的现象在这类案件中反映尤为突出。

4. 对于无标价或者不能查清实际销售价格的情形，伪商解释的规定是按照同类合格产品的市场中间价格计算，而知产解释的规定是按照被侵权产品的市场中间价格计算。与上同理，这种情形下，取决于同类合格产品或者被侵权产品的市场中间价格与实际销售价格是否接近。如接近，则符合基本原则要求；如不接近，则不符合基本原则的要求。

经由上述分析，两个解释文件所明确的销售金额认定标准是否科学合理，取决于标价、同类合格产品或者被侵权产品的市场中间价格与涉案产品的实际销售价格是否接近。在"以假充真"型案件中，除个别情况外，涉案产品实际销售的价格与标价、同类合格产品或者被侵权产品的市场中间价格比较接近，因此两个解释文件所明确的销售金额认定标准比较科学合理。但在"以假卖假"型案件中，涉案产品实际销售的价格与同类合格产品或者被侵权产品的市场中间价格相去甚远，因此，对于这类案件，两个解释所明确的销售金额的认定标准应受到限制。

问题 19. 假冒注册商标后又销售该假冒商品，但销售价格无法查清的，如何认定非法经营数额

【刑事审判参考案例】李某假冒注册商标案[①]

一、基本案情

鄂尔多斯市中级人民法院经审理查明：2010 年 8 月中旬，被告人李某在未获得商标所有权人许可的情况下，在 2.2 万件"白坯衫"上使用与"鄂尔多斯"注册商标相同的商标，包装成假冒的"鄂尔多斯"羊绒衫；在 4633 件"白坯衫"上使用与"恒源祥"注册商标相同的商标，包装成假冒的"恒源祥"羊毛衫。后被告人李某在湖南省郴州口市北湖区富民商场二楼××××号店铺内销售该假冒的"鄂尔多斯"羊绒衫和"恒源祥"羊毛衫。案发后，公安人员在李某店内扣押吊牌价每件人民币（以下币种同）2180 元的假冒"鄂尔多斯"羊绒衫 4351 件；吊牌价每件 1680 元的假冒"鄂尔多斯"羊绒衫 17403 件；吊牌价每件 968 元的假冒"恒源祥"羊绒衫 4433 件。上述未销售的假冒"鄂尔多斯"羊绒衫和"恒源祥"羊毛衫共计 26187 件，吊牌标价共计 43013364 元。

鄂尔多斯市中级人民法院认为，"鄂尔多斯""恒源祥"商标依法经国家工商行政管理总局商标局核准注册，且在有效期内，受法律保护。注册商标"鄂尔多斯""恒源祥"的核定使用商品范围为围巾、针织品（服装）、针织衣服等，被告人李某在未获得商标所有权人许可的情况下，在同一种商品上使用与其注册商标相同的商标，非法经营数额达 43013364 元，构成假冒注册商标罪，且情节特别严重。李某实施假冒注册商标犯罪，又销售该假冒注册商标的商品，应当以假冒注册商标罪定罪处罚。其未销售的假冒注册商

[①] 《李某假冒注册商标案——假冒注册商标后又销售该假冒商品，但销售价格无法查清的，如何认定非法经营数额（第 859 号）》，载中华人民共和国最高人民法院刑事审判第一、二、三、四、五庭主办：《刑事审判参考》2013 年第 3 集（总第 92 集），法律出版社 2014 年版，第 18~21 页。

标的商品 26187 件应予没收。据此，依照《中华人民共和国刑法》第二百一十三条、《最高人民法院、最高人民检察院关于办理侵犯知识产权刑事案件具体应用法律若干问题的解释》（以下简称解释）第一条第二款第一项以及《最高人民法院、最高人民检察院关于办理侵犯知识产权刑事案件具体应用法律若干问题的解释（二）》（以下简称解释二）第四条之规定，鄂尔多斯市中级人民法院以被告人李某犯假冒注册商标罪，判处有期徒刑五年，并处罚金人民币 2151 万元。李某随案移送的 26187 件假冒"鄂尔多斯""恒源祥"注册商标的羊毛衫依法予以没收。

宣判后，被告人李某不服，上诉称：以本案应当定性为销售假冒注册商标的商品罪，且不应以吊牌价计算非法经营数额，应当以实际销售价格每件 147.54 元计算非法经营数额。

内蒙古自治区高级人民法院经审理查明：上诉人李某及其辩护人多次提到侦查机关扣押了其经营店铺内的电脑，该电脑未随案移送。经核实，该电脑中有李某假冒"鄂尔多斯"羊绒衫、"恒源祥"羊毛衫不同批次的文件夹，该文件夹分别以 140 元、150 元、180 元命名，文件内容为假冒"鄂尔多斯"羊绒衫、"恒源祥"羊毛衫的照片。

内蒙古自治区高级人民法院认为，一审判决认定的事实不清，证据不足。遂依照《中华人民共和国刑事诉讼法》（1996 年）第一百八十九条第三项之规定，裁定撤销鄂尔多斯市中级人民法院（2011）鄂中法刑知初字第 3 号刑事判决，发回鄂尔多斯市中级人民法院重审。

鄂尔多斯市中级人民法院在重审期间查明，侦查机关在搜查被告人李某店铺时扣押了李某的电脑主机，李某电脑主机中的内容显示：其所经营的 11 个批次的不同款式的假冒"鄂尔多斯"羊绒衫标注的价格平均每件为 148.3 元，21754 件共计为 3226118.20 元；不同款式"恒源祥"羊毛衫标注的价格平均每件为 170.9 元，4433 件共计为 757599.70 元；非法经营数额共计 3983717.9 元。

鄂尔多斯市中级人民法院经重审认为，被告人李某销售的侵权产品的实际销售价格无法查清，故对其未销售部分以李某在电脑主机中对其经营产品的平均标价计算非法经营数额。据此，依照《中华人民共和国刑法》第二百一十三条、解释第一条第二款第一项以及解释二第四条之规定，鄂尔多斯市中级人民法院以被告人李某犯假冒注册商标罪，判处有期徒刑四年零六个月，并处罚金人民币 1991859 元。所扣押的假冒"鄂尔多斯"注册商标的羊绒衫、"恒源祥"注册商标的羊毛衫 26187 件依法予以没收。

宣判后，被告人李某以其行为应当构成销售假冒注册商标的商品罪等理由再次提起上诉，对"非法经营数额"部分未提出异议。

内蒙古自治区高级人民法院经审理，裁定驳回上诉，维持原判。

二、主要问题

如何认定假冒注册商标罪的"非法经营数额"？

三、裁判理由

本案中，公诉机关指控的只是上诉人李某假冒注册商标商品的未销售部分，对已销售部分的数量和价格未予查实，上诉人李某也没有销售账本，关于销售价格的证据，只有上诉人李某的供述，无其他证据佐证。一审法院第一次判决时依据假冒注册商标商品的吊牌价格计算出非法经营数额为 43013364 元。本案第一次二审时之所以发回重审，主要考虑是侦查机关所扣押的上诉人李某的电脑主机中是否记载销售价格或者其他标价需

要进一步查实。后在重审过程中,对本案被告人李某的行为定性形成一致意见,但对李某非法经营数额的认定形成两种意见:

第一种意见认为,销售价格应当是经买卖双方协商确定的价格,且假冒注册商标的商品已实际出售。侦查机关扣押李某的电脑主机中并没有其实际销售商品的价格记录,故仍应按照假冒注册商标的商品的吊牌价格认定非法经营数额为43013364元。

第二种意见认为,侦查机关扣押李某的电脑中虽然没有其实际销售商品的价格记录,但李某在将不同批次不同款式的假冒注册商标的商品照片放在不同价格名称的文件夹中的做法,基本反映出李某主观上出售假冒注册商标的商品的出售价格。故以李某的电脑主机中记载的不同批次不同款式假冒注册商标的商品上标注的平均价格认定非法经营数额,更符合本案实际。

我们赞同后一种意见。具体理由如下:

解释第十二条规定:"本解释所称'非法经营数额',是指行为人在实施侵犯知识产权行为过程中,制造、储存、运输、销售侵权产品的价值。已销售的侵权产品的价值,按照实际销售的价格计算。制造、储存、运输和未销售的侵权产品的价值,按照标价或者已经查清的侵权产品的实际销售平均价格计算。侵权产品没有标价或者无法查清其实际销售价格的,按照被侵权产品的市场中间价格计算。"

根据上述规定,具体到本案,被告人李某在侦查机关供述其已销售的假冒注册商标商品的平均价格在147.54元。后经查实,李某在电脑主机中记载的不同批次不同款式假冒注册商标的商品上标注的价格高于其供述的购买"白坯衫"加上其购买假冒注册商标标识的价格,该标注的平均价格与其供述基本能够相互印证。因此,以李某在电脑主机中记载的不同批次不同款式假冒注册商标的商品上标注的价格认定"非法经营数额",不仅与李某的主观犯罪意图相符,而且符合司法解释的"按照标价计算"基本精神,克服了标价仅指吊牌价的片面认识,使判处的罚金数额更加符合客观实际,且遵循了罪刑法定原则,达到了法律效果与社会效果的有机统一。

问题20. 复制部分实质性相同的计算机程序文件并加入自行编写的脚本文件形成新的外挂程序后运用的行为是否属于刑法意义上的"复制发行"以及仅销售"复制"侵权软件衍生的游戏金币的,如何认定犯罪数额

【刑事审判参考案例】余某等侵犯著作权案[①]

一、基本案情

上海市徐汇区人民法院经公开审理查明:2008年8月,被告人余某、曹某某、冯某与胡某、纪某注册成立大猫公司,余某为法定代表人(2009年5月、2010年4月胡某、纪某分别将所持股份转让给余某)。大猫公司成立后主要经营搜索网站开发设计等业务。后由于缺乏稳定收入来源,余某等人开始着手从事开发设计脱机型外挂软件业务,通过

---

① 王利民、赵拥军撰稿,张杰审编:《余某等侵犯著作权案——复制部分实质性相同的计算机程序文件并加入自行编写的脚本文件形成新的外挂程序后运用的行为是否属于刑法意义上的"复制发行"以及仅销售"复制"侵权软件衍生的游戏金币的,如何认定犯罪数额(第942号)》,载中华人民共和国最高人民法院刑事审判第一、二、三、四、五庭主办:《刑事审判参考》2014年第1集(总第96集),法律出版社2014年版,第20~27页。

操作外挂软件获取相关网络游戏虚拟货币后销售牟利。

2010 年 7 月，余某、曹某某、冯某等利用其电脑专业技术，通过反编译手段破译了上海数龙计算机科技有限公司（以下简称数龙公司）运营的《龙之谷》游戏的客户端程序及相应的通讯协议，并利用从上述客户端程序中复制的部分地图、物品、怪物、触发事件等代码的游戏核心数据库文件、登录文件以及完全模拟的通信协议，加入其制作的各类能实现游戏自动操作功能的脚本文件，开发了能实现自动后台多开登录、自动操作诸多游戏功能的脱机外挂软件。

2010 年 7 月底至 2011 年 1 月，余某、赖某先后以大猫公司名义招募被告人张某某、陈某 1、马某、刘某 1、陈某 2、刘某 2 等人作为加盟商成立"工作室"，由赖某负责日常管理。加盟商必须每台电脑交纳人民币（以下币种同）1000 元的加盟费和一定数额的保证金，使用大猫公司开发的脱机外挂软件登录账号，合作"生产"《龙之谷》游戏虚拟货币，并交由被告人古某某负责的市场部在相关网站上统一销售后分成。经审计：大猫公司《龙之谷》游戏金币总销售额为 4637448.30 元；其中公司本部销售额为 529888.80 元；张某某等人的工作室销售额为 1257751.64 元；陈某 1 的工作室销售额为 898555.90 元；马某、刘某 1 的工作室销售额为 989124.58 元；陈某 2 的工作室销售额为 706049.19 元；刘某 2 的工作室销售额为 256078.18 元。

2010 年 9 月，冯某、曹某某离开大猫公司，并带走了《龙之谷》游戏外挂源代码和 68 万元销售款，大猫公司的股东变更为余某和古某某。

2011 年 1 月，余某、古某某、陈某 1 到案。同年 3 月，曹某某、冯某、赖某、张某某、马某、刘某 1、陈某 2、刘某 2 到案，其中陈某 1、陈某 2、刘某 2 系向公安机关主动投案并交代犯罪事实。

另查明，2007 年 11 月 30 日，上海盛大网络发展有限公司（以下简称盛大公司）与韩国艾登特提游戏有限公司（EYEDENTITY GAMES Inc.）签订著作权合作授权书，引进该公司拥有著作权的互联网游戏出版物《Dragon Nest》（《龙之谷》），并于 2009 年 6 月 23 日获国家版权局认证通过。2010 年 2 月 4 日，国家新闻出版总署批复同意盛大公司引进上述游戏出版物。2010 年 7 月，盛大公司授权其旗下的数龙公司正式在互联网运营《龙之谷》游戏。

2011 年 9 月，经上海辰星电子数据司法鉴定中心鉴定，将涉案外挂程序和样本《龙之谷》游戏客户端程序进行比对后，两者的文件目录结构相似度为 84.92%，文件相似度为 84.57%，两者存在实质性相似。

上海市徐汇区人民法院认为，被告人余某伙同被告人曹某某、冯某、古某某、赖某、陈某 1、张某某、马某、刘某 1、陈某 2、刘某 2 以营利为目的，未经著作权人许可，复制其计算机软件，并利用侵权软件获取游戏虚拟货币并销售后牟利，其中余某、曹某某、冯某、古某某、赖某非法经营额共计 400 余万元，陈某 1 非法经营额共计 89 万余元，张某某非法经营额共计 125 万余元，马某、刘某 1 非法经营额共计 98 万余元，陈某 2 非法经营额共计 70 万余元，刘某 2 非法经营额共计 25 万余元，其行为均构成侵犯著作权罪，且均属于情节特别严重。各被告人系共同犯罪，其中余某、曹某某、冯某、古某某、赖某在共同犯罪中起主要作用，是主犯；陈某 1、张某某、马某、刘某 1、陈某 2、刘某 2 在共同犯罪中起次要、辅助作用，系从犯，依法应当减轻处罚。陈某 1、陈某 2、刘某 2 系自首，依法可以从轻处罚。余某、曹某某、冯某、古某某、赖某、张某某、马某、刘某 1 到案后能如实供述各自的犯罪事实，依法可以从轻处罚。各被告人在庭审中均自愿认罪、悔罪，可以酌情从轻处罚。各被告人的行为发生在《中华人民共和国刑法修正案（八）》施行之前，据此，依照 2011 年 5 月 1 日之前《中华人民共和国刑法》第二百一十七条第（一）项，第二十五条第一款，第二十六条第一款、第四款，第二十七条，第五十三条，第六十四条，第六十七条第一款，第七十二条，第七十三条第二款、第三款和《中华人民共和国刑法》第十二条第一款、第六十七条第二款及《最高人民法院、最高人民检察院关于办理侵犯知识产权刑事案件具体应用法律若干问题的解释》第五条第二款之规定，判决如下：

1. 被告人余某犯侵犯著作权罪，判处有期徒刑四年，并处罚金人民币四十万元；
2. 被告人曹某某犯侵犯著作权罪，判处有期徒刑三年，并处罚金人民币三十万元……（其他被告人判罚情况略）

一审宣判后，被告人均未上诉，公诉机关亦未提出抗诉，该判决已发生法律效力。

二、主要问题

1. 复制部分实质性相同的计算机程序文件并加入自行编写的脚本文件形成新的外挂程序后运用的行为是否属于刑法意义上的"复制发行"？
2. 未直接销售"复制"侵权软件，仅销售"复制"侵权软件衍生的游戏金币的，如何认定犯罪数额？

三、裁判理由

（一）复制部分实质性相同的计算机程序文件并加入自行编写的脚本文件形成新的外挂程序后运用的行为属于侵犯著作权罪中的"复制发行"

1. 复制"实质性相同"和复制"完全相同"的程序文件都属于侵犯著作权罪中的"复制"

（1）"复制"的概念呈扩张式发展。在现代汉语词典中，"复"的意思是指重复，即依照原件制作成同样的东西，多指通过临摹、拓印、印刷、复印、录音、录像、翻拍等方式。对于传统的纸质等有形传播媒介而言，"复制"一般是指通过"印刷、复印、拓印、录音、录像、翻拍等方式将作品制作一份或者多份"。在现代网络环境下，信息载体已经发生巨大变化，"复制"的概念也相应发生变化。《中华人民共和国著作权法》（以下简称著作权法）将"复制"定义为"印刷、复印、拓印、录音、录像、翻拍等方式"。该定义之所以用"等"字，一定程度上表明对著作权法未列明但已经出现或者即将出现的新的复制方式的一种兜底性或者堵截性认可。我国 1992 年 10 月 15 日加入的《保护文学艺术作品伯尔尼公约》第九条第一款也规定："受本公约保护的文学艺术作品的作者，享有批准以任何方式和采取任何形式复制这些作品的专有权。"可见，在有关国际公约和相关法律规定中对"复制"的方式或者形式没有任何限制。

（2）"复制"不限于复制"完全相同"的软件。对于"复制"的理解，不应当局限于当前一般观念的认识范围，可以将"复制"的行为方式全部抽象为对原件的"再现"。这种"再现"不局限于"完全相同"，而只需要具备"实质性相同"即可。实践中，行为人为迎合市场需求，在保证与原作品"实质性相同"的前提下，恶意对他人的原作品进行篡改，增加一些内容，并署原作者的姓名。这种行为，毫无疑问应当认定为"复制"。

（3）相关法规及规范性文件规定部分复制著作权人软件的行为属于侵犯著作权罪中的"复制"。《计算机软件保护条例》第二十四条规定："……触犯刑律的，依照刑法关于侵犯著作权罪、销售侵权复制品罪的规定，依法追究刑事责任：（一）复制或者部分复制著作权人的软件的……"尽管相关行政性规定中是否具有"构成犯罪的"等提示性对照规定，对认定相关行为是否构成犯罪没有影响，但《计算机软件保护条例》关于"复制"一词的规定体现出"部分复制"行为性质等同于"完全复制"行为性质的立法原意。① 基于《计算机软件保护条例》的这一规定，我们认为，在刑法没有明确界定第二百一十七条第（一）项中"复制发行"含义的情况下，将"部分复制"纳入侵犯著作权罪中的"复制"范围（同时强调前文分析的实质性相同），并非类推解释，而是具有一定的法律根据。

（4）本案中的外挂程序和官方客户端程序存在实质性相同。本案中，被告人余某、曹某某、冯某即是利用了其掌握的计算机专业技术，破译了《龙之谷》游戏客户端和服务器间通讯协议，大量复制官方客户端程序中的游戏对话文件、基础数据文件、地图文件、登录文件等关键及核心文件，并加入自行编写的脚本文件后制作完成了脱机外挂程序。经鉴定，该外挂软件对官方游戏客户端程序的 1000 余个文件进行了复制，可以使《龙之谷》游戏系统在不运行游戏客户端的情况下直接运行该游戏，并具备《龙之谷》游戏本身不具有的自动操作功能。该外挂程序与《龙之谷》游戏客户端程序的文件相似度为 398/471 = 84.5%，文件目录结构相似度为 400/471 = 81.92%。上述文件均系《龙之谷》游戏中与登录、防外挂及地图、物品代码等相关的逻辑关系数据库文件，均系该游戏具有自主知识产权的核心数据库文件。因而，该外挂程序与《龙之谷》游戏客户端程序尽管并非完全一致，但两者存在实质性相同。

2. 复制后广泛运用的行为应当认定为刑法意义上的"复制发行"

（1）"发行"的概念亦呈扩张式发展。在现代汉语词典中，"发行"是指"发出新印制的货币、债券或新出版的书刊、新制作的电影等"。"发行"最初的含义强调的是"新"，一般是指发行新的东西。著作权法第十条第一款第（六）项规定："发行权，即以出售或者赠予方式向公众提供作品的原件或者复制件的权利。"可见，提供复制件也属于"发行"。2004 年最高人民法院、最高人民检察院联合制发的《关于办理侵犯知识产权刑事案件具体应用法律若干问题的解释》（以下简称知产解释一）第十一条第三款规定："通过信息网络向公众传播他人文字作品、音乐、电影、电视、录像作品、计算机软件及其他作品的行为，应当视为刑法第二百一十七条规定的'复制发行'。"2007 年最高人民法院、最高人民检察院联合制发的《关于办理侵犯知识产权刑事案件具体应用法律若干问题的解释（二）》（以下简称知产解释二）第二条第二款规定："侵权产品的持有人通过广告、征订等方式推销侵权产品的，属于刑法第二百一十七条规定的'发行'"。2011 年最高人民法院、最高人民检察院、公安部《关于办理侵犯知识产权刑事案件适用法律若干问题的意见》（以下简称知产意见）第十二条更是将发行解释为"包括总发行、批发、零售、通过信息网络传播以及出租、展销等活动"。从上述法律及相关司法解释的规定可知，"发行"的含义整体呈不断扩展之势，由最初强调新的含义、出售或者赠与方式不断扩展到"通过网络传播""通过广告、征订"以及批发、零售、出租、展销等活动方式。

---

① 应当认为，此处的"部分复制"显然是指所复制的部分与原件具有"实质性相同"的部分，否则"合理使用"这部分复制的行为将不再具有正当性。本文的"部分复制"是在同一语境下使用。

经由上述分析，对"复制发行"的理解，应当结合国民的普通用语和刑法的规范用语语境，在罪刑法定原则的指导下，正视社会生活事实的变化，从不断变化的社会文化中挖掘和把握其准确内涵和外延。

（2）脱机外挂程序属于刑法意义上的"复制发行"。"外挂"本身系计算机程序的一种，通常是指针对一个或者多个网络游戏，通过改变游软件的部分程序制作而成的作弊程序，其原理是截取、修改游戏客户端和服务器之间通过通讯数据包传输的数据，模拟服务器发给客户端，或者模拟客户端发给服务器，从而达到修改游戏、实现各种游戏功能增强的目的。外挂程序制作及运行的过程决定其必须对官方客户端程序的大量数据进行收集、复制和修改。以网络游戏"外挂代练"为例。[①] 根据新闻出版总署、信息产业部、国家工商行政管理总局、国家版权局、全国"扫黄打非"工作小组办公室于2003年12月18日发布的《关于开展对"私服""外挂"专项治理的通知》的规定，"私服""外挂"违法行为是指未经许可或授权，破坏合法出版、他人享有著作权的互联网游戏作品的技术保护措施、修改作品数据、私自架设服务器、制作游戏充值卡（点卡），运营或者挂接运营合法出版、他人享有著作权的互联网游戏作品，从而谋取利益、侵害他人利益。"私服""外挂"违法行为属于非法互联网出版活动，应依法予以严厉打击。实践中，这些"外挂"的制作者均是部分复制被侵权者研发的软件，轻则被侵权起诉，重则被处以刑罚。

本案涉及的脱机型外挂，是一种需要了解、掌握游戏客户端和服务器之间的通讯数据包完整内容后才能制作完成的程序，与其他外挂须挂接到客户端程序不同，它可以脱离游戏的客户端程序，模拟官方的客户端进行登录、游戏，并能实现官方客户端所没有的一些功能，如自动打怪、交易等。因此，脱机型外挂系脱胎于官方客户端程序，除非掌握该游戏的内部技术秘密，一般技术层面很难完成。这种复制部分实质性相同的程序文件并加入自行编写的脚本文件形成新的外挂程序后运用的行为，应当认定为刑法意义上的"复制发行"。

虽然本案被告人销售的是"复制发行"侵权软件衍生的游戏金币，但这只是牟利行为在形式上的延伸，实质上与"复制发行"侵权软件本身的使用价值无异。因此，认定本案被告人复制部分实质性相同的计算机程序文件并加入自行编写的脚本文件形成新的外挂程序后运用的行为属于刑法意义上的"复制发行"，于法有据。

（二）销售使用"复制"侵权软件衍生的游戏金币的数额应当认定为非法经营额

刑法第二百一十七条规定的侵犯著作权罪确定了两个处刑标准：一是"违法所得数额"，二是"情节"。本案中的被告人并未直接销售"复制"的侵权软件，而是销售使用"复制"的侵权软件而产生的衍生物——游戏金币，因而只能以"情节"来认定被告人的刑事责任。

根据知产解释一第五条、知产解释二第一条和知产意见第十三条的规定，"非法经营额"和"复制品数量"都可以作为侵犯著作权罪的"情节"认定标准。本案中，复制品

---

① 本文所称的"外挂"是在一般意义上所使用的，即被认为是"恶性游戏外挂"，其突破游戏自身的规则，对游戏正常运行刻意地施加人为影响。其本质是帮助游戏玩家作弊。而不包括那些不会突破游戏自身的规则，不影响游戏正常运行，只是起到辅助游戏玩家进行游戏的软件程序，即所谓的"良性外挂"。有些"良性外挂"就是由游戏开发商、运营商或者代理商提供或者授权进行制作，并投入到游戏用户中应用的。其目的是对网络游戏中出现的错误和漏洞等问题作出弥补或其他的帮助作用。

数量未达到上述司法解释规定的标准,因此,本案审理过程中,主要围绕"非法经营额"来认定被告人的刑事责任。

根据知产解释一第十二条的规定,"非法经营数额"是指行为人在实施侵犯知识产权行为过程中,制造、储存、运输、销售侵权产品的价值。对于计算机软件而言,其价值以著作权价值为完全或者主要价值,软件的著作权价值包括软件产品本身通过发行、出租、许可、转让等实现的利益,也包括利用软件实现其功能而形成的附属物品进入流通后产生的价值。本案涉及的《龙之谷》游戏的盈利是采用"免费游戏+虚拟物品买卖"的模式,即玩家免费游戏,付费获得该游戏的道具、装备等增值服务,软件的著作权价值主要体现为游戏衍生品市场形成的利益。质言之,本案被告人制造了侵权外挂软件,然后使用该软件获取相关游戏虚拟货币并销售牟利,应当以侵权软件衍生物品的销售价格作为本案非法经营额的认定依据。

综上,本案中的被告人以营利为目的,未经著作权人许可,复制其计算机软件,并利用侵权软件获取游戏虚拟货币并销售后牟利,构成侵犯著作权罪,且各被告人的非法经营额均属于情节特别严重。

问题21. 如何理解和把握侵犯商业秘密刑事案件中"重大损失"的计算依据方法及对象

【刑事审判参考案例】伊特克斯公司、郭某某等侵犯商业秘密案[①]

一、基本案情

上海市浦东新区人民法院经不公开审理查明:北京米开罗那机电技术有限责任公司于1996年成立,2003年7月被告人郭某某向该公司应聘网络工程师一职,其后在该公司任网管。2004年1月,郭某某离职,并签订《离职协议》,约定郭某某离开公司后,有义务永远保守公司商业秘密和技术秘密,不得自行利用公司技术或商业信息从事生产经营活动。

2006年4月,被害单位米开罗那公司聘请被告人杜某某任其制造部下属设备厂经理,负责设备厂的生产、调度及管理工作,并约定杜某某不得泄露公司机密,也不得将此用于自己开办公司使用,直至退休后3年之内。

2006年11月3日,米开罗那公司制定的《图纸管理规定》对图纸的提供、发放、回收流程做了详细的规定,明确由信息室归档、复印,并交由制造部或设备厂,待字迹无法辨认时由设备厂厂长统一到信息室以旧换新,并由专人回收处理。

2007年3月27日,米开罗那公司制定的《保密制度》规定:保密信息包括但不限于产品研发的图纸、设计思路、方案和模型、试验结果;公司设备的图片或相关技术信息;专有技术、专利技术、技术授权等,以及其他和知识产权相关的数据和保密事项,以及其他没有公开且公开后可能会对公司产生不利影响的一切信息。保密人员包括公司的高

[①] 刘军华、唐震、巩一鸣撰稿,王晓东审编:《伊特克斯公司、郭某某等侵犯商业秘密案——如何理解和把握侵犯商业秘密刑事案件中"重大损失"的计算依据、方法及对象(第1005号)》,载中华人民共和国最高人民法院刑事审判第一、二、三、四、五庭主办:《刑事审判参考》2014年第4集(总第99集),法律出版社2015年版,第20~32页。

级管理人员、高级技术人员，以及所有涉及保密信息的人员。

米开罗那公司 2006 年、2007 年的《资料交接登记表》显示，杜某某均在登记发出的图纸"接收人"一栏签名。

2007 年 7 月，杜某某从米开罗那公司离职，并于同年底与被告人郭某某联系，表示想去伊特克斯公司工作，并称有米开罗那公司的图纸。不久，双方进行了面谈。2008 年 3 至 4 月间，杜某某向郭某某提供了从米开罗那公司带走的等离子火头及六通阀的图纸。2008 年 5 月，杜某某到伊特克斯公司工作，协助安排设备的生产。

2008 年 3 月至 2008 年 8 月期间，伊特克斯公司向海宁市映宇电子照明有限公司（以下简称海宁映宇公司）、海宁市新晨光源科技有限公司（以下简称海宁新晨公司）等 7 家单位销售特种灯生产线，包括手套箱、高温炉、等离子排气封接台等，价值为 105 万至 140 万元之间，共计合同金额为 792 万余元。

2008 年 6 月，米开罗那公司向公安机关报案，反映该公司原设备厂经理杜某某利用职务之便窃取公司保密图纸后，提供给伊特克斯公司使用，使该公司遭受重大损失。2008 年 7 月 3 日，侦查人员将杜某某抓获，并当场缴获大量有关汽车氙气灯流水线设备的图纸和 U 盘一个。7 月 4 日，侦查人员至伊特克斯公司调查取证，根据杜某某的指认，侦查人员扣押了伊特克斯公司技术人员使用的电脑主机。

2008 年 7 月 16 日，科技部知识产权事务中心（以下简称知产中心）接受公安机关的委托，对扣押的杜某某的有关图纸及伊特克斯公司电脑内的有关图纸中是否包含有米开罗那公司的图纸，以及该图纸是否具有非公知性进行鉴定。经检查，在被扣押的 3 个硬盘和 1 个 U 盘中均包含有脱羟炉、等离子火头及抽充台、手套箱等设备的图纸。鉴定结论为：（1）送鉴的杜某某的有关图纸中包含有和米开罗那公司相同的设备图纸；（2）送鉴的光盘资料相应文件夹中包含有和米开罗那公司相同或者基本相同的设备图纸；（3）上述光盘图纸和纸件图纸中所包含的米开罗那公司的脱羟炉、等离子火头、手套箱等设备的零部件的设计尺寸、公差配合、表面粗糙度、装配关系、材质以及具体技术要求的确切组合，属于非公知技术信息。根据目前企业的惯常做法，企业一般不会将其设计的设备生产图纸公之于众，社会公众也难以通过公开渠道直接获得他人的生产图纸。而且，设备图纸中记载的零部件的设计尺寸、公差配合、表面粗糙度、装配关系、材质以及具体技术要求等技术信息需要企业经过反复计算和试验才能确定，不同技术人员独立设计的设备图纸所记载的上述技术信息不可能完全相同，即便通过公开销售的相关设备，也不能直观、容易地获得上述设备图纸所记载的整体确切组合的技术信息。

2008 年 12 月 25 日，知产中心接受公安机关委托，对伊特克斯公司生产销售的有关汽车金卤灯生产设备和米开罗那公司的相关设备图纸进行比对鉴定。经现场勘测，鉴定结论为：伊特克斯公司的真空脱羟炉的外部特征、主要结构及主要尺寸和米开罗那公司的真空脱羟炉设备图纸所记载的对应技术信息相同或实质相同；伊特克斯公司的等离子火头的结构和米开罗那公司图纸记载的等离子火头的结构略有差异，但两者等离子火头的前腔、后腔等零件的主要结构和尺寸相同或者实质相同；伊特克斯公司的集成阀块（多路通道分路器）的主要结构及主要尺寸和米开罗那公司图纸记载的集成阀块（多路通道分路器）的主要结构和主要尺寸相同或者实质相同。

2009 年 5 月，公安机关决定对郭某某实施网上通缉，并于 2009 年 11 月 19 日将郭某某抓获。

2010年4月28日，公安机关委托上海公信中南会计师事务所有限公司（以下简称公信事务所）对米开罗那公司因商业秘密被侵犯而受到的损失进行鉴定。司法鉴定意见认为：权利人因被侵犯商业秘密所造成的损失可以包括：（1）过去的研制开发成本。（2）目前的现实利益损失。（3）将来竞争优势的丧失。对于损失（1）无法量化和提供资料，故不予计算。对于损失（3）由于公安机关对侵权行为及时进行打击，目前没有发现因侵权行为导致商业秘密彻底丧失的具体情形，故不对将来竞争优势的丧失进行预测而作为实际损失的组成部分。故鉴定主要是针对第二部分损失的认定。由于手套箱设备的价格有差异，故采用权利人提供的被侵权前所生产销售的与侵权产品基本相同配置的4套设备的生产销售资料，取这些设备生产销售的平均利润，最终测算得到权利人被侵权产品的净利润平均为51.99%，单套设备净利润平均为165万元；再基于权利人有足以应对市场上所出现的7套侵权产品的同期生产能力这样一个前提，侵权产品的出现导致本应属于权利人的生产销售数量及利益流失，故被害单位损失以查实的被侵权产品在市场上销售的总数乘以每件产品的合理利润所得之积计算，估算7套设备的利润约为1155万元。

浦东新区人民法院认为，真空脱羟炉、等离子火头等是制造汽车金卤灯的重要生产设备，被害单位米开罗那公司的真空脱羟炉、等离子火头的主要尺寸是非公知的技术信息，能够为米开罗那公司带来经济利益。米开罗那公司通过与员工约定保密义务，建立图纸管理制度等，对技术信息采取了一定的保密措施。故涉案真空脱羟炉、等离子火头的相关技术属于被害单位米开罗那公司的商业秘密。被告单位伊特克斯公司及被告人郭某某对于涉案技术信息的合法来源未能提供相应的证据证明，据此可以确定伊特克斯公司使用了米开罗那公司的技术秘密。伊特克斯公司以低价销售侵权产品，抢占了米开罗那公司的市场份额。故以伊特克斯公司的侵权产品的销售数量乘以米开罗那公司被侵权前的产品利润计算权利人的经济损失并无不当。据此，浦东新区人民法院以被告单位伊特克斯公司侵犯商业秘密罪，判处罚金人民币四百万元；以被告人郭某某侵犯商业秘密罪，判处有期徒刑四年六个月，罚金人民币十万元；以被告人杜某某侵犯商业秘密罪，判处有期徒刑三年六个月，罚金人民币四万元；违法所得予以追缴。

一审宣判后，伊特克斯公司、郭某某、杜某某均不服，向上海市第一中级人民法院提起上诉。主要上诉理由为：（1）米开罗那公司产品对外销售后，就能直接观察、接触和使用，相关数据为外界所知悉，相应技术要求是实用手册、专业书籍中的要求，故认定商业秘密的理由不能成立。且伊特克斯公司等离子火头和脱羟炉与米开罗那公司在结构和尺寸上有诸多不同，不能以部分相同就认定两者整体相同。（2）市场上销售氙气灯生产线的厂家有14家之多，伊特克斯公司销售数量并不等于米开罗那公司必然销售的数量，以伊特克斯公司销售数量作为米开罗那公司损失依据不足。（3）损失部分应当就单独部件单独计算，不能以整体生产线为依据计算，对被害单位损失的审计结果不认可。（4）原判量刑过重。

二审检察机关出庭意见认为，一审法院认定被害单位损失以距案发前两三年被害单位相关产品的利润作为计算依据，有失妥当，建议二审法院重新选择计算方法，对本案涉案金额和被告人量刑依法裁判。对涉案技术信息构成商业秘密及被告方侵权行为成立的意见同一审法院。

在二审审理过程中，伊特克斯公司提交其公司特种灯生产线价值项目评估报告书、安徽省天长市天丽光源石英仪器有限公司与布劳恩惰性气体系统（上海）有限公司（以下简称布劳恩公司）签订的采购合同等证据材料。经查，评估报告系由伊特克斯公司委托北京中金浩资产评估有限责任公司（以下简称中金浩公司）评估，中金浩公司具有从事资产评估的资质，评估采用成本法，主要目的在于确定等离子火头、真空脱羟炉、高空排气台等部件占伊特克斯公司特种灯整条生产线的价值比例。鉴于价值比例相对固定，受市场影响较小，且伊特克斯公司申报的价值比例与评估后确定的价值比例差别不大，故予以采纳；采购合同加盖有两家公司合同专用章，真实性可以确认，予以采纳。

上海市第一中级人民法院另查明：海宁新晨公司法定代表人徐某某证言证实，其公司生产的氙气灯流水线设备是从多家单位采购的。其中从伊特克斯公司采购了手套箱设备；海宁映宇公司副总经理陆某某的证言证实，其公司与伊特克斯公司特种灯生产线合同于2008年3月订立，后因另行采购脱羟炉大炉、冷水机、一端电极定位手套箱等设备，遂于2008年8月补充订立购销合同；米开罗那公司与海宁新光阳光电技术有限公司于2008年4月签订的购销合同、米开罗那公司与杭州拜克光电技术有限公司于2008年6月签订的购销合同显示氙气灯生产线中的手套箱、真空脱羟炉、抽充台及等离子封接等主要设备可以单独计价。

知产中心就《技术鉴定报告书》相关问题做了进一步说明：米开罗那公司设备图纸所记载脱羟炉、等离子火头、手套箱等设备零部件的设计尺寸、公差配合、表面粗糙度、装配关系、材质等技术信息，不可能在国家标准、公开出版物上全部被公开，不能因为个别或者部分基本尺寸、公差、材质等技术信息的公开而否定图纸上其他未公开技术信息的非公知性。现有国家标准、公开出版物上没有公开的那些技术信息，我们并不否认其中有一部分技术信息，如设计尺寸、材质等，可以通过对设备进行直接观测和反向工程分析获悉。但是，图纸上记载的部分未公开的技术信息，如公差配合、表面粗糙度等，通过直接观测，甚至是反向工程都是无法精确获悉的。

上海市第一中级人民法院认为，本案主要存在以下争议焦点：（1）被害单位米开罗那公司的相关技术信息是否构成商业秘密；（2）上诉单位伊特克斯公司有无使用被害单位米开罗那公司的商业秘密；（3）被害单位的损失计算是否合理；（4）一审定罪量刑是否适当。对于争议焦点（1）（2），上海市第一中级人民法院的观点与一审法院一致，不予赘述。同时，结合查明的事实，对于争议焦点（3）（4）发表如下评判意见：

关于被害单位的损失计算，上海市第一中级人民法院认为一审法院认定得不够准确，应当予以纠正。具体理由如下：（1）侦查机关提供的公信事务所司法鉴定意见书表明，被害单位损失以被害单位目前的现实利益损失为依据，且该现实利益建立在涉案氙气灯生产线只能由被害单位或者被告单位生产的推论之上，即涉案的7条生产线不是由被害单位生产销售，就必然由被告单位生产销售，排除了其他同类厂家生产销售的可能。但根据布劳恩公司出具的说明，其公司生产的氙气灯生产线是根据客户要求定制的。这表明，如果客户要求定制与涉案7条生产线配置相同的氙气灯生产线，则布劳恩公司也是能够生产的。而海宁新晨公司法定代表人徐某某的证言证实，其公司生产的氙气灯流水线设备是从多家单位采购的。这就意味着，涉案氙气灯生产线存在购买厂家自行组装配置的可能性。鉴于上述证据表明两家公司涉案氙气灯生产线的生产销售并不具有非彼即此的不可替代性，且司法鉴定所依据的生产销售资料为被害单位提供的2005年8月、2005年12月、2006年10月与案外公司签订的销售合同及相关财务凭证，而非目前的现实利益，故辩方提出的伊特克斯公司销售的产品数量并不等于米开罗那公司必然销售数量的意见和检察机关提出的原判有关被害单位损失的计算依据有失妥当的意见具有合理性，应予支持，对公信事务所出具的米开罗那公司损失的司法鉴定意见不予采纳。（2）根据《技术鉴定报告书》，本案中能够予以保护的米开罗那公司的商业秘密为脱羟炉、等离子火头及抽充台、手套箱等设备的相关技术信息，而非整条氙气灯生产线的相关技术信息。商业秘密的价值应当与其秘点相对应。在氙气灯生产线的脱羟炉、等离子火头及抽充台、手套箱等主要设备能够单独销售并各自定价的情况下，原判依据的公信事务所以被害单位整条生产线设备的利润作为损失计算依据的鉴定意见，缺乏事实基础和法律依据，应当予以纠正。（3）现有证据无法反映被害单位的损失，故依据检察机关的建议，参照《最高人民法院关于审理专利纠纷案件适用法律问题的若干规定》第二十条的规定，确定以被告单位非法获利为计算依据。鉴于米开罗那公司与案外公司签订的销售合同及相关财务凭证反映，米开罗那公司涉案氙气灯生产线设备的净利润为51.99%。而通常情况下，随着同类产品市场竞争者的增多，相关产品的利润会有所下降，故被告人郭某某到案后供述的伊特克斯公司氙气灯生产线的产品利润为20%具有合理性，予以采信。据此确认，伊特克斯公司共对外销售7条氙气灯生产线，销售金额共计792.46万元，获利158.492万元，其中因非法获取并使用米开罗那公司等离子火头、真空脱羟炉技术秘密而非法获利58.8万元。

关于一审量刑是否适当的问题。二审法院经审理认定，被害单位损失为58.8万元，且鉴于本案予以保护的商业秘密为技术要求的确切组合，其中含有公知技术成分和非公知技术成分，两者亦无法具体区分，故原判量刑过重，应予纠正。据此，二审法院改判上诉单位及两名上诉人定罪免刑。

二、主要问题

如何理解和把握侵犯商业秘密刑事案件中"重大损失"的计算依据、方法及对象？

三、裁判理由

本案系侵犯商业秘密刑事案件，涉及商业秘密的构成要件、涉案物品的查扣方式、技术鉴定意见的司法审查、商业秘密权利人损失的认定以及事中共犯等诸多法律问题。其中，商业秘密权利人损失的认定问题不仅是控辩双方交锋的焦点，而且一、二审法院对此的计算依据和方法亦不相同。事实上，侵犯商业秘密犯罪案件权利人"重大损失"的认定问题关系到被告人行为的罪与非罪问题，且由于缺乏相应的刑事法律规范，历来是此类案件法律适用的难点。已有学者采用实证研究的手段归纳了目前审判实践中认定"重大损失"的11种方法，并认为"无论采用什么样的重大损失认定模式，都不可能完美地解决实践中的所有问题"。[①] 现将合议庭裁判时重点考虑的问题做进一步的说明，以供参考。

（一）商业秘密权利人"重大损失"认定依据的解读

根据刑法第二百一十九条的规定，实施商业秘密侵权行为，给权利人造成重大损失的，构成侵犯商业秘密罪。但是，如何计算权利人的重大损失，相关刑事司法解释及规范性指导文件并无规定。实践中，重大损失的计算依据主要是民事侵权的相关法律规范。其理论依据在于：就民事、行政和刑事三类案件的内在联系而言，知识产权刑事犯罪是知识产权民事侵权行为发展的高级形态，构成知识产权刑事犯罪只是因为民事侵权行为

---

① 刘秀：《侵犯商业秘密罪中"重大损失"的认定》，载《中国刑事法杂志》2010年第2期。

性质十分严重,具有一定的社会危害性,符合刑事法律规定的侵害程度,才纳入刑法规范调整的领域。① 由于两者行为性质相同,只是程度不同,故而对于程度判断的依据应当一体适用。对此,实务部门亦持认同态度。如公安部在《关于在办理侵犯商业秘密犯罪案件中如何确定"给商业秘密权利人造成重大损失"计算方法的答复》中明确以下原则:"对难以计算侵犯商业秘密给权利人所造成的损失的,司法实践一般可参照《中华人民共和国反不正当竞争法》规定的民事赔偿额的计算方法。"反不正当竞争法第二十条规定:"经营者违反本法规定,给被侵害的经营者造成损害的,应当承担损害赔偿责任,被侵害的经营者的损失难以计算的,赔偿额为侵权人在侵权期间因侵权所获得的利润;并应当承担被侵害的经营者因调查该经营者侵害其合法权益的不正当竞争行为所支付的合理费用。"由于该条规定针对的是包括虚假广告、损害商誉、侵犯商业秘密、串通投标等在内的所有不正当竞争行为,原则性较强,最高人民法院在《关于审理不正当竞争民事案件应用法律若干问题的解释》中专门就商业秘密侵权行为的损失认定作了有针对性的规定。该解释第十七条规定:"确定反不正当竞争法第十条规定的侵犯商业秘密行为的损害赔偿额,可以参照确定侵犯专利权的损害赔偿额的方法进行……因侵权行为导致商业秘密已为公众所知悉的,应当根据该项商业秘密的商业价值确定损害赔偿额。商业秘密的商业价值,根据其研究开发成本、实施该项商业秘密的收益、可得利益、可保持竞争优势的时间等因素确定。"而专利法第六十五条规定:"侵犯专利权的赔偿数额按照权利人因被侵权所受到的实际损失确定;实际损失难以确定的,可以按照侵权人因侵权所获得的利益确定。权利人的损失或者侵权人获得的利益难以确定的,参照该专利许可使用费的倍数合理确定。赔偿数额还应当包括权利人为制止侵权行为所支付的合理开支。权利人的损失、侵权人获得的利益和专利许可使用费均难以确定的,人民法院可以根据专利权的类型、侵权行为的性质和情节等因素,确定给予一万元以上一百万元以下的赔偿。"该规定确立了专利侵权赔偿的四种方式,即权利人实际损失、侵权人获利、专利许可使用费的合理倍数以及法院酌定赔偿。关于权利人损失和侵权人获利如何计算的问题,最高人民法院在《关于审理专利纠纷案件适用法律问题的若干规定》中又作了进一步明确。该司法解释第二十条规定:"人民法院依照专利法第五十七条第一款的规定追究侵权人的赔偿责任时,可以根据权利人的请求,按照权利人因被侵权所受到的损失或者侵权人因侵权所获得的利益确定赔偿数额。权利人因被侵权所受到的损失可以根据专利权人的专利产品因侵权所造成销售量减少的总数乘以每件专利产品的合理利润所得之积计算。权利人销售量减少的总数难以确定的,侵权产品在市场上销售的总数乘以每件专利产品的合理利润所得之积可以视为权利人因被侵权所受到的损失。侵权人因侵权所获得的利益可以根据该侵权产品在市场上销售的总数乘以每件侵权产品的合理利润所得之积计算。侵权人因侵权所获得的利益一般按照侵权人的营业利润计算,对于完全以侵权为业的侵权人,可以按照销售利润计算。"根据上述法律规范,可见,在侵犯商业秘密犯罪案件中,重大损失的计算主要存在四种方式,即权利人的实际损失、侵权人的获利、商业秘密许可费的倍数以及商业秘密的商业价值。之所以不能将人民法院酌定赔偿方式作为商业秘密刑事案件重大损失的计算方法,主要是因为刑事诉讼与民事诉讼证据标准不同。刑事诉讼实行确实、充分的证据标准,而民事诉讼实行高度盖然性的证据标准,在商业秘密

---

① 参见沈志先主编:《知识产权审判精要》,法律出版社2010年版,第10页。

刑事案件中,"重大损失"是决定被告人行为罪与非罪的重要依据,重大损失的数额必须有确实、充分的证据予以证明,而不允许法官具有自由裁量的空间。

(二) 商业秘密权利人"重大损失"计算方法的选择

根据相关法律及司法解释等规范性文件,可以发现在侵犯商业秘密犯罪案件中对"重大损失"的认定大致具有四种计算方法。同时,鉴于文义解释优先的法律适用规则,在计算损失方面,应当优先计算权利人的实际损失。本案中,一审判决依据的公信事务所价格鉴定意见采用的就是权利人实际损失的计算方法,其法律依据在于"权利人因被侵权所受到的损失可以根据专利权人的专利产品因侵权所造成销售量减少的总数乘以每件专利产品的合理利润所得之积计算。权利人销售量减少的总数难以确定的,侵权产品在市场上销售的总数乘以每件专利产品的合理利润所得之积可以视为权利人因被侵权所受到的损失"。一审认定本案没有证据反映权利人销售数量减少的总数,而被告单位对外销售7条氙气灯生产线的事实确实无误,同时,根据权利人提供的销售资料,可以测算得出权利人每条生产线的合理利润为165万元,故依据前述规定计算得出权利人的损失为1155万元。

而二审法院则对该价格鉴定意见不予采纳,另行采用了侵权人获利的计算方法。主要理由在于:(1) 商业秘密与专利技术在保护方式上并不完全相同。专利是以"公开换垄断",即权利人向社会公示技术方案而取得垄断的实施权。除法定情形外,任何人不经权利人授权均不得使用。因此,侵权人销售产品的数量作为权利人销售的数量并无不妥。而作为商业秘密保护的技术秘密并不占有垄断的地位,权利人拥有技术秘密并不代表着其他竞争者不能拥有同样的技术秘密。以侵权人销售产品的数量作为权利人销售的数量需要以权利人拥有的技术秘密独一无二为前提。在相同产品的市场中,这就意味着具备该技术秘密的产品不是由权利人生产的就是由侵权人生产的,两者存在非彼即此的替代关系。进言之,侵权人生产侵权产品所获得的利益原本就应当归属于权利人。本案中,并未有证据表明权利人的技术秘密具有唯一性,也未有证据反映该技术领域只有权利人和被告单位两家公司,相反有证据表明存在多家同业竞争者。由于其他的同业竞争者会满足购买者的需求,因此,侵权人销售产品的数量也不必然意味着权利人会少销售同样的数量。(2) 根据司法解释的规定,计算权利人的损失还要求以权利人产品的合理利润作为计算依据。但公信事务所价格鉴定意见依据的是权利人在2005年8月、2005年12月和2006年10月的合同利润,而本案案发时间为2008年3月,两者时间节点差距近一年半至两年半之久;且在案证据反映,2008年4月和6月,权利人向两家案外公司销售了同类产品。审计机构未将此期间的合同利润作为计算依据,而以案发前约一年半至两年半的合同利润作为计算依据,有失公正。更何况,根据价格鉴定意见,权利人每套设备的利润达到165万元,而被告单位对外销售一套生产线的销售价格才100万元左右,以权利人产品的利润来计算其损失显然不尽合理。对此,二审检察机关亦予以重点强调,并提请二审法院选择合适的计算方法来认定"重大损失"。由于以权利人的损失来计算"重大损失"存在上述两个法律和事实的障碍,故而二审法院参照相关法律规范的规定,综合本案证据状况以及无商业秘密许可使用、商业秘密未对外泄露的事实,最终确定以侵权人获利作为计算方法。

(三) 商业秘密权利人"重大损失"计算对象的确定

在确定以侵权人获利作为计算方法之后,本案还涉及计算对象的确定问题。"很多情况下，原告出于尽量扩大保护范围的需要，或者对法律规定、涉案技术背景不熟悉等原因，往往在起诉时会圈定一个很宽泛的秘密范围，并将一些公知信息纳入商业秘密范围内请求保护。"① 本案中，权利人主张作为商业秘密保护的技术信息包括脱羟炉、等离子火头和手套箱三个部件的技术要求，包括设计尺寸、公差配合、表面粗糙度、装配关系、材质以及上述要求的确切组合；但经检察院审查起诉和法院审理，最终作为商业秘密保护的技术信息仅涉及脱羟炉、等离子火头两个部件的相关技术要求。那么，由于被告单位和被告人侵犯了这两个部件的技术秘密，是否可以以整条生产线的利润来计算被告方的侵权获利呢？我们认为，不能一概而论。通常情况下，商业秘密的价值应当与其秘点相对应；然而，在有的产品中，秘点与整体不可分割，则要考虑受到侵害部分或者产品部件在整个产品中所起的作用或者比重及诸如在先公知技术、市场因素等其他非侵权因素来计算权利人的损失。一审判决依据的公信事务所是按照整条生产线的利润来计算权利人的损失。二审法院重点审查了作为商业秘密保护的上述两件部件是否存在独立价值的问题。本案中，海宁新晨公司法定代表人徐某某的证言、海宁映宇公司副总经理陆某某的证言以及权利人与两家案外公司于 2008 年 4 月、6 月签订的购销合同均反映氙气灯生产线中的手套箱、真空脱羟炉、抽充台及等离子封接等主要设备可以单独计价。由于上述两个部件能够单独定价，二审法院最终决定将上述两个部件作为计算对象，以其利润乘以 7 条生产线的数量来计算侵权人的获利。正是由于最终认定的权利人"重大损失"刚过侵犯商业秘密罪 50 万元的入罪标准，且所保护的技术秘密属于公知技术和非公知技术要求的组合，故二审法院作出定罪免刑的刑事判决。

问题 22. 擅自外购同种商品并加贴假冒注册商标用以履行合同中指定品牌产品交付义务的刑法定性

【人民法院案例选案例】 翁某某假冒注册商标案②

【关键词】
假冒注册商标　履行交付义务　犯罪数额

【裁判要旨】
1. 行为人作为注册商标权利所有人的地区销售代理商，超越权利所有人许可的范围，擅自外购同种商品并加贴假冒注册商标的，构成假冒注册商标罪。

2. 合同中明确指定了产品的品牌，行为人以假冒注册商标的故意外购商品，并在假冒注册商标后进行交付用以履行合同义务，即使存在部分产品未附着或加贴假冒的注册商标，也应以其交付的产品数量和合同约定的该产品价格，计算其非法经营数额。

一、相关法条

《中华人民共和国刑法》第二百一十三条　未经注册商标所有人许可，在同一种商品上使用与其注册商标相同的商标，情节严重的，处三年以下有期徒刑或者拘役，并处或者单处罚金；情节特别严重的，处三年以上七年以下有期徒刑，并处罚金。

---

① 最高人民法院民事审判第三庭编：《知识产权审判指导》，人民法院出版社 2011 年版，第 62 页。
② 《人民法院案例选》2017 年第 12 辑，人民法院出版社 2017 年版。

二、基本案情

舟山市普陀区人民法院经审理查明：2012年10月北京四季沐歌太阳能技术集团有限公司（以下简称北京四季沐歌公司）授权舟山市普陀东港四季沐歌热水器销售店（以下简称东港四季沐歌销售店，系个体工商户）的翁某某为该公司在舟山地区的销售代理人。同年11月底、12月初，东港四季沐歌销售店、北京四季沐歌公司与舟山恒尊地产有限公司（以下简称恒尊公司）签订了恒尊春天里项目太阳能热水系统购货及安装施工项目（以下简称三方协议），约定由东港四季沐歌销售店作为乙方为甲方恒尊公司的恒尊春天里小区项目采购、安装四季沐歌品牌太阳能热水系统，北京四季沐歌公司作为丙方，负责乙方的工程质量、施工进度及技术指导并承担连带责任，三方协议的报价明细表中明确太阳能热水系统的水箱应当为四季沐歌品牌，价格为人民币2600元/台，整个项目844台水箱的销售总价共计人民币2194400元。

在合同履行期间，北京四季沐歌公司代表曾同意翁某某外购二台样机安装于样板房。后翁某某因水箱的进货价格与该公司舟山销售负责人进行协商未能达成一致，遂擅自向山东德州天虹太阳能有限公司购置844台水箱并要求不要在水箱上贴标签，后又在一广告店伪造若干"四季沐歌"的商标标识贴在外购的水箱上。该844台水箱全部安装在恒尊春天里小区项目上，至2015年6月25日该项目太阳能热水系统经甲方验收合格。

舟山市普陀区人民检察院指控被告人翁某某犯假冒注册商标罪，向舟山市普陀区人民法院提起公诉。

被告人翁某某辩称：（1）北京四季沐歌公司曾主张让翁某某外购其他品牌水箱贴牌作为样机，使翁某某产生错误认识，其并无假冒注册商标的故意；（2）以每台水箱2600元的价格认定非法经营款依据不足，该价格系报价策略，并非水箱实际销售价格；（3）仅凭销售数量认定假冒注册商标的数量没有法律及事实依据，并非全部844台水箱均贴有假冒的"四季沐歌"商标。

三、裁判结果

舟山市普陀区人民法院于2016年9月22日作出（2016）浙0903刑初240号刑事判决：被告人翁某某犯假冒注册商标罪，判处有期徒刑三年六个月，并处罚金人民币110万元。宣判后，被告人翁某某不服，提出上诉。舟山市中级人民法院于2016年12月15日作出（2016）浙09刑终153号刑事裁定：驳回上诉，维持原判。

四、裁判理由

法院生效裁判认为：被告人翁某某未经注册商标所有人许可，在同一种商品上使用与其注册商标相同的商标，情节特别严重，其行为已构成假冒注册商标罪。翁某某在案件审理过程中认罪态度较好，且已将假冒水箱全部更换，并取得了合同另两方的谅解，可酌情从轻处罚。原判定罪及适用法律正确。量刑适当。审判程序合法。翁某某上诉称假冒注册商标数量认定证据不足、被侵权单位存在过错、销售价格认定错误的理由与事实及证据不符，不予采纳。

五、案例注解

（一）销售代理人超出商标所有人许可范围外购同种商品贴牌，构成假冒注册商标罪

本案中，被告人翁某某所实施的行为，是典型的假冒注册商标行为。需要注意的是，本案中翁某某身份系被侵权单位在舟山地区的销售代理人，其实施外购产品自行贴牌的行为，系为了及时履行包含被侵权单位在内的三方协议约定义务，且被侵权单位曾允许

翁某某外购同种产品贴牌。上述事由是否足以成为翁某某实施行为的违法性阻却事由？

我们认为，当满足了在同种商品上使用了相同商标的条件时，假冒注册商标罪的违法性阻却事由只能是行为人得到了注册商标所有人的许可，且该许可在时间、空间和对象的范围上，足以涵盖行为人所实施的该次自行贴牌行为。

在本案中，翁某某作为北京四季沐歌公司的销售代理人，其被许可的范围并不包含贴牌代加工等生产环节；在履行三方协议过程中，该公司仅就样板房中的样机允许翁某某外购同种产品贴牌展示。除此之外，北京四季沐歌公司并无对翁某某的其他许可或授权。恰恰相反，该公司在发现翁某某未根据协议上的施工进度提出供货要求后，即派员实地查看，并在发现翁某某假冒注册商标行为后立即报警，从实际行动上也表示了对翁某某行为的否定。因此，在本案中并不存在违法性阻却事由影响对翁某某行为的定性。

（二）在指定品牌的合同中，应以合同约定的产品价格和交付履约的产品数量计算非法经营数额

假冒注册商标罪是情节犯，非法经营数额对本罪的构成及量刑档次均有决定作用。在本案中，对于非法经营数额的争议主要表现为两个方面：一是侵权产品单价的认定；二是侵权产品数量的认定。

1. 关于侵权产品的单价

翁某某辩称三方协议中约定的太阳能水箱价格明显高于市场价格，也高于被告人在其他项目中同种产品的供货价格，因此不应以该价格作为非法经营数额的计算基准。

我们认为，这种主张并无法律依据。根据《最高人民法院、最高人民检察院关于办理侵犯知识产权刑事案件具体应用法律若干问题的解释》第十二条，"'非法经营数额'，是指行为人在实施侵犯知识产权行为过程中，制造、储存、运输、销售侵权产品的价值。已销售的侵权产品的价值，按照实际销售的价格计算。制造、储存、运输和未销售的侵权产品的价值，按照标价或者已经查清的侵权产品的实际销售平均价格计算。"民事合同所约定的价格，系双方意思自治。本案中翁某某报价策略中选择挤压其他部件的价格，正意味着指定了"四季沐歌"品牌的水箱等设备是其获取利润的关键，而这部分设备的抬价也获得了甲方的认可并最终达成协议。因此，以三方协议中约定的水箱单品价格来计算非法经营数额，符合法律的规定。

2. 关于假冒注册商标商品的数量

本案中被告人辩称认定其在所有844台外购水箱上均附着加贴假冒注册商标标识的证据不足，因此不应将销售的数量均认定为假冒注册商标的数量并据此计算非法经营数额。

我们认为，在三方协议中指定了采购品牌的情况下，翁某某用以履行合同义务的全部844台外购水箱，均应认定为其假冒注册商标的数量。

假冒注册商标系侵犯国家商标管理制度和权利人的商标专用权。而侵权的行为表现为对注册商标的"使用"。在一般的情况下，未加贴假冒的注册商标，不构成本罪。但根据《最高人民法院、最高人民检察院、公安部关于办理侵犯知识产权刑事案件适用法律若干问题的意见》第七条规定，已经制作完成但尚未附着（含加贴）或者尚未全部附着（含加贴）假冒注册商标标识的产品，如果有确实、充分的证据证明该产品将假冒他人注册商标，其价值计入非法经营数额。该规定的出台，系为解决实践中犯罪分子逃避打击或产品与标识数量无法一一对应等问题。举轻以明重，如果有明确的证据证明行为人实施了假冒注册商标的行为，且数量明确的已售产品均被冠以该假冒注册商标的名义，在

不存在其他犯罪阻却因素的情况下，对于这些已售产品均应视作假冒注册商标的侵权产品。

在本案中：首先，翁某某、北京四季沐歌公司、恒尊公司签订的三方协议中，明确了合同项目所用水箱设备应为"四季沐歌"品牌；其次，翁某某在未取得北京四季沐歌公司许可的情况下，向其他厂家采购了 844 台水箱，并向生产厂家明确表示不要加贴该厂家的标识。同时，翁某某又自行打印了假冒的"四季沐歌"注册商标标识，对其采购的水箱进行加贴后，安装于恒尊春天里项目，并通过恒尊公司验收，经过监理方、业主方签字确认。

综合上述情况，足以认定翁某某采购该 844 台水箱目的明确，即用于冒充"四季沐歌"品牌产品，完成三方协议中指定品牌水箱采购安装的合同义务。同时，翁某某又实施了打印和加贴假冒"四季沐歌"注册商标标识的行为，该 844 台水箱也均以"四季沐歌"品牌的名义安装于指定项目。因此，即使该 844 台水箱中存在部分水箱未加贴假冒的注册商标标识，依据主客观相一致的认知原则，也应计入翁某某的非法经营数额。

问题 23. 假冒注册商标罪的从犯与销售非法制造的注册商标标识罪的单独犯罪的认定

【人民法院案例选案例】 张某、邹某假冒注册商标及王某某销售非法制造的注册商标标识案①

【关键词】
帮助行为　单独犯罪　共同犯罪

【裁判要旨】
行为人向从事假冒注册商标犯罪活动的人销售非法制造的注册商标标识，情节严重的，不构成假冒注册商标罪的从犯，而是单独构成销售非法制造的注册商标标识罪。

一、基本案情

法院经审理查明：2012 年以来，被告人张某为了制造假冒的调味品进行牟利，从被告人王某某处购买未经授权非法制造的"南德"调味料包装袋 1 万套、"莲花"味精包装袋 25000 套，并向王某某汇款 5250 元。后被告人张某、邹某购买一般品牌的味精、鸡精，进行包装后冒充名牌产品"太太乐"鸡精、"莲花"味精产品进行销售，并自己配方，用食盐、味精、香料等制造调味品，冒充名牌产品"南德"调味料进行销售，销售额达 115565 元。2013 年 8 月 14 日，老河口市公安局对张某、邹某二人租住地方及租用的仓库进行了搜查，发现大量的制假设备、原料以及假冒的"南德"调味品、"太太乐"鸡精、"莲花"味精包装、商标标识。经鉴定，上述包装和商标标识均系未经授权的伪造产品。

另查明：河南省南街村（集团）有限公司于 1998 年 9 月 28 日受让取得第 1141227 号"南街村"商标，该商标核定使用商品为第 30 类，即方便面、调味品等，现该商标在核准的法定有效期限内。2004 年 11 月 12 日，该商标被国家工商行政管理总局认定为驰名商标。雀巢产品有限公司系第 1506180 号"太太乐"商标的商标注册人，该商标核定使用商品为第 30 类，即佐料、味精、调味品等。上海太太乐食品有限公司经雀巢产品有限

---

① 《人民法院案例选》2016 年第 9 辑，人民法院出版社 2016 年版。

公司授权许可使用上述商标，该商标尚在核准的法定有效期限内，同时该商标亦被认定为驰名商标。河南莲花味精股份有限公司于 2000 年 12 月 28 日受让取得第 919410 号"莲花"商标，该商标核定使用商品为第 30 类，即咖啡调味品、味精等。现该商标在核准的有效期限内，且该商标亦为驰名商标。被告人张某、邹某所使用的"南德"调味料、"太太乐"鸡精以及"莲花"味精外包装袋上均印制有与上述商标相同的商标标识。

二、裁判结果

湖北省襄阳市中级人民法院于 2015 年 1 月 19 日作出（2014）鄂襄阳中知刑初字第 00002 号刑事判决：

1. 被告人张某犯假冒注册商标罪，判处有期徒刑二年，并处罚金人民币 6 万元（限于本判决生效后一个月内缴纳）；（刑期从判决执行之日起计算。判决执行以前先行羁押的，羁押一日折抵刑期一日，即自 2013 年 8 月 14 日起至 2015 年 8 月 13 日止）。

2. 被告人邹某犯假冒注册商标罪，判处有期徒刑一年，并处罚金人民币 5 万元（限于本判决生效后一个月内缴纳）；（刑期从判决执行之日起计算。判决执行以前先行羁押的，羁押一日折抵刑期一日，即应扣除两个月零十天，即自 2015 年 1 月 19 日起至 2015 年 11 月 8 日止）。

3. 被告人王某某犯销售非法制造的注册商标标识罪，判处有期徒刑一年，并处罚金人民币 1 万元（限于本判决生效后一个月内缴纳）；（刑期从判决执行之日起计算。判决执行以前先行羁押的，羁押一日折抵刑期一日，即应扣除二十二天，即自 2015 年 1 月 19 日起至 2015 年 12 月 26 日止）。

4. 对被告人邹某的非法所得予以追缴，上缴国库（老河口市公安机关已追缴）。

5. 查获的制假设备、原料以及假冒的"南德"调味品、"太太乐"鸡精、"莲花"味精包装、商标标识等（详见所附清单）予以没收，由老河口市公安机关负责处理。

张某、邹某、王某某均不服一审判决，分别向湖北省高级人民法院提出上诉。

湖北省高级人民法院于 2015 年 6 月 17 日作出（2015）鄂知刑终字第 00001 号刑事裁定：

1. 维持湖北省襄阳市中级人民法院（2014）鄂襄阳中知刑初字第 00002 号刑事判决第一项、第二项、第四项、第五项。

2. 维持湖北省襄阳市中级人民法院（2014）鄂襄阳中知刑初字第 00002 号刑事判决第三项对上诉人王某某的定罪和量刑部分，对上诉人王某某的刑期重新计算。

3. 上诉人王某某犯销售非法制造的注册商标标识罪，判处有期徒刑一年，并处罚金人民币 1 万元（限于本判决生效后一个月内缴纳）；（刑期从判决执行之日起计算。判决执行以前先行羁押的，羁押一日折抵刑期一日，即自 2015 年 1 月 19 日起至 2015 年 12 月 16 日止）。

三、裁判理由

法院生效裁判认为：被告人张某及邹某未经"南街村""太太乐"和"莲花"商标的商标所有人许可，采用购买一般品牌的味精、鸡精，进行分装后冒充"太太乐"鸡精、"莲花"味精进行销售，并自己配方制造调味品，冒充"南街村"调味料进行销售，销售数额达 115565 元。张某负责洽谈、送货、收款等，上诉人邹某负责记账，二人属于在共同销售环节中的不同分工，构成假冒注册商标罪的共同犯罪。对被告人张某称其销售给刘某及李某的商品数量应予以核减的辩解，不予采信，但指控其销售给袁某某的商品数额因证据不足，依法予以核减。被告人邹某否认参与销售，与客观事实不符，不予采信。被告人王某某销售了非法制造的包装袋，其销售的两种注册商标标识数量在1万件以上，已构成销售非法制造的注册商标标识罪。王某某提出的上诉理由均非法定的应当宣告缓刑的理由，不予采纳，但原审判决对王某某的刑期计算有误，依法予以纠正。

四、案例注解

在侵犯知识产权罪的司法实践中，认定构成假冒注册商标罪的从犯与单独构成非法制造、销售非法制造的注册商标标识罪十分容易混淆。本案中，被告人邹某与被告人王某某均为被告人张某假冒注册商标的犯罪行为提供了帮助，但法院认定被告人邹某构成假冒注册商标罪的共同犯罪，被告人王某某单独构成销售非法制造的注册商标标识罪。本案涉及以下两个法律适用问题：

（一）假冒注册商标罪与非法制造、销售非法制造的注册商标标识罪的界限

刑法第二百一十三条规定："未经注册商标所有人许可，在同一种商品上使用与其注册商标相同的商标，情节严重的，处三年以下有期徒刑或者拘役，并处或者单处罚金；情节特别严重的，处三年以上七年以下有期徒刑，并处罚金。"刑法第二百一十五条规定："伪造、擅自制造他人注册商标标识或者销售伪造、擅自制造的注册商标标识，情节严重的，处三年以下有期徒刑、拘役或者管制，并处或者单处罚金；情节特别严重的，处三年以上七年以下有期徒刑，并处罚金。"假冒注册商标罪与非法制造、销售非法制造的注册商标标识罪在主观上均是故意，其犯罪主体均为一般主体，即自然人和单位都可以成为上述两罪的主体，并且，上述两罪的犯罪客体也相同，其侵犯的客体均为国家对商标的管理制度以及他人的注册商标专用权。但是，假冒注册商标罪与非法制造、销售非法制造的注册商标标识罪在犯罪客观方面有本质的区别。假冒注册商标罪在客观方面表现为未经注册商标权利人的许可，在同一种商品上使用与其注册商标相同的商标，情节严重的行为。至于商标标识是否是行为人自己制造的，不影响犯罪的成立；而非法制造、销售非法制造的注册商标标识罪在客观方面表现为伪造、擅自制造的注册商标标识或者销售伪造、擅自制造的注册商标标识，情节严重的行为。至于行为人是否将伪造、擅自制造的商标标识用于注册商标核定使用的同一种商品上，不影响本罪的成立。就本案而言，被告人张某的犯罪行为是一种典型的未经商标权人许可在同一种商品上使用与其注册商标相同的商标的行为，应当认定构成假冒注册商标罪；而被告人王某某则只是向他人销售了非法制造的注册商标标识，其并未直接将商标标识使用在商品上，故被告人王某某不构成假冒注册商标罪，而是构成销售非法制造的注册商标标识罪。

（二）假冒注册商标罪的从犯与单独构成非法制造、销售非法制造的注册商标标识罪的认定

刑法第二十五条第一款规定："共同犯罪是指二人以上共同故意犯罪。"《最高人民法院、最高人民检察院、公安部关于办理侵犯知识产权刑事案件适用法律若干问题的意见》第十五条规定："明知他人实施侵犯知识产权犯罪，而为其提供生产、制造侵权产品的主要原材料、辅助材料、半成品、包装材料、机械设备、标签标识、生产技术、配方等帮助，或者提供互联网接入、服务器托管、网络存储空间、通讯传输通道、代收费、费用结算等服务的，以侵犯知识产权犯罪的共犯论处。"本案中，被告人张某负责生产、洽谈、送货、收款等业务，被告人邹某辅助张某生产制造假冒商品并提供记账等帮助，此二人的行为属于在假冒注册商标行为中的不同分工，但有着共同的犯罪故意，构成共同

犯罪。其中,张某作为犯意的发起者、犯罪的指挥者、犯罪的重要实行者,在共同犯罪中起主要作用,系主犯;邹某在共同犯罪中听命于张某的策划,从事某一方面的犯罪活动,起次要作用,应当认定为假冒注册商标罪的从犯。被告人王某某为被告人张某提供的包装材料,不同于一般的包装材料,其印制有他人的注册商标,但王某某的犯罪故意与张某、邹某的犯罪故意并不相同,王某某系明知是非法制造的他人注册商标标识却仍然故意销售,而没有在商品上使用与其注册商标相同的标识的主观故意,故王某某和张某不具有假冒注册商标的共同故意。对于被告人王某某的犯罪行为,刑法第二百一十五条已经做了专门规定,被告人王某某的行为应当认定为单独构成销售非法制造的注册商标标识罪,而不能以假冒注册商标罪的共犯论处。申言之,在刑法分则把某一特定犯罪的帮助行为规定为一个独立犯罪的情况下,行为人实施该帮助行为,不应以某一特定犯罪的从犯论处,而应认定为构成单独犯罪。

问题24. 销售假冒注册商标的商品罪的未遂与自首认定

【人民法院案例选案例】 叶某、张某某销售假冒注册商标的商品案①

【关键词】
销售假冒注册商标的商品罪　既遂　自首　食品

【裁判要旨】
明知是假冒注册商标的假酒而予以销售,销售金额较大,构成销售假冒注册商标的商品罪。因商品和货款均未实际交付即被公安部门全部查扣,故应认定为犯罪未遂。被告人在公安人员上门后才被动配合调查,没有主动投案情节,不构成自首。

一、基本案情

福建省厦门市思明区人民检察院指控称:被告人张某某、叶某为牟取非法利益,由叶某提议,两被告人商定后,利用张某某受林某某的委托购买一批贵州茅台酒的机会,由叶某以每瓶500元的价格向他人购买了20件共计240瓶500ml假冒"MOUTAI"商标标识的酒,张某某与林某某谈妥以每瓶930元的价格销售。2013年6月12日,叶某将酒运至厦门高崎国际机场时被公安人员全部缴获,市场零售价格为999元/瓶。6月27日晚,两被告人随同公安人员回到厦门并于6月28日被刑事拘留。

被告人叶某、张某某对指控的事实无异议,但辩称其系未遂,且构成自首,应从轻处罚。

法院经审理查明:2013年6月,被告人张某某受林某某的委托购买一批贵州茅台酒。被告人张某某、叶某为牟取非法利益,由叶某提议,两被告人商定后,由被告人叶某以每瓶500元的价格向他人购买了20件共计240瓶500ml标有"MOUTAI"商标标识的酒,被告人张某某与林某某谈妥以每瓶930元的价格销售。2013年6月12日,叶某将酒运至厦门高崎国际机场时被公安人员全部缴获。经贵州茅台酒股份有限公司鉴定,上述酒均系假冒贵州茅台酒厂有限责任公司注册的"MOUTAI"商标,对应真品市场零售价格为999元/瓶。

6月25日,公安人员到贵州省贵阳市找到被告人张某某及叶某,二人承认出售上述

---

① 《人民法院案例选》2017年第6辑,人民法院出版社2017年版。

"茅台酒"。6月27日晚,两被告人随同公安人员回到厦门并于6月28日被刑事拘留。经鉴定,上述假酒达到国家食品卫生标准,不属于有毒有害食品。

二、裁判结果

福建省厦门市思明区人民法院于2015年4月24日作出(2013)思刑初字第1350号刑事判决:一、被告人叶某犯销售假冒注册商标的商品罪,判处有期徒刑一年四个月,并处罚金人民币10万元。二、被告人张某某犯销售假冒注册商标的商品罪,判处有期徒刑一年二个月,并处罚金人民币8万元。三、扣缴在案的240瓶500ml标有"MOUTAI"商标标识的假酒,予以没收销毁。

一审判决后,公诉机关没有抗诉,被告人未提出上诉,判决已发生法律效力。

三、裁判理由

法院生效裁判认为:被告人叶某、张某某明知是假冒注册商标的商品而予以销售,销售金额达人民币223200元,数额较大,其行为已构成销售假冒注册商标的商品罪。公诉机关指控的罪名成立,本院予以支持。被告人叶某、张某某系共同故意犯罪,被告人叶某是犯意的提出者和货源的组织者,被告人张某某在明知涉案商品是假酒的情况下,仍然积极与买家联系,商谈销售价格。二人在共同犯罪中作用相当。两被告人因意志以外的原因犯罪未能得逞,是犯罪未遂,依法可以从轻或减轻处罚。辩护人认为被告人叶某、张某某系自首,但两被告人没有主动向公安机关投案的情节,不符合自首的法律规定,本院对该辩护意见不予采纳。两被告人到案后如实供述罪行,在法庭上自愿认罪,赃物被全数查获未流入社会,依法可以从轻处罚。综上,决定对两被告人从轻处罚,但对辩护人宣告缓刑的辩护意见不予采纳。扣押在案的假冒他人注册商标的商品应予没收销毁。

四、案例注解

销售假冒注册商标的商品罪,是司法实践中一种常见的侵犯知识产权犯罪。本罪涉及食品安全这一社会热点,法院判决效果良好,于2016年被福建省高级人民法院评为福建法院依法维护消费者权益典型案例并位居首位。

案件的主要争议焦点有二:一是被告人是否构成既遂;二是被告人是否构成自首,这也是销售假冒注册商标的商品罪实践中经常遇到的问题。一审法院在审理过程中,依法准确认定了既未遂、自首和缓刑的构成条件,明确了对食品犯罪案件被告人慎重适用缓刑的裁判规则。本案在审理中,还从立法精神出发,解决了销售假冒注册商标的商品罪构成既遂的标准、犯罪嫌疑人一经传唤即积极配合调查并如实供述是否构成自首,以及食品安全共同犯罪中情节相对较轻一方能否适用缓刑等审判实践中比较突出的法律适用争议问题,有助于统一裁判标准,对类似案件具有普遍指导意义。

(一)谈妥价格并已将假酒运送至约定提货地是否构成犯罪既遂

销售假冒注册商标的商品罪系典型的数额型犯罪,社会危害性的大小主要取决于犯罪数额的大小。因此,在对本案量刑时,应当根据犯罪数额的大小来确定量刑起点。对于犯罪数额,当行为人的行为符合销售假冒注册商标的商品罪的构成要件的情况下,不论涉案销售行为次数,也不论每次或多次销售的最终结果,所有已销售和尚未销售行为均应被视为售假者实施的整体销售行为的一部分,所有销售金额和货值金额均应纳入刑法评价和刑罚考量因素范围,以确保量刑不会严重失衡,避免不当扩大或缩小打击范围的后果。

本罪的犯罪客体是权利人的注册商标专用权和国家的商标管理制度，对于本罪中销售行为的完成问题，一般认为，销售行为的完成是行为人已经将假冒注册商标的商品销售出去，而且实际所获的销售金额达到法律规定的数额较大的程度。销售行为具体实施的前提条件是要有明确的买卖双方。如果尚不存在一个购买者，那么，销售者在购买者出现之前为了实现销售商品的目的而实行的任何活动，都只能是销售的准备活动。因而，只有销售者找到购买者之时，才能认定其销售行为已经着手。具体来说，对销售假冒注册商标的商品罪未遂犯的行为标准，结合刑法第二十三条关于犯罪未遂的规定进行对照，本罪未遂犯所对应的"尚未销售"时间应起于"已经着手实行犯罪"而终于"已销售"前，只有在此期间因意志以外原因"未得逞"方能构成未遂，易言之，交付货物应当成为判断"已销售"的根本标准，即销售行为的完成形态应指货物已交付、所有权已转移。反之，对货物尚未交付、所有权还未转移的应认定为尚未销售，故尚未销售或者虽然已经发货，但是还处于运输过程，尚未完成交付货物的犯罪行为均应属于犯罪未遂。

本案中，虽然有明确的买家，销售者与购买者也已达成商品购销的合意，并约定了茅台酒的销售价格和运输方式，相关货物甚至已经运至购买者的指定地点，但是双方既未实际交付定金或货款，也未完成假冒注册商标的商品交付，全部侵权商品即因为意志以外的原因被公安机关全部查扣。销售行为并未完成，从法益受损害的程度上看，该种情况中销售的主体活动并未完成，其对法益尚未造成实质的、现实的侵害，与已经完成了交付货物、收取货款两个环节的典型的销售完成行为对法益的损害有本质的不同，故应认定为犯罪未能得逞。这样区别性地对待，既充分保护了法益，又从紧缩犯罪的成立范围的角度保持了刑法的谦抑性，具有相当的合理成分，是恰如其分的。

（二）犯罪嫌疑人一经传唤即积极配合调查并如实供述是否构成自首

根据刑法第六十七条第一款规定，成立自首必须同时具备两个条件：一是行为人犯罪后自动投案，二是行为人如实供述自己的罪行。主动投案和如实供述，两个要件缺一不可。

本案中，辩护人认为公安人员到贵阳找叶某、张某某的时候并没有对其采取强制措施，也没有做讯问笔录，而仅是要求两被告人配合调查。两被告人在这一情况下，主动随同公安人员返回厦门，积极配合调查，并如实供述，系投案自首。符合司法解释中关于"犯罪事实或者犯罪嫌疑人未被司法机关发觉，或者虽被发觉，但犯罪嫌疑人尚未受到讯问、未被采取强制措施时，主动、直接向公安机关、人民检察院或者人民法院投案"的相关规定。公诉人对此持不同意见，认为公安部门在两被告人到案前就已经掌握了被告人信息，查扣假酒后，公安部门在与被告人的多次通话中，两被告人也并没有主动到案的表示。公安人员到贵阳后虽然没有强制措施，但是因为被告人缺乏主动性，所以不具备认定自首的条件。

对这一争议焦点，司法认定的重点是被告人是否构成主动投案。《最高人民法院关于处理自首和立功具体应用法律若干问题的解释》第一条规定："……罪行未被司法机关发觉，仅因形迹可疑被有关组织或者司法机关盘问、教育后，主动交代自己的罪行的，……应当视为自动投案。"根据这一规定，两被告人是否仅仅因形迹可疑而受到公安人员盘问就主动交代，是认定其是否构成自首的条件，如果是，则应认定其自首。否则，如果被告人是作为犯罪嫌疑人被侦查机关询问后才做供述的，就不应认定为自首。

本案中，公安部门在查扣全部假酒后，事实上已经掌握了案件的主要情节，并已将两被告人列为主要嫌疑人。这一判断是基于对物证、书证和相关证人证言而作出的逻辑判断的结果，是一种有客观依据的合理怀疑。两被告人是公安机关在侦破案件的过程中确定的犯罪嫌疑人，这与仅因形迹可疑而被司法机关盘问截然不同，而且到贵阳找被告人的公安人员恰好是本案的侦查人员，并不是当地公安因偶然原因接触到形迹可疑人员。值得注意的是，案发后，两被告人既没有委托他人先行代为投案，也未先以信、电方式向公安部门投案，在公安部门从假酒查扣地厦门致电询问的情况下，被告人仍然没有珍惜机会，一直拖到公安部门上门亮明身份后，才被动配合调查。综上所述，两被告人并非主动、直接向公安机关投案，不符合自首的构成要件，依法不应认定为自首，相关辩解和辩护意见不应得到采信。

（三）被告人同时具有法定从轻、减轻处罚情节和其他酌定情节时，如何权衡并最终确定刑罚

本罪系典型的数额型犯罪，社会危害性的大小主要取决于犯罪数额的大小，销售金额数额较大和巨大两个量刑情节分别对应三年以下有期徒刑或者拘役，并处或者单处罚金和三年以上七年以下有期徒刑，并处罚金两个量刑档次。

根据刑法第六十一条的规定，对于犯罪分子决定刑罚的时候，应当综合考虑犯罪的事实、犯罪的性质、情节和对于社会的危害程度。刑事案件量刑情节包括法定情节和酌定情节，法定情节包括刑法总则中从重、从轻、减轻和免除的相关规定，以及刑法分则中情节严重、情节特别严重、数额较大、数额巨大等相关表述。酌定情节是刑法虽然没有明文规定，但根据立法精神、司法解释或审判实践经验，在量刑时也应当考虑或者酌情考虑的情况。审判实践中，对只具有一个量刑情节的被告人决定刑罚时，一般不会产生分歧，但对于被告人同时具备两个以上量刑情节的，如何具体量刑，比较难以一概而论，只能综合案件的具体情况，考虑案件的各种因素，慎重作出准确的决定。

本案中，两被告人为牟取非法利益，销售明知是假冒注册商标的茅台酒，符合销售假冒注册商标的商品罪的构成要件，依照刑法第二百一十四条的规定，该罪有两个量刑档次，即三年以下有期徒刑或者拘役，并处或者单处罚金和三年以上七年以下有期徒刑，并处罚金。两个量刑档次分别对应销售金额数额较大和巨大两个量刑情节。《最高人民法院、最高人民检察院关于办理侵犯知识产权刑事案件具体应用法律若干问题的解释》第二条明确规定销售明知是假冒注册商标的商品金额在5万元以上的，属于"数额较大"；销售金额在25万元以上的，属于刑法第二百一十四条规定的"数额巨大"。本案销售金额为人民币223200元，系"数额较大"，构成第一个法定从轻情节，应当适用较低的量刑档次，判处三年以下有期徒刑或者拘役，并处或者单处罚金。两被告人利用受托购买茅台酒的机会，明知是假冒注册商标的茅台酒而予以采购并加价销售，假酒已从货源地贵阳运至销售地厦门，因意志以外的原因被公安机关全部缴获，假酒未实际流入社会，犯罪未能得逞，是犯罪未遂，依法可以比照既遂犯从轻或者减轻处罚。两被告人在被公安部门依法传唤后，配合公安归案，如实供述自己罪行的，在法庭上自愿认罪，构成又一法定从轻情节，依法可以从轻处罚。在构成两个法定"可以"从轻处罚情节的同时，被告人销售的假冒注册商标商品是白酒，属于食品，构成一个酌定情节。虽经鉴定，涉案假酒达到国家食品卫生标准，不属于有毒有害食品，不构成生产、销售有毒、有害食品罪，但涉食品犯罪关系民众身体健康，社会危害较大，长期以来一直是我国刑法打击的重点，为了保护公民的人身安全，维护社会稳定，也为了震慑涉食品的假冒伪劣产品

销售行为，本案酌定不应对被告人从轻处罚。综合全案的各种因素和具体情况，厦门市思明区人民法院对两被告人分别判处有期徒刑一年四个月和一年二个月，是适宜的。

（四）食品安全共同犯罪中如何适用缓刑

缓刑，是指对被判处一定刑罚的犯罪分子，鉴于其犯罪情节较轻、主观恶性不深、对社会危害较小、再犯可能性很小而在一定期限内附条件不执行原判刑罚的一种刑事制度。我国在1979年刑法中设专节对缓刑制度做了具体规定，并在1997年刑法对缓刑制度进行了修改，对缓刑考验制度做了具体的规定：对于被判处拘役或者三年以下有期徒刑的犯罪分子，根据其犯罪情节和悔罪表现，认为适用缓刑确实不致再危害社会的，人民法院可以在宣判刑罚的同时宣告缓刑，规定一定的考验期限，暂缓执行所判刑罚。在缓刑考验期内，被宣告缓刑的犯罪人如果没有犯新罪，没有发现在判决宣告以前还有没有判决的罪，也没有违反法律、行政法规或者国务院公安部门有关缓刑监督规定且情节严重的情况，原判刑罚就不再执行。

根据我国刑法关于缓刑的定义，缓刑制度包含三层含义：（1）缓刑适用的前提条件是对象必须是被判处拘役或者三年以下有期徒刑的犯罪分子，即是罪行较轻的犯罪分子，这是我国刑法的硬性要求。如是判处重于三年有期徒刑的犯罪分子，他们的罪行较重，社会危害性较大，不宜适用缓刑。（2）适用缓刑的本质条件必须是犯罪情节较轻、悔罪表现较好，判处缓刑不致再危害社会。缓刑适用是为了更好地促进犯罪分子心灵上的净化，改正先前的错误，同时亦可减轻刑罚执行的人力、物力和财政压力，但是如果缓刑不能保证对缓刑人员判处缓刑后其不再危害社会，那么缓刑的价值就无法体现，甚至还可能给社会造成危害，使得犯罪了还能"逍遥法外"的思想助长，引发公众对缓刑制度合理性的怀疑，不利于社会矫正工作的开展。因此，缓刑适用需要建立在判处缓刑后确定不致再危害社会的基础上。（3）缓刑是刑罚的一种。免除刑罚就不存在再执行刑罚的问题，而缓刑的性质是暂缓执行刑罚，人民法院判决被告人有罪并处以刑罚，同时宣告缓刑，原判刑罚暂不执行，但却在一定的期限内保留着执行的可能性。如果缓刑人员违反了刑法所规定的条件，那么原判的刑罚仍然要执行。

本案系典型的共同故意犯罪。被告人叶某是犯意的提出者和货源的组织者，被告人张某某在明知涉案商品是假酒的情况下，仍然积极与买家联系，商谈销售价格。两人在共同犯罪中作用相当，不构成主从犯。两人判处刑期低于三年，符合判处缓刑的第一个条件，问题的关键在于是否符合缓刑适用的本质条件：犯罪情节轻微、确有悔罪表现，判处缓刑不致危害社会。本案中，被告人虽有悔罪表现，但因为两人所从事的犯罪活动涉及食品安全且数量较大，社会危害大，不符合刑法第七十二条中犯罪情节较轻及宣告缓刑对所居住社区没有重大不良影响等法定缓刑适用条件。因此，法院对辩护人关于宣告缓刑的辩护意见不予采纳，是符合立法本意的。

（五）本案判决的社会意义分析

本案所反映的制售假酒问题在打击假冒伪劣产品案件中具有突出的代表性，司法实践中，销售假冒注册商标的商品罪大致占知识产权犯罪案件总数的一半，而假酒正是其中的一个重要的多发类别。

假酒犯罪主要以假冒茅台、五粮液等著名国产白酒，以及进口知名品牌洋酒为主，在餐饮、酒店、娱乐等行业广泛存在，侵害面广，危害性较大，社会影响恶劣，不仅使酒类商标权人蒙受较大经济损失，还危及不特定社会公众的身体健康，民愤较大。

依据我国现行的法律法规，有关酒类管理的法律规范主要有：食品安全法、产品质量法、商标法、《商标法实施条例》《国务院关于加强食品等产品安全监督管理的特别规定》等法律法规和部门规章。通常而言，制售假劣酒常见的有两种方式：一种是回收包材重新灌装其他或同品牌的低价酒；另一种是彻底仿造。不论是哪种方式，酒瓶中装的酒都是由一些小厂家生产或同品牌的低端酒，也就是说酒是"真"的，假的是品牌。现行的酒类打假主要手段是依靠各酒厂出具鉴定证明书，对酒的鉴别仅仅是靠厂家的打假人员从外包装、商标、防伪标识、编码等进行鉴别，没有其他方法。而实验室检验只能对卫生指标进行检验，不能鉴别真假。因此，厂方出具的鉴定证明书就成了查办酒类案件的主要证据。

本案中，依据贵州茅台酒股份有限公司鉴定，涉案白酒均系假冒贵州茅台酒厂有限责任公司注册的"MOUTAI"商标，对应真品市场零售价格为999元/瓶。经厦门市产品质量监督检验院《检测报告》等鉴定意见，上述假酒达到国家食品卫生标准，不属于有毒有害食品。据被告人陈述，其在销售前也曾亲身尝试。相应假酒系来自专业人士回收包材重新灌装其他品牌的低价酒。

本案被告人购买并销售假冒贵州茅台酒股份有限公司的知名商标"MOUTAI"标识的假酒240瓶，案值近24万元。涉案假酒直接来源于茅台酒的原产地和主要销售集散地贵阳，销售对象系城市白酒类批发零售商，如果犯罪得逞，将危及大量终端消费者的身体健康权益，法院结合案值及社会危害性从重量刑。

本案受理后，社会关注度高，通过对本案审理过程和宣判结果的相关报道，既教育了群众，也展现了法院依法审理食品纠纷案件，严厉打击危害食品安全犯罪，维护食品安全的做法与成效，不仅受到商标权利人的好评，也取得了被告人家属的理解，法律效果和社会效果良好。

问题25. 对于侵犯著作权罪中"复制发行"行为应如何理解

【人民法院案例选案例】济南华兴建筑设计有限责任公司诉山东华盛建筑设计研究院等侵犯著作权案[①]

【关键词】

侵犯著作权罪　复制　发行　剽窃　改编权

【裁判要旨】

侵犯著作权罪中的"复制"在刑法没有规定的情况下，应依照著作权法的有关规定理解。增加了再创作内容的高级剽窃行为侵犯了作者的改编权，不属于复制行为。侵犯著作权罪中的"复制"必须具有发行的目的，否则不构成本罪。

一、基本案情

2009年10月，山东金田建设开发有限公司（以下简称金田公司）委托济南华兴建筑设计有限责任公司（以下简称华兴公司）对济南国际商贸城"双泉路商业街"进行工程图纸设计。华兴公司依约设计并交付了10套"工程施工图"。2014年11月20日，华兴公司将上述图纸以《济南国际商贸城》的名称在国家版权局做了"图形作品"登记。因

---

① 《人民法院案例选》2016年第1辑，人民法院出版社2016年版。

金田公司与华兴公司就合同履行发生纠纷，2013年10月28日，金田公司向华兴公司发函要求解除合同，同日，另行与山东华盛建筑设计研究院（以下简称华盛设计院）签订工程设计合同，委托其对同一工程进行设计。华盛设计院以华兴公司的图纸为基础，根据施工情况修改了约20%，向金田公司提供了署名为华盛设计院的另外10套图纸，并收取了设计费593760元。华兴公司以华盛设计院侵犯其著作权为由，向济南市中级人民法院提起民事侵权诉讼。经一、二审判决，认定华盛设计院侵犯了华兴公司的著作权，判令其赔礼道歉并赔偿损失35万元。

之后，华兴公司又以华盛设计院未经许可，非法复制其享有著作权的工程设计图，违法所得数额巨大，已构成侵犯著作权罪为由，向山东省章丘市人民法院提起自诉，要求追究华盛设计院及章丘市住房和城乡建设管理委员会（以下简称章丘住建委）的刑事责任。

二、裁判结果

山东省章丘市人民法院于2015年11月30日作出（2015）章立刑初字第2号刑事裁定：驳回华兴公司的起诉。一审宣判后，华兴公司不服，向山东省济南市中级人民法院提起上诉。山东省济南市中级人民法院于2016年1月25日作出（2015）济知刑终字第4号刑事裁定：驳回上诉，维持原裁定。

三、裁判理由

法院生效裁定认为：对已经立案，经审查缺乏罪证的自诉案件，自诉人提不出补充证据的，人民法院应当说服其撤回起诉或者裁定驳回起诉。自诉人提供的证据不能证明被告人的行为属于刑法关于侵犯著作权罪所规定的"复制发行"行为，故应当裁定驳回自诉人的起诉。

四、案例注解

本案是民事诉讼认定著作权侵权后，著作权人又指控侵权人构成侵犯著作权罪的自诉案件，涉及侵犯著作权罪中"复制发行"行为的正确认定问题。由于刑法以及相关司法解释对于复制、发行的界定以及两者之间关系的规定不甚明确，因此引申出何为"剽窃"，"剽窃"行为是否构成犯罪的问题。

（一）对于"复制"行为的界定

著作权包括了多项权能，其中"复制权"是著作权人的一项最原始也是最基本的财产权利，刑法第二百一十七条规定的四类侵犯著作权罪的行为中，两种行为明确规定了"复制"，而"出版"是"复制及发行"的意思，"制作"行为也是复制的具体表现，可见侵犯著作权罪均以"复制"为前提条件。

何为复制？应以著作权法的相关规定作为依据。根据著作权法第十条第一款第五项规定，复制是指"以印刷、复印、拓印、录音、录像、翻录、翻拍等方式将作品制作一份或者多份"的行为。这是著作权法意义上的复制，仅指不增加再创作内容的再现原作品的行为[①]，属于狭义的复制。

除此之外，广义的"复制"还包括改变形式的利用，即改换了原作品的载体或表现形式的再现，如翻译、改编、汇编等，这种对原作品的利用形式都没有离开原作品的基

---

① 郑成思：《版权法》，中国人民大学出版社2009年版，第182页。

本表达，但在原有作品的基础上有所创新。① 鉴于刑法的"谦抑性"品格，只对具有较强社会危害性的侵犯著作权的行为进行制裁，对于复制的理解，也必须采取最狭义的解释。因此，刑法所制裁的复制行为，必须是不能改变原作品内容、不增加再创作内容的再现原作品的行为。

（二）"剽窃"是否属于复制

在本案中，华兴公司的行为还涉及"剽窃"他人作品的问题。虽然著作权法列举了"剽窃"行为，但对于"剽窃"却没有下定义，根据《国家版权局版权管理司关于如何认定抄袭行为给××市版权局的答复》（权司〔1999〕第6号），是指将他人的作品或者作品的片段窃为己有而发表的行为。一般对于"剽窃"的理解是，以或多或少变化的形式，或在或多或少的场合，将他人作品全部或部分地作为本人的作品来出示或展现的行为。② 因此，剽窃的实质是一种混淆作品或作品中部分要素出处的行为，也是一种不当署名。

至于剽窃行为是否侵犯"复制权"，则存在多种观点。有的观点认为，剽窃的本质是混淆了作品的出处，只与不当署名有关，与非法复制之间存在根本的差异。③ 也有的观点认为剽窃行为侵犯了复制权。对此，应从著作权刑法保护的角度，按照前文对于"复制行为"的界定，即按照狭义的复制概念进行分析。

探讨剽窃是否构成了著作权法规定的复制，应以是否改变了作品的表达形式，是否是对作品的完整再现的标准进行判断。由于剽窃本身并非著作权法中类型化的侵权行为，它涉及著作权中的多项权能，如署名权、复制权、改编权、翻译权、保护作品完整权等，其行为样态不能一概而论。根据"剽窃"的"再创作"程度不同，可以分为"低级"剽窃与"高级"剽窃两种。对于"低级"剽窃来说，只是"原封不动"地照搬他人作品或者稍加"改动"并署上自己的名字，这种行为侵犯了他人的署名权、复制权，有的还侵犯了他人的保护作品完整权，如果其用于发行并在数量上或者数额上达到了相应的标准，是可以构成侵犯著作权罪的。对于"稍加改动"的剽窃，也有的观点认为不属于复制行为。④ 但是按照这种观点，将导致对于著作权人作品的刑法保护范围过窄，行为人可以轻易地规避法律，不符合刑法保护的初衷。应当认为，如果这种改动并没有增加实质性的创作内容，那么仍然属于复制行为。

对于"高级"剽窃来说，这种"改头换面"使用他人作品的行为，其本质属于一种"改编"行为。改编主要包括两种情况：一是不改变作品原来类型而改编作品，如将长篇著作缩写为"简本"。二是在不改变作品基本内容的情况下将作品由一种类型改编成另一种类型，如将小说改编成剧本。对于"高级"剽窃行为，虽然也"实质上"利用了原作品的表达，但因为增加了再创作的内容，因此不属于著作权法规定的复制，也就是狭义的"复制"，因此没有构成侵犯著作权罪的可能性。

对于剽窃是否可以单独入罪的问题，虽然有人认为，"剽窃"是对他人劳动成果的窃

---

① 关于广义与狭义的复制概念，参见陈锦川：《著作权审判——原理解读与实务指导》，法律出版社2014年版，第315页。
② 世界知识产权组织编：《著作权与邻接权法律术语汇编》，刘波林译，北京大学出版社2007年版，第188页。
③ 王坤：《剽窃概念的界定及其私法责任研究》，载《知识产权》2012年第8期。
④ 杨巧：《美术作品相似是否构成"剽窃"的认定——对一起文字画作品侵权案的思考》，载《知识产权》2010年第4期。

取，同盗窃行为并无本质的区别，应将其列入侵犯著作权罪或按盗窃罪定罪处罚。① 还有的观点认为，应以损害社会公益为由，将其纳入行政处罚的范围。② 上述意见看似加强了对著作权的保护，实则可能使得使用他人作品的人动辄得咎，反而混淆了民事侵权与刑事制裁之间的界限。因此，"剽窃"行为构成犯罪，前提是这种行为侵犯了作者的"复制权"，否则即使获利巨大，仍属于民事侵权行为。

（三）侵犯著作权罪中"复制"与"发行"的关系

关于"发行"，著作权法第十条第一款第六项以及《最高人民法院、最高人民检察院、公安部关于办理侵犯知识产权刑事案件适用法律若干问题的意见》第十二条的规定是一致的，综合起来，是指以出售或者赠予方式向公众提供作品的原件或复制件的行为，包括总发行、批发、零售、通过信息网络传播以及出租、展销等活动。发行的核心内容是向不特定的公众散发，如果接受的主体是特定的，即便散发多份，也不属于"发行"，这是认定是否属于发行行为的关键。相关司法解释还从数量上规定了侵犯著作权罪的入罪标准，因此，如果行为人"复制"的数量超过了该数量标准，一般情况下超出了合理使用的界限，从而具有了发行之目的。

对于刑法第二百一十七条第一项和第三项规定的"复制发行"行为的理解，虽然《最高人民法院、最高人民检察院关于办理侵犯知识产权刑事案件具体应用法律若干问题的解释（二）》（以下简称解释二）第二条第一款规定，"复制发行"包括复制、发行或者既复制又发行的行为。上述规定似乎明确，但不论是在理论界还是实务界，对于"复制"与"发行"之间的关系，争议较大。主要存在三种观点，可以总结如下：

1. 单独构成犯罪说。该观点认为，应当严格按照解释二第二条的规定，构成侵犯著作权罪的客观方面可表现为"复制""发行"或者"复制并发行"。因此，复制行为单独可以构成侵犯著作权罪，即使没有发行获利，只要复制的数量达到定罪标准，就构成本罪。

2. 同时具备说。理论界多数学者的观点认为，构成侵犯著作权罪，必须同时具备"复制行为"与"发行行为"。理由是这里的"复制行为"与"发行行为"不是刑法规定的两种并列的犯罪行为，而是一个犯罪行为的两个方面。如果行为人只实施了复制行为而没有实施发行行为，或者只实施了发行行为而没有实施复制行为，不符合侵犯著作权罪的构成要件。③ 也有学者将复制与发行同时具备看作构成侵犯著作权罪的既遂要件。④

3. 发行目的说。该观点认为，仅以司法解释的规定认为单纯"复制"即构成本罪是不妥的，必须立足于立法原意完整地加以把握。侵犯著作权罪之"复制发行"应理解为"复制"以便"发行"，从语法上看二者不是一种并列关系或者选择关系，"复制"的目的是"发行"，"复制"是"发行"的手段，"发行"是"复制"的结果。"发行"行为必然包括了"复制"行为，"复制"行为必须与将侵权制品分散的行为相结合才具有社会危害性，因而才具备刑事可罚性。侵权制品的分散行为是以复制行为的存在为必然基

---

① 杜雄柏：《"剽窃"行为的认定与处罚》，载《山东警察学院学报》2012年第5期。
② 王珅：《论剽窃行为侵权责任的构成要件及承担方式》，载《电子知识产权》2013年第9期。
③ 参见刘方、单民：《侵犯知识产权犯罪的定罪与量刑》，人民法院出版社2001年版，第218页；朱继良、雷东生：《对侵犯著作权罪的探讨》，载《法学评论》1995年第3期。
④ 聂洪勇：《知识产权的刑法保护》，中国方正出版社2000年版，第122页。

础的。①

以上观点各有其依据，但是第三种观点更符合立法本意。在司法实践中，未经著作权人许可，"复制"其作品或者发行其作品都是具有社会危害性的行为。要求既"复制"又"发行"著作权人的作品，情节严重的才构成犯罪，既不合情理，又不利于著作权的保护。但是如果不分情况地认定"单独复制"即可构成犯罪，也不符合设定侵犯著作权罪的保护目的。从法律条文的表述上分析，刑法第二百一十七条规定中，第一项、三项的"复制发行"是连在一起表述的，而第四项的"制作、出售假冒他人署名的美术作品"中的"制作"与"出售"则是用顿号隔开的，可见复制与发行更加紧密地联系在一起，是一种难以分割的行为。

再者，由于刑法在规定了第二百一十七条内容后，又在第二百一十八条专门规定了销售侵权复制品罪，在这种立法背景下理解"复制发行"行为的内容就更应该从整体上考虑，即"复制"和"发行"是一个复合整体的行为，通常情况下发行者理应就是复制者，而复制者的目的就是发行。如果复制者的目的并非是"发行"，由于这种情况通常不会造成严重后果，也很难对他人的著作权造成实际的侵害，因而不应构成侵犯著作权罪。②

根据《最高人民法院、最高人民检察院关于办理侵犯知识产权刑事案件具体应用法律若干问题的解释》第十四条的规定，侵犯著作权罪中的销售行为与销售侵权复制品罪中的销售行为的区别，在于所销售的侵权复制品是何人复制或制作的。立法鉴于侵犯著作权罪与销售侵权复制品罪的行为特征有所区别，分别设立罪名，意图在于体现对不同社会危害性的犯罪区别对待。在等量情况下，单纯销售侵权复制品的行为其社会危害性小于非法复制发行、出版等行为。③ 因为，销售侵权复制品的起刑点较侵犯著作权罪高，而销售行为属于最典型的作品发行行为，如果将复制与发行的关系仅理解为选择关系，那么，以出租的方式向公众散发他人复制的作品的行为，也按照侵犯著作权罪的起刑点定罪，这样反而出现了危害性较轻的出租行为，较之危害性较重的销售行为的定罪更重的不合理现象。而实际上，对于出租他人复制作品的行为，多数认为是不构成犯罪的。由此可见，"复制"与"发行"的关系不可能是简单的并列关系而没有其他联系。因此，虽然司法解释规定复制或发行均可以单独构成犯罪，但"复制"应具有"发行"的目的，而"发行"则是"复制"的后续行为。因此，构成侵犯著作权罪的复制发行，其复制必须以发行为目的，不以发行为目的的复制不构成犯罪。

综上，本案中被告人华盛设计院是否构成犯罪，关键问题是其行为是否属于刑法规定的"复制发行"行为。华盛设计院为完成合同约定的义务向金田公司提供的设计图纸系沿用华兴公司原设计图的主要部分进行修改而成，并在图纸作品上署名，其行为混淆了作品的出处，是典型的剽窃他人作品的行为，属于著作权法第四十七条规定的应当承担民事责任的侵权行为。但华盛设计院的行为并不属于著作权法规定的"复制"，并且设计图纸系用于工程施工及验收、备案，图纸印制的数量有限，持有主体特定，不存在以出售、赠与等方式向公众散发的发行行为。因此，华兴公司指控的华盛设计院复制发行

---

① 侯艳芳、何亚军：《侵犯著作权罪界限划定疑难问题探析》，载《法学杂志》2008 年第 6 期。
② 参见刘宪权、吴允锋：《侵犯知识产权犯罪理论与实务》，北京大学出版社 2007 年版，第 290~301 页。
③ 刘远山：《论我国著作权犯罪的定罪和处罚及其刑法完善》，载《河北法学》2006 年第 4 期。

其作品的行为缺乏罪证予以支持，应当裁定驳回其自诉。

问题 26. 制作、销售网络游戏外挂程序是否应以侵犯著作权定罪量刑

【人民法院案例选案例】 李某某、项某某等制作、销售网络游戏外挂程序案①

【关键词】

侵犯著作权罪　游戏外挂　非法经营

【裁判要旨】

对于社会危险性严重、确需追究刑事责任的制作、销售互联网游戏外挂程序行为，应以侵犯著作权罪定罪处罚。

一、基本案情

公诉机关（成都市龙泉驿区人民检察院）指控：《穿越火线》是由深圳市腾讯计算机系统有限公司（以下简称腾讯公司）2008 年 4 月开始运营的第一人称射击网络游戏。2012 年 8 月，被告人李某某在成都市龙泉驿区制作了一款可以绕过《穿越火线》游线安全检测程序，在该游戏中实现"透视"功能名为"空岛"的外挂程序。被告人李某某先将该外挂程序发布在互联网上供玩家免费使用。在此过程中，被告人李某某产生销售该软件获利的想法，并于 2013 年 7 月开始在"淘宝网"上对外销售该外挂游戏，谋取非法利益。2013 年 9 月，被告人项某某在互联网上自称"夏某某"与被告人李某某约定帮助销售该外挂程序，由被告人李某某负责外挂程序的修改和升级工作，被告人项某某的销售收入二人共同分赃。被告人项某某在销售《穿越火线》游戏外挂程序过程中，在 2013 年 10 月期间，在互联网上以"夏某某"名义相继与被告人胡某某、刘某某结识，并共谋由胡某某、刘某某帮助其销售该外挂程序，被告人胡某某、刘某某销售所得赃款分别与被告人项某某进行分赃。截至案发，被告人刘某某伙同被告人项某某共同犯罪违法所得共计 14864 元，被告人刘某某实际获利 4364 元；被告人胡某某伙同被告人项某某共同犯罪违法所得共计 19150 元，被告人胡某某实际获利 8450 元；被告人项某某伙同被告人李某某、胡某某、刘某某共同犯罪违法所得共计 147845 元，其中，被告人项某某本人销售外挂程序违法所得 113831 元，实际获利 95971 元，被告人李某某伙同被告人项某某共同犯罪违法所得共计 184460 元，其中，被告人李某某本人销售外挂程序违法所得 36615 元，实际获利 75675 元。

2013 年 12 月，腾讯公司发现《穿越火线》游戏数据出现异常，遂向公安机关报案。成都市公安局于 2014 年 1 月 14 日将被告人李某某、胡某某抓获；2014 年 1 月 14 日，被告人刘某某通过其父得知公安民警在其家中等候，主动返回家中配合公安机关调查。公安机关在被告人李某某作案使用的电脑中查获"空岛"外挂程序，经福建中证司法鉴定中心鉴定，该程序功能为：通过注入 DEL 文件的方式修改《穿越火线》游戏客户端，在《穿越火线》游戏中增加"方框透视"功能。在不执行送检程序的情况下，《穿越火线》游戏客户端本身不具备该功能。

公诉机关认为，被告人李某某、项某某、胡某某、刘某某的行为构成提供侵入、非法控制计算机信息系统程序罪，其中，被告人李某某、项某某情节特别严重，被告人胡

---

① 《人民法院案例选》2016 年第 3 辑，人民法院出版社 2016 年版。

某某、刘某某情节严重,要求依法判处。

被告人李某某、项某某、胡某某、刘某某对公诉机关指控事实无异议。被告人李某某、项某某、胡某某的辩护人也对指控事实无异议。

法院经审理查明:《穿越火线》是由韩国公司研发后授权腾讯公司运营的第一人称射击类网络游戏,该游戏于2008年4月开始正式运营。2012年8月,被告人李某某针对《穿越火线》网络游戏研究制作外挂程序后,发布在互联网上供玩家免费使用。2013年7月,被告人李某某在"淘宝网"上对外销售该外挂游戏,牟取非法利益。2013年9月,被告人项某某在网上以"夏某某"的名义与被告人李某某商定,由被告人项某某销售外挂程序,被告人李某某负责外挂程序的修改和升级工作,共同分取销售收入。2013年10月,被告人项某某以"夏某某"名义分别与胡某某、刘某某结识,商定胡某某、刘某某帮助其销售该外挂程序,共同分取销售收入。

2013年12月,"腾讯公司"发现《穿越火线》游戏数据异常,向公安机关报案。公安机关于2014年1月14日将被告人李某某、胡某某抓获;2014年1月14日,被告人刘某某知道公安民警在其家中等候后返回家中配合公安机关调查。公安机关在被告人李某某作案使用的电脑中查获针对《穿越火线》的外挂程序"空岛",经福建中证司法鉴定中心鉴定,该程序功能为:通过注入DEL文件的方式修改《穿越火线》游戏客户端,在《穿越火线》游戏中增加"方框透视"功能。在不执行送检程序的情况下,《穿越火线》游戏客户端本身不具备该功能。

被告人刘某某销售外挂程序收款14864元,支付给被告人项某某10500元;被告人胡某某销售外挂程序收款19150元,支付给被告人项某某10700元;被告人项某某本人销售外挂程序收款113931元,共支付给被告人李某某39060元;被告人李帮斌本人销售外挂程序收款36615元。

二、裁判结果

四川省成都市龙泉驿区人民法院于2014年10月31日作出(2014)龙泉刑初字第390号刑事判决和(2014)龙泉刑初字第390号刑事裁定。

宣判后,当事人未提起上诉,公诉机关未抗诉,判决已发生法律效力。

三、裁判理由

法院生效裁判认为:被告人李某某、项某某、胡某某、刘某某为了谋取非法利益,违反国家规定,在《穿越火线》游戏客户端不具备透视功能的情况下,增加了透视功能,该功能的实现必须复制互联网游戏程序的"源代码",而被告人李某某制作的网络游戏外挂程序与《穿越火线》游戏程序具有高度的相似性。同时,被告人要想使其制作的外挂程序与《穿越火线》游戏对接,势必要破译和擅自使用原网络游戏的通信协议,截取并修改游戏发送到游戏服务器的数据,修改客户端内存中的数据,以达到增强客户端透视功能的目的,其行为符合法律规定的"复制发行"的要求,故四人的行为属于侵犯著作权行为。

其中,李某某的非法经营额184460元,违法所得为75675元;项某某非法经营额147845元,违法所得95971元;胡某某、刘某某的经营额不足5万,违法所得额也不足3万元,达不到侵犯著作权罪的入罪标准。公诉机关以成龙检公诉撤诉〔2014〕1号撤回起诉决定书决定撤回对被告人胡某某、刘某某的起诉,符合法律规定,法院予以准许。

被告人李某某、项某某的行为均已构成侵犯著作权罪,且属共同犯罪,其中,李某某的非法经营额184460元，违法所得为75675元；项某某非法经营额147845元，违法所得95971元。共同犯罪中，被告人李某某、项某某作用、地位相当，不宜分主从犯。两被告人到案均如实供述其犯罪事实，可以从轻处罚。两被告人均初次犯罪，酌情从轻处罚。公诉机关指控李某某、项某某的事实成立，但罪名不当，法院予以变更。被告人李某某、项某某的辩护人的辩护意见，予以采纳。法院以侵犯著作权罪，判处被告人李某某犯判处有期徒刑二年，缓刑三年，并处罚金人民币75675元；判处项某某犯侵犯著作权罪，判处有期徒刑一年十个月，缓刑三年，并处罚金人民币95971元。

四、案例注解

进入21世纪，随着网络游戏在中国的快速发展，制作、销售网络游戏外挂程序的行为也日益增多。而且，随着信息技术的不断发展，涉及网络游戏外挂的案件数量不断增长，形式不断翻新。对于制作、销售网络游戏外挂是否应当予以刑事处罚以及适用何种罪名，存有较大争议。对于制作、销售网络游戏外挂程序行为应慎用刑事制裁手段，必要时应以侵犯著作权罪定罪处罚。

1. 在《穿越火线》游戏客户端不具备透视功能的情况下，被告人擅自增加了透视功能，该功能的实现必须复制互联网游戏程序的"源代码"，而被告人李某某制作的网络游戏外挂程序与《穿越火线》游戏程序具有高度的相似性。同时，被告人要想使其制作的外挂程序与《穿越火线》游戏对接，势必要破译和擅自使用原网络游戏的通信协议，截取并修改游戏发送到游戏服务器的数据，修改客户端内存中的数据，以达到增强客户端透视功能的目的，其行为符合法律规定的"复制发行"的要求。被告人的行为主要是复制互联网游戏程序的"源代码"，破译和擅自使用原网络游戏的通信协议，被告人的行为打破了原游戏的平衡，影响了《穿越火线》游戏的预期收益。但这种行为并没有完全破坏《穿越火线》游戏的运行系统，对社会主义市场经济秩序和社会秩序的危害程度有限，应秉持刑法的谦抑性原则，区分于其他犯罪行为。

2. 制作、销售互联网游戏外挂程序的行为不宜认定为破坏计算机信息系统罪。外挂程序通过破坏网络游戏的技术保护措施进入游戏服务器系统，其虽未达到控制计算机信息系统的程度，但干扰了游戏系统的正常运行。在《中华人民共和国刑法》中，只将非法控制计算机信息系统的行为规定为犯罪（刑法第二百八十五条第二款），对于干扰计算机信息系统功能的行为，必须造成计算机信息系统不能正常运行，才构成犯罪（刑法第二百八十六条第一款）。使用互联网游戏外挂程序，尚不会造成网络游戏系统自身不能正常运行，故不宜认定为破坏计算机信息系统罪。

3. 制作、销售网络游戏外挂程序的行为不宜认定为非法经营罪。从司法实践来看，不少制作、销售互联网游戏外挂程序行为都被以非法经营罪追究刑事责任。此种观点的主要依据是《最高人民法院关于审理非法出版物刑事案件具体应用法律若干问题的解释》（以下简称非法出版物解释）第十一条或者第十五条的规定。第十一条规定："违反国家规定，出版、印刷、复制、发行本解释第一条至第十条规定以外的其他严重危害社会秩序和扰乱市场秩序的非法出版物，情节严重的，依照刑法第二百二十五条第（三）项的规定，以非法经营罪定罪处罚。"第十五条规定："非法从事出版物的出版、印刷、复制、发行业务，严重扰乱市场秩序，情节特别严重，构成犯罪的，可以依照刑法第二百二十五条第（三）项的规定，以非法经营罪定罪处罚。"我们认为，上述规定在起草过程中有特定的背景，不宜扩大适用范围。其一，非法出版物解释第十一条主要是针对非法经营内容上有问题的非法出版物的行为，即"不黄不黑"的非法出版行为。无疑，网络游戏外挂程序属于一种非法出版物，但不同于内容上有问题的出版物。其二，非法出版物解释第十五条的适用条件是严重扰乱市场秩序，情节特别严重。制作、销售网络游戏外挂程序的行为主要是影响了网络游戏经营者的利益，尚未严重扰乱市场秩序，不应当适用上述规定。其三，私自架设网络游戏服务器的社会危害性明显大于制作、销售外挂程序的社会危害性，而对前者适用侵犯著作权罪，对后者适用非法经营罪，也会造成罪刑明显失衡，不符合罪责刑相适应原则。其四，《最高人民法院、最高人民检察院、公安部关于办理侵犯知识产权刑事案件适用法律若干问题的意见》第十二条明确规定："非法出版、复制、发行他人作品，侵犯著作权构成犯罪的，按照侵犯著作权罪定罪处罚，不认定为非法经营罪等其他犯罪。"如前所述，制作、销售外挂程序的行为构成侵犯著作权罪。

问题 27. 因使用涉密技术信息而导致信息公开，或者导致该信息处于公众想得知就能够得知的状态是否构成"不为公众所知悉"

【人民法院案例选案例】蒋某某、武某某侵犯商业秘密案①

【关键词】

侵犯商业秘密罪　不为公众所知悉　使用公开　鉴定意见

【裁判要旨】

刑法中的商业秘密应具备"不为公众所知悉"的特点，因使用涉密技术信息而导致信息公开，或者导致该信息处于公众想得知就能够得知的状态不构成"不为公众所知悉"。刑事诉讼中，法院应对针对该事项所出具的鉴定意见进行实质性审查，不能排除涉密技术信息已经被使用公开的合理怀疑时，应认定行为人不构成侵犯商业秘密罪。

【基本案情】

一审法院审理查明的蒋某某、武某某犯罪事实部分如下：

一、涉案技术信息是否构成商业秘密的审查

大山公司生产的冷芯盒射芯机中的转动臂带动模具工作台实现直线往复运动的机构技术（以下简称秘点1）及三乙胺尾部处理部件技术（以下简称秘点2）等技术系大山公司2004年5月从日本浪速公司引进。

（一）秘密性

1. 经公安机关委托，上海科学技术情报研究所于2013年1月5日作出知识产权检索报告，认定秘点1、秘点2未被2010年12月31日前公开文献所公开。

经公安机关委托，2013年6月7日形成上海市知识产权司法鉴定中心的司法鉴定意见书（以下简称鉴定意见①），认定秘点1、秘点2针对出版物而言，构成属于不为公众所知悉的技术信息。

在本案审理过程中，公诉机关补充提供江苏省科技咨询中心2016年11月8日作出的(2016)鉴字第06号技术鉴定报告（以下简称鉴定意见⑤）认定：秘点1中"转动臂与工作台的连接装置"为实现沿轨道在顶芯与合模射芯工位正下方之间水平方向往复直线

---

① 《人民法院案例选》2017年第11辑，人民法院出版社2017年版。

运动与在合模射芯之前脱离轨道被垂向顶升至合模射芯工位垂向运动衔接的可离合移动副;"转动臂动力机构"为保证合模射芯工位的准确定位而通过设定摆动幅度 190°~200°、安装时对应射芯举升工位的极限摆动位置以轨道方向为基准逆时针旋转 3°产生补充摆幅的摆动油缸。秘点 2 的进风管从上至下插入并穿过滤板的低端直达下腔,尾气直接输入下腔,由渐扩的下腔通道透过滤板升至上腔吹拂塑料球产生翻滚。滤板具有与所选风机参数相匹配孔板阻力和处理液位高度阻力的 6mm 孔径、20mm 孔距以及 8°倾角。上述这些信息非所属技术或者经济领域的人的一般常识或者行业惯例;非仅涉及产品的尺寸、结构、材料、部件的简单组合等内容,进入市场后相关公众通过观察产品不能直接获得;未在公开出版物或者其他媒体上公开披露;不属于无需付出一定的代价而容易获得的情形,即不为所属领域的相关人员普遍知悉和容易获得。鉴定意见⑤的鉴定人之一何朝旭到庭作证并接受质询。

2. 经大山公司委托,上海市知识产权司法鉴定中心于 2012 年 2 月 29 日作出上知司鉴字(2011)第 1201 号、第 1202 号司法鉴定意见书(以下简称鉴定意见⑥-1、⑥-2),认定秘点 1、2 属于不为公众所知悉的技术信息,双益公司生产的冷芯盒射芯机与大山公司生产的冷芯盒射芯机中采用的秘点 1、2 相同。

3. 经双益公司委托,2014 年 3 月 3 日形成的北京紫图知识产权司法鉴定中心的鉴定意见书 2 份(以下简称鉴定意见②)认定:秘点 1 最迟自 2012 年 12 月已经销售使用;秘点 2 从其他公开渠道可以获得且无须付出一定的代价而容易获得,不属于不为公众所知悉的技术信息。

经蒋某某辩护人所在律所委托,2015 年 2 月 5 日形成的上海市科技咨询服务中心知识产权司法鉴定所(2015)沪科咨知鉴字第(41)号司法鉴定意见书(以下简称鉴定意见③)认定:秘点 1 是在 2010 年 12 月 31 日前不属于不为公众所知悉的技术信息;秘点 2 在 2010 年 12 月 31 日不属于不为公众所知悉的技术信息。

针对鉴定意见⑤,经蒋某某辩护人所在律所 2016 年 11 月 22 日委托,2016 年 12 月 5 日形成的上海市科技咨询服务中心知识产权司法鉴定所(2016)沪科咨知鉴字第 39 号司法鉴定意见书(以下简称鉴定意见④),认定鉴定意见⑤所涉及的技术信息具备《最高人民法院关于审理不正当竞争民事案件应用法律若干问题的解释》(以下简称不正当竞争司法解释)第九条第二款第(一)(二)(五)(六)项的情形,不构成不为公众所知悉。

(二)价值性

经无锡方正会计师事务所有限公司审核,2010 年 4 月至 2012 年 10 月,大山公司已支付许可费人民币 851542 元。

(三)保密性

2005 年 3 月 29 日,大山公司与武某某签订商业秘密保护协议,每月给予武某某 200 元左右的保密费。大山公司对涉案技术信息采取了封闭电脑 USB 接口等保密措施,并按约支付了保密费。

二、被告人的行为及大山公司的损失

2003 年 9 月 1 日,武某某进入大山公司技术岗位工作,负责设计图纸,武某某工作期间利用局域网及公司领导的电脑秘密窃取各种射芯机等的技术图纸。2009 年年底至 2010 年年初,蒋某某邀请武某某合作成立双益公司,由蒋某某负责生产经营管理,将相应技术图纸用于双益公司生产、销售冷芯机。后原在大山公司做装配的姚瑞被高薪录用到双益公司。

2010年12月至2012年12月，双益公司已生产销售12台各种型号的冷芯机，销售金额共计7373000元，给大山公司造成损失1277310.48元。

二审另查明：鉴定意见⑥-1、⑥-2中鉴定事项之一为，大山公司的冷芯盒射芯机中采用转动臂带动模具工作台实现直线往复运动的机构、三乙胺尾部处理部件是否构成属于不为公众所知悉的技术信息。鉴定意见①中的鉴定事项，与前述事项相同。鉴定意见⑤鉴定内容为，大山公司制造的冷芯盒射芯机中，转动臂带动模具工作台实现直线往复运动的机构中转动臂与工作台连接装置、转动臂动力机构所含技术信息；三乙胺尾气装置所含技术信息，是否具有不为公众知悉的性质。

鉴定意见⑤论述技术信息不是观察可以获得，载有：关于秘点1，通过观察产品不能直接获得有关技术信息，如要获得完整信息，需要借助起吊设备，才能使工作台底面敞露；而获得"转动臂动力机构"信息还需要细致的专业观察和细心的测量。关于秘点2，三乙胺尾气装置的箱体及其内部滤板和进气管均采取不可拆卸的满焊连接，只有采取破坏性分解措施并进行必要的理论分析计算、实验和排放指标检测。

鉴定意见④载有：在现场勘查，从冷芯盒射芯机设备的模具工作台车上可以清楚地观察到"转动臂与工作台的连接装置"，工作台被顶起时即可看到；即使使用起吊设备吊起工作台也非难事；鉴定人员能够多次进入生产车间现场拍得照片。该转动臂的动力驱动装置采用摆动液压油缸（液压摆动油缸）是惯用的技术手段。"三乙胺尾气（处理）装置"现场直接可见，内部透过设备上的透明小窗可以直接、容易地观察到；该装置的内部结构尺寸，放掉过滤液、打开透明小窗取出塑料球后，即可以通过简单测量确定该信息；鉴定意见⑤均未涉及其工艺原理、理论分析计算方法、实验和排放指标检测等信息、内容。

【裁判结果】

江苏省无锡高新技术产业开发区人民法院于2016年12月29日作出（2015）新知刑初字第0006号刑事判决：一、被告人蒋某某犯侵犯商业秘密罪，判处有期徒刑一年三个月，并处罚金人民币40万元。二、被告人武某某犯侵犯商业秘密罪，判处有期徒刑一年，并处罚金人民币30万元。三、暂扣于公安机关的侵权图纸予以没收，其他财物由公安机关依法处理。宣判后，蒋某某、武某某不服，提出上诉。江苏省无锡市中级人民法院于2017年7月20日作出（2017）苏02刑终38号刑事判决：一、撤销无锡高新技术产业开发区人民法院（2015）新知刑初字第0006号刑事判决；二、上诉人蒋某某无罪；三、上诉人武某某无罪。

【裁判理由】

法院生效判决认为：人民法院作出有罪判决，都应当做到犯罪事实清楚，证据确实、充分。证据确实、充分，应当符合"综合全案证据，对所认定事实已排除合理怀疑"的条件。根据刑法第二百一十九条第三款的规定，商业秘密，是指不为公众所知悉，能为权利人带来经济利益，具有实用性并经权利人采取保密措施的技术信息和经营信息。"不为公众所知悉"即要求涉案技术具有非公知性，不能是公知技术，排除涉案技术在被控犯罪行为实施时已经公开的情形。根据不正当竞争司法解释第九条规定，有关信息不为其所属领域的相关人员普遍知悉和容易获得，应当认定为《反不正当竞争法》第十条第三款规定的"不为公众所知悉"。因此，要认定系争技术非公知性时，既要排除出版物公开的情形，又要排除使用公开等已公开情形。

本案主要争议为涉案秘点是否已经使用公开。涉案技术信息的图纸被窃取时，大山公司生产的冷芯机等设备已经公开销售多年，要认定销售设备上秘点1、2所涉技术信息构成商业秘密，应排除使用公开而使秘点1、2为公众所知悉的合理怀疑。法律规定，辩护律师经证人或者其他有关单位和个人同意，可以向他们收集与本案有关的材料；辩护人可以申请法庭通知有专门知识的人出庭，就鉴定人作出的鉴定意见提出意见。辩护人提供鉴定意见②、③、④用以证明秘点1、2存在《不正当竞争法司法解释》第九条第二款的几种情形，法院认为，这些鉴定意见系具有专门知识的人就鉴定意见①、⑤、⑥发表的专业意见，法院应予参考。

1. 鉴定意见①仅涉及出版物公开，鉴定结论不全面，不能排除存在其他情形使技术公开的合理怀疑；鉴定意见⑥的鉴定结论虽然未限定于出版物公开，但其与鉴定意见①基于同一委托事项作出，鉴定机构和鉴定方法相同，结论却不相同，认为委托鉴定的"机构""部件"属于不为公众所知悉的技术。同时，该两份鉴定意见委托主体不同，前者为大山公司，后者为公安机关，前者作出的时间又早于后者。从中不难看出，鉴定机构在鉴定同一事项时，基于委托主体不同而修正了以前的鉴定结论，从而使人对鉴定意见⑥的准确性产生怀疑。法院认为，鉴定意见①、⑥均不应予以采信。

2. 鉴定意见⑤形式合法，但鉴定结论与委托鉴定事项不符。鉴定意见⑤虽然针对使用公开问题作出了结论，但委托事项为大山公司生产机器中的"……连接装置""……动力机构""……尾气装置"所含技术信息是否具有不为公众知悉的性质。鉴定意见⑤以技术点的非公知性来论证涉案技术的非公知性，不当扩大了鉴定范围，与委托鉴定事项不符，而且缺乏逻辑性和说服力，该鉴定意见不应予以采信。

3. 关于秘点1、2是否属"需要一定代价才能获得"。鉴定意见⑤未明确起吊、拆卸等成本和损失，其鉴定人员也当庭表示并未在鉴定现场作测量，该鉴定意见的证明方法对于验证技术信息是否易于观察获得，并无切实说服力。在没有明确获得技术具体成本、损失的情况下，如果只是"工作台被顶起""打开小窗"，仍可能属于简单的测绘、拆卸。鉴定意见④对涉案技术信息"付出一定的代价才能获得"的观点提出的质疑，具有合理性，鉴定意见⑤不应予以采信。

4. 秘点1、2中涉及的结构类技术特征，一般缺乏可保密性。鉴定意见⑤在总结秘点1、2时，描述了"可离合移动副"机械活动的现象"往复直线运动""摆动油缸"的"摆动幅度"，还描述了尾气进出装置的过程、滤板与所选风机参数相匹配，却未描述实现这些机械运动的具体技术方案，也未涉及工艺原理、理论分析计算方法、实验和排放指标检测等信息、内容。法院认为，蒋某某、武某某及辩护人提交的数份鉴定意见提出秘点所涉的机械活动、设备构造现象等可观察，符合秘点为结构类技术特征而缺乏保密性的特点，系合理质疑，鉴定意见⑤不应予以采信。

综上，秘点1、2所涉技术信息因使用而公开系合理怀疑，鉴定意见⑤等证据尚不能达到排除合理怀疑的证明标准。本案中武某某通过不正当手段从大山公司获取冷芯盒射芯机的相关技术信息，蒋某某明知前述情况仍与武某某一起将该技术信息用于双益公司生产冷芯机，但由于不能排除涉案两项技术信息已经被使用公开的合理怀疑，原审判决认定涉案技术信息属于商业秘密继而认定蒋某某、武某某构成侵犯商业秘密罪有误，应予纠正。

【案例注解】

对于涉案秘点1、2是否属于商业秘密，本案一、二审认识不一致，导致观点差异的原因主要在于：对司法鉴定意见认定涉案秘点已经使用而公开，法院是否还需要根据专业意见对其进一步进行实质审查。

（一）"不为公众所知悉"应排除"使用公开"

商业秘密，是指不为公众所知悉，能为权利人带来经济利益，具有实用性并经权利人采取保密措施的技术信息和经营信息。"不为公众所知悉"即要求涉案技术具有非公知性，不能是公知技术，排除涉案技术在被控犯罪行为实施时已经公开的情形。技术公开方式包括出版物公开、使用公开和以其他方式公开三种。"使用公开"指由于使用而导致技术方案的公开，或者导致技术方案处于公众可以得知的状态。使用公开的方式包括能够使公众得知其技术内容的制造、使用、销售、进口、交换、馈赠、演示、展出等方式。只要通过上述方式使有关技术内容处于公众想得知就能够得知的状态，就构成使用公开，而不取决于是否有公众得知。不正当竞争司法解释（2020年已废止）第九条规定："有关信息不为其所属领域的相关人员普遍知悉和容易获得，应当认定为反不正当竞争法第十条第三款规定的'不为公众所知悉'。具有下列情形之一的，可以认定有关信息不构成不为公众所知悉：（1）该信息为其所属技术或者经济领域的人的一般常识或者行业惯例；（2）该信息仅涉及产品的尺寸、结构、材料、部件的简单组合等内容，进入市场后相关公众通过观察产品即可直接获得；（3）该信息已经在公开出版物或者其他媒体上公开披露；（4）该信息已通过公开的报告会、展览等方式公开；（5）该信息从其他公开渠道可以获得；（6）该信息无需付出一定的代价而容易获得。"该条第三款第二项明确规定，已经使用公开的技术不能成为商业秘密的保护对象。因此，要认定系争技术非公知性时，既要排除出版物公开的情形，又要排除使用公开等已公开情形。

1. 鉴定意见②、③、④的勘查主体，属于"使用公开"中的"相关公众"。如有关信息仅涉及产品的尺寸、结构、材料、部件的简单组合等内容，进入市场后相关公众通过观察产品即可直接获得，不构成"不为公众所知悉"。有观点认为，鉴定意见②、③、④的勘查主体不是所属领域的公众，涉案产品销售是点对点，销售和使用的人是特定对象。笔者认为，现并无证据证明大山公司在对外销售涉案产品时设置身份障碍或选择特定客户，进而要求采购方对产品进行保密，采购企业生产厂区内也无禁止他人参观、访问的提示。本案的实际情况是大山公司涉案产品早已销售给多家单位，上诉人的辩护人、北京紫图鉴定中心鉴定人员均顺利进入安置有涉案产品的厂区进行现场勘验、拍照。该产品已经处于不特定主体想购买即可购买的状态，再以购买者范围限定"相关公众"才能进行观察，并不合理。辩方鉴定人员作为"相关公众"发表意见，并未超出法律规定的主体要求。

2. "使用公开"只要求具有获得秘点技术的可能性。通常而言，要认定机械装置构成技术秘密，不能是简单的机械活动的现象，因为相应的现象能在公开出售的机器上直接观察得到，具体的尺寸也可以通过简单的测绘、拆卸方法来获得。机械装置或系统构成秘点，应有系统零部件的位置、结构、配置关系、部件尺寸、尺寸公差、技术要求等技术信息；还可以包括具体工艺在内的工艺程序、试验参数、技术要点处理等具体的技术信息。秘点1、2描述了机械活动的现象，还描述了机械运转过程、参数，却未描述实现这些机械运动的具体技术方案，也未涉及工艺原理、理论分析计算方法、实验和排放指标检测等信息、内容，因而秘点1、2所涉信息系结构类技术特征，具有观察、测量可能性。

有观点认为，"不为公众所知悉"是指有关信息不为其所属领域的相关人员普遍知悉和容易获得，而且"知悉"和"获得"不能仅仅是一知半解，而应是全部获得；拆卸行为不是正常生产行为中的使用行为，蒋某某、武某某没有通过反向工程获得技术，因此，构成使用公开的理由不充分。笔者认为，只要被出售的设备使秘点技术内容处于公众想得知就能够得知的状态，即为使用公开。相关公众能够从出售的已存在的技术信息的载体中获取该技术信息，只需存在能够获取的可能性就够了，并不需要已经实际上从中获取了该技术信息。鉴于此，使用公开关注的是技术信息的可获得性，与相对人对该技术信息载体是否采取保密措施并不具有必然联系。以不正当手段获得技术信息并不能免除证明存在商业秘密的责任，仍应证明系争技术信息具有非公知性等构成要件、能够作为商业秘密获得保护。因而，本案中判断秘点1、2是否构成使用公开并不取决于蒋某某、武某某是否实际通过购买设备而获得技术。

法院不能因为被告人有盗窃行为就降低对商业秘密的构成要求，有授权使用的技术图纸，无疑会降低研发生产成本，但不应就此反推存在商业秘密。特别是在技术已经被授权使用、产品已经公开销售的情况下，对技术的非公知性仍应严格予以审查。

（二）对是否构成"不为公众所知悉"的鉴定意见应进行实质性审查

鉴定意见属于"意见证据"，证据应查证属实。鉴定意见是刑事诉讼法规定的证据之一，是鉴定人运用科学技术或者专门知识对案件中的专门性问题进行检验、鉴别后给出的专业意见。"鉴定意见"在2012年修改前的刑事诉讼法中被称为"鉴定结论"。由"鉴定结论"改为"鉴定意见"明确了鉴定意见的证据属性。"鉴定结论"具有预定的法律效力，违背了"证据必须经过查证属实，才能作为定案根据"的法律规定，实质上是把审理案件中专门性问题的权力让渡给了司法鉴定者，违背了审判权应由裁判者独享的司法原理。将"鉴定结论"改为"鉴定意见"，使"鉴定意见"回归到"证据材料"而非"定案根据"的本来面目，使"鉴定意见"同其他证据一样，只有在经过庭审举证、质证、认证等环节之后，才能作为定案的根据。更为重要的是，名称的变化反映了立法机关对鉴定意见属性的确认，即鉴定意见属于"意见证据"。

由司法机关委托作出的鉴定意见，可能会与由辩护人提供的鉴定意见、辩护人申请的专家证人出庭作证的意见并存。在多种鉴定意见并存的情况下，就需要裁判者审查判断，最终采纳其中一个相对合理的意见。

1. 公诉机关举证的商业秘密鉴定意见不应具任何预设的证明力

尽管在诉讼活动中，鉴定意见对于案件中的专门性问题所具有的证明力是其他证据种类都不能替代的，且有时往往对案件的最终结论起决定性的作用，[1] 但这并不意味着鉴定意见可以不需经过审查判断就直接用来认定案件事实。鉴定意见不仅具有科学性和客观性，还具有主观性，而其主观性必然决定了鉴定意见的不稳定性和不确定性。鉴定意见是鉴定专家个人的认识和判断，而鉴定专家在前述判断的过程中极易受到各种主客观因素的影响，其鉴定意见可能会出现判断偏差，甚至歪曲或错误反映待证事实。故而，尽管鉴定意见具有其他证据无法替代的特殊功能，甚至对技术秘密是否成立的认定起到

---

[1] 何家弘：《司法鉴定导论》，法律出版社2000年版。

决定性作用，但是也并不能就此认定鉴定意见的证明效力当然优于其他证据。对整个案件来说，鉴定意见只是商业秘密案件中诸多可据以查明案情的证据之一，审判人员应当允许各方当事人对鉴定意见自由地提出意见，必要的时候还应当要求鉴定专家出庭接受质询，只有在鉴定意见经过双方当事人充分质证后，才能在结合案件的全部证据的基础上进行综合审查判断，从而正确认定案件事实、准确适用法律规定，最终作出公正合理的判决。

本案一审偏重于审查鉴定意见的程序，二审则更注重对鉴定意见进行全面的实质审查，认为鉴定意见①、⑤、⑥用以证明涉案秘点并未使用公开，必须经过查证属实，才能作为定案的根据。其中，鉴定意见①的鉴定结论不全面，鉴定意见⑥的鉴定结论有所修正，但其与鉴定意见①基于同一委托事项作出，鉴定机构和鉴定方法相同，结论却不相同，从而使人对鉴定意见⑥的准确性产生怀疑。鉴定意见⑤形式合法，但鉴定结论与委托鉴定事项不符；该鉴定意见的证明方法对于验证技术信息是否易于观察获得，并无切实说服力。鉴于此，二审认为前述鉴定意见尚不能达到排除合理怀疑的证明标准。

2. 鉴定意见②、③、④系具有专门知识的人就鉴定意见①、⑤、⑥发表的专业意见

为破解鉴定意见质证难题，刑事诉讼法规定了鉴定人、有专门知识人出庭制度。刑事诉讼法第一百九十二条规定，公诉人、当事人和辩护人、诉讼代理人可以申请法庭通知有专门知识的人出庭，就鉴定人作出的鉴定意见提出意见。法庭对于上述申请，应当作出是否同意的决定。有专门知识的人出庭，适用鉴定人的有关规定。鉴定意见及其他体现专业性的书证作为证明力较强的客观性证据，常常在认定罪与非罪的过程中发挥着关键性作用，引入有专门知识的人出庭制度，使客观性证据的质证环节不再流于形式，也促进整个庭审过程的实质化。

本案的一审中，法庭接受申请要求鉴定人出庭作证，却对辩护人申请有专门知识的人出庭，未予准许。这实际上导致了法院无法进一步了解针对鉴定意见的不同观点。刑事诉讼法规定被告人也可以聘请"有专门知识的人"对鉴定人的鉴定意见进行"再鉴定"。"有专门知识的人"出庭，就鉴定意见提出意见，可以帮助法官理解相关专业问题，进而作出公正判断。"有专门知识的人"的作用举足轻重，一旦其能够就鉴定意见所要证明的事实提出合理质疑，法院就不应认定该部分事实。本案中，蒋某某、武某某及辩护人针对公诉方举证的鉴定意见，提交了数份鉴定意见，其中有些意见系合理质疑，使得二审最终未采纳鉴定意见⑤。对鉴定意见的审查判断，不能仅仅通过当庭宣读的方式来进行，而应建立针对鉴定人的交叉询问程序，并借此来审查鉴定意见的证明力和证据能力，这与证人出庭作证的情形没有本质的不同。本案中，鉴定意见⑤未明确起吊、拆卸等成本和损失，其鉴定人员也当庭表示并未在鉴定现场作测量，该鉴定意见的证明方法对于验证技术信息是否易于观察获得，并无切实说服力。

实践中，如果涉及特别专业的问题时，当只有一方专家或技术顾问出庭时，庭审质证往往演变成对其他人员进行的专业知识普及课。笔者认为，为避免这种情况，法院可以让鉴定人、有专门知识人同时出庭，就专业问题形成较为有效的意见展示和意见对抗。

第六章
合同诈骗罪

第一节 合同诈骗罪概述

一、合同诈骗罪概念及构成要件

合同诈骗罪,是指以非法占有为目的,在签订、履行合同过程中,以虚构事实或隐瞒真相的办法,骗取对方当事人的财物,数额较大的行为。

根据我国刑法和相关司法解释的规定,行为人有下列行为之一的可以认定行为人以"非法占有"为目的利用经济合同进行诈骗:

1. 在明知自己没有履行合同能力、或明知没有有效担保的情况下,采取虚构主体或者冒用他人名义的方式与对方签订合同的。

2. 隐瞒真相使用伪造、变造、作废的票据、其他虚假的产权证明或者明知不符合担保条件的抵押物作担保的。

3. 收受对方当事人给付的货款、货物、预付款或者保证金、定金等担保合同履行的财后逃匿的。

4. 通过签订合同获取对方当事人交付的货物、货款、预付款、定金或者保证金后,进行违法犯罪活动或将上述款物挥霍浪费,致使无法返还的。

5. 在没有实际履行能力的情况下,以先履行小额合同或者部分履行合同的方法,诱骗对方当事人继续签订和履行合同的。

6. 合同签订后,无正当理由中止履行合同,不退还所收定金、保证金、预付款等的。

7. 合同签订后,以支付部分货款、开始履行合同为诱饵,骗取全部货物后,在合同规定的期限内或者双方约定的付款期限内,无正当理由拒不支付其余货款的。

8. 在合同签订、履行过程中以其他方法骗取对方当事人财物的。

二、合同诈骗罪案件审理情况

1. 合同诈骗的主体为一般主体。合同诈骗罪发生在经济合同的签订、履行过程中,其犯罪主体要求行为人必须是经济合同的当事人，却不以特殊的身份作为构成要件，为一般主体，包括自然人主体和单位主体。对于自然人而言，凡达到刑事责任年龄且具有刑事责任能力的自然人均可成为本罪主体。对于单位而言，根据我国刑法第三十条和《最高人民法院关于审理单位犯罪具体应用法律若干问题的解释》的相关规定，单位主体包括：公司、企业、事业单位、机关和团体，其中公司、企业、事业单位包括国有或集体所有的公司、企业、事业单位；依法设立的中外合资经营企业，中外合作经营企业及具有法人资格的独资、私营公司、企业、事业单位等。但个人为实施违法犯罪活动而专门设立的公司、企业、事业单位，或公司、企业、事业单位成立以后以实施违法犯罪活动为主要活动的均不包括在内。机关和团体则包括国家各级权力机关、行政机关、审判机关、监察机关、人民团体和社会团体。同时单位犯合同诈骗罪还必须具备以下两个条件：一、是单位主管人员或直接责任人员对该单位在对外交往中的诈骗行为是明知的默许或指使；二是非法所得归单位所有或基本归单位所有。

2. 合同诈骗罪的客体为复杂客体。

在社会主义市场经济条件下，合同法律制度是维护社会经济秩序的基本保证。合同诈骗直接使对方当事人财产减少，侵害财产所有权，同时，极大地妨害正常的社会主义市场经济秩序的发展和完善。合同诈骗是行为人在签订、履行合同过程中，采取欺诈的方法，隐瞒事实真相，骗取对方财物，直接破坏了国家对经济的管理制度，严重打乱了国家对市场的管理秩序，它侵犯的对象是国家对合同的管理制度、诚实信用的市场经济秩序和合同当事人的财产所有权。

3. 合同诈骗罪的主观方面由直接故意构成，且必须以"非法占有"为目的。

刑法规定的合同诈骗罪的几种客观行为与"非法占有"这一主观要素密不可分。合同诈骗罪的主观方面表现为直接故意，并具有非法占有他人财物的目的。具体来说，即行为人明知自己的行为是在骗取他人的财物，但出于"非法占有"的目的，积极追求犯罪结果的发生。非法占有他人财物并不限于自己占有，还包括第三人占有。

对于合同诈骗罪的主观方面必须注意以下两点：一是如果行为人在主观上没有诈骗的故意，而是因为客观原因，导致合同不能履行或不能完全履行时，则不能以合同诈骗罪论处。二是"非法占有"的本质在于占有的非法性，即占有财产的手段是非法的诈骗，关于"非法占有"的目的，即行为人为什么要签订合同骗取他人财产，属犯罪的动机问题，其行为的"目的"仍然是希望或追求非法占有他人财物。因此，"非法占有"的目的，既包括行为人为本人意图非法占有他人财物，也包括为单位或第三人而"非法占有"他人财物。

合同诈骗罪犯罪故意产生的时间既可以产生于行为人签订合同之前，也可以产生于合同履行的过程中。

4. 合同诈骗罪在客观构成上表现为，行为人在合同的签订、履行过程中采取虚构事实或隐瞒真相的方法，骗取了对方当事人数额较大的财物。

合同诈骗罪在危害行为方面的表现为，实施了虚构事实或隐瞒真相的诈骗行为，我国刑法第二百二十四条主要规定了以下五种表现形式：（1）以虚构的单位或者冒用他人名义签订合同；（2）以伪造、变造、作废的票据或者其他虚假的产权证明作担保的；（3）没有实际履行能力，以先履行小额合同或者部分履行合同的方法，诱骗对方当事人继续签订和履行合同；（4）收受对方当事人给付的货物、货款、预付款或者担保财产后逃匿的；(5) 以其他方法骗取对方当事人财物的。合同诈骗罪行为人是实施"虚构事实"或"隐瞒真相"的诈骗行为，关键要看行为人是否是在明知自己没有实际履行合同的能力，或提供有效担保的情况下，故意制造假象，使与之签订合同的人产生错觉，"自愿"的与行骗人签订合同，从而达到骗取财物的目的。

合同诈骗罪在危害结果方面的表现为，骗取了对方当事人"数额较大"的财物，即达到了法定的追诉标准。

三、合同诈骗罪案件热点、难点问题

（一）合同诈骗罪与一般经济合同纠纷及合同欺诈的界限

1. 合同诈骗罪与一般经济合同纠纷的界限

一般经济合同纠纷，是指经济合同的双方当事人在合同的签订、履行过程中出于某种原因未能完全履行合同，或在履行合同过程中，因一方当事人出现违约行为，而致使另一方当事人受到损失，因而引起的双方当事人对合同约定的权利义务发生争议，而出现的民事纠纷。

虽然它与合同诈骗罪都与经济合同有关，但却有着本质的区别，合同诈骗罪是刑事违法行为，它是行为人以"非法占有"为目的，在根本没有履行合同诚意的情况下，通过虚构事实或隐瞒真相等欺骗的手段诱骗对方当事人与自己签订、履行合同，从而骗取对方当事人"数额较大"的财物的行为，一般经济合同纠纷则是指行为人在有履行合同的诚意或有基本履行合同诚意的情况下，由于某种原因而未能按照约定履行合同，或在履行合同的过程中，由于一方当事人出现违约行为给对方造成损失，而引发的民事纠纷。区分两者界限的关键是行为人的主观目的，行为人是以骗取财物为目的，还是通过履行约定的民事法律行为而获得经济利益。而要判断行为人的主观目的，必须从是否具有履行合同的能力、是否采用欺骗手段以及履行合同的行为，违约后的表现等几方面进行判断。如果行为人不具有"非法占有"的目的，而不宜以合同诈骗罪处理。

2. 合同诈骗罪与合同欺诈行为的界限

合同欺诈行为是指"一方当事人故意告知对方当事人虚假的情况，或故意隐瞒真实情况，诱使对方当事人作出错误意思表示"的行为。合同欺诈可能导致合同无效或可撤销、可变更。

值得指出的是，合同诈骗罪中的合同主要是指经济合同，而不包括劳务、赠与等合同。

（二）合同诈骗罪与诈骗罪、票据诈骗罪及保险诈骗罪的界限

1. 合同诈骗罪与诈骗罪的界限

诈骗罪，是指行为人以非法占有为目的，采用虚构事实或隐瞒真相的方法，使财物的所有人或保管人陷于认识错误，从而骗取其数额较大的财物的行为。

合同诈骗罪与诈骗罪，都属于故意犯罪，且都具有非法占有他人较大数额的财物的目的，客观上都存在着以虚构事实或隐瞒事实真相的方法，使对方当事人在错误认识的情况下，作出违背其真实意思表示的行为，不过诈骗罪的行为方式更为复杂多样，合同诈骗罪的行为方式则相对单一，两者的根本区别在于，是否利用了经济合同的这一特定

手段进行诈骗;是否扰乱和侵害了市场经济秩序这一法律客体。从逻辑的角度讲,合同诈骗罪是诈骗罪的一种特殊表现形式,从法学的角度讲,二者属于法条竞合,按照特殊法优于普通法的原则,对既符合合同诈骗罪又符合诈骗罪的诈骗行为,应按合同诈骗罪处理。

2. 合同诈骗罪与票据诈骗罪及保险诈骗罪的界限

票据诈骗罪,是指以非法占有为目的,进行金融票据诈骗活动数额较大的行为。

保险诈骗罪,是指违反保险法规,以非法占有为目的,进行保险诈骗活动,数额较大的行为。

合同诈骗罪与票据诈骗罪及保险诈骗罪都属于诈骗罪的特殊形式,它们的主体都是一般主体,主观上都由故意构成,且都以"非法占有"为目的,属于刑法理论上的"目的犯"。它们之间也存在着明显的区别。

(1) 合同诈骗罪与票据诈骗罪的区别

第一,它们的客观表现形式不同,票据诈骗罪发生在票据交易活动中主要有以下几种法定表现形式:①明知是伪造、变造的汇票、支票、本票而使用的;②明知是作废的汇票、支票、本票而使用的;③冒用他人的汇票、支票、本票的;④签发空头支票或者与其预留印签不符的票据,骗取钱财的;⑤汇票、本票的出票人签发无资金保证的汇票、本票或者在出票时作虚假记载骗取钱财的;⑥使用伪造、变造的委托收款凭证汇款凭证、银行存单等其他银行结算凭证的。合同诈骗罪则发生在合同的签订、履行过程当中。

第二,犯罪的客体不同,票据诈骗罪所侵犯的直接客体是票据的正常管理秩序和公私财产所有权,同类客体是国家对金融活动的管理秩序。合同诈骗罪所侵犯的直接客体是国家对经济合同的管理制度和公私财产所有权,同类客体是国家对市场的管理秩序。

两罪属于法条竞合犯,当一行为同时触犯票据诈骗罪和合同诈骗罪时,应以票据诈骗罪论处,但如果行为人以伪造、变造或作废的票据提供担保的,由于其行为并未损害正常的票据关系,且刑法分则中又有明文规定,因而应以合同诈骗罪论处。

(2) 合同诈骗罪与保险诈骗罪的界限

保险诈骗罪在客观方面的表现为:行为人采用虚构事实或隐瞒真相的方法进行保险诈骗活动,数额较大的行为,虽然保险诈骗在客观方面也利用合同关系,但却仅限于保险合同,而合同诈骗罪中"合同"的范围则要广泛得多。在犯罪客体方面,保险诈骗罪所侵犯的直接客体则是国家的保险管理制度和他人的财产所有权。

四、合同诈骗罪案件审理思路及原则

(一) 罪与非罪的区分

1. 准确区分合同民事欺诈与合同诈骗犯罪

所谓合同欺诈包括合同民事欺诈和刑事意义上的合同诈骗。民事欺诈是指一方当事人故意告知对方虚假情况,或者故意隐瞒真实情况,诱使或误导对方基于此作出错误的意思表示,以签订合同达到欺诈的目的。合同民事欺诈与合同诈骗犯罪之间主要是主观目的、欺诈内容与手段、欺诈的客体、法律后果、适用法律、客观表现等方面存在明显不同。二者的本质区别在于行为人主观上是否以非法占有为目的。

道理似乎非常浅显,但是司法实践中,因为主观故意很难判断,行为人通常会极力否认具有非法占有目的，通过各种手段意图证明自己存在履约能力，从而导致定罪处罚上的扑朔迷离。主观见之于客观，所以有人主张对主观目的的认定适用推定。比如，刑法条文本身就列举了合同诈骗的五种具体行为表现。《最高人民法院关于审理非法集资刑事案件具体应用法律若干问题的解释》第四条、《全国法院审理金融犯罪案件工作座谈会纪要》所列举的情形亦可作为推定合同诈骗非法占有目的的参考。合同诈骗罪与民事欺诈的根本区分在于：合同诈骗罪是利用签订、履行合同而无对价地占有他人财物；而民事欺诈是在签订、履行合同过程中，通过欺诈方法，谋取非法利益。是否"无对价占有他人财物"是认定是否"以非法占有为目的"的重要客观表现方面。所谓"对价"指当事人一方在获得某种利益时，必须给付对方相应的代价，简而言之，就是"等价交换"。是否"无对价占有他人财物"既可能是一种无须推定的事实，也可能需要结合各种情节再推定、再判断。事实的认定始终离不开主客观相一致的原则。比如，行为人借用某国有公司的资质与另一公司多次签订了煤炭购销合同，在一定期限内积极履行了合同，但是在某一次签订合同后，则怠于履行合同，或者以次充好、以假充真，以重大瑕疵的合同标的应付履行等。此种情况下，仍难于直接认定有明显的"非法占有的目的"，这种"无对价"不一定是出于非法占有的故意，需通过具体情节再推断主观目的的内容。有些情况下，基于客观原因，也会出现无对价占有他人财物的状况，但此时并非都构成合同诈骗犯罪。有对价则不是合同诈骗，无对价可能是合同诈骗、他罪或民事欺诈。

在进行综合推定时，要特别注意不是只要具有某种情形即可以直接认定"非法占有目的"。没有实际履约能力，欺骗他人签订或履行合同取得财物的，一般可认定非法占有目的。但是签订合同时，有无实际履约能力并不是区分罪与非罪的充要条件。没有实际履约能力，并不必然就具有非法占有目的；有实际履约能力，也不能必然否定行为人的非法占有目的。刑法条文规定"没有实际履行能力，以先履行小额合同或者部分履行合同的方法，诱骗对方当事人继续签订和履行合同的"视作合同诈骗。此外，还应当客观分析认定事后的逃匿表现性质。对行为人在合同签订、履行过程中，采取虚假手段骗取了他人财物后，或者之后不能偿还到期债务，行为人注销经营单位、离开住所、变更联系方式、拒不接听电话等，一般可以作为推定非法占有目的的情节；但是要把诈骗得逞后的逃匿与合同不能履行的逃债行为区别开来。逃债行为是因为情势变更以后，自身的履约能力丧失，行为人迫不得已以隐匿方式逃避追债、索债的。其在合同签订、履行过程中没有采取虚假方法骗取财物，也没有任意地挥霍他人财物，占用合同款物后基本用于了正当经营等。也有学者认为界分合同纠纷与合同诈骗犯罪的标准是行为是否具有严重的社会危害性，达到了必须予以刑法处罚程序的"质""量"的违法性，就应以合同诈骗罪来处罚。这一观点貌似有理，实际上是以抽象概念解释抽象概念。社会危害性由量变到质变也必须以相关事实来推定，试图用犯罪概念的要件来解释具体的罪与非罪的区别，无方法论意义。而且，这一观点没有分清民事欺诈与合同诈骗存在着本质区别，是两种不同的行为，而是错误地将二者等同起来，认为前后是一种行为，只是发展到不同阶段处理的方式就不同。

2. 如何认定"拆东墙补西墙"和"借鸡生蛋"型合同诈骗

主流观点认为，如果行为人没有履行合同的能力，为填补经营活动造成的亏空，采取欺骗手段不断与他人签订合同，"拆东墙补西墙"归还欠款并最终造成损失的，应认定行为人具有非法占有目的。行为人虽有履行合同的能力，但签订合同后没有为履行合同做任何努力或者仅履行少部分合同，将取得的他人财物挥霍，或者用于其他非法经营性活动，丧失归还能力的，也应当认定具有非法占有目的。司法实践中，对于"拆东墙补西墙"的行为是容易认定的，但是对于有无履行合同的能力往往不易认定，这就造成对"拆墙"型合同诈骗认定困难。笔者认为，对于行为人履行合同能力不必苛求必须是在签订合同之时，只要限定于最后造成不能归还欠款之时即可。一是行为人"拆东墙补西墙"的行为往往持续时间很长，行为人的履约能力有时会在不断变化中，很难确定其这一时间段的履约能力。二是"拆东墙补西墙"主观占有目的有时也会随着时间演变，从侥幸"咸鱼翻身"到"破釜沉舟"，最后到"破罐破摔""无力回天"。三是只要能证明行为人的履约能力在不断恶化，直至案发时已濒临破产，且行为人仍不断以新债还旧债，最终不能偿还的债务即为诈骗数额。

对于行为人没有实际资金，采取虚假手段骗取公私财物后，从事所谓"借鸡生蛋"的经营活动，最后无法归还骗取的公私财物的，应根据行为人经营活动的具体情况判断：对于将财物用于挥霍、非法活动、归还欠款、非经营性支出等方面的，应认定为非法占有目的；对于用于正当经营活动，并造成资金客观上无法归还的，一般不能以合同诈骗罪定罪处罚。对于此类行为往往和"拆东墙补西墙"的行为有交叉，对骗取财物后的用途严格审查，符合刑法的谦抑性原则。但是，也不应过分强调经营活动的正当性。行为人本是"一穷二白"，采取虚假手段骗取他人财物后，并未将所得财物用于合同约定的用途，而是用于其他经营活动，妄图"借鸡生蛋"，一方面有违诚实信用的合同原则，另一方面其所从事的经营活动是否属于高风险投资、是否符合合同相对方的意愿，合同相对方若并不知晓，也未认可。这本身就严重违反了市场经济秩序。行为人因经营不善，导致亏损，不能偿还合同相对方财物的，此时其对财物的盈亏起码是一种放任态度。故笔者认为，对于行为人无实际资金，采取欺诈手段获得合同约定的财物后，并未用于合同约定的项目，而是私自转变用途，即使所经营的项目并非非法活动，造成数额较大的损失不能归还的，因为其漠视合同相对人的财物所有权，侵害了诚信交易的市场规则，可以考虑按合同诈骗罪处理。

（二）合同诈骗案件民刑交叉的处理

"合同"行为是合同诈骗罪不可分割的组成部分。犯罪行为对民商事合同效力的影响如何，合同诈骗罪中的"合同"效力如何，不同认识直接影响到合同诈骗罪与民事诉讼的交叉处理。理论与实务界争议纷纷，有"无效论""可撤销论""区分论""合同效力判断无基础论"等。有学者认为，犯罪行为作为严重的违法行为本身具有双重违法性，犯罪行为的认定对民商事合同的效力应区别情形加以分析，即对合同行为效力首先应依据民法规范加以判断，是有效、无效还是可撤销。从有利于保护被害人的角度出发，特殊情况下赋予被害人一定的选择权更为妥当。还有学者认为上述观点均有局限性，并进一步提出了自己的观点，即在合同诈骗罪成立前提下的合同效力，应当支持"区别判断说"。从法律行为角度分析，合同是否有效，并不一定受到合同诈骗罪的影响。应当首先依据民事法律规范进行判断，并坚持最大限度保护被害人利益的理念，对于不违反法律强制性规定的，应当赋予合同相对方以变更权和撤销权。

当前当事人为尽快尽量挽回损失，通过各种手段利用法律诉讼的漏洞，使越来越多的经济犯罪案件被民刑双重处理，极易造成滥诉或刑民交叉的混乱。司法实践中，有的同一事实的案件在不同的法院提起民事诉讼和刑事诉讼，有的案件民事诉讼已经生效执行却同时还在刑事诉讼程序中。笔者前文常见问题中所举两案即为此类情形。如果按照"区分说"或"可撤销说"，这些合同可能有效，当事人通过民事诉讼救济权益并不违法。但这又会导致民刑处理的交叉，操作起来确实很难达到两全其美。2014年3月《最高人民法院、最高人民检察院、公安部关于办理非法集资刑事案件适用法律若干问题的意见》第7条规定："关于涉及民事案件的处理问题。对于公安机关、人民检察院、人民法院正在侦查、起诉、审理的非法集资刑事案件，有关单位或者个人就同一事实向人民法院提起民事诉讼或者申请执行涉案财物的，人民法院应当不予受理，并将有关材料移送公安机关或者检察机关。人民法院在审理民事案件或者执行过程中，发现有非法集资犯罪嫌疑的，应当裁定驳回起诉或者中止执行，并及时将有关材料移送公安机关或者检察机关。公安机关、人民检察院、人民法院在侦查、起诉、审理非法集资刑事案件中，发现与人民法院正在审理的民事案件属同一事实，或者被申请执行的财物属涉案财物的，应当及时通报相关人民法院。人民法院经审查认为确属涉嫌犯罪的，依照前款规定处理。"

另外，《最高人民法院关于适用刑法第六十四条有关问题的批复》中已明确规定："被告人非法占有、处置被害人财产的，应当依法予以追缴或者责令退赔……被害人提起附带民事诉讼，或者另行提起民事诉讼请求返还被非法占有、处置的，人民法院不予受理。"被害人基于"双管齐下"的心理，制造刑民交叉诉讼，往往利用了法院管辖立案管理的漏洞和刑事、民事司法人员不熟悉民刑交叉处理法律规定的缺陷。2014年10月公布的《最高人民法院关于刑事裁判涉财产部分执行的若干规定》则对刑事被害人的涉案财产权益提供了更为有力的保障。简言之，通过刑事诉讼，并不会弱化被害人的权益保护。现行法律规定的处理，一方面可以保证司法的一致性，避免出现刑民判决的冲突，避免司法资源的浪费；另一方面，可以通过追缴、责令退赔、违法所得返还被害人等执行措施挽回经济损失。当然，司法机关应不断加大追赃力度、提高执行效率、减少公安机关与人民法院执行部门的推诿扯皮，这是消除被害人"双管齐下"双保险想法的关键。

（三）合同诈骗与虚假诉讼的竞合处理

诈骗、合同诈骗等犯罪行为与虚假诉讼有时会形影不离。诉讼诈骗类案件类型多样，有采取分期付款形式骗得货物后进行虚假诉讼转移货物；有直接设置合同陷阱造成受害人违约后进行诉讼执行被害人财产；有变造、伪造合同后进行虚假诉讼骗取法院判决、执行获得对方当事人财物的案件。在《刑法修正案（九）》之前，多数虚假诉讼行为被作为妨害民事诉讼行为处理，未被追究刑事责任；但是少数案件被以诈骗罪追究刑事责任。法律依据主要来源于2002年10月24日《最高人民检察院法律政策研究室关于通过伪造证据骗取法院民事裁判占有他人财物的行为如何适用法律问题的答复》（以下简称答复）。该答复规定：以非法占有为目的，通过伪造证据骗取法院民事裁判占有他人财物的行为所侵害的主要是人民法院正常的审判活动，可以由人民法院依照民事诉讼法的有关规定作出处理，不宜以诈骗罪追究行为人的刑事责任。如果行为人伪造证据时，实施了伪造公司、企业、事业单位、人民团体印章的行为，构成犯罪的，应当依照刑法第二百八十条第二款的规定，以伪造公司、企业、事业单位、人民团体印章罪追究刑事责任；如果行为人有指使他人作伪证行为，构成犯罪的应当依照刑法第三百零七条第一款的规定，以妨害作证罪追究刑事责任。也有观点对答复提出质疑，认为对诉讼诈骗侵犯的客体认识不当，忽视了主要目的是占有他人财物，未能把握三角诈骗的属性，可能造成明显的放纵犯罪等。在经过激烈议论后，《刑法修正案（九）》增设了虚假诉讼罪，对虚假诉讼进行刑法规制。刑法第三百零七条之一第三款规定：实施虚假诉讼，非法占有他人财产或者逃避合法债务，又构成其他犯罪的，依照处罚较重的规定定罪从重处罚。诈骗、合同诈骗、职务侵占、贪污、拒不执行判决、裁定等罪均可能据此被适用。答复的使命终结了。《最高人民法院关于防范和制裁虚假诉讼的指导意见》（法发3号）还明确指出：虚假诉讼违法行为涉嫌虚假诉讼罪、诈骗罪、合同诈骗罪等刑事犯罪的，民事审判部门应当依法将相关线索和有关案件材料移送侦查机关。依法落实刑法第三百零七条之一的规定对有效遏止虚假诉讼的蔓延、准确打击三角诈骗行为无疑是有力的法律武器。

合同诈骗罪的认定一直以来是司法实践中的难点，也是理论界争鸣的热点。在司法实践中，应坚持罪刑法定、刑法的谦抑性和司法成本最小化原则，消除理论灰色地带，加强制定法规范，关注指导性案例研究，才能更好地实现司法公正和法治语境下的经济繁荣。

第二节　合同诈骗罪审判依据

一、法律

《中华人民共和国刑法》（2020年12月26日修正）

第二百二十四条　有下列情形之一，以非法占有为目的，在签订、履行合同过程中，骗取对方当事人财物，数额较大的，处三年以下有期徒刑或者拘役，并处或者单处罚金；数额巨大或者有其他严重情节的，处三年以上十年以下有期徒刑，并处罚金；数额特别巨大或者有其他特别严重情节的，处十年以上有期徒刑或者无期徒刑，并处罚金或者没收财产：

（一）以虚构的单位或者冒用他人名义签订合同的；

（二）以伪造、变造、作废的票据或者其他虚假的产权证明作担保的；

（三）没有实际履行能力，以先履行小额合同或者部分履行合同的方法，诱骗对方当事人继续签订和履行合同的；

（四）收受对方当事人给付的货物、货款、预付款或者担保财产后逃匿的；

（五）以其他方法骗取对方当事人财物的。

二、司法解释

《最高人民法院、最高人民检察院关于办理诈骗刑事案件具体应用法律若干问题的解释》（2011年3月1日　法释〔2011〕7号）

为依法惩治诈骗犯罪活动，保护公私财产所有权，根据刑法、刑事诉讼法有关规定，结合司法实践的需要，现就办理诈骗刑事案件具体应用法律的若干问题解释如下：

第一条　诈骗公私财物价值三千元至一万元以上、三万元至十万元以上、五十万元以上的，应当分别认定为刑法第二百六十六条规定的"数额较大"、"数额巨大"、"数额特别巨大"。

各省、自治区、直辖市高级人民法院、人民检察院可以结合本地区经济社会发展状况，在前款规定的数额幅度内，共同研究确定本地区执行的具体数额标准，报最高人民法院、最高人民检察院备案。

第二条 诈骗公私财物达到本解释第一条规定的数额标准，具有下列情形之一的，可以依照刑法第二百六十六条的规定酌情从严惩处：

（一）通过发送短信、拨打电话或者利用互联网、广播电视、报刊杂志等发布虚假信息，对不特定多数人实施诈骗的；

（二）诈骗救灾、抢险、防汛、优抚、扶贫、移民、救济、医疗款物的；

（三）以赈灾募捐名义实施诈骗的；

（四）诈骗残疾人、老年人或者丧失劳动能力人的财物的；

（五）造成被害人自杀、精神失常或者其他严重后果的。

诈骗数额接近本解释第一条规定的"数额巨大"、"数额特别巨大"的标准，并具有前款规定的情形之一或者属于诈骗集团首要分子的，应当分别认定为刑法第二百六十六条规定的"其他严重情节"、"其他特别严重情节"。

第三条 诈骗公私财物虽已达到本解释第一条规定的"数额较大"的标准，但具有下列情形之一，且行为人认罪、悔罪的，可以根据刑法第三十七条、刑事诉讼法第一百四十二条的规定不起诉或者免予刑事处罚：

（一）具有法定从宽处罚情节的；

（二）一审宣判前全部退赃、退赔的；

（三）没有参与分赃或者获赃较少且不是主犯的；

（四）被害人谅解的；

（五）其他情节轻微、危害不大的。

第四条 诈骗近亲属的财物，近亲属谅解的，一般可不按犯罪处理。

诈骗近亲属的财物，确有追究刑事责任必要的，具体处理也应酌情从宽。

第五条 诈骗未遂，以数额巨大的财物为诈骗目标的，或者具有其他严重情节的，应当定罪处罚。

利用发送短信、拨打电话、互联网等电信技术手段对不特定多数人实施诈骗，诈骗数额难以查证，但具有下列情形之一的，应当认定为刑法第二百六十六条规定的"其他严重情节"，以诈骗罪（未遂）定罪处罚：

（一）发送诈骗信息五千条以上的；

（二）拨打诈骗电话五百人次以上的；

（三）诈骗手段恶劣、危害严重的。

实施前款规定行为，数量达到前款第（一）、（二）项规定标准十倍以上的，或者诈骗手段特别恶劣、危害特别严重的，应当认定为刑法第二百六十六条规定的"其他特别严重情节"，以诈骗罪（未遂）定罪处罚。

第六条 诈骗既有既遂，又有未遂，分别达到不同量刑幅度的，依照处罚较重的规定处罚；达到同一量刑幅度的，以诈骗罪既遂处罚。

第七条 明知他人实施诈骗犯罪，为其提供信用卡、手机卡、通讯工具、通讯传输通道、网络技术支持、费用结算等帮助的，以共同犯罪论处。

第八条　冒充国家机关工作人员进行诈骗，同时构成诈骗罪和招摇撞骗罪的，依照处罚较重的规定定罪处罚。

第九条　案发后查封、扣押、冻结在案的诈骗财物及其孳息，权属明确的，应当发还被害人；权属不明确的，可按被骗款物占查封、扣押、冻结在案的财物及其孳息总额的比例发还被害人，但已获退赔的应予扣除。

第十条　行为人已将诈骗财物用于清偿债务或者转让给他人，具有下列情形之一的，应当依法追缴：

（一）对方明知是诈骗财物而收取的；

（二）对方无偿取得诈骗财物的；

（三）对方以明显低于市场的价格取得诈骗财物的；

（四）对方取得诈骗财物系源于非法债务或者违法犯罪活动的。

他人善意取得诈骗财物的，不予追缴。

第十一条　以前发布的司法解释与本解释不一致的，以本解释为准。

三、刑事政策文件

1.《最高人民法院研究室关于申付强诈骗案如何认定诈骗数额问题的电话答复》
（1991年4月23日）

河南省高级人民法院：

你院豫法（研）请〔1991〕15号《关于申付强诈骗案如何认定诈骗数额的请示》收悉。经研究，答复如下：

同意你院的倾向性意见。即在具体认定诈骗犯罪数额时，应把案发前已被追回的被骗款额扣除，按最后实际诈骗所得数额计算。但在处罚时，对于这种情况应当作为从重情节予以考虑。

附：河南省高级人民法院《关于申付强诈骗案如何认定诈骗数额的请示》（豫法（研）请〔1991〕15号）

最高人民法院：

最近，濮阳市中级法院就申付强诈骗案诈骗数额如何认定问题向我院请示。

被告人申付强以欺骗手段，于1987年10月与江苏省新沂县酒厂签订了价值为106200元的各类曲酒合同。案发前，新沂县酒厂追回曲酒价值61086.24元，下余45113.76元已无法追回。

对此案，我院审委会有两种意见：一种意见认为，对申付强的诈骗数额，可把案发前被追回的6万余元扣除并作为从重情节在量刑时予以考虑，按下余的4万5千余元的数额予以认定；另一种意见认为，申付强已将价值10万余元的曲酒诈骗到手，诈骗数额应按合同总标的计算，属数额巨大，被追回的6万余元可作为从轻情节在量刑时予以考虑。

我们倾向于第一种意见。

当否，请批示。

1991年4月1日

2.《最高人民检察院、公安部关于公安机关管辖的刑事案件立案追诉标准的规定（二）》（2022年4月6日　公通字〔2022〕12号）（节录）

第六十九条　[合同诈骗案（刑法第二百二十四条）] 以非法占有为目的，在签订、履行合同过程中，骗取对方当事人财物，数额在二万元以上的，应予立案追诉。

第三节　合同诈骗罪审判实践中的疑难新型问题

问题1. 以非法占有为目的，采取签订合同，出具欠条等方法，收受对方当事人给付的货物、预付款后逃匿的，是否属于合同诈骗罪①

【典型案例】朱某1合同诈骗、信用卡诈骗案

一、基本案情

2011年至2013年，被告人朱某1以"朱某2"名义办理身份证，利用该虚假身份注册成立"商丘腾飞建筑装饰工程有限公司"。在经营该公司期间，朱某1以朱某2名义采取签订合同，出具欠条等方法，骗取郁某某、李某等人材料款、工程款共505885元。朱某1骗取款后逃匿。

2012年8月3日、8月10日，朱某1利用虚假的身份证、行车证，房产证等证件，在夏邑县农业银行、夏邑县邮政储蓄银行办理了信用卡，分别透支199934.99元、99992.89元。至案发时，经发卡银行催要，上述透支款未归还。

二、裁判结果

河南省夏邑县法院判决：一、被告人朱某1犯合同诈骗罪，判处有期徒刑六年，并处罚金人民币100000元；犯信用卡诈骗罪，判处有期徒刑六年，并处罚金人民币70000元。二罪并罚，决定执行有期徒刑十一年，并处罚金人民币170000元。二、责令被告人朱某1退赔所骗取被害人的财产。

三、典型意义

本案朱某1以非法占有为目的，采取签订合同，出具欠条等方法，收受对方当事人给付的货物、预付款后逃匿。朱某1使用虚假的身份证明骗领信用卡，超过规定期限透支，经发卡银行催收后仍不归还，恶意透支，是典型违反社会诚信的行为，对此类行为予以严惩，才能起到维护社会诚信、人民群众和谐生产生活的警示教育作用。

---

① 最高人民法院"用公开促公正，建设核心价值"主题教育活动作罪犯罪典型案例（2015年12月4日）。

问题 2. 伪造购销合同，通过与金融机构签订承兑合同，将获取的银行资金用于偿还其他个人债务，后因合同到期无力偿还银行债务而逃匿，致使反担保人遭受巨额财产损失的行为，如何定性

【刑事审判参考案例】曹某合同诈骗案①

一、基本案情

银川市中级人民法院经审理查明：2005 年 10 月 31 日，被告人曹某出具伪造的宗正装饰材料公司（以下简称宗正公司）与浙江省台州市吉煌公司（以下简称吉煌公司）签订购销合同，和宁夏永宁县农村信用合作联社（以下简称永宁县农信社）签订银行承兑汇票承兑合同，约定由永宁县农信社为宗正公司办理人民币（以下币种均为人民币）500 万元银行承兑汇票，出票日期 2005 年 11 月 28 日，2006 年 4 月 30 日期满，宗正公司按承兑金额 300 万元作为履约保证金存入永宁县农信社指定的保证金专户。西北亚担保公司（以下简称西北亚公司）为保证人，负连带责任。宁夏恒通恒基中小型企业信用担保有限公司（以下简称恒通恒基公司）为宗正公司向永宁县农信社申请银行承兑汇票差额 200 万元提供反担保，承担连带责任。2005 年 11 月 28 日，宗正公司从银川市商业银行"凤某某"账户汇入宗正公司在永宁县农信社办理银行承兑汇票的保证金账户 300 万元。永宁县农信社依约于当日给宗正公司办理了两张银行承兑汇票，票号分别为 0019××6、0019××7，金额分别为 470 万元、30 万元。曹某将 30 万元银行承兑汇票背书到吉煌公司，将 470 万元银行承兑汇票通过他人贴现后归还保证金、借款等。承兑汇票到期后，曹某因不能偿还银行债务而逃匿，永宁县农信社从宗正公司保证金账户扣划 300 万元，并扣划保证人西北亚公司本金 200 万元及利息。后西北亚公司将反担保人恒通恒基公司诉至银川市中级人民法院，该院判决由恒通恒基公司偿还西北亚公司 200 万元。另查明，470 万元银行承兑汇票背书栏内吉煌公司财务专用章及法定代表人印章均系伪造。

宁夏回族自治区银川市中级人民法院认为，被告人曹某以非法占有为目的，伪造购销合同，骗取银行与担保人、反担保人的信任，以办理银行承兑汇票的方式获取银行资金后，因合同到期不能偿还银行债务而逃匿，致使反担保人代为偿还 200 万元，侵害了反担保人的财产权益，其行为构成合同诈骗罪，且属于数额特别巨大的加重处罚情形。公诉机关对被告人曹某犯票据诈骗罪的指控不能成立，予以纠正。被告人曹某及其辩护人所提本案犯罪事实不清、证据不足的辩解理由、辩护意见，与被害单位报案陈述、证人证言、相关书证所证实的事实不符，亦无相应证据佐证，因此不予采纳。依照《中华人民共和国刑法》第二百二十四条第五项之规定，判决如下：

被告人曹某犯合同诈骗罪，判处有期徒刑十三年，并处罚金人民币八万元。

宣判后，被告人曹某不服，提出上诉，称被告人在主观上没有合同诈骗的故意，不具有非法占有公私财物的目的。被告人是在担保人、反担保人的授意、安排下才准备了购销合同，在担保人陪同下去银行办理了承兑汇票。被告人用自己所有的位于海原县政

---

① 刘鲁撰稿、罗国良审编：《曹某合同诈骗案——伪造购销合同，通过与金融机构签订承兑合同，将获取的银行资金用于偿还其他个人债务，后因合同到期无力偿还银行债务而逃匿，致使反担保人遭受巨额财产损失的行为，如何定性（第 645 号）》，载中华人民共和国最高人民法院刑事审判第一、二、三、四、五庭主办：《刑事审判参考》2010 年第 5 集（总第 76 集），法律出版社 2011 年版，第 17~23 页。

府南街东侧的营业房产（价值500余万元）为恒通恒基公司提供了反担保，故恒通恒基公司的损失根本不存在。原判认定自己犯合同诈骗罪的事实不清，证据不足，定性错误，应宣告被告人无罪。

宁夏回族自治区高级人民法院经审理认为，曹某与永宁县农信社签订银行承兑汇票承兑合同，约定由永宁县农信社为宗正公司办理500万元银行承兑汇票，出票日期2005年11月28日，到期日2006年4月30日，宗正公司应按承兑金额60%作为履约保证金存入永宁县农信社指定的保证金专户，西北亚公司为保证人，保证方式为连带责任，恒基恒通提供反担保，并承担连带责任的事实清楚。被告人曹某在办理该笔承兑汇票中，弄虚作假，向银行提供伪造的购销合同，诱使银行向其出具合法的500万元承兑汇票，且在贴现后，归还个人借款，造成无力偿还债务的局面，致使担保人代为偿还，实际侵害了担保人的合法财产，曹某主观上有利用伪造的虚假合同诈骗钱财的故意，且诈骗数额特别巨大，其行为构成合同诈骗罪。经查，无证据证实曹某用自己所有的位于海原县政府南街东侧的营业房产为恒通恒基公司提供了反担保抵押，更无任何证据证实曹某是受他人指使办理银行承兑汇票和遭人绑架并抢走库存货物后不得已离开银川的事实，因此，其上诉所提原判认定事实不清，证据不足，定性错误，不构成合同诈骗罪的上诉理由不能成立，不予采纳。原判认定被告人曹某犯合同诈骗罪的事实清楚，证据确实、充分，定罪准确，量刑适当，审判程序合法。依照《中华人民共和国刑事诉讼法》第一百八十九条第一项之规定，裁定驳回上诉，维持原判。

二、主要问题

伪造购销合同，通过与金融机构签订承兑合同获取银行资金用于偿还其他个人债务，因合同到期无力偿还银行债务而逃匿，致使反担保人遭受巨额财产损失的行为，如何定性？

三、裁判理由

在审理过程中，对被告人曹某的行为定性，存在两种不同意见：

第一种意见认为，曹某的行为属于民事欺诈行为，不构成犯罪。具体理由是：曹某经营一家装修公司，公司往来账目数额都不小，不同于一般的无业人员。曹某因缺乏资金经营，采取伪造购销合同、虚构事实的手段套取永宁县信用社资金，但从其套取资金的用途看，确有部分用于经营活动。另从结果看，永宁县农信社没有造成损失，所以曹某的行为虽有欺诈的性质但不具有非法占有的目的。曹某与永宁县农信社签订的银行承兑汇票承兑合同的主合同是真实的，即使合同属于可撤销合同，但该案性质仍属于欺诈性的民事合同纠纷，即使曹某还不上钱款也不应按犯罪来处理。

第二种意见认为，曹某的行为构成合同诈骗罪，但不构成票据诈骗罪，也不构成骗取票据承兑罪。该意见为一、二审判决所采纳。我们赞同这一意见，具体理由如下：

（一）曹某的行为符合合同诈骗罪的特征，构成合同诈骗罪

1. 反担保人能够成为主合同债务人的相对方，能够成为主合同债务人诈骗的对象。根据民法原理，本案中共存在五个比较复杂的合同关系：第一个是曹某为得到永宁县农信社承兑汇票伪造的宗正公司与吉煌公司虚假的购销合同，这是一个为了起到证明作用的欺诈性手段合同（其余主合同、担保及反担保合同均属目的合同）；第二个是曹某与永宁县农信社签订的500万元银行承兑汇票承兑合同，这是一个在对方陷入错误认识后与其签订的一个真实的主合同；第三个是曹某与永宁县农信社虽无书面形式，但按合同法规

定的其他形式实际形成的具有定金担保性质的存入永宁县农信社指定保证金专户 300 万元的保证金从合同；第四个是担保人西北亚公司在陷入错误认识后，为保证债务人曹某向债权人永宁县农信社履行剩余 200 万元债务，与主合同双方签订的负连带责任的担保从合同；第五个合同是反担保人恒通恒基公司在继续陷入错误认识后，为保证担保人西北亚公司在曹某不承担对债权人的债务而由西北亚公司承担对债权人担保的债务后享有的对债务人曹某 200 万元追偿权得以实现，与担保人西北亚公司和债务人曹某双方签订的连带责任反担保合同，这是一个从合同的从合同。随着市场机制的不断发展和完善，金融机构发生借贷业务往往要求客户提供担保与反担保，以保证金融资金的安全，反担保是确保担保人对债务人追偿权的实现而设置的新的担保，是对担保的担保，是从属于担保的担保。担保法第四条规定："第三人为债务人向债权人提供担保时，可以要求债务人提供反担保。反担保适用本法担保的规定。"第三十一条规定："保证人承担责任后，有权向债务人追偿。"无论是对于担保合同还是对于反担保合同，担保既是为了保证债权人能够对债务人享有的债权得到履行，也是为了保证债务人能够向债权人履行债务，因此，担保合同的对象应该是主合同的双方而不是单方，与债权人签订担保合同不影响与债务人存在担保合同的效力；而在担保人代替主合同债务人承担担保责任使主合同权利义务消灭后，依法因主合同的债权人债权的让渡而享有的追偿权时，担保人才与主合同债权人脱离关系，而主合同的债务人才能成为唯一相对方。反担保亦同。既然反担保人始终能够成为主合同债务人的相对方，就能够成为主合同债务人诈骗的对象。

2. 曹某具有间接、变相地非法占有反担保人恒通恒基公司担保财产的目的。根据刑法第二百二十四条的规定："有下列情形之一，以非法占有为目的，在签订、履行合同过程中，骗取对方当事人财物，数额较大的……（四）收受对方当事人给付的货物、货款、预付款或者担保财产后逃匿的；（五）以其他方法骗取对方当事人财物的。"本案被告人曹某在没有偿还能力的情况下，采取伪造、虚构购销合同事实，隐瞒真相的手段与永宁县农信社签订 500 万元承兑汇票承兑合同，对于承兑汇票承兑合同中的 200 万元承兑后因其无力如约偿还债务，导致一连串多米诺骨牌效应式连锁反应，先由西北亚公司承担担保从合同义务，后由恒通恒基公司承担反担保从合同的从合同义务，最终使反担保人恒通恒基公司为其承担了 200 万元损失而得不到追偿。不能将主合同和从合同割裂开来看合同的相对方而排除曹某最终成为反担保人恒通恒基公司债务人的相对性，通过等量代换，最终反担保人恒通恒基公司代其通过担保人向债权人履行义务后，取代了主债权人的权利而成为曹某签订整个主、从合同的唯一相对方。曹某在反担保人恒通恒基公司为其承担 200 万元承兑汇票债务而无法偿还的情况下，逃之夭夭，表面上看似乎占有的是永宁县农信社承兑汇票的承兑款，并非恒通恒基公司的担保款，实质上却是间接、变相地实现了其非法占有恒通恒基公司 200 万元财物的目的，符合刑法第二百二十四条第四项或者第五项的规定，与直接非法占有主合同相对方财物的性质是一致的。

3. 曹某具有概括的非法占有他人财物的犯罪故意和不确定的犯罪对象，不影响对其合同诈骗罪的定性。值得注意的是，曹某在诈骗的对象和故意的内容方面具有一定的特殊性，即其合同诈骗的对象和犯罪故意属于概括性的对象和犯罪故意。曹某诈骗的对象和犯罪故意的内容并非具体明确的，而是相对确定又具体移动可变的，既可能是永宁县农信社，也可能是西北亚公司，还可能是反担保人恒通恒基公司，这是由于主从合同连带责任的不确定性所决定的。但是相对确定，并非绝对不确定，其犯罪对象和犯罪故意的内容最终的确定要看谁最终蒙受了损失。谁蒙受了损失，谁就成为其非法占有的受害方。曹某通过一系列担保合同最终使恒通恒基公司蒙受了损失，所以曹某的犯罪对象就最终确定为恒通恒基公司。根据法定符合说原理，曹某诈骗对象和犯罪故意内容的相对不确定性并没有超过其诈骗合同相对方财物所可能指向的对象与故意内容的范围，符合合同诈骗罪的构成特征，应认定构成合同诈骗罪。

（二）曹某的行为不符合票据诈骗罪的构成特征

根据刑法第一百九十四条的规定，票据诈骗罪的行为人必须有使用虚假票据进行诈骗的行为，该罪侵犯的客体是国家对金融票据的管理制度与公私财产的所有权。如前所述，曹某虽然采用了伪造购销合同的虚假手段从永宁县农信社取得承兑汇票，其中470万元银行承兑汇票后来发生了背书栏内吉煌公司财务专用章及法定代表人印章均系伪造的事实，但永宁县农信社开出的承兑汇票是真实的，并非虚假汇票，曹某并没有刑法第一百九十四条所列情形中有关使用伪造、变造、作废、冒用他人汇票进行诈骗活动的手段和事实。同时，涉案的担保与反担保合同也是真实、合法的，曹某没有持假汇票骗取任何人的财产。因此，在客观方面曹某没有利用虚假票据骗取永宁县农信社钱款的犯罪对象、手段和事实，曹某的行为不符合票据诈骗罪的特征，不构成票据诈骗罪。

（三）曹某不构成骗取票据承兑罪

骗取票据承兑罪的客体仅限于金融秩序和安全，属于单一客体，与诈骗类犯罪侵犯的复杂客体不同。而且，该罪的对象只能是金融机构，并要具有给金融机构造成重大损失的结果。曹某的行为并未给永宁县农信社造成损失，所以不符合该罪的构成特征。

综上，一、二审法院认定被告人曹某的行为构成合同诈骗罪的意见是正确的。

问题3. 如何认定合同诈骗犯罪中行为人具有非法占有目的

【刑事审判参考案例】刘某某合同诈骗案[①]

一、基本案情

安徽省六安市中级人民法院经公开审理查明：2005年，被告人刘某某经人介绍与安徽省宿州市蛹桥区解集乡宣山村村民周某某认识，两人商谈后签订了《收购合同》，刘某某以人民币（以下币种均为人民币）150万元购买周某某承包的3700亩林地（林种为防护林，属公益林）的使用权和林木所有权，周某某保留7%的股份。另外，合同还约定刘某某雇佣周某某看管该林地。合同签订后，周某某将林权转至刘某某名下，将林权证交给刘某某，并多次向刘某某催要购林款，但刘某某除陆续支付少量费用外，一直以种种借口推脱，未按合同支付购林款。

2005年5月18日，刘某某委托安徽皖资会计师事务所对上述林地进行评估，刘某某在明知该林地属公益林的情况下，要求该所将该林地按商品经济林进行评估，该所评估后按刘某某的要求出具《刘某某先生侧柏商品经济林资产评估报告书》，结论为：侧柏商品经济林活立木公允值33006960元。2005年9月1日，刘某某持林权证及资产评估报告

[①] 王成涛撰稿、汪鸿滨审编：《刘某某合同诈骗案——如何认定合同诈骗犯罪中行为人具有非法占有目的（第646号）》，载中华人民共和国最高人民法院刑事审判第一、二、三、四、五庭主办：《刑事审判参考》2010年第5集（总第76集），法律出版社2011年版，第24~29页。

书在合肥注册成立"安徽凯瑞投资有限公司",刘某某任法定代表人,注册资本3000万元(非货币出资)。2006年11月30日,刘某某将安徽凯瑞投资有限公司变更为"安徽天陟投资有限公司"(以下简称天陟公司)。2007年12月2日,又变更为"安徽天陟木业有限公司",2007年1月,刘某某又委托安徽求是会计师事务所对3700亩林地进行评估,并将皖资会计师事务所的资产评估报告书提供给该所,要求该所按皖资会计师事务所的报告书出具评估报告,并要求评估价值为1亿元人民币。2007年1月13日,该所出具《刘某某先生侧柏商品经济林资产评估报告》,结论为:侧柏商品经济林活立木公允值7065.52万元。

被告人刘某某在注册成立公司后,即持林权证及资产评估报告书向多家银行申请抵押贷款,但均未成功,公司无资金来源,无税务申报及经营活动。

2007年3月,被告人刘某某在明知自己没有履行合同能力的情况下,以投资为名到安徽省六安市叶集改革发展试验区(以下简称试验区)进行考察,对试验区有关领导谎称,其在宿县、霍山、肥西等地有多处林地,可以在叶集投资1.2亿元人民币建立18万立方米人造板厂。该厂建立后,可年上缴利税2700万元,安排就业3000余人,且能逐步把叶集打造成华东乃至全国最大的木材加工城。经多次商谈,2007年4月19日刘某某与叶集经济开发区管委会签订了投资协议,安徽华陆集团通过议标获得施工权。试验区政府按照与刘某某的协议,先后两次对建厂土地进行挂牌出让,但刘某某以父亲病危及资金紧张为由未参与竞拍,致土地流拍。7月23日,华陆集团应刘某某要求交付工程履约保证金150万元,刘某某除将其中部分款项用于购置车辆、电脑等设备外,大部分款项被其取出用于还债或者其他消费。同时,刘某某还多次催促华陆集团早日施工,而华陆集团因刘某某一直未提供施工条件而未施工。2007年9月,刘某某在无资金、无规划许可证的情况下,又与宝业集团湖北建工第五建设有限公司(以下简称湖北五建)签订了6000万元的土建合同。合同签订后,湖北五建按期进场施工,并应刘某某的要求交付天陟公司履约保证金300万元。该笔款项到账后,刘某某将其中150万元退还华陆集团,剩余款项被其取出。2008年1月31日,湖北五建完成了土建工程,但是刘某某以各种借口拒绝支付任何款项,给湖北五建造成经济损失。

另查明,被告人刘某某于2006年8月4日因犯行贿罪被安徽省安庆市大观区人民法院判处有期徒刑十个月零五天,于当日刑满释放。2008年7月2日,刘某某又因其2000年实施的非法拘禁犯罪行为,被河北省黄骅市人民法院以非法拘禁罪判处有期徒刑二年,缓刑三年。

安徽省六安市中级人民法院认为,被告人刘某某以非法占有为目的,在签订合同过程中,采取欺骗方法,骗取300万元履约保证金,其行为构成合同诈骗罪,且犯罪数额特别巨大,应依法惩处。天陟公司设立后,以实施违法犯罪为主要活动,因此,刘某某以公司名义实施的犯罪行为,依法应当认定为其个人犯罪。被告人刘某某及其辩护人提出的其不构成合同诈骗罪的意见不能成立,不予采纳。被告人刘某某属累犯,依法应从重处罚;刘某某因犯非法拘禁罪被宣告缓刑,在缓刑考验期内又发现判决宣告前还有合同诈骗罪没有判决,依法应撤销缓刑,对两罪予以并罚。据此,依照《中华人民共和国刑法》第二百二十四条第五项、第六十四条、第六十五条第一款、第七十七条第一款、第六十九条之规定,判决如下:

1. 被告人刘某某犯合同诈骗罪,判处有期徒刑十二年,并处罚金人民币五万元。

2. 撤销河北省黄骅市人民法院（2008）黄刑初字第132号刑事判决对被告人刘某某所宣告的缓刑。原判有期徒刑二年，与犯合同诈骗罪所判处的刑罚并罚，决定对被告人刘某某执行有期徒刑十三年，并处罚金人民币五万元。

3. 对被告人刘某某的违法所得三百万元予以追缴。

一审宣判后，被告人刘某某不服，提出上诉。

安徽省高级人民法院审理后认为，原判认定事实清楚，证据确实、充分，定罪准确，量刑适当，审判程序合法。依法裁定驳回上诉，维持原判。

二、主要问题

1. 如何认定合同诈骗犯罪中行为人具有非法占有目的？
2. 如何区分单位犯罪和个人犯罪？

三、裁判理由

（一）被告人刘某某的行为足以体现其主观上具有非法占有目的

合同诈骗犯罪是目的犯，必须以行为人具有非法占有目的为构成要件。刑法第二百二十四条规定了合同诈骗罪的五种情形：（1）以虚构的单位或者冒用他人名义签订合同的；（2）以伪造、变造、作废的票据或者其他虚假的产权证明作担保的；（3）没有实际履行能力，以先履行小额合同或者部分履行合同的方法，诱骗对方当事人继续签订和履行合同的；（4）收受对方当事人给付的货物、货款、预付款或者担保财产后逃匿的；（5）以其他方法骗取对方当事人财物的。前四种情形规定得非常明确具体，比较容易把握与认定，但在司法实践中，被告人的行为往往与前四种情形不相符合，这就需要法官根据事实对被告人的主观方面进行分析，以认定其是否具有非法占有之目的，进而确定其行为是否构成合同诈骗罪。如何认定合同诈骗罪行为人主观上的非法占有目的，是司法实践中的重点和难点。一般而言，对行为人是否具有非法占有之目的，可以从以下几个方面进行分析：（1）行为人是否具有签订、履行合同的条件，是否创造虚假条件；（2）行为人在签订合同时有无履约能力；（3）行为人在签订和履行合同过程中有无诈骗行为；（4）行为人在签订合同后有无履行合同的实际行为；（5）行为人对取得财物的处置情况，是否有挥霍、挪用及携款潜逃等行为。

本案中，刘某某以150万元购买周某某名下的3700亩防护林的林权，但其无力支付全部购林款，在周某某的屡次催要下，仅支付了大约20万元。刘某某通过林权变更将该片林地的绝大部分林权转至自己名下，控制了该片林地。在其委托评估机构对该片林地进行评估时，擅自改变林地的公益性质，指使评估人员按商品经济林进行评估，并要求按8000万元到1亿元评估。评估机构应刘某某的要求出具了与事实严重不符的评估报告，两个评估机构先后两次评估的价值分别为"33006960元"和"7065.52万元"。在此过程中，刘某某要求评估人员背离事实进行评估的行为，属于制造虚假条件；刘某某持评估报告申请成立公司，进而又企图以林权证为担保向银行申请贷款，但其贷款申请屡被拒绝。公司并无资金来源，也不具备履行本案所涉合同的能力，但是刘某某仍然以投资为名，到叶集试验区商谈投资合同。在商谈合同时谎称自己在其他地方还有林地，并且无视自己名下的林地属防护林，依法只能进行抚育和更新性质的采伐、不能进行大规模商业采伐的事实，在先前签订的150万元的购林合同都无力履行的情况下，又签订了其根本无法履行的年产18万立方米的木材加工投资协议，以及6000万元的工程施工合同。当其无法兑现承诺时，就以各种借口进行推脱。上述事实反映其在签订合同时无履行能力，之后仍无此种能力，而依然蒙骗对方，占有对方财物，应认定为有非法占有之目的；刘某某在获取湖北五建提供的履约保证金后，小部分款项被其用于购买车辆和偿还个人债务，大部分款项被其直接支取现金，资金被其转移后去向不明，导致无法追还，此类行为亦反映其主观上具有非法占有之目的。故刘某某的行为符合刑法第二百二十四条第五项规定的情形，应当以合同诈骗罪追究刑事责任。

（二）本案应当认定为刘某某个人犯罪

由于单位亦可构成合同诈骗犯罪的主体，刘某某实施的行为主要是以天陟公司的名义进行，对天陟公司是否要追究刑事责任，应当依据《最高人民法院关于审理单位犯罪案件具体应用法律有关问题的解释》（以下简称解释）进行分析。解释第二条规定："个人为进行违法犯罪活动而设立的公司、企业、事业单位实施犯罪的，或者公司、企业、事业单位设立后，以实施犯罪为主要活动的，不以单位犯罪论处。"本案中，刘某某申请成立天陟公司后，该公司并无其他业务，只以本案涉及的事实投资为主要活动，故对刘某某以该公司名义实施的上述行为依法应当认定为其个人犯罪。

问题 4. 通过网络交易平台诱骗二手车卖家过户车辆并出具收款凭据的行为如何定性

【刑事审判参考案例】郭某某合同诈骗案[①]

一、基本案情

上海市松江区人民法院经公开审理查明：2011 年 3 月至 2012 年 3 月间，被告人郭某某假借在赶集网上购买二手车，诱骗有意出卖车辆的被害人配合办理过户手续及在未收到购车款的情况下出具收条，郭再向公安机关谎称已付款，借机非法占有被害人的车辆。具体事实如下：

2011 年 3 月 25 日，被告人郭某某使用上述手段骗得被害人王某某的牌号为苏 D×××17 东南牌轿车一辆。经鉴定，被骗车辆价值人民币（以下币种同）27466 元。

2012 年 3 月 27 日，郭某某使用上述手段诱骗被害人李某为牌号为沪 A7×××8 的奥迪牌轿车办理过户手续，并让李出具内容为"今收到郭某某车款伍拾万元整"的收条。在双方报警后，车辆由李某开至公安机关，并被扣押。经鉴定，被骗车辆价值 551232 元。同月 29 日，郭某某被公安机关抓获。

上海市松江区人民法院认为，被告人郭某某假借买车，骗取被害人配合完成过户手续，在没有实际付款的情况下，诱骗被害人出具收条，在获取收条后借机非法占有被害人的车辆，其行为构成诈骗罪，且属于诈骗数额特别巨大。据此，依照《中华人民共和国刑法》第二百六十六条、第五十五条第一款、第五十六条第一款、第五十二条、第五十三条、第六十四条之规定，上海市松江区人民法院以被告人郭某某犯诈骗罪，判处有期徒刑十一年，剥夺政治权利二年，并处罚金人民币二万元；扣押在案的两辆涉案车辆，分别发还被害人王某某和李某。

[①] 任素贤、于书生撰稿：《郭某某合同诈骗案——通过网络交易平台诱骗二手车卖家过户车辆并出具收款凭据的行为如何定性（第 875 号）》，载中华人民共和国最高人民法院刑事审判第一、二、三、四、五庭主办：《刑事审判参考》2013 年第 4 集（总第 93 集），法律出版社 2014 年版，第 18~25 页。

一审判决后,被告人郭某某不服并提出上诉,辩称其已经以现金形式支付了购车款,没有实施诈骗行为。郭某某的辩护人及上海市人民检察院第一分院均提出,郭某某的行为构成合同诈骗罪而非诈骗罪,且郭某某骗取李某的车辆系犯罪未遂。

上海市第一中级人民法院认为,被害人王某某、李某的陈述及陪郭某某买车的黄芳的证言等证据均证实郭某某在两次交易过程中没有支付购车款,而是假借买车的名义骗取他人财物。郭某某为实施诈骗与李某签订了一份二手车交易合同,虽然该份合同约定的价款仅为750元,但双方另外口头约定实际交易价格为52万元,形成了买卖合意。郭某某与王某某之间虽然无书面协议,但双方亦就二手车买卖的标的、价款、履行期限、地点和方式等意思表示一致,达成了内容明确的口头合同。郭某某在签订、履行买卖合同的过程中骗取对方当事人的财物,侵犯了赶集网上的二手物品交易秩序,其行为构成合同诈骗罪。在第二次犯罪中,郭某某虽然诱骗李某变更了车辆登记,后因郭某某没有支付购车款,该车并未被李某实际交付,在报警后又被公安机关扣押,郭某某始终未能实际控制和支配被骗车辆,李某亦未实际遭受财产损失,合同诈骗的犯罪结果没有发生,其行为属于犯罪未遂。据此,上海市第一中级人民法院依照《中华人民共和国刑法》第二百二十四条、第二十三条、第五十二条、第五十三条、第六十四条以及《中华人民共和国刑事诉讼法》第二百二十五条第一款第二项之规定,判决如下:

1. 维持上海市松江区人民法院(2012)松刑初字第1456号刑事判决第二项,即扣押在案的两辆涉案车辆,分别发还被害人王某某和李某;

2. 撤销上海市松江区人民法院(2012)松刑初字第1456号刑事判决第一项,即被告人郭某某犯诈骗罪,判处有期徒刑十一年,剥夺政治权利二年,并处罚金人民币二万元;

3. 改判上诉人郭某某犯合同诈骗罪,判处有期徒刑七年,并处罚金人民币二万元。

二、主要问题

1. 通过赶集网骗取卖家的二手车的行为构成诈骗罪还是合同诈骗罪?
2. 被骗车辆登记已变更,但实际未转移占有的,是犯罪既遂还是未遂?
3. 私车牌照的竞买价格能否计入被骗车辆的数额?

三、裁判理由

(一)通过赶集网骗取卖家的二手车的行为构成合同诈骗罪

本案中,被告人郭某某通过赶集网诱骗二手车卖家办理过户手续及出具车款收条,再持上述材料向公安机关谎称已付款,借机非法占有被骗车辆。其间,郭某某与王某某没有签订书面协议;虽与李某签订了二手车交易合同,但合同记载的价款是750元而非真实的52万元,全案的书面合同材料不全。为此,在审理过程中,对本案郭某某的行为定性存在两种意见:第一种意见认为,郭某某以谎称付款方式诱骗他人将车辆过户,骗取他人财物的行为,构成诈骗罪;第二种意见认为,本案当事人之间存在合同关系,郭某某利用合同实施诈骗的行为构成合同诈骗罪。

我们赞同第二种意见。理由如下:

1. 合同诈骗罪与诈骗罪的关系

合同诈骗罪是自1997年刑法修订后从诈骗罪分离出来的罪名,两罪的构成要件有重合之处,区别亦较为显著。详言之,第一,从行为方式分析,合同诈骗罪与诈骗罪的区别主要在于行为人在实施诈骗时利用了合同形式。行为人利用合同诱骗对方率先履行交付财物等合同义务,以实现非法占有的目的。第二,从侵害法益分析,诈骗罪属于财产犯罪，主要侵犯了个体公民的财产权；而合同诈骗罪属于扰乱市场秩序犯罪，不仅侵犯了对方当事人的财产权益，还同时破坏了市场经济秩序。第三，从行为发生领域分析，诈骗罪行一般发生在社会生活领域，而合同诈骗罪行多发生在经济活动之中。在公开市场上，行为人往往假意签订或者履行合同，借机诱骗对方当事人率先履行合同和交付标的物。而在日常生活中，行为人则以虚构事实或者隐瞒真相的手段骗取他人财物。

2. 合同诈骗罪的合同关系认定

辨别合同诈骗罪与诈骗罪的关键环节是合同。对合同的理解主要涉及以下两个争议问题：

（1）合同诈骗罪的合同类型如何界定？第一种意见认为合同诈骗罪的合同是指经济合同。第二种意见则认为，经济合同不是法定合同类型，且概念模糊，不必将本罪的合同限定为经济合同。① 我们赞成第一种意见。主要理由是：一是从法理角度分析，合同必须存在于合同诈骗罪所保护的法益范围内，能够体现一定的市场活动和规则秩序。② 在商品经济时代，经济活动大多通过合同制度来运营。③ 对合同诈骗行为治罪旨在保护合同关系和市场秩序，这里的合同理应体现经济关系。二是追溯立法渊源，合同诈骗罪的合同最初是指经济合同。最高人民法院1996年出台的《关于审理诈骗案件具体应用法律的若干问题的解释》（已废止）第二条规定，利用经济合同诈骗他人财物数额较大的，构成诈骗罪。1997年刑法将上述条文稍做调整并规定了专门的合同诈骗罪。1993年制定的经济合同法第二条规定：经济合同是指平等民事主体的法人、其他经济组织、个体工商户、农村承包经营户相互之间，为实现一定经济目的，明确相互权利义务关系而订立的合同。上述规定的问题在于主体范围过于狭窄。虽然，现今经济合同法已经被废止，但其关于经济合同概念的规定能够为我们对经济关系中合同的界定提供一些参考。我们认为，在解释合同诈骗罪时，在借鉴经济合同法对经济合同的定义基础上，可以将合同主体适度扩展到平等民事主体。三是从司法实践层面考察，经济合同概念清晰，可以为我们提供相对明确的犯罪认定标准。据此，有关身份关系的婚姻、收养、监护合同以及有关劳动关系的劳动合同等可以与经济合同较为明确地区分开来。倘若舍弃经济合同的概念，势必导致难以直观地区分不同的合同类型，不利于合同诈骗罪的司法认定。

（2）合同诈骗罪的合同是否包含口头合同等非书面合同形式？第一种意见认为，合同诈骗罪的合同是指书面合同，将口头合同包括在内的做法违背了法律鼓励当事人在交易过程中签订规范书面合同的基本精神，并可能导致合同诈骗罪与诈骗罪难以区分。④ 第二种意见则认为，合同的订立既可以采用书面形式，也可以采用口头形式，将口头合同排除在外没有明确依据。我们赞成第二种意见，主要理由是：一是在法理层面，当事人就合同的必备要素达成合意，即属确立合同关系，书面合同签订与否在所不论。关于合同必备要素的范围，《最高人民法院关于适用〈中华人民共和国合同法〉若干问题的解释（二）》第一条第一款规定："当事人对合同是否成立存在争议，人民法院能够确定当事人名称或者姓名、标的和数量的，一般应认定合同成立，但法律另有规定或者当事人另有

---

① 范红旗：《合同诈骗罪解析——以法益的解释论为视角》，载《政治与法律》2007年第4期。
② 周道鸾、张军：《刑法罪名精释》，人民法院出版社2007年版，第393～394页。
③ 韩世远：《合同法总论》，法律出版社2011年版，第2页。
④ 蔡刚毅：《合同诈骗罪之合同》，载《人民检察》2000年第3期。

约定的除外。"参考上述司法解释确立的基本精神，在合同诈骗罪中，当事人就标的和数量等要素达成合意一般就意味着合同关系成立。二是借鉴合同法的规定，当事人订立合同，有书面形式、口头形式和其他形式。书面合同和口头合同都是法定的合同形式，其载体虽有差异但法律属性没有本质区别。刑法也未将合同诈骗罪的构成要件限定为书面合同。三是从司法实践考察，经济活动中存在大量口头合同，利用口头合同实施诈骗的情况亦常见多发。倘若对于此类行为单独以诈骗罪论处，无疑会导致同类行为的差别定罪和量刑失衡。

如前所述，虽然本案的书面合同材料不全，但综合从合同关系、交易环境以及法益侵害等方面分析，应当认定郭某某的行为构成合同诈骗罪。一是郭某某与王某某、李某之间存在合同关系。郭某某与李某签订二手车交易合同，虽然价款仅为750元，但双方当事人另就交易价格实际约定为52万元。结合书面协议及相关口头约定判断，郭某某与李某之间存在合同关系。郭某某与王某某之间虽无书面协议，但双方亦就二手车买卖的标的、价款、履行期限、地点和方式等意思表示一致，达成了内容明确的口头合同。郭某某利用买卖合同诱骗王某某及李某率先履行变更车辆登记、出具收条等约定义务，实施诈骗活动。二是郭某某的诈骗行为发生在经济活动之中。赶集网内部设立了集中的二手物品交易平台，不特定的交易主体可以自由买卖各类物品，在网络上形成了一个公开市场。王某某及李某通过赶集网面向不特定的买家出售二手车，而郭某某亦随机选择卖家并实施诈骗。三是郭某某的诈骗行为不仅侵犯了他人的财产权利，同时破坏了市场交易秩序。赶集网的交易主体多是出售自有物品的普通公民而非职业经营者，主要凭借自身的社会经验直接交换款物。上述市场相对缺乏统一和规范的交易规则，其正常运行更加依赖交易各方的诚实守信。郭某某在赶集网上利用合同实施诈骗活动，侵犯了二手市场的交易秩序及合同诈骗罪的法益。

（二）被骗车辆已过户但未交付的犯罪停止形态应当认定为未遂

在本案第二节犯罪中，被骗车辆虽当场被公安机关扣押，但郭某某已经诱骗李某办理了过户手续并取得了车辆登记。对郭某某的犯罪行为是认定为既遂还是未遂，存在不同认识。一种意见认为，被骗车辆已经变更登记，郭某某取得了车辆所有权并实现了犯罪既遂。另一种意见认为，被骗车辆虽已变更登记，但郭某某未能实际占有车辆并止于犯罪未遂。我们赞同第二种意见，理由如下：

1. 从法理层面解析，对于诈骗犯罪而言，犯罪未遂与既遂的区分标志是犯罪未得逞。刑法理论对于犯罪未得逞有"犯罪构成要件不齐备""犯罪结果未发生"及"犯罪目的未实现"等多种表述。[①] 这从侧面反映出具体犯罪未得逞认定的复杂性。对于结果犯而言，犯罪未遂与既遂的界限一般在于犯罪结果是否发生以及犯罪分子的犯罪目的是否实现，行为人最终是否实际控制或者支配被骗财物。被害人因受到欺诈而陷入认识错误，进而将财产转移给行为人或者第三人占有之时，是合同诈骗罪的既遂，反之则是未遂。本案中，从客观方面来看，被告人郭某某诱骗被害人李某变更车辆登记，后因郭某某一直没有支付购车款，该车并未被李某实际交付，在报警后又被公安机关扣押。郭某某一直未能实际控制和支配被骗车辆，未能实现占有转移。从主观方面看，郭某某意欲欺诈李某，使之办理车辆过户手续及出具收条，再向公安机关出示上述材料并借助国家权力

---

① 张明楷：《刑法学》（第4版），法律出版社2011年版，第320~321页。

非法占有车辆。在郭某某实施犯罪计划的过程中，因公安机关怀疑郭某某有诈骗嫌疑并将被骗车辆扣押，郭某某未能实现预谋的犯罪目的。

2. 从实践方面考察，将机动车登记变更与否作为犯罪未遂和既遂的区分标准，会造成司法操作的困惑。在其他类型的财产犯罪中，行为人抢劫、盗窃或者抢夺机动车的，几乎不可能在实施犯罪后为车辆办理过户手续，占有转移而非登记变更是上述犯罪既遂的标志，这在实践中并无异议。倘若将登记变更作为诈骗罪既遂的标准，势必造成财产犯罪既、未遂标准的紊乱。在涉及机动车的财产犯罪案件中，车辆的占有而非登记状态更加关乎当事人的切身利益。被害人拥有登记名义但丧失对车辆的实际控制，意味着其实际遭受了经济损失。反之，车辆虽已过户但仍由被害人控制的，财产权利仅有被犯罪侵害的危险和可能性，没有认定为犯罪既遂的必要。

3. 从刑民关系角度考量，被骗车辆所有权转移与否不影响犯罪未遂的认定。民法与刑法的理念不尽相同，民法强调形式判断，而刑法注重实质判断，追求实质的合理性。在民事法律层面，交付或者登记等形式要件齐备就可能引起机动车所有权转移的法律效果。但在刑事法律层面，被骗车辆的实际控制或者支配权发生转移的，才构成犯罪既遂，二者不能等同视之。本案中，被骗车辆已经登记在郭某某名下，其所有权有可能发生转移，但郭某某未能实际控制、支配被骗车辆，亦未给李某造成实际的经济损失，故不成立犯罪既遂。

（三）牌照竞买价格不应计入犯罪数额

为了缓解道路交通拥堵，我国部分城市实行私车牌照拍卖制度。在本案第二节犯罪中，对于被骗车辆悬挂牌照的竞买价格是否计入犯罪数额，实践中存在不同意见：一种意见认为，悬挂的牌照是机动车的一部分，其竞买价格应当计入犯罪数额；另一种意见认为，牌照是准许机动车上路行驶的标志，其竞买价格不是车牌本身的价值，而是获得行政许可的对价，不应计入犯罪数额。

我们赞同第二种意见，具体理由如下：一是在法理上，机动车牌照发放是行政许可行为，机动车所有人竞买的对象是机动车在一定城区范围内通行的资格，而非牌照本身。2012年发布的《上海市非营业性客车额度拍卖管理规定》第二条规定：非营业性客车额度，是指通过拍卖方式取得的、允许在上海市中心城区通行的非营业性客车上牌指标。据此，竞买费用实际上是机动车在特定区域内行驶的对价，而非公众熟知的"牌照价格"，后者只是通俗的口头用语。牌照本身既然价值不大，自然不必计入整体的犯罪数额。二是在实践中，机动车所有人在牌照遗失后可以申请补办，不必重新竞买。在竞买客车额度后，行政机关为竞买人办理车辆登记。机动车登记证书、牌照和行驶证等证明材料遗失或者损毁的，可以向行政机关申请补办。倘若计入竞买价格，难免导致犯罪数额与损失数额倒挂，并不妥当。三是在处罚方面，计入牌照竞买价格会影响法律适用的统一性。牌照拍卖是我国少数城市特有的制度安排，且竞买价格不低，将牌照竞买价格计入犯罪数额的做法难免导致同类罪行在不同地区的量刑显著失衡。

综上所述，虽然本案中书面合同材料有所欠缺，但是并不妨碍郭某某的行为构成合同诈骗罪；在第二节犯罪中，郭某某虽已取得车辆登记，但未实际控制、支配该车辆，不构成犯罪既遂；沪牌竞买价格不是车牌本身的价值，不能计入犯罪数额。二审法院依法对一审法院的判决所作出的改判是正确的。

问题 5. 通过支付预付款获得他人房产后以抵押方式向第三人借款的,既有欺骗卖房人的行为,也有欺骗抵押权人的行为,应当如何认定被害人

【刑事审判参考案例】 周某某、陈某 3 合同诈骗案①

一、基本案情

南京市中级人民法院经公开审理查明:2010 年 5 月至 10 月间,被告人周某某、陈某 3 以非法占有为目的,假借购买二手房,先向被害人支付购房首付款,谎称向银行贷款支付购房余款,骗取被害人的房产过户后,将房产抵押给他人借款,所得款项用于偿还个人欠款及挥霍。周某某单独或者伙同陈某 3 实施犯罪六起,造成被害人共计人民币(以下币种同)1099.5 万元的售房款未能收回;陈某 3 单独或者伙同周某某实施犯罪二起,造成被害人共计 332.5 万元的售房款未能收回。具体事实分述如下:

1. 2010 年 5 月 4 日,被告人周某某通过中介与被害人明某达成协议,约定以 200 万元的总价购买明某位于南京市秦淮区曙光里××号房产。同年 5 月 13 日,周某某以陆某的名义与明某签订了存量房买卖合同。在支付了 60 万元的购房首付款后,该房产被过户到陆某名下,周某某遂用该房产向陈某 1 抵押借款 170 万元。因无法偿还陈某 1 的借款,周某某又将该房产抵押给陈某 2,向陈某 2 借款 200 万元,用于偿还陈某 1 的借款。至案发,明某尚有售房款 140 万元未能收回。

2. 2010 年 6 月 16 日,周某某通过中介与被害人王小双达成协议,约定以 246 万元的总价购买王小双位于南京市白下区首蓿园大街 66 号 51 幢×××室的房产。同年 6 月 24 日,周某某以李某某的名义与王小双签订了存量房买卖合同。在支付了 70 万元的购房首付款和 2 万元定金后,该房产被过户到李某某名下,周某某遂用该房产向任景山抵押借款 220 万元。因无法偿还任某某的借款,周某某又将该房产抵押给刘某,向刘某借款 240 万元,用于偿还任景山借款。后在王小双的追偿下,周某某又支付了部分房款,至案发尚有 79 万元的房款未付。

3. 2010 年 7 月 3 日,陈某 3 通过中介与被害人张某某达成协议,约定以 253 万元的总价购买张某某位于南京市白下区首蓿园大街××号××幢×××室的房产。同年 7 月 15 日,双方签订了存量房买卖合同。在支付了 78 万元的购房首付款后,该房产被过户到陈某 3 名下。陈某 3 遂用该房产向黄某某抵押借款 200 万元。因未能偿还黄某某的借款,该房产被过户到黄某某名下,黄又将该房产出售给王某。至案发张某某尚有售房款 175 万元未能收回。

(其他四起犯罪事实略)

南京市中级人民法院认为,被告人周某某、陈某 3 以非法占有为目的,在签订、履行合同过程中,骗取卖房人财物,数额特别巨大,其行为均构成合同诈骗罪。据此,依照《中华人民共和国刑法》第二百二十四条第三项、第二十五条第一款、第五十三条、第六十四条之规定,以合同诈骗罪判处被告人周某某有期徒刑十五年,并处罚金人民币一百五十万元;判处被告人陈某 3 有期徒刑十二年,并处罚金人民币五十万元;已扣押在案的

---

① 《周某某、陈某 3 合同诈骗案——通过支付预付款获得他人房产后以抵押方式向第三人借款的,既有欺骗卖房人的行为,也有欺骗抵押权人的行为,应当如何认定被害人(第 876 号)》,载中华人民共和国最高人民法院刑事审判第一、二、三、四、五庭主办:《刑事审判参考》2013 年第 4 集(总第 93 集),法律出版社 2014 年版,第 26~32 页。

赃款发还被害人即卖房人；责令被告人周某某、陈某3继续退赔违法所得。

一审宣判后，被告人周某某、陈某3均未提出上诉，检察机关亦未提起抗诉，判决已发生法律效力。

二、主要问题

通过支付预付款获得他人房产后以抵押方式获得第三人借款的，既有欺骗卖房人的行为，也有欺骗抵押权人的行为，应当如何认定被害人？

三、裁判理由

本案审理中，被告人周某某、陈某3通过支付预付款获得他人房产后以抵押方式获得第三人借款，所得款项并不用于支付剩余房款而用于个人挥霍，体现出其在与原房主签订房屋买卖合同之时即已具备了将来非法占有他人房产的主观故意，在该主观故意的支配下，两被告人相继实施了向原房主虚构自己本人或者帮助他人购买房产的事实，隐瞒其最终要以原房主的房产抵押套现的真实目的，在与多名房主签订并部分履行房屋买卖合同的过程中，骗取房产，再继续实现其他非法目的。两被告人的行为符合合同诈骗罪的构成特征，应当以合同诈骗罪论处。本案审理过程中对此定性并无争议。有争议的是如何确定此合同诈骗犯罪中的被害人，对此，主要形成三种意见：

第一种意见认为，本案被害人仅应认定为最初的卖房人即原房主，因为被告人根本不是为了买房，被害人损失的房屋余款从一开始就注定无法追回，而抵押权人的债权因为有经房产部门登记过的房屋抵押手续，该抵押权是受法律保护的，故其债权的实现有保障。

第二种意见认为，本案被害人仅应认定为后来的抵押权人。因为原房主将来可以依据生效的刑事判决书要求撤销原来的产权转让登记，这样原房主就没有损失，而抵押权人却在不知抵押行为可能不受法律保护的情况下付出了巨额资金，将来其债权的实现没有保障。

第三种意见认为，本案被害人既包括原房主，也包括后来的抵押权人。因为被告人先通过诈骗手段骗取原房主配合房屋过户登记，原房主最终也拿不到剩余房款；被告人接着又用其本质上无处分权的房产去抵押借款，抵押权的效力也不受法律保护，抵押权人实际在没有任何有效担保的情况下出借了资金，其损失同样无法弥补。

我们同意第一种意见。具体理由如下：

导致本案中被告人能够得逞的客观原因之一是南京市二手房买卖流程存在一定的缺陷，即以银行贷款方式支付购房尾款的二手房买卖过程中，买方在产权变更后、房款尚未完全支付前就可获得新的产权证，使不法分子有机可乘，但最主要的原因还是被告人实施了虚构事实和隐瞒真相的诈骗行为。表面上看，原房主和抵押权人都是欺骗对象，也都遭受了经济损失：首先，从欺骗对象角度看，被告人存在"两头骗"的行为，即先是骗了原房主，被告人并非真实想买房；之后又骗了抵押权人，被告人隐瞒了其对房屋的处分权是通过欺骗原房主得来的这一事实。其次，从经济损失角度看，原房主只收到房屋首付款，余款未能收回，抵押权人出借的巨额资金被被告人挥霍，至案发也未能收回。然而，从被告人的行为模式及案件最终处理结果分析，我们认为，本案中作为合同诈骗犯罪的被害人只能认定为原房主，抵押权人不是被害人。

（一）犯罪行为的完成是以房屋产权登记过户为节点

犯罪行为完成即犯罪既遂，通常是指行为发生了行为人所追求的、行为性质所决定的犯罪结果。例如，诈骗犯罪的既遂，是以犯罪是否得逞为认定标准的，即被害人失去对财物的控制或者行为人控制了财物，但在适用这一标准时仍应根据所诈骗财物的形态、被害人的占有状态等进行判断。

本案中，被告人的最终目的是用房产抵押套现以满足其个人需求。为实现该目的，被告人的行为包括了两个环节：第一个环节是选择卖房人，再想办法将卖房人的房产转变为其自己可以支配的状态；第二个环节是用其已经可以支配的房产抵押向他人借款，以实现其挥霍的目的。在被告人实现其最终目的的一系列行为中，有"骗"的成分，也有真实的部分。"骗"的行为集中在第一个环节，即找好傀儡人物冒充买房人，通过房产中介找到卖房人，假装要买房，让卖房人相信确实有人想从事二手房交易直至配合被告人完成所有的产权过户手续。至此，该房产已实际处于被告人的控制之下，卖房人既失去了房屋的产权又面临无法拿回剩余房款的被侵害状态，至此被告人的诈骗犯罪已经既遂。

在第二个环节中，被告人已实际控制的房产只是其后续行为的工具，用房产抵押借款则是其真实意思表示，其没有再实施"骗"的行为，签订借款协议和抵押合同、办理抵押登记手续都是在按程序进行，抵押权人出借钱款则是基于有真实的房子并办理抵押登记手续的前提，被告人的借钱和抵押权人的出借行为均是双方真实意思表示。若把被告人最终用房产抵押套现作为犯罪行为结束的节点，就难免会把被害人确定为抵押权人。

（二）本案抵押权人不应认定为合同诈骗犯罪中的被害人

本案中，因被告人无法归还欠款，抵押权人的债权也受到了侵害，但该种侵害源于被告人不按期履行还款的合同义务，应当定性为民事上的违约，与刑事意义上的犯罪具有本质区别。

1. 本案抵押权人不具备诈骗犯罪中的"被骗"特征。成立诈骗犯罪要求被害人陷入错误认识之后作出财产处分，在欺诈行为与处分财产之间，必须介入被害人的错误认识。如果被害人不是因欺诈行为产生错误认识而处分财产，就不成立诈骗犯罪。本案中，抵押权人出借钱款是因为双方在房产交易中心办理了真实的房屋抵押担保，正因如此，抵押权人并未过多了解被告人借款的真实目的和实际用途，被告人将来还不还钱或者能不能还钱并非抵押权人决定出借与否的主要原因。据此可以认为，抵押权人出借钱款并不是基于错误认识而作出的处分，而是其实现其个人利益（收取利息）的民事行为。

2. 本案抵押权人的损失不同于诈骗犯罪中被害人的损失。诈骗犯罪中，欺诈行为使被害人处分财产后行为人便获得财产，从而使被害人的财产受到损害，即被告人控制财产意味着被害人丧失财产，两者基本具有同时性。本案中，被告人与抵押权人之间的借款合同是主合同，抵押合同是从合同。如前所述，借款合同是有效的，抵押合同自然也有效，抵押权人在收不回借款时可以实现其抵押权以维护其权利。因此，被告人对借款的控制并不意味着抵押权人对该借款的损失。相反，在房产登记过户后，被告人即控制了原房主的房产，原房主只拿到首付款而无法再拿到剩余房款的受损状态也同时形成。因此，被告人的行为看似"两头骗"，但真正受骗的只有原房主。

（三）本案抵押权人取得抵押权的行为属于善意取得，抵押权应当受到法律保护

从我国物权法对善意取得制度的规定来看，善意第三人除取得所有权的受让人之外还包括其他善意的物权人。就抵押权而言，只要抵押权人在抵押物上设置抵押权时不存在故意损害他人利益，出借款项与抵押物价值相当，且已办理抵押登记手续，即可认定

抵押权人是善意的，该抵押权应当受到法律保护。本案中，目前尚无证据证实抵押权人与被告人之前有串通行为，抵押权人掏出的是与抵押房产价值相当的"真金白银"，且已办理了抵押登记手续，应当认定为善意的物权人。此外，最高人民法院、最高人民检察院于2011年3月联合出台的《关于办理诈骗刑事案件具体应用法律若干问题的解释》第十条第二款明确规定："他人善意取得诈骗财物的，不予追缴。"可见，无论从民事相关制度还是刑事司法解释考虑，本案抵押权人的善意抵押行为应当受到法律保护。

（四）从司法处理的角度看，原房主与抵押权人不应同等对待

本案审理过程中，主张将原房主和抵押权人均视为被害人的意见（第三种意见）的理由之一是案件判决生效后进行财产发还这一程序时，对原房主和抵押权人将会平等按照损失的比例发还，双方共同分担损失既能体现公平性，又会减少执行压力。这种观点看似合理，但与法理规定和精神背离。

刑法规定，犯罪分子违法所得的一切财物，应当予以追缴或者责令退赔。本案中，司法机关应当从被告人处追缴赃款发还原房主，以弥补剩余房款的损失。被告人将房产抵押给他人的行为本质上相当于销赃，但由于抵押权人是善意第三人，这种"销赃"又演变为受法律保护的民事法律行为，抵押权人对抵押权的主张将阻却司法机关因追赃可能对抵押权人带来的负面影响。从实际操作层面上看，涉案房产在先清偿抵押权人的债务后多余的价值才能作为被告人的财产用于弥补被害人损失。因此，对于被告人可供执行的财产，抵押权人的抵押权实现优先于司法机关的追赃。

若将抵押权人与原房主同等视为被害人，将可能出现两种情形：一是在被告人财产足够支付的情况下，司法机关对被告人借得的资金进行追缴并发还抵押权人；二是在被告人财产不足以同时支付的情况下，司法机关将按照原房主和抵押权人损失的比例发还。第一种情形导致的结果将是司法机关对民事法律行为的干涉，导致担保物权形同虚设；第二种情形则缺乏法律依据，按照相关司法解释规定，按比例发还适用于诈骗财物权属及其孳息不明确的时候。本案中，被告人与抵押权人设立抵押权时持的是已过户后的新证，在当时原房主尚未报案、房产也尚未涉讼之时应当认定为权属明确，让抵押权人与原房主共担损失是司法机关变相地侵害抵押权人利益的体现，将导致担保物权作为从属权利性质的丧失。

综上，通过支付预付款获得他人房产后以抵押方式获得第三人借款过程中，既有欺骗卖房人的行为，也有欺骗抵押权人的行为，应当认定原房主为被害人。

问题6. 如何准确对一房二卖的行为进行刑民界分

【刑事审判参考案例】 王某某合同诈骗案[①]

一、基本案情

济南市天桥区人民法院经公开审理认为，公诉机关的指控成立，以被告人王某某犯合同诈骗罪，判处有期徒刑十三年，并处罚金五十万元。

---

① 李洪川撰稿、王晓东审编：《王某某合同诈骗案——如何准确对一房二卖的行为进行刑民界分（第961号）》，载中华人民共和国最高人民法院刑事审判第一、二、三、四、五庭主办：《刑事审判参考》2014年第2集（总第97集），法律出版社2014年版，第24~33页。

宣判后，被告人王某某不服，提出上诉。济南市中级人民法院经审理认为，原审法院认定王某某犯合同诈骗罪的事实不清，证据不足，遂裁定撤销原判，发回重审。

济南市天桥区人民法院经重新审理，宣判被告人王某某无罪。

宣判后，济南市天桥区人民检察院以被告人王某某一房二卖的行为构成合同诈骗罪，天桥区人民法院认定王某某无罪错误为由提出抗诉。

济南市人民检察院支持抗诉，被告人王某某未提出上诉。

被告人王某某及其辩护人基于以下理由提请法庭维持原判：一是唐某购买其公司开发的3套房屋，因逾期交房不到一年即被法院判令其公司承担与唐某预付房款人民币（以下币种同）2022628元等值的巨额违约金，其公司是在500万元银行资金被冻结的情况下，无奈与唐某达成总额仍为200万元的和解协议，并在唐某的进一步胁迫下，同时签订了以其公司开发的另外4套房屋抵顶200万元违约金的协议。所谓的和解协议显失公平，济南市中级人民法院已经将该违约金纠纷案以违约金过高为由发回重审。如果其公司未受到胁迫，显然是不会再与唐某达成上述和解协议的。其公司与唐某之间不是真正的房屋买卖关系，且给唐某保留的1套房屋价值已经足够赔偿其合法应得的违约金，因此，其公司对唐某不属于诈骗。同时，其公司是在给唐某保留了1套房屋作为对其违约金赔偿的前提下，将另外3套房屋出售给本案3名购房人，完全合法合理，其公司的真实意愿就是将3套房屋出售给3名购房人，由此也显然不构成诈骗。二是其公司将济南天岳实业有限公司（以下简称天岳公司）党委书记李某购买的房屋另行出售，是在公司已经决定将天岳公司经理温某无偿占有的该公司4套房屋中的1套调整给李某的前提下进行的，对前后购房人均有房源保障，因此均不构成诈骗。三是公司进行股权、资产转让时，已经与相关公司就其公司债务承担达成协议，其没有故意隐瞒公司债务。四是公诉机关指控的是单位行为，但没有起诉单位犯罪，于法无据。

济南市中级人民法院经公开审理查明：

大有升公司于1998年2月成立，2003年5月更名为普天大有公司，被告人王某某自2003年5月至2009年4月负责该公司全面工作，系该公司实际控制人。

2000年4月至2001年1月，唐某先后购买大有升公司开发的一期天旺嘉园小区房屋3套，房价总计262.8万元，唐某预付购房款2022628元，约定其中1套于2001年6月30日交房，另2套于2001年10月30日交房，大有升公司承诺逾期交房每月按已付房款的20%或者每日按已付房款的1%给付违约金。后大有升公司未能如期交房，2002年3月、8月，唐某向济南市天桥区人民法院分别提起民事诉讼，请求判令被告大有升公司支付逾期交房违约赔偿金共计2022628元。同年7月，大有升公司的500万元资金被济南市天桥区人民法院冻结。2003年5月18日，济南市天桥区人民法院判决大有升公司支付唐某上述3套房屋逾期交房违约金共计2022628元。大有升公司不服提出上诉，济南市中级人民法院经审理认为一审判决支付的违约金额过高，以事实不清、适用法律不当为由，裁定撤销原判，发回重审。在该案民事重审期间，2005年1月9日，普天大有公司与唐某同时签订了普天大有公司赔偿唐某200万元逾期交房违约金协议和唐某用天桥区人民法院给付的200万元作为购房款购买普天大有公司开发的二期天旺浅水湾4套房屋协议。同年1月12日，天桥区人民法院出具了普天大有公司赔偿唐某200万元违约金的民事调解书。唐某将法院划拨的200万元汇至普天大有公司的账户用作上述二期天旺浅水湾4套房屋的购房款。

2000 年起，天岳公司将其名下的土地转让给大有升公司开发房地产，大有升公司一直拖欠天岳公司的土地使用权转让款。2005 年年初，天岳公司经理温某无偿占有了普天大有公司开发的一、二期房屋各 2 套。2005 年 11 月，普天大有公司与天岳公司党委书记李某商定，由李某偿还普天大有公司在银行的一笔贷款的余款 283249.56 元，普天大有公司将其开发的二期天旺浅水湾房屋 1 套抵偿给李某，双方为此签订了购房合同，此后，李某按月向银行偿还贷款冲抵购房款。2006 年年底，普天大有公司内部商定，将李某购买的上述房屋卖掉，将温某无偿占有的二期房屋中的 1 套调整给李某，但此事未告知李某、温某。

普天大有公司在经营中，因与承建商发生纠纷，以致未能如约交房，导致业主、承建商、贷款银行等纷纷起诉。自 2005 年 12 月起，普天大有公司连年出现巨额亏损。2007 年 8 月至 2008 年 8 月，王某某自己或者指使公司其他工作人员以公司名义与客户签订商品房买卖合同，将上述已经出售给唐某、李某的二期天旺浅水湾 4 套房屋再次出售，并将收取的郭某等购房款共计 155 万元，用于支付公司债务、诉讼费、职工工资、电费等。

2008 年 9 月，王某某代表普天大有公司与福州圣满房地产开发有限公司（以下简称圣满公司）签订协议，普天大有公司将公司股权及土地等资产转让给圣满公司，并约定了圣满公司应当承担的普天大有公司债务总额。2009 年 4 月，普天大有公司原股东将股权转让给圣满公司的谢某、范某二人。同年 5 月，该公司法定代表人变更为谢某。2010 年 2 月，普天大有公司更名为济南鑫泽房地产开发有限公司，同年 4 月又更名为大有升公司。

济南市中级人民法院认为，普天大有公司与唐某虽然在形式上签订了天旺浅水湾 4 套房屋销售合同，但实际上是以 4 套房屋抵顶数额过高的双方之间另 3 套房屋买卖的逾期交房违约金，违约金纠纷是双方签订该 4 套房屋销售合同的事实基础。此后，该公司在为唐某保留了其中 1 套房屋的前提下，将其余 3 套房屋转卖，系事出有因。先期违约金纠纷的存在对于评价行为人转售房屋主观上是否具有非法占有他人财物目的具有影响。该公司将已经出售给李某的 1 套房屋再出售给他人，是在已经作出将天岳公司经理温某无偿占有的普天大有公司房屋中的 1 套调整给李某的决定之后进行的。4 套房屋当时均在开发建设之中，均有房源保障。普天大有公司将收取的 4 购房人的购房款用于支付电费、员工工资及诉讼费等公司运营必不缺少的费用，也表明其有继续经营的意愿和行为。综合上述事实，王某某及其辩护人提出的普天大有公司具有将 4 套房屋交付后手 4 购房人的真实意思表示的辩解、辩护意见与客观事实相符，不能认定该公司具有非法占有后手购房人购房款的主观目的。就普天大有公司与前手购房人唐某、李某二人的关系而言，不能仅因该公司在没有事先告知二人的情况下将二人所购房屋转卖即认定其具有非法占有二人财物的目的，房屋转售有无事先告知与双方可能引发民事纠纷具有因果关系，而与认定该公司具有非法占有二人财物的目的并不具有必然的因果关系。普天大有公司和圣满公司在实施股权及土地使用权转让时，双方约定的圣满公司为普天大有公司承担的债务是一个总数，没有列明究竟包括哪些债务，如果因本案一房二卖而产生了相关债务，也完全可以视为上述债务总额内的一部分，并与其他债务一并平等获得清偿，将因一房二卖所可能产生的债务视为约定承担债务之外的超出部分没有事实依据。退一步讲，即使认定该部分债务属于超出部分，也不能仅因客观上存在债务超出即认定普天大有公司故意隐瞒了该部分债务，没有证据证明其故意实施了隐瞒行为。在普天大有公司与圣满公司已经约定由圣满公司承担清偿巨额债务的义务,事实上圣满公司也已经清偿了数千万元债务的情况下,如果仅因涉及本案一房二卖的相关债务没有清偿即认定王某某的行为构成诈骗,而已经清偿的债务却不构成诈骗,显然属于客观归罪,不符合主客观相统一的认定犯罪的基本原理。本案涉及的一房二卖的行为属于民事法律规范调整的范围,原审判决王某某无罪适用法律准确,抗诉机关及二审出庭的检察员提出的抗诉理由和出庭意见不能成立,不予采纳。据此,依照《中华人民共和国刑事诉讼法》第二百二十五条第一款第一项之规定,济南市中级人民法院裁定驳回抗诉,维持原判。

二、主要问题

如何准确对一房二卖的行为进行刑民界分?

三、裁判理由

本案争议的焦点是普天大有公司、被告人王某某一房二卖的行为是否构成合同诈骗罪。司法实践中,一房二卖的行为,究竟是属于民法调整范围,认定为民事欺诈,还是应当纳入刑法规制范围,以合同诈骗罪定罪处罚,存在不同认识。我们认为,对一房二卖的行为定性,关键在于行为人主观上是否具有非法占有的目的。而在此类案件中,行为人是否具有非法占有目的,需要综合行为人一房二卖的具体原因、交房的真实意思表示内容、行为人是否具有调剂交房的能力以及清偿相关债务的能力等方面的事实进行认定。特别是在售房款没有被个人挥霍、占有而是用于继续经营的情况下,对一房二卖行为人非法占有目的的认定更要审慎把握。

(一)在对一房二卖行为人是否具有非法占有他人财物的目的进行分析、认定时,要重点考察一房二卖的具体情由

本案中,仅从起诉书指控的事实来看,被告人王某某在普天大有公司出现资不抵债的情况下,将已经签订销售合同的房屋再与他人另行签订销售合同转卖,与一般的一房二卖行为无异,非法占有的目的是不证自明。然而,从人民法院审理查明的事实分析,普天大有公司一房二卖的行为系事出有因,认定该公司在签订有关房屋销售合同时即具有非法占有他人财物的目的,理由不足。

1. 就普天大有公司与唐某有关的房屋一卖、二卖行为,依据审理查明的事实和有关刑法理论,不能认定该公司具有非法占有唐某和二手购房者财物的目的。

(1) 普天大有公司不具有刑法上非法占有唐某财物的目的。普天大有公司为唐某保留其中1套房屋而将其余3套房屋转卖,系因为其认为唐某所主张的违约金赔偿数额过高、和解协议显失公平。具体情况是:审理该民事纠纷的法院一审判决普天大有公司支付给唐某与其预付款等值的巨额违约金,后二审法院以违约金过高为由将该案发回重审。在该案重新审理期间,从形式上看,双方达成了与原一审判决支付违约金数额相差仅2万余元的和解协议,并同时达成了唐某以该和解协议的已付款购买普天大有公司的4套房屋的协议。但此协议的签订仍有乘人之危的嫌疑,毕竟普天大有公司仍处于急需资金的境地,否则协议中不会商定以已付款购买4套房屋的内容。不过由此造成的结果是,唐某本来购买3套房屋,但仅因逾期交房不到一年即可以获得7套房屋。可以说,这种显失公平是诱发普天大有公司一房二卖的主要因素之一。对于这种自认为本属于自己财产,而因为不合理因素转变为他人财产,此后使用不正当手段取回的行为,要区别于一般的非法占有行为。对此类行为应进行非法占有目的的认定,不能仅从形式上侵犯了法益而一律入罪,刑法应当保留必要的克制,体现其附属性、谦抑性。这一理论和做法也已得到司

法实践和相关司法解释的认同。如最高人民法院 2005 年印发的《关于审理抢劫、抢夺刑事案件适用法律若干问题的意见》第七条规定："抢劫赌资、犯罪所得的赃款赃物的，以抢劫罪定罪，但行为人仅以其所输赌资或所赢赌债为抢劫对象，一般不以抢劫罪定罪处罚。构成其他犯罪的，依照刑法的相关规定处罚。"根据这一规定，对于赌徒之间相互以赌资、赌债为抢劫对象的，不以抢劫罪定罪，主要考虑到这类行为"事出有因"，行为人认为其所抢的是本属于其本人的财物。而从一般公众角度来看，被抢方也不应获得涉案财物的所有权。本案中，普天大有公司并没有将唐某用该公司支付的 200 万元违约金购买的 4 套房屋全部转卖他人，而是为唐某保留了 1 套，正是表明其主观上具有这样的意识：唐某应该得到的经济赔偿部分我不动，不合理的、对我显失公平的、本就属于我的财产，我至少要短暂地行使使用权（在案证据不能证实普天大有公司具有拒不支付的故意）。这样的一种主观心态显然不能等同于一般侵犯财产犯罪中的非法占有他人财物的目的。

此外，普天大有公司在为唐某保留了 1 套房屋的前提下，将另外 3 套房屋转卖，还有公司当时面临经营困境，急需资金的原因。普天大有公司这样做，是为了短时间内获取资金，是形势所迫。在其理念中，公司只要维持正常经营，其完全可以通过其他形式偿付唐某的债务，如再通过民事诉讼等方式，确定合同履行的方式以及违约金损失的赔偿等。可见，本案中普天大有公司非法占有的目的并不明显。

基于上述论述，就普天大有公司将与唐某签订的房屋销售合同项下的该 3 套房屋转卖他人的行为，我们认为，不具有刑法意义上的非法占有他人财物的目的。

（2）普天大有公司不具有非法占有二手购房者财物的目的。普天大有公司将上述唐某用显失公平的违约金作为购房款购买的其公司 4 套房屋中的 3 套转卖他人，其主观上具有将 3 套房屋交付二手购房者的真实意思表示。一般的一房二卖行为人，在签订二卖合同时，不具有向二手购房人交房的真实意思。而本案普天大有公司一房二卖的行为主要针对的是唐某主张违约金过高的行为，即一手购房人。在其看来，转卖的 3 套房屋在二卖合同签订时均在开发建设过程中，在公司维持正常运转的情况下，其可以顺利交房，即如一手购房人主张权利，影响其将转卖房交到二手购房人手里，其也可以通过房源调剂解决此问题。因此，可以基本认定普天大有公司对二手购房者具有交房的真实意思，普天大有公司转卖 3 套房是为了解决资金困难，而不是出于非法占有财物的目的。

2. 就普天大有公司与李某有关房屋的一卖、二卖行为，依据审理查明的事实，不能认定该公司具有非法占有财物的目的。在对该房屋二卖时，该公司已经作出了给一买方即李某调整房源的决定，无论是一手购房者还是二手购房者，在房源上都是有保障的。因此，普天大有公司对于一手、二手购房者都没有非法占有其财物的目的。

3. 普天大有公司在签订合同时虽隐瞒了部分事实，但不能据此认定其具有刑法意义上的非法占有他人财物的目的。虚构事实、隐瞒真相，是民事欺诈和刑事诈骗的共同手段行为，因此并非只要实施了虚构事实、隐瞒真相的行为，就构成刑事诈骗。要认定构成刑事诈骗，关键要看行为人是否具有非法占有目的。本案中，在签订房屋二卖合同时，普天大有公司对一手、二手均隐瞒了与另一方签订合同的事实，但这些隐瞒行为是为了顺利签订合同，很显然其如果没有隐瞒与前手已经签订的房屋买卖合同事实，与二手的房屋买卖合同事实上根本不可能签订。然而，经深入分析，这种为了签订合同的隐瞒事实并不意味着必然具有非法占有他人财物的目的，二者在逻辑上不能等同。

（二）对于一房二卖实际交房前发生了股权、资产转让等公司变更事项的，要重点考察公司变更过程中对公司债务的处置情况

普天大有公司与后手再次签订房屋销售合同后，并没有将购房者支付的购房款挥霍，或是用于高风险经营以及其他不当、非法用途，而是用于公司经营和清偿所负债务，这恰恰表明其有继续正常经营的意愿和行为。后被告人王某某将公司股权、土地使用权等转让他人，并与受让方签订了协议，约定了公司股权、土地使用权转让及公司债务承担等内容，双方虽然未就上述一房二卖购房合同今后如何实际履行作出明确安排，但这属于公司变更过程中的未明确事项，不能据此推定王某某此时产生了非法占有他人财物的故意。具体理由如下：

一是王某某在公司变更时并没有实施转移、隐匿公司资产的行为，至于一房二卖可能产生的债务当时未予以明确的原因，主要在于公司股权、资产转让、受让双方对于债务承担仅作了概括的总额约定。

二是在公司变更之际，王某某作为转让方与受让方就公司债务作了充分的约定，使包括本案一房二卖所可能产生的债务有了清偿保障。一方面，双方约定了受让方应当承担的债务总额。涉案4套房屋当时均在开发建设之中，均有房源保障。如果按照该公司将4套房屋交付给二卖购房人的意思表示履行合同，也就不存在因不向二卖购房人履行交房义务而产生债务的问题。退一步讲，如果因一房二卖产生了债务，完全可以视为该债务总额的一部分，而与其他债务平等获得清偿，将因一房二卖所可能产生的债务视为约定承担债务之外的超出部分没有事实依据。另一方面，转让、受让双方除约定上述债务承担总额外，还约定了如果实际债务超出该债务总额，超出部分由王某某承担民事责任。双方关于公司债务承担的约定，属于公司变更过程中转让、受让双方的内部约定。依据公司法关于公司发生股权转让等变更的，原公司债务由变更后的公司承继的规定，尽管该约定不能对抗外部债权人，即变更后的公司应当承继以前公司所负债务，但该约定对于内部转、受让双方而言是有效的。由此表明双方对于可能超出的债务作了充分的预计和约定。事实上，圣满公司在受让普天大有公司股权、资产后，已经如约清偿了数千万元债务。如果仅因涉及本案一房二卖的相关债务没有清偿即认定王某某的行为构成诈骗，而已经清偿的债务却不构成诈骗，则有客观归罪之嫌。

三是本案没有证据证明涉案房屋的实际归属状态如何，也没有证据证明后手购房人如果没有获得房屋，有没有获得相应的赔偿，即本案侦查机关未就普天大有公司一房二卖是否已经给他人造成经济损失调取任何证据。这些关键证据的缺失，也是本案难以认定行为人主观上具有非法占有目的的原因之一。实际上，普天大有公司在操作股权、资产转让过程中如何处置公司债务的事实未得到侦查机关、公诉机关的应有重视，这一点从本案虽然指控的是单位犯罪，却在程序上未起诉普天大有公司这一事实体现出来。忽视公司变更中的债务承担容易导致在定性上割裂公司和个人之间的关系，从而就不可能对一房二卖行为作出准确的审查定性。

（三）在刑民交叉案件中刑法应尽可能保持其谦抑性

在我国法律体系中，刑法是其他部门法的保障法，没有刑法作后盾、作保障，其他部门法往往难以得到彻底贯彻实施。这一定位同时表明，只有当一般部门法不能充分保护某种法益时，才由刑法保护。这就是刑法理论所主张的刑法的附属性、谦抑性。在经济交往中，在不损害公共利益、集体利益或者第三人利益的前提下，应当尽可能遵循当

事人意思自治原则，保留由当事人自己处理、解决纠纷的最大空间，刑法应尽可能保持其谦抑性。

就本案而言，普天大有公司签订一房二卖有关合同时确实存在特殊原因，在尚未履行合同约定的交房义务时，发生了股权、资产转让等公司变更事项，公司变更相关主体对公司债务如何承担也已作了相关的约定，故认定被告人王某某具有非法占有他人财物的目的的事实难以成立，不符合合同诈骗罪的构成特征。一、二审法院认定无罪是正确的。

问题7. 承运过程中承运人将承运货物暗中调包的行为如何定性

【刑事审判参考案例】 张某1等合同诈骗案①

一、基本案情

青岛市市北区人民法院经审理查明：2009年11月，张某1与王某某预谋利用张某1承运青岛渤海农业发展有限公司（以下简称渤海公司）豆粕之际，伙同王某某、张某2等人在山东省诸城市相州镇曹家泊等地，用刘某1、刘某2提供的低蛋白豆粕偷偷调换其运输的含蛋白质43%的豆粕572包，共计40吨，价值146600元。

2009年12月16日至19日，张某1伙同孙某某利用孙某某承运渤海公司豆粕之际，采用同样方式偷偷调换孙某某运输的高蛋白豆粕429包，共计30吨，价值112400元。

（其他犯罪事实略）

青岛市市北区人民法院认为，被告人张某1、王某某、刘某1、刘某2、张某2、孙某某以非法占有为目的，秘密窃取他人财物，数额特别巨大，其行为均构成盗窃罪。依照《中华人民共和国刑法》第二百六十四条、第二十五条第一款、第六十七条第三款、第五十二条、第五十三条、第五十五条第一款、第五十六条第一款、第六十四条之规定，青岛市市北区人民法院判决如下：

1. 被告人张某1犯盗窃罪，判处有期徒刑十二年六个月，并处罚金六万元，剥夺政治权利一年；

2. 被告人王某某犯盗窃罪，判处有期徒刑十四年，并处罚金九万元，剥夺政治权利二年。

其他被告人判罚情况略。

一审宣判后，被告人张某1、王某某、刘某1、刘某2、孙某某均以其行为不构成盗窃罪为由提出上诉。

青岛市中级人民法院经审理查明：2009年11月，上诉人张某1与上诉人王某某预谋以调包方式骗取其承运的豆粕，由张某1与委托人签订运输合同，安排车辆提货运输，并提供货物信息给王某某。由王某某联系上诉人刘某2、刘某1提供假豆粕。刘某2与刘某1商议后认为有利可图，遂决定由刘某1将生产的假豆粕运至调包地点进行调包。张某1在使用自己车辆实施四次犯罪后，又联系使用上诉人孙某某的车辆，伙同孙某某采取同

---

① 《张某1等合同诈骗案——承运过程中承运人将承运货物暗中调包的行为如何定性（第807号）》，载中华人民共和国最高人民法院刑事审判第一、二、三、四、五庭主办：《刑事审判参考》2012年第6集（总第89集），法律出版社2013年版，第1~6页。

样手段实施诈骗。张某2还纠集个体车主曹庆俊，采取同样手段实施诈骗。张某1参与合同诈骗价值25.9万元，王某某、刘某1、刘某2参与合同诈骗价值32.9805万元，张某2参与合同诈骗价值10.7605万元，孙某某参与合同诈骗价值11.24万元。案发后，张某1家属退赔2万元，孙某某家属退赔1.5万元。扣押刘某16450元。

青岛市中级人民法院认为，原审判决认定上诉人张某1、王某某、刘某1、刘某2、张某2、孙某某犯罪的基本事实清楚，证据确实、充分，但适用法律错误，定性不当。六个上诉人以非法占有为目的，在签订、履行合同过程中，骗取对方当事人财物，张某1、张某2、孙某某的参与数额巨大，王某某、刘某1、刘某2的参与数额特别巨大，六个上诉人均构成合同诈骗罪。综合本案的社会危害，各上诉人在犯罪中的地位、作用和其他影响量刑的情节，依照《中华人民共和国刑事诉讼法》第一百八十九条第二项，《中华人民共和国刑法》第二百二十四条第五项、第二十五条第一款、第二十六条第一款、第二十七条、第五十二条、第五十三条、第六十四条之规定，青岛市中级人民法院判决如下：

1. 撤销青岛市市北区人民法院（2011）北刑初字第29号刑事判决对各被告人的定罪量刑；

2. 上诉人张某1犯合同诈骗罪，判处有期徒刑八年，并处罚金十三万元；

3. 上诉人王某某犯合同诈骗罪，判处有期徒刑十年，并处罚金十五万元；

其他判罚情况略。

二、主要问题

承运人预谋非法占有被承运货物，在履行承运合同过程中偷偷将承运货物调包的行为，如何定性？

三、裁判理由

（一）承运过程中为非法占有财物而偷偷调包的行为应当构成诈骗类犯罪

盗窃罪与诈骗罪一般不难区分，但对于一些以假乱真、骗偷兼有的行为，是构成盗窃罪还是构成诈骗罪实践中存在争议。理论界的主流观点认为，对骗偷兼有的行为的定性，关键要看行为人取得财物主要是通过偷还是骗。如果主要是通过秘密窃取手段而取得财物的，即使之前使用了一些欺骗手段，也应当认定构成盗窃罪；[①] 如果行为人主要是通过骗的手段而取得财物的，即使行为人在骗的过程中使用了偷的手段，也应当认定构成诈骗罪。然而，实践中有的行为人采取了一系列以假乱真、隐瞒真相的措施和手段，所有调包过程基本上都是在被害人不知情的情况下秘密进行的。在这种情况下，很难认定行为人主要是通过秘密窃取手段还是诈骗手段取得财物的。

我们认为，盗窃罪和诈骗罪的本质区别在于被害人对财物是否有转移占有的意思和行为，行为人取得财物是否基于被害人产生的错误认识，并以此进行了财产处分。在被害人不知情的情况下秘密进行的调包行为，是认定盗窃罪还是诈骗罪，关键要看被害人有无转移占有财产的意思和行为。如有则成立诈骗罪；如无则成立盗窃罪。

第一，转移占有财产的意思，是指被害人将财物交付对方占有或保管时，必须主观上同时认识到自己丧失占有。如果被害人系将财物交给从事技术或者劳务服务的人员进行某种处理，此种情况下被害人只是临时将财物交付对方，其在主观上并未放弃对财物

[①] 高憬宏、杨万明主编：《基层人民法院法官培训教材》（十五卷·刑事审判编），人民法院出版社2005年版，第297页。

的占有，行为人如将被害人交付的财物偷偷调包，则应当定性为盗窃。又如，行为人以"施法驱鬼"手段诱使被害人将财物作为道具交给行为人使用，① 行为人在"施法驱鬼"时，被害人一直待在旁边监管财物，其既无转移占有的意思，也未对财物失去控制，随时可以让行为人停止施法而交还原物。因此，行为人偷偷调包的行为只能定性为盗窃。

第二，转移占有财产的行为，是指被害人具有主动交付财产的行为。如果被害人根本没有将财物交付行为人，而是行为人偷偷将被害人的财物进行了调包，在此之后即使行为人接续有虚构事实、隐瞒真相的行为，也因被害人没有转移交付的行为而只能定性为盗窃。但如调包没有成功，而主要是依靠后续的欺骗手段，使被害人之后交付财物的，则应当定性为诈骗。

本案被告人事先预谋利用承运豆粕的机会骗取他人财物，非法占有的故意非常明显。在合同具体履行过程中，被告人采用偷偷调包的方法，即在被害人完全不知情的情况下以价值较低的货物换取价值较高的货物，同时使用了秘密窃取手段和欺骗手段。由于被告人在取得承运货物后，即取得财物的控制权，其本人作为财物的监管人，发生财物损失的责任归其承担。对于被害人而言，财物无论实际转移至何处，其与被告人之间的占有关系未发生根本的变化。质言之，被告人秘密窃取的相当于自己的财物。因此，该情况下不可能成立盗窃罪。从行为手段分析，真正促使被告人成功获取财物的关键是在收货环节。因为被告人所使用的以假乱真调包行为，促使收货人、被害人产生货已按质按量收到的错误认识，正是因为这一错误认识，被告人才顺利获得了对涉案财物的控制权。因此，被告人的行为在本质上符合诈骗的特征，应当定性为诈骗犯罪。

（二）本案被告人的行为应当构成诈骗类犯罪中的合同诈骗罪

合同诈骗罪、诈骗罪均属于采取诈骗手段非法取得他人财物，但两罪也有不同之处：第一，两罪侵犯的客体不同。诈骗罪侵犯的是他人的财产所有权，因此被规定在"侵犯财产罪"一章中；合同诈骗罪除了侵犯他人的财产权，还侵犯了国家的合同管理制度和市场经济秩序，因此被规定在"破坏社会主义市场经济秩序罪"一章中。第二，从客观方面来说，合同诈骗罪，是指利用签订、履行合同扰乱市场经济秩序的行为。对此，刑法列举了以下五种具体方式：（1）以虚构的单位或者冒用他人名义签订合同的；（2）以伪造、变造、作废的票据或者其他虚假的产权证明作担保的；（3）没有实际履行能力，以先履行小额合同或者部分履行合同的方法，诱骗对方当事人继续签订和履行合同的；（4）收受对方当事人给付的货物、货款、预付款或者担保财产后逃匿的；（5）以其他方法骗取对方当事人财物的。需要说明的是，尽管刑法以列举的方式描述了合同诈骗的四种常见情形，但实践中的认定不应局限于此。只要行为人系出于非法占有他人财物的目的，并在客观上确实利用了签订、履行合同的方式骗取他人财物，就应当认定为合同诈骗。第三，犯罪主体不尽相同。由于经济合同的签订、履行主体大多为单位，合同诈骗犯罪往往体现为以集体意志而为单位谋取利益。因此，合同诈骗罪既可以由自然人构成，也可以由单位构成；而诈骗罪属于普通的侵犯他人财产犯罪，只能由自然人构成。

合同诈骗罪的关键特征是利用签订、履行合同扰乱市场经济秩序。实践中，合同诈骗罪中"合同"的认定比较疑难、复杂。我们认为，合同诈骗罪中的"合同"必须是能

---

① 参见最高人民法院刑事审判第一、二、三、四、五庭编：《刑事审判参考》（2008年第3集），法律出版社2008年版，第44~48页。

够体现一定的市场秩序，体现财产转移或者交易关系，为行为人带来财产利益的合同。① 第一，合同诈骗罪中的"合同"主要是经济合同，诸如监护、收养、抚养等有关身份关系的合同，应当排除在外。第二，签订合同的主体可以是自然人或者单位。有观点认为，签订合同方至少应当有一方以单位的名义，行为人以自然人的名义与他人（包括单位和个人）签订的合同不应作为合同诈骗罪所指的"合同"。② 我们认为，实践中相当多的经济实体往往以个人名义签订合同，如果将以个人名义签订的合同一概排除在合同诈骗罪的合同之外，不符合平等保护市场主体的原则。第三，合同不管是以口头形式还是书面形式签订，只要能够具备合同的本质特征，即属于合同诈骗罪中的"合同"。

承运合同是市场经济中较为常见的一类合同，本案被告人事先签订合同，并在履行合同过程中将承运的优质豆粕暗中调换为劣质豆粕，事后又按合同约定运送至约定地点，其正是利用合同实施了诈骗活动，不但侵害了他人财物的所有权，而且严重扰乱了正常的市场经济秩序。行为人系出于非法占有他人财物的目的，利用签订、履行合同实施诈骗犯罪活动，因此，应当按照合同诈骗罪定罪处罚。

问题8. 挂靠轮船公司的个体船主，在履行承运合同过程中采用以次充好的方式骗取收货方收货并向货主足额支付货款及运费的，该行为如何定性

【刑事审判参考案例】吴某合同诈骗案③

一、基本案情

某省某市人民检察院以被告人吴某犯诈骗罪，向某市人民法院提起公诉。

某市人民法院经公开审理查明："×××088"船挂靠在某市港航联运输有限公司（以下简称运输公司）名下，被告人吴某系该船实际所有人。2009年12月29日21时许，吴某承运CY金属有限公司（以下简称CY公司）经营的面包生铁，在从江苏某钢铁有限公司发货给HR制钢有限公司（以下简称HR公司）途中，伙同周某、解某、翟某（均已判刑）、胡某（另案处理）等人，在锡澄运河澄南大桥附近，用事先准备好的4吨铁渣掺到"×××088"承运的生铁中，置换出价值人民币（以下币种同）10800元的4吨生铁卖给周某等人，得款6800元。事后，吴某于2010年1月28日到某市公安分局某派出所投案，如实供述了上述犯罪事实。

某市人民法院认为，被告人吴某以非法占有为目的，在履行承运合同过程中，采用虚构事实、隐瞒真相的方法骗取公私财物，数额较大，其行为构成合同诈骗罪。吴某具有自首情节，当庭自愿认罪，对其可以从轻处罚。公诉机关指控吴某犯合同诈骗罪的事实清楚，证据确实、充分，指控的罪名成立。根据吴某的犯罪情节、悔罪表现，没有再犯罪危险，宣告缓刑对所居住社区没有重大不良影响，可以宣告缓刑。据此，依照《中华人民共和国刑法》第二百二十四条、第二十五条第一款、第六十七条第一款、第七十二条第一款、第三款、第六十四条之规定，某市人民法院以被告人吴某犯合同诈骗罪，

---

① 舒洪水：《合同诈骗罪疑难问题研究》，载《政治与法律》2012年第1期。
② 参见张晓建：《论合同诈骗罪与诈骗罪的界限》，载《甘肃政法学院学报》2000年第2期。
③ 《吴某合同诈骗案——挂靠轮船公司的个体船主，在履行承运合同过程中采用以次充好的方式骗取收货方收货并向货主足额支付货款及运费的，该行为如何定性（第808号）》，载中华人民共和国最高人民法院刑事审判第一、二、三、四、五庭主办：《刑事审判参考》2012年第6集（总第89集），法律出版社2013年版，第7~12页。

判处拘役四个月,缓刑六个月,并处罚金五千元;扣押在案的违法所得6800元予以没收,上缴国库。

一审宣判后,被告人吴某没有提出上诉,检察机关也未抗诉,判决已发生法律效力。

二、主要问题

挂靠轮船公司的个体船主,在履行承运合同过程中采用以次充好的方式骗取收货方收货并向货主足额支付货款及运费的,该行为如何定性?

三、裁判理由

本案在审理过程中,对被告人吴某的行为定性,存在以下四种意见:

第一种意见认为构成职务侵占罪。理由是:吴某驾驶的"×××088"船挂靠在运输公司名下,吴某对外是以运输公司的名义运营。因此,该船的所有权归属为运输公司。在运输过程中,不论货物的所有权属于谁,运输公司对运输途中的货物都具有保管义务,运输途中的货物可以成为职务侵占罪的对象。

第二种意见认为构成侵占罪。理由是:吴某驾驶的"×××088"船系其个人购买,运输公司实为挂靠单位,吴某属于自主经营、自负盈亏。因此,吴某不应被认定为运输公司的员工。承运货物应当视为代为保管的他人财物,其在运输途中将货物变卖并采用以次充好的欺骗手段掩盖事实,应当视为拒不退还。

第三种意见认为构成合同诈骗罪。理由是:本案运输途中的生铁块在法律上应当认定是由吴某保管和占有,吴某在履行承运合同过程中将铁渣混入生铁块中补充重量,使收货单位误以为运输货物不存在缺失,其行为符合合同诈骗罪的构成特征。

第四种意见认为构成盗窃罪。理由是:吴某在运输途中卸下部分生铁块,主观上具有非法占有的目的,客观上实施了秘密窃取的行为。吴某虽然采用了一定的欺诈手段,使收货单位产生了认识错误,但收货单位并没有基于上述错误认识而处分财物。因此,吴某的行为应当构成盗窃罪。

我们赞同第三种意见。具体理由如下:

(一)吴某与运输公司在劳资关系和业务关系上相互独立,不符合职务侵占罪的主体特征

由于严格的行政许可条件,挂靠关系在运输行业普遍存在。如水路运输需要航道航线,而一般个体难以申请到航道,由此导致绝大部分个体船主只能通过挂靠运输公司运营,而运输公司则相应收取一定的挂靠费。本案被告人吴某与某运输公司正是这种典型的挂靠关系。

对于这种挂靠人员能否认定为运输公司的员工,存在不同意见。主张构成职务侵占罪的观点认为,吴某从事个体运输业务必须依附于运输公司,且运输公司对吴某负有一定的管理职责,因此,应当认定吴某是运输公司的员工。我们认为,挂靠人员是否属于运输公司员工,可以通过挂靠人员与运输公司之间是否具有劳资关系、雇佣关系综合认定。首先,从劳资关系分析,运输公司不参与挂靠船只的日常经营,吴某作为个体船主自主经营、自负盈亏,其与运输公司在劳资关系上完全独立。其次,从业务关系分析,吴某是按照承运合同的约定履行义务,并非受运输公司委派、指派或者调度而承运货物。基于上述分析,应当认定吴某不属于运输公司的员工,不存在职务上的便利条件,吴某的行为不符合职务侵占罪的构成特征。

（二）吴某并非采用秘密窃取手段，不符合盗窃罪的构成特征

吴某在运输途中非法占有他人财物的行为是否构成盗窃罪，也是本案定性的主要争议焦点。我们认为，首先，既然吴某不属于运输公司员工，也非接受运输公司的委派从事运输任务，意味着其承运货物并非处于发货单位或者运输公司的实际控制之下，而是处于其实际占有、保管之下。将自己合法控制之下的货物变卖，不符合秘密窃取的典型特征。其次，从货物的实际状态分析，吴某的行为不符合秘密窃取的特征。司法实践中，一般通过货物的包装方式来辅助判断行为是否属于秘密窃取。如果货物是被封缄好的或者是有押运人看管的，行为人秘密打开包装将货物取走的行为具有秘密窃取的特征。然而，本案的生铁并没有被包装或者封缄，而是处于开放性的堆放状态，故吴某置换生铁并变卖的行为不属于秘密窃取，不构成盗窃罪。

（三）吴某没有"拒不退还"的情节，不符合侵占罪的构成特征

根据刑法第一百七十条第一款的规定，侵占罪要求行为人必须具有"拒不退还"的情节。本案中，收货方 HR 公司并不知道货物被掺杂，因此向发货方如数支付货款，此后至案发期间也没有向吴某要求返还被置换的生铁块或者相应的收益。可见，吴某的行为不具有"拒不退还"的情节，不符合侵占罪的构成特征。

（四）导致本案被害人处分财产的关键因素是其主观上陷入认识错误

1. 吴某的欺骗行为是针对收货方 HR 公司实施的。首先，从犯罪行为的直接对象分析，吴某以次充好的欺骗手段针对的是 HR 公司的，而非 CY 公司。吴某虽然按照运输合同为 CY 公司运输生铁，但其在装运生铁时并未采用任何欺骗手段，且 CY 公司最终没有受到任何经济损失。因此，吴某并未骗取 CY 公司的货物。其次，从货物的归属分析，CY 公司与 HR 公司约定的交货方式为"船上交货"。按照货物运输规则，在无其他特别约定下，CY 公司将货物交付运输后所有权即转移给收货方 HR 公司。质言之，吴某采用以次充好的欺骗手段，侵害的是 HR 公司的财产权益。此外，需要说明的是，运输途中调包行为的受损害方未必是一成不变的，有时因为民事赔偿的缘故，受损害方会在直接受损害方与最终损失承担方之间转移。然而，即便是发生转移，也不会改变犯罪行为所直接侵害对象的事实。因此，受损害方的转移不会对行为定性造成多大的影响。

2. HR 公司是基于认识错误而处分财产。被害人因陷入认识错误，一般是将涉案财物自愿交付给被告人，然而本案的特殊之处在于涉案财物本来就在吴某的控制之下，此后涉案财物系由吴某交付给 HR 公司，而非 HR 公司将涉案财物交付给吴某。据此，有观点认为，吴某虽然采用了一定的欺诈手段，使收货单位产生了认识错误，但收货单位并没有基于错误认识而主动交付财物，也根本没有交付的意思，因此，吴某的行为不符合诈骗罪的构成特征。关于 HR 公司的行为是否属于"处分"行为，我们认为，可以从本案的支付流程进行分析：

（1）处分的标的物并非一定是涉案财物，支付对价也是一种处分行为。如行为人故意以一假古董售于被害人，被害人信以为真并支付巨额对价，就是典型的诈骗行为。因此，本案中，不应将"交付财物"局限理解为所运输的面包生铁。（2）HR 公司的收货及付款行为可理解为一种反向交付。处分行为已经不是传统的"一手交钱、一手交货"这种直观模式，让渡自己的权利、减免债权等均属新类型的处分。吴某通过欺骗手段，致使 HR 公司未有任何察觉，从而未就其所损失的生铁块主张权利，属于基于认识错误而处分财产。（3）被害人未必是向行为人交付财物，但行为人因被害人交付财物的行为而

受益。随着诈骗手段的不断翻新,交付的方式包括直接交付和间接交付。本案中,HR 公司虽然是向第三方(托运方 HY 公司)交付财物,但正是其收货行为使吴某最终获利,吴某不仅获得足额的运输费,并最终非法获得以次充好换下的面包生铁的财产利益。

3. 吴某系通过欺骗手段非法获取财物的。吴某在运输途中将生铁调包掺入铁渣,系在 HR 公司不知情的状况下进行的,具有秘密窃取的性质,但这只是为其后实施诈骗行为创造条件,吴某并未依靠窃取行为直接取得财物。本案的犯罪过程是一个有机的整体,吴某在掺入铁渣以次充好并销赃后,HR 公司未清点收货前,吴某对该笔财产只是临时占有,并未最终占有,只要 HR 公司在验货时,发现有以次充好的现象,吴某的侵犯财产意图就将被识破,该秘密方式只是吴某实现其非法占有财物目的的辅助手段。因此,本案应当从整体上评价,不仅要考虑前阶段的以次充好的调包行为,还要考虑后面的蒙混过关的行为。相对于此前的以次充好的行为,吴某的蒙蔽行为更具有诈骗性质。其欺骗性体现在:(1)主观认识上具有诈骗的故意,即被告人主观上存在想用铁渣骗取货主的生铁赚钱的想法;(2)犯罪手段具有欺骗性质,即被告人以次充好并蒙混过关,且该行为是实现被告人犯罪意图的最关键的一环;(3)结果上具有欺骗性,被害人并不知道生铁已被混入铁渣,且按照生铁的价格足额支付,直到使用的时候才发现被掺假。可见,正是采用欺骗手法,吴某才能通过以次充好的方式截留,并取得财物的最终控制权,其行为符合诈骗罪的一般构成特征。

承运合同是市场经济中较为常见的一种要式合同,本案被告人事先签订合同,并在履行合同过程中实施了诈骗活动,不但侵害了他人财物的所有权,而且严重扰乱了正常的市场经济秩序。因此,行为人系出于非法占有他人财物的目的,利用签订、履行合同实施诈骗犯罪活动,应当按照合同诈骗罪定罪处罚。综上,某市人民法院认定被告人吴某的行为构成诈骗罪是正确的。

问题9. 以公司代理人的身份,通过骗取方式将收取的公司货款据为己有,是构成诈骗罪、职务侵占罪还是挪用资金罪

【刑事审判参考案例】杨某某合同诈骗案[①]

一、基本案情

奉贤区人民法院经公开审理查明:2006 年 4 月下旬,威士文公司出具法人代表授权书,授权被告人杨某某为该公司代理人,负责杭州市市民中心工程空调配件的跟踪及业务洽谈。后于 2007 年 6 月 12 日,双方签订了经销协议书。协议约定,杨某某为威士文公司的经销商,负责威士文公司的经销业务,对外以威士文公司的合同与客户签约,并按威士文公司指定的账户进行货款结算。后杨某某私刻威士文公司及该公司法人代表的印章,伪造了以其个人经营的承联公司为代理人的"法人代表授权书",并以承联公司名义,分别与承接杭州市市民中心工程空调安装工程项目的杭州市设备安装有限公司、浙江开元安装集团有限公司机电工程分公司、中天建设集团浙江安装工程有限公司、江西

[①] 周艳撰稿,牛克乾审编:《杨某某合同诈骗案——以公司代理人的身份,通过骗取方式将收取的公司货款据为己有,是构成诈骗罪、职务侵占罪还是挪用资金罪(第716号)》,载中华人民共和国最高人民法院刑事审判第一、二、三、四、五庭主办:《刑事审判参考》2011年第4集(总第81集),法律出版社2012年版,第9~13页。

省工业设备安装公司杭州分公司签订了合同。

2007年8月至2009年6月,威士文公司根据杨某某的要求提供了价值人民币(以下币种均为人民币)200余万元的空调设备至上述四家公司。此后,杨某某将上述四家公司在2008年8月至2009年9月间支付给承联公司的货款合计1542976元据为己有,用于个人还债、投资经营及开销等,后关闭手机逃匿。

2010年1月25日,杨某某主动到公安机关投案,如实供述了自己的犯罪事实。

奉贤区人民法院认为,被告人杨某某以非法占有为目的,在履行其与威士文公司的经销协议过程中,采用虚构事实、隐瞒真相的方法,骗取威士文公司财产,且数额特别巨大,其行为构成合同诈骗罪。公诉机关指控杨某某犯职务侵占罪的罪名不当,应予更正。案发后,杨某某能主动到公安机关投案,如实供述自己的犯罪事实,构成自首,依法可以从轻处罚;庭审中杨某某能自愿认罪,亦可酌情从轻处罚;但本案损失未挽回的情况在量刑时应一并酌情予以考虑。为严肃国家法纪,维护社会主义市场秩序,确保公司财产不受侵犯,依照《中华人民共和国刑法》第二百二十四条、第六十七条第一款、第五十六条第一款、第五十五条第一款、第六十四条之规定,判决如下:

被告人杨某某犯合同诈骗罪,判处有期徒刑十二年,剥夺政治权利二年,并处没收财产人民币十万元;责令杨某某退赔被害单位威士文公司一百五十四万二千九百七十六元。

一审宣判后,奉贤区人民检察院提出抗诉。在二审法院审理过程中,上海市人民检察院第一分院认为抗诉不当,向二审法院撤回抗诉。二审法院认为,原判认定原审被告人杨某某犯合同诈骗罪的事实清楚,证据确实、充分,定性准确,量刑适当,且审判程序合法;上海市人民检察院第一分院撤回抗诉的要求符合法律规定,裁定准许上海市人民检察院第一分院撤回抗诉。

二、主要问题

以公司代理人的身份,通过骗取方式将收取的公司货款据为己有,是构成诈骗罪、职务侵占罪还是挪用资金罪?

三、裁判理由

关于本案的定性,大致有四种观点:一是认为被告人杨某某以非法占有为目的,利用威士文公司授权其为代理人的职务便利,将收取的货款据为己有,数额巨大,其行为构成职务侵占罪;二是认为杨某某作为公司工作人员,利用威士文公司授权其为代理人的职务便利,挪用本单位资金归个人使用,数额巨大,其行为构成挪用资金罪;三是认为杨某某以非法占有为目的,采用虚构事实、隐瞒真相的方法,骗取威士文公司财产,数额特别巨大,其行为构成诈骗罪;四是认为杨某某在履行其与威士文公司的经销协议过程中,以非法占有为目的,采用虚构事实、隐瞒真相的方法,骗取威士文公司的财产,其行为构成合同诈骗罪。

我们倾向于同意第四种观点。主要理由如下:

(一)被告人杨某某不属于威士文公司的工作人员

诈骗犯罪的主体是一般主体,而职务侵占罪、挪用资金罪的主体是特殊主体,只限于公司、企业或其他单位中的人员。在以骗取的方式实施诈骗、职务侵占和挪用资金时,三者容易产生混淆,因此,本案准确定性的第一个关键点在于杨某某是否属于威士文公司的工作人员。

职务是一项由单位分配给行为人为单位所从事的一种持续的、反复进行的工作，担任职务应当具有相对稳定性的特点，而非单位临时一次性地委托行为人从事某项事务。本案中，杨某某仅系威士文公司临时一次性授权的、仅负责杭州市市民中心工程空调配件的跟踪及业务洽谈的代理人，故杨某某在威士文公司并无职务，不属于该公司的工作人员，其身份不符合职务侵占罪、挪用资金罪的主体特征，不能认定其行为构成职务侵占罪、挪用资金罪。

（二）被告人杨某某具有非法占有的主观故意

杨某某在威士文公司授权其为代理人，并与其签订经销协议后，因之前其投资失败、经营亏损等原因，萌生了非法占有威士文公司货款的犯罪故意。此后，杨某某在威士文公司不知情的情况下，违背威士文公司的授权，私刻印章，伪造了威士文公司委托其个人经营的承联公司为代理人的法人代表授权书，并以承联公司名义与承接杭州市市民中心工程空调安装工程项目的四家公司签订合同。后杨某某又利用威士文公司对其的信任，骗取威士文公司向该四家公司供货，并将该四家公司收货后支付给承联公司的货款据为己有，并用于还债、投资经营及个人开销等。在威士文公司多次要求其向客户催款的情况下，杨某某始终用各种理由予以搪塞。为了拖延时间，其还伪造了一份杭州市市民中心工程建设指挥部与威士文公司的"杭州市市民中心工程买卖合同"交予威士文公司。当该虚假事实被揭穿后，杨某某自知无法再隐瞒下去，便关闭手机逃匿。杨某某的上述行为充分表明，其主观上具有非法占有的故意。

（三）被告人杨某某实施诈骗的行为是在履行合同的过程中

按照相关法律规定，依法成立的合同对双方当事人均具有法律约束力，当事人应当按照合同约定履行自己的义务，不得擅自变更或解除合同。在杨某某与威士文公司签订的经销协议书中，对杨某某经销威士文公司的各类产品的基价、销售报酬等均作了约定，且明确杨某某为威士文公司的经销商，负责威士文公司的经销业务，对外应以威士文公司的合同与客户签约，并按威士文公司指定账户进行货款结算。然而，杨某某在协议明确约定对外应以威士文公司的合同与客户签约的情况下，仍以承联公司名义，分别与承接杭州市市民中心工程空调安装工程项目的四家公司签订了合同。后又在协议明确约定应按威士文公司指定账户进行货款结算的情况下，示意四家公司将货款汇到其个人经营的承联公司账上。可见，杨某某的诈骗行为始终是在履行合同的过程中实施的。

综上所述，杨某某的行为以非法占有为目的，在履行其与威士文公司的经销协议过程中，采用虚构事实、隐瞒真相的方法，骗取威士文公司的财产，数额特别巨大，其行为构成合同诈骗罪。一、二审法院对杨某某行为的定性是正确的。

问题10. 如何理解和把握一人公司单位犯罪主体的认定

【刑事审判参考案例】 周某合同诈骗案①

一、基本案情

上海市奉贤区人民法院经审理查明：2008年2月至2009年4月，被告人周某在担任一人有限责任公司众超公司、一丰镐公司法定代表人并直接负责生产经营期间，先后与上海岷琪针织品有限公司、常州仕高针纺织品有限公司等多家单位发生玩具原材料买卖或加工合同业务，上述单位按约为周某所在公司供货或完成加工业务，周某经自己公司再生产加工通过瑞宝公司等单位予以销售并收取货款后，采用将上述自己公司账户内的资金转入个人账户或以差旅费等名义提取现金等方式转移公司财产，却以尚未收到货款为由拒不支付各被害单位合计价值人民币（以下币种均为人民币）900000余元的原材料货款及加工费等。在被害单位多次催讨后，被告人周某采用隐匿等手段逃避。案发后，周某支付部分货款后仍造成被害单位直接经济损失合计890000余元。法院审理期间，周某积极筹款894000元退赔被害单位的经济损失。

上海市奉贤区人民法院认为，被告人周某身为单位直接负责经营管理的人员，在本单位与被害单位发生货物买卖或加工合同业务并收受被害单位交付的数额巨大的货物后，转移本单位财产并隐匿，其行为已触犯刑律，构成合同诈骗罪。经查，现有证据不足以证明周某在收取货款后系用于其个人开支，因此，公诉机关指控周某系个人犯罪的证据不足。上海市奉贤区人民法院认为被告人周某的行为符合单位犯罪的特征，属单位犯罪。为保护公私财产权利不受侵犯，依据《中华人民共和国刑法》第二百二十四条第四项，第二百三十一条，第七十二条，第七十三条第二款、第三款，第六十四条之规定，并综合考虑周某的犯罪事实、情节、性质、危害后果、认罪悔罪态度、退赔经济损失，判决如下：

被告人周某犯合同诈骗罪，判处有期徒刑三年，宣告缓刑五年，并处罚金四十六万元；被告人周某的犯罪所得予以追缴并发还被害单位。

一审判决后，被告人没有上诉，检察机关没有抗诉，判决已经发生法律效力。

二、主要问题

在一人公司实施犯罪的情况下，如何区分单位犯罪与个人犯罪？在何种情况下应当以单位犯罪论处，何种情况下应当以个人犯罪论处？

三、裁判理由

根据我国1997年修订刑法第三十条、第三十一条的规定，公司、企业、事业单位、机关、团体实施的危害社会的行为，法律规定为单位犯罪的，应当负刑事责任。单位犯罪的，对单位判处罚金，并对直接负责的主管人员和其他直接责任人员判处刑罚。刑法分则和其他法律另有规定的，依照规定。区分单位犯罪与个人犯罪在刑罚适用上具有重要意义：第一，单位犯罪以采用双罚制为原则，以单罚制为例外；而个人犯罪只处罚个人。第二，一般情况下单位犯罪对个人的处罚比自然人犯罪处罚要轻。单位犯罪定罪数

---

① 《周某合同诈骗案——如何理解和把握一人公司单位犯罪主体的认定（第726号）》，载中华人民共和国最高人民法院刑事审判第一、二、三、四、五庭主办：《刑事审判参考》2011年第5集（总第82集），法律出版社2012年版，第15~22页。

额起点较高，一般为自然人犯罪数额的 2～5 倍。在个人和单位都可以成为犯罪主体的罪名中，单位犯罪的直接责任人员的法定刑通常也轻于自然人犯罪的法定刑。正因为如此，被告人在刑事审判中也往往主张自己的行为系单位犯罪中的行为。因此，在单位经集体研究决定或者由负责人员决定为单位利益而实施犯罪的场合下，判断是否构成单位犯罪往往是司法审判中的焦点问题。

2005 年，修订后的公司法明确承认了一人公司的法人地位，公司法第五十八条第二款规定："本法所称一人有限责任公司，是指只有一个自然人股东或者一个法人股东的有限责任公司。"公司法对一人公司的承认给刑法中单位犯罪的法律适用带来如下问题：一人公司犯罪的能否构成单位犯罪？在何种情况下应当以单位犯罪论处，何种情况下应当以个人犯罪论处？单从刑法条文来看，只要公司实施了法律规定为单位犯罪的行为，即可构成单位犯罪，并未限定公司的性质、规模、权属或者股东人数。不过，1997 年修订刑法之时，公司法尚未承认一人公司之存在，因此，能否将一人公司理解为单位犯罪中所说的"公司"，何种情况下一人公司的行为可以被作为单位犯罪处理，需要结合刑法规定单位犯罪的目的和一人公司的人格独立性进行法理上的判断。

我们认为，刑法设置单位犯罪，根本上是因为单位具有独立的人格，具有独立于管理人或者所有人的意志。单位经集体决定或者负责人决定，为了单位利益而实施危害社会的行为，其本质是单位自己的行为而不仅仅是直接责任人的行为，应当由单位自己负责。单位犯罪必须是为了单位的利益而实施，因此，如果不处罚单位而只处罚直接责任人，则无异于认可单位可以从犯罪行为中获益，从而与法律的精神相违背。在现代社会，尤其在现代企业制度中，企业所有人与管理人分离是一种正常现象，企业相对于所有人具有完全独立的人格。具有独立人格的企业经过章程规定的决策程序实施单位犯罪的，就应当独立承担刑事责任，这是罪责自负原则的体现，也是法律对单位自我负责能力的认可。相反，如果公司实施了单位犯罪而无须独立承担责任，就不但意味着公司及其所有人可以从犯罪中受益，而且也意味着公司自我负责的独立人格的丧失。从这里可以清楚地看到，单位犯罪中的企业所有人或者股东是谁，完全是与刑事责任毫无关联的事实。

有无独立人格是单位行为能否被作为单位犯罪处理的决定因素。如果单位实质上没有独立人格，则即使具备了单位犯罪的形式特征，也不能构成单位犯罪。根据我国相关司法解释，个人为进行违法犯罪活动而设立的公司、企业、事业单位实施犯罪的，或者公司、企业、事业单位设立后，以实施犯罪为主要活动的，或者盗用单位名义实施犯罪，违法所得由实施犯罪的个人私分的，依照刑法有关自然人犯罪的规定定罪处罚。在前两种情况下，公司、企业、事业单位完全不符合单位章程的规定，实质上只是个人的犯罪工具，不具备独立人格。在后一种情况下，单位只是被他人盗用名义进行犯罪，并不是单位意志的体现，也不能构成单位犯罪。因此，以行为时有无独立人格作为判断单位犯罪成立与否的标准与司法解释的精神是完全契合的。

我们认为，与其他单位一样，一人公司的行为能否构成单位犯罪的标准同样在于其是否具有独立人格。有观点认为，一人公司实质上与股东个人在人格、意志、利益上均无法有效区分：一人公司只有一个股东，出资和经营均由该股东一人所为，利益也归属于该特定股东，没有公司独立的利益，不能区分公司财产和股东个人财产；一人公司的股东一人控制着公司的经营活动，公司的意志和股东的意志无法区分，公司没有独立的意志。这与我国刑法规定的单位犯罪主体特征不符，所以一人公司实施的犯罪只能按个人犯罪论处，而不可能构成单位犯罪。

上述观点从公司的独立人格入手来论证单位犯罪的思维是正确的，但对一人公司独立性的判断值得进一步商榷。一人公司不是只有一个人的公司，而是指股东仅为一人（自然人或法人）并由该股东持有公司全部出资的有限责任公司。一人公司完全有可能具有独立的法人人格，其与传统有限责任公司唯一的区别仅仅是股东的个数不同。正如前文所述，股东的个数及身份与单位犯罪的成立毫无关系，一人公司完全有可能构成单位犯罪。一人公司的特殊性仅仅在于其只有一名股东，该股东持有公司的全部出资。由于只有一位出资人，出资人与公司之间容易产生关联交易而导致人格混同，一人公司的人格因为其股东的单一性而具有不稳定性。因此，判断具体犯罪行为中的一人公司是否具有独立人格，应当根据以下几项标准：

第一，是否具有独立的财产利益。公司的财产和出资人的财产必须能够分离，公司的财产状况必须是独立的。一人公司虽然只有一个出资人，但是一旦出资人依照法律程序办理手续成为股东，地位就发生了变化，其个人出资的财产也不再是其个人财产，而是公司财产，成为公司开展正常经营活动的重要保证，具有相对独立性。如果股东的财产和公司的财产混合，公司成为股东随意支配的对象，甚至成为股东实施违法犯罪行为的工具，那么公司就没有自己独立的人格。既然公司连独立的财产都没有，独立的意志和独立的人格就无从谈起。没有独立的意志和人格，就不能独立承担责任，也就不能成为单位犯罪的主体。独立的财产是公司具有独立人格的基本前提，因此，修订后的公司法规定："一人有限责任公司的股东不能证明公司财产独立于股东自己的财产的，应当对公司债务承担连带责任。"公司法人的本质特征在于股东的有限责任，如果法律要求一人公司的股东对外承担连带责任，就意味着否定了公司的独立人格。也就是说，如果公司财产不能持续地独立于股东财产，二者之间发生混同，公司就将丧失独立人格，公司财产成为股东的个人财产，以公司名义进行的犯罪行为也只能是股东的个人行为，而不是单位犯罪。公司的财产独立性的证明责任应当由股东自己来承担，如果其无法承担证明责任的，原则上就应当否定公司的独立人格。

第二，是否具有独立的意志。一人公司的意志是否独立是判断其是否具备单位犯罪主体适格性的实质要件。在一人公司的股东与管理人分离的情况下，公司的独立意志是比较明显的。在股东与管理者系一人的情况下，一人公司的意志虽然来源于唯一股东，却与其自然人意志不可混为一谈。公司的意志体现为决策权限的法定性和程序性，如果股东为了公司利益在法律及公司章程规定的职权范围内依照一定程序实施特定行为，则这种行为就应当视为公司的决策而不是股东的个人意志。判断一人公司是否有独立的意志，还要看公司形式是否被滥用，公司的人格只有在法律和公司章程规定的程序中才存在。如果滥用公司形式，违背公司的根本利益或者超出法定权限、程序，则股东的行为意志就与公司的意志相背离，公司就失去了独立的意志，而与股东、管理人员混同，这种情形下显然只需要处罚自然人。比如，一人公司的股东为了偿还个人赌债，以公司的名义实施合同诈骗，好处归个人所有的，则公司在行为过程中并不具备独立意志，而成为个人犯罪的工具，显然不能当作单位犯罪来处理。

第三，是否具有公司法所要求的法人治理结构。依照法律规定，具有独立人格的公司必须要有一定的场所、人员和组织机构，股东行使公司法所规定的职权时必须以书面形式作出并置于公司备案。一人公司只有一个股东，公司行为与股东个人行为容易发生竞合，故公司的经营行为应当以公司的名义进行，一人公司必须拥有独立的名义。只有行为是以公司名义实施，且其目的是追求公司利益或履行公司职责，才能视为单位行为。如果行为是以公司名义实施，甚至在形式上已经过集体决议，但实质上并非追求公司利益或履行公司职责，则不能视为单位行为，不能作为单位犯罪处理。如果行为是以股东个人名义进行的，原则上应当视为股东的个人行为，构成犯罪的，也不能作为单位犯罪处理。

第四，是否依照章程规定的宗旨运转。具有独立人格的一人公司应当有自己的章程和特定宗旨，公司的章程、宗旨等还要符合法律规定，因为这些是公司人格的具体体现之一。一人公司的设立及存在均有其特定的目的和宗旨，并在法律允许的范围内追求其利益。其收益首先应对公司所负债务负责，而不是直接转为股东的个人私利。一人公司成立的目的必须是依法从事经营活动，且客观上确实从事了一定的合法经营活动。当单一股东或其他成员实施的行为与公司目标完全相反时，就超出了公司的意志范围。因此，如果个人为进行违法犯罪活动而设立的一人公司，或者一人公司设立后以实施犯罪为主要活动的，不能构成单位犯罪，而只能视为股东的个人犯罪。

第五，是否依照法定的条件和程序成立。一人公司的设立以及存续均应当具有合法性。合法性要求实体合法与程序合法，在实体或程序方面不合法的一人公司属于应当予以取消的对象，不具备法律承认的独立人格，不能成为单位行为的主体。首先，一人公司必须依法成立，经过工商行政管理部门登记注册，依法取得法人地位。没有经过工商登记注册的一人公司不能成为单位犯罪的主体，构成犯罪的，按照个人犯罪处理。其次，一人公司要符合公司法规定的最低注册资本数，而且必须一次性缴足。在因设立瑕疵造成一人公司人格否定、公司成立自始无效的情况下，该一人公司不符合独立法人的形式标准，因此，不具备构成刑法上的单位主体的基本前提。

在本案中，众超公司、一丰镐公司经合法注册成立，被告人周某是该公司唯一股东和法定代表人。公司依照法律规定的条件和程序登记注册成立，成立之后依照章程规定的营利宗旨进行运转，公司在经营中具有相对独立的名义，具备公司法要求的治理结构，被告人周某作为法定代表人为了公司利益实施合同诈骗行为，应当被视为公司的独立意志。同时，根据法院查明的情况，周某依照法律程序办理手续实际出资，众超公司、一丰镐公司具有独立的财务状况，可以与周某的个人财产明确区分，虽然进行了合同诈骗行为，但是现有证据不足以证明周某在收取货款后系用于其个人开支。因此，公司具备独立的法人人格，具有承担刑事责任的能力。周某作为公司法定代表人为了公司利益而进行合同诈骗活动，应当被视为公司的行为，构成单位犯罪。因此，上海市奉贤区人民法院认定被告人周某应依法追究其作为"单位直接负责经营管理的人员"的刑事责任。

问题 11. 如何把握合同诈骗案件的具体证明标准

【刑事审判参考案例】 朱某某合同诈骗案①

一、基本案情

宣化区人民法院经审理查明：被告人朱某某因资金紧张曾向被害人马某某借款，具体数额不详。2010 年 10 月至 11 月的一天，马某某在向朱某某催要借款的过程中，朱某某与马某某签订了 23 份房屋买卖合同，并在马某某未实际交款的情况下，向马某某出具了合同价值 5430023 元的收款收据。买卖合同和收款收据是由朱某某售楼处的李某某、周某填写的。2012 年 3 月 12 日马某某以朱某某售予自己的房屋已售出，有人入住，造成自己损失 550 万元为由向宣化区公安局报案，宣化区公安局于 2012 年 3 月 20 日立案。

宣化区人民法院认为，被害人马某某与被告人朱某某曾有借款关系，二人后来虽然签订了房屋买卖合同，且朱某某在马某某未实际交款的情况下为马某某出具了合同价值 5430023 元的收款收据，但是根据上述事实不能认定朱某某主观上具有非法占有的故意，在客观方面朱某某亦未通过签订合同骗取被害人的钱财。公诉机关指控被告人朱某某犯合同诈骗罪，事实不清，证据不足，指控的罪名不能成立。据此，宣告被告人朱某某无罪。

一审宣判后，宣化区人民检察院提出抗诉，认为被告人朱某某明知其开发的楼房已出售他人，仍提议以该房抵顶借款，签订房屋买卖合同，致使受害人损失 500 余万元，其行为构成合同诈骗罪，一审判决认定事实错误，适用法律不当。

河北省张家口市中级人民法院经审理认为，原审被告人朱某某与被害人马某某之间有过借款、还款的经济往来，但具体的借款、还款数额缺乏足够的客观证据证实；双方虽对签订过 23 份房屋买卖合同等均不持异议，但各自提供的一式两份的房屋买卖合同在内容、签订时间、买卖双方签字等主要项目上均不一致，有较大差异，存在明显的瑕疵，且各方在以房抵债的提议上也各执一词。上述事实不足以认定原审被告人具有非法占有的主观故意及通过签订合同骗取被害人钱款的客观行为。一审法院根据查明的事实及现有证据，认定指控朱某某犯合同诈骗罪的证据不足，指控罪名不能成立的无罪判决符合刑事诉讼法及司法解释的相关规定，并无不当。一审法院根据查明的事实，依法判决原审被告人无罪，适用法律正确，审判程序合法。抗诉机关的抗诉理由不能成立。据此裁定驳回抗诉，维持原判。

二、主要问题

审理合同诈骗案件时如何具体把握"犯罪事实清楚，证据确实、充分"的证明标准？

三、裁判理由

本案在审理过程中形成两种截然不同的意见：一种意见认为，被告人朱某某隐瞒了 23 套房屋已经销售的事实，与马某某签订房屋买卖合同，致使马某某损失 543 万余元，其行为构成合同诈骗罪；另一种意见认为，本案证据无法证实朱某某具有非法占有的目的及马某某因朱某某的行为而遭受财产损失，因事实不清、证据不足，不能认定朱某某

---

① 刘学东、王永峰撰稿，陆建红审编：《朱某某合同诈骗案——如何把握合同诈骗案件的具体证明标准（第 1076 号）》，载中华人民共和国最高人民法院刑事审判第一、二、三、四、五庭主办：《刑事审判参考》总第 103 集，法律出版社 2016 年版，第 25～30 页。

构成犯罪。

我们同意后一种意见。依据刑事诉讼法第五十三条第二款的规定，刑事案件的证明标准是"证据确实、充分"，具体应当符合以下条件：（1）定罪量刑的事实都有证据证明；（2）据以定案的证据均经法定程序查证属实；（3）综合全案证据，对所认定事实已排除合理怀疑。本案认定朱某某构成合同诈骗罪的证据尚未达到确实、充分的标准，应宣告被告人朱某某无罪。理由如下：

（一）没有充分证据证明被告人朱某某具有非法占有借款的主观目的

根据刑法第二百二十四条的规定，合同诈骗罪是指以非法占有为目的，在签订、履行合同过程中，骗取对方当事人财物，数额较大的行为。对于合同诈骗罪的行为人而言，签订合同的着眼点不在合同本身的履行，而在对合同标的物或定金的不法占有。判断行为人的行为是否构成合同诈骗罪，认定有无非法占有目的是关键。非法占有目的既可以存在于签订合同时，也可以存在于履行合同的过程中。如何在司法实践中判断行为人的主观目的，应当根据其是否符合刑法所规定的具体行为，并综合考虑事前、事中、事后的各种主客观因素进行整体判断。刑法第二百二十四条列举了四种判断非法占有目的的情形：（1）以虚构的单位或者冒用他人名义签订合同的；（2）以伪造、变造、作废的票据或者其他虚假的产权证明作担保的；（3）没有实际履行能力，以先履行小额合同或者部分履行合同的方法，诱骗对方当事人继续签订和履行合同的；（4）收受对方当事人给付的货物、货款、预付款或者担保财产后逃匿的。结合司法实践，除了上述四种情况外，具有以下情况的也可认为行为人具有非法占有为目的：（1）为了应付对方当事人索取债务，采用"拆东墙补西墙"的方法又与其他人签订合同筹措资金，以后次骗签合同所获得货物、货款、预付款、定金或者保证金归还前次欠款的；（2）起初确实只是为了解决一时资金困难，采取欺骗手段与对方当事人签订合同以暂时获取周转资金，但在有能力归还资金的情况下却故意久拖不还的；（3）收到对方货款、预付款、定金或者保证金后，不按合同约定内容履行合同，如组织约定货源、提供约定服务等，而是用于炒股或其他风险投资的；（4）通过签订合同获取对方当事人交付的货物、货款、预付款、定金或者保证金后，挥霍浪费，致使上述款物无法返还的；（5）根本没有履行合同的能力或者故意夸大自己履行合同的能力，骗取对方当事人的信任与自己签订合同，合同签订后又不积极努力设法创造履约条件履行合同以避免对方经济损失的。

从本案来看，被告人朱某某的行为不属于上述所列举的非法占有的几种情形，在案证据也无法证实朱某某主观上具有非法占有的目的。首先，本案现有证据不能证实朱某某与马某某的借款、还款情况，二人借款、还款的事实不清。本案证据显示，朱某某与马某某之间的借款、还款关系，只有二人口头的表述，马某某主张朱某某借其550万元，朱某某虽认可这一数额，但提出其在借款后陆续还款。朱某某到底向马某某借款多少，又偿还了多少借款等情况，朱某某与马某某均各执一词，没有确实、充分的证据予以证实。从侦查机关提供的证据来看，马某某对于如何将550万元给付朱某某的陈述相互矛盾，一说全部是现金支付，一说部分现金、部分通过银行汇款。通过核实汇款记录，朱某某与马某某之间款项来往较多，且二人对于大部分汇款款项不能说明具体哪些是借款，哪些是还款，因此无法认定案发前的具体借款数额。其次，本案现有证据无法认定朱某某在签订房屋买卖合同时具有非法占有借款的目的。关于二人签订房屋买卖合同的目的，朱某某的供述和马某某的陈述不一致，朱某某供述是马某某提出签合同的，是应付马某某的债权人的权宜之计。而马某某陈述,签订合同是朱某某提出,是在马某某多次向朱某某催还借款后,朱某某提出以其公司出售的房屋以房抵债。如果依马某某所言,二人签订房屋买卖合同是为了以房抵债,那么作为标的额有 500 多万元的房产合同,无论是谁在签订时都应当谨慎,至少会去实地考察房屋是否真实存在,房屋的位置、状态等。但是朱某某和马某某均未提到在签订合同时曾现场看过房屋,证人李某某、周某的证言也证实,朱某某和马某某签订合同时只是由李某某打电话给周某填写了房屋门牌号和面积、价格,二人均没见过马某某看房。因此,马某某陈述的真实性令人怀疑。综上,本案现有证据不能证实朱某某在与马某某签订房屋买卖合同时具有非法占有借款的主观目的。

(二)在案证据无法证实被害人马某某因与被告人朱某某签订合同而遭受财产损失

合同诈骗罪与普通诈骗罪在逻辑上是特殊与一般的关系。符合诈骗罪的犯罪构成,且利用了合同的,就成立合同诈骗罪。所以,参照普通诈骗罪的构成模式,合同诈骗犯罪的构成模式应当为:欺诈行为→被害人产生错误认识而签订合同→依据合同而处分财产→行为人或第三人获得财产→被害人的财产损失。之所以有观点认为被告人朱某某构成合同诈骗罪,是因为本案中朱某某确实实施了一定的欺诈行为,即隐瞒了与马某某签订合同的 23 套房屋已经售卖的事实,且马某某由于朱某某隐瞒真相的行为,确实误认为该 23 套房屋并没有卖出,从而二人签订了房屋买卖合同。朱某某具备了"欺诈行为""被害人产生错误认识而签订合同"这两个合同诈骗罪的阶段性行为。但是,我们认为,能否构成合同诈骗罪还要看是否有后续的三个阶段的行为,缺少任何一个阶段的行为都是无法成立合同诈骗罪的。

本案现有证据不能证实被害人马某某依据合同而处分了财产,被告人朱某某也没有因签订合同而获得财产,马某某亦未受到实际的财产损失。具体来说:(1)从二人签订的合同来看,房屋买卖合同在内容、签订时间等主要项目上均不一致,有较大差异,且马某某的签名存在明显的瑕疵,因此,合同本身的真实性存在疑问。(2)即使认可朱某某和马某某所签订的房屋买卖合同,但二人均承认在签订合同时马某某并未向朱某某支付购房款,银行交易明细查询结果单也证实,在签订合同期间马某某没有向朱某某转账,朱某某在没有实际收到购房款的情况下给马某某出具了收款收据,因此,马某某并没有基于房屋买卖合同而支付 543 万余元的购房款,也即马某某并未处分财产。(3)朱某某并未因签订合同而获得财产。获得财产包括两种情况:一是积极财产的增加,如将被害人的财物转移为行为人或第三者占有;二是消极财产的减少,如使对方免除或者减少行为人或第三者的债务。但本案中,如前所述,朱某某没有实际收到 543 万余元的购房款,在案证据无法证实马某某向朱某某承诺了因签订购房合同而免除其债务,或者出具了借款已结清的书证等,因此朱某某也没有因为签订合同而免除债务。(4)马某某的财产并未受到损失。合同诈骗罪的成立要求被害人因签订、履行合同而遭受财产损失,本案表面看似乎是马某某受到了财产损失,因为朱某某向其借款而未还;但仔细分析就会发现,朱某某向马某某借款发生在二人签订合同之前,即使朱某某借钱不还使马某某遭受损失,但这与签订房屋买卖合同本身并无因果关系,因此,马某某并未因签订合同而遭受财产损失。公诉机关仅依据房屋买卖合同认定朱某某的诈骗数额为 5430023 元是错误的。

综上,本案现有证据不能证实被告人朱某某在签订合同时具有非法占有的目的,被害人马某某亦未因朱某某的行为而遭受财产损失,原审法院宣告朱某某无罪是适当的。

问题12. "网络关键词"诈骗犯罪中签订合同行为对案件性质的影响

【刑事审判参考案例】 吴某、张某某、刘某诈骗案①

一、基本案情

无锡高新技术产业开发区人民法院经公开审理查明：被告人吴某、张某某、刘某经事先合谋，在无锡市新吴区通过网络指使他人伪造了无锡天宏网络科技有限公司、北京飞龙网络科技有限公司、深圳控股投资有限公司等单位企业法人营业执照和印章，用于实施"网络关键词"诈骗。诈骗过程中，吴某、张某某、刘某分别冒充上述公司工作人员，与"网络关键词"持有人取得联系，虚构有买家欲高价收购该"网络关键词"的事实，诱骗其前往谈判，在谈判过程中，继而虚构"网络关键词"资源需要制作网络监测报告、专利证书、国际端口申诉等配套产品才能交易的事实，骗取持有人签订"网络关键词"交易合同，支付有关制作费用。

2015年6月至10月间，被告人吴某、张某某、刘某时分时合，采用上述手法，先后5次骗取李某1、华某、李某2等人的制作费用共计人民币500800元。其中，吴某、张某某参与诈骗5次，涉案金额人民币500800元；刘某参与诈骗4次，涉案金额人民币245800元。具体犯罪事实如下：

1. 2015年6月至8月间，被告人吴某、张某某、刘某采用上述手法，多次从李某1处骗得人民币36000元。

2. 2015年6月至7月间，被告人吴某、张某某、刘某采用上述手法，多次从华某处骗得人民币48800元。

3. 2015年6月至7月间，被告人吴某、张某某、刘某采用上述手法，多次从李某2处骗得人民币83000元。

4. 2015年8月至9月间，被告人吴某、张某某、刘某采用上述手法，多次从刘某处骗得人民币78000元。

5. 2015年9月至10月间，被告人吴某、张某某采用上述手法，多次从乔某处骗得人民币255000元。

案发后，被告人吴某及其亲属退回赃款人民币39100元，被告人张某某及其亲属退回人民币81200元，被告人刘某退回人民币50000元。

无锡高新技术产业开发区人民法院经审理认为，被告人吴某、张某某、刘某结伙诈骗他人财物，其中，被告人吴某、张某某诈骗数额特别巨大，被告人刘某诈骗数额巨大，均已构成诈骗罪，且系共同犯罪。被告人吴某、张某某结伙伪造国家机关证件，其行为均已构成伪造国家机关证件罪，且系共同犯罪。被告人吴某、张某某一人犯数罪，应实行数罪并罚。被告人吴某、张某某归案后如实供述了自己的主要罪行，被告人刘某如实供述了自己的全部罪行，依法予以从轻处罚；被告人吴某、张某某、刘某归案后退出部分赃款，有一定的悔罪表现，酌情予以从轻处罚。依照《中华人民共和国刑法》第二百

---

① 楼炯燕撰稿、王晓东审编：《吴某、张某某、刘某诈骗案——"网络关键词"诈骗犯罪中签订合同行为对案件性质的影响（第1264号）》，载中华人民共和国最高人民法院刑事审判第一、二、三、四、五庭主办：《刑事审判参考》总第114集，法律出版社2019年版，第89~94页。

六十六条、第二百八十条第一款、第二十五条第一款、第六十七条第三款、第六十九条、第六十四条之规定，以诈骗罪、伪造国家机关证件罪，分别判处被告人吴某有期徒刑十年并处罚金人民币十万元、有期徒刑六个月，决定执行有期徒刑十年三个月，并处罚金人民币十万元；判处被告人张某某有期徒刑十年并处罚金人民币十万元、有期徒刑六个月，决定执行有期徒刑十年三个月，并处罚金人民币十万元。以诈骗罪，判处被告人刘某有期徒刑四年，并处罚金人民币四万元。被告人吴某、张某某、刘某退缴在案的人民币170300元，由公安机关返还被害人。责令被告人吴某、张某某、刘某继续退赔违法所得的财物，并返还被害人。

一审宣判后，张某某不服，认为原审判决认定诈骗被害人华某的数额不实。上诉人张某某的辩护人还提出，本案应定性为合同诈骗罪。

江苏省无锡市中级人民法院经审理认为，原审判决认定上诉人张某某、原审被告人吴某、刘某犯诈骗罪，以及张某某、吴某犯伪造国家机关证件罪的定罪和量刑事实清楚，证据确实、充分，适用法律正确，量刑适当，诉讼程序合法，应予维持，于2016年12月22日作出（2016）苏02刑终330号刑事裁定：驳回上诉，维持原判。

二、主要问题

"网络关键词"诈骗犯罪中签订合同行为对案件定性有何影响？

三、裁判理由

本案涉及"网络关键词"（以下简称关键词）诈骗。关键词是一种新兴互联网名称资源，是帮助网络用户通过输入中文关键词来直接访问目标网站的技术手段。关键词诈骗是近年来频频出现的诈骗形式，其利用关键词持有人的投资心理，虚构有买家需要购买关键词，从中编造借口要求持有人支付服务费用，骗取持有人钱款。在此类犯罪中，行为人往往会与关键词持有人签订所谓的收购合同，继而实施后续的诈骗活动，本案就属于这样的情形。由于犯罪人在犯罪过程中，与被害人签署了收购关键词合同，因此在本案审理过程中对案件定性出现了两种意见：第一种意见认为，应当以合同诈骗罪认定。理由是被告人与被害人签订了收购关键词合同，事后被告人以各种理由骗取被害人财物，应当认定为合同诈骗罪。第二种意见认为，应当构成诈骗罪。虽然被告人与被害人之间签订了收购合同，但该合同只是整个诈骗犯罪的一个环节，不能涵盖被告人的全部犯罪行为，因此不能认定为合同诈骗罪，而应以诈骗罪论处。

我们同意第二种意见，具体分析如下：

（一）诈骗罪与合同诈骗罪的联系与区别

关于合同诈骗罪与诈骗罪的分离，最早是在1997年新修订的刑法中，将合同诈骗罪从一般诈骗罪中单列出来，并置于破坏社会主义市场经济秩序罪一章中，这一修订将更有利于规范和打击社会主义市场经济条件下利用合同进行诈骗的违法犯罪活动。根据刑法第二百六十六条之规定，诈骗罪是指"诈骗公私财物，数额较大"的犯罪行为，而第二百二十四条规定的合同诈骗罪是指"以非法占有为目的，在签订、履行合同过程中，使用虚构事实、隐瞒真相等欺骗手段，骗取对方当事人财物，数额较大"的犯罪行为。一般认为，诈骗罪与合同诈骗罪的关系，是普通法与特别法的关系，是包容竞合的法条竞合关系，因此二者有许多共同点：诸如二者都是采取虚构事实、隐瞒真相的欺骗方法；行为人主观上都有非法占有公私财物的故意；都侵犯了他人的财产权，骗取了公私财物等。

但依据犯罪构成的理论，诈骗罪与合同诈骗罪仍有明显的区别之处，主要体现在两个方面：(1) 在侵犯客体上，诈骗罪只侵犯了公私财产的所有权，是简单客体；而合同诈骗罪除了侵犯公私财产所有权外，还侵犯了市场交易秩序和国家合同管理制度，因此侵犯的是复杂客体，这也是为什么诈骗罪属于侵犯财产的犯罪，而合同诈骗罪属于破坏社会主义市场经济秩序犯罪的重要原因。(2) 在犯罪客观方面，诈骗罪主要表现在行为人采取欺骗的行为，使受害人产生错误认识而交付财产。诈骗罪的手段多种多样，不限于签订、履行合同过程中，被害人受骗也并非主要基于合同的签订、履行。而合同诈骗罪是行为人在签订、履行合同过程中，采取虚构事实、隐瞒真相等欺骗手段，骗取合同对方当事人财物的行为；合同诈骗犯罪的行为人往往实施了与合同约定内容相关的经济活动，即具有与签订、履行合同相关的筹备、管理、经营活动，该签订、履行合同的行为是导致被害人陷入认识错误而作出财产处理的主要原因。

在司法实践中，区分诈骗和合同诈骗还应当注意两点：第一，不能简单以有无合同为标准来区分合同诈骗罪与诈骗罪。合同诈骗罪的"合同"是指被行为人利用，以骗取他人财物、扰乱市场秩序的合同。它是刑法意义上的合同，是以财产为内容的、体现了合同当事人之间财产关系的财产合同。因此，有关身份关系的合同、行政合同以及不能反映为经济活动的赠予合同、代理合同等，一般不能认定为合同诈骗罪中的"合同"。第二，不能简单以"签订合同＋骗取财物"为标准来判断构成合同诈骗罪。而应当考察行为人骗取财物与合同本身的内在联系，只有行为人获取财物是基于合同，才能认定为合同诈骗罪；如果行为人虽然与被害人签订了合同，但最终获得财物与该合同并没有直接的联系，则不宜认定为合同诈骗罪。

(二) 合同诈骗罪的本质是被害人基于合同陷入错误认识而交付财物

如前所述，在普通诈骗罪中也会存在以合同的名义实施诈骗的情形，从表面上看与合同诈骗罪的犯罪构成是相符的，使得司法机关在认定时在普通诈骗罪和合同诈骗罪之间徘徊。因为是否存在合同是认定普通诈骗罪和合同诈骗罪的重要区别，这就需要我们对利用合同进行认真解读。所谓"利用合同"，是指通过合同的虚假签订、履行使得相对方陷入错误认识，从而交付财物，实现其非法占有目的。换言之，该合同的签订、履行行为是导致被害人陷入认识错误而作出财产处理的主要原因。利用合同即是其诈骗行为的关键。而对那些即使行为人也采用了合同的形式，但是被害人之所以陷入错误认识并非主要基于合同的签订、履行，而是合同以外的因素使其陷入了错误认识而交付财物的，应认定为诈骗罪。

本案中，三名被告人经过合谋后，决定实施网络关键词诈骗活动，并且作了充分的犯罪准备与分工：首先准备了三张作案用的电话卡与手机卡。其次是制作了假的公司营业执照与公章。最后是三人做了明确的分工，由吴某担任中介公司的角色，负责打电话联系关键词持有人，告知其有买家愿意高价购买关键词；由刘某充当买家，与被害人签订收购关键词合同，诱骗被害人补充提供关键词检测报告等完善关键词的材料；张某某充当第三方公司技术服务人员，帮助被害人制作所谓的检测评估报告等材料。在这个过程中，被害人受高额收购价格的诱惑，一步步陷入被告人设置的陷阱，不断支付完善关键词的费用。

在整个犯罪过程中，涉及两个行为内容，第一个行为是被告人与被害人签订关键词收购合同，第二个行为是被告人要求被害人完善关键词，并提出很多完善的项目，包括制作关键词检测报告、申请专利、注册国际端口、制作 B2B 证书等，继而被告人再冒充第三方技术服务公司的人员诱使被害人交付有关制作费用，被害人被骗取的正是后者所谓完善关键词的费用。从收购关键词合同的内容来看，并不包括帮助被害人完善关键词并收取费用的内容，即签订收购合同与诱骗完善关键词是两个相对独立的行为，不存在包容关系。本案被告人的犯罪手法多样，通过签订收购合同——诱骗完善关键词——收取所谓的完善关键词制作费用，进而达到骗取财物的目的。可见，签订收购合同只是一个诱饵，被害人并非基于该收购合同交付费用（相反，基于收购合同，应该是被告人向被害人支付收购费），而是基于后续的完善包装关键词的环节，相应地支付了相关费用。因此，从整体评价的角度，被告人的多种犯罪手法互相配合，前面的行为都是犯罪过程的环节之一，最终目的就是骗取制作完善关键词的费用。换言之，被告人骗取财物的核心手段就是诱骗被害人完善关键词，而这个手段并不是基于合同，因此本案不符合合同诈骗罪的本质特征，而是由于被告人的其他欺骗行为，使被害人产生"需要完善关键词"的错误认识而交付财产，故而应认定为诈骗罪。

问题 13．"电商代运营"诈骗案件的法律适用

【人民法院案例选案例】李某1、徐某某等合同诈骗案①

【关键词】
虚构事实　隐瞒真相　合同诈骗　自然人犯罪

【裁判要旨】
电商代运营服务商利用提供淘宝代运营服务向淘宝店铺经营者收取服务费后，明知自身没有履行能力，实际也未按约定提供实质性代运营服务，应以合同诈骗罪定罪处罚。

【基本案情】
浙江省丽水市莲都区人民检察院指控：被告人李某1、徐某某、沈某1等人注册成立杭州发玛网络科技有限公司（以下简称发玛公司）并组织公司员工以淘宝代运营名义对各地被害人实施诈骗，共计诈骗人民币1901442元，各被告人的行为已经构成诈骗罪。

被告人李某1、徐某某等人的辩护意见：本案系民事合同纠纷，不构成犯罪。即使构成犯罪，也应以合同诈骗罪定罪处罚，且系单位犯罪。

法院经审理查明：2015年4月13日，被告人李某1、徐某某、沈某1经商议共同成立发玛公司，其中李某1占发玛公司股份的50%，徐某某占发玛公司股份的40%，沈某1占发玛公司股份的10%。公司成立后，被告人李某1等人在互联网上招聘员工，公司逐步形成广告部、销售部、售后部三个部门。其中广告部与销售部由李某1主管，售后部由被告人徐某某主管，沈某1不参与公司日常管理。李某1、徐某某组织公司员工以淘宝代运营名义对各地被害人实施诈骗，沈某1明知李某1等人从事诈骗活动而仍然参股公司并从中分得利益。

发玛公司广告部由李某1主管，广告部在公司内承担将被害人与销售人员相连接的职责，这是发玛公司实施诈骗的第一步。广告部工作人员郭某、赵健（另案处理）利用诈骗来的资金，以发玛公司合法外衣作掩饰，通过微信公众平台等网络平台有针对性地投

---

① 《人民法院案例选》2018年第9辑，人民法院出版社2018年版。

放虚假广告,利用这些公众平台在当地的影响力使被害人对发玛公司投放的广告深信不疑。被害人通过扫描广告上的二维码等方式与发玛公司销售人员取得联系,洽谈购买服务套餐事宜。

发玛公司销售部由李某1主管,销售部在公司内承担具体实施诈骗的职责。销售部下设销售经理、销售组长、销售员工。在销售部人员即被告人李某2、李某3、成某某、李某4、曾某某、朱某某、沈某2、龚某某、陈某、孟某、邢某某、郭某、刘某某等人入职前,发玛公司统一发放诈骗使用的话术(诈骗聊天范本),下发公司专门实施诈骗的微信工作账号等,让销售人员在较短的时间内掌握诈骗的方法。销售人员通过工作微信号,发布虚假的公司资质、公司荣誉、公司工厂、公司发货图片等,扰乱被害人的判断能力,采用专门话术对那些不会开淘宝网店、没有货源、不会装修、不会推广、没有机会上淘宝活动的被害人实施诈骗,让被害人购买发玛公司的服务套餐。在此过程中,销售人员还利用"假拍"(伪装成真实客户到被害人淘宝店铺内下单,让被害人误以为自己经营的淘宝店铺产生真实订单)的方式,进一步引诱被害人购买升级服务套餐,参加活动,以骗取更多的钱财。在诈骗过程中销售人员会要求被害人签订所谓的"合同",以提高被害人对公司的信任度,迷惑被害人,将诈骗的犯罪行为引向合同纠纷、民事行为,让被害人无法辨别自己是否被骗。李某1对销售人员的业绩进行考核,对销售业绩出色的人员予以钱物奖励,并以诈骗金额的多少分层次设立提成。

发玛公司售后部先后由李某1、徐某某主管,售后部主要负责在诈骗得手后稳住、拖延被害人,为销售人员实施进一步诈骗提供条件。售后人员严某某、曾某某(另案处理)等人先对被害人的淘宝店铺进行所谓的"装修"。李某1、徐某某等人要求售后人员以"刷钻"(即在淘宝网上采用虚假交易的方式提升被害人的店铺信誉)、"刷流量"(即在互联网上寻找流量精灵等软件,用虚假方式提升被害人店铺的访客量)的方式让被害人误以为访客量是由真实的顾客所产生,误以为顾客是由发玛公司通过正规网络推广而来。

发玛公司前台人员阮某(另案处理)负责公司人员招聘、工资核算等公司日常事务,明知公司有诈骗行为仍然为其提供帮助。

截至2016年8月2日,被告人李某1等人组织发玛公司销售人员,诈骗人民币共计1901442元。其中被告人李某2参与诈骗302640元、被告人李某3参与诈骗144060元、被告人成某某参与诈骗141180元、被告人李某4参与诈骗131030元、被告人曾某某参与诈骗96440元、被告人朱某某参与诈骗78860元、被告人沈某2参与诈骗64900元、被告人龚某某参与诈骗48220元、被告人陈某参与诈骗34740元、被告人孟某参与诈骗30800元、被告人邢某某参与诈骗30600元、被告人郭某参与诈骗29720元、被告人刘某某参与诈骗23980元。

【裁判结果】

浙江省丽水市莲都区人民法院于2016年12月21日作出(2016)浙1102刑初803号刑事判决:一、被告人李某1犯诈骗罪,判处有期徒刑十三年,并处罚金人民币50万元;二、被告人徐某某犯诈骗罪,判处有期徒刑八年,并处罚金人民币40万元;三、被告人沈某1犯诈骗罪,判处有期徒刑四年,并处罚金人民币10万元;四、被告人李某2犯诈骗罪,判处有期徒刑二年八个月,并处罚金人民币3万元;五、被告人成某某犯诈骗罪,判处有期徒刑一年六个月,并处罚金人民币3万元;六、被告人李某3犯诈骗罪,判处有期徒刑一年六个月,并处罚金人民币3万元;七、被告人李某4犯诈骗罪,判处有期徒刑一年六个月,缓刑二年六个月,并处罚金人民币3万元;八、被告人曾某某犯诈骗罪,判处有期徒刑一年,缓刑二年,并处罚金人民币1万元;九、被告人朱某某犯诈骗罪,判处有期徒刑十个月,缓刑一年六个月,并处罚金人民币1万元;十、被告人刘某某犯诈骗罪,判处有期徒刑八个月,并处罚金人民币2万元;十一、被告人沈某2犯诈骗罪,判处有期徒刑八个月,缓刑一年六个月,并处罚金人民币1万元;十二、被告人龚某某犯诈骗罪,判处拘役五个月,缓刑十个月,并处罚金人民币1万元;十三、被告人陈某犯诈骗罪,判处拘役四个月,缓刑八个月,并处罚金人民币1万元;十四、被告人孟某某犯诈骗罪,判处拘役四个月,缓刑八个月,并处罚金人民币5000元;十五、被告人郭某犯诈骗罪,判处拘役三个月,缓刑六个月,并处罚金人民币1万元;十六、被告人邢某某犯诈骗罪,判处拘役三个月,缓刑六个月,并处罚金人民币2000元;十七、各被告人的违法所得,退赔给被害人;被公安机关查扣的作案工具,予以没收。

被告人李某1、徐某某、沈某1、李某2、刘某某不服原审判决,提起上诉。丽水市中级人民法院于2017年12月25日作出(2017)浙11刑终20号刑事判决:一、维持丽水市莲都区人民法院(2016)浙1102刑初803号刑事判决第十七项,撤销判决其余部分;二、被告人李某1犯合同诈骗罪,判处有期徒刑十年,并处罚金人民币50万元;三、被告人徐某某犯合同诈骗罪,判处有期徒刑六年,并处罚金人民币40万元;四、被告人沈某1犯合同诈骗罪,判处有期徒刑三年,缓刑五年,并处罚金人民币10万元;五、被告人李某2犯合同诈骗罪,判处有期徒刑一年六个月,缓刑二年,并处罚金人民币3万元;六、被告人成某某犯合同诈骗罪,免予刑事处罚;七、被告人李某3犯合同诈骗罪,免予刑事处罚;八、被告人李某4犯合同诈骗罪,免予刑事处罚;九、被告人曾某某犯合同诈骗罪,免予刑事处罚;十、被告人朱某某犯合同诈骗罪,免予刑事处罚;十一、被告人刘某某犯合同诈骗罪,免予刑事处罚;十二、被告人沈某2犯合同诈骗罪,免予刑事处罚;十三、被告人龚某某犯合同诈骗罪,免予刑事处罚;十四、被告人陈某犯合同诈骗罪,免予刑事处罚;十五、被告人孟某犯合同诈骗罪,免予刑事处罚;十六、被告人郭某犯合同诈骗罪,免予刑事处罚;十七、被告人邢某某犯合同诈骗罪,免予刑事处罚。

【裁判理由】

法院生效裁判认为:(1)被告人李某1、徐某某的供述以及其他作为销售人员的被告人供述,均证实销售人员对被害人承诺以及合同约定的服务内容,除了开店、装修、上货之外,其他服务内容是根本做不到的,各被告人明知无法履行服务内容,仍向被害人作出虚假承诺,诱使被害人签订合同并骗取财物,说明其主观上具有非法占有的故意。各被告人的供述、发玛公司在各类平台上发布的广告内容以及话术、聊天记录范本,销售人员与被害人聊天记录等证据证实李某1等人虚构了公司的资质、工厂、发货图片,编造老客户的成功经验和收取的费用是押金可以退还等事实,说明李某1等人有采取虚构事实、隐瞒真相的诈骗手段。至案发时,查实的发玛公司客户中,没有人达到销售承诺的退还押金的要求,也没有店铺能够达到套餐约定的店铺信誉等级和返利条件。前述事实均说明了李某1等人明知没有履行能力,仍通过虚构事实、隐瞒真相的手段诱使被害人购买套餐骗取服务费,其行为已经构成刑事犯罪,而非普通的民事纠纷;(2)被告人李某1等人以电商代运营的名义,在签订、履行合同过程中骗取对方当事人的财物,其行为不仅侵犯了被害人的财产权,同时也扰乱了电商代运营的市场秩序,其行为符合合同诈骗罪的构成要件,应以合同诈骗罪定罪处罚;(3)本案所涉合同虽然是以发玛公司名义与被害人签订的，但相关款项均进入李某1个人的账户，且发玛公司设立后仅实施了本案所涉的犯罪活动，并无其他业务经营，不应以单位犯罪论处。

【案例注解】

本案系浙江省首例电商代运营诈骗案件，全省涉嫌电商代运营诈骗的有近百余家公司，涉及近一千多名被告人。主要争议在于李某1等被告人以淘宝代运营名义和被害人签订购买服务套餐的合同后，没有全面履行合同，是仅属于民事欺诈还是已经构成刑法意义上的诈骗。如构成诈骗，是诈骗罪还是合同诈骗罪，是否属于单位犯罪。本案例从各被告人的主观目的、客观行为以及犯罪构成等方面，对前述争议焦点的法律适用问题进行论证分析。

（一）电商代运营的实质服务内容和代运营诈骗案件的由来

电商代运营，是指电子商务经营者把网上店铺日常经营、管理、营销、推广的工作委托给专业的代运营公司操作。实质服务内容并非仅是简单地代客户开设淘宝店铺、上架货物图片等，关键在于代客户进行日常的店铺经营，包括但不限于以下内容：提升店铺信誉等级，提供货源，对店铺在相关平台进行营销、推广，以及包含达到一定经营成果后的奖励和返利政策的约定。

电商代运营诈骗案件，是指利用他人不熟悉电商经营，或是急需电商经营配套服务情况，通过媒体、微信等广告平台引诱客户购买相关的运营服务，但却不为客户提供实质服务，或仅通过提供部分基础性服务，达到骗取被害人财物的目的。从本案实际情况来看，诈骗针对的主要对象是低收入上班族、全职妈妈、无业者等，行为人利用他们不会开淘宝网点、没有货源、不会推广也没有机会上淘宝活动的劣势，通过系列的"话术"引诱他们购买不同等级的服务套餐，以此骗取套餐费用。

（二）如何认定代运营服务行为是否构成刑法意义上的诈骗

1. 主观上非法占有目的的认定

关键在于认定被告人系事先明知不能履行还是事后发现履行不能。如果是事先明知无法履行，那非法占有目的的主观故意明显。但如果是在合同履行过程中因预估不足才发现部分内容无法履行，就需区分具体情况。一是发现履行不能，积极采取措施弥补，并在完善服务能力前停止继续销售代运营服务套餐的，就应认定为一般的民事合同纠纷；二是发现履行不能，但采取放任态度，且继续向其他客户销售代运营服务套餐，也应认定其主观上产生了非法占有的目的。具体从本案来看，被告人的供述表明其明知只能做到5%的服务，95%的服务是做不到，说明其事先就明知其所销售的代运营服务套餐的大部分内容是无法做到的，但仍诱使客户签订合同购买套餐，以此骗取服务费，足以说明主观上具有非法占有的目的。

2. "虚构事实，隐瞒真相"的判断依据

一般的代运营公司有三个部门：广告部、销售部、售后部。广告部负责在媒体平台发布代运营服务广告，销售部负责点对点以及与客户交流达成服务合同，售后部提供签订合同后的实质性代运营服务。从三个部门的分工来判断"虚构事实、隐瞒真相"的几个特征。（1）广告部是否通过信息网络等方式针对不特定对象发布不实信息，虚构或者过分夸大自身运营能力以引诱他人。客户通过扫描相应广告信息二维码后才和销售人员取得联系。广告内容的真实与否是被害人是否作出错误认识的第一步。虚假的公司资质、公司荣誉，虚构有自己的生产加工工厂、工厂发货图片等都是编造或过分夸大公司的运营能力，都会使被害人对公司的可靠度和期望值作出错误认识；（2）销售部的业务人员是否存在虚构成功案例、夸大盈利概率、隐瞒公司的盈利模式和收取费用的性质等行为。具体到本案，发玛公司内部有专门的话术范本，销售人员经过培训后要求按照话术范本的内容和客户进行点对点的交流。从话术内容和聊天记录来看，其编造了大量的、根本不存在的老客户赚钱的成功案例，还编造了全部客户每月的平均获利数据，使客户产生了正常情况下都能赚钱的错误意识。公司实际是通过收取套餐服务费盈利，却编造说卖公司产品赚钱，收取的是服务费，却告诉客户收取的是押金，一般2～3个月就能退还等，都使客户产生了公司会用心为其经营店铺，而且自己投入的钱都是可以拿回来的错误认识，从而支付款项购买服务套餐；（3）公司是否具备经营店铺必需的资金设备、专业人员、物流仓储等基本条件。客户购买的套餐一般服务年限从1年到5年不等，一般提供代运营服务公司同时需要为几百个甚至几千个客户提供服务，那么，提供实际代运营服务工作的部门即售后部的人员配备必须有足够的数量和具备相应的专业能力，还应具备配套的物流仓储条件。本案中，发玛公司工作人员有二三十人，其中近二十余人都是销售部工作人员，案发时，为二、三百位客户同时提供服务的售后部人员仅有三人，且都没有相关代运营服务的经验，更没有配套的物流仓储等条件，根本没有能力按照约定为所有客户提供承诺或者约定的服务；（4）收取费用后是否实际提供了承诺的服务。综前分析，认定了主观非法占有目的，客观虚构、隐瞒手段，但还需要最终的服务情况来印证。根据销售人员向客户承诺的服务内容，或者双方签订合同约定的服务内容，对比公司实际提供的服务，是没有提供服务或者仅提供了小部分服务，还是提供了全部或者绝大多数服务。电商代运营诈骗不同于一般的普通诈骗，不是一骗就跑，而是长期运营的。因此，一般不会存在不提供任何服务的情形，基本上会提供开店、装修、上货等基础性服务，但如前所述，代运营服务的实质性服务内容是店铺的日常经营管理，店铺信誉等级、宣传、推广，约定的退还押金、销售返利等服务。运营商在服务过程中还会夹杂提供"刷单""刷钻""假拍"等行为，对此类行为要结合被告人供述、被害人陈述等证据分析，是公司以提升客户店铺生意为目的还是因安抚客户而采取的拖延、应付行为。此外，最终客户店铺结果是印证被告人的行为是否构成诈骗的主要依据之一。有没有客户、有多少客户的店铺达到退还押金或者返利条件的，没有达到的是否属于正常的商业风险范畴。本案中，查实的涉案被害人店铺，没有一家的店铺信誉等级达到要求，也没有任何一家店铺能够按照承诺或者约定的条件退还押金和拿到返利，足以说明这不属于正常的商业风险，不应归为普通的民事纠纷，而是刑法意义上的诈骗行为。

（三）电商代运营诈骗案件的定罪

1. 构成何罪

从前述分析，各被告人的行为符合诈骗罪的构成要件，关键在于是以诈骗罪还是合同诈骗罪来定罪处罚。这也是本案被告人及辩护人另一主要的辩护意见。诈骗罪和合同诈骗是一般罪名和特殊罪名的关系。如果同时构成两罪，则应以特殊罪名即合同诈骗罪来定罪处罚。从合同诈骗罪的构成要件来看，首先，合同诈骗罪并不以是否签订书面的合同为必备要件。在电商代运营案件中，代运营公司大多和被害人之间签订了书面合同，也有少部分没有签订书面合同，但双方就需要提供的服务具体内容是有约定的，符合合同的形式要件；其次，各被告人是在与被害人就提供代运营服务内容进行商谈、约定以及之后的履行过程中骗取财物的，符合合同诈骗罪规定的在签订、履行合同的过程中骗取了被害人的财物的行为。对于各被告人是否全面履行了代运营的服务内容，也是比照签订或者承诺的合同内容来分析；最后，诈骗罪和合同诈骗罪另一关键的区分点在于侵犯的是否是双重客体。电商代运营伴随电子商务的日益发展应运而生，已经普遍存在于社会、生活中，电子商务经营者和代运营公司都已经成为市场经济活动的主体，已经成为市场经济活动的重要组成部分。利用电商代运营服务实施诈骗，不仅侵害了被害人的财产权，同时，也扰乱了整个电商代运营的市场秩序，侵犯的是双重客体。故电商代运营诈骗案件符合合同诈骗罪的构成要件，应以合同诈骗罪定罪处罚。

也有观点认为构成虚假广告罪。但电商代运营诈骗案件不仅有广告部发布虚假、夸大的行为，还有销售部实施的具体骗取财物的行为以及售后部在履行合同过程中的欺骗行为，因此，虚假广告罪无法评价被告人所实施的全部犯罪行为，不应以虚假广告罪定罪。

2. 是否属于单位犯罪

对于属于自然人犯罪还是单位犯罪，电商代运营诈骗案件各不相同，不能一概而论。因结合个案，看从事电商代运营公司的具体业务以及违法所得支配情况。应当依据《最高人民法院关于审理单位犯罪案件具体应用法律有关问题的解释》中对单位犯罪的规定来综合分析判断，具体到电商代运营诈骗案件中，应根据以下几点来判断：（1）公司成立是否以代运营诈骗为目的或主要从事代运营诈骗行为，是否还有其他合法经营业务；（2）在电商代运营过程中，是针对所有客户进行诈骗，还是仅对符合某类特定条件的客户进行诈骗；（3）违法所得的支配是否符合公司正常资金的使用程序，还是由特定的被告人支配使用。本案中，发玛公司成立后，仅有本案所涉的代运营诈骗业务，没有其他经营业务，骗取的款项也是进入李某1个人账户，并由李某1决定如何支配使用，因此，就本案而言，系自然人犯罪而非单位犯罪。

（四）电商代运营诈骗案件的量刑考量

本案系浙江省首例电商代运营诈骗案件，据不完全统计，浙江省涉嫌电商代运营诈骗的公司有百余家，涉及被告人近千人，涉及面广，影响大，各被告人的层级、地位和作用也不尽然相同。就本案来看，共16名被告人，除了李某1、徐某某、沈某1三名被告人为公司股东外，其他被告人均是从事销售的业务人员。从犯罪构成来看，销售人员的行为已经构成犯罪。因为销售人员在进入公司上岗培训时以及在销售过程中，主观上已经认识到公司承诺或约定的服务内容大多数是做不到的，供述中也表明其知道这样的行为是不对的，仅是对行为是否构成犯罪的违法程度认识不够。此外，销售人员又不同于会计、美工、客服等，其仅仅是领取固定工资的人员，其对自己销售套餐获取的服务费均有较高比例的提成。因此，销售人员主观上明知无法提供承诺的服务，仍按照李某1等人的指示对被害人以虚构事实、隐瞒真相的方式骗取财物，并从中获得提成，已经与李某1等人构成共同犯罪。但同时考虑到电商代运营案件的销售人员众多，大多数都刚大学毕业步入社会，是通过正规招聘程序进入发玛公司工作，对行为的违法性认识不够，其主观恶性和社会危害性并非特别大。为避免打击范围过大，同时，贯彻"教育为主、惩罚为辅"的原则，二审合议庭经充分考虑，最终对多名低层次、涉案金额少、地位作用不明显，又具有初犯、偶犯情节，认罪态度好的被告人免予刑事处罚。

问题 14. 以非法占有为目的，夸大收益并虚构买家诱骗客户签订合同的行为构成合同诈骗罪

【人民法院案例选案例】武某 3、李某某等合同诈骗案①

【关键词】

合同诈骗　单位犯罪　共同犯罪　数额认定

【裁判要旨】

1. 以非法占有为目的，夸大收益并以虚构买家的形式诱骗客户签订合同的行为，应认定为合同诈骗罪。

2. 主犯的犯罪数额应当按照全部犯罪确定，从犯的犯罪数额应按照其实际参与的犯罪确定。

【基本案情】

被告人武某 3、李某某于 2013 年 7 月 25 日成立中科万利公司，并商议招聘话务员采用向网络关键词客户实施电话推荐、内部员工之间互相打配合冒充买家等系列推销方式，骗取客户在该公司包装关键词，购买付费业务。2013 年 9 月至 2014 年 3 月 7 日间，两被告人通过招聘被告人施某某、黄某某、张某、唐某某、武某 1、武某 2（另案处理）等人，在签订、履行关键词网络服务合同过程中，以虚构买家，维护、优化或转卖关键词、域名等方式，共骗取被害人康某、史某某、邹某某、肖某某、张某某、蒋某某、雷某、王某某、魏某某、孟某某、赵某、史某某钱款 1315520 元。其中，被告人武某 3、李某某的诈骗金额为 1315520 元；被告人施某某的诈骗金额为 356800 元；被告人黄某某的诈骗金额为 343000 元；被告人张某的诈骗金额为 283900 元；被告人唐某某的诈骗金额为 217230 元；被告人武某 1 的诈骗金额为 50000 元。

2014 年 3 月 7 日，七被告人在中科万利公司办公地点北京市昌平区立汤路 186 号龙德紫金 4 号楼×××室被当场抓获。同年 3 月 26 日，公安机关冻结武某 3 及中科万利公司在银行内存款共计 1158309.13 元。

【裁判结果】

北京市昌平区人民法院依照刑法第二百二十四条第（五）项，第二十五条第一款，第二十六条第一款、第四款、第二十七条、第六十七条第三款、第五十五条第一款、第五十六条第一款、第五十二条、第五十三条、第六十一条、第六十四条之规定，作出如下判决：

一、武某 3 犯合同诈骗罪，判处有期徒刑十年六个月，剥夺政治权利二年，罚金人民币 11000 元。

二、李某某犯合同诈骗罪，判处有期徒刑十年，剥夺政治权利二年，罚金人民币 1 万元。

三、施某某犯合同诈骗罪，判处有期徒刑四年，罚金人民币 4000 元。

四、黄某某犯合同诈骗罪，判处有期徒刑四年，罚金人民币 4000 元。

五、张某犯合同诈骗罪，判处有期徒刑三年，罚金人民币 3000 元。

六、唐某某犯合同诈骗罪，判处有期徒刑二年，罚金人民币 2000 元。

---

① 《人民法院案例选》2016 年第 11 辑，人民法院出版社 2016 年版。

七、武某1犯合同诈骗罪，判处有期徒刑一年二个月，罚金人民币2000元。

八、在案冻结银行卡及账户内存款和孳息扣划后按比例分别发还被害人；公诉机关随案移送其他物品，予以没收。

九、责令各犯罪人在本院认定的犯罪数额内继续退赔被害人的经济损失。

被告人李某某、张某以原审认定事实不清，量刑过重为由提起上诉，后于二审期间申请撤诉。北京市第一中级人民法院经审理，确认一审法院认定的事实和证据，认为一审判决事实清楚，证据确实、充分，定罪及适用法律正确，量刑适当，审判程序合法，应予维持。李某某、张某撤回上诉的申请符合法律规定。

北京市第一中级人民法院依照刑事诉讼法第二百二十五条第一款第（一）项及《最高人民法院关于适用〈中华人民共和国刑事诉讼法〉的解释》第三百零五条第一款、第三百零八条的规定，作出如下裁定：准许上诉人李某某、张某撤回上诉。

【裁判理由】

法院生效裁判认为：被告人武某3、李某某、施某某、黄某某、张某、唐某某、武某1以非法占有为目的，在签订、履行合同过程中，虚构事实，骗取他人财物，侵犯他人财产权利的同时扰乱了市场经济秩序，其中，被告人武某3、李某某诈骗数额特别巨大；被告人施某某、黄某某、张某、唐某某诈骗数额巨大；被告人武某1诈骗数额较大；七被告人的行为均已构成合同诈骗罪，依法应予惩处。北京市昌平区人民检察院指控各被告人犯合同诈骗罪的基本事实清楚，证据确实充分，罪名成立。对于指控犯罪数额证据不足部分，不予认定。被告人武某3、李某某作为公司法定代表人、经理，负责公司运营及人员管理等整体工作，在共同犯罪中起主要作用，系主犯；被告人施某某、黄某某、张某、唐某某、武某1作为一线业务员，负责联系具体客户，在共同犯罪中起次要作用，系从犯。鉴于各被告人均自愿认罪，在案冻结款项可弥补被害人的大部分经济损失，分别予以从轻处罚。被告人武某3、李某某、张某、武某1到案后均能如实供述所犯罪行，被告人施某某、黄某某、张某、唐某某、武某1均系从犯，结合各被告人犯罪的事实、性质、情节及对社会的危害程度，分别依法对被告人武某3、李某某、施某某、黄某某、张某、武某1从轻处罚；对被告人唐某某减轻处罚。

【案例注解】

本案处理重点在于各被告人行为的法律定性及适用问题。

一、以非法占有为目的，夸大收益并以虚构买家的形式诱骗客户签订合同的行为应认定为合同诈骗罪

有观点认为，本案被告人的行为属民事欺诈，有关合同因对方产生重大误解而签订，系可撤销合同，本案不应作为刑事案件处理。

另一种观点认为，上述被告人的行为构成合同诈骗罪，笔者同意后一种观点，理由如下：

首先，本案被告人主观上具有非法占有他人财产的直接故意。刑法第二百二十四条明确规定构成合同诈骗罪须"以非法占有为目的"，该罪是一种目的型犯罪，只存在直接故意，不存在间接故意的可能性。因此，以非法占有他人财产为目的，故意实施的一系列欺骗行为，属于合同诈骗罪而不是民事欺诈。

本案中，七被告人均具有非法占有被害人财物的直接故意。在案被告人供述、被害人陈述、证人证言等证据证实被告人在向被害人推荐办理注册关键词或关键词维护、扩

展服务时，怕被识破身份，均使用假名字积极推销，在客户答复不需要办理业务时，即假扮买家、互为配合，使被害人产生错误认识，认为有人欲高价购买其关键词，继而与被告人签订履行付费合同，导致财产损失。在被告人收到钱款后，原买家却联系不上，部分被害人发现被骗后要求被告人退款遭拒，由此可见本案被告人主观上具有非法占有被害人财产的直接故意。

其次，被告人客观上实施了夸大关键词收益、积极推销、虚构买家、互相配合等一系列诱骗被害人签订合同的行为。被告人武某3、李某某在设立公司之初就已经商议以电话推荐、假扮买家、相互配合的经营模式来诱骗被害人，公司成立后也确依照此种模式维系业务。各被告人在向被害人推销关键词相关服务时，以关键词业务具有巨额的升值空间为诱饵，使被害人与之签订合同，但事实上这种巨额价值的现实可能性几乎为零。在积极推销后，如果被害人不为所动或不再继续投入办理该公司关键词扩展业务，各被告人之间就互相配合，冒充买家联系客户，称欲以动辄上百万、千万甚至上亿元的价格收购客户关键词，但需客户完善关键词资源，诱使客户继续与该公司签订合同，支付费用。各被害人签订合同、支付费用系由被告人的系列欺骗手段引发，这种欺骗显然已经超出民事欺诈范畴。

因此，本案不论是从主观方面还是客观行为来看，各被告人的行为均在刑法合同诈骗犯罪的评价范畴内。

二、对为进行犯罪活动而成立的公司是否应以单位犯罪论处

为进行犯罪活动而成立的公司，不应以单位犯罪论处，而应认定为自然人犯罪。

有观点认为，本案中合同是被害人与中科万利公司签订的，而中科万利公司是经过注册且具有合法经营范围的企业，故本案应认定为单位犯罪，而不应认定为自然人犯罪。对此，笔者不予认同。

在案证据证实，中科万利公司于2013年7月25日成立，股东是武某3和李某某，其中武某3是法定代表人，该公司的经营范围包括技术推广服务、计算机系统服务、应用软件服务和技术服务等。在成立该公司时，被告人武某3、李某某就商议招聘话务员采用向网络关键词客户实施电话推荐、内部员工之间互相打配合冒充买家等系列推销方式，骗取客户在其公司包装关键词，购买付费业务。2013年9月至2014年3月7日间，被告人武某3、李某某通过招聘本案其他被告人，按照事先制定的话术流程共骗取多名被害人钱款共计130余万元，且在案并无证据证明该公司还存在其他经营活动。根据《最高人民法院关于审理单位犯罪案件具体应用法律有关问题的解释》第二条的规定，"个人为进行违法犯罪活动而设立公司、企业、事业单位实施犯罪的，或者公司、企业、事业单位设立后，以实施犯罪为主要活动的，不以单位犯罪论处"，因此，本案各被告人均应当以自然人犯罪处理。

三、共同犯罪中从犯犯罪数额的认定

共同犯罪中在主犯的安排下，所有成员之间交叉互为配合假扮买家诱骗被害人签订合同，对从犯的犯罪数额不宜单纯按照该共同犯罪的全部犯罪数额认定。

本案系区分主从的共同犯罪，主犯是被告人武某3和李某某，其他被告人是从犯，对这一点没有争议。但有观点认为，本案除两名主犯应当以全部的犯罪数额130余万元定罪处罚外，其他从犯也应对全部犯罪数额负责，并在此基础上比照主犯从轻或减轻处罚。

上述观点虽有一定道理，但在本案中如果要求从犯对共同犯罪的全部数额负责，有

违罪责刑相适应原则。本案中被告人武某3、李某某系主犯，其二人出资注册成立中科万利公司，确定公司经营模式，二人不领工资，只拿盈利分成，其他被告人领工资，工资主要由底薪加提成组成。具体为一名业务员在和被害人联系后，其他业务员冒充买家帮助该业务员拿下订单，业务员之间互相帮忙，不计好处，各自按照签单业绩计酬，本案亦无证据证实各被告人帮他人打配合的具体情况。在此情况下，让从犯对本案全部诈骗数额承担责任，罪刑明显不适应。所以，本案可以适用犯罪集团的理论，将二名主犯作为犯罪集团的首要分子，其犯罪数额按照犯罪集团所犯的全部罪行确定，其他被告人是从犯，按照自己实际参与的犯罪确定数额，定罪处罚，这样更能体现罪责刑相适应原则。

问题15. 民间借贷案件中被告人主观非法占有目的如何认定

【人民法院案例选案例】 王某1合同诈骗案①

【关键词】
合同诈骗　民间借贷　被害人错误认识　非法占有目的　无罪

【裁判要旨】
在民间借贷案件中，如果被告人主观上不具有非法占有的目的，即使借款的实际用途与合同约定用途不符，或者约定的抵押物无法实现抵押债权，也不宜直接以合同诈骗罪处罚。

一、基本案情

天津市滨海新区人民检察院指控称：2012年8月9日，被告人王某1利用担任天津保税区天兴货运服务有限公司总经理助理的便利，冒用公司名义，以该公司在天津港汇盛码头有限公司的入库合同协议书中的货物和一张天津市正然劳务服务公司的2012年11月9日到期金额为280万元的中国银行转账支票做抵押，后与被害人李某某签订了借款合同，约定借款金额为280万元，借款用途为购买运输车辆。合同签订后被害人李某某按照约定将252万元人民币汇入被告人王某1指定的广发银行账户中，被告人王某1在收到款项后未按照约定购买运输车辆，而是将借款用于偿还前期债务以及个人挥霍后逃匿。2013年5月27日，被告人王某1在辽宁省鞍山市铁东区青年街亮帅天朗游戏厅内被抓获。

被告人王某1对公诉机关指控的事实及罪名均不认可，认为自己主观上没有非法占有的目的，客观上没有冒用公司名义骗取财物，被害人对其公司性质有了解，没有形成错误认识，其在借款后也没有挥霍财物和逃匿等行为，且偿还了部分债务，其行为不构成犯罪。

被告人王某1的辩护人提出的辩护意见是：（1）王某1向李某某的借款数额为252万元，王某1实际借得的252万元中，包含为刘某借款50万元，这部分数额不应当计算在王某1借款数额之内；（2）王某1在签订履行借款合同过程中不具有非法占有目的且具有还款行为，被告人王某1提供的协议书并没有使被害人陷入错误认识，三份入库协议书及支票是李某某要求王某1提供，而非王某1主动提供的，本案的性质应为民间借贷纠纷。

---

① 《人民法院案例选》2016年第2辑，人民法院出版社2016年版。

法院经审理查明：被告人王某1自2011年3月起担任天津港保税区天兴货运服务有限公司总经理助理一职，负责公司的业务工作，并负责保管天津港保税区天兴货运服务有限公司业务专用章，该业务章仅针对公司内部使用，无对外签订协议合同的效力。2012年8月9日，被告人王某1通过中间人刘某向被害人李某某借款，并与被害人李某某签订借款合同，合同载明借款人为天津港保税区天兴货运服务有限公司王某1，并约定以天津港保税区天兴货运服务有限公司与天津港汇盛码头有限公司的入库合同协议书中的货物为抵押，向李某某借款280万元，用于购买运输车辆，同时约定于2012年11月8日一次性归还上述借款。王某1将其保管的三份天津港保税区天兴货运服务有限公司与天津港汇盛码头有限公司入库合同协议书质押给李某某，且在借款合同上加盖了天津港保税区天兴货运服务有限公司业务专用章。另外，王某1还质押给李某某一张未填写出票日期、大写金额、收款人及行号的中国银行支票，并手写一份说明，保证该支票到支付日期时银行无条件付款，因支票产生的一切法律责任由王某1个人承担。2012年8月10日，被害人李某某用其朋友聂玉军招商银行621286260158××××银行卡向王某1提供的广东发展银行天津滨海支行户名为王某2的广发银行账号汇款252万元人民币。被告人王某1在收到款项后，于当日向刘某妻子宗某某账户转入51.1万元，向李某账户转入4万元，向赵某账户转入30万元，向吴某账户转入10万元，向徐某某账户转入5万元，8月13日向李某账户转入43.2万元，向于某账户转入7万元，其余款项均被提现或POS消费，未按照约定购买运输车辆。2012年11月，王某1向马某某银行账户汇入30万元。2012年12月9日至11日，被告人王某1的父母代替王某1向张某某还款95.2万元。2012年12月18日，被害人李某某向公安机关报案，公安机关于12月19日立案侦查。

2013年1月5日，被害人李某某就同一事实向本院塘沽审判区提起（2013）滨塘民初字第273号民事诉讼，将王某1及天津港保税区天兴货运服务有限公司列为共同被告，同时申请诉前保全被告人王某1父亲王某2名下天津市滨海新区塘沽跃海园房屋一套、被告人王某1名下天津市经济技术开发区星月轩、天津市经济技术开发区第三大街房屋各一套。被告人王某1的母亲李某2作为委托代理人出庭参加了民事庭审，并在民事诉讼过程中就还款事宜与李某某进行了多次协商。2013年1月5日，李某某还以王某1为被告分别提起了（2013）滨塘民初字第270号、（2013）滨塘民初字第272号两起民事诉讼，主张王某1向其借款280万元后，又因为购买运输车辆，分别于2012年9月7日向其借款20万元，于2012年11月17日向其借款8万元，后李某某于2013年11月12日同时撤回对两起案件的诉讼。

2013年5月27日，公安机关在辽宁省鞍山市铁东区青年街亮帅天朗游戏厅内将被告人王某1抓获。2013年6月25日，本院塘沽审判区民事审判庭将本案移送至公安机关处理。

二、裁判结果

天津市滨海新区人民法院于2014年5月19日作出（2014）滨刑初字第4号刑事判决：被告人王某1无罪。宣判后，天津市滨海新区人民检察院提出抗诉，后在审理过程中，天津市人民检察院第二分院认为抗诉不当，撤回抗诉。天津市第二中级人民法院于2014年9月2日作出（2014）二中刑终字第284号刑事裁定：准许天津市人民检察院第二分院撤回抗诉。

三、裁判理由

法院生效裁判认为：公诉机关提供的现有证据不足以认定被告人王某1在向被害人李某某借款过程中采取虚构事实、隐瞒真相、冒用公司名义的手段，使被害人陷入错误认识从而出借钱款，亦不能认定被告人主观上具有非法占有的目的，故公诉机关指控被告人王某1构成合同诈骗罪证据不足，指控罪名不能成立。李某某可通过其他合法途径向被告人王某1主张权利。

四、案例注解

本案的关键问题在于：在民间借贷案件引发的诈骗案件中，如何认定被告人主观上是否具有非法占有的目的，以及现有证据是否足以认定被告人的行为构成合同诈骗罪。合议庭认为，在民间借贷行为引发的合同诈骗案件中，不能仅以借款的实际用途与合同约定用途不符，或者约定的抵押物无法实现抵押债权为由即认定被告人构成合同诈骗罪，应当严格按照合同诈骗罪的犯罪构成要件加以判断，如果被告人的行为客观上不足以使被害人陷于错误认识从而交付钱款，主观上不具有非法占有的目的，那么被告人的行为就不符合合同诈骗罪的犯罪构成，应当依法宣告被告人无罪。

（一）被害人陷入错误认识要件的认定

诈骗罪是以非法占有为目的，使用欺骗方法，骗取数额较大的公私财物的行为。诈骗罪（既遂）的基本构造为：行为人实施欺骗行为—对方（受骗者）产生（或继续维持）错误认识—对方基于错误认识处分财产—行为人或第三者取得财产—被害人遭受财产损害。① 因此，使用欺骗行为使受害方产生（或继续维持）错误认识就成了诈骗罪的构成要件之一。在民间借贷案件中，存在着一种有别于亲朋好友、邻里同事之间借贷的情形，即所谓的"职业借贷人"出借钱款，其表现形式与内在本质与一般的民间借贷有所不同。这类借款一般签订格式合同，合同内容表面看与一般合同无异，但实际上存在以合法形式掩盖高息贷款行为的情形，往往合同上显示的借款用途与实际的借款用途有所不符。在此类情形引发的诈骗案件中，必须综合全案证据，结合民间借贷案件中的惯例及社会常理，慎重考察一方的借款行为是否真正使另一方产生了错误认识从而交付钱款。

具体来说，在本案中，首先，在被告人王某1是否冒用公司名义的问题上，从已有的证人证言来看，被害人李某某应当是明知被告人王某1此次借款系个人借款个人使用，但在借款合同中，却将借款人列为天津港保税区天兴货运服务有限公司王某1，并加盖了天兴货运服务有限公司业务专用章。李某某与王某1签订合同时可能存在以公司作为掩盖以便于其实现民事债权的情形。其次，关于担保货物的问题。在双方签订的借款协议中，约定以天津港保税区天兴货运服务有限公司与天津港汇盛码头有限公司的入库合同协议书中的货物为抵押，但根据王某1提供给李某某的三份入库协议书可以明确看出，该货物所有权不属于天津港保税区天兴货运服务有限公司，更不属于王某1个人所有，无法实现担保效果。王某1提供这三份协议书的目的更多在于证明其具有一定的职责权限和履约能力，并非真正以这三份协议书中的货物承担担保责任。被害人作为一个具有正常认知水平和社会常识的成年人，其关于不知道该笔货物不属于王某1个人所有的陈述，显然不符合生活常理。再次，被告人王某1质押给李某某的一张中国银行转账支票，没有填写日期、出票人、行号以及大写数额等信息，根据《票据法》的相关规定，支票必须记载无

---

① 参见张明楷：《刑法学（第四版）》，法律出版社2011年版，第889页。

条件支付的委托、确定的金额、付款人名称、出票日期、出票人签章等内容,否则支票无效。根据上述规定,王某1质押给李某某的显然是一张存在明显重大瑕疵的支票,无法实现抵押效果。对于该支票表面存在的重大瑕疵,李某某作为一个向自己不熟悉的人出具巨额资金的成年人,其关于自己不知道支票无效,也不知道支票提不出钱款的陈述也不符合社会常理。

因而,根据以上的种种证据,加之按照社会常理判断,现有证据不能证明被害人是基于被告人虚构事实、隐瞒真相的行为陷入了错误认识而交付钱款,因而不符合诈骗罪中欺骗行为使对方产生错误认识的构成要件。

(二)非法占有主观目的的合理认定

诈骗罪要求被告人主观上具有非法占有目的,这也是区分一般借贷纠纷与诈骗犯罪的重要要件之一,如何判断被告人主观上是否具有非法占有的目的,需要根据案件的实际情况与被告人的客观行为进行司法推定。最高人民法院2001年1月21日《全国法院审理金融犯罪案件工作座谈会纪要》规定了七种可以推定为具有非法占有目的的情形,包括:(1)明知没有归还能力而大量骗取资金;(2)非法获取资金后逃跑的;(3)肆意挥霍骗取资金的;(4)使用骗取的资金进行违法犯罪活动的;(5)抽逃、转移资金、隐匿财产,以逃避返还资金的;(6)隐匿、销毁账目,或者搞假破产、假倒闭,以逃避返还资金的;(7)其他非法占有资金,拒不返还的行为。笔者认为,在判断诈骗案件中被告人非法占有目的的,也可以参照这几种情形进行判断。

在本案中,首先,在案现有证据可以证实,被告人王某1曾经归还过马某某30万元,被告人王某1的父母曾经替王某1还给过张某某95.2万元。王某1在庭审中辩称马某某是李某某公司的员工,张某某也是替李某某讨要欠款的,该两笔资金实际都是还给李某某的欠款。虽然马某某及张某某的证言均称王某1归还的是欠其二人的债务,与李某某没有关系,但没有提出任何马某某、张某某与王某1存在债权债务关系的证据,并且二人证言存在明显矛盾之处。另外,王某1父母向张某某还款的借条及收条均在王某1父母处保管并由王某1父母提交法庭,与一般借贷关系中收据、借据由借贷双方分别保管的交易习惯明显不符。同时结合证人李某2出庭作证称李某某给其打电话说"王某1还了很多不应该还的钱"的情况,现有证据无法确定王某1及其父母向马某某、张某某所支付的款项与向李某某的借款无关。

其次,被害人李某某向法院提起民事诉讼时申请诉前保全被告人王某1名下一套天津市经济技术开发区星月轩房产,说明王某1具有相当的还款能力,且李某1、王某某等证人证言能够证明,在相关民事诉讼过程中,被告人王某1的亲属与被害人进行过多次协商,均表示可以用该房产抵债,愿意积极偿还债务,但因被害方要求的数额远超过借款合同数额而未达成一致,在刑事案件进入起诉审查阶段,被告人王某1的母亲请求检察院出面主持双方进行调解,表示愿意尽力归还欠款。上述情况表明,既有事实证据不足以证实王某1具有非法占有被害人钱款的目的和行为。

再次,现有证据不能证明王某1对借款进行了个人挥霍。被告人王某1的陈述、证人赵亮的证言、相关书证均证实被告人王某1收到借款后,用相关款项归还了部分欠款,其余款项被提现或POS机消费。根据赵亮的证言,此时银行卡由赵亮持有,不能确定相关款项或消费系由被告人王某1作出,即被告人王某1挥霍了相关款项;现在证据不能证明钱款的走向,即亦不能证明相关款项被挥霍。

最后，关于被告人王某1到期没有还款、李某某称找不到王某1、公诉机关指控其逃匿的问题。被告人王某1当庭辩解称，其曾陆续还款给李某某100余万，当时也未离开天津，但由于李某某要求过高的还款数额，并为了追讨剩余款项限制其人身自由，跟踪其父母，其为了父母人身安全才于2013年3月去了鞍山，且其在鞍山期间并不知道自己行为涉嫌犯罪，还委托其母亲参加与李某某之间的民事诉讼，其行为不构成逃匿。根据王某1的辩解及相关证人证言，结合在王某1父母与李某某协商过程中双方意见立场，现有证据不足以认定被告人王某1系基于非法占有的目的进行逃匿。

综合以上证据来看，被告人王某1在借款时以及借款后的一系列行为，都表明其并没有恶意逃避还款，非法占有该笔钱款的故意。

（三）基于当前民间借贷纠纷现状，刑事审判工作要正确应对职业借贷人放贷活动的衍生问题

根据各地审理民间借贷纠纷总结经验看，尤其在以不同于亲朋好友、邻里同事之间借贷的所谓"职业借贷人"出借钱款的纠纷中大量存在"以合法形式掩盖高息贷款的非法行为"，且职业贷款人组织化程度强，经常出现暴力催讨的情况，容易引发相关风险和社会稳定。职业贷款人经常制造恶意诉讼，用司法强制性的特点来实现其非法目的。

本案中，有几个案件特点表明，案件可能涉及职业借贷人高息贷款的情形。首先，根据合议庭了解到的相关情况，本案的被害人及相关证人均在同一法院具有民间借贷纠纷案件，其中一名证人聂某某在被害人李某某三次民事诉讼中出庭作证情况，不但可以合理推断几人关系契合性程度高，且从一定程度上印证了职业贷款人的"诉讼主体重复率高"的司法特点。其次，李某某、聂玉军、刘某均称李某某曾支付给王某1现金28万元，但三人对交付现金来源、交付具体时间、交付方式等关键细节问题上均无表述，且李某某与王某1的280万的借款合同中未约定利息（但证人证言中提及利息为28万元），也不符合常理，结合在借款本金中将利息预先扣除的行为已经成为民间高利贷行业的惯例，28万元很可能已被作为利息提前扣除，更加佐证了本案可能涉及职业借贷人高息贷款的行为。再次，本案中通过被告人王某1亲属与被害人李某某的多次调解可以看出，在刑事司法介入后，被害人李某某要求归还欠款的价码明显提升。结合王某1母亲李某1在当庭作证时表述，李某某曾经押着王某1去其父母家里要钱，之后又将王某1押走的相关证言，以及证人王某某关于李某某向王某1家属索取高额不合理利息的证言，本案可能存在职业借贷人用非法手段索取债务的情况。

结合案卷整体材料，被告人王某1与被害人李某某之间存在高利借贷的可能，被害人李某某作为一个高利借贷行业的人员，王某1的行为是否足以使其陷入错误认识需要谨慎判断，李某某本人可能存在采取非法手段索取债务等情况。本案的处理结果涉及司法权尤其是"刑事司法权介入民间借贷纠纷的程度"和"如何防范恶意诉讼"等是否会纵容民间高利借贷行为的问题。

因此，综合以上分析，根据现有证据确认的事实，从事相关中介经营行为的被害人李某某在明知借款系被告人王某1个人借款、且所谓抵押的货物并非被告人王某1所有、出具的支票具有显而易见的瑕疵的情况下，仍向被告人王某1借出钱款。在此情况下，不能认定被告人王某1具有非法占有的故意。现有证据存在较大疑点，被害人李某某可能存在高利放贷的可能，现有证据无法证明被告人王某1在借款过程中主观上具有非法占有的目的，被害人李某某并非系由于被告人的欺诈行为产生错误认识出具的借款。因此，公

诉机关指控被告人王某1构成欺诈型罪证据不足。

问题16. 诈骗类犯罪行为中非法占有目的如何认定

【人民法院案例选案例】王某、于某等合同诈骗、王某诈骗案①

【关键词】
合同诈骗罪　诈骗罪　刑民区别　非法占有目的　推定

【裁判要旨】
是否具有非法占有目的是区分诈骗类犯罪行为与民事违法行为的重要依据。认定是否有非法占有目的，既要避免单纯根据损失结果客观归罪，也不能仅凭被告人自己的陈述，而是一般运用推定的方法。运用推定必须是在有证据证明基础事实的前提下，运用逻辑和经验法则，推断行为人主观的目的。对推定的事实，被告人可以提供证据予以反驳。

一、基本案情

被告人王某、谢某某于2010年3、4月间，谎称能为被害人张某某提供美元2亿元的存款用于融资，诱骗张某某任法定代表人的温州丰源房地产开发有限公司（以下简称温州丰源公司）与王某任法定代表人、谢某某任经理的北京博达恒运投资有限公司（以下简称博达恒运公司）签订《美元存单质押贷款合作协议书》。根据《美元存单质押贷款合作协议书》，张某某代表温州丰源公司、谢某某代表博达恒运公司、被告人于某代表其任主任的北京市中济律师事务所（以下简称中济律所）三方签订《见证及提存服务协议》，约定由温州丰源公司支付融资保证金人民币600万元至中济律所办理"提存"。于某以其个人账户收取张某某根据上述协议支付的"提存款"人民币500万元、"提存服务费"人民币2.5万元后，在明知王某、谢某某未履行协议为张某某提供美元2亿元的存款的情况下，于某不仅未按协议约定将"提存款"退还张某某，反而将"提存款"中的人民币125万元转至王某控制使用的尹某某银行账户、人民币200万元转至谢某某银行账户，其余款项由于某控制使用，从而将张某某的"提存款"人民币500万元非法占有。案发前，于某归还被害人张某某人民币98.8万元。

被告人王某于2010年9月间，谎称能为被害人秦某某、杨某提供人民币2500万元的借款，诱骗秦某某任法定代表人的北京聚和伟业文化发展有限公司（以下简称聚和伟业公司）与王某任法定代表人的博达恒运公司签订《操作协议》。根据《操作协议》，聚和伟业公司、博达恒运公司、中济律所三方签订《提存协议书》，约定由聚和伟业公司支付保证金人民币300万元至中济律所办理"提存"。中济律所主任被告人于某以其个人账户收取周某代秦某某根据上述协议支付的"提存款"人民币300万元、提存服务费人民币1.5万元后，在明知王某未履行协议为秦某某、杨某提供借款人民币2500万元的情况下，于某不仅未按协议约定将"提存款"退还秦某某、杨某，反而将"提存款"中的人民币200万元转至王某账户，其余款项由于某控制使用，从而将"提存款"人民币300万元非法占有。

被告人王某于2010年8、9月间，谎称能为被害人张某、范某某提供美元2亿元的存

---

① 《人民法院案例选》2016年第7辑，人民法院出版社2016年版。

款用于融资，诱骗张某任法定代表人的乌兰察布市集宁区皮革有限责任公司（以下简称集宁皮革公司）与王某任法定代表人的博达恒运公司签订《美元存单质押贷款合作协议书》。根据《美元存单质押贷款合作协议书》，集宁皮革公司、博达恒运公司、中济律所三方签订《提存协议书》、集宁皮革公司和中济律所签订《协议书》，约定由集宁皮革公司支付人民币 600 万元至中济律所办理"提存"。中济律所主任被告人于某以其个人账户收取张某、范某某根据上述协议支付的"提存款"人民币 600 万元后，在明知王某未履行协议为张某、范某某提供 2 亿美元的存款的情况下，于某不仅未按协议约定将"提存款"退还张某、范某某，反而将"提存款"中的人民币 450 万元转至王某账户，其余款项由于某控制使用，从而将张某、范某某的"提存款"人民币 600 万元非法占有。案发前，于某归还被害人张某人民币 30 万元。

被告人王某于 2011 年 7 月间，谎称能够帮助被害人王某某办理融资，以到香港办理融资相关手续需要路费为名，骗取王某某人民币 30 万元。

二、裁判结果

北京市第一中级人民法院于 2015 年 9 月 17 日作出（2015）一中刑初字第 1301 号刑事判决：一、被告人王某犯合同诈骗罪，判处无期徒刑，剥夺政治权利终身，并处没收个人全部财产；犯诈骗罪，判处有期徒刑六年，罚金人民币 10 万元；决定执行无期徒刑，剥夺政治权利终身，并处没收个人全部财产。二、被告人于某犯合同诈骗罪，判处无期徒刑，剥夺政治权利终身，并处没收个人全部财产。三、被告人谢某某犯合同诈骗罪，判处有期徒刑十三年，剥夺政治权利二年，并处罚金人民币 20 万元。四、在案冻结的被告人王某名下中国工商银行账号为 6222080200001×××××的账户（开户行：中国工商银行北京尚都支行）内的全部钱款按比例发还各被害人，不足部分责令三名被告人继续退赔。

三、裁判理由

法院生效裁判认为：对于被告人王某关于其已将涉案的人民币 30 万元通过银行转账归还被害人王某某的辩解，以及王某为证明该项辩解而申请法庭调取银行汇款凭证的诉讼请求，经查：被害人王某某的陈述证明，王某从未归还涉案的人民币 30 万元，也未代其向他人偿还过欠款。在案的王某名下银行账户交易明细等书证也无法体现王某所辩称的已归还王某某人民币 30 万元的事实。银行汇款凭证作为体现银行账户交易的形式之一，应与账户的交易明细一致。但王某申请调取的银行汇款凭证所涉及的相关交易未体现于侦查机关依法调取的银行交易明细中，法庭按照王某所提供的存放地点也未查找到相关银行汇款凭证。被告人王某的该项辩解和诉讼请求，缺乏事实依据，本院不予采纳。

对于被告人王某及其辩护人关于王某有融资的客观行为，存在代被害人融资 2 亿美元的可能性；王某没有非法占有的目的，未非法获益，王某的行为不构成诈骗犯罪的辩解和辩护意见，经查：在案证据证明，王某在被害人交付保证金后，始终没有实际的融资行为。王某向被害人所称的融资途径也均为子虚乌有。从 2010 年 3、4 月起至 2014 年 1 月王某到案时止将近四年的时间里，王某未给任何一名被害人提供过美元存款。博达恒运公司和王某在相关银行中并无王某向被害人所称的大额美元存款。博达恒运公司和王某除了涉案的犯罪事实，也没有其他业务。可见，王某既无为被害人融资的客观行为，也无为被害人融资的实际能力。在此情况下，王某仍诱骗被害人与其签订相关的融资协议和提存协议，在被害人将巨额保证金交到中济律所后，和于某一起共同非法占有了被害人的保证金。在被害人杨某等人向其询问融资进展情况和钱款去向时，王某仍谎称还在进行融资以稳住被害人，并隐瞒其已非法占有被害人缴纳的保证金的事实。在此后被害人向其追讨保证金时，王某以各种理由推托，拒不归还。可见，王某非法占有被害人钱款的目的明确，其行为已符合合同诈骗罪的构成要件。被告人王某及其辩护人的该项辩解和辩护意见，缺乏事实和法律依据，本院不予采纳。

对于被告人于某及其辩护人为证明于某无犯罪行为，因案外因素被立案侦查的事实而申请调取于某到案后于2014年4月4日所作的讯问笔录的诉讼请求，经查：在案证据证明，被害人范某某、杨某等人被于某诈骗后，向公安机关报案，对于某等人依法提出控告。公安机关按照管辖范围，依法审查后决定立案侦查。公安机关对于某立案侦查系因其实施了诈骗行为可能构成犯罪，并无证据和线索表明系因案外因素所致。被告人于某及其辩护人的该项诉讼请求，缺乏事实和法律依据，本院不予准许。

对于被告人于某的辩护人关于于某将被害人交由其保管的钱款交给王某用于办理融资事宜是为了实现被害人的利益，以及于某的辩护人为支持其辩护意见而向法庭宣读、出示的付款指令、协议书等证据，经查：对于辩护人提交的"王某指令于某付款给谢某某、尹某某"的付款指令，被告人王某的供述否认该付款指令内容的真实性。王某供称，该付款指令上王某的名字是其事后补签的，其对这份付款指令的内容没有印象。且该付款指令与在案经庭审质证并确认的融资协议、提存协议等证据相互矛盾。根据在案的融资协议、提存协议，在王某履行为被害人融资的义务之前，王某并无权指令于某将被害人缴纳的保证金支付给其他人，于某也无权擅自处分保证金。可见，该付款指令的内容并不合法、客观。对于辩护人提交的内容为"聚和伟业公司的秦某某、博达恒运公司的王某、中济律所的于某三方约定将提存款从中济律所于某处转付给博达恒运公司王某，落款的时间是2011年3月30日"的协议书，在案被害人秦某某的陈述证明，该份协议是2012年3月、4月，王某在告知其保证金人民币300万元已转到王某账上用于填补其他债务，且有人告于某的情况下，以继续为其融资为诱饵诱骗其补签的。而在案的被害人杨某的陈述、证人周某的证言、解除提存协议书、授权书、确认书、告知函、授权委托书、海淀区人民法院民事调解书等证据也与被害人秦某某的陈述相互印证，证明了自2011年3月29日至2012年，被害人秦某某、杨某一直在向于某、王某追讨保证金人民币300万元。这些证据均证明了辩护人提交的该份协议书的内容并不真实，无法作为认定案件事实的依据。而在案的经庭审质证的融资协议、提存协议书等证据证明，被害人将融资保证金交由于某保管的目的是确保保证金的安全，在王某按照融资协议履行为被害人融资的义务前，于某不得将保证金支付给王某。于某在王某履行融资义务之前将被害人交由于某保管的保证金支付给王某，不仅违反王某、于某与被害人签订的三方协议的内容，而且致使被害人在未获得融资的情况下，所交付的保证金也无法返还，直接损害了被害人的利益。于某的辩护人所谓的"为了实现被害人的利益"与事实明显不符。被告人于某的辩护人向法庭宣读、出示的付款指令、协议书与在案证据证明的案件事实相互矛盾，不具有客观性和真实性，本院不予确认。被告人于某的辩护人的该项辩护意见，缺乏事实依据，本院不予采纳。

对于被告人于某的辩护人关于中济律所的财产因诉讼纠纷存在被法院执行的风险，于某为了保证被害人钱款的安全，维护被害人的利益才将被害人张某、范某某交由其保管的保证金人民币600万元交王某保管的辩护意见，以及于某的辩护人为支持其辩护意见而向法庭宣读、出示的协议书、民事裁判文书、执行法律文书等证据，经查：于某的辩护人提交的民事裁判文书、执行法律文书等证据证明的中济律所因涉及经济纠纷案件，被相关法院强制执行的情况均发生在2010年9月17日之后。而根据于某的辩护人提交的协议书的内容，"中济律所于2010年9月17日将集宁皮革公司交付的提存款人民币600万元全部交博达恒运公司代为保管"。根据辩护人提交的证据，于某将保证金交给王某发生在前，强制执行发生在后，且时间相隔甚远，无法反映出转款行为与中济律所被强制执行有任何关联，更谈不上转款是为了避免被强制执行。而于某的辩护人提交的协议书的内容与在案证据证明的情况也不相符。在案证据证明，于某于2010年9月15日收到张某、范某某的保证金人民币450万元后，于9月16日就将450万元汇入王某的银行账户，而张某先前缴纳的保证金人民币150万元仍在于某处。于某的辩护人提交的协议书中"提存款人民币600万元全部交博达恒运公司代为保管"的内容与此明显不相符。此外被害人张某、范某某将保证金人民币600万元交由于某保管是为了在王某依照合同履行融资义务之前保证资金的安全。如于某在张某、范某某缴纳保证金之前就知道中济律所和其存在可能被法院强制执行的情况，于某应明确告知张某、范某某并立即退还相关保证金，方能"保证被害人钱款的安全，维护被害人的利益"。而在案证据证明，于某在收到被害人钱款后的第二天就与王某伙分了该笔钱款，正是于某的行为使得被害人不仅未实现融资的目的，保证金又被王某和于某非法占有，受到了重大的损失。于某不仅未保证被害人的利益，更是直接侵吞被害人钱款，损害了被害人的利益。被告人于某的辩护人向法庭宣读、出示的民事裁判文书、执行法律文书等证据与本案事实没有关联性，向法庭宣读、出示的协议书所证明的内容不具有真实性，本院均不予确认。被告人于某的辩护人的该项辩护意见，缺乏事实依据，本院不予采纳。

对于被告人于某及其辩护人关于于某没有非法占有的目的和诈骗的主观故意，于某对王某实施的诈骗行为不知情，未配合王某骗取被害人钱款，于某对被害人交由其保管的"提存款"有权使用，涉案合同中约定的被害人取回"提存款"的条件未成立，于某不负有向被害人返还"提存款"的义务，于某的行为是民事法律行为而非诈骗犯罪的辩解和辩护意见，以及于某的辩护人为支持其辩护意见而向法庭宣读、出示的美元存单质押贷款合作协议、见证及提存服务协议书、协议书、解除协议、谈话笔录、企业法人营业执照、汇款凭证、对账单、收付款凭证、说明、发票、收据、通知函等证据，经查：于某的辩护人向法庭宣读、出示的上述证据，已由公诉机关在庭审中宣读、出示并经庭审质证，本院予以确认。上述证据并不能据以支持辩护人关于于某的行为并非诈骗犯罪行为的辩护意见。相反，上述证据结合公诉机关在庭审中出示并经庭审质证的其他证据，证明了于某在被告人王某谎称能为被害人提供巨额美元存款用于融资或提供巨额借款，诱骗被害人签订融资协议后，利用被害人对其律师身份和作为法律服务机构的律师事务所的信任，谎称能为被害人保管融资保证金，诱骗被害人与中济律所、博达恒运公司签订"提存服务协议"，并由被害人将巨额保证金交到于某的个人账户。涉案事实中，在明知王某始终未为被害人融到资金的情况下，于某却在收到被害人交付的巨额保证金后，违反合同约定将保证金中的人民币900余万元立即转入王某、谢某某等人账户，其余保证金由其支配使用，从而和王某共同将保证金非法占有。在被害人依照协议约定向于某追讨保证金时，于某刻意隐瞒保证金已被其和王某共同非法占有的事实，以各种借口推脱，拒不归还被害人保证金。案发后，经侦查机关工作也未查扣到于某名下的任何财产。于某的行为已符合合同诈骗罪的构成要件。被告人于某及其辩护人的该项辩解和辩护意见，缺乏事实和法律依据，本院不予采纳。

对于被告人于某的辩护人关于中济律所是合法成立的律所，有风险承担能力，可以从事"提存"业务。中济律所和作为律师的于某有执业责任保险，如因执业过错导致当事人损失，当事人可获得保险理赔，故于某的行为不构成犯罪，以及于某的辩护人为支持其辩护意见而向法庭宣读、出示的关于批准成立中济律所的决定、中济律所审计情况表、律师执业责任保险主要内容、承保明细表等证据，经查：于某的辩护人提交的关于批准成立中济律所的决定、中济律所审计情况表等证据，以及公诉机关在庭审中宣读、出示并经庭审质证的律师事务所执业许可证等证据均证明中济律所是合法成立的律师事务所。但公诉机关在庭审中宣读、出示并经庭审质证的中济律所银行账户开户资料、银行账户交易明细等证据还证明，截至案发后的2014年4月29日，中济律所账户内仅有人民币4万余元。而于某名下已无任何财产。中济律所和于某已丧失了偿付债务的能力。根据《公证法》《提存公证规则》的规定，公证处是我国的提存机关，提存公证由债务履行地的公证处管辖。提存机关是国家设立的接受提存物而进行保管，并应债务人请求将提存物发还债权人的机关。律师事务所并非法定的提存机关，不能从事法律意义上的提存业务。而于某的辩护人提交的律师执业责任保险主要内容、承保明细表等证据证明了律师执业责任保险承担保险理赔责任的条件是律师事务所和律师因执业过错导致当事人损失。而在本案中，于某作为律师伙同他人实施诈骗行为，骗取被害人的钱款，这已明显超出律师执业责任保险"执业过错"的承保范围，当事人不可能获得保险理赔。在案证据证明，于某的行为已符合合同诈骗罪的构成要件，被害人因于某的诈骗行为受到损失是于某实施犯罪行为的结果，而非于某构成犯罪的原因。于某的辩护人所提交的关于批准成立中济律所的决定、中济律所审计情况表等证据不能证明其辩护意见，提交的律师执业责任保险主要内容、承保明细表等证据与本案的事实不具有关联性，本院均不予采纳。被告人于某的辩护人的该项辩护意见，缺乏事实和法律依据，本院不予采纳。

对于被告人于某的辩护人关于于某还以支票方式通过王某退还张某某"提存款"人民币100万元的辩护意见，以及于某的辩护人为支持其辩护意见而向法庭宣读、出示的杨某、韩某出具的说明等证据，经查：辩护人未向法庭说明出具相关材料的杨某、韩某的联系方式，致使法庭无法与杨某、韩某核实其出具说明的内容真伪。此外，从杨某、韩某出具说明的内容来看，仅能证明北京源正长润投资有限公司的人民币100万元的支票于2010年5月11日被交给了博达恒运公司的王某，无法证明于某、王某已将该笔100万元退还给张某某。而被害人张某某否认曾收到王某或于某退还的该笔人民币100万元。经庭审质证并确认的证据证明了该张支票的走向：北京源正长润投资有限公司的该张人民币100万元的支票于2010年5月12日被入到了北京聚兴万源家居装饰中心的账户上。该100万元被该中心法定代表人李某某分数笔转入其个人账户。北京聚兴万源家居装饰中心已注销，李某某对于该100万元由于时间久远，无法回忆支付原因及钱款去向，其从未听说过于某、王某、谢某某、张某某这些名字。而在案的张某某的银行账户交易明细也未体现张某某收到过该笔人民币100万元的退款。此外，于某于2010年5月7日通过转账方式退还了张某某人民币98.8万元。如于某于几天后的2010年5月11日继续退还张某某钱款，完全可以直接将支票交予张某某，而无须舍近求远，将支票交予王某后再由王某退还张某某。根据三方签订的相关协议，负有退款义务的也是于某。于某的辩护人的该项辩护意见不仅无法得到相关证据的支持，也与常理不符。辩护人向法庭提交的杨某、韩某出具的说明，不具有合法性和关联性，本院不予采纳。被告人于某的辩护人的该项辩护意见，缺乏事实依据，本院不予采纳。

对于被告人谢某某关于其没有非法占有的目的，未向被害人张某某谎称有2亿美元，误以为被告人于某转给其的人民币200万元是博达恒运公司给其的辩解，经查：在案证据证明，谢某某在明知博达恒运公司没有能力为张某某提供美元2亿的存款用于融资的情况下，诱骗张某某与博达恒运公司、中济律所先后签订《美元存单质押贷款合作协议书》《见证及提存服务协议书》，诱使张某某根据上述协议将履约保证金人民币500万元交由中济律所的于某保管，致使该笔钱款被非法占有无法返还。谢某某参与分得赃款人民币200万元。谢某某非法占有的目的明显，其行为已符合合同诈骗罪的构成要件。该笔履约保证金人民币500万元被非法占有后，合同诈骗犯罪已告既遂。至于是于某还是博达恒运公司的王某具体进行分赃，将赃款人民币200万元给予谢某某，均不影响谢某某伙同王某、于某共同实施合同诈骗犯罪的事实。被告人谢某某的该项辩解，缺乏事实和法律依据，本院不予采纳。

四、案例注解

（一）诈骗类犯罪和民事违法行为的本质区别

诈骗类犯罪往往也是一种民事违法行为，但民事的违法行为却不完全都是诈骗犯罪。在诈骗类案件的审判实践中，常常遇到究竟行为属于刑事犯罪还是民事经济纠纷的问题，而被告人也多以此作为其不构成犯罪的辩解。

我们认为，区分诈骗类犯罪行为与民事违法行为的重要依据在于是否具有非法占有的目的。在民事违法行为中，行为人也可能实施一定的欺骗手段从而侵犯他人的财产权和扰乱社会经济秩序，但不一定具有非法占有的目的，否则就可能构成刑事犯罪。这就要求我们在处理诈骗类犯罪时，不能仅因造成了实际的财产损失，扰乱了市场秩序等客观结果就认定构成诈骗类犯罪，而应当牢牢把握行为人是否具有非法占有的目的来区分其行为的性质。

而目的属于人的主观方面，较之客观方面而言，具有抽象性和内隐性。在司法实践中如何认定非法占有目的，一直是一个难点问题。普遍认为，人的活动由其主观心理支配，活动的性质由主观心理决定；行为人的心理态度通过其外向化、客观化的外在行为来体现和反映。只要存在证据证明这些客观化、外在化的行为表象和印迹的存在是确定的、属实的，就可以推断其行为时的心理态度。《全国法院审理金融犯罪案件工作座谈会纪要》（以下简称纪要）对此指出："在司法实践中，认定是否有非法占有为目的，应当坚持主客观相一致的原则，既要避免单纯根据损失结果客观归罪，也不能仅凭被告人自己的供述，而应当根据案件具体情况具体分析。"所谓"具体情况具体分析"，实质上就是"应当将主观目的的证明建立在客观事实的基础之上。为此，就必须采用推定方法，根据客观存在的事实推断行为人主观目的之存在"。

（二）推定非法占有目的的基本方法

推定是从已知的事实推导出未知事实的逻辑思维活动。对于如何根据客观存在的事实推断行为人非法占有目的，纪要列举了若干种情形，即"根据司法实践，对行为人通过诈骗的方法非法获取资金，造成数额较大资金不能归还，并具有下列情形之一的，可以认定具有非法占有的目的：（1）明知没有归还能力而大量骗取资金的；（2）非法获取资金后逃跑的……"纪要所运用的基本方法是从基础事实而得出推定事实。基础事实是"对行为人通过诈骗的方法非法获取资金，造成数额较大资金不能归还，并具有明知没有归还能力而大量骗取资金的……多种情形"，推定的事实是认定行为人具有非法占有的目的。基础事实与推定事实之间因果关系的确定性是基于司法实践中的总结和逻辑经验，这些总结和逻辑经验不局限于纪要所明确指出的几种情形。由于推定是建立在经验法则基础之上的，经验法则作为一种不完全的理性，存在着非必然性和可推翻性，因此，推定应允许对方进行反驳。此外，不能将推定所得结论事实作为进一步推定的基础事实，以此避免与客观事实之间的距离无限扩大，造成认定事实错误。

简而言之，在司法实际中，推定由于揭示了从一项事实推出另一事实的过程，可以作为法官的采证规则而存在，用于判断犯罪嫌疑人、被告人的主观心态。一般来说，推定事实适用的条件是：（1）基础事实已经得到证明，即基础事实必须有证据予以支持，并已得到了确认；（2）基础事实与推定事实之间存在着一定联系，这种关联性是客观的、常态的，不是偶发的、随机的或主观臆想；（3）没有反证或反证证明力不足。推定是一种证明法则，属于一种程序性案件事实认定规则，即法律所允许的证明案件事实的一种特殊法则；也是一种证明责任转移机制和法官的事实认定规则。适用推定，则主观方面事实的证明责任转移，如果被告人不能提供证据予以反驳，则推定的事实——被告人主观上"非法占有目的"事实成立；当然，被告人提供的证据不必达到排除合理怀疑的证明标准。

（三）运用证据推定非法占有目的的运用

在本案中，三名被告人均辩解没有非法占有的目的，其中最典型的莫过于作为中济律师事务所主任的于某的一系列辩解。在案证据能够证明的基础事实是于某在被告人王某谎称能为被害人提供巨额美元存款用于融资或提供巨额借款，诱骗被害人签订融资协议后，利用被害人对其律师身份和作为法律服务机构的律师事务所的信任，谎称能为被害人保管融资保证金，诱骗被害人与中济律所、博达恒运公司签订"提存服务协议"，并由被害人将巨额保证金交到于某的个人账户。涉案事实中，在明知王某始终未为被害人融到资金的情况下，于某却在收到被害人交付的巨额保证金后，违反合同约定将保证金中的人民币900余万元立即转入王某、谢某某等人账户，其余保证金由其支配使用，从而和王某共同将保证金非法占有。在被害人依照协议约定向于某追讨保证金时，于某刻意隐瞒保证金已被其和王某共同非法占有的事实，以各种借口推托，拒不归还被害人保证金。案发后，经侦查机关工作也未查扣到于某名下的任何财产。可以说，依靠逻辑和经验足以认定于某具有非法占有的目的，于某的行为已符合合同诈骗罪的构成要件。

而于某及其辩护人对此提出的反驳理由是于某将被害人交由其保管的钱款交给王某用于办理融资事宜是为了实现被害人的利益，于某的辩护人为支持其辩护意见向法庭宣读、出示的付款指令、协议书等证据，经查：对于辩护人提交的"王某指令于某付款给谢某某、尹某某"的付款指令，被告人王某的供述否认该付款指令内容的真实性。王某供称，该付款指令上王某的名字是其事后补签的，其对这份付款指令的内容没有印象。且该付款指令与在案经庭审质证并确认的融资协议、提存协议等证据相互矛盾。根据在案的融资协议、提存协议，在王某履行为被害人融资的义务之前，王某并无权指令于某将被害人缴纳的保证金支付给其他人，于某也无权擅自处分保证金。可见，该付款指令的内容并不合法、客观。对于辩护人提交的内容为"聚和伟业公司的秦某某、博达恒运公司的王某、中济律所的于某三方约定将提存款从中济律所于某处转付给博达恒运公司王某，落款的时间是2011年3月30日"的协议书，在案被害人秦某某的陈述证明，该份协议是2012年3、4月，王某在告知其保证金人民币300万元已转到王某账上用于填补其他债务，且有人告于某的情况下，以继续为其融资为诱饵诱骗其补签的。而在案的被害人杨某的陈述、证人周某的证言、解除提存协议书、授权书、确认书、告知函、授权委托书、海淀区人民法院民事调解书等证据也与被害人秦某某的陈述相互印证，证明了自2011年3月29日至2012年，被害人秦某某、杨某一直在向于某、王某追讨保证金人民币300万元。这些证据均证明了辩护人提交的该份协议书的内容并不真实，无法作为认定案件事实的依据。而在案的经庭审质证的融资协议、提存协议书等证据证明，被害人将融资保证金交由于某保管的目的是为了确保保证金的安全，在王某按照融资协议履行为被害人融资的义务前，于某不得将保证金支付给王某。于某在王某履行融资义务之前将被害人交由于某保管的保证金支付给王某，不仅违反王某、于某与被害人签订的三方协议的内容，而且致使被害人在未获得融资的情况下，所交付的保证金也无法返还，直接损害了被害人的利益。于某的辩护人所谓的"为了实现被害人的利益"与事实明显不符。可见，于某的该项辩解不能成立。

于某及其辩护人还提出反驳理由，即中济律所的财产因诉讼纠纷存在被法院执行的风险，于某为了保证被害人钱款的安全，维护被害人的利益才将被害人张某、范某某交由其保管的保证金人民币600万元交王某保管的辩护意见，以及于某的辩护人为支持其辩护意见而向法庭宣读、出示的协议书、民事裁判文书、执行法律文书等证据，经查：于某的辩护人提交的民事裁判文书、执行法律文书等证据证明的中济律所因涉及经济纠纷案件，被相关法院强制执行的情况均发生在2010年9月17日之后。而根据于某的辩护人提交的协议书的内容，"中济律所于2010年9月17日将集宁皮革公司交付的提存款人民币600万元全部交博达恒运公司代为保管"。根据辩护人提交的证据，于某将保证金交给王某发生在前，强制执行发生在后，且时间相隔甚远，无法反映出转款行为与中济律所被强制执行有任何关联，更谈不上转款是为了避免被强制执行。而于某的辩护人提交的协议书的内容与在案证据证明的情况也不相符。在案证据证明，于某于2010年9月15日收到张某、范某某的保证金人民币450万元后，于9月16日就将450万元汇入王某的银行账户，而张某先前缴纳的保证金人民币150万元仍在于某处。于某的辩护人提交的协议书中"提存款人民币600万元全部交博达恒运公司代为保管"的内容与此明显不相符。此外被害人张某、范某某将保证金人民币600万元交由于某保管是为了在王某依照合同履行融资义务之前保证资金的安全。如于某在张某、范某某缴纳保证金之前就知道中济律所和其存在可能被法院强制执行的情况，于某应明确告知张某、范某某并立即退还相关保证金，方能"保证被害人钱款的安全，维护被害人的利益"。而在案证据证明，于某在收到被害人钱款后的第二天就与王某伙分了该笔钱款，正是于某的行为使得被害人不仅未实现融资的目的，保证金又被王某和于某非法占有，受到了重大的损失。于某不仅未保证被害人的利益，更是直接侵吞被害人钱款，损害了被害人的利益。被告人于某的辩护人向法庭宣读、出示的民事裁判文书、执行法律文书等证据与本案事实没有关联性，向法庭宣读、出示的协议书所证明的内容不具有真实性。

综上，于某提出的证据的证明力不足，无法反驳从基础事实推定出的其具有非法占有目的的事实。

第七章
组织、领导传销活动罪

第一节　组织、领导传销活动罪概述

一、组织、领导传销活动罪概念及构成要件

组织、领导传销活动罪，是指行为人组织、领导以推销商品、提供服务等经营活动为名，要求参加者以缴纳费用或者购买商品、服务等方式获得加入资格，并按照一定顺序组成层级，直接或者间接以发展人员的数量作为计酬或者返利依据，引诱、胁迫参加者继续发展他人参加，骗取财物，扰乱经济社会秩序的传销活动的行为。本罪侵犯的是复杂客体，主要侵犯经济管理秩序，也侵犯公民的财产权利和社会管理秩序。客观方面表现为组织领导传销活动的行为。犯罪主体是传销活动的组织者、领导者，既可以是个人，也可以是单位。主观方面只能由故意构成，并且具有非法牟利的目的。

二、组织、领导传销活动罪案件审理情况

近年来，在国际金融危机与国内金融政策、互联网的飞速发展等多种因素的影响下，民间资金流动异常活跃，同时由于缺乏相应的监管，加之操作不规范以及以借贷为名的高利贷推波助澜，还有部分人员的盲目逐利，致使组织、领导传销活动等涉众型经济犯罪案件呈递增的态势。组织、领导传销活动罪作为涉众型经济犯罪中的一种，由于涉案人数众多、涉案金额巨大，直接侵害了广大人民群众的切身利益，因而对经济发展和社会稳定造成了极大的破坏。审理发现，此类案件数一直在高位运行，标的额大，损失大，涉及当事人多、面广，犯罪类型多样化，法院审理周期长，各地量刑不均衡、判决主文对财产刑的表述凌乱，财产刑执结率低，承办法官压力大。造成审理中的罪名认定困难、证据复杂难固定、涉案财产难追索、难处理等问题的原因，既有社会方面的因素，也因为法院内部的审判、执行部门，外部与公安机关、检察机关等部门未能有效衔接，且相关法律、司法解释滞后，重证据保全轻财产处置、重判决轻执行的问题一直得不到缓解。故建议，法院内部应做到统一相关标准，加强部门沟通，采取多元化的执行方式；法院

外部要加强金融监管、规范引导融资借贷，强化准入企业的后续监管，打击虚假宣传，与时俱进强化网络监管，构建完整安全防范体系；同时公检法建立良好的沟通机制，强化证据意识，提高财产查控、赃款追缴效能，多管齐下，综合治理。

（一）受理案件数增长快，标的额大，损失大

从总体看，法院受理此类案件数量呈上升趋势，与此同时，涉案标的额也越来越大，由几亿元到几十亿元，乃至几百亿元不等。单笔涉案金额亦随之增大，且大案、要案突出，涉案金额一亿元以上的案件比较常见。此类犯罪给参与人造成严重损失，且损失惨重，大多血本无归。

（二）当事人多，涉及面广

此类犯罪涉及的当事人中被告人往往多达几个、十几个，因为该类犯罪需要多人协作完成；涉及的参与人更多，涉及面广，因为此类犯罪针对的是不特定的社会公众，参与人员有的多达几百万余人，遍及全国多个省、市、地区，甚至波及其他国家，包含了公务员、个体工商户、企业工人、公司职员、农村村民以及青壮年、老年人等社会各个阶层、各个年龄的人群。

（三）犯罪类型多种，犯罪形式多样

在新型组织、领导传销活动案件中，传销者往往打出"互联网+""建立网上商城"的旗号，喊出"大众创业、万众创新"的口号，通过网上注册、扫二维码等方式吸纳会员，给人造成一种来去自由的错觉，的确有别于限制人身自由的传统传销。另外，部分非法吸收公众存款犯罪与组织、领导传销活动犯罪交织在一起，比如，非法吸收公众存款中的静态收益与动态收益，静态收益就是存款的高息，动态收益就是通过拉人头拿提成，上级吃下级，即采用了传销的手段。总之，犯罪形式更加多样化，犯罪手段更具隐蔽性。

（四）审理周期长

此类案件的结案率远远低于其他刑事案件。主要原因：一是卷宗册数多，少则几十本，有的多达上百本，承办人需要一定的阅卷时间。二是涉及被告人多，开庭时间长；涉及参与人多，需接待来访。三是案情复杂，检察机关补查证据多，虽以补查两次为限，但用尽两次加上恢复审理的时间最长可达八个月。

（五）各地量刑不均衡，判决主文表述不一致

在组织、领导传销活动案件中，因组织、领导的传销活动人数庞大或者涉案金额巨大、造成恶劣社会影响等原因，均具备"情节严重"的加重处罚情节。但从量刑看，各地法院的量刑不均衡。判决主文表述不一致主要表现在财产刑的处理上，均体现地方特色：有的表述为"违法所得××元及孳息，上缴国库"；有的表述为"扣押的传销资金××元，依法予以没收，上缴国库"；有的表述为"被告人某某非法获利及传销资金余额继续追缴"；有的表述为"继续追缴各被告人的犯罪所得""扣押在案的被告人某某传销资金及违法所得款物，予以没收，上缴国库"等不一而足。对参与人的称谓五花八门，有

"被害人""投资人""集资人""集资参与人""参与人"等,对应的证据表述中有的称证言,有的叫陈述。

二、组织、领导传销活动罪案件热点、难点问题

（一）罪名交汇难认定

该类犯罪往往涉及非法吸收公众存款罪、集资诈骗罪、电信网络诈骗罪、非法经营罪等多个罪名,多个罪名存在交汇,如在非法吸收公众存款时,或许采取传销的手段,借用网络平台,亦可能存在非法占有的情形。司法实践中对上述几个罪名的认定存在分歧。

（二）证据复杂难固定

该类犯罪涉及人员多、记账简单或为了逃避法律的制裁不记账、资金往来方式多种多样,有现金、转账、微信、支付宝、POS 机等,大多借助网络手段,而网络证据大多是以光、电、磁等物理信号表示,存储于软盘、光盘、硬盘中的电子数据和文件,这些证据可能存储于不同的服务器、网址、电脑甚至外部存储器上,直观性弱,容易被篡改或破坏,从技术上难以查清,再加上被告人与参与人均基于利益最大化的考虑,说假话的可能性极大,还有警力资源、办案经费有限等,综合以上因素,侦查机关难以收集、固定证据,也为以后的审理工作埋下隐患。因为,到了审判阶段发现事实难以认定、证据不充分再补查时,已经事过境迁,失去查证的最好时机。

（三）刑民交叉难区分

现在的传销与传统的传销大不相同,特征不明显,比如,宣传、洗脑方式不再局限于集会、集中讲课,而是通过朋友圈、QQ 语音课堂、扫二维码等;使人加入传销也不局限于限制人身自由,网络传销看似来去自由;有的也看似具备网上商城、消费积分等经营手段。以上现象让人雾里看花,真假难辨。针对此类问题,虽有相关的司法解释或意见,但在司法实践中仍旧遇到了一些难题亟须解决。

（四）财产刑规定不具体,难处理

此类案件的财产若处理不当极易引发群体性信访事件。如何分配已扣押财产、如何追缴剩余财产,既涉及公检法的交接问题,也有审理与执行的衔接问题,还有如何做好参与人的工作问题。对犯罪物品的处理依据是刑法第六十四条,但该规定过于原则化,不具备可操作性,又无相应的具体解释,致使各法院对财产刑处理的表述不一,为处理财产埋下隐患。对传销资金是追缴后没收上缴国库还是返还参与人,抑或返还部分参与人有不同的理解。

（五）审判、执行信访难化解

近年来,该类犯罪案件中参与人的信访愈演愈烈,已成为各地法院的沉重负担。在巨大的切身利益面前,许多参与人根本听不进审判、执行人员的解释,根本不考虑案件的实际情况及相关程序,案件尚未在一审法院立案,参与人员即到法院门口聚集施压;

被告人刚刚上诉,参与人员已进省、进京上访。在参与人利益心态驱使下,此类案件审判尤其是执行信访地化解可谓异常艰难。

三、组织、领导传销活动罪案件审理思路及原则

（一）关于组织、领导传销活动罪存在诸多问题的原因

1. 社会方面

近年来,此类经济犯罪多发的原因主要有以下几点:

一是投资渠道狭窄,中小微企业融资难,部分群众盲目逐利。近年来,我国经济发展迅速,民间资金的持有量不断增长。但由于存款利率低、物价上涨快、保险市场没有得到普遍认同、股票、基金等投资项目技术含量、风险过高等原因,致使民众持有大量闲散资金,却苦于投资无门,同时,部分民众投资风险意识、法律意识淡薄,一旦有高息引诱便迷失自我,蜂拥而上,这在客观上为某些以诈骗钱财为目的的涉众型经济犯罪提供了契机。另一方面,金融机构为规避风险不断提高企业融资门槛,大部分中小微企业由于实力、规模等原因,普遍存在融资难的问题。这些企业往往很难从银行获得贷款,便用高息通过民间借贷筹资,初期也准备按照约定偿还本息,但是由于约定的利息远远高于经营的利润,这种饮鸩止渴的融资方式必然导致经营恶化或感到投资实体不如将从民间借贷筹资再高息借出,让钱生钱,或直接引入传销系统,以推销商品、提供服务等经营活动为名,要求参加者以缴纳费用或者购买商品、服务等方式获得加入资格,并按照一定顺序组成层级,直接或者间接以发展人员的数量作为计酬或者返利依据,引诱、胁迫参加者继续发展他人参加,骗取财物,最终的结果都是无法偿付高额利息后跑路、崩盘或演变为欺诈。

二是市场监督管理局、中小企业局、民政局、金融、网络、媒体等部门未能有效发挥其监管职能。主要体现在:首先,由于国家鼓励创业,公司、企业准入门槛低,市场监督管理部门疏于把关及后续管理,不法人员往往就会披着合法成立公司的外衣进行传销等活动,此类经营活动更具规模性、迷惑性;中小企业局、民政局等部门对惠农专业合作社等民间团体的登记审查不严,监管不力,导致一些不法分子打着干事创业、互助惠农的旗号,却做着传销的勾当。其次,金融监管乏力。个别金融监管部门对异常资金流动报备和调查不够及时,丧失了将此类经济犯罪扼杀于萌芽中的最佳时机。再次,网络管理存在漏洞。以虚拟货币为名的网络传销等利用网络进行的涉众型犯罪非常嚣张,而从目前来看,网络登记管理部门似乎对此既无能为力,也无所作为。还有,媒体对广告审核把关不够严。有些媒体为谋求经济利益,社会责任缺失,对投资广告内容不进行认真审核把关即予刊登、发布。

三是各职能部门未能形成合力。各监管部门之间缺乏紧密的协作配合,信息交流渠道不够通畅,与刑事司法对接不到位等,未能有效发挥预防作用。

2. 法院审理方面

针对此类经济犯罪的上述基本情况、特点及问题,基于法院的原因有以下几点:

一是法院未能与公安机关、检察机关统一认识、有效衔接,审理阶段认定事实难,也在一定程度上造成了执行难。"两高三部"推出的《关于推进以审判为中心的刑事诉讼制度改革的意见》（以下简称意见）已经实施,意见规定,侦查机关、人民检察院应当按

照裁判的要求和标准收集、固定、审查、运用证据；人民法院应当按照法定程序认定证据，依法作出裁判。但要告别过去的"侦查中心主义"到"以审判为中心"，绝非一朝一夕就能做到，也绝非法院一己之力所能完成，同时，鉴于此类经济犯罪案件纷繁复杂、证据难以收集固定的特点，再加上侦查机关的实际情况，若非公检法积极配合、有效沟通，在此类犯罪中，三家机关对证据的收集、固定、审查、认定等方面很难达成一致，即便能达成一致，也非短期内所能奏效。而目前法院与公安机关、检察机关缺乏相应的沟通平台及长效机制。再者，因财产处置机制不健全，公检法各部门只负责本部门工作阶段财产的处置工作，难以做到前后呼应，难以形成合力。这种用追诉犯罪的分工方法来解决不应分割的财产处置工作，既浪费司法资源，也导致财产价值贬损。对于应该在哪个阶段、由哪个部门主要去负责追赃减损，还没有统一认识，这既由我国刑法一直重打击犯罪、轻赔偿损失，没有明确规定追赃减损责任归属所致，也与部门存在保护主义，将处置财产可能性存在的风险尽量转移有关。

二是相关法律及司法解释滞后，量刑、财产处置标准笼统、缺失、不健全。在组织、领导传销活动罪中，区分罪与非罪的界限一般按照《立案追诉标准（二）》第七十条的规定，涉嫌组织、领导的传销活动人员在三十人以上且层级在三级以上的，应予立案追诉。"情节严重"，是本罪加重处罚情节。可以看出，该罪的入罪标准仅是一个参照标准，并无相关法律或司法解释的规定，效力较低，且入罪标准是人数加层级，然而，实践中，传销的组织者、领导者为了规避法律，借助新的科技手段，模糊了等级的概念。同时，加重情节中的"人数庞大""数额巨大""影响恶劣"难以操作。且对该罪的自由裁量范围过大，容易导致量刑不均衡，继而致使同一地市的被告人因此产生攀比。在财产处置方面，刑事诉讼法规定扣押、查封、冻结的目的更多是固定证据而非处置财产，存在较为严重的重保全证据轻财产处置的倾向。同时，关于财产处置的其他规定散见于各种规定中，如《人民检察院刑事诉讼规则》《公安机关办理刑事案件程序规定》《人民检察院扣押、冻结款物工作规定》《关于适用财产刑若干问题的规定》《最高人民法院关于刑事裁判涉财产部分执行的若干规定》等，但总体上这些规定都是从某一司法部门自身的工作出发，纷繁复杂，不成体系。

三是未能与法院内部执行部门有效衔接，执行方式僵化，造成执行不能。长期以来，刑事判决中关于财产刑部分，重判决、轻执行的问题一直存在，甚至存在除刑事附带民事判决外的其他刑事判决中涉及财产刑部分迟延移送执行乃至不移送执行的情形。审判部门与执行部门对判决书"继续追缴违法所得"的判项认识一直也不统一。在被告人挥霍违法所得的情况下，即使发现被告人有合法财产，执行部门也往往认为该财产不属于"违法所得"，因此不能追缴，两部门的认识不一致有时在一定程度上损害了被害人的利益。对于继续追缴与责令退赔两种手段，审判人员认为含义相同，执行部门认为应区别使用。再加上审判部门对判决主文中财产刑处理的表述不一，有时也让执行部门无所适从。

（二）思路与原则

1. 从法院内部来讲，当前要重点解决好以下问题

（1）基本原则要遵循。罪刑法定原则、罪责刑相适应原则等必须不折不扣地遵循。在这里，重点谈一下证据裁判原则。证据裁判原则，又称证据裁判主义，是指对于诉讼

中事实的认定,应依据有关证据作出,没有证据则不得认定事实。刑诉法第五十五条做了相应规定。众所周知,组织、领导传销活动罪涉及人员多、地域广,涉案证据的收集、固定、保管、移送、出示、质证、辨认、认证、认定等均存在有别于其他犯罪的困难。《最高人民法院、最高人民检察院、公安部关于办理非法集资刑事案件适用法律若干问题的意见》第六条规定,办理非法集资刑事案件中,确因客观条件的限制无法逐一收集集资参与人的言词证据的,可结合已收集的集资参与人的言词证据和依法收集并查证属实的书面合同、银行账户交易记录、会计凭证及会计账簿、资金收付凭证、审计报告、互联网电子数据等证据,综合认定非法集资对象人数和吸收资金数额等犯罪事实。《最高人民法院、最高人民检察院、公安部关于办理电信网络诈骗等刑事案件适用法律若干问题的意见》第六条第一项规定,办理电信网络诈骗案件,确因被害人人数众多等客观条件的限制,无法逐一收集被害人陈述的,可以结合已收集的被害人陈述,以及经查证属实的银行账户交易记录、第三方支付结算账户交易记录、通话记录、电子数据等证据,综合认定被害人人数及诈骗资金数额等犯罪事实。因组织、领导传销犯罪属于涉众型犯罪案件,收集全部参与人员证言存在客观不能,为保证打击犯罪与保障被告人权利,参考"两高"相关指导意见,可以结合平台全部数据、书面合同、转账记录、审计报告以及部分参与人员证言等予以综合认定犯罪数额。

(2)相关标准要统一。对组织、领导传销活动罪,积极推动将其纳入量刑规范化,对该罪财产刑的处理,是没收还是返还,还是部分返还的问题,积极探讨后形成初步意见,与同级检察机关沟通后,报请上级法院,适用同一标准。笔者建议,只要将案件定性为组织、领导传销活动罪,组织者、领导者均应定罪量刑,参与者虽未触犯刑法,但因其参与的是违法犯罪活动,故传销资金及相关获利、所谓投资均为违法所得理应没收,不宜区分,不应返还。

(3)审、执要有机结合。应当加强两部门之间的联系和沟通,在审理过程中,审理部门应从严从细地审核相关证据。同时,考虑执行能力,注意信息共享;在判决书的表述中,应当正确理解刑法第六十四条,对于存在被告人违法所得尚未完全追回的,应当写明继续追缴或责令退赔,且表述明确,用词及当事人称谓合法得当,不产生歧义;判决后应及时移送执行,为顺利执行打下基础。同时,执行部门也不应当僵化地理解执行依据,对于在执行阶段发现被告人可供执行财产的,应当依法执行。另外,对于财产处置较为复杂的案件,也可实行审、执人员共同"会诊立案""会诊保全"等措施,确保最终得以有效执行。

2. 从法院外部来讲,当前要重点解决好以下问题

(1)要加强金融监管,规范引导融资借贷。金融监管部门应严格执行大额交易和可疑交易报告制度,随时监控公司大额资金的流向及动态,发现异常情况及时提示公安机关立案侦查。金融企业要加大金融产品创新力度,开发符合企业、公众需求的金融理财产品,正确引导民间资金流向正规渠道。同时,改善金融服务,调整金融贷款结构,加大对小微企业的扶持力度,强化银行特别是大中型银行的社会责任。

(2)严格企业准入制度,强化后续监管。国家鼓励大家干事创业,降低企业、民间团体准入门槛,但并非放任不管,也不是一批了之,任其随意发展。市场监督管理局、中小企业局、民政局等部门应严格执行公司登记、企业准入、民间团体审批等制度,随时关注公司的运营情况、资产状况,民间团体是否按照既定章程运营,对虚假注册、违

规经营的公司、企业、民间团体，就应取缔，若发现犯罪线索，及时向有关部门通报。

（3）打击虚假宣传。对于协助犯罪分子进行虚假宣传、蛊惑人心的新闻媒体，应由市场监督管理部门对其进行行政处罚。随着科技的发展，不法分子进行虚假宣传所借助的平台多种多样，比如朋友圈、QQ语音等，应加强对此类平台的监管。以上诸情形若触及刑律，应追究相关人员的刑事责任。

（4）强化网络监管，有效保全财产。侦查机关可以借鉴部分发达国家的经验做法，构筑此类经济犯罪预警机制，对金融系统中流动的资金进行监控，及时发现、跟踪可疑资金交易，为预防此类经济犯罪及时提供信息。同时积极构建刑侦、治安、技侦、网监等多警种协同作战打击经济犯罪组织网络，构建大范围多层次经济安全防范体系。

3. 从法院内部与外部结合来讲，当前要重点解决好以下问题

（1）与公安机关、检察机关建立良好的沟通机制，强化证据意识，提高财产查控、赃款追缴效能。建立健全公安机关、检察机关、法院之间的沟通协调机制，可通过政法委牵头召开公、检、法联席会议或案情会商等形式，就此类经济犯罪的态势及时交流信息、通报情况。对于重大组织、领导传销罪，公、检、法要联手提前拟定工作预案，对证据的查证、认定统一到刑事诉讼法上来，追缴被告人赃款，查控被告人财产，掌握参与人动态，既要加大侦办破案力度，又要尽可能地防止涉案财产被转移、流失。

（2）加大宣传教育力度，增强人们在借贷、投资过程中的法律意识。对审理此类经济犯罪案件中发现的问题进行深入总结、分析，借助新闻媒体、报纸杂志、网络等平台，通过发布典型案例、以案说法、司法建议等方式，将相关风险信息及时向社会公众进行披露，加强宣传教育，提高公民的法律意识和风险意识，同时，加强对年轻人的孝道教育，让年轻人多关爱自己的老人，因为相比年轻人来讲，老年人的风险意识、法律意识更差，在部分该类犯罪中，老年人往往成为被骗的对象，很多是由于被告人的小恩小惠、多次上门关心服务、甜言蜜语等，使老人空虚的心灵受到慰藉，继而上当受骗。

（3）加强综合治理，增强全局意识。追逐利益是人的本性，因组织、领导传销罪是涉众型经济犯罪案件，是一个社会问题，系统工程，仅靠法院单打独斗不能有效解决，需要相关职能部门相互沟通和协调，互相合作。法院在审理此类经济犯罪案件时，在查明事实的基础上，根据犯罪规模的大小、参与人员的多少、对社会经济秩序破坏的程度以及各被告人所起的作用等情形，或严惩、或从轻、或教育，做到宽严相济，增强打击犯罪活动的有效性。政府各职能监管部门应切实履行监管职责，落实相关制度，因地制宜、与时俱进地提升综合监管能力，如发现存在组织、领导传销、非法吸收公众存款、集资诈骗等犯罪情形，要及时向公安部门通报情况。对此类涉嫌刑事犯罪的案件，公安机关应及时立案，尽快追赃，力争将损失降到最低限度。只有发挥各职能部门的联动作用，全社会齐心协力、齐抓共管，才能真正收到实效，以维护社会治安局势稳定和金融秩序安全，促进经济社会健康发展。

第二节　组织、领导传销活动罪审判依据

　　1994年8月国家工商行政管理局颁布了《关于制止多层次传销活动中违法行为的通告》，首次对多层次传销的相关问题进行归纳与总结。1997年1月10日，国家工商行政管理局颁布了《传销管理办法》，对多层次传销、单层次传销等问题作出界定。1998年4月18日国务院下发《关于禁止传销经营活动的通知》，要求对传销和变相传销行为，由工商行政管理机关依据国家有关规定予以认定并进行处罚。对利用传销进行诈骗，推销假冒伪劣产品、走私产品以及进行邪教、帮会、迷信、流氓等活动的，由有关部门予以查处；构成犯罪的，移送司法机关依法追究刑事责任。2000年8月13日国务院办公厅转发了工商局、公安部、人民银行《关于严厉打击传销和变相传销等非法经营活动的意见》，明确了公安机关要严格按照《公安部关于严厉打击以传销和变相传销形式进行犯罪活动的通知》精神，依法严厉打击以传销、变相传销形式进行非法经营、集资诈骗、非法吸收公众存款等违法犯罪活动。2001年3月29日由最高人民法院审判委员会第1166次会议通过《关于情节严重的传销或者变相传销行为如何定性问题的批复》。2005年11月1日施行的国务院《禁止传销条例》对何谓传销行为[①]予以规定。2009年2月28日第十一届全国人民代表大会常务委员会第七次会议通过的《中华人民共和国刑法修正案（七）》对组织、领导传销活动的行为规定为犯罪，规制传销活动的组织者、领导者，以维护经济社会秩序的稳定。《最高人民检察院、公安部〈关于公安机关管辖的刑事案件立案追诉标准的规定（二）〉》对组织、领导传销活动罪立案标准作出规定。2013年11月14日最高人民法院、最高人民检察院、公安部颁布《关于办理组织领导传销活动刑事案件适用法律若干问题的意见》，阐明了传销组织层级及人数、传销活动有关人员的认定和处理、骗取财物的认定、情节严重的认定、团队计酬行为的处理、罪名适用等问题。

一、法律

《中华人民共和国刑法》（2020年12月26日修正）

　　第二百二十四条之一　组织、领导以推销商品、提供服务等经营活动为名，要求参加者以缴纳费用或者购买商品、服务等方式获得加入资格，并按照一定顺序组成层级，直接或者间接以发展人员的数量作为计酬或者返利依据，引诱、胁迫参加者继续发展他人参加，骗取财物，扰乱经济社会秩序的传销活动的，处五年以下有期徒刑或者拘役，并处罚金；情节严重的，处五年以上有期徒刑，并处罚金。

[①]《禁止传销条例》具体归纳了传销行为：（一）组织者或者经营者通过发展人员，要求被发展人员发展其他人员加入，对发展的人员以其直接或者间接滚动发展的人员数量为依据计算和给付报酬（包括物质奖励和其他经济利益，下同），牟取非法利益的；（二）组织者或者经营者通过发展人员，要求被发展人员交纳费用或者以认购商品等方式变相交纳费用，取得加入或者发展其他人员加入的资格，牟取非法利益的；（三）组织者或者经营者通过发展人员，要求被发展人员发展其他人员加入，形成上下线关系，并以下线的销售业绩为依据计算和给付上线报酬，牟取非法利益的。

二、刑事政策文件

1.《最高人民检察院法律政策研究室关于1998年4月18日以前的传销或者变相传销行为如何处理的答复》（2003年3月21日 〔2003〕高检研发第7号）

湖南省人民检察院研究室：

你院《关于1998年4月18日以前情节严重或特别严重的非法传销行为是否以非法经营罪定罪处罚问题的请示》（湘检发公请字〔2002〕02号）收悉。经研究，答复如下：

对1998年4月18日国务院发布《关于禁止传销经营活动的通知》以前的传销或者变相传销行为，不宜以非法经营罪追究刑事责任。行为人在传销或者变相传销活动中实施销售假冒伪劣产品、诈骗、非法集资、虚报注册资本、偷税等行为，构成犯罪的，应当依照刑法的相关规定追究刑事责任。

2.《最高人民法院、最高人民检察院、公安部关于办理组织领导传销活动刑事案件适用法律若干问题的意见》（2013年11月14日 公通字〔2013〕37号）

各省、自治区、直辖市高级人民法院，人民检察院，公安厅、局，解放军军事法院、军事检察院，新疆维吾尔自治区高级人民法院生产建设兵团分院，新疆生产建设兵团人民检察院、公安局：

为解决近年来公安机关、人民检察院、人民法院在办理组织、领导传销活动刑事案件中遇到的问题，依法惩治组织、领导传销活动犯罪，根据刑法、刑事诉讼法的规定，结合司法实践，现就办理组织、领导传销活动刑事案件适用法律问题提出以下意见：

一、关于传销组织层级及人数的认定问题

以推销商品、提供服务等经营活动为名，要求参加者以缴纳费用或者购买商品、服务等方式获得加入资格，并按照一定顺序组成层级，直接或者间接以发展人员的数量作为计酬或者返利依据，引诱、胁迫参加者继续发展他人参加，骗取财物，扰乱经济社会秩序的传销组织，其组织内部参与传销活动人员在三十人以上且层级在三级以上的，应当对组织者、领导者追究刑事责任。

组织、领导多个传销组织，单个或者多个组织中的层级已达三级以上的，可将在各个组织中发展的人数合并计算。

组织者、领导者形式上脱离原传销组织后，继续从原传销组织获取报酬或者返利的，原传销组织在其脱离后发展人员的层级数和人数，应当计算为其发展的层级数和人数。

办理组织、领导传销活动刑事案件中，确因客观条件的限制无法逐一收集参与传销活动人员的言词证据的，可以结合依法收集并查证属实的缴纳、支付费用及计酬、返利记录，视听资料，传销人员关系图，银行账户交易记录，互联网电子数据，鉴定意见等证据，综合认定参与传销的人数、层级数等犯罪事实。

二、关于传销活动有关人员的认定和处理问题

下列人员可以认定为传销活动的组织者、领导者：

（一）在传销活动中起发起、策划、操纵作用的人员；

（二）在传销活动中承担管理、协调等职责的人员；

（三）在传销活动中承担宣传、培训等职责的人员；

（四）曾因组织、领导传销活动受过刑事处罚，或者一年以内因组织、领导传销活动

受过行政处罚，又直接或者间接发展参与传销活动人员在十五人以上且层级在三级以上的人员；

（五）其他对传销活动的实施、传销组织的建立、扩大等起关键作用的人员。

以单位名义实施组织、领导传销活动犯罪的，对于受单位指派，仅从事劳务性工作的人员，一般不予追究刑事责任。

三、关于"骗取财物"的认定问题

传销活动的组织者、领导者采取编造、歪曲国家政策，虚构、夸大经营、投资、服务项目及盈利前景，掩饰计酬、返利真实来源或者其他欺诈手段，实施刑法第二百二十四条之一规定的行为，从参与传销活动人员缴纳的费用或者购买商品、服务的费用中非法获利的，应当认定为骗取财物。参与传销活动人员是否认为被骗，不影响骗取财物的认定。

四、关于"情节严重"的认定问题

对符合本意见第一条第一款规定的传销组织的组织者、领导者，具有下列情形之一的，应当认定为刑法第二百二十四条之一规定的"情节严重"：

（一）组织、领导的参与传销活动人员累计达一百二十人以上的；

（二）直接或者间接收取参与传销活动人员缴纳的传销资金数额累计达二百五十万元以上的；

（三）曾因组织、领导传销活动受过刑事处罚，或者一年以内因组织、领导传销活动受过行政处罚，又直接或者间接发展参与传销活动人员累计达六十人以上的；

（四）造成参与传销活动人员精神失常、自杀等严重后果的；

（五）造成其他严重后果或者恶劣社会影响的。

五、关于"团队计酬"行为的处理问题

传销活动的组织者或者领导者通过发展人员，要求传销活动的被发展人员发展其他人员加入，形成上下线关系，并以下线的销售业绩为依据计算和给付上线报酬，牟取非法利益的，是"团队计酬"式传销活动。

以销售商品为目的、以销售业绩为计酬依据的单纯的"团队计酬"式传销活动，不作为犯罪处理。形式上采取"团队计酬"方式，但实质上属于"以发展人员的数量作为计酬或者返利依据"的传销活动，应当依照刑法第二百二十四条之一的规定，以组织、领导传销活动罪定罪处罚。

六、关于罪名的适用问题

以非法占有为目的，组织、领导传销活动，同时构成组织、领导传销活动罪和集资诈骗罪的，依照处罚较重的规定定罪处罚。

犯组织、领导传销活动罪，并实施故意伤害、非法拘禁、敲诈勒索、妨害公务、聚众扰乱社会秩序、聚众冲击国家机关、聚众扰乱公共场所秩序、交通秩序等行为，构成犯罪的，依照数罪并罚的规定处罚。

七、其他问题

本意见所称"以上""以内"，包括本数。

本意见所称"层级"和"级"，系指组织者、领导者与参与传销活动人员之间的上下线关系层次，而非组织者、领导者在传销组织中的身份等级。

对传销组织内部人数和层级数的计算，以及对组织者、领导者直接或者间接发展参与传销活动人员人数和层级数的计算,包括组织者、领导者本人及其本层级在内。

第三节 组织、领导传销活动罪审判实践中的疑难新型问题

问题1. 如何认定组织、领导传销活动罪

【刑事审判参考案例】危某某组织、领导传销活动案①

一、基本案情

"珠海市林友盛贸易有限公司"是一家在珠海没有任何工商登记资料,并假借网络连锁在深圳市宝安区龙华镇大肆发展人员,积极从事非法传销活动的假公司。"珠海市林友盛贸易有限公司"衍生出"珠海市昌康盛贸易有限公司""珠海市合鑫盛贸易有限公司""珠海市康紫源贸易有限公司""珠海市危友军贸易有限公司""珠海市秦粤贸易有限公司"等传销公司,这些公司按照传销人员在公司中各自发展的人数(包括下线及下下线的人数总和)来确定这些传销人员的等级地位。具体确定等级的标准是:发展1~2人属于一级传销商;发展3~9人属于二级传销商;发展10~59人属于三级传销;发展60~240人属于四级传销商;发展240人以上属于五级传销商。而注册传销公司的传销人员(传销公司的法人代表及股东)则必须达到"五级传销商"的资格,被称为传销"总裁"。根据该传销组织的内部规定,每个被发展进传销公司的人都必须先交3600元购买"钢煲"或"臭氧饮水机"一个(如果不要钢煲或饮水机,可以返还500元)。加入人员购买上述产品后,即取得该传销组织所谓的"营销权",即可以发展其下线人员,以此形成严密的人员网络,从中获取提成。另以"下线发展越多,提成越多"来诱骗新的人员参与传销活动。每介绍一人加入传销公司提成525元,被介绍人成为介绍人的下线;下线再介绍1人,介绍者可提成175元;下下线再发展1人,介绍者可提成350元;下线再发展1人,介绍者可获取280元。2006年,危某某通过其直接上线张某某的发展,加入了"珠海市林友盛贸易有限公司",在宝安区龙华街道以开展推销"钢煲""臭氧饮水机"等经营活动为名从事传销活动。经过发展下线及下下线,危某某已经成为传销公司珠海市康紫源贸易有限公司的法人代表,属于五级传销商,其利用传销公司名义直接发展下线及下下线241人以上,经营额至少为867600元。2010年8月12日,公安人员将危某某抓获归案。法院认为,危某某无视国家法律,组织、领导以销售商品等经营活动为名,要求参加者以缴纳费用或者购买商品等方式获得加入资格,并按照一定顺序划分等级,直接或者间接以发展人员的数量作为计酬或返利依据,引诱参加者继续发展他人参加,骗取财物、扰乱经济社会秩序的传销活动,其行为构成组织、领导传销活动罪。鉴于危某某走上传销犯罪道路系出于维持家庭生活的目的,可酌情从轻处罚。

---

① 姚辉、姜君伟撰稿,陆建纪审编:《危某某组织、领导传销活动案——如何认定组织领导传销活动罪》,载中华人民共和国最高人民法院刑事审判第一、二、三、四、五庭主办:《刑事审判参考》2011年第4集(总第81集),法律出版社2012年版,第1~19页。

一审裁判结果

依照刑法第二百二十六条之一之规定，判决如下：危某某犯组织、领导传销活动罪，判处有期徒刑二年，并处罚金人民币二千元。

一审宣判后，危某某提出上诉。

二审裁判理由及结果

法院经审理后认为，原判认定事实清楚，证据确实充分，定罪准确，量刑适当，审判程序合法。据此，裁定驳回上诉，维持原判。

二、主要问题

如何认定组织、领导传销活动罪？

三、裁判理由

近年来，传销或者变相传销活动屡禁不止，牵涉人数众多，涉案金额巨大，严重危害到社会主义市场经济秩序和社会管理秩序。为遏制传销活动迅猛、猖獗的发展态势，国务院先后发布了《关于禁止传销经营活动的通知》（以下简称通知）、《禁止传销条例》。2001年4月，最高人民法院发布的《关于情节严重的传销或变相传销行为如何定性问题的批复》将通知发布以后的传销或者变相传销行为纳入非法经营罪的范畴，在一定程度上解决了司法机关在办理传销案件过程中无法可依的问题。为了更有效地打击传销违法犯罪活动，2009年2月通过的《刑法修正案（七）》在刑法第二百二十四条后增加一条，作为第二百二十四条之一，规定了组织、领导传销活动罪。本案被告人危某某实施的行为符合刑法第二百二十四条之一的规定，构成组织、领导传销活动罪。具体理由如下：

（一）危某某的行为符合组织、领导传销活动罪的客观特征组织、领导传销活动罪在犯罪的客观方面表现为，组织、领导传销活动，骗取财物，扰乱经济和社会秩序

该罪在客观方面有三个特征：（1）"经营"形式上具有欺骗性。传销组织所宣传的"经营"活动，实际上是以"经营"为幌子，有的传销组织甚至没有任何实际经营活动，根本不可能保持传销组织的运转，其许诺或者支付给成员的回报，来自成员缴纳的入门费。由于人员不可能无限增加，资金链必然断裂，传销组织人员不断增加的过程实际上也是风险不断积累和放大的过程，因此，传销活动在本质上具有诈骗性质。（2）计酬方式上，直接或者间接以发展人员的数量作为计酬或者返利依据。传销组织的参加者通过发展人员，再要求被发展者不断发展其他人员加入，形成上下线关系，并以下线发展的人数多少为依据计算和给付上线报酬。（3）组织结构上具有等级性。在传销组织中，一般根据加入的顺序、发展人员的多少分成不同的等级。每个人都有一定的级别，只有发展一定数量的下线以后才能升级，由此呈现底大尖小的"金字塔形"结构。本案中，危某某系"珠海市康紫源贸易有限公司"的法定代表人，该公司系按照传销人员在公司中各自发展的人数（包括下线及下下线的人数总和）来确定传销人员的等级地位。每个被发展进传销公司的人都必须先交钱购买产品，之后即取得该传销组织所谓的"营销权"，就可以发展其他人员加入，以此形成严密的人员网络，从中获取提成。以"下线发展越多，提成越多"来诱骗新的人员参与传销活动，该公司在组织结构上具有明显的层级性，并呈"金字塔形"，在计酬方式上完全以下线发展的人数多少为依据计算和给付上线报酬。所"经营"的"钢煲"或"臭氧饮水机"则是传销的幌子，本质上是借虚假的经营活动骗取他人的"入门费"，危某某所实施的行为符合组织、领导传销活动罪的客观

特征。

（二）危某某符合组织、领导传销活动罪的主体特征

组织、领导传销活动罪的犯罪主体包括一般自然人和单位，危某某属于一般自然人主体。组织、领导传销活动罪的主体必须是传销活动的组织、领导者。根据最高人民检察院、公安部于2010年5月7日发布的《关于公安机关管辖的刑事案件立案追诉标准的规定（二）》的规定，传销活动的组织者、领导者是指在传销活动中起组织、领导作用的发起人、决策人、操纵者，以及在传销活动中担负策划、指挥、布置、协调等重要职责，或者在传销活动实施中起到关键作用的人员。本案中，危某某虽然不是传销活动的最初发起、策划者，但他通过发展下线和下下线，已经成为"珠海市康紫源贸易有限公司"的法定代表人，属于五级传销商，其利用传销公司的名义直接发展下线及下下线241人以上，经营额至少为867600元，属于在所实施的传销活动中起骨干、领导作用的人，符合组织、领导传销活动罪的主体特征。顺便指出，对于参与传销活动的一般人员应当如何处理，有的观点认为，应以非法经营罪定罪处罚。我们认为，这种主张不符合立法精神，容易造成打击面过大，激化矛盾。传销犯罪是一种"涉众型"的经济犯罪，在组织结构上通常呈现出金字塔形的特点，司法实务中应当贯彻宽严相济的刑事政策精神，根据传销活动参与者的地位、作用，科学合理地划定打击对象的范围：对于在传销网络建立、扩张过程中起组织、策划、领导作用的首要分子给予刑事处罚；对于并非策划、发起人，但积极加入其中，并在由其实施的传销活动中起组织、领导、骨干作用的，也应以组织者、领导者追究刑事责任；对于参与传销活动的一般人员则可以通过行政处罚、教育遣散等方式进行处理，不宜追究刑事责任。

（三）本案的法律适用问题

危某某实施的犯罪行为从2006年直至2010年8月，而《刑法修正案（七）》公布实施日为2009年2月28日，在修正案公布前的组织、领导传销活动行为是以非法经营罪定罪的。对于开始于刑法修正案施行日以前，连续到刑法修正案施行日以后的犯罪，该如何适用法律？《最高检关于对跨越修订刑法施行日期的继续犯罪、连续犯罪以及其他同种数罪应如何具体适用刑法问题的批复》（高检法释字［1998］6号）规定，对于开始于1997年9月30日以前，连续到1997年10月1日以后的连续犯罪，当罪名、构成要件、情节以及法定刑已经变化的，应当适用修订刑法，一并进行追诉，但是修订刑法比原刑法所规定的构成要件和情节较为严格，或者法定刑较重的，在提起公诉时应当提出酌情从轻处理意见。本案属于跨越刑法修正案实施日期的连续犯罪，在适用法律时可以参照该批复的精神。首先，危某某实施的犯罪行为属于在刑法修改前后的连续犯罪，虽然罪名、构成要件及法定刑发生了变化，但仍应当适用修订后的刑法，即认定为组织、领导传销活动罪。其次，比较刑法修正前后的两个罪名，非法经营罪"情节严重的"处五年以下有期徒刑或者拘役，并处或者单处罚金，而组织、领导传销活动罪"情节严重的"处五年以上有期徒刑并处罚金。组织、领导传销活动罪要比非法经营罪重，故在对危某某定组织、领导传销活动罪后，量刑时应酌情从轻处罚。综上，原审法院对危某某以组织、领导传销活动罪判处有期徒刑二年，并处罚金二千元的刑罚是适当的。

问题2. 在传销案件中如何认定组织、领导传销活动主体及罪名如何适用

【刑事审判参考案例】王某组织、领导传销活动案[①]

一、基本案情

2006年10月以来，被告人王某某同他人在固始县城关，以高额回报为诱饵，积极拉拢他人以人民币（以下币种同）3200元的价格购买伊珊诗深层保湿化妆品，成为武汉新田保健品有限公司的会员，在取得会员资格后，王某以阶梯状经营模式迅速发展下线，其发展的下线有80余人，违法所得数额20万余元。

二、裁判理由

固始县人民法院认为，被告人王某组织、领导传销活动，严重扰乱市场秩序，其行为构成组织、领导传销活动罪。固始县人民检察院指控王某犯组织、领导传销活动罪的罪名成立，予以支持。王某的辩护人所提辩护意见，与本案已经查明的事实相符，应予采信。

三、裁判结果

依照《中华人民共和国刑法》第二百二十四条之一、第七十二条第一款、第七十三条之规定，固始县人民法院以被告人王某犯组织、领导传销活动罪，判处有期徒刑一年，缓刑二年，并处罚金人民币一千元。

一审法院宣判后，被告人王某未提出上诉，公诉机关也未抗诉，判决已发生法律效力。

四、实务专论

（一）关于组织、领导传销活动罪中组织、领导行为的认定

由于传销活动本质是一种层级性、金字塔式的诈骗活动，涉案人员多、等级复杂，传销组织中只有极少部分人员是受益者，其余绝大部分均是传销活动的受害者。因此，不能对所有传销人员均处以刑罚，而需要根据其在传销活动中的地位、作用，分别作出不同的裁决。根据刑法第二百二十四条之一的规定，对传销活动的组织者、领导者，应当依法追究其刑事责任。所谓传销活动的组织者、领导者，是指组织、领导传销组织的犯罪分子，是传销活动犯罪的首要分子；是在传销活动中起组织、领导作用的发起人、决策人、操纵人，以及在传销活动中担负策划、指挥、布置、协调等重要职责，或者在传销活动中起到关键作用的人员。

根据相关法律及司法解释的规定，结合近年来的司法实践，我们认为，对传销活动的组织、领导行为可以作如下理解：

1. "组织"行为。对本罪的组织者应当作限制解释，该罪与一般的集团犯罪不同，不处罚那些仅仅是传销的积极参加者，应当将组织者同积极参加者及一般的参与人员区分开来。在传销组织中，其组织者是指策划、纠集他人实施传销犯罪的人，即那些在传销活动前期筹备和后期发展壮大中起主要作用，同时获取实际利益的骨干成员，除此之外的人不应当作为组织者加以处理，以免扩大打击面，不利于突出对首要分子的制裁力度。

[①] 《王某组织、领导传销活动案——在传销案件中如何认定组织、领导传销活动主体及罪名如何适用》，载中华人民共和国最高人民法院刑事审判第一、二、三、四、五庭主办：《刑事审判参考》2013年第2集（总第91集），法院出版社2014年版，第13~17页。

2."领导"行为，主要是指在传销组织中居于领导地位的人员，对传销组织的活动进行策划、决策、指挥、协调的行为，也包括一些幕后组织者对传销组织的实际操纵和控制行为。传销组织的领导者主要是指在传销组织的层级结构中居于最核心的，对传销组织的正常运转起关键作用的极少数成员。对领导者的身份，应当从负责管理的范围、在营销网络中的层级、涉案金额三个方面综合认定。

基于上述分析，下列行为均属于组织、领导行为：为传销活动的前期筹备、初步实施、未来发展实施谋划、设计起到统领作用的行为；在传销初期，实施了确定传销形式、采购商品、制定规则、发展下线和组织分工等宣传行为；在传销实施过程中，积极参与传销各方面的管理工作，如讲课、鼓动、威逼利诱、胁迫他人加入行为；等等。

（二）关于组织、领导传销活动罪名的具体认定

罪与非罪的认定，重点是要理顺和区分以下两个层面的关系：

一是传销与单层次直销的关系问题。单层次直销是商品和服务的生产者将生产的产品通过专卖店或者营销人员直接把产品销售给终端客户，且给予服务的销售方式，是一种合法且受法律保护的经营行为。它与传销具有本质的区别，主要表现在以下几个方面：（1）是否以销售产品为企业营运的基础。直销以销售产品或者提供服务作为公司收益的来源。而传销则以拉人头牟利或者借销售伪劣或质次价高的产品变相拉人头牟利，有的传销甚至根本无销售产品可言。（2）是否收取高额入门费。单层次直销企业的推销员无须缴付任何高额入门费，也不会被强制认购货品。而在传销中，参加者通过缴纳高额入门费或者被要求先认购一定数量质次价高（通常情况下价格严重高于产品价值）的产品以变相缴纳高额入门费作为参与的条件，进而刺激下线人员不择手段地拉人加入以赚取利润。（3）是否拥有经营场所。单层次直销企业都有自己的经营场所，有自己的产品和服务，销售人员都直接与公司签订合同，其从业行为直接接受公司的规范与管理。而传销的"经营者"没有自己的经营场所，也没有从事销售产品或者提供服务的经营活动，只是假借"经营活动"骗取他人信任和逃避有关机关的管理和打击，通过收取高额入门费为整个传销组织的组织者和领导者攫取暴利，其本身不会产生任何的利润和收益，也不会为国家和社会创造任何的经济价值。（4）是否遵循价值规律分配报酬。单层次直销企业的工作人员主要通过销售商品、提供服务获取利润，其薪酬的高低主要与工作人员的销售业绩相挂钩。而通过以高额回报为诱饵招揽人员从事"变相销售"的传销行为，因为其不存在销售行为，故不会产生任何的销售收入，其报酬全部来源于高额的会员费。更主要的是，并非所有传销人员都能够获取报酬，从整体上看，只有处于组织核心和顶层的领导者和组织者才能获取暴利，其余人员均是损失的承担者，不会获取任何收入。（5）是否具有完善的售后服务保障制度。单层次直销企业作为正规经营的经济体，有合格、规范、快捷的售后服务操作流程，通常能够为顾客提供完善的退货保障。而传销活动绝大部分没有产品和服务，即便提供也通常强制约定不可退货或者退货条件非常苛刻。再者，传销组织一般也不会设立专门的售后服务部门，消费者已购的产品难以退货，遇到质量问题也得不到解决，消费者退货和投诉无门的情况普遍存在。（6）是否实行制度化的人员管理。单层次直销形式下，企业对工作人员的管理模式正规、科学，有健全的工会组织，充分尊重人员的自由，保障员工的合法权益。而在传销组织中，上线主要通过非法拘禁、诱骗，甚至在某种情况下采取非常暴力的手段控制下线，并以此对下线产生威慑进而使其继续发展下线。因而在传销活动中，传销人员尤其是处于底层的人员没

有人身自由，合法权益难以得到保障。正因如此，传销活动往往诱发其他类型的犯罪，给正常的社会秩序和公民的生命财产安全带来严重影响。

二是区分传销行为与多层级直销行为（团体计酬）的罪名适用问题。从刑法第二百二十四条之一关于"直接或者间接以发展人员的数量作为计酬或者返利依据"的规定可以看出，组织、领导传销活动罪规制的是以"人头数"作为计酬标准的犯罪行为；而多层次直销的团体计酬方式则表现为上线以下线的销售业绩为依据计算报酬，而不是下线的人数。这一显著区别一方面体现出以上两种行为的不同；另一方面也表明多层次直销行为不在对传销活动的刑罚打击范围之内。根据《最高人民法院关于情节严重的传销或者变相传销行为如何定性问题的批复》的规定，对于多层次直销这种"团体计酬"的行为应当以非法经营罪定罪处罚。《刑法修正案（七）》施行之后，对于团体计酬行为是否以非法经营罪定罪处罚，目前还存在争议。因此，司法实践中有必要将传销行为与多层级直销行为（团体计酬）区别开来。

本案中，被告人王某自2006年至案发期间，发展下线达80余人，违法数额高达20万余元，属于"拉人头"计酬，明显区别于单层次直销的按销售计酬和多层次直销的团体计酬行为，符合组织、领导传销活动罪的构成特征，达到了追究刑事责任的标准，因而固始县人民法院以组织、领导传销活动罪追究王某的刑事责任是正确的。

问题3. 组织、领导传销活动尚未达到组织、领导传销活动罪立案追诉标准，但经营数额或者违法所得数额达到非法经营罪立案追诉标准的，能否以非法经营罪定罪处罚

【刑事审判参考案例】曾某某等非法经营案[①]

一、基本案情

2009年6月始，被告人曾某某租赁深圳市罗湖区怡泰大厦A座××××房为临时经营场所，以亮碧思集团（香港）有限公司发展经销商的名义发展下线，以高额回馈为诱饵，向他人推广传销产品、宣讲传销奖金制度。同时，曾某某组织策划传销，诱骗他人加入，要求被发展人员交纳入会费用，取得加入和发展其他人员加入的资格，并要求被发展人员发展其他人员加入，以下线的发展成员业绩为依据计算和给付报酬，牟取非法利益；被告人黄某某、罗某某、莫某某均在上述场所参加传销培训，并积极发展下线，代理下线或者将下线直接带到亮碧思集团（香港）有限公司缴费入会，进行交易，形成传销网络：其中曾某某发展的下线人员有郑某某、杨某1、王某某、杨某2、袁某某等人，杨某2向曾某某的上线曾某茹交纳人民币（以下未标明的币种均为人民币）20000元，袁某某先后向曾某某、曾某茹及曾某某的哥哥曾某建共交纳62000元；黄某某发展罗某某、莫某某和龚某玲为下线，罗某某、莫某某及龚某玲分别向其购买了港币5000元的产品；罗某某发展黄某梅为下线，黄某梅发展王某华为下线，黄某梅、王某华分别向亮碧思集

[①] 林福星、姜君伟撰稿、陆建红审编：《曾某某等非法经营案——组织、领导传销活动尚未达到组织、领导传销活动罪立案追诉标准，但经营数额或者违法所得数额达到非法经营罪立案追诉标准的，能否以非法经营罪定罪处罚（第865号）》，载中华人民共和国最高人民法院刑事审判第一、二、三、四、五庭主办：《刑事审判参考》2013年第3集（总第92集），法律出版社2014年版，第63~68页。

团（香港）有限公司交纳入会费港币 67648 元；莫某某发展龙某玉为下线，龙某玉发展钟某仙为下线，钟某仙发展周某花为下线，其中龙某玉向莫某某购买了港币 5000 元的产品，钟某仙、周某花分别向亮碧思集团（香港）有限公司交纳入会费港币 67648 元。2009 年 12 月 8 日，接群众举报，公安机关联合深圳市市场监督管理局罗湖分局将正在罗湖区怡泰大厦 A 座××××房活动的曾某某、黄某某、罗某某、莫某某等人查获。

一审裁判理由

深圳市罗湖区人民法院认为，被告人曾某某、黄某某、罗某某、莫某某从事非法经营活动，扰乱市场秩序，均构成非法经营罪，且属于共同犯罪。在共同犯罪中，曾某某积极实施犯罪，起主要作用，是主犯；黄某某、罗某某、莫某某均起次要作用，系从犯，且犯罪情节轻微，认罪态度较好，有悔罪表现，依法均可以免除处罚。曾某某犯罪情节较轻，有悔罪表现，对其适用缓刑不致再危害社会。

一审裁判结果

据此，依照《中华人民共和国刑法》第二百二十五条、第二十五条第一款、第二十六条、第二十七条、第七十二条之规定，深圳市罗湖区人民法院以非法经营罪判处被告人曾某某有期徒刑一年零六个月，缓刑二年，并处罚金一千元；以非法经营罪分别判处被告人黄某某、罗某某、莫某某免予刑事处罚。

宣判后，被告人曾某某不服，向深圳市中级人民法院提出上诉，并基于以下理由请求改判无罪：亮碧思（香港）有限公司有真实的商品经营活动，其行为不构成非法经营罪，也没有达到组织、领导传销活动罪的立案追诉标准。

二审裁判理由

深圳市中级人民法院经审理认为，上诉人曾某某与原审被告人黄某某、罗某某、莫某某的行为，应当认定为组织、领导传销活动行为，而不应以非法经营罪定罪处罚。鉴于现有证据不能证明曾某某、黄某某、罗某某、莫某某的行为已达到组织、领导传销活动罪的追诉标准，故其行为不应以组织、领导传销活动罪论处。曾某某的上诉理由成立。

二审裁判结果

据此，依照《中华人民共和国刑事诉讼法》第二百二十五条第一款第二项之规定，深圳市中级人民法院判决如下：

撤销深圳市罗湖区人民法院（2011）深罗法刑一重字第 1 号刑事判决；被告人曾某某、黄某某、罗某某、莫某某无罪。

二、实务专论

本案在审理过程中，对被告人行为的定性形成两种意见：一种意见认为，在《刑法修正案（七）》施行之后，对传销活动的刑法评价应当实行单轨制，即仅以是否符合组织、领导传销活动罪的构成特征进行评价，如果不符合该罪构成特征，就应当宣告无罪，而不能再以非法经营罪定罪处罚；另一种意见则主张双轨制，认为《刑法修正案（七）》规定了组织、领导传销活动罪，但并未明确取消非法经营罪的适用，对于传销活动，即使不符合组织、领导传销活动罪的构成特征，也仍然可以非法经营罪定罪处罚。

我们赞同前一种观点，应当对被告人宣告无罪，具体理由如下：

（一）从立法原意分析，对传销活动仅适用组织、领导传销活动罪，不再以非法经营罪定罪处罚

1. 关于传销活动的立法概况

传销活动对市场经济的危害严重，应当纳入刑法调整范围，这一点是毫无争议的。早在1998年，国务院印发的《关于禁止传销经营活动的通知》（国发〔1998〕10号）明确指出对传销经营活动必须坚决予以禁止。2001年4月10日，最高人民法院下发的《关于情节严重的传销或变相传销行为如何定性问题的批复》（现已废止）明确规定：对于国务院《关于禁止传销经营活动的通知》发布以后，仍然从事传销或变相传销活动，扰乱市场秩序，情节严重的，应当依照刑法第二百二十五条第四项的规定，以非法经营罪定罪处罚。此后一段时期，没有任何法律、法规对传销活动进行具体分类，对于组织、领导传销活动，情节严重，需要追究刑事责任的，一般都认定为刑法第二百二十五条截堵条款规定的"其他严重扰乱市场秩序的非法经营行为"，以非法经营罪定罪处罚。直至2005年8月23日，国务院颁布《禁止传销条例》，将传销活动概括为三种主要表现形式：（1）"拉人头"型，是指组织者或者经营者通过发展人员，要求被发展人员发展其他人员加入，对发展的人员以其直接或者间接滚动发展的人员数量为依据计算和给付报酬，牟取非法利益；（2）"骗取入门费"型，是指要求被发展人员交纳费用或者以认购商品等方式变相交纳费用，取得加入或者发展其他人员加入的资格，牟取非法利益；（3）"团队计酬"型，是指要求被发展人员发展其他人员加入，形成上下线关系，并以下线的（商品、服务）销售业绩为依据计算和给付上线报酬，牟取非法利益。然而，"拉人头"型、"骗取入门费"型传销活动，本质上不属于商业经营活动，审判实践中对此两类传销活动以非法经营罪定罪处罚的争议较大，各地法院实践中的做法不一，有的定非法经营罪，有的定诈骗罪、集资诈骗罪，还有的定非法吸收公众存款罪。这种混乱局面既不利于打击传销活动，也不利于维护司法的公正性、严肃性。因此，在《刑法修正案（七）》起草过程中，"拉人头"型、"骗取入门费"型传销活动的定性问题被纳入了《刑法修正案（七）》的立法建议，起草人员经过充分调研，在多方征求意见的基础上，专条规定了组织、领导传销活动的定性与处罚，并最终在2009年2月召开的全国人大常委会上通过。《刑法修正案（七）》第四条（刑法第二百二十四条之一）规定："组织、领导以推销商品、提供服务等经营活动为名，要求参加者以缴纳费用或者购买商品、服务等方式获得加入资格，并按照一定顺序组成层级，直接或者间接以发展人员的数量作为计酬或者返利依据，引诱、胁迫参加者继续发展他人参加，骗取财物，扰乱经济社会秩序的传销活动的，处五年以下有期徒刑或者拘役，并处罚金；情节严重的，处五年以上有期徒刑，并处罚金。"《最高人民法院、最高人民检察院关于执行〈中华人民共和国刑法〉确定罪名的补充规定（四）》将该条罪名确定为组织、领导传销活动罪。

2. 立法原意体现出对传销活动仅适用组织、领导传销活动罪

结合上述传销活动的立法情况，从立法原意分析，我们认为，对于客观表现为组织、领导"拉人头"型或者"骗取入门费"型的传销活动，只能以其是否符合组织、领导传销活动罪的构成特征来判断罪与非罪，不能按照《刑法修正案（七）》施行以前的做法，以非法经营罪定罪处罚，更不能在不具备组织、领导传销活动罪构成要件的情况下适用刑法第二百二十五条第四项即非法经营罪的兜底项定罪处罚。值得注意的是，根据《刑法修正案（七）》第四条的规定，组织、领导传销活动罪的客观行为中未包括"团队计

酬"型传销活动，实践中对于此类传销活动如何定性，存在一定争议。鉴于此种情况，最高人民法院、公安部联合出台的《关于办理组织领导传销活动刑事案件适用法律若干问题的意见》（以下简称意见）对"团队计酬"行为的处理进行了专门规定。意见第五条第一款对"团队计酬"式传销活动的概念进行了明确。该款规定："传销活动的组织者或者领导者通过发展人员，要求传销活动的被发展人员发展其他人员加入，形成上下线关系，并以下线的销售业绩为依据计算和给付上线报酬，牟取非法利益的，是'团队计酬'式传销活动。"意见第五条第二款对"团队计酬"式传销活动的定性进行了规定。该款规定："以销售商品为目的、以销售业绩为计酬依据的单纯的'团队计酬'式传销活动，不作为犯罪处理。形式上采取'团队计酬'方式，但实质上属于'以发展人员的数量作为计酬或者返利依据'的传销活动，应当依照刑法第二百二十四条之一的规定，以组织、领导传销活动罪定罪处罚。"

（二）曾某某等人的行为符合组织、领导传销活动罪的构成特征，但未达到相关立案追诉标准，故不构成组织、领导传销活动罪

本案中，曾某某等人实施了通过发展人员，要求被发展人员交纳费用或者以认购商品等方式变相交纳费用，取得加入或者发展其他人员加入的资格，牟取非法利益的传销行为。客观上符合组织、领导传销活动的行为特征。然而，依照《最高人民检察院、公安部关于公安机关管辖的刑事案件立案追诉标准的规定（二）》，组织、领导传销活动罪的立案追诉起点为"涉嫌组织、领导的传销活动人员在三十人以上且层级在三级以上的"。而现有证据显示本案涉嫌组织、领导的传销活动人员不足三十人。在一审阶段深圳市罗湖区人民法院曾建议罗湖区人民检察院就传销人员的人数和层级进行补充侦查。罗湖区人民检察院复函认为《刑法修正案（七）》对组织、领导传销活动罪作了规定，但未取消非法经营罪的适用，根据刑法第二百二十五条第四项及《最高人民法院关于情节严重的传销或变相传销行为如何定性问题的批复》的规定，曾某某等人的行为即使不构成组织、领导传销活动罪，也符合非法经营罪的构成特征，应当以非法经营罪定罪处罚，没有补充侦查必要。

针对上述法律适用问题，深圳市中级人民法院逐级层报请示，最高人民法院以刑他字第 56 号批复明确："对组织、领导传销活动的行为，如未达到组织、领导传销活动罪的追诉标准，行为人不构成组织、领导传销活动罪，亦不宜再以非法经营罪追究刑事责任。"据此，深圳市中级人民法院认为，本案被告人曾某某等人组织、领导的传销活动人员不足三十人，亦没有相应证据证明该传销体系的层级在三级以上，按照疑罪从无原则，依法改判被告人曾某某、黄某某、罗某某、莫某某无罪。

值得一提的是，本案经历了两次一审，两次二审。第一次一审判决结果如下：被告人曾某某犯非法经营罪，判处有期徒刑一年零六个月，并处罚金人民币五千元；被告人黄某某犯非法经营罪，判处有期徒刑一年，并处罚金人民币五千元；被告人罗某某犯非法经营罪，判处有期徒刑一年，并处罚金人民币五千元；被告人莫某某犯非法经营罪，判处有期徒刑一年，并处罚金人民币五千元。宣判后，被告人曾某某提出上诉，深圳市中级人民法院经审理认为原审判决认定事实不清，证据不足，裁定发回重审。深圳市罗湖区人民法院再审后，以非法经营罪判处被告人曾某某有期徒刑一年零六个月，缓刑二年，并处罚金人民币一千元；以非法经营罪分别判处被告人黄某某、罗某某、莫某某免予刑事处罚。被告人曾某某再次上诉，经再次二审被改判无罪。以上情况在一定程度上

反映出刑事审判人员需要勇于自我纠错，摒弃非正常消化案件的不适当观念，立足于罪刑法定原则和证据裁判原则，依法公正判决。

问题4. 非法传销过程中，携传销款潜逃的行为如何定性

【刑事审判参考案例】 袁某等集资诈骗案

一、基本案情

1999年6月，被告人袁某与齐致均（另案处理）预谋推行"保利得发售计划"，并在上海市恒丰路31号金峰大厦租借了场所。此后，齐致均和袁某先后纠集了龚某某、麻某某（另案处理）和被告人欧某某、李某等人来沪参与实施"保利得发售计划"，并以江苏丹徒龙山保利得商贸发展有限公司的名义，发表广告推出"保利得发售计划"，以定期还利、高额折让为名诱骗受害者，称凡以每份低于人民币380元的价格购买其提供的新大泽螺旋藻片、圣剑消毒洗手液、美国强生牌超氧矿磁化活水机等产品，即可填写《保利得发售登记表》并取得会员资格，进而可享受10天1次的定期高额折让还利。在虚假宣传和销售中，被告人欧某某负责向被害人宣传"保利得发售计划"；被告人李某为上海地区总监，负责收款发货及宣传"保利得发售计划"。自1999年6月至8月，"保利得发售计划"出售约1万份，销售金额约为人民币380万元。8月中旬，被告人袁某、欧某某、李某伙同齐致均、麻某某等人携骗取的人民币180余万元潜逃至南京，瓜分违法所得后各自逃逸。

一审裁判结果

依照《中华人民共和国刑法》第二百六十六条、第二十六条第一、四款、第二十七条、第六十四条之规定，于2001年5月24日判决如下：1. 被告人袁某犯诈骗罪，判处有期徒刑十一年，并处罚金人民币一万元；2. 被告人欧某某犯诈骗罪，判处有期徒刑七年，并处罚金人民币七千元；3. 被告人李某犯诈骗罪，判处有期徒刑五年，并处罚金人民币五千元；4. 追缴犯罪所得的赃款，发还被害人。

一审宣判后，三名被告人不服，上诉于上海市第二中级人民法院。上海市人民检察院第二分院提出：在1999年8月中旬以后，上诉人袁某经与齐致均等人商量，携款人民币180余万元潜逃至南京。此时，袁某主观上具有了非法占有的目的，并分得了巨额赃款，其行为构成了诈骗罪。判决驳回上诉人（原审被告人）袁某的上诉，维持上海市闸北区人民法院刑事判决主文第一项、第四项，即被告人袁某犯诈骗罪，判处有期徒刑十一年，并处罚金人民币一万元；追缴犯罪所得的赃款，发还被害人。

二、主要问题

非法传销过程中，携传销款潜逃的行为如何定性？

三、裁判理由

对于非法传销过程中，携传销款潜逃的行为，应以诈骗罪或者合同诈骗罪定罪量刑。非法传销和变相传销活动中，参与群众交纳的费用往往完全被组织者非法占有或支配，相当一部分不法分子仅将参与者交纳的小部分费用用于维持非法活动的运作，大部分转入个人账户，一旦难以为继或者罪行败露就携款潜逃。对于非法传销过程中携传销款潜逃的行为如何定性，司法实践中有不同意见。一种意见认为，传销或者变相传销具有向社会不特定公众非法募集资金的性质，行为人如果通过这种手段骗取公众钱款后携款潜

逃的，应以集资诈骗罪处理。我们认为，传销或者非法传销活动虽然具有价格欺诈等特征，但与非法集资行为存在区别：一是非法集资行为人往往是承诺以定期利息、红利等形式返还巨额利益相引诱；而传销的利益主要是靠传销人自己层层发展下线来获取，没有下线就没有利益。二是非法集资一般没有或者很少有货物经营行为；而传销行为存在货物买卖行为，基本上是上线低价买进再高价卖给下线。三是非法集资的结果往往是几个主要责任人骗取大量非法资金，受害人数众多；而传销中往往是最底层、最后发展的下线、加盟者遭受损失，上线和先加入者一般不会有损失。

因此，对于非法传销过程中携传销款潜逃的行为，没有侵犯金融管理秩序，主要侵犯的是传销参与者的财产权和市场经济秩序，因此应以诈骗罪或者合同诈骗罪定罪处罚。本案中，非法传销过程中，被告人袁某临时起意携款潜逃，其行为性质发生转化，构成诈骗罪。二审法院在查明案件事实的基础上，以诈骗罪对被告人袁某定罪处刑是正确的。

问题5. 利用传销性质组织实施网络交友诈骗的犯罪数额如何认定

【刑事审判参考案例】何某某等人诈骗案

一、基本案情

浙江省乐清市人民检察院指控被告人何某1、杨某某、徐某、孙某、唐某某、李某1、陶某某、普某某、吴某某、赵某1、赵某2、李某2、聂某某、刘某某、胡某某、邬某某、邱某某、曾某某、敖某某、何某2、于某某犯诈骗罪，向乐清市人民法院提起公诉。

2015年至2018年期间，被告人何某1、杨某某、徐某、于某某、孙某、唐某某、李某1、陶某某、普某某、吴某某、赵某1、赵某2、李某2、聂某某、刘某某、胡某某、邬某某、邱某某、曾某某、敖某某、何某2等人先后加入"广东姬珮诗化妆品有限公司"，该公司实行统一管理、集体吃住，分工明确，公司并无工商注册和生产、销售化妆品，通过拉人缴纳2900元会费的模式及网络聊天交友诈骗的方式运作。该公司组织严密，在江西省宜春市设立多个窝点，每个窝点大概20余名业务员，公司分总经理、经理、网上大主任、主任、主管、业务员等级别。被公安机关查获时，何某1是江西省宜春市袁州区东风大街202号×××室窝点主任，杨某某、徐某是江西省宜春市袁州区明月北路天福楼2栋2单元×××室窝点主任，孙某为主管，其余被告人均为业务员。在生活上，该公司安排窝点主任负责业务员的生活饮食起居，由公司购买生活必备用品。公司规定每个业务员需要每日上交7元伙食费，伙食费从诈骗所得中扣除。在业务上，成员加入公司后，公司对成员进行上课培训，传授诈骗方法，员工以传帮教的方式相互研究、学习诈骗手段。公司规定成员必须使用微信、QQ等通信软件与网友通过聊天交友的方式骗取信任，业务员之间互相配合冒充不同角色，以毁坏别人物品、生病需要治疗等各种"剧本"，索要话费、路费、生活费、医疗费等各种理由骗取网友钱财。每个业务员诈骗的钱财通过主任上交公司，用于维持公司正常运作。为逃避工商部门、公安部门的打击，公司内部大部分成员使用假名字，成员频繁更换窝点及诈骗使用的手机、微信、QQ。

被告人何某1从2015年9月24日加入诈骗集团，2018年三四月升为主任，其参与期间集团诈骗总金额至少281157.67元，担任主任期间集团诈骗总金额至少226761.24元。杨某某从2016年7月加入诈骗集团，2017年一二月份升为主任，其参与期间集团诈骗总金额至少281157.67元。徐某从2017年11月加入诈骗集团，2018年2月升为主任，其参与期间集团诈骗总金额至少 249656.34 元，其担任主任期间集团诈骗总金额至少 240003.83 元。于某某从 2017 年 7 月 25 日加入诈骗集团，其参与期间集团诈骗总金额至少 262717.55 元。孙某从 2016 年 7 月 7 日加入诈骗集团，2017 年 10 月升为主管，协助主任管理窝点事务，其参与期间集团诈骗总金额至少 281157.67 元。唐某某从 2016 年 4 月加入诈骗集团，其参与期间集团诈骗总金额至少 281157.67 元（其中 2017 年 10 月之前集团诈骗总金额 21900 余元）。李某 1 从 2017 年 5 月加入诈骗集团，其参与期间集团诈骗总金额至少 272230.47 元；陶某某从 2017 年 3 月加入诈骗集团，其参与期间集团诈骗总金额至少 27947.61 元。普某某从 2016 年 6 月 7 日加入诈骗集团，其参与期间集团诈骗总金额至少 281157.67 元。吴某某从 2017 年 7 月加入诈骗集团，其参与期间集团诈骗总金额至少 26297.76 元。赵某 1 从 2017 年 6 月加入诈骗集团，其参与期间集团诈骗总金额至少 267761.76 元。赵某 2 从 2017 年 9 月 26 日加入诈骗集团，其参与期间集团诈骗总金额至少 25868.31 元。李某 2 从 2017 年 9 月 20 日加入诈骗集团，其参与期间集团诈骗金额至少 25937831 元。聂某某从 2018 年 4 月 18 日加入诈骗集团，其参与期间集团诈骗总金额至少 187876.02 元，刘某某从 2018 年 6 月 24 日加入诈骗集团，其参与期间集团诈骗总金额至少 108044.38. 元。胡某某从 2017 年 10 月加入诈骗集团，其参与期间集团诈骗总金额至少 257652.07 元，邬某某从 2017 年 12 月 25 日加入犯罪集团，其参与期间集团诈骗总金额至少 240590.56 元。邱某某从 2017 年 9 月 7 日加入诈骗集团，其参与期间集团诈骗总金额至少 259863.35 元，曾付袭从 2018 年 2 月 9 日加入诈骗集团，其参与期间集团诈骗总金额至少 230613.14 元。敖某某从 2018 年 2 月 19 日加入诈骗集团，其参与期间集团诈骗总金额至少 229086.15 元。何某 2 从 2018 年 6 月 13 日加入诈骗集团，其参与期间集团诈骗总金额至少 137710.38 元。

另查明，案件审理期间，于某某退赃 1661 元，胡某某退赃 1300 元，邱某某退赃 73.38 元，曾某某退赃 682.18 元，敖某某退赃 614.92 元，何某 2 退赃 1287.85 元。

乐清市人民法院认为，被告人何某 1、杨某某、徐某、于某某、孙某、唐某某、李某 1、陶某某、普某某、吴某某、赵某 1、赵某 2、李某 2、聂某某、刘某某、胡某某、邬某某、邱某某、曾某某、敖某某、何某 2 以非法占有为目的，通过网络移动通信工具，虚构事实，骗取他人财物，数额巨大，行为均已构成诈骗罪。本案各被告人伙同他人为共同实施犯罪组成较为固定的犯罪组织，系犯罪集团。

二、裁判结果

综合本案犯罪事实、情节、危害后果及被告人认罪悔罪表现，依照刑法第二百六十六条、第二十六条、第二十七条、第六十七条第三款、第七十二条第一款及第三款、第七十三条第二款及第三款、第七十六条、第六十四条之规定，判决如下：被告人何某 1 犯诈骗罪，判处有期徒刑四年，并处罚金人民币一万六千元；被告人刘某某犯诈骗罪，判处有期徒刑十个月，并处罚金人民币四千元；被告人胡某某犯诈骗罪，判处有期徒刑一年八个月，缓刑二年，并处罚金人民币六千元。

宣判后，被告人未上诉，检察机关未抗诉。判决已发生法律效力。

三、主要问题

各被告人实施诈骗犯罪的数额应当如何认定？

四、裁判理由

本案在审理过程中，对各被告人实施网络交友诈骗的行为构成刑法上的诈骗罪并无异议，但对影响各被告人定罪及刑事责任问题的犯罪数额如何认定存在不同意见：一种观点认为，应以被告人参与或独立作案的数额认定；另一种观点认为，应以被告人参与期间团伙总体的犯罪数额作为其个人的犯罪数额。我们同意第二种观点。具体分析如下：

（一）本案属于集团犯罪

刑法第二十六条第二款规定，三人以上为共同实施犯罪而组成的较为固定的犯罪组织，是犯罪集团。集团犯罪是指由犯罪集团实施的犯罪。不同犯罪集团相关特征的显性程度有所不同，具体可以从组织性、人员数量、犯罪手段以及团伙意志等方面对集团犯罪进行分析。就本案而言，集团犯罪的特征较为明显。（1）组织性方面，该团伙分总经理、经理、网上大主任、主任、主管、业务员等级别，业务员的业务由主管进行管理，生活由窝点主任负责，并统一购买生活必备用品，对入伙成员收缴其个人手机、身份证、银行卡，发放作案用手机，为新入伙成员进行诈骗方法的学习培训，俗称"开上线会"，安排3人至4人一组，通过组内员工传帮教方式互相研究、学习诈骗方法，对新入伙但不愿意入伙的人员，安排专门人员24小时跟随，迫使其交纳入伙费等。（2）人员数量方面，该团伙在江西省宜春市设有数十个窝点，每个窝点约20个业务员。本案的办理中，侦查机关一次性抓获了60余名犯罪嫌疑人。（3）犯罪手段方面，该团伙的犯罪手段表现为骗人入伙和交友诈骗两个阶段，骗人入伙主要采取介绍工作等方式，将人骗至窝点，强迫收取2900元入伙费；交友诈骗主要通过冒充异性获取被害人信任，与被害人交友，继而索要话费、路费、生活费、救济费等。（4）团伙意志方面，该团伙犯罪意志集中，犯罪目的明确、稳定，就是通过传销和交友两种方式骗取钱财。

综合以上特征，可以明显看出，本案主要犯罪分子通过公司化运作，招募并控制多人，以传销和交友诈骗两套手段，形成了与实施犯罪相关的严格、成熟的规程，符合集团犯罪的特征。

（二）集团成员犯罪数额的确定

1. 本案犯罪集团成员的犯罪行为存在一定程度的交叉，传统的犯罪数额认定方式适用起来较为困难实践中，犯罪集团成员的作案方式五花八门。常见的有统合分工式作案、流水线式作案、帮派式作案等。统合分工式作案比如电商代运营合同诈骗案件，集团内部分广告部、销售部、售后部等部门，这些部门互相分工，共同实施合同诈骗行为。流水线式作案如招聘诈骗案，犯罪嫌疑人通过通信软件组织形成诈骗集团，由"外宣"发布虚假兼职招聘信息，通过"客服"以话术诈骗受害人，让受害人交纳会员费、入职费等费用，再通过"后台组"以培训费、退培训费押金等名义继续实施诈骗。帮派式作案主要存在于组织、领导、参加黑社会性质组织类的犯罪中。

本案中，犯罪集团成员的作案方式是一种交叉组合兼独立的作案方式。一开始集团成员之间采取的是组合兼独立的方式作案。3人至4人组成一个小组，小组成员既独立实施交友诈骗，骗取网友的钱财，又按照"剧本""打技巧"共同实施交友诈骗，在"打技巧"时，偶尔会让小组外的成员帮忙扮演角色。后犯罪集团为逃避打击，升级了作案手段，采取了交叉组合兼独立的作案方式。仍然是3人至4人组成一个小组实施诈骗，不同的是，小组成员经常流动，从一个窝点变换到另一个窝点，同时经常更换作案人员作案用的手机或手机微信账号，小组成员之间也经常进行人员变换。这种情形给司法机关认定某一被告人直接实施的犯罪数额带来了极大的困难。由于部分被告人有变换窝点情况，不能按照窝点认定犯罪数额；由于被告人之间交叉使用手机或微信账号，也不能根据手机账号对应被告人作案数额；由于被告人既有独立实施交友诈骗，也有组合实施交友诈骗，也不能笼统地对被告人分区按小组认定犯罪数额。以上犯罪数额的认定困难，使得司法实践亟须一种既符合刑法理论和法律规定，又相对而言具备可操作性的犯罪数额认定方式。

2. 通过确立集团犯罪的成员均构成犯罪的基本原则，将成员参与期间集团的犯罪数额作为认定成员犯罪数额的基础。一般团伙犯罪具有临时性、组织松散性特征，如聚众斗殴罪与聚众扰乱公共场所秩序罪，犯罪嫌疑人之间虽然结伙，有的还进行了一定的组织预谋，但是该类犯罪总体上能够以主、从犯的共同犯罪原理予以认定。而集团犯罪是在集团首脑领导下，基于类似公司制或帮会制的规章制度，为了明确的犯罪目的，聚拢一帮犯罪人员，按照专业的分工实施犯罪。随着集团犯罪案件的多发，尤其是网络集团犯罪案件的剧增，有必要重视集团成员之间有机统一体、共同体特征。从犯罪构成的角度而言，集团犯罪的成员均应构成犯罪。同样，在认定集团成员具体的刑事责任时，尤其是犯罪客观方面的犯罪数额时，也应将整个犯罪集团视为一个整体，逐一查实受整个犯罪集团诈骗的被害人情况及被骗财产数额，以此作为集团构成犯罪的依据。在此基础上，再认定各被告人在集团犯罪中的主犯、从犯地位，对各个被告人进行量刑上的个别评价。

本案中，各被告人的行为均属于集团犯罪的一部分，各被告人均直接实施对被害人的诈骗行为，可以将集团犯罪数额作为认定各被告人的犯罪数额。由于不同被告人加入集团的时间不同，故应以各被告人加入集团的时间作为起算点，分别计算各被告人加入集团后集团总的犯罪数额。对于中途退出的普通集团成员，原则上犯罪数额计算至其退出时点，因为后续集团的犯罪与其参与行为无刑法上的因果关系，对于中途退出的集团骨干成员，因为骨干成员的参与行为，其危害后果能够继续延伸，故除非其采取措施尽力消除其行为对犯罪集团的影响和作用，如及时向公安机关报警等，否则犯罪数额不计算至其退出时点。

同时，为解决个别参与人员参与时间较短、犯罪数额畸高的问题，在司法实践中应当注意以下两点：一是贯彻宽严相济的刑事政策，对于参与时间明显较短的，我们认为其产生犯罪的主观故意尚未形成，一般不认定犯罪。比如本案中的参与人员大多是被以介绍工作等借口骗至犯罪集团之中，一开始主观上对进行交友诈骗持反对态度，甚至个别人员反对的意愿十分强烈，在获得一定的机会之后，便逃离了犯罪集团。因此，在认定参与人员均构成犯罪的时候，应排除参与时间较短，主观故意尚不明确的参与人员。二是注意结合参与人员直接实施诈骗行为进行评价。对于未直接实施诈骗（如"公司"行政人员），或直接实施诈骗数额较小、行为较少的参与人员，应当认定为从犯，对其从轻、减轻或者免除处罚。

第八章
非法经营罪

第一节 非法经营罪概述

一、非法经营罪概念及构成要件

(一) 概念

非法经营罪,是指行为人违反国家规定,违反《中华人民共和国刑法》第二百二十五条规定的非法经营活动,扰乱市场秩序,情节严重的行为。

(二) 构成要件

1. 客体要件

非法经营罪侵犯的客体应该是市场秩序,为了保证限制买卖物品和进出口物品市场,国家实行上述物品的经营许可制度。其中进出口许可制度是经营许可制度的重要内容,买卖进出口许可证和进出口原产地证明的行为除侵犯市场秩序外,还侵犯了对外贸易管理制度。

2. 客观要件

客观方面表现为未经许可经营专营、专卖物品或者其他限制买卖的物品、买卖进出口许可证、进出口原产地证明以及其他法律、行政法规规定的经营许可证或者批准文件,以及从事其他非法经营活动,扰乱市场秩序,情节严重的行为。主要有以下几种行为方式:

(1) 未经许可经营法律、行政法规规定的专营、专卖物品或者其他限制买卖的物品。为了保证市场正常秩序,在中国对一些有关国计民生、人们生命健康安全以及公共利益的物资实行限制经营买卖。只有经过批准,获取经营许可证后才能对之从事诸如收购、储存、运输、加工、批发、销售等经营活动。没有经过批准而擅自予以经营的,就属非法经营。所谓限制买卖物品,是指依规定不允许在市场上自由买卖的物品,如国家不允许自由买卖的重要生产资料和紧俏消费品、国家指定专门单位经营的物品，如烟草专卖品（卷烟、雪茄烟、烟丝、复烤烟卷烟纸、滤嘴棒、烟用丝束、烟草专用机械）、外汇、金银及其制品、金银工艺品、珠宝及贵重药材，等等。哪些物品限制买卖，由国家法律、行政法规规定。所有这些都是国家为调控特定物品的经营市场而作的特殊规定，非经许可即经营限制买卖的物品，给国家限制买卖物品市场造成了很大的混乱。

《最高人民法院关于审理非法出版物刑事案件具体应用法律若干问题的解释》第十一条："违反国家规定，出版、印刷、复制、发行本解释第一条至第十条规定以外的其他严重危害社会秩序和扰乱市场秩序的非法出版物，情节严重的，依照刑法第二百二十五条第（三）项[①]的规定，以非法经营罪定罪处罚。"

应当指出，限制经营物品虽然多种多样，但其必须为国家有关法律、法规所规定，只有有关法律、法规规定限制经营的，才属限制经营物品，否则，就不能对之加以认定。此外，是否为限制物品，并非一成不变，国家根据实际需要，可以加以变化调整。

（2）买卖进出口许可证、进出口原产地证明以及其他法律、法规规定的经营许可证或者批准证件。经营许可证或者有关批准文件，是持有人进行该项经济活动合法性的有效凭证。无之就属于非法经营。一些不法分子，本来没有经营国家限制买卖物品的资格，无法获取有关经营许可证件或者批准文件，便从他人处购买甚或伪造经营许可证或批准文件，企图逃避检查、制裁。由此，买卖许可经营证件及批准文件的不法行为也应运而生。此种行为，直接促使了情节严重的非法经营国家限制买卖物品的活动泛滥，具有相当大的危害性，因此，亦应以刑罚予以惩治。

进出口许可证，由国务院对外经济贸易管理部门及其授权机构签发，不仅是对外贸易经营者合法进行对外贸易活动的合法证明，也是国家对进出口货物、技术进行管理的一种重要凭证，如海关对进出口货物、技术查验放行时必须以此为依据。进出口原产地证明，是指用来证明进出口货物、技术原产地属于某国或某地区的有效凭证。其为进口国和地区视原产地不同征收差别关税和实施其他进口区别待遇的一种证明。所谓其他法律、行政法规规定的经营许可证或者批准文件，一般是指对限制买卖物品的经营许可证件或批准文件。如烟草专卖许可证就是烟草专卖局颁发给企业单位和个人准许其经营烟草专卖品的证书，它包括烟草专卖生产许可证、烟草专卖经营许可证。

所谓准运证，是由省级烟草公司根据烟草总公司的调拨计划、文件或合同而签发的办理烟草托运手续的证书。前者是领证单位或个人从事烟草专卖业务的资料证明文件，是区分烟草行业合法经营和非法经营的重要凭证。后者是领取单位或个人从事烟草运输合法与否的重要凭证，国家主管部门经审查批准后将上述证件发给单位和个人，以加强对烟草专卖品的生产、经营和运输的监督和统一管理。

（3）其他严重扰乱市场秩序的非法经营行为，非法经营证券、期货或者保险业务，非法从事资金支付结算业务。"非法从事资金支付结算业务"是指地下钱庄非法从事商业银行才能开展的接受客户委托代收代付，从付款单位存款账户划出款项，转入收款单位存款账户，以此完成客户之间债权债务清算或资金调拨的业务活动。

（4）其他严重扰乱市场经济秩序的非法经营行为。

①非法买卖外汇。

[①] 现为刑法（2020年修正）第（四）项。

②非法经营出版物。
③非法经营电信业务。
④在生产、销售的饲料中添加盐酸克伦特罗等禁止在饲料和动物饮用水中使用的物品。
⑤擅自设立互联网上网服务营业场所（网吧）或者擅自从事互联网上网服务经营活动。
⑥非法经营彩票。

3. 主体要件

本罪的主体是一般主体，即一切达到刑事责任年龄、具有刑事责任能力的自然人。依法成立、具有责任能力的单位也可以成为本罪的主体。本罪的主体，依本条原意是指经营者，但在市场经济条件下，"无人不商"，如果将本罪的主体限定为特殊主体，将会使许多没有任何经营许可证（非经营者）的买卖物品和进出口许可证和进出口原产地证的行为得不到惩处，因之，本罪的主体为一般主体。单位亦能构成本罪主体。

4. 主观要件

主观方面由故意构成，并且具有谋取非法利润的目的。如果行为人没有以牟取非法利润为目的，而是由于不懂法律、法规，买卖经营许可证的，不应当以本罪论处，应当由主管部门对其追究行政责任。

二、非法经营罪案件审理情况

（一）非法买卖外汇

在国家规定的交易场所以外非法买卖外汇，扰乱市场秩序、情节严重的（如果属于"非法从事资金支付结算业务的"，适用第 225 条第 3 款）。

（二）经营非法出版物

违反国家规定，出版、印刷、复制、发行严重危害社会秩序和扰乱市场秩序的非法出版物（构成其他较重犯罪的除外），情节严重的。

（三）擅自经营国际电信业务

违法国家规定，采用租用国际专线、私设转接设备或者其他方法，擅自经营国际电信业务或者涉港澳台电信业务进行营利活动，扰乱电信市场管理秩序，情节严重的。

（四）组织、领导传销活动罪之外的传销行为

实施刑法第二百二十四条之一组织、领导传销活动罪以外的传销或者变相传销行为，扰乱市场秩序，情节严重的，以非法经营罪论处。同时构成其他犯罪的，依照处罚较重的规定定罪处罚。

（五）非法生产经营"瘦肉精"

1. 未取得药品生产、经营许可证件和批准文号，非法生产、销售盐酸克伦特罗等禁止在饲料和动物饮用水中使用的药品，扰乱药品市场秩序，情节严重的，以非法经营罪

论处;

2. 在生产、销售的饲料中添加盐酸克伦特罗等禁止在饲料和动物饮用水中使用的药品,或者销售明知是添加有该类药品的饲料,情节严重的,以非法经营罪论处。

（六）传染病疫情等灾害期间哄抬物价

违反国家在预防、控制突发传染病疫情等灾害期间有关市场经营、价格管理等规定,哄抬物价、牟取暴利,严重扰乱市场秩序,违法所得数额较大或者有其他严重情节的,以非法经营罪定罪,依法从重处罚。

（七）擅自经营互联网等业务

对于违反国家规定,擅自设立互联网上网服务营业场所,或者擅自从事互联网上网服务经营活动,情节严重,构成犯罪的,以非法经营罪论处。

（八）擅自发行、销售彩票

未经国家批准擅自发行、销售彩票,构成犯罪的,以非法经营罪论处。

（九）非法使用 POS 机

1. 违反国家规定,使用销售点终端机具（POS 机）等方法,以虚构交易、虚开价格、现金退货等方式向信用卡持卡人直接支付现金,情节严重的,以非法经营罪定罪处罚。

2. 持卡人以非法占有为目的,采用上述方式恶意透支,应当追究刑事责任的,以信用卡诈骗罪定罪处罚。

（十）非法经营烟草制品

未经烟草专卖行政主管部门许可,无生产许可证、批发许可证、零售许可证,而生产、批发、零售烟草制品,情节严重的,以非法经营罪定罪处罚（对此应适用刑法第二百二十五条第一项）。

（十一）违反国家规定,未经依法核准擅自发行基金份额募集基金

情节严重的,以非法经营罪定罪处罚;中介机构非法代理买卖非上市公司股票,成立犯罪的,以非法经营罪论处。

（十二）非法生产、销售非食品原料、添加剂

以提供给他人生产、销售食品为目的,违反国家规定,生产、销售国家禁止用于食品生产、销售的非食品原料,情节严重的,或者违反国家规定,生产、销售国家禁止生产、销售、使用的农药、兽药、饲料、饲料添加剂,或者饲料原料、饲料添加剂原料、情节严重的,以非法经营罪定罪处罚;同时又构成生产、销售伪劣产品罪,生产销售伪劣农药、兽药罪等其他犯罪的,依照处罚较重的规定定罪处罚。

（十三）非法设置生猪屠宰场

违反国家规定,私设生猪屠宰厂（场）,从事生猪屠宰、销售等经营活动,情节严重

的，以非法经营罪定罪处罚；同时又构成生产、销售不符合安全标准的食品罪，生产、销售有毒、有害食品罪等其他犯罪的，依照处罚较重的规定定罪处罚。

（十四）以营利为目的的"网络水军"行为

违反国家规定，以营利为目的，通过信息网络有偿提供删除信息服务，或者明知是虚假信息，通过信息网络有偿提供发布信息等服务，扰乱市场秩序，情节严重的，以非法经营罪定罪处罚。

（十五）非法生产、销售"黑广播""伪基站"、无线电干扰器等无线电设备

情节严重的，成立非法经营罪。

（十六）非法经营药品

违反国家药品管理法律法规，未取得或者使用伪造、变造的药品经营许可证，非法经营药品，情节严重的，依照非法经营罪定罪处罚。

（十七）生产、销售不符合药用要求的非药品原料、辅料

以提供给他人生产、销售药品为目的，违反国家规定，生产、销售不符合药用要求的非药品原料、辅料，情节严重的，依照非法经营罪定罪处罚。

（十八）非法生产、销售具有赌博功能的电子设施设备与软件

以提供给他人开设赌场为目的，违反国家规定，非法生产、销售具有退币、退分、退钢珠等赌博功能的电子游戏设施设备或者其专用软件，情节严重的，依照非法经营罪定罪处罚。

（十九）非法贩卖形成瘾癖的麻醉药品或者精神药品

出于医疗目的，违反有关药品管理的国家规定，非法贩卖国家管制的能够使人形成瘾癖的麻醉药品或者精神药品，扰乱市场秩序，情节严重的，以非法经营罪论处。

三、非法经营罪案件热点、难点问题

对于刑法未明确规定的某种具有一定危害性的行为，若以非法经营罪论处，必须符合以下几个条件：

（一）该行为是一种经营行为

虽然"经营"一词在语言学上并不特指经济营业活动，而是指"筹划并管理""泛指计划和组织"等，但是，作为"破坏社会主义市场经济秩序罪"中规定的非法经营行为，其"经营"一词理应是经济领域中的营业活动，即应理解为是一种以营利为目的的经济活动，包括从事工业、商业、服务业、交通运输业等经营活动。强调此"经营"行为以营利为目的是必要的，这是非法经营罪作为一种经济犯罪所应具备的一个基本特征。如果某种所谓经营活动不是以营利为目的，而是为了公益或者慈善目的，则即便该行为的某些方面不符合有关法规，也应将其排除于本罪之外。

(二) 该经营行为非法

所谓"非法",是指该经营行为违反国家立法机关制定的法律和决定及国务院制定的行政法规、规定的行政措施、发布的决定和命令。通常是指违反国家法律、法规的禁止性或者限制性规范。如果国家法律、法规等未对某种经营行为予以禁止或者限制的,该经营行为不得被认定为非法经营行为。例如,在国家立法机关和国务院未对 IP 电话的民间经营行为做出明文禁止或者限制之前,民间经营 IP 电话的行为就不宜认定为非法经营行为。国务院所属部门或者地方政府未经国务院批准或者授权而颁发的某种行政规章或其他文件中超过国家法律、法规内容的有关规定,一般不能成为认定非法经营行为的法律依据。

(三) 该非法经营行为严重扰乱市场秩序

以市场秩序作为本罪侵犯的客体,这一方面表明非法经营罪是一种扰乱市场秩序的犯罪,另一方面,个罪客体与类罪客体的重叠,也印证了该罪之规定是"扰乱市场秩序罪"这一节的"兜底"条款。此所谓"市场秩序"包括市场准入秩序、市场竞争秩序和市场交易秩序。这三种秩序都可能成为非法经营罪侵害的客体。

四、非法经营罪案件审理思路及原则

(一) "严重扰乱市场秩序"的认定问题

1. "严重扰乱市场秩序"是否应当单独认定。"情节严重"的认定是一种个案认定,而行为是否属于"严重扰乱市场秩序"的认定是一种类案认定,两者应当作为不同层面的问题进行分析。刑法第二百二十五条第一至三项规定的是已被实践检验的类型化的行为,无须对经营行为是否严重扰乱市场秩序进行专门评价。然而,该条第四项规定的非法经营行为包罗万象,复杂多变,难以被一一类型化。在具体认定时,应当排除具体个案情况,从行为本质特征把握行为与前三项行为对市场秩序的破坏程度是否相当。目前,司法实践中,不少地方形成了以情节是否严重,替代行为是否属于严重扰乱市场秩序的非法经营行为的惯性思维,由于情节严重的认定多是参照规范性文件的量化标准,这就难免出现以数额认定行为是否属于严重扰乱市场秩序的非法经营行为的纰漏。2011 年《最高人民法院关于准确理解和适用刑法中"国家规定"的有关问题的通知》(以下简称通知)要求,各级人民法院审理非法经营犯罪案件,要依法严格把握刑法第二百二十五条第四项的适用范围。由分析可知,"违反国家规定"和"情节严重"的认定一般都有明确的依据,通知所强调的"严格把握"指的主要是对经营行为是否属于严重扰乱市场秩序的非法经营行为的严格把握。基于上述分析,无论是根据法理精神还是按照通知要求,都有必要对非法经营行为是否属于刑法第二百二十五条第四项规定的严重扰乱市场秩序的非法经营行为进行单独评价。要注意避免以"违反国家规定"和非法经营数额等严重情节的认定代替非法经营行为是否"严重扰乱市场秩序"的认定。

2. 如何确定"严重扰乱市场秩序"的认定指标。严重扰乱市场秩序,主要是指对市场经济秩序的严重扰乱,但从审判实践看,对市场秩序的理解已有所扩大,不局限于经济秩序。对经营行为是否属于刑法第二百二十五条第四项规定的严重扰乱市场秩序的非法经营行为的评价，重点应当围绕市场经济秩序这一法益，对于主要危害不在扰乱市场秩序的非法经营行为，既要分析经营行为是否缺少特许的形式要件，更要分析经营行为在实质上有无违法犯罪行为或者其他严重后果。既要分析实在危害后果、现实危险，又要分析潜在危险、潜在威胁，特别是对于个别与国家安全、社会稳定、公民个人人身安全休戚相关的行业，在认定是否属于"严重扰乱市场秩序的非法经营行为"时，要特别重视对潜在危险的考察和分析。

总而言之，刑法第二百二十五条第四项规定的"其他严重扰乱市场秩序的非法经营行为"，应当根据非法经营行为对国家安全、公共安全、公共利益、经济宏观调控、生态环境保护以及人身健康、生命财产安全等可能造成的危害程度进行认定。

（二）未按照行政许可设定的限制范围从事非法经营活动的定性

1. 未按照行政许可设定的限制范围从事非法经营活动的类型。行政许可设定的范围，从通常意义上理解，包括经营种类、产品质量、数量、规格等要素，而其中经营种类是行政许可设定的核心。如行为人获得的行政许可范围是经营副食品，但其超过副食品的种类，经营了烟酒等国家专营专卖品，显然比由零售副食品变为批发严重，但不可否认，它们都属于未按照行政许可设定范围从事的经营行为。我们认为，未按照行政许可设定的限制范围从事非法经营主要包括两类：一类是经营同类行业，但超地域、变零售为批发经营行为；另一类是超出营业执照登记范围，经营其他行业的行为。

2. 未按照行政许可设定的限制范围从事非法经营活动的定性。无论是限制买卖许可经营，还是一般性许可经营，经营范围一经登记，企业法人即被赋予法律上的义务，这就是公司法和企业法人登记管理条例分别规定的公司、企业法人"应当在登记的经营范围内从事经营活动"的义务。对于违反这种义务，未按照行政许可设定的限制范围从事非法经营活动的定性，目前大致形成三种观点：

一种观点认为，未按照行政许可设定的限制范围从事非法经营活动，不管是否是经营同类行业，只要超出范围的是许可性经营，就属于非法经营罪调整的范围。

对于许可性经营而言，超地域、变零售为批发经营相当于未获得许可经营，超越经营范围的部分应当认定为无证经营，符合情节严重标准的，应当构成非法经营罪。以烟草为例。《烟草专卖法》中四类烟草专卖许可证的核发，有严格的审批程序和针对性、限制性。虽然行为人领取了烟草部门颁发的烟草零售许可证，如其违反了《烟草专卖实施条例》第二十三条中"取得烟草专卖许可证的企业或个人，应当在当地的烟草专卖批发企业进货，并接受烟草专卖许可证发证机关的监督管理"的规定，不按规定的进货渠道进货，逃避发证机关的监管，从非法渠道进货，或从事烟草批发业务，属于超地域和超范围经营的情形，其行为是对烟草专卖制度的直接破坏，扰乱了烟草专卖市场秩序，情节严重的，应以非法经营罪追究刑事责任。近年来，行为人往往持其中一种证件，而实施了其他证件许可的内容，超范围、跨地域实施非法经营活动，且数额巨大，造成的社会危害，远比一些小额的无证经营者大得多，如果对这类行为一律不以非法经营罪论处，则实际意味着给这些"有证人"发放了一张不被刑事追究的"免罪证"。

另一种观点认为，未按照行政许可设定的限制范围从事非法经营活动，如果是经营的还是同类行业，则不属于非法经营罪调整的范围。

超越经营范围是一种对行政许可制度的违背，经营行为并未脱离行政机关的管理，发现问题依靠行政处罚完全可以达到惩戒的目的。"超范围经营"的行政法律责任仅限于没收非法所得和罚款等"财产罚",而非法经营的行政法律责任则既有财产罚,又有资格罚,直至吊销营业执照。由于一般"超范围经营"的行为在行政法上的最高处罚也不过是三万元以下的罚款,与"非法经营"行为在行政法上的最高可吊销营业执照的处罚在轻重上不可同日而语,所以,刑法第二百二十五条关于"其他严重扰乱市场秩序的非法经营行为"无论如何不能包括一般的"超范围经营"的行为在内。超地域、变零售为批发经营者,其实际已获取经营资质,只是经营超出一定地域、违反一定方式,其与未获取许可资质的主体存在一定区别,该类行为不属于刑法意义上的非法经营行为。无论"超范围经营"的行为如何严重,其法律责任止于行政法律,而不能进入刑事法律领域。

我们赞同后一种观点。当然,如果超出范围经营的是不同类行业,且经营的其他行业又是许可性经营,即超范围经营国家限制经营、特许经营以及法律、行政法规禁止经营或者限制经营的,则属于非法经营罪调整的范围,情节严重的,构成非法经营罪。

借用、租用他人经营许可证或者使用购买的他人经营许可证应视为"未经许可"。

理由是:(1)经营许可的主要目的是限制准入主体,借给他人使用或者一证多用,违背了准入许可的核心要求。对这类行为不予严厉打击,设置行政许可的制度目标将落空。(2)行政法律法规明确规定禁止许可证转让使用。刑法第二百二十五条第二项还将买卖经营许可证的行为明确规定为非法经营行为。(3)借证经营行为的事实认定不难,区分的关键在于借证人的经营行为是否独立于出借人。

一般情况下,借用、租用他人经营许可证或者使用购买的他人经营许可证,不管有无其他实质违法情形,均可以视为"未经许可"。同时,根据《行政许可法》第九条的规定,法律、法规规定依照法定条件和程序可以转让的行政许可除外。此外,其他实质违法情形,可以作为从重处罚的情节。国家食品药品监督管理总局2007年下发的《关于进一步整治药品经营中挂靠经营超方式及超范围经营问题的通知》第一条明确规定:"挂靠经营是指药品经营企业为其他无证单位或个人提供药品经营场地、资质证明以及票据等条件,以使挂靠经营者得以从事药品经营活动。对于药品经营企业,接受挂靠的性质是出租、出借证照;对于挂靠经营者,进行挂靠的性质则是无证经营。超出《药品经营许可证》规定的经营方式、经营范围从事药品经营活动,是药品管理法明令禁止的违法行为。"

(三)非法经营"违法所得"的界定和认定

1. "违法所得"概念界定和认定相关规定。虽然最高人民法院、最高人民检察院尚未针对非法经营犯罪案件中"违法所得"的概念进行界定,亦未明确认定标准,但可以参考"两高"关于其他类案出台的司法解释明确概念和认定标准。如最高人民法院1995年向湖北省高级人民法院下发的《关于审理生产、销售伪劣产品刑事案件如何认定"违法所得数额"的批复》(以下简称批复)明确:"全国人民代表大会常务委员会《关于惩治生产、销售伪劣商品犯罪的决定》规定的'违法所得数额',是指生产、销售伪劣产品获利的数额";最高人民法院1998年《关于审理非法出版物刑事案件具体应用法律若干问题的解释》(以下简称出版物解释)第十七条明确:"本解释所称'违法所得数额',是指获利数额";最高人民法院、最高人民检察院2012年《关于办理内幕交易、泄露内幕信息刑事案件具体应用法律若干问题的解释》(以下简称内幕交易解释)第十条明确:

"……'违法所得',是指通过内幕交易行为所获利益或者避免的损失。"上述三个司法解释均将"违法所得"明确为获利或者避免的损失,即与上述第一种观点基本相同。

然而,"两高"司法解释对"违法所得"的界定也有更接近上述第二种观点的。如最高人民法院、最高人民检察院2017年出台的《关于适用犯罪嫌疑人、被告人逃匿、死亡案件违法所得没收程序若干问题的规定》(以下简称特别程序规定)第六条明确:"通过实施犯罪直接或者间接产生、获得的任何财产,应当认定为刑事诉讼法第二百八十条第一款规定的'违法所得'。违法所得已经部分或者全部转变、转化为其他财产的,转变、转化后的财产应当视为前款规定的'违法所得'。来自违法所得转变、转化后的财产收益,或者来自已经与违法所得相混合财产中违法所得相应部分的收益,应当视为第一款规定的'违法所得'。"特别程序规定对"违法所得"的界定直接规范依据是《联合国反腐败公约》第二条"术语的使用"第五项,即"'犯罪所得'系指通过实施犯罪而直接或间接产生或者获得的任何财产";理论依据根源于"不让犯罪分子通过实施犯罪获取收益"这一最基本的法理;实践依据是近年来追逃追赃成功案例以及全世界范围内各国成功经验和做法。

鉴于非法经营犯罪绝大多数是行政犯(少数未必是行政犯),在参考"两高"司法解释的同时,还可以参考行政执法机关文件的规定。国家工商行政管理总局2009年印发的《工商行政管理机关行政处罚案件违法所得认定办法》(以下简称认定办法)明确了违法所得的一般性认定和特殊性认定两大原则。一般性认定原则是指"以当事人违法生产、销售商品或者提供服务所获得的全部收入扣除当事人直接用于经营活动的适当的合理支出,为违法所得"。特殊性认定原则是指对于一些社会危害大或者违法成本难以计算的违法行为以其"销售收入为违法所得"。如违法生产商品的违法所得按违法生产商品的全部销售收入扣除生产商品的原材料购进价款计算;违法销售商品的违法所得按违法销售商品的销售收入扣除所售商品的购进价款计算。由上述规定可知,认定办法明确的一般性认定原则与"两高"司法解释的规定是一致的,但认定办法明确的特殊性认定原则,似难找到直接对应的司法解释性规定。

2. 不同层面"违法所得"的界定和认定。对"违法所得"概念的界定和认定要区分不同的层面。综合刑法条文表述,大致可以区分三个层面:一是违法所得系为罚金刑提供判罚标准;二是违法所得系为提供定罪处罚标准;三是违法所得系为没收提供财产范围。

(1)违法所得系为罚金刑提供判罚标准。如刑法第一百八十条、第二百二十五条规定"并处或者单处违法所得一倍以上五倍以下罚金",本条规定的"违法所得"显然系为如何判处罚金刑明确一个基数。此种情形,应考虑罚金的适用原理。简要而言,罚金的适用主要原理在于对经济犯罪、贪利性犯罪予以经济上的处罚,根据其获得的利益配置轻重程度不等的罚金刑,即以经济处罚遏制经济利益。正是基于这一原理,对于违法所得系为罚金刑提供判罚标准的情形,可以参照批复内幕交易解释的规定,明确"违法所得"的概念应界定为"获利"或者"避免的损失",在认定时应扣除相关成本。

(2)违法所得系为提供定罪处罚标准。如刑法第二百一十七条规定"违法所得数额较大或者有其他严重情节的,处三年以下有期徒刑并处或单处罚金"。从原理上分析,此种情形,获利或者避免损失的数额最能准确反映犯罪的社会危害性。对于非法经营犯罪,绝大多数都以追求牟利为目的,有的非法经营犯罪投入成本很高,而有的很低,如以非法经营数额或者销售收入,难以准确反映非法经营行为的投机程度。故此类情形,可以参照出版物解释,明确"违法所得"的概念应界定为"获利"或者"避免的损失"。

对于因客观原因无法查清犯罪成本的案件,为准确体现犯罪的社会危害性,可以委托相关部门进行鉴定,不可因为无法查清而对相关成本不予扣除。对于非法经营分子故意销毁账簿、做假账或者以其他方式阻扰导致生产、销售成本无法查清的,其应承担对其不利法律后果,可以国家工商行政总局的认定办法,将销售收入认定为违法所得。

(3) 违法所得系为没收提供财产范围。如刑法第六十四条规定"犯罪分子违法所得的一切财物,应当予以追缴或者责令退赔";刑事诉讼法第二百八十二条规定"对经查证属于违法所得及其他涉案财产,除依法返还被害人的以外,应当裁定予以没收"。从"不让犯罪分子通过实施犯罪获得收益"的原理分析,所有通过实施犯罪而直接或间接产生或者获得的任何财产都应予以没收,包括违法所得已经部分或者全部转变、转化后的财产和来自违法所得转变、转化后的财产收益,或者来自已经与违法所得相混合财产中违法所得相应部分的收益。从上述表述分析,没收层面的违法所得不能仅从销售收入和生产、销售成本层面予以解析。很明显,"通过实施犯罪直接或间接产生或者获得的任何财产",可能包括成本。如生产、销售赌博机,赌博机属于违法所得,包括生产、销售成本,但赌博机一般应当完整没收后销毁,而不存在将赌博机拍卖后返还经营者生产、销售成本;同理,赌博机销售后的违法所得,应全部没收上缴国库,不可能将销售成本返还销售者。

第二节 非法经营罪审判依据

非法经营罪在我国经济犯罪罪名体系中发挥重要的补充功能,一方面弥补了规范文本的不足,在成文法的局限中集中了各种未知的、新型的犯罪行为类型,在法典化经济刑法模式中开启了面向社会转型、经济发展的因应策略,给刑法扩张与限缩留有余地;另一方面通过刑法典及其解释极力维护法安全,在规范知识体系中固守刑法价值与功能,避免非法经营罪的"口袋化"。司法实践中,针对非法经营罪中非法买卖外汇、经营非法出版物,擅自经营国际电信业务,组织、领导传销活动罪之外的传销行为,非法生产经营"瘦肉精",非法经营食盐,传染病疫情等灾害期间哄抬物价,擅自经营互联网等业务,擅自发行,销售彩票,非法使用POS机,非法经营烟草制品,违反国家规定,未经依法核准擅自发行基金份额募集基金,非法生产、销售非食品原料、添加剂,非法设置生猪屠宰场,以营利为目的的"网络水军"行为,非法生产、销售"黑广播""伪基站"、无线电干扰器等无线电设备等各种具体情形,均有相关的单行司法解释进行规制,如《最高人民法院、最高人民检察院关于办理危害食品安全刑事案件适用法律若干问题的解释》(法释〔2021〕24号)、《最高人民法院、最高人民检察院、公安部、司法部关于办理非法放贷刑事案件若干问题的意见》(2019)、《最高人民法院、最高人民检察院关于办理非法从事资金支付结算业务、非法买卖外汇刑事案件适用法律若干问题的解释》(2019)、《最高人民法院、最高人民检察院关于办理妨害信用卡管理刑事案件具体应用法律若干问题的解释》(法释〔2018〕19号)、《最高人民法院、最高人民检察院关于办理扰乱无线电通讯管理秩序等刑事案件适用法律若干问题的解释》（2017）、《最高人民法院、最高人民检察院、公安部关于依法严厉打击非法电视网络接收设备违法犯罪活动的通知》（新广电发〔2015〕229号）、《最高人民法院、最高人民检察院、公安部关于办理利用赌博机开设赌场案件适用法律若干问题的意见》（2014）、《最高人民法院、最高人民检察院关于办理利用信息网络实施诽谤等刑事案件适用法律若干问题的解释》（法释〔2013〕21号）、《追诉标准（二）》《最高人民法院、最高人民检察院关于办理非法生产、销售烟草专卖品等刑事案件具体应用法律若干问题的解释法释》（〔2010〕7号）、《最高人民法院关于审理扰乱电信市场管理秩序案件具体应用法律若干问题的解释》（法释〔2000〕12号）、《最高人民法院关于审理非法出版物刑事案件具体应用法律若干问题的解释》（法释〔1998〕30号）等。

一、法律

《中华人民共和国刑法》（2020年12月26日修正）

第二百二十五条　违反国家规定，有下列非法经营行为之一，扰乱市场秩序，情节严重的，处五年以下有期徒刑或者拘役，并处或者单处违法所得一倍以上五倍以下罚金；情节特别严重的，处五年以上有期徒刑，并处违法所得一倍以上五倍以下罚金或者没收财产：

（一）未经许可经营法律、行政法规规定的专营、专卖物品或者其他限制买卖的物品的；

（二）买卖进出口许可证、进出口原产地证明以及其他法律、行政法规规定的经营许可证或者批准文件的；

（三）未经国家有关主管部门批准非法经营证券、期货、保险业务的，或者非法从事资金支付结算业务的；

（四）其他严重扰乱市场秩序的非法经营行为。

二、司法解释

1.《最高人民法院关于审理骗购外汇、非法买卖外汇刑事案件具体应用法律若干问题的解释》（1998年8月28日　法释〔1998〕20号）

为依法惩处骗购外汇、非法买卖外汇的犯罪行为，根据刑法的有关规定，现对审理骗购外汇、非法买卖外汇案件具体应用法律的若干问题解释如下：

第三条　在外汇指定银行和中国外汇交易中心及其分中心以外买卖外汇，扰乱金融市场秩序，具有下列情形之一的，按照刑法第二百二十五条第（三）项的规定定罪处罚：

（一）非法买卖外汇二十万美元以上的；

（二）违法所得五万元人民币以上的。

第四条　公司、企业或者其他单位，违反有关外贸代理业务的规定，采用非法手段、或者明知是伪造、变造的凭证、商业单据，为他人向外汇指定银行骗购外汇，数额在五百万美元以上或者违法所得五十万元人民币以上的，按照刑法第二百二十五条第（三）项的规定定罪处罚。

居间介绍骗购外汇一百万美元以上或者违法所得十万元人民币以上的，按照刑法第二百二十五条第（三）项的规定定罪处罚。

第五条 海关、银行、外汇管理机关工作人员与骗购外汇的行为人通谋，为其提供购买外汇的有关凭证，或者明知是伪造、变造的凭证和商业单据而出售外汇，构成犯罪的，按照刑法的有关规定从重处罚。

第六条 实施本解释规定的行为，同时触犯二个以上罪名的，择一重罪从重处罚。

第七条 根据刑法第六十四条规定，骗购外汇、非法买卖外汇的，其违法所得予以追缴，用于骗购外汇、非法买卖外汇的资金予以没收，上缴国库。

第八条 骗购、非法买卖不同币种的外汇的，以案发时国家外汇管理机关制定的统一折算率折合后依照本解释处罚。

2.《最高人民法院关于审理非法出版物刑事案件具体应用法律若干问题的解释》（法释〔1998〕30号　1998年12月11日）

为依法惩治非法出版物犯罪活动，根据刑法的有关规定，现对审理非法出版物刑事案件具体应用法律的若干问题解释如下：

第一条 明知出版物中载有煽动分裂国家、破坏国家统一或者煽动颠覆国家政权、推翻社会主义制度的内容，而予以出版、印刷、复制、发行、传播的，依照刑法第一百零三条第二款或者第一百零五条第二款的规定，以煽动分裂国家罪或者煽动颠覆国家政权罪定罪处罚。

第二条 以营利为目的，实施刑法第二百一十七条所列侵犯著作权行为之一，个人违法所得数额在五万元以上，单位违法所得数额在二十万元以上的，属于"违法所得数额较大"；具有下列情形之一的，属于"有其他严重情节"：

（一）因侵犯著作权曾经两次以上被追究行政责任或者民事责任，两年内又实施刑法第二百一十七条所列侵犯著作权行为之一的；

（二）个人非法经营数额在二十万元以上，单位非法经营数额在一百万元以上的；

（三）造成其他严重后果的。

以营利为目的，实施刑法第二百一十七条所列侵犯著作权行为之一，个人违法所得数额在二十万元以上，单位违法所得数额在一百万元以上的，属于"违法所得数额巨大"；具有下列情形之一的，属于"有其他特别严重情节"：

（一）个人非法经营数额在一百万元以上，单位非法经营数额在五百万元以上的；

（二）造成其他特别严重后果的。

第三条 刑法第二百一十七条第（一）项中规定的"复制发行"，是指行为人以营利为目的，未经著作权人许可而实施的复制、发行或者既复制又发行其文字作品、音乐、电影、电视、录像作品、计算机软件及其他作品的行为。

第四条 以营利为目的，实施刑法第二百一十八条规定的行为，个人违法所得数额在十万元以上，单位违法所得数额在五十万元以上的，依照刑法第二百一十八条的规定，以销售侵权复制品罪定罪处罚。

第五条 实施刑法第二百一十七条规定的侵犯著作权行为，又销售该侵权复制品，违法所得数额巨大的，只定侵犯著作权罪，不实行数罪并罚。

实施刑法第二百一十七条规定的侵犯著作权的犯罪行为，又明知是他人的侵权复制品而予以销售，构成犯罪的，应当实行数罪并罚。

第六条 在出版物中公然侮辱他人或者捏造事实诽谤他人，情节严重的，依照刑法

第二百四十六条的规定,分别以侮辱罪或者诽谤罪定罪处罚。

第七条 出版刊载歧视、侮辱少数民族内容的作品,情节恶劣,造成严重后果的,依照刑法第二百五十条的规定,以出版歧视、侮辱少数民族作品罪定罪处罚。

第八条 以牟利为目的,实施刑法第三百六十三条第一款规定的行为,具有下列情形之一的,以制作、复制、出版、贩卖、传播淫秽物品牟利罪定罪处罚:

(一)制作、复制、出版淫秽影碟、软件、录像带五十至一百张(盒)以上,淫秽音碟、录音带一百至二百张(盒)以上,淫秽扑克、书刊、画册一百至二百副(册)以上,淫秽照片、画片五百至一千张以上的;

(二)贩卖淫秽影碟、软件、录像带一百至二百张(盒)以上,淫秽音碟、录音带二百至四百张(盒)以上,淫秽扑克、书刊、画册二百至四百副(册)以上,淫秽照片、画片一千至二千张以上的;

(三)向他人传播淫秽物品达二百至五百人次以上,或者组织播放淫秽影、像达十至二十场次以上的;

(四)制作、复制、出版、贩卖、传播淫秽物品,获利五千至一万元以上的。

以牟利为目的,实施刑法第三百六十三条第一款规定的行为,具有下列情形之一的,应当认定为制作、复制、出版、贩卖、传播淫秽物品牟利罪"情节严重":

(一)制作、复制、出版淫秽影碟、软件、录像带二百五十至五百张(盒)以上,淫秽音碟、录音带五百至一千张(盒)以上,淫秽扑克、书刊、画册五百至一千副(册)以上,淫秽照片、画片二千五百至五千张以上的;

(二)贩卖淫秽影碟、软件、录像带五百至一千张(盒)以上,淫秽音碟、录音带一千至二千张(盒)以上,淫秽扑克、书刊、画册一千至二千副(册)以上,淫秽照片、画片五千至一万张以上的;

(三)向他人传播淫秽物品达一千至二千人次以上,或者组织播放淫秽影、像达五十至一百场次以上的;

(四)制作、复制、出版、贩卖、传播淫秽物品,获利三万至五万元以上的。

以牟利为目的,实施刑法第三百六十三条第一款规定的行为,其数量(数额)达到前款规定的数量(数额)五倍以上的,应当认定为制作、复制、出版、贩卖、传播淫秽物品牟利罪"情节特别严重"。

第九条 为他人提供书号、刊号,出版淫秽书刊的,依照刑法第三百六十三条第二款的规定,以为他人提供书号出版淫秽书刊罪定罪处罚。

为他人提供版号,出版淫秽音像制品的,依照前款规定定罪处罚。

明知他人用于出版淫秽书刊而提供书号、刊号的,依照刑法第三百六十三条第一款的规定,以出版淫秽物品牟利罪定罪处罚。

第十条 向他人传播淫秽的书刊、影片、音像、图片等出版物达三百至六百人次以上或者造成恶劣社会影响的,属于"情节严重",依照刑法第三百六十四条第一款的规定,以传播淫秽物品罪定罪处罚。

组织播放淫秽的电影、录像等音像制品达十五至三十场次以上或者造成恶劣社会影响的,依照刑法第三百六十四条第二款的规定,以组织播放淫秽音像制品罪定罪处罚。

第十一条 违反国家规定,出版、印刷、复制、发行本解释第一条至第十条规定以外的其他严重危害社会秩序和扰乱市场秩序的非法出版物,情节严重的,依照刑法第二百二十五条第（三）项的规定，以非法经营罪定罪处罚。

第十二条 个人实施本解释第十一条规定的行为，具有下列情形之一的，属于非法经营行为"情节严重"：

（一）经营数额在五万元至十万元以上的；

（二）违法所得数额在二万元至三万元以上的；

（三）经营报纸五千份或者期刊五千本或者图书二千册或者音像制品、电子出版物五百张（盒）以上的。

具有下列情形之一的，属于非法经营行为"情节特别严重"：

（一）经营数额在十五万元至三十万元以上的；

（二）违法所得数额在五万元至十万元以上的；

（三）经营报纸一万五千份或者期刊一万五千本或者图书五千册或者音像制品、电子出版物一千五百张（盒）以上的。

第十三条 单位实施本解释第十一条规定的行为，具有下列情形之一的，属于非法经营行为"情节严重"：

（一）经营数额在十五万元至三十万元以上的；

（二）违法所得数额在五万元至十万元以上的；

（三）经营报纸一万五千份或者期刊一万五千本或者图书五千册或者音像制品、电子出版物一千五百张（盒）以上的。

具有下列情形之一的，属于非法经营行为"情节特别严重"：

（一）经营数额在五十万元至一百万元以上的；

（二）违法所得数额在十五万元至三十万元以上的；

（三）经营报纸五万份或者期刊五万本或者图书一万五千册或者音像制品、电子出版物五千张（盒）以上的。

第十四条 实施本解释第十一条规定的行为，经营数额、违法所得数额或者经营数量接近非法经营行为"情节严重"、"情节特别严重"的数额、数量起点标准，并具有下列情形之一的，可以认定为非法经营行为"情节严重"、"情节特别严重"：

（一）两年内因出版、印刷、复制、发行非法出版物受过行政处罚两次以上的；

（二）因出版、印刷、复制、发行非法出版物造成恶劣社会影响或者其他严重后果的。

第十五条 非法从事出版物的出版、印刷、复制、发行业务，严重扰乱市场秩序，情节特别严重，构成犯罪的，可以依照刑法第二百二十五条第（三）项的规定，以非法经营罪定罪处罚。

第十六条 出版单位与他人事前通谋，向其出售、出租或者以其他形式转让该出版单位的名称、书号、刊号、版号，他人实施本解释第二条、第四条、第八条、第九条、第十条、第十一条规定的行为，构成犯罪的，对该出版单位应当以共犯论处。

第十七条 本解释所称"经营数额"，是指以非法出版物的定价数额乘以行为人经营的非法出版物数量所得的数额。

本解释所称"违法所得数额"，是指获利数额。

非法出版物没有定价或者以境外货币定价的，其单价数额应当按照行为人实际出售的价格认定。

第十八条　各省、自治区、直辖市高级人民法院可以根据本地的情况和社会治安状况，在本解释第八条、第十条、第十二条、第十三条规定的有关数额、数量标准的幅度内，确定本地执行的具体标准，并报最高人民法院备案。

3.《最高人民法院关于审理扰乱电信市场管理秩序案件具体应用法律若干问题的解释》（2000年5月12日　法释〔2000〕12号）

为依法惩处扰乱电信市场管理秩序的犯罪活动，根据刑法的有关规定，现就审理这类案件具体应用法律的若干问题解释如下：

第一条　违反国家规定，采取租用国际专线、私设转接设备或者其他方法，擅自经营国际电信业务或者涉港澳台电信业务进行营利活动，扰乱电信市场管理秩序，情节严重的，依照刑法第二百二十五条第（四）项的规定，以非法经营罪定罪处罚。

第二条　实施本解释第一条规定的行为，具有下列情形之一的，属于非法经营行为"情节严重"：

（一）经营去话业务数额在100万元以上的；

（二）经营来话业务造成电信资费损失数额在100万元以上的。

具有下列情形之一的，属于非法经营行为"情节特别严重"：

（一）经营去话业务数额在500万元以上的；

（二）经营来话业务造成电信资费损失数额在500万元以上的。

第三条　实施本解释第一条规定的行为，经营数额或者造成电信资费损失数额接近非法经营行为"情节严重"、"情节特别严重"的数额起点标准，并具有下列情形之一的，可以分别认定为非法经营行为"情节严重"、"情节特别严重"：

（一）两年内因非法经营国际电信业务或者涉港澳台电信业务行为受过行政处罚两次以上的；

（二）因非法经营国际电信业务或者涉港澳台电信业务行为造成其他严重后果的。

第四条　单位实施本解释第一条规定的行为构成犯罪的，对单位判处罚金，并对其直接负责的主管人员和其他直接责任人员，依照本解释第二条、第三条的规定处罚。

第五条　违反国家规定，擅自设置、使用无线电台（站），或者擅自占用频率，非法经营国际电信业务或者涉港澳台电信业务进行营利活动，同时构成非法经营罪和刑法第二百八十八条规定的扰乱无线电通讯管理秩序罪的，依照处罚较重的规定定罪处罚。

第六条　国有电信企业的工作人员，由于严重不负责任或者滥用职权，造成国有电信企业破产或者严重损失，致使国家利益遭受重大损失的，依照刑法第一百六十八条的规定定罪处罚。

第七条　将电信卡非法充值后使用，造成电信资费损失数额较大的，依照刑法第二百六十四条的规定，以盗窃罪定罪处罚。

第八条　盗用他人公共信息网络上网账号、密码上网，造成他人电信资费损失数额较大的，依照刑法第二百六十四条的规定，以盗窃罪定罪处罚。

第九条　以虚假、冒用的身份证件办理入网手续并使用移动电话，造成电信资费损失数额较大的，依照刑法第二百六十六条的规定，以诈骗罪定罪处罚。

第十条　本解释所称"经营去话业务数额"，是指以行为人非法经营国际电信业务或者涉港澳台电信业务的总时长（分钟数）乘以行为人每分钟收取的用户使用费所得的数额。

本解释所称"电信资费损失数额",是指以行为人非法经营国际电信业务或者涉港澳台电信业务的总时长(分钟数)乘以在合法电信业务中我国应当得到的每分钟国际结算价格所得的数额。

4.《最高人民法院、最高人民检察院关于办理生产、销售伪劣商品刑事案件具体应用法律若干问题的解释》(2001年4月9日 法释〔2001〕10号)

第十条 实施生产、销售伪劣商品犯罪,同时构成侵犯知识产权、非法经营等其他犯罪的,依照处罚较重的规定定罪处罚。

5.《最高人民检察院关于非法经营国际或港澳台地区电信业务行为法律适用问题的批复》(2002年2月6日 高检发释字〔2002〕1号)

福建省人民检察院:

你院《关于如何适用刑法第二百二十五条第(四)项规定的请示》(闽检〔2000〕65号)收悉。经研究,批复如下:

违反《中华人民共和国电信条例》规定,采取租用电信国际专线、私设转接设备或者其他方法,擅自经营国际或者香港特别行政区、澳门特别行政区和台湾地区电信业务进行营利活动,扰乱电信市场管理秩序,情节严重的,应当依照刑法第二百二十五条第(四)项的规定,以非法经营罪追究刑事责任。

6.《最高人民法院、最高人民检察院关于办理非法生产、销售、使用禁止在饲料和动物饮用水中使用的药品等刑事案件具体应用法律若干问题的解释》(2002年8月16日 法释〔2002〕26号)

为依法惩治非法生产、销售、使用盐酸克仑特罗(ClenbuterolHydrochloride,俗称"瘦肉精")等禁止在饲料和动物饮用水中使用的药品等犯罪活动,维护社会主义市场经济秩序,保护公民身体健康,根据刑法有关规定,现就办理这类刑事案件具体应用法律的若干问题解释如下:

第一条 未取得药品生产、经营许可证件和批准文号,非法生产、销售盐酸克仑特罗等禁止在饲料和动物饮用水中使用的药品,扰乱药品市场秩序,情节严重的,依照刑法第二百二十五条第(一)项的规定,以非法经营罪追究刑事责任。

第二条 在生产、销售的饲料中添加盐酸克仑特罗等禁止在饲料和动物饮用水中使用的药品,或者销售明知是添加有该类药品的饲料,情节严重的,依照刑法第二百二十五条第(四)项的规定,以非法经营罪追究刑事责任。

第三条 使用盐酸克仑特罗等禁止在饲料和动物饮用水中使用的药品或者含有该类药品的饲料养殖供人食用的动物,或者销售明知是使用该类药品或者含有该类药品的饲料养殖的供人食用的动物的,依照刑法第一百四十四条的规定,以生产、销售有毒、有害食品罪追究刑事责任。

第四条 明知是使用盐酸克仑特罗等禁止在饲料和动物饮用水中使用的药品或者含有该类药品的饲料养殖的供人食用的动物,而提供屠宰等加工服务,或者销售其制品的,依照刑法第一百四十四条的规定,以生产、销售有毒、有害食品罪追究刑事责任。

第五条 实施本解释规定的行为,同时触犯刑法规定的两种以上犯罪的,依照处罚较重的规定追究刑事责任。

第六条 禁止在饲料和动物饮用水中使用的药品,依照国家有关部门公告的禁止在饲料和动物饮用水中使用的药物品种目录确定。

附:农业部、卫生部、国家药品监督管理局公告的《禁止在饲料和动物饮用水中使用的药物品种目录》。(略)

7.《最高人民法院、最高人民检察院关于办理妨害预防、控制突发传染病疫情等灾害的刑事案件具体应用法律若干问题的解释》(2003年5月14日 法释〔2003〕8号)

第六条 违反国家在预防、控制突发传染病疫情等灾害期间有关市场经营、价格管理等规定,哄抬物价、牟取暴利,严重扰乱市场秩序,违法所得数额较大或者有其他严重情节的,依照刑法第二百二十五条第(四)项的规定,以非法经营罪定罪,依法从重处罚。

第十七条 人民法院、人民检察院办理有关妨害预防、控制突发传染病疫情等灾害的刑事案件,对于有自首、立功等悔罪表现的,依法从轻、减轻、免除处罚或者依法作出不起诉决定。

8.《最高人民法院、最高人民检察院关于办理赌博刑事案件具体应用法律若干问题的解释》(2005年5月11日 法释〔2005〕3号)

第六条 未经国家批准擅自发行、销售彩票,构成犯罪的,依照刑法第二百二十五条第(四)项的规定,以非法经营罪定罪处罚。

9.《最高人民法院、最高人民检察院关于办理非法生产、销售烟草专卖品等刑事案件具体应用法律若干问题的解释》(2010年3月2日 法释〔2010〕7号)

为维护社会主义市场经济秩序,依法惩治非法生产、销售烟草专卖品等犯罪,根据刑法有关规定,现就办理这类刑事案件具体应用法律的若干问题解释如下:

第一条 生产、销售伪劣卷烟、雪茄烟等烟草专卖品,销售金额在五万元以上的,依照刑法第一百四十条的规定,以生产、销售伪劣产品罪定罪处罚。

未经卷烟、雪茄烟等烟草专卖品注册商标所有人许可,在卷烟、雪茄烟等烟草专卖品上使用与其注册商标相同的商标,情节严重的,依照刑法第二百一十三条的规定,以假冒注册商标罪定罪处罚。

销售明知是假冒他人注册商标的卷烟、雪茄烟等烟草专卖品,销售金额较大的,依照刑法第二百一十四条的规定,以销售假冒注册商标的商品罪定罪处罚。

伪造、擅自制造他人卷烟、雪茄烟注册商标标识或者销售伪造、擅自制造的卷烟、雪茄烟注册商标标识,情节严重的,依照刑法第二百一十五条的规定,以非法制造、销售非法制造的注册商标标识罪定罪处罚。

违反国家烟草专卖管理法律法规,未经烟草专卖行政主管部门许可,无烟草专卖生产企业许可证、烟草专卖批发企业许可证、特种烟草专卖经营企业许可证、烟草专卖零售许可证等许可证明,非法经营烟草专卖品,情节严重的,依照刑法第二百二十五条的规定,以非法经营罪定罪处罚。

第二条 伪劣卷烟、雪茄烟等烟草专卖品尚未销售,货值金额达到刑法第一百四十条规定的销售金额定罪起点数额标准的三倍以上的,或者销售金额未达到五万元,但与未销售货值金额合计达到十五万元以上的，以生产、销售伪劣产品罪（未遂）定罪处罚。

销售金额和未销售货值金额分别达到不同的法定刑幅度或者均达到同一法定刑幅度的，在处罚较重的法定刑幅度内酌情从重处罚。

查获的未销售的伪劣卷烟、雪茄烟，能够查清销售价格的，按照实际销售价格计算。无法查清实际销售价格，有品牌的，按照该品牌卷烟、雪茄烟的查获地省级烟草专卖行政主管部门出具的零售价格计算；无品牌的，按照查获地省级烟草专卖行政主管部门出具的上年度卷烟平均零售价格计算。

第三条 非法经营烟草专卖品，具有下列情形之一的，应当认定为刑法第二百二十五条规定的"情节严重"：

（一）非法经营数额在五万元以上的，或者违法所得数额在二万元以上的；

（二）非法经营卷烟二十万支以上的；

（三）曾因非法经营烟草专卖品三年内受过二次以上行政处罚，又非法经营烟草专卖品且数额在三万元以上的。

具有下列情形之一的，应当认定为刑法第二百二十五条规定的"情节特别严重"：

（一）非法经营数额在二十五万元以上，或者违法所得数额在十万元以上的；

（二）非法经营卷烟一百万支以上的。

第四条 非法经营烟草专卖品，能够查清销售或者购买价格的，按照其销售或者购买的价格计算非法经营数额。无法查清销售或者购买价格的，按照下列方法计算非法经营数额：

（一）查获的卷烟、雪茄烟的价格，有品牌的，按照该品牌卷烟、雪茄烟的查获地省级烟草专卖行政主管部门出具的零售价格计算；无品牌的，按照查获地省级烟草专卖行政主管部门出具的上年度卷烟平均零售价格计算；

（二）查获的复烤烟叶、烟叶的价格按照查获地省级烟草专卖行政主管部门出具的上年度烤烟调拨平均基准价格计算；

（三）烟丝的价格按照第（二）项规定价格计算标准的一点五倍计算；

（四）卷烟辅料的价格，有品牌的，按照该品牌辅料的查获地省级烟草专卖行政主管部门出具的价格计算；无品牌的，按照查获地省级烟草专卖行政主管部门出具的上年度烟草行业生产卷烟所需该类卷烟辅料的平均价格计算；

（五）非法生产、销售、购买烟草专用机械的价格按照国务院烟草专卖行政主管部门下发的全国烟草专用机械产品指导价格目录进行计算；目录中没有该烟草专用机械的，按照省级以上烟草专卖行政主管部门出具的目录中同类烟草专用机械的平均价格计算。

第五条 行为人实施非法生产、销售烟草专卖品犯罪，同时构成生产、销售伪劣产品罪、侵犯知识产权犯罪、非法经营罪的，依照处罚较重的规定定罪处罚。

第六条 明知他人实施本解释第一条所列犯罪，而为其提供贷款、资金、账号、发票、证明、许可证件，或者提供生产、经营场所、设备、运输、仓储、保管、邮寄、代理进出口等便利条件，或者提供生产技术、卷烟配方的，应当按照共犯追究刑事责任。

第七条 办理非法生产、销售烟草专卖品等刑事案件，需要对伪劣烟草专卖品鉴定的，应当委托国务院产品质量监督管理部门和省、自治区、直辖市人民政府产品质量监督管理部门指定的烟草质量检测机构进行。

第八条 以暴力、威胁方法阻碍烟草专卖执法人员依法执行职务，构成犯罪的，以妨害公务罪追究刑事责任。

煽动群众暴力抗拒烟草专卖法律实施,构成犯罪的,以煽动暴力抗拒法律实施罪追究刑事责任。

第九条 本解释所称"烟草专卖品",是指卷烟、雪茄烟、烟丝、复烤烟叶、烟叶、卷烟纸、滤嘴棒、烟用丝束、烟草专用机械。

本解释所称"卷烟辅料",是指卷烟纸、滤嘴棒、烟用丝束。

本解释所称"烟草专用机械",是指由国务院烟草专卖行政主管部门烟草专用机械名录所公布的,在卷烟、雪茄烟、烟丝、复烤烟叶、烟叶、卷烟纸、滤嘴棒、烟用丝束的生产加工过程中,能够完成一项或者多项特定加工工序,可以独立操作的机械设备。

本解释所称"同类烟草专用机械",是指在卷烟、雪茄烟、烟丝、复烤烟叶、烟叶、卷烟纸、滤嘴棒、烟用丝束的生产加工过程中,能够完成相同加工工序的机械设备。

第十条 以前发布的有关规定与本解释不一致的,以本解释为准。

10.《最高人民法院、最高人民检察院关于办理利用信息网络实施诽谤等刑事案件适用法律若干问题的解释》(2013年9月6日 法释〔2013〕21号)

第十条 办理生产、销售、提供假药、生产、销售、提供劣药、妨害药品管理等刑事案件,应当结合行为人的从业经历、认知能力、药品质量、进货渠道和价格、销售渠道和价格以及生产、销售方式等事实综合判断认定行为人的主观故意。具有下列情形之一的,可以认定行为人有实施相关犯罪的主观故意,但有证据证明确实不具有故意的除外:

(一)药品价格明显异于市场价格的;

(二)向不具有资质的生产者、销售者购买药品,且不能提供合法有效的来历证明的;

(三)逃避、抗拒监督检查的;

(四)转移、隐匿、销毁涉案药品、进销货记录的;

(五)曾因实施危害药品安全违法犯罪行为受过处罚,又实施同类行为的;

(六)其他足以认定行为人主观故意的情形。

11.《最高人民法院、最高人民检察院、公安部、国家安全部关于依法办理非法生产销售使用"伪基站"设备案件的意见》(2014年3月14日 公通字〔2014〕13号)

各省、自治区、直辖市高级人民法院,人民检察院、公安厅、局,国家安全厅、局,新疆维吾尔自治区高级人民法院生产建设兵团分院,新疆生产建设兵团人民检察院、公安局、国家安全局:

近年来,各地非法生产、销售、使用"伪基站"设备违法犯罪活动日益猖獗,有的借以非法获取公民个人信息,有的非法经营广告业务,或者发送虚假广告,甚至实施诈骗等犯罪活动。"伪基站"设备是未取得电信设备进网许可和无线电发射设备型号核准的非法无线电通信设备,具有搜取手机用户信息,强行向不特定用户手机发送短信息等功能,使用过程中会非法占用公众移动通信频率,局部阻断公众移动通信网络信号。非法生产、销售、使用"伪基站"设备,不仅破坏正常电信秩序,影响电信运营商正常经营活动,危害公共安全,扰乱市场秩序,而且严重影响用户手机使用,损害公民财产权益,侵犯公民隐私,社会危害性严重。为依法办理非法生产、销售、使用"伪基站"设备案件，保障国家正常电信秩序，维护市场经济秩序，保护公民合法权益，根据有关法律规定，制定本意见。

一、准确认定行为性质

（一）非法生产、销售"伪基站"设备，具有以下情形之一的，依照刑法第二百二十五条的规定，以非法经营罪追究刑事责任：

1. 个人非法生产、销售"伪基站"设备三套以上，或者非法经营数额五万元以上，或者违法所得数额二万元以上的；

2. 单位非法生产、销售"伪基站"设备十套以上，或者非法经营数额十五万元以上，或者违法所得数额五万元以上的；

3. 虽未达到上述数额标准，但两年内曾因非法生产、销售"伪基站"设备受过两次以上行政处罚，又非法生产、销售"伪基站"设备的。

实施前款规定的行为，数量、数额达到前款规定的数量、数额五倍以上的，应当认定为刑法第二百二十五条规定的"情节特别严重"。

非法生产、销售"伪基站"设备，经鉴定为专用间谍器材的，依照刑法第二百八十三条的规定，以非法生产、销售间谍专用器材罪追究刑事责任；同时构成非法经营罪的，以非法经营罪追究刑事责任。

（二）非法使用"伪基站"设备干扰公用电信网络信号，危害公共安全的，依照刑法第一百二十四条第一款的规定，以破坏公用电信设施罪追究刑事责任；同时构成虚假广告罪、非法获取公民个人信息罪、破坏计算机信息系统罪、扰乱无线电通讯管理秩序罪的，依照处罚较重的规定追究刑事责任。

除法律、司法解释另有规定外，利用"伪基站"设备实施诈骗等其他犯罪行为，同时构成破坏公用电信设施罪的，依照处罚较重的规定追究刑事责任。

（三）明知他人实施非法生产、销售"伪基站"设备，或者非法使用"伪基站"设备干扰公用电信网络信号等犯罪，为其提供资金、场所、技术、设备等帮助的，以共同犯罪论处。

（四）对于非法使用"伪基站"设备扰乱公共秩序，侵犯他人人身权利、财产权利，情节较轻，尚不构成犯罪，但构成违反治安管理行为的，依法予以治安管理处罚。

三、合理确定管辖

（一）案件一般由犯罪地公安机关管辖，犯罪嫌疑人居住地公安机关管辖更为适宜的，也可以由犯罪嫌疑人居住地公安机关管辖。对案件管辖有争议的，可以由共同的上级公安机关指定管辖；情况特殊的，上级公安机关可以指定其他公安机关管辖。

（二）上级公安机关指定下级公安机关立案侦查的案件，需要逮捕犯罪嫌疑人的，由侦查该案件的公安机关提请同级人民检察院审查批准，人民检察院应当依法作出批准逮捕或者不批准逮捕的决定；需要移送审查起诉的，由侦查该案件的公安机关移送同级人民检察院审查起诉。

（三）人民检察院对于审查起诉的案件，按照刑事诉讼法的管辖规定，认为应当由上级人民检察院或者同级其他人民检察院起诉的，将案件移送有管辖权的人民检察院，或者报上级检察机关指定管辖。

（四）符合最高人民法院、最高人民检察院、公安部、国家安全部、司法部、全国人大法工委《关于实施刑事诉讼法若干问题的规定》有关并案处理规定的，人民法院、人民检察院、公安机关可以在职责范围内并案处理。

四、加强协作配合

人民法院、人民检察院、公安机关、国家安全机关要认真履行职责,加强协调配合,形成工作合力。国家安全机关要依法做好相关鉴定工作;公安机关要全面收集证据,特别是注意做好相关电子数据的收集、固定工作,对疑难、复杂案件,及时向人民检察院、人民法院通报情况,对已经提请批准逮捕的案件,积极跟进、配合人民检察院的审查批捕工作,认真听取意见;人民检察院对于公安机关提请批准逮捕、移送审查起诉的案件,符合批捕、起诉条件的,应当依法尽快予以批捕、起诉;人民法院应当加强审判力量,制订庭审预案,并依法及时审结。

12. **《最高人民法院、最高人民检察院关于办理扰乱无线电通讯管理秩序等刑事案件适用法律若干问题的解释》**(2017年6月27日　法释〔2017〕11号)

第四条　非法生产、销售"黑广播""伪基站"、无线电干扰器等无线电设备,具有下列情形之一的,应当认定为刑法第二百二十五条规定的"情节严重":

(一)非法生产、销售无线电设备三套以上的;

(二)非法经营数额五万元以上的;

(三)其他情节严重的情形。

实施前款规定的行为,数量或者数额达到前款第一项、第二项规定标准五倍以上,或者具有其他情节特别严重的情形的,应当认定为刑法第二百二十五条规定的"情节特别严重"。

在非法生产、销售无线电设备窝点查扣的零件,以组装完成的套数以及能够组装的套数认定;无法组装为成套设备的,每三套广播信号调制器(激励器)认定为一套"黑广播"设备,每三块主板认定为一套"伪基站"设备。

第五条　单位犯本解释规定之罪的,对单位判处罚金,并对直接负责的主管人员和其他直接责任人员,依照本解释规定的自然人犯罪的定罪量刑标准定罪处罚。

13. **《最高人民法院、最高人民检察院关于办理妨害信用卡管理刑事案件具体应用法律若干问题的解释》**(2018年11月28日修正　法释〔2018〕19号)

第十二条　违反国家规定,使用销售点终端机具(POS机)等方法,以虚构交易、虚开价格、现金退货等方式向信用卡持卡人直接支付现金,情节严重的,应当依据刑法第二百二十五条的规定,以非法经营罪定罪处罚。

实施前款行为,数额在一百万元以上的,或者造成金融机构资金二十万元以上逾期未还的,或者造成金融机构经济损失十万元以上的,应当认定为刑法第二百二十五条规定的"情节严重";数额在五百万元以上的,或者造成金融机构资金一百万元以上逾期未还的,或者造成金融机构经济损失五十万元以上的,应当认定为刑法第二百二十五条规定的"情节特别严重"。

持卡人以非法占有为目的,采用上述方式恶意透支,应当追究刑事责任的,依照刑法第一百九十六条的规定,以信用卡诈骗罪定罪处罚。

14. **《最高人民法院、最高人民检察院关于办理非法从事资金支付结算业务、非法买卖外汇刑事案件适用法律若干问题的解释》**（2019 年 1 月 31 日　法释〔2019〕1 号）

为依法惩治非法从事资金支付结算业务、非法买卖外汇犯罪活动，维护金融市场秩序，根据《中华人民共和国刑法》《中华人民共和国刑事诉讼法》的规定，现就办理非法从事资金支付结算业务、非法买卖外汇刑事案件适用法律的若干问题解释如下：

第一条　违反国家规定，具有下列情形之一的，属于刑法第二百二十五条第三项规定的"非法从事资金支付结算业务"：

（一）使用受理终端或者网络支付接口等方法，以虚构交易、虚开价格、交易退款等非法方式向指定付款方支付货币资金的；

（二）非法为他人提供单位银行结算账户套现或者单位银行结算账户转个人账户服务的；

（三）非法为他人提供支票套现服务的；

（四）其他非法从事资金支付结算业务的情形。

第二条　违反国家规定，实施倒买倒卖外汇或者变相买卖外汇等非法买卖外汇行为，扰乱金融市场秩序，情节严重的，依照刑法第二百二十五条第四项的规定，以非法经营罪定罪处罚。

第三条　非法从事资金支付结算业务或者非法买卖外汇，具有下列情形之一的，应当认定为非法经营行为"情节严重"：

（一）非法经营数额在五百万元以上的；

（二）违法所得数额在十万元以上的。

非法经营数额在二百五十万元以上，或者违法所得数额在五万元以上，且具有下列情形之一的，可以认定为非法经营行为"情节严重"：

（一）曾因非法从事资金支付结算业务或者非法买卖外汇犯罪行为受过刑事追究的；

（二）二年内因非法从事资金支付结算业务或者非法买卖外汇违法行为受过行政处罚的；

（三）拒不交代涉案资金去向或者拒不配合追缴工作，致使赃款无法追缴的；

（四）造成其他严重后果的。

第四条　非法从事资金支付结算业务或者非法买卖外汇，具有下列情形之一的，应当认定为非法经营行为"情节特别严重"：

（一）非法经营数额在二千五百万元以上的；

（二）违法所得数额在五十万元以上的。

非法经营数额在一千二百五十万元以上，或者违法所得数额在二十五万元以上，且具有本解释第三条第二款规定的四种情形之一的，可以认定为非法经营行为"情节特别严重"。

第五条　非法从事资金支付结算业务或者非法买卖外汇，构成非法经营罪，同时又构成刑法第一百二十条之一规定的帮助恐怖活动罪或者第一百九十一条规定的洗钱罪的，依照处罚较重的规定定罪处罚。

第六条　二次以上非法从事资金支付结算业务或者非法买卖外汇，依法应予行政处理或者刑事处理而未经处理的，非法经营数额或者违法所得数额累计计算。

同一案件中，非法经营数额、违法所得数额分别构成情节严重、情节特别严重的，按照处罚较重的数额定罪处罚。

第七条 非法从事资金支付结算业务或者非法买卖外汇违法所得数额难以确定的，按非法经营数额的千分之一认定违法所得数额，依法并处或者单处违法所得一倍以上五倍以下罚金。

第八条 符合本解释第三条规定的标准，行为人如实供述犯罪事实，认罪悔罪，并积极配合调查，退缴违法所得的，可以从轻处罚；其中犯罪情节轻微的，可以依法不起诉或者免予刑事处罚。

符合刑事诉讼法规定的认罪认罚从宽适用范围和条件的，依照刑事诉讼法的规定处理。

第九条 单位实施本解释第一条、第二条规定的非法从事资金支付结算业务、非法买卖外汇行为，依照本解释规定的定罪量刑标准，对单位判处罚金，并对其直接负责的主管人员和其他直接责任人员定罪处罚。

第十条 非法从事资金支付结算业务、非法买卖外汇刑事案件中的犯罪地，包括犯罪嫌疑人、被告人用于犯罪活动的账户开立地、资金接收地、资金过渡账户开立地、资金账户操作地，以及资金交易对手资金交付和汇出地等。

第十一条 涉及外汇的犯罪数额，按照案发当日中国外汇交易中心或者中国人民银行授权机构公布的人民币对该货币的中间价折合成人民币计算。中国外汇交易中心或者中国人民银行授权机构未公布汇率中间价的境外货币，按照案发当日境内银行人民币对该货币的中间价折算成人民币，或者该货币在境内银行、国际外汇市场对美元汇率，与人民币对美元汇率中间价进行套算。

第十二条 本解释自2019年2月1日起施行。《最高人民法院关于审理骗购外汇、非法买卖外汇刑事案件具体应用法律若干问题的解释》（法释〔1998〕20号）与本解释不一致的，以本解释为准。

15.《最高人民法院关于审理走私、非法经营、非法使用兴奋剂刑事案件适用法律若干问题的解释》（2019年11月18日 法释〔2019〕16号）

第二条 违反国家规定，未经许可经营兴奋剂目录所列物质，涉案物质属于法律、行政法规规定的限制买卖的物品，扰乱市场秩序，情节严重的，应当依照刑法第二百二十五条的规定，以非法经营罪定罪处罚。

第八条 对于是否属于本解释规定的"兴奋剂""兴奋剂目录所列物质""体育运动""国内、国际重大体育竞赛"等专门性问题，应当依据《中华人民共和国体育法》《反兴奋剂条例》等法律法规，结合国务院体育主管部门出具的认定意见等证据材料作出认定。

16.《最高人民检察院关于废止最高人民检察院关于办理非法经营食盐刑事案件具体应用法律若干问题的解释的决定》（2020年3月27日 高检发释字〔2020〕2号）

为适应盐业体制改革，保证国家法律统一正确适用，根据《食盐专营办法》（国务院令696号）的规定，结合检察工作实际，最高人民检察院决定废止《最高人民检察院关于办理非法经营食盐刑事案件具体应用法律若干问题的解释》（高检发释字〔2002〕6号）。

该解释废止后，对以非碘盐充当碘盐或者以工业用盐等非食盐充当食盐等危害食盐安全的行为，人民检察院可以依据《最高人民法院、最高人民检察院关于办理生产、销售伪劣商品刑事案件具体应用法律若干问题的解释》（法释〔2001〕10号）、《最高人民法院、最高人民检察院关于办理危害食品安全刑事案件适用法律若干问题的解释》（法释〔2013〕12号）的规定，分别不同情况，以生产、销售伪劣产品罪，或者生产、销售不符合安全标准的食品罪，或者生产、销售有毒、有害食品罪追究刑事责任。

17.《最高人民法院、最高人民检察院关于办理危害食品安全刑事案件适用法律若干问题的解释》（2021年12月30日　法释〔2021〕24号）

第十六条　以提供给他人生产、销售食品为目的，违反国家规定，生产、销售国家禁止用于食品生产、销售的非食品原料，情节严重的，依照刑法第二百二十五条的规定以非法经营罪定罪处罚。

以提供给他人生产、销售食用农产品为目的，违反国家规定，生产、销售国家禁用农药、食品动物中禁止使用的药品及其他化合物等有毒、有害的非食品原料，或者生产、销售添加上述有毒、有害的非食品原料的农药、兽药、饲料、饲料添加剂、饲料原料，情节严重的，依照前款的规定定罪处罚。

第十七条　违反国家规定，私设生猪屠宰厂（场），从事生猪屠宰、销售等经营活动，情节严重的，依照刑法第二百二十五条的规定以非法经营罪定罪处罚。

在畜禽屠宰相关环节，对畜禽使用食品动物中禁止使用的药品及其他化合物等有毒、有害的非食品原料，依照刑法第一百四十四条的规定以生产、销售有毒、有害食品罪定罪处罚；对畜禽注水或者注入其他物质，足以造成严重食物中毒事故或者其他严重食源性疾病的，依照刑法第一百四十三条的规定以生产、销售不符合安全标准的食品罪定罪处罚；虽不足以造成严重食物中毒事故或者其他严重食源性疾病，但符合刑法第一百四十条规定的，以生产、销售伪劣产品罪定罪处罚。

第十八条　实施本解释规定的非法经营行为，非法经营数额在十万元以上，或者违法所得数额在五万元以上的，应当认定为刑法第二百二十五条规定的"情节严重"；非法经营数额在五十万元以上，或者违法所得数额在二十五万元以上的，应当认定为刑法第二百二十五条规定的"情节特别严重"。

实施本解释规定的非法经营行为，同时构成生产、销售伪劣产品罪，生产、销售不符合安全标准的食品罪，生产、销售有毒、有害食品罪，生产、销售伪劣农药、兽药罪等其他犯罪的，依照处罚较重的规定定罪处罚。

第二十二条　对实施本解释规定之犯罪的犯罪分子，应当依照刑法规定的条件，严格适用缓刑、免予刑事处罚。对于依法适用缓刑的，可以根据犯罪情况，同时宣告禁止令。

对于被不起诉或者免予刑事处罚的行为人，需要给予行政处罚、政务处分或者其他处分的，依法移送有关主管机关处理。

第二十三条　单位实施本解释规定的犯罪的，对单位判处罚金，并对直接负责的主管人员和其他直接责任人员，依照本解释规定的定罪量刑标准处罚。

18.《最高人民法院关于审理非法集资刑事案件具体应用法律若干问题的解释》（2022 年 2 月 23 日　法释〔2022〕5 号）

第十一条　违反国家规定，未经依法核准擅自发行基金份额募集基金，情节严重的，依照刑法第二百二十五条的规定，以非法经营罪定罪处罚。

19.《最高人民法院、最高人民检察院关于办理环境污染刑事案件适用法律若干问题的解释》（2023 年 8 月 8 日　法释〔2023〕7 号）

第七条　无危险废物经营许可证从事收集、贮存、利用、处置危险废物经营活动，严重污染环境的，按照污染环境罪定罪处罚；同时构成非法经营罪的，依照处罚较重的规定定罪处罚。

实施前款规定的行为，不具有超标排放污染物、非法倾倒污染物或者其他违法造成环境污染的情形的，可以认定为非法经营情节显著轻微危害不大，不认为是犯罪；构成生产、销售伪劣产品等其他犯罪的，以其他犯罪论处。

三、刑事政策性文件

1.《最高人民法院、最高人民检察院、公安部关于印发〈办理骗汇、逃汇犯罪案件联席会议纪要〉的通知》（1999 年 6 月 7 日　公通字〔1999〕39 号）

二、全国人大常委会《关于惩治骗购外汇、逃汇和非法买卖外汇犯罪的决定》（以下简称《决定》）公布施行后发生的犯罪行为，应当依照《决定》办理；对于《决定》公布施行前发生的公布后尚未处理或者正在处理的行为，依照修订后的刑法第十二条第一款规定的原则办理。

最高人民法院 1998 年 8 月 28 日发布的《关于审理骗购外汇、非法买卖外汇刑事案件具体应用法律若干问题的解释》（以下简称解释），是对具体应用修订后的刑法有关问题的司法解释，适用于依照修订后的刑法判处的案件。各执法部门对于解释应当准确理解，严格执行。

解释第四条规定："公司、企业或者其他单位，违反有关外贸代理业务的规定，采用非法手段、或者明知是伪造、变造的凭证、商业单据，为他人向外汇指定银行骗购外汇，数额在五百万美元以上或者违法所得五十万元人民币以上的，按照刑法第二百二十五条第（三）项的规定定罪处罚；居间介绍骗购外汇一百万美元以上或者违法所得十万元人民币以上的，按照刑法第二百二十五条第（三）项的规定定罪处罚。"上述所称"采用非法手段"，是指有国家批准的进出口经营权的外贸代理企业在经营代理进口业务时，不按国家经济主管部门有关规定履行职责，放任被代理方自带客户、自带货源、自带汇票、自行报关，在不见进口产品、不见供货货主、不见外商的情况下代理进口业务，或者采取法律、行政法规和部门规章禁止的其他手段代理进口业务。

认定解释第四条所称的"明知"，要结合案件的具体情节予以综合考虑，不能仅仅因为行为人不供述就不予认定。报关行为先于签订外贸代理协议的，或者委托方提供的购汇凭证明显与真实凭证、商业单据不符的，应当认定为明知。

解释第四条所称"居间介绍骗购外汇"，是指收取他人人民币、以虚假购汇凭证委托外贸公司、企业骗购外汇，获取非法收益的行为。

2.《最高人民法院关于审理生产、销售伪劣商品刑事案件有关鉴定问题的通知》（2001年5月21日 法〔2001〕70号）

一、对于提起公诉的生产、销售伪劣产品、假冒商标、非法经营等严重破坏社会主义市场经济秩序的犯罪案件，所涉生产、销售的产品是否属于"以假充真"、"以次充好"、"以不合格产品冒充合格产品"难以确定的，应当根据解释第一条第五款的规定，由公诉机关委托法律、行政法规规定的产品质量检验机构进行鉴定。

二、根据解释第三条和第四条的规定，人民法院受理的生产、销售假药犯罪案件和生产、销售不符合卫生标准的食品犯罪案件，均需有"省级以上药品监督管理部门设置或者确定的药品检验机构"和"省级以上卫生行政部门确定的机构"出具的鉴定结论。

三、经鉴定确系伪劣商品，被告人的行为既构成生产、销售伪劣产品罪，又构成生产、销售假药罪或者生产、销售不符合卫生标准的食品罪，或者同时构成侵犯知识产权、非法经营等其他犯罪的，根据刑法第一百四十九条第二款和解释第十条的规定，应当依照处罚较重的规定定罪处罚。

3.《公安部办公厅关于销售印有本·拉登头像的商品如何处理问题的答复》（2001年12月31日 公办〔2001〕162号）

新疆维吾尔自治区公安厅：

你厅《关于对批发和销售印有"本·拉登"头像图案的食品及其他小商品如何进行处理的请示》（新公办〔2001〕162号）收悉。现答复如下：

一、根据国务院《出版管理条例》《音像制品管理条例》《印刷业管理条例》等行政法规的规定，任何出版物、音像制品或其他物品不得含有渲染暴力或者法律、行政法规禁止的其他内容。对于制作、销售印有本·拉登头像的出版物、音像制品、食品及其他物品的行为，依法应由工商行政管理、新闻出版等主管部门查处。公安机关一经发现销售印有本·拉登头像的出版物、音像制品、食品及其他物品的情况，应当及时通知有关主管部门，并报告当地党委、政府，建议责成有关主管部门依法严肃查处，避免影响当地社会政治稳定和治安稳定。

二、根据刑法第二百二十五条和《最高人民法院关于审理非法出版物刑事案件具体应用法律若干问题的解释》（法释〔1998〕30号）的规定，个人或单位违反国家规定，出版、印刷、复制、发行印有本·拉登头像的音像制品、电子出版物500张（合）或1500张（盒）以上的，或者经营数额在5万元或15万元以上的，公安机关可以涉嫌非法经营罪立案侦查。

三、公安机关对出版、销售印有本·拉登头像的出版物、音像制品的行为以涉嫌非法经营罪立案查处的，应当事先与人民检察院、人民法院进行沟通，必要时提请当地政法委协调。

4.《公安部经济犯罪侦查局关于打击非法经营销售国内机票有关问题的批复》（2002年8月9日 公经〔2002〕928号）

北京市公安局经侦处：

你处经侦办字〔2002〕167号《我处在执行"关于坚决打击暗扣销售和非法经营销售国内机票行为规范航空运输市场秩序的通知"中几个问题的请示》收悉。经商民航总局运输司，现答复如下：

一、《关于坚决打击暗扣销售和非法经营销售国内机票行为规范航空运输市场秩序的通知》（民航财发〔2002〕101号）中的"国内机票"、"民航国内航班机票"是指"国内航空公司的国内航线机票"。

二、根据1993年8月3日经国务院批准发布施行的《民用航空运输销售代理业管理规定》（民航总局第37号令）第三十三条的规定，非法代理销售国内航空公司国际航线机票属于非法经营行为，情节严重的，应当根据刑法第二百二十五条的规定，以非法经营罪立案侦查。

三、非法经营销售国内航线机票和国际航线机票应予追诉的标准，应当根据2001年4月18日最高人民检察院、公安部《关于经济犯罪案件追诉标准的规定》第七十条第五款的规定执行。

5.《最高人民检察院法律政策研究室关于非法经营行为界定有关问题的复函》（2002年10月25日 〔2002〕高检研发第24号）

文化部文化市场司：

你部《关于非法经营界定有关问题的函》（文市函〔2002〕1449号）收悉。经研究，提出以下意见，供参考：

一、关于经营违法音像制品行为的处理问题。对于经营违法音像制品行为，构成犯罪的，应当根据案件的具体情况，分别依照最高人民法院《关于审理非法出版物刑事案件具体应用法律若干问题的解释》和最高人民检察院、公安部《关于经济犯罪案件追诉标准的规定》等相关规定办理。

二、关于非法经营行为的界定问题，同意你部的意见，即：只要行为人明知是违法音像制品而进行经营即属于非法经营行为，其是否具有音像制品合法经营资格并不影响非法经营行为的认定；非法经营行为包括一系列环节，经营者购进违法音像制品并存放于仓库等场所的行为属于经营行为的中间环节，对此也可以认定为是非法经营行为。

6.《最高人民检察院法律政策研究室关于1998年4月18日以前的传销或者变相传销行为如何处理的答复》（2003年3月21日 〔2003〕高检研发7号）

对1998年4月18日国务院发布《关于禁止传销经营活动的通知》以前的传销或者变相传销行为，不宜以非法经营罪追究刑事责任。行为人在传销或者变相传销活动中实施销售假冒伪劣产品、诈骗、非法集资、虚报注册资本、偷税等行为，构成犯罪的，应当依照刑法的相关规定追究刑事责任。

7. **《最高人民法院、最高人民检察院、公安部办理非法经营国际电信业务犯罪案件联席会议纪要》**（2003年4月22日　公通字〔2002〕29号）

非法经营国际电信业务，不仅扰乱国际电信市场的管理秩序，造成国家电信资费的巨大损失，而且严重危害国家信息安全。

2000年5月12日最高人民法院《关于审理扰乱电信市场管理秩序案件具体应用法律若干问题的解释》（以下简称解释）、2001年4月18日最高人民检察院、公安部《关于经济犯罪案件追诉标准的规定》、2002年2月6日最高人民检察院《关于非法经营国际或港澳台地区电信业务行为法律适用问题的批复》先后发布实施，为公安、司法机关运用法律武器准确、及时打击此类犯罪发挥了重要作用。自2002年9月17日开始，各级公安机关在全国范围内开展了打击非法经营国际电信业务的专项行动。由于非法经营国际电信业务犯罪活动的情况比较复杂，专业性、技术性很强，犯罪手段不断翻新，出现了一些新情况、新问题，如电信运营商与其他企业或个人互相勾结，共同实施非法经营行为；非法经营行为人使用新的技术手段进行犯罪等。为准确、统一适用法律，保障专项行动的深入开展，依法查处非法经营国际电信业务的犯罪活动，2002年11月20日，最高人民法院、最高人民检察院、公安部、信息产业部等部门在北京召开联席会议，共同研究打击非法经营国际电信业务犯罪工作中的法律适用问题，对有些问题取得了一致认识。会议纪要如下：

一、各级公安机关、人民检察院、人民法院在办理非法经营国际电信业务犯罪案件中，要从维护国家信息安全、维护电信市场管理秩序和保障国家电信收入的高度认识打击非法经营国际电信业务犯罪活动的重要意义，积极参加专项行动，各司其职，相互配合，加强协调，加快办案进度。

二、解释第一条规定："违反国家规定，采取租用国际专线、私设转接设备或者其他方法，擅自经营国际电信业务或者涉港澳台电信业务进行营利活动，扰乱电信市场管理秩序，情节严重的，依照刑法第二百二十五条第（四）项的规定，以非法经营罪定罪处罚。"对于未取得国际电信业务（含涉港澳台电信业务，下同）经营许可证而经营，或被终止国际电信业务经营资格后继续经营，应认定为"擅自经营国际电信业务或者涉港澳台电信业务"；情节严重的，应按上述规定以非法经营罪追究刑事责任。

解释第一条所称"其他方法"，是指在边境地区私自架设跨境通信线路；利用互联网跨境传送IP话音并设立转接设备，将国际话务转接至我境内公用电话网或转接至其他国家或地区；在境内以租用、托管、代维等方式设立转接平台；私自设置国际通信出入口等方法。

三、获得国际电信业务经营许可的经营者（含涉港澳台电信业务经营者）明知他人非法从事国际电信业务，仍违反国家规定，采取出租、合作、授权等手段，为他人提供经营和技术条件，利用现有设备或另设国际话务转接设备并从中营利，情节严重的，应以非法经营罪的共犯追究刑事责任。

四、公安机关侦查非法经营国际电信业务犯罪案件，要及时全面收集和固定犯罪证据，抓紧缉捕犯罪嫌疑人。人民检察院、人民法院对正在办理的非法经营国际电信业务犯罪案件，只要基本犯罪事实清楚，基本证据确实、充分，应当依法及时起诉、审判。主犯在逃，但在案的其他犯罪嫌疑人、被告人实施犯罪的基本证据确实充分的，可以依法先行处理。

五、坚持"惩办与宽大相结合"的刑事政策。对非法经营国际电信业务共同犯罪的主犯，以及与犯罪分子相勾结的国家工作人员，应依法从严惩处。对具有自首、立功或者其他法定从轻、减轻情节的，应依法从轻、减轻处理。

六、各地在办理非法经营国际电信业务犯罪案件中遇到的有关问题，以及侦查、起诉、审判的信息要及时向各自上级主管机关报告。上级机关要加强对案件的督办、检查、指导和协调工作。

8.《最高人民法院、最高人民检察院、公安部国家烟草专卖局关于办理假冒伪劣烟草制品等刑事案件适用法律问题座谈会纪要》（2003年12月23日　高检会〔2003〕4号）

三、关于非法经营烟草制品行为适用法律问题

未经烟草专卖行政主管部门许可，无生产许可证、批发许可证、零售许可证，而生产、批发、零售烟草制品，具有下列情形之一的，依照刑法第二百二十五条的规定定罪处罚：

1. 个人非法经营数额在五万元以上的，或者违法所得数额在一万元以上的；
2. 单位非法经营数额在五十万元以上的，或者违法所得数额在十万元以上的；
3. 曾因非法经营烟草制品行为受过二次以上行政处罚又非法经营的，非法经营数额在二万元以上的。

四、关于共犯问题

知道或者应当知道他人实施本纪要第一条至第三条规定的犯罪行为，仍实施下列行为之一的，应认定为共犯，依法追究刑事责任：

1. 直接参与生产、销售假冒伪劣烟草制品或者销售假冒烟用注册商标的烟草制品或者直接参与非法经营烟草制品并在其中起主要作用的；
2. 提供房屋、场地、设备、车辆、贷款、资金、账号、发票、证明、技术等设施和条件，用于帮助生产、销售、储存、运输假冒伪劣烟草制品、非法经营烟草制品的；
3. 运输假冒伪劣烟草制品的。

上述人员中有检举他人犯罪经查证属实，或者提供重要线索，有立功表现的，可以从轻或减轻处罚；有重大立功表现的，可以减轻或者免除处罚。

五、国家机关工作人员参与实施本纪要第一条至第三条规定的犯罪行为的处罚问题

根据《最高人民法院、最高人民检察院关于办理生产、销售伪劣商品刑事案件具体应用法律若干问题的解释》的规定，国家机关工作人员参与实施本纪要第一条至第三条规定的犯罪行为的，从重处罚。

六、关于一罪与数罪问题

行为人的犯罪行为同时构成生产、销售伪劣产品罪、销售假冒注册商标的商品罪、非法经营罪等罪的，依照处罚较重的规定定罪处罚。

十、关于鉴定问题

假冒伪劣烟草制品的鉴定工作，由国家烟草专卖行政主管部门授权的省级以上烟草产品质量监督检验机构，按照国家烟草专卖局制定的假冒伪劣卷烟鉴别检验管理办法和假冒伪劣卷烟鉴别检验规程等有关规定进行。

假冒伪劣烟草专用机械的鉴定由国家质量监督部门，或其委托的国家烟草质量监督检验中心，根据烟草行业的有关技术标准进行。

十一、关于烟草制品、卷烟的范围

本纪要所称烟草制品指卷烟、雪茄烟、烟丝、复烤烟叶、烟叶、卷烟纸、滤嘴棒、烟用丝束。

本纪要所称卷烟包括散支烟和成品烟。

9. 《最高人民法院、最高人民检察院、公安部关于依法开展打击淫秽色情网站专项行动有关工作的通知》（2004年7月16日 公通字〔2004〕53号）

二、充分运用法律武器，突出打击重点

各级公安机关、人民检察院、人民法院要准确把握此类违法犯罪活动的特点，充分发挥各自的职能作用，依法严厉打击利用淫秽色情网站进行违法犯罪活动的不法分子。要通过专项行动破获一批以互联网为媒介，制作、贩卖、传播淫秽物品和组织卖淫嫖娼的案件，打掉一批犯罪团伙，严惩一批经营淫秽色情网站和利用互联网从事非法活动的违法犯罪分子和经营单位。

在专项行动中，要严格按照刑法、全国人民代表大会常务委员会《关于维护互联网安全的决定》和有关司法解释的规定，严格依法办案，正确把握罪与非罪的界限，保证办案质量。对于利用互联网从事犯罪活动的，应当根据其具体实施的行为，分别以制作、复制、出版、贩卖、传播淫秽物品牟利罪、传播淫秽物品罪、组织播放淫秽音像制品罪及刑法规定的其他有关罪名，依法追究刑事责任。对于违反国家规定，擅自设立互联网上网服务营业场所，或者擅自从事互联网上网服务经营活动，情节严重，构成犯罪的，以非法经营罪追究刑事责任。对于建立淫秽网站、网页，提供涉及未成年人淫秽信息、利用青少年教育网络从事淫秽色情活动以及顶风作案、罪行严重的犯罪分子，要坚决依法从重打击，严禁以罚代刑。要充分运用没收犯罪工具、追缴违法所得等措施，以及没收财产、罚金等财产刑，加大对犯罪分子的经济制裁力度，坚决铲除淫秽色情网站的生存基础，彻底剥夺犯罪分子非法获利和再次犯罪的资本。

要坚持惩办与宽大相结合的刑事政策，区别对待，审时度势，宽严相济，最大限度地分化瓦解犯罪分子；对于主动投案自首或者有检举、揭发淫秽色情违法犯罪活动等立功表现的，可依法从宽处罚。

10. 《最高人民法院、最高人民检察院、公安部、中国证券监督管理委员会关于整治非法证券活动有关问题的通知》（2008年1月2日 证监发〔2008〕1号）

二、明确法律政策界限，依法打击非法证券活动

（三）关于非法经营证券业务的责任追究。任何单位和个人经营证券业务，必须经证监会批准。未经批准的，属于非法经营证券业务，应予以取缔；涉嫌犯罪的，依照刑法第二百二十五条之规定，以非法经营罪追究刑事责任。对于中介机构非法代理买卖非上市公司股票，涉嫌犯罪的，应当依照刑法第二百二十五条之规定，以非法经营罪追究刑事责任；所代理的非上市公司涉嫌擅自发行股票，构成犯罪的，应当依照刑法第一百七十九条之规定，以擅自发行股票罪追究刑事责任。非上市公司和中介机构共谋擅自发行股票，构成犯罪的，以擅自发行股票罪的共犯论处。未构成犯罪的，依照《证券法》和

有关法律的规定给予行政处罚。

（四）关于非法证券活动性质的认定。非法证券活动是否涉嫌犯罪，由公安机关、司法机关认定。公安机关、司法机关认为需要有关行政主管机关进行性质认定的，行政主管机关应当出具认定意见。对因案情复杂、意见分歧，需要进行协调的，协调小组应当根据办案部门的要求，组织有关单位进行研究解决。

11.《最高人民法院关于准确理解和适用刑法中"国家规定"的有关问题的通知》
（2011年4月8日　法发〔2011〕155号）

全国地方各级人民法院、各级军事法院、各铁路运输中级法院和基层法院，新疆生产建设兵团各级法院：

日前，国务院法制办就国务院办公厅文件的有关规定是否可以认定为刑法中的"国家规定"予以统一、规范。为切实做好相关刑事案件审判工作，准确把握刑法有关条文规定的"违反国家规定"的认定标准，依法惩治犯罪，统一法律适用，现就有关问题通知如下：

一、根据刑法第九十六条的规定，刑法中的"国家规定"是指，全国人民代表大会及其常务委员会制定的法律和决定，国务院制定的行政法规、规定的行政措施、发布的决定和命令。其中，"国务院规定的行政措施"应当由国务院决定，通常以行政法规或者国务院制发文件的形式加以规定。以国务院办公厅名义制发的文件，符合以下条件的，亦应视为刑法中的"国家规定"：（1）有明确的法律依据或者同相关行政法规不相抵触；（2）经国务院常务会议讨论通过或者经国务院批准；（3）在国务院公报上公开发布。

二、各级人民法院在刑事审判工作中，对有关案件所涉及的"违反国家规定"的认定，要依照相关法律、行政法规及司法解释的规定准确把握。对于规定不明确的，要按照本通知的要求审慎认定。对于违反地方性法规、部门规章的行为，不得认定为"违反国家规定"。对被告人的行为是否"违反国家规定"存在争议的，应当作为法律适用问题，逐级向最高人民法院请示。

三、各级人民法院审理非法经营犯罪案件，要依法严格把握刑法第二百二十五条第（四）项的适用范围。对被告人的行为是否属于刑法第二百二十五条第（四）项规定的"其他严重扰乱市场秩序的非法经营行为"，有关司法解释未作明确规定的，应当作为法律适用问题，逐级向最高人民法院请示。

12.《最高人民法院、最高人民检察院、公安部印发关于办理走私、非法买卖麻黄碱类复方制剂等刑事案件适用法律若干问题的意见的通知》（2012年6月18日　法发〔2012〕12号）

一、关于走私、非法买卖麻黄碱类复方制剂等行为的定性

以加工、提炼制毒物品制造毒品为目的，购买麻黄碱类复方制剂，或者运输、携带、寄递麻黄碱类复方制剂进出境的，依照刑法第三百四十七条的规定，以制造毒品罪定罪处罚。

以加工、提炼制毒物品为目的，购买麻黄碱类复方制剂，或者运输、携带、寄递麻黄碱类复方制剂进出境的，依照刑法第三百五十条第一款、第三款的规定，分别以非法买卖制毒物品罪、走私制毒物品罪定罪处罚。

将麻黄碱类复方制剂拆除包装、改变形态后进行走私或者非法买卖，或者明知是已拆除包装、改变形态的麻黄碱类复方制剂而进行走私或者非法买卖的，依照刑法第三百五十条第一款、第三款的规定，分别以走私制毒物品罪、非法买卖制毒物品罪定罪处罚。

非法买卖麻黄碱类复方制剂或者运输、携带、寄递麻黄碱类复方制剂进出境，没有证据证明系用于制造毒品或者走私、非法买卖制毒物品，或者未达到走私制毒物品罪、非法买卖制毒物品罪的定罪数量标准，构成非法经营罪、走私普通货物、物品罪等其他犯罪的，依法定罪处罚。

实施第一款、第二款规定的行为，同时构成其他犯罪的，依照处罚较重的规定定罪处罚。

13. 《最高人民法院、最高人民检察院、公安部、国家安全监管总局关于依法加强对涉嫌犯罪的非法生产经营烟花爆竹行为刑事责任追究的通知》（2012年9月6日 安监总管三〔2012〕116号）

一、非法生产、经营烟花爆竹及相关行为涉及非法制造、买卖、运输、邮寄、储存黑火药、烟火药，构成非法制造、买卖、运输、邮寄、储存爆炸物罪的，应当依照刑法第一百二十五条的规定定罪处罚；非法生产、经营烟花爆竹及相关行为涉及生产、销售伪劣产品或不符合安全标准产品，构成生产、销售伪劣产品罪或生产、销售不符合安全标准产品罪的，应当依照刑法第一百四十条、第一百四十六条的规定定罪处罚；非法生产、经营烟花爆竹及相关行为构成非法经营罪的，应当依照刑法第二百二十五条的规定定罪处罚。上述非法生产经营烟花爆竹行为的定罪量刑和立案追诉标准，分别按照《最高人民法院关于审理非法制造、买卖、运输枪支、弹药、爆炸物等刑事案件具体应用法律若干问题的解释》（法释〔2009〕18号）、《最高人民法院最高人民检察院关于办理生产、销售伪劣商品刑事案件具体应用法律若干问题的解释》（法释〔2001〕10号）、《最高人民检察院、公安部关于公安机关管辖的刑事案件立案追诉标准的规定（一）》（公通字〔2008〕36号）、《最高人民检察院、公安部关于公安机关管辖的刑事案件立案追诉标准的规定（二）》（公通字〔2010〕23号）等有关规定执行。

14. 《最高人民法院、最高人民检察院、公安部、农业部、国家食品药品监督管理总局关于进一步加强麻黄草管理严厉打击非法买卖麻黄草等违法犯罪活动的通知》（2013年5月21日 公通字〔2013〕16号）

各省、自治区、直辖市高级人民法院，人民检察院，公安厅、局，农业（农牧、畜牧）厅、局，食品药品监督管理局（药品监督管理局），解放军军事法院、军事检察院，新疆维吾尔自治区高级人民法院生产建设兵团分院，新疆生产建设兵团人民检察院、公安局、畜牧兽医局：

近年来，随着我国对麻黄碱类制毒物品及其复方制剂监管力度的不断加大，利用麻黄碱类制毒物品及其复方制剂制造冰毒的犯罪活动得到有效遏制。但是，利用麻黄草提取麻黄碱类制毒物品制造冰毒的问题日益凸显，麻黄草已成为目前国内加工制造冰毒的又一主要原料。2012年，全国共破获利用麻黄草提取麻黄碱类制毒物品制造冰毒案件46起、缴获麻黄草964.4吨，同比分别上升91.7%、115.5%。为进一步加强麻黄草管理，严厉打击非法买卖麻黄草等违法犯罪活动，根据《中华人民共和国刑法》、《国务院关于禁止采集和销售发菜制止滥挖甘草和麻黄草有关问题的通知》（国发〔2000〕13 号）等相关规定，现就有关要求通知如下：

一、严格落实麻黄草采集、收购许可证制度

麻黄草的采集、收购实行严格的许可证制度，未经许可，任何单位和个人不得采集、收购麻黄草，麻黄草收购单位只能将麻黄草销售给药品生产企业。农牧主管部门要从严核发麻黄草采集证，统筹确定各地麻黄草采挖量，禁止任何单位和个人无证采挖麻黄草；严格监督采挖单位和个人凭采集证销售麻黄草；严格控制麻黄草采挖量，严禁无证或超量采挖麻黄草。食品药品监管部门要督促相关药品生产企业严格按照《药品生产质量管理规范（2010 年修订）》规定，建立和完善药品质量管理体系，特别是建立麻黄草收购、产品加工和销售台账，并保存 2 年备查。

二、切实加强对麻黄草采挖、买卖和运输的监督检查

农牧主管部门要认真调查麻黄草资源的分布和储量，加强对麻黄草资源的监管；要严肃查处非法采挖麻黄草和伪造、倒卖、转让采集证行为，上述行为一经发现，一律按最高限处罚。食品药品监管部门要加强对药品生产、经营企业的监督检查，对违反药品管理法及相关规定生产、经营麻黄草及其制品的，要依法处理。公安机关要会同农牧主管等部门，加强对麻黄草运输活动的检查，在重点公路、出入省通道要部署力量进行查缉，对没有采集证或者收购证以及不能说明合法用途运输麻黄草的，一律依法扣押审查。

三、依法查处非法采挖、买卖麻黄草等犯罪行为

各地人民法院、人民检察院、公安机关要依法查处非法采挖、买卖麻黄草等犯罪行为，区别情形予以处罚：

……

（四）违反国家规定采挖、销售、收购麻黄草，没有证据证明以制造毒品或者走私、非法买卖制毒物品为目的，依照刑法第二百二十五条的规定构成犯罪的，以非法经营罪定罪处罚。

……

15.《最高人民法院、最高人民检察院、公安部关于办理利用赌博机开设赌场案件适用法律若干问题的意见》（2014 年 3 月 26 日　公通字〔2014〕17 号）

四、关于生产、销售赌博机的定罪量刑标准

以提供给他人开设赌场为目的，违反国家规定，非法生产、销售具有退币、退分、退钢珠等赌博功能的电子游戏设施设备或者其专用软件，情节严重的，依照刑法第二百二十五条的规定，以非法经营罪定罪处罚。

实施前款规定的行为，具有下列情形之一的，属于非法经营行为"情节严重"：

（一）个人非法经营数额在五万元以上，或者违法所得数额在一万元以上的；

（二）单位非法经营数额在五十万元以上，或者违法所得数额在十万元以上的；

（三）虽未达到上述数额标准，但两年内因非法生产、销售赌博机行为受过二次以上行政处罚，又进行同种非法经营行为的；

（四）其他情节严重的情形。

具有下列情形之一的，属于非法经营行为"情节特别严重"：

（一）个人非法经营数额在二十五万元以上，或者违法所得数额在五万元以上的；

（二）单位非法经营数额在二百五十万元以上，或者违法所得数额在五十万元以上的。

六、关于赌博机的认定

对于涉案的赌博机，公安机关应当采取拍照、摄像等方式及时固定证据，并予以认定。对于是否属于赌博机难以确定的，司法机关可以委托地市级以上公安机关出具检验报告。司法机关根据检验报告，并结合案件具体情况作出认定。必要时，人民法院可以依法通知检验人员出庭作出说明。

16.《全国法院毒品犯罪审判工作座谈会纪要》（2015年5月18日 法〔2015〕129号）

（七）非法贩卖麻醉药品、精神药品行为的定性问题

行为人向走私、贩卖毒品的犯罪分子或者吸食、注射毒品的人员贩卖国家规定管制的能够使人形成瘾癖的麻醉药品或者精神药品的，以贩卖毒品罪定罪处罚。

行为人出于医疗目的，违反有关药品管理的国家规定，非法贩卖上述麻醉药品或者精神药品，扰乱市场秩序，情节严重的，以非法经营罪定罪处罚。

17.《最高人民法院、最高人民检察院、公安部、国家新闻出版广电总局关于依法严厉打击非法电视网络接收设备违法犯罪活动的通知》（2015年9月18日 新广电发〔2015〕229号）

各省、自治区、直辖市高级人民法院、人民检察院、公安厅（局）、新闻出版广电局，解放军军事法院、军事检察院，新疆维吾尔自治区高级人民法院生产建设兵团分院，新疆生产建设兵团人民检察院、公安局、新闻出版广电局：

为有效遏制非法电视网络接收设备违法犯罪活动，切实维护国家安全、社会稳定和人民群众的利益，现通知如下：

一、充分认识当前严厉打击非法电视网络接收设备违法犯罪活动的重要意义

生产、销售、安装非法电视网络接收设备违法犯罪活动，特别是利用非法电视网络接收设备实施传播淫秽色情节目、危害国家安全等违法犯罪活动，严重扰乱社会治安秩序，严重危害国家安全。各级公安、检察、审判机关和新闻出版广电行政主管部门要从维护国家安全和社会治安秩序的大局出发，充分认识非法电视网络接收设备违法犯罪活动的严重危害性，增强工作的责任感和紧迫感，加强组织领导，充分发挥职能作用，依法严厉打击非法电视网络接收设备违法犯罪活动，坚决遏制非法电视网络接收设备违法犯罪活动上升、蔓延的势头，确保社会治安秩序良好。

二、正确把握法律政策界限，依法严厉打击非法电视网络接收设备违法犯罪活动

各级公安、检察、审判机关和新闻出版广电行政主管部门要高度重视查办非法电视网络接收设备违法犯罪案件，正确把握法律政策界限，严格执行法律法规的有关规定，坚决依法严厉打击非法电视网络接收设备违法犯罪活动。非法电视网络接收设备主要包括三类："电视棒"等网络共享设备；非法互联网电视接收设备，包括但不限于内置含有非法电视、非法广播等非法内容的定向接收软件或硬件模块的机顶盒、电视机、投影仪、显示器；用于收看非法电视、收听非法广播的网络软件、移动互联网客户端软件和互联网电视客户端软件。根据刑法和司法解释的规定，违反国家规定，从事生产、销售非法

电视网络接收设备（含软件），以及为非法广播电视接收软件提供下载服务、为非法广播电视节目频道接收提供链接服务等营利性活动，扰乱市场秩序，个人非法经营数额在五万元以上或违法所得数额在一万元以上，单位非法经营数额在五十万元以上或违法所得数额在十万元以上，按照非法经营罪追究刑事责任。对于利用生产、销售、安装非法电视网络接收设备传播淫秽色情节目、实施危害国家安全等行为的，根据其行为的性质，依法追究刑事责任。对非法电视网络接收设备犯罪行为，涉及数个罪名的，按照相关原则，择一重罪处罚或数罪并罚。在追究犯罪分子刑事责任的同时，还要依法追缴违法所得，没收其犯罪所用的本人财物。对于实施上述行为尚不构成犯罪的，由新闻出版广电等相关行政主管部门依法给予行政处罚；构成违反治安管理行为的，依法给予治安管理处罚。

三、加强协作配合，切实增强打击非法电视网络接收设备违法犯罪活动的工作合力

各级新闻出版广电部门和公安、检察、审判机关要进一步增强打击非法电视网络接收设备违法犯罪活动的主动性，加快查办工作进度，提高工作效率。各级新闻出版广电部门要加大对非法广播电视网络传播行为的监管力度，发现涉嫌犯罪的，及时移送公安机关，并对公安机关查缴的涉嫌接收非法电视的网络接收设备及时作出认定。公安机关对于涉嫌犯罪的案件，应依法及时立案侦查，深挖彻查涉嫌非法电视网络接收设备犯罪活动的利益链条。检察机关对于公安机关提请批准逮捕和移送审查起诉的案件，应当依法及时决定是否批准逮捕和提起公诉。审判机关对于检察机关提起公诉的案件，应当依法及时审判。对于在查处过程中发生的抗拒、阻碍国家机关工作人员依法执行职务，构成犯罪的，以妨害公务罪依法追究刑事责任；构成违反治安管理行为的，依法给予治安管理处罚。各有关部门在开展非法电视网络接收设备打击整治专项行动中，要加强沟通联系，建立有效工作机制，形成打击合力。

各地各部门接此通知后，应立即部署贯彻执行。执行中遇到的问题，要开展调查研究，提出可行性建议，及时报告上级主管部门。

18. **《最高人民检察院法律政策研究室对关于具有药品经营资质的企业通过非法渠道从私人手中购进药品后销售的如何适用法律问题的请示的答复》**（2015年10月26日　高检研〔2015〕19号）

北京市人民检察院法律政策研究室：

你院《关于具有药品经营资质的企业通过非法渠道从私人手中购进药品后销售的如何适用法律问题的请示》（京检字〔2015〕76号）收悉。经研究，答复如下：

司法机关应当根据《中华人民共和国药品管理法》的有关规定，对具有药品经营资质的企业通过非法渠道从私人手中购销的药品的性质进行认定，区分不同情况，分别定性处理：一是对于经认定属于假药、劣药，且达到"两高"《关于办理危害药品安全刑事案件适用法律若干问题的解释》（以下称《药品解释》）规定的销售假药罪、销售劣药罪的定罪量刑标准的，应当以销售假药罪、销售劣药罪依法追究刑事责任。二是对于经认定属于劣药，但尚未达到《药品解释》规定的销售劣药罪的定罪量刑标准的，可以依据刑法第一百四十九条、第一百四十条的规定，以销售伪劣产品罪追究刑事责任。三是对于无法认定属于假药、劣药的，可以由药品监督管理部门依照《中华人民共和国药品管理法》的规定给予行政处罚，不宜以非法经营罪追究刑事责任。

19.《最高人民检察院关于办理涉互联网金融犯罪案件有关问题座谈会纪要》（2017年6月2日　高检诉〔2017〕14号）

（三）非法经营资金支付结算行为的认定

18. 支付结算业务（也称支付业务）是商业银行或者支付机构在收付款人之间提供的货币资金转移服务。非银行机构从事支付结算业务，应当经中国人民银行批准取得《支付业务许可证》，成为支付机构。未取得支付业务许可从事该业务的行为，违反《非法金融机构和非法金融业务活动取缔办法》第四条第一款第（三）、（四）项的规定，破坏了支付结算业务许可制度，危害支付市场秩序和安全，情节严重的，适用刑法第二百二十五条第（三）项，以非法经营罪追究刑事责任。具体情形：

（1）未取得支付业务许可经营基于客户支付账户的网络支付业务。无证网络支付机构为客户非法开立支付账户，客户先把资金支付到该支付账户，再由无证机构根据订单信息从支付账户平台将资金结算到收款人银行账户。

（2）未取得支付业务许可经营多用途预付卡业务。无证发卡机构非法发行可跨地区、跨行业、跨法人使用的多用途预付卡，聚集大量的预付卡销售资金，并根据客户订单信息向商户划转结算资金。

19. 在具体办案时，要深入剖析相关行为是否具备资金支付结算的实质特征，准确区分支付工具的正常商业流转与提供支付结算服务、区分单用途预付卡与多用途预付卡业务，充分考虑具体行为与"地下钱庄"等同类犯罪在社会危害方面的相当性以及刑事处罚的必要性，严格把握入罪和出罪标准。

20.《最高人民法院、最高人民检察院、公安部、司法部、生态环境部关于办理环境污染刑事案件有关问题座谈会纪要》（2019年2月20日）

5. 关于非法经营罪的适用

会议针对如何把握非法经营罪与污染环境罪的关系以及如何具体适用非法经营罪的问题进行了讨论。会议强调，要高度重视非法经营危险废物案件的办理，坚持全链条、全环节、全流程对非法排放、倾倒、处置、经营危险废物的产业链进行刑事打击，查清犯罪网络，深挖犯罪源头，斩断利益链条，不断挤压和铲除此类犯罪滋生蔓延的空间。会议认为，准确理解和适用《环境解释》第六条的规定应当注意把握两个原则：一要坚持实质判断原则，对行为人非法经营危险废物行为的社会危害性作实质性判断。比如，一些单位或者个人虽未依法取得危险废物经营许可证，但其收集、贮存、利用、处置危险废物经营活动，没有超标排放污染物、非法倾倒污染物或者其他违法造成环境污染情形的，则不宜以非法经营罪论处。二要坚持综合判断原则，对行为人非法经营危险废物行为根据其在犯罪链条中的地位、作用综合判断其社会危害性。比如，有证据证明单位或者个人的无证经营危险废物行为属于危险废物非法经营产业链的一部分，并且已经形成了分工负责、利益均沾、相对固定的犯罪链条，如果行为人或者与其联系紧密的上游或者下游环节具有排放、倾倒、处置危险废物违法造成环境污染的情形，且交易价格明显异常的，对行为人可以根据案件具体情况在污染环境罪和非法经营罪中，择一重罪处断。

21. 《最高人民法院、最高人民检察院、公安部、司法部关于办理非法放贷刑事案件若干问题的意见》（2019年7月23日　法发〔2019〕24号）

为依法惩治非法放贷犯罪活动，切实维护国家金融市场秩序与社会和谐稳定，有效防范因非法放贷诱发涉黑涉恶以及其他违法犯罪活动，保护公民、法人和其他组织合法权益，根据刑法、刑事诉讼法及有关司法解释、规范性文件的规定，现对办理非法放贷刑事案件若干问题提出如下意见：

一、违反国家规定，未经监管部门批准，或者超越经营范围，以营利为目的，经常性地向社会不特定对象发放贷款，扰乱金融市场秩序，情节严重的，依照刑法第二百二十五条第（四）项的规定，以非法经营罪定罪处罚。

前款规定中的"经常性地向社会不特定对象发放贷款"，是指2年内向不特定多人（包括单位和个人）以借款或其他名义出借资金10次以上。

贷款到期后延长还款期限的，发放贷款次数按照1次计算。

二、以超过36%的实际年利率实施符合本意见第一条规定的非法放贷行为，具有下列情形之一的，属于刑法第二百二十五条规定的"情节严重"，但单次非法放贷行为实际年利率未超过36%的，定罪量刑时不得计入：

（一）个人非法放贷数额累计在200万元以上的，单位非法放贷数额累计在1000万元以上的；

（二）个人违法所得数额累计在80万元以上的，单位违法所得数额累计在400万元以上的；

（三）个人非法放贷对象累计在50人以上的，单位非法放贷对象累计在150人以上的；

（四）造成借款人或者其近亲属自杀、死亡或者精神失常等严重后果的。

具有下列情形之一的，属于刑法第二百二十五条规定的"情节特别严重"：

（一）个人非法放贷数额累计在1000万元以上的，单位非法放贷数额累计在5000万元以上的；

（二）个人违法所得数额累计在400万元以上的，单位违法所得数额累计在2000万元以上的；

（三）个人非法放贷对象累计在250人以上的，单位非法放贷对象累计在750人以上的；

（四）造成多名借款人或者其近亲属自杀、死亡或者精神失常等特别严重后果的。

三、非法放贷数额、违法所得数额、非法放贷对象数量接近本意见第二条规定的"情节严重""情节特别严重"的数额、数量起点标准，并具有下列情形之一的，可以分别认定为"情节严重""情节特别严重"：

（一）2年内因实施非法放贷行为受过行政处罚2次以上的；

（二）以超过72%的实际年利率实施非法放贷行为10次以上的。

前款规定中的"接近"，一般应当掌握在相应数额、数量标准的80%以上。

四、仅向亲友、单位内部人员等特定对象出借资金，不得适用本意见第一条的规定定罪处罚。但具有下列情形之一的，定罪量刑时应当与向不特定对象非法放贷的行为一并处理：

（一）通过亲友、单位内部人员等特定对象向不特定对象发放贷款的；

（二）以发放贷款为目的，将社会人员吸收为单位内部人员，并向其发放贷款的；

（三）向社会公开宣传，同时向不特定多人和亲友、单位内部人员等特定对象发放贷款的。

五、非法放贷数额应当以实际出借给借款人的本金金额认定。非法放贷行为人以介绍费、咨询费、管理费、逾期利息、违约金等名义和以从本金中预先扣除等方式收取利息的，相关数额在计算实际年利率时均应计入。

非法放贷行为人实际收取的除本金之外的全部财物，均应计入违法所得。

非法放贷行为未经处理的，非法放贷次数和数额、违法所得数额、非法放贷对象数量等应当累计计算。

六、为从事非法放贷活动，实施擅自设立金融机构、套取金融机构资金高利转贷、骗取贷款、非法吸收公众存款等行为，构成犯罪的，应当择一重罪处罚。

为强行索要因非法放贷而产生的债务，实施故意杀人、故意伤害、非法拘禁、故意毁坏财物、寻衅滋事等行为，构成犯罪的，应当数罪并罚。

纠集、指使、雇佣他人采用滋扰、纠缠、哄闹、聚众造势等手段强行索要债务，尚不单独构成犯罪，但实施非法放贷行为已构成非法经营罪的，应当按照非法经营罪的规定酌情从重处罚。

以上规定的情形，刑法、司法解释另有规定的除外。

七、有组织地非法放贷，同时又有其他违法犯罪活动，符合黑社会性质组织或者恶势力、恶势力犯罪集团认定标准的，应当分别按照黑社会性质组织或者恶势力、恶势力犯罪集团侦查、起诉、审判。

黑恶势力非法放贷的，据以认定"情节严重""情节特别严重"的非法放贷数额、违法所得数额、非法放贷对象数量起点标准，可以分别按照本意见第二条规定中相应数额、数量标准的50%确定；同时具有本意见第三条第一款规定情形的，可以分别按照相应数额、数量标准的40%确定。

八、本意见自2019年10月21日起施行。对于本意见施行前发生的非法放贷行为，依照最高人民法院《关于准确理解和适用刑法中"国家规定"的有关问题的通知》（法发〔2011〕155号）的规定办理。

22.《最高人民法院、最高人民检察院、公安部司法部关于依法惩治妨害新型冠状病毒感染肺炎疫情防控违法犯罪的意见》（2020年2月6日　法发〔2020〕7号）

二、准确适用法律，依法严惩妨害疫情防控的各类违法犯罪

（四）依法严惩哄抬物价犯罪。在疫情防控期间，违反国家有关市场经营、价格管理等规定，囤积居奇，哄抬疫情防控急需的口罩、护目镜、防护服、消毒液等防护用品、药品或者其他涉及民生的物品价格，牟取暴利，违法所得数额较大或者有其他严重情节，严重扰乱市场秩序的，依照刑法第二百二十五条第四项的规定，以非法经营罪定罪处罚。

（九）……

违反国家规定，非法经营非国家重点保护野生动物及其制品（包括开办交易场所、进行网络销售、加工食品出售等），扰乱市场秩序，情节严重的，依照刑法第二百二十五条第四项的规定，以非法经营罪定罪处罚。

23. **《最高人民法院、最高人民检察院、公安部办理跨境赌博犯罪案件若干问题的意见》**（2020 年 10 月 16 日　公通字〔2020〕14 号）

四、关于跨境赌博关联犯罪的认定

（五）为赌博犯罪提供资金、信用卡、资金结算等服务，构成赌博犯罪共犯，同时构成非法经营罪，妨害信用卡管理罪，窃取、收买、非法提供信用卡信息罪，掩饰、隐瞒犯罪所得、犯罪收益罪等罪的，依照处罚较重的规定定罪处罚。

24. **《最高人民法院、最高人民检察院、公安部关于办理洗钱刑事案件若干问题的意见》**（2020 年 11 月 6 日　法发〔2020〕41 号）

二、依法准确认定洗钱犯罪

10. 实施刑法第一百九十一条规定的洗钱行为，构成洗钱罪的同时，又构成刑法第三百四十九条规定的窝藏、转移、隐瞒毒赃罪，刑法第一百二十条之一规定的帮助恐怖活动罪，或者刑法第二百二十五条规定的非法经营罪的，依照处罚较重的规定定罪处罚。法律和司法解释另有规定的除外。

具有刑法第一百九十一条规定的上游犯罪的犯罪事实，又具有为其他不是同一事实的上游犯罪洗钱的犯罪事实的，分别以上游犯罪、洗钱罪定罪处罚，依法实行数罪并罚。

25. **《最高人民法院刑事审判第二庭关于对未经行政许可审批经营成品油批发业务是否构成非法经营罪的意见》**（2008 年 12 月 1 日　〔2008〕刑二函字第 108 号）

公安部经济犯罪侦查局：

你局《关于对未经行政许可审批经营成品油批发业务是否构成非法经营罪征求意见的函》（公经法〔2008〕267 号）收悉。经研究，同意你局第一种意见，即珠海××石油化工公司在未取得合法有效的《成品油批发经营批准证书》的情况下，进行成品油批发经营业务，属于违反国家规定，未经许可经营法律、行政法规规定限制买卖的物品的行为。对于扰乱市场秩序，情节严重的，可以非法经营罪追究刑事责任。

26. **《最高人民法院关于被告人何伟光、张勇泉等非法经营案的批复》**（2012 年 2 月 26 日　〔2012〕刑他字第 136 号）

广东省高级人民法院：

你院（2011）粤高法刑二他字第 16 号《关于被告人何伟光、张勇泉等以发放高利贷为业的行为是否构成非法经营罪的请示》收悉。

我院经研究认为，被告人何伟光、张勇泉等人发放高利贷的行为具有一定的社会危害性，但此类行为是否属于刑法第二百二十五条规定的"其他严重扰乱市场秩序的非法经营行为"，相关立法解释和司法解释尚无明确规定，故对何伟光、张勇泉等人的行为不宜以非法经营罪定罪处罚。

此复

27. **《最高人民法院关于被告人李明华非法经营请示一案的批复》**（2011 年 5 月 6 日〔2011〕刑他字第 21 号）

江苏省高级人民法院：

你院（2010）苏刑二他字第 0065 号《关于被告人李明华非法经营一案的请示》收悉。经研究，答复如下：

被告人李明华持有烟草专卖零售许可证，但多次实施批发业务，而且从非指定烟草专卖部门进货的行为，属于超范围和地域经营的情形，不宜按照非法经营罪处理，应由相关主管部门进行处理。

此复

第三节　非法经营罪审判实践中的疑难新型问题

问题 1. 虽然违反行政管理有关规定，但尚未严重扰乱市场秩序的经营行为，不应当认定为非法经营罪

【最高人民法院指导性案例】王某某非法经营再审改判无罪案[①]

【关键词】

刑事　非法经营罪　严重扰乱市场秩序　社会危害性　刑事违法性　刑事处罚必要性

裁判要点

1. 对于刑法第二百二十五条第四项规定的"其他严重扰乱市场秩序的非法经营行为"的适用，应当根据相关行为是否具有与刑法第二百二十五条前三项规定的非法经营行为相当的社会危害性、刑事违法性和刑事处罚必要性进行判断。

2. 判断违反行政管理有关规定的经营行为是否构成非法经营罪，应当考虑该经营行为是否属于严重扰乱市场秩序。对于虽然违反行政管理有关规定，但尚未严重扰乱市场秩序的经营行为，不应当认定为非法经营罪。

一、基本案情

内蒙古自治区巴彦淖尔市临河区人民检察院指控被告人王某某犯非法经营罪一案，内蒙古自治区巴彦淖尔市临河区人民法院经审理认为，2014 年 11 月至 2015 年 1 月期间，被告人王某某未办理粮食收购许可证，未经工商行政管理机关核准登记并颁发营业执照，擅自在临河区白脑包镇附近村组无证照违法收购玉米，将所收购的玉米卖给巴彦淖尔市粮油公司杭锦后旗蛮会分库，非法经营数额 218288.6 元，非法获利 6000 元。案发后，被告人王某某主动退缴非法获利 6000 元。2015 年 3 月 27 日，被告人王某某主动到巴彦淖尔市临河区公安局经侦大队投案自首。原审法院认为，被告人王某某违反国家法律和行政法规规定，未经粮食主管部门许可及工商行政管理机关核准登记并颁发营业执照，非

[①] 指导案例 97 号，2018 年 12 月 19 日。

法收购玉米，非法经营数额218288.6元，数额较大，其行为构成非法经营罪。鉴于被告人王某某案发后主动到公安机关投案自首，主动退缴全部违法所得，有悔罪表现，对其适用缓刑确实不致再危害社会，决定对被告人王某某依法从轻处罚并适用缓刑。宣判后，王某某未上诉，检察机关未抗诉，判决发生法律效力。

最高人民法院于2016年12月16日作出（2016）最高法刑监6号再审决定，指令内蒙古自治区巴彦淖尔市中级人民法院对本案进行再审。

再审中，原审被告人王某某及检辩双方对原审判决认定的事实无异议，再审查明的事实与原审判决认定的事实一致。内蒙古自治区巴彦淖尔市人民检察院提出了原审被告人王某某的行为虽具有行政违法性，但不具有与刑法第二百二十五条规定的非法经营行为相当的社会危害性和刑事处罚必要性，不构成非法经营罪，建议再审依法改判。原审被告人王某某在庭审中对原审认定的事实及证据无异议，但认为其行为不构成非法经营罪。辩护人提出了原审被告人王某某无证收购玉米的行为，不具有社会危害性、刑事违法性和应受惩罚性，不符合刑法规定的非法经营罪的构成要件，也不符合刑法谦抑性原则，应宣告原审被告人王某某无罪。

二、裁判理由

内蒙古自治区巴彦淖尔市中级人民法院再审认为，原判决认定的原审被告人王某某于2014年11月至2015年1月期间，没有办理粮食收购许可证及工商营业执照买卖玉米的事实清楚，其行为违反了当时的国家粮食流通管理有关规定，但尚未达到严重扰乱市场秩序的危害程度，不具备与刑法第二百二十五条规定的非法经营罪相当的社会危害性、刑事违法性和刑事处罚必要性，不构成非法经营罪。原审判决认定王某某构成非法经营罪适用法律错误，检察机关提出的王某某无证照买卖玉米的行为不构成非法经营罪的意见成立，原审被告人王某某及其辩护人提出的王某某的行为不构成犯罪的意见成立。

三、裁判结果

内蒙古自治区巴彦淖尔市临河区人民法院于2016年4月15日作出（2016）内0802刑初54号刑事判决，认定被告人王某某犯非法经营罪，判处有期徒刑一年，缓刑二年，并处罚金人民币二万元；被告人王某某退缴的非法获利款人民币六千元，由侦查机关上缴国库。最高人民法院于2016年12月16日作出（2016）最高法刑监6号再审决定，指令内蒙古自治区巴彦淖尔市中级人民法院对本案进行再审。内蒙古自治区巴彦淖尔市中级人民法院于2017年2月14日作出（2017）内08刑再1号刑事判决：一、撤销内蒙古自治区巴彦淖尔市临河区人民法院（2016）内0802刑初54号刑事判决；二、原审被告人王某某无罪。

问题2. 利用"外挂"软件"代练升级"从事非法经营活动，情节严重的，如何认定罪名

【最高人民法院公报案例】董某、陈某非法经营案[①]

［裁判摘要］

利用"外挂"软件"代练升级"从事非法经营活动，情节严重的，属于《中华人民

---

① 《最高人民法院公报》2012年第2期（总第184期）。

共和国刑法》第二百二十五条中规定的"其他严重扰乱市场秩序的非法经营行为",应以非法经营罪定罪处罚。

一、基本案情

2006年以来,被告人董某、陈某在玩网络游戏过程中了解到利用非法"外挂"程序可以替游戏玩家代练升级并可以从中牟利,遂购买了数十台电脑,申请了QQ号、银行账号、客服电话和电信宽带,向他人购买"外挂"经营代练升级。2006年9月至2007年春节,董某、陈某雇佣人员在其居住地,通过使用向他人购得的名为"小金鱼"的"外挂"帮助《热血传奇》游戏玩家升级并牟利。2007年3月,董某、陈某又通过互联网向他人购得名为"冰点传奇"的"外挂"程序,以"土人部落"工作室的名义,雇佣员工在上海盛大网络发展有限公司经营的《热血传奇》游戏中以80元/周、300元/月的价格帮助玩家使用"冰点传奇""外挂"程序代练升级,先后替1万多个《热血传奇》游戏账户代练升级。自2007年3月至2007年12月7日,接受来自全国各地游戏玩家汇入的资金人民币1989308.6元。因董某、陈某使用的"冰点传奇""外挂"程序绕过了正常的游戏客服端与服务器端之间的通讯协议,使盛大公司计算机系统中的客户认证功能丧失,从而干扰了《热血传奇》游戏的正常运行。同时,又因破坏了网络游戏规则的均衡和公平,引起了众多游戏玩家的不满和投诉,严重影响了盛大公司的生产经营秩序。

被告人董某辩称:(1)公诉机关指控的事实基本属实,但对指控的犯罪不能认同。(2)自己以前的供述把部分责任推到妻子被告人陈某身上,其实陈某到2007年4、5月份才知道自己使用"冰点传奇""外挂"。陈某与自己去劳务市场仅仅是招保姆。

被告人董某辩护人的辩护意见为:公诉机关指控董某构成非法经营罪证据不足、法律适用不当。理由如下:(1)非法经营罪侵害的客体是国家对市场交易秩序的管理,而不能是对某一个企业生产经营秩序的侵犯。公诉机关指控董某行为的危害后果是干扰了《热血传奇》游戏的正常运行,严重影响了盛大公司的生产经营秩序,故指控董某犯罪行为的危害后果与其指控的罪名是相互矛盾的。(2)《中华人民共和国刑法》第二百二十五条所规定的"违反国家规定"只能是国家关于市场交易秩序管理的有关规定,公诉人在法庭辩论中所提出的《计算机信息网络国际联网安全保护管理办法》《计算机信息系统安全保护条例》和《信息网络传播权保护条例》均不是国家关于市场交易秩序管理的法律法规,不能作为指控董某构成非法经营罪的法律规定。(3)董某的行为也不符合公诉人所提的上述三个法规中称的构成犯罪的行为。

被告人陈某辩称:自己当时怀孕没有参与被告人董某的事情,公安机关提取的聊天记录不能证明自己参与,以前在公安机关供述参与是因为小孩刚生下来,为了能让董某取保候审,就将此事揽到自己身上,但最后自己就说实话了。

被告人陈某辩护人的辩护意见为:指控陈某参与非法经营的证据不足,被告人不构成非法经营罪。理由如下:(1)本案定性错误。非法经营行为是一般违法行为还是构成非法经营罪,要以行为是否违反国家规定为平衡点。陈某被指控的"代练升级"经营行为不是我国法律、行政法规规定的需要经过国家相关部门特别许可方可专营、专卖的物品,也不是法律、行政法规规定的需要限制买卖的物品。公诉人提及的相关法规均不是关于许可证制度或市场准入制度的规定,因此陈某没有取得工商营业执照从事经营活动,仅仅违反了工商行政管理规定,不属于犯罪行为。现有的法律、行政法规也未规定破坏技术保护措施的行为属于犯罪。公诉人也未提供任何法条依据证明本案已达到"情节特别严重"。（2）陈某未实施非法经营行为。陈某于2007年2月怀孕，身体状况不具备参与经营的条件。购买设备、申请宽带、开设银行账号、招聘及管理员工均由被告人董某实施，陈某未参与。两被告人前后供述不一致，不能作为陈某参与经营的定案证据。

二、裁判理由

江苏省南京市中级人民法院经二审，确认了一审查明的事实。

本案二审的争议焦点是：无经营主体资质并利用"外挂"软件"代练升级"的行为能否认定为对"外挂"软件的发行、传播行为，进而认定为系非法互联网出版活动。

江苏省南京市中级人民法院二审认为："外挂"违法行为属于非法经营互联网活动。且"外挂"程序系未获得许可和授权，通过破坏他人合法出版并享有著作权的互联网游戏作品的技术保护措施、修改作品数据，从而在游戏中获取不正当利益的作弊程序，非法侵入。鉴于"外挂"等行为对国内游戏产业的侵害和对合法经营秩序的危害，2003年12月，新闻出版总署等六部门亦联合下发的《关于开展对"私服""外挂"专项治理的通知》明确指出："私服""外挂"违法行为属于非法互联网出版活动，应依法予以严厉打击。"外挂"行为既侵害了著作权人、出版机构以及游戏消费者的合法权益，又扰乱互联网游戏出版经营的正常秩序。但原审对上诉人董某、陈某罚金刑量刑过重，应予纠正。非法经营罪判处罚金数额应在违法所得一倍以上五倍以下，"违法所得数额"应以"获利数额"来认定。根据陈某在侦查阶段的供述，及董某向户名为"张五强"的工商银行卡汇款130余万元购买"外挂充值点卡"的银行账务资料等书证，可确定董某、陈某收取玩家"代练款"150万元，支付给上家"拉哥"点卡费用130余万元，从中获利额近20万元。

综上，上诉人董某、陈某违反法律规定，且无经营主体资格，未经盛大公司许可和授权，非法将"外挂"软件使用到盛大公司享有著作权的游戏程序上，进行有偿性代练，牟取了巨额非法利益，严重侵害了市场管理和公平竞争秩序，构成非法经营罪，且情节特别严重。在共同犯罪中，董某起主要作用，是主犯，应当按照其所组织、指挥的全部犯罪处罚。陈某起次要、辅助作用，是从犯，依法应当减轻处罚。原审判决认定的事实清楚，证据充分，罪名准确，对二上诉人主刑量刑适当，应予维持；但罚金刑量刑不当，应予改判。

三、裁判结果

江宁区人民法院依照《中华人民共和国刑法》第二百二十五条第四项、第二十五条第一款、第二十六条第一、四款、第二十七条、第七十二条、第六十四条及《最高人民法院关于审理非法出版物刑事案件具体应用法律若干问题的解释》第十一条、第十二条第二款第一项之规定，于2010年12月9日判决：

一、被告人董某犯非法经营罪，判处有期徒刑六年，罚金人民币160万元；被告人陈某犯非法经营罪，判处有期徒刑三年，缓刑四年，罚金人民币140万元；二、作案工具、非法所得予以没收。

董某、陈某不服一审判决，向江苏省南京市中级人民法院提出上诉，请求依法改判。

南京市中级人民法院依据《中华人民共和国刑事诉讼法》第一百八十九条第二项和《中华人民共和国刑法》第二百二十五条第四项、第二十五条第一款、第二十六条第一、四款、第二十七条、第七十二条、第六十四条及《最高人民法院关于审理非法出版物刑事案件具体应用法律若干问题的解释》第十一条、第十二条第二款第一项的规定，于

2011年5月10日判决如下：

一、维持南京市江宁区人民法院（2008）江宁刑初字第953号刑事判决第二项及第一项中对上诉人董某、陈某定罪及量刑主刑部分，即：被告人董某犯非法经营罪，判处有期徒刑六年；被告人陈某犯非法经营罪，判处有期徒刑三年，缓刑四年；作案工具、非法所得予以没收。

二、撤销南京市江宁区人民法院（2008）江宁刑初字第953号刑事判决对原审被告人董某、陈某的量刑附加刑部分，即被告人董某判处罚金人民币160万元；被告人陈某判处罚金人民币140万元。

三、上诉人（原审被告人）董某犯非法经营罪，判处有期徒刑六年，罚金人民币30万元；上诉人（原审被告人）陈某犯非法经营罪，判处有期徒刑三年，缓刑四年，罚金人民币20万元。

问题3. 非法经营药品犯罪案件中情节特别严重如何认定

【刑事审判参考案例】薛某某非法经营联邦止咳露案[①]

裁判规则

没有取得《药品经营许可证》等有效证件而从事药品经营的，应当认定为非法经营；审理非法经营药品犯罪案件时，应根据被告人非法经营的犯罪数额、社会危害性、被告人的主观恶性等因素，认定被告人是否构成非法经营罪情节特别严重（此亦同样适应于对非法经营烟草制品、出版物、食盐之外司法解释、纪要等没有规定的其他物品的认定）。

一、基本案情

被告人薛某某于2006年11月至2007年11月间，在没有取得《药品经营许可证》的情况下，将其承租的、位于潮州市湘桥区南较路南溪巷×号的金洽药店（属擅自挂名）作为经营场所，将其承租的、位于湘桥区前街安场路安和园×栋楼下的储藏室和湘桥区南较路南溪巷×号对面×号的车库作为仓库，采取借用具有药品经营许可资质的广东省潮安区正人药业有限公司的名义购进、销售药品或以直接购进、销售药品的方式，先后向深圳致君制药有限公司（原深圳制药厂）、普宁市鹏源药业有限公司、揭阳盛达药业有限公司等单位购买复方磷酸可待因溶液（联邦止咳露）、盐酸曲马多等药品，这些药品部分销售给普宁市一个叫"楚西"的人（身份不明），部分放置在金洽药店零售，还有部分直接送到潮州市区的网吧及娱乐场所销售，并从中牟利。在此期间，薛某某非法经营复方磷酸可待因溶液等药品的交易金额为人民币（以下币种均为人民币）2133350.5元，从中获利7万多元。

其中，被告人薛某某于2006年11月与潮安区正人药业有限公司签订协议，挂靠该公司，借用该公司的《药品经营许可证》等证件，由该公司授权其为代理人，与深圳致君制药有限公司签订联邦止咳露等药品的购销合同，向深圳致君制药有限公司等单位购进

[①] 陆汉杰、陈少旭撰稿，颜茂昆审编：《薛某某非法经营联邦止咳露案——非法经营药品犯罪案件中情节特别严重的认定（第632号）》，载中华人民共和国最高人民法院刑事审判第一、二、三、四、五庭主办：《刑事审判参考》2010年第4集（总第75集），法律出版社2011年版，第9~15页。

联邦止咳露等药品。2007年4月29日，薛某某因非法经营被潮州市食品药品监督管理局行政处罚。潮安区正人药业有限公司也因非法出租《药品经营许可证》被行政处罚。不久，潮安区正人药业有限公司口头宣布与薛某某中止合作。但薛某某假借潮安区正人药业有限公司名义继续向深圳致君制药有限公司和其他单位购进药品及销售药品。2007年8月15日，薛某某再次被潮州市食品药品监督管理局行政处罚。此后，薛某某继续非法经营同类药品。2007年11月3日，广东省潮州市食品药品监督管理局在薛某某非法经营的药店及仓库查获药品、银行汇单、送货单、汽车等。

二、裁判理由

潮州市湘桥区人民法院认为，被告人薛某某，无视国家法律，非法经营药品，扰乱市场秩序，其行为构成非法经营罪。鉴于联邦止咳露系处方药，非法流入社会后可能造成本地区青少年滥用联邦止咳露，且其经二次行政处罚后仍不思悔改，继续非法经营联邦止咳露等药品，非法经营药品的总交易额达2133350.5元，依法应认定其非法经营情节特别严重。薛某某当庭认罪态度较好，依法可以酌情从轻处罚。

三、裁判结果

依照《中华人民共和国刑法》第二百二十五条第一项、第五十二条、第五十三条、第六十四条之规定，判决如下：

一、被告人薛某某犯非法经营罪，判处有期徒刑五年，并处罚金人民币十万元，该罚金应于本判决生效次日缴纳。

二、随案移送手机3部、扣押于潮州市食品药品监督管理局的作案工具汽车1辆予以没收，上缴国库；2007年11月3日扣押于潮州市食品药品监督管理局的涉案药品予以没收，上缴国库。

一审宣判后，被告人薛某某没有上诉，检察机关没有抗诉，判决现已发生法律效力。

四、实务专论

对于被告人的行为是否构成非法经营罪，在审理过程中存在较大分歧。一种意见认为，鉴于目前尚无相关立法解释和司法解释对非法经营联邦止咳露的行为定性予以明确，法无明文规定不为罪，因此，被告人薛某某的行为应通过行政手段规制，不应追究刑事责任，对诸如被告人的这类行为，只有在司法机关制定相关司法解释后，才能追究刑事责任。另一种意见认为，本案被告人非法经营药品的数额在公安机关、检察机关所规定的追诉标准数额以上，且社会危害性巨大，应以非法经营罪追究被告人的刑事责任。但在是否构成情节特别严重问题上又有不同意见。一种意见认为，被告人的非法经营行为仅构成情节严重，理由是目前关于非法经营药品的司法解释尚不明确，从有利于被告人的角度出发应就低适用情节严重的条款。另一种意见认为，被告人的非法经营行为构成情节特别严重，理由是根据被告人非法经营的犯罪数额、社会危害性、被告人的主观恶性等因素，参照其他相关种类的司法解释，应当认定被告人的行为属于非法经营情节特别严重。

我们认为，本案被告人的行为构成非法经营罪，且属于情节特别严重。理由如下：

（一）没有取得《药品经营许可证》等有效证件而从事药品经营的，应当认定为非法经营

国家对药品实行经营许可管理制度，经营者必须取得经营许可证才能从事许可证规定范围内的经营活动。潮州市食品药品监督管理局证实被告人没有取得药品经营许可证。

本案被告人违反上述法律、行政法规的规定，在没有取得药品经营许可证的情况下，借用其他企业的经营条件进行药品经营，其行为应认定为非法经营。

（二）被告人非法经营药品的社会危害性巨大

滥用联邦止咳露的社会危害性，要根据联邦止咳露的滥用程度、依赖性、对人体的危害程度来确定。联邦止咳露是复方磷酸可待因溶液的商品名称，主要成分是磷酸可待因、盐酸麻黄碱等。磷酸可待因属于中枢性镇咳药，一般用于无痰的干咳。其止咳作用强，成瘾性比吗啡弱。而盐酸麻黄碱则具有平喘、兴奋和麻醉作用，是临床常用的传统镇咳药之一。鉴于磷酸可待因及盐酸麻黄碱有成瘾性和中枢兴奋性作用，世界卫生组织和我国药品监督管理部门已将联邦止咳露等含可待因成分在2‰以下的复方制剂按处方药管理，正常服用不会成瘾，不良反应为口干、便秘、头晕、心悸、嗜睡。滥用联邦止咳露的社会危害性，经过潮州市电视台的"民生直播室"等栏目的披露，在潮州市几乎家喻户晓。据披露，滥用联邦止咳露的大多数是青少年，方法通常是将联邦止咳露加上可乐饮用，可乐的作用是提取出联邦止咳露中的可待因成分。青少年滥用联邦止咳露后会上瘾，产生较大的兴奋性，产生摇头丸之类的效果，进而在娱乐场所狂欢或无心向学，通宵上网。所以，联邦止咳露在掺和可乐等饮料后，实际变成了一种软毒品。而滥用联邦止咳露上瘾之后，会对青少年的身体产生较大的损害，最主要的是损害到青少年的中枢神经系统；且青少年滥用联邦止咳露之后因无钱饮用等经济问题或健康问题会触发大量社会家庭问题，给社会造成大量不安定因素。而被告人薛某某仅从深圳市致君公司购进的联邦止咳露就有12万瓶之多，其中大部分已售出，且是没有按处方药的规定售出的，这些联邦止咳露非法流入社会后对社会的危害性无疑是巨大的。

（三）审理非法经营药品犯罪案件时，应根据被告人非法经营的犯罪数额、社会危害性、被告人的主观恶性等因素，认定被告人是否构成非法经营罪情节特别严重（此亦同样适应于对非法经营烟草制品、出版物、食盐之外司法解释、纪要等没有规定的其他物品的认定）

刑法第二百二十五条非法经营罪规定："违反国家规定，有下列非法经营行为之一，扰乱市场秩序，情节严重的，处五年以下有期徒刑或者拘役，并处或者单处违法所得一倍以上五倍以下罚金；情节特别严重的，处五年以上有期徒刑，并处违法所得一倍以上五倍以下罚金或者没收财产：（一）未经许可经营法律、行政法规规定的专营、专卖物品或者其他限制买卖的物品的……"

对非法经营药品数额多少构成情节严重或情节特别严重，最高人民法院目前尚未出台相关司法解释。《最高人民检察院、公安部关于经济犯罪案件追诉标准的规定》第七十条、《最高人民检察院、公安部关于公安机关管辖的刑事案件立案追诉标准的规定（二）》第七十一条对非法经营案部分仅制定了追诉标准：从事其他非法经营活动，涉嫌下列情形之一的，应予追诉：个人非法经营数额在5万元以上，或者违法所得数额在1万元以上的。本案被告人非法经营数额200余万元，违法所得7万余元，据此，可以认定其非法经营行为符合情节严重标准，应当追诉。

关于其行为是否构成情节特别严重，我们认为，应当参照关于其他非法经营犯罪的司法解释、会议纪要及案件的实际情况加以认定。

1. 根据《最高人民法院关于审理非法出版物刑事案件具体应用法律若干问题的解释》第十一条、第十二条的规定，出版、印刷、复制、发行本解释第一条至第十条规定以外的其他严重危害社会秩序和扰乱市场秩序的非法出版物,个人经营数额在 15~30 万元以上的,或者违法所得数额在 5~10 万元以上的,属于"情节特别严重"。《广东省高级人民法院关于执行最高人民法院〈关于审理非法出版物刑事案件具体应用法律若干问题的解释〉的意见》第三条第二款规定:"具有下列情形之一的,属于非法经营行为'情节特别严重':经营数额在 30 万元以上的……"

2. 《最高人民法院、最高人民检察院、公安部、国家烟草专卖局关于办理假冒伪劣烟草制品等刑事案件适用法律问题座谈会纪要》第三条关于非法经营烟草制品行为适用法律问题规定:"未经烟草专卖行政主管部门许可,无生产许可证、批发许可证、零售许可证,而生产、批发、零售烟草制品,具有下列情形之一的,依照刑法第二百二十五条的规定定罪处罚:(1)个人非法经营数额在 5 万元以上的,或者违法所得数额在 1 万元以上的;(2)曾因非法经营烟草制品行为受过 2 次以上行政处罚又非法经营的,非法经营数额在 2 万元以上的。"

《广东省高级人民法院、广东省人民检察院、广东省公安厅、广东省烟草专卖局、广东省打假办关于执行最高人民法院、最高人民检察院、公安部、国家烟草专卖局〈关于办理假冒伪劣烟草制品等刑事案件适用法律问题座谈会纪要〉的意见》第六条规定:"关于非法经营烟草制品'情节特别严重'数额标准的问题。参照该纪要第三条的规定,具有下列情形之一的,属于'情节特别严重':1. 个人非法经营数额在 25 万元以上,或者违法所得数额在 5 万元以上的……"

3. 本案系广东省查获的数额较大的非法经营联邦止咳露案件。被告人已经被二次行政处罚,被告人被处罚后仍不思悔改,继续非法经营,被第二次行政处罚后至 2007 年 11 月 3 日非法经营数额达 603900 元。被告人向深圳市致君公司购进的联邦止咳露有 12 万瓶之多,且大部分已售出,总的非法经营数额为 2133350.5 元。

综上所述,参照非法出版物、伪劣烟草等司法解释和纪要的规定,结合本案的实际情况,对被告人薛某某的非法经营犯罪行为应认定为情节特别严重。

问题 4. 擅自设立金融机构罪、非法经营罪的认定

【刑事审判参考案例】 张某 1、张某 2 非法经营案[①]

一、基本案情

被告人张某 1、张某 2 未经工商部门登记注册,于 2010 年 6 月 29 日出资在铜川市王益区七一路冷库市场内成立"顺发借寄公司",主要从事贵重物品寄押、贷款收取利息业务。2010 年 8 月 17 日至 9 月 15 日,彭卫(另案处理)经与张某 1 联系后,与张某 2 三次签订借款合同,分别将从租车行骗租的"现代伊兰特"轿车、"长安"轿车、"海马骑士"越野车各一辆抵押给"顺发借寄公司",从"顺发借寄公司"借款 2 万元、3 万元、5 万元,共计 10 万元,扣除月息 15%,实际得款 85000 元。2010 年 9 月 12 日,无业人员杨某某经与张某 1 联系后,与张某 2 签订借款合同,将从租车行骗租的一辆"北京现代"

[①] 康瑛撰稿、王晓东审编:《张某 1、张某 2 非法经营案——擅自设立金融机构罪、非法经营罪的认定(第 828 号)》,载中华人民共和国最高人民法院刑事审判第一、二、三、四、五庭主办:《刑事审判参考》2013 年第 1 集(总第 90 集),法律出版社 2013 年版,第 28~34 页。

轿车抵押给"顺发借寄公司",从"顺发借寄公司"借款3万元,扣除月息15%,实际得款25500元。

二、裁判理由

印台区人民法院经审理认为,印台区人民检察院申请撤回对被告人张某1、张某2犯非法经营罪的起诉,符合法律规定。

三、裁判结果

依照《最高人民法院关于执行〈中华人民共和国刑事诉讼法〉若干问题的解释》第一百七十七条之规定,裁定准许印台区人民检察院撤回对被告人张某1、张某2犯非法经营罪的起诉。

四、实务专论

本案虽然以检察院撤回起诉的方式结案,但两被告人的行为如何定性在立案侦查、起诉阶段均存在争议。

(一)两被告人的行为是否构成擅自设立金融机构罪

根据刑法第一百七十四条的规定,擅自设立金融机构罪,是指未经国家有关主管部门批准,擅自设立金融机构的行为。该罪在客观方面的主要特征就是非法设立金融机构。实践中,行为人非法设立金融机构一般表现为两种情形:一是行为人没有向有权批准的中国人民银行等国家有关主管部门依法进行设立申请,这类情况多见于根本不具备设立金融机构条件的单位和个人;二是行为人虽然提交了申请材料,但有关主管部门经审查认为不符合条件而未予批准,没有颁发金融业务许可证的情况。需要强调的是,该罪是指没有取得经营金融业务主体资格的单位或者个人擅自设立金融机构的行为,对于已经取得经营金融业务主体资格的金融机构,如部分商业银行、期货经纪公司为了拓展业务,未向主管机关申报,擅自扩建业务网点、增设分支机构,或者虽向主管机关申报,但主管机关尚未批准就擅自设立分支机构进行营业活动,虽然表面上符合"未经国家有关主管机关批准"的要件,但由于已经取得了经营金融业务的主体资格,故与那些没有主体资格的单位或者个人擅自设立金融机构的社会危害有本质不同,一般不以该罪论处。

本案中,两被告人成立的所谓"顺发借寄公司"不仅没有经过任何金融主管部门批准,而且连在工商行政管理机关注册登记的条件都不具备,显然属于非法设立,因而认定本罪的关键在于两被告人非法设立的所谓"顺发借寄公司"是否构成刑法第一百七十四条规定的"金融机构"。

刑法第一百七十四条规定的金融机构,是指从事或者主要从事吸收存款、发放贷款、办理结算、票据贴现、资金拆借、信托投资、金融租赁、融资担保、外汇买卖等金融业务活动的机构,一般包括商业银行、证券交易所、期货交易所、证券公司、期货经纪公司、保险公司、融资租赁公司、担保公司、农村信用合作社等。从本案"顺发借寄公司"的实际经营业务看,其经营方式符合我国《典当管理办法》中关于典当行的特征,即"当户将其动产、财产权利作为当物质押或者将其房地产作为当物抵押给典当行,交付一定比例费用,取得当金,并在约定期限内支付当金利息、偿还当金、赎回当物的行为"。从典当行为的本质看,典当行应当属于金融机构。由此而论,两被告人违法成立实际从事典当活动的"顺发借寄公司",在形式上符合擅自设立金融机构罪的构成特征。

然而,从实质上分析,刑法规定擅自设立金融机构罪的立法本意并非如此简单,对该罪的认定应当结合罪质进行判断。由于金融机构所从事的业务在社会经济中担负着特殊功能，其对国民经济的健康发展和金融秩序的稳定起着至关重要的作用，对社会稳定也有着直接的影响，如果放任这些未经批准、擅自设立的金融机构开展金融业务，势必扰乱国家金融秩序，给国家金融安全和社会经济造成危害。该罪不要求有金融业务的具体开展，处罚的只是单纯设立行为，但刑法之所以将此种单纯设立行为直接认定为犯罪，在于该类行为对金融安全具有一种潜在的严重危险。从这一罪质分析，构成擅自设立金融机构罪，本质上必须是对金融安全产生潜在严重危险的行为，如果行为不可能对金融产生严重危险，则不能构成该罪。根据刑法第一百七十四条的字面规定，似乎只要行为人实施了非法设立金融机构的行为，就可构成擅自设立金融机构罪，但在具体案件中，对符合该罪构成特征的行为要认定构成该罪，还必须在情节上认定行为是否可能对金融安全产生严重的危险。

具体而言，构成擅自设立金融机构罪，首先在形式上，行为人非法设立的机构应当具备合法金融机构的一些必要形式特征，包括机构名称、组织部门、公司章程、营业地点等。因为在实践中，行为人设立的所谓金融机构之所以非法，仅仅是因为欠缺有关国家主管部门的批准要件，而其他要件往往是基本具备的，如此才可能使一般社会公众产生信任，否则也不会有人与其发生金融业务往来。其次在实质上，行为人非法设立的机构应当具备开展相应金融业务的实质能力，包括资金实力、专业人员等，如果不具备开展相应金融业务的实际能力，就没有可能面向社会开展有关金融业务；更谈不上有严重危害金融秩序和金融安全的危险。

就本案而言，两被告人共同设立的所谓"顺发借寄公司"，仅是二人自行在该市一冷库市场内租用的一间房屋挂牌营业，没有履行任何包括最基本的在工商部门注册登记的审批手续。从形式方面看，该"公司"既没有冠以典当或其他金融机构的名称，也没有公司章程和相应制度规范，甚至连办公印章都没有；从实质方面看，该"公司"没有足够的运营资金（所贷资金均为业务往来中临时借用），开展的业务极不规范（有关押车贷款协议均为手写），也没有足够的专业从业人员（仅有两被告人且两被告人不具有专业金融知识背景）。综上，"顺发借寄公司"并不具备刑法第一百七十四条规定的金融机构的形式要件和实质要件，尚未达到足以威胁金融安全、破坏金融秩序的危害程度，故不能以擅自设立金融机构罪论处。

（二）两被告人的行为是否构成非法经营罪

两被告人未经审批开展为他人提供押车贷款服务，牟取高额利息的行为是否构成非法经营罪，从构成要件特征分析，首先应当判断其行为是否属于刑法第二百二十五条列举的四种非法经营行为情形。

刑法第二百二十五条列举了四种非法经营行为，即"未经许可经营法律、行政法规规定的专营、专卖物品或者其他限制买卖的物品的；买卖进出口许可证、进出口原产地证明以及其他法律、行政法规规定的经营许可证或者批准文件的；未经国家有关主管部门批准非法经营证券、期货、保险业务的，或者非法从事资金支付结算业务的；其他严重扰乱市场秩序的非法经营行为"。与上述情形比对，本案两被告人的行为显然不符合上述前两种情形。第三种情形中的资金支付结算业务，是指通过银行账户的资金转移实现收支的行为，即银行接受客户委托代收代付，从付款单位存款账户划出款项，转入收款单位存款账户，以此完成经济体之间债权债务的清算或资金的调拨。据此，两被告人的行为亦不属于上述第三种情形。两被告人的行为是否构成非法经营罪，关键在于其行为是否属于上述第四种情形。

反对观点认为，两被告人未经有关主管部门批准，擅自以未经注册的公司名义从事质押贷款业务，属于从事非法金融活动，其行为扰乱的是金融管理秩序，而不是市场秩序，故不属于刑法第二百二十五条第四项规定的情形。

我们认为，两被告人的行为属于刑法第二百二十五条第四项规定的其他扰乱市场秩序的非法经营行为。主要理由有两点：一是既然刑法第二百二十五条第三项将非法从事"经营证券、期货、保险及资金支付结算业务"纳入非法经营罪的处罚范围，就表明了立法肯定该行为侵害了市场秩序的立场，据此，亦可将其他非法金融活动视为侵害市场秩序，这一推论合乎逻辑，并不违背立法本意；二是虽然非法金融活动直接侵害的是金融管理秩序，但从广义上讲，金融管理秩序亦包含在市场秩序外延之内，且从分则规定看，二者均属于破坏社会主义市场经济秩序犯罪一章，因此，以两被告人的行为扰乱的是金融管理秩序而非市场秩序从而否定其构成非法经营罪的理由难以成立。

在认定两被告人的行为属于刑法第二百二十五条第四项规定的情形的前提下，对其行为是否认定构成非法经营罪，还应考察其行为是否达到扰乱市场秩序"情节严重"的程度。对此，2010年最高人民检察院、公安部联合印发的《关于公安机关管辖的刑事案件立案追诉标准的规定（二）》（以下简称标准二）将刑法第二百二十五条第四项的个人犯罪追诉标准规定为"非法经营数额在五万元以上，或者违法所得数额在一万元以上"。本案两被告人非法经营额达到13万元，如果适用该标准，显然应当认定两被告人的行为构成非法经营罪。然而，我们认为，两被告人非法从事典当业务的行为不能简单适用该标准。理由如下：

首先，标准二中有关刑法第二百二十五条第四项追诉标准的规定来源于2001年最高人民检察院、公安部联合印发的《关于经济犯罪案件追诉标准的规定》，标准二沿用这一标准确立的基础，在于其当时主要针对的是生产、流通领域非法经营专营、专卖或者其他限制买卖的物品，及买卖经营许可证或批准文件的行为，作为一般生产、流通领域的非法经营行为，个人的非法经营额达到5万元以上或者违法所得数额在1万元以上，从对市场秩序的侵害来讲，可以认为达到认定情节严重的程度，扰乱了市场秩序；但非法进行金融活动与生产、流通领域的非法经营活动不同，前者往往数额巨大，如果以上述标准认定情节严重，必然产生即使达到上述数额标准，也不一定造成严重扰乱市场秩序的结果，如果适用上述标准，显然过低，造成打击面过大。其次，标准二对刑法第二百二十五条第三项，即非法经营证券、期货、保险业务的立案追诉标准规定为"非法经营数额在三十万元以上"，非法从事资金支付结算业务的立案追诉标准规定为"数额在二百万元以上"。可见，标准二对部分金融业务已规定了特殊的情节严重认定标准，而规定的这一特殊标准显然适用了更高数额标准，就是考虑到非法经营金融业务的特殊性。基于上述分析，本案两被告人中的非法押车贷款同样作为非法金融业务，亦应当参照标准二对第二百二十五条第三项规定的数额标准而不是简单适用第四项的标准。最后，从标准二的效力来讲，根据最高人民法院2010年下发的《关于在经济犯罪审判中参照适用〈最高人民检察院、公安部关于公安机关管辖的刑事案件立案追诉标准的规定（二）〉的通知》的规定，最高人民法院对相关经济犯罪的定罪量刑标准没有规定的，人民法院在审理经济犯罪案件时，可以参照适用标准二的规定。各级人民法院在参照适用标准二的过程中，如认为标准二的有关规定不能适应案件审理需要的，要结合案件具体情况和本地实际，依法审慎稳妥处理好案件的法律适用和政策把握,争取更好的社会效果。

具体到本案,首先,从犯罪数额看,两被告人的非法经营额仅为 13 万元,非法所得不满 2 万元,与有关"非法经营数额在三十万元以上"的标准相去甚远;其次,从经营规模看,两被告人仅同二名当事人进行了押车贷款业务,没有实际牵涉社会不特定多数人,并未造成严重扰乱当地金融秩序的结果;再次,从主观故意看,两被告人主观上只是希望通过该经营活动获取一定经济利益,并无希望或追求扰乱金融秩序的直接故意;最后,从资金能力看,两被告人由于缺乏运营资金,其公司经营客观上难以为继,难以对金融安全造成实质威胁。综上,两被告人非法从事押车贷款的行为,尚未达到情节严重的程度,不构成非法经营罪。

问题 5. 未经许可从事非法经营行为,但审理期间相关行政审批项目被取消的,如何定性

【刑事审判参考案例】于某某非法经营案①

一、基本案情

2000 年 9 月 15 日至 2002 年 9 月 15 日,被告人于某某承包吉林省桦甸市老金厂金矿东沟二坑坑口,共生产黄金约 23000 克。2002 年 9 月 21 日,于某某自驾车辆将其承包金矿自产和收购的共 46384 克黄金运往吉林省长春市。途中从桦甸市沿吉桦公路行驶至吉林市南出口(红旗)收费站时,被公安人员抓获,涉案黄金全部由吉林市公安局扣押,后出售给中国人民银行吉林市中心分行,总售价为人民币(以下币种同)3843054.58 元,出售款上缴国库。

二、一审裁判理由

审理期间,公安部办公厅就现阶段如何认定非法经营黄金行为向中国人民银行办公厅发函征求意见。2003 年 9 月 19 日中国人民银行办公厅对公安部办公厅发出的《〈关于对"非法经营黄金行为"现阶段如何认定的函〉的复函》(银办函〔2003〕483 号),提出三点意见:"一、中国人民银行发布的《关于调整携带黄金有关规定的通知》(银发〔2002〕320 号)不适用于个人。二、国发〔2003〕5 号文件后,企业、单位从事黄金收购、黄金制品生产、加工、批发、黄金供应、黄金制品零售业务无须再经中国人民银行的批准。三、《中华人民共和国金银管理条例》与国发〔2003〕5 号文件相冲突的规定自动失效。但在国务院宣布《中华人民共和国金银管理条例》废止前,该条例的其他内容仍然有效。"参照上述复函,吉林市丰满区人民法院认为,被告人于某某在未获取黄金经营许可证的情况下大量收购、贩卖黄金的行为,构成非法经营罪;国发〔2003〕5 号文件虽然取消黄金收购许可制度,但其他行政法规、部门规章仍对国内黄金市场秩序进行规制;《中华人民共和国金银管理条例》(以下简称金银管理条例)在废止前,该条例的其他条款仍然有效,而根据其他条款,对于某某的行为应当认定为非法经营。

---

① 《于某某非法经营案——未经许可从事非法经营行为,但审理期间相关行政审批项目被取消的,如何定性(第 862 号)》,载中华人民共和国最高人民法院刑事审判第一、二、三、四、五庭主办:《刑事审判参考》2013 年第 3 集(总第 92 集),法律出版社 2014 年版,第 39~46 页。

三、一审裁判结果

2004 年 4 月 29 日，吉林市丰满区人民法院遂依照《中华人民共和国刑法》第二百二十五条第一项、第十二条、第三十七条之规定，认定被告人于某某犯非法经营罪，但判处免予刑事处罚。

被告人于某某不服，向吉林市中级人民法院提起上诉。

四、二审裁判理由

吉林市中级人民法院经审理认为，一审判决认定的事实清楚，证据确实、充分，但定性不准，适用法律错误。具体理由如下：（1）国发〔2003〕5 号文件发布后，个人经营黄金的行为，不构成非法经营罪。刑法第二百二十五条中的"国家规定"，具体到本案，是指金银管理条例。刑法第二百二十五条第一项中的"许可"，具体到本案，是指中国人民银行批准经营黄金的专项许可。国发〔2003〕5 号文件发布后，中国人民银行对黄金的经营许可制度被取消，金银管理条例关于黄金由中国人民银行统购统配的规定不再适用，单位或者个人经营黄金无须经由中国人民银行审核批准。因此，国发〔2003〕5 号文件发布后，单位或者个人经营黄金的行为不适用刑法第二百二十五条的规定，不构成非法经营罪。（2）依照刑法第十二条所确定的从旧兼从轻原则，通常情况下应当按照行为发生当时已有的法律对行为进行定性。但是，如果审判时法律发生了变化，按照变化后新的法律，不认为是犯罪或者处刑较轻的，应当适用新的法律。上诉人于某某经营黄金的行为发生在 2002 年 8 月至 9 月间，即国发〔2003〕5 号文件发布前，按照当时的法律，构成非法经营罪。然而，在一审法院审理期间，国务院发布了国发〔2003〕5 号文件，取消了中国人民银行关于黄金经营许可的规定。按照现行规定，其经营对象不属于"未经许可经营法律、行政法规规定的专营、专卖物品或者其他限制买卖的物品"，不构成非法经营罪。

五、二审裁判结果

依照《中华人民共和国刑事诉讼法》（1996 年）第一百八十九条第二项、第一百六十二条第二项，刑法第十二条及《最高人民法院关于执行〈中华人民共和国刑事诉讼法〉若干问题的解释》第一百七十六条第三项之规定，吉林市中级人民法院撤销吉林市丰满区人民法院（2003）丰刑初字第 218 号刑事判决，改判上诉人于某某无罪。

2006 年 6 月 30 日丰满区人民法院和丰满区人民检察院共同作出吉市丰检法赔字（2006）第 1 号共同赔偿决定："于某某实施非法经营行为时，按照当时的法律规定构成非法经营罪。但在案件审理期间，由于法律、法规发生变化，于某某的行为又不构成犯罪，决定共同对 2003 年 2 月 27 日国发〔2003〕5 号文件下发后于某某被羁押的 56 天承担赔偿责任。"吉林市中级人民法院于 2006 年 9 月 22 日作出（2006）吉中法委赔字第 5 号决定书，维持了吉市丰检法赔字（2006）第 1 号共同赔偿决定。

此后，于某某多次上访，要求返还被扣押的涉案黄金。吉林市相关部门要求复查此案，决定由吉林市中级人民法院启动再审程序。2012 年 8 月 13 日，吉林市中级人民法院作出（2012）吉中刑监字第 25 号再审决定，以判决确有错误为由对本案进行再审，同日作出刑事裁定，以事实不清、证据不足为由，发回丰满区人民法院重审。

六、再审一审裁判理由

再审一审法院（丰满区人民法院）经再审认为，被告人于某某的行为构成非法经营罪。理由是：（1）原审被告人于某某在未获取黄金经营许可的情况下，大量收购、销售黄金的行为，严重扰乱黄金市场秩序，情节严重，构成非法经营罪。虽然国发〔2003〕5号文件取消黄金收购许可制度，但并不意味着黄金市场可以无序经营，其他相关行政法规、金银管理条例等部门规章依然对国内黄金市场发挥监管规制功能。（2）刑法第十二条是有关刑法溯及力的规定，该条规定并未对现行行政法规发生变化的情况下如何适用刑法明确适用原则，且国发〔2003〕5号文件也未明确其是否具有溯及力。因此，应当依照刑法第二百二十五条第一项之规定追究于某某非法经营罪的刑事责任。（3）鉴于本案审判时国家关于黄金经营管理的行政法规发生变化，于某某的犯罪情节轻微，且其收购黄金在途中被依法扣押，没有给黄金市场带来不利后果，可以从轻处罚。

七、再审一审裁判结果

据此，2012年10月15日再审一审法院依照刑法第二百二十五条第一项、第十二条、第三十七条之规定，判决如下：

1. 被告人于某某犯非法经营罪，免予刑事处罚；
2. 没收被告人于某某非法经营涉案黄金46384克，上缴国库。

再审一审判决后，检察机关以量刑畸轻为由提出抗诉，于某某以其无罪为由再次向吉林市中级人民法院提起上诉。

八、再审二审裁判结果

再审二审法院（吉林市中级人民法院）审理查明的事实与再审一审查明的基本一致。经审理，再审二审法院基于与原审二审裁定基本相同的理由，改判再审上诉人于某某无罪。

九、实务专论

本案历时12年之久，原审一审、再审一审均认定被告人于某某构成非法经营罪，而原审二审、再审二审均认定于某某无罪。这种认定差异，根源于对行政审批项目的取消对行为是否构成犯罪的定性存在不同认识。本案在原审一审、二审，再审一审、二审审理过程中，对于某某贩卖黄金的行为均存在不同认识，大致可以概括为两种意见。

一种意见认为，于某某非法经营黄金的行为，数额巨大，严重扰乱市场秩序，构成非法经营罪，应当依照刑法第二百二十五条第四项之规定追究其刑事责任。理由是：（1）金银管理条例规定的黄金经营者不包括个人。根据金银管理条例第三条、第四条的规定，在国务院未取消黄金收购许可，黄金制品生产、加工、批发业务审批，黄金供应审批，黄金制品零售业务核准四项制度之前，国家对金银统一管理、统购统配的政策及审批经营的对象为境内机构或者经营单位，并不包括个人。因此，国发〔2003〕5号文件关于取消上述许可、审批和核准的规定，针对的对象是机构和单位，不包括个人。（2）金银管理条例规定经营金银的单位必须取得工商部门的营业执照。国发〔2003〕5号文件发布后，金银管理条例与其相冲突的规定自动失效，但在国务院宣布金银管理条例废止前，该条例的其他内容仍然有效。根据金银管理条例第十九条的规定，经营黄金虽然不必经中国人民银行审批许可，但仍必须经由有关主管部门审核批准，在工商行政管理机关登记发给营业执照后方可营业，而于某某并未向有关主管部门申请发放营业执照，且非法经营数额已达到法定追诉标准。

另一种意见认为，于某某的行为不构成非法经营罪。理由是：（1）根据刑法从旧兼从轻的原则，于某某买卖黄金的行为在国发〔2003〕5号文件发布后不构成非法经营罪。通常情况下应当按照行为发生当时已有的法律对案件定性处理，但是，如果审判时法律发生了变化，按照变化后新的法律，不认为是犯罪或者处刑较轻的，应当适用新的法律。于某某收售黄金的行为发生在国发〔2003〕5 号文件发布前，按照当时的法律，构成非法经营罪，但在一审法院审理时，国务院发布了国发〔2003〕5 号文件，取消了人民银行关于黄金管理经营许可制度，导致刑法第二百二十五条第一项所依据的行政法规金银管理条例发生了变化。由于相关行政法规发生重大变化，按照新的规定，个人经营黄金的行为不属于"未经许可经营法律、行政法规规定的专营、专卖物品或者其他限制买卖的物品"的行为。也就是说，如果国发〔2003〕5 号文件发布后，个人收购、买卖黄金的行为，不认为构成非法经营罪，那么该文件发布前，个人收购、买卖黄金的行为，在审理时也不应按非法经营罪处理。（2）虽然案发时于某某无营业执照，但金银管理条例并未规定无营业执照经营黄金就要追究刑事责任，而《无照经营查处取缔办法》直到 2003 年 3 月 1 日才开始实施。该办法第十四条"对于无照经营行为，由工商行政管理部门依法予以取缔，没收违法所得；触犯刑律的，依照刑法关于非法经营罪、重大责任事故罪、重大劳动安全事故罪、危险物品肇事罪或者其他罪的规定，依法追究刑事责任"的规定不能适用于本案，故于某某的行为未违反国家规定。

我们赞同后一种意见。我们认为，本案主要涉及两个方面的问题，最主要的是于某某贩卖黄金行为的定性问题，其次是对于某某采取的强制措施问题。下文逐一分析：

（一）关于于某某贩卖黄金行为的定性

于某某从事黄金经营期间，黄金属于刑法第二百二十五条第一项规定的"专营专卖物品"，但在原审一审期间，国发〔2003〕5 号文件发布后，黄金不再属于上述规定中的"专营专卖物品"。同时，于某某的行为虽然违反《无照经营查处取缔办法》（国务院令 370 号）等相关国家规定，但根据实践中相关案件的普遍做法，并结合当时当地政府筹建黄金市场的特殊政策等因素，于某某的行为也不属于刑法第二百二十五条第四项规定的"其他严重扰乱市场秩序的非法经营行为"，因此不构成非法经营罪。具体理由如下：

1. 行政法的溯及力亦实行"从旧兼从轻"原则。本案其实不涉及刑法的溯及力问题。非法经营罪的认定，必须以行为"违反国家规定"为前提，此处的"国家规定"主要是指行政法律、法规及国家规定层面的行政性规定。除涉及设定标准、规则等规定外，行政法律、法规（包括国家层面的行政性规定）的溯及力与刑法的溯及力一样，均适用"从旧兼从轻"原则。行政法理论界将行政法的溯及力概括为："程序从新，实体从旧，有利被告的除外。"根据相关解释性规定，国发〔2003〕5 号文件属于国家层面的行政性规定。国发〔2003〕5 号文件发布于 2003 年，而金银管理条例出台于 1983 年，两者相冲突的地方，应当适用国发〔2003〕5 号文件的规定。

2. 于某某经营的对象不属于限制买卖的物品。国发〔2003〕5 号文件发布后，金银管理条例中关于黄金由中国人民银行统购统配的规定不应再适用，单位或者个人经营黄金均无须经由中国人民银行审核批准，黄金不再属于刑法第二百二十五条第一项规定中的"专营、专卖物品或者其他限制买卖的物品"。2003 年中国人民银行办公厅《〈关于对"非法经营黄金行为"现阶段如何认定的函〉的复函》（以下简称银办复函）所提中国人民银行发布的《关于调整携带黄金有关规定的通知》（银发 320 号）针对的是企业，不包括个人的观点是正确的，但不能基于该银办复函推出国发〔2003〕5 号文件取消行政审批针对的是单位而不是个人的观点。"法无明文授权即禁止，法无明文禁止即自由"，是现代法治通行的理念，前者是针对有限政府而言，后者是针对法治社会权利保障而言。国发〔2003〕5号文件发布后，没有任何法律法规规定禁止公民个人从事黄金经营，于某某从事黄金经营没有违反相关行政许可的国家规定。原审一审、再审一审判决基于银办复函得出国发〔2003〕5号文件关于取消许可的规定所针对的不包括个人的观点，属于理解错位。

3. 于某某的行为不属于严重扰乱市场秩序的经营行为。无照经营行为虽然违反《无照经营取缔办法》等相关国家规定，但从一些相关司法实践看，一般不将无照经营、超地域经营、零售变批发经营认定为"严重扰乱市场秩序的非法经营行为"。对该类行为，实践惯例一般是作为行政违法行为进行处理。更何况，本案中，关东金世界是经桦甸市政府批准设立，并由桦甸市个体劳动者私营协会为其办理了集体所有制企业法人的营业执照，且人民银行吉林市支行、桦甸市支行对其在业务上、经营上进行经常性指导。于某某作为关东金世界名下23业户之一，虽然没有独立的营业执照，但均需向关东金世界交纳管理费，同时也需向税务机关交税。上述情况表明，于某某实际是挂靠关东金世界从事黄金经营，有当地政府认同和支持的特定背景，应当视为具有营业执照。

（二）对于某某采取的强制措施问题

经查，于某某于2012年8月13日被丰满区人民法院决定逮捕，2012年10月15日被判处定罪免罚，根据1996年刑事诉讼法第二百零九条（2012年修改后的刑事诉讼法第二百四十九条）的规定，第一审人民法院判决被告人无罪、免除刑事处罚的，如果被告人在押，在宣判后应当立即释放。丰满区人民法院判决后没有释放于某某，丰满区人民检察院提出抗诉时，也未对于某某变更强制措施。根据2012年修改后刑事诉讼法第二百四十九条（修改前第二百零九条）的规定，第一审人民法院判决被告人无罪、免除刑事处罚的，如果被告人在押，在宣判后应当立即释放。丰满区人民法院判决后没有立即释放于某某，违反了刑事诉讼法第二百四十九条的规定，再审二审予以及时纠正是正确的。

问题6. 利用POS终端机非法套现的行为定性以及非法经营犯罪数额的认定

【刑事审判参考案例】张某某等非法经营案[①]

裁判规则

违反国家规定，使用销售点终端机具（POS机）等方法，以虚构交易、虚开价格、现金退货等方式向信用卡持卡人直接支付现金，情节严重的，应当依据刑法第二百二十五条的规定，以非法经营罪定罪处罚。

用后次所套取现金归还前次套取现金的，应当累计非法经营数额。明知他人为非法套现借用POS机，无偿出借期间套现数额应当计入非法经营犯罪数额。租用POS机从事非法套现的行为人为作为出租人的持卡人非法套现的数额应当计入非法经营犯罪数额。

一、基本案情

被告人张某某于2007年10月起，为实施信用卡套现行为以收取手续费牟利，先后注

---

① 《张某某等非法经营案——利用POS终端机非法套现的行为定性以及非法经营犯罪数额的认定（第863号）》，载中华人民共和国最高人民法院刑事审判第一、二、三、四、五庭主办：《刑事审判参考》2013年第3集（总第92集），法律出版社2014年版，第47~55页。

册成立了无锡市天之元物资贸易商行、无锡市万家福建材经营部、无锡市彩虹紫砂艺术馆等三家单位,并以上述单位名义通过无锡市金融电子技术服务中心向中国银联股份有限公司江苏分公司申领了3台销售点终端机具(即POS机)。后张某某以收取1%~5%手续费为条件,在无真实交易的情况下,在上述POS机上套现。同时,张某某先后将上述POS机以每月1000元或者5000元不等的价格和帮助"养卡"为条件租给被告人倪某、付某某和邵某、叶某、王某、连某(均另案处理)等人,用于为他人信用卡套现。2009年2月28日至2010年5月间,张某某单独或者伙同倪某、邵某等人采用上述手法,为自己和他人非法套现金共计2250万余元。

2009年2月,倪某与李某某成立了无锡翔澳艺术培训公司。为解决公司资金困难问题,倪某、李某某与张某某合谋用张提供的销售点终端机具(即POS机)为他人信用卡套现,并收取套现金额的1%~1.5%作为手续费牟利。2009年3月1日至6月15日间,倪某、李某某用二人实际控制的信用卡及荣某1、潘某某、荣某2、张某某等人的信用卡刷卡套现,在用部分信用卡套现时,为延长还款期限,在还款日到来时重复刷卡套出现金归还前期欠款,累计循环刷卡套现200万余元。

2009年12月起,倪某、付某某与张某某合谋,由张收取1万元租金提供商户名为无锡天之元物资贸易商行、无锡市万家福建材经营部POS机及空白现金支票等物品给倪某等人用于信用卡刷卡套现。2009年12月21日至2010年3月20日,倪某伙同付某某、阙某某、连某、朱某某、陈某等人,通过上述手法,先后用实际控制的信用卡及章坤、毛骏玮等50余人的信用卡刷卡循环套现共计430万余元。

被告人倪某与李某某、付某某等人共用本人信用卡、实际控制的亲友的信用卡计40余张,套出现金30余万元使用,后被告人倪某及付某某利用POS机在信用卡还款日到来时重复刷卡套出现金用以归还前期信用卡内的欠款,累计刷卡套现数额共130余万元。

二、裁判理由

无锡市滨湖区人民法院认为,被告人张某某、倪某、付某某违反国家规定,单独或者伙同他人以虚构交易的方式,使用销售点终端机具刷卡套现并从中牟利,非法从事资金支付结算业务,扰乱了国家正常的金融秩序,其行为构成非法经营罪,且情节特别严重。倪某、付某某在共同犯罪中起次要作用,系从犯,应当减轻处罚;在归案后均能如实供述犯罪事实,可以从轻处罚。关于张某某及其辩护人提出的意见,法院评判如下:(1)涉案人员的供述均证实张某某与邵某、叶某、王某合谋,收取一定费用后方将POS机等提供给邵某等人用于非法套现。(2)张某某明知倪某等人租用POS机从事信用卡套现犯罪行为仍提供犯罪工具,是共同犯罪,应当对倪某等人非法经营的数额承担刑事责任,是否有偿提供不影响犯罪的成立。(3)张某某为牟取非法利益,与他人合谋,以收取一定费用为条件将掌握的POS机及银行账户、支票等提供给倪某、付某某、邵某等人用于非法套现,同时被告人张某某还安排客户在倪某、付某某等人掌握POS机期间刷卡套现,安排倪某、付某某、邵某、叶某等人相互调换使用POS机,以逃避监管,故其在共同犯罪中起主要作用,依法应认定为主犯。(4)张某某归案后避重就轻,经公安机关多次说服教育后才供述收取倪某等人费用的事实,在庭审中亦否认收取邵某、叶某、王某的费用,依法不属于《中华人民共和国刑法》第六十七条第三款规定的"如实供述自己罪行"。关于被告人倪某及其辩护人提出的意见,法院评判如下:(1)POS机交易清单中仅有信用卡尾号而无信用卡卡主姓名的情况,系由于银行信用卡交易系统无法辨识已经注销的信用卡卡主导致，但是根据交易记录可得知上述信用卡刷卡的具体时间和金额，故可以认定倪某为上述信用卡刷卡套现的事实，上述信用卡套现总额应计入犯罪数额。（2）倪某等人利用 POS 机为本人及实际控制的信用卡刷卡套现，导致虚假的经济繁荣景象，影响经济统计数据，客观上扰乱了国家金融秩序，故上述套现金额应一并计入犯罪数额。（3）倪某掌控 POS 机期间，张某某虽在相应的 POS 机上刷卡套现，但倪某系实际控制人，故应对该期间使用 POS 机套现数额承担责任。（4）倪某在归案后多次做过有罪供述，证明其与李某某共同合谋通过 POS 机为他人刷卡套现盈利，其供述可以与李某某的供述及证人陆丽娅的证言及相关账册、清单相互印证，证实被告人倪某与李某某共同犯罪的事实。关于被告人付某某及其辩护人的意见，法院评判如下：（1）付某某犯罪总额有 POS 机交易记录，信用卡交易记录，刷卡人的证言等证据证实。（2）付某某检举他人犯罪的线索尚未查实，不能认定有立功情节。（3）付某某在共同犯罪中起次要作用，系从犯，归案后悔罪表现较好，社会危害性相对较小。

三、裁判结果

据此，依照《中华人民共和国刑法》第二百二十五条第三项，第二十五条第一款，第二十六条第一款、第四款，第二十七条，第六十七第三款，第六十四条和《最高人民法院、最高人民检察院关于办理妨害信用卡管理刑事案件具体应用法律若干问题的解释》（以下简称解释）第七条第一款、第二款之规定，无锡市滨湖区人民法院作出如下判决：

1. 被告人张某某犯非法经营罪，判处有期徒刑五年，并处罚金人民币五万元。
2. 被告人倪某犯非法经营罪，判处有期徒刑一年四个月，并处罚金人民币三万元。
3. 被告人付某某犯非法经营罪，判处有期徒刑一年四个月，并处罚金人民币三万元。
4. 非法所得予以没收，上缴国库。

一审宣判后，三名被告人未提出上诉，检察院亦未提起抗诉，该判决已经发生法律效力。

四、实务专论

本案是以被告人张某某为团伙核心的信用卡套现案，涉案人员较多，各被告人在套现过程中存在为自己套现、"拆东墙补西墙"式套现、无偿租用给他人套现、租用后无偿为出租人套现等各种复杂情况，给人民法院准确认定行为性质以及非法经营数额造成一定的难度。

（一）行为人为自己或者实际控制的信用卡套取现金，情节严重的，均构成非法经营罪，且套现数额均应计入非法经营犯罪数额

在本案审理过程中，有观点认为，非法经营罪中"经营"在传统意义上是指企业的供销，在供销经营关系中包括经营者和经营相对方两方主体，是一种人与人之间的关系。而特约商户在自己申领的 POS 机上刷卡，只有一方主体，不属于对外"经营"的范畴。

我们认为，应当准确理解信用卡套现类非法经营罪的本质。2009 年 12 月 16 日出台的解释第七条规定："违反国家规定，使用销售点终端机具（POS 机）等方法，以虚构交易、虚开价格、现金退货等方式向信用卡持卡人直接支付现金，情节严重的，应当依据刑法第二百二十五条的规定，以非法经营罪定罪处罚。"由上述规定，对信用卡套现类非法经营罪的本质特征可以从以下几个方面进行分析。首先，从客观方面分析，信用卡套现类非法经营罪规制的是行为人在无真实交易背景下向"信用卡持卡人"直接支付现金的行为，对象是信用卡持卡人，并不禁止行为人与持卡人主体重合。特约商户持自己或

者实际控制的信用卡刷卡时,行为人具有两种重合的主体身份,一是特约商户,二是代表持卡人。在其虚构的交易行为中,行为人一人担当交易双方的角色。其次,从侵犯的法益分析,信用卡套现行为之所以构成非法经营罪,是因为行为人在未发生真实商品交易情况下,变相将信用卡的授信额度转化为现金,从而使金融机构资金置于高度风险之中,严重扰乱国家金融管理秩序。本案三名被告人用自己或者实际控制的信用卡在自己的 POS 机上套取现金,已经现实地使银行资金置于高度风险之中,侵犯了设立非法经营罪所要保护的国家正常的金融市场秩序。再次,非法经营罪所体现的规范、指引、教育功能在于从事某种经营应当按照国家规定事先获取经营许可资格,或者遵守特定行业的特定规则。如果行为人未获取相关许可或者违反特定行业的特定规则,就应当认定为非法经营行为,情节严重的即可构成刑法第二百二十五条规定的非法经营罪。行为人申领 POS 机目的在于实施信用卡套现行为,不论是为他人还是为自己刷卡,均违反了不得虚构交易的特定行业规则,严重扰乱金融管理秩序,故特约商户不论是为他人套现,还是为自己套现,均属于刑法第二百二十五条规定的非法经营行为,不能因为特约商户与持卡人身份重合而将此类非法套现行为排除在刑法调整之外。

既然为自己或者实际控制的信用卡套取现金,情节严重的,均构成非法经营罪,那么两种情形的套现数额均应计入非法经营犯罪数额。倪某的辩护人所提不应将倪某为其实际控制的信用卡套现的数额计入非法经营犯罪数额的观点,不能成立。

(二)用后次所套取现金归还前次套取现金的,应当累计为非法经营数额

本案中,倪某等人为了不让信用卡信誉度降低,方便继续套现,在某张信用卡还款日到期前,采取拆东墙补西墙的手法,从其他信用卡套取现金归还欠款,从而出现滚动套现的情况。有观点认为,在计算此类套现行为的犯罪数额时应当以银行被占用资金(即"本数")为基准。诈骗犯罪、挪用公款罪都是以"本数"确定犯罪数额。如《最高人民法院关于审理诈骗案件具体应用法律的若干问题的解释》(现已废止)第九条明确规定:"对于多次进行诈骗,并以后次诈骗财物归还前次诈骗财物,在计算诈骗数额时,应当将案发前已经归还的数额扣除,按实际未归还的数额认定,量刑时可将多次行骗的数额作为从重情节予以考虑。"《最高人民法院关于审理挪用公款案件具体应用法律若干问题的解释》第四条规定:"……多次挪用公款,并以后次挪用的公款归还前次挪用的公款,挪用公款数额以案发时未还的实际数额认定。"

我们认为,用后次所套取现金归还前次套取现金的,应当累计非法经营数额。首先,诈骗与挪用类犯罪侵犯的主要客体是财产所有权,如果挪用的对象是公款,则挪用类犯罪还侵犯了职务行为的廉洁性。故被害人或者被害单位的财产损失往往是衡量犯罪行为严重程度的主要因素之一,相关司法解释结合行为人主客观方面要素以最终未能归还的实际数额作为认定犯罪数额的标准的原理即在于此。而非法经营罪作为扰乱市场秩序的主要犯罪之一,其危害性主要体现在对正常市场经营秩序的严重扰乱,而不仅仅是金融机构资金的安全性。与内幕交易,操作证券、期货市场行为类似,行为人交易的次数、交易的数额本身就体现出行为扰乱市场经济秩序的严重程度。套现行为制造的虚假交易,使经济总量虚高,还可能导致虚假的经济统计数据和虚假的经济繁荣景象,进而误导经济决策。本案中,张某某在短短 15 个月左右的时间里单独或者伙同多人,非法套现 2250 万元,造成信用卡交易总量的虚假放大,对市场宏观经济秩序造成严重消极影响。倘若以"本数"为犯罪数额,在行为人归还了所套取的"本数"现金金额的情况下,就不能

认定为犯罪，则必然背离非法经营罪设置的初衷。其次，从入罪标准看，也应当累计计算。考虑到套现交易金额可能不能直接反映行为对金融机构资金安全性的危害程度，解释将信用卡套现类非法经营行为"情节严重"的入罪标准规定为三项：商户套现交易金额、造成金融机构资金逾期未还金额、造成金融机构经济损失金额。从该规定分析，就第一项而言，即指客观上实际套现交易的数额，因此，对以后次套现归还前次套现的情形，套现数额应当累计计算。

（三）明知他人为非法套现借用 POS 机，无偿出借期间套现数额应当计入非法经营犯罪数额

张某某的辩护人提出，张某某无偿出借给倪某等人使用期间的套现数额应当从犯罪总额中扣除。

我们认为，明知他人为非法套现借用 POS 机，即使是无偿出借，他人在无偿出借期间套现数额应当计入非法经营犯罪数额。首先，作为共同犯罪中的帮助犯，应当对共同犯罪行为承担全部责任。本案中，张某某除了自己实施非法套现行为外，在明知他人租借其 POS 机系从事刷卡套现违法活动情况下，仍违反银联公司相关规定将 POS 机租借给他人，并提供个人印章、财务专用章、空白支票等。该情形下，其虽然未实施直接非法经营的实行行为，但向倪某等人提供了该类犯罪能够得逞的关键设备，属于共同犯罪中的帮助犯。帮助犯是指共同犯罪中没有直接参与犯罪的实行行为，而是向实行犯提供帮助，使其便于实施犯罪，或者促使其完成犯罪的人。帮助行为通常表现为提供犯罪工具、指示犯罪目标、查看犯罪地点、排除犯罪障碍以及事前通谋答应事后隐匿罪犯、消灭罪迹、窝藏赃物来帮助实施犯罪等情况。按照共同犯罪"部分行为全部责任"理论，张某某应当对提供 POS 机期间套现的金额承担相应的法律责任。其次，非法经营罪的构成不要求以牟利为目的。信用卡套现构成非法经营罪必须具备以下条件：一是行为违反国家规定；二是利用 POS 机虚构交易等方法；三是向信用卡持卡人直接支付现金；四是行为达到情节严重的程度。而行为人是否以牟利为目的、是否最终牟取了利益不影响本罪的成立。故张某某为他人实施非法信用卡套现行为提供犯罪工具，有偿与否，不影响对其犯罪数额的认定。

（四）租用 POS 机从事非法套现的行为人为作为出租人的持卡人非法套现的数额应当计入非法经营犯罪数额

作为特约商户，不论是为他人套现，还是为自己套现，其套现数额均应当计入犯罪数额。以这个大原则为前提，如果行为人是 POS 机租用人，持卡人是出租人，行为人为作为出租人的持卡人非法套现的数额是否应当计入非法经营犯罪数额，在审理过程中对此存在分歧。倪某的辩护人提出，由于 POS 机是倪某向张某某租用的，所以倪某使用 POS 机期间，张某某套现的数额应当在犯罪总数额中予以扣除。我们认为，该意见不能成立。首先，倪某套取现金的行为符合本罪的犯罪构成要件。相关法律和司法解释对构成本罪的主体并没有特别限定，即并不必须是特约商户才能成为本罪的犯罪主体。倪某违反国家规定，即使是租用 POS 机为 POS 机出租人即信用卡持卡人张某某套取现金，情节严重的，其行为也构成非法经营罪。其次，作为 POS 机的实际控制人和使用受益人，应当对使用期间套现数额总额负责。虽然倪某不是 POS 机的机主，但其是实际控制人，且经倪某亲手操作为张某某套取现金。虽然张某某是持卡人，倪某未收套现手续费，似乎并无直接经济收益，但潜在的、替代性的收益仍然存在，如张某某免除部分租用费，

由张某某安排租用人之间相互调换使用 POS 机以逃避监管等其他形式的利益。况且，倪某不收手续费的原因不论是双方合意，还是自愿免除，都是其非法经营行为的组成部分，其是否获利不影响非法经营犯罪行为的认定。因此，倪某应当对其使用 POS 机期间的套现总额承担刑事责任。当然，在这种情况下，张某某作为倪某非法经营的共犯也应当对其作为持卡人的套现数额负刑事责任。

问题 7. 未经许可经营现货黄金延期交收业务的行为如何定性

【刑事审判参考案例】钟某某非法经营案[①]

裁判规则

未经许可经营现货黄金延期交收业务的行为不构成诈骗罪或者合同诈骗罪，其属于实质上的变相黄金期货交易，应当认定为刑法规制的非法经营行为。

一、基本案情

2009 年 10 月 16 日，被告人钟某某注册成立江西沣琳顿投资顾问有限公司（以下简称沣琳顿公司），法定代表人为钟某某，经营范围为：信息咨询、投资顾问（期货、证券除外）、企业策划、工艺品销售。沣琳顿公司成立后以塔尔研究欧洲资本公司华泰金恒（北京）投资顾问有限公司（以下简称华泰金恒公司）江西总代理的名义从事无实物交割的黄金延期交收业务，下设沣琳顿公司吉安分公司、分宜泰利顾问有限公司为沣琳顿公司代理商。其经营模式是采用保证金制度，"T+O"交易模式，无实物交易，黄金为虚拟。客户以 1:100 的杠杆比率，按照国际实时走势买涨买跌交易。一手为 100 盎司，根据 1:100 的杠杆原理放大，即买一手为 100 盎司，每个客户最少交 1000 美元的保证金（美元与人民币的换算比例固定为 1:6.8）。客户只需交人民币（以下未特别注明的均为人民币）10000 元即可开户，交易最低可买 0.1 手，即 10 盎司。其工作流程是：首先，由客户与钟某某签订贵金属投资协议，并缴纳交易保证金。然后，钟某某将保证金汇入华泰金恒公司，该公司收款后提供给客户交易账号和密码。客户在沣琳顿公司或者华泰金恒公司网站上下载塔尔金汇交易软件后，通过该软件进行集中交易。客户根据黄金价格走势进行"买涨"（即先买进后卖出）"买跌"（即先卖出后买进）操作。客户可以自己操盘或者聘请沣琳顿公司员工操盘，当保证金不足时，客户必须及时追加保证金，否则就会被强制平仓。钟某某通过收取交易手续费、过夜费及华泰金恒公司返还的佣金等方式谋利。自 2009 年 10 月至 2011 年 4 月，钟某某先后招徕喻小花、陈洁、刘婉等数十名客户入金，经营黄金业务。钟某某通过经营该黄金业务，共计收取客户保证金 119.58 万元。

另查明，华泰金恒公司于 2003 年 9 月 24 日注册成立，经营范围为投资、信息咨询（不含中介服务）、企业策划等。2010 年 4 月 28 日公司注销。

二、裁判理由

新余市渝水区人民法院认为，被告人钟某某设立沣琳顿公司，未经主管部门许可，

[①] 林勇康撰稿，刘为波审编：《钟某某非法经营案——未经许可经营现货黄金延期交收业务的行为如何定性（第 1021 号）》，载中华人民共和国最高人民法院刑事审判第一、二、三、四、五庭主办：《刑事审判参考》2014 年第 5 集（总第 100 集），法律出版社 2015 年版，第 21~26 页。

违反国家规定,扰乱市场秩序,非法经营黄金业务,非法经营额为119.58万元,情节特别严重,其行为构成非法经营罪。案发后,钟某某积极进行退赔,有一定的悔罪表现,依法可以酌情从轻处罚。经查,起诉书指控钟某某收取被害人李建华63万元,但李建华的报案材料及协议书均证实,其只交纳了保证金20万元,故依法认定李建华向钟某某交纳保证金20万元。公诉机关指控钟某某所犯罪行成立,指控罪名正确。但指控钟某某非法经营数额为159.58万元有误,应予纠正。关于钟某某及其辩护人所提钟某某的行为不构成非法经营罪的辩解、辩护意见,经查,钟某某设立沣琳顿公司,未经主管部门许可,违反国家规定,非法经营黄金业务,属于其他严重扰乱市场秩序的非法经营行为,故上述意见不能成立,不予采纳。

三、裁判结果

据此,依照《中华人民共和国刑法》第二百二十五条第三项、第六十四条之规定,新余市渝水区人民法院以被告人钟某某犯非法经营罪,判处有期徒刑五年六个月,并处罚金人民币二十万元。

一审宣判后,被告人钟某某没有提起上诉,公诉机关亦未抗诉,该判决已发生法律效力。

四、主要问题

未经许可经营现货黄金延期交收业务的行为如何定性?

五、实务专论

本案审理过程中,关于被告人钟某某未经许可经营现货黄金延期交收业务的行为如何定性,主要形成以下两种意见:

一种意见认为,被告人钟某某的行为构成非法经营罪。理由是:(1)不论钟某某经营的是黄金期货业务还是现货黄金延期交收业务,均未经有关国家主管部门审批,其擅自从事相关业务,违反了国家规定;(2)钟某某的经营行为不受监管机构监管,也未与真正的国际伦敦金市场联通,具有较强的欺骗性,投资者的投资风险极大,故钟某某的行为具有明显的社会危害性,属于严重扰乱市场秩序的情形,应当予以惩处。钟某某的行为符合非法经营罪的构成要件,应当以非法经营罪定罪处罚。

另一种意见认为,被告人钟某某的行为构成诈骗罪或者合同诈骗罪。理由是:(1)钟某某所代理的黄金交易平台并未真正与伦敦金市场联通,而是以投资伦敦金市场为幌子私设的交易平台。钟某某对此知情却故意隐瞒并虚构了可以投资伦敦金的事实。(2)钟某某的诈骗手法不同于典型的诈骗,不是简单地直接非法占有被害人所投资的全部资金,而是以收取手续费、过夜费的方式慢慢占有被害人的部分或全部资金。同时,由于是私设的交易平台,投资者的投资亏损也只是反映在投资者账户里,但该部分亏损实际也被平台设立者非法占有了。虽然手法比较高明,但不能掩饰其非法占有的主观目的。(3)钟某某的行为所侵害的客体应当是被害人的财产权利而不是市场经营秩序。故钟某某的行为构成诈骗罪或者合同诈骗罪。

我们认为,被告人钟某某的行为不构成诈骗罪或者合同诈骗罪,而构成非法经营罪。

(一)未经许可经营现货黄金延期交收业务的行为不构成诈骗罪或者合同诈骗罪

具体结合本案而言,虽然客户认为其是投资伦敦金业务,但实际上其投资款通过各种途径交到华泰金恒公司后,并未被实际兑换为美元用于投资伦敦金,因为客户通过沣琳顿公司及钟某某等人转入华泰金恒公司的人民币投资款,往往只需不到一天的时间就可以美元形式反映在其投资账户内,而这在我国现行的外汇管理制度下是不可能的。因此,沣琳顿公司的投资伦敦金业务,具有欺骗性。

然而,现有证据不足以证明被告人钟某某具有非法占有的目的。客户根据国际实时黄金价格走势进行买涨买跌操作,可以自己操盘或者聘请沣琳顿公司员工操盘,投资期间有赚有赔,可以自由选择继续投资还是退出投资。如果客户要求退出投资,公司会将客户账户内剩余的金额全部返还给客户。且钟某某是通过收取交易手续费、过夜费及华泰金恒公司返还的佣金等方式谋利,并未直接非法占有客户的投资款。因此,钟某某的行为不构成诈骗罪或者合同诈骗罪。

(二)未经许可经营现货黄金延期交收业务的行为属于刑法规制的非法经营行为

1. 被告人钟某某从事的是现货黄金延期交收业务

现货黄金延期交收业务在我国尚属新生事物,国家主管部门对其交易制度及特点尚无明确规定。从国外有关现货黄金延期交收业务的实践情况看,现货黄金延期交收业务与黄金期货交易具有若干相同的特征,如交纳保证金、当日无负债结算等。但两者也有如下区别:(1)交割时间不同。现货黄金延期交收业务为现货交易,没有交割时间限制,而黄金期货交易为期货交易,有交割时间限制。(2)交易时间不同。现货黄金延期交收业务可以 24 小时连续交易,而黄金期货交易有固定的交易时间,我国黄金期货交易在上午 9:00 至 11:30,以及下午 1:30 至 3:00 进行。(3)杠杆比率不同。现货黄金延期交收业务的杠杆比率为 1:100,而黄金期货交易的杠杆比率约为 1:10。本案中,钟某某公司的黄金交易业务没有交割时间限制,客户可以随时出金,也可以 24 小时连续交易,以 1:100 的杠杆比率,按国际实时走势买涨买跌交易。可见,从形式上看,钟某某从事的是现货黄金延期交收业务。

2. 被告人钟某某从事的现货黄金延期交收业务属于实质上的变相黄金期货交易,应当认定为刑法规制的非法经营行为

2012 年修改前的《期货交易管理条例》第八十九条第一款规定:"任何机构或者市场,未经国务院期货监督管理机构批准,采用集中交易方式进行标准化合约交易,同时采用以下交易机制或者具备以下交易机制特征之一的,为变相期货交易:(一)为参与集中交易的所有买方和卖方提供履约担保的;(二)实行当日无负债结算制度和保证金制度,同时保证金收取比例低于合约(或者合同)标的额 20% 的。"2012 年修改后的《期货交易管理条例》删去了修改前《期货交易管理条例》第八十九条关于变相期货交易的规定。然而,这一修改并不意味着对变相期货交易不再进行监管和规制。相反,任何违反国家规定,非法经营变相黄金期货交易的行为,都应当受到刑法规制。除了修改前的《期货交易管理条例》第八十九条,中国人民银行、公安部、国家工商总局、银监会、证监会 2011 年 11 月 20 日联合下发的《关于加强黄金交易所或从事黄金交易平台管理的通知》第一条明确规定:"上海黄金交易所和上海期货交易所是经国务院批准或同意的开展黄金交易的交易所,两家交易所已能满足国内投资者的黄金现货或期货投资需求。任何地方、机构或个人均不得设立黄金交易所(交易中心),也不得在其他交易场所(交易中心)内设立黄金交易平台。"可见,我国对于机构或个人在 2011 年 11 月 20 日前后,在合法交易场所外设立黄金交易平台从事黄金及其衍生品交易已有明确限制。现货黄金延期交收业务除具有一般的实物黄金交易属性外,还具有资本投资的属性,必须经过主管部门审批才可从事经营。中国人民银行南昌中心支行《关于新余市沣琳顿投资顾问有限公

司黄金业务行政认定的复函》认定,"新余市沣琳顿投资顾问有限公司不是上海黄金交易所或上海期货交易所会员,也没有代理开展上海黄金交易所或上海期货交易所黄金业务的资格,其设立黄金交易平台开办的黄金业务未经有权机关批准。"1999年刑法修正案在刑法第二百二十五条第二项之后增加一项,将未经国家主管部门批准非法经营证券、期货、保险业务的行为,纳入非法经营罪的调整范围。钟某某经营变相黄金期货交易,未经主管部门审批许可,违反了国家规定,属于刑法规制的非法经营行为。

3. 被告人钟某某非法经营变相黄金期货业务,严重扰乱市场秩序,且数额特别巨大、情节特别严重,依法应予追究刑事责任

通过前文关于现货黄金延期交收业务与合法黄金期货交易的比较,本案现货黄金延期交收业务没有交割时间限制,可以24小时连续交易,杠杆比率高达1:100,其扰乱市场秩序的程度更加严重,更具社会危害性。钟某某非法经营变相黄金期货交易业务,数额达到116.58万元,属于数额特别巨大,依法应当认定为情节特别严重。新余市渝水区人民法院对钟某某的行为以非法经营罪论处,定罪准确。

问题8. 未经许可在城区违法搭建商铺并以招商为名收取租金的行为如何定性

【刑事审判参考案例】翁某某非法经营案①

裁判规则

被告人要构成合同诈骗罪,必须"以非法占有为目的,在签订、履行合同过程中,骗取对方当事人财物"。即使行为人在签订、履行合同过程中实施了隐瞒事实真相的行为,但主观上并不以非法占有为目的,也不构成合同诈骗罪。

未经合法审批,未申领施工许可证,违法搭建商铺的行为显然属于"违反国家规定",构成非法经营罪。

一、基本案情

2010年1月至10月间,被告人翁某某伙同方某某(另案处理),违反《中华人民共和国建筑法》《中华人民共和国土地管理法》等相关规定,以北京岳腾基业投资顾问有限公司(以下简称岳腾基业公司)、北京岳腾基业投资顾问有限公司(以下简称岳腾基业第一分公司)的名义,在北京市通州区新华大街甲××××号院内违法搭建商铺,在未经审批,亦未向工程所在地县级以上人民政府建设行政主管部门申请领取施工许可证的情况下,对外招租,承诺定期开业,与王某某等350余名商户签订租赁合同并收取租金、履约保证金等,非法经营额共计人民币(以下币种同)1300余万元,严重扰乱市场秩序。在受到政府相关部门查处后,翁某某等人陆续退还商户钱款。经统计,至案发尚有10名商户共计558740元未退还。2011年2月17日,翁某某被抓获归案。

二、裁判理由

北京市第二中级人民法院认为,被告人翁某某伙同他人违反国家规定,在无规划审批手续,未向工程所在地县级以上人民政府建设行政主管部门申请领取施工许可证的情

---

① 周耀撰稿,马岩审编:《翁某某非法经营案——未经许可在城区违法搭建商铺并以招商为名收取租金的行为如何定性(第1042号)》,载中华人民共和国最高人民法院刑事审判第一、二、三、四、五庭主办:《刑事审判参考》2014年第6集(总第101集),法律出版社2015年版,第62~66页。

况下搭建违章建筑并对外招商，扰乱市场秩序，情节严重，其行为构成非法经营罪。北京市人民检察院第二分院指控翁某某构成犯罪的事实清楚，证据确实、充分，但指控犯合同诈骗罪的罪名有误，应予纠正。鉴于翁某某在非法经营行为受到政府相关部门查处后积极退赔商户损失，可以对其酌情从轻处罚。翁某某的辩护人所提翁某某不构成合同诈骗罪，且具有积极退赔情节，建议法庭对翁某某从轻处罚的意见予以采纳。

三、裁判结果

据此，依照《中华人民共和国刑法》第二百二十五条第四项，第二十五条第一款，第二十六条第一款、第四款，第五十二条，第六十一条以及《最高人民法院关于适用财产刑若干问题的规定》第二条第一款之规定，北京市第二中级人民法院以被告人翁某某犯非法经营罪，判处有期徒刑三年，并处罚金人民币三十万元。

四、实务专论

在我国城镇化进程中，由违章建筑引发的刑事案件较为多发，在城区违法搭建商铺对外招商，承诺定期开业并收取租金，是其中一种比较典型的表现形式。对该类行为准确定性，对规范市场主体行为，维护市场经济秩序，具有重要意义。在本案审理过程中，对被告人翁某某行为如何定性，存在两种意见：一种意见认为，翁某某搭建的商铺系违章建筑，决定了招商行为必然受到政府查处，翁某某未如实告知商户这些商铺无规划审批手续，还作出了定期开业的虚假承诺，骗取商户签订租赁合同，诱使商户自愿交付租金，给商户造成资金风险，其行为构成合同诈骗罪。另一种意见认为，翁某某伙同方某某，违反国家规定，违章搭建商铺并对外招租，扰乱市场秩序，情节严重，其行为构成非法经营罪。

我们赞同后一种意见。理由如下：

（一）被告人没有诈骗的主观故意，不构成合同诈骗罪

犯罪构成是区分罪与非罪，此罪与彼罪的唯一标准。本案中，被告人翁某某对商户隐瞒商铺无合法审批手续，行为具有一定的欺骗性，商户与被告人签订合同，并基于自愿将钱款交付于被告人，被告人的行为表面上疑似诈骗行为。但是，从刑法对合同诈骗罪的罪状规定分析，被告人要构成合同诈骗罪，必须"以非法占有为目的，在签订、履行合同过程中，骗取对方当事人财物"。即使行为人在签订、履行合同过程中实施了隐瞒事实真相的行为，但主观上并不以非法占有为目的，也不构成合同诈骗罪。本案中，翁某某的行为表现为投入大量资金搭建违章建筑，组建经营班子，利用城管的监管漏洞完成商铺建设并对外招商，从经营当中的收支结余中获利。在与商户签订合同并收取租金后，翁某某、方某某并无隐匿、转移财产或者逃匿行为，而是将收取的租金投入到经营当中；在受到政府相关部门查处后，翁某某、方某某主动将剩余资金退还商户，并积极筹措资金退赔了商户的直接、间接损失（如装修投入），承担违约责任。综合上述案情分析，被告人虽然对商户隐瞒了商铺无合法审批手续的事实，承诺定期开业，即实施了部分欺骗行为，但其主观目的是"经营"，而不具有非法占有商户所交纳租金的目的，不符合合同诈骗罪的主观构成特征。

（二）被告人未经许可擅自开工建售收取租金的行为构成非法经营罪

1. 被告人未经许可的行为违反了国家规定。从刑法第九十六条的规定可知，违反国家规定是指"违反全国人民代表大会及其常务委员会制定的法律和决定，国务院制定的行政法规、规定的行政措施、发布的决定和命令"。具体到非法经营罪而言，刑法第二百

二十五条规定的"违反国家规定",是指违反上述法律规定中关于从事经营性活动的许可性规定。根据建筑法第七条、第八条的规定,建筑工程开工前,建设单位应当按照国家有关规定向工程所在地县级以上人民政府建设行政主管部门申请领取施工许可证,且申请领取施工许可证应当具备一些前置条件,如已经办理该建筑工程用地批准手续,在城市规划区的建筑工程已经取得规划许可证等。建筑法无疑属于"国家规定",因此本案被告人翁某某未经合法审批,未申领施工许可证,违法搭建商铺的行为显然属于"违反国家规定"。

2. 被告人翁某某的非法经营行为严重扰乱了市场秩序。区分翁某某的非法经营行为属民事欺诈还是犯罪,还应对该行为的社会危害后果进行评价。首先,被告人翁某某未经许可擅自开工建售收取租金的行为严重扰乱市场秩序。房地产开发、经营活动对社会影响重大,一直受到国家的严格管控,未经许可私自进行房地产开发、经营活动,不仅破坏了国家对房地产的管理秩序,也使其他从事此类业务的合法经营者直接面对低成本的违规经营活动的竞争,严重扰乱了房地产市场的正常经营秩序。其次,翁某某还有其他违反国家规定的行为,如翁某某伙同他人为违法招商成立的岳腾基业第一分公司不具备经营市场商铺的资格,招商过程中亦未就经营范围变更登记,违反了国务院颁布的公司登记管理条例。根据消防法第十五条的规定,公众聚集场所在投入使用、营业前,应当向场所所在地的县级以上地方人民政府公安机关消防机构申请消防安全检查,未经消防安全检查或者经检查不符合消防安全要求的,不得投入使用、营业。翁某某伙同他人非法搭建的购物广场属于公众聚集场所,在投入使用前未依法申请消防检查,违反了该条规定。上述违反国家规定的行为,虽然不属于刑法第二百二十五条罪状中"违反国家规定"的行为,但该类行为越多,违反程度越重,就越体现出其扰乱市场秩序的严重程度。综合翁某某在规划、工商、消防等手续均不具备的情况下,为实现"经营"目的,伙同他人先后两次非法招商,其行为属于严重扰乱市场秩序的非法经营行为。

3. 翁某某违规开发、经营房地产的行为属于刑法第二百二十五条规定的"情节严重"。根据相关司法解释的规定,目前对非法经营行为是否属于"情节严重"主要依非法经营的数额或数量判断,如非法经营去话业务数额在100万元以上,非法经营报纸5000份或者期刊5000本以上,均属于"情节严重"等。本案中,被告人翁某某在第一次非法经营受到政府查处后,并未停止其非法经营行为,相反,为实现其营利目的,再次伙同他人通过公开宣传与350余名商户签订租赁合同,收取商户缴纳的各项钱款,涉案数额达1300余万元。在政府相关部门对翁某某的非法经营行为进行查处期间,大量商户要求政府准许开业,发生多次大规模群体聚集、堵塞交通等事件,造成了恶劣的社会影响。虽然司法解释尚未规定非法经营市场商铺行为"情节严重"的数额或数量标准,但无论从本案的非法经营数额、涉案人数,还是所造成的社会危害性分析,翁某某的非法经营行为的后果都已经远远超出了目前司法解释对其他类型非法经营行为规定的入罪条件,故对翁某某的非法经营行为应认定为刑法第二百二十五条规定的"情节严重"。

综上,北京市第二中级人民法院认定被告人翁某某的行为构成非法经营罪是正确的。

问题 9. 不具备证券从业资格的公司与具备资格的公司合作开展证券咨询业务，是否构成非法经营罪

【刑事审判参考案例】王某、沈某某非法经营、虚报注册资本案[①]

裁判规则

设立证券公司和开展证券投资咨询业务，都需要经国务院证券监督管理机构批准。采取与有资格经营证券咨询业务的公司合作的方式不能规避应当接受证券业主管机构批准和监管的义务。经批准开展证券咨询业务达到情节严重程度的构成非法经营罪。

一、基本案情

2005 年 11 月，被告人王某、沈某某在广东省深圳市成立了金海岸公司，主要从事电视广告节目制作及电视台广告时段买卖业务。王某在经营管理金海岸公司过程中，发现销售炒股软件并为股民提供有偿股票投资咨询可牟取暴利，便产生了开展相关业务的念头。2007 年 10 月，王某以金海岸公司名义开发了一套"金牛王智能决策选股软件"（以下简称金牛王选股软件），并办理了著作权登记，权属归公司。2008 年 4 月 15 日，王某、沈某某出资 50 万元在深圳注册成立了金牛王公司，王某担任法定代表人、总经理。金牛王公司成立后，在未获得中国证监会批准，不具备经营证券业务资质的情况下，王某、沈某某等人以销售金牛王炒股软件为名，非法从事证券咨询业务，非法经营额共计 4526546.20 元。

因金牛王公司管理混乱，盈利不多，被告人王某决定逐步停止该公司营业并到湖南省另立公司继续开展相关业务。2008 年 10 月，王某找人垫资 200 万元，注册成立了智盈公司；2009 年 3 月，王某又找人垫资 200 万元以陈某某（沈某某同母异父之兄）、沈慧某（沈某某之兄）的名义注册成立了金诚公司。2008 年 8 月至 2009 年 6 月，王某聘请若干人员为证券分析师进行股票分析，并以销售金牛王选股软件为名，在未获得中国证监会批准，不具备经营证券业务资质的情况下，开展非法证券咨询活动，其中智盈公司非法经营额计 12898691.55 元；金诚公司非法经营额计 15594887.47 元。为顺利通过电视台的资格审查，并掩盖自己不具备证券投资咨询资格的真相，王某等人与有证券投资咨询资格的湖南金证投资咨询顾问有限公司、北京禧达丰公司签订了所谓的"战略合作协议"，以每年支付数十万元的高额投资顾问费为条件，将公司选聘的多名股评分析师的从业资格证书挂靠到这些公司，并借用这些公司的证券咨询资格证明用于自己股评节目的资格审查。

（虚报注册资本的犯罪事实略）

二、裁判理由

娄底市中级人民法院认为，被告人王某、沈某某在增加深圳金海岸公司的注册资本时，采取欺诈手段虚报注册资本 700 万元，数额巨大且情节严重，其行为均构成虚报注册资本罪。被告人王某、沈某某等人违反《中华人民共和国证券法》等有关法律规定，未

[①] 曾宏、陈健撰稿，李勇审编：《王某、沈某某非法经营、虚报注册资本案——不具备证券从业资格的公司与具备资格的公司合作开展证券咨询业务，是否构成非法经营罪（第 1043 号）》，载中华人民共和国最高人民法院刑事审判第一、二、三、四、五庭主办：《刑事审判参考》2014 年第 6 集（总第 101 集），法律出版社 2015 年版，第 67～71 页。

经国家有关主管部门批准,非法经营证券业务,严重扰乱市场秩序,情节特别严重,其行为均已构成非法经营罪。

三、裁判结果

据此,依照《中华人民共和国刑法》第二百二十五条第三项、第一百五十八条第一款等规定,判决如下:

1. 被告人王某犯非法经营罪,判处有期徒刑十二年,并处罚金人民币一百二十万元;犯虚报注册资本罪,判处有期徒刑一年,并处罚金十万元,数罪并罚,决定执行有期徒刑十二年六个月,并处罚金人民币一百三十万元。

2. 被告人沈某某犯非法经营罪,判处有期徒刑六年,并处罚金人民币六十万元;犯虚报注册资本罪,判处有期徒刑一年,并处罚金人民币十万元,数罪并罚,决定执行有期徒刑六年六个月,并处罚金人民币七十万元。

一审宣判后,被告人王某、沈某某等人提出上诉。王某提出:成立深圳金牛王公司、湖南智盈公司、湖南金诚公司是为了销售金牛王智能决策选股软件,在销售软件过程中与有证券咨询资格的湖南金证投资咨询顾问有限公司(以下简称金证公司)等有合作协议,股评师也系合法挂靠,故不构成非法经营罪。王某的辩护人提出:深圳金牛王公司所从事的确系软件销售业务,没有在电视等媒体做广告。王某先后与湖南金证公司、北京禧达丰公司签订了咨询和资讯战略合作协议,将公司主要从事证券咨询的业务人员的证券咨询手续挂靠在金证公司与禧达丰公司,并支付了费用,故不构成非法经营罪。一审以非法经营罪对王某判处有期徒刑十二年,显属因定性不当、适用法律错误,且量刑畸重。

被告人沈某某上诉及其辩护人提出:金海岸公司的经营范围是广告、电视节目制作等,接受智盈公司的委托制作节目符合国家政策,通过了相关卫视台审查的股评节目,属于业务范围;没有证据证实其参与了湖南智盈公司、湖南金诚公司的经营管理,故不构成非法经营罪。

湖南省高级人民法院经审理认为,被告人王某虽然将张某等人的执业资格证挂靠在具备证券投资咨询资格的公司,但是由于张某等人并未在具备证券咨询资格的机构工作,依照相关规定仍然不得从事证券投资咨询业务,一审认定王某属非法经营,法律适用准确,量刑并无不当。沈某某明知金牛王公司、智盈公司、金诚公司没有证券经营资格,却将王某安排制作的股评节目通过卫星发送至电视台的相关栏目进行播放,帮助王某实施了非法经营活动,构成共同犯罪,但原审对沈某某量刑过重。据此,判决维持一审对王某的定罪量刑;对沈某某以非法经营罪改判有期徒刑四年六个月,并处罚金人民币六十万元,以虚报注册资本罪判处有期徒刑一年,并处罚金人民币十万元,数罪并罚,决定执行有期徒刑五年,并处罚金人民币七十万元。

四、主要问题

不具备证券从业资格的公司与具备资格的公司合作开展证券咨询业务,是否构成非法经营罪?

五、实务专论

根据我国刑法第二百二十五条第三款的规定,未经国家主管部门批准非法经营证券、期货、保险业务,或者非法从事资金支付结算业务,扰乱市场秩序,情节严重的,构成非法经营罪。本案中,被告人王某和沈某某利用不具备证券从业资格的公司与具备证从业资格的公司合作开展证券咨询业务，是否构成非法经营罪，审理时存在争议，具体分述如下：

（一）刑法第二百二十五条第三款规定的证券业务的具体内容包括证券咨询业务

一种意见认为，我国刑法第二百二十五条第三款规定了未经国家有关主管部门批准非法经营证券业务属非法经营，但并未明确指出证券业务是否包括证券咨询业务，因此，根据法无明文规定不为罪的刑法基本原则，被告人王某等的行为没有违反刑法禁止性规定，不构成非法经营罪。我们认为，应当根据刑法第二百二十五条关于罪状的表述方式并结合证券法等相关法律来理解该条文的含义。该条款的基本表述属空白罪状，所谓空白罪状，就是"没有具体说明某一犯罪的构成特征，但指明了必须参照的其他法律、法令"。因此，准确适用刑法第二百二十五条的前提便是考察与该条文关系密切的其他法律，本案即应考察证券法的相关规定。根据证券法第一百二十二条的规定，设立证券公司，必须经国务院证券监督管理机构审查批准。证券法第一百二十五条另规定，经国务院证券监督管理机构批准，证券公司可以经营证券投资咨询业务。换言之，设立证券公司和开展证券投资咨询业务，都需要经国务院证券监督管理机构批准。本案中被告人王某及其公司并未根据主管部门批准成立证券公司，当然更不可能依据证券监管部门的批准合法开展证券咨询业务。

（二）采取与有资格经营证券咨询业务的公司合作的方式不能规避应当接受证券业主管机构批准和监管的义务

本案另一个争议焦点是，没有资格经营证券咨询业务的公司采取与有资格经营证券咨询业务的公司签订合作协议，以没有资格经营证券咨询业务的公司名义从事证券咨询业务，该种做法能否视为合法经营证券咨询业务。我们认为，根据证券法第一百二十五条的规定，只有经国务院证券监督管理机构批准，证券公司才能经营证券投资咨询业务；无证券咨询资格的公司与具有证券咨询资格的公司之间的合作协议不能规避其应当接受审批和监管的义务。证券法对投资咨询业务所作的限制性规定，是为了维护广大投资者的利益，维护证券市场的健康发展。本案中，被告人王某等利用智盈公司、金诚公司与有证券咨询资格的金证公司、禧达丰公司签订合作协议，并将自己公司选聘的多名股评分析师的从业资格证书挂靠到这些公司，借这些公司的证券咨询资格证明用于自己股评节目的资格审查。王某、沈某某通过该合作方式以规避法律并牟取巨额利益，违背了证券法的立法目的，扰乱了正常的证券市场秩序，而其所获利益与从事证券咨询业务之间也存在必然的因果关系。如果刑法对这种规避证券监管的证券咨询行为不予以制裁，势必架空证券法对证券市场的规制和监管，助长无资格公司与有资格的公司勾结扰乱证券市场秩序的行为。

（三）未经批准开展证券咨询业务达到情节严重程度的才构成非法经营罪

刑法第二百二十五条规定，只有情节严重的扰乱市场秩序的行为才构成非法经营罪。这就是说，未经国家有关主管部门批准非法经营证券咨询业务的行为，并非一律认定为非法经营罪。我国刑法理论认为，刑法具有补充性。"补充性的基本含义是，只有当一般部门法不足以抑制某种法益侵害行为时，才由刑法禁止。"我国证券法第二百三十一条规定，对违反证券法构成犯罪的，依法追究刑事责任。本案中，被告人王某和沈某某利用与有经营证券咨询业务的公司合作的方式，非法经营证券咨询业务，非法经营额近3000万元。根据《最高人民检察院、公安部关于公安机关管辖的刑事案件立案追诉标准的规定（二）》的规定，未经国家有关主管部门批准，非法经营证券、期货、保险业务，数额在 30 万元以上的，或者违法所得数额在 5 万元以上的，应予追诉。据此，王某、沈某某等人的行为应当认定为情节严重的非法经营行为，动用刑罚具有必要性和正当性。

问题 10. 挂靠具有经营资质的企业从事药品经营且不建立真实购销记录的，如何定性

【刑事审判参考案例】 王某某非法经营案①

裁判规则

挂靠经营药品行为违反了国家规定，应当认定为刑法第二百二十五条规定的非法经营行为；在非法经营药品过程中故意不建立真实购销记录的不属于刑法第二百二十五条规定的非法经营行为，但可以作为认定情节严重的参考因素。

非法经营烟草专卖品，能够查清销售或者购买价格的，按照其销售或者购买的价格计算非法经营数额。无法查清的，通过平均价、基准价等计算。

一、基本案情

2011 年 7 月至 12 月，被告人王某某在未取得《药品经营许可证》的情况下，以其承租的南京市应天大街弘瑞广场×××幢×××室作为经营场所，借用具有药品经营许可资质的南京苏耀医药有限公司（以下简称苏耀公司）的名义采购、销售药品。其间，王某某从长春经开药业有限公司（以下简称经开公司）购进价值总计为人民币（以下币种同）755.535 万元的消咳宁片（麻黄碱类复方制剂），并将前述药品非法销售给林某某（另案处理）等人。

一审裁判理由

南京市建邺区人民法院认为，被告人王某某违反国家规定，未经许可，非法经营药品，扰乱市场秩序，情节特别严重，其行为构成非法经营罪。南京市建邺区人民检察院指控王某某犯非法经营罪的事实清楚，证据确实、充分，指控的罪名成立。王某某当庭自愿认罪，酌情从轻处罚。王某某无前科劣迹，且当庭自愿认罪，可以对其从轻处罚，辩护人的相关辩护意见予以采纳。

一审裁判结果

据此，依照《中华人民共和国刑法》第二百二十五条第一项、第五十九条之规定，南京市建邺区人民法院以被告人王某某犯非法经营罪，判处有期徒刑九年，并处没收个人财产人民币七百万元。

一审宣判后，被告人王某某不服，向南京市中级人民法院提出上诉。

二审裁判理由

南京市中级人民法院认定的事实与一审法院基本一致。南京市中级人民法院认为，上诉人王某某违反国家规定，未经许可，非法经营药品，扰乱市场秩序，情节特别严重，其行为构成非法经营罪。另经查：（1）药品管理法规定，无《药品经营许可证》的，不

---

① 王瑞琼撰稿，王晓东审编：《王某某非法经营案——挂靠具有经营资质的企业从事药品经营且不建立真实购销记录的，如何定性（第 864 号）》，载中华人民共和国最高人民法院刑事审判第一、二、三、四、五庭主办：《刑事审判参考》2013 年第 3 集（总第 92 集），法律出版社 2014 年版，第 56~62 页。

得经营药品。王某某的供述、证人张某、湛某某等人的证言、南京聚友人力资源有限公司的劳动合同书等证据证实王某某通过挂靠方式借用苏耀公司药品经营资质后，从事药品经营。王某某挂靠借用许可的行为实质为无证经营，其是在未经许可实际也不可能得到许可的情况下从事非法经营药品的行为。（2）药品管理法规定，药品经营企业购销药品，必须有真实完整的购销记录。证人蔡某某等人的证言、安徽阜阳第一药业有限公司等公司发票核查情况等证据证实，王某某伪造了向安徽阜阳第一药业有限公司等公司销售消咳宁片的销售记录。同时，证人林某某、华某某等人的证言还证实王某某实际将消咳宁片非法销售给林某某等人。王某某伪造销售记录并将药品非法销售给林某某等人的行为违反了药品管理法的有关规定，亦具有非法经营性质。综上，上诉人王某某违反药品管理法的规定，未经许可从事药品的经营行为构成非法经营罪。上诉人、辩护人提出的本案系公司经营行为等不构成非法经营罪的上诉理由、辩护意见不予采纳。关于上诉人、辩护人提出的原判量刑过重的上诉理由、辩护意见，经查，王某某从经开公司购进755万余元的消咳宁片，并将上述药物非法销售给不具备资质的林某某等人，导致大量的麻黄碱类复方制剂流入非法渠道，犯罪数额巨大，社会危害较大，应当认定为情节特别严重，依法应当判处五年以上有期徒刑，并处违法所得一倍以上五倍以下罚金或者没收财产。证人林某某、华某某的证言，银行卡交易明细，经开公司开具的增值税专用发票证实，王某某仅销售给林某某的消咳宁片获利为170万元左右。据此，原审法院综合王某某的犯罪事实、情节和获利情况，判处其有期徒刑9年，并处没收财产人民币700万元的量刑未违反法律之规定，量刑并无不当。辩护人出示的证据与本案犯罪事实没有关联性，不予采纳。故上诉人的上诉理由、辩护人的辩护意见均不能成立。出庭检察员的意见符合本院查明的事实和法律规定，予以采纳。

二审裁判结果

据此，南京市中级人民法院裁定驳回上诉，维持原判。

二、主要问题

挂靠具有经营资质的企业从事药品经营且不建立真实购销记录的，如何定性？

三、实务专论

目前，药品经营行业的挂靠现象严重扰乱了正常的药品流通秩序，为伪劣药品流入市场提供了机会，同时也为犯罪分子利用药品进行违法犯罪活动提供了可乘之机。因药品质量、药品流向未能做到全程监管，对人民群众用药安全构成了极大威胁，对社会稳定造成了极大隐患，特别是经营含有麻黄碱类的复方制剂等特殊药品的危害后果更大。本案涉及的药品为消咳宁片，属于麻黄碱类复方制剂，被告人王某某的行为导致约200万瓶药品全部流入非法渠道，给社会造成极大危害。本案的焦点、难点问题主要集中在罪名适用、犯罪数额认定等问题。

（一）在案证据难以证实王某某主观明知他人具有毒品犯罪目的，王某某的行为不构成毒品犯罪的共犯

根据最高人民法院、最高人民检察院、公安部2012年联合下发的《关于办理走私、非法买卖麻黄碱类复方制剂等刑事案件适用法律若干问题的意见》（以下简称意见）第三条规定："明知他人利用麻黄碱类制毒物品制造毒品，向其提供麻黄碱类复方制剂，为其利用麻黄碱类复方制剂加工、提炼制毒物品，或者为其获取、利用麻黄碱类复方制剂提供其他帮助的，以制造毒品罪的共犯论处。明知他人走私或者非法买卖麻黄碱类制毒物

品，向其提供麻黄碱类复方制剂，为其利用麻黄碱类复方制剂加工、提炼制毒物品，或者为其获取、利用麻黄碱类复方制剂提供其他帮助的，分别以走私制毒物品罪、非法买卖制毒物品罪的共犯论处。"意见第五条规定："对于本意见规定的犯罪嫌疑人、被告人的主观目的与明知，应当根据物证、书证、证人证言以及犯罪嫌疑人、被告人供述和辩解等在案证据，结合犯罪嫌疑人、被告人的行为表现，重点考虑以下，因素综合予以认定：1. 购买、销售麻黄碱类复方制剂的价格是否明显高于市场交易价格；2. 是否采用虚假信息、隐蔽手段运输、寄递、存储麻黄碱类复方制剂……"

本案中，被告人王某某经营的消咳宁片含有麻黄碱，属于麻黄碱类复方制剂的范围，从销售对象看符合走私制毒物品罪、非法买卖制毒物品罪的对象特征。但从证据角度分析，认定王某某具有毒品共犯的主观要件的证据不足。在案证据仅证实，部分消咳宁片销售给林某某，林某某再把消咳宁片销给华某某，华某某再进行销售。消咳宁片实际的销售记录载明的是购买企业皆没有从王某某处购买消咳宁片。因此，上述证据并没有形成完整的证据链，难以充分证实林某某、华某某等人购买消咳宁片的目的，即无证据证明林、华等人利用消咳宁片制造毒品或者提炼、加工制毒物品，从而从证据上不能证实王某某主观上具有明知他人制造毒品或者非法买卖制毒物品的故意，不应以制造毒品罪、非法买卖制毒物品罪的共犯论处。

（二）王某某挂靠具有经营资质的企业从事药品经营的行为属于刑法第二百二十五条规定的非法经营行为

1. 挂靠经营药品行为违反了国家规定，应当认定为刑法第二百二十五条规定的非法经营行为

根据药品管理法第十四条的规定，无《药品经营许可证》的，不得经营药品。行政许可法第八十条规定："被许可人有下列行为之一的，行政机关应当依法给予行政处罚；构成犯罪的，依法追究刑事责任：（一）涂改、倒卖、出租、出借行政许可证件，或者以其他形式非法转让行政许可的……"

本案中，被告人王某某在没有得到经营许可也不可能得到经营许可的情况下，通过挂靠有经营资质的单位从事药品经营的行为，违反了药品管理法、行政许可法的相关规定，应当视为无证经营，属于刑法第二百二十五条第一项规定的"未经许可经营国家专营、专卖物品"的情形，依法应当以非法经营罪定罪处罚。

王某某经营的消咳宁片含有麻黄碱，属于麻黄碱类复方制剂的范围，因此还可以适用意见的相关规定。意见第一条第四款规定："非法买卖麻黄碱类复方制剂或者运输、携带、寄递麻黄碱类复方制剂进出境，没有证据证明系用于制造毒品或者走私、非法买卖制毒物品，或者未达到走私制毒物品罪、非法买卖制毒物品罪的定罪数量标准，构成非法经营罪、走私普通货物、物品罪等其他犯罪的，依法定罪处罚。"根据这一规定，王某某的行为也应当认定为非法经营罪。

2. 在非法经营药品过程中故意不建立真实购销记录的不属于刑法第二百二十五条规定的非法经营行为，但可以作为认定情节严重的参考因素

药品管理法第十八条规定："药品经营企业购销药品，必须有真实完整的购销记录。购销记录必须注明药品的通用名称、剂型、规格、批号、有效期、生产厂商、购（销）货单位、购（销）货数量、购销价格、购（销）货日期及国务院药品监督管理部门规定的其他内容。"本案中，从查证属实的情况看，目前仅查实被告人王某某向林某某、华某

某等不具备经营资质的个人销售药品300余万元的事实。王某某违反药品管理法的规定，故意不建立真实的销售记录，且不如实供述其药品销售去向，导致药品流入非法渠道后无法追回，加剧了其行为的社会危害性。从行为定性角度分析，故意不建立真实购销记录的不属于刑法第二百二十五条规定的非法经营行为，但是可以作为认定非法经营行为是否构成情节严重的一个重要参考因素。在非法经营行为已构成犯罪的情况下，可以作为酌定从重处罚的情节予以考虑。

（三）犯罪数额、犯罪情节的认定及财产刑的适用

本案中，王某某既有购买行为又有销售行为，其犯罪数额究竟是按照购买价格还是按照销售价格认定，存在争议。在案证据显示，王某某购买药品的价格能够查清，销售药品的部分价格可以查清。我们认为，王某某非法经营犯罪数额的认定，可以参照《最高人民法院、最高人民检察院关于办理非法生产、销售烟草专卖品等刑事案件具体应用法律若干问题的解释》（以下简称烟草解释）的有关规定。烟草解释第四条规定：非法经营烟草专卖品，能够查清销售或者购买价格的，按照其销售或者购买的价格计算非法经营数额。无法查清的，通过平均价、基准价等计算。参照这一规定，王某某的犯罪数额应当按照其从经开公司购进消咳宁片的价格认定。即王某某非法经营的数额达700余万元。

经有关部门测算，王某某经营的消咳宁片中含有的麻黄碱类复方制剂，如用于制造冰毒可以制成约800公斤的冰毒，毒品市值4亿元。综合考虑到王某某的经营数额、行为危害后果、药品的特殊种类以及不建立购销记录等情况，应当认定其行为为情节特别严重，依法应当判处五年以上有期徒刑，并处违法所得一倍以上五倍以下罚金或者没收财产。

另查明，有证据证实的王某某仅销售给林某某部分的药品获利数额约为170余万元，其他途径的销售利润并不确定。为强化刑罚的特殊预防效果，从经济上有效制裁犯罪分子，剥夺其再犯罪的能力，依照刑法第二百二十五条关于非法经营罪的处罚规定，南京市建邺区人民法院对被告人王某某判处没收财产700万元，符合法律规定，同时也充分体现了罪责刑相适应。

问题11. 以现货投资名义非法代理境外黄金合约买卖的行为，如何定性

【刑事审判参考案例】刘某、聂某某、原维达非法经营案[①]

裁判规则

以现货投资名义非法代理境外黄金合约买卖的行为，通过买空、卖空、对冲黄金合约等手段从境外市场的价格波动中获得风险利润，而非为了获得黄金实物的所有权，这符合变相期货交易的实质，其行为构成非法经营罪。

一、基本案情

2007年12月至2008年4月，被告人刘某、聂某某租借上海市浦东新区世纪大道×

[①] 《刘某、聂某某、原维达非法经营案——以现货投资名义非法代理境外黄金合约买卖的行为，如何定性（第727号）》，载中华人民共和国最高人民法院刑事审判第一、二、三、四、五庭主办：《刑事审判参考》2011年第5集（总第82集），法律出版社2012年版，第23~31页。

×号金茂大厦××层××座为经营场所,以上海同荣投资管理有限公司(以下简称同荣公司)海外投资部的名义从事黄金投资业务,并雇用被告人原维达为海外投资部交易总监,负责为客户观察市场行情、提供投资建议等。刘某等人先后招揽杨某某等八名客户并与其签订客户协议,为其提供ASA交易平台进行一种境外黄金合约买卖,约定客户可以在交易平台上买涨、买跌,客户存入保证金兑换成美元可以放大100倍进行交易,刘某等人从中收取高额佣金。其中,客户夏某某、王某某、彭某某的账户由刘某等人代为操作。期间,杨某某等人存入指定账户内保证金共计人民币(以下币种均为人民币)405万余元用于黄金合约买卖,但大都损失严重,部分客户资金甚至损失殆尽。

二、一审裁判理由

上海市浦东新区人民法院认为,被告人刘某、聂某某、原维达未经国家主管机关批准,在未取得中间介绍业务资格的情况下提供中间介绍黄金买卖业务,且交易的方式符合国务院《期货交易管理条例》(以下简称条例)规定的变相期货交易的构成特征,应依法追究刑事责任,且情节特别严重。刘某、聂某某在共同犯罪中系主犯,被告人原维达系从犯,故对原维达依法减轻处罚。三名被告人均能自愿认罪,均可酌情从轻处罚。

三、一审裁判结果

依照《中华人民共和国刑法》第二百二十五条第三项、第二十五条第一款、第二十六条第一款、第二十七条、第五十三条、第六十四条、第七十二条、第七十三条之规定,判决如下:

被告人刘某犯非法经营罪,判处有期徒刑五年,罚金五十万元;被告人聂某某犯非法经营罪,判处有期徒刑五年,罚金四十五万元;被告人原维达犯非法经营罪,判处有期徒刑三年,缓刑三年,罚金五万元;违法所得九十五万六千五百三十四元五角予以追缴。

一审宣判后,刘某、聂某某不服:(1)其从事的是黄金现货买卖中介业务,不是变相期货交易;(2)没有权威部门对涉案行为是否系变相期货交易进行界定,认定变相期货交易的证据不足。基于上述理由,刘某、聂某某提出上诉。

四、二审裁判理由

上海市第一中级人民法院经审理认为,被告人刘某、聂某某、原维达的行为符合条例中变相期货交易要求的行为特征,而不是现货交易。且就现货交易而言,交易的对象主要是实物商品,采用到期一次性结清的结算方式,或采用货到付款、分期付款等方式。而本案刘某等人不是以黄金为交易对象,而是从期货价格的交易波动中通过买空、卖空来赚取差价获得风险利润,这更符合变相期货交易的特征,其行为构成非法经营罪。被告人刘某、聂某某、原维达违反国家有关规定,组织变相期货交易活动,扰乱市场秩序,其行为均已构成非法经营罪,且情节特别严重。原判根据犯罪事实、性质、情节及对社会的危害程度所作的判决并无不当,且审判程序合法。

五、二审裁判结果

依照《中华人民共和国刑事诉讼法》第一百八十九条第一项之规定,裁定驳回上诉,维持原判。

六、实务专论

(一)非法经营罪采用了空白罪状,在适用时应当以相关补充规范为依据

刑法对非法经营罪规定了空白罪状。关于空白罪状,目前理论界和实务界比较一致

的理解，是指刑法仅仅大致规定犯罪行为的范围，而构成要件上的具体内容则由刑法之外的法律、法规等（补充规范）规定的一种罪刑规范。① 空白罪状较为常见于行政犯罪和经济犯罪。空白罪状的主要特征有三个：第一，罪状的设定具有开放性。在空白罪状的规定方式下，罪与非罪、此罪与彼罪等的判断需要参照补充规范中的规定，空白罪状本身不具有独立界定犯罪的功能。第二，罪状基本内容的变化不完全依赖于刑法修正。我国刑法中规定的补充规范包括法律、行政法规、规定及规章制度等多种形式，有不同主体制定的规范性文件和一些非规范性文件，② 上述规定的修改、变化都可能会影响空白罪状的内涵与外延。第三，法定刑的配置专属于刑法。补充规范虽然可以填充空白的构成要件，但不能设定法定刑，这是基于罪刑法定原则和刑法的明确性所提出的基本要求。

在解释空白罪状时，要充分重视刑法规定与补充规范之间的关系。补充规范是刑法启动的前置性判断依据，只有补充规范规定的违法行为，原则上才会被评价为犯罪行为；空白罪状的填充，或者罪状中的要素不明确、有争议时，应当严格遵循补充规范中的明文规定。就本案而言，刑法第二百二十五条第三项规定，违反国家规定，未经国家有关主管部门批准非法经营期货业务，扰乱市场秩序，情节严重的，构成非法经营罪。根据刑法第九十六条的规定，这里的"违反国家规定"是指违反全国人民代表大会及其常务委员会制定的法律和决定，国务院制定的行政法规、规定的行政措施、发布的决定和命令。在与期货有关的文件中，只有国务院 2007 年发布的条例属于国家规定，是本案空白罪状需要援引的补充规范。梳理条例中的有关规定，可以将本案非法经营罪的具体构成要件填充为："未经国家有关主管部门批准"，是指未经国务院期货监督管理机构，亦即中国证监会的批准；"非法经营期货业务"，是指在期货交易所之外进行期货交易，从事变相期货交易，或者期货公司从事、变相从事期货自营业务等违反条例规定的非法经营行为。值得强调的是，上述非法经营行为类型中的变相期货交易仍然是一个抽象概念，条例第八十九条对其作了进一步的详细规定，因此，该条也是本案非法经营罪的补充规范。

（二）本案被告人的行为本质是为了获取期货风险利润，符合变相期货交易的特征

1. 变相期货交易的特征

根据条例第八十九条的规定，变相期货交易的特征可以归纳如下：（1）交易集中进行，而非个别、分散协商。实践中有的意见认为，集中交易是指集中竞价交易。该观点有待进一步商榷。1999 年发布的《期货交易管理暂行条例》曾规定，期货交易实行集中竞价，按照价格优先、时间优先的撮合成交原则进行。而新的条例则将交易方式修改为公开的集中交易方式或者国务院期货监督管理机构批准的其他方式。从条例对交易方式的修改可知，集中竞价不再是交易方式的要件。因此，按照新规定，涉案交易即便采用报价等非竞价方式，也不影响变相期货交易的认定。（2）交易对象为标准化合约，③ 即合约由交易一方为了通常和重复使用而预先拟定，并在实际使用时未与对方协商。（3）交易实行保证金制度，交易者应当按照规定标准交纳资金，用于结算和保证履约。（4）交

---

① 参见［日］大谷实：《刑法讲义总论》，黎宏译，中国人民大学出版社 2008 年版，第 49 页；肖中华：《空白刑法规范的特性及其解释》，载《法学家》2010 年第 3 期。

② 参见王瑞军：《刑事违法性判断前提条件：空白罪状的现状与反思》，载《政法论丛》2006 年第 4 期。

③ 标准化合约（standardized contract）原是经济学及英美合同法中的概念，其法律特征与我国合同法中的格式条款较为一致。

易实行当日无负债结算制度，或称"逐日盯市"。有关机构或者市场在每日交易结束后，根据当日结算价计算客户当日的持仓盈亏。如有持仓亏损必须于下一交易日前补足，否则客户在手合约会被强制平仓。（5）保证金收取比例低于合约（或者合同）标的额的20%。总之，从本质层面解析，变相期货交易与现货买卖的本质区别在于，变相期货交易中参与者的主要目的不是转移商品所有权，而是套期保值或者从期货价格变动中获取投机利益。①

2. 本案被告人的行为构成非法经营罪

我们认为，本案被告人刘某等人的交易方式符合变相期货交易的上述特征，具体理由如下：（1）刘某等人或是掌控客户账户并在同荣公司代为交易，或是将用户名和密码提供给客户，由客户在 ASA 交易平台上自行选择场所上网交易。从表面上看，本案的交易地点较为分散。但这里的集中交易可以理解为交易平台等的集中，不能机械地理解为场所的集中。本案的黄金合约均在 ASA 平台上集中交易，符合集中交易的特征。（2）刘某等人买卖的黄金合约（而非黄金实物）由境外黄金市场预先拟定并提供给交易者，由交易者反复买卖。这些合约中的黄金品质、合约总值及基本保证金等要素确定，刘某等人只能选择相应的合约类型进行交易，并不参与合约条款的协商与拟定，亦不能对合约内容作出修改。因此，本案中的黄金合约符合标准化合约的特征。（3）刘某等人与客户签订的协议书中约定了保证金制度，要求客户须在交纳保证金后才能开展交易，保证金用于保证客户的履约能力并结算盈亏。（4）根据本案协议书中的约定，客户在仓的黄金合约以当日市场收盘价位结算后，实际保证金不足的，客户必须于次交易日 15：30 以前注资补足，否则客户的合约会被全部或部分平仓。这表明交易采用当日无负债结算制度。（5）根据本案黄金在境外市场上的交易规则，客户可以将其交纳的保证金放大 100 倍用于黄金合约买卖，故本案中保证金的收取比例仅为合约标的额的 1%，远低于条例所规定的 20%。此外，刘某等人所从事的黄金买卖还采用了做多、做空的交易方法及对冲机制等其他期货交易机制，即客户既可以先买入黄金合约后沽出，也可以先沽出后再买入，用两份数量相同但买卖方向相反的合约对冲平仓。

从交易目的来判断，刘某等人主要通过买空、卖空、对冲黄金合约等手段从境外市场的价格波动中获得风险利润，而非为了获得黄金实物的所有权，这符合变相期货交易的实质。值得注意的是，根据我国的黄金管理及进出口政策，刘某等人在未经批准的情况下无法将境外黄金交割入境，本案中的客户实际上也未取得黄金实物，均通过对冲平仓或者强制平仓的方式终止了交易。综上所述，刘某等人的行为符合变相期货交易特征。同时，刘某等人未经同荣公司负责人同意，擅自设立"海外交易部"，且未经国务院期货监督管理机构批准，系违反国家规定非法经营期货业务，经营数额达 400 万余元，情节特别严重，其行为构成非法经营罪。

（三）行政主管部门出具的定性意见仅是一种办案参考，不能作为案件定性的当然证据

本案行为性质的认定过程较为复杂，在审理过程中，关于是否需要行政主管部门就案件行为性质出具定性意见，存在三种意见。第一种意见认为，条例第五条规定，国务

---

① 参见陈欣：《〈期货交易管理条例〉解读》，北京大学出版社 2007 年版，第 209 页；罗孝玲：《期货投资学》，经济科学出版社 2010 年版，第 6 页。

院期货监督管理机构对期货市场实行集中统一的监督管理。根据条例第八十九条，变相期货交易认定的有权机关是中国证监会，除此之外，任何机关均无权认定。第二种意见认为，条例中的变相期货交易需要很强的金融专业知识和能力才能作出科学的鉴定，法官不是金融方面的专家，如果囿于金融专业知识的欠缺而对某一个金融行为的性质理解稍有偏差，就会导致罪与非罪的巨大差别，故而应该由专业部门作权威鉴定。第三种意见认为，作为具体案件中的法律适用问题，法院在进行充分调查了解的基础上，有权直接根据有关法律、法规确定案件行为的性质，行政主管部门的鉴定意见可供参考，但并非必要证据。

我们同意第三种意见。理由如下：（1）从上海的司法实践来看，上海市高级人民法院与上海市人民检察院曾就实践中期货案件法律适用难度较大的问题进行多次研讨，并以会议纪要的形式强调，行政主管部门对刑事个案中非法证券、期货的性质认定不是必经程序，其认定意见也不是刑事诉讼的必要证据。如果非法证券、期货类型新颖，公安、司法机关难以认定的，可以商请有关行政主管部门进行性质认定，作为办案参考。行政主管部门具备相应的专业水平与监管经验，参考其意见既有利于准确裁判，又不违背法律规定与一般法理，是正确的。（2）在具体案件中，行政主管部门没有义务，也不会对所有涉案的期货经营行为出具书面的定性意见。如果认为行政机关的意见是必要证据，那么不利于司法活动的顺利进行。（3）《最高人民法院关于非法集资刑事案件性质认定问题的通知》规定：“行政部门未对非法集资作出性质认定的，不影响非法集资刑事案件的审判。”此原则也适用于其他涉及行政认定的案件，法律、法规有特别规定的除外。

总之，我们认为，人民法院在办理变相期货交易案件时，应当重点关注以下几个方面：（1）审慎认定交易手法是否符合条例中变相期货交易的行为特征。（2）综合全案证据及事实，判断交易目的是否是对冲合约获取风险利润。（3）如果所交易的合约到期应当被依法、全面、适当履行，当事人既不能擅自变更或者解除，也不能通过对冲替代履行，并且交易不具备变相期货交易的特征或者特征不明显的，则是现货交易。（4）在必要时征询、参考行政主管部门的意见。（5）留意我国特定时期的黄金市场监管政策。总之，应当综合平衡司法介入经济活动与打击经济犯罪之间的关系，既要保护灵活、新型、合法的投资手段，又要维护正常的黄金、期货市场秩序，注重保护投资者的合法利益。

问题12. 非法生产、经营国家管制的第二类精神药品盐酸曲马多，应如何定性

【刑事审判参考案例】吴某1、黄某某等非法经营案[①]

裁判规则

对于临床上使用的国家管制的麻醉药品、精神药品，在有证据证明确实作为毒品生产、销售的才涉嫌毒品犯罪。实施生产、销售假药、劣药犯罪，同时构成生产、销售伪劣产品、侵犯知识产权、非法经营、非法行医、非法采供血等犯罪的，依照处罚较重的

---

① 林钟彪、曹东方撰稿，陆建红审编：《吴某1、黄某某等非法经营案——非法生产、经营国家管制的第二类精神药品盐酸曲马多，应如何定性（第1057号）》，载中华人民共和国最高人民法院刑事审判第一、二、三、四、五庭主办：《刑事审判参考》总第102集，法律出版社2016年版，第13~20页。

规定定罪处罚。

一、基本案情

被告人吴某1、黄某某以牟利为目的，在没有依法取得药品生产、销售许可的情况下，于2010年年底合伙生产盐酸曲马多及其他药品，二人约定共同出资，并由且吴某1负责租用生产场地、购买生产设备和原料、联系接单及销售渠道，黄某某负责调试生产设备、配制药品及日常生产管理。其后，吴某1租用陈某1位于潮安区庵埠镇美乡村美珠路路尾的老屋作为加工场地，并雇佣被告人吴某2从事生产加工，雇佣被告人陈某2帮助运输原料和生产出的药品成品。吴某1还安排吴某2找个体印刷厂印刷了"天龙牌"盐酸曲马多包装盒及说明书。陈某2按照吴某1的指示，多次将加工好的盐酸曲马多药片及包装盒、说明书运送至潮州市潮安区潮汕公路等处交给汪某（另案处理）等人转卖。经查，2010年年底至2011年9月间，吴某1共卖给汪某盐酸曲马多65件，汪某通过物流公司将盐酸曲马多等药品转至河北省石家庄市等地销售，公安机关在涉案的医疗器械经营部提取到部分违法销售的"天龙牌"盐酸曲马多。2011年9月15日，公安机关查处了吴某1等的加工场，现场扣押盐酸曲马多药片115.3千克、生产盐酸曲马多的原料1280.25千克及加工设备等。至查处为止，吴某1等生产和销售盐酸曲马多药片等假药，获取违法收入人民币50750元。

二、裁判理由

潮州市中级人民法院认为，被告人吴某1、黄某某、吴某2、陈某2违反药品管理法规，未经许可，合伙非法生产经营国家管制的精神药品曲马多，情节严重，其行为均已构成非法经营罪，应依法予以惩处。公诉机关指控被告人吴某1、黄某某、吴某2犯贩卖、制造毒品罪，指控被告人陈某2犯生产假药罪的理由依据不足，不予支持。被告人吴某1、黄某某共同出资生产假药，其中，被告人吴某1负责购买生产设备和联系销售，被告人黄某某负责组织生产，在共同犯罪中均起主要作用，是主犯，依法应当按照其参与的全部犯罪处罚。被告人吴某2受被告人吴某1和黄某某的雇佣和指挥参与制售假药，在共同犯罪中起次要作用，系从犯，依法可从轻处罚。被告人陈某2帮助运输材料和假药，在共同犯罪中起辅助作用，系从犯，视其犯罪情节轻微，依法可免予刑事处罚。

三、裁判结果

依照《中华人民共和国刑法》第二百二十五条第一项，第三十七条，第二十五条，第二十六条第一款、第四款，第二十七条，第六十七条第三款，第六十四条之规定，判决如下：

1. 认定被告人吴某1犯非法经营罪，判处有期徒刑四年十个月，并处罚金人民币20万元。
2. 被告人黄某某犯非法经营罪，判处有期徒刑四年四个月，并处罚金人民币10万元。
3. 被告人吴某2犯非法经营罪，判处有期徒刑二年八个月，并处罚金人民币5万元。
4. 被告人陈某2犯非法经营罪，免予刑事处罚。

一审宣判后，被告人吴某1、黄某某、吴某2、陈某2均未提出上诉，公诉机关亦未抗诉，该判决已发生法律效力。

四、实务专论

本案争议焦点在于非法生产、经营国家管制的第二类精神药品盐酸曲马多的行为该如何定性。对此有三种不同意见：

第一种意见认为，被告人吴某1等的行为构成贩卖、制造毒品罪。根据刑法第三百五十七条和《中华人民共和国禁毒法》（以下简称禁毒法）的规定，盐酸曲马多系毒品，其生产、加工需要特殊的原料、设备及专门知识，可以推定吴某1等人明知盐酸曲马多的毒品性质，而仍然违反法律规定生产、销售，其行为依法构成贩卖、制造毒品罪。

第二种意见认为，被告人吴某1等的行为构成生产假药罪。吴某1等人是以生产药品的主观故意从事犯罪活动，而其没有生产该种药品的资质，故生产出来的药品不管有没有该药品的药效都是《中华人民共和国药品管理法》（以下简称药品管理法）所指的假药，吴某1等人的行为构成生产假药罪。

第三种意见认为，被告人吴某1等的行为构成非法经营罪。吴某1等人没有贩卖、制造毒品的故意，仅有生产、销售假药的故意，而其生产、销售国家管制的精神药品的行为同时又构成非法经营罪，生产、销售假药罪与非法经营罪发生竞合，应择一重罪处罚。比较两罪的法定刑，在没有出现致人体健康严重危害后果或其他严重情节的情况下，生产、销售假药罪的法定刑幅度较低，而且以生产、销售假药罪来定罪不能充分评价吴某1等人生产、销售盐酸曲马多的社会危害性，定非法经营罪更合适，能恰当地体现此类行为的本质在于违反国家禁止性管理制度。

我们同意第三种意见。本案具有一定的代表性，对于无资质的行为主体违反国家法律规定，生产、销售国家管制但临床上也在使用的精神药品的行为如何处罚，刑法条文没有明确规定，司法实践中又确实出现了一批这类案件。如何处理这类案件，涉及对精神药品性质的把握、罪与非罪的界限、此罪与彼罪的区分等一系列问题。具体分析如下：

（一）被告人吴某1等的行为不构成贩卖、制造毒品罪

曲马多（tramadol）是中枢非麻醉性镇痛药，化学名称为（±）-E-2-〔（二甲氨基）甲基〕-1-（3-甲氧基苯基）环己醇，简称反胺苯环醇。临床使用的主要是其盐酸盐，故又称盐酸曲马多。曲马多1962年在德国问世，我国自1994年起在临床上逐步推广此药。据有关资料显示，正常人如每天服用曲马多200毫克，大约半年后会产生药物依赖，而如果每天服用300~400毫克（6~8颗药）甚至更多，可在短期内上瘾，长期大剂量服用可致中枢神经兴奋、呼吸抑制，并可产生耐受性和成瘾性及其他不良反应。目前世界范围内，曲马多滥用成瘾的问题主要在我国比较严重。2007年，国家食品药品监督管理局、公安部、卫生部将其收入《麻醉药品和精神药品品种目录（2007年版）》，作为第二类精神药品进行管理，国家食品药品监督管理局、卫生部还专门下发了《关于加强曲马多等麻醉药品和精神药品监管的通知》（国食药监办〔2007〕749号）。根据刑法第三百五十七条和禁毒法的规定，毒品是指鸦片、海洛因、甲基苯丙胺（冰毒）、吗啡、大麻、可卡因以及国家规定管制的其他能够使人形成瘾癖的麻醉药品和精神药品，据此，《麻醉药品和精神药品品种目录（2013年版）》中列举的121种麻醉药品和149种精神药品依法均可认定为毒品。但我们认为，临床上也在使用的精神药品，与常见的鸦片、海洛因、甲基苯丙胺等毒品还是有所不同，特别是成瘾性、危害性相对较低的第二类精神药品，其同时具有毒品和临床药品的双重性质。盐酸曲马多药片属于第二类精神药品，目前在我国市场上仍然流通，药店里也能买到，只是对其实行严格的管理。作为毒品，盐酸曲马多药片可能被吸毒者吸食，或者在缺少海洛因、甲基苯丙胺时被犯罪分子作为替代品使用，但当以医疗等目的被生产、加工、使用时，它的本质仍然是药品。故实践

中对于非法生产、销售盐酸曲马多的行为如何定罪处罚还需谨慎。

根据刑法和已有相关司法解释的精神,我们认为,对于临床上使用的国家管制的麻醉药品、精神药品,在有证据证明确实作为毒品生产、销售的才涉嫌毒品犯罪。(1)从刑法第三百五十五条第一款关于贩卖毒品罪的规定来看,只有"向走私、贩卖毒品的犯罪分子或者以牟利为目的,向吸食、注射毒品的人提供国家规定管制的能够使人形成瘾癖的麻醉药品、精神药品的"才以贩卖毒品罪定罪处罚。第三百五十五条关于非法提供麻醉药品、精神药品罪的规定,要求特殊主体即依法从事生产、运输、管理、使用国家管制的麻醉药品、精神药品的人员才能构成,而贩卖毒品罪则没有要求特殊主体,不管有无生产、经营资质的人或单位,都能构成该罪。根据该条规定,无资质的行为主体单纯以生产药品供临床使用为目的,生产、经营国家管制的麻醉药品、精神药品,事实上所生产的药品也没有流向毒品市场的,就不能认定为贩卖、制造毒品罪。(2)《最高人民法院研究室关于氯胺酮能否认定为毒品问题的答复》(已失效)规定,"鉴于氯胺酮被列在第二类精神药品管制品种目录中,且实践中临床使用较多,因此,对于明知他人是吸毒人员而多次向其出售,或者贩卖氯胺酮数量较大的行为人,才能依法追究刑事责任"当时氯胺酮还是第二类精神药品,后来调整为第一类精神药品,而且随着实践中氯胺酮逐渐成为常见类毒品,其危害性已非常明确,最高人民法院、最高人民检察院、公安部联合印发的《办理毒品犯罪案件适用法律若干问题的意见》对办理氯胺酮等毒品案件的定罪量刑标准进行了明确规定,因此,《最高人民法院研究室关于氯胺酮能否认定为毒品问题的答复》已被最高人民法院清理司法解释的决定废止,但是该答复中体现出的对涉及第二类精神药品构成毒品犯罪认定所持的谨慎态度,对本案处理有参考意义。(3)《最高人民检察院法律政策研究室关于安定注射液是否属于刑法第三百五十五条规定的精神药品问题的答复》规定,"鉴于安定注射液属于《精神药品管理办法》规定的第二类精神药品,医疗实践中使用较多,在处理此类案件时,应当慎重掌握罪与非罪的界限。对于明知他人是吸毒人员而多次向其出售安定注射液,或者贩卖安定注射液数量较大的,可以依法追究行为人的刑事责任"。(4)《公安部关于在成品药中非法添加阿普唑仑和曲马多进行销售能否认定为制造贩卖毒品有关问题的批复》(公复字〔2009〕1号)也延续了上述司法解释的原则,要求公安机关在办案中应当注意区别为治疗、戒毒依法合理使用的行为与犯罪行为的界限,"只有违反国家规定,明知是走私、贩卖毒品的人而向其提供阿普唑仑和曲马多,或者明知是吸毒人员而向其贩卖或超出规定的次数、数量向其提供阿普唑仑和曲马多的,才可以认定为犯罪"。

综上,我们认为,对非法生产、销售国家管制的麻醉药品、精神药品的行为以制造、贩卖毒品罪定罪,必须同时符合以下条件:(1)被告人明知所制造、贩卖的是麻醉药品、精神药品,并且制造、贩卖的目的是将其作为毒品的替代品,而不是作为治疗所用的药品。(2)麻醉药品、精神药品的去向明确,即毒品市场或者吸食毒品群体。(3)获得了远远超出正常药品经营所能获得的利润。就本案而言,被告人吴某1等以生产药品的故意生产、销售盐酸曲马多,无证据表明生产出的盐酸曲马多流入毒品市场,故不构成贩卖、制造毒品罪。首先,吴某1等的主观犯意是将盐酸曲马多作为药品而非毒品进行生产、销售,吴某1、黄某某等人均供述其合资办厂的初衷是生产假药,不仅生产盐酸曲马多药片,还同时生产"感康片"等其他药品,事实上公安机关也查获了"感康片"等其他药品,吴某1找个体印刷厂印刷盐酸曲马多包装盒及说明书的行为也佐证了其主观上系生产假药而不是毒品的故意。其次，无证据表明生产出的盐酸曲马多流入毒品市场，反而有证据表明涉案的盐酸曲马多作为药品在市场上非法流通，公安人员在涉案的医疗器械经营部提取到违法销售的"天龙牌"盐酸曲马多，另案处理的同案人汪某也在异地被抓获，被河北司法机关以非法经营罪追究刑事责任。最后，从吴某1等人的牟利情况来看，其并没有赚取超出正常药品价格的高额利润，也表明其并不是针对吸毒分子或贩毒分子销售。综上，本案不宜定贩卖、制造毒品罪。

（二）本案被告人吴某1等的行为构成生产、销售伪劣产品罪，生产、销售假药罪和非法经营罪的竞合，应以非法经营罪定罪处罚

1. 被告人吴某1等的行为符合生产、销售假药罪的构成要件。生产、销售假药罪，是指明知是假药而进行生产、销售活动的行为。根据吴某1和黄某某的供述，其合作的目的就是制造假药，而吴某2也供述其生产的是假药，说明三名被告人都具有生产假药的主观故意。根据刑法第一百四十一条的规定，"假药"是指依照药品管理法的规定，属于假药和按假药处理的药品、非药品。药品管理法（2015年版）第四十八条规定，"有下列情形之一的为假药：（一）药品所含成份与国家药品标准规定的成份不符的；（二）以非药品冒充药品或者以他种药品冒充此种药品的。有下列情形之一的药品，按假药论处：（一）国务院药品监督管理部门规定禁止使用的；（二）依照本法必须批准而未经批准生产、进口，或者依照本法必须检验而未经检验即销售的；（三）变质的；（四）被污染的；（五）使用依照本法必须取得批准文号而未取得批准文号的原料药生产的；（六）所标明的适应症或者功能主治超出规定范围的"。本案被告人不具有生产精神药品的资质，没有取得药品批准文号而生产精神药品，所生产的药品应认定为假药。而《最高人民法院、最高人民检察院关于办理生产、销售假药、劣药刑事案件具体应用法律若干问题的解释》（已废止）第一条规定的生产、销售假药的情形之二就包括"属于麻醉药品、精神药品的"，该条规定本身就说明生产麻醉药品、精神药品的行为有可能构成生产假药罪而非制造毒品罪。

2. 被告人吴明强等违反药品管理法规，擅自生产、销售药品，以假充真，销售金额达到5万元以上，行为符合生产、销售伪劣产品罪的构成要件。

3. 被告人吴明强等的行为还构成非法经营罪。盐酸曲马多作为国家管制的精神药品，属于非法经营罪中所指的"法律、行政法规规定的专营、专卖物品或者其他限制买卖的物品"。

被告人吴某1、黄某某、吴某2的行为同时符合生产、销售假药罪，生产、销售伪劣产品罪和非法经营罪的构成要件，应在三罪中择一重罪处罚。刑法第一百四十一条对生产、销售假药罪的量刑规定了三个档次，其中没有"对人体健康造成严重危害或者有其他严重情节的"，"处三年以下有期徒刑或拘役，并处罚金"。刑法第一百四十条对生产、销售伪劣产品罪的量刑规定了四个档次，其中"销售金额五万元以上不满二十万元的，处二年以下有期徒刑或者拘役，并处或者单处销售金额百分之五十以上二倍以下罚金"。刑法第二百二十五条对非法经营罪的量刑规定了两个档次，"情节严重的，处五年以下有期徒刑或者拘役，并处或者单处违法所得一倍以上五倍以下罚金；情节特别严重的，处五年以上有期徒刑，并处违法所得一倍以上五倍以下罚金或者没收财产"。根据《最高人民法院关于适用刑法第十二条几个问题的解释》的规定，如果刑法规定的某一犯罪有两个以上的法定刑幅度，法定最高刑或者最低刑是指具体犯罪行为应当适用的法定刑幅度

的最高刑或者最低刑。

本案中三名被告人的行为如若按生产、销售伪劣产品罪量刑，因销售数额在20万元以下，应处"二年以下有期徒刑或者拘役，并处或者单处销售金额百分之五十以上二倍以下罚金"。如若按生产、销售假药罪量刑，因没有证据表明生产的假药对人体健康造成了严重危害，且本案审判时，《最高人民法院、最高人民检察院关于办理危害药品安全刑事案件适用法律若干问题的解释》尚未出台，认定"其他严重情节"的标准尚不明确，所以应先考虑适用第一档法定刑"三年以下有期徒刑或拘役，并处罚金"。而按照非法经营罪量刑，第一档法定刑最高可以到5年有期徒刑。比较三个罪名的第一档量刑幅度，非法经营罪的法定刑最高。此外，以生产、销售假药罪来定罪处罚，不能充分体现盐酸曲马多作为国家管制精神药品，比普通假药具有更大的社会危害性，不能充分评价吴某1等人生产、销售盐酸曲马多行为的社会危害性，而定非法经营罪能恰当地体现此类行为的本质在于违反国家禁止性管理制度。

综上，潮州市中级人民法院对被告人吴某1、黄某某、吴某2、陈某2的行为以非法经营罪定罪处罚是适当的。

问题13. 如何认定刑法中的"国家规定"，经营有偿讨债业务宜否认定为刑法第二百二十五条第四项规定的"其他严重扰乱市场秩序的非法经营行为"

【刑事审判参考案例】李某某、胡某某非法经营案①

裁判规则

刑法中的"国家规定"主要包括以下三个方面：（1）全国人民代表大会及其常务委员会通过的法律、带有单行法性质的决定，以及以修正案、立法解释等形式对现行法律作出的修改、补充的规定。（2）国务院制定的行政法规、规定的行政措施、发布的决定和命令。（3）国务院办公厅制发（即"国办发"）的部分文件。

就非法经营罪来说，根据刑法第二百二十五条关于该罪构成要件的规定，其法益保护的侧重点在于市场经济秩序，因此，有偿讨债行为并不符合非法经营罪的危害实质。

一、基本案情

被告人李某某于2012年8月至2013年8月间，以北京恒通万嘉市场调查中心的名义经营有偿讨债业务。2012年8月，李某某接受辽宁省大连市人秦某某的委托向山西省太原市人陈某追讨230万元欠款，双方签订了《商账授权代理咨询劳务合同》，约定以收回欠款的20%作为报酬。随后，李某某伙同被告人胡某某驾车随秦某某前往太原市，抵达太原市后，秦某某将陈某约出来商量还钱事宜。秦某某在与陈某商谈时，李某某等人在旁向陈某索要欠款，陈某后归还给秦某某50万元，秦某某按合同约定支付给李某某10万元报酬，李某某将其中的3000元给了胡某某。

2013年7月30日，李某某接受山东省青岛市人王某某的委托向其前男友姜某某索要

---

① 郭慧撰稿，刘为波审编：《李某某、胡某某非法经营案——如何认定刑法中的"国家规定"，经营有偿讨债业务宜否认定为刑法第二百二十五条第四项规定的"其他严重扰乱市场秩序的非法经营行为"（第1077号）》，载中华人民共和国最高人民法院刑事审判第一、二、三、四、五庭主办：《刑事审判参考》总第103集，法律出版社2016年版，第31~37页。

10 万元欠款，双方签订了《商账授权代理咨询劳务合同》，约定以收回欠款的 40% 作为报酬。当日上午 12 时 30 分许，王某某将姜某某约至朝阳区霄云路庆安大厦内的火锅店包间见面，李某某与胡某某等人在场帮忙索要欠款，姜某某表示一次拿不出那么多钱。经讨价还价，最后确定先还给王某某 5000 元，一个星期后再还 5 万元，剩下的当年国庆节前还清。李某某让姜某某重新打了张 9.5 万元的欠条，并让王某某将之前那张 10 万元的欠条撕掉。当日 17 时许，姜某某将 5000 元送到庆安大厦内的肯德基餐厅，李某某收了钱，告诉王某某这笔钱他先拿走，等下一笔钱到账后再按照 40% 拿提成，王某某表示同意。姜某某事后认为自己被敲诈勒索，于 2013 年 8 月 1 日向公安机关报案。8 月 8 日，李某某打电话给姜某某索要约定的 5 万元欠款，侦查人员遂在庆安大厦附近蹲点守候，于当日 15 时许将前来取钱的李某某、胡某某当场抓获。

二、裁判结果

一审期间，朝阳区人民检察院以法律发生变化为由，于 2015 年 1 月 29 日向朝阳区人民法院申请撤回起诉。朝阳区人民法院经审查，认为朝阳区人民检察院撤诉申请符合法律规定，依据《最高人民法院关于适用〈中华人民共和国刑事诉讼法〉的解释》第二百四十二条之规定，裁定准许朝阳区人民检察院撤诉。

三、实务专论

（一）认定被告人李某某、胡某某经营有偿讨债业务违反"国家规定"的依据不足

对于本案中两被告人的行为是否违反"国家规定"存在两种意见：

第一种意见认为，被告人李某某、胡某某经营有偿讨债业务违反了"国家规定"。理由是：（1）国家经济贸易委员会、公安部、国家工商行政管理局于 2000 年 6 月 15 日联合发布的《关于取缔各类讨债公司严厉打击非法讨债活动的通知》（国经贸综合〔2000〕568 号，以下简称打击非法讨债的通知）规定："取缔各类讨债公司，禁止任何单位和个人开办任何形式的讨债公司。对继续从事非法讨债活动，侵犯公民、法人和其他组织合法权益的，要坚决依法惩处……对采取恐吓、威胁或者其他方法干扰他人正常生活的讨债行为，公安机关要依据《中华人民共和国治安管理处罚条例》予以处罚；构成犯罪的，依法追究其刑事责任。"该通知明确指出系"经报请国务院同意"后发布，因此，属于刑法第九十六条规定的国务院"发布的决定和命令"。（2）最高人民法院、最高人民检察院、公安部于 2013 年 4 月 23 日联合发布的《关于依法惩处侵害公民个人信息犯罪活动的通知》（公通字〔2013〕12 号，以下简称惩处信息犯罪的通知）也指出："近年来，随着我国经济快速发展和信息网络的广泛普及，侵害公民个人信息的违法犯罪日益突出，互联网上非法买卖公民个人信息泛滥，由此滋生的电信诈骗、网络诈骗、敲诈勒索、绑架和非法讨债等犯罪屡打不绝……非法调查公司根据这些信息从事非法讨债、诈骗和敲诈勒索等违法犯罪活动。"惩处信息犯罪的通知以最高司法机关联合发布规范性文件的方式将非法讨债明确规定为违法犯罪行为。综上，非法经营有偿讨债业务的行为违反"国家规定"有明确依据。

第二种意见认为，认定被告人李某某、胡某某经营有偿讨债业务违反"国家规定"的依据不足。理由是：（1）根据最高人民法院 2011 年 4 月 8 日发布的《关于准确理解和适用刑法中"国家规定"的有关问题的通知》（法发〔2011〕155 号，以下简称关于"国家规定"的通知）的规定，认定刑法中的"国家规定"有着严格的标准，打击非法讨债的通知并不符合关于"国家规定"的通知中关于"国家规定"的认定标准。（2）惩处信

息犯罪的通知虽系最高人民法院、最高人民检察院与公安部联合制发的规范性文件，但是并未明确非法讨债行为违反了哪个层面的法，且该通知主要是关于打击非法获取公民个人信息违法犯罪活动的规定，非法讨债只是非法获取公民个人信息后的用途之一，并非针对有偿讨债的专门性规定，因此，惩处信息犯罪的通知也不足以作为认定经营有偿讨债业务违反"国家规定"的依据。

我们同意第二种意见，理由是：

1. 刑法第九十六条规定："本法所称违反国家规定，是指违反全国人民代表大会及其常务委员会制定的法律和决定，国务院制定的行政法规、规定的行政措施、发布的决定和命令。"具体来说，刑法中的"国家规定"主要包括以下三个方面：（1）全国人民代表大会及其常务委员会通过的法律、带有单行法性质的决定，以及以修正案、立法解释等形式对现行法律作出的修改、补充的规定。全国人大常委会的内设机构如法制工作委员会等发布的文件不属于"国家规定"。（2）国务院制定的行政法规、规定的行政措施、发布的决定和命令。所谓"行政法规"，根据《中华人民共和国立法法》第五十六条、第六十一条以及《行政法规制定程序条例》第四条的规定，是指由国务院总理签署并以国务院令的形式公布的规范性文件，具体名称有"条例""规定""办法"等，行政法规的发文主体只能是国务院。所谓"行政措施""决定""命令"，目前并没有统一的法定解释，根据一般理解，应将其限定为除行政法规以外的由国务院制定、规定和发布的规范性文件，既包括以国务院名义制定或者发布的有关法规性质的文件，也包括由国务院有关部委制定，经国务院批准并以国务院名义发布的文件，如果是国务院有关部委制定并以该部委的名义发布，没有经过国务院批准并以国务院名义发布的，则不属于"国家规定"。（3）国务院办公厅制发（即"国办发"）的部分文件。国务院办公厅作为协助国务院领导同志处理国务院日常工作的机构，有权以"国办发"的名义制发文件，部分"国办发"文件会就行政措施做出规定，这部分文件虽然法律位阶低于以国务院的名义发布的规范性文件，但只要有明确的法律依据或者不与行政法规的规定相抵触，经国务院同意并公开向社会发布，其效力和适用范围通常情况下应当高于地方性法规和部门规章，可视为国务院"规定的行政措施、发布的决定和命令"。最高人民法院于2011年发布的关于"国家规定"的通知第一条规定："以国务院办公厅名义制发的文件，符合以下条件的，亦应视为刑法中的'国家规定'：（1）有明确的法律依据或者同相关行政法规不相抵触。（2）经国务院常务会议讨论通过或者经国务院批准。（3）在国务院公报上公开发布。"

2. 打击非法讨债的通知虽然系"经报请国务院同意"，但从制发主体以及发布形式来看，均与关于"国家规定"的通知中关于"国家规定"范围的规定不符，不属于刑法第九十六条中的"国家规定"：首先，打击非法讨债的通知中虽然规定禁止开办讨债公司、从事讨债业务，但至今也没有法律、行政法规就未经许可从事讨债业务的行为性质做出明确规定。其次，打击非法讨债的通知系原国家经贸委、公安部、国家工商行政管理局联合发布的规范性文件，未经国务院常务会议讨论通过，也未以国务院的名义发布。最后，打击非法讨债的通知发布的对象是"各省、自治区、直辖市、计划单列市及新疆生产建设兵团经贸委（经委、计经委）、公安厅（局）、工商局、国务院有关部门"，并未以"国办发"文件的形式通过国务院公报面向全社会公开发布，不符合关于"国家规定"的通知中关于"国办发"文件的规定。因此，打击非法讨债的通知非国务院"规定的行政措施、发布的决定和命令",不属于刑法第九十六条中的"国家规定"。

3. 惩处信息犯罪的通知虽然系最高人民法院、最高人民检察院与公安部联合发布的规范性文件,其中也提到了经营有偿讨债业务是违法犯罪行为,但并未明示具体违反的是哪个层面的法律或者行政法规,且该通知主要是就打击侵害公民个人信息犯罪做出的规定,只是附带提到实践中存在利用非法获取的公民个人信息从事非法讨债、诈骗和敲诈勒索等违法犯罪活动。因此,惩处信息犯罪的通知亦不足以作为认定经营有偿讨债业务的行为"违反国家规定"的法律依据。

(二)被告人李某某、胡某某经营有偿讨债业务的行为尚未达到"严重扰乱市场秩序"的程度

对于两被告人的行为是否属于刑法第二百二十五条第四项规定的"其他严重扰乱市场秩序的非法经营行为"也存在两种意见:

第一种意见认为,被告人李某某、胡某某经营有偿讨债业务的行为属于刑法第二百二十五条第四项规定的"其他严重扰乱市场秩序的非法经营行为"。理由是:(1)一类行为是否属于犯罪,不能仅从个案是否造成实际损害来认定,个案没有发生损害后果并不等于该类行为没有社会危害性。(2)对于社会经济生活中形成的债务纠纷,应当鼓励当事人通过诉讼、仲裁、调解等合法途径解决,但讨债公司的存在使很多人寄希望于非法讨债行为。这些讨债公司往往采取威胁、恐吓、非法获取公民个人信息等手段,有些甚至通过暴力手段进行讨债,不仅侵犯了公民个人隐私,容易引发人身伤害等后果,更对正常的社会经济生活秩序造成了严重损害。本案中李某某、胡某某经营有偿讨债业务的过程中通过言语威胁的方式对债务人形成了心理上的强制,迫使债务人还钱,严重扰乱了正常的市场经济秩序,应将其纳入刑法调整的范围。

第二种意见认为,被告人李某某、胡某某经营有偿讨债业务的行为虽然有一定的社会危害性,但其侵害的对象主要是财产权、人身权、自由权等法益,对市场秩序虽有一定的损害,但并未达到"严重扰乱市场秩序"的程度。理由是:刑法第二百二十五条第四项规定的"其他严重扰乱市场秩序的非法经营行为",其所侵害的对象应与该条前三项规定的非法经营行为相当,对市场经济秩序的侵害也应达到"严重扰乱"的程度。现有证据能够证明本案中的委托人与讨债对象均存在债务关系,李某某、胡某某在讨债过程中虽然对债务人有一定程度的言语威胁,但并没有非法获取公民个人信息或是实施殴打、限制人身自由等行为,对其给予相应的治安处罚即可,无须动用刑罚手段处理。

我们同意第二种意见,理由是:

有偿讨债行为的社会危害性主要体现在对公民个人隐私和正常工作、生活秩序的破坏和干扰,对于正常的市场经济秩序虽有一定的危害,但并非主要方面。就非法经营罪来说,根据刑法第二百二十五条关于该罪构成要件的规定,其法益保护的侧重点在于市场经济秩序,因此,有偿讨债行为并不符合非法经营罪的危害实质。如果行为人在讨债过程中采取了非法获取公民个人信息、寻衅滋事、限制人身自由、暴力、威胁等手段且情节严重的,可按照其所触犯的具体罪名如侵犯公民个人信息罪、寻衅滋事罪、非法拘禁罪、非法侵入住宅罪、故意杀人罪、故意伤害罪等罪名予以处理。

在市场经济条件下,债权人既可以通过诉讼、仲裁、调解等途径实现债权,也可以在不违法或不损害公序良俗的前提下自行向债务人追讨,这些手段为国家、社会所鼓励和认可。但是,社会生活的复杂性决定了一些债权人或是由于债务人的躲避,或是出于

节约时间，或是不方便通过诉讼等途径实现债权等原因，往往通过支付一定报酬的方式请他人帮助向债务人追讨。只要行为人在追讨时未采取违法犯罪手段，或是虽有违法行为但程度较轻，其社会危害性是有限的，被侵害的对象可以通过追究行为人的民事侵权责任来维护自身的合法权益，国家相关部门也可以对行为人适用治安管理处罚措施予以制裁。这样的处理方式符合刑法的谦抑性原则，即刑法的适用对象只能是具备严重社会危害性的违法行为，作为破坏社会主义市场经济秩序罪的非法经营罪，在适用时更应注意坚持这一原则。

本案中的委托人与讨债对象均存在真实债权债务关系，被告人李某某、胡某某在追讨欠债时虽然对债务人有一定程度的言语威胁，但这种言语威胁是建立在债权人和债务人均在场且债务人承认欠债属实的基础上的，其目的是促使债务人尽快还债，除此之外李某某等人并未采取其他过激的方式方法，其行为对于他人的人身、财产危害有限，无须动用刑罚手段予以制裁。

问题 14. 收购他人骗领的大量购物卡并出售获利的行为能否构成掩饰、隐瞒犯罪所得罪

【刑事审判参考案例】闻某 2 掩饰、隐瞒犯罪所得案①

裁判规则

收购他人骗领的大量购物卡并出售获利，但是没有证据证明主观上"明知"邵某所收购的购物卡系犯罪所得的，其行为不构成掩饰、隐瞒犯罪所得罪。根据刑法谦抑性原则，不宜用刑法手段规制回收购物卡的行为，否则将造成打击面过于宽泛。

一、基本案情

2003 年至 2012 年，江苏省无锡市某商场团购部业务员邵某（因挪用资金罪已被判刑）用假冒客户单位名义与商场签订虚假购物卡赊购合同的手段，从商场骗领了大量购物卡再折价销售。2009 年 6 月，邵某开始与挂牌回收礼品、购物卡的闻某 1 交易商场购物卡。不久，闻某 1 将交易交由被告人闻某 2 接手。邵某与闻某 2 约定：以购物卡面额的 9 折价格结算，购物卡每张面额为 1000 元，每盒价值 20 万元。

2010 年初至 2012 年 4 月间，闻某 2 在其经营的烟酒店、无锡市阳光城市花园及佰伴商场附近等处，向邵某收购了价值共计 1.62 亿元的购物卡，后陆续以 9.05~9.1 折的价格转手倒卖，获利 100 余万元。案发后，闻某 2 退出 100 万元。

裁判结果

崇安区人民法院认为，闻某 2 主观方面不符合掩饰、隐瞒犯罪所得罪"明知是赃物"的构成要件，其大量回收购物卡的行为不构成犯罪。后公诉机关以本案尚需继续侦查为由撤回起诉，法院裁定准许。该案宣判之日，被告人闻某 2 被当庭释放。

二、主要问题

收购他人骗领的大量购物卡并出售获利的行为能否构成掩饰、隐瞒犯罪所得罪？

---

① 范莉、范凯撰稿，陆建红审编：《闻某 2 掩饰、隐瞒犯罪所得案——大量回收购物卡并出售获利的行为是否构成犯罪（第 1093 号）》，载中华人民共和国最高人民法院刑事审判第一、二、三、四、五庭主办：《刑事审判参考》总第 104 集，法律出版社 2016 年版，第 17~22 页。

实务专论

本案在审理过程中对于被告人闻某 2 的行为如何定性，形成三种不同观点：

第一种观点认为，闻某 2 的行为构成掩饰、隐瞒犯罪所得罪。理由是：闻某 2 长期从事购物卡、礼品回收生意，应当具备一般人的认识判断能力，故可以推定其主观上能够认识到在两年多的时间内，定期以 9 折价格大量回收的购物卡能是犯罪所得，且上述卡片均是整盒、连号包装，每盒价值高达 20 万元，如此长期、大量的交易明显不符合正常的交易习惯，可推定其明知是犯罪所得而予以收购，构成掩饰、隐瞒犯罪所得罪。

第二种观点认为，闻某 2 的行为构成非法经营罪。理由是：我国工商行政许可中并没有礼品回收这个项目，礼品回收店无法办理工商营业执照，属无证经营，闻某 2 大量回收购物卡的行为严重扰乱了市场流通领域的经济秩序，违反了刑法第二百二十五条的相关规定，属于"其他严重扰乱市场秩序的非法经营行为"。

第三种观点认为，闻某 2 的行为不构成犯罪。理由是：现有证据无法证明闻某 2 明知所收购的购物卡系赃物。在礼品回收行业中，收购人只要求购物卡足额、有效即可。闻某 2 虽然长期从事礼品回收业务，但其主观上并不知道也无法知道购物卡是赃物。闻某 2 虽不用承担刑事责任，仍可适用治安管理处罚法的相关规定对其进行行政处罚。

我们同意第三种观点。主要理由如下：

（一）被告人闻某 2 的行为不构成掩饰、隐瞒犯罪所得罪

本案中，被告人闻某 2 所大量收购的购物卡虽然系邵某从商场骗领所得，客观上系犯罪所得的赃物，但是没有证据证明闻某 2 主观上"明知"邵某所出售的购物卡系犯罪所得，其行为不构成掩饰、隐瞒犯罪所得罪。

掩饰、隐瞒犯罪所得、犯罪所得收益罪要求行为人主观上明知是犯罪所得及其产生的收益，即对赃物性质有确定性认识。法律对行为人"明知"的推定有严格的规定，以防止裁判者客观归罪。在刑法及其司法解释中针对实施洗钱，隐瞒、掩饰盗抢机动车，销售假冒注册商标的商品的行为人"明知"的情形均有规定。梳理上述规定，我们可从以下方面综合判断行为人的明知状况：（1）行为或交易时间是否反常；（2）行为或交易地点是否反常；（3）财物交易价格是否反常；（4）财物是否具有特殊标志；（5）行为人对本犯或上游犯罪的知情程度；（6）交易的方式是否反常；（7）行为人是否因此获取了非法利益。

本案中，认定被告人闻某 2 主观上是否知道其所收购的购物卡是犯罪所得的赃物，除了其本人的辩解外，还可从客观证据入手，即从其收购的数额、时间、交易方式、地点等方面综合考量，分析其主观心态，从而进行明知的推定。本案中，双方的交易有以下细节特点：（1）从交易时间分析，双方交易持续至本案案发，时间跨度长达两年半之久，均在正常时间进行，未有任何异常的迹象。闻某 2 长期从事礼品回收业务，在交易时遵循行业内"两不问"原则，即不问卖主身份和礼品来历，仅需购物卡足额有效即可。（2）从交易地点分析，闻某 2 和邵某的交易地点大都选择在礼品回收店或商场附近，付款往往采取银行卡转账，甚至可以先付款再拿购物卡，交易地点、联络方式均为常态化，不存在隐蔽性。如果闻某 2 明知收购的是赃物，会尽可能避免采用银行转账等能够留下明显痕迹的方式，且先付款再取卡交易风险极大。（3）从交易价格分析，闻某 2 以 9 折的收购价格收购购物卡，该价格并未明显低于市场价格，根据公安机关的调查，该种类的购物卡在无锡市的平均收购价格在 9～9.4 折的区间内浮动。司法实践中一般将收购价格

低于商品实际价格 8 折以下视为明显低于市场的价格,因此,9 折的收购价属于正常价格。(4) 从交易是否具有特殊性分析,闻某 2 收购的购物卡虽系整盒、连号包装,但是双方交易的频率、数量也遵从了从少到多、循序渐进的规律,在建立互相信任之后才逐渐增加交易金额,而非偶发性的一两次的大额交易,未违背正常交易习惯。闻某 2 收购的购物卡虽然数量很大,但就一般人的认识能力而言,即便产生怀疑,也多是局限于购物卡是通过偷、抢、骗等手段取得,但以这些犯罪方法获得的购物卡数量不会如此大、交易次数也不会如此多且稳定。故闻某 2 作为一个普通人,没有特殊的侦查犯罪能力,无法判断大批量交易的购物卡存在异常。(5) 从交易价格及获利情况分析,虽然闻某 2 收购的购物卡数量较大,但每张获利仅 5 元至 10 元,未超出正常幅度范围,不属于牟取暴利。

综上,根据《最高人民法院关于适用〈中华人民共和国刑事诉讼法〉的解释》第六十四条第二款"认定被告人有罪和对被告人从重处罚,应当适用证据确实、充分的证明标准"的规定,对于推定行为人主观上"明知"的要求也应更加严格,须在充分的事实证据基础上进行。正因如此,最高人民法院在对诸如机动车非法来源、盗伐滥伐的林木、假冒的注册商标等涉及需要推定"明知"的罪名上,均以司法解释的形式规定了具体判断的标准,以求认定的准确性。本案中,推定闻某 2 主观上明知或者可能知道自己收购的购物卡系犯罪所得赃物的证据并不能到确实充分的证明标准,故不能认定被告人闻某 2 的行为构成掩饰、隐瞒犯罪所得罪。

(二) 被告人闻某 2 的行为不构成非法经营罪

从事购物卡回收业务的行为能否构成非法经营罪?对该行为持入罪观点的又分为以下两种观点:一种观点认为,该行为属于刑法第二百二十五条第三项规定的"非法从事资金支付结算业务"的非法经营行为;另一种观点认为,该行为属于刑法第二百二十五条第四项规定的"其他严重扰乱市场秩序的非法经营行为"。我们认为,这两种观点都存在明显缺陷:第一,"非法从事资金支付结算业务"旨在打击较为猖獗的"地下钱庄",倒卖购物卡的行为不属此列。第二,"其他严重扰乱市场秩序的非法经营行为"系兜底条款,指的是除刑法第二百二十五条第一项至第三项规定以外,其他违反市场准入制度,未经许可从事特定物品或者特定行业的经营行为,如垄断货源、哄抬物价、"黑彩票"等严重扰乱市场经济秩序的行为。"其他严重扰乱市场秩序的非法经营行为"应当从以下三个方面加以界定:首先,该行为是一种经营行为,即发生在生产、经营活动中,存在于经济活动领域中,以营利为目的;其次,该行为是违反国家规定,即国家立法机关制定的法律和决定及国务院制定的行政法规、规定的行政措施、发布的决定和命令;最后,该行为严重扰乱市场秩序,且情节严重,社会危害性已达到需要刑罚干预的程度。根据刑法"法无明文规定不为罪,不处罚"的基本原则,其他非法经营行为的认定应当严格按照法律明文规定进行,依法追究刑事责任。否则,非法经营罪的范围将会被随意扩大。

在本案中,闻某 2 从事礼品回收业务并没有违反国家规定,且非需要特许经营许可的行业,属于市场监管的灰色地带。首先,购物卡是用货币购买的,代表货币在一定时间和范围内执行购置商品职能的一种支付凭证。购物卡在限定的时间和范围内可执行购买、支付职能,具有与记载物权的不可分离性、债务人特定性、债务人见卡即付的单方支付义务等特征。当今社会,购物卡大量发行成为普遍现象,很多公司根据其规模、效益、消费群体等情况即可决定卡片的发行量和数额,而缺乏相应管理法规及制度,导致购物卡的发放、使用、兑现基本处于无序状态。其次,持购物卡交易为消费者普遍接受,部分人手中拥有"闲置"的卡片就催生了一种新的行业——回收购物卡,回收购物卡行业使购物卡的使用、套现、流转具有更大的便捷性。最后,目前我国对回收购物卡的行政监管基本上处于空白。市场上回收购物卡行为存在普遍性,甚至可以回收电商网站发行的电子消费卡,购买者通过登录网站输入账号、密码即可进行商品交易,监管难度较大。综合上述情况,根据刑法谦抑性原则,不宜用刑法手段规制回收购物卡的行为,否则将造成打击面过于宽泛。故闻某2的行为不宜认定为非法经营罪。

(三)被告人闻某2的行为不宜认定为犯罪

有别于自然犯在侵害法益的同时明显违反伦理道德的特点,掩饰、隐瞒犯罪所得、犯罪所得收益罪和非法经营罪均属于法定犯,以违反一定的经济法规或行政法规为前提,因此在认定此类犯罪时应更加严格地贯彻罪刑法定原则。本案中,被告人闻某2的行为属于交易行为,受经济法律调整,根据经济犯罪法定的原则,刑法未规定为犯罪的行为即不能认定为犯罪。行为人交易对象是购物卡,在现有证据无法确定其明知是赃物的情况下,购物卡应视为市场流通领域中的一种代货币,其发行量、流通范围、买卖主体仅需通过民事法律或行政法规调整即可。公诉机关申请撤回起诉,原审法院裁定准许撤诉并当庭释放闻某2的做法是适当的。当然,根据治安管理处罚法第五十九条之规定,收购有赃物嫌疑的物品,可处罚款或者拘留,该法较刑法效力层级更低,且较掩饰、隐瞒犯罪所得、犯罪所得收益罪对行为人主观故意的认定标准也相应降低,故对闻某2的行为可以进行行政处罚。

问题15. 未取得道路运输经营许可擅自从事长途大巴客运经营的行为如何定性

【刑事审判参考案例】欧某、关某某非法从事长途大巴客运经营案[①]

裁判规则

未经许可擅自从事非法客运经营的危害不仅体现在结果危害,而且体现在潜在危害,其不仅对正常的客运经营秩序造成严重破坏,而且导致潜在的危险因素大量增加如引发超载以及因超载而频发的交通事故问题。因此,对于未经许可擅自从事非法客运经营的行为,情节严重的,应当认定为非法经营罪。

一、基本案情

2012年6月开始,吴某某(另案处理)为谋取非法利益,在未取得道路运输管理机关颁发的道路运输经营许可证及工商行政管理机关颁发的工商营业执照的情况下,以"港粤快车"的名义,伙同被告人欧某、关某某,租赁港之游公司(公司于2012年3月16日成立,法定代表人欧某,吴某某占股40%,欧某、李某某各占股30%,经营范围包括县级包车客运业务等)及其他公司所有的大客车,通过电话订票、发售会员卡或者现场售票的方式,组织经营往返于广东省珠海市、深圳市两地的长途客运业务,单程一般收取乘客人民币(以下币种同)50元/人次的车费。欧某系"港粤快车"总经理,关某

[①] 许建华、刘晓虎撰稿,王晓东审编:《欧某、关某某非法从事长途大巴客运经营案——未取得道路运输经营许可擅自从事长途大巴客运经营的行为如何定性(第1121号)》,载中华人民共和国最高人民法院刑事审判第一、二、三、四、五庭主办:《刑事审判参考》总第105集,法律出版社2016年版,第38~43页。

某系小股东及办公室主任，罗某系财务人员，吴某系车辆调度员，许某系小股东，张某系发车员。经核实，2012年8月至9月，"港粤快车"非法经营长途客运业务金额达180余万元；2012年8月1日至10月15日，"港粤快车"违法所得达90万余元。

二、裁判理由

深圳市福田区人民法院认为，被告人欧某、关某某违反《中华人民共和国道路运输条例》《无照经营查处取缔办法》的规定，在未取得道路运输经营许可证的情况下，擅自从事道路运输经营，严重扰乱市场秩序，情节严重，其行为构成非法经营罪，且系共同犯罪。欧某在共同犯罪中起主要作用，系主犯；关某某起次要作用，系从犯，应当从轻处罚。关某某归案后能够如实供述所犯罪行，认罪态度较好，有一定悔罪表现，可以从轻处罚，且宣告缓刑对其所居住社区没有重大不良影响，依法对其可以适用缓刑。

三、裁判结果

据此，依照《中华人民共和国刑法》第二百二十五条、第二十五条、第二十六条、第二十七条、第六十七条第三款、第七十二条、第七十三条、第五十二条、第五十三条及第六十四条之规定，福田区人民法院判决如下：

1. 被告人欧某犯非法经营罪，判处有期徒刑二年，并处罚金人民币三万元；

2. 被告人关某某犯非法经营罪，判处有期徒刑一年六个月，缓刑二年，并处罚金人民币三万元；

一审宣判后，被告人欧某不服，向深圳市中级人民法院提起上诉。

深圳市中级人民法院经公开审理认为，原判认定的事实清楚，审判程序合法，适用法律正确，遂驳回上诉，维持原判。

四、主要问题

未取得道路运输经营许可擅自从事长途大巴客运经营的行为，如何定性？

五、实务专论

本案审理过程中，对被告人欧某、关某某未取得道路运输经营许可擅自从事长途大巴客运经营的行为，如何定性，存在两种意见：

一种意见认为，不构成非法经营罪。其理由是：（1）非法经营罪的范围应当严格限制，在缺乏司法解释规定的情况下，认定被告人欧某、关某某的行为构成非法经营罪欠缺法律依据。（2）虽然从事道路客运经营有一定准入条件，但从审批程序来看，客运经营仅为一般行政许可经营，而非与烟草、食盐等相提并论的国家特许经营，故欧某、关某某未经许可从事非法客运经营的行为不能适用刑法第二百二十五条第一项的规定。（3）未经许可非法从事客运经营的行为亦不属于"其他严重扰乱市场秩序的非法经营行为"。非法从事客运经营行为虽然在一定程度上破坏了道路客运市场秩序，但没有严重影响特许经营活动的市场秩序，不属于非法经营罪的调整对象。

另一种意见认为，构成非法经营罪。其理由是：欧某、关某某的行为违反了《中华人民共和国道路运输条例》（以下简称道路运输条例）和《无照经营查处取缔办法》等国家规定，属于非法经营罪中"其他严重扰乱市场秩序的非法经营行为"。未经许可擅自从事非法客运经营的危害不仅体现在结果危害，而且体现在潜在危害，其不仅对正常的客运经营秩序造成严重破坏，而且导致潜在的危险因素大量增加如引发超载以及因超载而频发的交通事故问题。因此，对于未经许可擅自从事非法客运经营的行为，情节严重的，应当按照非法经营罪追究刑事责任。

我们赞同后一种意见。具体理由如下：

（一）未取得道路运输经营许可擅自从事长途大巴客运经营活动，违反了国家规定

根据道路运输条例第十条的规定，申请从事客运经营的，应当向相应级别的道路运输管理机构提出申请并提交相关材料。道路运输管理机构经审查作出许可或者不予许可的决定。予以许可的，向申请人颁发道路运输经营许可证，并向申请人投入运输的车辆配发车辆营运证。客运经营者应当持道路运输经营许可证依法向工商行政管理机关办理有关登记手续。根据道路运输条例第六十四条的规定，未取得道路运输经营许可，擅自从事道路运输经营的，由县级以上道路运输管理机构责令停止经营；有违法所得的，没收违法所得，构成犯罪的，依法追究刑事责任。同时，根据2011年修订的《无照经营查处取缔办法》第十四条的规定，对于无照经营行为，由工商行政管理部门依法予以取缔，没收违法所得；触犯刑律的，依照刑法关于非法经营罪、重大责任事故罪、重大劳动安全事故罪、危险物品肇事罪或者其他罪的规定，依法追究刑事责任。

根据上述规定，从事客运经营应当具备一定的条件，依照相关规定程序申请获得经营许可。必须具备"有与其（申请人）经营业务相适应并经检测合格的车辆、有符合相关条件的驾驶人员、有健全的安全生产管理制度"三个条件。申请从事班线客运经营的，还应当有明确的线路和站点方案。符合上述条件的，可以向有关道路运输管理机构提出申请。申请人取得道路运输经营许可证后，向工商行政管理机关办理有关登记手续。可见，欧某、关某某未取得道路运输经营许可，擅自从事客运经营的行为违反了道路运输条例和《无照经营查处取缔办法》的相关规定。根据《最高人民法院〈关于准确理解和适用刑法中"国家规定"的有关问题的通知〉》（法〔2011〕155号）的规定，道路运输条例和《无照经营查处取缔办法》都属于刑法中的"国家规定"，因此，欧某、关某某的行为违反了国家规定。

（二）非法从事长途大巴客运经营活动属于"其他严重扰乱市场秩序的非法经营行为"

判断某类经营行为是否属于"其他严重扰乱市场秩序的非法经营行为"，是对某类非法经营行为的属性进行判断，因此与情节是否严重的认定属于不同层面的问题，应当撇开个案特殊情节，从刑法因果关系的角度把握该类行为产生的实际危害和潜在危害，并以此进行综合认定。

非法从事长途大巴客运经营活动，不但严重扰乱道路运输市场秩序和行业秩序，危害人民群众的生命财产安全，侵害合法经营者的权益，影响行业和社会的稳定，影响道路交通安全和城市形象，而且导致交通事故频发，引发正规营运车主罢工和群众上访甚至暴力抗法的现象在全国范围内都比较普遍。（1）危害人民群众的生命财产安全。在脱离相关主管机关有效监督管理的情况下，非法营运安全隐患只会不断增多。非法营运车辆大都车况不佳、安全性能差、从业人员驾驶技术和交通安全意识良莠不齐，容易导致交通事故多发、频发。（2）引发社会不稳定因素。非法营运与团伙经营、暴力抗法等社会问题往往相伴相生，严重影响社会治安秩序。近年来，各地法院办理的多宗抢劫杀人案件，常有被告人或者被害人从事非法营运的因素。非法营运车辆多数无保险，在营运中一旦发生事故，乘客的合法权益得不到保障，容易激发上访、闹访等群体性事件，严重影响当地社会稳定。可见，非法营运已成为引发社会不稳定因素中一个不容忽视的问题。（3）破坏正常的市场秩序。非法营运公司不缴纳税费，造成国家的税收流失；争抢

客源、抢夺市场份额，使正规的客运站点和合法营运者收入减少，损害合法营运车辆的正当权益，影响行业稳定；由于其没有纳入正常的管理体系，相关部门平时也无法对其进行有效管理。（4）激发潜在的犯罪心理。因非法营运利润率极高，绝大多数非法营运车主一直在观望，如果此类行为不能得到有效遏制，将会激发更多的非法营运车辆参与非法营运。

本案中，欧某、关某某组织非法营运的规模大，参与非法营运的车辆和人员多，虽无证据证明已发生客观危害结果，但潜在的社会危害严重。综合实际危害结果和潜在危害因素分析，应当认定欧某、关某某的非法营运行为属于"其他严重扰乱市场秩序的非法经营行为"。

（三）被告人欧某、关某某的非法经营数额、违法所得应当认定为情节严重

本案中，"港粤快车"股东有17人，员工最高峰时有上百名，案发时还有40人左右，且分工明确，车辆调度、发车、跟车、客服均有专门管理人员；深圳和珠海每天至少对发5班车，周末和节假日班次更多，一般一辆车可以载40个左右乘客，周末和节假日几乎是满座（50个左右）。如此大的规模，已远远超出个人自驾"黑车"的性质范围。本案认定的被告人欧某、关某某组织非法营运的时间是2012年6月至12月，统计的2012年8月至9月非法经营长途客运业务的金额（180余万元），2012年8月1日至10月15日的违法所得金额（90余万元），即仅统计了其中的一个时间段，其实际经营数额和违法所得数额应当更多。而且欧某、关某某在运营车辆多次受到行政处罚的情况下，仍然从事非法营运活动，故从经营数额、违法所得数额以及其他情节来看，应当达到非法经营罪的入罪标准。同时，鉴于非法从事长途大巴客运营运活动的复杂性，对此类行为不宜机械参照适用《最高人民检察院、公安部关于公安机关管辖的刑事案件立案追诉标准的规定（二）》第七十九条第八项的规定，故在暂无相关司法解释对此类行为"情节严重"和"情节特别严重"明确认定标准的情况下，深圳市福田区人民法院认定欧某、关某某的行为构成"情节严重"是妥当的。

（四）行政处罚效果不佳体现出对非法从事大巴客运营运活动具有刑事处罚的必要性

对于社会危害严重的非法营运行为，行政处罚体现出威慑效力不足的问题。本案被告人欧某、关某某从事非法营运时间长，在经历多次行政处罚后，依然不断扩大经营规模，体现出交通执法的打击手段和效果不能满足打击此类违法行为的需要。非法从事客运营运的行为屡禁不止，不仅直接侵犯合法经营者的权益，造成行业混乱，且容易引发其他犯罪，故加大打击力度，发挥刑罚的威慑功能具有一定的必要性和合理性。

同时，有必要强调的是，鉴于目前社会上出现的非法营运行为较为普遍，且原因复杂，在司法实践中一定要把握好是否追究刑事责任和追究刑事责任的范围问题。以非法经营罪追究刑事责任，主要是针对非法营运的出资者、组织者和主要管理者，特别是要打击那些欺行霸市、采取非法手段裹挟国家行政执法人员，带有黑社会性质的从事非法营运的团伙和人员。对于个人自驾"黑车"或者少数几个人联合从事非法营运，营运时间短、经营数额不大以及受雇用参与非法营运的，一般不予追究刑事责任，可以行政处罚等方式追究其行政违法责任。

问题 16. 未取得道路运输经营许可集合社会车辆对不特定的旅客招揽生意、拉客，从事出租汽车经营的行为如何定性

【刑事审判参考案例】喻某、李某非法从事出租汽车经营活动案①

裁判规则

非法从事出租汽车营运活动，严重扰乱道路运输市场秩序和出租汽车行业秩序，危害人民群众的生命财产安全，侵害出租汽车从业人员的合法权益，影响出租汽车行业和社会的稳定，属于刑法第二百二十五条规定的"其他严重扰乱市场秩序的非法经营行为"。

一、基本案情

2009年4月，被告人喻某在长沙市岳麓区工商局注册成立了长沙天之翼汽车租赁服务有限公司（以下简称天之翼公司），注册资金人民币（以下币种同）50万元，法定代表人为喻某，喻某占股90%，尹某占股10%，经营范围为汽车租赁、婚庆礼仪、商业信息咨询等。2009年9月，被告人李某加入公司，与喻某各占该公司50%的股份。公司又称为"平安车队"，喻某、李某以该公司作掩护，在未取得道路运输经营许可证的情况下，集合社会车辆对不特定的旅客招揽生意、拉客，在长沙市城区和宁乡市城之间往返营运，从中牟取高额利润。该公司经营模式是车辆加盟的形式，每台要加入公司的社会车辆先交 2000~3000 元的加盟费，另外公司每月向车主收取 1400~1600 元不等的管理服务费。公司为加盟车辆提供客源、派送乘客、发放名片、提供短信服务。同时，公司为每台车加入手机集团用户提供内部短号联系，在经营期间为每台车主协调与运政、城管等执法部门的关系，公司承担缴纳因非法营运被执法机关所处的罚款。喻某负责长沙市相关部门的关系协调，李某负责宁乡市相关部门的关系协调。公司还于2011年4月聘请袁某为车队长，负责收取加盟费和管理费，对车队进行日常管理；另外聘请总台调度员周某、李某负责接听电话和车辆派送。此外，公司分别在长沙、宁乡安排拉客人员各两名，员工从公司中得到相应报酬，车队长每月工资为3000元，喊话员每月工资2400元，调度员每月工资1800元。

2011年1月至2012年1月，喻某、李某在未取得道路运输经营许可证的情况下，集合近40台社会车辆擅自从事道路运输经营，从公司获取服务费658465元，短号车服务收入68095元，加盟费收入57950万元，非法经营数额784510元，除去各项开支163005元，违法所得621505元。

二、裁判理由

宁乡市人民法院认为，被告人喻某、李某违反《中华人民共和国道路运输条例》的规定，在未取得道路运输经营许可证的情况下，擅自从事道路运输经营，严重扰乱市场秩序，情节严重，其行为构成非法经营罪，且系共同犯罪。喻某、李某在共同犯罪中均起主要作用，系主犯；喻某、李某到案后能够如实供述罪行，依法可以从轻处罚；喻某、李某无前科劣迹，案发后积极退赃，有悔罪表现，可以酌情从轻处罚。

---

① 刘晓虎、许建华撰稿：《喻某、李某非法从事出租汽车经营活动案——未取得道路运输经营许可集合社会车辆对不特定的旅客招揽生意、拉客，从事出租汽车经营的行为如何定性（第1122号）》，载中华人民共和国最高人民法院刑事审判第一、二、三、四、五庭主办：《刑事审判参考》总第105集，法律出版社2016年版，第44~50页。

三、裁判结果

据此，依照《中华人民共和国刑法》第二百二十五条第四项，第二十五条第一款，第二十六条第一款、第四款，第六十七条第三款，第七十二条第一款、第三款，第七十三条第二款、第三款，第六十四条之规定，宁乡市人民法院判决如下：

1. 被告人喻某犯非法经营罪，判处有期徒刑二年，宣告缓刑三年，并处罚金人民币二十万元；
2. 被告人李某犯非法经营罪，判处有期徒刑二年，宣告缓刑三年，并处罚金人民币二十万元；
3. 被告人喻某、李某违法所得均予以没收，上缴国库。

一审宣判后，被告人喻某、李某未上诉，检察机关亦未抗诉，该判决已发生法律效力。

四、实务专论

本案审理过程中，对被告人喻某、李某未取得道路运输经营许可，集合社会车辆对不特定的旅客招揽生意、拉客，擅自从事出租汽车经营的行为如何定性，存在两种意见：一种意见认为，被告人喻某、李某违反《中华人民共和国道路运输条例》的规定，在未取得道路运输经营许可证的情况下，擅自从事道路运输经营，时间长、规模较大，非法经营数额和获利数额均达数十万元，具有较大社会危害性，严重扰乱市场秩序，且情节严重，其行为构成非法经营罪。另一种意见认为，被告人喻某、李某擅自从事道路运输经营的行为是否达到了严重扰乱市场秩序的程度，公诉机关并未提供相关证据证明，法律对该类行为亦无明确规定，故本案不宜按刑法第二百二十五条第四项处理。本案虽有违反行政许可的行为，但是否需要动用刑法值得斟酌。

我们赞同前一种意见。具体理由如下：

（一）未取得道路运输经营许可证、出租汽车经营资格证，擅自从事出租汽车经营活动，违反了国家规定

根据《中华人民共和国道路运输条例》第十条的规定，申请从事客运经营的，应当向相应级别的道路运输管理机构提出申请并提交相关材料。道路运输管理机构经审查作出许可或者不予许可的决定。予以许可的，向申请人颁发道路运输经营许可证，并向申请人投入运输的车辆配发车辆营运证。客运经营者应当持道路运输经营许可证依法向工商政管理机关办理有关登记手续。

2005年10月12日国务院法制办公室对建设部《关于无证经营出租汽车行为是否适用〈无照经营查处取缔办法〉（国务院令第370号）的请示》的复函（国法函〔2005〕431号）和对交通部《关于请明确对未取得出租车客运经营许可擅自从事经营活动实施行政处罚法律依据的函》的复函（国法函〔2005〕432号）载明：（经研究并征求建设部、交通部、国家工商总局意见）《国务院对确需保留的行政审批项目设定行政许可的决定》（国务院令第412号）第一百一十二项规定，出租汽车经营资格证的核发由县级以上地方人民政府出租汽车行政主管部门实施。根据《无照经营查处取缔办法》第十七条的规定，相关法律、法规对无证经营出租汽车行为的处罚没有规定的，县级以上地方人民政府出租汽车行政主管部门应当依照《无照经营查处取缔办法》第十四条、第十五条、第十六条的规定处罚。

2005年10月12日《交通部转发国务院法制办关于明确对未取得出租车客运经营许

可擅自从事经营活动实施行政处罚法律依据的复函的通知》(交公路发〔2005〕468号)规定:"地方性法规《道路运输管理条例》或《出租汽车管理条例》对无证经营的'黑车'已设定行政处罚的,各地应当按照其规定执行。""未制定《道路运输管理条例》或《出租汽车管理条例》的,应当依据《无照经营查处取缔办法》第十四条对未取得经营许可证件擅自从事出租汽车经营活动的行为实施行政处罚。……构成刑事犯罪的,移交公安机关依法追究刑事责任。"

根据《最高人民法院〈关于准确理解和适用刑法中"国家规定"的有关问题的通知〉》(法〔2011〕155号)的规定,《中华人民共和国道路运输条例》和《无照经营查处取缔办法》都属于刑法中的国家规定,其他规范性文件系落实此两个文件的具体工作细则。从上述文件可知,未取得出租车客运经营许可,擅自从事出租汽车经营活动的行为,属于违反国家规定的行为。同时,《中华人民共和国道路运输条例》和《无照经营查处取缔办法》以及相关法规对此类行为构成犯罪追究刑事责任做了提示性规定,体现了在法律、行政法规制定时,对未取得出租车客运经营许可而擅自从事出租汽车经营活动行为的定性有了充分考虑,并有意对一般违法行为和刑事违法行为做了原则性区分和衔接,故对此类行为追究刑事责任并未违背立法初衷。

(二)未经许可非法从事出租汽车营运活动,属于严重扰乱市场秩序的非法经营行为

主张未经许可非法从事出租汽车营运活动不构成非法经营罪的一个主要理由是,出租汽车营运活动不属于法律、行政法规规定的专营专卖行业,也未有司法解释对其定性予以明确,故不属于刑法第二百二十五条规定的"其他严重扰乱市场秩序的非法经营行为"。我们认为,该观点难以成立。近年来,根据打击犯罪的实际需要,最高人民法院通过出台司法解释性文件不断调整了非法经营罪的适用范围。从这些解释性文件的规定来看,刑法规制的非法经营行为并不要求必须涉及法律、行政法规规定的专营专卖行业。一般性准入经营行业,甚至法律、行政法规未规定准入制度但明显具有严重社会危害的经营行业,也可以成为非法经营罪的打击对象。例如,对于违反国家在预防、控制突发传染病疫情等灾害期间有关市场经营、价格管理等规定,哄抬物价、牟取暴利,严重扰乱市场秩序,违法所得数额较大或者有其他严重情节的,最高人民法院、最高人民检察院于2003年5月14日联合出台的《关于办理妨害预防、控制突发传染病疫情等灾害的刑事案件具体应用法律若干问题的解释》第六条明确规定可以构成非法经营罪。另从司法实践情况来看,各地法院也有根据上述文件精神将司法解释未予明确但性质相同的非法经营行为认定构成非法经营罪的实例,如对非法从事涉外婚姻介绍业务、非法从事出入境中介业务、非法从事保安服务业务、非法从事学历教育活动的行为,以非法经营罪追究刑事责任。

基于上述分析,我们认为,非法从事出租汽车营运活动是否属于严重扰乱市场秩序的非法经营行为,核心要看其经营行为的违法性以及扰乱市场秩序的严重程度,即要从其社会危害性认定其行为性质。从当前各地案发情况来看,非法从事出租汽车营运活动主要危害体现在:(1)所从事的经营行为严重危害人民群众的生命财产安全。非法营运车辆大都车况不佳、安全性能差、从业人员驾驶技术和交通安全意识良莠不齐,从而导致交通事故多发、频发。(2)引发社会不稳定因素。非法营运车主和合法营运车主经常发生冲突,近年来,不少地方因非法营运引发正规营运车主多次停运、罢工、上访。且非法营运车辆多数无保险,在营运中一旦发生事故,乘客的合法权益得不到保障,给相

关部门处理事故造成极大的难度，甚至容易激发上访、闹访等群体性事件，严重影响当地社会稳定。（3）破坏正常的营运秩序。非法营运公司不缴纳税费，造成国家的税收流失；争抢客源、抢夺市场份额，使正规的客运站点和合法营运者收入减少，损害合法营运车辆的正当权益，影响行业稳定；由于其没有纳入正常的管理体系，相关部门平时也无法对其进行有效管理。（4）严重影响城市形象。非法营运车辆不仅车容不整，容易造成城市的视觉污染，而且在城区主要路口及繁华地段聚集候客，或者沿街随意乱停乱靠招客，严重影响道路交通安全。（5）因非法营运利润率极高，绝大多数非法营运车主一直在观望，如果此类行为不能得到有效遏制，将会激发更多的非法营运车辆加入非法营运团伙。

可见，非法从事出租汽车营运活动，严重扰乱道路运输市场秩序和出租汽车行业秩序，危害人民群众的生命财产安全，侵害出租汽车从业人员的合法权益，影响出租汽车行业和社会的稳定，属于刑法第二百二十五条规定的"其他严重扰乱市场秩序的非法经营行为"。严厉打击非法从事出租汽车经营活动，对于改善出租汽车营运环境、保障从业人员和广大群众的合法权益、促进出租汽车行业健康发展、维护市场秩序和市场公平、维护社会稳定具有重要意义。

（三）被告人喻某等人的非法经营数额、违法所得应当认定为情节严重

本案被告人喻某、李某 2011 年 1 月至 2012 年 1 月集合近 40 台社会车辆擅自从事道路运输经营，从公司获取服务费 658465 元，短号车服务收入 68095 元，加盟费收入 57950 万元，非法经营数额 784510 元，除去各项开支 163005 元，违法所得 621505 元。另外，该车队非法营运一年多期间，多次拉拢政府工作人员为其非法活动提供庇护；在其车队加盟车辆因非法营运多次被行政处罚的情况下仍从事非法营运活动。因此，无论是从非法经营数额、违法所得数额，还是从其他情节角度，均应达到入罪标准。同时，鉴于非法从事出租汽车营运活动的复杂性，对此类行为不宜机械参照适用《最高人民检察院、公安部关于公安机关管辖的刑事案件立案追诉标准的规定（二）》第七十九条第八项的规定，故在暂无相关司法解释对此类行为明确"情节严重"和"情节特别严重"认定标准的情况下，宁乡市人民法院认定被告人喻某、李某的行为构成情节严重是妥当的。

需要说明的是，鉴于"黑的士"等非法营运行为在全国较为普遍，且原因复杂，在具体案件中要注意把握追究刑事责任的范围问题。要严厉打击非法营运的牵头者和组织者，特别是要打击欺行霸市、垄断市场强迫交易，带有黑社会性质的非法营运和扰乱出租汽车市场经营秩序的团伙。对于个人自驾"黑车"或者少数几个人联合从事非法营运，营运时间短、经营数额不大以及被动参与非法营运的，一般不予追究刑事责任，可以行政处罚等方式追究其行政违法责任。

问题 17. 未经许可生产摩托车以及以燃油助力车名义销售摩托车的行为如何定性

【刑事审判参考案例】朱某某、周某某、谢某某非法经营案①

裁判规则

认定某一产品是否系伪劣产品的关键在于该产品的质量是否存在问题。不能简单地以实际产品与标注不一致就认定存在质量问题。

在没有生产资质的情况下生产摩托车的行为应属于无证生产,违反了国家规定,构成非法经营罪;以摩托车冒充燃油助力车销售的行为不构成犯罪。

一、基本案情

被告人朱某某任法定代表人的豪门公司于 2006 年 6 月成立,经营范围为摩托车、电瓶车、助力车及其零部件销售。2008 年年初,豪门公司未经行政主管部门批准,与拥有摩托车生产资质的台州市凯通摩托车制造有限公司(以下简称凯通公司)签订协议,约定豪门公司为凯通公司第三生产车间,豪门公司独立核算、独立经营、自负盈亏,自行采购、销售,协议有效期为 2008 年 1 月 1 日至 2009 年 1 月 1 日,朱某某向凯通公司支付管理费 15 万元。协议到期后,朱某某继续以凯通公司第三生产车间的名义生产摩托车,并向凯通公司缴纳了 2009 年的管理费。2009 年年底,豪门公司与重庆广益摩托车有限公司(以下简称广益公司)签订协议,约定合作生产"新阳光"牌摩托车,合作期限自 2009 年 12 月 1 日至 2013 年 11 月 30 日。豪门公司在销售生产的摩托车时,附随了伪造的排气量为 48cc 的"新阳光"牌燃油助力车小合格证,并向消费者承诺如需上牌,补交 150 元即可换取广益公司的大合格证(摩托车正规合格证),凭大合格证可到交管部门上牌。

一审期间,赤壁市人民检察院以被告人周某某、谢某某不应当被追究刑事责任为由,撤回对周某某和谢某某的起诉。赤壁市人民法院经审查,依法裁定准许赤壁市人民检察院的撤诉申请。

二、裁判理由

赤壁市人民法院认为,被告人朱某某违反国家规定,未经许可生产摩托车,时间跨度长、销售数量和金额大,严重扰乱市场秩序,情节严重,其行为已经构成非法经营罪。赤壁市人民检察院指控罪名不当,予以纠正。

三、裁判结果

依照《中华人民共和国刑法》第二百二十五条第四项之规定,以非法经营罪判处被告人朱某某有期徒刑二年,并处罚金人民币十万元。

宣判后,被告人朱某某不服,向咸宁市中级人民法院提出上诉。

咸宁市中级人民法院经公开审理认为,原判认定的事实清楚,证据确实、充分,定罪准确,量刑适当,审判程序合法,裁定驳回上诉,维持原判。

---

① 郭慧、周颖佳撰稿,韩维中审编:《朱某某、周某某、谢某某非法经营案——未经许可生产摩托车以及以燃油助力车名义销售摩托车的行为如何定性(第 1210 号)》,载中华人民共和国最高人民法院刑事审判第一、二、三、四、五庭主办:《刑事审判参考》总第 111 集,法律出版社 2018 年版,第 41~49 页。

四、实务专论

（一）本案中的涉案车辆不属于刑法意义上的伪劣产品，被告人的行为不构成生产、销售伪劣产品罪

关于本案中的涉案车辆是否属于刑法第一百四十条规定的"伪劣产品"，存在两种意见：

第一种意见认为，本案中的涉案车辆属于刑法第一百四十条规定的"伪劣产品"。理由有两个：第一个理由认为，三名被告人的行为属于该条规定的"以不合格产品冒充合格产品"的情形。具体来说：（1）被告人朱某某等人将摩托车以燃油助力车的名义销售，导致本应登记上牌、驾驶者须取得驾驶执照才能上路行驶的摩托车，无须满足前述条件就上路行驶，给公共交通安全造成较大隐患，违反了产品质量法第二十六条第二款第一项"不存在危及人身、财产安全的不合理的危险，有保障人体健康和人身、财产安全的国家标准、行业标准的，应当符合该标准"的规定。（2）本案中涉案车辆的真实排量、技术参数均与车辆合格证上的标注不符，违反了产品质量法第二十六条第二款第三项"符合在产品或者其包装上注明采用的产品标准，符合以产品说明、实物样品等方式表明的质量状况"的规定。第二个理由认为，本案中涉案车辆属于该条规定的"以假充真"的情形。具体来说，销售车辆时附随的合格证上标注的产品类型是小排量燃油助力车，实际上却是大排量的摩托车，国家对助力车与摩托车分别规定了不同的技术标准，二者属于不同的产品，被告人的行为是以假助力车冒充真助力车。

第二种意见认为，本案中的涉案车辆不属于刑法第一百四十条规定的"伪劣产品"。理由是：（1）对某一产品进行鉴定，应该首先确认产品本身的属性，然后才能依据其固有属性进行合格与否的鉴定。本案中，被告人朱某某等人生产、销售的产品属于摩托车，但侦查机关却以燃油助力车的参数为依据对涉案车辆进行鉴定，由于改变了车辆的属性才导致被评定为伪劣产品。（2）根据一审期间公诉机关提供的湖北军安司法鉴定中心出具的鉴定意见，本案中的涉案车辆经鉴定在属性上为摩托车，符合国家关于摩托车技术规范和安全标准的规定。

我们同意第二种意见，主要理由如下：

1. 认定某一产品是否系伪劣产品的关键在于该产品的质量是否存在问题。根据《最高人民法院、最高人民检察院关于办理生产、销售伪劣商品刑事案件具体应用法律若干问题的解释》（以下简称解释）第一条第四款的规定，刑法第一百四十条规定的"不合格产品"，是指不符合产品质量法第二十六条第二款规定的质量要求的产品。本案中的涉案车辆经鉴定符合国家关于摩托车技术规范和安全标准的规定，就其质量本身而言，并不属于"不合格产品"。本案中的涉案车辆之所以成为道路安全隐患，是因为被告人朱某某等人将其以燃油助力车的名义销售，导致车辆脱离了应有的监管。简言之，是朱某某等人规避管理的销售方式而非产品质量问题导致涉案车辆存在安全隐患。

2. 不能简单地以实际产品与标注不一致就认定存在质量问题。实践中，经常出现生产、销售产品的实际规格与标注不一致的情况，对此应根据实际情况分析认定，不能简单地一概认定为质量有问题，更不能以销售方式来决定产品质量，进而认定属于"以次充好"的产品。产品质量主要是由生产过程决定的，单纯的销售方式无法影响产品质量。本案中的涉案车辆虽然是以燃油助力车的名义对外销售，附随的合格证上标注的也是助力车，但是其各项技术指标是按照摩托车的标准进行配置，经鉴定在属性上为摩托车，

符合国家关于摩托车技术规范和安全标准的规定，不属于"以次充好"的情形。此外，根据解释第一条第二款规定，刑法第一百四十条规定的"以假充真"，是指以不具有某种使用性能的产品冒充具有该种使用性能的产品的行为。涉案车辆具有正常的道路行驶功能和使用性能，也不属于"以假充真"的情形。

3. 本案中三名被告人的行为也不符合生产、销售伪劣产品罪的一般行为特征。从司法实践来看，生产、销售伪劣产品罪的犯罪分子对消费者往往具有欺骗行为，侵害了消费者的知情权，但在本案中，被告人朱某某等人在销售时不仅对涉案车辆的排量等真实情况作了说明，而且还以"大排小标"这一特征作为吸引消费者的噱头加以宣传，消费者对车辆的真实属性有明确的认识，其知情权并未受到侵犯。

综上，被告人朱某某等人的行为不构成生产、销售伪劣产品罪。

（二）被告人朱某某无证生产摩托车的行为构成非法经营罪，被告人周某某、谢某某以摩托车冒充燃油助力车销售的行为不构成犯罪

对于被告人朱某某无证生产摩托车的行为是否构成非法经营罪存在两种意见：

第一种意见认为，被告人朱某某的行为不构成非法经营罪。理由是：（1）朱某某等人的行为不符合非法经营罪的本质特征。朱某某无证生产摩托车的行为虽然违反了国家规定，但没有证据证明其行为造成了严重后果，不具有刑法意义上的社会危害性，单纯违反行政许可的行为不一定构成非法经营罪，其危害性必须达到一定的程度才可考虑入罪。（2）朱某某等人的行为不符合非法经营罪的形式要件。作为行政犯，非法经营罪的成立必须有相关法律、行政法规明确而具体的规定。就本案而言，不仅需要有法律、法规关于"无证生产摩托车或助力车，以非法经营罪定罪处罚"的明确表述，相关法律、行政法规还应对非法经营数额、情节等入罪的具体条件作出明确界定，目前上述两方面的规定均缺失。（3）刑法第二百二十五条第四项的适用应坚持同类解释原则。本案如果按非法经营罪处理，只能适用刑法第二百二十五条第四项的规定，根据同类解释原则，该项规定处罚的行为的危害性，应与前三项规定的非法经营专营、专卖物品，买卖许可证件以及非法从事金融业务等非法经营行为的危害性相当。从本案的情况来看，尚不能认定无证生产摩托车或燃油助力车的行为属于此种情况。（4）本案如按犯罪处理社会效果不好。当前我国设定的行政许可较多，不能不加选择，随意扩大打击面，将所有违反行政许可的行为都认定为犯罪。国家曾经允许生产燃油助力车，近年来虽然禁止生产，但执法机关应当给企业预留足够的淘汰与转型时间，不能因为国家禁止生产燃油助力车就立即对所有的企业予以处罚，更不能以此为由按犯罪处理。

第二种意见认为，被告人朱某某的行为构成非法经营罪。理由是：（1）被告人朱某某无证生产摩托车的行为违反了国家规定。朱某某在没有获得行政主管部门许可的情况下，通过挂靠合作等方式规避国家关于摩托车生产的强制性规定，从事摩托车的生产经营，其行为属于刑法第二百二十五条第四项规定的"其他严重扰乱市场秩序的非法经营行为"。（2）朱某某无证生产摩托车的行为具有严重的社会危害性。作为在道路上行驶的机动车辆，摩托车的性能、参数等是否符合国家规范，关系到驾驶者和其他道路交通参与者的人身、财产安全，因此国家才规定摩托车的生产者必须具备相应的资质并获得行政主管部门的许可。朱某某的豪门公司在不具备摩托车生产资质的情况下，未经行政主管部门的批准，擅自采取挂靠合作的方式生产摩托车，并逃避监管，将生产的摩托车以助力车的名义销售，导致本应登记上牌、驾驶者须取得驾照才能上路行驶的摩托车，无

须满足前述条件即可上路行驶,给道路交通安全造成较大隐患,具有严重的社会危害性。(3)本案按犯罪处理不会扩大打击面。立法者设立刑法第二百二十五条第四项的目的主要是适当调和立法的稳定性、滞后性与经济社会快速发展变化之间的矛盾,在坚持依法认定"国家规定"的前提下和从实质性角度认定社会危害性的情况下,并不会导致刑事打击面过大的现象。

我们同意第二种意见,主要理由如下:

1. 被告人朱某某非法生产摩托车的行为违反了国家规定

我国对摩托车生产实行生产准入制度,个人和企业必须获得国家行政主管部门的许可才能从事摩托车的生产。国务院2004年公布的《对确需保留的行政审批项目设定行政许可的决定》(国务院令第412号,以下简称决定)附件第四项对"道路机动车辆生产企业及产品公告"设定了行政许可,2009年、2016年,国务院对决定进行修正,保留了该项行政许可。原国家经贸委2002年发布的《摩托车生产准入管理办法》规定,国家对摩托车生产实行准入制度,未经国家经贸委批准,任何企业和个人不得擅自从事摩托车生产。为严格执行许可制度,工信部、国家发改委等部委又下发多个文件,[①]对委托生产等行为作出明确限制,强调摩托车生产企业本身必须获得行政许可,异地生产行为也应获得行政主管部门的批准。此外,根据《中华人民共和国工业产品生产许可证管理条例》等行政法规和规范性文件的规定[②]生产助力车也需要获得许可。值得注意的是,有关规范性文件并未对销售摩托车和助力车的行为设定类似的行政许可。

本案中,朱某某的豪门公司本身无摩托车生产资质,其通过与其他企业签订挂靠协议的方式异地生产摩托车的行为未获得行政主管部门的批准,且其挂靠行为也不能使其获得生产摩托车的合法资格。综上,朱某某在没有生产资质的情况下生产摩托车的行为应属于无证生产,违反了国家规定。被告人周某某、谢某某只有销售摩托车的行为,未参与生产摩托车,我国目前对销售摩托车的行为并未如生产摩托车那样作出严格的准入规定,应认定周某某、谢某某的销售行为未违反国家规定,不构成犯罪,故一审法院裁定准许检察机关撤回对该两被告人的起诉。

2. 被告人朱某某违法生产摩托车的行为不同于一般的扰乱市场秩序的行为,已达到"情节严重"的程度

(1)朱某某的豪门公司违法生产的时间跨度长、销售数量和金额巨大。豪门公司从

[①] 《摩托车生产准入管理办法》第十四条规定:"未经国家经贸委批准,获证企业不得异地生产摩托车。获证企业要求新增被控股企业或者委托加工的,被控股企业或者接受委托加工的企业应当按照本办法通过生产准入考核,并获得国家经贸委批准。"《国家发展改革委办公厅关于进一步加强摩托车行业管理等有关问题的通知》第四条规定:《道路机动车辆生产企业及产品公告》内企业之间采用委托加工方式生产摩托车,必须由双方企业共同向国家发改委提出书面申请和协议书,子公司应通过集团公司提出申请,同时向省级行业主管部门备案。《国家发展改革委办公厅关于摩托车生产企业委托加工有关事项的通知》规定,委托方和受托方企业双方(简称委托双方)必须是通过摩托车生产准入的企业(集团)或下属独立法人子公司。

[②] 《中华人民共和国工业产品生产许可证管理条例》第五条规定:"任何企业未取得生产许可证不得生产列入目录的产品。任何单位和个人不得销售或者在经营活动中使用未取得生产许可证的列入目录的产品。"第三条第一款规定:"国家实行生产许可证制度的工业产品目录(以下简称目录)由国务院工业产品生产许可证主管部门会同国务院有关部门制定,并征求消费者协会和相关产品行业协会的意见,报国务院批准后向社会公布。"国家质检总局《助力车产品生产许可证实施细则》(2006年)第一条规定:"任何企业未取得生产许可证不得生产助力车产品,任何单位和个人不得销售或者在经营活动中使用未取得生产许可证的助力车产品。"《国家质检总局实行生产许可证制度管理的产品目录》最迟在2010年就将助力车纳入目录,由省级质检部门发证。

2010年上半年开始生产"新阳光"牌摩托车,至2012年案发,违法生产了1万余辆,仅2011年3月至2012年11月,朱某某向被告人周某某的胜隆经销部销售的摩托车就有1620辆,销售金额达400余万元。(2)朱某某违法生产摩托车的行为对公共安全造成了很大隐患。朱某某在销售过程中伪造合格证,以摩托车冒充燃油助力车,规避国家对机动车与非机动车分类管理的监管措施,使本应登记上牌、驾驶者须取得驾照才能上路行驶的摩托车,无须满足前述条件即可上路行驶,不仅破坏交通秩序,降低通行效率,这些本应在机动车道路上行驶的车辆得以在非机动车道路上行驶,更增加了交通事故隐患,严重危及公共安全。

3. 被告人朱某某无证生产摩托车的行为严重扰乱了市场秩序

从实践中的情况来看,因超标燃油助力车相对于摩托车具有很高的替代性,但又未如摩托车那样按机动车管理,不少商家为牟取暴利,违法生产摩托车并以燃油助力车的名义对外销售,对摩托车产销市场造成了很大冲击。本案车辆具备摩托车的属性,但以燃油助力车的名义以相对较低的价格对外销售,又不用按机动车管理,兼具摩托车的速度优势和助力车不受严格管理的便利,对消费者而言具有很强的吸引力。大量超标燃油助力车流入市场,必将严重扰乱正常的摩托车和助力车生产和销售秩序。

综上,咸宁市两级法院以非法经营罪对被告人朱某某判处有期徒刑二年,并处罚金人民币十万元的裁判是正确的。

需要注意的是,考虑到实践中无证生产以及采用"大排小标"方式生产摩托车的行为具有一定普遍性,是否按照犯罪处理,应结合具体案情综合考量,只能对"情节严重"的非法经营行为定罪处罚。要避免将一般的行政违法行为当作刑事犯罪处理,以犯罪论处的非法经营行为应当具有相当的社会危害性和刑事处罚的必要性。并且,判断被告人的行为是否属于刑法第二百二十五条第四项规定的"严重扰乱市场秩序的非法经营行为",需要有法律、司法解释的明确规定。有关法律、司法解释未作明确规定的,应当作为法律适用问题,按照最高人民法院2011年发布的《关于准确理解和适用刑法中"国家规定"的有关问题的通知》(法发〔2011〕155号),逐级报最高人民法院请示。

问题18. 非法出版物未经装订以及无法查明定价或者销售价格的情况下,如何认定册数和经营数额

【刑事审判参考案例】马某某、王某某非法经营案①

裁判规则

页码连贯、内容完整的出版物散页可以折算认定为刑法意义上的"册"。非法出版物没有装订且无法查明册数、定价或者销售价格的,可以散页的鉴定价格为依据计算非法经营数额。

一、基本案情

2013年8月至11月,被告人王某某接受被告人马某某的委托,分三次安排圣杰公司

---

① 郭慧、周颖佳撰稿,韩维中审编:《马某某、王某某非法经营案——非法出版物未经装订以及无法查明定价或者销售价格的情况下,如何认定册数和经营数额(第1211号)》,载中华人民共和国最高人民法院刑事审判第一、二、三、四、五庭主办:《刑事审判参考》总第111集,法律出版社2018年版,第50~55页。

工人为马某某印刷宗教类出版物。前两次共计 5000 册印刷完成并折页后,马某某派人到圣杰公司拉走,第三次 4600 册印刷完成在折页过程中,被临夏回族自治州公安局和兰州市文化局行政执法支队当场查获。马某某在王某某处印刷的上述共计 9600 册出版物均无准印证,经鉴定,该出版物的主要内容系以讲课和讲故事的方式对少年儿童进行宗教理念、宗教教义宣传,宗教色彩浓厚,对少年儿童具有很大的迷惑性,属内容非法的宗教类出版物。

2014 年 4 月 11 日,公安机关对马某某在兰州市七里河区龚家湾建兰新村租用的××号仓库依法进行检查时,查获其存放的宗教类出版物散页 984690 张、封面及内衬 72000 张。同年 4 月 28 日,公安机关会同兰州市文化局行政执法支队,对甘肃民族出版有限公司位于兰州市龚家湾民乐路×××号的库房进行查处,查获马某某在该仓库存放的宗教类出版物散页 30000 张、封面及内衬 600000 张。经鉴定,在上述两个仓库内查获的宗教出版物散页的内容系一般宗教典籍,均无准印证,鉴定价格共计 439657 元。

二、裁判理由

临夏市人民法院认为,被告人马某某、王某某违反国家规定,印刷非法出版物,严重危害社会秩序、扰乱文化市场秩序,情节特别严重,两被告人的行为均已构成非法经营罪。公诉机关指控的罪名成立。查扣的 4600 册宗教类非法出版物虽未装订,但页码连贯、内容完整,可以认定为刑法意义上的"册";马某某在王某某处印刷好后拉走的 5000 册宗教类非法出版物根据庭审查明的证据可以认定;马某某在建兰新村××号仓库和民乐路×××号仓库中被查扣的出版物散页虽未装订且无法查明定价或者销售价格,但可以散页的鉴定价格为依据计算非法经营数额。王某某为了赚取印刷费私自安排工人为马某某印刷非法出版物,在本案中起辅助作用,系从犯,认罪态度较好,依法应减轻处罚。

三、裁判结果

综上,根据两被告人的犯罪事实、性质、情节和社会危害程度,依据《中华人民共和国刑法》第二百二十五条、第二十五条、第二十七条、第六十四条和《最高人民法院关于审理非法出版物刑事案件具体应用法律若干问题的解释》第十二条第二款之规定,以非法经营罪,分别判处被告人马某某有期徒刑五年,并处没收个人部分财产;判处被告人王某某有期徒刑一年七个月,并处没收个人部分财产。

一审宣判后,被告人马某某不服,以其并非出版物所有人及鉴定价格明显不当,其行为未达到情节严重为由提出上诉,请求发回重审或依法改判。

临夏回族自治州中级人民法院经审理,认为原判认定事实清楚,证据确实、充分,定罪准确,适用法律正确,量刑适当,审判程序合法,依法裁定驳回上诉,维持原判。

四、实务专论

(一)页码连贯、内容完整的出版物散页可以折算认定为刑法意义上的"册"

对于被告人马某某在被告人王某某处印刷的尚未装订的非法出版物应如何认定册数,审理中存在两种意见:

第一种意见认为,作为出版物计量单位的"册",一般应理解为"装潢好的纸本子"。本案中,被告人马某某在被告人王某某处印刷的非法出版物虽经印刷、折页环节,但尚未经锁线、刷胶、包封面、定型等程序最终裁切为成品。对于这类未装潢完成的半成品图书,不能认定为刑法意义上的"册"。

第二种意见认为,被告人马某某在被告人王某某处印刷的非法出版物虽未装订,但已完成印刷，在内容和形式上能够独立区分，可以认定为刑法意义上的"册"。

我们同意第二种意见，页码连贯、内容完整的出版物散页可以折算为刑法意义上的"册"。理由是：

1. 应从实质意义上认定非法印刷行为

根据非法出版物解释的规定，非法经营出版物的行为包括非法出版、印刷、复制、发行四种行为，行为人实施其中任何一种即可构成非法经营罪。本案中，两被告人虽然仅完成了非法印刷行为，但根据《印刷业管理条例》第二条第五款的规定，印刷经营活动，包括经营性的排版、制版、印刷、装订、复印、影印、打印等活动。被告人王某某出于营利目的，接受被告人马某某的委托非法印刷宗教出版物，在被侦查人员查获时，已完成了排版、制版、印刷三道工序，客观上实施了《印刷业管理条例》规定的印刷经营行为，故两被告人的行为属于非法出版物解释中规定的"非法印刷"。

2. 已完成印刷的出版物散页，在页码连贯、内容完整的情况下，可以已装订完成的出版物为参照折算册数

本案中，被告人马某某在被告人王某某处印刷的非法出版物已完成了印刷工序，内容完整且已标注好页码，部分出版物甚至已完成折页工序。所谓折页，就是将印张按照页码顺序折叠成书刊开本尺寸的书帖，或将大幅面印张按照要求折成一定规格幅面的工作过程。折页之后的书帖才能进行各种装订，如胶订、骑订、锁线等。折页是印刷工业的一道必要工序，印刷机印出的大幅面纸必须经过折页才能形成产品。完成折页的出版物散页虽然在外观上有别于已装订完毕的出版物，但内容完整且连贯，基本不会影响阅读这一出版物的主要功能，与通常情况下的书籍并无本质区别。此外，由于出版物的页码数是确定的，折页工序是按照散页的页码顺序进行，因此，即使在未完成折页工序的情况下，如果已完成印刷工序，内容完整且标明页码，此种情况下的散页也完全可以根据内容和页码数来折算册数。

综上，页码连贯、内容完整的散页可以认定为刑法意义上的"册"。被告人王某某为被告人马某某印刷的非法类出版物虽未装订，但已完成印刷，内容完整且标明页码，且有部分已完成折页，在内容和形式上已能够做到独立区分，与已装订成册的出版物并无本质区别，可以按已装订完成的出版物折算认定为9600册。

（二）非法出版物没有装订且无法查明册数、定价或者销售价格的，可以散页的鉴定价格为依据计算非法经营数额

对于没有装订且无法查明册数、定价或者销售价格的散页，是否可以鉴定价格为依据计算非法经营数额，审理中也存在两种意见：

第一种意见认为，非法出版物解释中所称的"经营数额"，是指以非法出版物的定价乘以出版物数量所得的数额，没有定价的，应当按照行为人实际出售的价格认定。本案中，在建兰新村××号仓库和民乐路×××号仓库中查获的非法出版物散页既未装订也未出售，其鉴定价格是以印张数乘以鉴定单价认定，不能作为"经营数额"的认定依据。

第二种意见认为，以装订好的出版物定价或者销售价格为依据认定非法经营数额，一般会高于散页的鉴定价格。因此，在无法查清定价或者销售价格的情况下，以散页的鉴定价格为依据认定"经营数额"有利于被告人，应作为非法经营数额的认定依据。

我们同意第二种意见，理由是：

出版物的定价或者销售价格以其成本价为基础确定，主要包括纸张、印刷、装订、

发行等方面的费用，纸张和印刷费用只是成本的一部分。因此，对于未装订的散页而言，其鉴定价格通常情况下远低于出版物成品的定价或者销售价格，故以散页的鉴定价格为依据计算非法经营数额有利于被告人。本案中，在建兰新村××号仓库和民乐路×××号仓库中查获的非法出版物散页由于无法以内容和页码为依据折算册数，只能以价格为基础认定非法经营数额。这些散页仅完成了印刷工序，即使不考虑后续装订等工序的成本，仅以单张散页 0.35 元的鉴定价格为标准计算，装订一本市场上正常流通的该出版物（604 个页码）的总价也仅为 13 元，远低于该出版物的一般定价或者销售价格。因此，在非法出版物尚未销售或无法查明实际销售价格的情况下，以散页的鉴定价格为依据计算非法经营数额总体上有利于被告人。

从非法出版物解释的规定来看，非法出版物包括内容非法和程序违法两种情形，非法出版物解释分别规定了不同的处罚标准，其中第十五条关于非法经营程序违法出版物的处罚标准明显高于第一条至第十二条关于非法经营内容非法出版物的处罚标准，在具体适用时要注意区分情况分别处理。本案中，被告人马某某非法经营内容非法的出版物 9600 册，未经许可，经营宗教出版物数额达 43 万余元，在案发前还多次有过非法经营宗教类出版物并被行政处罚的情形，甚至有过擅自篡改准印证超量印刷的恶劣行为，对其应依法从严惩处。综合全案事实证据和情节，根据非法出版物解释第十二条的规定，对马某某应适用刑法第二百二十五条规定的第二档量刑幅度。被告人王某某擅自为马某某印刷非法出版物 9600 册，依法本应判处五年以上有期徒刑刑罚，考虑到其系从犯且认罪态度较好，可对其减轻处罚，适用刑法第二百二十五条规定的第一档量刑幅度。综上，临夏市人民法院一审以非法经营罪判处被告人马某某有期徒刑五年，判处被告人王某某有期徒刑一年七个月的量刑是适当的。

问题 19. 特殊情况下减轻处罚的理解与适用

【刑事审判参考案例】 王某某非法经营案[①]

裁判规则

无证经营假冒伪劣卷烟的行为涉及多个罪名，属于想象竞合犯，应以处罚较重的罪名定罪。

法定刑以下判处刑罚是我国刑法规定的特别宽宥制度，即不存在法定减轻处罚情节，但是考虑到案件的特殊情况在法定刑以下判处刑罚的一项制度安排。

一、基本案情

2015 年 1 月至 5 月间，被告人王某某在未取得烟草专卖零售许可证的情况下，在北京市丰台区等地非法经营卷烟。2015 年 5 月 18 日，丰台区烟草专卖局会同北京市公安局马家堡派出所民警联合执法，在丰台区马家堡小区门口路边王某某的白色金杯牌汽车内将王某某查获，从该车内起获玉溪、中华等 10 个品牌共计 709 条卷烟，随后在丰台区马家堡角门 14 号院门口路边，从王某某之妻张某某名下银灰色松花江牌汽车内起获玉溪、

[①] 刘为波、毛逸潇撰稿，韩维中审编：《王某某非法经营案——特殊情况下减轻处罚的理解与适用（第 1237 号）》，载中华人民共和国最高人民法院刑事审判第一、二、三、四、五庭主办：《刑事审判参考》总第 113 集，法律出版社 2019 年版，第 10~15 页。

中华等 6 个品牌共计 569 条卷烟。经抽样检查，上述卷烟均为假冒注册商标的伪劣卷烟，鉴定价值人民币 37.6618 万元。

二、一审裁判理由

北京市丰台区人民法院认为，被告人王某某违反烟草专卖法律法规规定，为牟取非法利益，非法经营烟草制品，情节特别严重，其行为构成非法经营罪。非法经营卷烟"情节特别严重"的认定标准为 25 万元，王某某非法经营数额 37 万余元，依法应在五年以上有期徒刑的法定刑幅度内量刑。

三、一审裁判结果

综合犯罪情节，依照《中华人民共和国刑法》第二百二十五条第一项、第五十三条、第五十二条、第六十一条、第六十四条和《最高人民法院、最高人民检察院关于办理非法生产、销售烟草专卖品等刑事案件具体应用法律若干问题的解释》第三条、第五条之规定，对王某某从轻判处有期徒刑五年，并处罚金人民币五万元。

一审宣判后，被告人王某某以量刑过重为由提出上诉，请求法院考虑其家庭特殊情况从宽处罚。出庭支持公诉的北京市人民检察院第二分院提出，王某某为筹集其女儿治疗费用非法经营烟草制品，主观恶性较小，王某某还是其家庭的主要经济支柱和女儿骨髓移植手术的优选供髓者，综合考虑王某某的犯罪情节，且为避免影响其女儿的治疗，建议对王某某在法定刑以下减轻处罚并适用缓刑。

四、二审裁判理由

北京市第二中级人民法院经审理查明的事实与第一审法院一致。另查明，被告人王某某的女儿被诊断患有骨髓增生异常综合征，需进行骨髓移植手术，王某某为优选供髓者。

五、二审裁判结果

北京市第二中级人民法院经审理认为，一审法院认定被告人王某某犯非法经营罪的事实清楚，定罪准确。鉴于本案的特殊情况，为充分保障未成年人的权益，根据宽严相济刑事政策，可以对其在法定刑以下判处刑罚并层报最高人民法院核准。依照《中华人民共和国刑法》第二百二十五条第一项、第五十二条、第五十三条、第六十一条、第六十三条第二款、第六十四条，《中华人民共和国刑事诉讼法》第二百二十五条①第一款第一项、第二项及《最高人民法院、最高人民检察院关于办理非法生产、销售烟草专卖品等刑事案件具体应用法律若干问题的解释》第三条第二款第一项、第五条之规定，认定被告人王某某犯非法经营罪，在法定刑以下判处王某某有期徒刑三年，缓刑三年，并处罚金人民币三万元。北京市高级人民法院经复核，同意第二审判决，并依法报请最高人民法院核准。

六、最高人民法院复核

最高人民法院经复核认为，被告人王某某违反烟草专卖法律规定，为牟取非法利益，非法经营假冒注册商标的伪劣卷烟，情节特别严重，其行为已构成非法经营罪，依法应判处五年有期徒刑以上刑罚。鉴于王某某非法经营的卷烟尚未售出，认罪悔罪，系女儿骨髓移植手术的优选供髓者，没有再犯罪的危险，所居住社区具备矫正管理条件，对其可在法定刑以下判处刑罚并宣告缓刑。故依照《中华人民共和国刑法》第六十三条第二

---

① 现为 2018 年《中华人民共和国刑事诉讼法》第二百三十六条。

款和《最高人民法院关于适用〈中华人民共和国刑事诉讼法〉的解释》第三百三十八条的规定，裁定核准北京市第二中级人民法院以非法经营罪判处被告人王某某有期徒刑三年，缓刑三年，并处罚金人民币三万元的刑事判决。

七、实务专论

（一）无证经营假冒伪劣卷烟的行为涉及多个罪名，属于想象竞合犯，应以处罚较重的罪名定罪

2010年公布的《最高人民法院、最高人民检察院关于办理非法生产、销售烟草专卖品等刑事案件具体应用法律若干问题的解释》（以下简称烟草解释）第一条规定：生产、销售伪劣卷烟、雪茄烟等烟草专卖品，销售金额在5万元以上的，依照刑法第一百四十条的规定以生产、销售伪劣产品罪定罪处罚；销售明知是假冒他人注册商标的卷烟、雪茄烟等烟草专卖品，销售金额较大的，依照刑法第二百一十四条的规定以销售假冒注册商标的商品罪定罪处罚；违反国家烟草专卖管理法律法规，未经烟草专卖行政主管部门许可，无烟草专卖生产企业许可证、烟草专卖批发企业许可证、特种烟草专卖经营企业许可证、烟草专卖零售许可证等许可证明，非法经营烟草专卖品，情节严重的，依照刑法第二百二十五条的规定以非法经营罪定罪处罚。据此，无证销售假烟行为可能触犯的罪名有三个，分别是销售伪劣产品罪、销售假冒注册商标的商品罪和非法经营罪。

上述三个罪名并不必然同时构成。例如，根据刑法第一百四十条之规定，销售伪劣产品罪中的"伪劣产品"，包括"在产品中掺杂、掺假，以假充真，以次充好或者以不合格产品冒充合格产品"四种情形。2001年发布的《最高人民法院、最高人民检察院关于办理生产、销售伪劣商品刑事案件具体应用法律若干问题的解释》（以下简称伪劣商品解释）第一条对此进行进一步的明确，其中"在产品中掺杂、掺假"是指在产品中掺入杂质或者异物，致使产品质量不符合国家法律、法规或者产品明示质量标准规定的质量要求；"以假充真"是指以不具有某种使用性能的产品冒充具有该种使用性能的商品的行为。因而销售假冒注册商标的商品的行为，并不必然触犯销售伪劣产品罪，构成该罪还需要对所售产品质量进行检测，以确定其为伪劣产品。无证销售假冒他人注册商标的卷烟，但经鉴定所售卷烟不是伪劣产品，则只构成销售假冒注册商标的商品罪和非法经营罪，而不构成销售伪劣产品罪。因此行为人构成几个罪名，需要根据具体案件事实进行分析。

具体到本案，首先，被告人王某某销售假冒中华、玉溪等注册商标的卷烟，货值金额在15万元以上，依照相关司法解释的规定，其行为构成销售假冒注册商标的商品罪；其次，涉案卷烟经鉴定系伪劣产品，王某某销售假冒卷烟的行为同时构成销售伪劣产品罪；最后，王某某无证经营假冒卷烟，情节特别严重，其行为还构成非法经营罪。

对于同时构成销售假冒注册商标的商品罪、销售伪劣产品罪和非法经营罪的经营假冒卷烟行为进行定罪处罚，实践中需要注意以下两点：一是此类竞合属于想象竞合而非法条竞合。有意见认为此类竞合属于法条竞合，并据此提出应按照"特别法优于一般法"的司法原则确定罪名。我们认为，无证销售假冒卷烟的行为之所以同时触犯三个罪名，非因该三个罪名的刑法规定存在重复或者交叉关系，而是此类行为的复合性导致其同时侵害数个不同客体所造成的，故应当认定为想象竞合而非法条竞合。也正是基于此，长期以来包括烟草解释等在内的相关司法解释无一例外地规定，对此类行为应当择一重罪定罪处罚。二是罪轻罪重不能笼统地从不同罪名的法定最高刑来判断，而是应当根据具

体犯罪行为在不同罪名中所对应的法定刑幅度进行判断。

本案所涉卷烟货值金额 37 万余元，根据刑法及相关司法解释的规定，在销售伪劣产品罪中对应的法定刑幅度为两年以上七年以下有期徒刑；在销售假冒注册商标的商品罪中对应的法定刑幅度为三年以上七年以下有期徒刑；在非法经营罪中对应的法定刑幅度为五年以上有期徒刑。加之涉案卷烟尚未售出，以销售伪劣产品罪或者销售假冒注册商标的商品罪均属未遂，故一、二审法院适用处罚最重的非法经营罪定罪是正确的。

（二）综合全案事实和情节可以认定本案存在刑法第六十三条第二款规定的"特殊情况"，依法可以在法定刑以下判处刑罚

被告人王某某非法经营卷烟，情节特别严重，没有法定减轻处罚情节，依法本应在五年以上有期徒刑的法定刑幅度内量刑，一审法院综合本案情节对其从轻判处五年有期徒刑的刑罚，原则上没有问题。二审法院在进一步查清相关事实的基础上，充分考虑本案的特殊情况，在法定刑以下判处被告人王某某三年有期徒刑并适用缓刑，体现了法、理、情的融合与平衡，判决的效果更好。

法定刑以下判处刑罚是我国刑法规定的特别宽宥制度，即不存在法定减轻处罚情节，但是考虑到案件的特殊情况在法定刑以下判处刑罚的一项制度安排。刑法没有明确何为"特殊情况"，这为个案量刑更好地实现法、理、情的融合和平衡提供了弹性空间，而运用不当又有可能损及刑罚适用的统一性和规范性，这也是刑法规定法定刑以下判处刑罚须经最高人民法院核准的原因所在。在司法实践中，一方面，要严格掌握法定刑以下判处刑罚的适用范围，以此确保依法统一规范量刑；另一方面，对于确有特殊情况的案件又要敢于、善于适用，以此体现立法精神，实现宽严相济。

应当指出，案件是否具有法定刑以下判处刑罚的特殊情况，通常并不取决于某一个情节，而是多个情节综合认定的结果。综合本案事实和情节，对被告人王某某在法定刑以下量刑是适当而必要的。一是行为表现。在案证据证明，主海旺的行为主要表现为明知是假冒注册商标的伪劣卷烟而予以保管、运输、帮助销售。帮助销售行为属于非法经营行为的具体表现，虽不影响其非法经营卷烟行为这一基本事实的认定，但在量刑上与指使或者单独销售卷烟的非法经营行为应有所区别。二是行为后果。王某某非法经营的伪劣卷烟尚未售出，未造成具体危害结果，虽然由于非法经营行为的特殊性，行为人只要实施了生产、运输、销售等任何一个环节的行为，通常均应认定为既遂，但对此情节量刑时有必要酌予考虑。三是经营数额。根据烟草解释、2001 年公布的伪劣商品解释、2004 年公布的《最高人民法院、最高人民检察院关于办理侵犯知识产权刑事案件具体应用法律若干问题的解释》等规定的精神，假冒伪劣卷烟的经营数额，原则上应优先以实际销售价格作为认定标准，在实际销售价格无法查明的情况下才以真品的市场价格认定。本案由于假烟尚未出售等原因，无法查清实际销售价格，故基于真品市场价格认定非法经营数额 37 万余元。有必要注意的是，假烟的实际销售价格和真品的市场价格通常是存在较大差别的，这一点在量刑时需要特别加以考虑。四是家庭情况。王某某 14 周岁的女儿身患骨髓增生异常综合征，多次因失血性休克入院治疗，急需进行骨髓移植手术，手术费用高昂，王某某既是家庭的经济支柱，同时还是女儿骨髓移植的优选供髓者。五是罪后情节。王某某对一审判决认定的事实无异议，真诚悔罪，没有再犯罪的危险。上述事实和情节涉及基本事实、量刑情节、家庭伦理、未成年人权益保护等各个方面，这些因素的综合考量赋予了本案特殊性，据此在法定刑以下判处刑罚既符合法律，又合乎情

理，有利于实现各种不同政策利益的平衡，实现个案处理法律效果和社会效果的有机统一。

需要特别指出的是，为确保本案公正、合理量刑，一、二审法院做了大量的基础调查工作。一是前往医院调取王某某女儿诊断治疗过程中的就诊记录、诊断书、化验单、医学检验报告等病历资料，多次向主治医师详细询问相关情况，以全面准确了解其女儿病情和治疗方案。二是就对被告人王某某适用非监禁刑委托社区矫正部门进行异地调查评估，并听取社区矫正部门的矫正管理意见。这些工作为本案恰如其分地量刑奠定了坚实的基础，值得充分肯定和借鉴。

问题20. 未经许可经营原油期货业务，并向客户提供反向提示操作的行为如何定性

【刑事审判参考案例】徐某等人非法经营案①

裁判规则

虚构"白富美"女性形象、夸大盈利等方式诱导客户进入平台交易以及建议客户加金，频繁操作的行为不是认定本案性质的关键行为，不宜认为诈骗罪中的"虚构事实"。向客户提供反向提示操作的行为不成立诈骗罪中的"虚构事实"。

未经批准非法从事变相期货交易，情节特别严重，符合非法经营罪的犯罪构成，故依法成立该罪。

一、基本案情

2013年4月17日，易某1（另案处理）成立南昌广江投资咨询有限公司（以下简称广江公司），被告人易某2担任法定代表人，股东为易某1、被告人姜某某、易某2。2015年8月至9月，被告人徐某经姜某某介绍认识易某1，通过对原油现货投资市场及广江公司的考察后，与易某1、被告人姜某某合伙成立了江西省沃伦投资咨询有限公司（以下简称沃伦公司），徐某担任法定代表人，股东为徐某、易某1、姜某某。沃伦公司成立后，被告人易某2、姜某某将广江公司管理人员、业务员被告人陈某1、邹某某、蔡某某、殷某某、李某某、宋某某带至沃伦公司开展业务。被告人陈某2、张某某留在广江公司继续开展业务。

天津矿产资源交易所成立于2010年11月24日，经营范围包括矿产资源产品交易的市场经营及管理服务、相关产品交易的资金清算等，但不具有现货原油销售、仓储经营业务资质。2013年5月15日，天津纭沣伟业矿业资源经营有限公司（以下简称天津纭沣）成立，并于2015年5月1日取得天津矿产资源交易所会员资格，双方约定：天津矿产资源交易所向天津纭沣提供电子交易平台及相关报价、资讯培训、协调管理等服务，天津纭沣作为天津矿产资源交易所的综合会员，利用电子交易平台完成与投资者的交易，每年交付会费、培训费等，并按每笔交易额的万分之二向天津矿产资源交易所交纳交易管理费。

---

① 阮凤权撰稿，韩维中审编：《徐某等人非法经营案——未经许可经营原油期货业务，并向客户提供反向提示操作的行为如何定性（第1238号）》，载中华人民共和国最高人民法院刑事审判第一、二、三、四、五庭主办：《刑事审判参考》总第113集，法律出版社2019年版，第16~23页。

2015年10月，被告人陈某2注册成立南昌市纥沣矿业有限公司（以下简称南昌纥沣）。同年10月10日，易某1、被告人姜某某等人至天津纥沣，以南昌纥沣名义与天津纥沣签订居间合作协议，成为天津纥沣的A类居间代理商。双方约定南昌纥沣自行开发客户参与天津纥沣的交易品种。天津纥沣每周给南昌纥沣结算，南昌纥沣向天津纥沣交纳风险保证金，通过平台交易产生的手续费和盈利全部进入天津纥沣账户，再由天津纥沣按约定比例返还给代理商。后广江公司、沃伦公司通过南昌纥沣使用天津纥沣平台，并自称天津纥沣的居间代理商，开展原油、沥青等"现货"交易。

广江公司、沃伦公司分行政部和业务部，业务部由电话营销部和网络营销部组成。广江公司、沃伦公司在天津纥沣平台的投资交易具体由业务部负责。被告人陈某2、张某某分别担任广江公司的业务总监和业务经理；被告人易某2、陈某1、殷某某、邹某某分别担任沃伦公司的行政部总监、业务部总监、电话营销部业务经理、网络营销部总监，被告人蔡某某、宋某某、李某某分别担任沃伦公司网销一部、二部、三部的业务经理。上述各业务经理下设业务主任、业务员。具体操作由沃伦公司行政部工作人员将公司购买的电话号码客户资源提供给业务部，业务员再拨打电话，以虚拟的"白富美"女性的形象冒充第三方身份添加微信好友、QQ好友，与对方聊天获得信任后，业务主任、业务员将李某某、宋某某、张某某等扮演的"表叔助理"推荐给客户，帮客户开户、安装操作软件，将陈某1、陈某2、邹某某、蔡某某等扮演的"表叔""专业分析师"推荐给客户，指导客户具体投资交易。天津纥沣平台交易产品有原油、沥青等。陈某1还创建群名为"奋战到底"的QQ群，每天将天津纥沣发来的行情操作建议发到该QQ群，群组成员再发送给业务经理、业务员。被告人陈某1、陈某2、邹某某、蔡某某等人在指导客户投资操作时存在将天津纥沣提供的行情反向提供给客户的行为。

2015年10月至2016年3月间，广江公司、沃伦公司业务员、业务主任等招揽25名客户到天津纥沣平台进行"现货"交易，客户损失2769049.71元。广江公司、沃伦公司违法所得共计人民币4044839.68元。

二、裁判理由

新昌县人民法院认为，被告人徐某、易某2、姜某某、陈某2、陈某1、蔡某某、邹某某、张某某、宋某某、李某某、殷某某违反国家规定，未经国家有关主管部门批准从事期货交易的代理活动，扰乱市场秩序，情节特别严重，其行为均构成非法经营罪。十一名被告人在共同犯罪中系从犯，依法应当减轻处罚。公诉机关指控罪名不成立，予以纠正。

三、裁判结果

据此，根据各被告人的犯罪事实、情节以及社会危害性，依照《中华人民共和国刑法》第二百二十五条、第二十五条第一款、第二十六条第一款、第二十七条、第六十四条之规定，以非法经营罪分别判处被告人徐某有期徒刑四年，并处罚金人民币二十五万元；判处被告人易某2有期徒刑四年，并处罚金人民币二十五万元；判处被告人姜某某有期徒刑三年，缓刑四年，并处罚金人民币二十五万元；判处被告人陈某1有期徒刑三年，并处罚金人民币十万元；判处被告人邹某某有期徒刑二年十个月，并处罚金人民币十五万元；判处被告蔡某某有期徒刑二年三个月，并处罚金人民币五万元；判处被告人李某某有期徒刑二年二个月，并处罚金人民币十六万元；判处被告人宋某某有期徒刑二年，缓刑三年，并处罚金人民币七万元；判处被告人陈某2有期徒刑一年十个月，并处罚金人民币五万元；判处被告人殷某某有期徒刑一年六个月，并处罚金人民币四万元；判处被告人张某某有期徒刑一年六个月，缓刑二年，并处罚金人民币二万元。

一审宣判后，新昌县人民检察院提出抗诉，认为原判认定徐某等人构成非法经营罪系法律适用错误，依法应改判徐某等人犯诈骗罪。

原审被告人易某2、邹某某、李某某、蔡某某提出上诉，均称原判对其量刑过重。

绍兴市中级人民法院公开审理后为，原判认定非法经营的事实清楚，适用法律正确，量刑适当，审判程序合法。对于检察机关关于本案构成诈骗罪的抗诉意见以及上诉人的上诉理由，不予支持；原审被告人以及辩护人提出的本案不应认定诈骗的意见，予以采纳。据此，依照《中华人民共和国刑事诉讼法》第二百二十五条①第一款第一项之规定，裁定驳回抗诉，维持原判。

四、实务专论

本案审理过程中，对被告人徐某等人的行为定性，存在以下两种意见：

一种意见认为，被告人徐某等人的行为构成诈骗罪。理由是：（1）各被告人主观上具有非法占有被害人财物的目的。（2）各被告人客观上共同实施了虚构事实、隐瞒真相，骗取被害人财物的行为，符合诈骗罪的客观要件。首先，被告人通过业务员以虚拟的"白富美"女性形象诱骗被害人进入交易平台操作。其次，被告人徐某等人向被害人推荐由被告人李某某等人扮演的"表叔助理"，为被害人开户、安装操作软件；后被告人陈某1等人将天津纭沣提供的行情反向提供给被害人，共同造成被害人损失。最后，在案各被告人不断鼓动客户加金，重仓操作，蓄意扩大了交易亏损的风险。

另一种意见认为，被告人徐某等人未经批准非法从事变相期货交易，情节特别严重，符合非法经营罪的犯罪构成，故依法成立该罪。

我们同意第二种意见，具体分析如下：

（一）被告人的行为不构成诈骗罪

1. 被告人徐某等人通过业务员虚构"白富美"女性形象、夸大盈利等方式诱导客户进入平台交易以及建议客户加金，频繁操作的行为不是认定本案性质的关键行为，不宜认为诈骗罪中的"虚构事实"。理由是：（1）从本质上看，诈骗罪中的欺诈行为的内容是使被骗人产生处分财产的错误认识，进而处分财产，丧失对财产的占有。由于客户进入平台进行交易投资并不意味着客户就丧失财产，因此诱导客户进入交易平台操作以及鼓动客户加金，频繁操作不能认为系诈骗罪中致被害人处分财产造成损失的行为，故不属于诈骗罪中的欺诈。（2）从事实上看，虽引诱客户投资有夸大的成分，但被害人应当能够认识到投资风险，且客户协议书的提示明确投资可能会造成较大亏损，不能保证获利。换言之，被害人并不会因此对期货盈亏存在偶然性的交易本质产生错误认识。（3）从同类司法解释上看，1995年11月6日《最高人民法院关于对设置圈套诱骗他人参赌又向索还钱财的受骗者施以暴力或者暴力威胁的行为应如何定罪问题的批复》中规定："行为人设置圈套诱骗他人参赌获取钱财，属于赌博行为，构成犯罪的，应当以赌博罪定罪处罚。"按照此解释，行为人设置圈套，诱骗他人"参加赌博"，仍然以赌博罪定罪处罚，并不因为让人参赌使用了诱骗行为，就认定为诈骗。同理，本案中被告人以虚拟的"白富美"女性形象诱导客户进入平台交易，该诱导行为本身亦不属于诈骗罪中的欺诈。

---

① 现为2018年《中华人民共和国刑事诉讼法》第二百三十六条。

2. 被告人陈某1等人将天津纭沣提供的行情反向提供给客户的行为不成立诈骗罪中的"虚构事实"。理由是：（1）诈骗罪中的虚构事实是虚构与客观事实相反的事实，并不包括行为人不能控制、存在或然性、对将来事实的预测。如售楼员以房子会增值为由说服客户投资房产，即使售楼员内心认为房子并不会增值，也不能认为其虚构事实，客户因此买了房子亏损，也不能认为售楼员构成诈骗罪。同理，本案被告人陈某1等人将行情会涨（或跌）信息提供给客户，即使被告人陈某1等人内心认为行情并不会涨（或跌），也不能认为是虚构事实，客户因此交易导致亏损，也不宜认定行为人构成诈骗罪。（2）本案中，在没有证据证明天津纭沣提供给被告人陈某1的行情是否符合真实行情的情况下，难以认定被告人陈某1将该行情反向提供给客户系虚假的事实。换言之，本案没有确切证据证明被告人陈某1等人虚构了与客观事实相反的事实。（3）从实际来看，因期货市场涨跌瞬息万变，无法准确确定"反向行情"与真实行情相符的概率。被害人的平台交易明细显示，盈利的交易次数占交易总次数的比例近50%，符合期货偶然性特征，也说明并不存在"反向行情"。（4）期货交易是高风险投资，涨跌瞬息万变。作为一个正常的期货投资者应当知道期货存在亏损的高风险以及所有对行情的分析只是预测、建议，而不是事实本身。本案开户协议书、风险提示书等证据也证明客户知晓该风险以及工作人员对市场的判断和操作建议仅供参考等情况。可见，客户事先应当知道自己的处分行为——进行期货交易行为的意义以及后果，本案不存在客户因被欺诈陷入错误认识而处分的情况。

3. 客户亏损与被告人"反向提示"建议之间的因果联系无法查清。平台交易明细、银行交易明细虽然显示多数客户一天之内买卖交易多次，有些甚至超过20次，但却没有确凿证据证明客户每次交易均是在被告人"反向提示"建议下进行的。因此认定客户仅遵循行为人"反向提示"建议而进行操作的证据不足。同时，根据平台交易明细，本案也存在客户赚钱的事实，即使是亏损的客户，其赚钱的交易次数在总交易次数中也占有一定比例。故认定被告人提供"反向提示"建议与客户亏损之间具有必然的因果联系，缺乏足够的事实基础。

4. 不能因大部分客户亏损就认为被告人构成诈骗罪，认定犯罪不能从结果倒推行为性质。经统计，客户的交易盈利占比并不低，盈利总次数占交易总次数为49.2%，符合期货赌博性质的偶然性，并不存在所谓的"反向行情"问题。但为何客户交易有接近50%的正确率，大部分客户还遭遇亏损呢？我们认为，可以从以下几方面解释：一是存在高额的手续费，消耗了客户的本金。二是涨跌同样百分比，实际却不同。如10万元涨50%，则赚5万元，但从15万元跌50%，却只剩下7.5万元。反过来，如果10万元跌50%，则剩5万元，要从5万元回本到10万元，却要涨100%。因此，长期下去，亏损概率必然远远大于盈利概率。三是客户亏损时往往是在资金最高点，而赚钱却在资金低点。四是资金不对等。庄家资金雄厚，但散户资金分散，在长期交易中不占优势，等等。

（二）被告人的行为构成非法经营罪

1. 被告人徐某等人的行为属于经营期货业务。根据中国证监会发布的《关于认定商品现货市场非法期货交易活动的标准和程序》的认定标准及中国证券监督管理委员会办公厅发布的《关于变相期货交易有关事宜的复函》，变相期货交易的形式特征主要包括目的要件和形式要件。其中，目的要件是指以标准化合约为交易对象，允许交易者以对冲平仓方式了结交易，而不以实物交收为目的或者不必交割实物。本案所涉交易参与者主要目的不是转移商品所有权，而是从原油、沥青等"现货"交易的价格变动中获取投机利益，符合变相期货的目的要件。形式要件包括：（1）交易对象为标准化合约。订立合约时并非全额付款，而只交纳一定比例作为保证金，即可买入或卖出；合约订立后，允许交易者不实际履行，而可通过反向操作、对冲平仓方式了结自己的权利和义务。本案交易者的交易对象为原油、沥青等合约，且除价格等条款外，其他条款相对固定，即客户只能选择平台设定好的合约类型进行买涨或买跌，合约订立后，亦允许交易者不实际履行。同时客户在交易时只需交纳1/50~1.5/100等比例的款项作为保证金即可买卖。故本案交易对象系标准化合约。（2）交易方式为集中交易。集中交易包括集合竞价、连续竞价、电子撮合、匿名交易、做市商机制等交易方式。本案所有客户均在天津纭沣平台集中交易。天津纭沣与不同客户进行交易，客户与客户之间不进行交易，实际系做市商机制。综上，被告人徐某等人行为符合期货交易活动特征，应认定为变相从事期货业务。

2. 被告人徐某等人未经批准从事期货业务，具有非法性。天津市商务委员会在《关于天津市政府信息公开申请的答复》中明确答复，天津矿产资源交易所未向天津市商务委员会申请过现货原油销售、仓储经营资质。天津市金融工作局答复：天津矿产资源交易所成立未经过天津市金融工作局审批。2011年11月《国务院关于清理整顿各类交易场所切实防范金融风险的决定》（国发〔2011〕38号）出台，将此类交易场所纳入清理整顿范围。目前，天津市交易场所清理整顿工作尚未通过部际联席会议检查验收。因此，涉案公司开发客户到天津纭沣平台从事期货业务具有非法性。

3. 根据2010年5月7日《最高人民检察院、公安部关于公安机关管辖的刑事案件立案追诉标准的规定（二）》第七十九条的规定，未经国家有关主管部门批准，非法经营证券、期货、保险业务，违法所得数额在5万元以上的，应予立案追诉。被告人徐某等人所在的广江公司、沃伦公司违法所得共计400余万元，参考有关司法解释关于其他非法经营刑事案件的定罪量刑标准规定以及《浙江省高级人民法院关于部分罪名定罪量刑情节及数额标准的意见》的规定，应属于犯非法经营罪"情节特别严重"。法院遂依法作出上述判决。

问题21. 如何认定和把握开采、加工、销售稀土矿产品的行为是否构成非法经营罪

【刑事审判参考案例】 曾某某非法经营案①

裁判规则

开采行为客观上违反国家规定，但主观上没有违法开采的故意，且行为未达到情节严重的程度的，不宜追究刑事责任；将碳酸盐稀土加工成草酸盐稀土的行为不属于冶炼分离加工，未违反国家规定。

一、基本案情

2010年1月至2012年4月17日，被告人曾某某租用了韶关市浈江区陵南路1号韶关

---

① 刘晓虎、周颖佳撰稿，王晓东审编：《曾某某非法经营案——开采、加工、销售稀土矿产品的行为是否构成非法经营罪的认定和把握（第1253号）》，载中华人民共和国最高人民法院刑事审判第一、二、三、四、五庭主办：《刑事审判参考》总第114集，法律出版社2019年版，第15~22页。

市农业生产资料总公司东河 6 号仓库和韶关市浈江区南郊曲江综合贸易仓库用于存放稀土，并先后聘请了朱某、韩某（另案处理）看管仓库，期间曾某某聘请工人在 6 号仓库使用粉碎机、洋铲、耙子、电子秤、缝包机等工具，对存放的稀土进行重新包装。之后，曾某某联系江苏宜兴新威利成公司（以下简称新威利成公司）销售稀土。

2011 年 6 月 2 日，新威利成公司通过广东和平天晟矿业有限公司将购买稀土的货款 989 万元转账到曾某某妻子袁某的工商银行账户 62×××08。收到货款的次日该账户转出 490 万元至曾某某名下的农行账户 62×××18。之后，曾某某指派韩某从韶关先后于 2011 年 6 月 19 日押运 35 吨氧化物稀土、2011 年 7 月 17 日押运 28.65 吨草酸稀土到江苏省宜兴市交付给新威利成公司，新威利成公司收货后当即对上述两批稀土进行抽样检测，并形成分析报告及稀土杂质检测报告。

2012 年 4 月 17 日，韶关市公安局浈江分局根据群众举报，在韶关市浈江区陵南路 1 号的韶关市农业生产资料总公司东河 6 号仓库和韶关市浈江区南郊曲江综合贸易仓库内查获稀土 159.59 吨，当场抓获管理人员韩某。经韶关市物价局价格认证中心鉴定，被查获的稀土价值 24328935 元。

2012 年 4 月 20 日，韶关市公安局浈江分局以扣押的涉案稀土数量大，不易搬运、保管为由，将该批稀土交韶关市浈江区财政局拍卖处理，该局将该批稀土交韶关市浈江区公共资产管理中心委托拍卖行进行拍卖。2012 年 4 月 28 日，经韶关市浈江区公共资产管理中心委托，韶关市华逸拍卖行有限公司于 5 月 7 日拍卖成交。

2014 年 3 月 17 日，经江西钨与稀土产品质量司法鉴定中心鉴定确认，曾某某指派韩某销售到新威利成公司的 35 吨氧化物稀土及 28.65 吨草酸稀土均为离子型稀土矿产品；公安机关在韶关市浈江区前述两个仓库内查获的 159.59 吨稀土中，除有 3.82 吨不属离子型稀土矿产品外，其余的均为离子型稀土矿产品。

另查明，2006 年 6 月，广西崇左市城市工业区管理委员会与江苏宜兴市长江稀土冶炼厂（以下简称长江稀土冶炼厂）签订合同，约定将广西崇左市矿产公司的采矿许可证转到长江稀土冶炼厂设立的项目公司名下。同年 7 月，长江稀土冶炼厂成立了项目公司——崇左市广苏稀土有限公司（以下简称广苏公司），但因长江稀土冶炼厂并未履行合同义务，采矿许可证并未实际转移。且广苏公司从成立之日起一直处于筹建期间，工商部门明确，该公司筹建期内不得从事生产经营。但该公司成立后，立即开展对六汤稀土矿的勘探、开采、生产工作。同年 12 月，曾某某和郭某某与广苏公司合作开采稀土，由郭某某与广苏公司签订协议，约定由郭某某进行稀土开采，将产出的稀土如数交由广苏公司，广苏公司负责办理相关证照手续，并支付郭某某生产承包费。签订协议后，郭某某设立一车间，曾某某设立二车间，两车间独立核算，自负盈亏，按协议开采并上交稀土。后因广苏公司未按协议回收稀土，2008 年 4 月郭某某自行将一车间开采出来的 175.78 吨碳酸盐稀土运回江西定南。同年 11 月，双方签订补充合同，广苏公司同意郭某某对六汤稀土矿现有的碳酸盐稀土库存进行自售。曾某某于 2008 年 11 月至 2009 年 3 月将二车间开采的碳酸盐稀土（折合稀土氧化物 167.3665 吨）自行运走。2009 年 5 月，郭某某将广苏公司起诉至广西壮族自治区崇左市中级人民法院（以下简称崇左中院），要求支付一、二车间的相关货款，广苏公司亦对郭某某提起反诉。同年 10 月，双方达成调解协议并经崇左中院确认，同意郭某某自行处理 2008 年 4 月自行运走的稀土，并明确了双方之前签订的合同终止履行。

二、一审裁判理由

武江区人民法院认为，离子型稀土属国家战略性资源，是国家限制自由买卖的物品，其国内销售应按照相关的法律、行政法规的规定，由国务院稀土领导小组制订指令性计划，统一管理，严禁自由买卖。曾某某违反国家规定，在未取得任何证照或得到相关部门许可的情况下，非法销售离子型稀土，且涉案金额特别巨大，情节特别严重，其行为符合非法经营罪的构成要件，应以非法经营罪定罪处罚。

三、一审裁判结果

根据刑法第二百二十五条第一项规定，以非法经营罪判处曾某某有期徒刑八年，并处罚金人民币一百万元。

一审宣判后，被告人曾某某不服，以其行为不构成犯罪为由，向韶关市中级人民法院提出上诉。

韶关市中级人民法院经第一次审理，以原判认定事实不清、证据不足，违反法定诉讼程序，裁定撤销原判，发回武江区人民法院重新审判。

四、一审重申

武江区人民法院重审认定的事实和原审一致，并据此作出与原审判决相同的判决意见。

被告人曾某某再次以不构成犯罪为由提出上诉。其辩护人提出，稀土矿产品是通过法院调解书获得，且销售对象是具有国家认证的收购、加工稀土资质的公司，不能认定曾某某的行为属于"自由买卖"。

五、二审裁判理由

韶关市中级人民法院经审理认为，虽然上诉人曾某某未取得国家有关行政管理部门核发的证照擅自经营稀土，但在案现有证据尚不能证实曾某某经营销售的稀土来源非法。根据证据裁判、疑罪从无的刑事司法原则，原判认定曾某某犯非法经营罪的证据不足，依法应撤销原判，作出证据不足，不能认定上诉人有罪的判决。曾某某及其辩护人所提应改判无罪的意见，予以采纳。

六、二审裁判结果

依照《中华人民共和国刑事诉讼法》第一百九十五条①第三项、第二百三十一条②和《最高人民法院关于适用〈中华人民共和国刑事诉讼法〉的解释》第二百四十一条第一款第四项之规定，判决撤销原审判决，改判上诉人曾某某无罪。

七、实务专论

（一）曾某某开采、加工、销售稀土矿产品的行为不构成非法经营罪

非法经营罪的构成以违反国家规定为前提。本案审理过程中，对被告人曾某某销售稀土矿产品的行为是否违反国家规定，存在两种意见。

一种意见认为，曾某某销售稀土矿产品的行为违反了国家规定。理由是：国务院1991年颁布的《关于将钨、锡、锑、离子型稀土矿产列为国家实行保护性开采特定矿种的通知》（国发〔1991〕5号，以下简称5号通知）第五条第二款规定，"离子型稀土矿产品的国内销售，由国务院稀土领导小组制定指令性计划，统一管理。严禁自由买卖"。

---

① 2018年《中华人民共和国刑事诉讼法》第二百条。
② 2018年《中华人民共和国刑事诉讼法》第二百四十二条。

曾某某在未经许可的情况下销售稀土矿产品，违反了 5 号通知的规定。根据《最高人民法院关于准确理解和适用刑法中的"国家规定"的有关问题的通知》，"国家规定"是指全国人民代表大会及其常委会制定的法律和决定，国务院制定的行政法规、规定的行政措施、发布的决定和命令。行政措施是指国家行政机关根据法律法规，对特定对象或具体事件采取的直接发生法律效力的一种行政行为。5 号通知系国务院根据矿产资源法的规定制发，文件决定将钨、锡、锑、离子型稀土矿产品列为国家实行保护性开采的特定矿种，从开采、选冶、加工到市场销售、出口等各个环节，实行有计划的统一管理，属于一种行政措施，应当认定为刑法第二百二十五条中的"国家规定"。因此，曾某某销售稀土矿产品的行为违反了国家规定，且情节严重，构成非法经营罪。

另一种意见认为，5 号通知虽然属于国家规定，但是本案认定曾某某销售的稀土来源不明，如果能够认定曾某某销售的稀土矿产品系其购买所得，应当认定其行为违反国家规定，且情节严重，构成非法经营罪；如果曾某某销售的稀土矿产品系其通过抵债所得，且其销售对象系有资质收购稀土矿产品的主体，其行为不属于非法经营行为，不构成非法经营罪。

我们认为，被告人曾某某的行为可以分解为开采、加工和销售行为。这三个行为涉及三方面的国家规定。本案在案证据无法证明曾某某销售的稀土矿产品来源，从有利被告人的角度出发，如果认定涉案稀土矿产品来源于广苏公司，系因抵债而得，那么曾某某开采、加工、销售稀土矿产品的行为均不构成非法经营罪。理由如下：

1. 对曾某某的开采行为不宜追究刑事责任

曾某某的开采行为客观上虽然违反国家规定，但其主观上没有违法开采的故意，且其行为未达到情节严重的程度。根据矿产资源法第三条的规定，开采矿产资源必须经过批准、办理登记，并符合规定的资质条件。曾某某和郭某某与广苏公司订立合同，为广苏公司开采稀土矿产品提供技术和劳务支持。广苏公司没有获得采矿许可证，客观上广苏公司和曾某某开采稀土的行为均违反了矿产资源法。然而，根据承包协议，广苏公司负责相关采矿许可证照的办理，郭某某、曾某某仅负责具体开采事宜。在履行劳务合同过程中，广苏公司隐瞒了采矿许可证照未成功办理的事实，向郭某某、曾某某提供了采矿许可证的虚假复印件。故不能认定郭某某和曾某某主观上具有违法开采的故意。另外，从本案发生的特殊背景分析，广苏公司虽然没有实际获得采矿许可证，但其是经过崇左政府招商引资为开采稀土矿而专门成立，其边开采边申请采矿许可的行为得到当地政府的默许，和一般的未经许可偷采行为不同。基于这一背景因素考虑，行政执法机关、司法机关均未追究广苏公司违法开采的责任。同理推之，对作为承包广苏公司劳务的曾某某亦不应追究其违法开采的刑事责任，如对主观上不具有违法开采故意的行为追究刑事责任亦有客观归罪之嫌。

2. 将碳酸盐稀土加工成草酸盐稀土的行为不属于冶炼分离加工，未违反国家规定

本案中对涉案稀土存在氧化稀土、离子型稀土、碳酸盐稀土、草酸盐稀土等多种表述。离子型稀土矿是对矿山原始状态的称呼，经过加工之后生产出离子型稀土矿产品，草酸盐稀土和碳酸盐稀土属于离子型稀土矿产品。经向有关部门了解，稀土氧化物是稀土矿产品经过复杂的萃取、分离程序后得出的产品，其交易是不受限制的。草酸盐稀土和碳酸盐稀土都属于稀土矿产品，两者的区别在于沉淀的工艺不同。通过简单加工，碳酸盐稀土也可以转变为草酸盐稀土。根据《国务院关于促进稀土行业持续健康发展的若

干意见》（国发〔2011〕12号）第二条第五项的规定，对稀土冶炼分离企业实行生产许可。5号通知第四条规定，国家禁止个体从事离子型稀土矿产品的冶炼。如果认定曾某某销售的稀土矿产品均来源于广苏公司，因广苏公司生产的是碳酸盐稀土，销售的稀土中有部分是草酸盐稀土，两者属于不同产品，曾某某必然存在加工行为。然而，相关资料显示，将碳酸盐稀土加工成草酸盐稀土的行为不属于冶炼分离，故曾某某的加工行为未违反上述国家规定。

3. 曾某某的销售行为不属于自由买卖，未违反国家规定

矿产资源法第三十四条规定，国务院规定由指定的单位统一收购的矿产品，"任何其他单位或者个人不得收购""开采者不得向非指定单位销售"。5号通知第五条规定，离子型稀土矿产品属于国家统一收购的矿产品，个人不得收购，严禁自由买卖。5号通知属于国家行政机关在进行行政管理活动时的临时行政措施，属于国家规定。然而，如果认定曾某某系因抵债获得稀土，那么其并未实施收购稀土的行为，且销售的对象是有加工稀土资质的企业，属于定向选择，故不属于"自由买卖"，不应认定其违反矿产资源法和5号通知的规定。此外，曾某某系出于抵债原因而获得稀土，与出于牟利目的收购稀土本质不同，而且其合伙人郭某某这种抵债方式已获得崇左中院调解书的确认。抵债后，曾某某并未为了追求价位而将稀土矿产品自由销售，而是销售给有加工资质的公司，不同于一般的自由买卖行为，更与专门倒卖稀土行为有本质不同。另从期待可能性理论分析，如果认定曾某某违反了国家规定，实际剥夺了其实现债权的权利，其当初的抵债就毫无意义。可见，曾某某将抵债获得的稀土矿产品留而不卖不具有可期待性。相反，因抵债获得稀土矿产品后，曾某某将稀土矿产品销售给有加工稀土资质的企业是比较合理的选择。故不应认定曾某某违反"不得向非指定单位销售""禁止自由买卖"的规定。

此外，结合本案其他一些因素考虑，亦不宜追究曾某某的刑事责任。其主要原因为关联案件均未作犯罪处理。根据相关材料反映，与曾某某相似的行为均未受到刑事追究。曾某某的合伙人郭某某和广苏公司都存在销售稀土的行为，但均因多种因素的考虑未追究相关责任，其中郭某某将稀土拉走抵债的行为还得到崇左中院调解书的确认。广苏公司的相关负责同志在证言中还提到曾某某和郭某某自售稀土的做法符合当时稀土界的行规。从这一角度分析，出于打击面和政策平衡的考虑，对曾某某的行为也不宜追究刑事责任。

（二）对一般稀土矿产品销售行为以非法经营罪追究刑事责任应持审慎态度

仅从文件规定分析，买卖稀土矿产品的行为违反了矿产资源法、5号通知关于离子型稀土"个人不得收购""实行统一收购""严禁自由买卖"的规定，情节严重的，似可构成非法经营罪。然而，从上述文件实际执行情况来看，稀土矿产品销售在国内实际未实行严格管控，故对一般稀土矿产品销售行为以非法经营罪追究刑事责任，目前应持审慎态度。主要理由是：

1. 稀土矿产品销售在国内尚未实行严格管控

5号通知虽然仍有效，但该文件所提中国有色金属工业总公司和国务院稀土领导小组已被撤销或解散，目前国土资源部和工信部是稀土行业的主要管理部门。根据《国务院关于促进稀土行业持续健康发展的若干意见》（国发〔2011〕12号）以及工信部相关资料，目前我国对开采稀土矿、冶炼分离加工实行严格的指令性计划管理，但对稀土（准确地讲是稀土氧化物，即加工后的稀土产品）的销售并未实行指令性计划。可见，我国

对稀土行业的管控主要集中于开采、加工而非销售环节。对稀土矿产品销售的主要管理手段是要求稀土企业必须通过增值税防伪税控系统（稀土企业专用版）开具增值税专用发票和增值税普通发票。

2. 我国取消稀土出口配额制度在一定程度上意味着对稀土矿产品销售管控的放松

2012年3月，美国、欧盟、日本提出磋商请求将我国稀土、钨、钼三种原材料出口限制措施诉诸世界贸易组织（WTO）争端解决机制。2014年8月，WTO公布了美国、欧盟、日本诉中国稀土、钨、钼相关产品出口管理措施案上诉机构报告，裁决认定中方涉案产品的出口关税、出口配额措施不符合有关世贸规则和中方加入世贸组织承诺。2015年年初，我国正式取消稀土出口配额制度，企业只需凭出口合同就可以申领出口许可证，无须再提供批文。可见，我国已在很大程度上放松了对稀土国际贸易的管控。目前，虽然没有正式文件对国内稀土销售行为放松管控，但综合国内和国际实际情况分析，对稀土矿产品国内销售行为实际未实行严格管控措施。

综上，韶关市中级人民法院依法撤销原判，作出证据不足，宣告曾某某无罪是正确的。另外，基于稀土矿产品销售在国内未实行严格管控的实际情况考虑，对稀土矿产品销售行为以非法经营罪追究刑事责任应持审慎态度。

问题22. 无证经营烟花爆竹的行为如何认定

【人民法院案例选案例】陈某1等非法经营案①

【关键词】

无证储存　烟花爆竹　爆炸物　非法经营

【裁判要旨】

烟花爆竹不属于刑法意义上的爆炸物。行为人以牟利为目的，在未取得经营许可的情况下擅自采购和销售烟花爆竹，扰乱市场秩序，情节严重的，构成非法经营罪。

一、基本案情

法院经审理查明：2015年12月开始，被告人陈某1等人在未办理烟花爆竹经营许可的情况下，购进大量烟花，存储在陈某2租用的位于佛山市三水区云东海街道石湖洲立交桥旁11～14号的商铺内，并进行销售。被告人黄某某、梁某某、萧某某、陈某3明知该商铺无相关证照手续，仍受雇于被告人陈某1、陈某2对烟花进行看管，并根据被告人陈某2的安排进行工作，其中被告人黄某某负责开车运送烟花，被告人梁某某、萧某某、陈某3负责搬卸烟花。2016年1月11日，佛山市公安局三水分局联合佛山市三水区安全生产监督管理局等部门对上述商铺进行检查，现场缴获65种共585箱烟花。经鉴定，缴获的烟花含烟花药865767.6克，黑火药123615.4克；其中的40种405箱烟花共价值人民币79599元。

二、裁判理由

广东省佛山市三水区人民法院认为：陈某1等六人无视国家法律，违反国家规定，以牟利为目的，在未取得经营许可的情况下擅自采购和销售烟花爆竹，扰乱市场秩序，情节严重，其行为均已构成非法经营罪，依法应当追究其相应的刑事责任。公诉机关指控

---

① 《人民法院案例选》2017年第7辑，人民法院出版社2017年版。

的罪名成立，本院予以采纳。本院根据被告人犯罪的事实、性质、情节和社会危害程度，遂依法作出上述判决。

三、裁判结果

广东省佛山市三水区人民法院于 2016 年 10 月 28 日作出（2016）粤 0607 刑初 546 号刑事判决：被告人陈某 1 犯非法经营罪，判处有期徒刑一年六个月，缓刑二年，并处罚金人民币 15000 元。判决作出后，公诉机关未抗诉，被告人未上诉，判决已发生法律效力。

四、实务专论

本案的主要争议点在于能否将烟花爆竹认定为刑法意义上的爆炸物。烟花爆竹作为具有广大群众基础的节日喜庆用品，在乡村、城乡接合部常常可以方便购得。但是，如果不对烟花爆竹的储存、买卖进行一定的管制，也的确容易引发安全事故。但储存、买卖大量的烟花爆竹就将其简单、直接地认定为是储存、买卖爆炸物，则值得商榷。

刑法调整的爆炸物是指能够引起爆炸，具有较高危险性、较大杀伤力的物品，包括民用爆炸物和军用爆炸物。《民用爆炸物品安全管理条例》（2006 年 5 月 10 日国务院令第 466 号）及《民用爆炸物品品名表》（2006 年 11 月 9 日国防科学技术工业委员会、公安部 2006 年第 1 号）均没有将烟花爆竹纳入民用爆炸物品管理，《最高人民法院关于审理非法制造、买卖、运输枪支、弹药、爆炸物等刑事案件具体应用法律若干问题的解释》也没有将烟花爆竹作为刑法意义上的爆炸物来进行评价。侦查机关将烟花爆竹定性为爆炸物的主要理由是大量的烟花爆竹中累计起来含有较大量的黑火药或烟花药，而黑火药、烟火药则是依法明确可以认为爆炸物的。但是细究起来，单个烟花爆竹的黑火药单位含量是较小的，一般为 0.5 克左右，而且烟花爆竹也不能简单地等同为黑火药或烟花药。同时，2012 年 9 月 6 日《最高人民法院、最高人民检察院、公安部、国家安全监管总局关于依法加强对涉嫌犯罪的非法生产经营烟花爆竹行为刑事责任追究的通知》中规定："非法生产、经营烟花爆竹及相关行为构成非法经营罪的，应当依照刑法第二百二十五条的规定定罪处罚。"因此，公诉机关和审判机关认定被告人陈某 1 等构成非法经营罪是符合罪状和法律规定的。

编后记

刑事审判要兼顾天理国法人情，以严谨的法理彰显司法的理性，以公认的情理展示司法的良知，做到既恪守法律，把案件的是非曲直、来龙去脉讲清楚，又通达情理，让公众理解和认同裁判结果，让人民群众感受到刑事司法有力量、有是非、有温度。为准确适用刑事法律规范，提高刑事法律工作者的办案水平，《刑事法律适用与案例指导丛书》应时而生。

丛书付梓在即，回顾成书之路，感慨万千。丛书自策划至今历时三年有余，其间虽有疫情的阻断，也有服务于最高人民法院的出版工作穿插，但编辑团队未曾懈怠，持续推进丛书的编辑工作，收集、筛选了刑事方面近十年的权威、典型、有指导意义的案例，刑事法律法规、司法解释、刑事审判政策，最高人民法院的权威观点等，线上线下召开丛书编撰推进会十七次，统一丛书编写内容要求、编写规范与体例，并先后赴天津高院、重庆高院、黑龙江高院、云南高院、上海一中院、重庆五中院等地方法院开展走访、座谈调研。为保证丛书内容权威、准确，不断充实作者团队，邀请最高人民法院咨询委员会副主任、中国法学会案例法学研究会会长胡云腾作为丛书总主编全程指导，吸纳最高人民法院对口领域的专家型法官作为审稿专家，对丛书内容观点进行审定。2023年8月底，在云南省高级人民法院的大力指导协助下，出版社组织丛书各卷作者在云南召开编写统稿会，研讨争议观点，梳理类案裁判规则，对丛书的内容进行最后把关敲定。

丛书汇聚了诸多领导、专家及法官的思想、经验与智慧。最高人民法院刑二庭庭长王晓东、最高人民法院研究室主任周加海、上海市高级人民法院副院长黄祥青、最高人民法院刑三庭副庭长陈学勇、最高人民法院刑五庭副庭长欧阳南平、国家法官学院教授袁登明、最高人民法院研究室刑事处处长喻海松等领导专家在百忙之中抽出宝贵时间参与指导并审定具体内容，提供具体详细的修改建议，给予了大力支持与帮助，在此表示衷心的感谢！特别指出的是，陈学勇副庭长、欧阳南平副庭长克服巨大的工作压力，利用休息时间，认真审读书稿，为我们提供了长达十几页的意见建议，让我们十分感动！北京高院、天津高院、黑龙江高院、上海高院、江苏高院、浙江高院、山东高院、云南高院、重庆高院、天津一中院、上海一中院、重庆五中院等各卷作者积极组织、参与线下座谈调研及线上统稿会，提供地方法院典型案例，充实丛书内容，感谢各法院的鼎力支持，感谢各位作者在繁忙的工作之余为撰写丛书付出的辛勤劳动和智慧！

同时，编辑团队也为丛书的出版做了大量工作，付出了大量心血。丛书策划方案形成后，出版社教普编辑部和实务编辑部随即组成丛书编辑团队落地推进。从前期资料收集与汇总整理、问题提炼、目录编制、内容填充修改、对接地方法院、形成初始素材，到后期提交专家审定、再次打磨等，在编辑团队的合理分工和成员间的高效配合下，丛书最终得以顺利出版。在此，也要感谢我们曾经的伙伴杨钦云、邓灿、卢乐宁在丛书编创初期所做的大量工作和辛苦付出！

最后，特别感谢，最高人民法院咨询委员会副主任、中国法学会案例法学研究会会长胡云腾对整套丛书给予的指导与大力支持，感谢上海市高级人民法院副院长黄祥青在云南丛书编写统稿会期间的全程主持评议、研讨指导与帮助！

《刑事法律适用与案例指导丛书》的付梓凝聚了作者团队与编辑团队的辛勤付出与汗水，但面对刑事审判实践中层出不穷的问题，仍然显得汲深绠短，诚望广大读者提出宝贵意见，使本书不断完善，真正成为广大参与刑事诉讼工作的法律工作者把握刑事法律规范政策精神实质、解决刑事审判实务问题的良朋益友！

编者

2023 年 10 月 20 日